SAINT LOUIS

JACQUES LE GOFF

聖王ルイ

ジャック・ル・ゴフ
岡崎敦・森本英夫・堀田郷弘＝訳

新評論

アンカに捧ぐ

Cet ouvrage, publié dans le cadre du programme de participation à la publication bénéficie du soutien du Ministère des Affaires Etrangères, de l'Ambassade de France au Japon et de l'Institut franco-japonais de Tokyo.

この作品は出版協力計画において、フランス外務省、在日フランス大使館、及び東京日仏学院の援助を得て刊行されたものである。

Ouvrage publié avec l'aide du Ministère français chargé de la culture.

この作品はフランス文化省の援助を得て刊行されたものである。

Jacques LE GOFF
SAINT LOUIS

聖ルイの拠点

1. サント=シャペルは、王と家族の私的な礼拝堂であり、王宮を聖なるものにしている。この場所は王にとって、信心行為をなすうえで、彼の頭から一時も離れないキリストの受難の聖遺物に祈りを捧げ、崇める空間である。(*Photo©N.D.-Viollet*)
参照：pp. 179〜81, 371〜5, 388, 401, 538, 659〜60, 718〜9, 722, 885, 957, 983, 1120.

2. エーグ=モルトの城壁。地中海に通じ、王領から十字軍に出発することが可能となった王の拠点である。城壁の上から王はエルサレムを見るのである。(*Photo©N.D.-Roger-Viollet*)
参照：pp. 131, 206, 209〜10, 214〜5, 226, 228〜9, 231, 257, 667〜9, 718, 915.

3

4

3. アッコンの城壁。聖地の回復ができずに、王はパレスチナのキリスト教徒の橋頭堡を護ろうとするが、13世紀末までに、すべてイスラム教徒の手に落ちることになる。アッコンは1291年、最終的に陥落。ここはオリエントの幻想をかき立てる場所である。（*Photo©Boyer-Viollet*）

参照：pp. 52, 237, 246, 821.

4. ヴァンセンヌの樫の木。ここは王の個人的な裁きの場所であり、臣下たちが、この王の主要な職務を戸外の公衆の前で受ける場所でもある。やがて王という個人が関わらない行政、つまり王の名のもとに実行され王みずからによるものではない行政が、この職務を取り込むことになる。フランス人の王権および国家の記憶のこの上なく優れた場所の一つなのである。神話的な樫の木は、20世紀になって植えられたものであるが、フランス人の想像力（イマジネール）のなかでは、あくまでも聖ルイの樫の木なのである。（*Photo©Alain Couty*）

参照：pp. 598, 758, 780, 870, 887〜8, 1134.

聖ルイの肖像

5

6

5. 聖ルイとブランシュ・ド・カスティーユの二頭王権。この細密画は、およそ1235年頃のものであるが、権力の行使にまで至った20歳の王を表わしている。しかし母后も依然として息子と同じ位階の面にある。（ニューヨーク、ピアポント・モーガン図書館蔵、手書本240、フォリオ8）

参照：pp. 226, 640.（参考：pp.112, 536〜7, 865〜7, 897〜907）

6. 病いに倒れた王。王に大いに興味を抱いていたイングランドの年代記作家マシュー・パリスのこのデッサン画は、王の治世の決定的な意味をもつ出来事の間の王を示してくれている。重い病いが彼を十字軍の誓いに導いたからである。死んだとはいわずとも、死にかけていると信じられていた王のもとに立ち合っているのは、十字架の形をした聖遺物匣を王に手渡す母后と、王の魂に天国を指し示しているパリ司教であり、王の魂の昇天のお供をするのは、ひざまずいた一人の助手である。（ケンブリッジ、コーパス・クリスティ・カレッジ蔵、手書本16、フォリオ182）

参照：pp. 191〜2, 534.（参考：pp.191〜7, 903）

7. 十字軍より帰還後の聖ルイ。髭をのばした王。聖ルイの列聖の前に描かれたウィーンに保管されている皇帝の聖書を飾っているこの一枚の細密画は（王には光輪がない）、王座に腰かけ、頭には王冠を被り、左手に百合の花飾りのある王杖を持った王が、彩色挿絵入りの聖書を読んでいる。これは聖別された、そして王にふさわしい豪華本である。王宮と教会の建物が、すでに模範となっている声望の高い君主を聖なる囲いで取り囲んでいるが、その髭をのばした顔から、写実的な肖像画への傾向がうかがえる。悔悛の王はまた賢き王であり、聖書の愛読者なのである。（ウィーン、オーストリア国立図書館蔵、コデックス1179、フォリオ246表）
参照：p. 640. (参考：pp. 262〜4)

8. キリストの王。このデッサンは、17世紀の冒頭の、有名なプロヴァンス地方の碩学ペレスクのコレクションの一部をなしていたものであり、王の娘ブランシュが、自分が引きこもったルールシーヌのコルドリエ修道女の教会堂に描かせた、今は失われてしまっているフレスコ画におそらく着想を得たものである。別の伝統的解釈では、これはサント＝シャペルの一枚のフレスコ画にみられる、貧者の足を洗う聖ルイの顔を再現したものであろうとする。彼の信心行為の実践と肉体の様相から、みずから苦悩の人間のイメージへと歩んでいる髭面の悔悛の姿の、しかも十字軍から帰還したあとの王であり、キリストのまねびの王である。（カルパントラス、アンガンベルティーヌ図書館蔵、手書本1779、フォリオ74裏）
参照：pp. 641, 766〜7.（参考：pp. 172, 224, 358, 964. 1032〜3）

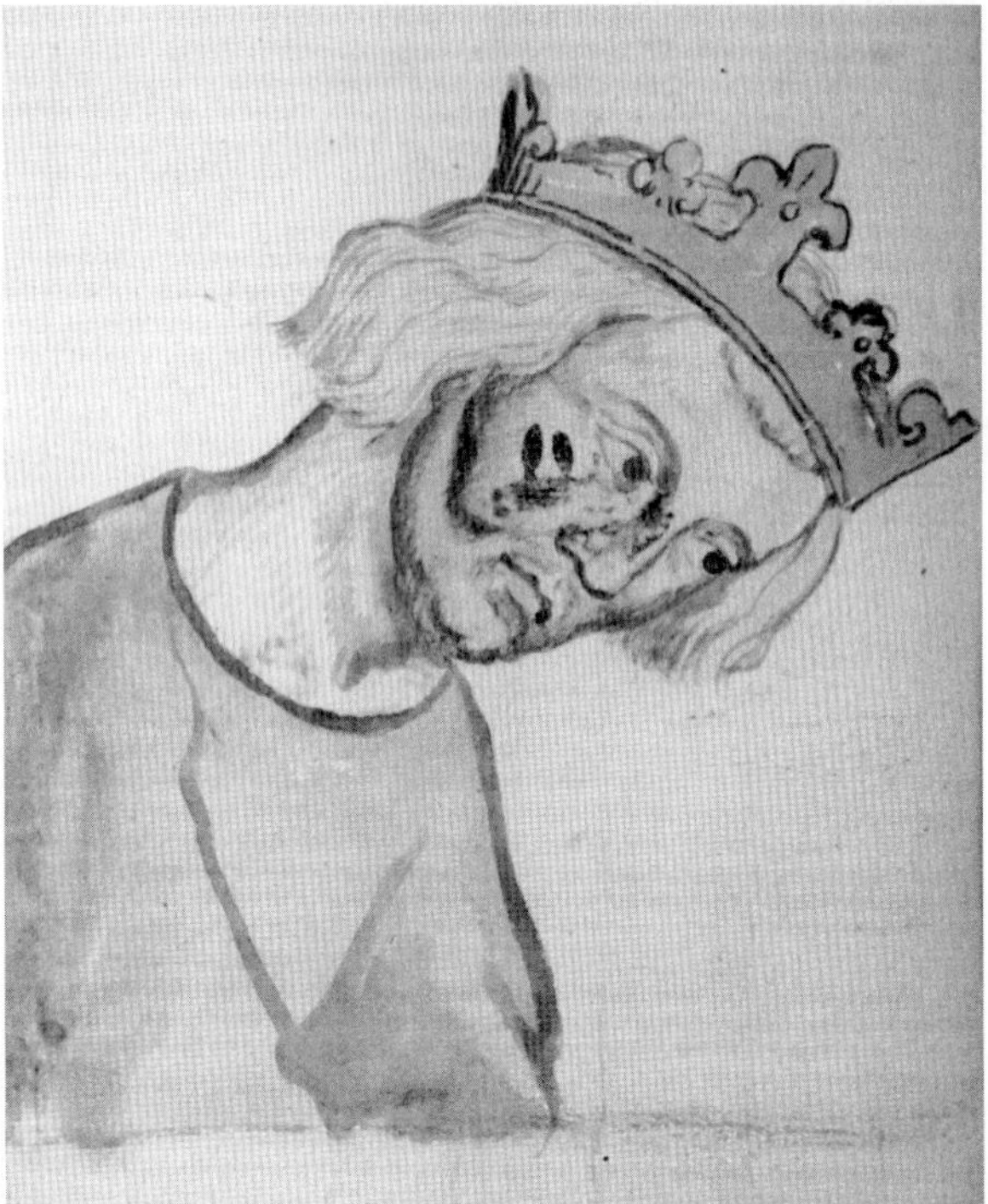

旅と身振りの聖ルイ

9. 母親とランスでおこなわれる聖別に向かう途上の幼い聖ルイ。ルイ10世喧嘩王の娘、したがって聖ルイの曾曾孫娘にあたるナヴァール王妃（1311-49）の『ジャンヌの時禱書』（1334年）にみられるこの細密画は、派手さの一切みられない旅の装備のなかに、即位直後の幼い王とその母親の置かれている状況の脆さ、そして馬にも乗らず、船による移動でもないことから、王家の人間であっても、その移動手段が質素であることを示している。（パリ、国立図書館蔵、フランス語手書本分類5716、フォリオ48裏。*Photo©Bibl.nat.*）

参照：pp. 116, 902.

10. 聖ルイ、馬上で時禱書を読む。この細密画も14世紀冒頭のもので、ギヨーム・ド・サン=パテュスの聖者伝伝記の手書本の一節を図像化しているが、聖ルイの旅の道すがらの信心行為の実践を示すものである。
（パリ、国立図書館蔵、フランス語手書本分類5716、フォリオ48裏。*Photo©Bibl.nat.*）
参照：pp. 700, 759, 775.

11. キリストの受難の聖遺物の前で祈りを捧げる聖ルイ。聖ルイはサント=シャペルで、礼拝堂の聖職者が立ち会うなか、ひざまずき、手を合わせて、真の十字架と茨の王冠という聖遺物に、いつもの崇敬の態度で臨んでいる。これは王の最高の信心行為の身振りであり、彼が所有するもっとも貴重な聖遺物に捧げられている。この聖遺物によって彼は、受難のキリストという人格に、この世にあってもっとも親密なやり方で近づくことができるのである。
（パリ、国立図書館蔵、フランス語手書本分類5716、フォリオ67裏。*Photo©Bibl.nat.*）
参照：pp. 401, 776.（参考：pp. 171〜8, 767, 983）

聖別された王、聖ルイ

13

14

12

12. 聖ルイの威厳の印璽。王文書の法的効力を保証する署名であると同時に、王権の象徴物件（アンシーニュ）であるレガリアを授けられた威厳の王を表わしてもいるこの物件は、王がいわゆるダゴベルトの王座を思い起こさせる伝統ある椅子に腰掛けている姿を示している。頭には王冠を被り、百合の花で飾られたマントを着て、左手には王杖を、右手には王家と国家を象徴する百合の花を持っている。この百合の花は初期の王たちが持っていた棒の形を示すものとなったのである。当時のあるテキストのなかで確認される正義の手は、印璽では、14世紀の冒頭にしか現れない。この印璽は聖ルイの第2番目の威厳の印璽である。第1の印璽にきわめて似ているが、細部において若干の違いがある。王の足がのせられている壇の前部に装飾がみられ、マントの縁の百合の花のデッサン、王冠、王杖、右手に持つ百合の花のデッサンが異なっている。（パリ、国立古文書館蔵、*Photo©Jean Vigne*）

参照：p. 384〜5.（参考：pp. 964〜5）

13.14. 王の聖別の二つの瞬間。額への塗油の儀式と指輪の指入れの儀式である。1250年の儀典書を描いたこれらの細密画は、聖ルイの治世下に作成されたものである。これらは聖別の最重要な二つの瞬間を表わしている。13の絵では、ランス大司教が、司教叙階のモデルに倣って、聖なる瓶に入れられた聖香油に一本の金針を浸して、王の額に塗油をおこなっている。王の肩と片腕が露わにされているのは、大司教が、王の肩と、胸の上部と、腕の付け根に続けて塗油するためである。祭壇の上には、最後に王に手渡される王冠と剣が置かれている。両側にはそれぞれ高位聖職者の一団と、王の世俗的権力の象徴である剣を振りかざした世俗の高位の役人や貴族の一団が控えている。14の絵では、大司教が王の指に、カトリック信仰の象徴である指輪をはめさせている。これは人々の長としての、そして君主としての王の叙階の、同時にキリスト教の信仰を擁護するという王の約束のしるしである。（『フランス諸王の聖別と戴冠儀典書（1250年頃）』所収）（パリ、国立図書館蔵、*Photo©Bile.nat.*）

参照： pp. 542, 728〜30, 1050〜4.（参考：p. 107）

15. 賢き王、知の推進者としての王。ヴァンサン・ド・ボーヴェの『歴史の鏡』*Speculum historiale* の、この書物の注文主である聖ルイに宛てた献辞付き序文を飾る大文字のDは、王座に座り、王冠を頭に被り、右手に百合の花の王杖を手にした王を示している。左手は受諾の身振りをしている。この手書本は13世紀後半の前半25年間に作成されたものである。王は髭をのばしているが光輪がない。（ディジョン、市立図書館蔵、手書本568、フォリオ9、 *Photo©I.R.H.T.-C.N.R.S.*）

参照： pp. 641, 735〜8.（参考：pp. 136〜40）

J・ル・ゴフ、日本語版への序文

このたび私が著した『聖王ルイ』が、世界の歴史、とりわけフランスの歴史に関心をもつ日本の皆様に紹介されますことは、私の心からの喜びとするところであります。

さまざまな民族の間で、それぞれの文化と歴史についての相互の認識、尊重、敬意、そして友好が発展できるとしたら、それは翻訳という行為を通してなのです。

日本およびヨーロッパの多くの歴史家たちは、この二つの地域が、比較検討が可能なほどその歴史がよく似ている中世という時代を共有しており、どちらも、一二世紀と一六世紀の間の時期に、封建制と呼ばれる社会的、政治的および文化的なシステムを経験したと考えております。

私は、私の描く聖ルイ——一二二六年から一二七〇年の間フランスを統治する王でありました——が、鎌倉時代の天皇や将軍にきわめて似ているとは思いませんが、日本の読者は、おそらく、同じ時代を生きていた日本人とフランス人の価値体系を比較してみることができましょう。もっとも、彼らは、お互いのことを本質的にはまったく知らなかったわけですが。

おそらく、日本の読者にとってもっとも奇妙に感じられることは、この人物の地位でしょう。

聖ルイは王であり、同時に聖人でありました。つまり、キリスト教的ヨーロッパの階層構造の、もっとも高い二つの地位を兼ね備えた人物なのです。彼は死後、教会当局によって聖人と承認された（死後二七年を経た一二九七年）一三世紀唯一のキリスト教徒の王でした。

聖人とは、神にのみ留保される礼拝の対象ではないにせよ、何らかの信心行為の対象となるキリスト教上の一種の英雄です。彼らは、死後に限られますが、信心深い者たちの祈りに応えて、奇蹟——すなわち超自然的行為——、とりわけ病いの奇蹟的癒しをもたらすことができるのです。

おそらく、日本の読者がもっとも驚くべきことと感じられるであろうことは、本書で問題とした一三世紀ヨーロッパにおいては、キリスト教信仰があらゆるところにその力を及ぼしているという事実でしょう。この結果、宗教ということばは、単にさまざまな社会生活の一個別領域を指すものではなく、逆に、宗教は、物質生活（経済は宗教に深く影響されていました）から政治に至る、あらゆるものに深く浸透し、どこにでも現れることになります。王権は聖別された職務であり、王は宗教的な人物でありました。たとえ、聖ルイ自身は、みずからは聖職者とは異なる俗人であるという性格を強調していたにしてもです。聖職者と俗人は、社会全体と同一視された広い意味での「教会」を一緒に構成する二つの要素ですが、王はこの社会においては「神の似姿」なのです。

一三世紀は、日本でもヨーロッパでも、物質的にも、文化・芸術・宗教的にも、繁栄と成長の時期でした。しかし、そこには何と多くの違いがあることでしょう！

日本の読者には、また、私の書物の序論をじっくり読んでいただきたいと思います。私はそこで、本書執筆の目標や、伝記についての私の概念を説明しています。私にとって、伝記とは、もちろんある人物の歴史ですが、その主人公は全体史《イストワール・グロバル》のただ中に置かれ、彼が生きた周囲の状況と切り離すことはできないのです。しかしながら、この人物のイメージとは、この時代がそのように記憶したいと願った意志によって生み出され、私たちのもとに遺されてきたものなのです。だから私たちは、当時の史料のなかに、ある人物の性格やその歴史的現実を探ろうとしても、それが可能なのは、つぎの場合に限られます。すなわち、彼が属していた社会が個人という感覚をそもそももっており、また、歴史家が頼りにする史料が、個人としての彼について語ってくれている場合です。それゆえ、私は、聖ルイについての歴史を書く前に、史料が、王全般ではなく「この」王の記憶を表わしているのか、聖人全般ではなく「この」聖人の記憶を表現しているのかを、検討せねばならなかったのです。たとえ、聖ルイのイメージが、一三世紀キリスト教的ヨーロッパにおける王権や聖性の概念を、たしかに反映しているとしてもです。

というわけで、私が願っておりますことは、本書の翻訳を通して、日本の読者が、単にフランスの歴史、ヨーロッパの歴史をより深く知っていただくことだけではありません。本書で提示された歴史、つまりヨーロッパ文化の歴史的基盤に属する事柄と、日本の歴史とについて、つぎのようなもっとも重要な見地から比較を試みていただきたいのです。すなわち、権力や社会的・宗教的諸価値の概念、歴史編纂の伝統、伝記や個人という概念などです。

今日「歴史する《フェール・イストワール》」やり方においてもっとも必要とされているのは、異なった諸文化の間で、ここでは日本とフランスの文化の間で、これらの文化を区別するものを比較することですが、また同時に、そしてとりわけ、諸文化の間の対話、相互認識、相互承認を可能とするものを比べてみることでもあります。このことを私たちは、国民的・文化的アイデンティティをもっとも強力に構成する要素である、この歴史なるものを材料に、現在進行しているグローバル化のただ中において実践するわけですが、それは、この動きが見識的で、平和的で、かつ正当であるべきだからなのです。

二〇〇一年五月

ジャック・ル・ゴフ

はじめに

本書の執筆と推敲にはほぼ一五年の歳月を費やした。この長い仕事の期間、私は数々の貴重な助力の恩恵に浴することができた。私の感謝の意は、何よりまず、社会科学高等研究院 École des hautes études en sciences sociales（この高等研究院は一九七五年以降、高等研究実習院 École pratique des hautes études の第六部門を引き継いだものである）に捧げられるものである。当高等研究院では、私は、三五年にわたって、部門を超える相互の対話を通じて、研究と教育を緊密に結びつけることができた。私が負うた恩恵は、私の演習に積極的に参加したフランスおよび外国の若い研究者や同僚から与えられたところがとくに大きいものである。

また私は、情報や研究を通じて、本書の実現に豊かな糧を与えてくださった諸氏に感謝を捧げる。とりわけコレット・リボクール氏、フィリップ・ビュック氏、ジャック・ダラン氏に、とくにマリ＝クレールおよびピエール・ガノーのお二人には感謝を捧げる。また私の親しい同僚であり友人であるジャン＝クロード・シュミットとジャック・ルヴェルの両氏には、彼らによる手書き文書の解読、批判、訂正や示唆に対して、深く感謝を表わしたい。

ジャック・ルヴェル氏は、私のテクストの草稿について、細心でしかも異例ともいえる優れた質の作業を成し遂げてくださった。氏がそれに割いた時間、またこうした真の協力において示された氏の知性に対して、私の感謝は他に比べることができないほどである。

私の優れた秘書のクリスティーヌ・ボンヌフォワには、この度もまた、その能力と献身と仕事において厳しい試練に立たせてしまった。彼女にも、心からの謝意を表わしたい。

また私の古くからの親友であるピエール・ノラ氏にも、本書をその権威ある〈歴史叢書〉に加えてくださったことに感謝したい。それに関連して、ガリマール社において、私の原稿について見事な最終的整理、それは知的で綿密な仕事であるが、それをやり遂げられた人たち、すなわち模範的な校正担当者であるイザベル・シャトレと私の親しい友であるルイ・エヴラールにも感謝したい。この仕事の終わりにあたって大きな悲しみに見舞われた。ちょうど私がルイ・エヴラール氏の最後の覚え書と修正の提案に目を通していた折のことであったが、氏の思いがけない急死の知らせを受けた。氏は、精神および知性の面で比類なき完璧さと厳密さを備えた人であり、異例ともいえる学識と教養を備えた古典の精通者であり、また多くの書物や多数の著者が氏に負うところの大きさにもかかわらず控えめで寛容な人であった。このような氏に対して、私はこの場を借りて、賞賛と情愛をこめた敬意を捧げたい。またニコル・エヴラールならびにその令嬢バルバラにも、索引の作成の労に対して感謝を捧げる。

私の妻や子供たちも、私のこの長期の仕事にかかわらずに過ごすことは叶わなかった。この年月を通して、私は彼らに対して聖王ルイについておそらく語りすぎるほど多くを語ったであろう。飽きるほどに私の話を聞かされた彼らが、聖王ルイを彼らの好みの歴史的人物にしたかは定かではない。しかし私としては家族の者たちの忍耐と支持と愛情に感謝している。

聖王ルイ／目次

凡　例

1　本書は、Jacques LE GOFF, *Saint Louis,* Gallimard, Paris, 1996 の全訳である。ただし、巻頭には著者から寄稿を受けた「日本語版への序文」を置いた。

2　原著の図版、付録、参考文献、年譜、索引、家系図、地図はすべてもれなく収録したが、人名、地名、事項からなる索引は、日本語版として新たに作成し直し、必要と思われる場合には、それぞれに訳者による注記、解説を付した。また参考文献には、関連する形で、翻訳のための参考文献を設けた。

3　部、章、節分け、ならびに改行は原書通りである。

4　使用した記号はつぎの通りである。

「　」は著者による引用文（«　»）、および原文中のイタリック、あるいはラテン語の重要単語（原則として初出の際には原語を併記した）。

『　』は作品名、紙誌名。

（　）は原文中でも同じ記号で示される、著者による補足。

〈　〉は原文中では“　”で示され、主として引用文中の引用。

［　］は原文中でも同じ記号で示され、主として引用文中における著者の補足。

〔　〕は訳者による注記。

5　原注は、節ごとに末尾にまとめ、（1）（2）…の通し番号を付けた。

6　訳注は、本文中では割り注として〔　〕内の収めたが、長文になる訳注は、節ごとに末尾にまとめ、（1）（2）…の通し番号を付け、原注のあとに置いた。

7　固有名詞の表記は、原則として慣用にならった。人名に関しては、およそ9世紀頃までの人物はラテン語表記、それ以後はその出身地に従った原地語表記である。地名に関しては、当該地名が所在する地域の慣用的言語表記である。いずれも、時にフランス名をそのまま転記した場合もある。なお、綴り字に異説のある場合は、当該箇所の著者の表記を採った。

8　原文中に頻繁におこなわれる聖書の引用に関しては、新共同訳を採用した。

9　すでに邦訳のある文献の引用については、極力先行訳を参照したが、訳者の判断で訳し直した箇所もある。

10　原文中には時に明らかな誤り、誤植などがみられるが、その多くはとくに指摘することなく訂正したが、文脈に関わるものについては、修正せず、訳注にその旨を注記した。また、とくに原注に散見する、史料・文献の参照表記の不統一は、そのまま再録した。

11　原注および参考文献一覧に列挙される文献は、いちいち邦訳せずに原文のまま再録した。邦訳があるものには〔　〕のなかに注記した。

12　翻訳のための参考文献という項目を設けた。翻訳には、原著の参考文献に掲げられている文献の多くを参考にしなければならなかったが、その関連性を示すためにこの項目を原著の参考文献表に続く形で設け、また参考文献名の重複の繁雑さを避けるために、原著の文献表に記載されている文献以外のものに限って、その主なるものを提示した。

聖王ルイ

彼の信仰心は、隠修士に比すべきものであったが、王としてのいかなる徳も除くことはなかった。節度ある倹約は彼の施しの寛き心をいささかも減ずることはなかった。彼は奥深い政治と厳しい正義とを調和させることができた。おそらくはつぎのような称賛の辞を受けるにふさわしい唯一の君主であろう。すなわち、会議の発議においては慎重でしかも確固としており、闘いにおいてはわれを忘れることなく大胆不敵であり、さらにはこれまで不幸しか知ることのなかった者かと思われるほどに人に対する思いやりが深い。これ以上に徳を深めることなど人には求められるものではない。

ヴォルテール『風習論』第五八章

序論

一三世紀は、時おり「聖王《サン》ルイの世紀」と呼ばれたりすることがあるが、創造的でエネルギーの沸き立つような一二世紀と、中世の秋の大きな危機に沈み込む一四世紀に挟まれ、前後の世紀に比べると、これまで歴史家の関心を引くところの少ない世紀であった。彼らの関心はむしろ、ルイ九世の祖父フィリップ・オーギュストや孫のフィリップ端麗王に向けられ、その間に挟まれたルイ九世は、意外なことだが、「フランスの中世の偉大な王たちのなかで解明されていないことが多くある王」である。最近、ルイ九世について二つの研究が発表された。それはアメリカのウィリアム・チェスター・ジョーダンとフランスのジャン・リシャールによるものだが、それら二冊の著書では、ルイ九世は、ある理念にとりつかれた姿、つまり十字軍の魅惑と聖地への執着という解釈をもっぱらとする形で示されている。しかし私には、ルイ九世はもっと複雑な存在にみえる。彼の四四年におよぶ長い治世はもっと紆余曲折のあるもので、さらに彼が生きた時期は中世の「絶頂期」——この時期に対してはしばしばこのように特徴づけられてきた——ということばで理解されるよりももっと波瀾に富んだ時期であったように思われる。

けれども、一三世紀という時代そのものはこの研究の目的ではない。一三世紀にふれることになるのは当然であるが、それはルイ王が生きた世紀であり、また彼の生涯や行動の素地だからである。本書は一人の人間について語ろうとするものであって、その時代について語るとしても、その人間を明らかにするという限りにおいてでしかない。私の意図とするところは、「聖ルイの治世」でも、「聖ルイとその王国」でも、また「聖ルイとキリスト教世界」や「聖ルイとその時代」でもない。たとえそうしたテーマに関わり合うことになるとしても、それが目的となるものではない。聖人である王について語るために、時には広い領域について深く細かく言及することがあるが、それは、この聖王が、神聖ローマ皇帝フリードリヒ二世とならんで、キリスト教西欧における一三世紀中葉のもっとも重要な政治的人物だからである。フリードリヒ二世は——今日では近代国家《エタ・モデルヌ》を予告する人物の一人とみなされている——地中海という文化的境界に心を引きつけられた辺境の人にとどまるのに対して、ルイ九世は、地理的に見ても、彼が生きた長い治世から見ても、また彼が体現したイデオロギーにおいても、一三世紀のキリスト教世界における大人物のなかでもっとも中心に位置する人物である。だからこそ、聖王の伝記を書こうという考えが生まれてくるのであるが、かといって、伝記を書くということはそう簡単なことではない。

＊

今から一〇年以上も前のことになるが、私は、じっくりと構えて、この中世西欧の主要な人物についての調査を始めた。そして調査の成果に伝記《ビオグラフィ》というジャンルの形式をあてようと決めた。この決心をするに際して、これは歴史家にとって困難な仕事になるだろうと、またその時まで私がしてきた歴史の作法《フエール・ド・リストワール》からすれば、これまでとは違った分野に入り込むことになるだろう、と感じていた。まず、困難な仕事となるという点では、まさしく想像した通りであった。しかし分野をはずれるという点では、私の予想は誤っていた。

困難を覚えるといったが、伝記がむつかしいというのは、一見したところでは、逆説ともとられかねない。事実、ここ数年来、伝記的な著作はあり余るほどに発表され、伝記というジャンルが流行っているので、伝記を書くことなど簡単だと思えて当然だからである。伝記を著すには、史料を集め——これは概して可能である——ある種の書く才能をもっていれば十分だとも考えられるからである。しかし、そうした作品の大方には不満を覚える。伝記でありながら、人物の心理に関しては時代錯誤もはなはだしく——いってみれば、心性《マンタリテ》という概念をあまりにも安易に使いすぎて、まともな解釈も批判精神もなく、過去へのエキゾチスムをもてあそんでいる——それに大げさなレトリック、皮相に片寄り、逸話を並べ立てすぎているからである。こうした伝記を読んだ結果、私としては、歴史学的伝記《ビオグラフィ・イストリック》とはいかなるものを内容としてもち、どのような基準に従って書かれねばならないかを考えざるをえなくなった。だから、このような仕事を前にして気後れしてしまうことは、はっきりしていたのである。つまり歴史学的伝記を書くということは、たしかに、歴史の作法《フェール・ド・リストワール》のうちでももっとも困難な仕事の一つである。

これまでの自分の歴史学の本領からずれるということについては、困難という問題とは逆に、この仕事に着手するまで私が突きあたったことのある歴史学の調査や叙述法《エクリチュール》に関するほとんどすべての問題に、もう一度突きあたることになった。当初の私は、伝記とは歴史の作法の一つの特定な方法であると確信していた。しかし、伝記とは、単に歴史学の実践に内在する諸方法、たとえば、問題の位置づけ、史料の探索と批判、ある事象の継続と変化との間に弁証法的な関係を見分けるために十分な時間幅をとること、解釈を適切に伝える叙述の方法、扱う問題の現在への関わりについての意識——いいかえれば、何よりも、その過去の問題と私たちの現在との時間的な隔たりについての意識——などを強く求められるだけではなかった。伝記は、現在の歴史家に対して、その仕事についての本質的な——古典的でもある——課題と、とりわけ厳しくしかも複雑な形で直面させるものである。しかしながら伝記は、じつのところ、私たち歴史家がしばしばすでに慣れ親しむのをやめてしまった表現形式のなかで迫ってくるのである。

というのも、これはとりわけアナール派においてははっきり感じられるのだが、二〇世紀全般においては、稀ないくつかの例外はあるにせよ、歴史学的な伝記は一時的に衰退を見たからである。歴史家は多かれ少なかれこの伝記というジャンルを小説家——この領域では古くからの競争相手であった——に委ねてしまった。マルク・ブロックがそれを指摘したが——彼はこの歴史叙述の形式《フォルム・イストリオグラフィック》に対しては軽蔑を示したといわれているが、そうではなく、反対に未練を残していた——、おそらくブロックにとっては、伝記は、政治史と同様に、歴史家とは何かという思想や実践についての革新に対応することがうまくできないという感じをこめてのことだったのであろう。二〇世紀における新しい歴史学の父の一人であるフュステル・ド・クーランジュは、「歴史学は人間社会についての科学である」と定義したが、彼はその定義を説明して「これは、歴史において個人の部分を最大限に縮小することである」といっていたのである。今日、歴史学は、西欧社会の全般的な変容の危機のなかで、諸々の社会科学と同じように、その自明性について厳しい批判をこめた見直しの時期を迎えている。こうした時期にあって、私には、伝記は、これまでのそもそも誤った問題の立て方が陥らせていた袋小路から、部分的ではあるが解き放されることが可能となってきたように思われる。というより、伝記は、歴史家という職能の慣習的作業や野心について、その調査の結果の限界について、歴史家が今日必要としている定義のやり直しについて、有効に考えさせてくれる、いわば特権的な展望台とさえなりうるかもしれない。

以上のような理由からして、私としては、本書を世に問い、そこで私が何をなそうと努めたかをはっきりさせながら、今日、歴史学的伝記がどのようなものであってはならないかを示さねばならなかったのである。なぜなら、伝記というとりわけて困難な分野において、おそらく他の領域よりもはっきりと変容の最中にある歴史の作法に関する私流のやり方を、私に見い出させてくれたものこそ、これら今日の伝記に対する拒否の意志に他ならないからである。

*

私はこれまで、全体史《イストワール・グロバル》を企てることを歴史家としての常々の訓練としてきたので、すぐさま伝記が要求する問題に直面することになった。すなわち伝記を書くということは、かってピエール・トゥベールと私が考えたように「全体を構造的に一つの意味あるものとする《グロバリザン》」主題、つまりそれを軸にして歴史研究が対象とする全領域が構築されるような主題として、一人の人物を置かねばならないということである。ところで、歴史家が歴史的知が拡がる地平のなかからその輪郭を浮かび上がらせる周囲の状況全体や、対象とする領域全体を、そのまわりにもっと多くもっと具合よく結集させることができるものとして、人間以上のものを考えることができるだろうか。聖ルイは、同時に経済的なもの、社会的なもの、政治的なもの、宗教的なもの、文化的なもののすべてに関与している。聖ルイはそれらすべての領域で具体的に行動していたのだが、その彼を具体的な行動へと動かした彼の考え方を、歴史家は、すべての領域について分析し、説明しなければならない。たとえ問題としている特定の個人について完璧に知りうることなどは「ユートピア的欲求」であるとしてもである。実際のところ、人間の研究においては、歴史研究のどの対象にもまして、史料状況の全面的であれ部分的であれ欠落を勝手に埋め合わせたり、聖ルイ自身があるいは聖ルイについて他のだれかが何かを隠そうとしてわざと沈黙していることを勝手に想像しようとしたり、また、一人の人間の一生の表面上の首尾一貫を壊してしまうような、連続や連鎖の欠落を勝手につなぎ合わせるようなことはあってはならない。しかし、とはいえ、伝記とは単に、ある人物について知ることのできることを、知っておかねばならないことを、残らず集めて並べたものではありえない。

もしある人物が質的に異なるさまざまな現象を「全体を構造的に一つの意味あるものにする」としても、それは、歴史家が扱う他の対象に比べて人間がより「具体的な存在」であるかもしれないという理由からではない。すでに歴史家は、たとえば「伝記における虚構の具体性」と「政治史における虚構的な理論化」という誤った対立については決着済みであるが、しかし歴史家がおこなう伝記が、他の歴史学的研究に比べてはるかに「リアルな効果」を作り出すものであるという事実はやはり残り、それが歴史学的な伝記を小説家の作業に近づけているのである。ところが、この「リアルな効果」は、単に歴史家の文体や叙述力《エクリチュール》のみから生まれるものではない。歴史家本来の能力、つまり史料や対象の人物が生きた時期と親しむことによって、史料そのもののなかに、「適切な謎解き」によって「リアルな効果」を浮かび上がらせることができねばならず、この「リアルな効果」の真実性にもとづいて結論を下すことができるのである。もっと簡単にいえば、史料を細かく分析して、そこに、歴史的な現実について確かな説得ができるようなものを浮かび上がらせることが問題なのである。あとで見るように、聖ルイは一人の例外的な証人に恵まれている。それはジョワンヴィルであるが、ジョワンヴィルは歴史家によく「そうだ！　これこそ正しく〈まことの〉聖ルイだ！」と叫ばせる。だが、歴史家としてはあくまで用心するに越したことはない。

事実、歴史家は一つの重要な約束事をみずからに課している。つまりあくまで史料に即することで、歴史家の研究の野心も限界もすべてそこにかかっている。この点で、歴史家は小説家とははっきり異なる。たとえ小説家が描こうと欲する真実について十分な情報を集めることに努力するとしてもである。ところで、聖ルイは（アッシジの聖フランチェスコとともに）一三世紀の人間であるが、直接の情報がもっともよく残されている人物である。彼が王であり、聖人だったからである。歴史はとりわけ大人物についてはよく語ってきてくれたし、しかもその場合も、長い間もっぱら個人として関心が寄せられてきたからである。このことは中世の歴史叙述においてはとりわけ本当である。しかし、このように聖ルイ史料が歴史家に供する表面的には有利にみえる状況は、それらの史料の信頼性に関する疑問とバランスがとられるべきものなのである。聖ルイの史料は、他の史料にもまして偽りを述べているというわけではないにしても、少なくとも想像された聖ルイ、つまり空想の聖ルイ像を、私たちに提示している危険をはらんでいる。

その第一の理由は、聖ルイのかっての伝記作者の性質と目的に関わっている。彼らは、いずれにせよきわめて重要な作者たちであるが、ほとんどすべてが聖人伝作家《アジオグラフ》なのである。この種の作家たちは聖ルイを単に聖人王にしようとしたわけではない。彼らが属するイデオロギー集団の理想に応じる王でありまた聖人である聖ルイに仕立てようとしているのである。こうして、新興の托鉢修道会――ドミニコ会とフランシスコ会――にとっての聖ルイがあり、また王の修道院サン＝ドニを根拠とするベネディクト会修道士にとっての聖ルイが存在し、前者にとっては托鉢修道にはげむ聖人、後者にとってはむしろ「国民的な《ナシオナル》」王の模範という色濃い姿となるのである。他にも史料操作の理由がある。それは、王の人物像を私たちに示してくれる史料が本質的に文学的な作品であるという問題である。そうした史料とは、とりわけラテン語で書かれた聖人の生涯、つまり『聖人伝』*Vitae* といわれるものである。ところで中世の文学は、いくつかのジャンルにはっきり区分され、それらのジャンルはそれぞれの規則に従うものとなっている。聖人伝というジャンルは、一三世紀に聖性の概念が発展したため、たとえ聖人伝に対してもこれまでより少しは自由が認められるようになっているとしても、基本的には紋切り型の話で埋め尽くされている。それでは、私たちが手にする史料が語る聖ルイは、決まりきった伝統的トポス《リュー・コマン》の寄せ集めにすぎないものなのだろうか。私としては、この研究の中間部分のすべてを、これら史料の信頼性の検討に捧げねばならなかった。それは、一三世紀と一四世紀初頭において聖ルイについての記憶《メモワール》が作られていった条件を研究することであったが、それを単に史料批判の伝統的な方法によるだけではなく、もっと根底的に、記憶がどのように組織的に作られるかという観点に立っての研究であった。そして、果たして史料を通して、「真の」つまり本当に歴史学的といえるような聖ルイに近づくことが可能なのだろうか、と問い直さなければならなかったのである。

聖人伝のこうした性質自体は、私の意図するところを正当化してくれるが、と同時に新たな危険ともなるものである。聖人伝というものは、たとえ語り《レシ》がキリスト教的な徳や信仰心の顕われをめぐって組み立てられていようとも、一つの歴史であることには変わりがないが、概して奇蹟の羅列目録なのである。私としては、一三世紀の聖人伝的な伝記から二〇世紀末の歴史学的伝記へとたどることによって、叙述的《ナラティヴ》歴史と「構造主義的」歴史――かっては社会学的と、それ以前には制度史的と呼ばれていたかもしれないもの――との間には対立があるとする論議が間違いであることを確証できた。ところで、いかなる歴史も叙述されるものである。なぜなら、当然のことながら歴史は時間の、その推移のなかに置かれるので、否応なく語られるものに結びつかないわけにはいかないからである。しかしそれだけではない。まず第一に、語り《レシ》には、多くの人――歴史家のなかにさえいる――が信じていることとは逆に、事実をそのまま語ることは一切ない。語りは、知的で科学的な作業の積み重ねの結果であり、この作業についてはそれを明確にし、さらには正当化するだけの価値がある。語りにはまた、解釈がともなうので、重大な危険を抱え込むことになる。ジャン゠クロード・パスロンはかって「すべての伝記的アプローチに含まれる意味の過剰と首尾の一貫性」という危険を指摘したことがある。彼が「伝記のユートピア」と名付けるものは、素材の選択も批判的検討もおこなわれていない伝記的物語《ビオグラフィ》にあっては「無意味なものは何もない」と考える危険だけではなく、伝記的物語がある運命を間違いなく再現するという幻想のうちに、さらなる危険がある。ところで、ある人間の生涯は、しかも聖人である王のように政治的にも象徴的にも強力な権力を付与された人物の場合はなおさらのことであるが、その人物にはもともとからして、その王としての役割や聖人としての最終的な完徳が備わっていたと考えられがちである。こうなると、聖人伝の作者に筆をとらせた聖人モデルに加えて、歴史的なレトリックが示唆するモデル、かってジョヴァンニ・レヴィが「きちんと秩序づけられた時間の流れ、いつも首尾一貫して動揺することのない人格、目標を見据えた行動とためらいのない決断」と定義したモデルを付け加えることになってしまわないだろうか。

ピエール・ブルデューはこうした「伝記の幻想《イリュジョン・ビオグラフィック》」を告発したが、この幻想の束縛から逃れるために、私はいくつかのやり方を試みた。聖ルイは、一三世紀という枠組みのなかで、またその時代を支配するモデルに従って、聖人である王という運命へと唯々諾々と進んでいったわけではない。彼はみずからの力で自己を創り上げたのである。時代によって創り上げられたと同時に時代を創り上げた者でもある。さらにこの自己・時代形成は、偶然やためらい、選択の決断によって綾どられている。ある人間の伝記は――あらゆる歴史的現象と同じように――、現在私たちがその伝記がどのように展開されたかを知るもの以外の形で想像しようとしても無駄である。歴史は「もし」を用いては書かない。しかしながら、聖ルイは、たとえ歴史は神の摂理に導かれていると信じていたとしても、さまざまな場面で、彼が実際におこなったとは違ったように行動したかもしれないことも考えておかねばならない。一人のキリスト者として、神の摂理に従うとしても、摂理の指図に反応するやり方はいくつもありうるからである。聖ルイは結果の予期されない選択を積み重ねながら自分がいかなる人間かという像をしだいに明確にしていく、そうした人間として私は示そうと努めた。そして、聖ルイの伝記の流れを絶えず中断して、王が生涯のさまざまな段階でぶつかった課題を説明するようにした。またそうした人生の諸段階を標定することが歴史家にとっていかに難問であるかを説明しようとも試みた。フランスの歴史では他に例を見ない共同統治――聖ルイは長い間母ブランシュ・ド・カスティーユと共同して統治した――のために、歴史家には、ルイ一四世の場合のような「ルイ九世の権力掌握」の日付を定めることが不可能とされている。聖ルイが中央ヨーロッパへのモンゴルの急襲を知ったとき、病いが彼を死の間際に追いつめたとき、エジプトでイスラム教徒によって虜囚の身から解放されたとき、六年の不在ののちに聖地から自分の王国に帰還したとき、聖ルイは選択の決断を下さねばならなかったはずである。実際に彼は決断を下すことになるが、それは、最終的に聖ルイになる人物を予見させうるような選択の決断ではない。結果が重くのしかかる数々の決断をしなければならなかった重要な出来事については、私としてはそのいくつかしか取り上げない。聖ルイという存在が、一つの生涯、つまり伝記作者が取り上げてしかるべき生涯になるのは、まさに、王としての役割をおこなった日々の実践のなかに、そして秘められ、無意識で、不確かなものものであるその聖性が形作られていくなかにこそである。

ジョヴァンニ・レヴィは的確にいっている。「伝記とは、[…]その対象とされる人物に許される自由がじつは時たましか許されないもの――それにもかかわらず重要である――であることを証明するための理想的な場であるし、同様に、決して矛盾をまぬがれえない規範的なシステムがどのように具体的に動くかを観察するためにも理想的な場である」と。そこで、私は、一三世紀中葉の君主制度がもつ性格や柔軟性がルイに与える権力の選択の幅を評価し、詳しく観察してみようと努めた。聖ルイの時代には、聖別された王権の威光は増大していたものの、まだ絶対の域からはほど遠いものであり、王が病いを癒す能力にしても限界があったし、また、王が時間と空間を支配する闘い、聖ルイがまだ名付けることさえできなかった経済との闘いが続けられていた。私は、ルイの生き方や人格にのしかかる矛盾を隠すようなことはしなかった。その矛盾とは、たとえばつぎのようなものである。彼の肉体的快楽や美食への好みと、性欲や大食に対して自己統御しようとする理想との間の矛盾、托鉢修道士の「陽気な」信仰心と修道院の伝統の厳しい禁欲の実践との間の矛盾、王の義務としての絢爛豪華と君主の謙譲さ――彼はもっとも低い一般信徒ではないにしても、少なくともかくあるべきと考えられるほど卑下したキリスト教徒として振る舞おうとした――との間の矛盾、「だれも〈私〉より生に執着してはならない」と宣言した王と、しばしば死にさらされ、みずからの死や死者のことに絶えず思いを馳せている王との間の矛盾、しだいにフランスという国家の主となっていく王と、キリスト教世界全体のための王になろうと願った王との間の矛盾など。

ある一人の人間の人生は不確かさと矛盾が満ちているものだという問題は、いかなる歴史学的伝記の試みでも必ずぶつかるものであるが、じつをいえば、聖ルイの場合は特別といえる特徴によって普通とは異なる形になっている。聖ルイの古い伝記作者のほとんど全員が認めていることであるが、王の生涯には、十字軍を境として一つの転機、断絶とさえいうべきものが存在するという。一二五四年以前は、あらゆるキリスト教徒の王と変わらないような、信仰において正常な王であるが、この年を境にしてのちは、贖罪と終末論に傾く君主となる。つまり自分の王国に宗教的・道徳的秩序を打ち立てるため、自分もまた家臣たちにも永遠の救済への準備をさせようとし、まさに自分自身が王なるキリストとなるのである。ルイ九世の生涯や治世をこのように表わそうとするのは、聖人伝の聖人モデルに従おうとすることである、と同時に聖書の王たちのモデルにも合わせようとするものである。聖人伝モデルでは、聖人の生涯における「改宗《コンヴェルシヨン》」の時期を求めようとする。また聖書のモデルでは、聖ルイを新たなヨシヤ〔ユダ王国一六代目の王、八歳で即位し、英明で信仰厚く、ユダヤ民族の独立と宗教改革をおこなった〕に、つまり旧約聖書によれば、ヨシヤの治世はモーセ五書《パンタトゥーク》の再発見とその契約のことばの実践という事件によって二つに分かたれているが、そのユダヤの王ヨシヤに重ねるものである。私自身も、この一二五四年を転機とする説を補強できる仮説を立てている。この年、聖地からの帰路にプロヴァンスに上陸したルイが千年王国説——永遠の天国を予兆する正義と平和の長い支配がこの地上に実現することを訴えるもの——を唱えるフランシスコ会士ユーグ・ド・ディーニュという托鉢修道士に出会ったことは、きわめて重要だと考えるのである。しかし、一二三九年に獲得したキリスト受難の聖遺物を篤く崇拝する王であり、一二四七年に王国役人の悪を糺す監察使制度を創った王であるルイと、一二五四年末に王国に道徳的秩序を打ち立てるべく「大王令《グランド・オルドナンス》」を発布したルイとの間に、どれほど大きな変化がみられるだろうか。さらにいえば、歴史家が聖ルイの人生の展開をたどるにあたって部分的にせよ行きすぎた整合を避けようとするのは、それは、聖ルイの伝記作者が一三世紀の教育的・学問的な慣習に従って、三つのタイプの論証手続き《トロワ・ティプ・ダルグマン》を、それらを絡まらせて論証が単一なものに陥らないようにして用いていることである。たとえば、まず複数の「権威《オトリテ》」なるものがある。つまり聖書と教会教父であるが、伝記作者たちはそれらの権威に依ってルイに王権の聖書モデルを当てはめる。ついで「理性《レゾン》」なるものがくるが、これは新興のスコラ学の方法による論証手続きである。第三のタイプは「例話《エグザンプラ》」、つまり教化のための逸話である。逸話のほとんどは類型的なものであるが、それでも数々の逸話を用いることによって、前の二つの論証手続きの厳格さを和らげるような語りのファンタジーがもち込まれることになる。

ここでは主要な問題は、つぎのような印象を与えられることからもたらされる。すなわち、史料は明白には語っているわけではないが、きわめて早い時期からルイ九世は、自分から尊大にも聖人になろうと思ってはいなかったものの、いわばその母や青年時代の補佐役《コンセイエ》たちによってそのように「プログラムされていた」ような感じを、また彼自身も非常に早くから自分を駆り立てて、キリスト教の理想の王の化身たろうとしたような印象を与えるのである。そうなれば、彼の生涯はもはやこのプログラムを意志をもって情熱を傾けて実現しようとするものに他ならなくなってしまう。ウィリアム・C・ジョーダンは――才能もあり繊細さも持ち合わせる学者ではあるが――聖ルイのうちに王としての義務と托鉢修道士的な信仰とに引き裂かれた人間を見ているが、私としては、彼の見方とは反対に、聖ルイは、みずから意識しないほどに自分のものにした驚くべき能力によって、内心の葛藤もなく、精神的にも実践的にも、政治と宗教を、そしてレアリズムとモラルを調和させていたと思う。この点については、本書のなかで何度も検証できる機会があるだろう。

このように「プログラムされた」人生へ向かう歩みがあるとしても、聖ルイについて、方向づけられているなかで遅巡、障害、悔恨、矛盾をはらむ伝記が成り立たないというわけではない。王の遅巡、障害、悔恨、矛盾は、かってセビーリャのイシドルスが、王とは「王は正しく統治すべきである」*rex a recte regendo* に由来すると定義したように、王の本義と相反するものではない。かりにルイには劇的な事件がなかったとしても、みずからを理想の王の化身たろうと欲した彼の不断の熱望は、その伝記に不確かさを与えるものの、その不確かさこそが最初から最後まで興味をかき立てるものである。ところで、ある種の証言は、この聖人である王の姿が奇妙に変形されて映っている鏡のようなものとして、私たちに届いていないだろうか。

*

聖ルイの伝記を著すことで歴史家としての私の本領からはずれてしまうこと、これは避けることができたが、それは、私がもう一つの誤った問題を早々に取り除くことができたということでもある。その問題とは、個人と社会との間でよく指摘される対立であるが、この対立が無意味であることはすでにピエール・ブルデューが解明している。個人は、多様な社会的関係の網のなかでしか存在しないが、この多様性こそがまた個人の働きを広げてくれるものである。社会を識ることとは、個人としての人物がそこに位置を占め、生きていることを見るために必要である。私は、すでに発表した著作で、一三世紀には二つの新しい社会的集団が出現したことを研究した。一つは、商人という集団で、私に経済と倫理の関係を追求させた。これはまさに聖ルイもぶつかった問題である。もう一つは大学人の集団で、かって私は「知識人」と呼んだ。この集団はその上層部を教会組織に送り込んだし、またそれほどとはいえないが、世俗の行政機関にも幹部を送り込んだ。そして彼らは、教会権力 *sacerdotium* と国王権力 *regnum* とならぶ第三の権力、制度化された知の権力 *studium* ともいえる権力を成立させたのである。聖ルイは、これらの知識人や新しい権力とは、限られた関係しかもたなかった。最後に、私はかってもっとも広範なある社会の構成員を研究したことがある。それは、一三世紀に新たに発見された彼岸《オー＝ドゥラ》のある場所、すなわち「煉獄」にいる死者たちと彼らが生者ともつ関係についての研究である。ところで、聖ルイはいつも死や死者たちや彼岸と関わり合いをもつことをやめなかった人物である。この聖人である王が生きていた社会風景は、いってみれば、広い意味で私には親しいものであった。ここでも私は、聖ルイの生の軌跡には他の者に比して正常なものもまた異常なものも併せもっていることを識別しなければならなかった。なぜなら聖ルイを考察しながら、私は、彼と一緒に政治権力の頂点や天国に接近していたからである。

今私はある個人に接近して行ったといったが、むしろ、個人に接近できるかどうかを自問しなければならなかったというべきである。なぜならば、個人という問題を全般的な問いかけに結びつけると、問題が複雑なものになるからである。聖ルイは、歴史家の何人かによれば、個人というものが出現し、考え出されたとされる時代に生きていたからである。この問題については、私は本書の主要部分で長い論議を展開している。しかし、ここで以下のことを喚起しておくのはきわめて重要なことである。すなわち、聖ルイが生きた一三世紀の初期には告解前の良心の究明（一二一五年の第四ラテラノ公会議はすべてのキリスト教徒に毎年一回の耳聴告白を義務として強制した）が出現したこと、それに一三世紀末には、芸術において個人の肖像画が生まれたことである。こうしたルイは果たして「個人《アンディヴィデュ》」であったのだろうか。もしそうなら、いかなる意味で個人であったのだろうか。マルセル・モースは「私という意識《サンス・デュ・モワ》」と「個人」という概念を適切に区別しているが、この区分を借りれば、聖ルイには「私という意識」はあったが、

「個人」は知らないものだったと思う。いずれにしても、彼は個人的な態度である良心をもって王の徳としようとした最初のフランス王であったのは間違いないだろう。

＊

最後に、この伝記についての研究を通じて、私は歴史家の本質的な関心事の一つである時間《タン》の問題を改めて考えてみた。まずは、時間が複数の形のもとに現れることから、時間の多様性という問題が今日の私たちにふたたび提起されていることである。かっては西欧は機械仕掛けの大時計や腕時計で統一された時間によって支配されていたが、その時代が終わりを告げた現代の私たちは、現代社会の危機によって、また社会科学の危機によって、時間がバラバラに断片とされてしまった事態に直面している。聖ルイといえば、彼は時間が統一への道をたどる時代より前の時代に生きていたが、やがて支配者は時間の統一の上にその権力を確立しようとすることになる。一三世紀には一つの時間など存在しない。あるのは王にとってのさまざまな複数の時間だけである。他の人間に比べて、君主はきわめて多くの時間と関係をもち、そしてそれらの時間と王がもつ関係は、時代の諸条件に従うものであるにせよ、しばしば一般の人間の基準の外のものであった。たとえば、権力の時間とは、時間の使い方、旅行、権力の行使に関して固有のリズムをもつ時間なのである。ある範囲内では、君主は時間を決定することさえできる（王自身もまた、大蠟燭の燃え具合、日時計の観察、鐘の音、典礼暦の進行などによって時を測っていた）。しかし、とりわけ伝記の研究をすることによって、これまで私が慣れ親しんでこなかったようなタイプの時間をじっくりと観察することを教えられた。それは、ある人生という私的な時間というべきもので、王やその王を扱う歴史家にとって治世という公的な時間と混同してはならないものである。ある個人に、もっと正確にいえば、個人としての王に対して、一人の人間として生きた時間という尺度——たとえ一二歳で王になったルイ九世が、その生涯のほとんどを王座で過ごしたとしても——を、また民族学者がいう「ゆりかごから墓場まで」という人の一生という社会的な時間の尺度を改めて当てはめ直してみると、一つの生涯の時間的展開と時期区分について新しい展望を開かせてくれる。ここではとりわけ政治的な時間が尺度として統一されていることが重要である。もしこの政治的時間が、ルイの場合のように、王朝的なものになれば、さらに注目すべきものとなる。ルイの場合、その生涯は始めと終わりにおいて予測通りとはならなかったが、しかしいずれにせよ、王のみが、まさに個人としてどこでもいつでもその身に備える形でもっている統一化された彼の時間なのである。社会学者ジャン＝クロード・シャンボルドンは適切にも、伝記という個人の時間と歴史全体の時間の関連について語った。私も、聖ルイの生涯の時間における区分された時期と時間の流れの全体的なスタイルが、一三世紀のさまざまな時間的な変化――経済的、社会的、政治的、知的、宗教的――と関連して展開されるよう、その叙述に注意を払った。聖ルイは、経済の大発展の末期、農奴制の終焉、都市ブルジョワの確立、近世的な封建国家《エタ・フェオダル・モデルヌ》の建設、スコラ学の勝利と托鉢修道士的信仰の定着、こうした時代にいた。これら大きな出来事の展開リズムは、王の青年時代、壮年時代、晩年期、一二四四年の病気の前後、一二五四年の十字軍からの帰還の前後など、それぞれの彼の行動の諸相を、ある場合には先鋭的な形で、しばしばより調和のとれた状態で、時には衰退した姿で横切っている。聖ルイは時には歴史を加速させたかのようであり、また時には歴史にブレーキをかけたかのようにみえる。

*

序論の締めくくりとして、ここで三つのことを指摘しておきたい。まず第一に、人間というものは、個人であれ集団であれ、その重要な部分は幼年期や青春期に身につけた知識や習慣から形成されていることを忘れてはならないことである。そうした時期には、人は年長者からの影響を受けて過ごす。親族や教師や古老は、書き物が支配する社会におけるよりも過去の記憶がずっと力をもっていた世界、すなわち高齢が権威をもっていた世界では、ずっと重んじられていたのである。つまり、ある人間の時間的な実体範囲というものはその人間の生まれる以前にも広がっているのである。マルク・ブロックは「人間というものはその父親の子というよりもっとその時代の子である」といったが、それを正しい言と受けとめたうえで、さらに正確を期していえば「自分の時代と父の時代の子である」と言い直すことができる。一二一四年に生まれたルイは、生前の祖父（フィリップ・オーギュスト）を見ることのできた初めてのフランス王であったが、彼は多くの面で、一三世紀の人間であると同じぐらいに一二世紀の人間であった。

聖ルイの伝記はもう一つ別の特異さも示している。この王が死後に聖人に列せられたという事実である。この列聖を遅らせた障害の要因については本書のなかでふれることになるが、その結果、彼の亡くなった年（一二七〇）から聖人に列せられた年（一二九七）までには二七年という期間が生じることになった。その二七年間、王の聖性に賛同する者は、いわば彼を生きている者のように維持し、証人やローマ教皇庁の記憶から消えないようにしたのである。この期間は彼の人生の一種の補遺であるからには、私としては考察の対象に入れざるをえなかった。またこの時期は王の伝記が盛んに書き直された時期でもあった。

私の構想は、だから、聖ルイの「全体《トタル》」史を提示することである。まず彼の生涯をたどることによって、ついで彼に関わる史料に従って、そして最後に、彼自身と彼の時代の内に示される、王の人となりについての基本的なテーマに従って、聖王の全体史《イストワール・トタル》を示すことである。

最後に、作家ボルヘスがいうように、人間が本当に死ぬのは、その人間を知る最後の人間が死んだ時であるとするなら、私たちは、聖ルイ自身とはいかないまでも、少なくとも聖ルイを生前よく知っていた者のうちで最後に死んだジョワンヴィルをよく知っているという幸運に恵まれている。ジョワンヴィルは、ルイの死後三〇年以上経って例外的ともいえる証言を綴り、その王なる友に遅れること四七年して、九三歳で亡くなっている。要するに、私が試みた伝記は聖ルイのこの意味での最終的な死まで続いているのである。しかしそこまでで止めている。なぜかといえば、聖ルイがいなくなってのちの後代の者が聖ルイの生涯を書くことは情熱をそそられる主題ではあるが、それは、聖王の歴史的イメージの歴史を書くこととなり、そうなればそれはもう別の問題になってしまうからである。

*

私は、この著作を構想したとき、あらかじめ二つの問いを念頭に置いていた。二つの問いといったが、それは同じ一つの問いの両面にすぎない。聖ルイの伝記を書くことは可能か、聖ルイは果たして実在したのか、という二つの問いである。

第一部では、私がおこなった伝記の試みの成果を示した。もっと厳密にいえば、第一部は叙述的《ナラティヴ》であるが、しかしその叙述には、聖ルイが構築したその人生の主な段階ごとに課せられた問題によって節目がつけられている。

第二部は、同時代の人たちによって聖ルイについての記憶《メモワール》が作られていくが、その記憶の生産についての批判的な検討にあてた。「聖ルイは実在したか」という問いに対しては、最終的には私は肯定する答えを出したが、この研究の結果は、その答えを正当化することにつながった。最終の第三部では、聖ルイという人間の内面へ入り込むように試みた。聖ルイをして、一三世紀にとって唯一の理想的な王、王なるキリストを実現しようとしながら聖性の後光しか与えられなかった王――それでもすでに素晴らしい褒章である――としている主要な視野を探索してみた。

伝記をこのような構造にし、このような概念で著そうとしたので、私はたくさんの史料を引用することになった。私の願いは、私自身がこの人物を見たり聞いたりしたように、読者もこの人物を見たり、聞いたりしてほしいことである。というのは、聖ルイは、史料において語る初めてのフランス王だからである――もちろんのこと、その声の響きは書き物を通じてしか聞かれない時代のものであるが。最後に、この研究のさまざまな時点で、自分が求める人物を理解するために試みた相つぐアプローチに従って、いくつか同じ史料や同じテーマを、いく度も取り上げ直すことになった。その反響はさまざまに試みたアプローチのタイプによって異なるが、いずれにせよそれは、私が真実らしい聖ルイにたどり着けるために、またそこに読者もたどり着けるようにとしたためである。願わくは、読者の方々も、この私の聖ルイ探索にお付き合いくださることに何がしかの興味を寄せられ、思わぬ驚きに出会われるように。

【注】

歴史学的伝記について最近新たな形で関心が高まっているが、その結果、多くの研究集会や論文が生み出されることとなった。私の個人的考察やこの書物の問題関心にとってもっとも役に立った諸論文とは、まずジョバンニ・レヴィという一人の歴史家の論文(«Les usages de la biographie», *Annales E. S. C.*, 1989, pp.1325–1336)、さらにジャン＝クロード・シャンボルトン(«Le temps de la biographie et les temps de l'histoire», *Quotidienneté et histoire* (colloque de l'École normale supérieure, Lyon, mai 1982, pp. 17–29) およびジャン＝クロード・パスロン («Le scénario et le corpus. Biographies, flux, itinéraires, trajectoires», dans *Le Raisonnement sociologique,* Paris, 1991, pp. 185–206) という二人の社会学者の手になるものである。そして、ピエール・ブルデューの古典的論文 («L'illusion biographique», dans *Actes de la recherche en sciences sociales,* 62–63, janvier 1986, pp. 69–72) については、いうまでもないだろう。さらに、ベルナール・グネがつぎの書物の序論のなかでおこなった指摘も重要である (*Entre l'Église et l'État, Quatre vies de prérats français à la fin du Moyen Âge,* Paris, pp. 7–16).

いろいろあるなかで、以下に掲げる書物も参照する価値がある。

G. KLINGENSTEIN (éd.), *Biographie und Geschichtswissenschaft,* Vienne, 1979.

E. ENGELBERG et H. SCHLESER, «Zu Geschichte und Theorie der historischen Biograhie. Theorie verständnisbiographische Totalität-Darstellungstypen und Formen», *Zeitschrift für Geschichtswissenschaft,* 30, 1990.

Problème et méthode de la biographie (Acte du colloque de la Sorbonne, mai, 1989).

Sources, travaux historiques, Publications de la Sorbonne, 1985.

Colloque «Biographie et cycle de vie» (Marseille, 1988).

Enquête. Cahiers du Cercom, n° 51, mai 1989, Association internationale de sociologie.

この著作を準備している過程で、私自身つぎの二つの論文で課せられた問題のいくつかを取り扱ったことがある。

«Comment écrire une biographie historique aujourd'hui?», *Le Débat,* n° 54, mars–avril 1989, pp. 48–53.

«Whys and Ways of Writing a Biography : The case of Saint Louis», *Exemplaria,* I/1, mars 1989, pp. 207–225.

私が、ピエール・トゥベールと一緒に解決しようと試みた問題は、つぎに掲げる共著論文のタイトルそのものが示している。

«Une histoire totale du Moyen Âge est-elle possible?», *Acte du 100ᵉ congrès national des sociétés savants* (Paris, 1975), Paris, 1977, pp. 31–44.

マルク・ブロックの考察は、つぎの書物からの抜粋である。*Apologie pour l'histoire ou métier d'historien,* 1ʳᵉ éd.（死後出版）、

1949. 一九九三年にパリで、エティエンヌ・ブロックによる改訂新版が出版された（ル・ゴフの序文付き）〔邦訳、マルク・ブロック『歴史のための弁明』讃井鉄男訳、岩波書店、一九五六〕。

人物にではなく、「社会構造」に適用された「脱構成」démontage という表現は、マルク・ブロックの未刊行手書き原稿のなかにあるが、これはドイツ軍によって押収され、最近になってモスクワで発見された文書書類の一部をなしている。問題の原稿は *Les Cahiers Marc Bloch* 誌に近々掲載される予定だが、私はその改訂責任者エティエンヌ・ブロックの好意でこの原稿を見ることができた。

「個人と社会の間に想定されていた科学的にはまったく馬鹿げた対立関係」というピエール・ブルデューの発言は、«Fieldword in Philosophy» (*Choses dites,* Paris, 1987, p. 43) のなかにある。マルセル・モースが「私という意識」と「個人という概念」との間の区別を論じたのは、«Une catégorie de l’esprit humain : la notion de personne, celle de “moi”» (repris dans *Sociologie et anthropologie,* Paris, 8e éd, 1983, p. 335) においてであった〔邦訳、マルセル・モース「人間精神の一つの範疇・人格の概念、〈自我〉の概念」、『社会学と人類学Ⅱ』有地亨・山口俊夫訳、弘文堂、一九七六所収〕。「人間のなかの社会」という概念については、Norbert ELIAS, *La Société des individus,* 仏訳 Paris, 1991 を見よ。

第一部　聖ルイの生涯

第一章　誕生から結婚まで（一二一四～一二三四）

フランスでもっとも名高い王の一人である聖王ルイの誕生については、その生涯と同様に、はっきりしないことが多い。

聖ルイは、フランス王フィリップ二世オーギュスト[1]〔尊厳王〕の長男で王位継承者のルイ〔八世〕とその妻ブランシュ・ド・カスティーユとの間に生まれ、公けに知られる第二子である。彼が生まれたのは、パリから三〇キロほどのポワシー〔ヴェルサイユを県都とするイヴリーヌ県の東部の町〕で、四月二五日とされるが、年代はおそらく一二一四年のことである。ポワシーの地は、父が遅まきともいえる二二歳で騎士に叙せられた折の一二〇九年に、祖父から譲り受けた領地である。父のルイ八世は一二二六年に死去する。そのとき少年ルイは、王ルイ九世となり、一二七〇年のその死まで王として生きる。そして一二九七年の列聖によって聖ルイとなる。それ以後そして今日でもなお慣習として、この聖ルイ〔サン・ルイ〕という呼称で呼ばれることになる。しかし聖ルイ自身は、王となっても、ルイ・ド・ポワシーという名で呼ばれることを好んだ。それは、当時の大貴族によくみられた習わしとして、個人名に生まれた場所の地名を付けたということだけではなく、とりわけの理由として、聖ルイは、良きキリスト教徒として、ポワシーで洗礼を受けた日を自分のまことの誕生日と考えていたからである。

このように、聖ルイの誕生それだけをとってみても、一三世紀初頭のフランス王権の歴史を成り立たせている構造の基本的な特徴のいくつかが浮かび上がってくる。まず第一の特徴として、家族の運命、とりわけ王家の運命における生物学的なめぐり合わせの重要性である。[2]王朝の家系における夫婦の受胎能力や子供の数と性別——王の家系にあっては、公的に布告された法規はなくても、慣行からして娘やその息子は王冠の継承からはずされていた——、幼児や乳児の死亡率、このような事柄が王権の委譲について主要な要因となる。

幼い死者についての記憶を確かにする戸籍もなく（教区登記簿の初期のものは、まだ稀であったが、一四世紀に出現する）、またフィリップ・アリエス〔仏現代の心性の歴史家。主著『子供の誕生』『死を前にした人間』〕が観察したように、子供は、たとえ両親に大切にされていても、利害をもたらすような価値とはみなされない社会にあっては、早死にした王家の子供の人数や名前や性別などは私たちに知らされない。聖ルイの両親であるルイとブランシュの場合も同様に、その時代には幼児のきわめて高い死亡率から権力者の家族といえどもまぬがれなかったのだから、聖ルイの前に幼くして亡くなった子供が二人か三人はたしかにいたはずであるが、私たちには、その人数も、男か女かも、その生死の日付もわからない。二人が結婚した一二〇〇年には、ルイは一三歳、ブランシュは一二歳であった。知られる最初の男子フィリップは王位継承者となるはずの息子であるが、一二〇九年に生まれ、一二一八年に九歳で亡くなる。そして聖ルイが生き残った息子の年長者となり、すなわち王位継承者になったのはわずか四歳の時であった。カペー家では、長子の死は例外的なことではなかった。アンリ一世は一〇三一年より一〇六〇年まで単独王であったが、彼にはユーグという兄がいた。しかしユーグはその父ロベール敬虔王より前に死んだ〔ロベール二世敬虔王は九九六年に即位、一〇一七年に長子ユーグを連立王に任命、一〇二七年にユーグの死後に次子アンリを連立王に任命、一〇三一年に死去〕。ルイ七世の場合は一一三七年より一一八〇年まで単独王であったが、彼にもフィリップという兄がいた。しかし兄は父ルイ六世より前に亡くなった〔父ルイ六世肥満王は一一〇八年に即位、一一二九年に長子フィリップを連立王に任命、一一三一年にフィリップの死後に次子ルイを連立王に任命、一一三七年に死去〕。また聖ルイ自身についても、その長男ルイが一二六〇年に一六歳で死んだので、その死去によって弟のフィリップ三世〔勇胆王。在位一二七〇～八五〕が王位継承者になる。聖ルイの場合であるが、彼は四歳で王位継承者となったので、幼児としては、王になる運命になかった短い期間についてはかすかな思い出しかもたないはずだから、兄の死は心理的な痕跡を残すはずはまったくなかった。しかし、こうした王族の長子たちの夭折は、後世に対して、王名表をややこしくしている。というのも、アンドリュウ・ルイスが示したように、王朝では、とくにカペー王朝では、王の息子の個人名（これが事実上個人を識別する唯一の名前である）はたまたま選ばれるものではなかったからである。重要な者には、ロベール＝カペー家系の個人名であるロベールとユーグが選ばれている。つぎに選ばれるのはウードとアンリである。ついでフィリップというギリシア系の個人名が現れる。これはおそらくアンリ一世のロシア人王妃であるアンヌ・ド・キエフ〔キエフ公国出身のアンナ〕の影響と思われる。さらにのちになり、カペー家の祖先をカロリング家とすることが認められるようになると、カロリング家の偉大なる王たちの名前に課せられていたタブーが消え、カペー家をメロヴィング家にも結びつけるルイという個人名（クロヴィスの形）が現れる（一〇八一年生まれのルイ六世）。そして最後に、シャルルという個人名が現れる（フィリップ・オーギュストの庶子ピエール・シャルロ）。聖ルイの弟たちには、ジャンとかアルフォンスという個人名が加わってくるが、これらはカスティリア王家出身の王后で母であるブランシュからもたらされたものである。

一二世紀末のカペー王家では、長兄には祖父の名を、次男には父の名を付ける傾向にあった。だから、聖ルイの兄はその祖父の名フィリップ（オーギュスト）を受け継ぎ、ルイは父である未来のルイ八世の名が付けられたのである。つまり、フランス王の個人名についての規則体系《コード》は、長兄の死去という不確定要素を考慮して初めて認めうるものである。聖ルイは、王朝の標章的《アンブレマティック》なもの——この場合は王の名前（個人名）に関するもの——が定着しつつあった王朝に生まれたのである。

しかし、子供の誕生の正確で完璧な日付に対しては、たとえ王家の子供の場合であろうと、関心が示されることはない。ただし例外はある。その例外として私たちが知るのは、聖ルイの祖父フィリップ・オーギュストが一一六五年八月二一日から二二日にかけての夜に生まれたことである。この誕生は長い間待望されていたので、奇蹟として受けとめられ、年代記作者たちによって事件として書き留められたからである。フィリップ・オーギュストが生まれるまでに、その父ルイ七世は三度結婚を重ねたが、女子しかもうけることがなかった。しかも四五歳になったルイ七世は、たとえ三度目の花嫁が非常に年が若くても、彼にはおそらく子孫をつくる能力はあるまいとされ、老人とみなされていたのである。しかしフィリップ・オーギュストの場合とは違って、未来のルイ八世の誕生も、また彼の二人の息子である九歳で死んだ長兄フィリップと弟の聖ルイの誕生も、同時代の人々は記憶すべきものと思わなかった。こうした状況であったので、私たちは聖ルイの誕生の年については確かな形で知ることはないのである。信頼すべき典拠史料が伝えるところでは、聖ルイは一二七〇年に五六歳で、あるいは五六年目の年に死んだとされているので、一二一四年と一二一五年の間に生まれたと考えられる。一二一三年あるいは一二一六年と考えた者もいるが、これは正しいとは思えない。私としては、今日の大方の歴史家と同じように、一二一四年が正しいと考える。そうすると読者はすぐさま、同年の七月二七日に聖ルイの祖父フィリップ・オーギュストがブーヴィーヌでおさめた大勝利〔イングランドのジョン欠地王と皇帝オットー四世とフランドル伯の同盟軍との戦い〕と結びつけよう。(3) 聖ルイが生まれたのが、フランス人にとって歴史的に記憶される主要な日付の一つであるこの大きな出来事の三カ月前であると考えられるからである。ブーヴィーヌの勝利はたしかにその時代には大きな反響を、大衆的な反響さえ引き起こしたけれども、その時代の者はだれもこうした日付の結びつけはしなかった。記憶すべきものの性質が一三世紀と二〇世紀末との歳月の隔たりによって変わってしまったのである。

けれども、聖ルイについての初期の伝記作者の大方は、その誕生日として四月二五日を記している。考えられることは、まずは、キリスト教では——ただし一四世紀になってしか流布しはじめない種類のテクストである誕生の星占いあるいは「誕生時の天宮図《ナティヴィテ》」は除外するが——誕生日は大切なものとされていたからである。生まれた日の祝祭あるいは守護聖人が、新生児の運命を予知するとか、あるいは少なくとも新生児に対して神の特別のとりなしを保証するように思われていたからである。

四月二五日、すなわち聖マルコの祝日に誕生したという意味について、聖ルイの伝記作者たちは筆を費やしている。最良の説明の一つは、聖ルイに近い仲間であったジョワンヴィルによるものである。

> 私は彼についてそういわれるのを聞いたように、彼は復活祭のあとの聖マルコの祝日に生まれた。この日は多くの場所で宗教行列によって十字架が運ばれる。フランスでは黒い十字架と呼ばれている。すなわち、このたびの二度の十字軍におけるエジプト遠征や彼が死んだカルタゴ遠征を知れば、それは多くの者たちの運命を預言するごときものであった。なぜならば、これら二つの巡礼においてまことの十字軍戦士として命を落とした者たちの死は、この世にあっては多くの大いなる悲しみであったが、天国では多くの大いなる喜びとなるからである。(4)

このテクストが語っていることは他の資料とかけ離れたものではないので、そのおかげで私たちは、聖ルイの誕生からすでに、死者に関して、ほとんどキリスト教化されていない異教的で民俗的な伝統に則った宗教行列についての知識を与えられるだけではなく、私たちにとって新奇な聖ルイ像、つまり中世の伝統が歴史的記憶の今日的領土に近づけさせなかった聖ルイ像と対面させられるのである。この聖ルイは、おそらく天国の客人ともみえようが、しかし死とは親しいこの時代にあっては、死者や死の王、黄泉の王のようにもみえる聖ルイ像である。

【注】

(1) 王や大貴族が同名の場合に番号による順序付けが始まるのは、聖王ルイの世紀といわれる一三世紀になってからでしかない。フランス王に番号を付けた最初は、聖ルイときわめて親密な人物であるヴァンサン・ド・ボーヴェである。またサン＝ドニでは、プリマ〔サン＝ドニ修道士〕が聖ルイの求めに応じてフランス歴代王の年代記を著わす。このむつかしい仕事は、とくに優れた資料調査を必要とし、また政治的な選択（どのような人物が皇帝や教皇や王のリストに載せるにふさわしいかという決断）も求められるものであるが、完成までには一四世紀もほぼ終わる頃までかかったものである（Bernard GUENÉE, *Histoire et culture historique dans l'Occident médiéval*, Paris, 1980, pp.162–163 を見よ）。

(2) 女性やその子供たちをフランス王位継承から除外するのが公式になったのは、一三七四年八月のシャルル五世の王令からでしかない。サリカ法が引き合いに出されたのも、この王のもとだけである。法が事実をしばしば公認することがあるが、それは長い実践を経てのことでしかないし、法を打ち立てるに求められる権威はしばしば「経験を経て」のちにしか見い出されないものであるからには、制度の歴史はゆっくりとしたものとなる。家系図（一一八〇～八一頁）を見よ。

(3) ブーヴィーヌについては、つぎの著作を読むことが必要である。Georges DUBY, *Le Dimanche de Bouvines*, Paris, 1973〔邦訳、ジョルジュ・デュビー『ブーヴィーヌの戦い』松村剛訳、平凡社、一九九二〕。

(4) JOINVILLE, *Histoire de Saint Louis*, pp. 40–41.

幼い王位継承者

一二一八年、ルイは四歳の時に父ルイの跡を継いで王位を継承する可能性をもつ者となる。ただし神の思し召しによって長生きできるならばである。この年、長子のフィリップが死んだのである。年代記作者たちはフィリップの死には関心を示していない。九歳でしかない幼い子供の死であり、また祖父のフィリップ・オーギュストがまだ王位にあったので、この子供はまだ王座から遠いものと思われていたからである。ほぼ一世紀前の一一三一年にもすでにフィリップという名の子供が一四歳で亡くなっていたが、この子はルイ六世の長子で、二年前から父の共同統治者として王の聖別を受けていた。こちらのフィリップは王家の菩提所であるサン＝ドニに埋葬された。しかし、聖ルイの長男〔一二六〇没〕の場合はパリのノートル＝ダムにしか葬られなかった。そこは、聖ルイの父ルイ八世と母ブランシュ・ド・カスティーユが一二二五年に聖ルイのために礼拝堂を建立したところである[1]。

この幼きルイは「長子」*primogenitus* となり、公式に「初の男児」として王位継承者となるが、彼はいかなる記憶さるべき出来事にも結びつけられていないし、一二二六年に至るまでは彼に関わるいかなる明確な情報も私たちに知らされていない。両親、とりわけ彼の母は、未来の王にふさわしいようにと、彼には格別に配慮した教育を授けている。それは、カロリング諸王以来、君主は、宗教的にも倫理的にも王としての職務のために教育され、教会を保護し、教会の助言に従うように教導されねばならないとされていたからだけではない。さらに、シャルトル司教であったイングランド人ソールズベリーのジョンがその著『ポリクラティクス』*Policraticus*（一一五九）に記した名言「無学な王は王冠を被せられたロバにすぎぬ[2]」という考え方がキリスト教国の王朝や宮廷にしだいに浸透して、未来の王には古代の自由・教養科目に由来するラテンの良き教育を授ける傾向にあったからである。この少年は、当時の若き貴人として、母親よりも父親との接触の方が多かったと察せられる。おそらく父親は、子供が軍事教育を受けなければならない年齢に達すると、母親と代わって子供を手元に置いたのであろう。この少年はまた、老いゆく祖父である偉大なフィリップ・オーギュストとも接触をもって育ったのであろう。そのことをルイはのちになって好んで思い出すようになる。祖父フィリップは、ルイの誕生から四カ月後にあたる一二一四年七月の輝かしいブーヴィーヌの勝利ののち、ルイの父である息子にイングランド〔一二一六～一七年に王子として遠征したプランタジネット王家との戦闘〕やラングドック〔一九二六年に南フランスのトゥールーズ伯領を中心とする異端アルビ派を制圧した戦闘〕での戦いの指揮を任せるようになる。どちらの戦いにも多少とも勝利を期してのことであったが、イングランドとの戦いはむしろあまり戦果が挙がらなかったものの、ラングドックでは輝かしい勝利をおさめた。一二一五年にはフィリップ・オーギュスト王は五〇歳になっていたが、それ以後はこのブーヴィーヌの大勝利の王としての栄誉に満足するようになる。ノルマンディの（再）征服者であるブーヴィーヌの勝利者はやがてフィリップ征服王といわれるようになった。老練で忠誠な何人かの王の補佐役《コンセイエ》たちが君主の王国をしっかりと賢明に統治し、王はおよそ王がもたらしうる最上の贈り物である平和を民にもたらした。補佐役のなかの主導者として、のちにサンリス司教になった修道士ゲランがいた。彼はほとんど副王的存在であったが、個人的な野心はなく、聖職者であるからには自分の子孫に権力を譲り渡すこともなかった。またフィリップ・オーギュストは、孫のルイの存在を好ましく思ったはずである。ルイはその祖父を知る最初のフランス王であり、それはとりわけ祖父が強い個性の持ち主である場合は、王朝の流れを強固にするものに他ならないからである。

王朝の勢力が幼児ルイのまわりを取り囲む。ほとんど姿がかいま見られないようだが、のちに獅子とあだ名されるようになる父。そして目の前に厳として存在する二人の親族、一人はかっては強力な人であり、今もなお権力をもつ祖父、もう一人は聖書の強き母親のような姿をこれから際立たせることになる母である。幼児ルイのまわりには弱き者はいない。

一二二三年七月一四日、五七歳の祖父フィリップ・オーギュストがマラリアに罹り、マントで死去する。彼の死はカペー家の王たちの歴史に二つの改新をもたらす機会となる。一つは葬儀に関わるもので、王の葬儀はきわめて豪華な外観をともなうものとなる。フィリップ・オーギュストは、フランスでは初めて、ビザンツ帝国の儀礼と、近くはイングランドのプランタジネット王家の葬儀から影響を受けた「王の葬儀のしきたり」（*more regio*）に従って葬られた王である。遺体は王権の象徴物件、すなわち「レガリア」*regalia* で装われて安置される。死せる王は、王の衣装である寛衣チュニックと繻子《しゅす》の式服ダルマチカを着せられ、黄金のシーツに覆われる。さらに王冠を付け、王杖を持たされる。遺体は、諸侯や司教からなる宗教行列によってサン＝ドニに運ばれて埋葬される。死去の翌日は、顔は見せたままである。(3) 王の遺体は、諸王に共通するもの——王権の象徴物件によって——であるとともに、個人的なもの——王の顔を示すことによって——として、正式に埋葬される。子供は宗教行列に加わることも葬儀に出席することも叶わなかったので、おそらくは儀式の様子を聞かされたのであろう。聞かされた話から子供は、フランス王は勝手な場所に好きなやり方で埋葬されるものではないこと、そして王は死においてこれまでになく王たることを明確にされることを知ることになる。

もう一つの改新は、いく人かの年代記作者のことばを信じるならば、フランスの宮廷や教会には、フィリップ・オーギュストを聖人として承認させようと考えていた者たちがいたということである。それ以前には、たった一人そのような試みをした者がいたと思われる。この二世紀ほど前に、ベネディクト会修道士エルゴー・ド・フルリー＝シュル＝ロワールは、その著『ロベール敬虔王伝』*Vie de Robert le Pieux* で、このユーグ・カペー〔カペー朝のフランス王の開祖〕の息子を聖人にしようと試みた。だが彼は成功しなかった。このたびのフィリップ・オーギュストの追従者たちの努力もうまくいかなかった。しかし彼らは王によって顕わされたいくつかの奇蹟をいい立てた。そしてその誕生からして奇蹟であった（彼は「天与の子」フィリップであった）ように、その死も聖者の死に認められる数々のしるしにつきまとわれたものであったという。たとえば、彗星がその死を予兆したとか、死にかけていたイタリア人騎士が王の死を幻視し、死の淵からよみがえり、自分の予見したことを枢機卿と教皇に証言したので、教皇は話が真実であることを検証したのち、枢機卿総会議で真実であることを告げた。しかし一二二三年においては、奇蹟や彗星や幻視の噂ではもはや十分ではなかった。聖性の宣言はローマ教皇庁における列聖手続きに依らねばならぬものとされていた。王の結婚生活を破廉恥なものとして、すでに前任の教皇が破門したその王の聖性を、教皇はどうして認めることができたであろうか。[4] 子供のルイが祖父の失敗したこうした「列聖」の試みを聞かされていたかどうか、また聞いていたとしても、意識してそのことに思いをめぐらしていたかどうか、いずれにしてもフィリップ・オーギュストが失敗に終わった列聖においてルイは成功することになるのである。二つの本質的な点において祖父とははっきりと異なった証拠書類を、聖ルイのために提出することができるようになる。まず聖ルイは、生前ではなく、その死後に奇蹟をおこなったので、それは、この一三世紀初頭に教皇インノケンティウス三世〔教皇権の強化のため政治的な手腕を発揮した教皇。在位一一九八〜一二一六〕の決定に適合するものであった。教皇は、贋の奇蹟を起こす力と混同したり、いわゆる奇蹟と称することをおこなう魔術師や贋の預言者にキリスト教徒が惑わされるのを避けるために、死後の奇蹟しか公式に真の奇蹟とは認めないとしたからである。[5] また聖ルイは、その徳とそのキリスト教的な生き方、とりわけその結婚生活によって、聖人として承認されることになるのである。一三世紀に聖性の内容が変わったのである。フィリップ・オーギュストは、古い聖性の規範に従って聖人にされようとした。聖ルイは、伝統的なものも含まれるすべてをもって新しい聖人となるのである。[6]

いずれにせよ、聖ルイは祖父の思い出を語るのを好むようになる。ある召使に対して怒りにかられることが起こったとき、聖ルイは、フィリップ・オーギュストが同じように怒り猛ったこと、そしてそれがまさに正当であったことを思い出す。ギヨーム・ド・サン＝パテュスが語っているが、ある夜のこと、聖ルイが寝ようとしたとき、脚に痛みを覚えたので、脚が赤く腫れているかを見ようと思った。老僕は王の脚を照らすため脚の上に蠟燭を掲げ持っていたが、熱く溶けた蠟が一滴脚の上に落ちた。「臥戸に座っていた聖人は、苦痛を覚えて、たまらず躰を床に伏せると、いった。『おお！ジャンよ！』。すると、くだんのジャンが答える。『ああ！ あなた様に何としたことを！』。聖人が続ける。『ジャンよ、わが祖父はこれより些細なことでもお前を館から追い出したことがあったな』。まことにジャンなる者はかつて聖なる王にも他の者たちにも語ったことがあった。彼が暖炉にくべた薪が燃えながらパチパチはじけたゆえ、フィリップ王は彼を館から追放したと」。しかし聖ルイはこの件でジャンに恨みをもつことなく、自分の世話をさせる仕事にとどめた。王の側近や聖人伝作者によれば、このようにして聖ルイは自分の善良さと祖父より優ることを証し立てたという。[7]

ジョワンヴィルも同じ内容のエピソードを伝えているが、そこでの聖ルイは祖父に対する優位については控えめである。聖ルイが最初の十字軍遠征からの帰路の一二五四年、イエールに差しかかり、王は徒歩で歩いていた。道が非常に険しくなってきたので、馬に乗りたくなった。彼のかたわらに自分の馬がいなかったので、王はジョワンヴィルの馬に乗らねばならなかった。やっと馬係りのポンスが王の馬を連れて現れたとき、王は「苛立ちをつのらせ、馬係りに詰め寄り、厳しく叱りつけた」。そのときジョワンヴィルは王にいった。「殿、馬係りのポンスを厳しくお叱りになってはなりませぬ。あの者は、殿のお祖父様とお父上、それに殿にもお仕えしてきた者ですから」。しかし王は怒りを解かず、ジョワンヴィルに答えた。「セネシャルよ、かの者がわれらに仕えたのではない。われらこそ彼に仕えたのだ。われらのそばにいて彼の邪な性質にわれらは我慢してきたのだ。祖父のフィリップ王も私にいったことがある。家臣たちには報いなければならないが、それぞれの仕え方に応じて、ある者には厚く、ある者には軽くすべきであると。さらに祖父はいった、与えることができると同じように大胆に厳しく拒絶することができなければ、良き統治者になれぬ、と[8]」。

このようにして、この子供はその祖父から王の職能《メティエ》を学びはじめたのである。のちに聖ルイは死の少し前に、精神的遺言ともいうべき『息子への教え』*Enseignements à son fils* を未来のフィリップ三世のために書き残すが、この「王太子への亀鑑」において聖ルイが手本にしたのはまさしく祖父の姿であった。

私が望むのは、わが祖父フィリップ王のことばをおまえが思い出してくれることだ。補佐役会議の一人が祖父の口から直接聞いたのを私に伝えてくれたことばである。ある日、王は内輪の補佐役会《コンセイユ》を開いていた。補佐役たちは、聖職者たちが王に対して多くの不正をなしているのに、王がそれを許していることに驚いている、と王に告げた。すると王は答えた。「彼らが多くの不正をしていることは私はよく承知している。だが、われらが主が私に授けてくれた栄誉を思うと、聖なる教会と私の間に悶着をもたらすよりは、むしろ私は自分にこうむる損害に耐えることの方がよいと思う[9]」。

以上が、サン＝ドニの王家菩提所で祖先のかたわらに眠るフィリップ・オーギュストとやがてフランスの王座の継承者となるルイとの関係の姿である。それから三年後の一二二六年、ルイの父であるルイ八世がこの諸王の墓廟で祖父フィリップと一緒に眠ることとなる。そのときルイは一二歳の少年であった。

【注】

（1）Le Nain de Tillemont, t. I, pp. 419–420.

（2）*Rex illiteratus quasi asinus coronatus.*

（3）Alain Erlande-Brandenburg, *Le roi est mort. Études sur les funérailles, les sépultures et les tombeaux des rois de France jusqu'à la fin du XIIIe siècle,* Genève, 1975, pp. 18–19.

（4）やもめのフィリップ・オーギュストはデンマーク王女インゲブルガと再婚したが、結婚の夜からすでに彼女を嫌い、夫婦としての義務を果たさなかった。そして彼女を離縁し、さまざまな僧院に住むことを強制した。つぎにアニェス・ド・メランと再婚した。しかし教皇庁はこの結婚を認めず、フィリップ・オーギュストを重婚者とみなした。

（5）インノケンティウス三世はこのようにして、聖人についての初源的な概念、つまり聖人は例外的な死者であるとする聖人概念をキリスト教思想に取り戻した。

（6）André Vauchez, *La Sainteté en Occident aux derniers siècles du Moyen Âge,* Rome, 1981を見よ。またフィリップ・オーギュストの「列聖」の試みについては、J. Le Goff, «Le dossier de sainteté de Philippe Auguste», *L'Histoire,* n° 100, mai 1987, pp. 22–29を見よ。ある逸話には――説教家のための「例話」*exemplum*――聖ディオニウスがフィリップ・オーギュストを「煉獄」――一三世紀初頭における彼岸の世界の新しい場所――から引きとるのがみられる。フィリップ・オーギュストは聖人を崇め、その祝日を尊び、教会や聖地や宗教者を擁護したからである。これについては、J. Le Goff, «Philippe Auguste dans les *exempla*», dans Robert-Henri Bautier (éd), *La France de Philippe Auguste. Le temps des mutations,* Paris, 1982, pp. 150–151およびJ. Le Goff, *La Naissance du Purgatoire,* Paris, 1981〔邦訳、J・ル・ゴッフ『煉獄の誕生』渡辺香根夫・内田洋訳、法政大学出版局、一九八八〕を見よ。また第三部第九章を見よ。

（7）Guillaume de Saint-Pathus, *Vie de Saint Louis*, p. 117.
（8）Joinville, *Histoire de Saint Louis*, pp. 363–365.
（9）David O'Connell, *The Teachings of Saint Louis*, Chapel Hill, 1972, p. 57.

子供の王を取り巻く世界

子供の王をその取り巻く世界に置いてみよう。たとえ彼が将来けっして赴くことのない世界であるとしても、そこに彼を置いてみよう。それは大貴族たちに取り囲まれた世界である。彼らは自分と時代を同じくする者たちであるが、今の彼も知らず、また将来も知ることのない者たちや、逆に相談相手、競争相手とも、さらには敵ともなる者たちでもある。まさにこれから主役の一人となろうとしている歴史における聖ルイの立場を理解するためには、彼をきわめて広範な視界に置き直さねばならない。歴史をその主人公の生涯という狭い空間に、たとえフランス王国という空間であろうと、そこに閉じ込めてしまうと、参照や尺度に欠けることとなり、歴史をとらえ損ねることになろう。この点は、ルイがいずれフランス王国を越えて、キリスト教世界という空間で行動するようになるだけに、ますますそうなのである。たとえ彼が肉体的に出向かなくてもである。またキリスト教世界から飛び出して、北アフリカや近東の、敵対するイスラムの世界にみずから進んで赴くことになるからますますそうなるのである。彼はその構想、夢を手引きとして、また使者を介して、驚異と悪夢の宝庫であるオリエントのただ中にまで突き進んで行ったのだから。

東方（オリエント）の水平線――ビザンツ、イスラム、モンゴル帝国

聖ルイがフランスの王になったばかりの時代には、世界の主要な部分は、三つの大きな集合体から構成されていた。見たところは、この三つ集合体は、フランス王国が属する小さなラテン的キリスト教世界より輝かしいものである。しかし、その一つ――ビザンツ――はゆっくりとした最期が始まっていた。もう一つ――イスラム――は沈滞と分裂の状態にあった。三番目はモンゴルの征服による集合体で、それは統合と破壊を併せもつうねりであった。

もっとも近いのはビザンツ世界である。地理的にも、宗教また軍事と政治の歴史によっても近い世界である。ビザンツ帝国は、小アジアではセルジューク・トルコ人が嚙るなめし革である。またヨーロッパ側のバルカン地方ではセルビア人が、とりわけブルガリア人が、この帝国から離反する。ブルガリア人は、カロヤン王（一一九六～一二〇七）とイヴァン三世アセン王（一二一八～四一）のもとに最盛期を迎えたアセン王朝によって第二ブルガリア帝国を建国した。宗教に関しては、一〇五四年のギリシアとラテン間の分裂以来唯一の正教とみなされていたギリシア的キリスト教であるが、それは二つのキリスト教世界の間の絆というよりむしろ対立させる要因となっている。たしかにトルコの脅威によって両教会の統一が日程に上がるようになる。聖ルイの時代になると、ローマ教皇とビザンツ帝国とが長い交渉を押し進め、そして聖ルイの死去の四年後に、第二回リヨン公会議（一二七四）における正式和解へと実を結ぶことになる。しかし、この接近は宗教より政治色が強くなり、結局はうわべだけのものとして長続きはしなかった。

一三世紀前半のラテンのキリスト教世界には、ある幻想がとりついている。教会を分裂させたビザンツのギリシア人たちの都コンスタンティノープルを再征服し、そこにキリスト教ラテン帝国を打ち立てるという幻想である。この夢は聖ルイが生まれた頃には実現されたかのように思われていた。ビザンツ皇帝の債権者であるヴェネツィアによっ

て押し進められた第四回十字軍の軍団は、一二〇四年にコンスタンティノープルを征服し、そこにラテン帝国〔一二〇四〜六一〕を打ち立てたが、その翌年の一二〇五年には、初代皇帝であるフランドル伯のボードゥアン一世がアドリアノープルでブルガリア軍に捕らえられ、虜囚のまま亡くなってしまう。だがラテン帝国はビザンツで存続することになる。一二二八年以降はクールトゥネー家出身のボードゥアン二世が皇帝になる。債務が重なる皇帝は、一二三九年にキリスト受難の聖遺物を聖ルイに売ることになる。そして一二六一年には、パラエオログス家出身のミカエル八世によってコンスタンティノープルを追われてしまう。聖地への十字軍という執念にとりつかれた聖ルイは、コンスタンティノープル奪回のためにボードゥアン二世を援助することには熱意を示さない。ここに至り、ボスポラス海峡の岸辺に広がるラテン帝国を打ち立てる夢は消えてしまう。ローマ教会を信奉するラテンのキリスト教徒によって旧ビザンツ帝国のギリシアの正教徒を支配する希望、西欧のゲルマン系神聖ローマ帝国の皇帝とコンスタンティノープルのラテン帝国の皇帝とが再統合される希望、教皇の霊的指導のもとにローマに服従する旧帝国への希望、そうした希望が消え失せてしまった。ペロポネソス半島は、このモレア半島〔ペロポネソス半島の別名〕を領有するラテン系諸侯の手に残り、ビザンツ帝国から遺されたものの売買は、ヴェネツィア人とジェノヴァ人の独占に委ねられることになる。ビザンツは、結局のところ、聖ルイの政治と思想にあってはきわめて周辺的な役割しか演ずることのないものとなる。

　同じ時期、イスラム世界は、いくつかの権力の台頭とともに、西欧側の現代の歴史研究が示しているほど明確なものではないにしても、ゆっくりとした崩壊の過程という対照的な動きに揺り動かされている。イスラム世界の西部では、西方《オクシダン》における大イスラム帝国の崩壊である。これは一二世紀にモロッコに建てられたベルベル人のアルモアデ帝国で、かってはその支配をマグレブ全域およびスペインの南半分に拡げていた。しかし、キリスト教の「レコンキスタ」〔キリスト教徒によるイスラム教徒の再征服であるスペイン国土回復運動〕が一二一二年のラス・ナバス・デ・トロサにおける諸王の連合軍による大勝利をおさめたのちは、ポルトガルはベジャを奪回（一二三五）、アラゴンはバレアレス諸島（一二三五）とヴァレンシア（一二三八）を、カスティリアはコルドヴァ（一二三六）、ムルシア（一二四三）、カルタヘーナ（一二四四）、セビーリャ（一二四八）、カディス（一二六五）を奪回する。スペインのイスラム教勢力はグラナダとマラガのみに縮小された。北アフリカのマグレブ地域は三つのイスラム勢力に解体した。チュニジアのハフス朝、中央アトラス山脈地帯のザイヤーン朝、南モロッコのマリーン朝である。このようにして、聖ルイにとってはスペインに対する十字軍はなくなる。それはスペイン人自身がおこなうことである。しかしフランス王としては、チュニスのスルタンが素直に改宗するか、それとも簡単に降伏するかという幻想を描くことはできよう。

近東では、エルサレムをキリスト教徒から奪回した偉大なサラディン〔サラーフ・アッディーン〕の死後（一一九三）、アイユーブ朝〔一一六九〜一二五〇〕の後継者はスルタン位を分け合い、シリアとエジプトに分裂する。こうした事情にもかかわらず、スルタンたちは、エルサレム王ジャン・ド・ブリエンヌ〔ジャン一世。在位一二一〇〜一二。コンスタンティノープル皇帝として在位一二三一〜三七〕のエジプト遠征（一二一七〜二一）の際には、その不用意な十字軍に戦勝し、一二四四年にはエルサレムを奪回している。エルサレムは一二二九年に莫大な金額で皇帝フリードリヒ二世に譲渡されていたものであった。さらにすでに傭兵の奴隷たち（スラヴ人、ギリシア人、チェルケス人、とりわけトルコ人たち）の権力が生まれている。マムルーク朝〔トルコ系イスラム教国。一二五〇〜一五一七〕は一二五〇年にアイユーブ朝に取って代わることになるが、その王の一人であるバイバルス（一二七七没）は、シリアからモンゴル勢力を追い払ったのちに、一二六〇年に力ずくでスルタンに即位すると、まだエルサレム王国と呼ばれていたものの領土を圧縮され続けていたこのラテン王国をサン＝ジャン＝ダークル（アッコン）の地に押し込めてしまった。その地も一二九二年には占領され、ここに聖地におけるラテン人の居留が終わりを告げる。聖ルイがエジプトでイスラム軍の虜囚となっていた一二五〇年、イスラムの宮廷に革命が起こるが〔アイユーブ朝を廃し、アイバクによるマムルーク朝設立〕、この変事にもかかわらずイスラムはフランス王に勝利し、和平の条件を押しつける力さえ示している。このイスラムも、内部では正統派のスンナ派が勝利を占め、一二五八年にはモンゴルにバクダッドを奪われたりして、その政治的統一や経済的活力を失ってしまった。しかしこのイスラムはキリスト教徒にとっては常に変わらぬ恐るべき敵であった。それを聖ルイは体験として味わわされたのである。

しかし、一三世紀の世界的大事件といえば、それはモンゴル帝国の成立である。一三世紀の幕開けにそそり立つ天才的な巨人テムジン〔鉄木真〕は、みずからを全部族の至上の長であるチンギス・カン〔成吉思汗〕と呼ばせた。異教徒のモンゴル人の間では、彼はその死の翌日から信仰の対象とされ、昔の中央アジアのトルコあるいはモンゴルのすべての名家に倣って、子孫にその出生の由来にまつわるつぎのような神話を伝えた。「チンギス・カンの素性は青いオオカミであり、至上なる天神によって定められた運命を担って生まれた。またその妻は野の鹿である」(1)。彼は、草原ステップの帝国である遊牧のモンゴル世界を全世界にまたがる帝国に造り換えた。彼の生まれは一一六〇年頃であるが、それより数十年前から始まっていた政治的社会的な発展をその結実に導き、彼より高位な者や競争者を放逐し、一二〇六年には、モンゴルの全部族長を集めた会議で「モンゴル国家を確立し」、チンギス・カンという称号を得る。モンゴル人による軍事組織を作り上げ、モンゴル人に「世界を統治すべき天命を授けられた」民事行政組織を与える。彼はみずからを「永遠の青き天神」によって選ばれ、世界を征服するため、トルコ・モンゴル宗教の超自然の至高の力を与えられている者と信じた。そして聖ルイが生まれる七年前の一二〇七年、その征服に乗り出す。一二〇七年にシベリア森林地帯の民を、また一二〇七年から一二一二年にかけて中国北部と東北部(満州)の辺境の定住民を服従させる。西方のイリ川やバルハシ湖〔現在のカザフスタン〕のほとりに残るトルコ系諸帝国の残存も、その支配下に置かれる。一二〇九年からは、中国支配下のチベット、北京を中心とする中国北部(燕京、一二一五)、朝鮮半島を征服する。一二一一年からは、イスラムの国々に矛先を向ける。一二一九年から一二二三年にかけては、西方への大侵略である。カラ・キタイ〔昔の黒契丹あるいは西遼と呼ばれていた王朝〕の諸王国やホラズム〔フワーリズム〕のトルコ系諸王朝を滅亡に追い込み、東トルキスタンやアフガニスタン、ペルシアを併合する。チンギス・カンの代理の武将たちは、キプチャク人(もしくはクーマン人)の草原やヴォルガ川沿いのブルガリア王国を駆けぬけ、カスピ海と黒海の間に拡がる地域で略奪と偵察の戦いをくり広げた。一二二六年、チンギス・カンはふたたび南方への遠征の途につき、中国の西夏王国と黄河沿いのその首都(現在の興慶)を決定的に支配下に置いた。その翌年の一二二七年にチンギス・カンは死ぬが、彼はあらかじめ事態に備えておいた。すなわちこの巨大な帝国は彼の死後四人の息子たちに分割されるが、第三子のオゴタイ〔太宗、在位一二二九～四一〕が優位に立ち、彼のもとに統一を保つようにと。しかし私としては、チンギス・カン以後のモンゴルの政治史の複雑な詳細については語るつもりはない。それは聖ルイから離れすぎかねないからである。アジア大陸のほとんどの地域を大混乱におとしいれ、造り換えてしまったモンゴルの驚異の歴史全体については、聖ルイは漠然として断片的な情報しかもたなかったし、またそこでは、小さなキリスト教ヨーロッパなど付録にすぎないものだからである。この巨大な歴史の動きのなかで聖ルイが知ったのは、ただ、モンゴル軍勢という大波濤の西方の端に打ち寄せた襲波だけであった。この荒波は、ロシアには一二三七年から一二四〇年にかけて押し寄せ、リャザニ、ウラディミル、モスクワ、トベリ、ノズゴロド、キエフそしてウクライナ地方を荒廃させた。一二四一年には、ポーランドの南部（クラクフでは今もなおその記憶が消えていない）、ハンガリーそしてウィーン近くまで侵入した。それは、五世紀のアッティラのフン族、そして六世紀からシャルルマーニュ（カール大帝）に屈伏する八世紀にかけてのアヴァール族に次ぐものとして、西欧キリスト教世界が知った最大の黄禍の危機であり、西欧を震え上がらせた(2)。

西欧の人々は、これらのモンゴル人をタタール〔ギ神話の地獄を示すタルタロスに由来する〕と名付けていた。なぜなら、キリスト教聖職者たちはこの民族の混同を通して古代の地獄を見ていたからであるが、西欧の普通の人々は聖書の『黙示録』〔二〇章、七—八節〕で、サタンがこの世の終わりに世界の四方から解き放ち、アンチキリスト（反キリスト）の時代に人々を苦しめる暴徒の民として語られるドクやマゴクの民を、モンゴル人に見る思いがしていた。かって中世初期には、西欧は彼らを皆殺しと貪欲な人喰い人種にしていた。かってアレクサンドロス大王がアジアの東の果てに高い城壁を築き、そこに閉じ込めたが、地上に大恐怖をもたらす終末の時には、その高き城壁を乗り越えて来るであろうとされた者たちである(3)。悲観的な人々にとっては、この「新たなる悪魔たち」はあの悪魔的なサラセン人に結びつこうとしている。サラセン人も、キリスト教徒を苦しめるためにやって来る地獄の軍団の到来を告げる聖なる伝承を受け継ぐ者たちであった。「モンゴルの侵入は、十字軍の地中海、そしてイスラム文明との出会いである地中海世界を拡げることによって、西欧世界に対して、聖書やコーランの伝承のなかで熟視された怪物的破壊力による脅威を一層に現実的なものにした(4)」。この恐怖のこだまはイングランド人フランシスコ会士ロジャー・ベーコン〔「驚異的博士」と呼ばれた一三世紀の哲学者、自然科学者〕の著作に生き生きと示されている。ベーコンにはオックスフォードの精神がとりわけ深く認められるが、パリに長く滞在し、一二六五年から一二六八年にかけて、その保護者であるギー・フルクあるいはフルコワの求めに応じて、彼畢生の大著『大著作』*Opus majus* を書き著わした。フルクは聖ルイの国王補佐役会の一員であり、一二六五年には教皇クレメンス四世〔在位一二六五〜六八〕になった人物である。ベーコンはつぎのように記している。「タタールやサラセンがいかようなものであれ、反キリスト者とその一党の輩がその目的を達成するであろうことは確かである。だから、教会がその聖人たちをもって、これらの陰謀を防ぎ、打ち砕く処置を急がねば、その大災害は忍耐を越えるほどの苦しみを与えることになろう。賢き者はだれもが、われらがもはや反キリスト時代からそれほど遠くにいないことを信じている(5)」。イングランドの修道士マシュー・パリスは、モンゴル人をつぎのように描いている。「非人間的で野獣のような者たち、人間というよりむしろ怪獣と呼ぶべき者たち、犬や人の肉を食らいつき、むさぼり食う血に飢えた怪獣である…(6)」。想像の野獣が現実と混同されていた。中世の人たちがよくしていたように、夢と現実との境が消えていた。悪夢はまさしく現実のものとなっていたのである。

ゴクとマゴク、つまりはモンゴル人やサラセン人や反キリスト者の脅威を前にして、ロジャー・ベーコンは、たった一つの武器、たった一つの可能な防衛しか見ていない。それは「レフォルマティオ」*Reformatio*、すなわちキリスト者としての「改革」である。改革を通じて、キリスト教徒が、そして教会とその信者の集団が、「真の信仰」への道を見い出すことである。同じ時代に、聖ルイも同じ態度をとる。キリスト教徒であるルイの家臣たちの不幸、フランス王国の民の不幸には、そうした罪が深く根ざしている。だから神の懲罰を受ける民として死ぬのをまぬがれるためには、罪をあがない、みずからを清め、改革しなければならないのである。

モンゴル人を前にして、聖ルイもまた、まずはパニックに陥ってしまった。一二四一年、モンゴル軍が中央ヨーロッパにもっとも深く攻め込んできたとき、ベネディクト会修道士であるマシュー・パリスは、母親とのつぎの対話を聖ルイのものとしているが、それは、動じることのない主が「タタール族の傲慢を打ち砕かれる」ようにとキリスト教世界が断食と祈りに没入していた時のことであった。

「神の怒りによるこの恐るべき災害が民を脅えさせていたとき、フランス王の母君で、神に愛され、尊敬される女性である王太后ブランシュはいう。『わが息子、ルイ王よ、そなたはいずこにいるのです』。王は王太后のもとに駆けつけ『母君、何でございましょう』と答える。王太后は、深いため息をつき、涙をあふれさせる。そして女性とはいえ、この差し迫った危機に女性らしからぬように対処し、告げる。『いとしい息子よ、これほどの暗鬱な事件を前にして、いかにすべきか、恐ろしい知らせがすでにわれらが国境を越えて聞こえて来ている』。そのことばを聞いた王は、涙声ながら、だが神の霊導によって、母に答える。『母君、元気をお出しください。神が力づけくださる呼び声に応えて、共に立ち上がりましょう。二つに一つです。彼らがわれらがところにきたとき、われらがタタールと名付ける者たちが地獄のタタールから来た者であるからには、われらがタタールを彼らがいるべき地獄に押し戻してやるか、あるいは、彼らこそが、われらを残らず天国に送ってくれることでしょう』」。王がいいたかったのはつぎのことばである。「『われらが彼らを追い返すか、あるいは、われらが敗れることになれば、キリストの証聖者として、あるいは殉教者として神のみもとに赴くかのどちらかです[7]』」。これらのことばが伝えられたなら、きっとフランス人に、そしてその隣国の人たちにも勇気を与えたことであろう。神聖ローマ皇帝フリードリヒ二世は、遅れをとらぬよう、キリスト教徒の諸公に対して、タタールの危機に関する書簡を送った。皇帝はつぎのように説いている。「起源もわからぬ地球の果てから現れたこの野蛮な者たちは、神がその民を糺すために遣わしたものであり、願わくは、キリスト教世界をすべて滅ぼすためではないように。神は世の終わりの時まで民を留め置かれるであろう[8]」。

モンゴル軍を前にしても、とりわけ一二三九年から一二四一年にかけてのヨーロッパ侵入の時は、後続の来襲がないように思われたので、楽観主義者もいた。楽観視する者たちが希望を汲み上げたのは二つの事柄からであった。宗教と外交である。

モンゴル人は異教徒であったが宗教に対しては寛容であった。チンギス・カンの孫のいく人かはネストリウス派[9]キリスト教徒の王女を娶っていた。孫の一人などは仏教徒になっている。一三世紀のキリスト教徒の大いなる幻想であり、聖ルイも他のだれよりも抱いていた幻想に、モンゴルの諸公の改宗ということがあったが、この幻想を現実のものにするためにこれ以上のものは必要ではなかった。伝えられるところでは、一三世紀の大西洋岸からシナ海にかけての地域で広く流行していた遊びであるが、モンゴル諸公は、真面目さの差はあるにせよその遊びに興じて、彼らの前で、キリスト教徒とイスラム教徒、仏教徒、道教徒などを論戦させたといわれる（聖ルイも臨席してキリスト教の聖職者とユダヤ教の霊的指導者を論戦させたことがある）。おそらく論戦からより説得力をもつ宗教を見つけ出して、それを信奉しようと思ってのことであろう。

西欧のキリスト教徒のある者たちは望みも抱いていた。モンゴル人は、改宗しようがしまいが、当時彼らが背後の敵としていたシリアやエジプトのイスラム教徒たちに対する同盟軍となりうるのではないかと。事実、モンゴル軍は一二六〇年にダマスカスを占拠した。しかしすぐにエジプトのマムルーク朝によって追い払われてしまった。一二六〇年には、モンゴル軍の征服が、中国南部を除いて止まるのがみられる。キリスト教徒にとって、アジアからの危機はやがてトルコ人となる。

けれども、楽観主義者たちは——聖ルイもその一人になった——とうていありえないようなことを考えていた。モンゴルの諸公に使者を送り、諸公をキリスト教に改宗させて、イスラムに敵対する同盟軍にしようという望みを抱いていたのである。モンゴルのカン（汗）たちも同じようなことを考えていたが、彼らが求めていたのは同盟者というより新しい臣下であった。それがモンゴルのやり方であって、彼らは、可能な場合には、軍事的な征服より平和的に服従させることを好んだからである。

広大な空間そして強大な権力との対決に慣れ親しむモンゴル人の目には、キリスト教西欧は小粒の指導者に率いられた弱小な諸民族の集まりにすぎず、価値のある交渉相手ではなかった。一二四五年、教皇インノケンティウス四世が「タタール」にキリスト教徒の使節を遣わす口火を切った。一二四八年一二月には、エジプト遠征を控えてキプロス島で越冬していた聖ルイは、チンギス・カンの孫にあたるグユク〔貴由。モンゴル第三代皇帝定宗〕の求めを受けたイランにおける大汗の代理官が派遣したモンゴルの使者を迎えた。使者から渡された書簡には、モンゴル帝国においてはすべてのキリスト教徒に完全なる自由と平等が与えられることが強調されていた。聖ルイは、それに答えて、使者としてドミニコ会士のアンドレ・ド・ロンジュモーをグユクに送り、贈り物として礼拝堂に用いるための素晴らしい天幕を持たせた。しかし聖ルイの使者がグユク・カンの宮廷に着くと、摂政であった母后〔ドレゲネ〕は、待たれるのはフランス王の服従であると答え、年貢の奉献を求めた。聖ルイは、一二五三年に聖地でこの返答を受け取ったが、ジョワンヴィルの伝えるところでは、使者を送ったことを悔やんだという。しかし聖ルイが聖地に駐留していたとき、チンギス・カンの子孫の一人サルタク〔第二代キプチャク・カン国王。在位一二五五～五六〕がキリスト教に改宗したという噂が流れた。そこで、聖ルイは正式の使者とはせずに、フランシスコ会士ギヨーム・ド・リュブルークにサルタクに宛てた書簡を託した。漠然としたものであるが、キリスト教徒とモンゴル人とが共通の政策をとりうると、サルタクは思わせたからである。聖ルイの使者と書簡は、最終的には、モンゴル帝国のカラコルム〔外蒙古にあったモンゴル帝国第二代皇帝オゴタイから二〇年間続いた都城〕に首都を置いていた大汗マングー〔一二〇七頃～五九〕のもとに送られた。書簡が失われたので、使者のギヨーム・ド・リュブルークがマングーにキリスト教の信仰について説いたが、失敗に終わった。マングーは聖ルイに返書を送り、そこでフランス王の服従を強く求めた。使者のギヨーム・ド・リュブルークがキプロスに戻ったとき、聖ルイはすでにフランスに帰国していたので、聖ルイとモンゴルとの外交折衝は途切れてしまった。[10] けれども、一二五九年にマングーが亡くなると、弟のフラグ〔イランのイル・カン国の創始者〕は一二六二年、パリに大規模な使者団（タタールの怪物たちは「二四名のタタール貴族」となり、通辞として二人の説教修道会士を伴うものであった）を送り込んだ。フラグは、素晴らしい天幕が大いに評価された贈り物であったことの礼を述べ、ついでフランス王に対してシリアのイスラム教徒に対抗するための正式の同盟を申し出た（当時のモンゴルは、霊的支配者である教皇と世俗の支配者であるフランス王とを区別していて、フランス王をキリスト教諸王のなかで最強の王とみていた）。モンゴルは地上軍を、フランス王はモンゴル軍に欠けていた船団を提供するというもので、そうなればアジア大陸とキリスト教地中海が同盟することになる。エルサレムとキリストゆかりの場所はキリスト教徒に返されることになるだろう。[11] こうした話し合いの呼び水、交渉の実を結ぶことのない試み――交渉では言語に通じた托鉢修道会士が当人たちよりも重要な役割を果たしえたかもしれない――、それらは、聖ルイも含めてであるが、相手に対して強い立場にあると感じられない世界に向かっては心を開くことができないという中世キリスト教世界の無力さを示している。聖ルイとその補佐役たちは、モンゴルのカン（汗）に対するフランス王の服従――おそらく単に象徴的なものにすぎないが、中世の政治では象徴は重い意味をもった――の要求にこだわり、フラグの書簡に対して何の返答もしなかったようである。交渉は、ローマ教皇とモンゴル皇帝の間では、なお数年続けられたが、成果はなかった。

　オリエントのすべては、聖ルイにとっては、蜃気楼以外の何ものでもなくなってしまうだろう。コンスタンティノープルのラテン帝国という蜃気楼、そしてラテンとギリシアのキリスト教会の統一も蜃気楼となる。両教会の統一に対しては、教皇の要請に応じて、フランス王とつながりのある人物、すなわち元パリ司教座教会の尚書長《シャンスリエ》で、フランシスコ会士であったウード・ド・シャトルー枢機卿がとりわけ熱心に働いた。さらに、イスラム諸公が内部分裂によって弱体化するという蜃気楼もあった。しかし分裂してもイスラムは依然として聖ルイの征服者であり、聖ルイが護ろうとした聖地を奪回してしまった。モンゴル人たちをキリスト教に改宗させ、イスラム教徒に対してフランス・モンゴル同盟を築くという蜃気楼もあった。キリスト教世界が自分の世界のことに目を戻すようになり、十字軍から少しずつ距離を置くようになり出す。十字軍のことでは、托鉢修道会士たち自身も、キリスト教世界での使徒活動か、アフリカやアジアでの布教活動かの間で迷っているが、こんな時期になると、聖ルイも、王国への気遣いとみずからの風変わりな夢との間でぐらついていて、やがては十字軍の清算人そしてキリスト教世界から遠い地平線に目を向ける非現実的な君主になることしかありえなくなってしまう。聖ルイがオリエントから得るものは、輝かしい聖遺物のいくつかと、ローマ教会が結局は認めることがない殉教者の栄誉だけであろう。

【注】

（1）F. Aubin, article «Mongolie (Histoire)», dans *Encyclopaedia Universalis*, vol. 11, Paris, 1971, p. 241.

（2）David Bigalli, *I Tartari e l'Apocalisse. Ricerche sull'escatologia in Adamo Marsh e Ruggero Bacone*, Florence, 1971.

（3）Raoul Manselli, «I popoli immaginari : Gog e Magog», dans *Popoli e Paesi nella cultura alto medievale* (Settimane di Studio del Centro Italiano di Studi sull'Alto Medioevo, Spolète, 1981), Spolète, 1983, t. II, pp. 487 sq.

（4）D. Bigalli, *I Tartari e l'Apocalisse*, *op. cit.*, p. 163.

(5) F. Alessio, *Introduzione a Ruggero Bacone,* Rome et Bari, 1985, p. 112からの引用。

(6) Matthieu Paris, *Chronica majora,* t. IV, p. 76.

(7) Matthieu Paris, *Chronica majora,* t. IV, p. 111–112.

(8) Matthieu Paris, *Chronica majora,* t. IV, p. 112. 事実モンゴル軍が通りすぎたところはどこも、その跡には、彼らに抗った町の廃墟と住民の死体が残され、その残忍さで恐れ震え上がらせた。だがこの残忍さには一つの目的があった。それは民や国々を服従させることである。服従をかち取ると、モンゴル軍は、自分たちのための町造りをし、天幕の家を造り、町に住みついた。そして行政組織を作り、経済や交換を促進し、文学や科学を奨励した。彼らのおかげで、中国から黒海へとつなぐ以前の商業の各区間は一つの道として統合された。これが有名な絹の道である。絹の道は「モンゴルの平和」*pax mongolica* のおかげでその役割を十分に果たした。「モンゴルの平和」は、かって一〇〇〇年以上もの間西欧を治めていた「ローマの平和」*pax romana* と同じように、アジアを覆っていたからである。

(9) ネストリウス派は、コンスタンティノープルの総大司教ネストリウスの教えを奉じるキリスト教徒であった。ネストリウスは四三一年のエフェゾ公会議で異端と断罪された。彼らはキリストのうちに神性と人性という二つの性格だけではなく二つの位格《ペルソナ》があると主張していた。ネストリウス派の指導者である「カトリコス」*catholikos* は、アラブ人による征服以降はバグダッドに居住していたが、その教会は中国に至るまでの全アジアに拡がっていた。一三世紀末にペルシアを支配したモンゴルのガザン・カン（汗）がイスラムに改宗するが、それ以後は、この教会は衰退して、モンゴル帝国の末期（一三六八）に消滅した。Jean Richard, *La Papauté et les missions d'Orient au Moyen Âge* (XIIIe–XVe *siècles),* Rome, 1977を見よ。

(10) 聖ルイの使者ギヨーム・ド・リュブルークの書のカプレールの注釈付きの翻訳であるGuillaume de Rubrouck *Voyage dans l'Empire mongol,* traduction et commentaire de Claude et René Kappler, Paris,1993 (1re éd., Paris, 1985) は、挿絵入りの美本で一九九三年に再版された。Jean Richard, «Sur les pas de Plancarpin et Rubrouck. La lettre de Saint Louis à Sartaq», *Journal des savants,* 1977.

(11) P. Meyvaret, «An unknown letter of Hulagu il Khan of Persia, to King Louis IX of France», *Viator,* 11, 1980, pp. 245–249 ; Jean Richard, «Une ambassade mongole à Paris en 1262», *Journal des savants,* 1979.

キリスト教世界

聖ルイの世界、それはフランスであるが、またキリスト教世界でもある[1]。彼はフランスに対しては王として統治し、その王国を含むキリスト教世界に対しては、複数いる指導者の一人である。この二つの世界に同時に所属していることには何らの矛盾もないし、——彼は感じていない。キリスト教という宗教を核としての西欧《エクストレーム＝オクシダン》の一体性という概念が一三世紀に存在していた。それは通常「キリスト教の民」*populus christianus* とか「キリスト教世界」*respublica christiana*、さらには「キリスト教的世界」*orbis christianus* ということばで表わされていた。しかし「キリスト教世界」*Christianitas* という語も使われているし、この語彙は一〇四〇年頃の『聖アレクシス伝』*Chanson d'Alexis*〔韻文の聖者伝で、フランス語で書かれたもっとも古い文芸作品といわれる *Vie de saint Alexis*〕に古フランス語で現れる。ある日、司教のギー・ドーセールは、フランス王国の高位聖職者たちの名において、聖ルイにつぎのように述べた。「陛下、私は、ここに列席の大司教と司教の方々から仰せつかり、陛下に申し上げますが、キリスト教世界 *cretientes* は陛下の手のなかで衰え、滅びようとしています……[2]」。一二四五年の第一回リヨン公会議の冒頭で、教皇インノケンティウス四世は、その敵対者の悪しき性格を、サラセン人の無礼、ギリシア人の離教、タタール人の残忍と列挙して[3]、これとは異なる「キリスト教世界」Chrétienté を定義している。霊的な世界と同義のこの「キリスト教世界」は、それが占める空間によっても定義されている。インノケンティウス四世は、モンゴル人に対して「キリスト教世界の門」*januae christianitatis* を閉じようと欲し、三つの王国つまりポーランドとリトアニアとヴォルイニ[4]を彼らに抗する防波堤とした。実際にキリスト教徒に、一つの選択——それは、ほとんどは表には現れないが、聖ルイの世紀の大論争の一つである——を迫るものであった。それは、聖地の守護を優先すべきか、すなわち十字軍か、あるいはヨーロッパの守護を優先するという選択である。それには、リトアニア人やプロシア人、そしてさらに南でキプチャク人（クーマン人）の脅威にさらされていたハンガリーなど、東ヨーロッパの異教徒の民の改宗を達成することが含まれている。ラテンのキリスト教世界の境界線とは、ヨルダン川なのだろうか、それともドニエプル川なのだろうか。聖ルイは迷わなかったようである。かつて教皇ウルバヌス二世がクレルモンで十字軍を説いた、あの一〇九五年以来の伝統的な返答で答えた〔聖ルイの答えは、いうまでもなくヨルダン川、すなわち聖地エルサレム奪回のための一二四八年と一二七〇年の十字軍遠征である。一四二頁参照〕。

【注】

（1）その概観としては、つぎの著作に委ねたい。Jacques Le Goff, *L'Apogée de la Chrétienté (v.1180–v.1330)*, Paris, 1982（一九六五年にドイツ語版）。他の参考文献としては、注3に掲げる Léopold Génicot の著書と John H. Mundy, *Europe in the High Middle Ages (1150–1309)*, Londres, 1973 がある。

（2）Joinville, *Histoire de Saint Louis*, pp. 369. ここでの cretientes はおそらく「教会裁治権」という狭い意味であろう。B. Landry (*L'Idée de chrétienté chez les scolastiques du* XIIIe *siècle*, Paris, 1929)は、語彙は一切問題にしていない。L. Génicot は、その優れた概説である *Le* XIIIe *Siècle européen* (Paris, 1968, pp. 386–387) で、一三世紀における表現のあいまいさを強調している。

（3）*Insolentia Saracenorum, schisma Graecorum, sevitia Tartarorum*, dans *Brevis nota* (*Monumenta Germaniae Historica, Legum sectio IV, Constitutiones et acta publica*, III, nº 401). これは L. Génicot, *Le* XIIIe *Siècle européen, op. cit.*, p. 288 に引用されている。

（4）Oscar Halecki, «Diplomatie pontificale et activité missionnaire en Asie aux XIIIe–XIVe siècles», *XIIe Congrès international des sciences historiques*, Vienne, 1965, Rapports II : *Histoire des continents*, pp. 5–32.

飛躍的発展のたどり着いた果て

しかしながら、キリスト教世界はヨーロッパに閉じこもる傾向に向かい、十字軍の精神は揺らぐ。こうした態度の変化の鍵は、西欧の繁栄ということに求めねばならない。社会的・経済的発展のエネルギーは、かってはキリスト教徒のオリエントへの進出をもたらしたが、今やヨーロッパへの逆流の力となる。一一世紀末に、キリスト教世界では人口があまりにも急速に増大したため、ヨーロッパではそれを吸収することができなかった。若者たちが土地や女性や権力から遠ざけられていた、この血気あふれるキリスト教世界では、内部での暴力が荒れ狂っていた。粗削りの封建制度の最初の潮は、平和運動ではせき止めることができなかった。教会は、その潮をイスラム教徒へと導いたが、スペインの「レコンキスタ」も過剰な人口やラテン人の貪欲さやエネルギーを吸収するには十分ではなかったので、それをオリエントへと向けさせたのである。しかし、一三世紀半ばになると、西欧では、その内部の繁栄は頂点に達した。開墾や「農業革命」が飢えを遠ざけ、もはや西欧では飢饉は一般的な現象ではなくなった。

　農村の経済の進展は社会の進展を促進した。たとえ領主制システムが領民を狭い網のなかに押し込めるとしても、農奴からの解放は加速していたし、都市の空気はドイツの諺[1]がいうほどには自由にしていなかったとしても、都市の爆発的発展によって人々は都会に集まり、手工業や遠隔地貿易を含めての商業が活発になり、織物の生産は目覚ましい勢いで伸び、建築がじつに盛んとなり、建物の石材がしだいに木材に取って代わるようになった。交換において貨幣が使われるのが急速に増大し、貨幣鋳造権者たちは、高い価値の硬貨、すなわち高価値の「グロ」銀貨を造った。一三世紀は、西欧において、シャルルマーニュ（カール大帝）以降消えていた金貨の鋳造を復活させた世紀である。聖ルイは金貨を鋳造させたフランスの最初の王である。彼は一二六六年にエキュ金貨を造らせた。繁栄の結果、領主たちは領民に自由を与えざるをえなくなり、また暴力を手控えざるをえなくなった。戦争を法的に認められた正当な戦いに限定する教義によって、また正当な戦いを限られた期間に規制することによって、それまで理想でしかなかった平和が現実のものとなる。寡婦や孤児の保護に商人の保護を付け加えることが取り決められる。新しい社会にはやはり多くの数にのぼる貧民が生まれていたので、慈善施設やレプラ患者隔離施設を増やすことによって、彼らにも配慮を分かたねばならない。しかしこの配慮は、両義的なもので、慈善と監禁との間で揺れ動くものであった。教会、信心会、同業組合に加えて、生まれつつあった国家は「福祉国家」*Welfare State* の前兆を与えた。聖ルイはいずれこの分野では際立つことになる。

都市はまた、新しい文化的欲求を、そしてその欲求を満たす方法をもたらす。学校が増える。一三世紀の学校は、都市の若者たちの一部に読み書きを教えた。もはや未来の聖職者に限られるものではなく、俗人の生徒たちもしだいに多く受け入れられるようになる。それ以来、読み書き、計算ができるようになるのはとりわけ少年たちである。また学校には女の先生もいた。教師の同業組合が結成され、それがのちに、大学という普通名詞の意味を示すようになる。(2) 聖ルイの時代には、キリスト教社会において、それは王権（*Regnum*）と教会権力 Sacerdoce と並んで、大学によって具現された知識権力（*Studium*）という新しい権力となった。大学は知の国際語であるラテン語に第二の生命を与える。新しい創意がきわめて多く加えられたラテン語ともいうべきスコラ学のラテン語を作り出す。

しかし——規則があるにもかかわらず——学寮のうちにまで、日常の俗語《ラング・ヴュルゲール》の使用が急速に広がった。それぞれの土着語《ラング・ヴェルナキュレール》が書きことばになる。聖ルイのもとでは、フランス王国の行政機関がフランス語で文書を書くようになる。聖ルイは、フランス語で表現されるのを私たちが見聞きできるフランスの最初の王である。演劇がよみがえる。教会を出て、町なかにその上演の場を広げる。祝祭が街路でくり広げられ、都会に侵入した農村の多かれ少なかれ異教的な祭儀が学識的な典礼に入り混じる。カーニヴァル人形〔禁欲の四旬節前の開放の謝肉祭に登場する人形〕がカレーム人形〔灰の水曜日から復活祭までの四六日間の禁欲の祝祭である四旬節を象徴した人形〕を打ち倒し、追い払ったりした。一二五〇年のあるファブリオ〔滑稽で風刺的な韻文の笑話〕では、その想像力は、キリスト教的禁欲主義とはほど遠い新奇な国「コカーニュの国」〔幻想の桃源郷〕へと飛んでいる。芸術は、常に神や権力者のためのものであったが、今や、権力の威示を超えて、もっと広く共有される美的な好みを満足させることをしだいに求めるようになる。地上を天空へと引き上げることにも、天空を地上に引き下げることにも務めるようになった。教会建築におけるステンドグラスの完全な勝利が教会を色彩の光でいっぱいに満たす。彫刻はアミアンに「美しき神」〔北仏ピカルディ地方の旧都アミアンに一三世紀に建造されたゴシック様式のノートル＝ダム大聖堂の中央扉口を飾る有名な彫刻〕を刻み、ランスでは天使像に微笑みを浮かばせる〔北東仏シャンパーニュ地方の県都ランスに一三世紀末に完成した大聖堂の西正面に刻まれた「微笑む天使」〕。ゴシックなるものは一種の祝祭である。天国におけると同様に地上でも、諸価値は深くキリスト教に根ざすものであった。地上の庭園——そこでは愛のおかげで人々は薔薇を摘むことができる——は、イヴが宿命のリンゴを摘み取った「エデンの園」の装いを新たにした写しである。地上はもはや「失楽園」の原罪によってむしばまれた反映にとどまらない。神の姿に似せて創られ、地上において創造主の御業に力を貸す人間は、終末の時に現れる天の楽園で開花することになる善きことをこの地上で創り出し、味わうことができる。学問、美、十分な豊かさ、適法な計算、よみがえりを約束された肉体、教会の目には長く疑わしいものとされてきた笑いさえもが、人間の働きによって、地上で不朽の道のりを歩みはじめる。(3)キリスト教世界は、一三世紀にはその野性の輝きを失ったようにみえる。神の審判はかすみ、神明裁判は第四ラテラノ公会議（一二一五）で禁止される。だが、神明裁判の実際が消えるのは遅々としたものであった。(4)火や水、焼かれた鉄による証し立ての裁判はかなり早くになくなるが、武人に好まれた神明裁判ともいうべき「決闘」、いわゆる「挑戦の手袋《ガージュ・ド・バタイユ》」による裁決が根絶されるのは、ずっとのちのことでしかない。聖ルイもその根絶に努めるが、成果は上がらなかった。

当時のキリスト教徒たちは、そうしたヨーロッパに暮らすという新しい充足感に執着していたので、眼前から遠い十字軍の価値のために、そこから離れることはしだいにむつかしいことになった。ジョワンヴィルは、聖ルイがその気性の激しさを時には宥めねばならなかったほどのキリスト教的騎士であったが、聖ルイに感嘆し、献身的で、もっとも親しい友になりたいと思った人物であった。その彼が、聖ルイの二度目の十字軍には同行することを拒否しているのである。

私はフランス王とナヴァラ王(5)から、十字軍に参加するように強く求められた。それに対して私は答えた、かって私が神と海外にいた王のために尽くしていた時も、またかの地より戻ったのちも、フランス王とナヴァラ王の警吏たちは、あれほどに酷い時はかって知らぬほどに、私を破滅させ、私の領民を貧困に喘がせた。それで私はお二人に、かように申し上げた。私が神の意に沿うて振る舞おうとするならば、私は当地に留まり、わが領民を助け、守るであろうと。なぜならば、私が十字架の巡礼の遠征にわが身を捧げることになれば、それはわが領民に対して悪と被害を与えることになり、信仰の民のためにその身を捧げられた神を怒らせることになる、とはっきりわかったからであると。私には思えた、王に遠征を勧めた者はすべて死すべき罪を犯したのだと。なぜなら王がフランスに留まりたもうかぎり、あまねく王国は、その国内においても隣国に対しても平和であったが、王が国を離れられたあとは、王国の状態はまさしく悪化するばかりであったからである。(6)

このように、セネシャルのジョワンヴィルは、いわばそのシャンパーニュの地での領主としての義務を果たすため、十字軍参加を断っている。神の意に従い、神をまねぶことは、「十字架の巡礼の遠征」に駆け参じることではなく、ジョワンヴィルの領地で「その領民を助け、守る」ことであると、彼は思った。では、ジョワンヴィルの領民を、誰から、何から助け、守るためだろうか。サタンからか、サラセン人たちからか、それともタタール人たちからであろうか。否、「フランス王とナヴァラ王の家人たち」からである。キリスト教世界の飛躍的発展による利益を、自分の領民に分かち与えるためである。ジョワンヴィルは、自分の家臣や農民たちのための騎士として振る舞うような見せかけをするが、実際には、都市民のように壮挙や冒険に背を向ける新時代の人間として行動しているのである。二〇年前、聖地へ赴く王に従った時には、彼はいった。「私はジョワンヴィル領を振り返ろうとは決して思わなかった。あとに残してきた美しい居城やわが二人の子供たちのことで、心が崩れてしまうのを恐れたからだ」(7)。二〇年後、彼は四三歳になり、子供は成長した。だがその居城、彼自身としてももはや離れようとは思わないこのキリスト教世界のなかにあるその城が、領主ジョワンヴィルを引きとめるのである。

聖ルイは、たしかに人生をそしてこの世を愛していたけれども、しかし、天国のエルサレムを映すこの世のエルサレムのイメージに魅了され、時代の流れに背を向け、みずからの十字架を掲げて、そのエルサレムへ再度赴かねばならなかったのである。だが聖ルイのこのエルサレムは、同時代のキリスト教徒たちにとっては、みずから充足しているキリスト教世界からしだいに遠ざかっていたものであった。死の間際の聖ルイの祈りとされるものに、つぎのような祈りのことばがある。「神よ、われらに力を与えたまえ、われらがこの世の繁栄を軽んじることができるように」(8)。聖ルイは、その時代の宗教的不安を深くふかく生きたのである。(9)

【注】

（1）*Stadtluft macht frei*「都市の空気は自由にする」（«L'air de la ville rend libre»）。

（2）Jacques VERGER, *Les Universités au Moyen Âge*, Paris, 1973〔邦訳、ジャック・ヴェルジェ『中世の大学』大高順雄訳、みすず書房、一九七九〕と«Des écoles à l'Université. La mutation institutionnelle», dans *La France de Philippe Auguste*, Paris, 1982.

（3）Jacques LE GOFF, *Les intellectuels au Moyen Âge*, Paris, 1957, 2e éd., 1984 (avec bibliographie)〔邦訳、ジャック・ルゴフ『中世の知識人』柏木英彦他訳、岩波書店、一九七八〕と«Quelle conscience l'Université médiévale a-t-elle eue d'elle-même?», dans *Pour un autre Moyen Âge*, Paris, 1977, nouv. éd. 1994, pp. 181–197.

（4）Jean GAUDEMET, «Les ordalies au Mayen Âge : doctrine, législation et pratique canoniques», *Recueils de la société Jean Bodin*, vol. 17/2, *La preuve*, 1965 ; Dominiques BARTHÉLEMY, «Moyen Âge : le jugement de Dieu», *L'Histoire*, nº 99, avril 1987, pp. 30–36 ; John BALDWIN, «The intellectual preparation for the canon of 1215 against ordeals», *Speculum*, 36, 1961, pp. 613–636.

（5）ナヴァラ王〔テオバルド二世〕でシャンパーニュ伯であるティボー五世は、聖ルイの娘婿で、聖王に深く私淑していた。

（6）JOINVILLE, *Histoire de Saint Louis*, pp. 399–401.

（7）*Ibid.*, p. 69.

（8）*Ibid.*, p. 407.

（9）一一世紀から一三世紀にかけての宗教的な動きについては、Jacques LE GOFF et René RÉMOND (éd.), *Histoire de la France religieuse*, t. I, Paris, 1988 を見よ。

宗教的不安

一三世紀のキリスト教世界の繁栄はおそらく、その世界を苦しめた宗教的不安の原因の一つであろう。

紀元一〇〇〇年前後から、豊かさによって、世俗であれ聖職であれ権力者たちがますます富裕となり、また西欧キリスト教社会のますます多くの諸階層において、この世への執着もしだいに強くなった。そうした豊かさや執着が不安や拒絶を示すさまざまな反応を引き起こした。霊的な面での異議申し立ての激しい動きが、教会の内でも外でも、また修道院や聖職者の内にも、そして一般信徒の間にも現れる。共通する標的は、教会制度一般とその貪欲である。手厳しいキリスト教徒たちは、教会の顕職——司教職をはじめとして——の売買が日常的におこなわれていることをとりわけ破廉恥な行為と考えた。こうした聖職の売買は、使徒たちの霊的な力をあがなおうとした魔術師シモン〔『使徒行録』八章八〜二四節〕の名前から由来して、「シモニア」〔聖物売買〕と呼ばれている。こうした攻撃はまた、何よりもまずローマ教会の長である教皇に向けられたが、教皇はまさしく専制支配をおこなう国家組織を形成する最高権力者であり、財政納付金を徴収し、しだいに重くし、ますます莫大な金額となる貨幣を吸い上げ、管理するからである。批判的な聖職者は、ローマ教皇庁に対する風刺の文書を作った。風刺は、『銀のマルクによる福音書』*L'Evangile selon le marc d'argent*[1] のように、時には過激なものになることもあり、教会人の世界や俗人の上流階層の間に成功裏に広まった。放浪の説教師たちは説教を通じてその考えを広めた。各地をめぐり説教するという彼らの行為は、だれもが定められた場所に結びつけられていた社会では、疑惑の目を向けられるものであった。彼らは方々で、金銭や教皇庁や教皇への批判をおこない、それに加え、キリスト教の教義のいくつかや教会から強制される宗教的実践《プラティック》のいくつかに対して異議の申し立てをした。あらゆる聖職位階制、秘蹟——結婚や結婚に結びつけられていた性道徳——、聖画像の崇敬、なかでも十字架像の崇敬、聖書を読むことや説くことが聖職者にのみ許されるという独占体制、教会の奢侈、などが非難の的とされる。さらに、福音書の厳密な実践、初期教会の慣行への回帰が主張され、男も女も「裸足のキリストに裸足で従う」よう求められる。神にかけての誓約はすべて拒否される。これは封建社会の土台の一つを崩すことになりかねない。聖ルイ自身も誓約することをみずから禁じ、たとえ教会が公式に認めているやり方でさえ誓約はしなかった。こうした異議申し立てのほとんどは、権力や金力を用いることや現世の富を過剰に享受することへの批判、そしてそれらを改革することへの訴えにとどまるものであるが、時には過激になることもあり、教会制度を拒否したり、キリスト教の教義の本質的なものへの非難となることもあった。そうなると、教会はそれを異端と呼び、そうした反抗の動きを厳しく断罪し、その誤りを撤回するか、あるいはキリスト教社会から排除されるかのどちらかとされた(2)。こうしたことは無信仰からくる危機ではなく、逆に熱烈な信仰、「現世への軽蔑」を生きたいとする欲求によるものである。現世への軽蔑は、中世初期の修道院や教会が――おそらく慎重さが欠けていたのであろうが――きわめて高く称賛したものであった。こうした運動は、聖職者や一般信徒、社会のあらゆる階層に広がった。フランス王国もこの騒動からまぬがれられない。紀元一〇〇〇年頃に知られる「民衆的な」第一の異端者は、ヴェルテュザン＝シャンパーニュ〔北仏シャンパーニュ地方マルヌ県のランス南方五〇キロほどにある郡都〕の農夫で、彼はブドウ畑で働いていた時に宗教的高揚に魅入られたのである。また一〇二二年には、異端の聖職者が何人もオルレアンで火あぶりにされる。一〇二五年には、異端者の一団がアラス〔北仏ノール・パドカレー地方のパドカレー県郡都〕に現れる。これらの異端者グループはカペー家の者に通じていたと思われる。一〇二〇年のオルレアン、一二一〇年のパリでの異端者の場合もそうであった。聖ルイは異端を嫌悪しているが、正統と異端の境界は必ずしもそれほど明確なものではない。のちほどまた語るつもりであるが、聖ルイは、十字軍からの帰路に、イエール〔一二五四年の帰路に通るプロヴァンス地方の地中海岸の町〕で、一人のフランシスコ修道会士と出会う。この会士は、フロリスのヨアキム〔伊の神秘神学者ジョアッキーノ・ダ・フィオーレ〕(3)の異端の嫌疑をかけられた思想を主張する人物である。だから私には、この出会いは大きな重要性をもつように思える。

　聖ルイの個人的な信心行為は、キリストのまねびへの渇望という方向に位置づけられる。それは、フランス王としては実践がむつかしい清貧というやり方ではないにせよ、謙譲を指向するものである。当時、福音的完徳を熱望する人たちの大部分を駆り立てた贖罪《ペニタンス》を求める大規模な運動がみられたが、彼はその贖罪運動の奉信者である。また同時代の多くの人たちと同じように、彼は隠修士にも心を寄せている。当時、キリスト教世界では人里離れた森や島の孤独のなかで隠修する僧が増えており、彼らの姿は「現世の忌避」*fuga mundi*、西欧の経済的繁栄によって堕落した現世からの逃避を具現するものであった。一一世紀および一二世紀に、富や権力に埋もれて手仕事を放棄してしまった修道制を改革しようと努力した新しく生まれた修道会のなかでも、もっとも人心をつかんだのはシトー修道会〔一〇九八年モレームの聖ロベルドゥスが厳格なベネディクト修道会精神にもとづいて仏のシトーに創設〕である。聖ベルナール〔クレルヴォーの聖ベルナルドゥス〕がその大いなる威光によって栄光をもたらした修道会である。一二世紀末以降になると今度は、シトー修道士たちが世の中の誘惑に屈したとして非難を受けることになる。しかし一三世紀ではまだ、彼らは改革され純化された修道院の象徴としてとどまっている。托鉢修道会士は一三世紀に生まれた新しい改革派の修道会士たちであるが、彼らとならんで、シトー修道会士も、聖ルイの厚遇を保ち続けていた。シトー会修道院のロワイヨーモン〔パリの北方約五〇キロの地に、一二二八年聖ルイが創立し、シトー修道会に寄進した僧院〕は、聖ルイの名に結びつけられているが、この修道会の存在は聖ルイに負うところが大きく、またおそらくそこは彼のお気に入りの場所だったのであろう。

けれども、異端の波が一三世紀初めには広がりをみせていた。異端については、かって教会は、そのまことの本性について無知だったために、あるいはずっと以前にすでに断罪した古い誤りがふたたび現れたものとしてその信用を失墜させるために、彼らにいろいろ名前を付けたが、そうした古い名称や気まぐれな呼称によって、当時の異端の諸派を特定することはむつかしい。しかしなかでも一番華々しい異端、教会や教会を擁護する君主たちの目にはもっとも危険と思われた異端は、今日私たちが「カタリ派異端《カタリスム》」と呼んでいるものである。一三世紀のフランスにおけるこれらカタリ派異端に対して付けられているもっとも知られる名前は「アルビジョワ」albigeois〔アルビ人、アルビ派〕である。彼らは南フランスに数多くいたので、ちょうど高利貸とみなされるキリスト教徒の金融業者に対して「カオール人」〔カオールは現在の南西仏ロート県都で、中世には一大商業中心地であった〕と呼んでいるように、彼らを「アルビ人」すなわちアルビジョワ〔アルビは現在の南仏ラングドック地方のタルン県都で、当時はトゥールーズとならびアルビ派異端の中心地であった〕と呼んでいるのである。カタリ派異端は、二元論的な宗教であって、キリスト単意説〔キリストは神と人の両性を有するが意思は一つであるとする説〕ではない。カタリ派異端者は二つの神の存在を信じる。一つは善の神で、目に見えず、魂を救い、霊的な世界の王であり、もう一つは悪の神で、目に見える物質的な世界の師で、肉体と魂を堕落させる。この悪の神を、カタリ派異端者は、サタンや旧約聖書の「怒れる神」と同一視している。この神の地上での道具が教会であり、それは「黙示録のけもの」〔『ヨハネの黙示録』一二〜一四章。天使ミカエルと闘う竜〕と同じものとされる。だからキリスト教会にとっては絶対の危険である。この異端は、独自の典礼、聖職、階位構成（「完徳者」）をもち、カタリ派異端と公式のキリスト教の間には、妥協の余地はない。たとえ多くの「アルビ人」が地下に隠れて、正統信仰の仮面を付けようとも、妥協の可能性はない。二元論的異端は、西欧もオリエントも含めてのキリスト教世界全体の現象であった。一二世紀と一三世紀には、この異端は、アキテーヌ地方〔西南仏のガロンヌ川流域地方〕にも、シャンパーニュ、フランドル〔ベルギー西部と北仏にまたがる北海に接する地方〕、ライン、ピエモンテ〔伊の北西部の地方〕の地方にもみられた。この異端のオリエントにおける二大中心地はブルガリアとボスニアであり、西欧の二大中心地は北伊ロンバルディア地方と南仏ラングドック地方であった(4)。聖ルイもやがて自分の王国にも彼らの姿を見ることになる。しかし実をいえば、聖ルイの祖父であるフィリップ・オーギュストがアルビ派に対する十字軍参加を拒否した時には、父のルイ八世はすでに南フランスの異端に対する軍事的行動の大半を終えていたのである。聖ルイは一二二六年、アルビジョワ十字軍の決定的な局面を展開することになる(5)。

トゥールーズ伯レーモン六世はカタリ派に好意を寄せ、封建的主君であるカペー王家に対しては敵意を示していたので、彼の態度が事態に影響を与えた。しかし王としてはおそらく、フランス北部の領主や騎士たちに対する王の主導権を取り戻そうと望んでいたのだろう。彼ら北フランスの領主たちは、自分たちの利益を考えて、十字軍の名のもとに、南フランスの領主たちを攻撃していたからである。さらに王ルイ八世は、教皇との関係を父よりもさらに良いものにしようとも願っていたのである。

そこで、ローマ教会は、異端の残党——まだ活発であった——を一掃するため、特例的な法廷、つまり「異端審問所《アンキジション》」を作り出した。そこでは、裁判の新しい形、正確にいえば職権による糾問手続きの裁判がおこなわれることになった。この裁判は、密告や世間の噂、犯罪あるいは違法を示す物証の発見などを知らされた裁判官によって始まる。普通の告発形式の訴訟では、裁判官は、告訴人や被害者あるいはその身近な者から提訴を受け、しかも告訴する者には証拠を提出することが課せられるものであるが、そうした当事者主義的な訴訟手続きに、この職権主義的な手続きが取って代わるようになった。異端審問的《アンキジトリアル》な訴訟手続きには(6)、理論的に二重の利点がある。罰せられないのは犯罪が知られない場合だけである。この裁判の目的は犯人の自白を得ることである。自白はきわめて客観的で反論の余地がない証拠とみなされた。職権主義的な異端審問の裁判は秘密におこなわれるので、このような裁判では、被告に証人も弁護人も付かない。しかも被告は、密告された場合でも、その告訴した者の名前を知らないのである。多くの裁判官が自白を欲したので、異端の被告は真意を隠して嘘をつく者であるという疑いのもとに、彼らに自白を強い、そのために拷問を用いることになった。拷問は一三世紀には広くおこなわれる傾向にあった。異端審問の法廷で——頻繁に起こったことであるが——重罪と宣告されると、つまり禁固刑のとくに残酷な形——しばしば死ぬまで——である終身禁固刑あるいは火あぶりによる死刑の判決が下されるが、教会としては、みずからの手を汚したくないので、刑の執行については世俗の権力に委ねている。これが「世俗の手への委ね」といわれるものである。教皇グレゴリウス九世は一二三三年に職権主義的な「異端審問制《アンキジション》」を制定したが、聖ルイは、その異端審問によって重罪判決を受けた異端者に処刑を命じる最初のフランス王となるのである(7)。

一三世紀のキリスト教世界における異端の噴出は、宗教的沸騰のなかの一つの様相にすぎなかった。当時の宗教的沸騰には少なくとも、他に二つの大きな表出がみられた。二つとも本質的にはキリスト教の正統信仰の内にとどまるものであった。

第一の表われは、新しい修道会がいくつか創設されたことである。それらは、新しい霊的欲求に応えるものであり、また経済的・社会的な飛躍から生まれた社会の使徒となろうとする高い霊性を備えた男女の願望に応えるものであった。それが「托鉢《マンディアン》」修道会である。衰退しつつあった修道制は、孤独のなかで、とりわけ貴族や騎士社会の切望を満たしていたが、そうした修道制の衰退に対する反動として、托鉢修道士たちは、伝統的な独りで暮《モワンヌ》らす者ではないので、西欧の「荒野」ともいうべき森の奥深く、孤独のなかで生きるのではなく、人々のなかで、都市のなかで生きた。彼らの使徒活動が狙う主なる獲物、それは異端にむしばまれた新しい都会という社会である。彼らの第一の武器、それは彼らの生き方という手本である。謙譲と清貧のなかに生きること、つまりは托鉢に要約されるものである。営利心と金儲けの誘惑と貪欲（*avarita*）が、金銭の侵入を前にして新しい形をとるようなこの世界で、彼らはみずからを「乞う者」としたのである。そして彼らが行為のなかに示す改革は、社会の改革のために力ある働きをするための切り札となることになった。

一二世紀には、罪と贖罪の概念が変わり、霊的な生き方が行為よりむしろ意図にもとづいて再構築されるのがみられたが、その長い進展が行き着いたところで、第四回ラテラノ公会議（一二一五）は、すべてのキリスト教徒に対して、少なくとも年一回の個人的な耳聴告解《コンフェシオン・オリキュレール》をすることを義務づけた（これはのちに復活祭の告解となる）。耳聴告解は、良心の吟味の実践、つまり悔改が贖罪の新しい中心となったこの新しい告白の形態が求められることで、心理的・霊的生活を一変させることへの門戸を開くことになった。托鉢説教士たちは、司祭には告解を聴くことを、信者には告解することを教えた。[8]説得するために、彼らはことば《パロール》に訴えた。説教をよみがえらせ、新しいものにした。説教を、大衆を引きつけるメディアにした。[9]彼らのいく人かは説教の花形になった。このような次第で、説教の大ファンであった聖ルイは、フランシスコ会士聖ボナヴェントゥーラ〔伊の証聖者、教会博士。スコラ学者で『完徳への道』『三重の道』などを著わす〕を招き、自分と家族の前で説教をさせることになる。

キリスト教徒は常に救済、とりわけあの世《オ゠ドゥラ》の様子に執心していた。一二世紀末から一三世紀初頭において、あの世の地誌が変わる。「天国」と「地獄」の間に、二重の意味での仲立ちをするあの世が一つ加わる。このあの世の場所は、この世のものである歴史の時間が続くかぎりでしか存続せず、永遠のうちに吸収されてしまうことになる。それが「煉獄」である。煉獄では、根っからの罪人でない者たちは、天国に行くまでに、生前にし残した悔悛を、みずからの苦しみと生者の「代禱《スフラージュ》」〔煉獄で天国行きを待つ者たちのために、この世の者たちが、その罰の軽減を求めて祈ること〕によってあがなうことができる。[10]托鉢修道士たちは、煉獄への信心を広め、信者に死に対するこれまでとは異なる心構えを教えた。なぜならそれ以後、煉獄は、集団的な最後の審判を待つ間、死後直ちにおこなわれる個人的な審判〔その人の霊魂の行く手が煉獄か天国か地獄か決まる私審判〕に通じるものだからである。さらに説教士たちは、キリスト教徒たちに――少なくとも有力な都市民の家族に対しては――彼らの教会に埋葬される道を開いたが、これは小教区の司祭には大損害を与えることになった。

托鉢修道会の起源には、それぞれ大いに異なる二人の大人物がいる。一人は、「説教修道士会」（のちにその名にちなみ「ドミニカン」〔ドミニコ会修道士〕と呼ばれる）創立者のスペイン人カラロガのドミニクスである。もう一人は、「小さき[11]兄弟の会」（のちに「フランシスカン」〔フランシスコ会修道士〕と呼ばれる）の創立者のイタリア人アッシジのフランチェスコである。一三世紀には、中心となったこの二つの托鉢修道会に加わり、一二二九年に現れ、一九五〇年に決定的な形となる「カルメル修道会」〔正式には「カルメル山の聖母修道会」。一一五四年聖ベルナルドゥスがパレスチナに創立し、イングランドの聖シモン・ストックが托鉢修道会に再編した〕が、そして一二五六年に「アウグスティヌス修道会」〔聖アウグスティヌスの共住生活の規律にもとづく隠修士会。実態は托鉢修道会〕が現れる。聖ルイは、聖ドミニクスが亡くなった一二二一年（列聖は一二三四）には七歳であり、聖フランチェスコが亡くなった一二二六年には、王になる一二歳であったが、やがて托鉢修道会の王となる。それは、王みずから托鉢修道僧になりたかったのではないかと疑われるほどであった[12]。

一三世紀の宗教的沸き立ちには別の顕われ方も認められる。それは教会における俗人の台頭である[13]。信心会《コンフレリ》の発展が、俗人の信心の高揚にともなって現れる[14]。俗人たちを巻き込んだ贖罪の大きな運動も、教会における彼らの地位を高める。俗人の平常な地位は婚姻にこそあったが、それが夫婦の貞潔のような新しい宗教的な理想を吹き込む。俗人のこうした地位の向上については、とりわけ女性が恩恵をこうむった。アッシジの聖女クララは聖フランチェスコの代役以上のものであり、みずから作った戒律を女子修道会に与えた最初の女性である〔聖フランチェスコの指導のもとに隠修道女会を創立し、終生その修道院長として務めた〕。しかしさらに新しい点としては、これらの托鉢修道会は、女性からなる第二会のみならず、俗人からなる第三会〔俗世にある者が参加する修道会〕を誕生させたことである。教会は俗人と女性の信心行為を統御することに常に注意を払っていたが、そうした教会の警戒心を見せる監視のもとで、聖職者と俗人を隔てる境界線にまたがるような生き方をする俗人が現れた。都市にあっては、とりわけ女性たちは、よく同じ場所に集まり、控えめな宿舎で、修道女としてではなく、信仰篤い生活を送っていた。それが、一三世紀に新たに出現した「ベギン」である[15]。

これらの俗人はやがてキリスト教の神秘主義的傾向に強く関心を寄せることになる。たとえシトー会修道院長フロリスのヨアキム（一二〇二没）の千年王国説[16]がいくつかの宗教集団、とりわけフランシスコ会にしか影響を及ぼさなかったとしても、終末への気遣い、最後の時への恐怖、最後の審判が近いことへの信心によって、ある種の俗人たちは、一二六〇年の「鞭打苦行者《フラジェラン》」[17]の宗教行列のような極端な宗教威示へと走った。聖性は、かっては聖職者と修道士がほぼ独占するものであったが、ここにも男女の区別なく一般信者にも認められることになった。クレモナ〔現在の北伊ロンバルディア州の県〕の商人のホモボヌスは、一一九七年の死去から二年後の一一九九年に、教皇インノケンティウス三世によって列聖されている[18]。しかし、一般信者で聖人となった一三世紀のもっとも有名な人物は、聖ルイその人である。パリのベギン修道女を保護し、キリスト教徒としての夫の模範であり、少なくともフロリスのヨアキムの思想にもいささかふれた聖ルイ、最終的には終末論に傾く王であり、終末という固定観念につきまとわれた王であった聖ルイである。聖ルイは、その時代の大多数のキリスト教徒と同じように、生きていた。すなわち、一方では現世のことに執着を強めていく信者の姿に不安を感じていた教会が育んだ恐怖、他方ではこの世での生活が未来の生に対して障害であると同じく飛躍台であるとする考え方のなかで「来たるべき善を期待する」希望《エスペランス》を抱いて、その狭間に生きていたのである。[19]「いともキリスト教的な」聖ルイは、同時に一三世紀のキリスト教世界の政治の大いなる役者であったからである。

【注】

（1）Olga DOBRIACHE-ROJDESVENTSKY, *La Poésie des Goliards,* Paris, 1981 を参照。

（2）異端については、以下の文献を見よ。Jacques LE GOFF (éd.), *Hérésies et sociétés dans l'Europe pré-industrielle, XIe–XIIIe siècles,* Paris et La Haye, 1968 ; Malcolm LAMBERT, *Medieval Heresy*, Oxford, 2e éd., 1992 ; Robert I. MOORE, *The Formation of a Persecuting Society,* Oxford, 1987 ; 仏訳 *La Persécution. Sa formation en Europe (X^e–XIIIe siècles),* Paris, 1991.

（3）後出二五八～二六一頁を見よ。

（4）カタリ派異端についてはつぎの文献を参照。Arno BORST, *Les Cathares,* 1953 ; 仏訳 Paris, 1953〔邦訳、アルノー・ボルスト『中世異端カタリ派』藤代幸一訳、新泉社、一九七九〕; Raoul MANSELLI, *L'Eresia del male,* Naples, 1963 ; René NELLI, *Le Phénomène cathare,* Toulouse, 1976, t. II, *L'Histoire des cathares,* 1980. 原文はつぎの文献に見られる。Jean BIGET, «Les Cathares : mise à mort d'une légende», *L'Histoire,* n° 94, novembre 1986, pp. 10–21. カタリ派異端についてもっとも生き生きとした紹介はつぎの文献である。Emmanuel LE ROY LADURIE, *Montaillou, village occitan de 1294 à 1324,* Paris, 1975〔邦訳、エマニュエル・ル・ロワ・ラデュリ『モンタイユー　ピレネーの村　一二九四―一三二四』上下巻、井上幸治他訳、刀水書房、一九九〇～一〕。しかしそれらは聖ルイより少々のちの時代のカタリ派異端のことである。

（5）Monique ZERNER-CHARDAVOINE, *La Croisade albigeoise,* Paris, 1979.

（6）*L'Aveu, Antiquité et Moyen Âge* (Actes du colloque de Rome,1984), Rome, 1986.

（7）真実をいえば、この「世俗の手への委ね」は、フランスではすでに聖ルイより前におこなわれていた。一二一〇年、サンス大司教ピエール・ド・コルベイユが司会をしたパリの教会会議で、よく知られていない宗教集団の信者たちに有罪宣告をしている。この宗教集団の霊的指導者は大学人のアモリー・ド・ベーヌ（一二〇五頃没）とダヴィッド・ド・ディナンであったが、二人は世俗の手に引き渡された。中世末期には、『フランス大年代記』*Grandes Chroniques de France*——フランス王国の正史——の挿絵の一部を構成していたある細密画の伝統的図柄では、フィリップ・オーギュストが、異端者の火あぶりによる死刑に個人として立ち会っているのが示されている。Marie-Thérèse D'ALVERNY, «Un fragment du procès des Amauriciens», *Archives d'histoire doctrinale et littéraire du Moyen Âge,* vol. 25–26, 1950–1951 ; G. C. CAPELLE, *Autour du décret de 1210. III. Amaury de Bène : étude sur son panthéisme formel,* Paris, 1932.

（8）Pierre Marie GY, «Les définitions de la confession après le quatrième concile du Latran», dans *L'Aveu, op. cit.,* pp. 283–296 ; R. RUSCONI, «Ordinate confiteri. La confessione dei peccati nelle "summae de casibus" e nei manuale per i confessori (metà XII-inizio XIV secolo)», *ibid.,* pp. 297–313 ; Pierre MICHAUD-QUANTAIN, *Sommes de casuistique et manuels de confession au Moyen Âge (XIIe–XVIe siècles)* (Analecta mediaevalia Namurcensia, 13), Louvain, Lille, Montréal, 1962 ; Nicole BÉRIOU, «Autour de Latran IV (1215). La naissance de la confession moderne et sa diffusion», dans *Pratiques de la confession : des Pères du désert à Vatican II. Quinze études d'histoire,* Paris, 1983.

（9）Jacques LE GOFF et Jean-Claude SCHMITT, «Au XIIIe siècle : une parole nouvelle», dans *Histoire vécue du peuple chrétien,* Jean Delumeau (éd.), Toulouse, 1979, t. I ; David L. D'AVRAY, *The Preaching of the Friars. Sermons diffused from Paris before 1300,* Oxford, 1985 ; Nicole BÉRIOU, «La prédication au béguinage de Paris pendant l'année liturgique 1272–1273», *Recherches augustiniennes,* 13, 1978, pp. 105–229 ; ID., *La Prédication de Ranulphe de la Houblonnière. Sermons aux clercs et aux simples gens à Paris au XIIIe siècle,* 2 vol., Paris, 1987 ; Jean LONGÈRE, *La Prédication médiévale,* Paris, 1975.

（10）J. LE GOFF, *La Naissance du Purgatoire. op. cit.*

（11）一三世紀のフランスでは、ドミニコ会士のことを「ジャコバン」（彼らのパリの修道院名から）と、またフランシスコ会士のことを、彼らが帯にしていた結び目の付いた太い紐から「コルドゥリエ」とも呼ばれることになる。

（12）Lester K. LITTLE, «Saint Louis' Involvement with the Friars», *Church History,* XXXIII, n° 2, 1964, pp. 1–24（抜刷）を見よ。

（13）André VAUCHEZ, *Les Laïcs au Moyen Âge. Pratiques et expériences religieuses,* Paris, 2e éd., 1987 および Guy LOBRICHON, *La*

Religion des laïcs en Occident, XIe–XVe *siècles*, Paris, 1994 を見よ。

(14) G. G. Meersseman, *Ordo fraternitatis. Confraternite e pietà dei laici nel Medioevo* (*Italia sacra*, vol. 24–26), 1977 ; *Le Mouvement confraternel au Moyen Âge : France, Italie, Suisse*, Rome, 1987.

(15) 聖ルイの治世末期におけるパリのベギン修道女については、前出の注9に既掲した Nicole Bériou, «La prédication au béguinage de Paris pendant l'année liturgique 1272–1273» を見よ。

(16) 中世の千年王国説の大略と主要参考文献については、つぎの論文に記載されている。J. Le Goff, «Millénarisme», dans *Encyclopaedia Universalis*. またフィオーレのヨアキムおよびその思想についての膨大な参考文献については、以下の文献を参照。Henri Mottu, *La Manifestation de l'Esprit selon Joachim de Fiore*, Neuchâtel et Paris, 1977 ; Marjorie Reeves, *The Influence of Prophecy in the Later Middle Ages, A Study in Joachimism*, Oxford, 1969 ; Id., «The originality and influence of Joachim of Fiore», *Traditio*, 1980.

(17) *Il movimento dei Disciplinati nel settimo centenario del suo inizio (Perugia, 1960)*, Pérouse, 1962.

(18) 四八頁の注6に既掲した André Vauchez の著書を見よ。

(19) Jean Delumeau, *La Peur en Occident* (XIVe–XVIIIe *siècles*), Paris, 1978〔邦訳、ジャン・ドリュモー『恐怖心の歴史』永見文雄・西澤文昭訳、新評論、一九九七〕; Id., *Le Péché et la Peur*, La *culpabilisation en Occident* (XIIIe–XVIIIe *siècles*), Paris, 1983〔邦訳、同『(仮) 罪と恐怖』新評論、近刊〕。

(20) Jacques-Guy Bougerol, *La Théologie de l'espérance aux* XIIe *et* XIIIe *siècles*, 2 vol., Paris, 1985.

政治組織——君主国家の出現

聖ルイの時代には、キリスト教世界は、政治面では、キリスト教社会の二大巨頭である教皇と皇帝による大きな紛争が再燃し、なお揺れ動いている状態であった。この対立は、聖ルイとならび一三世紀の世俗権力のもう一人の大立者とされる皇帝フリードリヒ二世に対する教皇インノケンティウス四世（在位一二四三〜五四）によって最悪の緊張状態に達していた。皇帝フリードリヒ二世は、キリスト教共同体の並はずれた人物で、聖ルイとはほとんど正反対の姿を見せる。[1] 聖ルイは、この紛争においては、これら伝統的権力の双方を尊重する姿勢をとる。この時期には大貴族の間でチェス勝負が流行するようになっていたが、[2] 聖ルイは、一種の中立の装いのもとに、自分の持ち駒、つまりフランス王国のチェス駒を進める。

一三世紀の大きな政治的な動き、それは複数の王権、それらが構築する国家の抑えがたい台頭である。前世紀に、とりわけイングランドに始まったこの動きは、一三世紀には教皇君主制とも呼ばれる体制とともに発展するが、この教皇君主制というものは、近代国家において発展する中央集権的で官僚制的特徴をよく備えているとはいえ、領土的基盤をもたないし（ただし、中央イタリアにおける「聖ペテロの財産」であるローマ教皇領は別である）、さらに当時カスティリアやアラゴン、とりわけフランスで確立されていた「国民的《ナシオナル》」基盤に至ればなおさらに欠けている。聖ルイは、決定的な進展は、聖ルイがこよなく称賛を捧げた祖父のフィリップ・オーギュストによってもたらされた。[3] 聖ルイは、祖父ほど華々しくはないが、フランスの君主制国家の育成に対していくつかの重要な進歩を加える。ただしこれについては、歴史家にはまだあまり研究されていない。この君主制国家については、王としてのルイ九世を扱うところで重ねて検討する予定であるが、封建制と相容れないどころか、封建的な諸構造および心性に密接に結びつくものである。聖ルイの君主制国家の力はそこから来ている。[4]

フランス人が、あるいはスペイン人、イングランド人が作り上げた君主制国家は、完成半ばでしかないように思われる。イングランドの王権は非常に強固で、ヘンリー二世（在位一一五四〜八九）治世下に大きく進展するが、その息子のリチャード獅子心王（在位一一八九〜九九）や、とりわけジョン欠地王（在位一一九九〜一二一六）とその孫で、聖ルイと同時代人で敵であったり味方であったりしたヘンリー三世（在位一二一六〜七二）の時代には、後退したように思われる。聖ルイの誕生の一年後の一二一五年六月、ジョン欠地王は、イングランド諸侯の圧力に屈伏し、「大憲章」*Magna Carta* を賦与した。この行為はイングランド政治史の基本となるほどのものであるが、それで王権から諸侯の権力へ代わったということではない。それは王権が制限されたことを意味するものである。二つの視野から見ての制限である。一つは、封建諸侯のみではなくその他の中小貴族の特権、教会や都市や都市民の特権を認めたこと、もう一つは、法は王の上位にあり、王は法に従うことである。それが「実定法《ロワ・エグジスタント》」であれ、君主に「道理に適う」措置を課し、恣意を禁ずる道徳的な法であれ、いずれにせよ、法に従うことである。[5]

ドイツでは、イングランドとは逆で、フリードリヒ二世の努力やまやかしにもかかわらず、王権は成りゆきまかせの状態にあった。もちろんフリードリヒ二世は南イタリアやシチリアに中央集権を打ち立てることができた。それらに西欧の王権とは異なる性質がなかったならば、長続きできたであろうと思われるものである。[6] しかし彼は、教皇に対抗して——教皇ホノリウス三世の手で一二二〇年にローマで戴冠を授けられているが——、神聖ローマ帝国も再建しなかったし、とりわけ「諸侯の利益のための協約」*Statutum in favorem principum* において実権をドイツ諸侯に委ねなければならなかった。

イタリアでは、君主制でも中央集権的でもない権力形態が広がっていた。自治都市《コムーネ》の権力である。都市における秩序を維持するためには、外部に人を求め、都市総督《ポデスタ》という肩書を与えて、都市を統治させることもよくみられた。この世紀は、宗教的な権力と世俗権力がはっきり分かたれていなかったし、道徳的秩序と秩序それ自体を単純に混同していたので（聖ルイ自身も治世の末期にはこの区別をしなくなる傾向にあった）、時には、都市総督《ポデスタ》に宗教者を迎えることもあった。一二三三年にパルマ〔現在の北伊のエミリア・ロマーニャ州の都市〕では、平和と正義がおこなわれることを求める運動——たとえば、のちに聖ルイがするような、高利に対する闘争運動——によって、フランシスコ会の一修道士であるゲラルド・ダ・モデナに絶対権力を委ねることになった。この権力は短命であったが、意義深いことには、「ハレルヤ」の運動と呼ばれていた。より全般的には、経済・社会・政治的にもっとも活発であったイタリア中部と北部において、諸都市の住民が二つの派閥に再編され出し、それぞれが教皇あるいは皇帝の支持を後ろ楯にして、権力を争い、互いに追放をくり返すことになる。それがゲルフ党〔教皇派〕であり、ギベリン党〔皇帝派〕である。ただしこの動きは、ナポリ・シチリア王国、ローマ教皇領、アルプス地方の封建諸国家をとらえることはなかった。この政治の混乱状態は経済の繁栄と際立つ対照を示す。ピサは衰退の兆しを見せていたが、ジェノヴァ、フィレンツェ、ヴェネツィアは一三世紀にはその経済力を確固たるものにしていた。こうしたイタリアの諸都市はやがて聖ルイの優れたパートナーとなる。とくにジェノヴァは、彼に対して（祖父のフィリップ・オーギュストに対しても協力したが）十字軍遠征の船団の主力と財政活動の一部を提供してくれる。

スペイン、ポルトガルにおける政治の様相は、イスラム教徒に対する「レコンキスタ」によって特徴づけられていた。戦士型・征服者的な王のもとに、カスティリア王国とアラゴン王国は、君主制国家形成の道をたどっていた。聖ルイの本いとこであるフェルナンド（フェルディナンド）三世[8]〔反イスラムの国土回復の成果を挙げ、教会を保護し、学問を奨励した「聖人」と呼ばれる王。カスティリア王位一二一七～五二、レオン王位一二三〇～五二〕は、一二三〇年にレオン王国〔一〇世紀に西ゴート直系の王国として成立、その後いく度もカスティリア王国との合併・分離をくり返した〕とカスティリア王国を決定的に合併した。アラゴン王家支配下の諸国では、バルセロナ〔一一六四年バルセロナ伯国のアルフォンソ伯はアラゴン王アルフォンソ二世となる〕と繁栄するカタルーニャ〔一一三七年バルセロナ伯ベレンゲル四世のときアラゴンと合体。一二五八年フランス王との封建的絆を断ち切る〕の重要性がしだいに大きくなっていた。

スカンジナビア半島の諸王国においては、都市は数も少なく権力も持たなかった。諸王家は大諸侯に対する闘争をくり広げていた。アイスランドでは、一三世紀は「サガ」〔古代アイスランド特有の散文説話文学〕の大世紀であった。その初めに、初期の「真の」サガ、つまり「王家の」サガ[9]が現れる。この地方は、その世紀のヨーロッパの政治的主人公であった王権を知らない地方であった。ポーランドとハンガリーでは、優位を保っていたのは大諸侯であり、とりわけポーランドでは君主たちはさらにまた、ドイツ人による植民地化に対しても闘わねばならなかった。この植民地化には二つの形態がみられた。一つは開拓地や都市へドイツの植民を定着させること、もう一つは修道士＝騎士によって支配される危険な国家を形成することであった。修道士＝騎士の異教徒（リトアニア人、プロシア人）に対する布教精神は、単なる正真の[10]征服欲と重なり合い、また征服欲はゲルマン文化への帰属感情によって煽り立てられていた。しかしチュートン騎士団の東方への勢力拡張は、ノヴゴロドのロシア大公アレクサンドル・ネフスキー[11]〔スウェーデン軍もネヴァ湖畔で撃破。一二二〇頃～六三〕によってチュッコエ湖あるいはプスコフ湖の戦い（一二四二）で押し止められた。このように、当時のキリスト教世界には進歩がみられたにもかかわらず、一三世紀の西欧は政治的には細分化に向かっていた。当時のキリスト教世界は、ローマ教会と強固になった教皇の指導のもとに同じ価値を共有し続けていた。また托鉢修道会に統率され、大きく改革され、大学人やスコラ学者のおかげで新しい知の刺激によって活性化させられて、異端に対する闘いをおこない、経済や知識や宗教的実践を整備し、世界経済（*Weltwirtschaft*）や年間を通して開催されるシャンパーニュの定期市〔六つの都市が開催期間をずらして年間を通していつでもどこかの定期市が開催された〕が活動の中心であった一種の共通市場への一歩さえ踏み出そうとしていた。またローマ教会の、西欧に限られるにせよ、普遍的と形容される公会議（一二一五年の第四ラテラノ公会議、一二四五年の第一リヨン公会議、一二七四年の第二リヨン公会議、それらは聖ルイの生涯と治世の骨組みをなす日付である）がくりかえし開かれていた。統合へと働くべき神聖ローマ帝国の権力も衰退していた（一二五〇年から一二七三年の間は、皇帝の大空位期である）。ドイツ、とりわけイタリアでは、権力は何より都市に属するものであった。都市は、多かれ少なかれ広大なその周辺領土に従属し、多くの場所で都市＝国家を作り上げていた。しかし未来は、王のもとに近代的国家を建設する君主制にあると思われる。こうした動きの行き着く先に、聖ルイのフランスがある。

【注】

（1）フリードリヒ二世に関しては、ワイマール共和国が混乱状態にあった一九二七年に出版された Ernest H. KANTOROWICZ の名著がある。その仏訳 *L'Empereur Frédéric II*, Paris, 1987 には、聖ルイの素晴らしい肖像画が収録されている（p. 514–515）。

（2）チェス勝負については、聖ルイの治世末期の一二七〇年頃のドミニコ会士ジャック・ド・セソールの書で論じられている。チェスによってキリスト教社会の機能の象徴的な解釈ができると記している。チェスは王と王妃に支配された君主制的な勝負であり、王妃は西欧の創案になるものだからである。この『チェスによる人間の習性および貴人の責務についての書』*Liber de moribus hominum ac officiis nobilium super ludum scaccorum* については、Jean-Michel MEHL, «L'exemplum chez Jacques de Cessoles», dans *Le Moyen Âge*, 1978, pp. 227–246 を見よ。

（3）フィリップ・オーギュストについては、つぎのような優れた研究がある。John W. BALDWIN, *The Government of Philip Augustus. Foundations of French Royal Power in the Middle Ages*, University of California Press,1986. 仏訳 *Philippe Auguste et son gouvernement. Les fondations du pouvoir royal en France au Moyen Âge*, Paris, 1991.

（4）J. W. BALDWIN の他に Thomas M. BISSON, «The Problem of Feudal Monarchy Aragon, Catalonia and France», *Speculum*, 1978,pp.

460–478を見よ。Charles PETIT-DUTAILLIS, *La Momarchie féodale en France et en Angleterre,* Paris, 1933, nouv. éd. 1971も依然として有益である。Joseph T. STRAYER, *Les Origines médiévales de l'État moderne*, 1970（仏訳 Paris, 1979）の明晰な総括は、国家の形成と家族、地域、宗教の構造との対立関係についての考察を教えてくれる。

（5）J. C. HOLT, *Magna Carta,* Cambridge, 1965 ; *Magna Carta and Medieval Government,* Londres, 1985.

（6）事実、フリードリヒ二世のシチリアにおける政府は、同時代人には、真正で正当な君主権力というよりも、専制的な権力と映った（一三世紀のキリスト教的政治理論家は、一二世紀にソールズベリーのジョンによってキリスト教化された古代理論を受け継いでいるが、彼らの目には最悪なものにみえた）。

（7）Andre VAUCHEZ, «Une campagne de pacification en Lombardie autour de 1233. L'action politique des ordres Mendiants d'après la réforme des statuts communaux et les accords de paix», *Mélanges d'histoire et d'archéologie publiés par l'École française de Rome,* 78, 1966, pp. 503–549.

（8）フェルナンド三世も列聖されるが、一六七一年になってからであるので、中世の聖人とはいえない。

（9）仏訳 Regis BOYER, *Sagas islandaises,* Paris, 1987の«Introduction» (p. XXXII).

（10）Korol GORSKI, *L'ordine teutonico. Alle origini dello stato prussiano,* Turin, 1971（ポーランド語からの翻訳）。

（11）エイゼンシュテイン監督の有名な映画『アレクサンドル・ネフスキー』（一九三八）の主題となっている。

フランス

今度は、私たちの目を、キリスト教西欧のこの一角、つまり一二二六年に若きルイが王位を継承したばかりの、フランス王国[1]が構成しているキリスト教世界の西の果ての部分に向けてみよう。

このフランスは、何よりもまず、そのキリスト教世界の全体を通じてもっとも繁栄していた地方であった。とりわけフランス北部のフランドル、アルトワ、ピカルディ、シャンパーニュ、イル＝ド＝フランス、ノルマンディが繁栄を誇っていた。これらの地方では農村も都市も栄えていた。キリスト教世界でもっとも人口の多い地方であった。当時のヨーロッパの人口六〇〇〇万のうちの約一〇〇〇万が住んでいたといわれる(2)。

一三世紀初頭の一〇〇〇万人のフランス人は、農民が一〇〇〇万人であると、ロベール・フォシエが述べているが、それは誇張とはいえない。なぜなら、たしかに都市や都市住民が大きな役割を果たしており、また聖ルイの治世下にはさらに発達することになるが、人口的には都市住民はやはり少数であったからである。フィリップ・オーギュスト時代のパリの人口は一〇万を超えていたはずであるが、それがキリスト教世界でもっとも人口の多い都市であった。つぎの一四世紀初頭には、パリはおそらく二〇万人に達して、人口的には怪物の様相を見せることになる。しかし、パリに続くヘントやモンペリエの人口はたぶん四万人ぐらいであり、トゥールーズは二万五〇〇〇人ぐらい(3)、その他のフランス王国の「大」とつく都市であるブリュッヘやルーアン、トゥール、オルレアン、アミアン、ランス(4)、ボルドーは二万人を数えるぐらいである。たしかに、都市のなかに「ブール」〔シテなど都市郊外に設立された修道院や城砦などに依存する形で形成された農村的ないしは都市的集落〕を含めねばならないが、これは、ごく控えめなものであるが都市としての規約や機能（とくに市場としての機能）を備えているとはいえ、その人口が少なく、周囲の農村に埋没する状態だったので、現代的な基準では都会とはいえないものである。まだ土地がほとんどすべてであった当時の社会構造では、人間についていえば、本質的に領主は少数で、農民が大多数である。こうした基盤に立てば、聖ルイは農民の王である。こうした農民《ヴィラン》（この用語は、農村のさまざまに異なる社会的カテゴリーを包括する傾向にある。たとえそれらのカテゴリーからの解放が進み、聖ルイのもとに農奴の数が減少し続けるとしても、その傾向は認められる）は、たしかに本書にはほとんど登場しないであろう。王に関心をもつとしても、この時期の史料で私たちが読むことのできるものは、農民の世界についてはほとんど何も語っていない。王文書のなかで、たとえいくつかの文書が農民に関わっているとしても、また社会序列のうちでもっとも底辺にあるものとして、王令のある部分が農民たちにふれざるをえないとしても、そこでの王の名は抽象的なものでしかない。フランスの農民が聖ルイをどのように理解し、どのように考えていたかなど、ほとんど知るべき術もない。農民大衆はその顔を露わに示すことはないものの、聖ルイの栄光の御世は彼らの労働の上に成り立っている。だから、私としては、本書の読者にはぜひお願いしておきたい、この農民大衆の語らざる存在にしっかりと心をとめられるように。

この社会では、その他いくつかの物的および精神的財が流通していた。それらもまたフランスの繁栄を示し、説明してくれる。たとえばシャンパーニュの定期市である。これは一三世紀の西欧の交換経済の決済に対して「初期段階の手形交換所」*clearing-house* の役割を果たしたものと考えられたが、フィリップ・オーギュストの時代には、その特性のほとんどを備えていた。六つの定期市の周期的開催の定期化、信用取引の領域での重要な役割の始まり、商人の保護などである。[5] フィリップ・オーギュストは、フランドル・パリ・シャンパーニュ間で取り引きをする商人に、強制的に「王の道《ルート・ロワイヤル》」を使わせ、その通行税を払わせて――バポーム〔パ＝ド＝カレ県の東南端の郡都〕がその主たる徴収所であった――、定期市から利益を得ている。

知的および芸術面における活動もそれに劣らず活発であった。当時はボローニャが法律教育の中心となっていたが、パリ大学も、一二一五年に枢機卿ロベール・ド・クールソンの現在知られる最初の大学規約を受け入れ、キリスト教世界でもっとも高度な学問である神学教育の中心地になりつつあった。ゴチック様式の建築は、当時は「フランスの技芸」と呼ぶことができたものであるが、その最盛期にあった。聖ルイがその治世のもっとも重要な法行為のいくつかをおこなった大聖堂《カテドラル》建築に話を限るとしても、つぎのような列挙ができる。まずはパリのノートル＝ダムであるが、その正面《ファサード》は一二〇五年頃から建造が始められたものであり、また聖母マリアの扉口《ポルタイユ》は一二一〇年から二〇年にかけて、西側の薔薇窓《ローズ》は一二二〇年頃に造られた。ランスのカテドラルの再建は一二一〇年から一一年にかけて着手、シャルトルの新しいカテドラルの主要部分は一二二〇年頃に完成し、そのステンドグラスは一二一〇年頃から三六年頃にかけて制作され、設置された。最後にアミアンのカテドラルであるが、その建立の開始は一二二〇年である。聖ルイはまさしく大聖堂《カテドラル》建立の大工事の王とされよう。さらに彼は、パリの工房で制作された貴重な彩色写本の王ともされる。[6]

フィリップ・オーギュストのもとに、事実、パリは、首都とはいえないとしても、少なくとも王の主たる居住地となった。王権の記憶や継続が維持される中心はまさしくそこにあり、王国の文書類《アルシーヴ》は王宮の礼拝堂に隣接する一室に常時保管されていた。王国の文書類が王に従って移動していた時代には、フレトヴァルの戦い（一一九四）〔仏王フィリップ・

オーギュストがイングランドのリチャード獅子心王に大敗した戦い」に際してのように、イングランドのリチャード獅子心王の手に落ちるようなこともあった。ロベール＝アンリ・ボーティエによれば、「この治世の大きな革新は、まさしく恒常的に書かれたものに頼ることである」[7]。聖ルイもこの慣例を受け継ぎ、書き物の進歩と発話《パロール》の新しい用い方との間をうまくバランスをとるよう心掛けることになる。

パリは、王権を象徴するさまざまな場所についての体系の中心に位置するが、この場所の象徴体系はフィリップ・オーギュストのもとに構築されたものである。その組織制度に従えば、ランスは、王が聖別を受け、聖油瓶を保持するところであり、サン＝ドニは、その修道院教会《バジリカ》に王が埋葬されるところである。フィリップ・オーギュストはそこに、ランスの聖別式に用いられる王権の象徴物件である「レガリア」regalia の管理を委ねている。そしてパリは、王がそのシテ島にあった王宮にもっともよく居住するところである。

パリとは、当時厳密な意味でのフランスと呼ばれていたところの、そして一五世紀末からイル＝ド＝フランスと名付けられるところの中心である。

この繁栄のフランスでもっとも豊かな部分の一つは、王が領主として直轄する王領を形成する諸地方で成り立っている。とくにその中核はイル＝ド＝フランスである。ルイ七世は、北から南へと延びる帯状の王領、つまりコンピエーニュとサンリスからパリやオルレアンを通ってブールジュに至る地を、フィリップ・オーギュストに残した。ルイ七世の死後、フィリップ・オーギュストはそれに、ヴァロワ、ヴェルマンドワ、アミエノワ、アルトワ、ジヤン、バ＝ベリーそしてオーヴェルニュの各地方を付け加えた。とりわけ、イングランド王からノルマンディ、メーヌ、トゥーレーヌ、アンジュー、サントンジュの地方を奪い、そのため王領は四倍に拡大した。もっと一般的にいえば、聖ルイの祖父の治世はフランス王権の転機であった。

【注】

（1） 一三世紀のフランスを総合的に見る資料としては、つぎのものがある。Marie-Thérèse LARCIN, *La France au XIIIe siècle*, Paris,

1975. またフランスの君主制国家の生成については、つぎの最近の概説的な著作を参照されたい。Jean FAVIER, *Histoire de France,* t. II, *Le Temps des principautés,* Paris, 1984 ; Georges DUBY, *Histoire de France,* t. I, *Le Moyen Âge de Hugues Capet à Jeanne d'Arc (987–1460),* Paris, 1987 ; Jacques LE GOFF, «La genèse de l'État français au Moyen Âge», dans *Histoire de la France,* dirigée par André Burguière et Jacques Revel, t. II, *L'État et les pouvoirs,* Paris 1989, pp. 19–180.

（2）つぎの文献による数字である。R. FOSSIER, «Les campagnes au temps de Philippe Auguste : développement démographique et transformations sociales dans le monde rural», dans *La France de Philippe Auguste. Le Temps des mutations,* Paris, 1982, p. 628 ; L. GÉNICOT, *Le XIIIe Siècle européen, op. cit.,* p. 52.

（3）この数値は、つぎの文献に引用されている Philippe WOLFF によるものである。John H. MUNDY, *Liberty and Political Power in Toulouse (1050–1230),* New York, 1954, p. 225.

（4）「一二〇〇年には…ランスの人口は一万人を超えていたのは確かである。中世で大都市と形容されるのは普通人口一万人からである」(P. DESPORTES, *Reims et les Rémois aux XIIIe et XIVe siècles,* Paris, 1979, p. 93)。

（5）Henri DUBOIS, «Le commerce et les foires au temps de Philippe Auguste», dans *La France de Philippe Auguste, op. cit.,* p. 701.

（6）手書本の彩色装飾については、フィリップ・オーギュストの時代にも著しい発展が認められる。逆説的であるが、その成功が俗人の信仰心の発展を示すタイプの書物である詩篇集の最初の傑作は、王が離婚し、幽閉したデンマーク出身の王妃インゲブルガ〔デンマーク王ヴァルデマール一世の娘〕のための詩篇集である。一三世紀初めの数年の間に制作されたものと推定される『インゲブルガの詩篇集』は、他の王族の詩篇集、たとえばブランシュ・ド・カスティーユの詩篇集や聖ルイの詩篇集へと通じる道を開く。ブランシュ・ド・カスティーユの詩篇集は、王母の死後、聖ルイのものとなる。この頃、重要な変化が現れる。詩篇集の制作工房は、一二世紀末から一三世紀初頭にかけては、イングランドやフランス北東部の僧院の工房であったが、一二二〇年から一二三〇年以後は、詩篇集の制作の主体はパリの工房に移ることになった。Louis GRODECKI, «Le psautier de la reine Ingeburg et ses problèmes», dans ID., *Le Moyen Âge retrouvé,* Paris, 1986. および Robert BRANNER, *Manuscript Painting in Paris during the Reign of Saint Louis. A Study of Styles*, University of California Press, 1977.

（7）Robert-Henri BAUTIER, «Le règne de Philippe Auguste dans l'histoire de France», dans *La France de Philippe Auguste, op. cit.,* p. 17.

祖父の遺産

こうした王領の著しい拡張もさることながら、それ以上にフィリップ・オーギュストが息子や孫に遺したものは、三つの秩序に関わること、つまり行政と財政とモラルの秩序であった。それらはすべて君主制国家への方向を目指すものであった。

行政上の改新は王への集権の基礎であった。その主なるものはバイイの制度である。バイイは、つぎのような仕事を遂行する領域で、王および王の「クーリア」〔王と家臣との封建関係を律する機能を備える裁判集会や顧問あるいは補佐役会的な制度〕を直接代理する者である。すなわち王や補佐役会の決定を執行し、託された問題を解決し、臨時収入の徴収を監視し、命じられた調査をおこなった。先駆的な意味の県知事〔中央からの任命官という点で仏の中央集権体制の先駆的象徴〕である。その他にも、管轄区域や時にはそれを越えての調査を命じられて派遣されるバイイもいた。彼らは「真実と法律と平和の擁護者」(Ch. Petit-Dutaillis) とみなされる。この制度に対しては、聖ルイはただこうした手続きを一般化し、そして彼らの活動が王とその臣下の魂の救いを確かにすることにあったので、「神秘的な」(訳1) 色彩を与えることとなった。またプランタジネット家の旧領地では、フィリップ・オーギュストはセネシャルを温存し、バイイと同じ役割として利用していたのであるが、それは何よりも政治的な利用価値を考えてのことであった。こうして「王国と王領が混同されるようになる」(Robert-Henri Bautier)。

財政面では、進歩はまず収入の著しい増加からもたらされた。収入の増大は領土の拡張によるものであるが、優れた会計管理や、徴収に対する優れた監視体勢にも負うている。フィリップ・オーギュストは、一一九〇年から十字軍遠征に参加することになるが、この年以後はバイイに対して、王家の財産を管理していたパリのテンプル騎士団に年に三回行かせて、その報告をするように命じた。徴収額の一部は必ず準備金として積み立てられ、不測の出費に対処できるように備えられた。一二〇四年、プランタジネット家の領地、とりわけノルマンディを征服したのちは、通常収入の増加は年に八万パリ貨リーヴルにも達したと思われる。[1] その治世を通じて、王の収入は倍加したと考えられる。フィリップ・オーギュストの治世の始まりには一二万八〇〇〇リーヴルであったが、その終わりには四三万八〇〇〇リーヴルに達している。一二二二年のフィリップ・オーギュストの遺言書では、王は、相当な財産遺贈に加えて、きわめて高額にのぼる貯蓄金を、その後継者に残している。[2] そして孫の聖ルイはその後まもなく、この国王財庫をそっくり相続することになる。繁栄経済の王である聖ルイは、財政的に富裕な王となる。聖ルイの政治的主導力、その威光は、彼の治世より前の時代に王国が築き上げたものに、つまり祖父が遺した財産に負うところが大きい。同時代のある史料は、彼のことをぴたりとした呼称「金持ちの王」と呼ぶことになる。まさに特別な恩恵に浴した遺産相続者である。

　聖ルイが生まれ、生きた社会は、戦士の社会であると同様に農民の社会である。フィリップ・オーギュストは、王国の軍事力については、行政にしたような大きな改革をおこなわなかった。しかし経済や戦術や社会の発展に応じた軍事力の強化や適応を図った。まずは、家臣や都市が果たさねばならぬ軍役を明確にし、遵守させた。これらの措置は、彼の治世に軍隊を構成する兵士の数が大きくなっただけにますます必要とされる処置であった。「兵士の調達リスト《ブリゼ・デ・セルジャン》」は、一一九四年に定められ、一二〇四年に改定されるが、そこには、旧王領のプレヴォ管区がそれぞれ集めなければならない員数が列記されている。

　聖ルイは、しだいに金で雇われる兵士、すなわち傭兵に頼る方向へと向かう。貨幣経済の普及、封建領主の軍役履行について故意の不払いが増大したこと、人口過剰によって農村の、あるいは都市の労働に就けぬ人間が増えたことなどに応じる傾向であった。しかしこれは危険な展開である。それはしだいに王家の財政に重くのしかかるようになり、王国内に、組織に取り込めない兵士、粗暴で、不安定で、戦時以外には統制のむつかしい兵士をはびこらせることになる。

　フィリップ・オーギュストは、同時に、フランドルやフランス西部のイングランド所有領に備えての強力な城砦を補強したり、新たに築いたりした。そうした城砦の一つであるヴェルノンはノルマンディへの門戸に位置するところであるが、のちに聖ルイが好んで滞在する城砦となる。(3) フィリップ・オーギュストはまた、王領の諸都市を強力な城壁で取り囲ませたが、そうした都市には、一一世紀と一二世紀の人口増加から生じた余剰人口を吸収できた。そのもっとも有名な例がパリの場合である。聖ルイが統治するようになるのは、新しく城壁が張りめぐらされたばかりのパリにおいてであった。パリの城壁は、ルーヴル砦と二つのシャトレ砦に守られる形で築かれたが、二つのシャトレ砦は、それぞれがシテ島を両岸から防衛するため、グラン・シャトレはセーヌ右岸と結ぶグラン・ポンの防衛のため現在のシャトレ広場（右岸）に、プティ・シャトレは左岸と結ぶプティ・ポンの防衛のため左岸にあった。(訳2)

最後に、フィリップ・オーギュストは、「王の宗教」(4) の発展に基礎を置いた道徳的遺産を聖ルイに遺したが、その結果、「王国基本法」は存在しなかったとしても王国の法的地位が進展し、軍事的勝利にもとづく愛国的な後光が認められることになった。当時すでに、伝統の聖別式を超えて、サン＝ドニへの「王の象徴物件《レガリア》」の委託や一二二三年の王の葬儀の儀式が、王を表わす象徴や君主と君主国の聖なる特質の開花を示していたことは、すでに見たが、けれどもいかなる史料も、フィリップ・オーギュストがるいれき患者に「手を触れ」て病人を治したことは語っていない。のちの聖ルイは王の手による治癒をそのもっとも偉大な威光としておこなっているのである。カペー家の大いなる政治的切望は、神聖ローマ皇帝の上位権から、理論上の上位であれ、まぬがれることであった。ところで一二〇二年には、教皇インノケンティウス三世が教書『ペル・ウェネラビレム』（尊キ兄弟ヲ介シテ）によって、フランス王は世俗的事柄において「いかなる上位なるものも持たない」ことを宣言している。聖ルイのもとでは、「王は神と王自身の他の何者によっても〔その権力を〕授けられることはない(5)」ことが喚起されることになる。

締めくくりとして、征服王オーギュストがブーヴィーヌの勝利者となって、パリに凱旋したことである。この勝利の凱旋はフランス社会のすべての身分にとって、国民的感情（こうした感情は中世では真には存在しなかった。フランス「国民国家《ナシオン》」というものがなかった）という表現では形容できないような歓喜を表わす機会となった。たしかに、それは最初の「愛国心の発露《パトリオティック》」の大祝祭であったし、その祝われる主役は王であり、また王を通しての王権であった。「王への愛のみが民衆に対してあらゆる村々でその歓喜の興奮に身を委ねさせる力をもっていた」と、ギヨーム・

ル・ブルトン〔フィリップ・オーギュスト礼拝堂付き司祭、年代記作者〕はその『フィリッピード』*Philippide* に記している。[6] 幼かったルイ九世もやがてパリの人々の王権への忠誠を知ることになる。

フィリップ・オーギュストは、これら重要なものを獲得したが、その代償として、後継者たちに大きな課題を遺すことになった。一一五四年、フランス王ルイ七世とはすでに別れていたアリエノール・ダキテーヌと結婚したばかりのアンリ・プランタジネット〔アンジュー伯在位一一五一～八九〕がイングランド王〔ヘンリー二世在位一一五四～八九〕になったことである。そのフランスの領有地（ノルマンディからアキテーヌにかけてのフランス西部のほとんど全域）よって、アンリ（ヘンリー）・プランタジネットは、フランスにあってフランス王より強力な大公になった。このライヴァル紛争の種に加えてフランドル問題があった。フランドルはフランス主権を好意的には受け入れず、またその経済的な利益（フランドル毛織物の原材料としてイングランドの羊毛が必要であり、またその毛織物の販路としてもイングランドが必要であった）がイングランドとの友好へと傾かせていた。まもなく「第一次百年戦争」と呼ばれる闘いが始まる。フィリップ・オーギュストはフランス西部においてイングランド王に劇的な勝利をおさめ、またブーヴィーヌではフランドル伯を捕虜にしたが、それにもかかわらず、フランス人はイングランド人を駆逐しなかったのである。聖ルイの父でありフィリップ・オーギュストの後継者である王太子ルイは、イングランドに上陸し、ロンドンで戴冠をおこなわせたものの、急いでイングランドの地を離れなければならなかった。休戦条約が署名されていたが、和平が約束されたものではなかった。つぎの聖ルイはイングランドと戦火を交え、第一次百年戦争を終結させるように努めなければならなくなる。

【注】

（1）J. W. Baldwin, *Philippe Auguste, op. cit.*, p. 42, n. 59.

（2）R.-H. Bautier, «Le règne de Philippe Auguste», art. cité, pp. 22–23.

（3）A. G. Poulain, *Les Séjours du roi Saint Louis en Normandie et particulièrement à Vernon-sur-Seine*, Rouen, 1957.

（4）この「王の宗教」religion royale という表現は誇張かもしれない。というのも王や王家、王権が宗教的な威光に彩られていても、だからといって、厳密な意味で「王の宗教」を語ることはできない。これについては、本書の第三部の第九章「聖ルイ、聖別された王、病いを癒す王、そして聖なる王」を見よ。

（5）«Li rois ne tient de nului, fors de Dieu et de lui» (*Établissements de Saint Louis...*), t. II, p. 135.

（6）*Ibid.*, p. 262.

【訳注】

（1）もともとはフィリップ一世（在位一〇六〇〜一一〇八）によって制定された王の家政の五職の筆頭職として王の財政・軍事を差配し、裁判権を行使した役職であったが、この頃は、王領地となったプランタジネット家の旧領地の官僚として、北仏のバイイ同様に中央と結ぶ地方長官的な役割を担わされた役職である。

（2）原文では「二つのシャトレ砦は、セーヌ河の両岸に相対するように、セーヌ右岸とシテ島の間にあった」と記述されているので、誤りを訂正した。

父王の短い治世

ルイ八世は短い治世（一二二三〜二六）[1]であったが、幼い息子ルイに三つの重要なものを遺した。

第一の遺贈とは、南フランスへの関与であった。祖父のフィリップ・オーギュストはトゥールーズ地方へは介入しようとは思っていなかったが、トゥールーズ伯領に関する自分の権利を譲り渡すことは拒否した。ルイ八世はためらわなかった。彼はアモーリー・ド・モンフォール〔モンフォール伯アモーリー六世〕の権利を認め、アルビジョワ十字軍の先頭に立った。こうしてフィリップ・オーギュストはフランス王権を、それとともに息子ルイ八世を、まぎれもなく南フランスに関与させることになった。

プラグマティズムによる統治法は、理論による統治法と同じく、カペー王家に活力を与えたものであるが、そこには将来への配慮が含まれていた。そうした配慮によって、歴代の王は、予見される死が近くのことであれ、まだ遠い将来のことであれ、いずれにせよ予測できない死に対して、その死の間近に、あるいは死を見越せる時期に、遺言書に類する文書を作らせた。中世のキリスト教徒にとっては、とりわけ聖別の誓約によって王国と民に対する責任を神の前で負う王にとってはなおさらのことであるが、最悪の死とは不慮の死であった。突然の死は「神の審判」の前に用意もなく引き出される危険があるからである。贖罪によってあがなわれていない罪をなお負っているので、永遠の断罪を定められ、地獄の獲物となりかねないのである。一一四七年に第二次十字軍に出立した折のルイ七世以来、十字軍に参加する諸王は、海を越えての巡礼の冒険に踏み出す前に、とりわけその留守中の王国の統治を定めるための文章を書くのが習わしとなっていた。歴史家はそうしたテクストを不正確ながら遺言書と呼んだのである。もっとも有名なものは、一一九〇年の第三次十字軍に出立する時のフィリップ・オーギュストのテクストである。そこに王令の性格をも見ようとされたことがある。それが王令に類するものと考えられたのは、そのなかで王はとりわけバイイに関する処置を規定していたからであり、それらの措置は王の留守期間を超えて王国の行政を定めるものとなったからである。こうした十字軍出立の際の仮遺言書に付け加えねばならないものに、もう一つ別の疑似遺言書、つまり家族という観点から——しかし王の場合、家族とは王朝であって、それらの決定は「封建的な」家族の性質と同時に一般的な政治の性質も持つものである——その子供たちに対する継承配分が記される文書がある。王はその死を予感する際に、子供たちへの教訓も記したり（聖ルイが死に際して息子と娘に遺した『教え』など）、あるいは死の床で資格の認められる証人たちを前にして発言される——ほとんどの場合口頭であった——「最期の意志」を遺した（ルイ八世が実際に口にした最期の意志、あるいは彼の意志とされるものはきわめて重要であった）。これら将来に対する決定のすべてについては、歴史家によっていくぶんかは比喩的に「遺言」と認められているにせよ、厳密な意味での「遺言」とははっきり区別すべきである。厳密な意味での遺言とは、本質的に、遺贈を受ける者から死者に対する祈りと引き換えに、機関あるいは個人に渡すべき遺贈物を指定するものだからである。王によるこれらすべての決定は多かれ少なかれ義務的な性格を帯びていた。「十字軍出立の際の遺言」はとくに強制力をもつものであった。事実、この種の遺言は、十字軍に関する特別な法体系に加えられていて、教会による絶対的な保証を受けていた。一二二五年にルイ八世によって作成された「遺言」は「十字軍出立の際の遺言」に近いものといえよう。異端の擁護者トゥールーズ伯レーモン七世に対する十字軍はまだ宣言されてはいなかったにせよ、この遺言はルイ八世がアルビ派討伐に出陣する間際に作られたからである。さらにいえば、王は、一つの文書のなかに、王位継承についての家族規定[2]と厳密な意味での遺言とを一緒に記している。その遺言には、サン＝ヴィクトール律修参事会に対して新しい修道院の創設のために黄金と王冠の宝石類やその他の宝石遺品（とくに王を象徴するものと聖別に関わるいくつかの宝石は除外する[3]）を遺贈することや、多種にわたる施しや返還（負債の支払いや不当収奪の返済）が命じられ、さらに四名の遺言執行人として父王フィリップ・オーギュストの忠臣が指名されている。当然のことながら、ルイ八世は、王国を不分割で長子へ移譲する規定（長子身分者の伝統的権利）を守り、その王位継承者——のちに兄の死去によって長子となる聖ルイ——に、「われらが深く敬愛する父フィリップが保持したすべての土地を、敬虔なる思い出とともに、かって父が保持したように、また今われらが保持しているように、封および領地として——ただし本文書に例外として明記している土地、封、領地は除外する——」遺している。

ルイ八世が息子に遺した第二の遺産、それは王国を擁護するための国王財庫である。金や銀がサン＝トマ教会のそばのルーヴル城砦の塔に所蔵されていた。しかし前に述べたように、ルイ八世は「封や領地」のいくつかを除外していた。そうした土地は、家産を構成する領地を男の子供たちに分け与えるというフランク出身のカペー家の伝統に従って、彼は次男以下の男子に分かち与えたのである。しかし王朝の伝統では、王国の領土の継続性を長子に保証するため、こうした分与に制限を加えていてた。王国は「割譲できない」とはっきり宣言されるのは一四世紀になってからのことである。しかしながらルイ八世は、王家の領土について、ゆっくりと家族的・家産的な観念から「国家的な」ものという考え方に変えていく実践行為から利を得ていた。だが、のちほどふれるように、ルイ八世とその前王たちとの間では意向が異なっている。前王たちは狭い領土しか自由に処分できなかったので、王位の継承者を弱体化させないために、次男以下の男子（男子がいたとしても普通は数が少なかった）にはきわめて狭い土地、しかも普通は、自分が統治していた時代に王領に加えた土地しか譲らなかった。ところで、一二二五年のルイ八世は、その父フィリップ・オーギュストが四倍にしたきわめて広大な王領を有していたので、長子である継承予定者（ルイ）に加えて、その三人の弟（実際には当時三人の男子がいた。死後に四人目が生まれた）にも土地を与える考えであった。そして実際に、弟たちにかなり広い領地を与えている。こうした状況は歴史の偶然（生物学的な偶然、征服による偶然）が例外的に生み出したものであるが、この状況については、歴史家たちは、ルイ八世が前例を改めて、王国の弱体化、さらには国土分割という大きな危険を作り出した、とみなした。そして中世フランス史の危機的な現象、すなわち「アパナージュ」（*apanages*「親王領」という用語は一三世紀末にしか現れない[5]）という現象を生み出したことを、ルイ八世の所為とした。

ルイ八世は当時の大特権階級（だが王家は例外的な家柄である）の慣習に従ったのである。彼の遺言書にはその目的をつぎのように記している。「将来わが王国において余の跡を継ぐであろう者は、いかなる事態においても、その継承が満たされることを欲し、上記の王国の安寧が乱れることのないようわが領地のすべてと動産のすべてについて、つぎのように取り決めた……」。形だけではない心遣いである。この時代から遠からぬ過去の姿を見ると、当のフランスにおいてさえ、とりわけイングランドあるいはカスティリアにおいては、王国における父と息子、兄弟同士の王朝家族の争いを引き起したという不幸を示していた。しかしながら、ルイ八世はまだ年少のルイに微妙な課題を遺したのである。息子たちへの遺産分与は、果たして紛争の種ではなく安寧の源になるのだろうか。いずれにしても、これこそ、聖ルイと弟たちとの関係を注意深く見ていかねばならない付随的な理由である。「フランス王の息子たち」――王冠を戴こうと否にかかわらず――と呼ばれはじめる者たちのシステムはどのように動き出すのだろうか。

ルイ八世が長男ルイに遺した三番目の遺産は、第二の遺産とは逆に、フランス王権の継続性にもっと堅固に根ざした王朝に関わる伝統であった。カペー王家の開祖ユーグ・カペーは、その時代にもまたある歴史叙述の伝統においても、王位簒奪者の評判を立てられていた。ダンテがこの立場を反映しているのだが（『神曲』煉獄篇、二〇章五二）、こうした王位簒奪に対してとりわけ敵意を示す解釈のなかには、ユーグを肉屋の息子とするものもあった。九八七年に諸侯と高位聖職者の総会議で王に選ばれたことの正統性を認める者さえ、彼の即位は新王朝によるカロリング王朝の交代を記すものであると考えていた。カペー家にとっては、カロリング家につながることが第一の重要性をもつ政治的かつイデオロギー上の目的であった。そうなれば王位簒奪の汚名を消し、王朝の起源を過去にさかのぼらせることになり、とりわけ神話化した歴史の人物であるシャルルマーニュ（カール大帝）に直接つながることになる。さらにそれは、ドイツ人たちが自分たちの有利のために画策した王の血統の横領からシャルルマーニュを救い出すことになる。たしかに一一六五年、大帝の列聖の試みが、アーヘンでフリードリヒ赤髭帝〔一世、神聖ローマ皇帝〕の主導で企てられ、対立教皇による宣言であったために半ば失敗に終わったこともあった(6)。けれども、シャルルマーニュの子孫として認められようとするカペー王家のこうした切望は、ベルナール・グネ(7)のことばによれば、フィリップ・オーギュストの時代になって初めて真の「カロリング・フィーヴァー」にまでなるのである。また同じグネによれば、「叙事詩文学がシャルルマーニュの勝利を整えていた」のである。「一二重臣《ドゥーズ・ペール》制度」が初めて現れるのはまさしくフィリップ・オーギュトの治世下であり、それがシャルルマーニュ物語群の武勲詩から想を得たものであることは確かである(8)。想像力が歴史的な現実、制度上の現実を創り出したのである。預言的な想像に対する熱中に、もう一つ別の証がみられる(9)。エリザベス・ブラウンは、フィリップ・オーギュストの治世にはそうした預言への熱中が行きわたっていたことをはっきりと証明した。はるかな昔からキリスト教世界の政治史は、さまざまな預言に支配されてきたが、それらの預言は、皇帝であれフランス王であれ、だれそれの君主に対して、この世の終末の時の君主であることを約束してきたのである。こうした千年王国的な預言には、すでにキリスト教君主制イデオロギーに古代の神託、とくにティブル〔ローマ時代のラテン人の自由都市で、ゴート族に破壊された。現在のティヴォリ〕のお告げが加えられていたが、そうした預言はさらに、いく人かの王朝創始者に対してその子孫は世界の終末の時しか終わることがない、と告げる他の預言と結びついたのである。クロヴィス〔フランク族を統一してメロヴィング王朝を打ち立て、臣下とともにキリスト教に改宗したフランク王〕の場合がそうである。一〇世紀のフロドアール〔ランスの司教座聖堂参事会司祭で、歴史家〕の『ランス教会史』のような作品では、クロヴィスに洗礼を授ける際に、聖レミギウス〔聖レミ。四九六年の復活祭の前日にクロヴィス王に洗礼を授けたランス司教〕は奇蹟の天啓を受け、クロヴィスの子孫が永遠に統治するであろうと預言したといわれている。聖ルイは、カロリング王家を超えて、メロヴィング王家につながるよう心をくだき、のちに王の三家系と呼ばれることになる王家の三番目の家系としてカペー王家を位置づけて、その三家系の継続性を打ち立てることになる。さらに、ルイという王名は、カペー王家を、ルイ敬虔帝〔ルートヴィヒ。在位八一四～四〇〕からルイ五世（九八七年に死去したあとをカペー家が継いだ）〔ルイ怠惰王。在位九八六～八七〕に至るカロリング諸王だけではなく、クロヴィスにも結びつけた。クロヴィスのラテン名（*Hludovicus* もしくは *Chlodovicus*）はルイ（*Ludovicus*）と同じである。しかし、フィリップ・オーギュストの時代には、もう一つ別の預言もあって、「シャルルマーニュの血筋への回帰」*reditus ad stirpem Karoli* を必要とさせた。聖ワレリウス〔聖ヴァレリー〕の預言によれば、聖人はユーグ・ル・グラン〔称号「フランク人の大公」〕に対して、その息子ユーグ・カペーとその子孫がフランス王国を「七代の王位継承まで」治めると約束したという。ところで、フィリップ・オーギュストがカペー家の七代目の王だった。ではこの王朝はまもなく消滅するのだろうか。「シャルルマーニュの血筋への回帰」によって、王朝は治世七代目の危険な峰を乗り越えることができた。フィリップ・オーギュスト自身もその母アデール・ド・シャンパーニュによってカロリング家の血を引いているという主張もなされた[10]。その主張は『一二一四年までのフランク族史』*Gesta Francorum usque ad annum 1214* のなかではっきりと主張されている。一二〇八年、フィリップ・オーギュストは、生まれたばかりの庶子（のちにノワイヨン司教となる）をシャルロと名付けているが、これは明らかに軽蔑も欠礼の意も含まれないシャルルの愛称である。一二一四年以後、ギヨーム・ル・ブルトンは、このブーヴィーヌの勝利者フィリップ・オーギュストに「カロリデス」*Carolides*（カールの一族）というあだ名を付けている。しかし系図学上の証明が成功するのは、アンドレ・ド・マルシエンヌ（エノー伯が恩恵を施していた修道院）の『フランス王の業績と王位継承についての略史』*Historia succincta de gestis et successione regnum Francorum*（一一九六）で示された確言である。そこでは、フィリップ・オーギュストの最初の妻であり、その長男ルイの母であるイザベル（もしくはエリザベート）・ド・エノーのカロリング家系の出自が強調されている。イザベルは、カロリング王朝の最後から三番目の王ルイ四世[訳1]および、その息子で、ユーグ・カペーに退けられたシャルル・ド・ロレーヌ〔カール・フォン・ロートリンゲン〕の子孫である。だからルイが王位につけば（実際に王ルイ八世となる）、王国はシャルルマーニュの血筋の者の手のもとに戻ることになる。[11] それが、一二二三年、カペー朝第八代の王ルイ八世の即位によって実現するのである。聖ワレリウスの預言がこのような形で果たされたのである。その三年のちに、今度は少年ルイがシャルルマーニュの子孫としての王になる。そしてこの王の治世の間に、あのシャルルマーニュへの回帰が広く認められることになる。まずは王の保護を受けたドミニコ会士ヴァンサン・ド・ボーヴェがラテン語で著わした『歴史の鏡』*Speculum historiale* によって、つぎに聖ルイの求めによって一二六三年から一二六七年にかけておこなわれたサン＝ドニの王墓の配置換え[12]によって、最後に聖ルイの生涯の終わりにあたっての求めに応じたサン＝ドニの修道士プリマが一二七四年に編纂したフランス語版の『フランス大年代記』*Grandes Chroniques de France* によって、シャルルマーニュへの回帰は広く流布されることになった。[13]

【注】

（1）Charles Petit-Dutaillis, *Étude sur la vie et le règne de Louis VIII (1187–1226)*, Paris, 1894.

（2）ここではつぎの優れた著書に依る。Andrew W. Lewis, *Le Sang royal. La famille capétienne et l'État, France, xe–xive siècles* (1981, 仏訳 Paris, 1986, pp. 209 sqq.). この遺言のテクストはつぎの文献に載っている。*Layettes du Trésors des chartes*, t. II, n°. 1710. つまり文書は「ブライベートな」（家族的）性格と同時に「公的な」（まさしく王としての、ほとんど「国家的な」）性格をもつ王室文書に属していたものである。

（3）王国の宝石類は、それぞれの王の存在と結びついていて、王と一緒に国王財庫から持ち出された。とりわけ王冠については王はいくつも用いていた。

（4）王家ではなく王国に属する財宝の主体はテンプル騎士団修道院の塔（現在のパリ三区にあった城砦化された修道院の主塔）に収蔵されていた。それをフィリップ端麗王は、一二九五年、テンプル騎士団を壊滅する前にルーヴル城砦の塔に移した。このルーヴルの塔には、ブーヴィーヌの戦い（一二一四）で敗れたフランドル伯フェルランドが虜囚として投獄されいたが、聖ルイが即位してまもなく釈放された。

（5）Charles T. Wood, *The French Apanages and the Capetian Monarchy, 1224–1328*, Cambridge, Mass., 1966 ; A. W. Lewis, *Le Sang royal, op. cit.* 事項索引の「親王領」apanages の項を見よ。J. Le Goff, article «Apanage», dans *Encyclopaedia Univer-*

salis, t. II, Paris, 1970, pp. 1322–1324.

（6）中世フランスにおけるシャルルマーニュ伝説についての研究は、つぎの優れた著書に倣っておこなわれることが望ましいであろう。Robert FOLZ, *Le Souvenir et la légende de Charlemagne dans l'Empire germanique médiéval,* Paris, 1950.

（7）Bernard GUENÉE, «Les généalogies entre l'histoire et la politique : la fierté d'être Capétien, en France, au Moyen Âge», *Annales. E. S. C.,* 1978, pp. 450–477. これは *Politique et Histoire au Moyen Âge,* Paris, 1981, pp. 341–368 に再録。その他、Karl Ferdinand WERNER, «Die Legitimität der Kapetinger und die Entstehung des "Reditus regni Francorum ad Stirpem Karoli"», dans *Die Welt als Geschichte,* 1952, pp. 203–225 ; Gabrielle M. SPIEGEL, «The *Reditus Regni ad Stirpem Karoli Magni* : A New Look», *French Historical Studies,* 1972, pp. 145–174 を見よ。

（8）Ferdinad LOT, «Quelques mots sur l'origine des pairs de France», *Revue historique,* t. 54. 1984, pp. 34–37.

（9）Elizabeth A.R. BROWN, «La notion de la légitimité et la prophétie à la cour de Philippe Auguste», dans *La France de Philippe Auguste, op. cit.,* pp. 77–111.

（10）事実、アンリ一世の妻であったロシア人王女アンヌ・ド・キエフ以外は、カペー朝のすべての王の妃はカロリング王家を祖先としていた。

（11）Karl Ferdinand WERNER, «Andrew von Marchiennes und die Geschichtsschreibung von Audouin und Marchiennes am Ende des 12. Jahrhunderts», *Deutsches Archiv,* 1952, pp. 402–463.

（12）後出三三二～五一頁を見よ。

（13）このカロリング家からの家系の継承が、女性を通してである点が指摘されるのはずっとのちになってからである。フランスの王位の継承から女性および女性を通した子孫を排除するために、サリカ法典がもち出されないかぎり（一四世紀末）、このカペー朝の継承慣行に矛盾する系図関係は、問題を提起しなかったようにみえる。つづいて、この矛盾を覆い隠すために沈黙が慎重に守られることになる。

【訳注】

（1）原文では「二番目」となっているが、ルイ四世のあとには、ロテールとルイ五世がいるので「三番目」と訂正した。

父の死

一二二六年、一二歳でフランス王になる子供のことに戻ろう。

この子供の父であるルイ八世は、一二二六年一月三〇日、異端の擁護者であるトゥールーズ伯〔レーモン七世〕討伐の十字軍への参加を宣言した。まず手始めにプロヴァンス地方から進攻しようと決め、リヨンそしてプロヴァンスの道をとる。アヴィニョンの抵抗を前にして、この町を攻囲し、八月には攻略した。そのあと、ラングドック地方（ベジエ、カルカソンヌ、パミエ）は難なく降伏させたので、一〇月には、オーヴェルニュ地方を通ってパリに帰還しようと決めた。ところが一〇月末にルイ八世は赤痢に罹り、モンパンシエ〔オーヴェルニュ地方の北端の町〕に留まらねばならなくなった[1]。病状は急速に悪化して、王の逝去が告げられた。ところで、ルイ八世が遺言状を作った一二二五年は三八歳であった（一二二六年は三九歳）[2]ので、この遺言状では、王は自分の不在中あるいは死去の場合の王国の統治については何も配慮をしていなかった。将来に対するこうした配慮は、すでに見たように王が海外への十字軍遠征の場合は慣例となっていたが、王国内での十字軍の場合にはその必要がないとルイ八世には思えたに違いない。

熟慮しなければならない事態だった。兄の死によって王の年長の息子、つまり「長子」*primogenitus* となった少年ルイが自動的に王位を継承できるとは保証されていない。フィリップ・オーギュストは、カペー王朝が始まって以来、つまり二世紀あまりさかのぼるとき以来、初めて自分が生存中にその息子に王としての戴冠をさせなかった人である。当時は王朝の存続は確かなものと思われていたし、カロリングの君主たちは一般にその生前に彼らの後継者を王として戴冠させていたというカロリング・モデルも、この件に関しては遠くかすむ過去の事柄になっていた。だが、いくつかの危険な事態がもち上がった。まず、王位継承者が子供であることだった。死を迎える王には異母弟がいた。フィリップ・オーギュストとアニェス・ド・メランとの間に生まれた男子で、ブローニュ伯フィリップ、ユルペル

（逆毛）という添え名をもつ、働き盛りの年齢（二五歳）だった。つぎに、王の家臣の強力な諸侯たちが、王に仕えることに熱意の衰えをつい最近見せたばかりであった。シャンパーニュ伯ティボー〔四世〕とブルターニュ伯ピエール・モークレール、ラ・マルシュ伯ユーグ・ド・リュジニャンの三領主は、軍役義務が要求する四〇日間が過ぎると、アヴィニョン攻囲の結末を待たずに七月末に王軍から離脱してしまっていた。最後に、王国の主要な領主の一人であるフランドル伯フェルランド・ド・ポルトガルはブーヴィーヌの敗者の一人であったので、一二年前からずっとルーヴル城砦の塔に監禁されていたが、この厳しい扱いに対して、いく人かの領主は快く思っていなかった。

一一月三日、ルイ八世は、死の床に横たわる部屋に、このとき王軍のなかにいた諸侯、高位聖職者および何らかの重要人物たち、二六人を呼び集めた。二六人のなかには、サンスとブールジュの大司教、ボーヴェとノワイヨンとシャルトルの司教、異母弟でブローニュ伯フィリップ・ユルペル、ブロワ伯、モンフォール伯、ソワソン伯、サンセール伯、ブルボンの領主、クーシーの領主、王の家政機関《オテル》に仕える何人かの高官がいた。集められた者たちに対して、王は、その死去ののち直ちに、それぞれ自身で、息子ルイに（ルイが亡くなるような場合は弟ロベールに）臣従礼をするように、そしてできるだけ早急にルイを戴冠させるようにと約束させた(3)。

これは疑問の余地のない史料に裏づけられたルイ八世の唯一の決定である。これよりは信頼度に劣るいくつかのテクストが、危篤の王のそのあとの行為についての詳細をいくつか伝えている。年代記作者フィリップ・ムスケ（もしくはムスケス）は、トゥールネ司教で一二四一年に亡くなっているが、彼によれば、ルイ八世は主だった忠臣のなかから父フィリップ・オーギュストの補佐役会のメンバーであった高齢の三人を召し出したという。バルテルミー・ド・ロワ、ジャン・ド・ネールとサンリス司教の修道士ゲランである。父王は前者の二人を選りすぐって、ブーヴィーヌの主要な二人の捕虜であったブローニュ伯とフランドル伯の見張りの任を託した。ゲラン修道士は、父王の治世の末期には黒幕以上の者で、非公式の副王のごとき役を果たしていた。この三人に、死の床のルイ八世は「子供たちを守ってくれるように(4)」懇願したという。ここでは公式の使命が問題ではない。だが、フランソワ・オリヴィエ＝マルタンが書いたように、「王は子供たちの身体と生命をごく親しい友人たちときわめて信頼のおける仲間に託したいと念じただけであった」[5]。この二つのグループはまたのちの聖ルイの側近にもみられることになる。一つのグループは「補佐役会《コンセイユ》」を構成する大諸侯、あるいはむしろ王の「裁判集会《クーリア》」から派生した、直臣、高位聖職者および重大な決定をする場合に立ち会わせるために王の特別の引き立てによって成り上がった人物たちからなるグループを先取りするグループである。いま一つのグループは、王からもっと内密な話を打ち明けられる私的な面に関わる者たちからなり、王のより個人的な使命を託され、時には利害をともなわない友情にもとづく意見を求められることもあるグループである。

しかし、ルイ八世は、側近に対しこうした懇願をしたものの、そのあと、肝心な問題についてはもう何も語らなかった。だれが、少年王の名において、王国を治めることになるのか。それを予測させるようないかなるテクストも、いかなる伝承もない。この状況では、十字軍遠征に出立する王の留守を任される責任者の指名などとはもはや問題が違っている。十字軍遠征による事態はこれまで二度あった。一度は一一四七年のことである。この年ルイ七世が第二次十字軍に出立した時は、王は三大忠臣《トリュムヴィラ》を指名した。もっとも側近の補佐役でサン＝ドニの修道院長シュジェとランス大司教（すでにサン＝ドニとランスが対として連携している！）、それに俗人としてヌヴェール伯の三人であった。ヌヴェール伯については、ほとんど直後に修道院に隠遁するので、その代わりに王の親族であるヴェルマンドワ伯が勤めることになる。しかし、ランス大司教は遠方なので影が薄かった。ヴェルマンドワ伯は個人的な動きをしようとしたので、シュジェは彼を除外した。そしてこのサン＝ドニ修道院長だけが王の留守中の王国の政治をおこなうことになった。

もう一度は、一一九〇年にフィリップ・オーギュストが第三次十字軍遠征に出立した時のことである。その前日、王は王国を、ルイ七世の寡婦となっていた母のアデール・ド・シャンパーニュと彼女の弟で、王にとっては母方の叔父にあたるランス大司教ギヨーム・オ・ブランシュ・マン〔「白き手のギヨーム」。補佐役会の中心人物の一人〕に委ねた。つまり前王の寡婦で現王の母が「摂政《レジャンス》」の役目をすることができたということである。しかし「摂政」とは歴史家たちによる不手際な呼び方である。この用語は一四世紀になって初めて現れるもので、それ以降になって初めて、より公式なもので、法的により明確に定義された職務を示すことになるからである。一二世紀や一三世紀においては、王に指名された人物、あるいはそのなかの一人が実際上政治を動かすよう求められたとしても、それは単に「保護と後見」に限られるものである。

唯一のケースとして、王が未成年の間の王国の統治が問題となったことがある。一〇六〇年に父王アンリ一世が死去した時のフィリップ一世の場合である。すでにその前年にランスで聖別を受けていたフィリップ一世は、そのとき七歳ないしは八歳であった[6]。アンリ一世は義弟のフランドル伯ボードゥアン五世〔アンリ一世の妹アデライードの夫〕に、息子と王国の保護を委ねた。王位継承の問題は提起されなかったが、おそらく王の選択がすでに口述されていたからであろう。というのも、この時期はまだ「王位を失ったカロリング家」の生き残りたちがみずからの存在を示威していたので、王としてはまだ若い自分の後継者と王国の統治に対しての配慮が必要とされ、一〇六七年のある史料が「王宮の諸侯たち」*principes regalis palatii*[7]と呼んでいる者のなかでもっとも強大な権力をもつ一人であるフランドル伯の力と権威を確保せねばならなかったのである。

ルイ八世は一一月八日にモンパンシエで死去し、一一月一五日にサン＝ドニで葬儀がおこなわれたが、その後の数日の間に、年少の王と王国の後見役が、三八歳でルイ八世の寡婦となった王妃のブランシュ・ド・カスティーユの手に委ねられたことを知る。

こうした状況は、疑いもなく真正なものではあるが、他に類のないある文書によって法的な裏づけが与えられたように思われる。「文書の宝庫《トレゾール・デ・シャルト》」、いいかえれば文書保管庫に移送され残っているこの文書のなかで、サンス大司教〔ゴーティエ・コルニュ〕、シャルトルとボーヴェの司教たちは、明確には宛先を記していないが、どうやら王国の高位聖職者全体に宛てているようである。死の床にあったルイ八世が、王位継承者の息子と王国とその他の子供たちを、長子が「法定年齢[8]」に達する時まで、彼らの母親であるブランシュ王妃の「保護と後見」のもとに置くことを決定したことを、彼ら王国の高位聖職者全体に通告していたからである。この文書は一二二六年という日付が付されているが、月および日に関する細かい言及を欠いている。しかし一二二六年一一月八日以後で一二二七年四月一九日以前であることは確かである。文書ではルイ八世が死者として扱われているからにはその死去の日である一一月八日よりのちになり、また当時公式に用いていた慣習によれば、一二二七年の年始である復活祭の四月一九日以前とされるからである。

まず第一に奇妙なのは、ルイ八世が、その遺言書にも、また一二二六年一一月三日に死の床のまわりに呼び集めた王国の重要人物たち全員を前にしてなされた厳粛な宣言においても、のちに私たちが摂政と呼ぶようになる職務を誰に指名したか、あるいは少なくとも誰を希望したか、その名を挙げなかったということである。おそらく彼は、王国の統治のみならず王家の家族的な問題にも関わる重大な決定を前にした歴代のカペー王たちにとりついていたと思われるこの種の臆病さにとらわれたのであろう。第二の奇妙なことは、ルイ八世がみずからの決定の証人と考えたと思われる者たち、あるいは証人として現れてくる者たちのことに由来する。彼らは、一一月三日の王の宣言に立ち合っていた五人の司教のうちの三人でしかないが、知られるかぎりでは、五人全員がモンパンシエを離れた形跡がないのである。パリ司教がその属司教であるサンス大司教は、ランス大司教（当時の正式のランス大司教が死去したばかりで、まだつぎの大司教が置き替わっていなかった）と競合する立場〔王の聖別をおこなうことをめぐっての競合〕にあったから、彼だけは、とりわけ王国の高位聖職者として、証人には欠かせない人物である。

この重要な史料を説明するため、歴史家はさまざまな仮説を立ててきた。母の後見は聖ルイの人格に深く影響を残したからには、聖ルイのそれ以後の人生にとってじつに重要な史料となるからである。歴史家のある者にとっては、この文書は真実を語るものであり、サンス大司教と二人の司教はルイ八世の口から実際に表明された意志を文書に記録させただけということになる。また別の歴史家たちは、この文書は実際の状況に対して、死を迎えた王がおこなった決定であるという重みを与えるための捏造であるとみなした。つまり、王の死後に起こった実際の状況、それはブランシュ・ド・カスティーユが権力を掌握しようと強権を発動したことから生じた状況と解釈できるからである。私には、後者の仮説を少し修正したものがもっとも真実に近いと思えるが、史料的に証明できるわけではない。三人の高位聖職者が伝える王の宣言に現れるいくつかの用語は、三人が信じさせようとすること、いいかえればルイ八世の決定の真正性を否定するものともなりうる。三人はつぎのように強調している。王は瀕死の状態にあったが、その最後の意志表明を適法にして執行可能とする条件を満たしつつそれをおこなった、と。またそれは単なる意向あるいは勧告とみなすことはならぬもので、君主の決定（「王は望み、そして決めた」）[9]として示されるものであると、王は三人に知らしめたという。さらに三人は、王は「深き熟慮ののちに」[10]そしてまだ「健全なる精神」[11]にあった時にその決定をしたと強調している。だが、こうした強調は説得力を与えもするが、また疑惑もかき立てうるようなやり方である。つまり、つぎのような筋書きが想定される。王の忠臣たちは、何よりも王朝に、王国統治の継続と強化に忠誠を捧げる者であったので、死にゆく王の公式な意志がない場合には、協議をしたのである。この協議がとりわけ必要とされたのは、つぎの事実による。すなわち、この時モンパンシエにいたのは、バルテルミー・ド・ロワ、ジャン・ド・ネール、サンリス司教でもあった王の尚書長《シャンスリエ》ゲランという王の忠臣たちの一部にすぎず、他の者はパリに残っていたのである。彼らの協議の目的は、王国の統治の継続性を確かなものにすることである。統治の継続性こそ、三人それぞれが、フィリップ・オーギストの治世以来、またルイ八世の短い治世の間、みずからの責務としてきたことであった。しかし三人のうちのだれもが、自分一人であるいは他の者と組んで、少年王と王国の後見となることを認めさせるような「社会的立場」をもっていない。だから三人は二つの事態になることだけは避けようと必ず考えたはずである。第一の事態は、きわめて明白なことであり、おそらくそのためにルイ八世は沈黙することになったと思われる事態であるが、「摂政」を少年王との血縁からしてもっとも近い成年男子に委ねることである。ユルペルと添え名されるフィリップは、年少の王の叔父であり、亡きルイ八世の異母弟、フィリップ・オーギュストの息子である。そして父からの贈与と結婚によって五つの伯領を有する強力な働き盛りの（二五歳）有力領主《バロン》のブローニュ伯である。このフィリップ・ユルペルが摂政になることは、王の長子のために苦労して築き上げられてきた伝統を打ち壊すことになる。

第二の事態とは、聖ルイと同時代の年代記作者ランスのメネストレルおよび吟遊詩人の騎士ユーグ・ド・ラ・フェルテ＝ベルナール[12]によれば、利害関係者たちによって権利として主張されたことで、かって幼い王の名において統治をおこなったとされる諸侯会議を設置することであった。このとき、いわゆる「閣僚グループ《エキップ・グーヴェルヌマンタル》」[13]の頭には、王と王国の後見をブランシュ妃に委ねようとする考えが浮かんだのであろう。王妃は、女性であるし異国の出身であるから、「閣僚グループ」の助言に従わざるをえまいと考えたのである。そこで彼らはサンス大司教〔ゴーティエ・コルニュ〕とシャルトルおよびボーヴェの司教を説得する。三人は、ユーグ・カペー以来カペー王朝を支えてきた大方の高位聖職者と同じように、長子に認められるべき慣習に従って王位継承をおこなう心づもりができていたので、三人に対して、つぎのような手紙を発送するように説得した。つまりルイ八世がブランシュ・ド・カスティーユを後見者と指名したことの証人であることを三人が確言する内容の手紙である。以上のような筋書きが本当であるとしても、まだつぎのようにも考えることが可能である。つまり閣僚グループは、ブランシュを前述のような弱点を想定して選んだのではなく、それとは逆に、すでにブランシュ王妃の強固な精神を評価していて、この重い任務にふさわしい者と判断して、後見役を委ねたのである。年代記作者たちの示すところでは、ブランシュは夫の病気の知らせを受けてすでにモンパンシエに向かっていたが、サン＝ドニへと運ばれる道中にあった柩に納められた死者の夫にしか会えず、激しい慟哭に身をよじったという。そして葬儀の時も悲しみにひしがれる姿を見せる。しかしルイ八世の埋葬が済むと、ブランシュは、自分の息子である幼い王の擁護と確立のために、フランス王権の力の維持と強化のために、全力を尽くして献身した。王あるいは閣僚グループがルイが未成年の間として彼女に委ねた権力を、彼女はしっかりと保持し、力強く行使し、もはやその手綱を弛めることはなかった。

【注】

（1）モンパンシエ城は、現在のピュイ＝ド＝ドーム県にあったが、一七世紀にリシュリューの命によって取り壊された。

（2）中世末期の年代記によれば「ルイは王国の統治をその妻に残す」と語っている（Le Nain de Tillemont, t. I, p. 395）。しかしそのことについては、根拠のある証は何も記していないし、一連の出来事によって否定されるものである。

（3）A. Teulet, *Layettes du Trésor des chartes*, t. II, nº 1811.

（4）*Chronique rimée* de Philippe Mouskès, éd. F. de Reiffenberg, Bruxelles, t. II, 1838, vers 27251–27258.

（5）François Olivier-Martin, *Études sur les régences. I. Les régences et la majorité des rois sur les Capetiens directs et les pre-*

miers Valois (1060–1375), Paris, 1931. この著作は、摂政の問題——大貴族にしか利害が絡まない——を重要視しすぎて、幼い王という問題——その象徴的な影響はさらに広いものであった——を重視していないところがあるとしても、優れた研究である。

（6）私たちにはフィリップ一世の生まれが一〇五二年であることはわかっているが、その月や日はわからない。アンリ一世は一〇六〇年八月四日に亡くなった。

（7）Jean-François LEMARIGNIER, *Le Gouvernement royal aux premiers temps capétiens (987–1108)*, Paris, 1965, p. 152.

（8）A. TEULET, *Layettes du Trésor des chartes*, t.II, n° 1828 によるテクストは以下の通りである。*...ad etatem legitimam.*

（9）*...voluit et disposuit.*

（10）*...in bona deliberatione.*

（11）*Et santa mente.* 三人の高位聖職者によるこの「証明」は、死の床の王が彼らに表明したと思われる意志に、遺言にきわめて近い形式を与えている。それは熟慮という指摘、健全なる精神であったこと、三人の証人の立ち会いなどによるものである。教皇アレクサンデル三世（一一五九～八一）の教勅によって、遺言は二人ないしは三人の証人が立ち会ったならば、教会法上有効とされると定められていた。

（12）MÉNESTREL DE REIMS, p. 176. ユーグ・ド・ラ・フェルテについては、Fr. OLIVIER-MARTIN, *Études sur les régences*, *op. cit.*, p. 60 を見よ。

（13）「閣僚グループ」という表現は、G・シヴェリのつぎの論文の表現である。Gérard SIVERY, «L'équipe gouvernementale, Blanche de Castille et la succession de Louis VIII en 1226», *L'information historique*, 1979, pp. 203–211. 私がそのもっとも重要な部分で与している仮説を立てたのはG・シヴェリである。

君主が子供である国の不幸

さて今や一二歳の子供が王国の最高位にいる。こうしたことはここ一世紀半以来起こったことがなかった。そのため王国の住民たち——その中にはおそらくこの状況を利用しようと考えていた者もいよう——をとらえた感情には、少なくとも不安、おそらくは苦悩さえ生まれていたのだろう[1]。

王の本質的な職務とは、指導者となっている社会を神聖なるものとつなげることである。中世の王は——とりわけフランス王の場合にいえるものであるが——その生まれと王朝の伝統から指名されるにせよ、神から選ばれた者であり、その聖別式によって「主なる神」から聖油を塗られた者である。たとえ神がキリスト教王国の民に怒りを覚えている場合にせよ、王は悪に対して王の民の楯となるのである。とりわけ、王を通じてこそ、神と、民および王国の間のコミュニケーションが成り立つのである。もちろんのこと、子供は、たとえ王として正統な者であり、また聖油を塗られていようとも、脆い仲介者である。王の未成年は一つの試練である。

ここで、中世における子供に関する諸問題についての研究状況をまとめておこう。そのことがルイが王位につくことがいかなることであるかを明らかにしてくれるからである。

中世社会における子供の地位や、当時の価値体系における子供のイメージについては、現在歴史家が議論するようになったところである。子供の地位やイメージは中世を通じて展開したが、私としてはフィリップ・アリエスに倣って、子供は中世では基本的には無価値なものであったと考える。もちろんのこと、子供が愛されていなかったというわけではない。しかし父母に自分の子を愛するようにさせる人間の本性は別として[2]、当時は子供の内に見る将来なるべき一人前の男あるいは女を愛していたのである[3]。中世の模範的人間像は聖人であるが、聖人にあってはその幼年期は拒否されている。のちに聖人となる子供は、みずからを早熟の成人であると示すことによって、その聖性をあらわにしているのである。

聖人は、古代末期からもたらされたトポス、つまり「子供の天真爛漫と老人の蓄積された深い知恵を併せもつ者」*puer-senes* というトポスを、中世において特権的な形で具体化したものである。クルティウスによれば、「このトポス（*topos*）は古代の終わりに浸透していた心性の反映である。いかなる文明もその初期と絶頂期には、青春の賛歌を歌うものだが、同時に老いを敬いもする。だが、衰退期にある文明のみは、若さと老いの対立を打ち破り、この両者をある種の協調のなかで結びつけようとする人間の理想を育むことができる」(4)。このトポスが中世に変化し、キリスト教化する。そして六世紀末、中世の偉大な権威の一人であるグレゴリウス大教皇〔一世〕という重要な中継を経ることになる。グレゴリウスは、中世の想像界《ル・イマジネール》を支配することになる人物の一人である聖ベネディクトゥスにこのトポスを適用する。聖ベネディクトゥスは、トゥールの聖マルティヌスについで、ラテン的修道制の第二の父といわれる人物である。グレゴリウスはその聖ベネディクトゥス伝のなかで、この聖人についてつぎのように述べている。「彼はその生涯において尊敬されるべき人間であった。〔…〕子供の頃より老人の心をもっていた」。これはのちに聖ルイについてもいわれることであるが、ジョフロワ・ド・ボーリュー〔聖者伝作者。聖ルイの聴罪司祭で友であったドミニコ会士〕は、聖ルイについて、彼は子供でありながら「日に日に完全な成人になっていた」(5)と語っている。アンリ゠イレネ・マルーは古代における「子供に対立する大人」について語ったことがあるが(6)、それに倣って私もつぎのようにいいたい、中世においては小さな成人しか存在しない、子供はいないと。幼年期は悪い時期である。ジャン゠シャルル・パイヤンが強調したことだが、「子供っぽい」C'est enfanceという表現は「理に適わぬ振る舞いをする」ことを意味していた。子供に対する大人たちの扱いとしては、大人は子供を原罪にきわめて近い者と感じているという印象を与える。洗礼は、キリスト教の起源においては、成人した年齢で授けられたものである。のちにしだいに、誕生したのちできるだけ早く授けられるようになり、子供にサタンに抗う力を、すなわち幼い年齢の性向として「生まれながらのもの」とされる悪い本能に逆らう力を与えるものとした。王は、司祭としての王であり、また戦士としての王、恵みを与える王――あるいはその三つを同時に備える者――であったりする者であるが、そのような王が、聖なるものを司ることも、征服者になることも、富を作り出すこともできない子供のなかに、いったいどのように具身化できるというのだろうか。

　いずれにせよ、中世の人間、そしてそのイデオロギーの指導者である教会は、それを深く理解するために聖書のなかにモデルを求める。子供の置かれた地位を明らかにするものとして、聖書のなかに彼らは何を見つけたのだろうか。一三世紀初頭において、政治理論に関して聖職者の間で規範とされ、しかも子供の王の問題に取り組んでいるテクストといえば、それはソールズベリーのジョンの『ポリクラティクス』（一一五九）であった。このイングランド人は、トマス・ベケット〔聖人。カンタベリ大司教でヘンリー二世の大法官であったが、王と対立して殺された〕の協力者であったが、その生涯の大部分をフランスで過ごした。まずはパリの学校で、つぎにランスでは友人のサン＝レミ修道院長ピエール・ド・セル〔仏の神学者で、一一八〇年シャルトル司教〕のところで過ごし、最後はパリとならんで一二世紀の学問の大中心地であったシャルトルの司教となり、一一八〇年のその死まで司教であった[7]。ソールズベリーのジョンは、一二世紀のキリスト教ユマニスムを代表する大学者の一人であり、シャルトルで復興される自然に対する理念[8]、つまりキリスト教的哲学のうちに再統合された古典古代の思想と、改新の真っただ中にあったキリスト教神学の大きな流れとの総合をおこなった偉大な知識人の一人であった。

ソールズベリーのジョンは、国家の頭としての王に捧げた章で、子供の王について論じている。というのも、彼は中世キリスト教的政治思想のなかに、人間の身体としての社会というテーマを導入したからである。ここでジョンが遭遇した事実と原理とは、世襲による王位の継承である。世襲の王位継承は神との約束と家族法によって正当化されるが、それは自然から生じるものである。自然に従って王位を継承する者は、継承者として正義の要求に応えねばならない。王朝としての正統性が破れるのは、父と子がこうした正義の要求に違反する場合である。不正な父王の過ちは神によって罰せられ、彼は子孫を拒否される。聖書や古代の歴史が示すところによれば、不正な王はいずれも、その王位を子孫に継承させるという特典を享受することはなかった。たとえば、サウル王とその三人の息子はペリシテ人とのギルボア山での戦いで滅んでしまった（旧約聖書の『サムエル記上』三一章）。同じくアレクサンドロス大王とカエサルは王家としての子孫を得ることがなかった[9]。

ここにきて、つぎに、子供の王あるいは青春と老年の間にいる王について聖書から得られる一塊の資料が紹介される。青春と老年との間にいる王とは、二つの境界は哲学的にもイデオロギー的にも明確ではないので、区分するのに困難な青春期にいる王のことである。この聖書の資料としては三つの話がみられる。第一はレハブアムの事例である。このソロモン王の息子は、年長者や長老たちの忠告を侮り、若者たちの意見に従ったので、神から罰を受け、その王国のほとんどを失った。彼に残されたのはもはやユダヤだけであった。一方ヤロブアム〔預言に従ってソロモン王に反旗をひるがえし、エジプトに逃避したが、レハブアム王の時代に預言通りユダヤを除く全部族の王となった〕は、ユダヤを除くイスラエルのすべての部族の王になった（『列王記上』一一章）。この話の教訓は、いえるとすれば、第二の話であるコヘレトのことば（『伝道の書』一〇章一六～一七節）の呪い「王が子供である地よ、お前に不幸が訪れる」[10]を援用して、引き出すことができる。レハブアムから第三の話であるヨブの例（『ヨブ記』二八～二九章）に移ろう。ヨブは過去の幸せの時期を思い出す。「私が出て、町の門に向かおうとしていたとき、皆は広場に私の席をこしらえてくれた。私の姿を見て、若者たちは姿を隠そうとした。老人らも立ち上がって、そのままの姿勢を保ち、敬意を表した」[11]。

ウェールズのジェラルド（あるいは「カンブリアの人」）は、一二〇九年に著わした『アイルランド征服記』（『エックスプグナティオ・ヒベルニカ』*Expugnatio Hibernica*, 第二章三五節）で、アイルランドの没落とヘンリー二世の息子で、若年で統治していたジョン王の失墜について説明している。「もしある国が、たとえ過去に繁栄を誇ったことがある国にせよ、子供の王に統治されるならば、その国は呪われる（コヘレトのことばの一〇章一六～一七節を暗示している）。とりわけ教育が行きわたらぬ未開な国が、教育を必要とする無教養な者に委ねられるならば、呪いはなおさらである」。

以上、不幸な事例や聖書の苦悩の事例を並べたが、こうした事例からなるイデオロギー的状況が、一二歳で王になったルイを取り巻く聖職者たちの間を支配していた。これらの聖職者は王の未来の聖性を見抜くことができず、ルイに対して「子供＝老人」というトポスを与えることもできない。彼らの唯一の希望は、王の母親や側近が良き教育をルイに施し、鍛えささえしてくれることであった。良き教育だけが、子供の、とくに王の幼時性の弱点や危険に打ち勝つ術であった[12]。すでにソールズベリーのジョンは、王にとっては、王位を継ぐ息子の教育に心すべき必要があることを指摘していた。そしてやがて聖ルイの時代となり、王家の求めに応じて、ヴァンサン・ド・ボーヴェは、王家の子供たちの教育とは何かを定め、一三世紀半ばには子供のイメージが価値をもっていたことをはっきりと示している[13]。

この子供の王ルイはいかにも脆く、ルイの即位によって王国や臣下は、彼らと神の間をとりもつ王の仲介者としての機能が弱められる危険な時期に引き込まれる。王の少年期、あるいは法律用語でいえば、王の「未成年」は、いつ終わるのか、人々はわかっていたのだろうか。

三人の高位聖職者が臨終の父王ルイ八世によるものとした決定では、この問題はあいまいなままにされていた。少年王の後見を母親に委ねたのは、ルイが「法定年齢」*ad aetatem legitimam* に達するまでとされていた。ところが、私たちの知るかぎりでは、フランス王の成年の法定年齢など存在していない。それにはシャルル五世を待たねばならない。彼は一三七四年、王の成年を一四歳と定めた(14)。教会法はこの件についても何も定めていないし(15)、ローマ法のいかなるテクストも当時はこの件について有効なものはなく、また慣習法は多種多様であり、歴史上の実例もこの点については明らかではない(16)。昔のゲルマン部族の成年は一四歳であったが、カロリング家の王たちは一三歳で王座に据えてれた。このゲルマンの成人は、一一世紀以降、領邦の大部分において貴族の成年が二一歳へ延びたことが知られている。しかし平民の間では依然として一四歳が守られていた。モンテスキューは、武具の重量化が軍役奉仕の年齢、つまり成年を遅らせたと考えていた。しかし若い貴族の騎士叙任式はもっと若い年齢でよくおこなわれた。聖ルイの父、のちのルイ八世は、すでに見たように一二〇九年二一歳（または二二歳）になってようやく騎士に叙せられたことは事実であるにせよである。

一二一五年、未来のルイ八世の手紙では、フランス王国では成年は二一歳に定められていると記されている。たしかにブルゴーニュ公ユーグ四世、シャンパーニュ伯ティボー四世、ブルターニュ伯ジャン赤毛伯〔ジャン一世〕は、二一歳になって初めて成人とされた。聖ルイの『法令集』*Etablissements*（一二三五）やフィリップ・ド・ボーマノワールの『ボーヴェ地方慣習法書』*Coutumes du Beauvaisis*（一二八〇頃）では、貴族は二一歳でしか成人とならない、と指摘されている。しかし一二三五年のある史料によれば、フランドルでは、女伯の息子であるジャン・ダヴェーヌとその弟ボードゥアンは、一六歳と一五歳の年齢であるので、フランドルの慣習に従って成人として扱われるべきである（「彼らの年齢は十分である」）と、宣言している。聖ルイの弟たちはいずれも二一歳の時に、ロベール〔アルトワ伯ロベール一世。一二一六～五〇〕は一二三七年に、アルフォンス〔ポワトーとオーヴェルニュ伯。一二二〇～七一〕は一二四一年に、シャルル〔アンジュー伯シャルル一世勇胆王。一二二六～八五〕は一二四七年に騎士に叙され、「親王領《アパナージュ》」の領有を認められた。聖ルイの息子で王位継承者のフィリップは、のちのフィリップ三世勇胆王であるが、彼も同じで、一二六七年、二一歳の時に騎士の叙任を受けている。

しかし、カペー家の王の成年はもっと早くに認められる傾向であったようで、一四歳か、それに近い歳であった。事実、王国と神の保護に責任を負う王がその権力を全面的に掌握しない時期をできうるかぎり短縮しようとしたために、そこから王の聖別式が非常に早くなり、ほぼ二世紀間は父王が亡くなる前におこなわれ、ついで死後できうるかぎり早くなり、そのため成人年齢が青春期の方にくい込んでいくことになった。フィリップ一世は一四歳頃に単独で統治を開始したし、また一四歳で単独王となったフィリップ・オーギュストは、この時すでに成人とみなされていた。

聖ルイについては、その状況は漠然として、特殊である。彼がいつ成年とみなされ、その結果、成人として活動したかは、私たちにはわからない。一四歳ではなかったことは確かである。つまり権力は、彼が即位したのち、一人の女性、すなわち母であるブランシュ・ド・カスティーユによって行使されていたのであり、彼女は明らかに権力を手放すことを望まなかったのである。聖ルイはこうした立場に甘んじていたように思われる。おそらくブランシュ・ド・カスティーユは彼を背後に押しやったままであったのかもしれない。しかし私としてはむしろ、母と息子の間には、ほとんど感知できないような形で母の後見から母と子による一種の共同統治へと続いたような相互の了解があったように思う。ルイの権威はかなり早くからはっきりしているから、ルイは君臨すれども統治せずとはいえないような形の共同統治である。あとでまたふれることになるが、少なくとも三つの機会、一二三一年（ルイは一七歳である）のブルターニュ遠征、同じく一二三一年のパリ大学と王が任命したプレヴォとの間の紛争の解決、そして一二三三年のボーヴェ司教との紛争の折には、聖ルイはみずからの意志で行動したようである。また大学の事件では、母とは反対の態度をとった。

けれども、一二三四年に二〇歳で結婚した聖ルイは、その翌年の二一歳には実質的に統治をおこなっていたように思われる。たとえ、そばに母親がいたとしてもである。文書は長らくこの二人を同じように扱っているし、また一二三五年以後のいくつかの文書ではルイが単独に現れるとしても、同じ時期の他の文書では、王文書の対象者が同時に王の母にも請願している様子を示している。これは非常にしばしば彼女がその影響力を息子に対して行使することを期待してのことであった。それは思うに、単なる儀礼ではなく、ある特別な状況が存在することを認めていること、そして母の権威が継続していることを利用しようとしていることを表わしている。ブランシュはまさしく王妃である。フランスに三人の王妃がいた時期があるが、まずフィリップ・オーギュストの未亡人でデンマーク女性のインゲブルガがそれで、彼女は長い間王からかえりみられず、オルレアネ地方の自領（そこで一二三六年に死んだ）でいつも暮らしていた。二人目はブランシュ、最後は一二三四年に聖ルイが結婚したマルグリット・ド・プロヴァンスである。この三人について、インゲブルガは「オルレアンの王妃」*regina Aurelianensis*、マルグリットは「若王妃」*juvenis regina* と呼ばれていたのに対して、ブランシュ一人が常にごく短く「王妃」*regina* とのみ呼ばれていたのである。

しかし、一二二七年すでに、聖ルイは、まだやはり子供であったが、家臣の臣従礼や領主たちの忠誠誓約を単独で受けた。さらに、とりわけ一二二六年末には早くも、王の聖別を授けられた。

【注】

（1）イブ・サシエは、その優れた書 Yves SASSIER, *Louis VII*, Paris, 1991, p. 85 で、旧約聖書のコヘレトのことば（『伝道の書』）の詩句を引用している。「王が子供である地には不幸が訪れる」。しかし一一三七年、ルイ七世が王になった時は一七歳であり、母親を厄介払いするとシュジェの後ろ楯を得て、すぐさま親政をおこなった。

（2）JEAN DE SALISBURY, *Policraticus* (1156, éd. C. Webb, pp. 289–290) には、つぎのように記されている。「〔親に向かって〕子供の保護を強く訴える必要はない。なぜならだれも自分の血を分けた者を嫌うわけはないから」(*nemo carnem suam odio habuerit*)。

（3）Philippe ARIÈS, *L'Enfant et la vie familiale sous l'Ancien Régime*, Paris, 1960, 重要な序文付き新版 1973〔邦訳、フィリップ・アリエス『〈子供〉の誕生——アンシャン・レジーム期の子供と家族生活』杉山光信・杉山恵美子訳、みすず書房、一九八〇〕; Jacques LE GOFF, «Images de l'enfant léguées par le Moyen Âge», *Les Cahiers franco-polonais*, 1979, pp. 139–155 ; ID., «Le roi enfant dans l'idéologie monarchique de l'Occident médiéval», dans *Historicité de l'enfance et de la jeunesse*, Athènes,

1986, pp. 231–250. またつぎの文献も見よ。*L'Enfant au Moyen Âge,* colloque au C. U. E. R. M. A., *Senefiance,* n° 9, Aix-en-Provence, 1980 ; *Enfants et sociétés,* numéro spécial des *Annals de démographie historique,* 1973. B. VADIN, «L'absence de représentation de l'enfant et/ou du sentiment de l'enfance dans la littérature médiévale», dans *Exclus et systèmes d'exclusion dans la littérature et la civilisation médiévale,* C. U. E. R. M. A., *Senefiance,* n° 2, 1978, pp. 363–384 ; Roger COLLIOT, «Perspectives sur la condition familiale de l'enfant dans la littérature médiévale», dans *Morale, pratique et vie quotidienne dans la littérature française du Moyen Âge, Senefiance,* n° 1, 1976 ; Silvana VECCHIO, «L'imagine del *puer* nella letteratura esegatica del Medioevo» (dans K. ARNOLD, éd., *Kind und Gesellschaft in Mittelalter und Renaissance. Beiträge und Texte zur Geschichte der Kindheit,* Paderborn et Munich, 1980)、この文献には批判的精神の欠如による欠陥がある。興味深い精神分析学的アプローチは、つぎの文献にみられる。*Hönt ihr die Kinder weinen. Eine psychogenetische Geschichte der Kindheit,* éd., L. de MAUSE, Francfort-sur-le-Main, 1977. 中世文学で明らかにされる面では S. NAGEL, «*Puer e pueritia* nella letteratura medica del XIII secolo. Per una storia del costume educativo (Etù classica e Medio Evo)», dans *Quaderni della Fondazione G. G. Feltrinelli,* 23, 1993,pp. 87–108. 図像学によれば Danièle ALEXANDRE-BIDON et M. CLASSON, *L'Enfant à l'ombre des cathédrales,* Lyon, 1985. 異なる考え方として Pierre RICHÉ «L'enfant au Moyen Âge», dans *L'Histoire,* 1994. 中世における子供および子供期の価値の再評価というこの概念は、つぎの素晴しい書物のなかで発展させられているが、この書物は国立図書館での展覧会（一九九四年一〇月〜一九九五年一月）に際して刊行されたものである。Pierre RICHÉ et Danièle ALEXANDRE-BIDON, *L'Enfance au Moyen Âge,* Paris, 1994. 歴史のなかの子供についての参考文献は相当なものである。この注で引用した書物のなかにも他の研究が多く言及されている。

（4）仏訳 Ernst Robert CURTIUS, *La Littérature europénne et le Moyen Âge latin,* Paris, 1956, «L'enfant et le vieillard», p. 122–125〔邦訳、E・R・クルティウス『ヨーロッパ文学とラテン中世』南大路振一他訳、みすず書房、一九七一〕。

（5）GRÉGOIRE LE GRAND, *Dialogi,* livre II : «*Fuit vir vitae venerabilis [...] ab ipso suae pueritiae tempore cor gerens senile*» ; GEOFFROY DE BEAULIEU, *Vita,* chap. IV (*Recueil des historiens des Gaules et de la France,* t. XX, p. 4) : «*de die in diem in virum perfectum crescere*».

（6）Henri-Irénée MARROU, *Histoire de l'éducation dans l'Antiquité,* 1948, nouv. éd., 1965, p. 325〔邦訳、H・I・マルー『古代教育文化史』横尾壮英・飯尾都人・岩村清太訳、岩波書店、一九八五〕。

（7）ソールズベリーのジョンに関する文献。*The World of John of Salisbury,* éd. M. WILKS, Oxford,1984 ; B. MUNK-OLSEN, «L'humanisme de Jean de Salisbury, un cicéronien au XIIᵉ siècle», dans *Entretiens sur la Renaissance du XIIᵉ siècle,* éd. M. de GANDILLAC et E.JEAUNEAU, Paris et La Haye, 1968, pp. 53–83. H. LIEBSCHÜTZ, *Medieval Humanism in the Life and Writings of John of Salisbury,* Londres, 1950. Robert W. SOUTHEEN, «Humanism and the School of Chartres», dans *Medieval Humanism and Other Stud-·ies,* Oxford, 1970.

（8）一二世紀のルネサンスについての膨大な参考文献のうちで、まず前注7に掲げた *Entretiens* を挙げておく。その他 Marshall CLAGETT, Gaines POST et R. REYNOLDS (éd.), *Twelfth Century Europe and the Fondations of Modern Society,* The University of Wisconsin Press, 1961 ; R. L. BENSON et Giles CONSTABLE (éd.), *Renaissance and Renewal in the Twelfth Century,* Cambridge, Mass., 1922 ; 大著 Marie-Dominique CHENU, *La Théologie du XIIᵉ siècle,* Paris, 1957.

（9）JEAN DE SALISBURY, *Policraticus,* IV, 11 et 12 (éd. Webb, 533 b, p. 269, et 537 a, b, c, p. 276).

（10）«*Vae, terra, cujus rex puer est.*» エルサレム版聖書は、やや無益なほどに強調している「王が子供である国、そのような国よ、お前に不幸あれ」。その他の文献のなかでは、モンテルラン〔現代仏作家〕の戯曲『少年が君主の町』（一九五二）が考えられる。

（11）*Policraticus,* éd. Webb, 550 a, p. 300.

（12）*Policraticus,* livre IV, chapitre vii.

（13）後出四八六頁を見よ。

（14）これは一三七四年の最初の王令の目的である。Raymond CAZELLES, *Société politique, noblesse et couronne sous Jean le Bon et Charles V,* Genève, 1982, pp. 579–580 を見よ。

（15）René METZ, «L'enfant dans le droit canonique médiéval», *Recueils de la Société Jean Bodin,* t. XXXVI, 2, *L'Enfant,* Bruxelles, 1976, pp. 9–96.

（16）私がヒントを得た文献は Fr. OLIVIER-MARTIN, *Études sur la régence, op. cit.,* note 30, pp. 77 sqq である。その他 A. WOLF, «Königtum Minderjährigkeit und das Institution der Regentschaft», *Recueils de la Société Jean Bodin,* 注15と同書 pp. 97–106 も見よ。ルイより一〇年前の一二一六年に七歳でイングランド王になったヘンリー三世の未成年については、D. A. CARPENTIER, *The Minority of Henry III,* Londres, 1990 を見よ。

諸侯と高位聖職者に臣従礼を求めたあとにルイ八世が息子のためにした最初の行為は、聖別式であった。ルイ八世はきわめて早急に聖別式をおこなうよう求めていた。この子供が、王という性格に関して、できうるかぎり早く完全な王となることが重要であった。それは、彼の適法性に関するいかなる異議の申し立てをもむつかしくするためであると同時に、さらに重要なこととして、王が没し、その次なる者がまだ完全にその継承者となっていない不安定な時期を終結させるためでもあった。

子供の王の聖別式

『ジャンヌ・ド・ナヴァールの時禱書』*Heures de Jeanne de Navarre* は一四世紀の前半に制作されたものであるが、その細密画《ミニアチュール》には、子供のルイと母親が聖別式のために輿に乗ってランスに赴く姿が描かれている[1]。絵のなかのブランシュ・ド・カスティーユはすでに子供の王の後見として、また頭には冠を被り、権力を握った者として表わされている。しかし子供のルイはすでに神聖化に向かっている。その姿には光輪が付けられている。なぜなら、列聖のあとに製作されたこの細密画は、今日のやり方のように歴史上の事実が真実どのような順序で生じたかに気を配ることよりは、むしろ子供の時にすでに聖人であったこの聖なる王が歴史を超えて永遠であることを示そうとするためのものだからである。これから塗油を受け、戴冠されに赴く人物はすでに聖人である聖ルイなのである。すでに成し遂げられた歴史の方が現在進行している歴史よりも重要なのである。つまり王が子供であることは覆い隠されているのである[2]。

一三世紀のフランスの諸王の聖別式についてはあとで語るつもりである。なぜならこの件について聖ルイに結びつく史料は彼の聖別よりあとのものだからである。私たちには、ルイの聖別式について語られたものはないし、「儀典書」*ordo* 自体は複数残っているが、聖ルイの聖別に用いられた儀典書がどれであったのかははっきりしない。

年代記作者たちはルイ九世の聖別式について三つの側面に留意して記している。まず最初は、聖別式が急いで執りおこなわれることである。急いだ理由についてはすでに述べたが、つまり空位期の不安定（父の生存中に新王が聖別されなかったのは、フランス王国としては二番目の例である）が王の幼い年齢によって増大することである。カペー王朝はまだ全能的な権力を握っていなかったからである。この空位期は、死去した王の長子の継承権がしっかりと確立されていたのだから、後継者に異議を申し立てるのに好都合というわけではないが、しかしこの不完全な王とその側近に圧力をかけるのに利用される恐れがあったのである。王に対する大逆罪という観念が形成されている時代には、空位期は中途半端な時期である。新王の威厳はまだきちんと設定されていないものの、騒ぎや反乱の動きがそれほど重大なものとなることはない時期である。ルイ八世は一一月八日に死去し、一五日に埋葬される。そしてルイ九世は二九日に聖別を授けられた。この三週間は、当時の状況にあっては、つまり王の聖別の組織化がすでに複雑なものになっており、また地理的問題もあり、そうしたことをきちんと処理できないという状況にあっては、まさに勇猛果敢に事を押し進めねばならない三週間であった。

第二の問題は、子供の王が治める王国にとっての危機がとくに問題となるが、それは一二歳のルイ九世がまだ騎士に叙任されていなかったことである。フランス王は、まず第一に、騎士である王であらねばならない。ルイ九世のもとに確立されることになる聖別儀礼は、のちに騎士叙任式となる儀式そのものの最初の局面を決定的な形で取り入れることになる。しかし、一二二六年の聖ルイの聖別の際に、騎士叙任式を構成することになる形の聖別儀礼が存在していたとしても、それは特別な意味での騎士叙任式そのものに取って代えられるものではない。そこで、この王なる子供はランスへ向かう途中のソワソンに立ち寄った際に、騎士に叙任されることになった(3)。

年代記作者が強調する第三の局面は、貴顕の大物たちの不在である。聖職者であれ世俗の者であれ（大司教や大封建領主たち）、王国の貴顕の大物たちはルイ九世の聖別式には注目していたはずである。けれどもブランシュ・ド・カスティーユとモンパンシエにおけるルイ八世の臨終の床に立ち会った一握りの大物たちは、ランスの聖別式への招聘状を広く送りつけたり、さらなる説得力をもつようにと、臨終の床でのルイ八世の命令を引き合いに出したりしているのである。年代記作者による出欠者のリストには矛盾がみられる。たとえばフィリップ・ムスケはブルゴーニュ公とバール伯を出席者としているが、マシュー・パリス（彼はその前任者ロジャー・オブ・ヴェンドヴァーに依っている）は二人を出席者に入れていない。このような細部はあまり重要ではない。出席した諸侯の数は多くなく、その顔ぶれも大したものでなかったことははっきりしている。さらに、フランス王の聖別式では比較的よく起こったことであるが、ランス大司教の姿がなかった。死去した大司教の後継者は、まだ選ばれていなかったわけではないにせよ、少なくとも正式に職に就いていなかったからである。ランス大司教の筆頭司教であるソワソン司教が聖別式を執行した高位聖職者であった。それだからといって、この儀式の合法性をいささかも損ねるものではなかったが、しかしおそらくは式の威光を減じるものとはなったであろう。

イングランドの年代記作者たちは、聖別式の状況について、奇妙であるが興味ある詳細を私たちに残している。召集された領主のいく人かが、この王の即位の機会に、虜囚全員の、とくにフランドル伯とブーローニュ伯の釈放を求めたというのである。この二人はブーヴィーヌの敗戦以後ずっと、つまり王の年齢に相当する一二年間、ルーヴルの城砦に投獄されていた(4)。私の心をとらえるのは、この釈放要求の政治的な面以上に、その制度的な面である。これは聖別式に結びつく一種の大赦、即位の時のフランス王の恩赦権に関わる知られるかぎりでの最初の言及である。もちろんのことながら、君主がその即位の機に認められるこうした恩赦権は、一七世紀になってようやく定期的におこなわれるようになったが、それが認められるのはかなり困難であったようである。たとえフランス王が聖別され、病気治癒の能力を与えられ、全能なる者であったとしても、必ず神と法に従う者にとどまっていたからである。共和国が大統領に問題なく与えている恩赦権は、王にはしぶしぶにしか認められていなかったのである。王はその十全な君主権力には遅々とした形でしか到達できなかったのである。さらに、一二二六年のこのエピソードには、王に対しての大貴族たちの両義的な態度がみられる。彼らは自分たちの意志を王に押しつけようと努めるが、一方では王に対して法外な権力を認めているのである。

聖別式の政治的諸相を検討する前に、書かれたテクストや事実関係によって復元できる範囲で、この少年王の最初の時期の歩みを想像してみよう。

さて、父親の思わぬ死去によって舞台の全面に押し出された一二歳のルイがいる。まずは危篤の父のそばに馬で駆けつけようとオーヴェルニュの道を進むルイである。しかし駆けつける途中で、ゲラン修道士の口から父の死という運命の知らせを伝えられる。ゲラン修道士は賢明にもルイをパリに帰らせ、サン＝ドニのゴチック様式の穹窿《ヴォールト》の天井のもとで、王にふさわしい感動的な葬儀儀礼に従っておこなわれる父王の葬儀に参列させようとした。ルイは商人用の二輪馬車にも似た馬車に乗り、ソワソン経由でランスへと向かう埃っぽい曲がりくねった道をたどることになる（中世の街道は舗装もされていず真っ直ぐに敷かれていないので、子供の王にとっては、現在のこの行程である一五七キロメートルを超える旅となったはずである）。途中のソワソンで、この子供は、通常若者を一人前の男、すなわち『聖杯物語』*Conte du Graal* において若きペルスヴァルが恐れとともに出会ったようなキリスト教戦士とする儀式を受ける。さらにランスでの儀式は、長時間、建造中の大聖堂において、子供には耐えがたい所作がともなうものとなる。ルイは分厚いマントを着せられ、たくさんの王の象徴物件を付け、重い王冠を被せられ、気の遠くなるような祈禱、歌、香、そしてその年齢にとって必要とされることのすべてをおそらく説明されていた。それはおそらく、才能ある子供にとってさえ理解できないような儀礼の数々が続くものであったであろう。そこには、本来ならば年少の王のもとに駆けつけねばならなかったはずの高位聖職者や大領主たちが姿を見せず、不安を醸し出すそうした不在によって際立つことになる冷ややかな儀式であった。ついでパリへの帰還となる。これについては年代記作者たちは口をつぐみ、民衆の熱狂の片鱗も、歓喜と励ましのいかなる叫びも私たちに知らせてくれない。しかし至るところに、いかなる時にも、一つの存在があった。それは愛情深く、保護する強き母親の姿である。その姿はすでに、のちにルイの列聖の折に教皇ボニファティウス八世が語ることになる福音書の強き女そのものであった。

子供は、たとえ王であっても、これらの日々の、これらの刻々の重苦しく悲痛な思い出はしっかりと心に刻むものである。実際には年代記作者がその日々の天候を証言しているわけではないが、晩秋の青白く短い昼の光のなかで、多くの出来事、風景、飾りつけ、顔、所作が、連なりならぶ日々である。人間の資質によって、このような試練は人を強くしたり、あるいは弱めてしまうものである。やがてルイは比類のない戦士であった父に、また五〇歳でブーヴィーヌの勝利者となった祖父にふさわしい息子となる。さらにスペイン女性であるその母にふさわしい息子となる。これら三者と同じく性格が強かったルイは、当時のイデオロギーでは辛い職務とみなしはじめる王の義務を、彼らとは違ったやり方で学んでいくことになる。彼は、その死の日まで、そして死後の思い出においても、この遍在する母親に敬意を捧げることになる。

【注】

（1）その絵のブランシュ・ド・カスティーユはルイ八世の死後に生まれる一番末となる息子を懐妊している。この子供は一二二七年の初めに生まれた、のちのシャルル・ダンジューで、ナポリ・シチリア王国の王となる。

（2）このミニアチュールは、パリ国立図書館のラテン語新収手書本三一四五の第九七葉にみられるが、その複製がつぎの論文の二一六頁に記載されている。Marcel THOMAS, «L'iconographie de Saint Louis dans les *Heures de Jeanne de Navarre*», dans *Septième centenaire de la mort de Saint Louis... (1970)*, Paris, 1976. 口絵写真9を見よ。

（3）Jean RICHARD, «L'adoubement de Saint Louis», *Journal des savants*, 1988, pp. 208–217.

（4）MATTHIEU PARIS, *Chronica majora*, t. III, p. 118.

未成年にともなう困難

ルイ九世の聖別式に貴顕の大物たちが欠席したことに対して、年代記作者たちは政治的な動機を与えている。しかしおそらく誇張したものだろう。この聖別式はとくに急がれていたものであった。だが一三世紀においては、知らせを受けとり、旅の準備を整え、式典にちょうど間に合うような時に出立できる状態にするには、時間のかかることであった。そのうえおそらくは、これらの高位聖職者や大領主たちは皆、成人社会で生きることが日常だったので、子供の聖別式などは特別に心を引きつけるものではなかったのであろう。彼らの欠席についての年代記作者の解釈の大部分は、聖別式に続いて起こったいくつかの出来事に由来している。作者たちはたまたま生じた出来事の意味を解明するために、それらの出来事を後ろに投影しているのである。けれども貴顕の大立者たちがこの聖別式に熱意を示さなかったこと、また彼らのうちのある者たちは少なくともその欠席の理由が政治的なものであったことは確かである。

ここで私が語るのは、ルイ九世の生涯をよりよく理解させる事柄、つまり王としての機能と姿を明らかにするような事柄のみに限定したい。後見の母とその補佐役たちは、デリケートな個人的ないくつかの事態を整えようと急いでいた。さらに加えれば、それらの事態の解決は——ある者たちによれば——おそらくルイ八世の治世の最後の数カ月に着手されたものでもあった。

カペー家における王位継承の伝統および年少のルイ九世の即位を確かなものにしようとしたルイ八世の「意志」は、王家の何人かの人物についてあらかじめ用心しておくことを無益なものとするほど、それほどしっかりしたものではなかった。さて、少年王には二人の叔父がいた。一二二六年の時点では、一人は二五歳、もう一人は一七歳であった。一七歳の叔父の方は問題にならなかった。彼は庶子であり、だがシャルルという重みのある名前をもつピエール・シャルロである。彼の父であるフィリップ・オーギュストによって、庶子にもかかわらず聖職録を受けることのできることを教皇ホノリウス三世に認めさせていた。実際に教会の者となる道を歩むべく定められていた。前者の叔父ユルペルと添え名されるフィリップの場合の方が脅威を与えるものであった。彼もまた教会にとっては庶子という問題があった。教皇はフリップの母であるアニェス・ド・メランとフィリップ・オーギュストの三度目になる結婚の有効性を承認しなかったからである。教会としては、フランス王は、不幸な結婚の初夜の翌日に放棄したデンマークのインゲブルガ（一二三六没）となお結婚状態にあるものと扱っていた。しかしフィリップ・ユルペルは教皇インノケンティウス三世によって王の子であることを認められていたし、またその母アニェス・ド・メランもフランス貴族社会に容認されていたし、フランスの高位聖職者たちは暗黙のうちに正統なフランス王妃として受け入れていたので、フィリップ・ユルペルの立場は異母弟よりはるかに尊重されるものであった。表面上だけを問題とすれば、法的には、フィリップ・ユルペルの立場はまったく正常なものであった。けれども私としては、彼に重くのしかかる庶子という漠とした記憶が、[1] 甥のルイのフランス王座に対する異議の申し立てを真剣に考えてみることを思いとどまらせたのではないかと思う。

フィリップ・ユルペルは、父のフィリップ・オーギュストと兄のルイ八世からかなり豊かに土地や封土を与えられていた。しかし与えられたその土地は、ルーヴル城砦に投獄されたブーヴィーヌの二人の反逆者のうちの一人であるルノー・ド・ブーローニュにかつて所属していたものである。だからその土地は、二人の王は王の名によって没収した土地とみなしていたので、フィリップ・ユルペルが男子の子孫を残さずに死去した場合には、王に戻されるべきものであった（実際に一二三六年にそのような事態になった）。

フィリップ・ユルペルを懐柔するため、少年王（いいかえれば王の名においてその母と補佐役たちがおこなったことである）はすぐさま彼に対して、ルイ八世がその所有地に保有していた三つの城のうちの二城、モルタン城とリールボンヌ城を与え、またサン＝ポル伯領に関してこれを保有する者から臣従礼を受ける権利を与えた。しかしながらその死後には王のもとにこれは戻るという条項を彼に押しつけてのことであった。その翌年の初めに、フィリップはさらに王から六〇〇〇トゥール貨リーヴル〔二〇スーにあたる。またパリ貨リーヴルは二五スーに相当する〕の終身年金を授けられたが、それには彼およびその相続資格者に対して、その相続分としてもはや土地としては何も要求しないという誓約が付けられていた。

諸侯の間でその解決がもっとも緊急を要すると考えられていた件は、フランドル伯（もしくはその出身からしてポルトガルの）フェルランドの扱いであった。ブーヴィーヌの戦いの裏切り者であるフェルランドはルーヴル城砦にずっと投獄されていたが、ルイ八世は彼を釈放する約束をしていたという。大領主たちは幼い王に対してその聖別式を機とする虜囚への恩赦を要求したが、その要求にはフェルランドの名がはっきりと挙げられていた。フェルランドは一二二七年の公現祭（一月六日）に釈放された。彼は莫大な身代金を支払い、王に保証を捧げた。それはルイ八世が考えたものより過酷さが減じられた条件であったと思われる。以後フェルランドはルイ九世に忠実であった。ブーヴィーヌのもう一人の裏切り者であるルノー・ド・ブーローニュは、一二二七年の復活祭の頃にルーヴル砦の獄中で亡くなった。

新しい統治者たちは、つぎにその努力を、大封地を保有する者のうちでもっとも活動的な人物たちの方に向けた。ブルターニュ伯およびユーグ・ル・ブランと呼ばれるラ・マルシュ伯のユーグ・ド・リュジニャンである。彼らは常にフランス王とイングランド王の間で自分たちの利益になるように動こうと構えていた。一二二六年夏のアヴィニョン攻撃の折には、国王軍を離脱したことがあった。土地とともに親族関係が忠誠に対して大きな役割を果たすこの世界で、一二二七年三月からすでにルイ九世の二番目の弟で一二一九年生まれ（一二三二没）のジャン――ルイ八世は「親王領《アパナージュ》」としてメーヌとアンジュー地方を彼に与えることを予定していた――とブルターニュ伯ピエール・モークレールの娘ヨランドとの結婚の計画が立てられていた。ピエールは、承諾の誓いの際に保証として、アンジェ、ル・マン、ボージェ、ボーフォール＝アン＝ヴァレを受けとることになる。こうした交渉そのものは一二二七年の春にヴァンドームでおこなわれたが、この時ユーグ・ル・ブランは、娘の一人をルイ九世の三番目の弟で一二二〇年生まれのアルフォンスと結婚させること、また息子の一人をルイ王の妹で一二二五年生まれのイザベルと結婚させることを約束した。アルフォンスは、未来のポワトーとオーヴェルニュの「親王領主」である（のちに私たちがアルフォンス・ド・ポワチェと呼ぶようになる人物である）。この結婚の契約に際して、ユーグ・ル・ブランは、サン＝ジャン＝ダンジェリおよびオーニス地方の一部について保証された一〇年間一万トゥール貨リーヴルの年金との交換として、かってルイ八世が彼に与えていたいくつかの土地を王に返還した。

もっとも重要な努力は、フランス王国にとってもっとも脅威を与える人物、すなわち当時ちょうど二〇歳に達していたイングランド王ヘンリー三世に対するものであった。イングランド王はそのフランスに所有した重要な地をルイ九世の祖父によって取り上げられてしまっていたが、なおフランス西南部に勢力を保っていたので、少なくともフランスで失った領地の一部でも取り戻したいという意図は隠していなかった。メーヌ地方のフォントブローの修道院の教会――フィリップ・オーギュストに奪回された地である――には、ヘンリー三世のフランタジネット王家の祖先たち、祖父ヘンリー二世と祖母でフランス王ルイ七世と離婚した有名なアリエノール〔エレオノール〕・ダキテーヌ、伯父のリチャード獅子心王らの墓が納められていた。大陸におけるイングランド王の代表は王弟コンウォール伯リチャード〔ジョン欠地王の次子〕であった。一二二七年四月、フランス王とリチャードとの間で第一回の休戦が締結される。五月にはヘンリー三世はルイ九世に正式な休戦を求め、六月にそれが決定となる。その間ブランシュ・ド・カスティーユは不満をもつもっとも有力な領主の一人であるシャンパーニュ伯ティボー四世と友好関係を確保しておかねばならない。

　このようにして、ルイ九世の治世が六カ月を過ぎた一二二七年の夏に差しかかる頃には、少年王の王国における立場はより固められたようにみえる。

　だが、すぐにすべてが揺さぶられることになる。ジョワンヴィルが少年王の苦悩を私たちに生き生きと伝えてくれる。王は子供であり、母も「異国の女性」であって「フランスには親族も友人もいなかった」(2)。無視できない数の諸侯がコルベイユに集まり、子供の王を奪おうと決める。だが王を捕虜にしたり、ひどい扱いをしようとしたのではない。ましてや王座から追放しようとしたのではない。諸侯が望んだのは、年少の王を母親や補佐役たちから引き離し、人質にして王の名によって統治し、王の権力や土地や富を簒奪することであった。彼らは二人の威信高き人物を頭としたが、この二人も拒まなかった。すなわち、彼らは、自分たちの企てを王家の正当な後継者とも考えられる人物の存在によって覆い隠すために、ブーローニュ伯フィリップ・ユルペル「逆毛」——彼は悪意もないが頭は空っぽの人間で、無気力になすがままにされる——を、そして戦争を有利に進めるためには、フランス王の家臣のうちでもっとも強力であるがもっとも忠誠心のないブルターニュ公ピエール・モークレールを、それぞれ前面に押し立てたのである。後者は、ドルー家系に連なり、家系間の連帯意識のからくりによって、ルイとその母親に対する反乱においてもっとも重要な役割を果たすことになる。一方子供の王は、態度をはっきりさせていないフランス西部の諸侯たちと取り引きするためにその母とともにヴァンドームに赴き、帰路は、オルレアンを経由し、ついでユーグ・カペー以来カペー王領の一大動脈であるオルレアン＝パリ街道を通ってパリへと戻る。モンレリ〔パリ南方約二五キロの地点〕に至り、王はコルベイユに集まった反抗の諸侯たちの軍団に近づき、行く手をさえぎられる。そこで、ジョワンヴィルが「この重大な危機にあたり、王は神の助けを得た」と私たちに語る場面となる。ジョワンヴィルの語り口によって、私たちは初めて一三歳の少年王が話すのを聞くことになる。聖ルイについての直接の記憶が、私たちに遺されたままの姿で、ここに始まるのである。

　そして聖なる王は私に語った、モンレリにいた王も王太后も、パリの住民たちが武装して二人を迎えに来るまでは、あえてパリに戻ろうとしなかったと。さらに語った、モンレリからパリに至る道筋には武器をたずさえる者や武器をもたぬ者たちが満ちあふれていて、そのことごとくの者たちがわれらが主に対して大声上げて訴えていた、王に良き永き命を与えたまえ、王をその敵どもから防ぎ、護りたまえと(3)。

王に対する王国民の忠誠心が動きはじめたのである。

　そのとき、新たなる思い出のいくつかが子供の王の記憶に刻まれる。列席者も少ない聖別をおこなった寒々としたランスへの旅のあとに、今度は反乱軍を前にしてパリ住民の忠誠心に守られたモンレリからパリへの熱き感動の旅、その思い出は、王国民への信頼と愛情に応えるべき王の義務についてルイ九世の想いを強固にすることになる。贈与と返礼が支配するこの世界において、少年王は、こうした互酬性のシステムは単に家臣たちという上級レベルだけではなく（ここでは忠誠関係は必ずしもいつも期待できるわけではない）、民衆レヴェルにおいても機能するという事実を、肝に銘じて生きた。神が王を助けた。だがブランシュとその補佐役たちは、まずみずからを助けることによって神の助けを呼び寄せたのである。少年王の名において、彼らはパリの住民や王領のその他の都市の住民たちに対して忠誠と支持を求める親書を送った。ブーヴィーヌの思い出が働いたのだろうか。あの戦闘の折にはフィリップ・オーギュストはコミューン都市《コミューヌ》から歩兵を招集し、彼らは勇敢に戦った。そしてパリへの凱旋の帰還の道では、ルイ九世の祖父は民衆の歓呼を聞いたのである。このような民衆と王との交感の時はいくたびか、フランスの歴史には存在する。

　しかしながら少年王は、その母と補佐役たちが注目した重要な二つの点において恩恵を受けたのである。釈放されたフランドル伯フェルランドが王に対して大いなる忠臣としてとどまったこと、そして和解を求めたシャンパーニュ伯ティボー四世がもはやその死の日まで変わることのない王への援助の態度を示したことである。

だが、ルイ九世の治世の二年目の一二二八年に、諸侯の同盟がさらに強固な形でふたたび形成されるのを見ることになる。この同盟はフィリップ・ユルペルに支えられ、その中心人物はアンゲラン・ド・クーシーであったと思われる。彼らは直接王や後見役の王太后に非難の的を向けることはせず、二人をもっとも強力に支持する者、今やティボー・ド・シャンパーニュであるが、彼に的をしぼる。非難のキャンペーンは誹謗文書《パンフレ》の矢玉で始まる。ほとんどの誹謗はブランシュ・ド・カスティーユに対する軽蔑のあるいは率直に侮蔑さえ加える逸話の形をとって、書かれたもの、およびとりわけ口伝いによって広まった。私にはそうみえるのだが、このような宣伝工作が前提として想定しているものこそは、王国の事件や統治者たちの行動に対する、自然に生まれたものであれ人為的であれ、世論の、公開の意思表示の、民衆の集団的な判断の最初の出現である。こうしたフランスの世論はまた、のちに見るように歌によっても示される。歌で表わされる世論は、ルイ九世の孫フィリップ端麗王の治世である一三世紀末および一四世紀初頭に至って、舞台の前面に出てくる。しかし、ルイ九世の行動を理解するためには、フランスの世論が彼の治世下に示されはじめたと想定することに無関心ではいられない。

摂政である王太后に対してどんなことを咎めているのだろうか。出身のカスティリアの両親のために王国の国庫を空にしたこと、年少の王をうまく支配し統御するために王の結婚を遅らせたこと、さらには、品行について、悪い素行をしていたという伝統的な攻撃がある。たとえば王太后は教皇使節であるローマノ・フランジパーニ、つまりサン＝タンジェロのロマーノの愛人であったと、つぎつぎに非難されている。彼女は、教皇権やローマ教会と王権との関係のため、また夫であったルイ八世が大きな役割を果たしたアルビ派異端に対する十字軍の遂行のために、サン＝タンジェロのロマーノを頼りにしていたのである。素行の非難は、ついで彼女を、シャンパーニュ伯で熱心な同盟者であるティボー四世の愛人にする。偉大なる宮廷風恋愛詩人《クルトワ》のティボー四世は、ある貴婦人を詩に歌っているが、その貴婦人に王太后ブランシュの姿がみられるというのである。歴史家の目をブランシュ・ド・カスティユの臥戸《ふしど》に導くようないかなる史料も見当たらないが、しかし時代や人物と学問的に親密であるということに支えられた歴史家の直観――時には歴史家にはそれが必要である――を信用するならば、そこには、私もそう考えているように、まぎれのない誹謗しかなかったと、歴史家は考えるだろう。さらに加えれば、誹謗家たちの企みは愚かではなかった。というのは中世にあっては女性は危険な存在であり、男を誘惑でき、イヴの末裔として振る舞うことができるかぎり、その女性は監視され、見張られねばならないからである。しかし寡婦はもはや性的関係をもてず、子供も産めないので、その性格によっては、男になることもできる。聖ルイの聖人伝作者たちがブランシュについていっているのは、そのことである。誹謗する者たちは彼女のことをまだ性欲もあり淫乱な女という立場に当てはめようとする。つまり尊敬にも権力にも価しない、偽りの寡婦、ふさわしくない後見役にしたいのである。ここで興味を引くこと、それは、くり返すことになるが、彼らの誹謗について聞く耳をもった者がいたと思われることである。聞く耳といったが、それは宮廷や人の集まりでの口伝えの打ち明け話の折や、領主や聖職者たちが交わすお喋りでの人間一人一人の耳ではない。いえるとすれば、集団的な耳である。後世に向けられた年代記作者による長命なことばではなく、誹謗文書の短命なことばで書かれた話によって情報に通じている者たちが作る情報網の、情報が緊密な結びつきのなかで直ちに広がるようにと生まれた情報網のメンバーたちの耳である。これら中世の情報産業の者《メディア人》たちとは、説教修道士とならび遍歴楽人《メネストレル》、それにパリの学生たちが形作ったと思われる陰口好きな世界の連中のことで、これらが、王太后に対してとりわけ辛辣であった。ブランシュは自分が妊娠していないことを示すため皆の前で衣装を脱いだと、のちにメネストレル・ド・ランスは語ることになるだろう[4]。

王権にとって幸いなことに、諸侯たちは態度が変わりやすく（家臣の権利と義務とからみ合う封建制度の働きによるものである）、また王権は――たしかにその王権は子供と女性に代表されるものであったが――畏怖されていた。諸侯の祖先もやはり初期の弱体なカペー家の王たちによって強い感銘を受けていたのである。感情が変わりやすいこうした情動的な領主階級にあっては、家臣の利害関係や気まぐれよって家臣が主君に対して負う忠誠は、実際には複雑な関係のもとでしか実行されないので、王の忠臣が突如として逆臣に、あるいは逆に反乱者が王への恭順に戻ることもありえたのである。いったん王に恭順を示せば、彼らは、封建的な心性のもとに、王や王権の根本的な威光を改めて見い出すことになった。

ジョワンヴィルは、「この危機において王が神の助けを与えられなかったなら、ブルターニュ伯は王太后と王を打ち負かしていたであろうと、多くの者がいっている」と書き記しているが、これは、神の摂理に対する畏敬をもって解釈すれば、ピエール・モークレールは王を、いいかえれば王権を、さらにいいかえれば、実際には一三世紀のフランス人にとって神聖にして聖なる制度を恐れていたということである。

しかしながら、軍事的な展開に助けを求める必要はあった。そこで一二三〇年、一六歳に満たぬ若き王は三つの戦場で国王軍の指揮をとる。二つはフランス西部におけるブルターニュ伯とその共犯者たちに対する戦い、あとの一つは東部、シャンパーニュ地方に対処するもので、シャンパーニュ伯をその敵から守るためであった。王が家臣たちを軍役に招集したとき、家臣たちは決断を迫られた。家臣たちの軍役はいくつかの時期（ほとんどは春であった）に、慣習によって定められた期間務めねばならなかった。王の招集を拒否すること、つまり国王軍を離脱することは、重大な不服従の行為であった。そうした行為があれば、王はその反抗の家臣を保護する義務を解かれ、反抗の家臣は王からの報復にさらされた。

ピエール・モークレールは、ゆさぶりの策をとり、一二二九年一〇月にイングランド王に臣従礼を捧げ、フランス王の招集に応じて一二月末にムランへ行くのを拒否する。そこでルイ九世は、モークレールに対して国王軍を差し向けた。その時シャンパーニュ伯は別として、諸侯たちは臣下の義務に従わず、ごくわずかな分担の兵力しか送らなかった。つまりシャンパーニュ伯が国王軍に勝利をもたらすことになる。一月の戦闘は、一二二七年にピエール・モークレールに譲渡されていたアンジュー地方における城壁などの防備施設を備えた場所《プラス・フォルト》であるアンジェ、ボージェ、ボーフォールを取り戻し、さらにはベレームの占拠という戦果を挙げた。ブルターニュ伯はイングランド王に訴えたので、ヘンリー三世はサン＝マロに上陸してきた。しかしイングランド王はあえて交戦をする様子もなく、ナントに閉じこもり、戦いは仕掛けない。ルイ九世は軍を新たに招集し直して、軍の指揮をとる。国王軍は、ラ・マルシュ伯ユーグ・ド・リュジニャンの助力で一度だけクリソンを占拠し、アンスニ攻略にまで行く。アヴランシュ近くのラ・エ＝ペネルの城は反逆領主の首謀者の一人であるフーク・ペネルのものであるが、ラ・エ＝ペネルは占拠され、破壊される。そして封は没収され、王によって反逆領主の弟に与えられた。しかし諸侯たちは、予告していたように、シャンパーニュ伯に敵対するため国王軍を去る。その間ブルターニュ伯とイングランド王はそれぞれの陣地に留まっていた。ルイ九世は、一二三一年の春に西部地方においても新たなる戦闘を開かねばならなかったので、一二三一年六月にサン＝トーバン＝デュ＝コルミエで三年間の休戦をピエール・モークレールに受け入れさせた。

こうしている間に、ルイ九世は、この紛争においては忠実な同盟者であるフェルランド・ド・フランドルの助力――フェルランドはフィリップ・ユルペルを抑え込んでいた――を受けて、シャンパーニュに陣を敷いた。シャンパーニュ伯ティボー四世に敵対する諸侯はあえて王に戦いを仕掛けることなく、その敵対行為をやめてしまった。

しかしながらフランス王権は、かってのルイ八世の短い治世下（一二二三～二六）にやっと厳しく介入しはじめたばかりの地域である南仏オック語地方《ミディ・オクシタン》で、大きな成功をかち取った。一二二九年、王の政府はアルビジョワ十字軍を終結させ、さらに不屈で物議を醸すトゥールーズ伯レーモン七世（一一九七～一二四九）と和平を結ぶことに成功する。レーモン七世は、父親レーモン六世（一一五六～一二二二）が戦った南フランスへの北フランスの十字軍や王権の浸透に対する戦いの忠実な継承者であった。ブランシュ・ド・カスティーユに対してだけでなく、とりわけフランス王権に対しても献身を示していた教皇使節サン＝タンジェロのロマーノ枢機卿の巧みな指導によって、アルビジョワ十字軍は、ルイ八世の死去のあと、名誉には欠けるが効果を挙げる焦土策を用いた。十字軍は畑や収穫を荒らし、レーモン七世の所有地の、とくにトゥールーズ地方における経済生活を阻害した。そこでレーモン七世は王の政府と和平を結ぶことを受け入れざるをえなくなった。王の政府はそこでも妥協の交渉をした。和平交渉はサンスで開始され、ついでサンリスへ移され、最終的には仲介役を果たしたシャンパーニュ伯が所有するモーに移された。この紛争では若き王はその軍事作戦には参加しなかったので、この十字軍の総決算に対して王がどのように参与したのかは、私たちにはわからない。

和平条約は一二二九年四月一一日にモーで誓約のうえ締結され、すぐさまパリで王がこれを確認した。レーモンはその所有地の最大の部分を、つまりトゥールーズ、カオール、アジャンの司教区およびタルン川の南に広がるアルビジョワ南部地域にある所有地のすべてを取り戻すことになった。ただしミルポワは除外され、それはギー・ド・レヴィスに与えられた。フランス王は都市アルビを含むアルビジョワ北部地域を受けとった。教皇はトゥールーズ伯を歴代掌握していたサン＝ジル家がローヌ河の東部、すなわちアルル王国内に所有していた土地を獲得した。レーモン七世の唯一の子供であるジャンヌはフランス王の弟の一人と結婚することになり、その嫁資としてトゥールーズの都市とその住民を王弟にもたらすことになる。[5] 一人っ子のジャンヌは、父のレーモン七世が他に子供を遺さずに死去した場合は、父親の他の土地も相続することになる。王は保証として七つの城を受けとったが、そのなかにはトゥールーズの城砦、ナルボンヌ城が含まれる。

レーモン七世は、異端根絶のために大学をトゥールーズに創設すること、および十字軍遠征に出立することを約束した。ルーヴル城砦に人質として逗留させられたレーモンは、四月一三日に教会および王権と和解した。レーモンは贖罪者の装いをし、シャツ姿で首に縄を巻いて、パリのノートル＝ダム司教座教会において教皇特使の枢機卿のもとに刑としての謝罪告白をし、ついで同じ日にルイ九世に対して忠誠優先の臣従礼《オマージュ＝リージュ》を誓った（他のすべての臣従礼を排除する、あるいは少なくとも他のすべての臣従礼に優先するものである）。三年前に騎士に叙任されたばかりの一五歳の若き王は、ついで三二歳の臣下レーモンに騎士叙任をおこなう。これと引き換えにルエルグの領主領をレーモンに返してやる。

若き王の記憶に刻まれたのは、それらに付随するその他のイメージであった。異端あるいは異端支持の屈辱が屈辱的で畏怖の念を起こさせる儀式によって清められたこと。彼の「首都」の大聖堂において、臣従礼と騎士叙任という象徴的で印象に残る儀式によって、王の最高封主権《シュズレヌテ》が盛大に行使されたこと。十全の栄光に包まれた封建的な王が存在すること。そしておそらくは、伯の十字軍参加の約束が引き起こした夢、すなわちすべての罪が最終的に清められる海外とエルサレムへの旅のイメージである。

いずれにしても、ジャンヌ・ド・トゥールーズとアルフォンス・ド・ポワティエの結婚によって南仏オック語地方《オクシタニア》がフランス王の直領地に――五〇年も経たぬうちに――包括されることになる。それを立役者たちが一二二九年の時点で予見することは不可能としても、これは魅惑的であるとともに恐るべき地域であった南フランスへ、カペー家の王権が一挙に入り込んだことを意味した。事実これまでは、この地方の誘惑に惹きつけられても、多くの紛争に巻き込まれて、最後はいつも失望に終わっていたのである。ルイ九世こそは、北　仏《セプタントリオナル》と南　仏《メリディオナル》というフランス王国のきわめて対照的な両半分を実際的に統治した最初のフランス王である。フランス王国への実質的な従属という形で王国空間を大拡張することは、すでに西部地方では祖父が実現したものであるが、ルイ九世は南部地方においてこの王国空間に目覚ましい新たなる拡張を付け加える。この件には実際に、モー＝パリ条約の諸条項、およびその結果生じたことに、同年一二二九年九月に締結されたムラン条約の諸条項を加えねばならない。ムラン条約とは、南フランスのもう一人の反抗者であるベジエとナルボンヌの副伯レーモン・トランカヴェルとの間に締結されたものである。この条約でもつぎのような妥協がみられる。トランカヴェルはベジエを保持するが、カルカソンヌは王に譲渡するとなっている。一二二六年にルイ八世がコミューン都市アヴィニョンから獲得したボーケールとこの副伯領は、トランカヴェルのいとこであるベルナール・アトンがシモン・ド・モンフォールに譲渡していたニームおよびアグドのそれぞれの副伯領（ただしシモンの後継者である息子のアモーリーは同じ一二二九年に、南フランスにおける彼の諸権利と土地のすべてをフランス王に譲渡したことを確認したばかりである）とともに、新しく二つのセネシャル管区（南フランスではバイイ管区をこのように呼ぶ）、すなわちボーケールおよびカルカソンヌ管区を構成することになる。これによって史上初めて、フランス王国の領地が地中海にまで達する（狭隘な前線を伝ってであるが、いずれにせよ大きなことである）。サン＝ジルは、一二世紀には非常に活気ある港であったが、今や自由海域にないため、完全に没落してしまう。聖ルイはまもなく地中海に面した王の港を建設することを決心することになる。それがエーグ＝モルトである。十字軍の夢が物質的な面での踏み台を手に入れることになるのである。聖ルイは、十字軍への出発が異国の土地ではなく自分の土地からできるようになる最初のフランス王である。このように、南フランスの独自性はフラしかしたとえそうであっても、長く生き延びることになるが、ンス王権によって、好みからあるいは必要から多かれ少なかれ尊重され、長く生き延びることになるが、しかしたとえそうであっても、二つのフランスの統合は北仏の力によって実現されたものである。だが、聖ルイは南フランスの統合にはほとんど関わらなかったので、その王国の新しい半分には平凡な興味しかもたないように思われる。パリやイル＝ド＝フランスの居城から南仏を見ているこの王には、南フランスは遙かな地である。王が全幅の信頼を寄せ、ほとんどを王のそばで暮らしていた王弟のアルフォンス・ド・ポワティエがその死の日まで、南フランスの直接の支配者となるのはたしかに真実ではある。しかし、王領に直接属する東ラングドックに関しては、たしかに聖ルイは、十字軍からの帰還ののち、南フランス出身の補佐役たちのおかげで、その行政にそれまでよりも関心を抱くようになるが、それは王国の全般的な改革という枠組みにとどまる関心であり、やはりこの地方は彼にとっては本質的には、その後カペー家が管理することになる、十字軍遠征の行き帰りのための道程の一つにすぎないであろう。

聖ルイの治世の初期の数年は、一般的には困難と危機の年月であったとばかりに提示されることがもっぱらである——おそらく事実はその通りであったのだろう——が、同時にまた若き王にとっては、王権と王の個人的な威信にとって決定的な進展の年月でもあった。軍事行動の舞台や大貴族たちの集会に王が実際に登場したことにより、そしてもちろん王太后と補佐役たちの巧妙で精力的な政治のおかげで、ルイは戦士として、また君主として姿を見せることができたのである。ソワソンで騎士叙任されたばかりの若い騎士が戦闘の主導者である騎士たる王になったのである。モンレリで震え凍えた者が、その諸侯を招集し、そしてブルターニュ伯を除いて（だが、ブルターニュはその後も長くフランス王国という身体に突き刺さった痛いとげであり続けるだろう）、諸侯たちが彼のもとに馳せ参じ、服従したのである。

さらに、つぎの二つの事件が王権の発展を表わすものであることについては、十分な形では強調されてこなかった。シャンパーニュ伯と諸侯との戦いは私戦であった。ルイ九世はそれに巻き込まれることを恐れなかったために、紛争は性格を変えたのである。諸侯たちは獲物を手放さねばならなかった。王が本来私的な形で処理されるべき領域に踏み込んできたのであり、王はここでは一方の同盟者あるいは敵対者として現れているのではない。こうした戦争という重要な領域において、王的なもの、すなわちそれこそ歴史家が公的なものと呼ぶことが可能になりはじめるものを前にして、私的なものが背後に退いていくのである。

他方、一二三〇年一二月にもたれたムランの集会の折のことであるが、王は王国のすべての諸侯をムランに招集し、すべての者（もしくはほとんど全員、というのは特筆されるべき欠席者は言及されていないからである）が、王の父と祖父がユダヤ人に対しておこなった処置を確認し、延長するために集まってきた。そのとき、若き王は今日知られるかぎりの最初の「王令《オルドナンス》」（いいかえれば、君主の権威、君主権との関係で発布される最初の王文書）を公布した。それは「王国全体に対して効力をもつもの」で、単に王領に対してのみ効力をもつものではなかった。

私たちは今聖ルイの人生のなかの一二三〇年から三一年という時期に暫時とどまっているが、この短い休息によって「危機は乗り越えられた」という単純な見方をするのは控えねばならない。歴史的進展のゆるやかな時期が没落へと続かない場合には、その時期はしばしば、社会構造の深化と長期の持続に成果をもたらす力強い進歩を表わしているものである。波が低くなることこそが、次なる波の高まりを、さらに強い波の高まりを生み出すのである。もろもろの出来事によってかき立てられた海水の下に、大きなうねりの高まりが姿を見せているのである。

ルイの引き延ばされた未成年期、その時期に少年王は徐々に王の職務に由来する権利と義務をみずから引き受けていったように思われる。しかしこの時期はまたブランシュ・ド・カスティーユは、王の補佐役たちとともに——ただし陰に隠れてである、なぜなら補佐役たちのことは史料では滅多に確認されないからである——もっとも前面に現れ続けている。こうした未成年の間に、ルイ九世は身のまわりから鍵となる何人かの人物を失った。そして自分の性格と政治的行動のいくつかの特徴を示しはじめる。

フィリップ・オーギュストとルイ八世の統治時代から生き残った三人の主だった補佐役が、ルイ八世の死に際して、また新王の即位において大きな役割を果たしたが、彼らはそれぞれに前後しながらも足早に姿を消した。サンリス司教であるゲラン修道士は、一二二七年に王の印璽を返し、同年の暮れに亡くなった。王の侍従《シャンブリエ》のバルテルミー・ド・ロワが死ぬのは一二三七年であるが、少しずつ影を薄くしていったようである。ジャン・ド・ネールは時たまにしか姿を見せない。王家を支えた主要人物の一人はなおその地位にとどまっている。教会関係者の序列表では最初に掲げられる高位聖職者であるサンス大司教のゴーティエ・コルニュが、その人である。

これら老臣の死去に、王家の若き王子たちの死がともなう。ルイの二番目の弟ジャンは、一二二七年（九歳で）ブルターニュ伯の娘〔ピエール・モークレールの娘ヨランド〕と婚約をしたが、そのあとまもなく亡くなった。四番目の弟フィリップ・ダゴベールは、一二歳頃の一二三五年に亡くなった。ロベールやアルフォンスのあとまで長生きした唯一の弟シャルルは、ルイ八世の意志によって「親王領《アパナージュ》」としてメーヌとアンジューを将来受けとることになろう。これで「フランス王の息子たち」の全体はより狭められた範囲のものになった。

これらの変化とは別の人物交代が、大封地の領主たちにも起こった。もっと「政治的に影響をもたらす」人物たちの死である。一二二七年以来王とその母親を強固に支えてきたフランドル伯フェルランドが一二三三年に死去する。それに続き、その数カ月後の一二三四年一月に若き王の叔父フィリップ・ユルペルが亡くなる。「逆毛の男《エリセ》」と呼ばれたこのフィリップ・ユルペルは、栄光に包まれることも、確固たる立場を示すこともなかった。彼の死去はともかくも王家の唯一の障害を取り除くことになった。ルイの治世の開始期における反乱のもう一人の首謀者ロベール・ド・ドゥルーは、その二カ月後に亡くなる。シャンパーニュ相続の問題も王に利する形で解決された。ティボー・ド・シャンパーニュに敵対した諸侯は、軍事上の展開においては惨めな敗北を喫したが、その王家に対する陰謀に関しては好ましい結果を得た。ティボー四世は、シャンパーニュ伯位の相続を要求するキプロスの王妃でいとこのアリックスと対峙しなければならなかった。アリックスの要求は支持されうるものであった。というのも彼女はシャンパーニュ伯アンリ二世の長女であり、女性を相続から除外していたのはカペー王家に限られていたので、伯領を相続できる資格があったからである。ティボーとアリックスの紛争が激しくなり、一二三三年にアリックスがフランスに戻ってきた。この紛争は最終的には一二三四年に合意をみることになる。キプロスの王妃は、補償金として四万トゥール貨リーヴルおよび毎年二万リーヴルの年金を受けとることと引き換えに、シャンパーニュ伯領についての個人的な権利を放棄した。これは巨額なものであったので、ティボー四世がいかに富裕であっても——シャンパーニュはキリスト教世界でもっとも大きな定期市がいくつも開かれる地方であったし、また一二二三年にティボー四世は、母の弟にあたる叔父サンチョの死去によってナヴァラ王〔テオバルド一世〕になったばかりであった——彼にはその巨額な金を払う力はなかった。そこで、友人関係になっていたフランス王に訴えた。王の政府は彼のためにアリックス王妃に支払ってやる。だが、ティボー四世はその見返りとして、その封地であるブロワ、シャルトル、サンセールの伯領およびシャトーダンの副伯領を、フランス王に委ねることになった。これでフランス王国に対するシャンパーニュ伯の脅威が消えた。ブロワ＝シャンパーニュ領邦はフランス王領の心臓ともいえるイル＝ド＝フランスとオルレアネ地方を挟み込んでいたので、フランス王朝には重くのしかかる脅威だったからである。

【注】

（1）一三一六年、ルイ一〇世喧嘩王の長女で二歳の幼いジャンヌは、二つの不運を背負った。一つは女性であること、もう一つは庶子の疑惑（ネール塔事件で生まれた）、それが王座から遠ざけることになった。カペー王家は、他の大貴族から王家を区別させるために、王位継承から庶子も女性も除外したように思われる。一五世紀初め、それが未来のシャルル七世に不利に働くことになる。

（2）JOINVILLE, *Histoire de Saint Louis*, pp. 42–43.

（3）*Ibid.*, p. 44.

（4）そこには聖女伝のトポスが認められる。悪い素行と不当に非難された女子修道院長や修道女たちは、妊娠していないことを示すため衣服を脱いだ。メネストル・ド・ランスはこのトポスを王太后に対する攻撃の場面に意地悪く移し換えたのであろう。必要となれば、それは彼女の潔白が推定できる補足的な証拠となる。

（5）新教皇グレゴリウス九世はあらかじめ必要な免除を授けておいた。というのもこの未来の夫婦は三親等と四親等の近親者であったからである。【訳注】事実関係からいえば、アルフォンスの母ブランシュの母は、イングランド王ヘンリー二世の娘アリエノールで、このアリエノールの妹ジャンヌが、トゥールーズ伯レーモン六世と結婚してレーモン七世が生まれ、その娘がアルフォンスと結婚したジャンヌとなる。したがって両者の関係は、現在の数え方で六親等、中世の教会法換算で三親等となる。

パリ大学問題

側近の刷新、封建諸侯による主な脅威の終焉。イングランド問題という大きな例外はあるが、若き王の立場は危機から脱して、きわめて強固なものとなった。一二二七年から三四年の間にも、とりわけ一二三一年から三四年の間に、若き王はその性格や政治的行動の特徴のいくつかを発揮し、それらはのちに聖ルイのイメージや記憶に付け加えられた。そしてこのたびは、未来の聖ルイが明確な姿をとりはじめるのは、パリ大学、司教たち、神聖ローマ皇帝との関係において、そしてとりわけ信心行為の領域においてである。

一二二九年においてはパリ大学はまだ若い教育機関である。沸き立つ一二世紀を通して、教師たちは、しばしば束の間の命であったが、サント＝ジュヌヴィエーヴの丘にそれぞれ学校を開いた。そして世紀の変わり目頃に同職団体として組織されたパリ大学は、一三世紀の初めに、フィリップ・オーギュストから特権を、教皇からは大学規約——大学団体とは聖職者の共同体であり、キリスト教上の制度である——を受ける。聖ルイの祖父はおそらく非常に早くから、栄光と知と聖職者や俗人の「高級官僚《オー・フォンクシオネール》」を王国にもたらすことができるような高等研究の中心機関を、ほとんどフランス王の首都と呼ぶことのできるパリに創ることは、フランス王国にとって重要であると感じていた[1]。だがおそらく彼は「大学政策」はもっていなかったであろう。それはまた聖ルイの習慣的な姿勢ともなる。二人の王が大学へ干渉するのは、問題が生じた場合に公的な秩序からなされるもので、たとえパリ大学が王国に実益や威信をもたらすことを承知していても、教会による断罪が求める場合には「世俗の手《ブラ・セキュリエ》」〔教会によって有罪とされた者に対し、世俗権力である王権が刑の執行を引き受け、協力すること〕の役割を果たすものとなる。一二一九年に教皇ホノリウス三世は教書『スペル・スペクラム』によってパリ大学でローマ法を教えることを禁止したが、そこに、フランス王の介入のみを見てはならない。たしかに王は、皇帝の優位性からの独立を承認させようとやっきになっている時期に、根本的には皇帝の法であるローマ法をその首都で教えさせることは避けようと願ってはいたであろうが。そうではなくて、ここでは問題はむしろ、ローマ法の魅力が神学を背後におとしめるような事態にならないようにしたいという教皇の願望なのである。教皇としては、パリをキリスト教世界の首都にしようと望んでいたのである。ホノリウス三世はまた、これもライヴァルと考えられる医学の教育をも禁止する。そのためフランス王国は法学者《ジュリスト》を募集するのに、トゥールーズに、とりわけオルレアンにしだいに多く求めなければならなくなった。カペー王権にとってのパリ大学の重要性は、一三世紀の聖職者にあっては、きわめて強力なテーマである「学問の転移」*translatio studii* で推し量ることができるものである。古代から中世へと皇帝の権力の転移――オリエントの諸帝国からローマ帝国へ、ついでゲルマン系の神聖ローマ帝国への「皇帝の権力の転移」*translatio imperii*――があったと同じように、アテナイからローマへ、ついでパリへと知的権力の転移――「学問の転移」*translatio studii*――があった。ローマはキリスト教世界の政治的首都であり、パリはキリスト教世界の学問的首都である。こうしたことが、教育機関の現実に根をおろし、若きフランス王が継承する権力の神話となる。パリ大学を失うこと、それは王としてのルイの威信と権力の主要な土台の一つを放棄することになるだろう。また、イタリアには教皇、ドイツには皇帝、フランスには大学がある、と当時噂されていた。パリ大学の二つの中心拠点は、学芸《デ・ザール》学部と神学部である。学芸学部は、七自由科目〔トリウィウムといわれる文法、修辞、論理、クワドリウィウムといわれる算術、幾何、天文、音楽からなる七科目〕の教育による予備課程であり、新しいことにもっとも開かれ、意見と討論がもっとも活発にぶつかり合う全般的教育の場である。神学部は、知の頂点であり、新しいスコラ学構築の中心である。若い聖職者たちが集うこの集合の場は、聖職者身分の特権（税の免除、団体としてその構成員に対して裁判権を独占的に行使できる権利、あるいは教義と信仰の問題に対しては司教区裁治権にのみ従えばよいとする特権）で保護され、司祭職の責務に束縛されないので、習俗的軽犯罪――盗み、暴行、若者の暴力――あるいは単なる騒動――酩酊、放吟、馬鹿騒ぎ――が引き起こされる世界となっていた。

　この騒がしい世界は、王権や司教《エヴェック》＝尚書長《シャンスリエ》、都市民が不安な眼差しで見守るなかで騒動を起こす。城外区《フォブール》サン＝マルセルにあるサン＝マルセル教会に属するある居酒屋で学生たちの乱闘が大事になった。当時の警察であった王国の士卒《セルジャン》と射手は、秩序を回復するため手荒に振る舞い、いく人かの学生に傷を負わせ、殺してしまった。これが大学と都市民と王権との三つ巴の激しい紛争のもとになった。当時の王権はブランシュ・ド・カスティーユが実権を握っていたが、王太后は学生に対して断固とした態度を示し、彼女は一度ならず教皇使節によって支持された。講義は中止される。まさしくそれはストライキである。今日知られるかぎり西欧での初めての大規模なストライキである。ストライキには、すでに起こったことがあったように、教師や学生たちの他の都市への離脱ということが起こった。だが以前には、教師や学生たちの離脱は教育の全般的停止には結びついてはいなかった。今回の事態は、君主たちやいくつかの都市にとっては、パリの知識人エリートの本当の「頭脳の流出」brain drain を試みる機会である。ブルターニュ伯やイングランド王〔ヘンリー三世〕は最近設立されたオックスフォード大学にパリの知識人を引きつけようと努める。トゥールーズの当局はパリからの脱出者を誘い込み、レーモン七世が創立を誓ったばかりの大学を始動させるために助けを得ようと努める。彼らはトゥールーズの女たちの魅力やパリで禁止されているアリストテレスの書物を講義することの約束までも持ち出した。しかし、パリ離脱者の大部分は遠くまで行くことはなかった。彼らは生活や教育条件が自分たちに好都合なパリに戻れるよう望んでいた。生まれつつある大学権力にはパリに集まるあらゆる権力から糧を得ることが必要である。大方の大学人はひとまずアンジェに、とりわけオルレアンに移り、そこに留まった。

けれどもこの騒動が鎮静するには二年を要することになる。大学と王権の双方が互いにその主張に固執した。固執したものはどちらの側にとっても大きなものであった。大学にとっては、その独立と裁判の特権である。王権にとっては、パリに公的秩序を支配させるためにその権威と権利が重要である。紛争の鎮静はまず教皇グレゴリウス九世の仲介によってもたらされた。教皇の心づもりは、皇帝に直接服従する領土以外で教会が神学の大中心地を自由にできることであった。教皇は交渉を押し進め、パリ司教と教皇使節とブランシュ・ド・カスティーユに対して、その決定に異議を唱えないように命じた。

しかし、ブランシュ・ド・カスティーユが長く固執したのちに、ルイ九世が個人的な形で介入し、王権が教皇の要求に好意的に応じ、必要な譲歩をおこなったように思われる。祖父を辱めぬ孫として、ルイ九世は、大学がフランス王権にとってどのような意味で重要な賭け金であるかを、ブランシュ・ド・カスティーユよりもよく理解していたのであろうか。ギヨーム・ド・ナンジは、一三世紀末のフランス王権の態度を、おそらく過去を回顧する形で一二三〇年に移して、この歴史への炯眼をはっきり明言して、若き王に帰しているのである。彼は完全なやり方で、パリ大学とフランス王国との関係というイデオロギーを提示しているのであるが、それを示すつぎのテクストは、おそらくサン＝ドニの一修道士の考えを示すものにすぎないとしても、私が仮定するところでは、実際に起こったことと若き聖ルイの動機とを語ってくれている。

この同じ年［一二二九］に、パリで聖職者と都市民との間に大いなる対立が生じた。そして都市民たちはいく人かの聖職者を殺してしまった。それが原因となり、大学の者たちはパリを出て、さまざまな地方へと行ってしまった。知能 *sens* と知恵 *sapience* の貴重なる宝が得られ、宝よりも価値のある文芸と哲学の研究がパリでは止まってしまったこと、そしてギリシアからローマへと伝えられ、フランスには騎士道の称号とともにもたらされた文芸と哲学の研究が、パリを去ってしまったこと、それを王が知ったとき、優しく敬虔なる王は、かくも偉大でかくも豊かな宝がその王国から遠ざかるのではないかと、深く心配され、大きな恐れを抱いた。なぜならば救済の豊かさは知能と知恵に満ちているものであり、また主が彼に対して「お前が自分の王国から学問を投げ出し、遠ざけたからには、お前は自分を私から遠ざけてしまったと、知るがよい」と咎められることを欲しなかったからである。王は直ちに教師・学生たちと都市民に命じた。そして、都市民が聖職者に対して犯した悪行について聖職者に償うようにと、きわめて賢明に振る舞われた。王はそれを特別な思いでおこなったのである。なぜなら知恵はきわめて貴重な宝石であり、文芸と哲学の研究は何よりもまずギリシアからローマへ、そしてローマからフランスへと、フランスで信仰を説いた聖ドニ［ディオニシウス］に従って、騎士道の称号とともにもたらされたからである[2]［…］。

このサン＝ドニの歴史編纂者は、信仰と騎士道とともに知恵を、いわばフランス王権の三つの百合の花を三種のシンボルとすることによって、パリ大学を王の象徴のなかに組み入れている。たしかに、このサン＝ドニの修道士は知の貯蔵という観念をもっており、それは知の教育と普及という大学で教えた在俗の教師や托鉢修道士たちがもっていた観念に比べるとまったく古風なものであるが、彼がいかに巧みに聖ディオニシウス(訳1)やその修道院を「学問の転移」という草創神話に組み入れているか、その様がみられるのである。ここで把握できるものこそ、サン＝ドニと王権、つまりサン＝ドニとパリというカップルによって作られたフランス「国民」神話の生成過程なのである。

王は、王の士卒が学生たちに加えた暴力に対して罰金を払い、大学の特権を刷新し、学生の下宿賃貸として定められた料金をパリの家主に守らせることを約束し、この処置が遵守されるよう監視するために教師二人と都市民二人からなる委員会を作った。また都市民に対して学生を殺害したことや暴力を振るったことの弁償をするように義務づけ、さらに彼らおよびパリ司教、サント＝ジュヌヴィエーヴの参事会長、サン＝ジェルマン＝デ＝プレの修道院長、ならびにサン＝マルセル参事会教会《シャピートル》の参事会員たちに対して、今後大学の構成員に危害を加えないことを誓約させた。

教皇は、アンジェやオルレアンに避難した学生たちがパリを離れている間に得た学位《ディプローム》について、彼らがパリに戻るという条件で、有効なものと認めた。また教師や学生が殺され、その後二週間のうちに殺人者が償いをしなかった場合には、教師と学生にストライキする権利を認めた。一二三一年四月の教書『パレンス・スキエンティアルム』はパリ大学の「憲章《シャルト》」と呼ばれたものであるが、この教書によって、教皇グレゴリウス九世は大学に対してその自治と特権を決定的に保証した。これは大学の「大憲章《グラン・シャルト》」というべきものであるが、イングランドの「大憲章《マグナ・カルタ》」とは反対に、王権に抗するものではなく、王権の役に立ちうるものであった。若きルイ九世はそれを認識できる能力を備えていた。

【注】

（1）J. VERGER, «Des écoles à l'Université», art. cité（六七頁注2に既掲）, p. 842 によれば、フィリップ・オーギュストの治世の一二〇〇年から一二二〇年の間にパリ大学で育成された教師が上級聖職者や官職者《オフィス》のなかで増加するのは、やっと聖ルイの治世になってからにすぎない。

（2）*Recueil des histoires des Gaules et de la France*, t. XX, pp. 519–521 に収録されている *Vie de Saint Louis* de GUILLAUME DE NANGIS の古フランス語版の翻案である。

【訳注】

（1）原文では「サン＝ドニ」Saint-Denis と「修道院」を示す語が使われているが、文脈上から、Saint Denis「聖ディオニシウス」と訂正した。

ルイと皇帝フリードリヒ二世

もう一つ別の重要な分野、それはフランス王と神聖ローマ皇帝との関係であるが、この分野でも、人は同じように若き王の早熟した個性が発揮されたことを感じる。

カペー家の歴代王は、長い間ずっと、たとえユーグ・カペーがそのオットー家との血縁関係を利用したことがあったとしても、カペー王家が皇帝に対して一切の従属関係からまぬがれるように努めてきた。その努力は、一一二四年のルイ六世のように時おり華々しいこともあったが〔ルイ六世の宿敵であったイングランド王の甥で同盟者の皇帝ハインリヒ五世がシャンパーニュに侵攻したとき、サン＝ドニの旗を押し立てたルイ六世は全家臣の加勢を得て、戦わずして、皇帝を退却させた〕、ほとんどいつも控えめであった。カペー家の歴代王はまた、一二世紀から一四世紀にかけていく度もくり返して教皇と皇帝が対立した激しい紛争を利用する術を知っていた。

聖ルイはこの方針を押し進め、成功しなかったわけではなかった。彼は同時に、皇帝の尊厳を尊重する努力もしている。彼はみずからを教皇と皇帝という二人の指導者をもつキリスト教世界という集団の成員であると感じていたのである。教皇は霊的なるものの師であり、皇帝はドイツの神聖ローマ帝国を超えて特別な畏敬を受ける権利があった。しかし、あらゆる世俗的なるものについては、教会（教皇あるいは司教たち）も皇帝も、フランス王国においては法的な権利や権力をもたなかった。こうした考え方は、聖ルイにあっては、つぎのような欲求としっかりと結ばれていた。すなわち可能ならば、道徳的領域において、双頭のキリスト教世界の象徴的な統一を守るために、教皇と皇帝との間で平等なバランスを保ちたいと望んでいたのである。聖ルイは、成熟し、ついで老いるにつれて、ますます正義と平和を求めるようになるが、それにしたがって、教皇と皇帝の間の紛争においても彼の行動は、両者に対して公平であり、和解に導きたいという大きく高まりゆく希望に鼓舞されることになる。

一三世紀の政治のもっとも偉大な二人の指導者であるフリードリヒ二世と聖ルイは、互いにきわめて異なり、鋭く敵対さえするものであるが、彼らの間には、遠くから、ある種の共感があったように思われる。フリードリヒ二世はその帝国の夢のことしか、聖ルイはその終末論的な夢のことしか頭にないが、しかし二人のどちらも、一人は人間的な英雄としてのあらゆる手段によって、もう一人はキリスト教的な英雄のあらゆる方法によって、エルサレムにヨーロッパの東の端を置くというキリスト教世界の全体像を共有している。

フリードリヒ二世に向けられた一二三一年のフランスの主導的行動は、フランスの若き王の個人としての特徴をもっていたように思われる。なぜならルイはそこでもまた、王太后やその補佐役たちに対して政治的な距離をとりはじめていたからである。五月と六月に、ルイはフリードリヒとその息子で「ローマ人の王」(訳1)であるハインリヒと「条約」を更新した。ホーエンシュタウフェン家はルイに対してイングランド王の反フランスの企てを監視すること、そして帝国の家臣とフランス王の家臣の間で私戦は許さないことを約束した。フリードリヒ二世は、フリウリ〔一〇世紀にオットー一世によって神聖ローマ帝国領になったイタリアの地方〕でドイツ諸侯の会議を主宰した時に、この合意事項を正式に認めた。皇帝はルイを兄弟として扱い、二人の君主は通常家臣が主君にする忠誠と援助の約束を相互に取り交わした。

【訳注】

(1)「ローマ人の王」と神聖ローマ皇帝あるいはドイツ王との関係については、第四章三〇七頁および三一〇頁の訳注を参照されたい。

司教たちとの紛争――ボーヴェ問題

別種の諸問題においても、若き王はもっとはっきりした姿で舞台の前面に現れる。そこでは端役でもなく、決められたことをただ果たすだけの者でもない。問題は司教たちとの裁判権の争いである。司教たちは、厳密な意味での教会に関するそして霊的な権力、さらにはこれに多かれ少なかれしばしば合体してしまった権力とならんで、世俗権とくに裁判権を自由にしていた。彼らは、裁判権は領主という彼らの資格から、あるいは司教の職能から生じると主張していた。一二三〇年代、王権はそのことでいくつかの問題を、たとえばルーアンやランスの大司教との間で問題を起こした。しかしもっとも重大で長期にわたった問題はボーヴェ〔北仏オワーズ県都〕司教に関わるものである[1]。

この問題は、王をある人物と対立させたが、この人物は本来王の好意を得て当然の人物であった。ミロン・ド・ナントゥイユである。一二一七年にボーヴェ司教に選ばれ、一二二二年に教皇ホノリウス三世によってローマで聖別された人物で、かってはフィリップ・オーギュストの十字軍遠征に同行し、捕因の身になったこともある仲間であり、またルイ八世の側近として、アルビジョワ十字軍に随行し、モンパンシエで死の病いにあった王に立ち会ったこともあった。

この紛争は三つ巴のもので、都市民からなる都市当局《コミューヌ・ブルジョワーズ》と、伯でもあった司教、および王の争いになった。都市民は二つの階層に分かれていた。二一の職業を代表する「民衆」*populares* と両替商のみからなる「名望家」*majores* である。両替商は、司教が造幣権をもっていたので、権力もあり数も多かった。フィリップ・オーギュストと都市当局との合意によって、市長の選出は「民衆」が任命する六人と「名望家」の任命の六人からなる一二名の同位者に委ねられ、二つのグループがそれぞれの候補者を指名し、司教がそのどちらかを市長に選ぶことになっていた。一二三二年は、この合意事項が機能できなかった。王は、「名望家」が多くの不正、とりわけ税に関する不正をおこなって都市を牛耳っていることを申し立て——これはこののちに他の場所でもくり返されることになる——、派閥から中立とみなされる他所者を呼ぶというイタリアの都市国家《コムーネ》のやり方で、サンリスの一都市民を市長に指名した。ボーヴェの住民たちはこの闖入者に反抗し、騒動は何人かの死者を出した。

ブレール〔北仏の現在のソンヌ県都アミアンの東方の小町〕で王と王太后と司教ミロンが会談したとき、司教は、王に対してこの問題に取り組まないよう求めた。司教の考えでは、これは王の裁判権ではなく司教の裁判権に関わるものだったからである。しかし王は、彼みずからボーヴェに赴き問題を解決するつもりであると、司教に答え、きつい語調で「そなたはこれから私がどうするかを見ておればよい」といい渡した。ルイ九世がみずから取り仕切った処置は目を見張らせるものであった。かなりの数の住民を逮捕させると、とりあえず都市当局の会議場《アル》を牢獄として、そこに閉じ込めたのち、つぎに彼らを入れるための新しい牢獄を作った。さらに事件にもっとも深く関わった都市民の一五の屋敷をものものしく打ち壊し、ある史料によれば、一五〇〇人余りの者にパリに居を移すよう命じた。ルイ九世とその一行はボーヴェに四日間留まった。フィリップ・オーギュストと取り交わされた合意以来、ボーヴェ司教は毎年王にパリ貨一〇〇〇リーヴルを納めていたが、それは王の逗留権、すなわち王の滞在中、王とその一行の滞在費用を支払う義務を、金銭に置き換えたものであった。王は今度の滞在が異例であるという口実のもとに、逗留権として八〇〇リーヴルを司教に要求した。司教は、ことの意外に愕然として、支払いの延期を求めた。王は直ちに司教の世俗財産《タンポレル》、つまり司教の宗教的職能に結びつく財産以外の収入源を差し押さえさせた。たとえば司教のブドウ酒は貯蔵庫から押収され、広場で公売された。この処置にはおそらく動機として、王がその権利を擁護する断固たる決意を強烈に示そうとした意志があったのであろう。

　そこで、司教は王に対しての抵抗を組織し、上司にあたるランス大司教や管区の司教たち、それに教皇にさえ訴えた。すべての者が王に反対することを受け入れた。司教は聖務停止を投げかけた。つまり司教区での秘蹟の授与を中断したのである。司教たちの会議《コンシル》あるいはむしろ複数の大司教管区会議《シノドス》が、王の態度を断罪した。教皇グレゴリウス九世は王を屈伏させるために相ついで書簡を送り、王太后ブランシュにさえ、息子に影響力を使うようにと書簡を書いた。紛争はミロン・ド・ナントュイユの死後（一二三四年九月）ランスの大司教管区にまで拡大した。ランスでは、王の支持を利用できると考えた都市民たちが大司教に反乱を起こした。一二三五年四月、教皇はサン＝トメールの教会参事会長《プレヴォ》であったピエール・ド・コルミューを調停者に任命した。彼はつぎの年にはルーアン大司教に叙せられようとしていた。しかしいずれも王を動揺させることはなかった。聖ルイは、高位聖職者たちへの回答として、一二三五年九月にサン＝ドニでフランスの全貴族を集める会議を開き、教皇に宛てた書簡に署名させた。教皇宛の書簡は、司教たちのおしなべての主張に、とくにランス大司教とボーヴェ司教の主張に対して抗議するもので、司教の世俗財産は、世俗の、王の、領主の裁判権にのみ従属することを宣言するものであった。これに対して教皇は激しく抗議し、前教皇ホノリウス三世の時代の前例を喚起して、王に破門の脅しをかけた。聖ルイは譲歩せず、軽率に口にされた破門や聖務停止の無効についていく度もくりかえして主張した。

けれどもこの問題は、結局は、おだやかにゆっくりと鎮静化することになる。もっと協調的な新しい司教が一二三八年に選ばれた。グレゴリウス九世（一二四一没）とつぎのインノケンティウス四世（一二四三年に選出）の二人の教皇は、皇帝フリードリヒ二世との鋭い衝突にとらわれて、しだいにフランス王に気を配るようになった。とりわけ教会の世俗財産に対する王の権利には気を遣った。司教区裁判所に対する王の裁判所の優越については、一二四〇年になるともはや異議を立てられることがなくなった。[2]

この事件は王国の制度の進展に光明を投げかけるものであり、聖ルイの行動を理解させてくれる。王の教皇と教会に対する尊重は、世俗的権利に関しては王権を放棄するまでにはいかない。これは、いずれにせよ、伝統への回帰である以上に、王権の発展なのである。ボーヴェとランスの問題は、またその問題から生まれた文書や宣言は、七〇年後に聖ルイの孫のフィリップ端麗王と教皇ボニファティウス八世とを敵対させる紛争の予告――発端？――である。教皇は一二三六年三月二二日の書簡に書いている。「ボーヴェの教会に対しておこなわれた過ちとは、〝ガリアの〟［つまりフランスの］全教会、および教会全体に対しておこなわれた過ちなのである」。聖ルイは、王と王国の諸権利がかかっている時には、不屈の、さらには融通の利かない姿を見せるとしても、それはこのいともキリスト教的な一八歳の王がすでに、王の裁判権に対する教皇や司教たちの侵害には弱みを見せていないということである。王の裁判権は、発展途上にあったが、破門や聖務停止に関する教会の濫用には断固とした態度を示したのである[3]。とりわけ明らかにされること、それは、聖ルイの性格や政治を超えて、抑えがたい展開が、王の裁判権がもつ特典の強化や、国家のますますしっかりとした確立へと向けて、勝利をおさめていくことである。

【注】

（1）これはオデット・ポンタルのつぎの興味ある論文の対象であった。Odette PONTAL, «Le différend entre Louis IX et les évêques de Beauvais et ses incidences sur les conciles (1232–1248)», *Bibliothèque de l'École des chartes*, 123, 1965, pp. 7–34.

（2）しかしながら、王の逗留権を定めたフランス王とボーヴェ司教との合意は、ルイ九世が十字軍に出立する前夜の一二四八年六月になってやっと実効を見たのである。

（3）ジョワンヴィルによれば、王はすぐに王国の司教会議において断固たる姿勢を示した。二〇世紀で考えうることとは逆に、その場合の聖ルイにとっては、霊的なことに関わるあらゆることについて教会を大いに尊重しようとするその意志と、世俗的な面についてのその断固たる態度との間にはまったく矛盾はないのである。

敬虔なる王——ロワイヨーモンの創建

未来の聖ルイを予告するもう一つ別の性格と行動の特徴が、王が一五歳から二〇歳にかけての一二二九年から三四年に示されることになる。すなわち彼が敬虔なる王であることである。

父王ルイ八世は遺言書で、王家と特別な結びつきをもち、どこよりも王家のために祈りを捧げてくれることになる修道院をパリの近くに創建するために巨額な金銭を遺した。この意図には修道制と王権との間の古くからの提携関係がここでもまたみられる。ユーグ・カペー以来、そのロベール家の先祖の伝統を引き継ぎ——これがユーグ・カペーの成功の主な理由であった――、カペー王朝はいくつかの修道院と結びつこうと欲してきた。たとえばトゥール、フルリー＝シュル＝ロワール（ここにはフィリップ一世が埋葬された）、バルボー（ルイ七世はここに墓を選んだ）、そしてとくに、当然のことであるがサン＝ドニ、などの修道院である。ルイ八世はこの教会創建をパリのサン＝ヴィクトール律修参事会員たちに委ねた。サン＝ヴィクトールは、サント＝ジュヌヴィエーヴの丘の下り坂に建てられた、パリの城壁外にあった参事会教会で、一二世紀の教学および神学の運動に大きな役割を果たした。今日では歴史家は、この教会が大学や托鉢修道会を前にしてすでに衰退への道をゆっくり歩みはじめていたと考えることができるとしても、当時はなお大きな威光を保っていたのである。ところで、一二二九年にルイ九世とブランシュ・ド・カスティーユは亡き王の教会創建の意志を実現しようとしたとき、それをシトー会に委ねたのである。ルイ八世の遺言書ではその教会創建の実行を引き受ける者としてサン＝ヴィクトール律修参事会長ジャンが指名されていたし、彼は若き王や王太后と親交のある人物の一人と思われていただけに、これは驚くべき変更であった。しかしすでに述べたように、シトーの改革派修道制の魅力の方がルイの心に強く働いたのである。当時の多くのキリスト教徒と同じように、聖ルイにとって、シトー会は托鉢修道諸会への移行の一種の過渡的段階であった。托鉢修道会はまだ王の側近の中核にはなっていなかったのである。

ロワイヨーモンの創建とともに現れてくるのは、単にルイ九世の宗教建築への好みだけではなく、謙譲心が混じる彼の信仰心や信心行為における彼の権威主義的態度である。

ルイの若いうちからの宗教建築への好みについて、ジョワンヴィルはつぎのように証言している。「彼が自分の王国をもつようになり、王国のことがわかるようになった時よりすぐに、彼は教会や幾多の宗教的建物を建立しはじめたが、なかでもロワイヨーモンの修道院は美しさと偉大さにおいて他のすべてに勝っていた(1)」。ロワイヨーモンの創建は若き王にとってはまた謙譲と贖罪の機会でもあった。象徴的なやり方で、ルイは、一二世紀にシトーによって価値の再評価がおこなわれた初期のベネディクト戒律信奉という修道制伝統のなかで、自分を動かしているのである。ギヨーム・ド・サン＝パテュスは一三世紀末に列聖手続きの資料に従って聖ルイの伝記を書いたが、そのなかで労働するルイの姿を、つぎのように私たちに示している。「修道士たちは、シトー修道会の慣習律に従って、三時課〔午前九時頃の第三の時禱〕のあとの労働（*labour*）として、塀壁が建てられている場所に石とモルタルを運ぶために出かけていったので、聖なる王ももっこを取り上げ、そこに石を載せて、前を担って進んだ。もっこの後ろを修道士が担った。この時期には聖なる王はこのようなことを何度もおこなった(2)」。さらにギヨーム・ド・サン＝パテュスは、聖ルイが近親の者たちに示す愛についての章で、この敬虔な行為を詳しく述べ、つぎのように付け加えている。「この時期にはまた聖なる王は、その兄弟たちであるアルフォンス殿下、ロベール殿下、シャルル殿下にももっこ運びをさせていた。三人のそれぞれと組んで、修道士がもっこの一方を担った。また聖なる王は同じことをお付きの他の騎士たち（*compagnie*）にもさせた。また王の兄弟たちが時どき話したり、叫んだり、楽しみたくなったとき(3)、聖なる王は彼らにいった。『ここでは修道士たちが沈黙を守っているからには、われらも同じく沈黙を守らねばならぬ』と。また聖なる王の兄弟たちがもっこにたくさん載せて(4)、途中で休みたくなったとき、兄弟たちにいった。『修道士たちは休まない。だからお前たちも休んではならない』と。このように聖なる王はその身内の者たち〔*mesnie* つまりその縁者や家政の取り巻き〕が良く振る舞うように教育したのである」。ルイを取り巻く者たちは、彼の近くで生きて彼の情けを受けとめることは辛いことであると知りはじめる。

ルイ八世が創建を望んだ修道院を建設し、それをシトー会に委ねるために、若き王とその母はボーヴェ司教区のアニエール＝シュル＝オワーズの近くの場所を選んだ。そこは若き王が時おり逗留していたところであり、この建立のために手に入れたものであった。その場所は当時キュイモンと呼ばれていたが、地名が変更され、ロワイヨーモン（「王家の山」）とされた。この呼び名はこの修道院と王家との緊密なつながりを表わすものであった。一二三二年からすでに、シトー修道会総会は、サン＝ドニの修道士たちの求めに応じて、聖ディオニシウス〔聖ドニ〕の祝日に関して、つぎのような決定をした。すなわち今後、この聖人の祝日は、シトー会に属するすべての修道院においては、二回のミサと、助修士以外の会士が手仕事を休む祝日におこなわれるその他の盛儀とによって祝われるとした。この種の情報によって、聖ルイがシトー修道会に与えた優遇がよく理解されよう。シトー会士たちは、修道院の修道士と王家、さらには王権との間に霊的な兄弟関係を作る一種の祈禱盟約《アリアンス・ド・プリエール》〔俗人が修道院に財産を寄進するのと引き換えに、彼の魂のために、修道士が修道士相互のために祈るのと同じように祈ることを取り決める契約〕によって聖ルイと結びついたのである。ロワイヨーモンによって、またこの祈禱盟約によって、シトー修道会はサン＝ドニを中核とする王家の組織網のなかに入ったのである。

【注】

（１）一八七四年刊行の Natalis de Wailly の現代語訳。手書本のテクストでは、ヴァイイ訳 *connaître*（わかる）に対して *s'apercevoir*（気づく）が使われていて、「彼が気づくことができた時から」となっている。いいかえれば、ほぼつぎのような意味にとることができよう。「彼は自分が何をしたいかを知った時から」（aperçu は sage「賢明な」、prudent「思慮深い」、instruit「教えられた、知識をつけた」という意味である）、つまり「彼が自分自身について知る時から」となる。歴史家にとって人間聖ルイについての興味ある評価記述である。手書本ではまた、教会や宗教的建物 églises et maisons religieuses ではなく、moustiers et maisons de religion、すなわち「修道院や修道士の教会」という意味の記述になっている。聖ルイは教会人のなかでも、世俗の事柄に責任をもっている在俗聖職者よりも、戒律に従って生きる者たちにより惹きつけられている。最後に、ジョワンヴィルはロワイヨーモンの「栄誉と崇高」l'honneur et la hautesse について語っている。美学上の語彙は、芸術上の観念が倫理上の観念と混じり合っているような語彙体系やその他の諸価値からまだ独立していないのである。

（２）GUILLAUME DE SAINT-PATHUS, *Vie de Saint Louis*, p. 71. 石をもっこで運んでいる。手押し車は、一三世紀の発明だから、もう少しのちのカテドラルの建築作業場にしか現れない。

（３）ジャンとフィリップ・ダゴベールは取り上げられていないが、二人はたぶん死んでいて、この場面は彼らの死後の、おそらく一二三二年から一二三四年に起こったことであろう。一二三三年には、ルイは一九歳、ロベールは一七歳、アルフォンスは一三歳、シャルルは六歳である。

（４）おそらく嫌な仕事が早く終わるからであろう。

敬虔なる王――聖なる釘の紛失

聖ルイの治世の初期に起こった信仰に関する別の出来事、それはサン＝ドニの格別に重要な聖遺物、すなわち「聖なる釘」の紛失と再発見である。もう一度ギヨーム・ド・ナンジに語ってもらうことにしよう。サン＝ドニの修道士である彼は、この出来事――まるで三面記事の事件である――を広大無辺のドラマに仕立てている。

つぎの年［一二三二］この同じ教会［サン＝ドニ］で起こった、われらが主が十字架に磔にされた釘の一本であるいとも聖なる釘、フランス王であり神聖ローマ皇帝であったシャルル禿頭王が上記の教会に寄進し、その時からそこに納められていた、いとも聖なる釘が、巡礼者たちの口づけに供せられていた間に、納められていた容器から落ち、三月一日の三日前［二月二八日］にそれに口づけをおこなうたくさんの人々のなかに消え失せてしまった。だがそののち、大いなる奇蹟によって見い出され、つづく四月一日に人々は大いなる歓喜と大いなる祝祭騒ぎをして、上記の教会に納め戻した。聖なる王ルイと高貴なる母である王太后のブランシュが、このように大いなる紛失について苦悩と同情を感じられたことにふれねばならない。王ルイと母なる王太后がかくも尊き宝物の紛失を、そして二人の治世のもとで何が起こったかを知ったとき、二人は深い苦悩に苛まれ、これほどに残酷な知らせを、これほど残酷に二人を苦しませるような知らせをもたらすことなど、かって知ることはないといわれた。いと善良で気高き王ルイは、受けられた大きな苦しみゆえに、苦しみを堪えることができなかった。それで王は、王国でもっとも良き司教座都市が壊され、瓦礫に化す方がましである、と大声で叫び出された。サン＝ドニの修道院長と修道士たちはあきらめることができず、昼も夜も苦しみ、涙を流した。王はそれを知り、彼らを元気づけるために賢い者たちと良き語り手の者たち（*bien parlants*）を遣わした。しかも自身でも赴きたいと望まれたが、王の臣下たちが王を押しとどめた。王はパリのどこかしこ、通りや広場で、命じて叫ばせた、だれか聖なる釘の紛失について何か知ることがあるならば、だれか聖なる釘を見つけて隠しもっているならば、すみやかに返さねばならぬ、さすれば王からの報奨として一〇〇リーヴルが与えられるであろう、と。これ以上何がいえるだろうか。聖なる釘の紛失の苦悩と悲嘆はいずれの場所においてもまことに大きく、人々はほとんどそれを口にすることが叶わぬほどであった。パリの人々が王の叫びと聖なる釘の紛失の知らせを耳にしたとき、彼らはひどく苦しみ、多くの男、女、子供、聖職者、学徒［学生］が涙を流して泣きながら、心の奥底からわめき、叫び出した。彼らはあちらこちらすべての教会に駆けつけ、このような大きな災いに神の助けを呼び求めた。涙にくれていたのはパリだけではなく、フランス王国で聖なる尊き釘の紛失を知った者たちのだれもが涙にくれていた。多くの賢い者たちは心配した、王の治世の初めに起こったこの残酷な紛失がもととなって、大きな不幸が、あるいは大災害が起こらねばよいがと。さらには、これがフランス王国全体の崩壊の予兆でなければよいがと心配していた(2)。

そこには、一国の民全体に対する聖遺物の影響力、聖遺物が若き王に及ぼした強烈な魅力についての公表、魔術に近い宗教感情の感動の表現における過剰さ、教会によって聖化された物体を対象とする信心行為の一大キャンペーン、さらにはまた、長期にわたって推進されてきたサン゠ドニの政策が見分けられる。それは、聖ルイのフランスを「偽ディオニュシオス文書(訳1)」を通してイエスに、そしてカロリング王朝に、結びつけようとする政策である。この記事のような事実は一三世紀のキリスト教信心について剝き出しの光を投げかける。そのなかでは聖ルイももはや例外とはならないが、しかし聖遺物や奇蹟によって大きく揺り動かされうる民衆の宗教的な深奥を王が昇華しているといえよう。王国の繁栄を保証する物体の聖別された徳——聖なる事物の偶然の紛失は王国の崩壊を予告しているかもしれないが——への信仰は、素朴な人々においても、また賢明な人々、権力を握る者たちにおいても揺るぎを見せない。一三世紀のフランスの人々が聖別された一本の釘の紛失についてあれこれ調査したのに比べて、古代ローマの人々がもっと悩みを抱いて犠牲者の肝臓や鳥の飛び方、食欲について調べたわけではない。若きルイは、彼の国民の「素朴な」――私たち現代人にとっては「素朴」と思われる――心の奥底にある宗教性を分かち合い、かき立てる。そして、こうした出来事に抱いた感情を力強くまた公けに表現することによって、彼のイメージや彼の政治を打ち出しはじめている。けれども王の側近においては、こうした過剰な信仰心の表明は、節度を示し、理性の手本となるべき王にふさわしくないものとされる。すでにルイは、王の行動について伝統的な考え方に固執する者たちにショックを与えている。王の威厳は、つぎのような信仰心を表わすしるしと両立しうるものだろうか。きわめて古い聖なるもの（聖遺物の崇敬、教会や修道院という礼拝場所への敬意）のなかで信仰の強さを表わす身振りと、謙譲心、罪への恐れや贖罪の必要を主張する新しい個人的な信心行為の身振りとを合体する信仰心である。こののちもルイにとっては、その心の内には王と信仰の葛藤という問題など存在しないだろう。なぜなら彼はみずからに、フランス王でありキリスト教徒であることを矛盾なく感じている、と同時に望んでいるからである。フランス王としては、外見にも象徴としても自分の義務を意識する王であり、そしてキリスト教徒としては、その模範となり、自己の救済と国民の救済を保証するために、古き慣行にも新しき慣行にも従って自分の信仰を示さねばならない信徒であり、――またのちにルイにとって親しいものとなる表現に従えば、意識において「心から」だけではなく、感覚的な行動としての「身体によって」、その信仰を示さねばならないのである。しかし、若き王のまわりでは、彼の補佐役たちは王が属する社会層（貴族や高位聖職者）の諸価値や態度にしっかりとルイが結びついていることを欲し、一方王国民はルイに世俗的な指導者――つまりこれが、形成されつつあった世論である――を見ようとしている。これら補佐役と王国民は、称賛と困惑、さらには断罪――ルイの態度を破廉恥で危険なもの、王の職能機能にはふさわしくないもの、王国や家臣にとっては危機をもたらすものと判断するのである――という二つの感情に分かたれようとしていないだろうか。ルイの治世はこうした王の行動と世論の動揺という落差のなかで展開することになるだろう。王の行動は、王国と王国民の幸福および自分の個人的な救済――王である以上王国や家臣の救済と混合されねばならない――という彼の二つの関心事を両立させうる行動であり、さらにもっと望むならば、必要な融合さえすることを信じる行動であり、一方世論の動揺とは、王の信仰心を前にしての王国民の驚嘆と、そのような行動は王に求められるものではないのではなかろうかとする不安との間に引き裂かれた動揺である。ルイはしばしばの迷いの時を、あるいはしばしばの迷いの時期を、とりわけ十字軍での失敗のあとには、もつことになるだろう。しかし彼は、自分が王の職能を明示するあの「正しい」王道にいることを納得して、常に自分を取り戻すことになる。[3] それにもかかわらず、ルイが生きた社会にあっては、彼の行動は不安を与えるものである。なぜならあの社会では、明確に自分の位置を占めないことを大罪としたからである。いいかえれば、神が人々に与えられた「身分」*état*（*status*）に人々が反することや、神が望まれた明確な社会的境界、とくに聖職者と俗人を分かつ境界に人々がまたがることを大罪としたからである。そして、王であり司祭であったメルキゼデク〔旧約の創世記や詩篇に現れるサレム王で司祭であった人物〕のような人物を指導者としてはけっして受け入れることがない社会だからである。ルイ自身は、王と司祭の区別の必要性を納得していて、それを越えて聖職者や修道士の世界に入ってしまう境界の極限にまで近づく場合でさえ、世俗の身分の限界内にとどまろうと努力することになるのである。こうした社会では、結局は、修道士である王、のちに彼が新しい托鉢修道会の修道士たちに囲まれる時には托鉢修道士である王とみなされるが、それは物議を醸す混合ではないだろうか。最終的には、良い解決が世論の多数によって見い出され、教会によって承認されることになる。それはルイが「聖なる」王、「俗人でありまた聖人である」王になることである。しかしそれは長い治世と人生、一三世紀にあっては長い人生を生きた彼の波瀾に富んだ人生の困難を通して、そうなるのである。

【注】

（1）その年は聖金曜日にあたった。

（2）Guillaume de Nangis, *Vie de Saint Louis*, *op.cit.*, pp. 320–326. サン＝ドニの聖なる釘については、Anne Lombard-Jourdan の注目すべき研究（近刊）を見よ。

（3）四一三頁以降を見よ。

【訳注】

（1）「偽ディオニュシオス文書」とは、使徒パウロの弟子、ギリシア人のディオニュシオス・アレオパギタの手になるとみなされた著作群を指す。九世紀のサン＝ドニ修道院長イルドゥアンによって、この人物はさらに、パリの宣教者にして殉教者である初代パリ司教聖ディオニシウスと同一視された。問題の著作群自体は五〇〇年頃の成立とされるが、神秘主義的傾向の強いもので、中世全般に大きな影響力を振るった。このなかに『天上位階論』なる著作があり、天上世界の位階的秩序が描写されている。今義博訳「天上位階論」（上智大学中世思想研究所編訳『中世思想原典集成三、後期ギリシア教父・ビザンティン思想』平凡社、一九九四、所収）。

第二章　結婚から十字軍まで（一二三四〜一二四八）

ルイがいつ成年と認められたかは知られていない。一二三四年に二〇歳のとき、あるいは遅くとも一二三五年に二一歳の時には、たしかに成年とみなされていた。フランスの諸王の成年は、一三七五年になって初めてシャルル五世によって定められた。それは一四歳であった。ルイの場合は例外である。ブランシュ・ド・カスティーユは、息子ルイが年少の間はじつによく統治した。思うに、現実にその補佐役たちの支えだけではなく大貴顕たちの同意もあって、権力が非常に気に入ったようだったので、息子と王国に対する後見役を長引かせた。おそらくは、すでに見たように、若き王はいくつかの問題に介入しはじめていたし、権力とはいかないまでも自分の意志は示したと思われる。さらにいくつかの場合——パリ大学のストライキや司教たちとの関係——には、おそらくある程度の効果をもった介入をしたと思われる。しかしルイの成年そして親政への移行については、史料からも事実関係からも確認することができない。それは、ルイとその母親との「共同統治」という異様な状況が破綻することなく居すわったからである。この共同統治は(1)、あとで見るように、不平等であるが、暗黙のうちに両者の関係が分割されているような「共同王権《コロワイヨテ》」であった。

【注】

（1）後出六四〇～六頁および九〇二～三頁を見よ。

ルイ九世の結婚（一二三四）

一二三三年、ルイ九世は一九歳である。だが相変わらず結婚もしていないし、婚約さえしていないが、これは当時ではこのように重要性をもつ人物の場合には驚かされることである。若き王の側近の間では、その母に対する非難がひそひそ話で取り交わされていたのであろう。つまり王太后は、息子の結婚は、息子への自分の影響力を弱めることになり、王国の問題において自分の権力を制限してしまうかもしれないので、結婚を遅らせているというのである。さらにのちになり、息子の嫁に対する王太后の振る舞いは、こうした疑念にある種の本当らしさを与える。また忘れてならないのは、フランス王の結婚は些細な事柄ではないということであり、また王には、政治的な利益をもたらす家柄の良い妻を見つけねばならないし、さらにこれは見抜くことが明らかにもっとむつかしいことであるが、少なくとも男の子を与えることができる妻を見つけねばならないことである——しかし中世の人々はその点については、夫に子沢山ではなくとも子孫を与える能力を見抜くのに多少とも根拠のある推定のいくつかには頼ることができると信じている。中世では権力者の結婚は、家系のつり合い（封建君主の場合は王朝や政治的なつり合い）を理由として両親によって取り決められ、これから結婚することになる二人はことばを挟むことも、またほとんどの場合は結婚前に会うことさえもない[1]。では愛はどうなのかといえば、それは誘拐や内縁や姦通など、文学のなかに避難してしまっている。恋愛結婚など中世では意味をなさない。近代的な愛、西欧的な愛は、まずは想像のなか、あるいは法によって罰せられるような関係のなかで生まれ、そこで生きながらえてきたのであり、夫婦関係のなかに実現されるようになったのは後代のことでしかない。

ギヨーム・ド・ナンジは、王の結婚は王が欲した結果としている。しかしおそらくルイはただ慣例に合わせただけであろう。だから婚姻の儀の日取りも、王、王太后、主だった補佐役たち、それと選ばれた娘の都合とが一致することから定められたはずである。「われらが主の恩寵の年である一二三四年、聖王ルイの治世八年目の齢一九歳の年、王は、王のあとに王国を保つべきその肉体の果実〔いいかえれば男子の王位承継者〕を得ようと欲せられた。そして色欲からではなく、家系を継ぐ者を得るために結婚することを望まれた(2)」。

白羽の矢は、一二〇九年以来プロヴァンス伯であったレーモン・ベレンガール五世の長女に立てられた。このアラゴン家最初のプロヴァンス伯は、ほとんどいつもそのプロヴァンス領に、そしてしばしばエックスあるいはブリニョールにも居を定めていた。この結婚は、フランスの王冠にとって三重もの利を呼ぶこれらの地方に王を引き入れることになった。また、トゥールーズ伯の旧領地、長い間異端に支配されていたあの南フランスにカペー王家が入り込むことの仕上げとなった。さらに地中海岸地方にフランス王権の存在感を強めることにもなった。この地中海岸地方に、ルイ九世は一二三四年二月、マルセイユの保護権をめぐって争っていた未来の義父とトゥールーズ伯レーモン七世との間の調停者として立ちにやって来たのである。これによってルイ九世は、一二世紀末に皇帝ハインリヒ六世が代理区としてリチャード獅子心王に託したローヌ河左岸の（旧）アルル王国という神聖ローマ帝国の領土に対して、彼の影響力を感じさせることになったのである。同時に、このプロヴァンス伯家との結婚は、フランス王権の反イングランド戦略の一部をなすものでもあった。

レーモン・ベレンガール五世は、二人の息子を幼くして亡くして男子の継承者はいなかったが、フランス王が結婚しようとするマルグリットの下に娘が三人いた(3)。次女のアリエノールもしくはエレオノールは、一二三六年にイングランド王ヘンリー三世と結婚することになる——これはルイとマルグリットの結婚に対する反撃である。三女のサンシー（もしくはサンシュ）は一二四一年にヘンリー三世の弟であるコンウォール伯リチャードと結婚し、一二五七年にエクス＝ラ＝シャペル〔アーヘン〕でリチャードとならんで「ローマ人の王妃」として戴冠することになる。しかし夫のリチャードが皇帝になることに失敗したので、皇妃にはなれぬまま、一二六一年に亡くなる〔リチャードは一部の選帝侯によってしか選出されなかったので、正式の神聖ローマ皇帝とは認められなかった。また一一〜一六世紀の神聖ローマ皇帝は帝位Romanorum imperatoに「ローマ人の王」Romanorum rexの称号を加えていた〕。レーモン・ベレンガール五世は、プロヴァンス伯領がフランスあるいはイングランドなど西欧の大王国のどれかに吸収されないようにと、一二四五年に亡くなる前に遺言書をしたため、四女のベアトリスを伯領の継承者とし、またベアトリスに子供がなく、サンシーにも息子がない場合には、プロヴァンスはアラゴン王ハイメに戻されるように定めた。しかし一二四六年にベアトリスはフランス王の末の弟シャルル・ダンジューと結婚することになる。[4] そして夫のシャルル・ダンジューが教皇の厚意によってナポリ・シチリア王となり、一二六五年にベアトリスは王妃となるが、その後一年も経たぬうちに亡くなってしまう。その死によって、プロヴァンスはナポリ・シチリア王国に属するものとなる。[5]

このプロヴァンス伯について、つぎのことを思い出しておくのは必要である。すなわち、彼には四人の娘がいて、そのいずれもが王妃になったこと、そしてその死後、たとえ部分的にせよ、キリスト教世界全体の義父ともなったことである。婚姻による親族関係を描いておくことも必要である。ルイ九世が一二三四年に加わり、一二三六年から一二四六年にかけて実現した親族関係である。もちろん、マルグリット王妃と三人の妹は、ルイ九世と三人の弟とは異なり、緊密なグループを形成したわけではない。フランス王妃とイングランド王妃になった上の二人の姉妹は年齢も近かったのできわめてしっかり結ばれていたと思われるが、下の二人の姉妹は同じような関係にはなっていない。下の姉妹はいくつか歳も離れていたので、幼年期や青春期を共有していなかったし、また上の二人の娘はおそらく父親の相続人となった一番下の妹をねたましく思っていたことであろう。フランスとイングランドの関係は、中世の王家における これら婚姻による親族関係の有効性と同時に限界もよく示している。これらの家族的絆によっては、一二四〇年の初めにこの二つの国の王ルイ九世とヘンリー三世の間で勃発することになる軍事的衝突を回避することはできなかったが、そのあとには積極的な役割を果たすことになる。そしてルイ九世がはっきりと紛争の収め役として動くようになると、彼はこの親族関係に頼ることになるであろう。

ルイとマルグリットは四親等の関係であるが、一二三四年一月二日、教皇グレゴリウス九世はこの結婚の「緊急なる必要性および明白なる有用性」のために、近親関係を理由とする結婚禁止からこの二人を免除した。この結婚が、異端および異端者に対する戦争によって混乱する地方に平和をもたらすことが期待されたからである。マルグリットは辛うじて適齢期に達している。一三歳であった。おそらくこのこともルイの結婚が比較的遅かった理由の一つであろう。ルイは皆の争奪の的であったこの花嫁が肉体的に結婚に適する状態になるのを待っていたのだろう。結婚の儀はサンスでおこなわれることが決定される。サンスは、パリからもプロヴァンスからも来やすい場所にあり、パリ司教区が属する威信のある大司教座だからである。当時サンスは、王権の主要な補佐役の一人であるゴーティエ・コルニュが大司教であり、もっとも初期のもっとも美しいゴシック様式のカテドラルを誇りとする都市であった。

すべてが五月に向かって急がれる。若き王の二人の使者である大司教ゴーティエ・コルニュと、祖父フィリップ・オーギュストと父ルイ八世からの忠実な補佐役ジャン・ド・ネールとが、プロヴァンスに婚約者を迎えに行き、結婚の場までお供をしてくるという仕事を仰せつかる。二人の使者は、その年は六月一日にあたる昇天祭〔復活祭後四〇日とされる移動祝日〕の前にマルグリットと結婚することを約束する王の結婚誓約を、リヨンで文書として作成する。この王の誓約は、四月三〇日、シストロンで印章を付されたプロヴァンス伯および伯夫人の文書に答えるものである。この印章の付いた文書で伯夫妻は、マルグリットの嫁資として五年間で払うべき、銀貨で八〇〇〇マールをフランス王に支払うこと、そしてタラスコンの城を保証として王に引き渡すことを約束していた。五月一七日には、プロヴァンス伯は銀貨で二〇〇〇マールを追加として王に払うことを約束する。(6) マルグリットは、ヴァランス司教で叔父のギヨーム・ド・サヴォワに導かれて、五月一九日にトゥールニュを通り、二八日の少し前にサンスに到着する。ルイは五月二四日にはまだフォンテーヌブローにいたが、二五日にポン＝シュル＝ヨンヌに来て、サンスの近くのサント＝コロンブの修道院に逗留し、そこで五月二六日、二七日、二八日の三日間を過ごす。結婚は昇天祭の前の日曜日の前日、五月二七日の土曜日におこなわれた。(7)

列席者は輝かしいものであった。ルイの側には、王太后ブランシュ・ド・カスティーユ、王の弟ロベールとアルフォンス、ブランシュ・ド・カスティーユの甥で王のいとこにあたるポルトガルのアルフォンソ（将来のポルトガル王アフォンソ三世）、フィリップ・オーギュストの旧従僕で忠臣のバルテルミー・ド・ロワなどのさまざまな貴顕、そしてマルグリット側では、何人かの貴婦人が華やかに盛り上げる。王の招集に応じた出席者のなかには、トゥール大司教、オーセール、シャルトル、モー、オルレアン、パリおよびトロワの司教たち、サン＝ドニの修道院長、さらにはサン＝ジャン、サン＝レミ、サン＝ピエール＝ル＝ヴィフという三つのサンスの修道院や、サンスの大司教座教会参事会の大助祭および参事会員たち、フランドルとエノーの女伯ジャンヌ、リュジニャンの領主であるラ＝マルシュ伯ユーグ一〇世、ブルボンの領主であるアルシャンボー九世、ブルゴーニュ公ユーグ四世とその夫人、クールトネーとヌヴェールの女伯マティルド・ダルトワ、その夫でフォレ伯ギーグ五世、そして最後になったが軽んずべからずの人物であるトゥールーズ伯レーモン七世もいる。このように、ここに列席したのは以下のような重要人物なのであった。まず王権に多かれ少なかれ結びついている高位聖職者たち、そしてパリ司教とサン＝ドニの修道院長（ランス大司教はこの盛儀からはずれている）、それからこの地方の大領主、およびもっとも大きな三つの王の封であるフランドル、ラ・マルシュ、トゥールーズ伯領を保有する者たちであるが、そのなかでユーグ・ド・リュジニャンとレーモン七世の二人は王に忠誠を示すことがほとんどなかった大物家臣である。

結婚式は二つの儀礼部分に分けておこなわれる。(8) まずは教会の前に作られた野外の壇上でおこなわれた。結婚は中世では長い間私的な契約にすぎなかったからである。一三世紀になって、結婚は秘蹟の一つとなり、教会の管轄下に移るようになる。野外での挙式はまた、結婚の公表の最後の機会を確保することでもあり（二〇年前の一二一五年の第四ラテラノ公会議は結婚の公示の公開を義務づけた）、ここでは列席者に対して最終的な形で、この結婚の禁止事項〔四親等の関係にあったルイとマルグリットに対する近親婚の禁止事項〕を知っているかどうかが問われるのである。しかしこの場合は、すでに教皇による免除によって問題が取り除かれていた。ついで大司教は二人の婚約者を促し、つづいてもっとも重要な儀礼へと移る。儀礼は、身振りが重んじられるこの社会では、象徴的な身振りで、つまり右手をつなぎ合うこと（*dextrarum junctio*）によって表わされる。この身振りは家臣が自分の手を主君の手のなかに置く臣従礼の身振りを思い出させる。これは夫婦の相互の同意を意味する。なぜなら結婚の儀礼では、女性はいくつかの細部を除けば、男性と平等だからである。通常は花嫁の父が二人の右手をつなぐ役目をする。この場合プロヴァンス伯がいないので、たぶんマルグリットの叔父にあたるヴァランス司教ギヨーム・ド・サヴォワがこの身振りをさせたと思われる。

大司教は、聖霊に祈願をしながら、指輪を祝福し、撒香し、ついでその指輪を王に渡す。王はマルグリットの右手の指に通す。最初は（「御父の名において」*In nomine Patris* と唱えながら）親指に、つぎに（「御子の名において」*et filii* と唱えながら）人さし指に、最後は（「聖霊の名において、アーメン」*et Spiritus Sancti, Amen* と唱えながら）中指にはめる。つぎにルイは「トレザン」といわれる一三ドゥニエ（一リーヴルの二四〇分の一が一ドゥニエという貨幣単位）をマルグリットに与える——この動作の意味は不明である。マルグリットはその「トレザン」を大司教に戻すのであろう。結婚の締結を証明する結婚証書も渡される。書かれたものは、中世ではしばしば、身振りを補完するものでしかなかった。大司教が唱える祈り、夫婦の祝別および撒香によって、この第一段階は閉じられる。そこで、結婚した若い二人は教会のなかに入る。

結婚式の第二段階は本質的にはミサである。儀礼の状況に合わせたいくつかのテクストが読まれたり、あるいは歌われたりする。たとえば『コリントの信徒への手紙一』の一節（六章一五～二〇節）（「あなかがたは、自分の体がキリストの体の一部だとは知らないのか。……みだらな行いを避けなさい！　……あなたがたの体は、聖霊が宿ってくださる神殿であることを、あなたがたは知らないのか」）とか、『マルコによる福音書』（一〇章一～九節）（「神は人を男と女とにお造りになった［…］二人はもはや別々ではなく、一体である［…］妻を離縁して他の女を妻にする者は、妻に対して姦通の罪を犯すことになる。夫を離縁して他の男を夫にする者も、姦通の罪を犯すことになる」）とか、神に感謝する序唱（ミサ典文の前の短いことばで感謝の祈りとして唱えられる叙唱）「主よ、あなたは、教えに帰依する息子たちの数がいや増すことが聖なる婚姻の貞節なる多産によって叶えられるように、愛の甘美なるくびきと平和の断ちがたい絆によって結婚の契約を結びたもうた」）などである。

ミサの流れのなかでおこなわれる二つの特別な儀礼が深い意味を示している。序唱のあと、新しい夫婦の二人は大司教の足元にぬかづく。「ぬかづいた」ルイとマルグリットの上に「結婚のヴェール」*velatio nuptialis* が被せられる。その間、大司教が二人のために神の恩寵を願うのである。通過儀礼《イニシアシオン》あるいは移行儀礼《パサージュ》（ここでは独身から結婚状態への通過）と呼ばれるものに類似した儀礼は、聖職叙階の時（俗人から聖職者へ、あるいは司祭から司教への通過）や王の聖別式（事実としての王から正式に認められた、つまり聖別された王への通過）の時にもおこなわれる。

この儀礼はつぎのような長い祈禱をもって終わる。この祈禱は、妻は夫に対してラケル〔旧約の『創世記』に語られるヤコブの妻〕のように愛らしく、レベカ〔レベッカ。同じく『創世記』のイサクの妻〕のように賢く、サラ〔サライ。同じく『創世記』のアブラハムの妻〕のように忠実であるようにという願いが述べられるものである。

神の加護を求める祈り「主の平和がいつもあなたがたと共にありますように」*Pax Domini sit semper vobiscum* のとき、王は祭壇に登り、大司教から「平和の接吻《ベゼ・ド・ペー》」を受ける。ついで王はその接吻を妻に与える。同時代のドミニコ会士ギヨーム・ペローはこの接吻（家臣関係を結ぶ儀式にもある）の重要性を強調している。この接吻によって夫は妻に愛と保護を約束するとして、「ミサにおいて、主の聖体の前で、愛と平和のしるしとなるこの接吻を夫が妻に与えた時に、夫は妻を愛するという約束をしたのである」と説明している。このあとルイとマルグリットは聖体拝領をする。

ミサのあと、二つの儀礼によって、二人が夫婦の状態へ移行するのが完成する。ただし、ルイとマルグリットの結婚に関しては、この二つの儀礼がおこなわれたことを証明するものはないが、必ずやおこなわれたはずである。一片のパンと一杯のブドウ酒（この二つの物による聖体拝領は、王の聖別のミサでは、俗人のなかでただ王のみが司祭に倣って受けるものであるが、そうした形式の聖体拝領を置き換えたものである）が司式者によって聖別され、象徴的な形で夫婦がそれを分かち合う。最後は、司式者による結婚の間の祝別である。祝別のあと、夫婦は寝床の上に座るかあるいは横たわる。これは明らかに豊穣儀礼《リット・ド・フェコンディテ》、つまり結婚が出産を目的とすること、結婚の正当性を強調するものである。

のちになって、王妃マルグリットの打ち明け話によって私たちは知ることになるが、この新婚の夜には若き花婿の王は花嫁に触れなかったという。きわめて信心深く形式を重んじるキリスト教徒の新婚夫婦の場合、旧約聖書のトビア(訳1)の例を徳として、教会が勧める「トビアの三夜」を過ごすが、これを王も重んじてのことである。

けれども、結婚の翌日の一二三四年五月二八日の日曜日、若く新しい王妃の戴冠がおこなわれた。フランスの王妃の即位——残念ながらフランス語ではだれに対しても用いられていない英語の表現 inauguration「即位」を借用するが――は中世では衰退の傾向にあった。一三世紀では、王が結婚している場合には王の聖別式の時に王妃は塗油を受け（しかし聖なる聖油瓶の奇蹟の油は用いない。それは王のみの聖油である）、冠を授けられる、あるいは夫がすでに王位に就いている場合には、結婚式の少しあと特別の儀式で王妃は冠を授けられる。しかし一五世紀になると王妃が王とともに聖別を受けることはなくなり、さらに一六世紀になると王妃に冠を授ける即位も重要ではない儀式になってしまった。(9) 王妃が個別的に戴冠する慣行的な場所はサン＝ドニであって、けっしてランスではおこなわれなかった。しかしサン＝ドニが王妃の戴冠の儀式を独占しているわけではない。サンスの教会も、その司教座教会《カテドラル》がその儀式の舞台となるに十分な権威をもっていた。王妃の戴冠の儀式が結婚式の翌日という近い日取りでおこなわれたのは、おそらくルイ九世がその非常に若い王妃のことに配慮したものと受けとることができよう。

王妃の戴冠の儀礼はおそらく、一二五〇年頃の手書本に含まれる「儀典書」*ordo* に従って執りおこなわれたであろう。私としては、王の聖別と王妃の戴冠という二つの儀礼については、本書の第三部で詳しく分析することにしている。そこで本題に戻るが、この儀礼には大祝宴が続いた。またルイ九世がいく人かの騎士の叙任をおこない、王の治癒能力によっておそらく、るいれき患者にも手を触れたと思われる。(10) つまり王は、王妃の戴冠の機会に、彼自身の聖別のあとに続き、さらにこれに由来するはずの複数の儀礼も執りおこなったものと思われる。またルイ九世はサンスに「新しい勲爵士団《オルドル・ド・シュヴァルリー》」コスト・ド・ジュネスト *Coste de Geneste*(11) を創立したと、のちに時おり書かれているが、私としてはこれは信じない。この勲爵士団は一世紀半のちのシャルル六世の時代になってはじめてその存在が証明されるものである。シャルル六世は、勲爵士団を世に売り込もうとしてうまくいかなかったが、きわめてありそうなこととして、これを創設したのは彼自身なのかもしれない。この勲爵士団にもっと名声を与えるために、だれかが実際には伝説にすぎない起源を、王朝の「偉大なる人物」（しかも聖人）である聖ルイにさかのぼらせて、作り出してしまったのである。このような勲爵士団の創設は、一三世紀の精神にも合わないし、また聖ルイは騎士なる王であったし、そうあろうと望んだ人物であるからには、その王の行為としてもそぐわないものである。(12)

私たちは、サンスでの結婚の折に王によって支出された費用の会計帳簿を手にするチャンスに恵まれている。それ

によってこの盛儀の物質的、経済的、象徴的な諸相をかいま見ることが、私たちにはできる。(13)

サンスの盛儀は国王財庫に二五二六リーヴルの出費をかけたと思われる。この金額は、とくにつぎのようなものに使われたものである。馬車もしくは船で運ばれた王国の随行者とその荷物の輸送、揃いの馬具類、絨毯、木造の式壇、教会外での儀礼の時にルイが絹布に座っていた仮小屋、宝石類、酒倉長《ブーティエ》への金製の杯などの贈り物、祝宴のためのテーブルクロスやナプキン、そしてとりわけ衣装類——衣装は数も多く、豪奢なもので、たくさんの布や絹や毛皮の衣装が含まれる。(14) まさしくそこには中世の衣装の超豪華版がみられる。王とその随行団のためには、「孔雀色の布地で包まれた、もしくは孔雀の羽で飾られたフェルト帽子や木綿の帽子」が作られた。若き王妃のためには、「白貂《オコジョ》と黒貂《くろてん》の毛皮」の帽子が選ばれた。マルグリットはブルネット・ローズ色の衣装に身を包み、王妃の冠は五八リーヴルするものであった。「王の甥、ポルトガルのアルフォンス〔アフォンス〕殿下」は緋色の服を着ていた。パンには九八リーヴル、ブドウ酒には三〇七リーヴル、料理には六六七リーヴル、蠟燭には三〇七リーヴルの出費がなされた。マルグリットは六人のトランペット奏者とプロヴァンス伯お抱えの吟遊楽人《メネストレル》を一人連れてきた。他にも吟遊楽人たちが遊戯やダンスを盛り上げるためにやって来た。

要するに、聖ルイの結婚は当時の王の豪華絢爛な結婚に倣っておこなわれたのである。若き王は、常に王としての地位を保つことに心を配っていたが、のちにはしだいに富や権力を外に顕示することを制限するようになる。しかしこの時はまだ王の豪奢の伝統にすっぽりと浸かっていた。

六月八日、ルイとマルグリットは新たな数々の祝賀に包まれてパリに入った。(15)

【注】

(1) しかしジェラール・シヴェリ G. SIVERY は、聖ルイはこの娘についておそらく情報を得ていただろうという仮説を立てている。なぜなら年代記作者ギヨーム・ド・ピュイローランスがつぎのように記しているからである。すなわちその前年に聖ルイは、ラングドックへの使者のジル・ド・フラジーに対して、プロヴァンスへ回り道をして、その伯とその娘に会うように依頼したとしている。

（2）GUILLAUME DE NANGIS, *Vie de Saint Louis*, p.323.

（3）プロヴァンス伯家については、つぎの文献が参照できる。Gérard SIVERY, *Marguerite de Provence. Une reine au temps des cathédrales*, Paris, 1987.

（4）G・シヴェリの表現によれば、「中世の大政略結婚の傑作の一つ」となる。

（5）一四八一年、アンジューおよびシチリア家の消滅によって、プロヴァンスがフランス王国のものとなることは知られている。

（6）マルグリットの持参金のほとんどは支払われぬこととなる。

（7）この出来事についての資料は、一九八四年サンスで開催された展覧会のカタログ *Le Mariage de Saint Louis à Sens en 1234* に載っている。

（8）以下の文献を見よ。Jean-Baptiste MOLIN et Pierre MUTEMBE, *Le Rituel du mariage en France du* XIIe *au* XVIe *siècle*, Paris, 1974 ; Jean-Baptiste MOLIN, «La liturgie du mariage dans l' ancien diocèse de Sens», *Bulletin de la Société d' histoire et d' art du diocèse de Meaux*, 1968, pp.9–32, et ID., «L' iconographie des rites nuptiaux», dans *102e Congrès national des sociétés savantes*, Limoges, 1977, pp.353–366.

（9）それもつぎのマリ・ド・メディシスの例までである。マリ・ド・メディシスは困難を乗り越えて「最後のチャンスに」*in extremis* 戴冠をかち得ている。最後のチャンスというのは、一六一〇年に夫のアンリ四世の命を奪ったラヴァイヤックによる襲撃事件のちょうど前日だったからである。

（10）祝宴と騎士叙任の件は王国会計帳簿からわかる。るいれき患者に手を触れた件はおそらくル・ナン・ド・ティユモンによる作り話と思われる。彼はこの件については典拠を示していない。

（11）ジュネット（Geneste/genette）はジャコウネコ科の肉食哺乳類の小動物（ジャコウネコ、マングースなど）である。

（12）この誤りは大まかな憶測であるが、つぎのようなことが原因と思われる。すなわちサンスの儀式の王国会計帳簿のなかのゴーティエ・ド・リーニュに関する箇所の *in nova militia sua* 〔「その新しい騎士たちに」の意味〕と「王とその弟たちと新しい騎士たちの衣装の制作のため」を意味する *pro factione robarum regis et fratrum et novarum militium* という表現を間違って解釈したことから生じたものであろう（おそらく「新しい騎士」*novarum militium* の読み間違いだろう）。ここでは新しく叙任され、その機会に特別手当てを受けた騎士たちのことが取り上げられているのである。一三世紀の前半では *nova militia* は二つの意味しかもちえない。一つは「騎士叙任」の意味であり、もう一つは前世紀の一二世紀に聖ベルナール〔クレルヴォー修道院長聖ベルナルドゥス〕がある有名な論述で新しい騎士修道会（テンプル騎士団、聖ヨハネ騎士団＝救護会など）を指すために用いた隠喩（メタファー）である。この場合には、*militiarum* でなければならないだろう。

(13) この会計帳簿は *Recueil des historiens des Gaules et de la France*, t.XXI, 1855, pp.226–251 に刊行されている。また Régine PERNOUD, *La Reine Blanche*, Paris, 1972 で、内容が紹介され、注解が加えられている。

(14) 中世における毛皮については、Robert DELORT, *Le Commerce des fourrures en Occident à la fin du Moyen Âge (vers 1300–vers 1450)*, 2 vol., Rome, 1978 を見よ。この大著はその前の時代についての情報も教えてくれる。

(15) 王の「入市式」joyeuses entrées の儀式は一四世紀にしか現れなかった。

【訳注】

(1) 続編の『トビト記』には、トビアとサラは悪魔の退散を祈って新婚の夜を過ごしたと記される。聖書注釈学では、トビアの結婚はマリアとヨセフの結婚の予型とみなされた。

兄弟たちの「騎士叙任」。ジョワンヴィルの登場

結婚に見るこうした絢爛豪華な慣行は、王家のつぎの三つの儀式にもみられるが、これらはいずれもルイ九世がその三人の弟たちと織りなす「王の息子たち」の四重奏の一体性と地位の高さの仕上げをするものである。それは「騎士になること」、すなわち大掛かりな祝祭の機会でもある兄弟たちの騎士叙任である。これら若者たちにとって、それは、成年――この場合は二〇歳である――でのあらゆる権利の掌握を意味するものであるが、それはつぎの三重の形において現れる。俗人上流社会への入会、騎士からなる特権的サークルへの入会、そして彼らが相続する領地の統治の開始である。この行事はルイ八世の遺言によるものであったが、しかしルイ九世の個人としての決定としておこ

なわれた。

このようにして、一二三七年にはロベールが騎士叙任を受け、アルトワを所領とし、ついで一二四一年にアルフォンスがポワトゥーを受領し、さらに一二四六年にシャルルが騎士叙任され、アンジューを与えられることになる。アルフォンス・ド・ポワティエの騎士叙任は一二四一年六月二四日の聖ヨハネの祝日にソミュールでおこなわれたが、その思い出について例外的な証言が私たちに遺されている。聖ヨハネの祝日は、キリスト教徒の騎士たちが騎士としての成人に加入することを祝ってきた日であるが、この同じ日には、古代から続く異教的な儀式である「聖ヨハネの《フー・ド・ラ・サン＝》祝火《ジャン》」がおこなわれ、これは、夏至の祭り、すなわち一年のうちで太陽がもっとも高い位置にくる祝祭の記憶をとどめてきた日である。

この特権的な証人とは、それは若き日のジョワンヴィルである。そのとき彼は一七歳のまだ楯持ちにすぎない身分であり、王の家族の近くに彼を引き入れたこの祝賀の会では、つつましい出演者だが、めくるめく思いをさせられた出演者の一人であった。おそらく初めて王の姿を見かけたのであろう。自分より一〇歳年上の王、数年後には、その王へ称賛と愛着を寄せる側近の一人、内輪の仲間の一人になる。そしてはかり知れないほど貴重で並はずれた伝記によって、王についての親しい記憶を後世に遺してくれるのである。

王はアンジューのソミュールで盛大な祝宴を開いた。そして私はそこにいた。また私は皆さんに証言しよう、それは私がかって見たうちでもっとも秩序正しき宴であったことを。なぜならば、王のテーブルでは、王のかたわらで、聖ヨハネの祝日に新しく騎士となられたポワティエ伯が食事をされ、またポワティエ伯のあとに、これも新しく騎士になられたジャン・ド・ドゥルー伯が食事をされ、またジャン・ド・ドゥルー伯のあとにはラ・マルシュ伯が、ラ・マルシュ伯のあとには良きピエール・ド・ブルターニュ伯が食事をされていた。そして王のテーブルの前のドレー伯に向かい合うところでは、ナヴァラ王殿下〔テオバルド一世でシャンパーニュ伯ティボー四世〕が食事をされていた。ナヴァラ王は内着《コット》〔下着シュミーズと外衣シュルコの間に着る腰までの中衣〕と繻子のマントを召され、マントには革帯と留め金が付けられ、金の旗が飾りとされていた。そして私はナヴァラ王の前で肉を切っていた。

王の前では、王弟のアルトワ伯が食べる世話をされていた。王の前では、良きジャン・ド・ソワソン伯がナイフで肉を切っておられた。王のテーブルを警護するために、ずっとフランスのコネターブル〔フィリップ一世によって制定された王の家政の五職の一つ（主馬長）であるが、聖ルイの時代には、王国の軍司令官的役職であった〕であったアンベール・ド・ボージュー殿下とアングラン・ド・クーシー殿下、アルシャンボー・ド・ブルボン殿下がいられた。この三人の殿下《バロン》の後ろには、殿下それぞれのお供で、絹地の内着《コット》を着た騎士がまさしく三〇人いて、三人の殿下を護っていた。さらにその三〇人の騎士の後ろに大勢の士卒《セルジャン》がいた。彼らはタフタ織に付けられたポワティエ伯の紋章《アルム》を飾った服装をしていた。王は、青い繻子の内着《コット》と、その上に上着《シュルコ》〔コットとマントの間に着る外衣〕をはおり、白貂《オコジョ》の毛皮の付いた真紅の繻子のマントを召され、頭には木綿の帽子を被られていた。この帽子は当時まだ若かった王には似合わないものだった。

王はこの祝宴をソミュールの会議場の建物《レ・アル》で開かれた。聞くところによると、偉大なるイングランド王ヘンリー〔三世〕がこれを自分の大きな祝宴のために建てさせたという。この建物は白外套会の托鉢修道士〔シトー会士の別称〕の修道院の回廊に倣って建てられていた。しかしそれどころではなく、これほど大きな建物は他には見当たらないと私は思う。なぜならば、王が食事をされていた回廊の壁に沿っては、大きな空間を占めて王を取り囲んでいた騎士や士卒に加えて、二〇人からの司教や大司教たちがテーブルについて食事をしていたからである。さらにそのうえ、母君のブランシュ王太后は、そのテーブルとは別の、建物の奥の、王が食事をしていない側のテーブルで食事をされていたからである(1)。

一人の若者の驚嘆ぶり。まだまだ歳もきわめて若く、くわえてシャンパーニュの家族が住むささやかな城からやって来た「地方の」若者である。しかし私たちにとっても、それは、聖ルイの外観として示された姿に注がれた最初の「まことの」眼差しの一つである。その王の姿はその周囲も個人としてもまだ絢爛豪華であるが、しかし一つの細事が私たちにつぎのようなことを示してくれる。この二七歳の王のなかには、謙譲、そして世俗的な外見から遠ざかることに惹かれる心が育っている。王の被りものが似合わなかったことである。木綿の帽子を被っていたが、それが服装の他の部分と合わず、王を老けさせ、見苦しくしていたという。騎士の礼節と身だしなみを重んじるよう育てられた若きジョワンヴィルに対してルイは魅力を与えはじめていたが、そのことがこの若者に物事をはっきりと見るように、意味ある細事を感知するようにさせている。意味ある細事に対して、歴史の生肉を好む鬼である歴史家は飛びつくものであるが、この生肉はめったなことでは手に入らないのである。

【注】

(1) Joinville, *Histoire de Saint Louis*, *op.cit.*, pp.55–57.

父親としての王

今やルイは、一二三四年五月二七日以来、同時代の人々がその姉妹とならんで美しさを讃えたうら若き乙女と結婚した身である。子孫をつくるための結婚である。それは教会の教えであり、王朝としての要請であるとともに、彼の気質を満足させることでもあった。彼はキリスト教が要求する夫婦間のモラルと規則に従いながらも、肉欲に「譲歩する」すべての事柄に関して、この夫婦の交わりをやはり利用していたわけである。まさしく聖パウロのことば「情欲に身を焦がすより結婚するほうがましである」〔『コリントの信徒への手紙一』七章九節〕に従う夫である。

しかしながら、この二人は結婚後六年間、つまり一二四〇年まで子宝に恵まれなかった。若い王妃の受胎能力の成熟の遅れだろうか。流産あるいは幼児での子供の死さえもあった（ブランシュ・ド・カスティーユも結婚の初期には幼児でいく人かの子供を亡くしている）が、これについては当時の資料も年代記作者たちも語っていない（史料などに痕跡を残すのは、ある年齢に達した者たちだけである。つまり成年の年齢に達するとか、王朝の結婚戦略の枠内で婚約させられるとか、そうしたことによって彼らがある役割を果たすのを見れるのではないかという希望が当然もてるような年齢に達した者だけである)。要するに、私たちにはわからないのである。

まず初めに、女の子供が二人である。だが娘は王朝の未来には何も保証するものではない。まずブランシュであるが、この娘は一二四〇年七月一二日に生まれたが、三年後に亡くなる。ついでイザベルが一二四二年三月一八日に生まれる。そしてついに三人の男の子が生まれる。一二四四年二月二五日に生まれたルイ、一二四五年五月一日生まれのフィリップ、つぎのジャンは生まれてまもなくの一二四八年に亡くなる。王が十字軍に出立する一二四八年八月の時点では、二人の息子が未来を保証しているようである。この王家の夫婦はさらに六人の子供を生むことになる。三人はオリエントで生まれ、あとの三人はフランスに帰国したのちに生まれた。ルイとマルグリットの一一人の子供のうち七人が父親より長生きすることになるが、そのうちの四人が息子である。当時の通常程度に多産である王家の家族構成が、一三世紀において、以上のようにみられるのである。

聖遺物の王――茨の冠

一三世紀のキリスト教世界においては、信心行為の大きな誇示(同時にそれは大きな威光の源であるが)は、その威光が抜群である聖遺物を所有することである。ある都市、ある領主領、ある王国の好運はそれに左右される。聖遺物は神の保護と恩恵を生み出す働きをする宝物である。聖ルイはそのことをサン＝ドニの「聖なる釘」の盗難によって体験として知った。

さて、若いボードゥアンのことであるが、彼はフランドル伯ボードゥアン九世の甥で、ピエール・ド・クールトゥネーの息子である。叔父のボードゥアン九世は一二〇四年にラテン十字軍によるコンスタンティノープル占拠のあと、コンスタンティノープルのラテン帝国の初代皇帝〔皇帝ボードゥアン一世。在位一二〇四~〇五〕となるが、父のピエール・ド・クールトゥネーも一二二六年から一二二九年にかけてコンスタンティノープル帝国の皇帝である。このような立場の若いボードゥアンが一二三七年にフランスを訪れ、ギリシア人に対抗するためにフランス王とキリスト教世界に救援を求めた。ボードゥアンは一九歳であったが、まもなく成年に達したら、その生まれから予定されていた帝冠を戴くことになっていた〔ボードゥアン二世として一二四〇～六一に在位。ビザンツ帝国により廃位され、帝国は消滅する〕。帝位はさしあたっては義父のジャン・ド・ブリエンヌ〔ボードゥアン二世の前帝として一二三一～三七在位〕が占めていた。コンスタンティノープルのラテン帝国はギリシア人に少しずつ侵略され続けていた。ラテン帝国に残されたのは首都コンスタンティノープルとその周辺のみとなり、まるでもはや首の皮一枚しか残されていない様子だった。

若きボードゥアンはいとこにあたるルイ王[1]に快く受け入れられたが、そのフランス滞在中に、彼は二つの悪い知らせを知る。一つはジャン・ド・ブリエンヌ帝が死去したことである。もう一つは、コンスタンティノープルのラテン人諸侯が、切迫した資金の欠乏に押されて、コンスタンティノープルに保管されている聖遺物のなかでももっとも貴重な「茨の冠」――イエスが受難の時に謙譲のしるしとして被っていたとされる冠――を外国人に売却しようと企てていたことである。新皇帝となったボードゥアン二世は、茨の冠が外国人の手に落ちることがないよう自分を援助してくれるようにルイとブランシュ・ド・カスティーユに懇願した。

王とその母は直ちに燃え上がった。彼らの敬虔心を満たし、彼らの栄光をくすぐるあの冠を手に入れることは何と素晴らしい展望を開くことか！　謙譲の冠、この聖遺物はいずれにせよ冠であるからには、まさしく王にふさわしい聖遺物である。それは、一三世紀の憐れみの信心行為のなかでキリストのイメージとなった苦悩し謙譲する王権のイメージを体現するものであり、またこの時代の人々が想像のなかで、苦悩のなかで統治し苦悩によって死に勝利するイメージを、この世でのイエスの似姿である王の頭上に被せるように思い描いたものでもあった。この問題におけるルイの感情の打ち込みの深さや真実がどうであろうと、これこそ「絶好の手」であることに注目せざるをえない。若きフランス王はキリスト教世界に自分の価値を認めさせようとする。王とその母には政治とイデオロギーの賭けであったことは明らかである。オリエントから西欧への「帝国権力の転移」と「知識権力の転移」のあとに続いて、今や「いとも聖なる受難の証物の移転」*Translatio Sacratissimae Passionis instrumentorum* がおこなわれようとしている。そしてこの威光が抜群な聖遺物の行く先、その選ばれる場所、それがフランスなのである。フランスは神とイエスに愛された土地としてしだいに姿を大きくしていくのである。つぎのことばは、サンス大司教であり、王の友であり奉仕者であり、「ガリア」教会の長であるゴーティエ・コルニュが強調するものである。

われらが主イエス・キリストがその贖罪の玄義を示すために約束の地《テール・サント》［聖地］を選ばれたように、同じくおのれの受難の勝利をさらに敬虔に崇めるために、われらがフランス（*nostram Galliam*）を特別に選ばれたと思われる。また人々はそう信じている。それは、われらが主でありまた贖い主によって、オリエントのうちのもっとも近いといわれているギリシアの地から、西欧の辺境に位置するフランスまで、いとも聖なる受難の遺物が奉遷されたことにより、主の名がオリエントから西欧に至るまで誉め讃えられんがためである(2)。

フランスが新しい聖地になるのである。だからルイについて、この高位聖職者はいう。「王はこの重要なるものの栄誉を顕示するために〈王のフランス〉（*suam Galliam*）を選ばれたことを喜んでいた。このフランスでは、王の人徳のもと、キリスト教信仰がいとも強く、またわれらの救済の玄義がいとも大なる信心行為のもとで讃えられているからである(3)」。

さていよいよ「茨の冠」の冒険が、その苦難が、そしてコンスタンティノープルからパリへのその長く驚嘆すべき旅が始まる。

ボードアン二世はパリから、ルイの使者に茨の冠を引き渡すことを命じる書簡を持たせた密使を派遣する。ルイも彼の側からの二人の使者を送っていた。ルイが使者としたのはドミニコ会士ジャックとアンドレである。ジャック会士はコンスタンティノープルの説教修道会の上長《プリウール》であったので、聖遺物が本物であることを確かめることができた。実際に、普通の聖遺物を、この場合は例外的で特別な聖遺物であるが、そうした聖遺物を前にした時の西欧のキリスト教徒の態度を理解する必要がある。彼らは、キリストの本物の茨の冠がコンスタンティノープルに保存されることがありうると信じて疑わないのである。四世紀にローマ皇帝コンスタンティヌスの母である聖女ヘレナ〔離婚ののちキリスト教に改宗し、エルサレムを訪れ、大バジリカを建立し、ゴルゴダで十字架を発見したと伝えられる〕が聖地に旅して、キリスト教の伝承にある真の十字架を発見したこと、また東ローマ帝国のヘラクリウス帝〔東ローマ帝国の皇帝ヘラクレイオス。宗教問題をめぐって教皇と対立した〕が聖地へ旅をして、六三〇年、その十字架をエルサレムからコンスタンティノープルへ持ち帰ったということ、そうしたことが今回のようなことを信じる歴史的な素地となっているのである。聖遺物に対する「批判」は、西欧では一一世紀と一二世紀に広がりを見せ、それが一一一九年から一一二九年頃にベネディクト会の修道院長ギベール・ド・ノジャンに有名な論著『聖人の聖遺物について』（*De pignoribus sanctorum*）を書かせることになるが[4]、そうした聖遺物「批判」のために、このきわめて聖なる聖遺物の輸送の道筋にはすべて多大の用心が加えられることになった。行程の宿泊地ごとに、特別な聖遺物匣に納められて（ランスの奇蹟の聖油が聖なる瓶に保存されていたように）運ばれる聖なる御物が模造品や偽物と入れ替えられていないかが念入りに確かめられた。

皇帝ボードゥアン二世とフランス王ルイ九世の使者たちはコンスタンティノープルに着くと、つぎのような状況になっているのを知ることになる。帝国の金不足はその間にも切迫していて、ラテン帝国の諸侯はヴェネツィアの銀行家＝商人から借金をし、その担保として茨の冠を渡してしまっていた。そして殉教者聖ゲルウァシウスと聖プロタシウスの祝日（六月一八日）までに借金が返済されなければ、聖遺物はヴェネツィア人のものとなり、彼らの干潟の都市に運ばれてしまうことになる。このケースにはまたも「静謐《セレニッシモ》この上なきヴェネツィア共和国」の途方もない聖遺物政策のために動くヴェネツィア商人を見ることになる。というのもヴェネツィアは九世紀初めにもう一つ別のセンセーショナルな取り引き、アレクサンドリア〔エジプト〕で聖マルコの聖遺物を購入するという取り引きを成功させていたのである。それ以来この聖マルコの聖遺物はこのドージェ〔ヴェネツィア共和国の最高責任者・総督〕の共和国の威光の重要な部分を担うことになる。だが、茨の冠の取り引きにはどんでん返しが起こる。ボードゥアンとルイの使者がこの運命の日の前に着き、フランス王がすでにこの茨の冠を買い取っていたので、その優先権を主張したのである。取り引き交渉がもたれ、最終的にはヴェネツィアはフランス王にこのいとも稀なる聖遺物を引き渡すことを承諾する。ただしつぎの条件が付けられる。茨の冠はまずヴェネツィアに運び、たとえ一時的なものであろうと、ヴェネツィアにこの驚異の聖遺物を実際に納置させることによって、ドージェの都市がその恩恵にあずかることである。共和国は聖遺物に触れることによって、そこから加護と恩恵と威光を得ることになる。

この取り引き騒動が終結を迎えた時には、すでに一二三八年のクリスマスになっていた。航海にはきわめて不向きな冬の時期に、あの貴重な宝物を海に委ねるのは大丈夫だろうか。そのうえ、ギリシア人たちは密偵からの知らせで聖遺物の売却も、間近に迫った海路による運搬も知っていて、この聖なる商品を奪おうと、予想される航路に彼らのガレー船〔当時の軍艦〕を配置していた。しかしながら茨の冠は、コンスタンティノープルの住民たちが涙とすすり泣きで見送るなかを、海に乗り出す。神が加護され、冠は無事にヴェネツィアに到着する。そしてドージェ宮殿の礼拝堂であるサン＝マルコ礼拝堂に安置された。アンドレ修道士は聖遺物を監視するためにヴェネツィアに留まり、ジャック修道士は良き知らせをルイと王母に知らせに行く。そして大急ぎで莫大な購入金（金額については私たちにはわからない）をたずさえ、コンスタンティノープル皇帝による取り引きであり契約であることを保証するボードゥアン二世の使者を伴って、ヴェネツィアに戻って来る。新たな交渉が開かれる。そこではヴェネツィアにいるフランス商人たちが活発な役割を果たす。結局はヴェネツィアはボードゥアン皇帝の意志にもフランス王の主張にもあえて反対しなかった。こうしてヴェネツィア人は涙にくれ、しぶしぶながら茨の冠をその最終目的地へとふたたび出立させる。

今度は、運搬は陸路をとるが、やはり不安は同じようにつきまとう。けれども聖遺物はその加護の力を感じさせ、フランス王が神の保護にあずかっていることを証し立て続ける。さらなる安全のため、運搬の一行はフリードリヒ皇帝による帝国の安全輸送を享受していた。皇帝による保証は、俗権が保証する安全という点からみれば、キリスト教世界にあっては最高の法的保証である。奇蹟は天候の条件でもくり広げられる。昼間の輸送中は雨一粒たりとも輸送団に降りかかることはなかった。逆に、夜となり聖遺物が宿泊のために修道院宿泊所《オスピス》に納まると、土砂降りの雨となった。つまりここでも神の加護が示されたのである。

ルイは、五年前花嫁を迎えに行った時と同じように、聖なる取得物を迎えに駆けつける。彼に同行するのは、王太后、王弟たち、旅のこの局面では活躍するサンス大司教ゴーティエ・コルニュ、オーセール司教ベルナール、そして大勢の諸侯や騎士である。ルイは聖遺物とはヴィルヌーヴ＝ラルシュベークで出会う。

王の前に聖遺物が納まる金の聖遺物匣が差し出されると、感動が高まる。聖遺物匣に、最初の発送者であるコンスタンティノープルの諸侯の印章と二度目の発送者であるヴェネツィアのドージェの印章による封印が損なわれることなく付けられていることが確かめられる。いよいよ蓋が上げられ、「はかり知れない価値の至宝」（*inaestimabilis margarita*）が姿を現す。王、王太后、そして伴の者たちは感激に胸がしめつけられ、涙をあふれさせ、何度もため息をもらす。「彼らはこよなく望まれた御物を目にしてそのまま体をこわばらせていた。彼らの敬虔なる心が、主がみずからこの瞬間に茨の冠を被られ、彼らの目の前に現れたかと思うほどの強い熱情にとらわれたのである」(5)。ポール・ルーセは、一〇九九年のエルサレム占領のとき、かってキリストを十字架にかけた者たちそのものへ罰が下ったと信じていた十字軍参加者たちの心性について鋭い研究をしているが、そのなかで、このような行動が想定させる歴史的な時間感覚の欠如を巧みに分析している(6)。茨の冠を前にして聖ルイとその仲間も自然に同じ精神状態になっている。こうしたことが中世キリスト教的な時間の柔軟性である。キリストについての記憶のよみがえりから生まれた大きな感動の衝撃のもとに、地上の時間が止まり、かって聖アウグスティヌスが永遠という感覚にもっとも近づいたものとしてきわめて深遠なやり方で喚起したあの一瞬というピークに、時が集約される(訳1)。聖ルイは十字軍に出立する九年前に、十字軍参加者のエクスタシーを生きたのである。それは聖ラウレンティウスの祝日の前日の一二三九年八月九日のことであった。

つぎにおこなわれたのは、贖罪《ペニタンス》の宗教行列である。この行列は、キリストが体現した謙譲の王権を象徴することの茨の冠や、イエスの受難へ王とその供の者たちを結びつけること、そしてよみがえる「受肉」への同化といった儀式をともなうものである。王と一番年上の弟ロベールは裸足で、下着姿で（体にはチュニカ一枚しかまとわない）、ヴィルヌーヴ＝ラルシュヴェークからサンスまで、これも靴を脱いだ騎士たちに囲まれて、聖遺物匣を運ぶ。行列は拍手で迎える大勢の群衆のなかをサンスに着く。群衆には、絹の飾りを付けた聖職者や、この都市や地方の諸聖人のあらゆる聖遺物をもって、いわば聖遺物のなかに生きている主を拝もうとやって来た修道士や律修聖職者たちが付き添っている。町に入った行列は、鐘やオルガンの音が鳴り響くなかを、絨毯や壁覆いで飾られた通りや広場を進む。夕闇が迫ると、行列は「ねじれ大蠟燭」（*cum candelis tortilibus*）が灯された松明を掲げて歩みを続ける。とうとう夜になって、聖遺物はサン＝テティエンヌ司教座教会に安置される。ゴーティエ・コルニュを読むと、この大司教が幸せいっぱいの様子が感じとられる。茨の冠が自分の都市を、自分の教会を通ったこの数時間、それは神と王国に仕える彼の人生に対する特別な褒美である。

その翌日、聖遺物の旅の最後の段階が始まる。一週間かけて、ヨンヌ川とセーヌ河を通り、王の郊外宮があるヴァンセンヌまでの船による輸送である。サン＝タントワーヌ教会のそばに高い桟敷櫓が組まれ、その上に聖遺物匣が置かれ、駆けつけたパリの民衆のだれもが見られるようにされる。ヴァンセンヌでもまた、すべての聖職者がパリのゆかりの守護聖人の聖遺物をたずさえて集まってきた。説教師たちはフランス王国の手に落ちた名誉を称賛する。つぎは、サンスと同様に、パリの城壁のなかへと聖遺物の入場である。聖遺物は、やはり裸足で下着姿のルイと王弟ロベールに運ばれ、二人のあとにはこれもまた裸足の高位聖職者や平聖職者、修道士、騎士たちが続いた。

聖遺物はまずサント＝マリ（ノートル＝ダム）司教座教会でしばらく休止する。このカテドラルにおいては、キリストの聖母マリアへの信心行為がその息子への信心行為と結びついた形で表わされるのである。ついに茨の冠は、ボスポラス海峡からセーヌの川岸に至る旅の終着点である王宮に到達する。冠は王宮の礼拝堂であるサン＝ニコラ礼拝堂に安置される。王国を加護する茨の冠は、何よりもまず王にとって抜群の価値のある所有物なのである。王国の聖遺物であるが、しかし王の私的な聖遺物でもある。たとえその加護が王を通して彼の王国と彼の臣下に及ぶはずのものとしても。

そして、コンスタンティノープルの不幸と金欠状態は続き、大きくなっていたので、ルイは、莫大な費用を使って、受難の聖遺物についてのその蒐集の仕上げをした。一二四一年、ルイは「真の十字架」の大部分、「聖なる海綿」、

「聖なる槍の鉄刃」を獲得する。聖なる海綿は、キリストの残酷な死刑執行者がそれに酢いブドウ酒を含ませて十字架に磔にされたキリストに飲ませたとされるもので〔『ヨハネによる福音書』一九章二九節〕、また聖なる槍の鉄刃は、ロンギヌス〔『ヨハネによる福音書』一九章三四節の兵士。伝承では、改宗し、処刑されて殉教者となる〕がそれでキリストの脇腹を刺したとされるものである。

【注】

（1）ボードゥアンの母ヨランダ〔エノー伯ボードゥアン五世の娘。一一九三年、ピエール・ド・クールトゥネーと結婚。コンスタンティノープル女帝〕は、フィリップ・オーギュストの最初の妻つまりルイ九世の祖母のイザベル〔一一八〇年結婚〕の妹であった。

（2）Gautier CORNUT, *Historia susceptionis coronae spineae Iesu Christi*, dans *Historiae Francorum Scriptores*, t.V, pp.407–414.

（3）*Ibid.*, p.409.

（4）近代の歴史家はギベール・ノジャン Guibert de Nogent に近代批判精神の先駆者を誤って見てきたが、彼のこの論著はつぎのことを示しているのである。すなわち中世の知識人たちは、非常に異なる基盤（多くの聖遺物が本物であると認めていた基盤）の上ではあるが、批判精神をもたないどころか、偽物を弁別する技術を念入りに作り出していたという事実である。こうした技術は、中世人の「信じやすさ」への近代人による非難を和らげざるをえないようにするだけでなく、とりわけ中世の心性について伝統的に投げかけられてきた決まりきったものの見方を再検討するよう、歴史家を導くはずのものである。中世の偽物批判は、私たち現代の基準とはきわめて異なる信仰の構造と何の迷いもなく共存している。「受肉」〔キリストが人間のかたちをとること〕とその地上的痕跡の真実、現世に超自然なるものや奇蹟なるものが実在するという真実は、偽物を検出する非常に特殊な技術を生み出すが、逆にそうした技術をなくすことはしない。そこに賭けられているものは、個人や集団的な救済がそれにかかっているだけに、非常に大きなものとなるので、邪な者による詐欺あるいは田舎人や素朴な人たちの「迷信的」信心に対して警戒することが必要となる。Klaus SCHREINER, «“Discrimen veri ac falsi”, Aussätze und Formen der Kritik in der Heiligen-und Reliquienverehrung des Mittelalters», *Archiv für Kulturgeschichte*, 48, 1966, pp.1–53 を参照。

（5）Gautier CORNUT, *Historia susceptionis*, *op.cit.*, p.410.　大司教はこの場面を目撃した証人である。

（6）P.ROUSSET, «La conception de l'histoire à l'époque féodale», dans *Mélanges d'histoire du Moyen Âge dédiés à la mémoire de Louis Halphen*, Paris, 1951, pp.623–633.

【訳注】

（1）『告白』第一一節の時間論において、神は何ら過ぎ去ることも生成することもなく、ただ存在するだけで、常に現在という一瞬でありかつ永遠であるとし、常に過ぎ去り、また生成する被造物である人間は、一瞬である現在において永遠を感じる神秘的体験をすることがあるという。

サント＝シャペル礼拝堂

王宮のサン＝ニコラ礼拝堂はこのような至宝にはつつましすぎた。受難の聖遺物、キリストの冠には、栄光ある聖遺物匣であるべき教会、主にふさわしい宮殿が必要であった。そこでルイは新しい礼拝堂を建てさせることにした。その礼拝堂には王宮の礼拝堂を意味するサント＝シャペルという単純な名前が付けられた。実際に、サント＝シャペル礼拝堂は聖ルイの意志にもとづく「建物としての聖遺物匣」であると同時に「王が管理する聖域」（Louis Grodecki）でもあった。ルイは王の栄光を神の栄光に結びつける機会をけっして逃しはしなかった。

一二四三年五月、教皇インノケンティウス四世はこの未来の礼拝堂に特権を与える。一二四六年一月、ルイは聖遺物の保護と礼拝の挙式のために参事会員からなる聖職者集団《コレージュ・ド・シャノワーヌ》を創った。一二四六年と一二四八年に発布された王文書《シャルト・ロワイヤル》は、建物、とくにステンドグラスを維持する収入をあらかじめ規定した。盛式に則ったサント＝シャペルの奉献式は、王の列席のもと一二四八年四月二六日におこなわれた。それは聖ルイが十字軍に出立する二カ月前のことである。つまり礼拝堂の建立は――そこにはステンドグラスも、おそらく彫刻類も含められる――記録的な期間で完成を見たのである。聖ルイの列聖手続きの調査記録によれば、サント＝シャペル礼拝堂は四万トゥール貨リーヴルの費用が、また受難の聖遺物の安置匣には一万トゥール貨リーヴルが費やされている。中心となった建築士やその助力者たちの名前は私たちにはわかっていない(1)。

ルイ九世の時代からすでにサント゠シャペル礼拝堂は傑作とされていた。イングランドの年代記作者マシュー・パリスは「この王の至宝にふさわしい驚異の美を備えた礼拝堂」と呼んでいる(2)。この礼拝堂の魅力についてはアンリ・フォシヨン〔フランスの美術史学者〕よりうまく語るものはだれもいない。「サント゠シャペル礼拝堂の規模は、同じ時代のアミアンのカテドラルの後陣《アプス》祭室よりはるかに大きいが、この大きさがただでさえ――少なくとも身廊《ネフ》の内部で子細に眺めてみると――重力の法則に挑戦しているかのようにみえる一つの手法に、さらに奇妙でかつ常識破りな威信をも与えている。大型ステンドグラス《ヴェリエール》に場所を空けるために排除されている壁体の質量は、巨大な扶壁《コントルフォール》となって再出現するが、あたかも側壁が崩れ落ちて垂直の迫り出しを形作ったかの観がする。これに加えて、窓の飾り迫り縁《アルシヴォルト》が別の負担を受けとめている。この負担によって、横圧力に負けるのを防ぐ働きをする石造の三角形、すなわち切り妻壁《ガーブル》という新しい荷重を受けとめているのである。この切り妻壁は、迫腰《ラン・ド・ラルク》に重みをかけるのを避け、高く積み上げられた切り妻壁全体の重みを要石にかけることによって、さび栓《クレ》の小四角錐に似た役割を果たしている。ともかく、この建物のどこをとってみても、技術的解決の洗練味がうかがわれるのであり、すでに略述した、内部効果とも一致している平衡維持方式から、建物の台座の役割をしている下層の礼拝堂の穹窿《ヴォールト》架構法に至るまで、そうなのである。非凡な優美さのなかにある種の厳しさがみられる。この着想は時代の人々を魅惑し、この礼拝堂を彼らの世紀の傑作として喜び迎え入れたのである(3)」。

サント゠シャペル礼拝堂とそのステンドグラスの大胆さと美しさがどのようなものであろうと、この礼拝堂は本当の革新を実現したものではないこともまた強調された。サント゠シャペル礼拝堂は、伝統的なゴシック様式の後陣祭室建築や、高窓の並列、古典的ゴシック様式のステンドグラス芸術を、その絶頂点にまでもたらしただけである。またその機能が建築に課した限界の特徴ももっている。たとえば、王宮付属の礼拝堂としてはその規模がつつましいこととか、聖遺物の展示という目的のために線とか量のいくつかが望ましくない断たれ方をしている。聖遺物は、ジャン・リシャールのうまい表現によれば、フランス王の「聖なる楯」*palladium* となっているものであるが、このような聖遺物に対して上層の礼拝堂が考案されたのである。[4] 大ステンドグラス窓、いわゆる「聖遺物」の大ステンドグラス窓は、「図像解釈学的プログラムすべての鍵」[5] と定義されてきた。この記念碑的建造物はまた、聖ルイの個性、信心行為と権力についての彼の目標、彼の記憶に結びつくものでもあるが、結局は、彼によく似てはいないだろうか。大胆さや顕示欲がつつましさと結びつき、伝統的なものの最高の躍動が革新の一歩手前で立ち止まるというこの建築の性格は、聖ルイにそっくりではないだろうか。

【注】

（1）Jean-Michel LENIAUD et Françoise PERROT, *La Sainte-Chapelle*, Paris, 1991. 口絵写真1を参照。

（2）MATTHIEU PARIS, *Chronica majora*, t.IV, p.92.

（3）Henri FOCILLON, *Art d' Occident* (nouv.éd.), Paris, 1938, t.II, *Le Moyen Âge gothique*, p.104〔邦訳、アンリ・フォシヨン『西欧の芸術2ゴシック（上）』神沢栄三他訳、鹿島出版会、一九七六〕。

（4）一九四〇年五月一九日、ドイツ軍の怒濤の進撃からパリとフランスを護るために、フランス政府および外交団が列席してパリのノートル＝ダム大聖堂で催された宗教儀式では、聖なる茨の冠を掲げての宗教行列がおこなわれた。Jean-Pierre AZÉMA, «1939–1940. L' année terrible», VI, *Le Monde*, 25 juillet 1989, p.2 を参照。

（5）J.-M.LENIAUD et Fr.PERROT, *La Sainte-Chapelle*, *op.cit.*

終末論の王――モンゴルの黙示録

すでにふれたが、[1] 世界の尺度で見た一三世紀の大事件、それはモンゴル帝国の成立である。ルイ九世は、このモンゴル人たちとは相互の無知と幻想によって崩れやすい漠とした提案を持参した大使を仲立ちとする遠い接触しかもたないだろう。今のところ、フランス王はキリスト教世界の苦悩を分かち合っている。モンゴル人は、ロシアとウクライナを荒廃させたのち、ハンガリーとポーランドの南部にまで軍を進めている。そして一二四一年にはクラクフとウィーン周辺に達する。ここで、文字通り黙示録的といいうるこのエピソードの本質を思い起こしてみよう。それは、キリスト教世界および人類の運命と結びつくルイ自身の運命の最後の姿を、ルイの幻想のなかで表わすものである。またそれは当時聖ルイが生きていた強度な緊張をもつ新しい宗教体験である。この遊牧民はおそらく聖書がいう「ゴクとマゴグの民」〔『ヨハネの黙示録』二〇章七～一〇節で語られる、サタンに惑わされてキリスト教徒を襲う最後の軍勢〕と思われたのであろう。彼らはオリエントの果てのその幽閉の地の壁を乗り越えて、この世の終末の前ぶれとして黙示録によって告げられた殺戮と破壊をもたらしている。だが聖ルイは苦悩に苛まれながらも確固として揺るがない。たとえつぎのようなことが本当としても、そのようなルイに変わりはない。マシュー・パリスが詳しく語っているように、聖ルイは、この極度の動揺と歓喜あるいは恐れが交錯する時どきにいつも涙を流しながら、王母につぎのような書簡を書き送っている。「勇気をおもちください、奴らがわれらのところへやって来るならば、二つのことしかありません。われらが奴らを、われらが地獄の民タタールと呼ぶ奴らを、その地獄の住まいへ追い返してやるか、奴らがわれらを天国に送ることになるでしょう」。二七歳の若き王の心の目には、二つの運命（おそらく二つの願望でもある）がかいま見えている。終末論の運命、つまり最後の時の運命、そして殉教者の運命である。

【注】

（1）前出五二～九頁を見よ。

勝利者としての王――イングランド人との戦い

しかし、いつもくり返されている危険がフランス王国を脅かしていた。

イングランド王権は、ルイ九世の少年期と青年期を通して、フランス王権の大きな敵対者であり、フランス君主制国家の建設に重くのしかかる主要な脅威であることをやめたことはなかった。

ヘンリー三世は、一二一六年九歳のとき、父のジョン欠地王の跡を継いだ。成年になった彼は、フィリップ・オーギュストに奪回されたフランスにおけるイングランド領土をあきらめることなく、フランス西部のジョン欠地王の封土をフランス王が没収したことを合法と認めたフランスの同身分者裁判の判決に異議を申し立てていた。しかしヘンリー三世は身動きできない事情があった。まずは、父王ジョンから『マグナ・カルタ』をもぎ取ることによってヘンリー三世の権力を制限してしまったイングランド諸侯と、ヘンリー三世をあてにしてフランス王への服従から自由になろうとしていたブルターニュ伯やラ・マルシュ伯のようなフランス諸侯の間に挟まれていたこと、さらには彼の慎重な補佐役ヒューバート・オブ・バーグ〔王の治世初期に最高司法官として補佐したが、のちに王と対立して罷免、投獄される〕と激情家の弟コーンウォル伯リチャードの間に挟まれて、長い間、口先だけの領土奪回の気持ちしか示せなかったことである。彼の権利回復に対しては、教皇ホノリウス三世に続いてグレゴリウス九世も支持を与えたが、ブランシュ・ド・カスティーユや若きルイ、またその補佐役たちをも刺激するには至らなかった。一二三一年から三二年のイングランドの惨めな戦いは、人もよく記憶するところであるが、休戦によって終結した。そして一二三四年一一月には、フランスにおけるヘンリー三世の中心的同盟者であるブルターニュ伯ピエール・モークレールがフランス王のもとに戻ってしまった。また教皇グレゴリウス九世は、この二つの王国の間に均衡を保たせようと努めていたし、とりわけ教皇に激しい紛争を仕掛け出していた神聖ローマ皇帝に相対しているフランス王にはしだいに気を配るようになっていたので、一二三八年、ヘンリー三世とルイ九世に対して五年間の休戦の更新を承諾させた。

休戦の破綻は、フランス西部の政治舞台の伝統的な主役の一人であるリュジニャン伯ユーグ一〇世から引き起こされる。ユーグ一〇世はユーグ・ル・ブランとも呼ばれ、ラ・マルシュ伯でもあるが、一二三八年から彼の前にこの地方の新しい立役者、すなわちフランス王の実弟のアルフォンスが立ちはだかっていた。一二二七年にブランシュ・ド・カスティーユと補佐役たちがラ・マルシュ伯ユーグを中立化させることに成功したとき、合意協定によって、ユーグ一〇世の娘とルイ九世の弟の一人とを結婚させることになっていた。これが他ならぬアルフォンスなのであった。ところで、一二二九年には、アルフォンスは、アルビジョワ十字軍を終結させたモー゠パリ条約の取り決めによってトゥールーズ伯の娘ジャンヌと婚約してしまう。その埋め合わせとして、一二三〇年に王とラ・マルシュ伯との間で合意協定が更新されたとき、王の妹イザベルがユーグ一〇世の長男で継承者であるユーグと結婚することが約束された。しかし一二三八年、この若きユーグはブルターニュ伯ピエール・モークレールの娘ヨランドと結婚してしまった。一方、私たちにはその日付まではわからないが、一二三八年から一二四一年の間に、アルフォンスはジャンヌ・ド・トゥールーズと実際に結婚してしまう。そして一二四一年の騎士叙任と成人のとき、彼は兄の王から、ルイ八世の遺言に従ってポワティエ伯領とオーヴェルニュ地方を授けられた。

この新しい伯領はラ・マルシュ伯領を取り囲むことになる。そして、とりわけユーグ一〇世は、非常に名誉ある主君のフランス王に対する臣従礼を、それより劣る身分の主君のアルフォンス・ド・ポワティエに変更しなければならなかった。けれども、ソミュールの祝典のあとで、ユーグ一〇世はアルフォンス・ド・ポワティエに臣従礼を捧げた。この状況は、彼の妻イザベル・ダングレームにはさらに気に入らないものであった。彼女はジョン欠地王の寡婦であったが、ラ・マルシュ伯と再婚したのである。だから将来にわたって王妃の身分が保たれることが願いだった。今や協定の破綻は決定的になろうとしている。ルイ九世は一二三〇年の妹イザベルと若きユーグ・ド・ラ・マルシュとの結婚の約束を機に、保証としてユーグ一〇世にオーニス地方とサン゠ジャン゠ダンジェリを引き渡していた。だが、アルフォンスがこの保証に関わるポワトゥー伯領の所有者となった今となっては、フランス王は予定された結婚の破綻を理由として（だれに責任があるのかわからない）、アルフォンス・ド・ポワティエに対するオニス地方とサン゠ジャン゠ダンジェリの引き渡しを要求した。

決裂を決心したユーグ一〇世は、彼の主君への臣従礼の捧げの場所としてポワティエに所有していた館を象徴的に破壊した。そして一二四一年のクリスマスにポワティエで開かれたポワトゥー伯の家臣の正式集会の時に、彼は公けに臣従礼の破棄を宣言した。ルイは自分の決定に伯を従わせようと無駄な試みを重ねたのち、この事件をフランスの同身分者法廷に委ねた。法廷は反逆者の封地の没収を裁決した。

裁判に期待していなかったラ・マルシュ伯はすでに反フランス王の同盟を作り上げていた。反王同盟に加わったのは、ポワトゥーの大部分の諸侯やギュイエンヌのセネシャル、そしてボルドーやバイヨンヌやラ・レオルやサン゠テミリオンの各都市、トゥールーズ伯レーモン七世、さらにはラングドックの大部分の諸侯たちである。このようにロワール河以南の領主たちと都市の大方を集める恐るべき同盟が成立したのである。イングランド王は、この事件の発端からすでにこの同盟に関心を寄せていた。しかし最初は、一二三八年の休戦の際の誓約やイングランド諸侯が乗り気ではないので、動くのを控えていた。同時代のある者たちは、皇帝のフリードリヒ二世が同盟者の後押しをして、義兄の関係にあるイングランド王ヘンリー三世(1)に近づいたのだと疑いの目で見ていた。しかし皇帝は、ルイ九世が自分に気を配っていたので、もっと慎重であったと思われる。一二三九年にすでに再度の破門をフリードリヒ二世に課していた教皇グレゴリウス九世は、同じ年の一二四一年、ルイ九世に対して、王弟ロベール・ダルトワに「ローマ人の王」〔一五八頁の割注参照〕を与える旨を告げた。この行為は、ドイツの王位とともに、将来皇帝として戴冠させる約束を示している。フランス王としては、揉め事に巻き込まれることは望まないし、またアルル王国への介入を放棄することなく、皇帝と良い関係を保つことを願っていたので、弟への贈位を辞退した。そして自分の家臣のいく人かがフリードリヒ二世に力を貸すことを許し、教皇が反フリードリヒのために作り上げようとした同盟に加わることを拒否した。

ルイはまさに皇帝をへりくだらせながら安堵させているのである。事実、ルイの使者はフリードリヒ二世につぎのように申し渡している。「われらが良き理由もなくキリスト教徒を攻撃しようとすることなど、主はお望みにならない。野望はわれらを動かすことはない。王たる血筋によってフランス王国を統治する位につかれたわれらが殿フランス王は、人の意志による選出のみによって押されるいかなる皇帝よりも上位にあることを、われらは確固として信じるものである。ロベール伯にとっては、かくも偉大なる王の弟君であることで十分である(2)」。

グレゴリウス九世は一二四一年八月二二日に死去する。教皇の座は、ほぼ二年後の一二四三年六月二五日にインノケンティウス四世が選出されるまで、空位のままに置かれる(3)。

ユーグ・ド・ラ・マルシュがフランス王との封建関係から離脱したあと、イングランド王はフランスにおけるその権利を有効にするため同盟に加わることを決める。反対に、ブルターニュ伯ピエール・モークレールは、フランス王の貸与資金のおかげで「封建諸侯の十字軍」（一二三九〜四一）に参加できた「聖地」から帰ったばかりだったので、動かなかった。

この戦争は一二四二年四月二四日から一二四三年四月七日までの一年間続くことになる。[4] 戦闘には三つの段階がある。第一段階は一二四二年四月二八日から七月二〇日までで、フランス王が敵としたのはラ・マルシュ伯とその同盟者だけであった。そしてこの時期は攻囲戦がもっぱらであった。第二段階は一二四二年七月二一日から八月四日までで、ルイ九世はイングランド軍を踏みつぶし、サントの前で打ち破り、ブラーイまで退却させた。最後は一二四二年八月四日から一二四三年四月七日までで、戦闘はトゥールーズ伯レーモン七世に向けられ、彼は一〇月二〇日に降伏する。イングランド軍は、一〇月から一一月にかけて、ラ・ロシェルの攻略を試みたが、成功しなかった。ヘンリー三世は自軍と同盟軍を立て直そうとしたが、うまくいかなかったからである。

私は、最初の二つの段階にのみ、さらに詳細に見ようと思う。なぜならルイが軍事的威光を得るのはその時期であり、彼が新しい局面を開くのはまさにそこでだからである。

一二四二年の復活祭は四月二〇日であったが、その復活祭の一週間後、ルイは「国王軍役」の招集をかけ、家臣たちが四月二八日にシノンに集まった。五月四日、ルイ九世は、弟たちと駐留していたポワティエから戦闘開始の号令を下す。ルイの軍団は四〇〇〇人の騎士、二万人の楯持ち、歩兵、おおゆみ射手、一〇〇〇台の馬車からなる強力なものであった。彼はその強力な軍団の先頭に立つ。各都市も必要な補給を提供する。この軍隊は、イングランド人ベネディクト修道士マシュー・パリスのいうように「それがフランス人のやり方であるごとく」完璧な隊形のもとに戦闘に突入する。戦いはモントルイユ＝ボナン、ベリュージュ、フォントネー、プレ、サン＝ジュレ、トネー＝ブートンヌ、マテュ、トレ、サン＝タフェールと、つぎつぎと城を包囲し、陥落させていく。[5] フランス軍は木製の櫓、投石機、「作戦に合わせて造られた兵器」など城塞包囲戦の装備がしっかりされていた。こうした装備と王に鼓舞されたフランス兵の戦意こそが、これらつぎつぎと挙げられた戦勝の理由を語るものである。多数の捕虜も捕らえられたが、王は彼らをパリや王国のその他の地に送った。タイユブールの近くでフランス軍はイングランド軍と出会う。

ヘンリー三世は、五月九日にポーツマスを発ち、一三日にロワイヤンに上陸した(6)。双方ともに確信のない無駄な折衝が重ねられるが、まとまらなかった。六月一六日、ヘンリー三世はフランス王に宣戦布告をし、大急ぎで戦の準備にかかる。部隊をほとんど連れぬまま来たからである。その間にフランス軍はポワトゥー地方の征服を完了する。

さて、七月二〇日のことである。イングランド軍を追跡していたフランス軍は敵の手にあったタイユブールの手前に着く。その近くのシャラント川に架かる橋が二つあった。一つは馬車が通れる道に延びる石橋であり、もう一つは木の橋でタイユブールとサントをつなぐ橋であった。七月二一日、両軍はシャラント川を挟んで両岸に対峙する。そこは歩いては川を渡れぬ場所であった。フランス軍は石橋でイングランド軍を圧倒する。イングランド軍はあわててサントに退却した。翌日の七月二二日、ルイ九世はシャラント川を渡り、サントの手前で戦闘を交えた。ギヨーム・ド・ナンジはつぎのように書いている。「そこで、驚異で力強い戦闘があった。その大いなる特別な日と戦闘は厳しく熾烈をきわめ、長々と続いた。だがついにイングランド軍はフランス軍の攻撃に耐えることが叶わず、退却しはじめる。イングランド王は味方の敗走に気づくと、肝をつぶし、できるかぎりの速さでサントの町へと引き返した。フランス軍は敵が潰走するのを見て、素早く追いかけ、大勢の者を殺したり、捕虜にした［…］この戦闘の日の夜、イングランド王とラ・マルシュ伯は残った手勢の兵を残らず連れて逃げ出し、サントの町も城も空にしてしまった。翌日七月二四日の朝となり、サントの都市民たちは、ルイ王に城と町の鍵を差し出しにやって来た。ルイ王はサントに駐留部隊を配置した(7)」。

ヘンリー三世はポンに撤退した。しかし七月二五日、ポンの領主ルノーはコロンビエールまで進んで来ていたルイ九世に降伏してしまう。七月二六日には、今度はユーグ・ド・リュジニャンが降伏する。ヘンリー三世は逃げ込んでいたバルブジユーで危うく逃れ、七月二六日から二七日の夜の間に、荷物も祭具も投げ出して、そこから逃げ出してしまう。そしてブラーイにまで戻るが、フランス王の進撃を前にしてはそこも立ち退かなければならなかった。ルイは八月四日にブラーイに入る。その間にヘンリー三世はボルドーまで逃げ帰った。

ユーグ一〇世の降伏は見ものであった。彼は妻と三人の息子（年下の二人はイングランド王によって騎士叙任を授けられたばかりであった）を引き連れてやって来て、涙を流してため息をつきながら、フランス王の前にひざまずき、大声で許しを懇願した。王は彼を立たせると、つぎのような条件を付けて許しを与えた。条件は、ユーグ一〇世がアルフォンス・ド・ポワティエから奪った城をすべてアルフォンスに返し、さらに彼自身の三つの城を保証としてアルフォンスに差し出すことであった。タイユブールの城主ジョフロワ・ド・ランコンは、ラ・マルシュ伯の侮辱に対し復讐しなければならぬといって、タイユブールをルイ九世に委ね、復讐が成就するまでは髪を切らないでいたが、この時になって晴ばれと髪を切った。ユーグ・ド・ラ・マルシュはこの事件で威信を落とす。彼に決闘を望み手袋を投げたのがもっと若く武勇で大きな名声のあるフランスの騎士であるだけに、ユーグ・ル・ブランの側近は決闘でユーグが命をなくすことを恐れて、フランス王に仲裁を頼んだ。憐れを感じた王は、挑戦者から決闘をあきらめることを引き出した。

ルイ九世は、戦闘による損害は比較的少なかったが、彼の軍団に大量の死をもたらす赤痢の厄災に直面しなければならなかった。彼自身も赤痢に罹る。王の側近のある者たちは、アルビジョワ十字軍の帰路にモンパンシエでルイ八世の命を奪った同じような厄災のことを考えて、王の病気に不安を抱いた。中世の戦士は、戦闘では死をまぬがれた者も流行病ではよく命を落とした。ルイは衰弱したが病いから癒えて、八月末にトゥールへ、そしてパリへと戻ることができた。前線では、戦争は終わったかのようであった。だがヘンリー三世は、ガスコーニュ地方に留まっており、ラ・ロシェルの海上封鎖を命じたが、それも失敗に終わる。弟のコーンウォール伯リチャードは、一二四二年一〇月すでにイングランドへ船出してしまっていた。イングランド王は、前年の六月にサントから反フランス王同盟計画をフリードリヒ二世に送ってあったが、一二四三年一月八日には、その希望の終わりを告げる書簡を皇帝に書く。そして三月、ヘンリー三世はルイ九世に五年間の休戦に支障なく同意してもらいたいと頼む。

このようにして今や、即位後の若い青年王の軍事遠征という思い出にはるかに増して、また戦場での活躍ぶりよりもっと存在感があった王のイメージが確立したのである。戦士としての王、戦争指導者としての王、騎士としての王、さらには聖別を受けた王にふさわしいような勝利者としての王のイメージが強く認められる。王は、その祖先のすべての王が多かれ少なかれ輝かしく発揮してきたこの第二の王の機能において、自分をはっきりと示す。聖遺物を崇拝する王であるが、その王は、中世の貴族の心を打ち、ギヨーム・ド・ナンジのような修道士さえもが「驚異」と讃えるあの戦闘の数々において名を輝かせる術を知っていたのである。

しかしながらこのフランス王は、南フランスのラングドックにおいて、またトゥールーズ伯レーモン七世に対して、もう一つ別の決定的な成功をかち得たのである。

南フランスの領主たちは長い間ブランシュ・ド・カスティーユの個人的な寛容を享受してきたように思われる。王は、教会が「異端審問所」を設置するに任せて、異端者の迫害には直接手を染めなかった。しかし一二四〇年にベジエの副伯トランカヴェルは、南仏の異端撲滅のための北仏の十字軍遠征の折の一二〇九年にトランカヴェルの父が取り上げられた領地を取り戻そうとした。この土地は一二二九年のモー＝パリ条約でフランス王の明確な所有地となり、王はそれをベジエ＝カルカソンヌのセネシャル管区としていたのである。トランカヴェルはカルカソンヌを奪おうと試みたが、王の代官セネシャルやナルボンヌ大司教、トゥールーズ司教、そしてこの地方の貴族たちは、この都市に立てこもり、王の援軍が来るまで抵抗し、援軍の力でトランカヴァルに包囲を解かせた。

この時期、トゥールーズ伯レーモン七世は、一二四一年に改めてフランス王に対して臣従礼を捧げ直していたけれども、一二四二年にはポワトゥー地方の諸侯とイングランド王の同盟に加わっている。フォワ伯やコマンジュ伯、アルマニャック伯、ロデス伯、ナルボンヌとベジエの副伯たちは、トゥールーズ伯と同盟を結び直す。一方セベンヌ山塊の裾野のカルカセスの騎士たち、あるいはアンデューズの領主たちのような他の一族に属する者は、王に忠誠を示していた。モンセギュールの手の者たちの奇襲が火薬に火をつけることになる。一二四二年五月二九日、彼らはアヴィニョネのトゥールーズ伯の館で二人の異端審問官とトゥールーズ副司教を暗殺した。そのときレーモン七世は、サントでのイングランド王の敗退のあとの七月末に、ブラーイにいたヘンリー三世に合流し、八月一七日にはエムリー副伯からナルボンヌを返還させ、アルビを制圧し、この二つの都市が彼の所有に戻ったことを宣言した。ルイは、フランス西部とイングランド王を説得したのちに、ラングドック地方に二軍団を派兵する。フォワ伯はすぐにトゥールーズ伯を棄て、王によってレーモン七世の家臣の身分を解かれる。そして一〇月一五日以降レーモン七世に戦いを挑んだ。レーモン七世はやがて、ブランシュ・ド・カスティーユに息子の王へのとりなしを願って、王に許しを請わねばならなくなる。彼は王の許しを得るが、一二四三年一月にロリスで新たな条約を取り決めることになる。レーモン七世はナルボンヌとアルビを放棄し、いくつかの城を取り壊すことを約束し、彼の領地から異端を追放すること——これは大幅に遅れる——と十字軍参加の誓約を実行することを約した。

南フランスの「平定」は、散発の反抗拠点を平定するため、それから数年続けられることになる。伝説となったエピソードの一つは、一二四三年から一二四四年にかけてのモンセギュール包囲戦である。モンセギュールの領主がロリスの条約を認めることを拒否し、王に反抗を続けたので、バイイのユーグ・ダルシがその城塞を包囲したのである。降伏に際して、モンセギュールの者たちの生命の安全が保障されていたようであった。しかし単なる反逆者だけは命を許されたが、異端であることを告白した者は火あぶりにされて命を落とすことになった。これが南フランスによる王への反逆の最後の跳ね上がりとなった。それ以後、聖ルイは、教会を助けて最後の異端者たちと闘うことは、家臣の役人たちに、また一二四九年以後は義父レーモン七世の継承者になったアルフォンス・ド・ポワティエに任せることになる。聖ルイは、父のルイ八世とは違って、個人的にこの地方に関わりたいという気持ちはもっていなかったように思われる。実際に、これ以後は、辺境の新開地であるエーグ＝モルトは別として、この地方には彼はけっして訪れることはない。

【注】

（1）ヘンリー三世の姉でフリードリヒ二世の妻のイザベルは一二四一年一二月に死去。

（2）MATTHIEU PARIS, *Chronica majora*, t.III, pp.626–627.

（3）短い在位のケレスティヌス四世が教皇としてあったのは一〇月二五日から一一月一〇日までであった。

（4）私はここではつぎのシャルル・ブモンの研究に依拠した。Charles BEMONT, «La campagne de Poitou 1242–1243, Taillebourg et Saintes», *Annales du Midi*, 1893, pp.289–314.

（5）ジャン・リシャールはモントロイユ＝アン＝ガティーヌ、フォントネー＝ル＝コント、モンコントゥール、ヴーヴァン、フロントネーを挙げている（Jean RICHARD, *Saint-Louis*, Paris, 1983, p.116）。私が提示した城のリストはギヨーム・ド・ナンジの *Vie de Saint Louis*, p.335–338 によるものであり、これは一三世紀末に作成されたフランス語版での正書法をそのまま伝えている。この史料の刊本は *Recueil des historiens des Gaules et de la France*, t.XX, 1940 である。

（6）ジャン・リシャール（注5と同書）は五月一〇日と一五日としている。

（7）GUILLAUME DE NANGIS, *Vie de Saint Louis*, p.339.

王の病気と十字軍の誓い

王は、すでに二年前、ポワトゥーの戦いの終わり頃に重い病気に罹ったが、一二四四年、おそらく赤痢と思われる新たな病気の攻撃を受ける。赤痢は中世の男女がよく苦しめられた病気であるが、この赤痢にふたたび罹ったことがルイ九世の人生に節目をつけることになる。[1] 彼は一〇月一〇日、ラ・サン＝リュースに向かう途中のポントワーズで病気になった。病状は見る間に悪化して、最悪のことが心配された。一四日、彼にはいつもつきまとっていた気がかり――死の危険が迫るなかではより緊急を要する――から、神と教会と良心との関係をきちんと整理するために、彼は二人の調停役を任命して、ノートル＝ダム司教座教会参事会との紛争を片づけようとした。そして王国全土において慈善募金と祈禱と正式の宗教行列をキャンペーンするよう命じた。以後、死に瀕したフランス王に対する慣例となることだが、王母は、王家の礼拝堂の貴重な聖遺物に王が触れられるよう、これらをポントワーズに運ばせた。ある日、王が死んだと思われたことがあった。ジョワンヴィルは、場面をパリに設定して、つぎのように記している。

彼は、聞くところによると、最期の時にあったので、彼を看護していた女官の一人は彼の顔に白布を被せたく思い、彼は亡くなったといった。ところが病床の反対側にいたもう一人の女官はそれを認めず、彼の魂はまだ肉体にあるといった。彼は二人の言い争いが耳に入ったので、われらが主は彼のうちに業を施され、すぐさま彼に健康を贈られた。なぜならば、それまでは彼は口を閉じたまま話すことができなかったのに、すぐさま話せる状態になり、彼は自分に十字架を渡してくれるように求めた〔…〕。[2]

王のこの十字軍の誓願の知らせに対しては、反応はさまざまであったが、それはこの一三世紀中葉という時代にキリスト教世界が十字軍に対してもっていた反応と同じ形を示した。[3] 一二世紀の熱狂（キリスト教徒の君主たちは常に熱狂を共有していたとは限らなかった）の大半は鎮まってしまう。失敗がくり返されたことが熱を冷ましたのである。たとえば、一一八九年から一一九二年のフリードリヒ赤髭王〔小アジアで溺死した〕、リチャード獅子心王〔仏王と不和となり、聖地を奪回せぬまま帰国する途中オーストリア大公に幽閉される〕、フィリップ・オーギュストたちの第三回十字軍、コンスタンティノープルへと目的を逸らしてしまった（一一九九）フランス諸侯の第四回十字軍（一二〇二―〇四）、第五回十字軍（一二一七―二一）などは、失敗に終わった。一二一二年の「少年十字軍」は感動を誘う悲劇的な惨憺たる一挿話にすぎなかった。一二二八年から一二二九年のフリードリヒ二世による第六回十字軍は、破門された皇帝が、イスラム教徒と恥ずべき条約を結んだ代償としてキリスト教徒がエルサレムを奪回するという、破廉恥な成功に至るという結果になった。けれども、ある北の吟遊詩人《トゥルヴェール》は十字軍に参加した聖ルイを賛美している。聖ルイのことを「純潔で、純粋、罪なく穢れもない聖なる人生」を送る「公明正大な誠実な人、真っ直ぐな貴紳」が、十字軍行きを決心したことに驚いている。普通は贖罪のために聖地への巡礼である十字軍をおこなうものだからである。またこの詩人は、王は病気の間に見神《ヴィジョン》を経験したと信じ、王につぎのように語らせている。「なぜならばわが思いは長く海外の地にあったからには、神が望まれる時に、わが体は往きて、サラセンどもの地を征服するだろう……」、そして私たちが他の史料から知ることとは反対に、つぎのよう断言している。「この王のことばを耳にした者はだれもが嬉しく歓喜した……」[5]。宣伝家の傾向のあるこの吟遊詩人はおそらく理想主義的な民衆の大多数の感情を表わしているのであろう。しかし政治家やいくつかの階層では、これと反対の意見もみられる。指導者層や知識階層をだんだん大きく統御するようになる「理性」は、民衆や十字軍奉信者の伝統的で思慮のない熱狂に戦いを挑む。間接的な説得手段では結局は何の圧力にもならないのである。

十字軍は、教皇庁の増税への批判や、キリスト教世界に対する教皇権の支配の増大に対する批判によって、間接的な形ではあるが、時には打撃を受けることになる。なぜなら歴代の教皇は、十字軍の考え方を、西欧における異端との戦い――たとえばアルビジョワ十字軍――やギリシア正教のキリスト教徒への一二〇四年の攻撃だけではなく、クレゴリウス九世の教皇在位の末期やインノケンティウス四世の在位（一二四三～五四）においてシュタウフェン家とくにフリードリヒ二世（彼は一二五〇年に死去する）と敵対することになる本質的には政治的な紛争[訳1]にも拡大する傾向があったからである。聖職者は、とくにフランスやイングランド、スペイン（ここではもう一つの十字軍である「レコンキスタ」のための戦費調達という口実がある）では、インノケンティウス四世がルイ九世に対してその十字軍のために認めた聖職者十分の一《デシーム》税にいずれ我慢できなくなる。しかし十字軍はこうした批判の本当の的ではない。真の的は教皇庁の税制である。しかもこれらの批判者のある者たちは、十字軍精神が教皇庁の金銭欲によって弱められ、殺されさえしたと、教皇権を非難している。

異端に対する敵意にはあまり重要性を与えてはならない。なぜならば、この敵意は、歴史を通じて、それは非常に遠い過去を追及するものであるとともに、時には非常に新しい響きも持つものであるが、ある種の異議申し立ての潮流の存在を示すものとしても、その世界の限られた影響の範囲を越えるものではないからである。ヴァルド派〔一二世紀の仏でピエール・ヴァルド（ワルド）が創唱した厳格な聖書中心主義の異端〕は十字軍を、殺人を禁じるキリスト教の精神および字句通りの教えに反するものとして断罪した。カタリ派〔一一世紀から一五世紀にヨーロッパに広がった種々のマニ教的分派。厳格な教説は国家や教会を脅かすものとして、一部ではアルビジョワ十字軍を引き起こす原因となった〕もまた戦争には反対で、十字軍の説教師たちのなかに殺人者の姿を見ている。それら以上に影響を与えたのは、おそらく教会の正統的な教えをはずれていた人フィオーレのヨアキム（ジョアッキーノ・ダ・フィオーレ）である。彼は一二〇二年に亡くなるが、一三世紀の千年王国主義的な動きを吹き込んだ人物である。(6) 彼は、神の意図はイスラム教徒を根絶することよりむしろ改宗させることにあるとして、(7) 十字軍はその神の意図に反することをおこなうものと考えている。

しかし、十字軍精神の没落の原因は私にはもっと深いものに思える。キリスト教の戦いの場は多くはヨーロッパに限られていた。すなわち、一方は、プロシア人、タタール人、キプチャック人に脅かされ、「レコンキスタ」がイベリア半島に決定的な刻印を押していた地理上の境界であり、もう一方は、異端がまだ根絶されていないこれら境界の内側である。おそらくはそれ以上と思われるのが、意識の内部の革命である。ほぼ一世紀以来西欧のキリスト教徒の精神と心情のなかで起こっていたこの意識革命が、十字軍の与件を根本から変えたのである。改宗は外からの雷の一撃よりも、教育や欲求の長い過程による内部的な結実となったのである。「改宗した」キリスト教徒は、エルサレムを心の内に見い出すことができ、地上のエルサレムの奪回を必要としない。また「異教徒《アンフィデール》」の改宗は、異教徒を追放し、服従させ、殺そうとする意志とならんで、その大きな動機となるのである。宣教の精神は十字軍の精神のなかにも浸み込んでいる。(8) フランシスコ会士たちと聖フランチェスコ自身も、聖地や異教の地において、この新たなる布教の必要を表わしている。ルイ九世は、たとえ武力による遠征をあきらめないとしても、托鉢修道士に取り囲まれていたからには、この新しい布教の声を聞いたはずである。一二四五年のリヨン公会議において、教皇インノケンティウス四世は、内なる十字軍である皇帝フリードリヒ二世に対する闘いをしながらも、異教徒に対する説教の重要性を強調している。とりわけ、西欧の男女は、一三世紀にあっては、西欧そのものにおいて増大する物質的・精神的な益財に、たとえば経済的繁栄、文化や芸術の飛躍、よく統治された領主領や生まれつつあった国家における安全性の進展、などにしだいに大きく心を惹かれるようになっている。ヨーロッパのキリスト教世界は普通のキリスト教徒の世俗的情熱にむしろ配慮するようになる。キリスト教徒の王は今後は一層に、その王国をよく統治し、政治的な身体と同じようにその肉体的な身体にも心を配り、その臣下の間にとどまることを任務とするようになる。ブランシュ・ド・カスティーユや王の側近の大方は、聖職者も世俗者も同じように、こうした心の変化をもったが、しかし彼、ルイは違っていた。

このようにして、新しいキリスト教の政治を具現する頑固なキリスト教徒であるブランシュ・ド・カスティーユは、息子の十字軍の誓約の知らせを聞くと、これを快く思わなかった。ジョワンヴィルはつぎのように証言している。「そのとき母である王太后は、彼にことばが戻ったことを聞き、あらぬかぎりの大いなる喜びを示された。そして彼が十字軍の誓約をなしたことを知ったとき、彼みずからがこのことを彼女に告げたとき、王太后はあたかも王の死を目にしたかのような大いなる悲しみを示された」。おそらく、こうした彼女の態度は、愛情深い母親が長い別れと海外の地の大きな危険を思い、苦悩にひしがれる姿であったのだろう。マシュー・パリスによれば、ブランシュ・ド・カスティーユと王の十字軍の誓約を受けとったパリ司教ギヨーム・ドーヴェルニュは、王が病気から回復したとき、彼の意図をあきらめさせようと最後の努力をした。二人は、彼の誓約は、病気で健全な心的状態ではない時にされたものだから、有効ではないと、王に注意を促した。ルイは唐突なことや芝居がかった遊びとユーモアが混じるようなことをするのが好きであったと思われるが、このとき彼はそうした態度で、服に縫い付けられていた十字架を激しく引き剝がして、パリ司教に向かってその十字架を自分にもう一度戻すように命じた。それは、今度は精神も肉体も健全であるからには、「自分が何をしたかを知らないで十字架を着けたとは、もういわせないためであった」。

ルイにとっては、教え込まれた信仰を極限に押し進めれば、十字軍とはキリスト教的君主の行動の完成である。ルイは、その祖先たちに、その同時代のある者たちに、聖地へ赴き闘う栄光を委ねたままにしておくだろうか。彼にとっては、十字軍の伝統は時代遅れではない。地上のエルサレムは常に望むべきものである。キリスト教世界、それはただ西欧だけではなく、キリストが生き、かつ死んだ場所も含むのである。キリストの受難を常に同時代の出来事とし、聖なる過去をふたたび見い出すためだけではなく、現在のなかで行動に移らねばならないとするキリスト教徒に、ルイは属するものである。彼は「最後の審判」の書のなかに、彼に先行して十字軍をおこなった彼の家族や王国の者たちの名前に続いて、彼の名前が十字軍参加者として書き記されることを望んでいるのである。宗教の現在と王朝の過去が彼に十字軍出立の誓約をさせるために結びつけられたのである(9)。

ルイ九世は、十字軍の誓約をすることによって、何よりまず伝統的な行動をとったのである。曾祖父ルイ七世はかってエルサレムへの巡礼をおこなった（一一四七〜四九）。彼は二つの大きな罪からの明確な赦免を願って聖地へ赴こうとしていたのだから贖罪の十字軍のタイプそのものであった。赦免を願った罪とは、まずシャンパーニュ伯討伐の一一四二年にヴィトリーの教会を国王軍が焼き払ったことである。この戦では一三〇〇人近くの命を奪った。第二の罪は、法に従って選ばれたピエール・ド・ラ・シャートルがブールジュ大司教の座につくことを拒否したため、教皇インノケンティウス二世によって王国に対する聖務停止が課されたことである。その後、聖ベルナール（ベルナルドゥス）と、シトー会士としてこのクレルヴォーの修道院長と密接に結ばれていた新教皇エウゲニウス三世は、フランス王に圧力をかけることになる。ルイ九世のそばには聖ベルナールのような人物はいないので、十字軍への発心は王自身によるしかない。祖父のフィリップ・オーギュストは、ルイ九世とは非常に異なるがやはり愛され讃えられた王であるが、彼もまた、一一八七年のサラディン〔サラーフ・アッディーン〕によるエルサレムの再奪回に続く一一八八年に、十字軍の誓約をおこなった。その動機が堅固ではなかった彼は、一一九一年四月、アッコンに上陸したが、同じ年の八月初めには西欧に戻ってしまった。こうして彼は十字軍を脱走した王、「挫折した王」という思い出を残した。ルイ九世は祖父のこの不名誉を消そうとも思ったのだろうか。父のルイ八世はアルビ派異端者に対する「代用十字軍」を成し遂げた。ブランシュ・ド・カスティーユは、「スペインの十字軍」である「レコンキスタ」を息子に語ったはずである。さらにカペー王家による宣伝が、偉大なる先祖シャルルマーニュの事績として語るものこそ、伝説的に聖地への巡礼に結びつけられてきたものではなかったであろうか[10]。一二三九年、シャンパーニュ伯ティボー四世[11]やイングランド王弟のコーンウォール伯リチャードのようなルイ九世に結びつく諸侯の一隊が十字軍遠征をした。しかしルイ九世は間違いなく、十字軍には特別なしかも個人的な思いを感じていたはずである。十字軍は、ルイの大いなる人生の見取図そのものではないにしても、少なくともその見取図を構成する本質的な一要素ではないだろうか[12]。

いずれにせよ、モンゴル人によってメソポタミアから追われ、エジプトのスルタンのアイユーブ〔アッサーリフ・アイユーブ〕によって反キリスト教徒の闘いを呼びかけられたホラズム帝国〔フワーリズム帝国〕のトルコ人たちが、キリスト教ゆかりの多くの聖なる場所に重くのしかけていた脅威のことについては、ルイ九世は知っていたとしても、一二四四年八月二三日のトルコ軍によるエルサレムの略奪や、同年一〇月一七日にガザ近くのラ・フォルビーにおいてフランク軍とその同盟軍シリアのイスラム教徒がホラズム帝国に補強されたエジプト軍によって壊滅的な敗退をしたことは、もっとあとになってしか知らない。聖ルイのみずから十字軍として赴こうとする決心は、こうした悲劇が知らされる以前になされたものである。彼の選択はこれらの出来事によって押しつけられたものではない。彼はみずからの意志のみによって決意したのである。

【注】

(1) 後出第三部第一〇章の節「病いがちの王」(一〇九六〜九頁)を見よ。

(2) JOINVILLE, *Histoire de Saint Louis*, pp.61–63. 口絵写真6の病気の王を描いたマシュー・パリスのデッサンを参照。

(3) 十字軍に関する参考文献は膨大である。その手引きとしてつぎの二点がある。A.S. ATIYA, *The Crusades. Historiography and Bibliography*, Bloomington, 1962; H.E. MAYER, «Literaturbericht über die Geschichte der Kreuzzüge», *Historische Zeitschrift*, Sonderheft 3, Munich, 1969, pp.642–736.「十字軍と東方世界ラテン世界研究学会」の『会報』に、最近の研究の年ごとのリストがある。ルネ・グルッセおよびスティーヴン・ランチマンによるそれぞれの総合的著作 (René GROUSSET, *Histoire des croisades et du royaume franc de Jérusalem*, Paris, 3 vol., 1934–1936; rééd. 1975, et de Steven RUNCIMAN, 3 vol., 1951–1954) は古くなってしまった。セットンの監修になる巨大な共同総合研究 (*A History of the Crusades*, 5 vol., dirigée par K.M.SETTON, Pennsylvania University Press, 1955–1985) は参照に価する。より簡便だが良くできているものとして、以下のものがある。Michel BALARD, *Les Croisades*, Paris, 1988; Cécile MORRISSON, *Les Croisades*, Paris, 1969〔邦訳、セシル・モリソン『十字軍の研究』橋口倫介訳、白水社、一九七一〕; James A.BRUNDAGE (éd), *The Crusades. Motives and Achievements*, Boston, 1964; Hans Eberhard MAYER, *The Crusades*, Oxford, 2e éd., 1988;『歴史』*L'Histoire* 特別号の特集「十字軍」Les croisades (Robert DELORT の序論、Paris, 1988) は、簡便でその内容の出来はまちまちの論文を集めたものであるが、しばしば示唆的な論文も含まれている; Fr.CARDINI, *Le crociate tra i mito e la storia*, Rome, 1971. 十字軍の権利とイデオロギーについては、L. et J.RILEY-SMITH, *The Crusades: Idea and Reality 1095–1274*, Londres, 1981; Paul ALPHANDERY et Alphonse DUPRONT, *La Chrétienté et*

l' idée de croisade, 2 vol., Paris, 1954–1959 ; nouv.éd. (postface de M.Balard), Paris,1955 ; James A.BRUNDAGE, *Medieval Canon and the Crusader*, Madison, Milwaukee, 1969 ; Jean RICHARD, *L' Esprit de la croisade*, Paris, 1969 ; Paul ROUSSET, *Histoire d' une idéologie de la croisade*, Lausanne, 1983 ; Benjamin Z. KEDAR, *Crusade and Mission. European Approaches toward the Muslims*, Princeton, 1984. 十字軍の歴史的環境については、Claude CAHEN, *Orient et Occident au temps des croisades*, Paris, 1983 ; P.M.HOLT, *The Age of the Crusades*, Londres, 1986.

（4）十字軍についての中世の批判については、P.A.THROOP, *Criticism of the Crusade*, Amsterdam, 1940 ; E.SIBERRY, *Criticism of Crusading, 1095–1274*, Oxford, 1985.

（5）これはJ.RICHARD, *Saint Louis, op.cit.*, p.173に引用されている抜粋の一部である。この韻文作品の全文は、つぎの文献に収録されて公刊されている。W.MEYER, « Wie Ludwig IX der Heilige das Kreuz nahm», *Nachrichten der königlichen Gesellschaft der Wissenschaften zu Göttingen*, 1907, pp.246–257.

（6）千年王国主義と聖ルイについては、後出二五八～六一頁を見よ。エジプトからの帰途にあったルイ九世とフランシスコ会士でフィオーレのヨアキムに賛同するユーグ・ド・ディーニュとが出会ったのは、イエールの小さき兄弟の会の修道院である。

（7）M.BALARD, *Les Croisades, op.cit*.（注3と同様）, pp.84–85を見よ。

（8）Steven RUNCIMAN, «The decline of the crusading idea», dans *Relazioni del X congresso internazionale di scienze storiche*, Florence, 1955, vol.3, pp.637–652 ; E.SIBERRY, «Missionaries and Crusaders, 1095–1274 : opponents or allies?», *Studies in Church History*, 20, 1978, pp.103–110 ; Franco CARDINI, «Nella presenza del Soldan superbo : Bernardo, Francesco, Bonaventura e il superamento dell' idea di Crociata», *Studi Francescani*, 71, 1974, pp.199–250 ; B.Z.KEDAR, *Crusade and Mission, op.cit*.

（9）Jacques LE GOFF, «Saint Louis, croisé idéal?», *Notre histoire*, n°20, février 1986, pp.42 sqq.

（10）この伝説を収集し流布している武勲詩『シャルルマーニュの巡礼』*Le Pèlerinage de Charlemagne*は一一五〇年頃のものである（『ロランの歌』*Chanson de Roland*の終わりがシャルルマーニュの聖地への遠征を予見させている）。Jules HORRENT, «La chanson du Pèlerinage de Charlemagne et la réalité historique contemporaine», dans *Mélanges Frappier*, I, 1970, pp.411–417を参照。

（11）Sidney PAINTER, «The crusade of Theobald of Champagne and Richard of Cornwall,1239–1241», dans K.M.SETTON, *A History of the Crusades, op.cit.*, vol. II, pp.463–486.

(12) 聖ルイの思想と治世における十字軍の重要性についてのジョーダン W.C.JORDAN とリシャール J.RICHARD の意見の検討はのちほど(二二二頁)するつもりである。

【訳注】

(1) フリードリヒ二世を含め、この家系出身の皇帝が一一三八年から一二〇八年と一二一二年から一二五四年に、神聖ローマ帝国を支配したが、教皇インノケンティウス四世は、ドイツ王位あるいはシチリア問題をめぐって、フリードリヒ二世を三度も破門し、退位させ(一二四五)、コンラート二世も破門して(一二五四)争った。後出二〇二～四頁参照。

王、教皇、皇帝

しかしながら、一一世紀から一四世紀にかけてキリスト教世界をゆさぶる大きな紛争、すなわち教皇と皇帝という二人の指導者の闘いが再発し、それがフランス王にまで及ぶことになる。この二つの超大権力に対するルイ九世の態度は常に変わらず、しかも等距離を保つ。今やキリスト教世界でもっとも強力な王国の君主であるフランス王は、この政策を実施する手段をもっている。それぞれに対してなすのがふさわしいことを、それぞれに対して行うことが肝要である。教皇に対しては、霊的領域における子としての服従する敬意を、そして皇帝に対しては、その象徴的上位を儀礼的に礼儀正しく認めることである。だが二人のどちらに対しても、フランス王は自分のみの権威に属する世俗的諸問題への干渉は一切禁じ、その世俗的独立性の尊重を強く求める。活発なフリードリヒ二世に相対しては、フランス王は、世紀の初めに教皇インノケンティウス三世によって「その王国においては上位者を認めない」という事実を認められた強い立場で、尊重をこめての中立性という態度を保つ。しかし教皇に対するのと同じように、必要な時は強気とへりくだりの態度を交互に使う術を心得ている。彼が考えるに、このような態度こそキリスト教的な君主の間での良き振る舞いであるべきものである(1)。

すでに見たことであるが、ルイ九世はロンバルディアで皇帝軍に対してフランスの騎士たちをいかに戦わせたか、また教皇が王弟ロベール・ダルトワに提供するドイツ皇帝の座を弟のためにいかに断ったか、を私たちは知っている。しかし一二四一年五月三日、教皇グレゴリウス九世に招集された公会議に出向く大勢の高位聖職者を乗せていたジェノヴァの船団が皇帝に仕えるピサの船団に打ち負かされ、聖職の高官たちはフリードリヒ二世の虜囚にされたしまった。彼らのなかにはフランスの聖職者もいた。しかも少なからずいた。オシュ、ボルドー、ルーアンの大司教、アグト、カルカソンヌ、ニームの司教、シトー、クレルヴォー、クリュニー、フェカン、ラ・メルシ＝ディユーの修道院長らである。直ちに知らせを受けたルイは、数カ月前にフリードリヒ二世とはヴォークールールで会ったばかりなので、皇帝の好意に期待できると信じて、彼らの引き渡しを要求するため、コルビーの修道院長と王家付きの騎士の一人ジェルヴェ・デクレンヌを使者として送った。だがギヨーム・ド・ナンジが報告しているように、フリードリヒ二世はあらかじめフランス王に対して、王国の高位聖職者が教皇の招集に応じて出国する許可を出さないように要求していたので、捕虜をナポリの牢獄に送り、フランス王につぎのように横柄な返事を返した。「皇帝《カエサル》を苦しめるために来た者たちを皇帝が厳しく苦しめるとしても、国王陛下は驚かれないように望む」。この返事にびっくり仰天したルイは、クリュニーの修道院長——彼は捕らえられたすぐあとに釈放されていた——につぎのような書簡を持たせて、フリードリヒのもとに向かわせた。

余の信仰と余の希望《エスペランス》がこれまで堅く保たれてきたゆえに、いかなる紛争、訴訟、憎悪の種も長きにわたって余の王国と貴殿の帝国との間に生ずることはありえなかった［位階の不平等と同時に事実の平等を表わす語彙に注意されよう］。なぜならば、余のフランス王国を維持してきた余の祖先がローマの帝国の正式なる皇帝を常に愛し、敬意を捧げてきたからである。そして彼らのあとに続く余も余の先人たちのことばをしっかりと変えることなく受け継いでいる。しかるに貴殿は、余にはそのように思われるが、貴殿は友情を、平和と和合の同盟を、断とうとされている。貴殿は、教皇の命を拒むことができず信仰と服従によってローマの教皇座に向かっていた余の高位聖職者たちを押さえ、また貴殿は海上で彼らを捕らえさせた。それは余が苦痛と苦悩をもって耐え忍ぶところである。彼らの書簡によって彼らが貴殿に逆らうようなことは何も考えていないことを余が承知していることを、信じられたい。すなわちこれまでも彼らは貴殿に危害をもたらすことは何もしなかったからには、彼らを返し、彼らを解き放されることは貴殿の意にかかっている。余の言づけを熟慮され、正しき判断にかけられ、力と貴殿の意志のみによって、彼ら高位聖職者を留め置かれぬようにされたい。なぜならば、フランス王国はそれほどに弱体ではないからには、貴殿の拍車に引きずられるままにはなり申さぬであろうから(2)。

フリードリヒ二世を怯《ひる》ませる素晴らしい宣告である。なぜなら年代記作者も私たちにつぎのようにいっているからである。「皇帝はルイ王の書簡に記されたことばを耳にしたとき、彼の心情と意志に逆らい帝国から高位聖職者たちを送り返した。なぜなら皇帝は怒りにかられることにちゅうちょしたからである(3)」。

しかしながら、ルイは自分の王国の秩序を整えることに力を注ぐ。キリスト教君主間の平和の維持は、ルイにとってはつぎのようなことが求められるように思われた。すなわち一人の封建領主が二つの異なる王国を治める二人の王の封臣であることはできないということである。また一二四四年にルイは、自分の封臣でもありまた英仏海峡の向こう側の領地のためにイングランド王の封臣ともなっている領主たちに――とりわけノルマンディ地方の多くの領主に――二人のどちらかを選ぶように命じる。それに反撃して、ヘンリー三世はフランスの領主の全員からそのイングランドの領地を取り上げている。聖ルイはこのようにして、彼にとって封建王制のあるべき姿を示したのである。すなわち、封臣であることと王国への所属とは密接に統一されるもので、そこでは領主は王の封臣であると同時に家臣なのである。

つぎに、ルイはフランス王権とシトー修道会との間に密接な絆を創り上げようと思う。シトー会に対してルイは新しい托鉢修道会と同じように敬愛を抱いている。彼は、一二四四年秋の聖ミカエル〔サン＝ミシェル〕の祝日の前日に開かれる修道会総会のため、盛大にシトー修道院を訪れることを決める。いつもの習慣通り、ルイはこの旅を利用して、旅の途中にある巡礼地や聖遺物、修道院を訪ねることにする。こうしてヴェズレーのマドレーヌ教会やヴィトー＝アン＝ノーソワの修道院を訪ねた。ルイには、王太后ブランシュを始めとして、王弟ロベール・ダルトワとアルフォンス・ド・ポワティエ、ブルゴーニュ公と六人のフランスの伯が同行している。ブランシュは教皇から、シトー会修道院には六人の婦人と一緒に入ることが認められるという特権を得ていた。一行は、修道院から弓の一射ほどの距離になると、敬意から馬から降りて地面に足をつけ、修道院まで祈りながら宗教行列を組んで近づいた。修道士たちは、王と王太后には配慮し、旅の疲れを理由に、肉を食することを許したが、囲いの外にあるブルゴーニュ公の館で食することとした。また教皇が許可した女性が修道院に入るのは許したが、宿泊は認めなかった。とりたててのことは、総会がフランスの修道会のすべての施設における「生者の記念《メメント》」〔ミサ典礼において司祭と信者がとくに祈りの対象とする人の記念〕に特別な意図をこめてルイと王太后の名前を唱えることを決定したことである。祈禱盟約関係によって王はドミニコ会やフランシスコ会、プレモントレ会〔一一二〇年、聖ノルベルトゥスが聖アウグスティヌスの戒律のもとに創立した修道会〕、グランモン会〔一一〇〇年頃、ムレの聖ステファヌスがベネディクト戒律のもとに創立したフランスの修道会〕の修道士たちと結びついている。こうした祈りによる絆は王と王太后の救済を保証するためのものだが、しかし中世の王のほとんどすべての信心行為の身振りは政治的な身振りでもあるので、彼は、中世にあっては、肉体的な親族関係と同じぐらい強力な「人為的な」親族関係であるこのようなネットワークを、これらの霊的および世俗的な一大権力集団である修道院との間に築き上げているのである。

一二四一年八月に死去したグレゴリウス九世〔在位一二二七～四一〕、さらには教皇の座には一二日間しか在位しなかったケレスティヌス四世〔在位一二四一年一〇月二五日～一一月一〇日〕のあとを、一二四三年六月、インノケンティウス四世〔在位一二四三年六月二五日～一二五四〕が継いだ[4]。すぐさまフリードリヒ二世との紛争が激しくなった。

ルイは、シトー会総会に出席しているとき、教皇からの使節を迎え、教皇の書簡を渡される。書簡は、フリードリヒ二世の攻撃から教皇を庇護する避難の場をフランスに認めてもらいたい、とフランス王に頼むものであった。かってルイ九世の曾祖父ルイ七世は、現皇帝の祖父フリードリヒ一世赤髭帝に迫害を受けた教皇アレクサンデル三世を迎え入れたことがあったが、ここでまた曾祖父のした行為をルイ九世はくり返すことになるのだろうか。しかしルイ九世は、使者たちに深く敬意を示しながらも、曾祖父とは異なり、断固とした態度で答える。彼は、家臣の諸侯の助言を取り上げ、諸侯は教皇がフランスに避難するのを許すことはまったく勧めなかったと答えた。ルイ九世としては、教皇と皇帝のどちらの側に立つかを明白にしすぎないことを望んでいたのである。それでもインノケンティウス四世はフランス王の支持を期待し続けることになる。安全ではないイタリアを逃れた教皇は、リヨンに身を落ちつけようとやって来る。リヨンは原則としては帝国に所属しているが、影響力をもつフランスから至近にあり、またその大司教の権威のもとにほとんど独立している状態にあった(5)。

インノケンティウス四世はリヨンには一二四四年一二月二日に着き、そこでフランス王の重病を知る。だがそれもまもなく安堵することになる。一二月二七日、教皇はつぎの聖ヨハネの祝日にリヨンにおいて開催する普遍公会議《コンシル・エキュメニック》の招集を告げ、そして皇帝に対しては、会議に出頭して弁明をおこない、会議の裁定を聴くように、召喚した。慣例によって世俗の君主たちも公会議に招かれるが、ルイは相変わらず深入りしすぎないよう心掛けているので、リヨンには行かない。公会議は、一二四五年七月にフリードリヒ二世を廃位し、帝国と彼がもっていたすべての王国を彼が失ったことを宣告する。とりわけ十字軍のことが念頭にあったルイは、クリュニーでの会談をインノケンティウス四世に提案し、教皇と皇帝との和解を準備しようとしたが、これは教皇が公会議において告示していたルイ自身の十字軍に対する支持を固めようと望んでのことであった。マシュー・パリスは、フランス王は教皇がクリュニーよりさらにフランス王国に入り込むことを禁じた、と主張しているが、この礼儀に欠ける行いは本当とは思えない。ルイ九世とインノケンティウス四世は、かたや王族や諸侯の面々からなる行列、かたや枢機卿や高位聖職者からなる行列を大々的に組んでクリュニーに到着する(6)。会談は教皇とフランス王と王太后ブランシュ・ド・カスティーユ——相変わらずフランス王国を共同統治していたようである——だけでおこなわれ、その内容は秘密とされた。しかし私たちは少なくともつぎの点は証明できた。会談は、しばしば激しい対立があったにもかかわらず(7)、教皇とフランス王の関係は友好的であったこと、インノケンティウス四世はルイの十字軍の支持を強めたこと、だがフリードリヒ二世に対しての和解の態度は一切拒否したことなどである。

つまり、ルイ九世はその中立の態度をかたくなに守っている。フリードリヒに対しても、その書簡では「いと優れ、またいと親しき友、常に尊厳なる皇帝、シチリア王でありエルサレム王である」と扱っている。一二四六年にルイは、成功しなかったが、フリードリヒのために教皇に新たな仲裁を試みている。しかし一二四七年には、フリードリヒがその時もまだ教皇の逗留していたリヨンに進軍するためかなりの軍団を集めていることを知り、ルイは教皇を護るために相当な軍隊を派遣する。そのため、フリードリヒ二世は、すでにアルプスまで進軍してきていが、パルマに引き揚げてしまう。こうしたことがあっても皇帝とフランス王との関係は誠意あるものにとどまることになる。教皇を救ったあと、均衡政治に忠実なルイ九世は、聖職者に対するフランスの世俗領主たちの反抗にはやはりしっかりとした支持を表わしている。そして教皇に意見書を送り、フランスの教会と王国に対してその裁判権を侵し、税の不当徴収で苦しめている教皇庁のやり方に激しく抗議している。(8)

【注】

(1) フリードリヒ二世と教皇権との紛争、またこれらの問題における聖ルイの行動については、エルンスト・カントロヴィッツが、ヨーロッパの諸君主の間におけるフランス王の像を見事に描き出している。彼の結論は「ルイ九世に比べると他の諸王は貧弱な姿を見せる」(Ernst KANTOROWICZ, *L'Empereur Frédéric II*, *op.cit.*, pp.514–515) となっている。

(2) ギョーム・ド・ナンジの *Vie de Saint Louis* の古仏語版のテクストを、その元の形ができるかぎり残るようにして、私が現代語にした。

(3) 年代記作者のテクストはもとの資料と一致している(フリードリヒとルイの書簡は——年代的に逆の順序で——つぎの文献に収録されている)。*Chronique des ducs de Brabant* (*Collection de Chroniques belges*), t.II, pp.171–172. Carlrichard BRÜHL, *Naissance de deux peuples : Français et Allemands* (IXe–XIe *siècles*), Paris, 1995, p.305 の注釈を見よ。

(4) マシュー・パリスによれば、フランス人たちは教皇を選出する枢機卿たちを脅したという。つまり全キリスト教世界のために一人の教皇を選出しないならば、その昔聖クレメンスが聖ディオニシウスに授けたいわゆる特権によって、アルプス以北 (*citra montes*) のキリスト教世界にもう一人別の教皇を選出すると脅した。のちに「ガリカニスム」と呼ばれることになるものがどれほど古い根をもっていたかがよくわかるが、大方の専門家はこの書の真正性については信を置いていない。この史料はフリドリヒ二世の文書庫にあるので（Jean HUILLARD-BRÉTOLLES, *Historia Diplomatica, Frederici secundi*, Paris, 1852–1861, t. VI / 1, p.68 に記載）、皇帝の尚書局がルイ九世に傷をつけようと思い、それに皇帝の考えを付け加えた偽造と考えることができよう。この問題は改めて取り上げねばならないであろう。

（5）この件については、私は今も価値をもつつぎの文献に依っている。Élie BERGER, *Saint Louis et Innocent IV. Étude sur les rapports de la France et du Saint Siège* (Paris, 1893).

（6）この旅の間に、ルイ九世はアリックス女伯からマコネ地方の買収をまとめた。アリックス女伯はブランシュ・ド・カスティーユが創立したポントワーズ近くのモービュイソンの修道院に隠退した。

（7）ルイは教皇の傲慢によって衝突した。後出九六四頁を見よ。

（8）ルイは相ついで二人の使節を教皇に送っている。二人目の使節が渡した意見書は要求が詳細に記されたものであるが、その意見書のなかで、王の使節はつぎのように宣言している。「わが主人なる王は遠き以前よりフランスの教会に対して、つまりは王自身に、王国に対する不正を大いなる苦痛で耐え忍ばれてきた」（マシュー・パリスがその年代記の補遺として公表している史料である MATTHIEU PARIS, *Chronica majora*, t.VI, pp.99–112）。Gerard J.CAMBELL, «The protest of Saint Louis», *Traditio*, 15, 1959, pp.405–418 を参照。キャンベルの考えでは、この意見書は聖ルイの考え方をよく表わしてはいるものの、意見書を書いたのは使節であり、したがってこの使節は王の意図に合わないような険しい攻撃的な形を王の考えに与えているという。後出九九二〜四頁を見よ。

聖ルイと地中海

それだからといって、こうした複雑な政治の駆け引きも、王にその大構想から気をそらせはしない。十字軍に出立することを決定することで、ルイはフランス王国と地中海の関係の歴史に新たなページを付け加えている。(1) この内海はそれまで、フランスの先祖であるガリアの、ついで西フランク王国の政策がおよぶ範囲であったことは一度もなかった。六世紀に、それまでそこを支配していた東ゴート人に対してメロヴィング家が征服したプロヴァンス地方は、七三〇年から七四〇年にシャルル・マルテル〔フランク王国の宮宰〕によって容赦なく服従させられるまで反抗をやめなかった。しかし続くカロリング家はその後、その帝国の重心を地中海から北方へと移してしまった。そして「ヴェルダンの分割」(訳1)において、プロヴァンスはロタランギアの所領〔長子ロテールの土地〕に移された。そのため地中海は、ローヌ河とアルプス山脈の間は、一五世紀末まで帝国の沿岸領域としてとどまることになる。逆にローヌ河とピレネー山脈の間の地中海沿岸は理論的には西フランク王国に所属することになる。つまりは九八七年〔ユーグ・カペーのフランス王選出〕以後はカペー王国のものとなる。しかし一三世紀までは、ラングドックの領主たちはカペー家の封建的宗主権を理論上でしか認めず、ルシヨンからモンペリエにかけてはアラゴン王国〔一〇三五〜一五一六〕の強い影響下に置かれていた。地中海がフランス王権の現実的な領土となり、王権の政策がおよぶ範囲に入るのは、アルビジョワ十字軍の終結とルイ九世の支配を待たねばならない。一二二九年、アモーリー・ド・モンフォールは南フランスのすべての権利をフランス王に譲渡する。そして王領はボーケール（この都市は一二二六年にルイ八世によってアヴィニョンの自治都市《コミューン》から購入された）とカルカソンヌのセネシャル管区をともなって拡大する。史上初めてフランス王領が地中海に達することになったが、一二世紀に非常に栄えていた港サン＝ジルがこの当時にはもはや自由に航行できる海ではなくなっていたので、ルイ九世はやがてエーグ＝モルトの港を造らせることになる。

ルイ七世とフィリップ・オーギュストの十字軍遠征は地中海についての何らかの政策をともなうものではなかった。軍隊を輸送するために、二人はマルセイユ、とくにジェノヴァを頼りにした。けれどもこの地域では王による活動に関係なく、東地中海には重要なフランスの存在感があり、それがルイ九世の十字軍が展開することになる状況の要素の一つを作り上げようとしていた。

フランスの貴族と騎士は、初期の十字軍に対して——とりわけ第一回十字軍は——、またエルサレムのラテン王国や聖地のキリスト教徒支配の国家の創立において、決定的な役割を演じた。エルサレムの奪回や聖地の征服についての年代記の表題に証言させてみると、たとえば、無名の一聖職者による年代記は、その主人公がノルマン人ボエモンであるのに『エルサレムを征服せしフランス人の武勲』*Gesta Francorum Jerusalem expugnantium* とされているし、修道院長ギベール・ド・ノジャンは『フランク人を介しての神の尊き事績』*Gesta Dei per Francos* と表題を付けている。事の最初から、十字軍に対して「この世の終末にあたって重要な役割を演じるようフランス人が選ばれている」という確信が流布していた。(2) 聖ルイはその確信を引き継ぎ、生きることになるのである。

「フランク人」(大多数はフランス人である)は事実、近東の地中海沿岸地帯の主なる占拠者であり入植者であった。一二世紀のシリアが、一七世紀から一八世紀のカナダや一九世紀のアルジェリアと比較されたことがある。一二世紀のシリアは植民化が都市にも農村にも同時におこなわれ、フランス人が聖地に作った要塞《ブーヴルガード》と同じほどの数の「開拓町《ヴィル・ヌーヴ》」が国中に造られたが、(3) それは一七世紀から一八世紀のカナダあるいは一九世紀のアルジェリアと匹敵できる「新しいフランス」であった。

地中海におけるフランス人の切り札として忘れてならないのは言語である。一三世紀においては、土着言語は、文学だけではなく法律や行政の書かれた史料においても決定的な進展を見せた。そこにフランス語が、ラテン語に続いて、それよりも活発な形で、キリスト教世界の新しい国際語として現れるのである。この一三世紀の地中海のまわりではだんだんとフランス語が話されるようになった。おそらくイタリア南部やシチリアでノルマン人によって話されていたフランス語は没落したが、代わってキプロス――一一九一年にリチャード獅子心王に征服され、一一九二年にはリュジニャン家が王朝を開いた――では、指導者階級はフランス語を話し、大衆の大部分はフランス語とイタリア語とギリシア語から造られた「リングア・フランカ」*lingua franca* を話していた。(4) ことに海を越えた聖地のラテン系諸国家では、フランスの生活様式とか慣習と同時にフランス語が根づき、レヴァント地方で生まれた「フランク人」の第二世代は、本当の「海外領のフランス」に生きていた。(5) 日常言語としてのフランス語はまた、ここ聖地においても、ヨーロッパのキリスト教世界においてと同じように、一三世紀には書きしたためられるようになった慣習法の編纂のための言語でもあった。それらの慣習法には『王のための書』、『都市民のための重罪裁判集』、『ジャン・ディブランの書』などがある。(6)

ルイ九世が相対することになる地中海は、一三世紀においては、三つの大きな文化的・政治的世界であるラテンのキリスト教世界、ギリシア・ビザンツのキリスト教世界、そして地中海の南沿岸のすべて（エジプトからモロッコまで）とスペイン南部に広がるイスラム世界が、出会い、交流し、対決する場所である。コンスタンティノープルは、ビザンツ帝国のなかでもヨーロッパ側に位置し、アナトリア地方の北西にあるが、ルイ九世の治世のほとんどを通じて、ラテン人によって統治されている。このいわゆるラテン人は一二〇四年の第四回十字軍の時にコンスタンティノープルを首都とするラテン王国を築いたが、一二六一年にはギリシア人によってふたたび征服されることになる。しかしながら、イスラム教徒に対するキリスト教の「レコンキスタ」がスペインで急速に進められる[7]。

この地中海は、まず第一に「物理的な」空間である。技術的にも心理的にも御することがむつかしい空間である。西欧は一三世紀に海上航海術で進歩をするが、その進歩がどの程度に地中海領域で実用化されるものであったのかはわからない。船体の軸に置かれ、船の後部で動く船尾舵は、一四世紀初頭になって初めて地中海の北部の海で使われるようになったと思われる。聖ルイに借り上げられたヴェネツィアとジェノヴァの大型船は、以前のように二つの側面舵を使っている。羅針盤は一一九〇年頃に西欧で知られるものだが、その使用はきわめて遅々としてしか広がっていない[8]。しかしジェノヴァとヴェネツィアは商業用に大規模な船を造った。それは容易に軍事用の運搬船に変えることができ、二つの甲板にはかなりの数の兵士を、また船倉には馬や食料や飲料水を積むことができた。マルセイユでジョワンヴィルは、そうした本物の上陸用大型船に馬を積み込むのに、称賛の驚きをもって立ち会っている。「われらが船に乗り込む日、船体の戸口を開くと、われらが海外に引き連れていかねばならぬわれらの馬を残らず船のなかに乗り込ませた。つぎに戸口を閉めると、まるで桶を〝水の中に浸ける〟時のように、戸口を塞いだ。なぜならば、船が海原に出れば、すべての戸口は海中になるからである[9]」。

聖ルイが借り上げたヴェネツィアの大型船（nave）「ロッカフォルテ」号は、船の全長が三八・一九メートル、最大幅が一四・二二メートル、船体の平均的高さが九・三五メートル、塔など上部構造物がある部分では高さが一三・七〇メートルあった。船の積量［トン数］は約六〇〇トン、排水量（つまり海中部分が占める水量）は約一二〇〇トンと、かって見積もられたことがある。[10]これら大型船の主な欠陥は、事も重大な漂流であった[11]。海図作成法は、それ自身としてはゆっくりと進歩はしていた。中世においてもっとも古い海図についての言及は、サン＝ドニの年代記作者ギヨーム・ド・ナンジの証言によれば、一二七〇年に聖ルイがチュニスにたどり着いた時に乗っていた大型船にあったという海図である[12]。

嵐や海の災難は、聖ルイにも必ず降りかかることになろう。航海には良い季節を待たねばならない。聖ルイは一二四八年八月二五日にエーグ＝モルトを出航し、九月一七日から一八日にかけての夜にキプロス島のレメソスの港に着く。しかし悪天候の恐れによって、エジプトへの上陸はつぎの年の春に延びることになる。このように配慮したにもかかわらず、一二四九年五月、フランスの船団がエジプトの沖合に達したとき、強風が船の大部分を運び去ってしまい、また彼が連れてきた二八〇〇人の騎士の大半が王から離れてしまい、王のもとにはわずか七〇〇人の騎士しか残らなかった。彼らが王のもとに戻ったのはずっとあとになってからのことであった。

一二五四年春の帰国の時には、王の船は濃霧に包まれ、キプロス島の前の砂洲に座礁し、ついで非常に激しい嵐に船が巻き込まれた。嵐があまりにも激しいので、王妃は、サン＝ニコラ＝ド＝ヴァランジェヴィル（ロレーヌ地方のサン＝ニコラ＝デュ＝ポール）に対して、贅沢な報恩奉納物《エクス＝ヴォト》として五マールの価値のある銀製の船一艚を献じることを、ジョワンヴィルに約束するほどであった[13]。

つまり、この地中海は、危険な海であった。とりわけ大部分が陸に暮らすフランス人にとっては、危険な海であった。フリードリヒ赤髭帝もまた海を恐れていた。そのため彼は第三回十字軍のためには陸路を選んだ。だがそれが彼には致命的なものになった〔小アジアのサレフで川を渡る時に卒中を起こし、落馬して、溺死した〕。フィリップ・オーギュストは、同じ十字軍で、船酔いしたので、彼は海について、船酔いに関する心配の念をその後もずっと抱き続けたようである。ジョワンヴィルは、聖ルイの勇気を示す主な証のなかでも、王が海上の危険に直面した時の大胆さを取り上げている。王の船が座礁した時も、つづいての嵐の時も、冷静さを失わなかった王の大胆さである[14]。ジョワンヴィルは、その思い出を記すとき、王が海に対していかに勇敢に立ち向かったかを見て、驚嘆している。「他者の善のためにかくも危険に、あるいは自らの魂の死さえもたらしかねない罪に、あえて身を投じるあの方は、まさに狂おしいほど大胆である。なぜならば人は夕べに眠るが、朝になって海の底にいることになるかどうかも知らずに眠るからである(15)」。

十字軍という贖罪の巡礼において、一三世紀にきわめて共通するものであった海への恐怖を聖ルイが克服したことは、のちに彼の聖性を証明する証拠として採用されることになろう(16)。

一三世紀の地中海はまた「経済的」(訳2)空間でもある。キリスト教側からは、この経済的空間を支配したのはイタリアの諸都市である。アマルフィの時代は過ぎた。そしてピサ、ジェノヴァ、ヴェネツィアの時代が到来した。ルイ九世が王領に新たに統合した沿岸にエーグ＝モルトの港を造らせた時には、まず経済的利益をそこに見たのである。彼はそこで商業を発展させ、イタリア商人、この場合はジェノヴァの商人たちを引きつけたいと思った。そのために、当時エーグ＝モルトの潟を閉じていた沿岸洲にフサルモーディの修道院が所有していた土地を手に入れる(17)。一二三九年にはすでに、ナヴァラ王のシャンパーニュ伯ティボー四世やブルゴーニュ公ユーグに率いられた「諸侯の十字軍」の大部分はマルセイユから乗船したが、一部はまだ建設中であったこのエーグ＝モルトの港から出発した。ルイ九世は、エーグ＝モルトを建設することで、地中海を新しい国境、新しくフランスの影響力がおよぶ範囲としたのである。

ルイ九世にとって地中海とは、最終的にはとりわけ「宗教的」空間である。人と一緒に多種多様な宗教も往来する。一一世紀末より、十字軍遠征によって、ラテンのキリスト教徒にとって地中海は、武力もしくは説得による再征服の前線となる。すなわち十字軍と布教である。これらのキリスト教徒にとっての空間、それはそれ以後はイベリア半島を含んでのラテン的ヨーロッパとなっていく。聖なる地のパレスチナやエルサレムに加えて、再征服を成し遂げねばならない空間である。地中海は、経済的飛躍のためとならんで、ふたたび宗教的拡張のための活動の中心的場になったのである。贖罪ためであろうがなかろうが信心行為の伝統的な形態であるエルサレムへの巡礼は、一一世紀末からは、暴力的で軍事的な形、すなわち十字軍となった(18)。しかし一三世紀初頭からは、すでに見たが、一連の理由のすべてが西欧キリスト教徒を、十字軍に平和的な布教を置き換えないまでも、少なくとも十字軍に説教と実例の行いを付け加えることによって、イスラム教徒改宗への努力を二重のものにしている(19)。聖地のレヴァント地方におけるこれら宣教師たちの第一線には、フランシスコ会士たちがいた。アッシジのフランチェスコ自身や、アッシジのフランチェスコの「第二の人」といわれるエリア修道士〔聖フランチェスコの最初の仲間で、聖人の死後の修道会を発展させた〕も聖地に旅をした。フランシスコ会の修道院がシリアやパレスチナのラテン国家の各地に、アンティオキア、トリポリ、ベイルート、ティール、サファド〔シドン〕、アッコン、ヤッファ、キプロス島に造られた。聖地の他でもフランシスコ会による布教活動がおこなわれ、たとえば一二一九年のジル修道士によるチュニスへの旅のようにアフリカでも展開された。しかしアフリカの布教は失敗に終わった。一二二〇年のセプタ〔モロッコ〕の殉教者大虐殺のような流血の惨事もしばしば起こった[20]。聖ルイの死後（一二七〇）、改宗への新たな努力が托鉢修道会によってもっと秩序ある手順に則りおこなわれるようになる。そして彼ら托鉢修道士たちはラモン・リュル[訳3]の夢を育んだ。一四世紀に十字軍という軍事的な前線は閉じられるが、海外巡礼の伝統は続けられることになる。

一三世紀の地中海は、ラテンのキリスト教徒にとっては、とくに聖ルイにとっては、大いなる幻想の空間である。イスラム教徒の改宗、モンゴル人の改宗、東西の教会の統一を実現することによってギリシア正教のキリスト教徒をローマのキリスト教世界に回帰させるという、さまざまな改宗の大いなる幻想の空間である[22]。

【注】

（1）Jean Richard, «La politique orientale de Saint Louis : la croisade de 1248», dans *Septième centenaire de la mort de Saint Louis (1979)*, Paris, 1976, pp.197–207 ; J.Le Goff, «Saint Louis and the Mediterranean», *Mediterranean Historical Review*, 5, 1990, pp.21–43. つぎの著書におけるピエール・ショニューの基本的考察。Pierre Chaunu, *L' Expansion européenne du* XIIIe *siècle au* XVe *siècle*, Paris, 1969 : IIe partie, chap.I / 2, «La Méditerranée», pp.61–64.

（2）P.Alphandéry et A.Dupront, *La Chrétienté et l' idée de croisade*, *op.cit.*, t.I, p.133.

（3）Jean Richard, *Le Royaume latin de Jérusalem*, Paris, 1953, pp.120–121.

（4）E.C.Furber, «The Kingdom of Cyprus,1191–1291», dans K.M.Setton, *A History of the Crusades*, *op.cit.*, vol.II, pp.599–629.

（5）Josuah Prawer, *The World of the Crusaders*, Londres et Jérusalem, 1972, p.83.

（6）Josuah PRAWER, *Histoire du royaume latin de Jérusalem*, 2 vol., Paris, 1969–1970 ; Jean RICHARD, *Le Royaume latin de Jérusalem, op.cit*.

（7）前出五一～二頁を見よ。

（8）Frederick C.LANE, «The Economic Meaning of the Invention of the Compass», *Amercan Historical Review*, LXVIII, 1863, pp. 605–617.

（9）JOINVILLE, *Histoire de Saint Louis*, pp.70–71.

（10）Jean-Claude HOCQUET, *Le Sel et la Fortune de Venise*, vol.2, *Voiliers et commerce en Méditerrannée, 1200–1650*, Lille, 1959, p.102.

（11）地中海の大型船については、注10の文献の他につぎの文献を参照されたい。R.BASTARD DE PÈRE, «Navires méditerranéens au temps de Saint Louis», *Revue d' histoire économique et sociale*, t.50, 1972, pp.327–356 ; Michel MOLLAT (éd), *Le Navire et l' économie maritime du Moyen Age au XIIIe siècle, pricipalement en Méditerranée* (Actes du 2e colloque international d' histoire maritime,1957), Paris, 1958 ; Eugene H.BYRNE, *Genoese Shipping in the XIIth and XIIIth Centuries*, Cambridge (Mass.), 1930 ; Ugo TUCCI, «La navigazione veneziana nel Duecento e nel primo Trecento e la sua evoluzione tecnia», dans *Venezia e il Levante* (Actes du congrès tenu à la Fondazione Cini, 1968), 2 vol., Florence, 1973.

（12）中世における空間についての歴史家パトリック・ゴーティエ＝ダルシェによれば、この海図はほとんど有益な情報をもたらすようなものではなかったはずである。

（13）チュニスを前にして聖ルイが亡くなったあと、フランス船団は、一二七〇年一一月一五日から一六日にかけての夜、船の大部分が壊される激しい嵐のなかをシチリアに戻った。この船の破壊によってすぐに十字軍遠征に戻ることができなくなった。ただし本当に十字軍に戻りたがったと仮定してのことである。

（14）JOINVILLE, *Histoire de Saint Louis*, pp.72–73.

（15）Jacques MONFRIN, «Joinville et la mer», dans *Études offertes à Félix Lecoy*, Paris, 1973, pp.445–468.

（16）Jean DELUMEAU, *La Peur en Occident (XIVe–XVIIIe siècles), op.cit*., («La peur de la mer», pp.31 sqq.)〔邦訳、ジャン・ドリュモー『恐怖心の歴史』永見文雄・西澤文昭訳、新評論、一九九七〕後出第三部第一章六七三～八頁を見よ。

（17）J.RICHARD, *Saint Louis, op.cit*., p.100 et p.200.

(18) P.ALPHANDÉRY et A.DUPRONT, *La Chrétienté et l'idée de croisade*, *op.cit.*

(19) B.Z.KEDAR, *Crusade and Mission*, *op.cit.*; E.SIBERRY, «Missionaries and Crusaders», art.cité.　前出一九八頁の注8を見よ。

(20) Jhon MOORMAN, *A History of the Franciscan Order*, Oxford, 1968, pp.46 et 226 sqq.; M.RONCAGLIA, *Saint Francis of Assisi and the Middle East*, Le Caire,1957; F.VAN ORTROY, «Saint François d'Assise et son voyage en Orient», *Analecta Bollandiana*, 31, 1912, pp.451–462.

(21) マヨルカ島に、とくに、アラビア語の学習のための学校（*studium*）が一二七六年に教皇ヨハネ二一世の求めで創立された。J.MOORMAN, *A History*, *op.cit.*, p.170,n.3を見よ。

(22) ビザンツに対するルイ九世の興味はとりわけその治世の末期に現れた。一二六九年と一二七〇年に（チュニスを前にした陣営にいた時まで）、彼は東ローマ皇帝ミカエル八世パラエオログスと大使を交換したことがある。ミカエル八世は、一二六一年のギリシア人によるコンスタンティノープルのラテン帝国の最後の抵抗を排除して、ビザンツ帝国による再征服を完了させた人物である。大使交換の機会に聖ルイは（もう一度弟のシャルル・ダンジューとは態度を異にして）、コンスタンティノープルのラテン人の利己的な利益より先んじて、キリスト教徒の統一を進めていることを示した（ギリシア人が「改宗する」とみなしたからである）。M.DABROWSKA, «L'attitude pro-byzantine de Saint Louis», *Byzantinoslavia*, L, 1989, pp.11–23を見よ。

【訳注】

(1) 八四三年のヴェルダン条約。これにより統一フランク王国は、長子ロテールには帝位といわゆるロタランジーと呼ばれる地域およびイタリアが、次男のルードヴィヒには現在のドイツに相当する東フランク王国が、そして三男のシャルル禿頭王には現在のフランスに相当する西フランク王国が与えられ、三分割された。

(2) 一一世紀から一二世紀は、ビザンツ帝国の勢力下で地中海を利用しての東方交易を発展させた南イタリアの沿岸諸都市のなかでもアマルフィが、イスラムとも平和関係を保ち、コンスタンチノープルに居留地をもち、北アフリカの港も活動範囲に収める代表的な商業都市であった。

(3) ライムンドゥス・ルルスともいう。カタルーニャ生まれの福者〔「聖人」の前の段階のカトリックの呼称〕、スコラ哲学者。アフリカのイスラム教徒への布教に努め、ブージーで投石で殺される。

十字軍の準備

どのように地中海という空間を制御するか、まずはこの問題を解決することが重要である。その第一の課題は遠征出立のために乗船する港であった。そのためにエーグ＝モルトが選ばれたのである。新しい港の方が、政治的に不安なナルボンヌやモンペリエ（ナルボンヌはトゥールーズ伯家に結びついているという事実があり、モンペリエはアラゴン王国の影響下にあるからである）より、さらには王国外の港より好ましいと判断された。王国の外の港としては、まずマルセイユであるが、そこは大勢のフランスの十字軍兵士――ジョワンヴィルも含まれる――が乗船しているところである。つぎはジェノヴァであるが、ここはフィリップ・オーギュストが十字軍に使った古い港である。聖地からの帰国には、聖ルイはためらったのちにサラン・ディエールで下船することになる。その理由は、当時プロヴァンスは、ベアトリス・ド・プロヴァンスとの結婚によって一二四六年にプロヴァンスを継承した王弟シャルル・ダンジューがしっかりと掌握していたからである。出立する前、一二四六年の聖霊降臨祭に、ルイは弟の「騎士叙任」をムランで荘厳におこない、父のルイ八世が指示していたアンジューとメーヌの伯領を弟の所領として授けた。つまり重要なことは、エーグ＝モルトの港を急いで建造することであった。この港の建造は、中世フランスの注目されるべき都市建設の一つである。聖ルイはその港から出航する。(1) それ以後エーグ＝モルトは「エルサレム遠征路」*iter hierosolymitanum* の発着点と定められるようになる。

つぎに、物質的な面での準備であるが、これはまず十字軍の軍隊の運送のための大型船の購入あるいは借り上げである。輸送船の大多数を供給するのは、またもやジェノヴァとヴェネツィアであり、それを補うマルセイユである。(2) この準備には十分な補給物資の調達も含まれる。ジョワンヴィルは一二四九年のキプロスでの「王によるおびただしい量の準備の物資」を語っているが、畑のなかのいくつもの大きな貯蔵棟や海岸に積み上げられたたくさんの酒樽に集められたブドウ酒、レメソスのまわりの野に「山また山のように」積み上げられた穀物、すなわち小麦や大麦の様子を描いている。このような事業は兵站業務のとてつもなく大きな問題を課すものであった。ウィリアム・ジョーダンはエーグ＝モルトに関して、ルイが十字軍の準備のためにした異例な配慮と大胆さを指摘している。十字軍の装備と補給物資に必要とされる一次物資――とくに塩、とりわけ木材――の相当な量をエーグ＝モルトに運び込むために、ルイはモンペリエに大きな特恵を与えた。それは新設の港についての競争をモンペリエに受け入れさせるためでもあった。ルイは「甘いことばと譲歩と強制」を織り混ぜて、一切の通行税をやめさせたり、この地域の木を伐採させたりして、セヴェンヌ山地の街道を改造させる。一二五三年にはまた、王は熟練の大工を徴用し、周囲の森を伐採させたので、結婚しようとするアレスの若者は、結婚式の祝いの慣習の松明を作るのに必要な木が見つけられなくなる(4)。

財政面での準備もやはり細心の配慮を要することである。とりわけフランスの都市や教会に分担を課すからである。都市は無償譲渡や強制的な借款を引き受け、教会は十字軍上納金を二〇分の一から一〇分の一に増やすことを受け入れる(5)。王はさらにテンプル騎士団やイタリアの銀行家とも、国王財庫からの拠出金を聖地に運ぶことと、前貸し金の調達ができるように同意を取りつける(6)。この財政システムは全体としてはうまく機能した。このようにして、のちに発生する王の身代金の支払いは大きな支障もなくおこなわれることになる。支払額は王の年収より少ない二〇万リーヴルで、これはたしかに異常なほどの高額とはいえない。リチャード獅子心王の場合の出費〔第三回十字軍の帰国途中オーストリア公に捕らえられ、皇帝ハインリヒ六世に身代金を払う〕は、同じ尺度で見積もると、少なくとも五〇万リーヴルにのぼり、それはイングランド王権の四年分の収入に相当したからである(7)。同じく、ルイは聖地で町や城を造るのに相当の費用をかけるが、それも大きな問題もなく支払われることになる。しかし王の長引く不在がフランス王国に害をもたらすかどうかを知るための論議は考えられよう。ともあれ財政的にいえば、この遠征は王国に重い負担をかけるものではなかったと思われる(8)。

財政とは反対に、十字軍の外交的な準備は成功していない。皇帝フリードリヒ二世と教皇インノケンティウス四世は一応ルイの十字軍計画を支持するふりをしたが、しかし皇帝はオリエントのイスラム教徒の友人たちにフランス王の計画を通報しているし、教皇は一二四五年のリヨン公会議で決定された十字軍の財政措置を、ヨーロッパでのフリードリヒ二世一人に対する争いのために向けてしまう。またカスティリア王とアラゴン王はイベリア半島の「レコンキスタ」に没頭していて、動こうとしないだろう。イングランドで応募した何人かがルイの十字軍に加わるだけである。たしかに、十字軍はしだいにオリエントに背を向け、スペインやポルトガルでそれに類する闘いをしているように、またアルビジョワ十字軍があったように、ヨーロッパにおける闘いへと方向を変えてきている。アラゴン王国は地中海への勢力拡張にはまだ本格的には手をつけていなかった。イタリアの都市国家はオリエントにおける経済および領土の植民地化の事業を続けている。しかし宗教的な目的は彼らにはない。こうしてみると聖ルイの地中海政治は、地中海から方向を変えてしまった十字軍の政治と、しだいに宗教的な計画からはずれていくキリスト教世界の経済的・領土的な拡張の政治との間で、独り孤立している。ルイは「十字軍の地中海」という方向を伸ばしていくが、ルイのあとには、西欧にとってはそれは「香辛料の地中海」となっていくのである。

要するに、聖ルイの十字軍準備は——彼の目には必要と思われたやり方で——またもや宗教的な準備でもあるとしても、何ら驚くべきことはない。宗教的準備としては、主な様相として三つある。まず祈禱と説教のキャンペーンであり——ここではシトー会士とドミニコ会士が際立っていた——、王の行政についての一種の贖罪的政治である。贖罪政治であることは一二四七年の大規模な監察にも示されている。この監察はとくにドミニコ会士とフランシスコ会士に委ねられ、不当徴収の返還、裁判官による裁判上の不正の矯正、そしてユダヤ人とくに高利貸に対する措置によって行政の罪を償うという観点でおこなわれたものである。

十字軍おける説教のために、聖ルイは慣例に従って、教皇インノケンティウス四世に説教を指導する教皇特使を任命することを求める。一二四五年のリヨン公会議の時に教皇は、一流の人物で、王がよく知るウード・ド・シャトルー選んだ。彼はパリのノートル＝ダム司教座教会の元参事会員で、一二三八年から一二四四年までパリ大学の尚書長《シャンスリエ》〔パリ司教座教会の尚書長としてパリ大学における学位の発行権を握る役職にあった〕[9]の任にあり、ついで一二四四年にインノケンティウス四世よって枢機卿に任命されている。特使指名と同時に教皇は、一二二五年の第四ラテラノ公会議で公布された十字軍およびその参加者のための措置を、この公会議でふたたび取り上げさせた。その措置はきわめて多岐にわたるものであるが、目的とすることは、十字軍参加者だけではなく西欧に留まるキリスト教徒も含めてその罪を清め、出立する者に物質的・霊的な大きな特恵を与えることによって、十字軍の成功を確かにしようとするものである。

奢侈によって表わされる傲慢は「身分《エタ》」――社会的カテゴリー――によって抑制されねばならないであろう。それは貴族とか金持ちという「身分」の特殊な罪である。彼らは食べ物も装う物もつつましくあらねばならない。馬上槍試合――このあらゆる悪徳をもつ祭り[10]は一二一五年の第四ラテラノ公会議以来教会によって禁止されたが、禁止は守られていない――は改めてキリスト教世界では三年間禁止される。同様に戦争も四年間禁じられ、その間は平和に関するさまざまな遵守規定が守られることになる。しかし十字軍参加者は、一切の租税の免除の恩恵を受け、負債の利子も免除されることになる。十字軍に家臣を参加させる者あるいは十字軍参加を勧める説教を家臣におこなわせる者はすべて罪から赦免されるし、十字軍に参加しようとする者は三年間その聖職禄から収入を受けられることになる。教皇と枢機卿に納める一〇分の一税は聖地助成金に与えられる。十字軍参加者の船を襲った海賊、サラセン人と商売をするキリスト教徒、とくに武器をサラセンに売る者、さらには十字軍の誓約に背く十字軍誓約者、これらの者たちはすべて破門されることになる。反対に、十字軍参加者や十字軍の実現に協力する者はすべて救済が約束される[11]。

十字軍を成功させるためフランスでとられた政治的であると同時に宗教的な大きな措置とは、それは聖ルイの精神にあっては、一二四七年の王国監察使の大キャンペーンである。この監察の目的は、王の名のもとに王吏が犯した不正のリストを作り、その不正を矯《ただ》し、損害をこうむった王の臣下たちに満足を与えることであるが、それは実際には、補償をともなう贖罪の措置というべきものである。このようにして王は、王国を平和のうちに残してあとにしたのであるが、臣下の不平不満を取り除き、そうしたことが王の不在中に王国の平安を乱す原因にならないようにしたのである。こうして、配下の王吏に正義を乱させてしまった王として、その機能を全うしなかった罪から清められた彼は、十字軍の成功により神から授けられた希望をもつことができるようになるのである。

さらに考えられる措置としては、とりわけ監察使の調査に負うところが大きかったこれら王による贖罪的返還に加えて、十字軍のための祈禱の見返りとして王によって宗教施設に授けられた施しや特権、さらには王国に正義と平和が維持されるためになされたあらゆる事柄が挙げられる。たとえば、王はフランドルの継承問題を解決をしている。これは、フランドル女伯がアヴェーヌ家とダンピエール家という二つの家の者と相ついで結婚したために、それぞれの家系の二人の息子たちが争うことになり、それを解決したのである（一二四六）。

ユダヤ人に関しては、彼らは、その高利貸活動に対する厳しい禁圧に加え、教皇特使に指揮された「タルムード」〔ユダヤの律法とその解説の集大成〕に対する新たな攻撃にさらされねばならなかった。しかしこの攻撃は、かってタルムード書の没収や破壊に遭った一二四〇～四四年の攻撃はともなわなかったようである[12]。

最後に、聖ルイはこれから対決しようとするイスラム教徒についての知識を得るような準備をしたとは思われない。あるいは準備することを真剣に考えたとさえ思われない。彼はイスラム教徒を異教徒とみなしてはいない。悪い不条理な宗派の者と考えている。おそらく彼は、一二二八～四九年にパリ司教で、また王の若い時代の補佐役の一人であったギヨーム・ドーヴェルニュがその著『信仰と法について』*De fide et legibus* で、イスラム教徒について述べている考え方に影響されたのだろう。司教によれば、サラセン人の信仰には、善と悪が混じっていて、この宗派に対してはいささかも弱さを見せてはならないとされる。しかし聖ルイは後年エジプトにおいて、その体験を通して、彼自身の意見をもつようになる[13]。

【注】

（1）J.Morize, «Aigues-Mortes au XIIIe siècle», *Annales du Midi*, XXVI, 1914, pp.313–348；Jean Combes, «Origine et passé d'Aigues-Mortes. Saint Louis et le problème de la fondation d' Aigues-Mortes», dans *Hommages à André Dupont*, Montpellier, 1974, pp. 255–265；W.C.Jordan, «Supplying Aigues-Mortes for the crusade of 1248：the problem of restructuring trade», dans *Order and Innovation (Mélanges J.Strayer)*, Princeton, 1976. 口絵写真2を見よ。

（2）船の借用契約については、L.T.Belgrano, *Documenti inediti riguardanti le due crociate di San Ludovico*, Gênes, 1959 を見

よ。

（3）JOINVILLE, *Histoire de Saint Louis*, pp.72–75 et 80–81.

（4）W.C.JORDAN, *Louis IX and the Challenge of the Crusade. A Study in Rulership*, Princeton, 1979, chap.IV : «War finance : men, material and money» を見よ。

（5）W.C.JORDAN, «Supplying Aigues-Mortes...», art. cité, 前出の注1を見よ。

（6）André SAYOUS, «Les mandats de Saint Louis sur son Trésor pendant la septième croisade», *Revue historique*, 167, 1931.

（7）W.C.JORDAN, *Louis IX and the Challenge of the Crusade, op. cit.*, p.103.

（8）後出二四六～七頁以降を見よ。

（9）ウード・ド・シャトルーについての諸研究によれば、説教家および政治家としての彼は、バルテルミー・オレオー（Barthélemy HAURÉAU, *Notices et extraits des manuscrits de la Bibliothèque nationale*, t.XXIV / 2 / 2, pp.204–235, Paris, 1976）の軽蔑が的を得てるとは思われない。つぎの博士論文提出資格取得（D.E.A）の論文を見よ。mémoire de D.E.A. inédit d' A. CHARANSONNET (université de Paris–I, 1987 / 1988, sous la direction de Bernard Guenée) : *Études de quelques sermons d' Eudes de Châteauroux (1190?–1274) sur la croisade et la croix.* この論文の著者には私は感謝している。

（10）Jacques LE GOFF, «Réalités sociales et codes idéologiques au début du XIIIe siècle : un *exemplum* de Jacques de Vitry sur les tournois», dans *L' Imaginaire médiéval*, Paris, 1985, pp.238–261.

（11）ベルジェのつぎの著書には、十字軍のためにとられた条項の詳しいリストがある。É.BERGER, *Saint Louis et Innocent IV, op. cit.*, pp.134–137.

（12）後出一〇一四～一七頁を見よ。M.W.LABARGE, «Saint Louis et les Juifs», dans *Le Siècle de Saint Louis*, R.Pernoud, éd., Paris, 1970, pp.267–273. 私は第三部第八章で、ユダヤ人に対する聖ルイの態度をその総体において扱っている。

（13）Claude CAHEN, «Saint Louis et l' Islam», *Journal asiatique*, t.258, 1970, pp.3–12 ; Marie-Thérèse D' ALVERNY, «La connaissance de l' Islam au temps de Saint Louis», dans *Septième centenaire de la mort de Saint Louis, op.cit.*, pp.235–246 ; Aryeh GRABOIS, «Islam and Muslims as seen by Christian pilgrims in Palestine in the XIIIth century», *Asian and African Studies. Journal of the Israel Oriental Society*, 20, 1986, pp.309–327.

第三章　十字軍と聖地滞在（一二四八〜一二五四）

十字軍、治世の重要思想か？

ウィリアム・Ch・ジョーダンは、その見事で充実した内容の著書(1)で、聖ルイが十字軍の理念に魅せられていたこと、そしてその理念が彼の治世と政治を支配していたと述べている。ジャン・リシャールは、最近公刊されたもう一つの注目すべき王の伝記〔参考文献の「聖ルイに関する伝記研究および一般的書物」の「最重要文献」（二一七〇頁）を参照〕の著者であるが、彼もジョーダンとそれほどかけ離れた意見を示していない。だが私としては、彼らのは誇張された意見だと思う。思うに、聖ルイがとりわけ望んでいたのは、理想的なキリスト教王の模範を身をもって示し、フランス王国とキリスト教世界に奉仕することによってみずからの救済を成し遂げることである。つまり十字軍は、こうした目標、こうしたプログラムの一部をなしていたのである。この意味では、聖ルイは、曾祖父ルイ七世や祖父フィリップ・オーギュストがそうであったように、伝統的な十字軍参加者であった。たとえ十字軍への彼の欲動が、もっと近代的でもっとキリスト的な信心行為で、またもっと熱情こめた個人的誓約で培われたものだとしても、やはり伝統的なものからはずれるものではない。聖ルイは「古くさいやり方の十字軍参加者であって、フリードリヒ二世が道を開いた、休戦あるいは条約のためのあらゆる外交的努力や、平和裡での浸透という教皇庁の布教政策の方針に対して拒否したのである」(2)。けれども彼は戦争と改宗を結びつけようとする試みはした。十字軍は、究極の目的ではなく、治世の重要な思想の一つであった。

【注】

(1) W.Ch.JORDAN, *Louis IX and the Challenge of the Crusade, op.cit.*,1979.
(2) P.ALPHANDÉRY et A.DUPRONT, *La Chrétienté et l'idée de croisade, op.cit.*, t.II, p.201.

聖ルイとオリエント

しかしながら、一二四八年の十字軍は聖ルイ独自の諸概念に応えるものである(1)。ルイはおそらく、上陸の場所としてエジプトを選ぶことによって、ボードゥアン一世（一一一八〔以下、エジプト上陸年〕）やアモーリー一世（一一六三～六九）やジャン・ド・ブリエンヌ（一二一八～二一）たちの伝統に合わせようとしたのであろう。エジプトとダミエッタは、キリスト教徒にはパレスチナの軍事的・政治的な鍵と思われていたのである(2)。しかしマシュー・パリスによれば、ルイ王はもっと先に踏み込んでいて、エジプトにキリスト教徒の定着を思い描いていたのだろうという。「ダミエッタを攻略したあとフランス王の心を占めていたのはもはや、征服した国や征服する国を守るために、そこに住み着くのに足る十分な人間がいないという事実以外に何もなかった。そこで王は犂《すき》、馬鍬《まぐわ》、鋤《すき》、その他の耕作具を一緒に運んできた」。この一種の植民地化は、おそらくはダミエッタとエジプトの戦略上重要ないくつかの区域に限られていたと思われるが、エルサレム再征服にはそれがともなわなければならなかった、あるいはむしろ征服に続いて聖地の保護をさらに確かなものにするための序幕とすべきものであった(3)。ダミエッタ攻略のあとこの町にキリスト教の教会を創設することは、エジプトにキリスト教の民を定着させるという意図があったことを確証するものである(4)。

このエジプト北部への定住計画に加えて、聖ルイがしていたかもしれない準備に、聖地での長期滞在がある。ルイ以前の大部分のキリスト教王――フランスの諸王も含まれる――や十字軍参加者は、できるだけ早くヨーロッパにある自分の王国に戻ることを予定をしていたと思われる。ルイ王が聖地に長期滞在することをあらかじめ考えていたかどうかは、むつかしいところである。彼は結局は、一二五〇年の敗戦、捕虜、釈放と続いた直後に予期されなかった状況のなかで長期滞在を決心することになるからである。いく人かの歴史家は、そこに偶然の出来事によって引き起こされた思いつきを見ているし、「カペー家の諸王のオリエント政治の一つの転機」さえ、つまりは短期的な十字軍から聖なる地の恒久的な保護への転換として見ている(5)。しかし私は逆に、聖ルイはエジプトで見込んでいた軍事的な成功のあとには、キリスト教の領土を守護する仕事を指揮するためにオリエントに留まることを予定していたと考える。エジプトで敗れたため、軍事的にも精神的・宗教的な観点からしても、聖地に身をもって存在することが、彼の目にはどうしても必要であると考えるようになったのである。彼の聖地残留は、ブランシュ・ド・カスティーユ死去の知らせと、一二五四年のフランス帰還によって、やっと終わりを告げることになる。聖ルイの十字軍政策にみられる地中海およびオリエント政治の転換は、エジプトでの敗戦どころか、出発のはるか前である一二三九年頃から出発時の一二四八年にかけての間にすでにゆっくりと決定されていったのである。

　聖ルイは十字軍のイデオロギーに大きな転機を印している。キリストの墓である聖墓《サン＝セピュルクル》の彼方に、そしてキリストの受難の記憶であるエルサレムの彼方に、キリストその人を、彼はオリエントに探しに行くのである。十字架のしるしから「十字架にかけられた人《クリュシフィエ》」その人にまでたどり着きたいのである。しだいに生贄《オスティア》の王として現れる苦悩する王、伝記作者や聖人伝作者がイメージを広めることになる「キリストに倣う王」として、聖ルイは、一二三九年の聖なる釘の盗難の際にすでに、エルサレムで十字架にかけられた「受難のキリスト」への信心行為をはっきりとおこなっていた。それはオリエントと捕虜の身へと、そしてアフリカと死へと聖ルイを導いていくことになる王の十字架の道行きの最初の「留《スタシオン》」〔キリストが十字架への道でいく度か足を留めたことに倣い、その受難を黙想しながら一四留をする信心業〕のようなものであった。

　一二三九年にもまた、シャンパーニュ伯ティボー四世の指揮のもとにフランスの諸侯の素晴らしき華が聖地へと出征した。若き王は、彼らの出発を許可し、遠征の資金調達を助けて、彼ら十字軍戦士を優遇した。コネタープルのアモーリー・ド・モンフォールに百合の花を付けることを許し、彼らの軍団に「王国軍の」性格さえ与えた。イングランド王の弟コーンウォール伯リチャードはフランス諸侯に合流し、諸侯の十字軍は一二四一年、エルサレムをキリスト教徒に返還する合意をかち取った。聖ルイはおそらくこの遠征の成功のうちに個人的な競争の動機を見たであろう。

ルイの十字軍誓約のやり方を語り、讃えた吟遊詩人が、病気から治ったルイにいわせていることばを思い出してみよう。「夢のなかでわが心は海の向こう《ウートルメール》にあった」[6]。このように海の向こうとは、この王にとっては、夢が広がる地平であり、十字軍に関する「集団的イメージと表象」[7]によって育まれた夢である。これらの夢は、まず第一には、地上および天上の二つのエルサレム、ならびにキリストの墓に関する想像力によって、さらには、おそらくは十字軍のあれこれのエピソード[8]に付け加えられた大量の幻視や預言によって育まれたのであろう。聖ルイの感情生活において、情熱的な生活おいて、その心情において、エルサレムは「遙かなる姫」であり、ブランシュ・ド・カスティーユの大いなるライヴァルであったのであろう。

【注】

（1）聖ルイと十字軍については、後出の第三部第七章および J.Le Goff, «Saint Louis, croisé idéal?», art. cité を見よ。

（2）ピエール・ショニュー Pierre Chaunu の表現では「蝶番としてのエジプト」l'Egypt charnière.

（3）J.Prawer, *Histoire du royaume latin de Jérusalem, op.cit.*, t.II, p.326,n.14 および J.Richard, «La politique orientale de Saint Louis : la croisade de 1248», art. cité, pp.203–205 を見よ。

（4）J.Richard, «La fondation d'une église latine en Orient par Saint Louis : Damiette», *Bibliothèque de l'École des chartes*,120,1962, pp.44–73.

（5）J.Richard, «La politique orientale de Saint Louis...», art. cité., pp.205–207.

（6）前出一九二頁を見よ。

（7）P.Alphandéry et A.Dupront, *La Chrétienté et l'idée de croisade, op.cit.*, t.I, p.18.

（8）たとえば一二一七年のジャン・ド・ブリエンヌによるダミエッタ占拠の場合には、幼いルイ九世はこれをフランス宮廷で知ったのである。

パリからエーグ＝モルトへ

受難の聖遺物を迎えた時と同じように、今回は十字軍の儀礼——聖なる戦争への出征と王国を出立すること——で贖罪の大典礼が始まる。聖霊降臨祭のあとの金曜日、一二四八年六月一二日、ルイは教皇特使で枢機卿であるウードの手から王旗と王綬と王杖を受けとるためにサン＝ドニに行く。ルイはこうしたやり方で、遠征に出発するフランス王としての象徴物件と、十字軍としての巡礼の道につく巡礼者としての象徴物件とを結びつけるのである。つぎにルイはパリに戻り、民衆の長い宗教行列に伴われながら裸足でサン＝タントワーヌ＝デ＝シャンの王家の修道院に向かう。この修道院は一一九八年にヌイイの司祭で第一回十字軍の有名な説教士であったフルク（またはフルコワ）が創立したものである。修道院では、ルイは修道女たちの祈禱による加護を求める。修道院を辞して、つぎは宿泊するために馬でコルベイユの王宮に向かう。王宮には数日留まる。その間に母ブランシュ・ド・カスティーユを王の留守中の王国の摂政に公式につけ、広大であるが、いずれにせよその適用範囲がしっかりと限定づけられた権力を委ねる。(1)この処置には、ブランシュ・ド・カスティーユがこの時まで果たしてきた王国の統治における役割からくる便宜さがみられる。彼女は息子である王に対して従属した地位にありながら（女性を王位の継承から排除していたカペー王朝にあっては他にどのようなやり方があったであろうか）、ルイが成人したのちも、王の参与《アソシエ》のような地位を保ち続けていたからである。彼女はその性格の長所に理解力を加える。問題を細ごま報告することが不要なほどの理解力であった。またそれは、補佐役にも頼って統治していた王にとって、一つの安全策でもあった。王は補佐役たちを母に付けたが、母が彼らの意見には軽々しくは応じないことを承知していたからである。(2)

一二四八年六月一二日のパリの出発もまた、聖ルイの人生における一つの転機を画しており、彼はこのとき側近およびその他の人々に強く印象づけた。それは彼についてのイメージの修正である。しかしよくあるように、外観の変化はもっと深い亀裂を表わすものである。すでに見たが、一二四五年のリヨン公会議でくりかえし確認された十字軍規定は、十字軍戦士に服装を質素にすることを厳命した。厳格なルイがこの措置を尊重したことも、尊重させたことも容易に想像できる。実際に、ジョワンヴィルは王と一緒にオリエントにいた立場にあったが、遠征軍のどこにおいても陣中着にまったく刺繍飾りなど見なかったと語っている。ルイは自分自身に対しては、いつもの通り、教会の命令を正確に守るだけでは満足していない。それ以上のことをおこなっている。ル・ナン・ド・ティーユモンは、複数の史料に依拠して、王の外観の変化をよく描いている。

パリを出発してからは、王はもはや、緑色やその他の派手な色の衣服、たとえばシベリア・リスやリス、あるいはその他当時の西欧人が陣中着にしていた貴重な毛皮の衣服などは身に着けなかった。彼はいつもきわめて簡素に青や青みがかった色、カムロ色(3)あるいは茶色っぽい黒あるいは黒絹色(4)の衣服をまとうことを望んでいた。

王の夜着や掛け布団の毛皮はいずれも、ウサギや子羊や野ウサギや時にはリスの毛皮であった。また彼の鞍や馬勒やその他この種のものから、金や銀の飾りをすべて取り去っていた。彼の馬の手綱も胸繋も絹にすることさえ望まなかったし、鐙《あぶみ》や馬銜《はみ》、拍車も金色にすることを望まず、普通の鉄製しか許さなかった(5)。

しかしもっとも注目すべきことは、この外観を、彼は十字軍から帰還した時も、またごく稀な特別な状況を除けば、その生涯の終わりに至るまで保つことである。装いにおける奢侈の放棄が王の生涯における一つの転機のしるしであることに対しては、大方の歴史家の意見は一致している。教会の勧めに単に従うという種類の生活や政治から、まさに修道士のような個人的および政治的行動への移行、つまり単なる順応主義的態度から真の「道徳的秩序」追求へと移行する転機である。一般にこの転換点の日付は十字軍からの帰還の一二五四年とされている。ところで、こうした変化の外的な特徴は、一二四八年にはすでに現れていた。私としては、一二四七〜四八年の間に最初の転換点があったと思えるが、それは、監察使の派遣と王権濫用に対する贖罪的補償の政治、そして装いの禁欲ということによって特徴づけられる。この変化は十字軍とその法制化に堅く結びつくものである。さらに決定的な第二の転機が、おそらく一二五四年に起こることになる。この第二の転機には、一二四七~四八年においてはより外面的であった進展が、内面化と一般化という特徴となって王の政治的行動全体に記されることになるであろう。以上の二つの転機が、浄化の、さらには終末論的とさえいいうる生き方と治世へと向かうルイ九世の歩みの、二つの時期であった。

さて、最後にコルベイユでルイは母への別れをする。そして南フランスへと向かう。途中フランシスコ会の修道会総会が開かれるサンスで長い宿泊をする。ここサンスでもまた彼は、巡礼の服装で裸足という極端なまでの贖罪行為の段階を押し進めることになる。それについては、特権的な証人であるフランシスコ会士の年代記作者パルマのサリムベーネが、私たちに王の姿についてのまことに心打たれる肖像を残してくれている[6]。もう一つの重要な贖罪行為の段階はリヨンでの宿泊である。リヨンには相変わらず教皇が逗留しているので、王は教皇と長い会談をもった。その会談で王は十字軍参加者としての十全の罪の赦しを得るとともに、休戦期間が過ぎてまだ更新していなかったイングランド王からのありうる企てからフランス王国を護るという教皇の約束を取りつけた。しかしインノケンティウス四世と皇帝フリードリヒ二世とを和解させるための聖ルイの最後の努力は、失敗に終わる。

リヨンからルイはローヌ河を下る。そこでラ・ロッシュ゠ド゠クランの強力な城砦に出くわす。城主のロジェ・ド・クレリューは「きわめて邪な男」で、彼は巡礼者も例外とせず、すべての通行人に通行税を無理やり要求し、もし払おうとしない時には、通行者から強奪したり、殺すに至ることまでしている。これは中世の話や伝説にはたくさん登場するなかば悪徳徴収者、なかば山賊という類の城主の一人である。王は通行税を払うのを拒否する。するとロジェが人質を取ったので、王は城砦を攻め、数日で攻略し、城砦を取り壊させた。

八月半ば、ついにルイ九世はエーグ゠モルトに到着する。八月二五日、彼は一行とともに船に乗り込む。ルイは近い家族のほとんど全員に同行することを命じていた。ただし母と幼い子供たち、そして産み月が近い妊娠中の義妹のアルトワ伯夫人は除外されている。ルイには、彼がある意味で分割できないものと見る親族の参加——弟たちとその妻たちの参加——を示すことによって、十字軍を王の家族の遠征という形にもしたかったのである。王妃マルグリット・ド・プロヴァンスは王に同行したし、さらに王弟のロベール・ダルトワやシャルル・ダンジューとその妻ベアトリスまでもが同じ行動をとったのである。(7) 王弟のアルフォンス・ド・ポワティエはマルセイユで乗船することになっている。(8) また義父のトゥールーズ伯レーモン七世はエーグ＝モルトまで王に挨拶しに来たが、彼は、ジブラルタル海峡を通ってマルセイユまで来るようイングランドから呼び寄せた自分の立派な大型船に乗ることを望んだ。

数字を示すのはむつかしいけれども、またこの事柄については歴史家も一致していないが、十字軍は二五〇〇を少々上まわる騎士、それと同じぐらいの楯持ちと武装した従者、約一万の歩兵、五〇〇〇のおおゆみ射手からなる、総計二万五〇〇〇人に近い人間と約八〇〇〇頭の馬を集めている。当時としては相当な数字である。この軍団の大部分は、騎士も含めて、王によってその食料や経費が負担される者である。王の船団は、ル・ナン・ド・ティーユモンによれば、三八隻の大型船とそれよりやや小型の数百隻の船からなるものである。マシュー・パリスによると、船の数が足りなくて、集めた兵士の全員を乗船させることができなかったという。そこで王はエーグ＝モルトに一〇〇〇人ほどの傭兵を残す。大部分はイタリア人、とりわけジェノヴァ人とピサ人で、彼らは揉め事を起こしたという。しかし王が一部の傭兵を乗船させなかったというエピソードについてはよく知られていない。ルイ九世としてはおそらく、信頼をもてない者たち、彼が願う宗教精神に鼓舞された十字軍戦士とはみなせない者たちを乗船させることは、望まなかったのだろう。トラブルについては、マシュー・パリスが誇張したのであろう。

王とその家族と大軍団は、一二四八年八月二五日にエーグ＝モルトで船に乗り込む。二二年後のこの日は、彼の二度目の十字軍において聖ルイが死ぬ日である。風がなかったので、船団の出航が遅れ、結局エーグ＝モルトを離れるのは八月二八日となった。

私としては、事件を詳細に並べ立てる形で、ルイ九世の十字軍およびその聖地滞在を語るつもりはない。そうしたことは、読者はジョワンヴィルの書でもっと楽しく読めるからである。私がここで興味を寄せるのは、ただ聖ルイの人となりを直接あるいは間接に明らかにしてくれるもののすべて、歴史における彼の役割や彼の重さを評価させてくれるもののすべて、ある人生の味わいを引き立たせてくれるもののすべて、それだけである。

すでに私は述べたが、(9) 海を十分に制御できなかったことがどれほどエジプトまでの旅を並はずれて長引かせてしまったか。冬の間に航海することの不安が、ルイを、その船団と軍団を、八カ月以上もキプロスに足止めした。そして一二四九年の六月初めの上陸に際しては、風によって多数の船や騎士たちがルイのもとから遠くに運ばれてしまった。

【注】

(1) Le Nain de Tillemont, *Vie de Saint Louis*, t.III, pp.180–181.「摂政」*régence, régente* という用語は一三世紀には存在していない。ブランシュは王国の「管理役」*custodia* を受けたのであり、明らかに「王妃」〔本来は王太后〕の称号をもち続けている。マシュー・パリスは一二五一年に彼女を「統治者で王妃」*moderatrix et regina* と呼んでいる(Matthieu Paris, *Chronica majora*, t.V, p.248)。*moderare* はすでに古典ラテン語で「指導する」とか「統治する」の意味をもっている。

(2) 後出八六五～七頁を見よ。

(3) けれども青色はフランス王権の色であったことを思い出しておこう。聖ルイはよくあるように宗教的態度と政治的宣伝の威示とを結びつけていた。

(4) カムロ camelot という語は、一三世紀にすでに、大きな価値のあるもののイミテーションとか部分的なイミテーションを指している。そのため、もともとのカムロはその織り方からサージもしくはレプス類に属するものと考えられるようになる。カムロの原材料は初めは「羊毛」であった。モヘヤとかカシミア山羊の毛ではなかろうか。しかし語源はアラビア語の *Khamlat*（毛羽立った表面）から派生したもので「ラクダ」chameau からではない(Françoise Piponnier, «A propos de textiles anciens principalement médiévaux», *Annales. E.S.C.*, 1067, pp.864–880)。

(5) Le Nain de Tillemont, *Vie de Saint Louis*, t.III, pp.177–178.

(6) 第二部第七章「外国の年代記作家の描いた王」を見よ。

(7) 第三部第六章「家族のなかの聖ルイ」を見よ。

(8) 彼はマルセイユに来るのが遅れて、長期にわたり航海をやめてしまう冬の季節になる前に船に乗ることができなかった。それで実際の出航には一二四九年の春まで待たねばならなかった。

(9) 前出二〇八～一〇頁を見よ。

旅程とエジプト遠征

一二四八~四九年の十字軍の旅は、そのもっとも本質的な部分については、伝統的な形でおこなわれる。聖ルイのエーグ＝モルト出発はフランス諸王の地中海政策や十字軍の旅程に関しては重要な新しさを表わしているが、他の十字軍参加者たちは慣行として使われてきた港、たとえばジョワンヴィルも出発するマルセイユなどで船に乗り込んでいる。キプロスが一一九一年にリチャード獅子心王に征服され、そこにリュジニャン家の「ラテン」王朝が創られてからは、この島は十字軍作戦の基地として使われるようになっている。だからこそルネ・グルーセは、キプロスのラテン王国は一世紀の間聖地のラテン諸国家の存続にとってもっとも重要であった、とまさしく正当にもいうことができたのである。皇帝フリードリヒ二世は一二二八年、その奇妙な十字軍遠征〔皇帝はイスラムと戦火を交えずに外交交渉のみでエルサレムを奪回した〕のために、ここに上陸し、島をその影響下に置いたが、彼の最高封主権も一二三三年には早くも実効を失っていた。リュジニャン家の若いアンリ一世は、初めは母の摂政のもとで、のちには彼のみの権威のもとに、一二四六年以後キプロス島を支配するが（彼は一二五三年に死去する）、実際の統治は貴族や聖職者に任せたようである。まことに精彩を欠くこの王はジョワンヴィルには名前さえ挙げられていない。しかし一二四七年に教皇インノケンティウス四世は、彼を皇帝への誓約から解放してやり、その王国を教皇庁《サン＝シエージュ》の保護下に置いた。この島はルイ九世にとっては十字軍基地としての役割を完璧に果たしている。彼は一二四六年にはすでにそこに補給物資を集めてきたし、一二四八年九月一七日にはそこに上陸し、一二四九年五月三〇日まで冬をやり過ごしている。

同じく、一二四九年六月五日にダミエッタ近くに上陸し、町を攻略するのも、一二一八年のジャン・ド・ブリエンヌによるダミエッタ攻略を再現するものでしかない(1)。

しかしつづく数カ月は十字軍はうまく動かない。聖ルイとその軍団はまず疫病の流行を経験する。地中海、とくに東地中海は疫病、たとえば赤痢、チフス、壊血病などが流行する世界である――ペストは八世紀を通じて地中海からは消滅してしまい、一四世紀中頃になるまで現れることはない(2)。

たしかに、いくつかの領域においてイスラム教徒の軍事的優位も挙げられる。キリスト教軍がその武器に負うている軍事力は、「ギリシア油焰弾《フー・グレジョワ》」によってほとんど壊滅的に無力にされてしまった(3)。ジョワンヴィルもその試練を受けたが、彼はいつもの喚起力ある筆で、「ギリシア油焰弾」の攻撃に対して無力な様子のルイとその軍団を伝えている。

> ある夜、われらが攻城用櫓車《シャ＝シャトー》で警戒にあたっていた時のこと、われらが「投石機《ピエリエール》」と呼んでいる武器をわれらに向けてきた。そのようなことはかってないことであった。彼らは投石機に「ギリシア油焰弾」を載せた。私と一緒にいた優れた騎士ゴーティエ・デキュレー殿はそれを見るや、われらにつぎのように告げた。「おのおの方、われらはこれまで出会ったことがないきわめて重大な危険にさらされていますぞ。彼らがわれらの城壁破壊車に火をつけてもわれらがなおも車に留まるようなら、われらは焼かれ、敗れてしまう。だがまた、われらが監視すべく委ねられた持ち場を離れるならば、われらは名誉を失う。このような危険からわれらを守ってくれるのは、神をおいて他にはない。そこで、私の考えを申すが、彼らがわれらに火を放つたびごとに、肘と膝を抱えて身を守り、この危険からわれらをお護りくださるようわれらが主に祈ることだ」。彼らが最初の油焰弾を放ってくるや、騎士殿が教えてくれたように、われらはすぐさま肘と膝を抱えて身を伏せた。彼らが放った油焰の第一弾はわれらの二台の攻城用櫓車の間に落ちた。

このようにしてイスラム軍は十字軍の二台の攻城用櫓車をつぶすことに成功する。ついで三台目も。三台目は、最初の二台が破壊されたあと、荷物を運んできた船を木材として王が造らせておいたものだった(5)。時を同じくして、疫病が流行り出し、王と軍団の状況が悪化し、苦悩を深める。

この不幸な出来事ゆえに、また一粒の雨も降らせないこの国の悪意ゆえに、軍団の流行り病いがわれらを襲った。流行り病いはひどいもので、われらの脚の肉はすっかり干からび、われらの脚は黒と土色の斑点に覆われ、まるで古靴のごときになった。またこの病いに罹ったわれらの歯茎から肉が腐り出した。そしてだれもこの病いから逃れることは叶わず、死を待つばかりであった。死の兆しは、鼻から血が流れ出すと、死をまぬがれえないことであった。

私はカレーム゠プルナンの日〔四旬節直前の三日間、とくに謝肉祭〕に受けた負傷のために、口のなかと脚に軍団の流行り病いに罹り、熱が三分の一ほど上がり、鼻炎がひどくて、鼻の穴から脳が流れ出る思いであった。このような病状のため、私はミ゠カレーム〔四旬節の第三週の木曜日〕には病床に就いた。そのため私の司祭が私の幕舎のなかの病床の前で私のためにミサを唱えることになった。そして彼も私と同じ病いになってしまった。

病気が陣営のなかで広がりはじめた。病状はわれらが兵士たちの歯茎の肉を多く腐らせ、そのため剃刀に巧みな床屋はその腐肉を取り除き、食べ物を噛み、呑み下すことができるようにしなければならなかった。腐肉を切り取られる兵士たちの呻きが陣営のなかで聞こえるのはまことに哀れであった。なぜなら彼らは子供を亡くして苦悩する女のように呻き声を上げていたからである。

そこで、人々は陸から、また海から、退却しようと試みる。

王も軍団の流行り病いとひどい赤痢に罹っていたので、望めばガレー船に逃れることもできたであろう。しかし王は申された、たとえそれが神の御心に添うものであろうとも、わが民を置き去りするようなことはなさぬ、と。夜になると、王は何度も気を失われた。王は、ひどい赤痢のために下穿きの後ろを切り取らねばならなかった。何度も何度も厠に行かねばならなかったからである(6)。

騎士たる王、フランス騎士の「亀鑑《フリア》」の敗北という事態が突如として生じる。この敗北は一連の武勲の終わりに起こる。一二五〇年二月九日のマンスーラ〔エジプトのナイル河口の町〕の勝利は騎士王としての聖ルイの絶頂であった。ジョワンヴィルの証言によれば、「王は軍団とともに大きな叫び声を上げ、トランペットとティンパニーを高らかと鳴らして進み、ある馬車道で止まった。私はこれほどに凛々しい騎士を見たことはなかった。なぜなら、王は、兵士たちの肩を越えてすべての者たちから抜け出るように、頭には金色の兜をのせ、手にはドイツ剣をたずさえた姿を現したからである」(7)。この戦闘に関しては「非常に見事な闘いであった。なぜならばだれも弓を射ず、おおゆみを投げることもなく、大槌と剣を振るっての闘いだったからである」(8)。これこそ、のちの「百年戦争」〔一三三七～一四五三年のこの英仏戦争における有名なアザンクールの戦いでは、仏の騎士たちはイングランドの弓兵などに敗れるという戦術上の遅れを明らかにする〕の大惨敗を予告するフランスの騎士の精神状態である。こうして王の一番上の弟ロベール・ダルトワは、予定された戦闘計画に従わず、テンプル騎士団の騎士たちを引き連れ、用心を忘れてイスラム軍を追撃するために、軽率にも一群のトルコ兵のなかに突っ込み、罠にかかり皆殺しにされてしまうのである(9)。

最後に、軍団は、勝利そのものに疲弊し、また病厄（ジョワンヴィルは「軍隊病《マラディー・ド・ロスト》」と呼んでいる）によって弱らされて、退却のための闘いをしなければならなくなる。なぜならば聖ルイとその一党は物資補給の道としてのナイル河を制御することを忘れたからである。イスラム教徒はこのあとずっと、聖ルイたちがこの大河には近づけないようにすることになる。退却する十字軍は一二五〇年四月六日にファリスクールで粉砕される。王は良き騎士であることは威示したが、お粗末な戦術も見せることになり、王の軍団の大部分が捕虜とされてしまう。多数の負傷兵と病人は、一一九一年にリチャード獅子心王がアッコン近くで二七〇〇人のイスラム教徒の捕虜の喉をかき切らせたのと同じように、サラセン人に殺される。

【注】

（1）十字軍についてのジョワンヴィルの語り方については、Jacques MONFRIN, «Joinville et la prise de Damiette,1249», *Comptes rendus de l'Académie des inscriptions et belles-lettres*, 1976, pp.268–285を参照されたい。

（2）Jean-Noël BIRABEN et Jacques LE GOFF, «Le peste du haut Moyen Âge», *Annales, E.S.C.*, 1969, pp.1484–1510.

（3）「ギリシア油焔弾」は、その秘密をイスラム教徒はビザンツ人から奪ったものであるが、七世紀後半にビザンツ人によって発明されたものである。そのためビザンツ帝国はその敵であるイスラム教徒やロシア人に対して、少なくとも一一世紀まで、とりわけ海戦において大成功をかち得た。コンスタンティノープルのこの「パラディオン」*palladium*は、皇帝コンスタンティヌス七世（九五九没）によって帝国の聖なる護符としての位を授けられた。その性質とか使用法については議論が重ねられてきた。中世初期では知られていなかった硝石の役割という考えが否定されたのち、今日ではナフサ（石油の原料）と水に触れさせた石灰とを混合したものが考えられている。石灰を熱くするとナフサの気体を広がらせ、それが空気と混じり、ある温度に達すると爆発する。そのような火の玉を、それ自体で燃える松明のようなものに変形させて、投焔機あるいは初期の大砲（ここでは「投石機」とか「弩射機」）で投擲された。「ギリシア油焔弾」という秘密兵器はミサイルの先祖である。J.F. PARTINGTON, «A history of problem of greek fire», *Byzantinische Zeitschrift*, 1970, pp.91–99 ; J.R.ELLIS DAVIDSON, «The secret weapon of Byzanticum», *ibid.*, 1973, pp.71–74 ; E.GABRIEL, article «Griechisches Feuer», dans *Lexicon des Mittelalters*, IV/8, 1989, col.1711–1712を見よ。

（4）「シャ＝シャトー」の「シャ」*chat*は「掩蓋《えんがい》で覆われた荷台をもつ車輪で動く攻城用の兵器で、それを城壁に近づける時に、城壁を掘り崩す係りの者を護ったもの」である。また「シャ＝シャトー」*chat-château*は「掩蓋で覆われた荷台のなかで働く者を護るための小塔が付いた兵器」（攻城用櫓車）である（Algirdas-Julien GREIMAS, *Dictionnaire de l'ancien français jusqu'au milieu du XIVe siècle*, Paris, 1968, p.180）。

（5）木材の値段が著しく高騰していたからである。

（6）JOINVILLE, *Histoire de Saint Louis*, pp.113–115.

（7）*Ibid.*, pp.125–127. 後出の第三部第四章「三つの機能の王」を見よ。

（8）*Ibid.*, pp.124–127.

（9）*Ibid.*, pp.118–121. 上陸の際の情熱の行動を除いて、聖ルイは――これもまたジョワンヴィルによるが――慎重さを勧めている。たとえば「聖ニコラの祝日、王は皆に馬に乗るように命じたが、攻めて来ていたサラセン軍を攻撃すること以外にはだれもいたずらな勇を示さないようにと、禁を申し渡した」。

捕虜となった王

捕虜にされることは、王にとって起こりうる最大の不幸である。リチャード獅子心王もそれを味わった〔十字軍の帰路オーストリア大公に捕らえられ、幽閉される〕。しかし異教徒によって捕虜にされることはキリスト教徒の王にとって起こりうる最大の不幸である。しかしながら聖ルイは、この壊滅的な状況を自分の利になるように覆す術を知っている。まず、海上に留まる船団に残る十字軍部隊の司令官になっていた王妃マルグリットは、記録的な短期間に四〇万ブザン〔ビザンツ帝国の金貨。二〇万リーヴルに相当する〕を集め、それを王の身代金の第一回の支払いにあてる。それで五月六日、王は釈放された。王の囚われの身は一カ月しか続かなかった。囚われの間、王は尊厳と勇気を示した。この試練の間も王のもとを離れなかった王室礼拝堂付き司祭ギヨーム・ド・シャルトルが、それを語っている。王は、何よりもまず捕虜となった十字軍戦士のことに思いを馳せ、自分のキリスト教信仰に反するような宣誓は一切拒否する。そのため拷問と死に立ち向かうことになった。彼の委任を受けた者たちが身代金の支払いの時にイスラム教徒に対してうまく二万リーヴルをごまかしたことを知らされた時でさえ、王は怒り、王の約束のことばはたとえ異教徒への約束であろうと守られねばならないとした〔九六六頁参照〕。この事実は、のちの列聖手続きにおいてジョワンヴィルが証言しているが、聖ルイの聖性を示すいとも有徳な行為のなかに数えられることになる。また聖ルイの列聖のあと、王の遺骸をサン＝ドニに正式に納棺する際に、説教師ジャン・ド・サモワによってこの事実が引き合いに出される(1)。聖ルイはイスラム教徒の会話者と議論した。たとえ彼らの誤った宗教には嫌悪を懐いていようとも、彼らとの対話が可能であることを学ぶ。アミール〔イスラム教の首長で司令官〕の一人が、王がしたように海の危険を冒すようなことができるのは気の狂った人間だけだと（当時のイスラム教徒も海の人たちではなかった）、注意を促したとき、キリスト教徒は地中海を恐れていたので、王は笑いながら彼のことばに同意している。しかしとりわけ、王がスルタンの宗教作品の図書館について、それが彼には嫌悪と誤謬の書物からなるものにもかかわらず、その図書館に称賛できる態度を示したことである。そしてフランス王としては最初であるが、聖ルイは帰国して、当然キリスト教のものであるが、宗教作品の手書本の図書館をサント＝シャペルに造る（2）。

【注】

（1）JOINVILLE, *Histoire de Saint Louis*, pp.408–409. 後出三七〇頁を見よ。

（2）第三部第七章「聖ルイの宗教」を見よ。

遙か遠くにいる王

他のキリスト教君主たちは、十字軍に失敗した者もいれば成功した者もいるが、いつも聖地には長くて二年足らずしか留まらなかった。しかし聖ルイは、彼らとは違って、期限の定まらない滞在になろうが長く聖地に留まろうと決心した。フランスの世論に向けるという、まったく新しい性質（1）のメッセージによって――フランスの世論というものがその頃にはおそらく存在していたことが、世論に情報を送ろうとする王の配慮によって改めて証明される――、王は国民に悲しい知らせを告げる。一二五〇年八月に書かれたアッコンからの書簡〔巻末の付録Ⅱ参照〕を、王弟のアルフォンス・ド・ポワティエとシャルル・ダンジューがフランスに持っていくことになる。その書簡において、王は真実をありのままに語る筆致で、エジプト遠征の成功と試練を、王弟の死を、わが身の捕虜のことを、スルタンと締結した一〇年間の休戦の条件のことなどを語っている。また、解放後にフランスに帰ることを決心したが、イスラム教徒と締結した合意を彼らがじきに破るのを見て帰国を翻意したと明言している。つまり彼はフランスとエルサレム王国の諸侯、それに騎士修道会の騎士たちと相談したのちに、聖地に留まることを決めたのである。「何か良いことを、捕虜たちの引き渡し、エルサレム王国の城や要塞の保守、その他キリスト教世界にとって利益になること、とりわけアレッポのスルタンとカイロの統治者たちとの間に反目がもち上がってからは」それらを期待して留まる。書簡の締めくくりとして、臣下たちに十字軍戦士となるよう、そして聖地の彼のもとに馳せ参じるように呼びかけている。[2] フランス王国が十字軍に遠征した王によって孤児にされたのはもちろん初めてのことではなかった。しかし王の不在のいずれもルイの場合のようにほぼ六年におよぶ(一二四八年八月から五四年七月まで)ほど長期にわたるものはない。摂政ブランシュはその優れた資質と権限に加え、統治のための手段を与えられていたことは確かである。息子の王は彼女に対して、明確に示された広大な権力と、問題に対処するに熟達した聖職者・世俗者からなる優秀な補佐役たち、それに十分な財政資力を委ねていった。ルイは一二五〇年、聖地に残ることを決めるとき、それをつぎのように強調している。「私がここに留まっても、わが王国が失われるような危険はないことに、私は気づいた。なぜなら母なる王太后は王国を守るに十分な人材をもっているからである」[3]。それに加えて王は、戦死をまぬがれた二人の弟アルフォンス・ド・ポワティエとシャルル・ダンジューを、王太后を支えるためにフランスに帰している。アルフォンス・ド・ポワティエは一二四九年に死去した義父トゥールーズ伯レーモン七世を継承したばかりであった。プロヴァンス伯シャルル・ダンジューは実際には自分の利害のことばかりに専念し、時おり兄である王を苛立たせたりすることになる。反対にアルフォンスはその義務を果たし、時にはパリに留まり、国王補佐役会を主宰したりした。

【注】

(1) たしかに、リチャード獅子心王も一一九八年、ジゾールでフィリップ・オーギュストに勝利したあとで、臣下たちに一通の書簡を送っている(Georges DUBY, *Histoire de France, t.I, Le Moyen Âge de Hugues Capet à Jeanne d'Arc,987–1460,op. cit.*, p.260 に引用されている)。付録Ⅱ、一一四四頁以降を見よ。

(2) この書簡のもともとの形であるラテン語テクストは、DUCHESNE, *Historiae Francorum Scriptores*, Paris,1649,t.V, pp.428 sqq. に、またフランス語訳は、David O'CONNELL, *Les Propos de Saint Louis*, Paris,1974,pp.163–172 に収録されている。こうしたことを率先しておこなうのは、フランス王にとっては新しいことである。

(3) JOINVILLE, *Histoire de Saint Louis*, pp.239.

パストゥロー（訳1）の事件

一二五一年、ブランシュ・ド・カスティーユは重大で予期せぬ異例な出来事、「パストゥロー運動」と関わり合うことになる。この問題は取り上げる意味があると思う。なぜなら、これは歴史において想像力が果たす役割についての一つの絶好な例だからである。しかも一般大衆にとりつき、煽り立てた聖ルイのある種のイメージが、それに緊密に結びついているからである。この現象は、ギヨーム・ド・ナンジによれば「未曾有で愕然とする驚異の事件」（*quoddam mirabile*）とされ、（*mirabile prodigium et novitas*）、マシュー・パリスによれば「愕然とする出来事」この時代の聖職者や知識人を仰天させた。(1)

ギヨーム・ド・ナンジの話を聴いてみよう。

一二五一年のこと。未曾有で愕然とする驚異の事件がフランス王国で起こった。悪党の首謀者たちは、単純な連中を惑わせ、偽りの想像（*falsis adinventionibus*）で大衆に欲望をまき散らすために、天使が現れたとか、至福なる聖処女マリアが現れて、羊飼いとか神が選ばれた民のもっとも素朴なる人々とともに十字架を掲げ、軍団を組んで聖地を救うため、かの地でフランス王を助けるために行くように命じられたとか、欺きをいい立てた。そして彼らの先頭に、天使や聖母の出現の内容を縫い取りした絵の付いた幟を持たせた。連中はまずフランドルとピカルディ地方を通り抜け、欺きの呼び声を上げながら村々や野を駆けめぐり、羊飼いや大衆のなかでもっとも単純な人々を、まるで磁石が鉄を引きつけるように集めた。彼らがフランス［イル＝ド＝フランス地方］にやって来た時はその数があまりにも多く、彼らは軍団のように一〇〇人とか一〇〇〇人といった集団をいくつも作っていた。彼らが羊の放牧地や羊の群れの近くの野を通り抜けるとき、羊飼いたちはその羊の群れを棄て、私にはいかなるものかわからぬ熱狂にかられて、家族に告げることもなく、あの罪なる遠征に加わった。このように羊飼いや単純な者たちは自分が何をしているのかもわからずに、だが良き心づもりをもって動いていたが、反対に、連中のなかにはひそかに犯罪の目的を心に抱く数多くの盗賊や人殺しがいた。指導者の指令がこの連中の一団を導いていた。連中は短刀や斧やその他の武器を振りまわして村や町を通り、住民たちをひどく脅したので、裁判権をもつだれ一人としてあえて連中に逆らおうとしなかった。そのため連中は婚約の儀式をおこなったり、十字架を配ったり、見かけだけで罪の赦免を告げたりするほどの過ちを犯すに至った。もっと悪いことは、善良な民衆をあまりにも大きな過ちに引きずり込んだため、連中に食物やブドウ酒を差し出すことは、これらを失うことではなく、大量のものとなって戻されることだと、大多数の者は確信し、その他の者も信じきってしまった。聖職者は民衆がこのように大きな過ちに堕ちてしまったことを知ると、悲嘆にくれた。だが聖職者はこうした過ちに闘いを挑むことを望んだ。しかしそれが羊飼いや民衆に大きな憎悪を引き起こし、農村で見つけられた多くの聖職者が殺され、つまり殉教者となった。王太后ブランシュは、この時期には独りで見事な手腕でフランス王国を統治されていたが、連中のことは放置された。しかし連中の過ちを支持されていたのではなく、その息子である聖なる王ルイと聖地に対して彼らが救いをもたらすだろうとの希望をもたれてのことであった。連中は、パリを通ったあとは、もはや何も恐れるものはないと考えた。善なる人間であることを自慢し、その論拠を理に適った議論で訴えたが、これはあらゆる知の源であるパリに彼らがいたとき、だれも彼らに反駁できなかったからである[2]。そこで連中は、際限も遠慮することもなく彼らの過ちを広げ、組織的に盗みや強奪を始めた。オルレアンに着くと、連中は大学の聖職者を襲い[3]、多くの者を殺した。だが彼らの側にも殺される者が出た。ハンガリーの親方《メートル・ド・オングリー》と呼ばれていた連中の頭目は、オルレアンで集めた群団を引き連れてブールジュに着くと、ユダヤ人の教会《シナゴーグ》に侵入し、彼らの書物を破損し、不当にもその財産を奪った。しかし彼に従う大衆を連れて町を離れたあと、ブールジュの住民は武器をとり、彼らを追いかけて、その頭目と一党の大部分を殺した。この敗北のあと、その悪行のためさまざまな場所に追い払われていた他の集団も殺されたり、吊し首にされたりした。残党もやがて煙のごとく消えた。

イングランド人ベネディクト会士のマシュー・パリスは、他の細かい事柄も伝えているが、彼はハンガリーの親方のことを、すでに一二一二年の「少年十字軍」を引き起こした老人であろうとしている。またこの人物は、トレドでイスラムに改宗したのち、十字軍のために戦士がいなくなって王にも見放されたフランスをイスラム教徒に引き渡すべく、バビロンのスルタンによって送り込まれてきた者であろうと伝えている。また彼に従えば、パストゥローの一党はギヨーム・ド・ナンジがいうほど早くは消滅していなかったと思われる。彼らは小集団に分裂したようであるとか、小集団の一つの首領はガロンヌ河にはまり、溺れ死んだとか、またある小集団はイングランドに渡り、ストアへムで散りじりにさせられただろうとか、また最後に、残党の一人は悔い改め、贖罪のため、実際に聖地の聖ルイのもとに行き、王のために尽くすことになっただろうなどと伝えている。

私はこの運動は深く分析しないつもりである。この運動には、階級闘争、反教権主義、反ユダヤ主義、千年王国主義、カリスマ的指導者の役割、理想と信仰の外観のもとに狂的で犯罪的な獣性への恐るべき回帰の発作という大衆の傾斜、などが入り混じっている。このエピソードは聖ルイの伝記の枠を大きくはずれているもので、別に研究する価値はあるが、ここでも取り上げられてしかるべきだと思う。なぜならば、この事件は聖地から王国民に宛てて送られた王の書簡によれば、部分的にはおそらく引き起こされたものと考えられるからである。また聖ルイの王国の深奥にあるいくつかの不安と彼のカリスマ性と十字軍政策が呼び覚ました倒錯的心理を、この事件は露わにしているからである。

ブランシュ・ド・カスティーユはこの問題では素早く対処できなかった。戸惑った彼女は、おそらくモービュイソンで、ハンガリーの親方と面会したのだろう。たしかに王太后は、非常な高齢ではなかったにせよ（一二五一年では六三歳であるが、中世では十分に老年である）、気力が衰え、たぶんすでに重い病気に捕らえられていたことは間違いないだろうが、この面会は息子の手助けになると思ってのことであろう。

それに加えて、摂政と補佐役会の統治活動が、重要で緊急な問題も抱えていなかったので、緩慢な動きをした。王が聖地から王国のことに取り組み続けたことは確かである。事実、王国最高会議《クーリア》の文書管理庫《アルシーヴ》に伝来する文書類のなかで、聖地で発給された文書の数は、パリの摂政政府が発行した王文書より多いことが指摘されている(5)

文書管理庫に伝来する文書を研究してみると、すでに示したように、一二五三年から王太子ルイが権力を行使しているようである。ただしそれらの文書の印璽は失われてしまったので、王の個人的な印璽か、他の者のものが使われたかは知ることができない。息子のルイに与えられている肩書ははっきりと王朝の序列を表わしている。王の「長子」*primogenitus* となっているからである。彼からそれらの文書類が発行されているし、たとえば一二五三年六月のクリュニーの修道院長の書簡は「神の恩寵によってわれらが名高い殿ルイの長子であるルイおよびその補佐役会に(6)」宛てられている。おそらくは、八歳のこの子供は本当には統治してはいまい。またここでも、王が遠く離れていることが刷新を可能にしている。幼い王を助けるこの「補佐役会《コンセイユ》」は、もはやかっての裁判集会《クーリア》ではまったくなく、まさしく「閣議《コンセイユ・ド・グーヴェルヌマン》」である。ルイ九世は、パリで自分の息子の名において統治をおこなう「補佐役会《コンセイユ》」に対して、それまで王の身体と結びついた形にのみ許されてきた「国王補佐役会《コンセイユ・ロワイヤル》」の名称を意識的に使わせたり、あるいは勝手に使わせたりしたが、こうしたやり方で、彼は王の肉体的な身体とは切り離された国家の存在という意識の把握を加速させたのである。

【注】

(1) この一件について参照すべき史料のリストは、コーンN. COHN の著作に見い出されるが (p.322,n.14)、私はその史料のなかからもっとも詳細なつぎの二つの話を取り上げる。GUILLAUME DE NANGIS, *Chronicon*, pp.553–554 ; MATTHIEU PARIS, *Chronica majora*, t.V, pp.246 sq.この非常に啓示的な驚愕のエピソードについてはまだ専門の歴史家が現れていない。つぎの文献は研究ノートである。Norman COHN, *The Pursuit of Millenium*, 仏訳 *Les Fanatiques de l'Apocalypse*, nouv. éd., 1983, pp.97 sq. («Dans le ressac des croisades : le Pseudo-Baudouin et le Maître de Hongrie»)〔邦訳、ノーマン・コーン『千年王国の追求』江

河徹訳、紀伊國屋書店、一九七八〕；G. Fourquin, *Les Soulèvements populaires au Moyen Âge*, Paris,1972.

（2）ハンガリーの親方 Le Maître de Hongrie は、司教帽を被り、サン＝トゥスタッシュで聖職者を激しく攻撃する説教をおこなった。

（3）ここで使われているラテン語 *dux* という用語は（本来「指導者」という意味であるが）、これが中世フランス史の少々謎の多い秘教的出来事で使われたものであることを考慮すれば、二〇世紀の今日においては、修正が必要であり、イタリア語の *duce*，ドイツ語の *Führer*，スペイン語の *caudillo*（現代の独裁者たちが使用した肩書）などと同じ意味と考えればよい。

（4）彼はハンガリー出身といわれていたキリスト教を棄てた修道士であった。

（5）Gérard Sivery, *Saint Louis et son siècle*, Paris, 1983, p.438.

（6）Louis Carolus-Barré, «Le prince héritier Louis(1244–1260) et l'intérim du pouvoir royal de la mort de Blanche(nov.1252) au retour du roi(juillet 1254)», *Comptes rendus de l'Académie des inscriptions et belles-lettres*,1970,pp.588–596.

【訳注】

（1）パストゥロー pastoureaux の原義は「羊飼いの少年たち」であるが、本章の内容からわかるように、一二五〇年頃十字軍への参加を口実に各地を荒らした農民や羊飼いなど、煽動に踊らされた「もっとも素朴な」連中全体を示すので、片仮名にした。

聖地におけるルイ九世

一二五〇年五月から五四年四月まで続くこの長い滞在には、このフランス王の十字軍地中海政策における修正をかいま見せる三つの重要な決定によって特徴づけられる。聖地を防衛するため聖地に留まり、城や町を要塞化するために労力や出費の大部分を使うこと、それは征服あるいは再征服の政策から抵抗の政策へと変わることである。

けれども、ルイがエルサレム巡礼をあきらめた時にした宣言は、この聖なる都市の再征服という思いに対して開かれた門を残すものである。実際にルイ王はヤッフォ〔テル・アビブ・ヤッフォ〕で、ダマスカスのスルタンが王に対してエルサレムへ巡礼に行くための通行を認める用意があることを知るが、そのとき王はリチャード獅子心王のことを思い出させられている。一一九二年、リチャード獅子心王はエルサレムを敵から奪うことができないままの状態でエルサレムを見ることを望まず、神の聖なる都市が見えるような場所に行くことを拒否したのである。だから王の側近たちは聖ルイをつぎのように納得させた。「彼はキリスト教王のうちでもっとも偉大な王であったので、その彼が神の敵からこの都市を解放せずにみずから巡礼をするならば、彼のあとに続いてやって来るすべての他の王も、すべての巡礼者のだれもが、フランス王がおこなったような巡礼をすることで喜びを得たいと願い、エルサレム解放など気にかけなくなってしまうだろう」と。このようにフランス王は、まだ聖地の軍事的解放という可能性をみずから支え、十字軍の行動様式における特別な性格を保ったままなのである。エルサレムに触れ、エルサレムを所有するという意志と希望を捨てないためには、エルサレムを見ることをあきらめねばならないのである。

　最後に、聖ルイは、その聖地に滞在中に、モンゴルの幻想が消えてしまうのを見る。すなわち、このアジアからの侵入者を改宗させ、そして彼らと組んでイスラム世界を挟み打ちにする希望が消えてしまう。ドミニコ会士アンドレ・ド・ロンジュモーは王がモンゴルの大汗〔グユク〕のもとに使節として派遣した人物であるが、おそらく彼は一二五一年の春には戻ってきていて、そのときカエサレア〔現在はイスラエルの旧跡〕にいた王ところに来たと思われる。彼と同行してきたモンゴルの使者たちは、王に対して服従のしるしとして莫大な貢ぎ物を要求している。王は、ジョワンヴィルがいっているのだが、「この大使を送ったことをいたく後悔した」。けれども王は大汗を改宗させる新たな試みとして、一二五三年にフランシスコ会士ギヨーム・ド・リュブルークを大汗〔サルタク〕のもとに送っている。使節のギヨーム・ド・リュブルークは一二五五年六月にニコシア〔キプロス島の都市〕に帰ってくるが、その時には王はすでにフランスに帰ってしまっている。ギヨーム・ド・リュブルークは任務の報告書を王に送るが、そこでは任務の失敗を認めねばならなかった。つまりモンゴルの大汗の改宗は間違った噂、幻想にすぎなかったのである。[1]

【注】

（1）第一部第一章五六～六〇頁を見よ。

十字軍、ルイ九世、西欧

聖地に向けて西欧人がおこなった最後の十字軍である聖ルイの十字軍、第六回十字軍とその成果に照らし合わせて、総決算表を作ることができるだろうか。ただし、逆説的にいって、失敗そのものによってルイ九世のイメージにプラスの影響を与えたこの遠征の直接の諸効果の総決算表ではなく、――もっとも長期的な時間の流れに従っての――十字軍という西欧の事業の総決算表である。チュニスの十字軍は、その結果がルイとその家族に限られることになるから、補足、後書きにすぎないだろう。一二五四年以後はキリスト教十字軍というこの一世紀半にわたる華々しい現象に幕が引かれるという事実からして、歴史家は、聖ルイがそこで占めた位置の重みをよく測るため、また聖ルイの人となり[1]に対して、その十字軍が何を意味したかを理解するため、この長いエピソードに総合的な眼差しを向けねばならない。

物質的な面では、成果はゼロである。いかなる土地も、キプロスを除いては、永続的な征服状態にはなっていなかった。キプロスは一〇世紀にイスラム教徒から奪ったビザンツ人を征服して奪ったところであった。キリスト教徒のオリエントへの重要な移住や定住もなかった。また、西欧の人口過剰とか、とりわけ所領をもたない次男以下の貴族の若者たち（ジョルジュ・デュビーの「若者たち」les jeunes）には積極的にオリエントに向かわせる用意があったという考え方は、第一回十字軍の始動にはおそらくある種の役割を果したと思われるが（当時は教皇権の主要な動機がキリスト教徒同士の内輪の戦争をオリエントに移し、異教徒への戦いに方向転換させることであったにもかかわらずである）、これは後期の十字軍を説明するにはもはや役に立たないものである。経済活動の総決算としては、むしろ否定的である。なぜなら、通常通り、戦争は商業を活性化させるよりはむしろこれを阻害したからであり、その証拠には、西欧が大いに享受していた経済発展の大きな担い手であったイタリア人（シチリアのノルマン人は除く）が十字軍ではほとんど意味のない役割しか果たしていないからである。多大の努力を払った末に残ったのは、エルサレムの、とりわけアッコンの堂々とした建造物の廃墟だけである。さらにいえば、聖地の東の辺境地帯には、あの印象深い城砦の数々が残骸をさらしている。それらは、戦争の存在を語る多くのモニュメントと同じように、歴史の流れを止めることには無力であったし、またその運命として、その壮大なる廃墟の姿によって戦争の虚しさを証言することしかなかった(2)。

だからといって、十字軍がキリスト教西欧に、人間においても富においても、血を流させ弱めたと考えねばならないだろうか。私はそうは思わない。十字軍のキリスト教徒の死者の決算表など作ることはできない。彼らは同時代の人々にとっては正義と栄光の死者たちであったが、歴史の観点からすれば最高に無益な死である。しかし彼らがキリスト教世界を弱めなかったことははっきりしている。十字軍の唯一の実効ある成果は、たしかに社会的には重要であるが、貴族の家系を断絶あるいは根を断ち切ることになること、またいくつかの家系の消滅を早めることになることである。経済的価値に関してであるが、これには二つの観察をしなければならない。一つは十字軍の資金調達を王権のみが引き受けたことである。一二四八〜五四年の十字軍の費用は一五三万七五四〇トゥール貨リーヴルにのぼった。この表面的に非常に正確そうに見える数字に欺かれてはならない(3)。これはきわめて大ざっぱな数字にすぎないのであって、歴史的現実に数量的アプローチが施された史料は、一三世紀中葉ではまだ未熟な段階だったからである。けれども真実とも考えられるこの数字をもっと真実らしさのある王の年収の数字二五万トゥール貨リーヴルと比較してみると、ルイ九世は祖父フィリップ・オーギュストがいっぱいにした金庫を空にしてしまった――父のルイ八世の短い治世（一二二三〜二六）はこの件ではそれほどの重要さはない――という印象がもてる。この仮説は二つの確実な事実と対照する必要がある。まず十字軍の膨大な出費の一部のみは国王財庫《トレゾール・ロワイヤル》から出されたことである。費用の大部分は都市やとりわけ聖職者から出たものであった。ジョワンヴィルは語っている、ルイの釈放後の一二五〇年の夏、アッコンで、王が聖地に残るべきかそれともフランスに帰るべきかを知るため、教皇使節と身分の高い者からなる補佐役会が開かれた。そこにジョワンヴィルが参加した時のことであるが、彼は経済的理由のために王の帰国を願う者たちに反対して、十字軍は聖職者からとりわけ献金を受けているので王にはまだたっぷりと資金があることを承知しているつもりだと申し立てた。そして王に向かって「殿（彼らのいっていることが本当かどうかは私にはわからないが）、王はまだご自分の資金はいささかもお使いにならず、聖職者よりの献金のみをお使いになったと、皆は申しております」(4)と述べた。しかし王は答えない。たしかにこの意見は部分的には間違っている。王は十字軍のためにもみずから出費していたし、その後も出費することになる。まず、何人かの十字軍参加者の生計を保証するための出費である。ジョワンヴィルもお金を受けたのでそれを知っている。彼もナイル河の船上にいたとき捕らえられたことがあった。彼は、連行される前に自分の私財（お金や貨幣として使える宝石類を入れた箱）の入った貴重箱と肌身離さずに持っていた聖遺物というきわめて貴重なものさえ河に投げ捨てた。彼が命を救われたのは、ただ彼のことを王のいとこと思い込んだサラセンの庇護によるものであった。彼は王がイスラム教徒との条約に署名したとき、殺されなかった捕虜と一緒に釈放された。それで彼の最高封主であり友人である王に再会したのである。しかしジョワンヴィルはすべてを失ってしまった。「王はいう『セネシャルよ、私に訴えればよい』と。私は王のもとに行き、王の前にひざまずいた。すると王は私を座らせ、つぎのようにいった。『セネシャルよ、私がそなたにはいつもとても好意を与えてきたのはそなたも承知のことと思うが、私の家来どもはそなたのことを耐えがたいと私に申している。これはどうしたことか』『殿、私にはどうすることもできません。というのも殿もご承知の通り、私は船で捕らえられました。それで私には何も残っていません。私は持っていたものをすべて失ったからです』。すると王は私に何を望むのかとお尋ねになった。そこで私は年の三分の二のために、復活祭までに二〇〇〇リーヴルが入用であることを申し上げた」(5)。

ルイ九世は金遣いの荒い人間ではなく、また自分の金を無心されるのが好きではない。そこで王はジョワンヴィルが必要とする金額を自分で計算した。ジョワンヴィルには三人の騎士が必要で、騎士それぞれに四〇〇リーヴルずつ払わねばならなかった。王は「指を折って数えた」。「そなたの新しい騎士には一二〇〇リーヴルかかることになる」

と王はいう。「必要なものを揃え、武具を整え、騎士に食べるものを与えるために」さらに八〇〇リーヴルが必要となるだろう。そう計算すると、王はこの額を理に適ったものと思う。「まことに、ここには余分なものは見えぬ。だからそなたのいう通りにしよう」。交換として、ジョワンヴィルは、シャンパーニュ伯のセネシャルであり、王に対しては陪臣でしかなかったので、王の直臣となり、王に臣従礼を捧げねばならなかった。この契約の終わりの一二五一年の復活祭の日、ルイはジョワンヴィルに対して、自分のもとにもう一年留まるには何を望むかと尋ねた。ジョワンヴィルは「もう一つ別の取り引き」を申し出る。彼は王とは遠慮なく話すので、王にいう。「『殿は何かを求められると、ご立腹になられますので、私としましては、殿が私の申すことを聞き入れくださって、この一年を通して私が何かを求めることがあっても、腹を立てないでいただきたいのです。それにたとえ殿が私の申し出をお断りになられても、私も腹を立てることはいたしません』。王はそれを聞くと、大声でお笑いになり（*si commença à rire moult clairement*）、その条件で私を引き留めておこうと申された。そして私の手をとり、教皇使節の前から補佐役会の方へと私を連れて行かれ、一同に向かってわれわれが交わした取り決めのことをくりかえし話された。それを聞いた皆は大変愉快になられた。というのもこの陣営ではすでに私は十分金持ちであったからである」[6]。

王の他の二つの主な出費は、大型船の購入と聖地の城塞の建て直しであった。しかしここでは異なる用語で問題を考えるように努めねばならない。一三世紀には現在私たちが経済と名付けているような物質的構造も精神的構造も存在しないからである[7]。現代の歴史家たちは――いく人かの歴史家は十字軍で王の収入が浪費されたとちょうど考えているのと同じように――大聖堂の建立は、巨額の金をそれにつぎ込まねばならないために、生産への投資を流用して、経済の繁栄を殺さないまでも、遅らせたと、想像した。しかし「生産への投資」という概念は、当時はいかなる経済的また精神的な現実にも相応していない。王がその領地から受けとる収入――定期の租税は一切なかった――の他、そのケースはきわめて限られたとはいえ、十字軍の場合のように都市あるいは聖職者から引き出される臨時の収入を加えることができるが、そうした収入で王は自分自身と王の家人たちの生計、そして軍事的な事業の支出を賄わねばならない。ルイは贅沢や豪奢な出費をする人間ではないので、十字軍のために使った金額は、もし十字軍がおこなわれなかったとするなら、おそらくテンプル騎士団に任せてある国王財庫——騎士団はパリのテンプル騎士団修道院〔一二世紀後半、パリの右岸に有した広大な領地の中心に要塞型の修道院を建てた〕の主塔《ドンジョン》で保管していた——のなかに眠っていたであろう。あるいは、他の軍事遠征のために使われたでもあろう。ところで、十字軍、一二四二年のイングランドおよびトゥールーズ伯との戦争、治世初期の反乱諸侯への出兵、一二四〇年のラングドック地方への遠征など、これらを除けば、ルイ九世は、一二七〇年の短いが破滅的な十字軍に至るまで、その王国に例外的なほどの平和を保たせた。たしかに、ルイ九世は祖父がしたようには国王財庫を満たすことはなかったが、十字軍遠征と平和な時期との財政的な差し引き残高は、むしろまったく赤字ではないように思われる。

文化面については、十字軍は対話の拒否であった。交流の機会にはならなかった。戦争はどちらの側にも異文化受容を許さなかった。まず一方では、キリスト教徒はオリエントにほとんど何ももたらさなかったし、何も残さなかった。近東についてのアメリカの大歴史学者バーナード・ルイスは驚いている。「ほぼ二世紀にわたってキリスト教徒たちが治めた地方に対する十字軍参加者の影響は、多くの観点からして驚くほど弱いものであった(8)」。逆の方向では、西欧キリスト教徒によるオリエント世界からの借用は一般に十字軍によってもたらされたものではない。西欧における一二〜一三世紀のあれこれの新しさは十字軍戦士たちによってオリエントから運ばれたものだ、と始終書かれたりするが、それは伝説である。これらはむしろ、西欧でキリスト教徒自身が発明したり、革新したりしたものであるか、あるいは実際にオリエントから借用してきたものであるにせよ、ほとんどいつも交易を通じてか、あるいはまた地中海の両文明の接触地域を媒介にしてもたらされたものである。たとえばシチリア、そしてとりわけスペインでは、敵意の戦争関係と文化交流が共存していた。もし相互の尊重が存在できた場合には、交流は、騎士道的理想を共有するある種の共同体のようなものに限られた。騎士道の理想は、とくに一二世紀には、オリエントのフランク人領主たちとシリア＝パレスチナのイスラムの指導者たちを動かしていた(9)。だが歴史の目からすれば、それは二つの懐古的な貴族階級の間でなされた笑うべき互いの尊重ぶりである。一方の貴族階級では、近東のイスラム世界を枯渇させ、その進歩を止めてしまうのに大きく力を貸した。他方の貴族階級では、西欧において、大方が自分たちの階級に反するものとなった進展にブレーキをかけることに成功しなかった。

かつて私は、「私としてはキリスト教徒の十字軍によってもたらされたと考えられるものとしては果物のアンズの実しか目に入らない」[10]と毒舌を吐いたことがあるが、多くの歴史家たちがこのことばをくり返して用いてきたものである。おそらく今の私はもっと悲観的な考えになるだろう。というのもキリスト教十字軍はイスラムの聖戦「ジハード」*djihad*に力を与え、よみがえらせたからである。中世の十字軍に対する反動は、中世よりもさらに一九世紀に発展し、その反響には、現代のイスラムの「原理主義的」目覚めによる攻撃性が感じられる。十字軍（西欧にはいまだにノスタルジーを感じる者がいる）あるいは「ジハード」にしろ、それは信仰の歪められた形である。そこで私はつぎのスティヴン・ランシマンの意見に賛成する。「十字軍の高い理想は、盲目的で偏狭な信心行為によって引き起こされた残忍と貪欲によって、さらには無謀さと試練への抵抗によって損なわれてしまい、そのため聖戦は神の名においておこなわれた、長期にわたる不寛容の行為――「神の御心《エスプリ》」に反する罪そのものである――以外の何ものでもなくなってしまった」[12]。

同じようにまた、かっては、中世の十字軍のなかに、西欧の最初の植民地行為を見る者も時どきいた[13]。この解釈にはある種の真実が含まれている。ある種の類似性が、たとえば現代の北アフリカにおける「プーラン」*poulains*と「ピエ＝ノワール」*pieds-noirs*との間にある。ここでは「プーラン」という語は、「一時的滞在」である十字軍参加者と対比して、聖地生まれで、そこに定住するフランク人を示すものである。彼らはかって聖地を征服し、そこに居着いた十字軍の第一世代の騎士たちの「息子たち」（若駒）なのである。一二世紀末よりこの用語の意味は、キリスト教西欧とシリア＝パレスチナのラテン国家との関係がゆるむにつれて、その内容が悪くなっていった。西欧の人たちは「プーラン」たちがイスラム人に近い生活習慣を取り入れ、彼らと仲良くしていることを非難する。要するに、彼らはもはや自分たちのキリスト教信仰を擁護する者ではなく、今日私たちが寛容と呼んでいるものを実践する者なのである。一二世紀や一三世紀の西欧キリスト教徒には、この「プーラン」ということばもその現実も、ごく稀な例外を除いては未知のものであった。一三世紀になると、この「プーラン」は西欧の人々の用語としては侮辱のことばとなり、「プーラン」と十字軍参加者の間の溝が深まるのである。ジョワンヴィルは、その意味を明白にし、イメージをはっきりさせてくれる事例を私たちに与えている。ルイ九世が、その補佐役たちのもとに、フランスに帰るべきか聖地に滞在することを延ばすべきかという選択について論議に付したとき、多数の意見に反対してジョワンヴィルは、オリエントに留まる意見を熱心に説いた。彼は猛烈な攻撃を受けた。議論は白熱の成り行きとなり、たとえばフランスに帰ることを急ぐ有名な老騎士のジャン・ド・ボーモン殿は、自分と反対意見であったフランスのマレシャルで甥のギヨーム・ド・ボーモン殿を、会議の真っただ中の王の面前で「汚い下司な男！」とひどい扱いをしたほどであった。ジョワンヴィルであるが、彼はつぎのように語っている。「この国生まれの者はプーランと呼ばれている。ティール〔スール〕に住んでいたピエール・ダヴァロン殿は、私がかってプーランと一緒に留まるよう王に勧めたことがあったので、人が私のことをプーランと呼んでいるのを聞いたといわれた。そしてピエール・ダヴァロン殿は私につぎのように命じられた。私をプーランと呼んでいた者たちに用心するようにと、そして疲れ果てた馬のような彼らよりプーランの方を好むと、彼らにいい返してやれと(14)」。

十字軍は西欧キリスト教世界にみずからを意識させる助けになった、また新しい宗教的感受性を示すものであった、と盛んにいわれたことがある。もしそれが正しいとするなら、十字軍は一一～一二世紀の大躍進に対する西欧の見当違いの回答となってしまう。理解の鈍い答えである。いずれにせよ一三世紀に認められるキリスト教世界の内部の発展に異を唱える答えである。一三世紀には、もう一つの別の退廃である「異端審問」〔聖ルイはユダヤ人に関わること以外では、異端審問と距離を置いていた〕にもかかわらず、個人の良心の内面化のなかにより平和的でより実り豊かな声を見い出すのである。聖ルイはまたこの個人の良心の内面化の動きも共有した。

十字軍の王とは、すなわち、過去へのノスタルジーを感じる王であり、西欧自体の変容の推進に貢献することができない西欧人自身の姿を表わす証人であるが、他方彼はその半身では、この変容に積極的に関わっていたのである。

聖ルイの十字軍は――『アーサー王の死』*La Mort le roi Artu* が騎士道の葬送の幕引きであるように――十字軍の死を告げるフェルマータであり、贖罪と自己犠牲を旨としたキリスト教世界の攻撃的な相の終幕である。聖ルイは、信仰者の犠牲と引き換えに、また「他者」の犠牲の上に成り立つ自己救済のために、不寛容と死をもたらす信仰のエゴイズムをその最終的な最高点で体現しているのである。

しかし、十字軍の理想など信じない人々（リュトブフやジョワンヴィルのような人がその証明になる）の内にさえ深い称賛の念を抱かせるように、そうした理想が生き続ける中世の世界においては、聖ルイのイメージはその破滅的な十字軍から素晴らしいイメージとして生まれてくる。それは、「死の美しさ」によって輝かされ、「キリストの死と変容」に倣う過程をとりはじめる。こうした視野で見ると、チュニスの十字軍は、稲妻にも似たその死の短さ〔十字軍の短さと聖ルイの死〕によって、戴冠の流儀に倣うものとなるだろう。

【注】

（1）その後の十字軍的な数多くの計画、とくに一四世紀と一五世紀のそれについては、私の考え方に反対することはできよう。私はそうした十字軍の煽動者の誠実を非難するものではないが、それらは幻想でしかないととらえる。長い目で見た十字軍についてはアルフォンス・デュプロン Alphonse DUPRONT の大著（近刊）〔*Le Mythe de croisade*, 4 vol., Paris, 1997〕を参照されたい。

（2）Paul DESCHAMPS, *Les Châteaux des croisés en Terre sainte*, 2 vol., Paris,1934–1939 ; Henri-Paul EYDOUX, *Les Châteaux du soleil. Forteresses et guerres des croisés*, Paris, 1982 ; Michel BALARD, «Des châteaux forts en Palestine», *Les Croisades*, in *L'Histoire*（すでに指摘した特集号）, pp.167–183. 口絵写真3を見よ。

（3）この計算は *Recueil des historiens des Gaules et de la France*, t.XXI (pp.513 sqq) に載っているが、この計算には注意を要する。このことは Gérard SIVERY, *Saint Louis et son siècle*, *op.cit.*, pp.466–467 に指摘されている。この数字はすでに NAIN DE TILLEMONT, *Vie de Saint Louis*, *op.cit.*, t.IV, p.45 によっても提示されていた。

（4）JOINVILLE, *Histoire de Saint Louis*, p.233.

（5）*Ibid.*, p.241.

（6）*Ibid.*, p.275〔六〇三頁参照〕。

（7）第三部第四章「三つの機能の王」を見よ。

（8）Bernard LEWIS, *Comment l'Islam a découvert l'Europe* (1982), 仏訳 Paris, 1984, p.17.

（9）一二世紀のシリアのあるイスラム貴族の自叙伝についてのアンドレ・ミケルの素晴らしい紹介、André MIQUEL, *Ousâma, un prince syrien face aux croisés*, Paris, 1986 を見よ。これはジャン・ルノワールの映画『大いなる幻影』*La Grande Illusion* を思わせるものである。

（10）Jacques LE GOFF, *La Civilisation de l'Occident médiéval* (1964), nouv. éd., 1984, p.85.

（11）「キリスト教徒が十字軍を忘れ去っていた間に、イスラム聖戦ジハードがイスラム教徒をふたたび鼓舞しはじめていた。彼らは彼らの信仰の名において新たな聖戦を開始した。その初期には、キリスト教徒の侵略者が彼らから奪ったものをすべて取り戻すためであったが、やがて勝利を重ねるにつれて、まだイスラムの教えと力を知らなかった新しい国や新しい民に広めようとするようになった」(B.LEWIS, *Comment l'Islam a découvert l'Europe, op.cit.*, p.17)。また以下の文献を参照されたい。Emmanuel SIVAN, *L'Islam et la Croisade. Idéologie et propagande dans les réactions musulmanes aux croisades,* Paris 1968 ; N.DANIEL, *Islam and the West. The Making of an Image*, Édimbourg,1960 ; ID., *The Arabs and Medieval Europe*, Londres,1975 ; Amin MAALOUF, *Les Croisades vues par les Arabes*, Paris,1983〔邦訳、アミン・マアルーフ『アラブが見た十字軍』牟田口義郎・新川雅子訳、リブロポート、一九八六〕; E.WEBER et G.REYNAND, *Croisade d'hier et djihad d'aujourd'hui*, Paris 1990 ; Franco CARDINI, *Noi e l'Islam, un incontro possibile?* (avec une bibliographie), Rome,1994.

（12）J.A.BRUNDAGE (éd), *The Crusades Motives and Achievements, op.cit.*, p.81 に再録された S.RUNCIMAN, *A History of the Crusades, op.cit.*, p.480. 前出一九七頁注3を見よ。

（13）Joshua PRAWER, *The Latin Kingdom of Jerusalem. European Colonialism in the Middle Ages*, Londres,1972.

（14）JOINVILLE, *Histoire de Saint Louis*, p.237.

母の死

ルイにとって恐るべきある出来事が、突然彼の聖地での滞在に終止符を打たせることになる。一二五三年の春、シドン〔サイダ〕で、母が一二五二年一一月二七日に亡くなったことを知る。このように知らせが遅れたのは、冬の間は海上交通が途絶えるためであったが、それが王の悲しみを大きくした。この悲しみに不安が混じる。おそらく伝令が伝えることばから不安を覚えたのであろう。王国はまだしっかりと統治されているだろうか。後見役であった摂政の母が亡くなって、一〇歳の幼い王太子、王国のことより自分の領地のことで追われている叔父たち、さらにはきっと途方にくれている補佐役たち、彼らは、安定した行政のおかげで平和を保っているものの、王国の統治から生ずる問題を処理する任にはおそらく耐ええないであろう。結論は早急を要する。王は数日はもっぱら悲しみの行き過ぎとも思える姿に沈み(1)、それが過ぎるとフランスに戻ることを決心する。ルイは聖地のキリスト教防衛を強化する最後の命令をいくつか下す。今となってはできるかぎり長く維持することだけである。ルイはふたたび船に乗る。こうして彼は二度と見ることはない地上のエルサレムから決定的に遠ざかる。

【注】

(1) 後出九〇五頁を見よ。

第四章　十字軍から十字軍へ、そして死（一二五四～一二七〇）

海上の危険

ルイは一二五四年四月二四日か二五日にアッコンで船に乗り込む。数日後キプロス島の沿岸で、王の船が砂洲に乗り上げ、キールを破損してしまう。船の難破を心配する。このことが、破損した船からの脱出を拒否する王の冷静さと義務感覚を称賛する機会となる。船に乗っていた全員が、王と同じようには、他の船に受け入れられないこともありえたからである。

ジョワンヴィルの聖ルイ伝は、当時のどの伝記とも同じように、普通は年代順に並べられた模範的な逸話を使って作り上げげられた一連の王のイメージとなっているが、そうした聖ルイ伝で彼は、帰途における聖ルイの二つのイメージを私たちに伝えてくれる。

第一のイメージは、逍遙する王、そしてその王が隠遁生活を代表する者と牧歌的な出会いをするというイメージである。第二のイメージはルイの一徹ぶりを、ある若者の心ない行為に対する厳しい裁きの人として明らかにするものである。ルイの目にはその若者の行為は二重の意味で罪である。まず、彼の側近には軽い罪と思われるが、王には大罪と考えられる罪を犯したためであり、つぎに、それが危うくフランス船団全体を危険にさらすことになったためである。これこそ道徳と全体の利益を守ろうとする王であり、そのことで王は神の怒りを知ることとなったが、人が神の怒りを侮るのは誤った規律はずれの行動によってなのである。

われわれはランプドゥーズと呼ばれている島に来た。そこでたくさんの野ウサギを捕らえた。そして岩山のなかに古い隠者の庵を見つけ、また昔からそこに住んでいた隠修士たちが造った庭園も見つけた。そこにはオリーヴやイチジク、ブドウの苗木やその他の木々が植わっていた。泉から流れ出る小川が庭のなかを流れていた。王とわれらは庭園の奥まで入った。そして最初の丸天井《ヴォールト》の屋根のもとに、ノロで白く塗られた祈禱室、それに土製の赤い十字架を見つけた。

われわれは二つ目の丸天井の屋根の下に入った。そして二体の遺体を見つけた。一体は肉がすっかり崩れ落ちて、肋骨はまだすべてそのまま残っていた。両手の骨は胸の上に置かれていた。遺体は、地面に置かれた形で、東に向けて寝かされていた。われわれが船に戻ったとき、水夫の一人がいなくなっていた。水夫は何かの理由で隠修士になるためにそこに残ったのだと、船長は考えた。そこで王の従卒長のニコラ・ド・ソワジは、水夫が見つけて、それで命を永らえるようにと、浜辺に三袋のビスケットを置いた。(1)

海の旅は、つまりは一つの試練である。ある時は嵐、ある時は無風、また波と岩礁を恐れねばならない時もあり、人間さえ恐れねばならない時もある。このような状況のなかを船団はプロヴァンスの沖合にたどり着く。そこで王を取り巻く人たち、「王太后と補佐役の全員」は、ルイにすぐさま船を降りるように求めた。その土地は帝国領であるが、王弟でプロヴァンス伯のシャルル・ダンジューのものとなっていたからである。しかしルイ九世は「彼の」港であり、「彼の土地である」(2)エーグ＝モルトまで行くことを望む。しかし彼は最後には納得し、七月一〇日、サラン・ディエールで船を降りる。このあきらめての決心には、当時イエールの修道院にいた有名なフランシスコ会士と出会えるかもしれないと仄めかされたことが働いたに違いない。

【注】

(1) Joinville, *Histoire de Saint Louis*, pp.351-353. もう一つ他の話については後出六〇七～八頁を見よ。

（2） *Ibid.*, p.359.

ユーグ・ド・ディーニュとの出会い

ユーグ・ド・ディーニュ（またはド・バルジョル）は「フランシスコ会厳修派《スピリチュエル》」〔フランシスコ会の原始会則を厳格に守ることを主張した集団〕の厳格主義者に属していて、フィオーレのヨアキムの千年王国主義思想の信奉者でさえあった。ヨアキムは、永遠の福音を地上に打ち立てることを訴えていたが、一二〇二年に亡くなった。これらの思想は、フランシスコ会や教会内部の正統信仰守護派にとっては、疑惑がかかるものであった。当時のフランシスコ会はヨアキムの思想に沸き立っていた。修道会の長は一二四七年に総長《ミニストル・ジェネラル》に選ばれたジャン・ド・パルムであったが、彼は熱烈なヨアキム主義者であった。のちに聖人となるルイがユーグ・ド・ディーニュに出会う一二五四年[1]、もう一人のヨアキム主義者のフランシスコ会士であるボルゴ・サン・ドンニーノのジェラルドが、フィオーレの修道院長の思想を知らしめ、広めるために『永遠の福音への手引き』（*Liber Introductorius ad Evangelium Eternum*）を著わす。それはすぐさま激しい反発を、とりわけパリ大学から引き起こされた。パリ大学では学生たちの間の対抗意識から引き起こされた激しい抗争が、神学の托鉢修道会士（ドミニコ会とフランシスコ会）の教師を在俗聖職者の教師のいく人かと対立させていた。一二五六年、教皇アレクサンデル四世はフィオーレのヨアキムの教説とボルゴ・サン・ドンニーノのジェラルドの書を断罪する。ユーグ・ド・ディーニュはおそらくこの年に亡くなったと思われるが、いずれにしても一二五七年二月二日以前に死去している。彼はあらゆる断罪から逃れているが、彼の賛美者たちがマルセイユの彼の墓で起こったとする数々の奇蹟を敬う事態となった時には、もうユーグは聖人と認められることはないであろう。だが、彼を良心の指導者〔上長者から霊的指導を受けるという修道会の規則による〕としていた妹ドゥースリーヌは兄より幸せを享受すにことになる。彼女もヨアキム主義者であり、イエールの近くに（一二四〇）、ついでマルセイユに（一二五五）ベギン会の共同体を創設し、マルセイユの共同体で、幻視《ヴィジョン》〔超自然的感応によって不可視である神を幻視すること〕と恍惚《エクスタシー》〔神からの超自然の贈り物として脱魂状態に陥ること〕の恩寵にあずかったのち、一二七四年に世を去る。(2) 一二五七年、ジャン・ド・パルムはその職務を辞し、未来の聖人である若きボナヴェントゥーラにフランシスコ会の総長の席を譲った。のちに彼は裁判で異端とされて、厳しい処罰から逃れるには頼るものは枢機卿オットボーノ・フィエスキ——短命の次期教皇ハドリアヌス五世（一二七六）——の変わらぬ支持のみとなる。ユーグ・ド・ディーニュは、その軽率さにもかかわらず、フランシスコ会では大きな威光を保ち続けることになる。聖ボナヴェントゥーラは、聖フランチェスコの戒律についての自分の注釈の大部分を、自分の責任で、しばしば文字通りに、ふたたび取り上げることになる。そして同僚のパルマのサリムベーネは、かつて一二四八年のサンスの修道会総会で十字軍に向かう聖ルイと会ったことがあったが、彼はその年代記のなかで、人の目をくらますような記述を含むページをユーグに割いている。ユーグの説教家としての才能がとくに彼を惹きつけたようである。ユーグの声はトランペットのように響きわたり、豪雨のように聴衆の心を打ったと書いている。(3)

一二五四年の夏にフランス王さえをも魅惑したフランシスコ会の教祖的指導者とは、このような人物であったのである。その出会いの場にジョワンヴィルも居合わせた。

王はユーグという名のコルドリエ会士〔三つの結び目のある紐コルドリエを腰紐にしていたことから由来するフランシスコ会士の別称〕について話されるのを耳にした。そしてその大いなる評判のため、王はこのコルドリエ会士に会い、話すため、彼を迎えに使いを遣わした。彼がイエールに来た日、われわれは　彼がやって来る道に注意を払っていた。すると、彼のあとに徒歩で従う男女の大群衆を従えて、彼がやって来るのが見えた。王は彼に説教をさせた。説教の初めは修道士についてであった。彼はつぎのようにいった。「諸侯の皆さん、王の宮廷には、そのお付きに修道士の姿が多すぎると私は思います」。そして、このことばに付け加えた、「まず第一にこの私です」。(4)

しかし、説教はとりわけ王に語りかけるものであった。

彼は説教のなかで、王はその民のためにいかに振る舞わねばならないかを、王に教えた。そして説教を終わるにあたって彼はいった。聖書も聖書に背く書物も読んだこと、そしてキリスト教徒の書物にも、異教徒の書物にも、正義に欠けていたことによる以外は、いかなる王国もあるいはいかなる領国もけっして滅ぶことはなかったこと、あるいはある領主から別の領主へと、ある王から別の王へと移り変わることはけっしてなかった、と。さらに、彼はこうもいった。王はフランスへとお帰りになられるからには、その民にいとも正しく正義をおこない、神の愛を保つことができるように心されるように、と。それは神が王からその命もろともにフランス王国を奪い去ってしまうことがないようにである、[5]と。

このフランシスコ会士にとり残された王は、ユーグが説教で説いたことを無視して、彼を自分にそばに置きたいと思った。ユーグは断る。しかしジョワンヴィルは王を励ます。王は望みを新たにして、修道士ができうるかぎり遠くそして長く彼のお供をするようにとくり返す。ユーグ・ド・ディーニュは怒り、断りをくり返す。そしてやっとのことで彼は、王と一日だけ一緒にいることに同意する。

計画されたものであれ思いつきであれ、このユーグとの出会いは聖王の生涯に大きな重要性をもったと、私には思われる。十字軍の失敗に打ちひしがれていたルイは、その原因を求め、神の心に沿うように、自分の救済と民の救済が成るように、キリスト教世界に役に立つようにするには何をなすべきかを、心に問うていた。その彼にユーグは一つの道を示したのである。それは、地上の国が福音に満たされるようになるという展望のもとに、この世《イシ゠バ》に正義を統べらせること、つまりは終末論的な王になることである。ルイの思想と深い願望に対応するこの宗教的プログラムは彼の治世末期の政治のプログラムになっていく、と私は思う。ユーグ・ド・ディーニュは王の側近のもっと神秘的傾向が少ない托鉢修道士たち（ボナヴェントゥーラは王の前で数回説教をすることになる）と代わって、ルイ九世の晩年の政治・宗教思想に影響を与える立場になっていく。彼の影響は、聖ルイが十字軍以前におそらくギヨーム・ドーヴェルニュやロワイヨーモンのシトー会士やサン＝ジャックのドミニコ会士などから受けていたのと同じであろう。影響はあの驚きの出会いののちも、またユーグの死ののちも続いていくことになる。

このフランシスコ会士の死後ほどなくして起こるあるエピソードも、彼の影響に結びつけることができるだろうか。それは在俗聖職者と托鉢修道士との論争であるが、この対立は一二五五年、托鉢修道士の教師たちに対する世俗聖職者の教師ギヨーム・サン＝タムールの激しい攻撃文書『最後の時の危機についての小論』*Tractatus brevis de periculis novissimorum temporum* によって激化した。一二五七年、教皇アレクサンデル四世はギヨーム・サン＝タムールを断罪し、彼をフランスから追放することをルイ九世に求める。王はまず和解に努め、ギヨームと会った。しかしギヨームは自説に固執することにとどまらず、托鉢修道士たちへの批判を強め、王が王ではなく托鉢修道士のように振る舞うことを咎めて、王に対してさえ攻撃をした。そこでルイ九世は「教会の世俗の手」の資格において、教皇の要請を実行した。王はその死の日までいかなる謝罪にも耳を貸さなかった。王の死のあとまもなくして、一二七二年、ギヨームは故郷の都市サン＝タムールに追放されたままで亡くなる。[6]

【注】

（1）A.Sisto, *Figure del primo Francescanesimo in Provenza : Ugo e Douceline di Digne*, Florence,1971 ; P.Peano, dans *Archivum Franciscanum Historium*, 79, 1986, pp.14–19.

（2）一三〇〇年頃プロヴァンス語で書かれた聖人伝の仏語訳。R.Gout, *La Vie de Sainte Douceline*, Paris,1927 ; Claude Carozzi, «Une béguine joachimite, Douceline soeur d'Hugues de Digne», *Cahiers de Fanjeaux*,10,1975,pp.169–201 および «Douceline et les autres», *ibid.*, 11, 1976, pp.251–267.

（3）Salimbene de Adam, *Cronica*, in *Monumenta Germaniae Historia, Scriptores*, t.XXXII (éd. O.Holder-Egger, Hanovre,1905–1913), とくに pp.226–254 ; nouvelle édition par Giuseppe Scalia, Bari,1966 ; 部分仏訳 Marie-Thérèse Laureilhe, *Sur les routes d'Europe au* XIIIe *siècle*, Paris,1954.

（4）Joinville, *Histoire de Saint Louis*, p.361.

（5）*Ibid.*, p.363.
（6）Michel-Marie DUFEIL, *Guillaume de Saint-Amour et la polémque universitaire parisienne,1250–1259*, Paris,1972.

打ちひしがれた十字軍戦士の帰還

イエールを発ったジョワンヴィルは、エクス＝アン＝プロヴァンスまで王に同行する。そこから彼らはサント＝ボームのサント＝マリ＝マドレーヌへの巡礼をする（「われわれは一七年間マグダラのマリアが隠れ住んだところと伝えられる、とても高い岩の丸天井《ヴォールト》の下に身を置いた」）、ついでボーケールまで行く。ここでルイ九世はやっとフランス王国の領土に帰ったことになる。ジョワンヴィルはそこで王と別れ、シャンパーニュに戻る。ルイは帰還の旅を続ける。エーグ＝モルト、サン＝ジル、ニーム、アレス、ル・ピュイ、ブリウード、イソワール、クレルモン、サン＝プールサン、サン＝ブノワ＝シュル＝ロワール、ヴァンセーヌの王城、そしてサン＝ドニ——ここで王は帰還の旅の間いつも保持していた王旗と十字架を納める——そしてついにパリである。パリへの入場は一二五四年九月七日のことであった。

マシュー・パリスによれば、ルイはその民から歓迎を受けるが、悲しみに打ちひしがれた姿であったという。

> フランス王は、心も顔も悲嘆にくもらせて、いかなる慰めも受けようとはしなかった。楽の調べも、冗談や慰めのことばも、彼を笑わせ、元気づけることなど叶わなかった。彼の生まれ故郷への、彼自身の王国への旅も、王に出会えると押し寄せた群衆の尊敬をこめた挨拶も、主君たることを認める家臣たちの敬意をこめた挨拶そして捧げ

られた贈り物も、彼の心を慰めることはなかった。彼は目を伏せ、しばしばため息をつきながら、その身の虜囚のことを心に浮かべ、そのためにキリスト教世界全体に混乱を招き入れたことを考え続けていた。

信心深く機転の利くある司教は彼を慰めるためにいった。「わが親しき殿であり王よ、霊的喜びを無に帰し、魂の邪悪な母ともなる生への嫌悪と悲しみに陥らぬようご用心ください。それは聖霊に対して過ちを犯すことになるからには、もっとも大きな罪です。あなた様が見るもの、あなた様が考えることによって、ヨブ〔人間の苦しみと信仰について語られる聖書のヨブ記の主要人物〕の忍耐を、聖エウスタキウス〔驚くべき不幸の連続の生涯を送り、最期は妻と二人の息子とともに火刑に処せられて殉教した二世紀のローマの士官〕の苦しみを思い出してください」。そして神が彼らに与えた最後の配慮に至るまで二人の生涯を語った。そこで、地上の諸王のなかでもっとも敬虔な王は答えた。「もし私一人が恥辱と逆境を耐え忍べばよいならば、またもし私自身の罪が教会全体に落ちかかるのではないならば、私はわが罪を独り静かに堪えたでもあろう。だが、私にとって不幸なことには、全キリスト教世界が私ゆえに混乱に包まれたのだ」。そして、王がすべてを超えるお方の慰めを得ることができるように、聖霊を讃えるミサがおこなわれた。それ以降、神の恩寵によって、王は健やかな慰めのため忠告を受け入れられた(1)。

マシュー・パリスはおそらく誇張していて、悲しみのレトリックに従っているのであろう。しかしどの証言もルイの心に深い変化を、つまり十字軍後の非常な厳しさへの一種の回心を認めることには一致している。ルイは、十字軍戦士として身につけた飾り気のない衣服をもはやごく稀な時にしか手放さない。サン＝ドニへ十字架を納めた時も手放さなかった。

それについても、ジョワンヴィルが証言している。

王は海外から帰られたのちは、きわめて敬虔に暮らされ、それ以後はけっしてリスやシベリア・リスの毛皮や派手な色の毛皮など身に着けず、金箔の鐙や拍車など用いられなかった。その衣服は粗いカムロの青みがかった緑色のものであった。寝具や衣服の毛皮は鹿皮か野ウサギの脚皮か子羊の皮であった。食べ物も簡素で、料理人が用意するものの他は料理を一切頼むことがなかった。彼の前に皿が置かれると、それを食べた。飲み物は、水で薄められたブドウ酒をガラスのゴブレット一杯であった。ブドウ酒によっては、水と半々にし、テーブルの後ろでブドウ酒が薄められている間、彼は手にゴブレットを持ち続けていた。いつも貧しい者たちに食べさせ、そして食事のあとで、彼らにお金を与えた。(2)

王の聴罪司祭ジョフロワ・ド・ボーリューはもっと大げさに語っている。

王が無事フランスに帰還なされたあと、王の暮らしぶりを目にした人たちや王の良心を打ち明けられた人々は、どれほどまで王が神へは献身、臣下へは公正、不幸な者へは慈悲、自分自身に対してはつつましさ、そしてあらゆる美徳を進歩させることに全力を尽くされることに努められたかを知った。金が銀にその価値として勝るのと同じく、聖地からもたらされた王の新しい生き方は、王の以前の生き方に対して聖性において勝るものとなっていた。けれども王はその若き日においても常に善良で、純潔で、模範的であった。(3)

ルイは、いつも称賛していた簡素さから、今や峻厳さへと移っている。そしてこの峻厳さを彼はまたその政治の原則にしている。この政治の原則は以後、王国と臣下にふさわしいやり方で、贖罪や純化や道徳的・宗教的秩序などからなるプログラムに応えていくことになる。宗教的目標に達するための努力と王権を強化するための行動とがふたたび解きほぐしがたく結びつくのである。

【注】

(1) Matthieu Paris, *Chronica majora*, t.V, pp.456–466. この訳は私が訳したものであるが、テクストのこの部分に対するD・オコンネルの訳が後出の一一〇七頁にある。私はテクストのこの部分を別の観点から改めて利用している。

（2）JOINVILLE, *Histoire de Saint Louis*, pp.367–369.

（3）GEOFFROY DE BEAULIEU, *Vita*, dans *Recueil des historiens des Gaules et de la France*, t.XX, pp.18–19.

王国の改革者

王国政治の主要な道具は一連の王令で構成されていくようになる。王令とは、いいかえれば王の「権力」*potestas* に由来し、法の力をもつテクストである。(1)これらの法文書が増えることは、たとえ王令のいくつかが特別な立場を享受する領地（ノルマンディ地方やラング・ドックの諸地方）に法的効力の範囲が限定されるとしても、王令はしだいに王国全体に適用される傾向にあるのだから、王権の進展を表わすものとなる。

一二五四年一二月にすでにルイは、発布される措置の大きさと重要さから歴史家がよく「大王令」と名付ける文書を公布している。「大王令」は王国統治においてもっとも重要とされることを改革し、しかも根本的に改革することを目指すものである。ほぼ二世紀以来、教皇庁や聖職者の合い言葉であったもの、すなわち教会改革が、プログラム全体としてフランス王国に移されたようにみえる。

しかしながら、すでに示したように(2)、一二五四年一二月の「大王令」は、実際には一二五四年七月末から一二月の間にルイ九世の権威のもとに発布されたいくつかのテクストを集めたものである。その文書の全体は、その規模の大きさによって新しさを出しているが、その新しさによって、「最初の王令」(3)、「フランスの自由に関する憲章」(4)とみなされたほどである。中世では「一般法令」*statutum generale*、複数の法令として「聖ルイの法令」*statuta sancti Ludovici* と呼ばれている。フランス語では「王の法令」establissement le roi とされている。(5)

ルイは、聖地からパリに帰り着く前、南フランスの王の直轄領に至るとすぐに、南フランスに関する王国の改革の諸措置をおこなった。それはサン＝ジルとニームで発給された日付のついた二つの「行政命令文書《マンドマン》」で、ボーケールとニームの二都市とボーケールのセネシャル管区についての在地的および地域的な「行政命令文書」である。これらの即時にとられた措置はおそらくは住民の要請に応えてのものであろう。これらの決定が広く公示されること、そして公共の「広場」で声高に布告されることを、王が命じているからである。これらの措置は、一二四七年の監察によって王が得た知識によってもたらされた最初の成果を含んでいる。その文書では、王のセネシャルが「土地の古い慣習」を侵害しておこなう措置を無効にしている。王は王権の強化に大いに寄与したカペー朝の慣行に従っているが、それは伝統と進歩の奇妙な融合である。革新の理念は、特権とみなされる慣習を維持することにしがみつき、古さという威光でそれをもち上げようとする民衆からは一般に良くみられなかった。実際に、過去への回帰の主張は、中世ではよく行政や政治の進展を正当化し強化する手段として使われていた。南フランスではとくにそうであった。この地方では、王による直接支配はまだ日が浅く、王は在地的・地域的伝統を尊重しつつも、王権による支配の継続性だけではなく、その発展にも心を砕いているのである。これ以後は王の役人《オフィシエ》たちは、「人を区別することなく正義をおこなわ」ねばならなくなり、一〇スー以上のいかなる贈り物（パン、ブドウ酒あるいは果物）を受けとってはならず、その妻や子供への贈り物もすべて断らねばならず、また会計検査の監察使やその上司、その妻や子供にも一切の贈り物をしてはならなくなった。これは王による行政の道徳化である。

一二月の大王令には純粋に道徳に関する一連の措置も加えられている[6]。王の役人に対して、瀆神のことば、すなわち「神、聖母、聖人に対する不敬虔なことば」の一切、賭け事、娼家や居酒屋への出入りが禁止される。役人にとっては、利子をとって金を貸すことは盗みと同じ違法行為となる。これらの他にも、王の役人の行政上日常的におこなわれてきた慣行についての改革措置も、大王令には記されている。王の役人はその職務をおこなっている領地では、不動産を購入すること、子供を結婚させること、子供を僧院や修道院に入らせることができなくなる。また王に対する負債以外では、何びとも投獄してはならないこと、また裁判で有罪と推定されても有罪と決まるまではいかなる罰金も取り上げてはならないこと、まだ有罪を宣告されない容疑者はすべて無罪とみなさねばならなくなる。また自分の官職を売ることはできなくなる。また小麦の移動を妨げてはならないようになる。これは飢餓との闘い、そして穀物類の出し惜しみをさせないための措置である。また王の役人が不法行為の不平の対象とされ、その訴えに応じるためその職務を離れる場合には、四〇日間代理人を置かねばならないこと。さらに追加項目の一つでは、馬の徴発権を濫用することを禁止している。

しかし、以上のような事柄だけが問題にされているのではなく、まだ他にもある。賽子《さいころ》博打と賽子を作ることそのものも、「テーブル」遊戯（トリックトラック〔西洋すごろくの一種〕）あるいはダーム〔トランプ種目の一つ〕とチェス——金銭が賭けられる博打をした場合は罪は倍加する——は全王国のすべての者に禁じている。売春婦は「良き都市《ボンヌ・ヴィル》」から、とくに都心の街路（前記の「良き都市」の都心部の街路）から締め出され、市壁の外に、教会や墓地から遠く離れたところに追放される。[8] 売春婦に家を貸す者は一年間の家賃が没収される。都市に定住する住民に対しては居酒屋への出入りが禁止され、居酒屋は旅行者（「他界者」trespassants という語が使われている）のためのものとされる。

この立法措置は間違いなく聖ルイの思想と意志を表わしているが、道徳の掟や善き行政のための規則や近代的な裁判原則が混在しているために、現在の私たちには奇妙にみえるかもしれない。瀆神や賭け事、売春、居酒屋への出入りなどを禁じるようなこうした措置には、ある古風な側面があるのだが、この面は、王の職務に関するキリスト教的な概念、および、不幸な十字軍から帰還したルイ九世がその日々の実施の仕方を定義した、とりわけて厳格な適応のやり方に結びついているのである。反ユダヤ人を目的とする規定は、反ユダヤ教主義《アンチジュダイスム》の中世キリスト教世界が反ユダヤ民族主義《アンチセミティスム》へと進展することを示すものである。私たち現代の反民族差別《アンチラシスム》の社会からすれば、二〇世紀の反ユダヤ民族主義的犯罪において最高潮に達した迫害や犯罪、その歴史的根を告発すべき迫害と犯罪へと向かう中世キリスト教の逸脱について、私たちが拒否しなければならないものが、そこにはすべて認められる。軽犯罪であれ重犯罪であれ、犯罪の容疑に対しては、正式で公的な裁判にかけるという必要性、無罪を仮定することの確立が近代的な裁判原則であるが、それこそが、「封建的な」裁判との関係では、思想および実践の分岐点となるものである。だが容疑者や被疑者に対する無罪推定を尊重させることが常にむつかしいことは私たちはよくわかっている。最後に、この立法措置の核心をなすもの、それは「役人たち」の正しい行動についての規定《コード》である。公的（王国の）行政の良きイメージを教え込もうとする意志と同じく行政機関の良き運営を目指すための規定である。こうした規定は、もし権力行使を代理する者たちの腐敗に対する闘いが現代社会の主要な必要と義務の一つと改めて確認されないなら、私たちには別の時代の、別の社会の関心事と思われるであろう。過ぎ去った中世は現在につながっているのである。もし二一世紀が、他の特徴にもまして、倫理的要求の強い世紀と証明されるならば、二一世紀は長期にわたる過去のなかに道徳化に関する示唆を求めていかねばならないだろう。歴史における偉大な時代は道徳化を押し進めた時代であった。

十字軍から帰還した聖ルイは、つまりその世紀の趨勢によって動かされているのであり、また一二五四年の大王令を構成するさまざまなテクストは、この時代全体の作品なのである。しかし同時に、この偉大なテクストは王の思想と意志が強く刻まれていることは、疑問の余地はない。王はこのような理想的なキリスト教政治を実現しようと望む。それは自分が考え出したものではないが、それを実現させることは自分の職務の強い義務であると、王には思われるのである。それは十字軍の失敗の償いとなるだろう。彼の王国もまた、その心身ともに救われねばならない。そして彼自身の救済は、この政治プログラムの成功によるとはいわないまでも、少なくともその実現に全面的に彼が参加することにかかっているのである。

「大王令」は、当初は南フランスの特定の場所に限って発布された処置を王国全体に拡大するものであったが、最終的には古い諸王令を呼び起こして、ふたたび取り上げ直すことで補完される。かっての王令のなかでは、とりわけつぎの二つが重要である。一つは、治世初めのある王文書（一二三〇年一二月）で、ユダヤ人とその高利貸に対して諸侯集会で取り上げられた措置を王が承認させたものである。いま一つは、一二四〇年の失われたある王令で、ユダヤ人の高利貸への断罪を更新し、ユダヤ律法の集大成「タルムード」を神と聖母に関する冒瀆の文章をもつものとして禁止したものである。(9)

【注】

（1）ノルマンディ地方はフィリップ・オーギュストによってイングランドから再征服されるが、それ以来特別な権利を与えられていた。Joseph R.STRAYER, *The Administration of Normandy under Saint Louis*, Cambridge, Mass.,1932 および Lucien MUSSET, «Saint Louis et la Normandie», *Annales de Basse-Normandie*,1972, pp.8–18 を見よ。

（2）Louis CAROLUS-BARRÉ, «La grande ordonnance de 1254 sur la réforme de l'administration et la police du royaume», dans *Septième centenaire de la mort de Saint Louis, op.cit.*, pp.85–96.

（3）Charles PETIT-DUTAILLIS, «L'essor des États d' Occident», dans *Histoire générale* (fondée par Gustave Glotz), t. IV, *Histoire du Moyen Âge*, Paris,1937,p.273.

（4）Edgar BOUTARIC, *Saint Louis et Alphonse de Poitiers. Étude sur la réunion des provinces du Midi et de l'Ouest à la couronne et sur les origines de la centralisation administrative*, Paris,1870, p.150.

（5）Louis CAROLUS-BARRÉ, «La grande ordonnance...», art. cité, p.96.

（6）一三世紀の原テクストでは「娼家」（*bordeaux*）となっているが、一七二三年のE.de LAURIÈRE の出版になる王令集の要約では、控えめに「悪所」mauvais lieux となっている。中世では、行政を含めて、ことばの使用を恐れるということなどなかった。

（7）原テクストでは「浮かれ女と町の無頼女」folles femmes et ribaudes communes となっている。一八世紀の要約では「町の女たち」femmes publiques と和らげている。

（8）のちの第三共和制は学校の近くに飲み屋を禁じている。公共に関わる悪徳や神聖犯さざる場所の性質は歴史とともに変化している。

（9）聖ルイとユダヤ人については、後出一〇〇五頁以降を見よ。

王の新人たち《ヌーボー・ゾム》

王は断を下す。しかし優れた補佐役たちの意見に耳を傾けることも心得ている。王の尚書局《シャンセルリ》の聖職者たち、王が居住する「王館《オテル》」を管理する「高官たち」、高等法院《パルルマン》の構成員あるいは補佐役会《コンセイユ》の構成員の場合もあるが、彼らの奉仕を王は自分に役立たせる術を心得ていた。

何人かが王の親密な一群をなしており、彼らは時たま補佐役会に呼ばれることがあるが、ほとんどの場合は、王が食卓や食後、あるいはその他の時刻に、好んで親しく語り合う単なる食客なのである。なかでも二人が有名であり、この二人(1)に対してルイは尊重と友情を忘れない嫉妬をそそって楽しむ。シャンパーニュのセネシャルであるジョワンヴィル領主とパリ司教座教会参事会員のロベール・ド・ソルボンである。この二人の他のもう一人の親しい者は、ナヴァラ王の若きシャンパーニュ伯ティボー五世である。彼は一二五五年に王の娘イザベルと結婚して、王とは娘婿の間柄である。彼らのなかにはまた、カペー宮廷の伝統として、教会の人間や概して低い身分の貴族であるが世俗の領主が見られる。彼らについては私たちにあまりよく情報が与えられていない。ただジョワンヴィルは例外で、彼は王について語りながら、自分自身について多くを語ったし、おそらく自分の役割を誇張したと思われる。

聖職者の側近として、まずギー・フルコワ（もしくはフルク）がいる。彼は妻を失ったのちに修道会に入り、アルフォンス・ド・ポワティエの聖職者になった。ルイが彼と出会うのは、フランスに戻ってすぐの、サン＝ジルである。そこでフルコワは王に仕えることになった。一二五四年の大王令のなかに合体された初期の二つのテクストに、彼はおそらく何らかの影響を与えたと思われる。一二五七年にル・ピュイ司教に、ついでナルボンヌ大司教、サビーヌの司教枢機卿《カルディナル＝エヴェーク》、最後には教皇に選ばれ、クレメンス四世（一二六五～六八）と名乗ることになる。そしてフランス王にははっきりと好意を示すようになる。ルイ九世の別の二人の補佐役は一二六一年の同じ昇進で枢機卿に任じられる。一人は十字軍の時の王の印璽尚書《ガルド・デ・ソー》ラウール・グロスパルミ、もう一人はラウールのあとを継いで印璽尚書となったフランシスコ会士シモン・モンプリ・ド・ブリーである。彼もまたのちにマルティヌス四世（一二八一～八五）の名のもとに教皇となる。ルイ九世の列聖手続きが決定的な進展を見るのは、まさにマルティヌス四世の教皇在位のもとである。王にもっと近いもう一人のフランシスコ会士がいる。ウード・リゴーである。彼は一二四二年にフランシスコ会会則の公式注釈を執筆した「四人の教師」の一人で、ついでパリのコルドリエ修道会の講座教師《メートル・レジャン》、パリ大学の神学の教師、最後はルーアン大司教になる(2)。

最後に、王の霊的助言者である托鉢修道会士たちがいる。その第一の者は、王の聴罪司祭のドミニコ会士ジョフロワ・ド・ボーリユーである。彼は王の死後、王の列聖をもくろんで書かれた最初の聖人伝的伝記の作者になろう。

また、王の帰国後に、すでに見たように、おそらくはすでに王位継承者の王太子ルイの「統治」期間の一二五二～五四年からと思われるが、国王補佐役会《コンセイユ・ロワイヤル》および「高等法院」の構成の規模の点で変化が生じる兆しがあることを指摘しておくのも重要なことである。「高等法院評定官《パルルマンテール》」の何人かは「メートル」の資格をもつ者である。「メートル」はおそらく、大学の、とりわけ法学、ローマ法の学位取得者を意味するものと思われる。高等法院評定官は君主の法《ドロワ・モナルシック》を創案する。君主の法は慣習法《ドロワ・クテュミエ》にローマ法の原理をもち込むことによって作られる。それはしだいに書かれた法となり、帝国の独占から引き離したローマ法と、封建法《ドロワ・フェオダル》との有効な総合、つまりは君主制国家の建設に役立つ総合を少しずつ実現するものである[3]。これらの「メートルの資格をもつ者」を、同時代の人々は「レジスト」〔法実務家。法学教育を受けた国家官僚〕と呼んでいるが、彼らは聖ルイの孫のフィリップ四世端麗王の治世下にその全盛期を知ることになる。パリ大学では彼らを教育していない。教皇庁が新しい大学に市民法《ドロワ・シヴィル》（ローマ法）の学部を作ることを拒んだからである――おそらくフランス王の教唆によるものであろう、フランス王は帝国の権力のなかで頂点にのぼりつめるローマ法を王国の首都で教える姿を見たくなかったのだろう。彼らはほとんどオルレアン大学の出身であったが、これはトゥールーズで養成された南フランスの「レジスト」の侵入がまだ始まっていなかったからである。ただし、ギー・フルコワがトゥールーズでおそらくは身につけ、順にアルフォンス、ルイ九世、そして教皇座において教会のために役立てた、ある種の法学文化はすでに南フランスから届いてはいたであろう。一二六〇～八〇年にかけてオルレアンで教えていたジャック・ド・レヴィニーのような人々は、本当の〈レジスト〉というよりむしろ、ピエール・ド・フォンテーヌのような法の実務家《プラティシアン》である。ピエール・ド・フォンテーヌはローマ法と慣習法を和合させるために、ヴェルマンドワのバイイとしての彼の実務に訴えている。彼は王の求めに従って、一二五四～五八年にかけて、王位継承者の王太子のために『ある友への助言』*Conseil à un ami* を書いている。そのなかで彼は、バイイ管区での的確な事例にもとづいて、成文法すなわち「ローマ法」*loi* にも、厳密にいえば「権利」*droit* である慣習法のどちらにも、全面的・排他的に従うことができないことを示している[5]。

最後に、王の新人《ヌーヴォー・ソム》たちであるが、王領や王国の管区において王の権威を代表するバイイとセネシャルたちがまさしくこれに該当する。彼らは王の正義の道具であると同時にそれを具体化するものである。腐敗の誘惑を避けるため、あるいは共犯という意識的な策謀はなくとも人的なつながりを強める可能性がある長く頻繁な付き合いによって生じる単純なえこひいきを避けるため、彼らにはよく配置転換や交代がある。ルイ九世の治世には二度の「大移動」の時期がある。一二五四～五六年および一二六四～六六年の時期である。この件では交代と更迭の理由を——後者の時期では更迭の方が交代より少ない——はっきり判別することはむつかしい。前者の時期については、それは明らかに王による監察と帰国の結果である。[6]

【注】

（1）ジョワンヴィルについては、第二部第九章を見よ。

（2）彼の司教区巡察簿《レジストル・ド・セ・ヴィジット・パストラル》が残っている。それは一三世紀のある司教区の暮らしについて非常に具体的な描写を与えてくれるものである。P.ANDRIEU-GUITRANCOURT, *L'Archevêque Eudes Rigaud et la vie de l'église au XIIIe siècle*, Paris,1938. 聖ルイとウード・リゴーについては、後出九四八～九頁を見よ。

（3）Q.GRIFFITHS, «New men among the lay counselors of Saint Louis Parliament», *Medieval Studies*, t.32–33,1970, 1971, pp.234–272 ; Fred CHEYETTE, «Custom, Case Law and medieval constitutionalism : a reexamination», *Political Science Quarterly*, 78,1963, pp.326–390.

（4）Marguerite BOULET-SAUTEL, «Le concept de souveraineté chez Jacques de Révigny», dans *Actes du congrès sur l'ancienne université d'Oréalns*, Orléans,1962,pp.22 sqq. 付け加えれば、このジャック・ド・レヴィニーは、もっぱらテクストに依ることを旨として、法律的なことであれ、また政治のことならなおさらであるが、現実とは距離を置く大学人である。フランス王と皇帝の関係について彼はつぎのように書いている。「フランス王は帝国から独立するものであると、ある者たちはいっているが、それは法においては不可能である。フランスは帝国に従属していることを、よく念頭に置くことだ」。さらに付け加えて「フランス王がそれを認めないなど、私は意に介さない」（原文は *de hoc non curo* つまり「それは私の問題ではない」となる）。

（5）Ed. A. Marnier, *Le Conseil de Pierre de Fontaines*, Paris,1846 ; Q. Griffiths, «Les origines et la carrière de Pierre de Fontaines», dans *Revue historique de droit français et étranger*,1970 ; Pierre Petot, «Pierre de Fontaines et le droit romain», dans *Études d'histoire du droit. Mélanges Gabriel Le Bras*, t.II, Paris,1965,pp.955–964.

（6）Roland Fietier, «Le choix des baillis et sénéchaux aux XIIIe et XIVe siècles(1250–1350)», *Mémoires de la Société pour l'histoire du droit et des institutions des anciens pays bourguignons, comtois et romands*, 29e fasc.,1968–1969,pp.255–274.

都市における正義

「大王令」は一二五六年にふたたび取り上げられる。新しい大王令は、一二五四年のテクストと比べて、いくつか意味において無視できない相違を示す。一二五四年の王の措置は四つの異なる形（さらに一二五五年二月の五番目の王令も同じである）で、すなわちフランス語、ラテン語、とくにオイル語の地方〔ロワール河以北の地方〕もしくはオック語の地方〔いわゆる南仏〕に向けたもの、そして王国全体に向けたもの、と四種類の形式で公布された。

一二五六年の王令は、むしろバイイとセネシャルへの訓令であった一二五四年のテキストが王国全体を対象とする真の一般的王令へと変容した結果である。そのテクストは元の三〇条項に代わって、二六の条項しかない。ユダヤ人と商業に関する条項は採録されていない。ユダヤ人条項は反ユダヤ立法に統合されている。反ユダヤ立法は、これ以降、王権の活動においては、別にそのための一章を構成することになる。小麦の流通を規定する措置は一般的規則というよりは状況に応じる措置である。賭博や瀆神や売春に対する宗教的・道徳的秩序を制定する条項は、一貫したまとまりのある形で構成されている。それがおそらくルイの政治をより良く反映しているのだろう。しかしルイはいくつかの措置、とくに売春を抑える措置を緩和しなければならなかった。たしかに売春婦は都市の中心街や聖なる場所の近くからは追放されているが、他の場所では許されている。そこには売春の隔離地区《ゲットー》の端緒がうかがえる。側近たちはアダムの息子たちの肉欲に対する弱さを考えると必要な捌け口としての売春を禁止するよりむしろ管理する方がよいとしていたので、こうした側近の意見をルイとしてはおそらく受け入れざるをえなかったのだろう。反対に、拷問の示唆は、フランス王令では最初のものが南フランスのバイイとセネシャルに向けられた一二五四年のテクストのみに見られたが(1)、それが今回の王令では消えている。この細かな違いは重要である。それはつぎのことを思い出させるからである。つまり、のちに広がりを見せる拷問の採用が、異端審問と教会と南フランスに由来することを改めて思い起こさせてくれる。当地では、あらゆる手段を用いての反異端闘争とローマ法の再生とが結びついたのである。けれどもこの法は、基本的な法原則として、「何びとも過ちの確認なくまた裁判なくその権利を奪われることはない」*nemo sine culpa vel causa privandus est jure suo* という無罪仮定を認める王の意志に霊感を与え、鼓舞することになる。

ここに私たちが感じることは、まずルイの内には堅い決心が、深い参与があること――正義への意志、王国を浄化しようとする努力(一二五六年の王令は一二五四年の訓令を、王のすべての職階にある役人たち全員へ、もっとも下の段階に至るまで、すなわちプレヴォ、副伯、下級裁判官《ヴィギエ》、都市代官《メール》、森林官《フォレスティエ》、下吏《セルジャン》、その他に至るまで、その対象を拡大したのである)――、そしてまた彼の能力もしくは彼の利害を部分的に超えているもの、たとえば法の技術、王のプログラムを、社会生活の具体的な諸条件に適応することが欠けていることである。

【注】

(1) このテクストはラテン語で編纂されている。これは、いうまでもなく、フランス王政府が、王の尚書局や、ほとんどすべてオイル語のフランス(北フランス)出身であった役人の間ではおそらくよく知られていなかったオック語の使用を完全に排除していた一方で、南フランスの人々にオイル語を押しつける気はなかったという理由からである。

監察する王

王はみずからがほとんど監察使に変わってしまっている。彼は臣下に対して王の機能の二つの面を示す。まず「裁く人」である。彼はふたたび巡回する者となり、その道すがら人々から聴取し、裁きを下す。裁く人として、王はその威厳の姿で現れる。この姿で彼は、「神の威厳」に倣う形で、あらゆる形態の法と主権、「権力」*potestas* と「権威」*auctoritas* を卓越したものと化し、ひたすら観想するものとして自分を提示するのである。王は聖地からの帰還の旅路でラングドック地方の一部を通ったが、そのあと一二五五年には大巡礼地であるシャルトルとトゥールを（聖母〔シャルトルのカテドラルは聖母マリアに奉献されたものである〕と聖マルティヌス〔トゥールの聖マルタン〕は王朝の守護者である）を訪ね、さらにピカルディ、アルトワ、フランドル、シャンパーニュの地方を巡回する。これらは帝国と長い国境を接する、都市も農村も繁栄する豊かな地方である。つぎに一二五六年には、祖父フィリップ・オーギュストがイングランドから奪った逸品であるノルマンディ地方を巡る。

王とラングドック地方の監察

しかしながら、ラングドック地方は王の監察では選ばれた重要地である。一二二九年および一二四〇～四二年のあと、王の役人たちは、この地方がパリから遠いことと、異端を抑圧するという状況をよいことにして、征服された地の敗者と扱われた住民を犠牲にする恥も自制もない権力の濫用をおこなった。カペー王権としては、他とは違ってここはとくに、そうした権力の濫用の跡を消し去り、忘れさせるようにしなければならない地方である。

だからジョゼフ・ストレイヤーが、カルカソンヌ＝ベジエのセネシャル管区で一二五八〜六二年にかけておこなわれた詳細な監察を、「王の良心」という論文の表題で取り扱ったのは適切である。(1) この監察は、一二五四年から一二五七年にかけておこなわれたボーケールのセネシャル管区の監察のあとのものであるが、ボーケールの方が問題が深刻でもなければ、むつかしいものでもなかった。この地方には異端者はほとんどいなかったし、住民も一二四〇年と一二四二年の反乱には加わらなかったからである。(2)

これらの監察によって王の思考と行動をかなり正確につかむことができる。詳細にそれらを見るのは興味あることである。

監察使たちは、任務の最初からむつかしい問題にぶつかったので、王に伺いを立てている。それに対して王は一二五九年四月に長文の書簡で答えている。(3) そこで、王はある種の寛仁を勧めている。裁判の原則としてではなく、道徳の観点から、憐れみによって厳格な裁判が和らげられねばならないことを、監察使たちに思い起こさせる。王は、若い時にはもっと厳しかったが、今は厳しさを和らげる方に傾いていることを認めているのである。このように断言されていることは奇妙にみえるかもしれない。王は十字軍の帰還後は道徳的な秩序にもっと心を配っていたと思われるからである。しかしそこには矛盾はない。王のプログラム、それは正義と平和を真に統べらせることだからである。ところで、正義と平和はもっと熱意をこめて求められねばならないとしても、正義は抑制され受け入れられ、また平和は処罰と同じく和解において実現されて初めて、これら正義と平和はよりよい形で統べることになるのであろう。終末に際してすべての臣下たちの救いの責任を担うことになる王は、偽りの同意という行為を根絶することを望んでいるのである。

被告が逃亡しなかったり、あるいは裁判を受けず、有罪ともされていなかった場合、その被告に対する無罪仮定が再確認されている。異端の容疑者が本当に異端者であるかはとくに心して確認されねばならない。遺産相続や嫁資に関する女性の権利はとくに尊重されねばならない。女性は弱き者であり、女性や寡婦や貧者など弱者を特別に保護することは、王の裁判の任務である。王はとりわけ、妻が夫の過ちで罰せられるようなことは拒否している。また共犯関係がない場合は共同責任を認めていない。[4] 聖職者については、ルイは他の俗人よりあいまいな態度である。聖職者に対しては「正義をおこなわねば」ならないとしているが、この表現はさまざまに解釈できるものである。ルイが教会の人間に対処する場合、二つの信念に従っていて、それが矛盾することなく対照的な態度になることが知られる。彼は「聖なる教会」とその教会の人々を深く尊敬しているし、尊敬しようと望んでいるが、その権力の物質的な形に対しては敵意を示す――ユーグ・ド・ディーニュはルイのこの態度をさらに強めたに違いない。一二四七年には王は、教会に反対してフランスの世俗貴族を支持した。いずれにせよルイは教会は金持ちであってはならないと考えているのである。[5]

監察使たちの判決はこれら王の訓令に従っている。原告に対する彼らの理解はかなり大きい。一三〇の判決例で個人的に名前が挙げられている一四五人の原告のうち七五人が、全面的もしくはほぼ全面的に勝訴の判決を受けている。部分的な勝訴は三三人、敗訴は三三人だけで、その大部分が異端者と異端と宣告された者との共犯者であった。四つのケースについては、監察使は管轄外であるとしている。男性による六一件の請求に対しては三七件が肯定の判決を受けているが、女性による五五件に対しては肯定判決は四五件にのぼっている。

下された判決は都市よりも農村に対して好意的である。都市はかって異端との闘争の最中には抵抗の中核であったので、ひどい扱いを受けたのである。そうした南フランスの多くの都市は丘の上や中腹に造られていたが、反抗に地の利を得たそれらの住居は破壊され、住民は平地に移された。高地の都市は強制的に放棄させられ、低地に都市が新たに造られた。それによって被害を受けた住民は、異端者でない者はかなりしばしば補償された。王は一二五九年四月の書簡で個人的に介入して、カルカソンヌの新しい城塞都市《ブール》の建設のために土地を接収された地主に補償するようにしている。しかし都市共同体の大部分はその要求を却下されている。もっとも厳しい扱いをされたのは司教たちである。王は南仏の司教たちの準独立や権力によって困らされたり、憤慨さえさせられたからである。ベジエ司教に好意的な聖ルイの書簡にもかかわらず、監察使たちは司教が返還を求めた財産を返していないし、王も役人たちに命令に服するように命じたとは思われない。ロデーヴの司教と参事会に対しても、司教がフィリップ・オーギュストによって上級裁判権の保持を確認された四通の王文書を提出したにもかかわらず、同じ扱いを受けた。監察使は、王の全般的決定（*ordinatio generalis*）のみがこうした重要な問題を決めることができる、と主張した。そして王の決定は結局来ることなく、司教はかってもっていた権利を奪われたままになることになる。

ジョゼフ・ストレイヤーは、監察使たちの活動と判断には、全体としては好意的な評価を下している。「彼らは注意深く聡明に仕事をした。証言はすべて探し求めた。そして入念な検討をしたのち初めて判決を下した」。しかしこのアメリカの歴史家は付け加える。「彼らは、たぶん女性には別であるが、寛大すぎるとはいえなかった。それに王権を弱めうるようなことは一切しなかった」。ラングドック地方における王の正義は、聖ルイの一般的な態度と合うものになったであろう。道徳と宗教への服従は王の利害、いいかえれば生まれつつあった国家の利害と相ともなうものである。

【注】

（1）Joseph R.Strayer, «La conscience du roi : les enquêtes de 1258–1262 dans la sénéchaussée de Carcassonne-Béziers», dans *Mélanges Roger Aubenas*, Montpellier, 1974, pp.725–736.

（2）*Layettes du Trésor des chartes*, nos.4207,4269,4272,4320,4367 ; *Recueil des historiens des Gaules et de la France*, t.XXIV, pp.530–541 ; R.Michel, *L'Administration royale dans la sénéchaussée de Beaucaire au temps de Saint Louis*,Paris,1910.

（3）*Recueil des historiens des Gaules et de la France*, t.XXIV, pp.619–621.

（4）彼はこうして、一三世紀の大論争のテーマであった個人の裁判については、「リベラルな」態度をとったわけである。この論争はとりわけ高利貸の妻についておこなわれたが、それは、高利貸の妻は夫の生存中あるいは死後、夫に課せられた返済に連帯責任を負わねばならぬか否かを問うものであった。

（5）後出九九一～二頁を見よ。

王と都市

ルイ九世の治世はフランスの都市の歴史において重要な一時期を表わしている。王が都市において果たす役割は大きかったと思われる。一三世紀の中葉は、とくにフランスでは、西欧の都市化の重要な動きが頂点に達した時である。しかし西欧の都市化は、それまでは多少ともアナーキーな様相を示していた。たとえつぎのような二つの発展が至るところで連携して進んでいたとしてもである。すなわち、一つは経済的発展である——都市は市場と手工業生産の中心としての地位を確立した——、もう一つは社会的・政治的な発展である。後者に関しては、都市民の上流・中流階級である「ブールに住む者《ブルジョワ》」もしくは「司教座都市に住む者《シトワイヤン》」たちが、俗人あるいは教会領主（司教）である都市領主たちから、都市の諸事項に関する権力を、多かれ少なかれ容易にしかも完全に奪ったことが重要である。これは王領内においては王から権力を奪うことにもなった[1]。

一二世紀にはカペー家の王たちは、いつも目的を同じくするとは限らないが、つぎの三つの関心事によって支配された都市政策をもっていた。まず、しだいに都市に依存するようになった経済活動を支持すること。つぎは、都市を領地内にもつ大小の領主に対抗するために都市共同体に依って立とうとする欲求。最後は、教会が離反しないようにする配慮である。フィリップ・オーギュストの治世は、この点に関しては、一つの転機であった。それはまずコミューン運動、すなわち都市による行政的自治の獲得の動きが終焉もしくはほとんど終わりの時期に来ていたことである。コミューン都市創設の最後の重要な一連の動きは、ブーヴィーヌの戦役（一二一四）に先立つ一〇年間にみられた。この戦役においては、都市の軍事的分担が注目すべき部分を占めた。フィリップ・オーギュストは都市に「奉仕義務」*service* を、まずは軍事的奉仕義務である「戦役」*ost* と「騎馬役」*chevauchée* を要求し、つぎに都市の「忠誠」*fidélité* を求めた。この「忠誠」という封建的な用語の背後には、それまでにはなかった現実である君主の権力が潜んでいる。つまり王領の封建君主や王国の最高封主《シュズラン》としてよりむしろフランス王として振る舞っているのである。フィリップ・オーギュストは、権利として世俗集団から期待できる二つの任務、すなわち軍務と経済任務を活用して、「国家《エタ》としての」王国体制のなかに都市を統合したいと望んだのである。

ルイ九世とともに、新しい段階、決定的な段階が生ずる。王国のもっとも重要な諸都市は、一部は自然発生的に、一部は王権の圧力のもとに、事実上の共同体機関として形成される。それが「良き都市《ボンヌ・ヴィル》」網である。「良き都市」という用語は一二世紀と一三世紀の曲がり角で出現し、ルイ九世のもとの尚書局発行の文書や王自身のテクストによく使用されるようになる。かってある歴史家〔ベルナール・シュヴァリエ〕が定式化したように、「良き都市であること」は「王にとって利害関心のある都市(2)」である。ルイはこれら「良き都市」の最初の王であった。同じ歴史家がさらに適切にいっている。王は「彼の良き都市のなかに、同時にすべてを見ている。それは、真の行政の代理人であり、常に都合よく管理する必要がある共同体であり、あらゆる状況に応じて利用されるべき比類のない政治的力でもある〔…〕。聖ルイはそれらの都市を、彼がおこなおうとしている地方との間の協調政策の重要な要素の一つとみなしている。都市は、ルイの目には、発言の機会を与えねばならないが、また自分の統制のもとにも置く〔…〕必要がある、特権を与えられた共同体なのである」。聖ルイは、近代性の要素である都市を支えとする王であった。これらの都市を王は厳しく、だが友情をこめて扱った。ルイが息子に与えた『教え』*Enseignements* がある。ただし、彼が書いたかもしくは書きとらせたオリジナルではなく、ジョフロワ・ド・ボーリユーからギヨーム・ド・ナンジに至る何人かの王の伝記作家によって手が加えられた版である。思うに、王の考えのみならず、おそらく彼の意図のいくつかも、ねじ曲げられてはいないと私には思える版であるが(3)、その版の『教え』では、ルイはつぎのようにいっている。「私が新しく王位についたばかりのとき、諸侯の反抗に対して私を助けてくれたパリとわが王国の良き都市のことはよく覚えている(4)」。さらに「とりわけおまえの王国の良き都市や共同体は、おまえの前任者たちがしたような状態に、自由な状態に保つようにしなさい。そして何か改良すべきところがあるならば、直し、矯しなさい。そして彼らに好意と愛を保ちなさい。なぜならば、大（「でかい」）都市の力と富ゆえに、おまえの臣下たちも臣下でない者も、おまえに逆らうような何かをすることを恐れるであろう、とくにおまえの同輩やおまえの諸侯は恐れるであろう」。ルイが都市の行政および王国政府との関係を改革する機会は、つぎのようなことから訪れる。一二五七年、イングランド王ヘンリー三世と交渉がおこなわれ――その交渉の結果は一二五八年にパリ条約としてまとまることになる(5)――、金不足に困っていたイングランドが領土を放棄する見返りとして、かなり重荷になる金額をヘンリー三世に支払うことをフランスは約束する。その額は約一三万四〇〇〇トゥール貨リーヴルで、ウィリアム・チェスター・ジョーダンによれば、それは少なくともフランス王の年収の半分に達するはずの額であるという。この約束の金額を支払うため、一二五七年、ルイ九世は北フランスの都市から税を徴収しようとした。それが改革の機会となったのである。多くの都市は、貧困と税を納める能力がないことを理由にして、支払いに反対した。そこで王は都市の財政を監察させたが、結果は、大部分の都市にはまともな会計を示すことができないことを監察使たちによって確認されることになった。監察の結果は一二五九〜六〇年の諸都市の会計簿を集めたなかに記録されることになった(6)。王は、ジョーダンが推測するように、おそらくこの財政の無秩序を発見してショックを受けたと思われる。そこでこの際は、都市財政の根本的建て直しをすることを決定した。この財政再建はのちの一二六二年の二つの王令――一つはノルマンディ地方に、もう一つは「フランキア」*Francia*、つまりイル＝ド＝フランス地方に対するものである――の対象とされることになる(7)。

また、ルイ九世の精神のなかに社会的・道徳的秩序の尊重が介入してきていることも考えられる。王はいつも弱者を保護することに心を遣っているが、『教え』のなかで息子にこう語りかけている。「貧乏人と金持ちに争いが起こった場合は、おまえが本当のことを知るまでは、金持ちより貧乏人の方を支持しなさい。そして真実を知ったら、正義をおこないなさい」。また金持ちに貧乏人を支配しようとする態度がよく見られることにも、王はショックを受けたはずである。ルイ九世の死後まもなくの時に、王のバイイであるフィリップ・ド・ボーマノワールは、有名な『ボーヴェ地方慣習法書』*Coutumes de Beauvaisis*（その執筆は一二八三年に完成する）の第五〇章で、亡き王から直接影響されたような観察を記している。「都市やその平民たち（*li communs peuples*）に不正がされないか見張らねばならない。そして都市の権利を記した文書と特権を尊重し、また尊重されるようにしなければならない。都市の領主は毎年〈都市の状態〉を検査し、そして悪事を働き、貧乏人が平和にパンを得ることができないようにするならば、金持ちは厳しく罰せられると警告し、市長《メール》や都市を治める者たちの行動を監視しなければならない。都市において金持ちと貧乏人また金持ち同士で紛争が起ったり、市長や代訟人、弁護士を選任できない場合には、都市の領主がその都市を治める能力のある人物を一年間任命しなければならない。会計に関する紛争の場合は、領主は収入を得た者と支出した者全員を出頭させ、彼らに報告をさせねばならない。行政が下層や中間層の者を除外し、金持ちとその家族によって横領されている都市がある。その場合には、領主は行政者に対して、都市の代表者たちの立ち会いのもとに、会計を公開するように求めねばならない(8)」。

これらの監察によれば、都市の財政を悪化させるものは、都市の役人たちの度を越した旅行、十分な給料が支払われていながらの使用人たちによる職業訓練の欠如、高位の訪問者に対する浪費、王が大嫌いなものの一つである高利からの負債の重さなどである。一二六二年の二つの王令で決定された主な措置は、良き都市の市長に対する義務づけである。市長は三、四人の部下を伴って、聖マルティヌスの祝日（一一月一八日）にパリに出頭し、過去一年の都市の財政運営について、王の行政機関に報告しなければならないとした。贈与、支出、給与は厳しく制限され、高利貸行為は禁止され、都市の金は市の金庫に保管されねばならなくなった。

これらの王令はよく守られたようではないが、そうした場合には王の都市への干渉がきわめて大きくなっている。王直属の特別な都市の行政は、欠陥があったものの、ルイの治世の終わりには、見習うべき模範とみられている。ごくありふれた細事にまで王の介入が及んだことについて、ウィリアム・ジョーダンは例として、王がブールジュの都市において、都市参事会《コンセイユ・ミュニシパル》になり代わって、「都市全体を汚す野良ブタを都市の外に放逐する」よう命令を下した王令を挙げている。王の介入がうまく成功したことについては、つぎの事例が挙げられる。ボーヌの都市当局は、領邦君主であるブルゴーニュ公と自治特権文書のある点で揉めていたのだが、一二六四年、この問題に関して王のコミューン都市であるソワソンに意見を求めているのである。その回答では、ソワソンの都市当局はブルゴーニュ公より王の行政機関の方が優位にあることを強調している。これは少なくとも、王が王の後見のもとにあることを誇りと

し幸せと感じさせた良き都市の一つの例である。(9)

聖ルイの治世にこそ、「王の法」いいかえれば「国家の法」の優位性を少なくとも理論上認めた時代とされる。しかし都市は王によって、「国家の法」という表現を共有するように、また経済に関して国家の法作成の仕上げに協力するように促される。とりわけ都市は王の立法の普及と適用には欠かせない中継地となっている。王の立法が有効に働くか否かの大部分は都市の協力にかかっていたからである。こうした事情は、王国の他の地方と結びついたばかりの南フランスではとりわけ当てはまることであった。(10)

【注】

（1）全体の動きについては、Jacques LE GOFF, «La monarchie et les villes», dans *Histoire de la France urbaine* (sous la direction de Georges DUBY), t.II, *La Ville médiévale*, Paris, 1980, pp.303–310. ルイ九世のもとでの発展については、Jean SCHNEIDER, «Les villes du royaume de France au temps de Saint Louis», *Comptes rendus de l'Académie des inscriptions et belles-lettres*, 1981 ; W.Ch. JORDAN, «Communal administration in France,1257–1270 : problems discovered and solutions imposed», *Revue belge de philologie et d'histoire*, 59, 1971, pp.292–313.

（2）Bernard CHEVALIER, *Les Bonnes Villes de France du XIVe au XVIe siècle*, Paris,1982 ; G.MAUDUECH, «La "bonne" ville : origine et sens de l'expression», *Annales.E.S.C.*,1972,pp.1441–1448 ; M.FRANÇOIS, «Les bonnes villes», *Comptes rendus de l'Académie des inscriptions et belles-lettres*,1975 ; Albert RIGAUDIÈRE, «Qu'est-ce qu'une bonne ville dans la France du Moyen Âge ?», dans *La Charte de Beaumont et les franchises municipales entre Loire et Rhin* (colloque), Nancy,1988,pp.59–105.

（3）オリジナル版はオコーネルによって発見され、復元されている。D.O'CONNELL, *The Teaching of Saint Louis, op.cit.*, trad.fr. citée, *Les Propos de Saint Louis*, pp.183–191. ここで引用されている二つの抜粋はA.RIGAUDIÈREによるものであるが、彼はジョフロワ・ド・ボーリューによって手直しされた版からとっている。ボーリューの版をジョワンヴィルはその『聖ルイ伝』に組み入れている。JOINVILLE, *Histoire de Saint Louis : Joinville et les Enseignements de Saint Louis à son fils*, Natalis de Wailly (éd), Paris,1872, p.52.

（4）前出二二四〜五頁を見よ。

（5）後出三二四～五頁を見よ。

（6）これらの史料は *Layettes du Trésors des chartes*, volumes II, III, IV に収録されている。

（7）この二つの王令は下記の文献に収録されている。Eusèbe de LAURIÈRE *Ordonnances des rois de France*, t.I,1723,pp.82–83 ; Augustin THIERRY, *Recueil des monuments inédits de l'histoire du tiers état*, t.I,1850,p.219 ; Arthur GIRY (éd), *Documents sur les relations de la royauté avec les villes en France*, Paris,1885, pp.85 et 88, et en appendice de son article cité p.179, n.1, par W.Ch. JORDAN, pp.321–313（英訳）。

（8）J. LE GOFF, «La monarchie et les villes», dans *Histoire de France urbaine, op.cit.*, t.II, p.308. PHILIPPE DE BEAUMANOIR のテクストは A.SALMON 出版の *Coutumes du Beauvaisis*,1970（再版）の t.II, paragraphes 1516 et 1520 にある。

（9）Jean RICHARD, «Une consultation donnée par la commune de Soissons à celle de Beaune (1264)», *Annales de Bourgogne*, XXI, 1949.

（10）Albert RIGAUDIÈRE, «Réglementation urbaine et "législation d'État" dans les villes du Midi français aux XIIIe et XIVe siècles», dans *La Ville, la bourgeoisie et la genèse de l'État moderne (XIIe-XVIIIe siècles)*, Paris, 1988, pp.35-70 ; André GOURON, *La Science du droit dans le Midi de la France au Moyen Âge*, Londres, 1984.

ルイとパリ

カペー家の王たちは一二世紀にパリをその主な居住地——厳密な形ではパリに首都の名を与えることはできないが(1)——にし、そこに王国の中央統治の諸機関を据えた。またフィリップ・オーギュストはパリを城壁で囲み、ルーヴル城塞を造った。それ以来、特別な絆が王をこの都市に結びつける。ルイ九世は、その治世の初期の困難な時期に自分と母とを支持してくれたパリ住民には感謝の意を寄せている。こうした例外的な地位にふさわしく、パリにはバイイがいない。王はパリにはよくその宮廷とともに居留するので、パリには代理を置く必要がないからである。王の主要な役人は「プレヴォ」prévôt である。その権限はパリ周辺のさまざまな城主領を含むパリ・プレヴォ＝副伯管区に及ぶものである。パリ市政府当局の権力の起源ははっきりしないが、セーヌ河の商業に結びつく商人たちであるいわゆる「水運業者《マルシャン・ド・ロー》」が、おそらくフィリップ・オーギュストの治世以後であろうが、商業に関する裁判のようなことをおこない、一人のプレヴォをその代表に立てたと思われる。パリの商人の最初のプレヴォは、私たちに伝わっているその名前では、エヴルーアン・ド・ヴァランシエンヌである。それは一二六三年四月の日付をもつある史料で言及されている。(2)

一三世紀中葉、パリ行政は王に大きな問題を課す。犯罪である。パリの人口は移住してくる人々によって増大がやまず、一二五〇年頃にはおそらく一六万人に達しているが、(3)そうした状況のなかで犯罪が不安を与える割合も増えていた。権限が明確な都市民からなる市当局および代表の不在と、王のプレヴォの権限がはっきりしないこと、そしてとりわけ、王のプレヴォ職がもっとも高い値をつける者に請け負わされていたこと、つまり委ねられていたと思われる事実、これらすべての要素によって、逆説的にも、王の主要な居住地は王国でもっとも安全性が欠ける都市、もっとも確実さの欠ける行政が敷かれている都市になってしまっていた。十字軍より帰還してからのルイは、事態を掌握し、建て直しを押し進めるが、それは一二六一年に王から給与を受ける王のプレヴォとして強い性格をもったエティエンヌ・ボワローを任命することによって最高潮に達する。

ルイ九世のパリ「改革」とエティエンヌ・ボワローという人物は、同時代の人々に強烈な印象を与えた。ギヨーム・ド・ナンジはその年代記に書いている。「この時期のパリの王のプレヴォ職は金で買えるものであった。そのため、貧窮者はさらに虐げられ、金持ちには何でも許され、外国人は罰を受けることなく何でもすることができた。王はプレヴォ職を売買することを禁じ、プレヴォになる者の年俸を定め、プレヴォにエティエンヌ・ボワローを任命した。ボワローはその任務をしっかりと掌握し、数日ならぬうちに町の状態をはるかに平穏にした(4)」。

こうしたものが聖ルイとエティエンヌ・ボワローによるパリのほとんど奇跡的な改良の黄金伝説である。

ジョワンヴィルのなかに同じ鐘の音がもっと細かい事柄を含めて鳴り響いているのが、私たちには聞こえてくる。ここではジョワンヴィルは、聖ルイの死後三〇年余りを経て書いており、ギヨーム・ド・ナンジや『フランス大年代記』を引き写している。

その頃はパリのプレヴォ職はパリの都市民あるいはパリ以外の誰かに売られていた。それで彼らが買うような事態になった場合、彼らはその子供や甥たちが悪事を働くのを支えていた。なぜならばこの若者たちはプレヴォ職についた彼らの縁者や友人を当てにしていたからである。このような理由で、貧しい者たちはひどい扱いを受け、金持ちの連中に対しては権利を主張できなかった。金持ちはプレヴォに大きな贈り物や寄付をしていたからである。

この時期には、負債や、あるいはそれについて返答せねばならない事柄について、プレヴォの前で真実をいう者、あるいは偽証しない誓いを立てようと望む者に、プレヴォは彼らから罰金を取り上げ、罰を与えた。パリのプレヴォ管区でおこなわれていた大いなる不正や着服のために、貧しい人たちはあえてこの王の地に留まろうとせず、他のプレヴォ管区や領主領に住むべく去っていった。そのためこの王の地はひどく人が減り、プレヴォが裁判を開廷する時などは、もはや一〇人か一二人しか法廷に来ないあり様であった。

それゆえパリや周辺にはたくさんの悪人や盗賊が生まれ、この地方全体にあふれた。王は、真実にもとづき、貧しい者が守られるようにいたく心を遣われていた。そこで王は、パリのプレヴォ職が売買されることはもはや望まれなかった。その後は、プレヴォ職をもつ者には大きな良い給与が与えられた。さらに、民を苦しめるようなあらゆる悪税が廃止された。そして正しくしっかりとした裁判をおこない、貧乏人より金持ちの罪を軽くしないような人物を見つけ出すことができるよう、王国全土とこの地方のすべてを監察させた。

そして、王にエティエンヌ・ボワローの名が告げられることになった。彼はプレヴォの職務をよく維持し、守ったので、いかなる悪人も盗賊も人殺しもあえてパリに留まろうとせず、すぐさま絞首刑となったり死刑となったりされないかぎりは、パリに留まることはなくなった。姻戚も家柄も金銭も、彼には保証するものとはならなかった。王の地は良くなり出し、民もそこでおこなわれている良い裁判のためにやって来た。そして王の地は人も大勢増え、売買、権利の取得、購入やその他の事柄は、王がかってパリから得ていたものの二倍の価値にも達するようになった[5]。

あらかじめ一つ注意しておきたい。最後の文章構成であるが、これは二通りの理解ができる。一つは、パリの経済生活がそれ以前より二倍の価値の生産を意味していることである。このことは当然つぎのような意味であると思われる。つまり王と新任のプレヴォのエティエンヌ・ボワローによって回復された安定に続いて、パリには経済的ブームがあったことである。もう一つは、ナタリ・ド・ヴァイイの翻訳を用いるならば、ジョワンヴィルは実際には相互に関係のない二つの出来事を関連づけており、パリの経済活動の結果として生産される物品の価格の倍増を、発展のしるしとして――これは逆に経済危機ともなりうるものである――解釈していることである。ジョワンヴィルの文章に関する後者の解釈は完全には除外できない。なぜならば一四世紀の危機は、ルイ九世の治世の晩年にその前兆を見せていることを、私たちは知っているからである。

いずれにせよ、一二六〇年代に王はパリの行政の諸問題を本質的には解決したのである。

王は都市民が組織されていくようにし、もっと真実に近いかもしれないのは、彼らをそのように促したのである。パリのプレヴォを選挙する階層は、二年ごとに「水運業者」あるいは「パリの組合《ハンザ》商人」のなかから四人の参審人《エシュヴァン》と「商人のパリ市長《プレヴォ・デ・マルシャン》」を選ぶ。このパリ市長は、アリエ・セルベールの表現によれば、「都市業務の運営の責務を負っていた」。参審人とパリ市長はパリ生まれでなければならない。彼らは「都市民の談話室《パルロワール・オ・ブルジョワ》」と呼ばれていた市庁に本拠を置いている。パリ市長は数人の都市民で構成される法廷《トリビュナル》の議長を務め、この法廷は、都市のあちこちに権利をもつ王やその他の領主に直接属さないレベルで、都市の良い行政に必要な措置を決める。この法廷はまた、水運業者の同業組合《ハンザ》が所有権をもついくつかの町に対して領主裁判権を施行する。しかしその特典の本質は経済の分野に属するものである。法廷は商業や航行に関する訴訟の裁判をし、水運業者組合の特権を護り、水運業者に関する訴訟を裁いたりする。違反者を逮捕したり、その商品を押収する権利も持っている。というのは水運業者のみが下流のマントの橋からパリの橋まで、セーヌ河を通り商品を運ぶことができるからである。都市民の「夜警《ゲー》」はまた、「座する夜警」とか「眠れる夜警」とか呼ばれていたが、決まった場所に設置され、川岸や泉、下水道、川、港に対する市の権限である裁判権を遵守させる。パリ市長はまた度量衡やブドウ酒の競売人や検査人に対する裁判を握っている。都市民配下の役人の名称は、市の裁判権に託された領域の性質をよく示している。たとえば「収入係」とか「仲買人」、「計量係」、「検量係」、「布告係」、「居酒屋」、「運搬人」などである。(訳1)

のちほどみられるように、王は私たちが「経済」と呼んでいる領域に関わらないわけではないが、それは彼がもっとも興味を寄せるものではない。物質的な繁栄に関わる王の三番目の機能（一番目の宗教と裁判に関わる機能や二番目の戦闘に関わる機能より興味のランクは低い）は、ルイ九世はだんだんとその領域に入り込んでいくようになるけれども、王の存在がもっとも薄いものである。(6)

パリのプレヴォは「所領管理および裁判権行使という観点での地方役人から、バイイと競合する権限の役人へ」と変容を遂げる。一三世紀後半になると、パリのプレヴォは裁判をおこない、租税を徴収し、同業組合を監督し、パリ大学の特権を保護したりするようになる。また軍事と財政の管理と警察権をもつ、つまりパリ市長《プレヴォ・デ・マルシャン》や限られた領域を占める「ブールと土地」の領主権を除く他のすべてを管轄するのである。一般的にいって、「夜警《ゲー》」は警察活動の重要な部分を構成するが、なかでも一二五四年にルイ九世によって設けられ「王の夜警《ゲー・ロワイヤル》」は、都市民の「夜警」より大きな権限をもたされ、そのため都市民の「夜警」より強力なものとなる。王の夜警は一定した場所に固定されず、必要に応じて移動する。一二五四年には騎馬警邏《けいら》士二〇人と徒警邏士四〇人で編成され、すべて王より俸給を受ける者となる。彼らは王のプレヴォの権限のもとに置かれる王の役人である警邏の騎士の指揮を受ける。王のプレヴォの本部は、セーヌ河右岸にあって、王宮から近い堂々たる城塞、シャトレ城塞である。

一二六一年にプレヴォに任命されたエティエンヌ・ボワローは、すぐに優れた行政官で強硬な人物として姿を示す。パリの立て直しが、ギヨーム・ド・ナンジが望んでいるように、魔法の杖のようにはいかなかったとしても、彼は治安をはっきりと取り戻し、「職業」つまり同業組合を、王国の諸都市全体に対してと同じように、保護と統制を組み合わせて、王の原則に合うように組み立て直している。この政策を実現させる道具となったのは一〇〇を数えるパリの同業組合の慣習あるいは規約を文書に作成することであった。そこで私たちに例外的な史料が残されることになった。一二六八年頃に書かれたいわゆるエティエンヌ・ボワローの『同業組合の書』*Le Livre des métiers* である。この書は慣習を文書にする時代の大きな流れのなかにある。王は普通の労働者の境遇に気を遣っているが、しかし同業組合の親方に自由裁量に近い権限を与える階位構成を認めた。『同業組合の書』は、その第一部においては、要するに秩序維持の規定であり、同業組合だけではなくパリ都市民全員から徴収するさまざまな課税調書が含まれる課税リストによって補完されている。

つまりルイ九世は、自分の組織の助力を得て、パリ市当局を王の管理のもとに置いたのである。王に任命されたプレヴォは同業組合の選出するプレヴォ・デ・マルシャンの決定を修正できる。さらに同業組合の者たちは、王の治世の終わり頃には何度も王の介入を要請しているのである。一二六〇年代末期には、彼らは外国の業者に対抗するために王の支持を求めているし、また一二六九年には、彼らの求めに応じて、王は彼らの特権を承認しているが、それは「市当局の機関に対する王権の支配[7]」を強めるものであった。

パリの権力は――ルイ九世はそれを創り出したのではなく、それに手を加えた――フランスの諸都市のなかでほとんど首都とも呼べる例外的な特性によく応えるものである。そしてこの構造は、大革命の時代は例外として、ほとんど今日まで続いている[8]。パリにはバイイは、つまり「知事」préfet〔王の任命による代官的権限の官僚〕はいない。しかしバイイ的な職権をもつプレヴォ、いいかえれば「警視総監」préfet de police がいる。パリには「市長」maire もいなかった。しかし「疑似市長」quasi-maire である同業組合の者たちの「パリ市長《プレヴォ・デ・マルシャン》」がいた。この二人の長を頂く都市は、実際にはただ一人の長、すなわち王に権力を委ねているのである。

【注】

（1）大革命まで「完成されなかった首都」パリについては、以下の文献を見よ。Jacques Le Goff, «La genèse de l'État français au Moyen Âge», art.cité, pp.26–28 ; Raymond Cazelles, «Paris, de la fin du règne de Philippe Auguste à la mort de Charles V», dans

Nouvelle Histoire de Paris, Paris, t.III,1972 ; Robert-Henri Bautier, «Quand et comment Paris devint capitale», *Bulletin de la Société historique de Paris et de l'Île-de-France*, 105, 1978, pp.17–46 ; Anne Lombard-Jourdan, *Paris, genèse de la ville. La rive droite de la Seine des origines à 1223*, Paris, 1976 ; *«Montjoie et Saint-Denis!» Le centre de la Gaule aux origines de Paris et de Saint-Denis*, Paris,1989.

（2）Arié Serper, «L'administration royale de Paris au temps de Louis IX», *Francia*,7, 1979, p.124.

（3）この数字はキリスト教世界では例外的である。パリやミラノ、フィレンツェに次ぐ大都市は、その人口は一〇万人を超えていない。都市は二万人を超えると「大」都市となる。

（4）*Recueil des historiens des Gaules et de la France, op.cit.*, t.XXI, 1855, pp.117–118.

（5）Joinville, *Histoire de Saint Louis*, pp.390–393.

（6）ギヨーム・ド・ナンジとジョワンヴィルが報告している聖ルイの「パリ改革」の黄金伝説は、一九世紀末の碩学ボレリ・ド・セールの重要な著作 Borelli de Serres, *Recherches sur divers services publics du* XIIIe *au* XVIIe *siècle*, vol.I, Paris, 1895 で、厳しく批判されている。私はこの論争の少々無益とも思われる詳細には踏み込まないつもりである。それにこの論争は聖ルイの人物から私たちを遠ざけるからである。第三部第四章「三つの機能の王」を見よ。

（7）外国の商人がパリで商売を始めるには、強制的にパリの商人を提携者としなければならない。

（8）パリは一九七七年から市長《メール》をもつようになる。

【訳注】

（1）諸役人の原語は以下の通りである。「収入係」*receveurs*,「仲買人」（あるいは「仲介人」）*courtiers*,「計量係」*mesureurs*,「検量係」*jaugeurs*,「布告係」*crieurs*,「居酒屋」*taverniers*,「運搬人」（あるいは「強力《ごうりき》」）*porteurs de sel*.

慈悲なき裁く人——二つの驚くべき事件

ルイ九世は、王令によって裁判の原則を規定し、部下のバイイやセネシャル、監察使、パリのプレヴォを通して裁判をおこなうことだけでは満足しなかった。手本となるような事件に対しては時どきみずから判決を下すことが気に入っていた。今問題としているこの一二五四〜六〇年を見ると、王は、一二五九年のラングドック地方の監察使に宛てた書簡で示唆したあの慈悲心も、また数々の政治論著作が君主たちに求めていた憐れみも、必ずしも示さなかった。多くの政治論では、裁判の厳しさを和らげるために、正義と憐憫の神すなわち最高の裁判官に倣って、君主が憐憫の心をもつよう求めているのである。

同時代の人々に印象づけた二つの事件がそれを証明している。一二五五年にギヨーム・ド・ナンジは、その『聖ルイ伝』でつぎのように伝えている。

ルイ王が上記の規則［大王令］を定められ、それをフランス王国にあまねく公布されたのちに、パリの中間層のある男が、主の名前を口汚くののしり、大きな瀆神を口にする事態が起こった(1)。それに対して、いと廉直なる善王ルイは、その男を捕らえさせ、その男がいつまでも己の罪を覚えているように、また他の者たちが創造主を見苦しくも冒瀆することをためらうようにと、その男の唇に灼熱の鉄で焼き印を付けた。多くの人々［ラテン語のテクストでは「俗世の人々の言に従えば賢者たち」］は、それを知り、見て、王を呪い、王に強く不満を浴びせた。しかし善王は、聖書のことばである「私のために呪われるとき、あなた方は幸いである(2)」を思い出し、「尊き神よ、彼らは私を呪うでしょうが、あなたは彼らを祝福されるように」と、まことにキリスト教徒らしいことばをいわれた。すなわち卑劣な瀆神のことごとくがわが王国から退けられるという条件ならば、王は灼熱の鉄の刻印をわが身に受けてもよい、といわれたのである。

この事件のあとで、王がパリの民に新たな恩恵を施されることがあった。そのことで王は多くの謝辞を受けられたが、しかし王はそれを知ったとき、皆に公言された。パリの皆のために善をおこなったことに対して人々が王に謝辞を寄せることを期待することよりも、神を侮蔑したとして鉄の焼き印を押された者ゆえに王に向けた人々の呪

いのことばによりて、われらが主から多くのお褒めをいただくと思っていた、と。(3)

ルイのもっとも忌み嫌うものの一つである瀆神が問題になるとき、ルイにとっては裁きは峻厳――同時代のある者たちは「残酷」とさえいっている――と一体になる。

また、われらが年代記・伝記作者であるサン＝ドニの修道士ギヨーム・ド・ナンジは、続けて二番目の例を挙げる。

賢き者が、王座は正義によって飾られ強められるというからには、われわれは、王座がもつ正義への熱意を讃えるために、ここにクーシーの領主の事件を語ろうと思う。近頃あったことであるが(4)、ラーンの都市の近くの森にあるサン＝ニコラ修道院に、クーシーの領主のフランスのことばを学ぶために来た(5)フランドル生まれの三人の貴族の若者［子供］たちが逗留していた。ある日この若者たちは、野ウサギを射止めるため鉄の弓矢を持って修道院の森に出かけた。彼らは修道院の森で駆っていた獲物を追って、クーシーの領主アンゲランの所有になる森に入った。そして森を警護する領主の士卒によって捕らえられ、留め置かれた。アンゲランは部下の森番役たちからこの若者たちが何をしていたかを教えられると、この残酷で情けもない男は直ちに若者たちを吊し首にしてしまった。しかし若者たちを保護していたサン＝ニコラ修道院の院長がそれを知り、また若者たちが属する同じ家系のフランスのコネターブルであるジル・ル・ブラン殿も知るところになった(6)。二人はルイ王に会いに行き、クーシーの領主について彼らの訴えを認めるよう王に求めた。廉直な善王は、クーシーの領主の残酷さを知るとすぐに、彼を呼び出し、その卑劣な事件について答えるよう王の法廷に召喚した。クーシーの領主は王の命令を聞くと、法廷にやって来て、助言もなく答えることを強制されるいわれはないといった。彼は王直属の家臣《バロニー》の慣習に従って、フランスの同身分者によって裁かれることを望んでいた。しかしフランスの裁判所の記録簿によってクーシーの領主に不利なことが証明された。すなわちクーシーの領主は直臣封としての土地をもっていなかったのである。なぜなら領主権と直臣封としての位階をもたらしていたボーヴの土地とグルネーの土地は、兄弟間の分割によってクーシーの封地から切り離されていたからである。そのためクーシーの領主は、その領地が直臣封ではないことを告げられた。この事実がルイ王の前で立証されたので、王はクーシーの領主を、王の直臣《バロン》や騎士によってではなく、士卒〔憲兵〕によって取り押さえ、拘束し、そしてルーヴル城砦の塔の牢獄に入れ、彼が直臣《バロン》の前で答えねばならぬ日を定めた。その日になるとフランスの直臣《バロン》が王宮にやって来た。そして彼らが集まったところで、王はクーシーの領主を連れてこさせ、問題の事件について答えねばならぬようにした。そこで、クーシーの領主は、王の意志に従い、自身の家系に属するすべての直臣《バロン》を、彼への助言役として呼んだ。彼らはほとんどやって来たものの、離れたところに引き下がらされていた。そのため王はほとんどたった一人裁きの場に残る形になった。ただし王の補佐役会に属する数人の重臣は王を取り囲んでいた。しかし王の意図は、断固として変わらず、正しい判決を下す（*justum judicium juducare*）、いいかえれば反座法〔仲裁裁判でしかなかった中世初期においては、原告と被告は、敗訴の場合、それぞれが同じ刑罰を受ける、という法〕に従ってくだんの領主を罰すること、つまり〔若者たちの死と〕同じ死罪に処することであった。クーシーの領主の直臣たちは王の意志がわかると、王に懇願し、クーシーの領主に情けを与え、判決では罰金を課すようにと、ごく穏やかに求めた。王は、正義をおこなおうと燃えていたので（「正義をおこなうおうと非常に熱くなっていた」）、彼ら全員を前にして答えた。もしこの男を解き放すことよりこの男を吊し首にすることこそ主に感謝されると王が考えたならば、この男の家系の直臣のことなど心遣わず、この男を吊し首にするであろうと。最終的には、王は彼の直臣たちのへりくだった懇願に心がゆらぎ、つぎのように決めた。まず、クーシーの領主は一万リーヴルの罰金で命をあがない、また三人の若者たちの魂のために毎日祈りが唱えられるよう礼拝堂を二つ建立することである。そして、若者たちが首を吊られた森を修道院に寄贈し、聖地で三年間過ごすことを約束させたのである。[7]廉直な善王は罰金を受けとったが、それを王の財庫に入れず、善行のために使った〔…〕。こうしたことは正義を重んじさせるべき者すべてに偉大な範例となったし、またきっとそのようになるはずである。なぜならば、貧しき者たちによって訴えられてしまえば、いとも高貴でかくも高き家柄の者でさえ、正義を保ち護る王の前では、自分の命を辛うじてあがなうことしかできなかったからである。[8]

これらは、王の政治を増幅し宣伝するサン＝ドニの修道士ならではの、典型的な三面記事的話題であり、それについての意味深長な注釈である。アンゲラン・ド・クーシーやその家臣の一党を、「貧しい者たち」として示される犠牲者と対置することが誇張につながるなど、彼は気にかけていないが、じつのところは、犠牲者である貴族の若者たちは王の家中のフランス最高司令官《コネターブル》と親族関係にある者たちなのである。しかし、年代記作者や写本挿絵家たちの歴史的な記憶のなかで鳴り響いたこの事件は、裁く人としての聖ルイの原則と姿勢の特徴をよく表わしていることは確かである。王の裁判のために封建制の裁判手続きを最小限に縮めていること（逮捕が騎士ではなく王の士卒によってなされていることは意味深長である）、判決について王権と慣習法を釣り合わせていること、まず裁判を厳格にし、ついで憐憫という王の理想にも直臣に対する王の厚情にも対応するような寛大さによって厳格さを和らげていることなどである。聖ルイは、直臣にさらに謙譲を強いるため、また王の好意をさらに自慢するため、強情の喜劇を演じたようにも察せられる。

　しかし、二つの価値体系――社会的かつ裁判上の問題であるが――がここでは明確になっており、互いに拮抗し合っている。つまり、封建的な裁判とは、犯罪が、たとえそれ自体としてはどんなに些細なものであろうとも、領主の「権力」*potestas* を侵す場合には、直ちに恣意のままに行使されるものである。領主は、自分の領地では、上級裁判権を自由に行使できる、あるいはそう思っているからである。一方、王の裁判は、これもまったく同じように恣意のままに行使できるものであるが、それは最高君主の上位裁判権によって認められるものである。「ましてや」*a fortiori* アンゲラン事件では当然である。というのは王はこの事件では、その裁判の理想に厳しく従う忠実さをみずから示しているからである。これは廉直な王の姿である。たとえ君主についての宣伝が現実を歪めようとも、権力者に対しても惨めな者に対しても裁判は公平であるという理念を具現する王である。王の裁判は、多少欺瞞を含んでいても大逆罪（この概念は聖ルイの治世に明確にされる）[9] の告発の名のもとに、はるかに自由にできる恐ろしい事態になりうるものである。聖ルイのもとに、国益《レゾン・デタ》の名のもとに大逆罪の告発をいくつかおこなう王である孫のフィリップ端麗王が姿をのぞかせている。今はまだそこまでには至っていない。しかし明らかに、聖ルイに衝撃を与え、怒りに燃えさせたもの、それは罰の不釣り合いや残酷さだけではない。それはあの若者たちが「裁判を受けずに」首を吊られたという事実である。王は王国において自分が正義の保証人になることを真に望んでいる。さらに、何人かの歴史家が提出したこととは逆に、アンゲラン・ド・クーシーの裁判は、ローマ＝教会法[10]から借用した新しい異端審問的手続き〔職権主義的裁判手続き〕によっておこなわれたものではない。しかし王権は、教会の「異端審問制」に続いて、この裁判手続きを、犠牲者もしくはその近親者の告発もない場合にも被疑者を召喚するために利用することになる。反対に、伝統的な告発手続きこそが、このアンゲラン事件においては、王の介入を生じさせたのである。なぜなら、サン＝ニコラ＝オ＝ボワの修道院長とコネターブルのジル・ル・ブランが王に訴え出たからである。

【注】

（1）聖ルイと瀆神については、後出八一三頁および事項索引の「瀆神」blasphème を見よ。

（2）新約聖書の『マタイによる福音書』の五章一一節。

（3）GUILLAUME DE NANGIS, *Vie de Saint Louis*, p.399.

（4）この事件は一二五九年のことである。

（5）聖ルイの時代は、ラテン語とならんで、文化的国際語としてのフランス語の最盛期である。ダンテの師であるフィレンツェ人ブルネット・ラティニは「世界でもっとも味わい深い言語」といっている。

（6）ジル・ル・ブランはエノー地方のトラズニーの領主でフランス人ではなかった。ルイ九世は、たぶん十字軍からの帰還後であるが、彼の信仰心と勇気のためにフランスの最高司令官《コネターブル》にした。当時はまだフランスには国民《ナシオン》という観念はなかった。王国の高位の役職が王への忠誠で結ばれた外国人に与えられることがありえた。ジル・ル・ブランは、ルイ九世の弟シャルル・ダンジューによるナポリ王国征服では重要な役割を果たすことになる。

（7）フランス語版のテクストではこの行が損なわれているので、ラテン語版（pp.398-400）と他の史料に依ったル・ナン・ド・ティユモンの話から、私が修復したものである。アンゲラン・ド・クーシーは一二六一年に一万二〇〇〇ルーヴルで十字軍誓願もあがなった。

（8）GUILLAUME DE NANGIS, *Vie de Saint Louis*, pp.399–401.

（9）この問題は、近々中に出版されるジャック・シフォロー Jacques Chiffoleau とヤン・トマ Yann Thomas の大逆罪についての重要な研究で取り扱われることになろう。

（10）ローマ＝教会法 droit romano-catholique という用語は、たとえばJ・リシャールによって用いられたが（J. Richard, *Saint Louis, op.cit.,* p.310）、一三世紀に初めて現れた法的な原理と実施の多くが、復活したローマ法と教会法との相互の浸透から由来することが強調されている。教会法は『グラティアヌス教令集』Décret de Gratien（ボローニャ、一一四〇）以後急速に発展するが、この書は一四世紀までの間に徐々に形作られた『教会法典』*Corpus juris canonici* の一番最初の部分となるであろう。【訳注】『グラティアヌス教令集』は、聖書や教会会議、教皇文書などの「諸権威」を集めた、いわゆる教会法集成であり、もともとはグラティアヌスによってボローニャ大学での教科書として編纂された私的なものである。また『教会法典』は、『グラティアヌス教令集』以下、『グレゴリウス九世教皇令集』など、一四世紀初めまでに編纂された合計六つの教会法集成を合冊したものである。

浄化の新しい措置——神明裁判と高利、ユダヤ人とロンバルディア人に対する闘い

ローマ＝教会法によって導入された異端審問的（職権主義的）な裁判調査は、他の裁判上の諸伝統、すなわち「神明裁判」あるいは神による審判とも対立するものである。神明裁判とは、火もしくは水による試練であり、被告はこの試練を無事に克服しなければならないし、また被告あるいは被告の代理の闘士が勝者として残らねばならない一騎討ち（「法廷決闘《ガージュ・ド・バタイユ》[1]」）である。これらは第四ラテラノ公会議（一二一五）で禁止されたが、とくに貴族の間ではおこなわれ続けていた。教会はそれらに代えて「合理的な」審査、とくに証人による証明をおこなう。つづいて国家《エタ》がルイ九世によってこの道に加わることになる。一二六一年の王令と伝えられる文書では、「法廷決闘」を禁止し、調査と証人による証明の裁判手続きをそれに代わるものとする。一三世紀末の名の知られぬ年代記作者が王についてつぎのようにいう通りである。「そして知るがよい、王は生きているかぎりフランス王国において、殺人あるいは裏切り、

相続、借財のために闘士もしくは騎士の決闘がおこなわれることなど許さなかったことを。だが王は貴紳な人物あるいは約束に堅い人たちの監察によって〔裁判手続きの〕すべてをおこなわせしめた[2]」。ルイは裁判の手続きを合理化することによって、高利貸の行為の矯正を追求する。

一二五七年あるいは一二五八年の王令は、以前にとられていたユダヤ人に対する措置の行き過ぎた適用を是正するための委員会を任命した[3]。

高利貸を示す用語は、たとえばユダヤ人などのような付加的な修飾的説明がないところを見ると、おそらくは、王の政策の重要な発展を画すものであろう。つまり、もはや高利貸の主要な常習者とみなされるユダヤ人の高利貸に対するだけではなく、しだいに数を増してきていたキリスト教徒の高利貸にも向けられたものとなっている。キリスト教徒の高利貸による貸与金は、概してユダヤ人によるそれよりはるかに大きい額にのぼることを示しており、その結果、ユダヤ人が徴収する利子の絶対額のみならず、時には利率においても、ユダヤ人と比べて大きな利益を上げている。ユダヤ人は通例は低い利子の貸与に限られている。しかし衣服や動産あるいは家畜を担保として取るようなきわめて過酷と感じられる処置をともなっている。

しかしながら、非ユダヤ人の高利貸に対してとられた措置の拡大は、とくにキリスト教徒であるが外国人の高利貸に限定されたようである。一二六八年の王令は、ロンバルディア人（つまりイタリア人）やカオール人[4]、その他の外国人の高利貸を王国から追い出している。彼らは三カ月の期限で追放されねばならない。その三カ月の間に、債務者は高利分を減額した貸与金を返すと、担保を返してもらうことができる。これら外国人業者は高利をかけたり、禁止されたことを一切しないという条件で、フランスで商売することを許可されているのである。この王令を正当化するために示された動機は、道徳の分野に属するものではなく、経済と政治のためのものである。つまり高利による強奪は「われらの王国を非常に貧しくする」と王が考えるからである。またこれら外国人が彼らの家や店でおこなったと噂される悪行にも終止符を打たねばならないのである[5]。最初の表現は「国民」経済的な資産と王国の経済的国境を意識する発端を表わしているように思われる。この意識はやがて聖ルイの孫〔フィリップ四世端麗王〕を税関の設置へ、そして貴金属のような公共財のいくつかに対する輸出の禁止へと導いていくものである。なぜなら王は国益の名において、噂を告発に変えてしまうよう促しているからである。要するに、国家理性がすでに姿を見せているのである。(6) いずれにしても、この二つの王令について心に留めておくべきことと思われるのは、断罪されるのは高利であって、業者でも外国人でもユダヤ人でさえもないということである。

【注】

(1) 神明裁判については下記の文献がある。J.W.Baldwin, «The intellectual preparation for the canon of 1215 against ordeals», art. cité ; Dominique Barthélemy, «Présence de l'aveu dans le déroulement des ordalies (IXe-XIIIe siècles)», dans *L'Aveu*, *op.cit.*, pp.191-214 ; Robert Bartlett, *Trial by Fire and Water. The Medieval Judicial Ordeal*, Oxford,1986〔邦訳、R・バーレット『中世の神判』竜崎喜助訳、尚学社、一九九三〕; Jean Gaudemet, «Les ordalies au Moyen Âge : doctrine, législation et pratique canonique», dans *La Preuve (Recueils de la société Jean Bodin)*, XVII/2, Bruxelles, 1965, pp.99-135 ; Charles Radding, «Superstition to science : nature, fortune and the passing of the medieval ordeal», *American Historical Review*, 84, 1979, pp.945-969.

(2) P. Guilhermoz, «Saint Louis, les gages de bataille et la procédure civile», *Bibliothèque de l'École des chartes*, 48,1887,pp.11-120. この名の知られぬ年代記作者のテクストは、つぎの史料集にある。*Recueils des historiens des Gaules et de la France, op.cit.*, t.XXI, 1855, p.84.

(3) *Ordonnances des rois de France*, t.I, p.85.

(4) 「カオール人」cahorsins という語は、通常は商売人の大中心地として示されるカオールの都市からの由来とされる。カオールは司教が領主の都市であった(前出七〇頁を見よ)。けれども私には、一二六八年の王令のなかで疑問の余地なく語られているように、カオール人が外国人として扱われている事情がよくわからない。Philippe Wolff, «Le problème des Cahorsins», *Annales du Midi*, 1950, pp.229-238 ; Yves Renouard, «Les Cahorsins, hommes d'affaires français du XIIIe siècle», *Transactions of the Royal Historical Society*, XI, 1961, pp.43-67 を見よ。

(5) *Ordonnances des rois de France*, t.I, p.96.

(6) けれどもこの態度は当時「噂」*fama* に与えられていた法的価値によって説明される。

「良き」貨幣

ルイ九世の治世の終わりは重要な貨幣改革によって特徴づけられている。この改革は経済の発展と貨幣経済の普及の結果である。私は王の人となりから私たちを遠ざけるようなそれらの諸相を詳細に扱うつもりはない。私としては、宗教的な視野における王国の健全化のプログラムをなすそれらの措置がもつ心理的、道徳的、イデオロギーの面を分析するつもりである。そこで「三番目の機能の王」[1]としての聖ルイの思想および行動を総合的に扱うことになる時まで、問題をとっておこう。つまり一三世紀中葉のフランス人——王、為政者、知識人も含まれる——は、私たちが今「経済」と呼んでいるものをどのように考えていたかを知る問題である。

王の貨幣改革[2]は、一二六二年から七〇年にかけて間を措いておこなわれている。一二六二年の王令は、王の貨幣を模造することを禁止し、王国内における王の貨幣の流通の独占を制定する。ただし鋳造することを許可された領主の貨幣は除かれる。それはそれ以後その領地でのみ流通させることが許される。また二つの王令は、フランス王国でイングランド貨幣である「エステルラン」(英貨のスターリング)の使用を禁止している。第一の王令は、今は失われているが、一二六二年と一二六五年の間に発布されたもので、それは教会人も含めて王の臣下に対して、スターリング貨を使わない誓約を求めている。一二六五年の王令は、スターリング貨の流通の最終日付を一二六六年八月中旬と定めている。一二六五年の別の王令は一二六二年の措置を再録するものであるが、王の貨幣の模造を禁止し、王の貨幣に王国全土を流通させる特権を与えている。この時はナントやアンジュー、メーヌなど地方の貨幣に対する例外が認められている。これらの地方では「民がトゥール貨およびパリ貨という王の貨幣が十分あることを信じていない」というはっきりとした理由で許されたのである。一二六六年七月の王令は(その断片しか残っていない)は、重さと銀含有量の新条件を決めたパリ・ドニエ貨の鋳造の再開と、トゥールのグロ貨を新しく造ることを公布するものである。最後に今は失われてしまったが、一二六六年と一二七〇年の間に発布された王令である。これは金貨のエキュ貨を造ることを命じている(3)。

以上の諸措置は、近代的な「経済」の観点から見ると、三つの重要性をもっている。

旧パリ貨幣より重量があるが（フィリップ・オーギュストのパリ貨幣の一・二二三七グラムと比べると新貨幣は一・二八八一グラムである）、含まれる銀（純分）の品位が劣る（フィリップ・オーギュストのパリ貨幣は〇・五〇〇九グラム、新貨幣は〇・四七九一グラムである）新パリ貨幣を新たに鋳造することは、実際に平価切り下げに通じる。これは少なくとも一三世紀以来続いていた貨幣価値の低下――現在の私たちがインフレーションと名付けているもの――を多少とも意識する対処である。こうした展開は、貨幣経済の進歩および貨幣鋳造権をもつ王や領主による貨幣鋳造の増大に応ずるため貨幣量を増やさねばならない、という必要に迫られたものである。通貨量の増大は、上昇する経済の要求と同時に、貨幣の鋳造に関して領主が直接徴収できる権利収入である貨幣鋳造利得〔含有貴金属の絶対量と、名目価値との差が、貨幣鋳造権者の利益となる〕を大きくしたいという欲求から生じたものである(4)。一三世紀を通して、国庫収入における貨幣鋳造権収入の割合は、拡大し続けている(5)。王の貨幣の模造の禁止と領主貨幣の流通の制限もまたインフレーションをなくそうとしないまでも、それを抑えようとする王の意志に一部応えている。

とりわけ他の二つの措置は、フランスの貨幣史において記憶されるべき時を記すものである。もっとも画期的な措置は、五世紀を経ての、古代と中世初期の両本位制への回帰ともいうべき金貨鋳造の再開である。それによってラテン・キリスト教世界は、両本位制の経済・政治の集合体であるビザンツとイスラム世界という限定されたクラブの仲間入りをすることになった。カスティリア王アルフォンス八世は一一七五年すでに、またシチリアの最後のノルマン人王たちや「アウグスターレス金貨」を鋳造する南イタリアの皇帝フリードリヒ二世は一二三一年に、すでにこの威光を示すことのできる関心事に心を寄せていた。しかしその経済におけるこれらの貨幣の重要度は非常に低いものであった。イタリアの大商業都市とは異なった方向に進んだのである。ルッカは一二四六年の少し前に、ジェノヴァは一二五二年に（ジェノヴィーノ金貨）、とくにフィレンツェは「フロリン金貨」をもって一二五三年から、ヴェネツィアは「デュカ金貨」をもって一二八四年から、国際的な大きな取り引きや西欧の諸王国の公租の集金のための金貨の使用に華々しく、しかも長続きする登場を果たす。西欧の王国のうちの二大王国であるイングランドとフランスは、主として王国の栄光のための政治を理由として、この商業と銀行における強国グループに加わるように努めた。ヘンリー三世は一二五七年「ペニー金貨」を造ったが、これは失敗に終わった。鋳造も流通も一二七〇年頃止まってしまい、イングランドが改めて金貨「フロリン」をもつようになるには一三四四年を待たねばならない。聖ルイは一二六六年「エキュ金貨」を造ったが、これも成功とはいえないものであった。一三世紀末には他の種類の金貨に流通の場を奪われてしまい、一三三〇年に新たな飛躍を見せるまでは、ほどほどの成功の域にとどまった。

すなわち、パリ貨のドニエ銀貨とエキュ金貨はむしろ失敗というべきものである。これらの貨幣の現在伝来している数量がごくわずかであることが、それを語っている。これとは反対に、トゥールのグロ貨は、フランスばかりでなく国際市場で非常に大きな成功をおさめた。長期間にわたるその成功は、大きな貨幣危機が生じた時代である一四世紀においてさえ持続することになるだろう。このトゥールのグロ貨は、大きな需要が存在する、貨幣史における狭間の時期に役割を果たしたわけである。

聖ルイの貨幣政策はまた、経済・財政上の本来的な目標と緊密に一体化する形で、政治的な諸々の目標に応えるものであったことは明らかである。封建制に対する君主国家の闘いということは、これまでしばしばもっと複雑な現実を無視していわれたことがあるが、この闘いがここに最適な闘いの場を見い出している。聖ルイは王権にのみ属する権利であると主張して、つまり国家による独占の対象としての貨幣という伝統的な理念を踏襲している。諸侯や教会に対しては、彼は領主貨幣に対する王の貨幣の優越権を宣言したものの、領主貨幣の締め出しの用意を画するだけで甘んじなければならなかった。しかしこの方向では、彼は決定的な前進を成し遂げている。王国による貨幣の独占がしかるべき場に就き出したのである。一度ならず、建設されつつある君主制国家は三つの推進力を利用している。一つは形成途上の教会法、つぎは教会法と結びついて復活しつつあるローマ法、三つ目は世論である。世論は、トマス・ビソンがすでに以前の時期に関して示したように、ますます多くの人々が、もっとよく使用するようになっていた貨幣の安定と良質の保証を、政治権力に求めていた。「貨幣の品位維持」(*conservatio monetae*)は執拗にくり返される要求であった。裁判の領域では王は元来から強かったし、あるいは力を強めつつあったが、そうした裁判におけると同様に、ここでもまた王は主要な受益者であった。というのも、貨幣を統制する権力というものは、とりわけフランスの王権が常により緊密に自己と同一視しようとしていた権力の最高のイメージである「威厳」*majestas* の方向と合致していたからである。まもなく王の貨幣の贋造が大逆罪のリストに入れられ、贋金造りは古代のように第一級の犯罪者と扱われるようになる。

貨幣に関しての王の政治は、彼の正義への義務に属するものである。貨幣についての王の行動は、「悪しき」貨幣に対する「良き」貨幣の闘いの場、すなわち、「擦り切れ《ベレ》」、磨滅し、贋造された、あるいは品位の劣る貨幣(ドゥニエ貨)に対する、「純なる《ピュール》」(聖ルイの王令でこのように表現されている)貨幣の闘いの場に展開する。聖ルイやその補佐役たちはよく理解していた。「良き」貨幣のための闘い(一四世紀にはこのようにいわれることになる)こそが、この時代のイデオロギーが「正当」であることを望んだ価格の形成にとって重要な要素であることを。「正当な価格」「正当な俸給」「良き貨幣」は、社会・経済生活についての同じ一つの道徳的概念そのものの三つの様態であり、聖ルイの時代の教会法学者や神学者たちこそ、その理論家なのである。それによって、聖ルイがとったような貨幣の方策は、すでに以前に「貨幣の刷新」*renovatio monetae* と呼ばれていたことの視野に入ってくるのである。「貨幣の刷新」は、古代ローマ的でカロリング的なイデオロギーによって影響を受けた中世の人間にとっては、宗教的、聖的、終末論に近い共鳴を響かせる。貨幣改革は敬虔な業であり、さらに明確にいえば、聖別された行為である。貨幣を鋳造する者は、とくに金貨を鋳造する者はそのことを十分に知っている。だから彼らは、フィレンツェのフロリン金貨には都市の守護聖人である聖ヨハネの姿を、またヴェネツィアのデュカ金貨の表には栄光のキリストを、裏にはひざまずいたヴェネツィア総督に旗を渡す聖マルコの姿を刻むのである。

聖ルイもそのことをよく理解していた。トゥールのグロ貨に、彼は十字架と王である自分の名(*Ludovicus rex*)を、「神であるわれらが主イエス・キリストの名に祝福あれ」(*Benedictus sit nomen Domini nostri Dei Jesu*

Christi）という銘を付けて刻ませている。しかしとりわけエキュ金貨はキリストと王の栄光を宣している。金貨の表には、カペー王朝の象徴である百合の花を付けた盾が「神の恩寵によってフランク人たちの王であるルイ」（*Ludovicus Dei gracia Francorum rex*）という銘とともに表わされ、裏には四つの百合の花に飾られた十字架と「キリストは勝利し、キリストは統治し、キリストは君主として命令する」（*Christus vincit, Christus regnat, Christus imperat*）という荘厳な宣言が刻まれている。

非常に興味をそそる一日が、思いがけない史料によって、ルイ九世の貨幣政治に浮かび上がってくる。中世の大学の神学者たちが抽象的で現世離れした問題を議論して時を費やしていることを想像してみよう。一二六五年の復活祭の日、パリ大学の有名教師であるジェラール・ダブヴィルは、年に二回クリスマスと復活祭に大学教師に課せられる訓練である「自由討論」*quodlibet* で、神学部のメンバーたちによって提起されたつぎのような質問に答えることになっていた。王は最近の王令において、司教の配下——その何人かは教会の人間である——でもあるその臣下に強制して、商取引にはもうエステルラン貨（イングランドのスターリング貨幣）を使わないと誓約させる権利はあるか。王は彼らに対してこのような権力の「暴力」——これはその上に教皇のもとでの訴訟の対象になる問題でもある——を使わなかったか。(6)

当時としてはきわめてアクチュアルなこの設問は、問題を神学部の専門家に問うという面からして、貨幣に関する王の権利を根底から検討することを促すものである。教師ジェラールは、貨幣鋳造はまさしく王の特典であると答え、その主張をつぎの三つの権威にもとづいて組み立てている。まず聖書の権威である。皇帝の肖像が刻まれている銀貨についてはイエスの口から「皇帝のものは皇帝に返しなさい」（『マタイによる福音書』二二章二一節）といわれていることであり、また聖パウロが「人は皆、上に立つ権威に従うべきである」（『ローマの信徒への手紙』一三章一節）と規定していることである。第二は、アリストテレスの権威である。アリストテレスは共通善について、王はその最高の守護者であるとしている。最後は、教会法の権威である。教会法はローマ法から「公共の利益」（*utilitas publica*）という概念を受け継いでいるが、それは一一四〇年の『グラティアヌス教令集』（第七事例、第一設問、第三五法文）にすでに定式化され、またフランス王は俗権において優位者を認めないという主張を承認しているインノケンティウス三世の教書『ペル・ウェネラビレム』*Per venerabilem*（一二〇三）にも記されていることである。さらに同じインノケンティウス三世がアラゴン王〔ペドロ二世〕に送った書簡でも書かれてあり、そこで貨幣が「健全で、公平で」あるように監視する権利と義務を王に認めている。またそれは教会法大全に収録された『（グレゴリウス）教皇令集』*Décrétales* にも加えられている。ジェラールは続いて「スターリング貨に戻ることはすべての民にとって有益であり、その結果、とられた措置を廃棄することが有益であり、この廃棄は要求され次第おこなわれねばならない」と強調しているが、この点はここでは重要ではない。問題の本質は、ジェラールが貨幣に関する王の権利を強化していることである。ちなみにルイ九世は聖職者や知識人の大方の敵意の前に、王国におけるスターリング貨の使用禁止を再確認しながらも、スターリング貨ボイコットの誓約を撤去したように思われる。最後に、ピエール・ミショー＝カンタンが興味ある指摘をしていることにふれておく。ジェラールの論議の組み立てからわかることは、「教授の論議を直接聴く者である大学の聖職者たちも、教授と同様に貨幣についての政治を考案するための知的な装備はまったく備えていないようにみえる」。何人かの歴史家が断言していたこととは反対に、スコラ学者たちは、いずれにせよ一三世紀にあっては、当時の現実や問題に適応できる経済理論をもてる能力がなかったのである。

　では、王とその側近の聖職者たちには、経済とくに貨幣についての助言者はいなかったのだろうか。もちろんいた。都市民、もっと詳しくいえば彼らのなかの金銭の運用に慣れた大商人たちである。すでに一二五四年と一二五九年にルイ九世は、南フランスのセネシャル管区に対して、その地方で小麦やその他の食料品が不足した場合にそれらの持ち出しを禁止することについて、セネシャルを啓蒙するための評議会《コンセイユ》を設立したことがあった。これらの評議会は高位聖職者、諸侯、騎士、「良き都市」の都市民から構成されていた。貨幣についてシャルトルで公布された一二六五年の王令は、パリ、オルレアン、サンス、ラーンの誓約した都市民たちへ王が諮問したのちに、作成されたものである。彼らの名前は同じ王令のテクストに現れる[7]。経済問題とくに貨幣問題は、三身分による三部会の起源である。以上のように、貨幣は都市民を国家の仕組みのなかに引き入れることになる。都市民はインド＝ヨーロッパ的な機能論における第三の機能を代表することになった(8)。

【注】

（1）後出八三〇頁以降を見よ。
（2）「王の貨幣改革」についてはすでに論じられたことがある。王の措置が総合的なものになっているとしても、首尾一貫した改革、すなわち体系的な貨幣計画とはなっていない。
（3）L.Blanchard, «La réforme monétaire de Saint Louis», *Mémoires de l'Académie des sciences , lettres et arts de Marseille*,1833 ; Jean Lafaurie, *Les Monnaies des rois de France. De Hugues Capet à Louis XII* , Paris et Bâle,1951 ; E. Fournial, *Histoire monétaire de l'Occident médiéval* , Paris,1970 ; Marc Bloch, *Esquisse d'une histoire monétaire de l'Europe*, Paris,1954（死後出版）。
（4）インフレーションについては、Thomas N.Bisson, *Conservation of Coinage. Monetary Exploitation and its Restraint in France, Catalonia and Aragon (c.1000–1225 A.D.)* , Oxford, 1979.
（5）Jean Favier, «Les finances de Saint Louis», *Septième centenaire, op.cit.,* p.135.
（6）Pierre Michaud-Quantin, «La politique monétaire royale à la Faculté de théologie de Paris en 1265», *Le Moyen Âge*,17,1962, pp.137–151.
（7）*Ordonnances des rois de France*, t.I, p.94.
（8）後出八四三頁以降を見よ。

平和を築く人

二つの大きな義務がキリスト教徒の王には課せられる。その二つの理想の実現は王とその臣下の永遠の救済をもたらすはずである。その二つの理想とは、まずは正義であり、つぎに「平和」*paix* である。[1] ここではルイ九世の行動が二つに重なり合っている。彼は、王として関わる事柄において平和をもたらすよう努力したのであり、みずから範を示して、歴史が彼に遺した長期にわたる大きな紛争状態に解決を与えることを好んだ。彼は紛争の種を取り除き、永遠とはゆかないまでも少なくとも長期にわたる平和を確立しようと思う。現在と永遠の間で彼はまた未来のためにも努力するのである。他方では、彼の威信によって、聖ルイは、中世の人間に親しい仲裁裁定という方法によって調停を求める敵対者の間で、好んで仲裁者に選ばれる。ルイの行動と威光は王国の国境を越える。彼はキリスト教世界の調停者、平和を築く人となっていくのである。

彼がその印璽によって保証した数々の条約のうちから、また、彼がまとめた多くの調停のうちから、以下に、そのもっとも重要なもの、もっとも華々しいものを取り上げてみよう。

【注】

（1）後出八一五～二〇頁を見よ。

フランドル継承

フランドルは、フランス王国におけるもっとも大きく、またおそらくはもっとも豊かな封地の一つである。そこでは、女子にも、当地の封建制のしきたりによって（だがそれは男子のみに継承権を認めるカペー王家の伝統とは逆の形で）、長子継承権《ドロワ・デネース》が有利に働いて、その伯領を継承していた。しかしほぼ三〇年前から、女伯マルグリットの結婚の事情に起因する混迷が、多くの重要な状況の揺れ動きの有利不利に従って続いていた。この混迷については、私はただルイ九世の介入を理解するための事柄にしぼって取り上げるつもりである。[1]

一二四四年に死去したフランドル女伯ジャンヌは、ブーヴィーヌの敗者であるポルトガルのフェルランドの寡婦である。子供がなかったので、彼女は末の妹のマルグリットに伯領を譲った。マルグリットは、最初の結婚で、すでにエノーのバイイであるブシャール・ダヴェーヌ〔アヴェーヌ家のブシャール〕と結婚していた。しかしこの結婚は有効でなかった。というのは、ブシャールはもともとは教会の人間になることになっていて、副助祭に叙階されていたからである。だがジャンヌは、すでに一二一六年にローマの教会裁判所で妹マルグリットの結婚の無効宣言を得ていた。それでもマルグリットとブシャールはすぐには別れずに、二人の息子をもうけてしまっていた。一二二三年、マルグリットはギヨーム・ド・ダンピエール〔ダンピエール家のギヨーム〕と再婚し、三人の息子ができる。こうした事情から、アヴェーヌ家とダンピエール家との紛争が始まったのである。アヴェーヌ家は長子継承権を前面に押し立てたのに対して、ダンピエール家は、アヴェーヌ家の異父兄弟は正当な結婚から生まれた子供ではないとして、その継承権を認めず、彼らの母親の気持ちもこちらに傾いていたのであった。

ルイ九世は何度も仲裁するように求められた。両当事者のどちらか一方の提案に応じてのこともあれば、自分の主要な封地に無関心ではいられないという最高封主としての気持ちから、自分から進んで介入したりした。一二三五年、ルイ九世はジャンヌとマルグリットとの合意を保証する。合意の内容は、アヴェーヌ家に七分の二、ダンピエール家に七分の五という継承の不平等分与を予定するものであった。この問題は、継承の伯領が一部はフランス王国（フランドル伯領）に、また一部が帝国（フランドル公領、それに皇帝フリードリヒ二世がマルグリット女伯に与えていたナミュールの辺境伯領《マルキザ》が一二四五年に加えられた。しかしナミュールの辺境伯領は、ルイ九世がコンスタンティノープルのラテン皇帝であったフランドルのボードゥアン二世に貸した莫大な貸与金の担保としていた土地であった）に関係するので、なおさら複雑なものになっていた。一二五〇年にフリードリヒ二世が死去したあと皇帝が不在となり、フランス王に自由に動ける場を与えた。さらに、王は皇帝位の継承をめぐるさまざまな主張者の間で公平を保とうと心掛けていた。たとえ彼らの何人かが「ローマ人の王《ロワ・デ・ロマン》」(訳1)（皇帝の戴冠を受けていない者）として承認されていたとしても、限られた権威しかもたない者たちであった。

一二四六年、十字軍のための和平工作の一環として、ルイ九世と教皇使節ウード・ド・シャトルーは、アヴェーヌ家にはエノーを、ダンピエール家にはフランドルを与えるという案についての合意を図った。マルグリットは息子のギヨーム・ド・ダンピエールにフランドル伯の称号を認めた。ギヨーム・ド・ダンピエールはルイ九世に従って十字軍に赴き、一二五〇年に主な諸侯と一緒に帰国したが、その翌年事故で亡くなった。マルグリットは彼の後継者として、末の息子ギーにフランドル伯領を与えた。当時聖ルイは聖地に残ったままフランスを不在中であったので、ギーは一二五二年二月にブランシュ・ド・カスティーユに臣従礼を捧げに来た。けれどもローマの法廷は一二四九年、最終的にアヴェーヌ家の子供たちの嫡出性を認めてしまっていた。

しかし、女伯マルグリットは、ジャン・ダヴェーヌ〔アヴェーヌ家のジャン。マルグリットの最初の結婚でもうけた息子〕にエノー伯の称号を与えることを拒否し、彼にはナミュール辺境伯領を残すにとどめた。ナミュール辺境伯領については、一二四九年に彼女は彼に対してその封主である皇帝に代わって臣従礼を捧げることを許していたものである。他方では、女伯は、ダンピエール家の息子たち、すなわちフランドル伯やその弟、さらにはいく人かのフランス諸侯をけしかけて、彼女がフランドル伯領に属するとして権利を主張していたゼーラント諸島〔現オランダ南部の諸島〕の奪取を画した。しかしワルヘレン島への上陸は散々の負け戦となり、一二五三年七月、「ローマ人の王」の弟であるホラント伯は、ダンピエール家の息子たちと何人かのフランス諸侯を捕虜にした。そこで女伯マルグリットは、ルイ九世の末弟のシャルル・ダンジューに訴えた。そして彼にエノー伯領を与える約束をした。シャルル・ダンジューは訴えを受け入れ、ヴァランシエンヌ〔現北仏ノール県都〕とモンス〔ヴァランシエンヌの北の現ベルギー領の町〕を占領した。しかし彼の補佐役たちはシャルル・ダンジューを説得して、フランス王と優れて良い関係を保っている「ローマ人の王」と武力紛争になることを避けさせることができた。

十字軍から帰国したルイ九世は仲介することに決める。彼にはそのための三つの立派な理由があった。フランドル伯とその弟と家臣が捕虜になっていたこと（ホラント伯は他のフランス諸侯は釈放していた）、王自身の弟も事件に関わっていたこと、さらに王は一二四六年の合意を尊重させようと思っていたことである。王弟の軽率な発意に苛立たされた王は、まずシャルル・ダンジューをパリに召還することから始めた。

慎重に事を進めた王は、まずヘントに行き、女伯マルグリットに会い、彼女を支持していることを伝え、彼の意図を説明した。女伯とそのアヴェーヌ家の息子たちが王の調停を受け入れたので、ルイ九世は、「ペロンヌの約束」（一二五六年九月二四日）によって、一二四六年の条約の核心である、アヴェーヌ家にエノーを、ダンピエール家にフランドルを与える案を復活させた。しかしエノー伯領はすでに王弟に与えられてしまっていた。フランス王は王弟の面子を十分立てて、それを譲らせた。つまり女伯マルグリットが王弟からきわめて高額な金で買い戻したのである。女伯はまたダンピエール家の息子たちの釈放のためにホラント伯に高い身代金を払わねばならなかった。しかしその後ほどなくして、アヴェーヌ家の彼女の息子はエノー伯ボードゥアンとなり、彼女と和解した。こうしてフランス王国の北東の国境に平和が戻った。

　この事件における聖ルイの態度は彼の性格をよく表わしている。彼は、正義と平和および王国の利益と深く執心する家族関係とを両立させることを望む。また「ペロンヌの約束」のテクストのなかで、彼は、アヴェーヌ家とダンピエール家が同じ血を分ける縁者（*consanguinei nostri*）であるから、両家のどちらにも偏することを望まないことを思い起こさせている。王弟に対する態度においても、正義と血縁関係のもつ意味の双方を十分に両立させたことを示している。最後は、王はナミュールに介入することを拒否し、フランドル伯にナミュール辺境伯領を譲渡するという最終解決に賛意を示していることである。この平和は王に担保〔ボードゥアン二世への貸与金に対する〕の放棄という犠牲を払わせている。けれどもフランドルの世論はフランス王に敵対的なままであった。都市民はしばしば自分たちに重い負担を負わせた元凶として王を非難した。一二五五年にヘントを訪れた時など、王は野次を浴びたほどである。フランス王の威信も長い宿縁の対立にはそれほど重みのあるものにはならなかったということである。

【注】

（1）この事件についてはつぎの文献で明解に見事に語られている。J. RICHARD, *Saint Louis*, *op.cit.*, pp.329-337.

【訳注】

（1）「ローマ人の王」*Romanorum rex* の称号をえた者は、戴冠して神聖ローマ帝国の「帝位」*imperator* を得るものと期待するのが当然であったが、フリードリヒ二世の死後のホーエンシュタウフェン家では、教皇と皇帝との確執から、帝位を授けられず、ローマ人の王にとどまる者が続いた。なお「ローマ人の王」は、その実質から「ドイツ王」と表現されることもある。

アラゴンとの和平――コルベイユ条約（一二五八）

フランスとスペインとの間、アラゴン・カタルーニャ王国の北東に、ピレネー山脈〔国境の比喩〕は存在しなかった。カペー家は、法的な権利関係からのみ見れば、カロリング期に設定された旧スペイン辺境伯領を継承していた。けれども実際には、ユーグ・カペーは一〇世紀末、イスラム教徒と戦うキリスト教徒の救援の訴えに応えることができなかったし、またタラゴーナの教会会議《コンシル》は、この絆が弱まり、ついで消滅したことを承認して、文書はそれ以後はフランス王の治世の年ではなく、キリスト暦《エール・クレティエンヌ》の年に従って日付をつけることを命じたりしている。フランス王の治世による日付の慣行は、バルセロナやルシヨン、セルダニア、コンフラン、ベサル、アンプルダン、ウルヘル、ヘロナ、オソーナの伯領では多かれ少なかれずっと維持され続けた。一一六二年にアラゴン王になったバルセロナ伯はフランス王への臣従礼をやめてしまい、そして彼らはいずれもアラゴン王に即位する前後に、しだいに南フランスに侵入しはじめた。

当時の南フランスは、カペー家の王国に属しながらも、独立した一つのかたまりを作ろうとして、王国から分離する準備をするようにみえる時もたまにあった。この場合の政治的な中心は三つあって、それぞれが自分の優勢を力づくで押し付けようとするようにみえた。すなわちアキテーヌ公の拠点ポワティエ、トゥールーズ伯のトゥールーズ、そしてバルセロナ伯の、ついでアラゴン王のバルセロナである。しかし南仏国家は、ピレネー山脈のどちら側にも生まれなかった。けれどもバルセロナ伯は、トランカヴェル家が臣従礼を捧げていたカルカソンヌ副伯領とサン＝ジル家のトゥールーズ伯のすべての所領に対しては封建宗主権《シュズレヌテ》を主張していた。さらに、一二世紀末にアラゴン王がプロヴァンス伯であった時期からは、レーモン・ベレンガール三世の妻ドゥース・ド・サルラの相続財産である、ジェヴォーダン地方とサルラとミヨーを含む中央山塊《マシフ・サントラル》の一部からなる領地《ムーヴァンス》に対する封建法上の権利を確保していた。アルビジョワ十字軍が状況を一変させたが、アラゴン王に彼らの権利主張のすべてを放棄させるよう仕向けることはできなかった。シモン・ド・モンフォール〔アルビジョワ十字軍を組織したイングランド領ガスコーニュの軍司令官〕は、はじめはアラゴン王ペドロ二世のカルカソンヌに対する封建宗主権を認めていたが、一二一三年のミュレの勝利〔トゥールーズ伯レーモン六世とアラゴン王ペドロ二世に対する勝利〕ののちは、アラゴン王はフランス王国内に有する権利と領地をすべて失ったものとみなした。両王国の紛争はミヨーとカルカソンヌとモンペリエをめぐる争いに集中した。一二三七年、一時アラゴン王に軍事的占拠されたミヨーは、一二三四年と一二四〇～四二年には危うくフランス・アラゴン戦争の口火となるところであった。ルイ九世はカルカソンヌを守るため、カルカソンヌを強力な城塞に仕立て上げ、そのまわりを取り囲むように王の城塞（ペールペルテューズ、ケリビュス）で固め、それぞれの領主の許可のもとに国王守備隊を配備した。モンペリエの問題は微妙であった。モンペリエの最後の女相続人は、一二世紀末に、その領主領を夫であるアラゴン王にもたらしていたが、この領地はマグロンヌ司教によって彼女の封地として保有されていた。そして一二五二年、司教は、アラゴン王から身を護るために、この領地の封建宗主権がフランス王にあると主張したのである。

アラゴン王ハイメ一世〔ペドロ二世の息子〕がミヨーとフォワ伯領、ジェヴォーダン地方、フヌイエード地方に対する権利の要求を復活させると、ふたたび緊張が高まった。アラゴン王の親王たちはカルカソンヌ地方に侵入を試みると、ハイメ一世に雇われた吟遊詩人たちがフランス王に対する戦いを呼びかけた。それに対してボーケールのセネシャルはモンペリエとアラゴン領に向かう食糧の通行禁止をもって対抗した。

しかし、これら古くからの紛争に決着をつけようとする両国王の利害計算によって、大事には至らなかった。ルイは理想をもって、まだ王国に同化しきれていない南フランスにうまく王権を確立するように動いた。一方ハイメ一世の目は他に向けられていた。南方への目はイスラム教徒に対する「レコンキスタ」へ、西方への目は地中海西部域の支配へと向けられていた。ハイメ一世征服王は、一二二九年から三五年にかけてバレアレス諸島を、一二三八年にはヴァレンシアを、ついでアルシーラとハティバを奪取した。

両国王は、一二五五年、聖職者の二人の調停者、一人はフランス人もう一人はカタルーニャ人を指名し、その調停案を受諾した。一二五八年五月一一日、ハイメ一世の使者がコルベイユに条約調印に来た。七月一六日には早くも、バルセロナで条約が批准された。フランス王はスペイン辺境伯領に関する権利を放棄し、アラゴン王もカルカソンヌ、ペールペルテューズ、ローラゲ地方、ラゼス地方、ミネルヴォワ地方、ジェヴォーダン地方、ミヨー、グリーズ、トゥールーズとサン＝ジル伯領、さらに条約批准の時にアジュネ地方とコンタ・ヴネサンの権利を放棄することになった。フランス王は、ルシヨンとベサル地方の交換として、フヌイェード地方を受けとった。モンペリエ問題は解決されなかったので、ルイ九世は一二六四年、この都市に対する権利を力ずくで思い出させた。ルシヨンはルイ一四世に至るまでフランス・スペイン両国の紛争の種として残った。ルイ一四世になってピレネー条約（一六五九）でフランス領となる。

フランスとイングランドの和平——パリ条約（一二五九）

フランス王国に関してのルイ九世の最大の和平計画は、イングランドとの前世紀来の紛争を解決することであった。フランスとガスコーニュにあるイングランドの所有地は、フランス王国の統一と独立にとってもっとも重大な脅威であった。一二世紀の中頃、一つの広大な領土のまとまりが——カペー家の王領よりもはるかに広い——、アンジュー伯アンリ・プランタジュネが一一五四年にイングランド王座〔ヘンリー二世〕につくことによって、フランスに成立した。ヘンリー二世は一一五〇年にノルマンディ公、一一五一年にはアンジュー伯、メーヌ伯、トゥーレーヌ伯となり、一一一五二年には有名なアリエノール・ダキテーヌ（エレオノール）と結婚した。アリエノール・ダキテーヌはフランス王ルイ七世と結婚〔一一三七〕したが、まもなく離婚〔一一五二〕していた。彼女はこの結婚によってヘンリー二世にアキテーヌ地方（ポワトゥー、リムーザン、ペリゴール、ケルシー、サントンジュ、ギュイエンヌ[1]）と、カペー家の主張にもかかわらずフランス王国から独立していたガスコーニュ地方をもたらした。一二〇二年、フィリップ・オーギュストはフランスの法廷によってイングランド王ジョン欠地王が誓約違反とされたのに力を得て、フランス王とイングランド王との家臣関係がなくなったと宣告した。一二〇四〜〇五年にフィリップ・オーギュストはアンジュー、メーヌ、トゥーレーヌ、ノルマンディの各地方を征服し、フランス王領に統合した。ノルマンディ地方については特別の制度で統合した。一二四六年、ルイ九世は末弟のシャルルの騎士叙任式に際して、かって父ルイ八世が親王領《アパナージュ》としての譲渡を予定していたアンジュー地方とメーヌ地方を、若くして亡くなってしまった年長の息子の代わりに末弟に与えた。すでに見たように、一二四二年、イングランド王ヘンリー三世はフランス西部で諸権利を維持していた領地を回復しようとして戦いを起こしたが、壊滅的な敗北をこうむった。一二四三年三月一二日に両王によってまとめられた休戦協定は五年間事態をそのままにとどめることになった。十字軍がその「現状維持」*statu quo* を引き延ばす。

一二五三年と一二五四年、ヘンリー三世はガスコーニュの諸侯の反抗を鎮めるためにボルドーに滞在した。事件が解決され、イングランドに引き揚げることになった彼は、フランス王国を通ることを願った。それは祖先の墓所になっているアンジューのフォントヴロー修道院、カンタベリー大司教の時に彼と衝突して亡命中に亡くなった聖エドモンド・リッチの聖遺物があるポンティニー修道院、それと聖母マリアに捧げられたシャルトルのカテドラルを訪ねたかったからである。ルイ九世はヘンリーに快く許可を与え、彼をパリに招いた。パリでは二人は一緒に一二五四年のクリスマスを祝った。その祝いには故プロヴァンス伯〔レーモン・ベレンガール五世〕の娘の四人姉妹であるフランス王妃のマルグリット、イングランド王妃のアリエノール、ヘンリー三世の弟コンウォール伯リチャードの妻サンシー、ルイ九世の弟シャルル・ダンジューの妻ベアトリスも加わっていた。二人の王の間には強い共感が生まれた。ルイはその政治において家族の絆を大切にしたいという変わらぬ気持ちで共感をさらに強めた。彼は義弟のヘンリーをブーローニュまで見送り、イングランド王はそこから帰国の船旅に着いた。さらにルイ九世は、そのあとすぐにヘンリー三世に象を一頭贈った。以前にエジプトのスルタンから贈られていた象であった(2)。

この年のうちに早くも、ヘンリー三世は休戦協定の更新を求めた。ルイも喜んで同意した。一二五七年、ルイはカスティリア王アルフォンソ〔一〇世賢者王〕の支持には気を入れなかった。アルフォンソは神聖ローマ帝国をめぐってヘンリー三世の弟と競争相手だったからである。ヘンリー三世の弟コンウォール伯リチャードは「ローマ人の王」に選ばれ、一二五七年五月一七日、アーヘン（エクス＝ラ＝シャペル）で妻サンシーと一緒に戴冠した。しかし皇帝の戴冠はならず、皇帝の大空位期が長く続いた。

一二五七年、ヘンリー三世はルイ九世にウィンチェスター司教を使節として派遣した。その使命はおそらく二つの意図によるものであった。帝国におけるイングランドの政策についてフランス王を安心させること、それと両王国間に束の間の平和を保たせている休戦協定を本格的な条約にするよう提案することであった。ルイ九世は和平を得意とする人であったとしても、彼だけが和平を独り占めにしていたわけではない。ヘンリー三世はルイ九世のキリスト教王としてのイメージに対して、自分のそうしたイメージを大切にしようと努めた。しかしヘンリー三世は、父ジョン欠地王に続く王たちはこの先人の失敗には責任はないと弁護して、祖先がフランスに所有していた領土の権利を主張することはあきらめていなかった。二人の王は平和を作り上げようとする意図ははっきりもっていたが、ヘンリー三世は、イングランド諸侯が一二五八年「オックスフォード条款」によって彼の権力に新たな制限を加えようとしたことで、諸侯たちとの争いに忙殺されていた。和平交渉は長く骨の折れることになった(3)。両王国間の条約は結局一二五八年五月二八日にパリでまとめられた。条約は、フランス王と二人の息子である一四歳のルイと一三歳のフィリップが立ち会い、イングランド王とフランス王の代理人によって、慣習に従って、聖なる福音書にかけて誓約された。

イングランド王はノルマンディ、アンジュー、トゥーレーヌ、メーヌ、ポワトゥーの各地方をはっきりとあきらめた。しかしアジュネ地方とケルシー地方に対する権利は保持した。そして弟のコンウォール伯リチャードと妹のレスター伯妃アリエノールに対しては、フランス王国におけるすべての権利を放棄させねばならなかった。フランス王としては、繁栄しており従順である王国の諸都市を使って自分の鷹揚さを実行することができたので、金欠であったイングランド王はフランス王から、二年間五〇〇人の騎士を養うに必要な金額と、アジュネ地方の状況が決着を見るまで、毎年この地方からの収入を受けとることになった。フランス王は、それらに加えて、リモージュとカオールとペリグーの司教区にある自領をイングランド王に与えた。ただしリモージュとカオールとペリグーの各司教が保有する土地、および彼が王弟アルフォンス・ド・ポワティエとシャルル・ダンジューに与えた封地は除外した。またアルフォンス・ド・ポワティエが亡くなったらシャラント地方の南部にあるサントンジュ地方の部分をイングランド王に与える約束をした。しかしフランス王はペリゴール地方には王のセネシャルを残したので、そこにイングランドの要塞都市に対する新都市を建設することができた。フランス王国にとってとりわけの利は、ボルドーとバイヨンヌとガスコーニュ地方がフランス王の封に戻り、しかもイングランド王がそれらをフランス王からの封地として保有することを認めたことである。そのためイングランド王は、この資格で、フランスの同身分者《ペール》となったが、カペー家のフランス王に対して臣従礼をおこなう義務が生じた。

コンウォール伯リチャードとその息子は一二五九年二月一〇日に条約を批准し、二月一七日にはウェストミンスターでイングランド王が代理人を介して批准した。レスター伯と伯夫人――シモン・ド・モンフォールと妻のアリエノール――はなかなか承知せず、「期限ぎりぎり」の一二五九年一二月四日にやっと条約を批准した。ルイ九世に招かれたヘンリー三世は、妻と次男エドモンドを伴い、大勢の豪華な随行の者たちを引き連れて、一一月一四日、大陸に上陸した。ルイ九世は一一月二五日、サン＝ドニに出向いてヘンリー三世を出迎え、パリのシテ島の王宮に泊まらせた。一二五九年一二月四日、王宮の庭園においてフランスとイングランド双方の大勢の高位聖職者と諸侯が立ち会い、詰めかけた民衆の前でイングランド王はルイ九世の前にひざまずき、両手をルイ九世の手のなかに置いて、フランス王への臣従礼をおこなった。この儀式の前に、フランスの尚書長で（訳1）ルーアン大司教であるフランシスコ会士ウード・リゴーによる条約の厳粛な読み上げがおこなわれた。

この条約は両国王の補佐役たちに激しい論議を呼んだ。フランス側の様子についてジョワンヴィルがよい証言をしている。

聖なる王は、イングランド王とその妻と子供たちが双方の間に和平を結ぶためフランスに来た時に、交渉をおこなうことになった。聖なる王の補佐役会の方々はこの和平にはいたく反対していた。それで、王につぎのように奏上した。「陛下、あなた様のご意志がかような和平にあり、あなた様とあなた様の先王たちがイングランド王に勝利され、彼の誓約違反によって獲得されてあなた様の領土となった土地のきわめて大きな部分を、あなた様がイングランド王に与えようと思っていられることに、われらはひどく驚いています。それゆえ、われらには思われます。あなた様が返還なさろうとする領地に対して権利がないと思われるならば、あなた様とあなた様の先王たちがかち取られた征服のすべてを彼に返さないかぎり、あなた様はイングランドに良き返還をなさったことにはならず、また、あなた様が返還なさろうとする領地に権利があると思われるならば、彼に返すものすべてをあなた様は失われることになる、と」。

これに対して聖なる王はつぎのように答えた。「皆の者よ、今私が保持する征服の土地はまさしくイングランド王の先王たちが法に則って失ったものであることは、私は十分承知している。また私が彼に与える土地であるが、私は彼あるいは彼の継承者たちに負う私の義務としてそれを与えるのではない。私の子供たちとは従兄弟にあたる彼の子供たちとの間に愛を生まれさせるために与えるのである。しかも私が彼に与えるものを私は立派に用いたと思う。なぜならば彼はこれまで私の家臣ではなかったが、今や彼はこの領地の保有によって、私に臣従礼を捧げているのだから(4)」。

王の考えに賛成するジョワンヴィルは、つぎのように結んでいる。

聖なる王は、その臣下の間、とくに隣人の豊かなる人たちとわが王国の王子たちとの間に平和をもたらすために、この世でもっとも骨身を惜しまず尽くした人であった(5)。

つづいてジョワンヴィルは、聖ルイがフランス王国の内外において鎮めた紛争の数多くの例を紹介している。そして聖ルイの興味あることばによって、平和を築く王に捧げる文章を締めくくっている。

王が和解したこれらの外国人について、王の補佐役会の方々は王に言上した。王は彼らを互いに闘うがままにさせておく方がよいと。なぜなら、もし王が彼らを闘うままに貧困にさせておくならば、彼らが富裕な時ほどの力で王に闘いを仕掛けてくることはできないだろうからである。これに対して王はことばを返し、彼らのいうことは正しくないとされた。「なぜならば、もし隣人の諸侯たちが、私が彼らに闘い合うがままにさせていると考えたなら、彼らは互いにつぎのようにいい合うであろう。『悪い企みによって、王はわれらに闘い合うままにさせている』。そうなると、彼らが私に対して憎しみをもつようなことになり、そのために彼らが私に戦いを仕掛けてくることがあるかもしれないし、そうなれば私はすべてを失うことにもなるだろう。そのとき私が神の憎しみを得るであろうことは考慮に入れなくてもである。神は『すべて平和なるものに祝福あれ』と申されているのだから」。

このような考えから、つぎのようなことが生まれた。ブルゴーニュ人とロレーヌ人は、王が彼らに和平をもたらされたので、王を愛し、王に従うようになった。その結果私は見た。彼らは彼ら同士が起こした訴訟のために、ランスやパリやオルレアンの王の法廷に来て、王の立ち会いのもとで、訴えをしたのである。

二ページにわたるジョワンヴィルのこの文章や王のことばほど、聖ルイの平和の行動についての動機のみならず、彼の政治の一般原則についても教えてくれるものはない。それは、王国の利益と王国の基盤であるキリスト教的理想の達成との入り組んだ結合である。聖ルイはイングランド王に領土を返すが、その代わり彼を臣従礼を捧げる家臣とする。ところで、当時は臣従礼の誓いは何の報いも受けずに破ることはできないものであった。サン＝ドニの修道士プリマは、聖ルイが死去する以前にした求めに応じて、『列王物語』*Roman des rois*――のちに『フランス大年代記』*Les Grandes Chroniques de France* となる――をフランス語で著わしている。すでに一二七四年、そのなかでプリマは、ガスコーニュに関して臣従礼をさせたことの重要性を強調している。近代の歴史家もプリマの判断には賛成している。プリマはつぎのようにいっている。「一二五九年以前は、ガスコーニュ地方はフランス王の封ではなかったし、また王国の一部でもなかった」。だから、ヘンリー三世は、法的にも事実においてもフランス王の「家臣」ではなかったのである。一二五九年一二月四日、ガスコーニュ地方に関してルイ九世に臣従礼をさせたこと、それは「ヘンリー三世の先王たちの誰もしなかったことであるが、それによって、ヘンリー三世はそれまで独立していた土地、つまり「自由地《アルー》」を封地に変えてしまったのである。フランス王国は以後、ガスコーニュを前にしてとどまらずに、ピレネー山脈まで広がったのである(6)」。

すでに見たことであるが、聖ルイのもう一つの動機は家族感情である。ここでもまた、その議論の立て方は、適用対象は異なるが、政治のためであろうか。あるいはこの政治は家族のしがらみが要求する事柄によって決定されるものであろうか。これはそのどちらもある。聖ルイにいつも見るように、彼にあっては政治の現実主義と感情の欲動とを峻別できないからである。

これはまた、聖ルイが政治の現実主義の結果生ずることに対して恐れる敵たちの憎しみなのだろうか、あるいは彼が宗教的な信仰のゆえに畏れる神の怒りなのだろうか、という問題にもつながる。彼は、前者の背後に後者が見え透くに任せたが、そのために努力した痕跡はない。キリスト教徒としての義務は、王の利益を倍加し、利益の為になっている。

一二五九年のパリ条約は、大陸におけるフランスとイングランドの敵対関係を本当に終わらせたであろうか。一二七一年にアルフォンス・ド・ポワティエとその妻ジャンヌが子供を遺さずに死んだ。これは一二五九年の条約によって予見された事態である。しかしフランス王は、アジュネ地方とサントンジュ地方の南部地域をイングランド王に返すことに急ぐ様子はまったく見せなかった。この返還は結局一二八六年になっておこなわれるが、その境界線も二人の王の権利についても、あいまいなものになってしまっていた。二つの事件が、一二九四年にはフィリップ端麗王に、一三二四年にはシャルル四世端麗王に、ギュイエンヌ地方に軍事介入させ、封地の没収を宣言させる口実となった。この二つのケースでは、教皇の調停によって、フランス王がイングランド王にギュイエンヌ公領を再譲渡すること（一二九七年と一三二五年）が支障なくおこなわれた。しかし公領を容易に占拠できたことでフランス人は、場合によっては、フランスにあるイングランドの領地を再征服することはたやすいことだという印象をもった。もっとも深刻な事態はそのようなことではなく、ヘンリー三世の継承者たちがフランス王への臣従礼をしだいに喜んではしなくなったことである。エドワード一世は一二七四年と一二八六年に、エドワード二世は父王の名で一三〇四年に、そして一三〇八年にイングランド王になったエドワード三世は、一三二五年に自分の父の代わりに、一三二九年には自分自身に対して臣従礼を捧げている。この最後の一三二九年の臣従礼は、これまでにない新しい状況でおこなわれたものである。事実、フランス王はカペー家直系の者ではもはやなかった。ヴァロワ家出身のフィリップ六世は長子ではない子孫から派生した家系の王である。フランスの諸侯たちは、フィリップ端麗王の孫にあたるイングランドの若い王よりヴァロワ家のフィリップ六世の方を支持した。しかしイングランド王は、エドワード二世の寡婦であるその母親イザベルという一人の女性を通してフィリップ端麗王につながる者である。イザベルは息子のためにフランスの王座の権利を要求したが、カペー王家の伝統は男子によるつながりのある継承者しか認めていないため、失敗に終わった。若いエドワード〔三世〕は一三二九年にアミアンを訪れ、フィリップ六世に臣従礼を捧げたが、それは彼が気弱すぎて拒否できなかっただけのことであった。フランス王の家臣であることを認めるイングランド王によるこの行為は、その後に大きな問題を残すことになった。その理由には少なくとも三つある。まずは、ギュイエンヌの領土的・法的な状況が、エドワード三世とシャルル四世端麗王との間で一三二七年三月三一日にまとめられた合意――この合意は「最終的な和平」と表わされているけれども――のなかで最終的に決着されていなかったことである。第二として、フランスの王朝の変化である。この変化によって、イングランド王がフランス王位の継承者として名乗りを上げることとなり、両国王の間に新しい状況を生じさせていたからである。そして第三は、とりわけそしておそらくはとされる理由であるが、イングランド王権とフランス王権の「近代的」「国民的」国家への進展である。この進展が、封建法上、ある王が別の王に従属するという関係を、より異議あるもの、そして壊れやすいものにしたからである。フランス王国内部にイングランド王の領地が存在するという問題を決定的に解決するためにルイ九世が望んだ条項が、それ以後のイングランドとフランスの平和にとって主な障害としてもち上がってきた。聖ルイの治世を超えた一連の出来事をこのように私が取り上げるのは、それらが聖ルイの思想と、フランス側の問題の進展および出来事の流れに対する彼の影響を理解させてくれるからである。一二五九年の条約は、実際のところ、聖ルイにとってはもっとも重要であった二つの補完し合う意図において、成功であった。つまり、イングランドとフランスの平和を当時としてはもっとも強力な絆である封建的主従関係によって、しかもフランス王がこの関係において上位であることを示す形で実現したことである。予見することがむつかしい構造的進展あるいは出来事の進展が、やがてパリ条約を戦争の道具に変えてしまうことになる。その戦争が百年戦争であった。しかし聖王は預言者でもなければ占い師でもなかった。

【注】

（1）「ギュイエンヌ」Guyenne という用語は一三世紀以降は、ガスコーニュ地方も含めてヨーロッパ大陸におけるイングランド領地の全体を示した。

（2）マシュー・パリスによれば、同時代の手書本に象のデッサンが描かれていたという。そこには象使いも象に乗るための階段も描かれていた。イングランドで見られた最初の象であった。

（3）M. GAVRILOVITCH, *Étude sur le traité de Paris de 1259 entre Louis IX, roi de France, et Henri III, roi d'Angleterre*, Paris,1899.

（4）JOINVILLE, *Histoire de SAINT LOUIS*, *op.cit.*, p.375. 後出一〇三七頁を見よ。

（5）注4と同じ。

（6）Pierre CHAPLAIS, «Le traité de Paris de 1259», *Le Moyen Âge*,1955, pp.121–137.

【訳注】

（1）ウード・リゴーを「フランスの尚書長」とするのは史実上の誤りと考えられる。この時期フランスには「尚書長」chan-celier は空席で、「印璽尚書」Garde des sceaux が尚書局を統率していた。またウード・リゴーは、公式には王の官僚組織とは無縁の存在であったと考えられるからである。

アミアンの「裁定」

これらの仲裁全体のなかから、私はここで歴史家たちに強い印象を与えた一つを取り上げる。それは、聖ルイがイングランド王ヘンリー三世とその諸侯たちの間でおこなった仲裁である。イングランドの一三世紀は全体を通じて、王権を制限し、抑制しようとする特権身分層の者たちの努力に彩られている。彼らの努力は「大憲章《マグナ・カルタ》」（一二一五）と「オックスフォード条款」（一二五八）へと至っている。この王への反抗は、ヘンリー三世の身内ともいうべき義弟のレスター伯シモン・ド・モンフォールが率いていた。イングランド王は二人の教皇、アレクサンデル四世（一二五四～六一）とその後継者のウルバヌス四世によって、「オックスフォード条款」の尊重という彼の誓約を解除することに成功したが、しかし諸侯は教皇の決定を認めなかった。そこで一二六三年一二月、ヘンリー三世と諸侯の双方がそれぞれ、ルイ九世に調停を要請し、ルイの「裁定」つまり仲裁による判断を尊重することを誓った。

ルイ九世は一二六四年一月には早くもアミアンで裁定をおこなった。調停案は本質的にはイングランド王に有利なものであった。ルイ九世はまず「オックスフォード条款」を無効とした教皇の教書を承認した。つぎに、イングランド王は以前に享受していた十全な権力と制約のない主権をもたねばならないと宣言した。しかし「これらの条款以前に、彼ら〔諸侯〕が王から得ていた特権、権利証書《シャルト》、およびイングランド王国に存在した法《エタブリスマン》と良き慣習」は尊重されねばならない、と付け加えた。

アミアンの「裁定」は真正の調停ではなく「判決《ジュジュマン》」であることを証明しようと、かって試みられたことがある。

つまりフランス王はイングランド王の主君として、また陪臣とみなされるイングランド諸侯の封建宗主として判決を下したのである、と証明しようとするものである。それにはアミアンの決定を、君主制の近代的な概念ではなく封建制そのもののみの枠組みに置き直す必要があるだろう。[1]別の意見によれば、逆に、ルイ九世は王は権力すべての源であると考えていたから、王権を制限する諸侯たちの権利を拒否したことになる。私としては、ルイ九世は同じことに収斂する二つの原則によって決断を下したのだと考える。原則の一つは、王の機能を尊重することである。それは正義への尊重によってしか制約を受けてはならないものである。彼、フランス王の名において動く者が不正を犯し、そのことを監察使を通じて彼が確認した時には、その不正は王によって償われねばならない。しかし、ヘンリー三世に対してはいかなる不正も責めることはできなかったが。もう一つの原則は、王は「悪い慣習」を監視しなければならないことである。封建的な王であるルイ九世は、ローマ＝教会法によって触発された王の主権に関する新しい感覚と慣習法とを結びつけたとはいえ、たしかに伝統的な考えにもとづいて、「オックスフォード条款」を「悪しき慣習」とみなしたのであり、そして逆に、イングランド王には良い慣習法を尊重しなければならないことを喚起している。ルイ九世の決定を根拠づける権威についていえば、それはフランス王の権威でもなければ、イングランドの主君やその諸侯たちの封建宗主としての権威でもない。それは、両当事者がルイ九世に託した権威であり、彼の決定を遵守するという誓約を彼に訴えることで両当事者によって彼にもたらされた権威である。正しき判決を下す王、平和を築く王としてのルイ九世は、調停も含めて、彼が活用できるあらゆる法的実践を拠り所として、彼の権威を他者に課していくのだが、それらの法的実践に共通する基盤にはキリスト教王の宗教的、道徳的理想を与えている。

彼を取り巻く環境もたしかに彼に利している。フリードリヒ二世の死後（一二五〇）大空位期となり、もはや皇帝はいないし、イングランド王は自国での反抗に関わり、イベリア半島の王たちはイスラム教徒に対する闘いの「レコンキスタ」に没頭していた。しかし、ルイ九世はその物質的な権力に道徳的な威信を付け加える。彼はキリスト教世界の内外に自分を打ち出している。ルイ九世のことを、モンゴルの王フラグ汗は「西欧のキリスト教王のなかでもっとも卓越した王」[2]と呼んだ。彼は単なる「西欧のもっとも偉大な王」というだけではない。彼は実際には存在しないこの統一キリスト教世界を精神的に率いる真の長なのであり、聖ルイはそのような統一キリスト教世界があたかも存在するかのような印象を数年間にわたって与え続けていたのである。なぜなら、彼はキリスト教世界の至るところで尊重され、キリスト教世界の統治の理想を具現していたからである。

　平和を築く王はさらに深く進むことを望んだ。そして今、彼は自分の王国で戦争と平和を厳しく統制しようと望んでいる。一二五八年一月にサン＝ジェルマン＝アン＝レーで公布した王の令状《マンドマン》は、つぎのように命じている。王は補佐役会の評議を経て、王国におけるすべての戦闘、放火、農業に対する危害行為を禁止し、違反者には王の警吏を出動させると脅かしている。[3] かってこの令状の内容に関する効力に異議が申し立てられ、この種の令状に伝統的に付与されてきた王令のという性格すら拒否されたことがあった。[4] つまりこの令状は、王と親しいル・ピュイ司教ギー・フルコワに宛てられたものであるから、おそらくこの法学者である司教から発議され、[5] この司教の権威を強め、その領地を平和に保つ助けとなる暫定的な措置でしかないものというのである。おそらくその通りであろう。ルイ九世とその後継者たちが、その後フランス王国内の私戦をやめさせるため、その努力をしばしば更新していくことになるのは確かである。しかしこのテクストはやはり強く興味を引くものである。この史料は、フランス王がどのように君主権の構築を「ブリコラージュしていった」〔君主権の強化という新しい目的のために既存の司教権保護や領主制、王と司教の個人的関係など伝統的な手段を間に合わせの継ぎはぎ仕事的に利用すること〕かを教えてくれるからである。またフランス王権の夢、戦争と平和を支配する王というものをかいま見せているからである。ルイ九世は平和な王を夢想しているが、平和な王の機能の一つは、正しい戦争とは何か、また何であったかを決めることである。法学者である王の補佐役たちも、最高主権《スーヴレヌテ》の偉大な属性の一つ、すなわち戦争と平和を決定する権利を十全に備えるような王権を夢見ているのである。

　ルイ九世はまた、平和の違犯の事例を定義しようとも試みた。その王の令状のテクストは失われたが、一二七五年のフィリップ三世のある王令で参照されている。[6] ルイ九世は、とりわけ休戦《トレーヴ》よりむしろ「誓約」*assensements* を、いいかえればだれそれという特定の人間に対してけっして暴力を使わないという誓約をさせることに努めた。一度誓約をしたならば、誓約に背を向けることはできなかった。つまり休戦は一時的なものであるが、「誓約」は（理論的には）永続的なものである。高等法院もだんだんと「誓約」を保証するようになる。

【注】

（1）Charles T.WOOD, «The Mise of Amiens and Saint Louis' Theory of Kingship», *French Historical Studies*, 6, 1969/1970,pp.300–310.

（2）後出三五二頁と六八九～九〇頁を見よ。

（3）*Ordonnances des rois de France*, t.I, p.84.

（4）Raymond CAZELLES, «La guerre privée, de Saint Louis à Charles V», *Revue historique de droit français étranger*, 1960,pp.530–548.

（5）Ferdinand LOT et Robert FAWTIER, *Histoire des institutions françaises au Moyen Âge*, t.II, *Les Institutions royales*, Paris,1958, pp.425–426.

（6）*Ordonnances des rois de France, op.cit.*, t.I, p.344 および F.LOT et R.FAWTIER, *Histoire des institutions françaises, op.cit.*, p.426.

ルイ九世とカペー王朝および王家の未来

治世の最後の局面におけるルイ九世の終末論的な意志は、君主の義務を最大限の熱意をもって完遂することを彼に強いる。君主の義務とは、その王朝と王家の未来を確固たるものとすることによって、自己と王国の救済をすることである。

死と誕生

まず近親の死についてふれねばならない。ルイ九世がフランスに帰国した一二五四年は、二人の死者が彼を悲嘆にくれさせたばかりであった。十字軍におけるすぐ下の弟ロベール・ダルトワの戦死（一二五〇）、そしてフランスにおける母の死（一二五二）である。

ロベール・ダルトワは、その騎士としての激情と不用意による犠牲者であるが、一二五〇年二月九日、マンスーラの戦闘で戦死した。ルイは自分の弟たちには特別の愛情を抱いていたので、非常に辛い思いを味わった。しかしロベールの継承には問題はなかった。彼には息子が一人いたからである[1]。同じ名前の息子ロベールが跡を継いだ。ルイ九世は一二六七年に甥ロベールを騎士にした。ルイは、弟ロベールが十字軍で戦死したことで彼を殉教者と認めさせようと試みた。しかし教皇庁は、のちにルイ自身の列聖に対してするようには、ルイの求めに耳を貸さなかった。もちろん教皇庁はのちになってもルイを聖人とは認めるが、十字軍の殉教者と認めることはない。教皇庁にとっては、一方では十字軍は救済に道を開くものだが、殉教者への道を開くものではなかったし、他方、王家を理由として聖性を与えるようないかなる傾向も断じて避けねばならないことであった。

ブランシュ・ド・カスティーユの死はルイ九世には大きな苦しみであった。ジョワンヴィルや多くの同時代人は、王の感情的な反応が過剰すぎると非難している。聖ルイは生涯に二つの大きな喪の悲嘆を経験した。それは母の死とエルサレムの死〔すなわち聖地奪回の失敗〕である。しかしブランシュ〔の死〕は過ぎ去ったことであった。彼女は自分の意志で、サン゠ドニやロワイヨーモンの王家の菩提所ではなく、彼女が創立した、いわば彼女のロワイヨーモンであったモービュイソンのシトー会の修道院で復活の時を待つことになった。

思いがけない死もまた、ルイ九世にとっては残酷なものであり、より深刻な結果をもたらす大きな死である。長男で王位継承者のルイの死がそれである。彼は一二六〇年一月不意に亡くなる。王はこの死を心の底から悼み、自分の口から悲痛なことばで、中心的補佐役でルーアン大司教であるウード・リゴーに告げたようである。リゴーはそれを日記に書き留めている。イングランド王は、家族と若い王太子を伴ってパリでクリスマスを過ごし、帰路の途中にあったが、すぐさま引き返して、葬儀に参列した。幼い王太子はロワイヨーモンに埋葬される。サン＝ドニは王冠を戴いた王朝の王と王妃が埋葬されるものとし、ロワイヨーモンは統治しなかった王家の子供の墓所と、王が決めたからである。王太子はすでに権力のすぐそばにあったように見えただけに、その死は悲しみを深くした。王太子は、王位継承者という立場の他に、実際に父王が聖地に滞在していた終わりの時期には、形式的ではあったが明確な形で、「長子」(*primogenitus*)の肩書のもとに王国の統治に対して一種の王の代理の役目を果たしていた。さらに年代記作者たちも、彼のことを王の徳と能力の輝きを放つ者、つまりその父にふさわしい息子として描くことで一致している。ところで、王の継承者の問題は当時の「君主鑑《ミロワール・デ・プランス》」において大きな位置を占めている。神が善き王に与える最後の恩寵は亡くなる王に善き継承者を授けることである。聖ルイはこの死を神のお告げとして深く感じたはずであった。彼はまだ自己の救済と臣下の救済に十分にふさわしい域に達していない。だから彼は王国の道徳的改革をさらに強化しなければならない。すでに見たように、それからの彼は実際にそうするのである。

　王太子ルイの死は王にはきわめて辛い出来事としてみえたので、王は例を見ないほどの同情と慰めを受けた。教皇アレクサンデル四世は彼に書簡を送る。側近の第一の知識人であるドミニコ会士ヴァンサン・ド・ボーヴェはそのために『慰めの書簡詩』を書く。伝統的な「キリスト教的な弔慰」を研究している歴史家たちは、この『書簡詩』を、聖ベルナール〔クレルヴォーの聖ベルナルドゥス〕がした弟の死についての弔慰の説教とならんで、このジャンルの中世の傑作とみなしている[2]。しかしルイ九世には他の息子たちがいた。とくに次男のフィリップは死んだ兄とは一歳しか違わなかった。王はすでにいくつかの場合に——たとえばパリ条約の誓約など——、フィリップを兄に協力させていた。王朝の継続は若き王太子の死によって危機に陥る様子はなかった。ヴァンサン・ド・ボーヴェはそれを強調し、こうした事態はすでにカペー王朝の歴史に起こったことがあるが、重大な結果を招かなかったことを王に思い出させている。

この時点ではすでに、ルイと王妃マルグリットは子孫をたくさんつくる成果を上げていた。それはキリスト教王権の伝統であり、神が王家の夫婦に自然に子宝に恵まれるように恩恵を与えることによって実現するものであった。王夫妻には一一人の子供がいた。最初の子供の長女ブランシュは一二四〇年に生まれ、すでに一二四三年に死んでいた。つづいてイザベル（一二四二年生まれ）、ルイ（一二四四年に生まれ、一二六〇年没）、フィリップ（一二四五年生まれ）、生まれてまもなくの一二四八年に死んだ男子のジャン、十字軍と聖地滞在中に生まれた三人の子供、すなわち父が虜囚の身の間の一二五〇年四月に生まれ、状況の悲しみを思い出させる名前をもつジャン・トリスタン、一二五一年生まれのピエール、一二五三年初めに生まれ、故長女と同じ名前を付けられたブランシュ、さらにフランス帰国後に生まれた三人の子供のマルグリット（一二五四年末もしくは五五年初頭生まれ）とロベール（一二五六年生まれ）とアニェス（一二六〇年生まれ）がいる。大勢の子孫、それは威光と権力の源泉である。ルイ九世は父王ルイ八世と違って、末の息子たちにはそれほど重要な土地を与えなかったが、しかし一層威光と権力の源泉となる。一二六九年、チュニスに出立する前日にルイ九世は継承について取り決めをおこなったが、末の息子たちには小さな伯領しか与えなかった。しかし豊かな領地を相続する女性と結婚させている。(3) いずれにしても聖ルイは息子たちを仲立ちにして、のちのフランス王すべての先祖ということになるだろう。(訳1) 彼以降のフランス王はだれもが「聖ルイの息子」といわれることがありうるようになる。ルイ一六世の処刑に立ち会った司祭は、死刑台に立つ王に、そう呼びかけている。

末の息子たちには良い結婚をさせるが、年上の息子たちと娘も当時の習慣に従って同じようにした。つまり王の政治によって決められる配偶者と幼くして婚約させ、若くして結婚させた。(4)

一三世紀にあっては、若い貴族は騎士に叙任されて初めて一人前の男になる。王家においても、王やその兄弟や息子たちは、その地位を完全に自分のものとし、その職務をきちんと担って果たすためには、騎士にならねばならないので、若い王族たちの騎士叙任には特別な重要性が与えられている。そのためルイ九世は、その盛大な式典の輝かしさに力を注いでいる。王族の騎士叙任式のうちでもっとも豪華であったのは、のちに王座を継ぎ、未来のフィリップ三世となるフィリップの場合である。彼の騎士叙任式は一二六七年六月五日の聖霊降臨祭に挙行された。この日は、キリスト教化された封建制が、昔の異教時代からの春の祝祭を引き継いで、王国と貴族の大祝日としたものである。式はパリの王宮の庭園において、貴顕や民衆が大勢詰めかけるなか、他の多くの若い貴族の騎士叙任と一緒におこなわれた。この祝典はルイ九世が二度目の十字軍参加を決めたばかりの時であったので——王の健康状態が悪いため十字軍参加はできないだろうと大勢の者が見越していた——、なおさらに印象深いものであった。新しい騎士フィリップは単なる王冠の継承者であるだけではなく、近く本当に王になる人物であった。

【注】

（1）彼にはブランシュという娘も一人いた。娘は一二五九年に、シャンパーニュ伯ティボー五世とルイ九世の娘イザベルの息子であるアンリ〔シャンパーニュ伯アンリ二世〕と結婚した。これによって王家とシャンパーニュ伯家との絆が太くなった。

（2）Peter von Moos, «Die Trostschrift des Vincenz von Beauvais für Ludwig IX. Vorstudie zur Motiv und Gattungsgeschichte der *consolatio*», *Mittellateinisches Jahrbuch*, 4, 1967, pp.173–219.

（3）後出九三三頁を見よ。

（4）後出九三三頁を見よ。

【訳注】

（1）カペー家直系が絶えたのち、傍系のヴァロワ家やブルボン家がフランス王位を継承していくが、ヴァロワ家はルイ九世の息子フィリップ三世によって、ブルボン家は同じく息子ロベール（クレルモン伯）によってつながっていくことになる。

姉妹と兄弟たち

敬虔なルイ九世は、大貴顕の家族でこれまでおこなわれてきたことに倣って、子供のうちの何人かは教会の世界に入れたいと願っていたに違いない。ジャン・トリスタンがドミニコ会士に、ピエールがフランシスコ会士に、またブランシュが祖母の修道院であるモービュイソンのシトー会の修道女になっていたら喜んだでもあろう。この三人の子供は父の権威的な圧力に堂々と反抗した。一番反抗したのはおそらくブランシュだろう。ブランシュは、王族や領主、都市民のキリスト教徒の貴顕家族にかなり普通に見られた行動とは反対のモデルを示してくれる。すなわち貴顕の娘たちは、通常は親の意向に逆らって修道院に入ることを望むのであるが、これはとりわけ父親に対する反抗である。父親は、娘の政略結婚によってうる利益を奪ってしまうような神のお召しに従う娘の修道院入りには反対するのである。ところがブランシュは教皇ウルバヌス四世に、修道院入りを望まないことをあえて訴えた。教皇は、まだ一一歳にもなっていなかったブランシュに対して（だれが仲介したかは私たちにはわからない）、彼女が父親の意志に無理やり従わざるをえなかったのであるなら、その修道誓願から解除されるという特権を認めた。教皇でさえ時おり聖ルイの宗教的熱意の行きすぎを認めていたからである。しかしルイ王は子供たちに自分の希望の押しつけはしなかった。

逆にルイ王は、一二二三年生まれの妹イザベルの振る舞いにはたしかに満足していた。イザベルは、ルイと違って女であり王でもないということを別にしても、ルイの人生と比べうる人生を送った。イザベルは貞潔の誓願を立て、ラ・マルシュ伯の長男と婚約したのちであったが、皇帝フリードリヒ二世の息子のホーエンシュタウフェンのコンラートとの結婚も断った。彼女は粗末な装いで宮廷で暮らし、目覚ましい慈善行為の数々をおこなった。ロンシャンの聖クララ修道院を建立し、一二六三年そこに引っ込み、ルイ九世が十字軍に出発する少し前の一二七〇年二月に亡くなった。王はこの妹の葬儀に敬虔深い心で参列した。教会は一五二一年になってやっと彼女を福者《ビヤンヌールーズ》にした。ロンシャンの修道院は、おそらくイザベルの彫像をめぐり修道院的な祈禱をおこないたいと望む人々が集まってくる場所であったらしい。たとえばフィリップ五世長身王は一三二二年、死を迎えるためにこの修道院へとやって来た。しかし中央ヨーロッパで起こっていることとは反対に、教会は福者とか聖女と認められた君侯家の女性たちを核として、王家を崇敬する宗教が発展することを阻止したようにみえる[1]。ブランシュ・ド・カスティーユは、ジョワンヴィルに

[2]よれば、ハンガリーの聖女エリザベト（もしくはチューリンゲンの聖女エリザベト）〔ハンガリア王女でチューリンゲン領主の妃。フランシスコ会第三会の保護聖人で、グレゴリウス九世によって列聖された。一二〇七〜三一〕のために特別な信心行為をおこなっていたという。聖女の息子は一二四一年、王弟アルフォンスの騎士叙任のためにルイ九世がソミュールで催した大祝賀会のとき、彼女に給仕した〔貴族の子弟は成年前には、このような宴会においては諸侯の給仕をすることになっていた〕。そのときブランシュ・ド・カスティーユはおそらく、彼の母親である聖女がそこに接吻をしたと考えて、この若者の額に接吻をしたのであろう。イザベルの並はずれた慈愛の行為が認められるには一六世紀まで待たねばならなかった。

十字軍から生還した二人の王弟のうち年上のアルフォンスは、父ルイ八世の意志に従ってルイ九世によって一二四一年に与えられたポワトゥー地方、サントンジュ地方の一部およびオーヴェルニュ地方を領有していたが、さらにアルビジョワ十字軍を終わらせた一二二九年のパリ条約の条件によって、一二四九年にトゥールーズ伯となった。彼はまたその妻ジャンヌがトゥールーズ伯レーモン七世の娘であったので、妻の継承したものの大部分を受けとった。病気がちであったが、王である兄にいつも付き従い、二度の十字軍にもルイのもっともそば近くにいた。ほとんど自領には逗留せず、もっぱらイル＝ド＝フランスに、まさにパリに暮らし、そこではルーヴル城砦の近くに宮殿を建てさせた。けれども彼は南フランスと西フランスの広大な領地に、王領を手本にして、有能なバイイとセネシャルのおかげで見事な行政をおこなった。おそらくは王の行政に対してもいくつか手本とさえなったと思われる。兄弟の絆が、ここでは、二人の統治が同じように発展することを強めることとなった。この事実こそが、一二七一年、アルフォンスとジャンヌが子供を残さず死んだのち、王の親王領の継承に関する取り決めに従ってアルフォンスの領地が王領に戻った時に、この併合が非常にスムーズにおこなわれたことを明確に説明するのである。[3]

二番目の弟は王家の「恐るべき子供」であった。[4]一二四六年、親王領としてアンジュー、メーヌ、トゥーレーヌを領有したシャルルは、妻ベアトリスからプロヴァンス伯領を受けとった。それはベアトリスが一二四五年に死んだ父親レーモン・ベレンガールから相続したものである。この領地については、レーモン・ベレンガールの長女であるフランス王妃マルグリットが、プロヴァンス地方に対する権利を主張していた。シャルルの領地は二つに分かれていたばかりではなく、一つはフランス王国に、もう一つは帝国領にあった。この状況がシャルルの野心と軽率さをつのらせた。彼はそのプロヴァンス領の臣下と、とくに都市と、都市のなかでもとりわけ彼を外国人とみなしていたマルセイユと、折り合いが悪かった。ルイ九世は長い間弟を抑えていた。すでに見たようにエノー問題の渦中にシャルルは飛び込んだが、その時は兄の王はまだ聖地にいた時であった。しかしルイは結局は弟のために教皇の訴えを受け入れて、フリードリヒ二世がイタリアに遺した相続財産である南イタリアとシチリアを、シャルルに継承させた。ベネヴェント（一二六六年二月）とタリャコッツォの勝利（同年八月）によって、シャルルは継承した王国をわが物にした。このようにしてカペー王朝が、南イタリアで統治することになった。それはルイ九世のフランス王国からは独立したものであるが、兄弟で結ばれたものである。

コンスタンティノープルのラテン皇帝は、パラエオログス家のミカエル八世とギリシア人によって廃位されていたが、コンスタンティノープルを追われた一二六一年にはすでに、その奪回のためにシャルル・ダンジューの支援を得ようと試みていた。いくたびか波瀾を経たのち、シャルルは皇帝の要請を受け入れたが、それは教皇クレメンス四世の後援のもとに一二六七年五月二七日、ヴィテルボで結ばれた条約によるものであった。シャルルは、ペロポネソス半島（モレ島）、エーゲ海諸島、エペイロス地方、ケルキラ島、さらにラテン皇帝と共同で奪回することになる領土の三分の一に対しての封建宗主権を受けとった。一二七〇年の初め、シャルルはペロポネソス半島に軍団を派遣した。ルイ九世は弟のこの新たな野望をよい目では見なかった。しかしルイにはもはや目標は一つしかなかった。新たな十字軍である。彼はコンスタンティノープル問題はいずれ平和的な妥協によって片づけられるだろうと考えていた。巧妙にも、ミカエル・パラエオログスが彼に仲介を求めていたので、ギリシアとラテン両教会の分裂が解消するという希望を聖ルイに抱かせていたからである。シャルル・ダンジューにとっては、まずは兄の、賛嘆し権威を認める兄王の、新しい十字軍に参加すること以外には解決の道はなかった。

このようにしてルイ九世は、みずからの原則およびフランス王国とキリスト教世界の利益に従って、家族問題を解決した。これらの問題は単に生者だけに関わるものではなかった。死者との平和と秩序と連帯を求めていた。ジョルジュ・デュビーが見事に示したことであるが、家系は一つの記憶の場であり、家系図への熱狂はその前提として王朝の記憶がきちんと保存されていることを必要とするのである。(5) 貴顕家族のなかの生者と死者の出会いは墓廟においておこなわれるものである。

【注】

（1）後出九二一～二二頁を見よ。

（2）JOINVILLE, *Histoire de Saint Louis*, p.57.

（3）E.BOUTARIC, *Saint Louis et Alphonse de Poitiers*, *op.cit.*

（4）後出九一六～二〇頁を見よ。

（5）Georges DUBY, «Le lignage», dans P. NORA (éd.), *Les Lieux de mémoire*, t. II, *La Nation*, vol.1, Paris, 1986, pp.31–56.【訳注】一一、一二世紀の領主たちは自分の祖先や親族の探索、つまり家系に熱狂した。

聖ルイと王の身体

聖ルイは、その治世の終わり頃、たぶん一二六三～六四年であるが、サン＝ドニの王家菩提所の墓を改修し、中世最大の埋葬計画を実行した。計画は、七世紀から一二世紀までの一六基の王と王妃の墓を同じような横臥像《ジザン》で表わすこと——それらに祖父フィリップ・オーギュスト（一二二三没）と父ルイ八世（一二二六没）の墓を加えて全体とするものである。同時に彼は、今後はサン＝ドニの墓は、実際に王冠を被った男女の王家の者だけに留保されるよう努力した。

この野心的で感銘を与える計画は、単にカペー王家の埋葬政策の問題にとどまるものではない。長期にわたる改革（死者に対するキリスト教の姿勢）と一一世紀と一三世紀の間にみられるその姿勢の深い変化（このことは、彫刻の新しいテーマ、すなわち横臥像が証し立てている）という背景のなかで初めて明らかにされるものである。その奥には、一つの基本的現象が、つまり中世キリスト教のイデオロギーにおける身体の位置、あるいはむしろ特定の身体の位置、いいかえれば王の身体の位置という問題が透けて見えてくる。

もともとキリスト教には矛盾《パラドックス》がある。つまり、身体についてのあいまいな規定である。(1) 一方では、肉体は人間の悪い部分として罪あるものとされる。「なぜならば、肉に従って生きるなら、あなたがたは死にます。しかし霊によって体の業を絶つならば、あなたがたは生きます」(パウロ『ローマの信徒への手紙』八章一三節)。また、中世初期の蛮族のマニ教的二元論化のなかでは、肉体は「魂の忌まわしい装い」(グレゴリウス大教皇)となる。けれども、肉体は復活が約束されていて、聖人の肉体や煉獄での浄化ののち永遠の栄光に結ばれる者たちの肉体もある。さらに聖パウロは断言している。「わたしたちの天国は天にあります。そこから主イエス・キリストが救い主として来られるのを、わたしたちは待っています。わたしたちの卑しい体を、ご自分の栄光ある体と同じ形に変えてくださる」(『フィリピの信徒への手紙』三章二〇〜二一節)。キリスト教徒の身体は、生者も死者も、「悲惨の身体」のなかに満足しない場合に、装いを新たにするはずの「栄光の身体」を期待している。キリスト教の埋葬のイデオロギーはすべてこの悲惨の身体と栄光の身体との間で展開するようになり、悲惨の身体から栄光の身体への準備をめぐり整えられることになるのである。

古代人の埋葬のイデオロギーはすべて死者の記憶を目指すものであった。(2) 当然であるが、それは重要な死者のケースの場合にとくに目立つものであった。メソポタミアでは、王家の死者はその社会の秩序と繁栄を保証し続ける――天と力を合わせてのことであるが、それは垂直に立てられた彼らの彫像を仲介にする、また地と力を合わせるのは、水平に埋葬される彼らの遺体を仲介にする。(3) ギリシアでは、栄光に包まれた死者、英雄であるが、彼らを記念することによって「個人の運命の特異性」に加えて、武力グループ――叙事詩の時代の軍隊――の団結、あるいは市民の時代では都市国家そのものの団結を呼び起こしている。(4) あるいはまた「国家の恩人《エヴェルジェート》」の死者がいる。その派手な埋葬は、「あの世での苦しみ」を和らげるよりむしろ恩人たちの「誇示」(5) を永続させるためにある。彼らを誇示することは、すなわち彼らを記憶することを通して彼らの社会的カテゴリーの権力、つまりは「有力者」の権力を永続させるためのものである。最後に、王の彫像の場合であるが、古代メソポタミアでは、王は「天への仲介者」であるので、墓の底にその遺体を寝かせる代わりに、その死後、王宮もしくは神殿に彫像を立てる形で、王を立たせたのである。だからその立像は「人像化された死者そのもの」なのである。(6) ヘレニズムの時代は、王は礼拝の対象となり、その墓は「記念廟」*hierothesion* となる。(7) しかし同時に――これこそ古代の、とりわけギリシア＝ローマ時代の社会の大部分においてあいまいである点なのであるが――遺骸は忌むべきものである。(8) 遺骸は都市の空間から除外され、都市の外の境界地域に遺棄される。しかし墓は――いずれにしても重要家族の墓であるが――好んで都市周辺の街道沿いや、人がよく集まる場所に置かれ、死者を礼拝するためではないとしても、死者をよく思い出せるようにした。

キリスト教とともにすべてが一変する。悲惨の身体と栄光の身体の弁証法が死者に関するキリスト教的振る舞いにおける基本であるとしても、実際の行為においては、埋葬のイデオロギーにおけるキリスト教的革命は、キリスト教自身のなかに生じた大きな革新の一つから生まれたことが重要である。つまり聖人崇敬である。聖人崇敬は本質的には死者礼拝である。キリスト教世界のなかに生き残った唯一の死者礼拝であり、異教的古代世界に存在した死者礼拝とは断絶がある。聖人の墓は、キリスト教の共同体の人々を惹きつける中心となる。聖人の墓が奇蹟的な病気治癒の優れた場所であると同じように――聖人の遺骸は、教会当局にとっては、神のもとで聖人がとりなしをする力を発揮するものにすぎないのに、大衆はおそらく聖人自身が固有で直接的な魔術的な力をもっているものとみなした――、「聖人の墓のそば」*ad sanctos* の墓は、天国での永遠の命のための一種の救済保証という恩恵にあずかることができる者のためにある。「復活《レシュレクション》」のとき、それら恩恵の特権に授かった者は、これらの例外的な選ばれた者たちの助けを受けるための場に置かれることになる。ピーター・ブラウンがいっているように、聖人の墓は「天と地がふれ合い、結合する場所」である。一方、古代の人々、とくにギリシア人にとっては、死は人間と神々を分け隔てる太い分岐線であった。だから人が死のうとするとき、神々はその人間から離れねばならないのである。(11)

聖人の墓の魅力と結びつけられるキリスト教の埋葬イデオロギーの大革命、それは死者の「都市化」(イタリア語で *inurbamento*) である。生者の空間のなかへ死者の空間を入り込ませること、都市のなかの、できれば聖人の遺体の近くに、つまりは教会の近くに墓場を作ることである。[12]

すでにキリスト教の埋葬イデオロギーの二番目の革命については見た。それは埋葬される者を記念するという墓の特性の喪失、つまりは墓の個人化という性質の喪失をともなう革命であった。アーウィン・パノフスキーが強調したことであるが、キリスト教の埋葬法は「回顧的」あるいは「記念的」な原則を除外していて、「終末論的」原則に支配されている。墓は復活を予告し、永遠の生命を求めねばならないものである。[13]フィリップ・アリエスは、五世紀頃からキリスト教の墓は名前を付けなくなり、碑銘も肖像も刻まれなくなっている事実を力説した。けれども古代の埋葬イデオロギーとのこうした断絶を誇張してはならない。キリスト教の墓はある種の思い出という理念を保っているからである。聖人の遺骸が置かれる記念碑とか記念建造物の一部は、一般的には「記憶」*memoria* と呼ばれている。しかしまた、キリスト教の埋葬のための記念建造物には、とりわけ生者に対して、肉体は灰塵であり、灰塵に戻らねばならぬことを思い起こさせる役目があるのは確かである。記念建造物が呼び起こす記憶は、死者の過去、死者が地上にいたことへと向かうより、むしろその人間の最後の時へと心を向かわせる記憶なのである。

身分の高い死者は、聖人の遺体に対する扱いよりは劣り、またそれとは異なるけれども、特別な扱いを求める。そうした死者のなかには、権力者がいる。それら「権力者」*potentes* の最前列に、古代の最初期以来、他の者とは異なる死者として、王という死者がいる。[14]彼らは、空間上、聖職者と俗人との間に大きな区別があるところに入ることになった。教会内の空間である。「聖域に」*in sacrario*、いいかえれば教会の「内陣《クール》」あるいは付属の礼拝施設《サンクチュエール》に埋葬された王たちは、中世初期以来、いくつかの教会を墓所と扱うようになる。すなわち王朝の「偉人廟《パンテオン》」である。

ガリアでは、王家の埋葬の場として教会を選ぶ傾向は、メロヴィング王朝の初期から現れた。[15]フランク人は、キリスト教に改宗する前には、彼らの王たちに対してはローマ人の埋葬慣習に非常に近い埋葬をしていた。それで、クロヴィスの父ヒルデリク（キルデリクス）一世はトゥールネの近くの古代の街道のほとりの石塚《テュミュルス》の下に埋葬された。孤立した、都市囲壁の外の墓であり、もちろんキリスト教の崇拝記念物とはつながりはない。クロヴィスはこの慣習を突如として変える。それ以後は、メロヴィング家のすべての王はキリスト教の教会堂《バジリカ》に葬られることになる。しかし「壁の外」*extra muros*、つまり城壁に囲まれた都市の外の教会堂であった。こうした選択をおこなうについては（のちに――数世紀にわたって――サン＝ドニが選ばれることになる）当該の王と当該の空間との間には多かれ少なかれ潜在的なつながりがあったのだろうか、正真の首都がなかった結果だろうか、郊外の修道院の魅力だろうか[16]。クロヴィスはサン＝ザポートル〔聖使徒〕教会に埋葬されることを選んだ。この教会は彼がセーヌ河左岸のパリを見下ろす丘に建てさせたもので、おそらく五〇〇年少し過ぎた頃に死んだ聖女ジュヌヴィエーヴの聖遺物を納めるために建てられたものだろう。王妃クロティルドも五四四年に亡くなると、そこに一緒に葬られた。

しかし自分の王国のなかにパリを得たクロヴィスの息子ヒルデベルト（キルデベルト）は、五五八年、パリ囲壁の外の別の修道院サン＝ヴァンサン＝エ＝サント＝クロワに埋葬させた。この修道院は彼自身が創立したもので、彼がスペインから持ち帰った聖遺物（とりわけ聖ウィンケンティウスのチュニカ）を納めるため、またおそらく自分と家族の菩提所にするためのものである。パリ司教聖ゲルマヌス〔聖ジェルマン。「貧者の父」といわれる〕も五七六年、ここに埋葬された。彼はのちに自分の名前をこの教会の名として与えることとなったが、この教会は〔一一世紀中葉に〕サン＝ジェルマン＝デ＝プレと呼ばれるようになった。パリに首都を置いたメロヴィング王家の王のほとんど、その妻と子供たちは、実際にサン＝ヴァンサン＝エ＝サント＝クロワに埋葬された。しかしサン＝ザポートル教会（のちのサント＝ジュヌヴィエーヴ教会）同様に、この教会も王の墓を独占するものではなかった。メロヴィング家の王の本当の菩提所といえるものはなかった。

メロヴィング家の王のだれか一人がまったく新しくおこなった菩提所の選択が、将来に関して重大な結果をもつことになることが、やがて明らかになるであろう。サン＝ドニには、五世紀末以来、二五〇年に殉教したパリの初代司教ドニ（聖ディオニシウス）が、ついで殉教者の聖ルスティクス〔独トリール司教。五七四年没〕と聖エレウテリウス〔トゥールネ司教。五三二年アリウス派異端者によって殺される〕が埋葬されたとされる場所に、修道院と教会が存在した。聖女ジュヌヴィエーヴが関心を寄せた修道院と教会である。パリのメロヴィング家の王たちは、しだいにこの修道院との結びつきをもつようになった。五六五～七〇年頃、クロタール一世の寡婦である王妃アルヌゴンドがそこに埋葬された。しかし、最近見事な宝石の数々が発見されたその墓は、他の墓に混じって名前も記されずに置かれていたのを見ると、当時サン＝ドニは王家の菩提所になろうとは思われていなかったものと考えられる。しかし、その教会を再建したダゴベルト一世〔六三九没〕がそこに埋葬された時には、サン＝ドニの状況はまったく変わっていた。ダゴベルト一世は、不治の病に罹っていたとき、サン＝ドニに病気の身を運ばせて、そこに自分の墓をもちたい意志を示していたからである。

サン＝ドニはカロリング家とともにこの新王朝の菩提所となる歩みを始めたように思える。シャルル・マルテルは、王の称号はもたなかったが、この王朝の本当の創設者である。彼がサン＝ドニを菩提所として選んだのである。そして七四一年のその死に際して、そこに埋葬された。おそらくそれは聖ディオニシウス〔聖ドニ〕に対する特別な信心行為による選択であろうが、しかしまた政治的な思惑による選択とも思える。つまり、以前からメロヴィング家に忠実な修道院の一つを自分に結びつけていたのである。またパリのサン＝ヴァンサンではできないこと、すなわち王たちのそばに埋葬されたいと望んだからであろう。ちなみに、かって王たちの子孫に取って代わるために、この王朝の廃止を準備したのは彼自身なのであった。このようにして、菩提所の選択はさらに政治的なものになっていくことになる。埋葬の場所は王朝の正統性と連続性の権利の要求となっていく。事実、シャルル・マルテルの息子ペパン短躯王は、まずは七五五年に教皇ステファヌス二世による戴冠を受けるために、ついで七六八年に埋葬されるために、サン＝ドニを選んでいる。彼の寡婦も七八三年、夫と同じところに埋葬されたが、クロヴィスとクロティルド、ダゴベルトとナンティルドの場合と同じように、死において王夫妻〔の姿、かたち〕が復元されたわけである。しかし、ペパンの息子シャルルマーニュがふたたび王家の埋葬とサン＝ドニのつながりを断ち切る。シャルルマーニュは祖父と父が統合したメロヴィング王国を帝国にし、帝国の新しい首都としてエクス＝ラ＝シャペル〔アーヘン〕を選んだ。それがのちにシャルルマーニュの墓所にもなるのである。この試みも将来につながることはなかった。シャルルマーニュの子孫の大方は他の教会を選んでいる。サン＝ドニを菩提所とする伝統への回帰はシャルル禿頭王によってなされる。サン＝ドニ修道院は彼をダゴベルトについで第二の創立者とみなし、強く結びついていた。彼はそこに死後七年を経た八八四年に埋葬された。

しかし、新しい王朝であるカペー家とともに、サン＝ドニは最終的に「王の墓地」となっていく。ここでもまた、埋葬の場所の選択を通して、王朝の交替と継続の野心が早くから告げられている。フランク人たちの王ウードは、八八八年、サン＝ドニ修道院をその支配下に置き、八九八年にそこに埋葬された。彼の甥ユーグ一世も九五六年そこに葬られた。しかしサン＝ドニが決定的な形で王の菩提所となるのは、ユーグ一世の息子である、ユーグ二世、通称ユーグ・カペーとともにである。かつてロベール家と呼ばれていたこの家系は、彼の名にちなんでこれ以降カペー家と呼ばれるようになるが、このカペー家の者たちはこののち、当初はフランク人たちの王、ついでフランスの王となって、数世紀にわたって続いていくのである。そしてサン＝ドニが最終的に王の菩提所となるのである。ルイ一一世の一五世紀末まで、サン＝ドニに埋葬されなかった王はたった二人しかいない。一人はフィリップ一世で一一〇八年にフルーリの修道院（サン＝ブノワ＝シュル＝ロワール）に埋葬され、もう一人はルイ七世で、彼が創立したムランの近くのバルボーのシトー会修道院に一一八〇年に葬られた。

この長い回り道によって理解できよう、王家の埋葬政策が数々の逡巡を通してどのように示されたか、また「王の墓地」の選択が数々の変更によってどれほど遅れ、左右されたかを。王の菩提所がフランス王国に与えたイデオロギーと政治の道具、それを聖ルイこそが十分に利用することになる。聖ルイとともにサン＝ドニは王国の永劫性を象徴する場になっていくのである。

二つのテクストが、サン＝ドニに対する聖ルイの埋葬政策について、私たちに情報を与えてくれる。最初のテクストは、サン＝ドニ修道院が修道院のために記した公式の年代記『サン＝ドニ編年史』*Annales de Saint-Denis* に見られる。「一二六三年。その年、聖グレゴリウスの祝日に、諸王のウード、ユーグ・カペー、ロベール〔二世敬虔王〕、その妻コンスタンス、アンリ、ルイ肥満王、ルイ肥満王の息子のフィリップ、スペイン出身の王妃コンスタンスの遺体の移動がおこなわれた。一二六四年。ダゴベルトの息子ルイ王、シャルル・マルテル王、ペパンの妻の王妃ベルト、ペパン王、シャルル禿頭王の妻の王妃エルマントリュード、ペパンの息子カルロマン王、ルイ吃声王の息子カルロマン王、ルイ吃声王の息子ルイ王の遺体を右内陣に移した」。二つ目は、ギヨーム・ド・ナンジが一三〇〇年を過ぎたばかりに書いた『年代記』*Chronique* の一二六七年の箇所に記されている。「フランスのサン＝ドニにおいて、フランスの聖なる王ルイとマティユ修道院長は、この修道院のさまざまな場所に眠るフランスの諸王をいっせいに移動した。シャルルマーニュの血筋の子孫である王と王妃は、地面から二ピエ半の高さに上げられ、修道院の右部分に彫刻された像とともに安置され、ユーグ・カペー王の血筋の子孫は左部分に安置された」。テクストの日付の違いは私たちの問題にはほとんど重要なことではないが、『サン＝ドニ編年史』の一二六三〜六四年の方が、ギヨーム・ド・ナンジの指摘する一二六七年より、日付としては真実のように私には思える。ただ、ギヨーム・ド・ナンジは、この作業における聖ルイの優れた役割——修道院長マティユ・ド・ヴァンドームと共同で——を指摘している。修道院長は聖ルイとはきわめて心を通じ合う人物ではあるが、彼との合意は当然必要である。しかし私としては、聖ルイの決定、聖ルイの意志による行為であることには疑いを挟む余地はない。

　この決定は政治的である。それは二重の面をもっている。まず、サン＝ドニの王家の菩提所は、フランク王国の初期以来フランスを支配してきた諸王の血筋の連続性を威示するものであらねばならない。たった一つだけ区別がなされている。カロリング家とカペー家の区別である。これはおそらくは、王と王妃を二つの王家で修道院の左右の部分に分けて、その左右の対称を重んじるためだけではなく、メロヴィング家とカロリング家との生物学上の断続が、故意にあるいはこの突発事件〔カロリング家によるメロヴィング家からの王位の簒奪と、その結果として両家の血統が結びつかないという事実〕への無関心からか、消えているからである。さらに加えれば、サン＝ドニにおけるメロヴィング家の提示はとても弱いものである。あとでわかるが、ダゴベルトとナンティルドが諸王と別の運命を受け入れて以後、サン＝ドニにその遺骸があるメロヴィング家のただ一人の王はダゴベルトの息子クロヴィス二世だけである。『サン＝ドニ編年史』では間違って名前をルイとしている。メロヴィング家とカロリング家との断絶に気づかないことを押し進めて、年代記でシャルル・マルテルを王と扱わせているのは、このメロヴィング家の存在の弱さからきているのは間違いないだろう。少なくともある部分では真実であろう[17]。いずれにせよ、ルイ九世にとって重要なことは、カロリング家とカペー家との連続性を確実にすることである。そこにこそ、フランス王権の主要な節目、中世の王権のイデオロギーのもっとも強烈な印象を与える顔であるシャルルマーニュに結びつけようとする野望、そして王朝の創始者ユーグ・カペーの人となりに対して長い間誹謗を受けてきた——ダンテがやがて軽蔑をこめてまたそれを思い出させてくれる——カペー王朝を正統化したいという欲望が、つまり一言でいえば、ベルナール・グネが「カペーであることの矜持」(18)と呼んだものが認められるからである。

ルイ九世の二番目の決定は、サン＝ドニを厳密な意味での王の菩提所にすることである。その菩提所には、実際に統治した者——あるいはむしろ王冠を受けた者、もしくは王位についたと推察される者——のみを、つまり王と王妃が埋葬されるところになることである。それが聖ルイの計画で取り上げられた一六人である。

右部分の西から東へと、つまり身廊から内陣へと向かう順序で、まず王として扱われているシャルル・マルテル（七四一没）が埋葬された。つぎに六三五年から（ブルグントとネウストリアの）王で、死去した六五七年にフランク人たちの王となったクロヴィス二世（ルイという名前になっている）。七五一年から六八年まで王であったペパン三世とその妻ベルト（七八三没）。シャルル禿頭王の妻エルマントリュード（八六九没）。シャルルマーニュの兄で七六八年から七一年までアレマニアとブルグントとプロヴァンスの王であったカルロマン（実際はランスのサン＝レミに埋葬された）。八七九〜八二年の王ルイ三世。その弟のカルロマン三世、彼は八七九〜八二年は兄との共治王で、八八二〜八四年が単独のフランク人たちの王であった。

左部分には、まず八八八〜九八年在位のウード。つぎはその甥の息子（ユーグ・カペー）、九八七〜九六年の在位。つぎはロベール敬虔王で、最初は父ユーグ・カペーと共治であったが、九九六〜一〇三一年は単独王である。そして彼の三番目の妻コンスタンス・ダルル、一〇三二年没。つぎはアンリ一世、一〇二七年から共治で、一〇三一〜六〇年に単独王となる。その孫のルイ六世、一一〇八〜三七年まで単独王。ルイ六世の息子のフィリップ、一一二九〜三一年まで共治の王。ルイ七世の二番目の妻のコンスタンス・ド・カスティーユ、一一六〇年没。

サン＝ドニの菩提所を王と王妃のみのものにしようとした聖ルイの意志を確かめられるのは、ロワイヨーモンの墓所を王家の子供たちの菩提所にした一二三五年の措置である。ロワイヨーモンは母のブランシュ・ド・カスティーユと創建した修道院で、いうならば聖ルイのお気に入りの宗教的な直轄領であった。ロワイヨーモンにはすでに、教会の奉献より前に、一二三三年もしくは一二三四年に亡くなった〔巻末「家系図」では一二三五年没とされているが、諸説があるので、原文の記述のままに訳出しておく〕彼の弟フィリップ・ダゴベールの遺体を、聖ルイが移させていた。さらに娘のブランシュ（一二四〇～四三）も、息子のジャン（一二四七～四八）、一二六〇年に一六歳で死んだ長男のルイも、そこに埋葬させた。もっとも驚かされることは、聖ルイが一二七〇年八月、チュニスを前にして死の床にあったとき、最愛の息子ジャン・トリスタンの死を知り、この最愛の息子もロワイヨーモンに埋葬するように命じて、サン＝ドニを除外したことである。ヌヴェール伯であった故ジャン・トリスタンは、二〇年前に父の聖ルイが第一回の十字軍に従事していたときにダミエッタで生まれ、父も命を奪われることになる赤痢で亡くなった(19)。

しかし印象的なのは、聖ルイによってその鮮明で壮大な計画が姿を見せてくることである。明確にされること、それは王あるいは王の家族のみではなく、王朝あるいはむしろ王朝の連続性のフィクション、王権の既成事実、王冠が改めて示されることである。そして王妃が王権に密接に結びつけられるという事実である。これは教会当局がみずから主張する単婚モデルを西欧社会に押しつけることに成功したことによる(20)。サン＝ドニの墓に関する聖ルイの王令は、夫婦が揃って埋葬されているペパンとベルトおよびロベールとコンスタンスについて重要性を置いているのである。聖ルイのもとに新しい力を得た王権のイデオロギーは、その理論的表現におけるにせよ、またとりわけ、新しい『聖別の儀典書』*ordines* が細かく定める王の戴冠(21)から葬儀や死骸の展示に至る儀礼――ウルバヌス四世によって一二六四年に制定された「聖体《フェート＝ディユー》（神）の祝日」という新しい典礼（神はこれまでになく王の偉大な模範となる）と平行して――におけるにせよ、外に向かって誇示するものとなる。死せる王たちはこれ以後、王権という事実の永続性を示すものとなっていく。彼らは王権のプロパガンダ、そして「王国」*regnum* を通じてしかまだ明確になれない国民《ナシヨン》のプロパガンダにおいて、永遠に役割を果たすのである。

新しいこと、それは聖ルイが王の遺体を再編成することでは満足せず、遺体を高く掲げて展示していることである。教会《バジリック》の地面のなかから外に出し、墓に納めて、地面から二ピエ半の高さに「上げている」。さらに効果があるように、墓の上に置かれた彫像という外観のもとに目に見えるようにしている。芸術的なプログラムがイデオロギー的プログラムを強め、表現しているのである。

芸術的なプログラムはまず空間のうちに表わされる。もともと教会のなかの貴顕者の墓の場合に一般的におこなわれていたように、サン＝ドニの王たちも、内陣のなかの、しかも大祭壇（あるいは三位一体の祭壇）や内陣の奥に置かれた聖遺物（聖ディオニシウス、聖エレウテリウス、聖ルスティクスのそれ）の祭壇の近くに埋葬されていた。シュジェが一一四〇〜四四年に内陣を造り直した時にも、おそらく王の墓には触れないで、三位一体の祭壇を移動したと思われる。なぜなら、シュジェはその著『ルイ六世伝』に、つぎのように書いているからである。一一三七年、ルイ六世を埋葬することになったとき、まず皇帝でもあるシャルル禿頭王の墓を移動せねばならないと思われた、と。(22)しかし「法も慣習も王の遺体を掘り出すことを認めていない(23)」ので、この事態はシュジェにはショックであった。それから一世紀ののちになると王の遺体に対する態度も変わってしまう。それ以降になると、王権の理念が、王の遺骸への敬意に優越するようになるのである。ところで、聖ルイのもとでも、内陣の手直しはおこなわれた。とくに異例な広さの新しい交差廊《トランセット》が造られた。この交差廊が造られた日付については専門家の議論が分かれている。いずれにしても、この広い交差廊は王の墓をそこに置くためのものと考えるのが、私にはきわめて正しいことに思える。(24)

それぞれの連続性を強調したい継承関係をもつ、三つの王朝に属する王と王妃の一六体の遺骸を、定められた場所に、そして理に適う順序で再配置することは、すでにそれだけでも強烈な印象を与えるプログラムである。実際に聖ルイは、すでに高い位置に置かれていた一六の横臥像をいっせいに造らせることで、このプログラムを補完したが、そのとき、このプログラムはまさしく異常の域に達している。それゆえ、中世キリスト教によって創造されたこの偉大な人物像、すなわち横臥像が、王の埋葬イデオロギーにおいていかなる位置を占めるものかを検討しなければならない。(25)だがそれには改めてその起源にさかのぼってみる必要がある。

フィリップ・アリエスは、古代から中世キリスト教世界へ移行する際に生じた、墓についての革命的変化について見事な分析をした。富裕家族にとっては（これらの埋葬プログラムは、中世においては古代同様に、社会の上層階級としか関係がないからである）、墓は、死者の肖像や碑銘を付けた、また、もっとも富裕な家族の場合は彫刻を付けた記念建造物《モニュメント》や記念碑《メモリアル》である。キリスト教とともに墓は無名のものとなり、肖像も碑銘も彫刻も消える。石棺はしだいに少なくなり、鉛棺、ついで木棺になっていく。墓は地面の下に置かれるようになり、キリスト教の墓を示す典型的な記念碑は平墓石となる。一一世紀末から記念碑的な墓への回帰、つまり死者の人物確定ができることへの復活がみられる。この変化は一一世紀から一三世紀中葉にかけてのキリスト教西欧では、大きな発展を表わす一つの側面である。外観面での古代の復興は、聖職者たちにとっては、この発展の強力な改新を定型化する手段の一つにすぎない。なかでも非常に意義深い様相の一つは、目に見える墓への回帰である。フィリップ・アリエスは、「多くの場合は遺体から切り離された」墓といっている。キリスト教は実際に遺体に対しては、無関心と丁重な敬意との間で揺れ動くあいまいな態度をとっている。遺体は教訓のための口実にすぎず、教訓のなかでもっとも重要なのは、肉体は腐りうるものであるということ、つまり遺体の本源から解脱できるということである。しかし同時に、拡張を続けるキリスト教世界の人々は、彼らが変えつつあるこの「現世《イシィ=バ》」にしだいに熱中するようになっている。修道院精神の大きなスローガンである「現世への軽蔑」*contemptus mundi* は、地上的な価値を前にして後退する。こうした現世の価値の再評価のなかで、彫刻が形象と三次元への道を再発見することになる。それが彫像の大流行である。彫像は、生きている者と同じく死者をも取り扱う。生者の立像は柱から解放され、死者の寝かされた彫像は墓石の平板から引き剝されるのである。

ここで方法や解決の多様性についてふれておかねばならない。立たされていようと座らされていようと復活することのない死者の場合には、垂直で壁に沿う墓や大記念建造物は、死の記念において垂直の方向を見い出すのである。平墓石はイングランドで大流行を見る。七宝焼の板が、ジョフロワ・プランタジネットの墓（一二世紀後半）やロワイヨーモンに葬られた聖ルイの子供のジャンとブランシュの墓に飾られた[26]。

しかし、もっとも独自性のある創造は横臥像である。ここでアーウィン・パノフスキーとともに強調しておかねばならないが、それは中世西欧の数ある文化やイデオロギーの違いを識別する大きな標識の一つである。キリスト教世界の南部、イタリアやスペインにおいて、大勢を占めた解決法は、垂直な墓[27]、大記念建造物である。またとりわけ、横臥像が存在する場合、その横臥像はあくまでも死者なのである。だから、彼らの衣服の襞は屍衣の折り目であり、埋葬された遺骸の傍らには生前の権力の象徴物件をもつこともないし、彼らは身振りもしないし、とりわけ彼らの眼は閉じられているか、半開きになっているのである。それとは逆に、北ヨーロッパのゴシック芸術では、横臥像は、生命感は与えられていないとしても、少なくとも終末論的ヴィジョンの演出がなされている。つまり彼らの眼は永遠の光に向かって開かれているのである。アーウィン・パノフスキーは、これらの横臥像にはあやうい均衡が存在するとみなした。すなわち、そこには権力者たちの地上的な価値の力を表現しようとする意志、その死者たちの記憶をかき立てようとする熱意、そしてそのように見られるべき終末論的な視野のなかに彼らを置きたいとする欲求、それらを均衡させているものがあるという。「北ヨーロッパの中世の墓彫刻は、その創作動機には、本質的に〈未来を見つめる〉あるいは〈予見する〉*anticipatory* ものが認められるので、もはや中世は地上的な価値に無知ではないという点で、初期キリスト教の墓彫刻とは異なる」(28)。

横臥像というテーマは、一一世紀から、中世を特徴づける権力の二つの顔である司教と王たちのために大きく発展した。北フランスで保存されている一番古い横臥像は、一一六三年の少し前にサン゠ジェルマン゠デ゠プレのために作られたヒルデベルト（キルデベルト）の横臥像である。横臥像という埋葬のプログラムのうち中世西欧において最初に実現されたのは、一三世紀初期のフォントヴローにおけるプランタジネット家の王たちに関するプログラムであるように思われる。フォントヴローの例が聖ルイにサン゠ドニの王家埋葬のプログラムを吹き込んだとも考えられないことではない。フランスとイングランド王権は、中世を通して、権力だけではなく権力を象徴する道具の領域においても、まことの競争をしていたし(29)、ヘンリー三世と聖ルイは緊密な関係で結びつけられていたからである。しかしいずれにしても、聖ルイのプログラムの方がその規模の大きさでまったく異なっている。

フィリップ・アリエスは、横臥像の彫刻の様式と、死去から葬儀までの死者の展示の儀礼との関係という問題を提示した。イデオロギーの創意に力点を置くために、横臥像は展示された死者を模写するものではなく、逆に死者の展示は横臥像のモデルにもとづいておこなわれる、という考え方を彼は主張した。私はもっと慎重につぎのようにいいたい。有力者の葬儀の儀式においては、その英雄の死を文学作品や美術による横臥像の造形のなかで説明するために、死者をこれまでとは異なり、まったく同じポーズで展示するという慣行が、一二世紀中葉から一三世紀中葉にかけて成立した。すなわち横たわり、頭を枕にのせ、足は死者が生きていた時の権力を象徴する物件の上に置くというポーズになったのである。フィリップ・オーギュストの遺体は、一二二三年七月一四日に死去したマントの地でも、また翌日のサン＝ドニでの埋葬の時も、王杖と王冠を付けて展示されたと、資料は私たちに語っているが、フィリップ・オーギュストは、そのような形式の葬儀を受けた最初のフランス王である。[30]

想像上の死者であれ、「現実」に存在した死者であれ、死者を横臥像で造形するという動きが一般化するなかで、サン＝ドニの王家菩提所の横臥像はどのような位置を占めるのだろうか。

まずは、横臥像はキリスト教徒の人物としてとどまっていること、つまりどのようにもち上げようとも、神の被創造物でしかない創作物だということである。ヴィリバルト・ザウアーランダーがいったように、中世の彫像は横になっているにせよ立っているにせよ、古代の彫像とは異なり「祈りや礼拝されるものではない。礼拝の対象ではない。それは常に救済の歴史の登場人物であるだれかの表象や反映でしかない。つまり〈似姿〉*imago* であって〈肖像〉*statua* ではない」。二重の、原型的イメージであり、精神分析学の意味の「イマーゴ」〔幼児期に形成されたまま保存されている愛する人（普通は異性の親）の理想像〕というコンプレックスに近いものであるが、この想像領域のシェーマは、表象された人物とそれを見つめる者との間に、聖なるものによって支配される領域ではないにせよ、権力によって支配されるという関係を作り出すものである。横臥像はまた、初期キリスト教の数世紀の墓碑銘や死者典礼にはきわめてはっきり示されている、死に対するキリスト者の昔の切望を呼び戻す。横臥像は石の「レクイエム」である。その彫刻家は遺体の転移についての同時代の人々の考え方を表現しようとしているだけである。すでに見たように、ギヨーム・ド・ナンジは「この修道院のさまざまな場所に〈安息していた〉*reposaient* フランスの諸王の奉遷《トランスラシヨン》」について語っている。王家菩提所の一六人の王は、悪魔に責められる死者どころか、修道院の内陣の記念碑の墓の上のダゴベルトのように、静けさのなかで復活から隔てられている時間を生きているのである。それらの王と王妃の遺体は地獄の脅威からまぬがれている。

横臥像は働き盛りの年齢に見立てて作られている。当時の墓の彫刻は死者が死んだ年齢を無視している。ロワイヨーモンの平墓石に彫られた聖ルイの子供たちのブランシュとジャンは、実際には三歳と一歳で死んだが、大きくなった子供、ほとんど青年に近い姿で示されている。これら理想化された表現からは老齢は除外され、二つの抽象化された年齢層しか残されていない。成年へと向かう子供の年齢と成年である。成年は中世が本当に積極的な価値を認めていた唯一の年齢である。おそらくは死者はキリストの年齢である三〇歳ないしは三三歳の時の身体で復活するという考えが、彫刻家たちにそのような年齢を選ばせたのであろう。私は、成年という理想その面だけで一三世紀の横臥像を十分説明していると思う。

積極的に肯定する人物（神、聖母、天使、徳を表現する人物、聖書に登場する王や王妃）を表わすゴシック様式の教会建築の彫像に似ている王の横臥像は、たとえその特徴によって三人の芸術家による様式の変化を識別できるとしても、すべてに共通しているのはその静かで美しい像である。つまりこれらの横臥像の顔に死者の王の肉体的な個性を出そうとするレアリズムの意志を探しても無駄である――そのうえ聖ルイの治世の末期においては、彼らはずっと以前に死者になっているのだから。アラン・エルランド＝ブランダンブルクによれば、聖ルイその人自身の像も、彼を知ることができたり、あるいは彼をよく知る生者に尋ねることもできたと思われる芸術家によって作られたものであるが、彼の特徴を備えた形では表わされなかった。私もこのエルサンド＝ブランダンブルクと同様に考える。もちろんサン＝ドニのプログラムの横臥像には、容貌の個人性を復元しようとする努力は認められるが、それはまだリアリズムの域には達していない。横臥像は、王権のイデオロギーに属するものであって、王の個別的な相似を求めるものではない。

締めくくりとして、またとりわけ指摘しておかねばならないことは、サン＝ドニの横臥像が眼を開いていること、永遠に向かって見開いていることである。すでにシュジェがルイ六世の葬儀について語ったことであるが、彼はサン＝ドニの役割について、王の遺体を聖人の聖遺物の近くに置くという重要性を強調しながら、復活を待つことを思い出させてくれた。「そこで［三位一体の祭壇と聖遺物の祭壇の間で］、王は未来の復活に加わる時を待っている。殉教の聖者たちの援助を受けるために彼の遺体が彼らのそばに埋葬されているだけに、心においては聖なる人々の集団の一層近くにいる」。そして、この博学な修道院長は、ルカヌス〔古代ローマの叙事詩人〕（『ファルサリア』四章三九三行）に助けを求め、その引用を修正、変形して、つぎのように示している。

あらかじめ知ることができた者は幸いなり
いつ世界が崩壊の脅威にさらされるか、
いかなるところで世界が倒されるかを！

結局、サン＝ドニにおける聖ルイによる王家菩提所プログラムは、王権に、カペー王朝に、時に対する絶対的な力を保証する。ここで確かなものとされたメロヴィング王たちからルイ九世の時代に至るまでの連続性は、王権に有利な過去をもたらす。フランク人たちの王がこの世に存在したとき以来、そうした力は彼ら王たちのものであった。彼らの生涯は六世紀にわたって相継ぎ並びながらも、それぞれ他の者の大方を知ることはなかったが、これら王と王妃のすべてを時を同じくして集めたことは、それ以後彼ら全員を共に永遠の現在のなかに存在させることになる。

これらの横臥像は、横たわり、水平になり[31]、安息の姿勢をとり、その眼は復活の期待と希望を語るように開かれる。それが、これら横臥像を、将来、未来に結びつける。それは穏やかな未来であり、彼らの死と、しだいにより遠い未来のことと信じられるようになった最後の審判との間に流れる時間の未来であり[32]、またこれら生けるがごときの死者たち、常に現在のものであった彼らの地上の栄光を天国の栄光に変えようと身構えているこれらの死者たちが、空洞だが開かれたその瞳のなかにとらえようと努める永遠の未来である[33]。

【注】

（1）以下の文献を見よ。*I discorsi dei corpi*, dans le premier numéro de la revue *Dialogues*, 1993 ; Agostino PARAVICINI BAGLIANI, *Il corpo del Papa*, Turin, 1944 ; S.BERTELLI, *Il corpo del re*, Florence,1990 ; M.-Ch.POUCHELLE, *Corps et chirurgie à l'apogée du Moyen Âge*, Paris, 1983 ; Peter BROWN, *Le Renoncement à la chair. Virginité, célibat et continence dans le christianisme primitif*, 仏訳 Paris, 1995.

（2）*La Mort, les morts dans les sociétés anciennes* (sous la direction de G.GNOLI et J.-P.VERNANT), Cambridge et Paris, 1982.

（3）Jean-Pierre VERNANT, «Introduction», dans *La Mort, les morts, op.cit.*, p.10 ; Elena CASSIN, «Le mort : valeur et représentation en Mésopotamie ancienne», *ibid.*, p.366.

（4）J.-P. VERNANT, «Introduction» citée ,p.5–15 ; ID., «La belle mort et le cadavre outragé», in *La Mort, les morts, op.cit.*, pp. 45–76 ; とくに Nicole LORAUX, « Mourir devant Troie, tomber pour Athènes : de la gloire du héros à l'idée de la cité» , *ibid.*, pp. 2–43 および *L'Invention d'Athènes. Histoire de l'oraison funèbre dans la cité classique*, Paris et La Haye, 1981 ; 再版 Paris, 1994.

（5）Paul VEYNE, *Le Pain et le Cirque, Paris*, 1976 とくに pp. 245–251〔邦訳、ヴェーヌ『パンと競技場——ギリシア・ローマ時代の政治と都市の社会学的歴史——』鎌田博夫訳、法政大学出版局、一九九八〕。

（6）Pauline SCHMITT-PANTEL, «Evergétisme et mémoire du mort», dans *La Mort, les morts, op.cit.*, pp. 177–188.

（7）E. CASSIN, «Le mort : valeur et représentation en Mésopotamie ancienne», art cité, p. 366.

（8）Erwin PANOFSKY, *Tomb Sculpture. Its Changing Aspects from Ancient Egypt to Bernini*, Londres, 1964, p. 45〔邦訳、エルウィン・パノフスキー『墓の彫刻』若桑みどり・森田義之・森雅彦訳、哲学書房、一九九六〕。パノフスキーは、アルテミスが死にゆくヒッポリュトスから去ること、アポロンがアルケスティスが死ぬ前にアドメトスの住まいから遠ざかること、さらにデロス島がアポロンに捧げられたとき、すべての墓から遺体を取り出し、隣の島に運んだこと、などを指摘している。

（9）J.-P. VERNANT, «Introduction» citée, p. 10.

（10）Peter BROWN, *Le Culte des saints. Son essor et sa fonction dans la chrétienté latine*, 仏訳 Paris, 1984.

（11）*Ibid.*, p. 3.

（12）「一〇〇〇年前から続く〈市壁の内部の〉*intra muros* 埋葬が禁じられるという宗教的タブーが解除されたことは［…］、歴史上の真の変容のしるしである」(Jean GUYON, «La vente des tombes à travers l'épigraphie de la Rome chrétienne», *Mélanges d'archéologie et d'histoire : Antiquité*, 86, 1974, p.594).

（13）E.PANOFSKY, *Tomb Sculpture, op.cit.*（前出の注8と同じ）。

（14）中世初期にすでに、墓や記念墓碑の場所として特別の条件を享受していた例外的な死者のもう一つ別の場合である教皇については、下記の文献を見よ。Jean-Charles PICARD, «Étude sur l'emplacement des tombes des papes du IIIe au Xe siècle», *Mélanges d'archéologie et d'histoire*, 81, 1969, pp. 735–782 ; Ronald C. FINUCANE, «Sacred corpse, profane carrion : social ideals and death rituals in the later Middle Ages» (dans *Mirrors of Mortality. Studies in the Social History of Death*, Joachim Whaley éd., Londres, 1981, pp.40–60). 後者は、死者の四つのカテゴリー、すなわち王、罪人と裏切り者、聖人、異端者と死産の子供に関する中世の態度の研究をしている。

（15）Alain ERLANDE-BRANDENBURG, *Le roi est mort*, *op.cit.* 本文のこの箇所の議論の展開については、当書に負うところが大きい。

（16）François HARTOG はスキタイ人の王の埋葬をその遊牧の伝統と関連して領地の果てに置いている（François HARTOG, *Le Miroir d'Hérodote*, Paris,1980 ; le chapitre IV, de la Ire partie : «Le corps du rois : espace et pouvoir» はきわめて示唆的な研究である）。

（17）『サン＝ドニ編年史』(*Monumenta Germaniae Historica, Scriptores*, t. XIV に収録）の王のリストには誤りが三カ所ある。ダゴベルトの息子はルイではなくクロヴィス二世と呼ばれる。シャルル・マルテルは王ではない。ペパンの息子でシャルルマーニュの兄であるカルロマンはサン＝ドニではなく、ランスのサン＝レミに埋葬された。これらの誤り（シャルル・マルテルの場合はおそらく故意からであるから除く）は、墓と遺体を識別することのむつかしさ、およびサン＝ドニの修道士の歴史的な記憶――彼らはこうした記憶の専門家ではあるが――の限界によるものである。

（18）B. GUENÉE, «Les généalogies entre l'histoire et la politique», art.cité.

（19）この情報は証人であるピエール・ド・コンデの書簡によるものである(Luc d'ACHERY, *Spicilegium sive collectio veterum aliquot scriptorum*, nouv. éd., 3 vol., Paris, 1723, t. III, p. 667).

（20）Georges DUBY, *Le Chevalier, la Femme et le Prêtre. Le mariage dans la France féodale*, Paris, 1981 を見よ〔邦訳、ジョルジュ・デュビー『中世の結婚』篠田勝英訳、新評論、一九八四〕。

（21）聖ルイの時代に著されたフランスのための儀礼の手引きである「聖別儀典書」*ordines* については、Richard A. JACKSON, «Les manuscrits des *ordines* de couronnement des la bibliothèque de Charles V, roi de France», *Le Moyen Âge*, 1976, pp. 67–88 を見よ。その七三頁では P.E.SCHRAMM の以下の著作の主張が修正されている。Percy Ernst SCHRAMM, «Ordines-Studien II : Die Krönung bei den Westfranken und den Franzosen», *Archiv für Urkundenforschung*, XV, 1938. パリ国立図書館のラテン手書本一二四六番に収められる、一二五〇年頃の「儀典書」*ordo* は、そこに含まれる一連の細密挿絵のために、とくに興味がもた

れる。

（22）聖ルイの遺体改葬計画にシャルル禿頭王が欠けているのは驚きである。

（23）«*Quia nec fas nec consuetudo permittit reges exhospitari*» (SUGER, *Vie de Louis VI le Gros*, H. Waquet éd., p. 285).

（24）A.ERLANDE-BRANDENBURG, *Le roi est mort, op.cit.,* p.81.にある論議の要約を見よ。『サン＝ドニ編年史』(*op. cit.*, p.721)には、一二五九年つまり王の遺体の移動の四年前に、サン＝ドニの七人の修道院長の遺体が交差廊の南翼廊に移動されたことが記されている。

（25）横臥像のイデオロギーについては、Philippe ARIÈS, *L'Homme devant la mort*, Paris, 1977〔邦訳、フィリップ・アリエス『死を前にした人間』成瀬駒男訳、みすず書房、一九九〇〕を見よ。また、その図像についてはつぎの文献を見よ。E. PANOFSKY, *Tomb Sculpture*, *op.cit.*, pp.55 sqq ; Willibald SAUERLÄNDER, *Gotische Skulptur in Frankreich*, *1140–1270*, Munich, 1970（仏訳 *La Sculpture gothique en France*, Paris, 1977), pp. 18–20 ; A. ERLANDE-BRANDENBURG, *Le roi est mort, op.cit.*, pp.109–117.

（26）幼くして死んだジャンは、左手に王杖を持されるという謎めいた形で表わされている。

（27）フィリップ三世の最初の妻イザベル・ダラゴン王妃の墓はイタリアのカラブリア州コゼンツァの司教座教会にあるが、その墓は「肉体」（内臓）を保存しているものである。この墓の特異性はおそらくイタリアという背景が説明してくれると思う。この聖ルイの息子の妻は、チュニスの十字軍の帰路の一二七一年一月に事故で亡くなった。イザベルとフィリップの記念建造物的な墓は、立った姿の聖母の両側に二人がひざまずく形で作られていて、おそらくフランスの芸術家の作とされているが、この墓についての解釈はむつかしいものである。これについては下記の文献を参照されたい。Émile BERTAUX, «Le tombeau d'une reine de France à Gosenza en Calabre», *Gazette des beaux-arts*, 1898, pp. 265–276 et pp. 369–378 ; G. MARTELLI, «Il monumento funerario della regina Isabella nella cattedrale di Cosenza», *Calabria noblilissima*, 1950, pp.9-22 ; A. ERLANDE-BRANDENBURG, «Le tombeau de Saint Louis», *Bulletin monumental*, 126, 1968, pp. 16–17.

（28）E.PANOFSKY, *Tomb Sculpture, op.cit.*, p.62.

（29）マルク・ブロックの有名なつぎの著書を見よ。Marc BLOCH, *Les Rois thaumaturges* [1924], Paris, 3e éd.,1983〔邦訳、マルク・ブロック『王の奇跡』井上泰男・渡辺昌美訳、刀水書房、一九九八〕。

（30）A.Erlande-BRANDENBURG, *Le roi est mort, op.cit.*, p.15 sqq. ギーゼイの優れた書、Ralph E.GIESEY, *Le roi ne meurt jamais. Les obsèques royales dans la France de la Renaissance* [1960], 仏訳 Paris,1987を見よ。この書は中世までさかのぼって扱われて

いる。このイデオロギーの背景については、古典とされるカントーロヴィッの書を参照されたい。Ernst H. KANTOROWICZ, *The King's Two Bodies*, Princeton, 1957. 仏訳 *Les Deux Corps du roi*, Paris,1989〔邦訳、E・H・カントーロヴィッ『王の二つの体』小林公訳、平凡社、一九九二〕。

（31）ジャン＝クロード・シュミットは、キリスト教図像解釈学的な例から、垂直な姿勢のみが地獄に入ることを強調した(J.-C. SCHMITT, «Le suicide au Moyen Âge», *Annales E. S. C.*, 1975, p. 13)。

（32）J.LE GOFF, *La Naissance du Purgatoire, op.cit.*, pp. 311 sqq.〔邦訳、J・ル・ゴッフ『煉獄の誕生』渡辺香根夫・内田洋訳、法政大学出版局、一九八八〕を見よ。

（33）Elizabeth A.BROWN, «Burying and unburying the kings of France», dans Richard C.TREXLER (éd), *Persons in Groups. Social Behavior as Identity Formation in Medieval and Renaissance* Europe, Binghampton, 1985, pp. 241–266.

ルイ九世、二度目の十字軍へ

一二六七年、ルイは新たな十字軍を決める。その決心を一二六七年三月二五日の聖母のお告げの祝日に、高位聖職者と諸侯の総会議で伝える。一二六八年二月九日、新たに総会議を開き、十字軍の出発を一二七〇年五月にすることを明らかにする。ルイの決心はおそらく一二六六年の夏にされたと思われる。なぜならその年の一〇月に、彼はひそかに教皇に知らせているからである。ジャン・リシャールは、この決定が東地中海の軍事的・政治的な状況の進展とどのように関係するかを示したが、彼はそれを「地中海とオリエントへの回帰」と呼んでいる(1)。

まず、王弟シャルル・ダンジューが南イタリアおよびシチリアにその権力を確立したことである。そのため、シチリア島が、気まぐれなフリードリヒ二世とその後継者の支配下にあった時に比べて安定した作戦基地とすることができ、しかもキプロスに比べ遠くない基地となる。

つぎに、モンゴルとの同盟をきっぱりとあきらめたことである。しかながら、一二六二年に書かれた聖ルイ宛のフラグ汗の書簡では、反イスラムを明確にする同盟、およびエルサレムと聖なる場所をいくつかキリスト教徒に渡すという約束が提示されていた。しかしイスラム教徒に対し勝利するモンゴル軍がその頃シリアを征服したために、聖地に対する彼らの意図に深い疑いを与えることになった。しかもフラグの書簡には、キリスト教徒はモンゴルの最高封主権を認めることが必要との警告があり、それが同盟拒否の理由もしくは口実になったのである(2)。

三番目の事情としては、政治的・軍事的な状況であった。ギリシア人は一二六一年にコンスタンティノープルを奪回し、ビザンツのラテン帝国を終わらせた。東地中海の北側の沿岸地帯とその陸路が彼らの手に握られたのである。それはその地域が確かなものではなくなったということである。

最後は、とくに指摘されることであるが、マムルーク朝スルタンのバイバルスによるパレスチナにおける勝利、それとラテン人による聖地の沿岸地帯の一部の奪回によって、聖なる場所の各地に対してのイスラム勢力の脅威が悪化、加速されたことである。

さて、十字軍の最初の目標としてチュニスを選んだことを、どのように理解すべきであろうか。シャルル・ダンジューによる兄ルイへの圧力がよく引き合いに出された。今や彼はシチリア王として、シチリア海峡の両岸と地中海の西部から東部への交通を管理することに気を配っていたのである。しかし私には、むしろシチリア島を利用することの便利さが理由になったようにみえ、ビザンツ帝国からとりわけ関心を寄せられていたシャルルによる直接の圧力ではないように思われる。すでに私は十字軍について、それは征服のための十字軍であると同時に、贖罪と改宗の十字軍でもあるという仮説を押し進めたが、この仮説では、チュニスのスルタンは宗教的に良い目標とみなすことができた。なぜなら、イスラムの大指導者の改宗という幻想の的は、一二六〇年末には、オリエントのスルタンやアミールたちからチュニスの君主に移ってしまっていたと思われるからである。最後に、すでに推論されたことであるが、聖ルイおよびフランス人がその同時代人のすべてと共有していた地理についての無知が理由となりえたことである。

すなわち彼らは、チュニジアが実際よりもはるかにエジプトに近いもので、それで、スルタンの背後攻撃には良い地上基地になるだろう、と考えていたようである。(3)

【注】

(1) J.RICHARD, *Saint Louis, op.cit.*, pp.455 sqq.

(2) J.RICHARD, «Une ambassade mongole à Paris en 1262», art. cité および P. MEYVAERT, «An unknown letter of Hulagu, il-Khan of Persia to King Louis IX of France», art. cité (前出六〇頁注11)。

(3) Michel MOLLAT, «Le "passage" de Saint Louis à Tunis. Sa place dans l'histoire des croisades», *Revue d'histoire économique et sociale*, 50, 1972, pp. 289–303.

十字軍出立前の最後の浄化措置

一二七〇年に定められた出発の日が近づき、浄化の措置の布告の再確認が多くなる。

一二六八年もしくは一二六九年の王令は、「卑しい誓い」いいかえれば瀆神、神への大逆行為を改めてまた禁止し、抑圧するものである。神への大逆行為に対しては、王はことのほか敏感であったが、それは、彼が、その生きた時代と同じく、ことば《パロール》に重要性を与えていたからであり、また君主国家の建設との関係で、しだいに広まっていた王権への大逆罪という考え方からでもあった。彼は、この王令が「王の領地において、諸侯の領地において、コミューン都市において」、いいかえれば王国全土において遵守されねばならないことを明確にしている。(1)

一二六九年のある王令では、ユダヤ人に対して、改宗者の説教を聴きにいくこと、フェルト布のユダヤ人章もしくは緋色の布を着けることを義務づけている。この恥辱のマークは、象徴によって人を断罪する社会に特徴的な恥辱のしるしとして、中世の慣行に則ったものであったが、まさに黄色の星のマークの元祖である。聖ルイは、キリスト教君主たちに対してこうした措置を実施するよう求めていた教皇権の要求に従ったのである。すでに第四ラテラノ公会議(一二一五)で、おそらく改宗したユダヤ人と思われるが、あるドミニコ会士の教唆によって決定されていた措置である。(2)

ついに出発の船に乗り込む一週間前となる。一二六九年六月二五日、ルイはエーグ・モルトから、留守中の王国を委ねてきた「王の代理人たち」であるサン゠ドニの修道院長マティユ・ド・ヴァンドームとシモン・ド・ネールに書簡を送り、王国を穢す者、瀆神者や売春婦、犯罪人やその他の極悪人などを厳しく罰するように勧める。(3)十字軍についての説教キャンペーンもまた非常に活発におこなわれた。こうした刺激は、十字軍への反感が大きくなっていただけにおそらく必要だったのだろう。(4)ジョワンヴィル自身も今度の十字軍への参加を断った。エジプト十字軍の間、フランス王の士卒やシャンパーニュ伯であるナヴァル王の士卒が「彼の家臣を破滅させたり、貧しい目に合わせた」ので、彼がまた十字軍に参加すれば、「自分の民を救い」保護する責務を授けられた神の意志に反することになるであろうと、ジョワンヴィルは申し立てたのである。(5)このようにキリスト教世界は自分のことに閉じこもってしまっていた。神への奉仕はもはや海外ではなく、キリスト教ヨーロッパの内部のためのこととなった。聖地はキリスト教世界の限界を超えていて、これからは、聖ルイのように地中海をキリスト教世界の内海と見るような者は稀になった。十字軍の擁護者である詩人リュトブフ〔一三世紀後半の代表的吟遊詩人で、当時としては時事的であった十字軍を鼓舞する詩を多く残している〕は、聖ルイのことを、托鉢修道士に夢中になっていることは攻撃しながらも、称賛しているが、しかし彼の詩篇、とりわけ『十字軍の参加者と不参加者の論争』は、キリスト教世界をゆすぶっていた論議をよく伝えている。(6)

十字軍の物質的な準備は、エジプト十字軍の時に劣らず煩瑣なものであった。財政的な準備は都市の「人頭税《タイユ》」と聖職者の一〇分の一税にふたたび頼ることになった。王はまたテンプル騎士団を介しての借金も頼みにした。王弟たちも、とくにアルフォンス・ド・ポワティエは、入念に準備を重ねた。(7)

外交的な準備は、エジプト十字軍に比べて成功度が低かった。一二六八年一一月二九日に教皇クレメンス四世が死んだあと、教皇の座の空白が一二七一年まで続いた。チュニスの十字軍の時機には、キリスト教世界には教皇はいなかった。アラゴン王ハイメ一世は、一二六九年に先頭をきって出発することを望んだが、その向かうところはアッコンだった。しかし彼の船団は嵐に遇い、断念してしまった。イングランド王の長男エドワードだけが十字軍に参加したが、エーグ・モルトで船に乗り込んだのは、聖ルイが出発してから三カ月後でしかなかった。

しかしながら、チュニス十字軍は大きな新機軸の機会となった。聖ルイはヴェネツィアの条件に苛立ち、船団の結成には主にジェノヴァと交渉した。前回と同じように借用した大型船に加えて、彼は自分の所有船として残ることになる船を何隻か建造させた。一二四八年の時のように船団の指揮を二人のジェノヴァ人に与える代わりに、今回はフランス史上初めてのことであるが、フランス人の提督を任命することにし、その役をピカルディ領主フロラン・ド・ヴレンヌに命じた。けれども、イングランドおよびフランドル軍と戦うためにフランス海軍が生まれることになるのは、フィリップ端麗王のもとで、北仏の海である。

チュニス十字軍はまた、王がフランスを離れた不在時に王国の行政がうまく継続できるよう組織する努力を見せることになる。王の特別の印璽が作られた。「神の恩寵により海外遠征中のフランス王、ルイの印璽」*Si*(*gillum*) *Ludovici Dei G*(*ratia*) *Francor*(*um*) *reg*(*is*) *in partibus transmarinis agentis* である。表には王冠が刻まれ、王冠がかち得た象徴的な重要性が的確に示された。つまり「この印璽モデルは、王の側近のなかの法実務家《レジスト》たちの努力のおかげで、王冠というシンボルがもつに至った意義を雄弁に物語っている」[8]。改めて、彼は出立の前に王国における多くのことをきちんと整理しようと思った。彼は一二七〇年の初めに遺言書を作る。それはほとんど宗教機関への遺贈のリストといえるものである。日付は定められないが、息子フィリップと娘イザベルへの助言（『教え』*Enseignements*）を書く。前年には、一二四八年の十字軍の時と同じように、王領への巡回をしていた。その巡回で彼は、聖遺物の寄贈、たとえばクレルモン司教やルーアンのドミニコ修道会士たち、ディジョンの托鉢修道会の修道院などへの寄贈と引き換えに、特別の祈禱を受けた。また彼がほとんど訪れたことがなかった地では不正を糺す機会を得ることになった。こうしてピカルディのアン、モー、ヴァンドーム、トゥールを訪れている。三月には、不在中の統治の問題を片づけた。「王国の維持と防備と行政」を、王の特別の印璽とともに、サン＝ドニの修道院長マティユ・ド・

ヴァンドームと、もっとも古くからの側近の補佐役シモン・ド・ネールに託す。王妃マルグリットや高位聖職者たちの名が欠けていることに驚くが、私としてはジャン・リシャールと同じように、つぎのように考えねばならないと思う。「フランス王は、統治行為の継続性を確かなものにするため、自分の施政にもっとも緊密に結ばれていた者に統治を委ねようと心に決めていた。だから、これは聖ルイの時代に国家の意味がもちえた大きさを表わす証拠なのである」[9]。最後に聖ルイは、教会の尚書長《シャンスリエ》とドミニコ会の修道院長《プリウール》そしてフランシスコ会のパリ属管区長《ガルディオン》、つまりノートル＝ダムの参事会と説教修道会と小さき兄弟の会――これがパリにおける聖ルイの宗教上の師のトリオである――に助言を仰いだのちに、ごく最近パリ司教になったエティエンヌ・タンピエに対して、王が自由にしていた教会禄と参事会員聖職禄と教会の顕職を授ける権利を委ねた。

出発は、一二四八年の出発を再現するものである。一二七〇年三月一四日、王は巡礼杖と王旗を受けとりにサン＝ドニに行く。王旗を掲げることは国王軍の出陣を意味するものである。一五日、彼はシテ島の王宮からノートル＝ダムまで裸足で行く。王妃マルグリットへの別れはヴァンセンヌの城でおこなわれ、そこから彼は出発する。旅程は大きな教会など神聖な地をたどり、ヴィルヌーヴ＝サン＝ジョルジュ、ムラン、サンス、オーセール、ヴェズレー、クリュニー、マコン、ヴィエンヌ、ボーケールと宿泊を重ねる。エーグ・モルトで、王と三人の息子は他の十字軍参加者たちと、とりわけ娘婿のナヴァラ王テオバルド二世〔シャンパーニュ伯ティボー五世〕と合流する。船を待たねばならない。その間に、かたやカタルーニャ人とプロヴァンス人、かたやフランス人とが本当の武闘を起こし、一〇〇人ほどの死者が出る。ルイは争いに責任あるとされる者を吊し首にした。一二七〇年七月一日、ついに船に乗り込む。船名は「ラ・モンジョワ」[訳1]である。

「チュニスへの道」は、知られる通り、聖ルイにとっては十字架への道となる。エジプトでの悪夢が最悪の形で再現されるのである。サルディニア島――予想されていたシチリア島ではない（この秘密は最後の瞬間まで守られた[10]）――に寄り、短い逗留をしたあと、七月一七日に王はチュニスの近くのラ・グーレットに上陸する。上陸には成功したが[11]、イスラム教徒のアミールを改宗させる希望はすぐに今回も幻想であることがわかる。ただ、あきらめたくないルイにとっては幻想とは映らなかった。ふたたび地中海の厄災、赤痢あるいはチフスの疫病が十字軍の兵士たちを弱らせる。八月三日、息子ジャン・トリスタンの死についで、八月二五日今度は、聖ルイが亡くなる。

聖ルイの死については多かれ少なかれ公式の話がたくさんあるが、そのなかから私は聖ルイの死の目撃者であるジョフロワ・ド・ボーリューの話を取り上げる。

そのあとすぐ［八月三日の息子ジャン・トリスタンの死を王から隠そうと努めたが、王が知ることとなり、大きな苦悩にさいなまれる(12)］、神のご意志は、彼の苦悩を穏やかに終わらせ、その善き苦悩の栄光の果実を彼に与えようと望まれたので、彼はうち続く熱のため床に伏せねばならなくなった。そして病いが重くなったので、彼はしっかりした精神で、いともキリスト教徒らしい十分な意識をもって、またいとも敬虔深く、教会の臨終の秘蹟を受けた。われわれが連禱と一緒に七編の詩篇を唱えながら彼に終油の秘蹟を施したとき、彼みずからも詩篇の唱句を唱えて、連禱のなかに聖人たちの名を呼び、いとも敬虔深く彼らのとりなしを求めた。明らかなるしるしによって、彼が終わりに近づいていたとき、彼が心を遣ったのはただ神の業とキリスト信仰の高揚のみであった。もはや低い声でやっとの思いでしかわれわれに話しかけることができなくなっていたので、彼のまわりに立っていたわれわれは彼の声に耳を寄せなければならなかった。神に満たされ、まことカトリック的なあの方はいわれた。「神の愛にかけて、チュニスで説教をさせ、カトリック信仰を根づかせるよう試みようぞ。おお、どのような優れた説教師をそこに送ることができようか！」。そして彼は一人の説教修道士の名を挙げた。その説教師は他の事情でチュニスに行ったことがあり、チュニスの王に知己を得ていた。このようにして、神に対していと忠実なる人、キリスト教信仰を粘り強く熱心におこなう人は、まことの信仰を告解するなかで、その聖なる命を全うされた。彼の体と彼の声の力がしだいに衰えていたが、しかし彼は、努力によって話しうるかぎり、彼がとくに崇敬する聖人たちのとりなしを求め続けた。とりわけ王国の特別な守護聖人である聖ディオニシウスにとりなしを求め続けた。この状態のなかで、われわれは彼が、サン＝ドニで唱えられる祈りの終句を、つぶやくようにいくたびもくり返すのを聞いた。「主よ、われらは、あなたの愛にかけてあなたに願う、地上の繁栄を軽蔑し、逆境を恐れない恩寵をわれらに与えたまえ」。彼はこのことばを何度もくり返した。また使徒の聖ヤコブに対する祈りの初めもいく度もくり返した。「主よ、願わくは、あなたの民を聖化され、お護りくださる方でありますように」[13]。そして他の聖人たちの記憶を信心深く呼び戻した。この神に仕えるお方は、十字架の形に蒔かれた灰の床の上に身を横たえ、至福なるその最期の息を創造主に返した。それは神の息子が世界の救済のために、十字架の上で死を迎えながら最期の命を消した時であった[14]。

このようにして、キリストに倣う王《ロワ・クリスト》はイエスによる救済の死の永遠の現在のなかで死んだ。ある伝承によれば、彼は死に先立つ夜につぶやいたという。「われらは必ずエルサレムに行く」と。

【注】

(1) *Ordonnances des rois de France*, t.I, pp. 99–102.

(2) このテクストについては、後出一〇一七～八頁を見よ。

(3) Franco CARDINI «Gilberto di Tournai : un francescano predicatore della crociata», dans *Studi francescani*, 72, 1975, pp. 31–48.

(4) 前出一九二～三頁および一九四～五頁を見よ。

(5) JOINVILLE, *Histoire de Saint Louis*, pp. 397–398.

(6) Julia BASTIN et Edmond FARAL, *Onze poèmes de Rutebeuf concernant la croisade*, Paris,1946 ; Jean DUFOURNET, *Rutebeuf. Poèmes de l'infortune et poèmes de la croisade*, Paris, 1979.

(7) Yves DOSSAT, «Alphonse de Poitiers et la préparation financière de la croisade de Tunis : les ventes de forêts(1268–1270)»,dans *Septième centenaire, op. cit.*, pp. 121–132.

(8) J. RICHARD, *Saint Louis, op.cit.*, p. 554.

(9) *Ibid.*, p. 553.

(10) カリャーリ（サルディニア島）に寄港中に、ルイはその遺言書の補足書を一枚書きとらせた。そこで彼は子供である長兄フィリップに対して、二人の弟ジャン・トリスタンとピエールに関して「父のように」振る舞うことを求めた。またピエールに与える金額を増やし、フィリップにその仕える者たちを大切にするよう求めた。

(11) カルタゴからルイ九世は、カルタゴ上陸と占領を語る書簡を一通フランスに送った。彼は十字軍参加者のなかに息子で王位継承者のフィリップ(*primogeniti nostri Philippi*)――彼もカルタゴにいた――の妻がいることを指摘していた。ルイの死後、フィリップが「長子」――王位継承者の称号に等しい称号である――になっていた。L. D'ACHERY, *Spicilegium, op. cit.*, t. II, 4, *Miscellanea, Epistularum* ..., p. 549 を見よ。

(12) *Super cuius morte pii patris viscera non modicum sunt commota.*（この死によって、愛情深き父の心の内奥は深く揺さぶられぬことはなかった）。

(13) ギヨーム・ド・ナンジによれば、王はつぎのようにくり返したともいう。「私はあなたの館に入ります、あなたの聖なる神殿にあなたを崇めに行きます、そして主よ、あなたに告解いたします」。

(14) *Recueil des historiens des Gaules et de la France, op.cit.*, t.XX, p. 23 に収録されているジョフロワ・ド・ボーリューの訳である。そこには、フィリップ三世が父の死についてフランスの聖職者に送った書簡の訳も、付録として収録されている。

【訳注】

(1) モンジョワ mont-joie とは、この頃から聞かれ出したフランス軍の鬨の声、あるいはパリとサン＝ドニを結ぶ道にいくつも置かれていた十字架と王像からなる記念碑のことである（後出六六一頁注3参照）。

第五章　聖性へ――死から列聖へ（一二七〇～一二九七）

王の遺体の苦難

今や死せる王ルイ九世は異教の地にいる。キリスト教世界の外、自分のフランス王国から遠く離れた、敵意に満ちたこの地に、彼の遺骸をとどめることなど問題外である。彼の遺体を本国に帰さねばならない。そこで、九世紀のシャルル禿頭王以来用いられてきた手続きに頼らねばならなくなった。王が王家の菩提所を遠く離れた地で逝き、しかもその死去の地に埋葬することを望まない、あるいは埋葬できない場合には、まず遺体を保存したのである。しかし、遺体の防腐処置の技術が完全ではなかったので、ブドウ酒に水を足したもので遺体を煮て、肉を骨から離すことにした。骨は保存すべき遺体の貴重な部分である。

技術的な問題に加え、もっと重大な政治的な問題が重なる。王の死後すぐさま、王弟でシチリア王のシャルル・ダンジューが船団と軍団を率いて到着した（おそらく伝説的な伝承であるが、それによると、彼は王の死と同時に上陸したという）。彼は経験のない若い甥のフィリップ三世に対して、軍団の総帥としての態度で振る舞おうとする。若き王は、そのときチュニジアにいた父王の補佐役たちの示唆に従ってのことであろうが、叔父に遅れをとらぬようその権威を確かなものにしようとする。父王をサン＝ドニに埋葬することは早急にはできないことであったが、彼自身にとってもランスで王の聖別を受けることは数カ月後にしかできない状況だった。そこで彼は早くも八月二七日に、彼の周囲にいる諸侯や隊長たちに忠誠の誓約をさせた。九月一二日、彼は、父王がマティユ・ド・ヴァンドームとシモン・ド・ネールに委ねていた権力を、マティユ・ド・ヴァンドームに改めて確認するため、二人の使者を送った。

さらにまた二人にルイ九世の遺言状を送付し、故王が彼らに渡した王の不在中の印璽を続けて用いるよう厳命した。ただし、印璽の銘文の父の名を自分の名前に変えるようにいい渡した。実際に、一二七〇年八月二五日の父の死の日から、彼の治世の日付を付すことが始まっている。このように空位期の微妙な問題は、ルイ九世の諸決定、およびフランス王権が少しずつ明確にしていく継続性を保証するような方式に従って、処理された。

王の遺体の運命は、その時よりシャルル・ダンジューとその甥の若きフィリップ三世との政治的駆け引きの的となった。まず双方がそれぞれの解決策を提案した。いずれも、見方は異なるものの理に適うものである。フィリップが望むのは、父の遺骸をできるかぎり早急にフランスに帰すことである。しかしこのような「しかばね」の旅は急には準備できないものである。シャルルの提案は、兄の遺骸をシチリアの自分の王国に安置したらということである。シチリア島は近いし、遺体を運ぶ旅も短いという容易さが、この方法を提案させたようである。そうなれば、シャルルとその後継者たちが王の遺骸を見守ることになる。しかし当然のことながら、この良識ある論議の裏には政治的計算が隠されている。政治的な噂では、ルイ九世が公式の聖人になるチャンスがあるという。そうなったら自分の領地にこの遺骸を保有するということは、シチリアのアンジュー王朝にとって、どれほど威光と物質的恩恵をもたらす源になることか！　最終的には、年代記作者たちが私たちに伝えるところでは、叔父と甥の二人の王はもっと「賢い」（もっと「健全な」*sanior*）解決策を考えついた。それはまずは二人の王の妥協である。内臓と肉体はシチリア王に、骨はサン＝ドニの王家の菩提所に、と分けることであった。しかし若き王は、おそらくフランスの高位聖職者と大貴族に後押しされてのことであろうが、きっぱり反対した。彼はもっとも重要な部分を得た。すなわちそれ自体で完全な聖遺物となりうる骨、皮膚と内臓の脆弱に対する遺体の強固な部分である骨である。この身体における関係は、権力の弁証法を象徴的に表現する強固さと脆弱さとの弁証法的関係に置き換えられるものだからである。骨は問題なくフィリップ三世のものとなったが、心臓については疑惑が残る。ジョフロワ・ド・ボーリューのような何人かの証人にとっては、フィリップ三世は叔父が内臓と一緒に心臓をモンレアーレに持っていくことを承知したことになるが、他のもっと信頼のおける証人によれば、心臓はフィリップ三世が骨と一緒にサン＝ドニに持ち返ったとされる。実際に、サン＝ドニの修道士たちは王の心臓は骨と一緒に安置されていると考えていたこと、[1]またサン＝ドニの墓に刻まれた一二世紀の碑文が墓のなかに心臓があることを証明しているのが知られている。ルイ・カロリュス＝バレは、私にはきわめて配慮の行き届いたと思われるやり方でテクストを解釈しているが、彼によれば「軍団は王の〈心臓〉が戦士とともにアフリカに留まるよう求めた。だがそれがどうなったかはあまり知られていない」[2]。もう一つ別の仮説があるが、これも大いに反論の余地がある。その仮説では、聖なる王の心臓が安置されている場所をサント＝シャペルとした。[3]

フィリップもまた、父の遺体を急いで送ってあらゆる危険にさらすようなやり方はしないことに賛同した。その代わり彼自身が新王として軍団を引き連れて遺体の移送に付き添うことができるようになるのを待つことにした。そうすれば「聖人」になることが予見されているこの遺体は彼の軍団の守り神――あえて私はお守りとはいわないが――になるだろうと考えたのである。

そこで、王の遺体を解体することになった。解体を証言するテクストは細部でいくつかの違いはあるものの、ほとんど一致している。ジョフロワ・ド・ボーリューによれば、「王の遺体の肉は煮られ、骨と分けられた」[4]。プリマによれば、「王の召使たちとすべての宮内吏（*ministres*）、この仕事を担当する者たちは、王の遺体を取り上げ、肢体をばらばらにし、水とブドウ酒であまり長々と煮たので、骨が白くはっきりした形となって肉から離れ、力を入れずとも骨を取り出すことができた」[5]。

キリスト教徒軍は軍事的・外交的な小競り合いをいくつかしたあと、一〇月三〇日、チュニスのアミールとの協約に署名する。アミールは占領地の返還を得たが、それは、十字軍参加者たちの撤退、戦争賠償金、そしてキリスト教徒の商人に対するチュニジアでの商売の自由、キリスト教の司祭に対してその教会での説教と祈禱の権利を認めることと引き換えであった。

【注】

（1）A. Erlande-Brandenburg, *Le roi est mort, op.cit.*, p.96.
（2）Louis Carolus-Barré, «Les enquêtes pour la canonisation de Saint Louis, de Grégoire X à Boniface VIII, et la bulle *Gloria, laus* du 11 août 1287», *Revue d'histoires de l'Église de France*, 57, 1971, p.20.
（3）後出三七四頁を見よ。
（4）Geoffroy de Beaulieu, *Vita*, p.24.
（5）Primat, dans *Recueil des historiens des Gaules et de la France*, t.XXIII, pp.87–88.

フランスへの帰還

一一月一一日、キリスト教徒軍は帰国の船に乗る。そして一四日、船団はシチリアのトラパーニの港に錨を下ろす。フランス王と王妃は一五日に上陸するが、多くの者は船に残った。ところで、一五日から一六日にかけての夜、猛烈な嵐が船の錨を断ち切り、船団の大部分が破損した。帰国の旅はルイ九世と息子のジャン・トリスタンの骨の加護のもとにあったのである。ジャン・トリスタンも王と同じように遺体が煮られて骨が分離されていて、二人の骨はそれぞれ小さな柩に納められていた。ルイ九世の柩は二頭の馬の背に二本の棒を渡し、その上に載せられていた。三番目の柩には、故王の礼拝堂付き司祭であったピエール・ド・ヴィルベオンの遺体が納められていた。新たな訃報がトラパーニにいた王家を打った。今度はルイ九世の娘婿でナヴァラ王のティボー・ド・シャンパーニュ〔ナバラ王テオバルド二世シャンパーニュ伯ティボー五世〕が死んだのである。行列には柩が一つ増えた。まもなくフランスの新王妃イザベル・ダラゴンのために五番目の柩を作らねばならなくなる。フィリップ三世の妻のこの若い王妃は、一二七一年一月一一日、カラブリア地方で川を渡るとき落馬し、そのため月足らずの子供を死産し、一月三〇日に息を引きとったのである。

それらの柩を運ぶ新王とその軍団は、以下のような旅程をたどる。イタリアをゆっくりと北へのぼり、ローマ、そしてヴィテルボを通る。ヴィテルボでは、枢機卿たちはまだ教皇を選ぶに至っていない。モンテフィアスコーネ、オルヴィエート、フィレンツェ、ボローニャ、モデナ、パルマ、クレモーナ、ミラノ、ヴェルチェッリと過ぎ、アルプス山脈はモン＝スニで越え、スーザ峠を通り、モリエンヌの谷間をたどり、さらにリヨン、マコン、クリュニー、シャーロン、トロワを通り、最後に一二七一年五月二一日にパリに着いた。新王は他に二つの柩をあとに残してきた。叔父のアルフォンス・ド・ポワティエとその妻ジャンヌの柩である。二人はイタリアで休息の逗留をしていたある日亡くなり、サヴォーナの司教座教会に埋葬された。ルイ九世の柩は、パリのノートル＝ダムに安置され、葬儀は五月二二日、王の死からほとんど九カ月も経ってから、パリの聖職者とサン＝ドニの修道士たちの激しいいさかいのなかで執りおこなわれた。

列聖に向けて

さて、そこで、死して埋葬された王に対する死後の生命の時がいよいよ始まる。彼の遺体はすでにいくつかの奇跡を起こしていた。民間奇跡が作られやすい土地柄の信心深いシチリアにおいて、王の遺体は多くの奇跡を生じさせた。教会はそのうちの二つを正式の奇跡として承認した。柩が北イタリアのパルマとレッジオ＝ネッレミリアを通った時に、不意にまた奇跡が起きたが、この増えた二つの奇跡も承認することになる。そして三度目はパリへの入口にあたるボンヌイユ＝シュル＝マルヌで起こった。そのあと間を措かず、奇跡はサン＝ドニで数を増やす。これは聖人の墓でよく見る奇跡の伝統的なケースである。

しかし、一世紀ほど前から、評判だけでは、キリスト教世界でしっかりと聖人と認められるにはもはや十分ではなくなった。ローマ教皇庁《クーリア》が聖人をつくる権利を握っていて、ジャン＝クロード・シュミットのことばを使えば、教皇庁は「聖人の製造所」になっていたのである。つまり教皇庁は、列聖手続きという長い過程を経て、聖人をつくり出す（あるいは拒否する）のである。列聖手続きは、審査をともなう法的な手続きであり、よく政治的な様相をとったりする。なぜならローマ教皇庁は、列聖の決定を政治的な道具として利用することができるような種類の権力だからである。列聖の手続きを開かせ、結論を出させるためには、良い資料に加え、良い圧力団体を作ることが必要である。三つの要素がルイ九世の列聖のために働くことになる。名声（*bona fama, vox populi*）、カペー家、フランスの教会である。それに王が厚遇し、王に親しかった修道会のシトー会、ドミニコ会、フランシスコ会を付け加えねばならない。これは十分の陣容であるが、しかしながら、ルイ九世は列聖されるまで死後二七年待たねばならないのである。この長い期間に節目を作るのは、教皇の死である。いく人もの教皇がほんの短い間しかその座にとどまらず（ある教皇が死ぬと、前の――しばしばはるか前になることもある――局面から列聖手続きをやり直さなければならない）、好意的な教皇と資料を眠らせておくような熱意のない教皇が交互に現れた。(1)

最初の推進力が新しく教皇に選ばれたグレゴリウス一〇世〔在位一二七一年九月一日～七六年一月一〇日〕によってもたらされた。このピアツェンツァのテオバルド・ヴィスコンティは、選ばれた時には枢機卿ではなかったし、聖地にいたが、長い空位のあと一二七一年九月一日に新教皇に選ばれたのである。聖地からヴィテルボに着くと、一二七二年三月四日、彼の最初の教皇文書がルイ九世の聴罪司祭のドミニコ会士ジョフロワ・ド・ボーリューに宛てて書かれた。その文書では、ジョフロワ・ド・ボーリューに対して、彼の贖罪の王に関してできるだけ多くの情報を送るように求めるもので、それは王に対して熱烈な称賛の念を増した新教皇が、王を「すべてのキリスト教王にとって真の模範」とみなすことができるように求めるものであった。十字軍に執心していた教皇グレゴリウス一〇世は、王であるこの十字軍参加者に魅せられていたのである。ジョフロワ・ド・ボーリューは、数週間あるいは数カ月かかって、ルイの生涯と行動について五二章からなる申請状を書き上げ、その締めくくりとして、亡き王は公式に聖人と認められるにふさわしい人とみなすと記した。(2) グレゴリウス一〇世は、第二回リヨン公会議（一二七四年五月七日～七月一七日）が開かれる前の一二七四年三月に挨拶にやって来たフィリップ三世に、父王の列聖手続きを開始したいと思っていることをおそらく話している。しかし公会議が始まると、教皇は列聖のことどころではなく、公会議のことで頭がいっぱいになった。その翌年、圧力団体の活動が活発となる。私たちには、ルイ九世の列聖手続きの開始を急ぐように要請する教皇に宛てられた書簡が三通残されている。ランス大司教とその属司教たちの書簡（一二七五年六月）、サンス大司教とその属司教たちの書簡（一二七五年七月）、そしてフランス「管区《プロヴァンス》」のドミニコ会の修道院長《プリウール》の書簡（一二七五年九月）である。この問題は「国民的」次元のものとなり、それがやがて強調されるようになる。当時のフランスにおける枢機卿《カルディナル》＝教皇使節《レガ》はルイ九世の元補佐役で尚書長のシモン・ド・ブリーであるが、グレゴリウス一〇世は彼に故王について「内密の」調査を始めるよう命じる。シモン・ド・ブリーは急いでというより、急ぎすぎの調査をする。というのは詳細な検討が必要なこの問題に対してやっつけ仕事をしたと、のちに非難されることになるからである。だが、グレゴリウス一〇世は一二七六年一月一〇日に亡くなってしまう。

三人の教皇が一年半足らずの間につぎつぎと教皇座に座る〔インノケンティウス五世、ハドリアヌス五世、ヨハネス二一世〕。一二七七年末、ニコラウス三世〔在位一二七七年一一月二五日〜八〇年八月二二日〕は奇蹟についての資料を手元に求める。そして教皇に緊急使節を送ったフィリップ三世に対して、父王の聖性に関するもっと突っ込んだ、何か説得力のある資料が必要であると答えた。教皇は再度シモン・ド・ブリーに調査の補足を命じる。今回は「公けの」調査である。調査はドミニコ会とフランシスコ会の二人の修道《プリ》会長《ウール》、サン＝ドニの修道院長、その他二人の修道士が補佐しておこなわれる。その結果が教皇に送られ、教皇はその検討を二人の枢機卿に委ねた。しかし一二八〇年八月二二日、またもやこの教皇の死である。この教皇のあとを継いだのはシモン・ド・ブリーである。教皇マルティヌス四世〔在位一二八一年二月二二日〜八五年三月二八日〕となった彼は、列聖手続きに決定的な進展をもたらす。新たに開かれたフランスの教会の集会は教皇に緊急嘆願書を提出する。それに対して教皇は自分の善意を高位聖職者に示す回答をするが、事は順序よく着実に進めることが必要であると加える。これでルイ九世の聖性はやっとこれまでより順調に進められることになる。一二八一年一二月二三日、マルティヌス四世は、ルーアン大司教とオーセールおよびスポレートの司教に対して、ルイの生涯、宗教生活のあり方（*conversatio*）、奇蹟に関する公式の（*solemnelle*）調査を委ねる。そして彼らに奇蹟の現地であるサン＝ドニに行き、ルイの墓に起こったといわれる奇蹟を調べるよう求め、証人に尋問するための質問表を送った。聴きとり調査は一二八二年五月から一二八三年三月まで続いた。調査人たちは、「奇蹟」については三三〇人、「生涯」については三八人から話を聴いた。「奇蹟」の方は概して細民であったが、「生涯」については重要人物からのものであり、ルイの弟シャルル・ダンジュー王（その証言はナポリでされている）、二人の息子のフィリップ三世王とピエール・ダランソン伯、チュニス十字軍の留守期間の王国の二人の「摂政」であったマティユ・ド・ヴァンドームとシモン・ド・ネール、騎士たち（そのなかには王の友であり未来の伝記作者であるジョワンヴィルがいる）、修道士たち、それに三人の救護修道女さえ含まれている。

調査文書はローマに送られる。しかしまたもや問題の流れは止まらず、流れ続く事態となる。マルティヌス四世が一二八五年三月二八日に死んだのである。つぎに教皇を継いだホノリウス四世〔在位一二八五年四月二日～八七年四月三日〕は枢機卿総会議にいくつかの奇蹟を読ませ、議論させたが、彼も一二八七年四月三日に亡くなってしまう。フランシスコ会士のニコラウス四世〔在位一二八八年二月二二日～九二年四月四日〕は、奇蹟について詳細調査を継続するため三人の枢機卿からなる新しい委員会（前任者たちは死亡している）を任命する。しかしこの調査は教皇の死によって終結をみなかった。教皇の座はまたもや一年半以上も空位となる。そして一二九四年、ベネディクト会士のケレスティヌス五世〔在位一二九四年七月五日～一二月一三日〕が思いがけなく選ばれるが、彼は自分はその任にあらずと考え、辞任し、数カ月後には隠棲の修道に戻ってしまった。ダンテが「大いなる拒絶」と呼んだこの教皇職を投げうつという唯一無二の事態は、列聖の資料にとっては、さらに数カ月無駄な時間を経過させることを意味するものとなった。

一二九四年一二月二四日、枢機卿のベネデット・カエターニが選出され、ボニファティウス八世〔在位一二九四年一二月二四日～一三〇三年一〇月一一日〕となったことが、彼は事態を決定的に変えた。彼は列聖手続きを最後まで進めようと決心する。彼は、枢機卿であった時にシャルル・ダンジュー王の証言を聞きとり、奇蹟を調査した委員でもあった。ルイの聖性を誠心から信じていたようである。だが、彼の決意の動機の核心は政治的なものであった。ルイ九世の孫にあたるフランス王フィリップ四世端麗王と友好関係を作ろうと望んでいたからである。しかし数年後には、フィリップ四世は彼の最悪の敵になるのである。

一二九七年八月四日、オルヴィエートの教皇の居住館の一つで——教皇ボニファティウス八世は、前任者たちと同じように、ローマでは大勢力家族間の争いや下層民が館に近づけることで安全が脅かされるのを心配していたのである――、教皇はルイ王を列聖する決定を告げた。そして八月一一日、ルイ王に第二の説教を捧げ、さらに教書『グロリア・ラウス』によってルイ九世の正式の列聖を宣告し、その祝賀を王の祝日の八月二五日に定めた。ついにここに、一つの人生の個人的な努力と、二世紀余以来のカペー王朝によって育まれてきた希望のすべてが成功の冠を戴いたのである。フランス王国は聖人の王を一人もつことになった。

父の喪のしるしのもとに生まれ、異国の異教の地で死んだ王が、栄光の世界に入った。

一二九八年八月二五日、サン＝ドニでの正式の式典は、新しい聖人の孫である国王フィリップ四世端麗王、そして列聖手続きの多数の証人たち――ジョワンヴィルもそうであった――、同じほどの数の高位聖職者、諸侯、一般聖職者、騎士、都市民、教会に入りうるかぎりの一般民衆などに囲まれておこなわれる。式典のとき、聖ルイの遺骨が祭壇の後ろの聖遺物匣に納められて、「奉挙」された。

【注】

（１）Louis CAROLUS-BARRÉ, *Le Procès de canonisation de Saint Louis (1272–1297). Essai de reconstitution*, Rome, 1995. 今はこのカルリュス＝バレの優れた著書を手にすることができる。当書は列聖手続きについての失われた文書を復元する試みのためのすべてを集めたものである。それらのテクストはすでに以前に出版されたものであるが、テクストの収集、翻訳もそうだが、それらを紹介することも今後に大いに役立つものとなるだろう。ここに最近公刊されたつぎの未発表テクストを加える必要がある。Peter LINEHAN et Francisco J. HERNANDEZ, «*Animadverto*: a recently discovered *consilium* concerning the sanctity of king Louis IX», *Revue Mabillon*, nouv.série, 5 (t.66), 1994, pp.83–105.

（２）*Vita et sancta conversatio et miracula sancti Ludovici quondam regis Francorum, op.cit.*, pp.3–27. 後出四〇四～六頁を見よ。

聖遺物の歴史

私は一二九七年から今日に至る聖ルイの記憶やイメージの運命をたどるつもりはない。それはたしかに別のある記憶の歴史——先の記憶にも働きかけるものであるが——、すなわち国民国家《ナシヨン》としてのフランスの歴史を明らかにしてくれる広大で立派な主題である。(1) しかし私としては、聖ルイの身体の遺物がたどった劇的で奇妙な運命を喚起しておきたい。

さて、聖王の遺骨は一二九八年八月二五日にサン＝ドニの主祭壇の後ろに置かれた聖遺物匣のなかに納められる。当時の慣習に従って、後継者のフランス王たちは、どこかの教会かあるいはだれかれの人物に、彼らの先王の骨を一本与えることによって、これらの聖遺物を贈り物にした。こうした聖遺物を用いる本物の政治が、フィリップ端麗王によって半ば憑かれたようにおこなわれた。聖ルイのこの孫は、祖父の聖遺骨をサン＝ドニからサント＝シャペルに移して、当時豪華に拡大した彼の王宮のなかにもっとよく保持しようとした。

聖人の聖遺物は中世では熱烈な崇敬の対象である。(2) たとえ、ずっと以前から、少なくとも一一世紀末以来「贋の」聖遺物に対する批判が教会では確立していたとしても、「本物の」聖遺物の徳に対する信心は、社会的階級や文化程度を問わず、熱烈でしかもひろく広がっていた。聖遺物は病いを癒すのである。聖遺物の霊験はそれを納める墓や聖遺物匣にも及んでいる。生きていた時の聖ルイは人に触れて病気を治したが、それはるいれき患者だけに限られていた。しかし、彼の聖遺物に触れることは理論的にはすべてを治癒できるのである。その力はもはや病気を治癒する不思議を起こすだけではなく、まさしく奇蹟的なものでもあった。そこでサン＝ドニは、王のこうした奇蹟がくり返され、広がり、長続きする場所として、その威光をさらに大きくしたと思われる。しかし、フィリップ端麗王はこうしたこの上もない聖遺物を、王自身のために、つまり彼の私的な礼拝堂のために取り込みたかったのである。フランス王は、絶対王政へのその歩みの当初からすでに、聖ルイの聖遺物の徳性から民衆を遠ざけようと欲してきた。教皇ボニファティウス八世は、フランス王と良い関係を保つことに常に腐心していたので、その奉遷をフィリップ端麗王に許可した。ただし腕骨ないしは脛骨一本をサン゠ドニの修道士たちに残すことという条件を付けた。しかし、サン゠ドニの修道士たちはなされるがままにはならなかった。そこでフィリップ端麗王はこの計画をあきらめねばならなかった。けれども一部の満足は得た。フィリップ端麗王はボニファティウス八世と激しい争いになったが、その後フランス人のベルトラン・ド・ゴが新教皇クレメンス五世〔在位一三〇五～一四〕となると、教皇とフランス王の関係は鎮静化した。クレメンス五世の教皇戴冠は一三〇五年一一月、リヨンでおこなわれたが、フィリップ端麗王はリヨンまで出かけて、戴冠式に出席し、そのとき新教皇から聖ルイの頭蓋骨をサント゠シャペルに移す許可を得た。ただし顎骨と歯と下顎骨は、サン゠ドニの修道士たちに慰めの分け前として残すものとして除外された。おそらく心臓もサント゠シャペルに移遷されたと思われる。

エリザベス・ブラウンはつぎのように適切な指摘をしている。すなわち頭部は、多くの国民にあっては、個人の身体のもっとも重要な部分、個人の力の中心、個人を識別する中心であるとみなされているし、下顎は同じく多くの人々には人間の身体の第二の優れた部分とみなされている。こじつけのことば遊びによって、この頭蓋骨の移動は、一四世紀からすでに正当化されていた。つまり聖王の頭をそれ自身「王国の頭」(*caput regni*) とみなしていた場所(王宮の聖なる礼拝堂)に移葬したことは正当であり、良いことであるとさえされる理由づけがなされたのである。フィリップ端麗王は、押さえられていたその意図を露わにして、一二九九年にはすでにパリで評判の金銀細工師ギヨーム・ジュリアンに、サント゠シャペルのために頭蓋骨用の豪華な聖遺物匣を発注してしまっていた。サン゠ドニからパリへの正式の移葬は一三〇六年五月一七日におこなわれた。パリのノートル゠ダムもその慰めの分け前として聖王の肋骨一本を得た。

サン゠ドニの修道士たちはすでにいくつかの埋め合わせを得ていた。一三〇〇年にボニファティウス八世は、彼らに対して、毎年八月二五日に聖王の命日の正式な儀典をおこなうことを許した。フィリップ端麗王もその儀典には必ず出席するように努めた。一三〇六年、サント＝シャペルへの頭蓋骨の奉遷がなされたが、この件においては、この頭蓋骨をサン＝ドニの修道士たちは、神によって断罪される王の魂の分身とみなしていた。この奉遷のあと、五月二九日にオーセール司教ピエール・ド・モネが急死した。またフィリップ端麗王は、狩猟会のとき、脚に受けた傷がもとで八月二五日の儀典に参列できなかった。サン＝ドニの修道士たちはそれを神罰のしるしと見た。彼ら自身も聖ルイの頭蓋骨の残された部分のために素晴らしい聖遺物匣を造り、その除幕式を一三〇七年八月二五日、フィリップ端麗王や大勢の高位聖職者や諸侯の出席を得ておこなった。

しかしながら、聖ルイの遺骨の分散はなおも続いた。フィリップ端麗王とその後継者たちは、ノルウェー王ホーコン・マグヌソンがベルゲンの近くのティスエン島に聖王に捧げる教会を建てたので、指骨を贈った。初期に分骨の恩恵にあずかった者のうちには、パリのノートル＝ダム司教座教会参事会員、パリとランスのドミニコ会士たち、ロワイヨーモンとポントワーズの修道院などがあった。スウェーデンの王妃ブランカは、一三三〇〜四〇年の間にパリに旅行したとき、バトステナの聖女ブリジッタ（ビルギッタ）修道院のために数個の骨片が含まれる聖遺物を贈られた。皇帝カール四世は、一三七八年にパリに旅行したとき、他の部分の遺骨を贈られ、それをプラハの司教座教会に送った。一三九二年、聖ルイの遺骨が新しい聖遺物匣に入れ換えられた。その機会にシャルル六世は、教皇へ進呈するための肋骨一本をパリ大学教師ピエール・ダイイに、ベリー公とブルゴーニュ公には二本の肋骨を与えた。またその式典に出席した高位聖職者たちに皆で分けるようにと、骨を一本与えた。一四三〇年頃、バイエルン公ルートヴィヒ七世は首都インゴルシュタットの教会のために遺骨を贈られた。一五六八年、プロテスタントに反対する宗教行列の機会に、遺骨全体がパリに集められた。一六一〇年九月、マリ・ド・メディシス〔一六一〇年夫王アンリ四世の死後、ルイ一三世の生母として摂政となった〕は骨を一本受けとったが、良心の呵責にとらわれ、ルイ一三世の聖別式の折に返還した。アンヌ・ドートリッシュ〔ルイ一三世の王妃〕は、一六一六年、肋骨の小さな骨片一つしか贈られなかったので、それを不満とした彼女は翌年肋骨を丸ごと一本手に入れた。その少しあと彼女は、パリとローマのイエズス会のために肋骨一本と腕骨一本を手に入れるため、ギーズ枢機卿と一緒に仲介の労をとった。サン＝ドニの諸王の遺体の掘り出しと諸王の遺物の墓荒しがおこなわれたことがあるが、その際には聖ルイの墓は明らかに中が空の墓でしかなかった。一二九八年に骨は聖遺物匣から移されてしまっていたからである(3)。この聖遺物匣もその時に壊されてしまい、骨のうち残っていたものも散逸したか、あるいは跡形もなく砕かれてしまったに違いない。

聖ルイの聖遺物のなかで、今、何が残っているのだろうか。サント＝シャペル礼拝堂にあった聖ルイの頭蓋骨の聖遺物匣ついては、聖遺物匣の七宝の小さな一かけらだけが、パリの国立図書館のメダイユ部門に保存されている。パリのノートル＝ダム司教座教会に保存された下顎骨と肋骨も、聖遺物の細分化からまぬがれることはできなかった。一九二六年、パリ大司教がモントリオールのサン＝ルイ＝ド＝フランス教会に肋骨の一かけらを贈ったからである。サン＝ドニの教会は、聖母の後陣礼拝堂に聖ルイの骨を一つ展示している。その骨を入手した日付も条件も知られていない。一九四一年にサン＝ドニ記念協会は、その聖骨を納めるための新しい聖遺物匣を発注し、一九五六年にその新しい匣に聖骨を納めるための盛大な式典が催された(4)。

聖ルイの心臓の運命については一九世紀の碩学者たちを悩ました。一八四三年にサント＝シャペル礼拝堂の工事がおこなわれたとき、祭壇のそばに心臓の断片が発見された。それが聖ルイの心臓であるという仮説が立てられたが、激しい論戦が起こり、当時の中心的な学者のいく人かが対立し合った(5)。私はアラン・エルランド＝ブランダンブルクと同じ意見である。「銘が一切ないこと、年代記がその保管についてまったくふれていないこと、この貴重な聖遺物が忘れ去られていたように思える状況、それだけでもこのような同定が不可能なことは明らかである(6)」。さらに彼は、一七世紀にはまだサン＝ドニの聖ルイの墓に読むことができた銘文の存在に疑いを抱くことはできない、と付け加える。「ここにはフランス王聖ルイの内臓は納められている(7)」し、また内臓はシチリアのモンレアーレにあったのだから、かってチュニジアにいたフィリップ三世が骨と一緒にサン＝ドニに送ることを決めた心臓は、先にふれた心臓でしかありえない。一二九八年に聖遺物匣で骨と一緒には移動されなかったという心臓は、大革命以前に墓のなかで崩れてしまっていたに違いない。そこに残っていた崩れた断片など、おそらく一七九三年の破壊者たちやドン・ポワリエ〔ベネディクト会改革派サン＝モール修道会員の碩学者で、サン＝ドニの古文書保管人〕の眼にはとまらなかったのだろう。

最後に、内臓の運命であるが、かなり驚くべき運命をたどる。一八六〇年までシチリアのモンレアーレにあった内臓は、シチリアのブルボン王朝の最後の王フランチェスコ二世がガリバルディの千人隊〔「千人隊」を率いて仏・西支配のシチリアを解放し、フランチェスコ二世を退位、亡命させたイタリア愛国者〕に追われて亡命した時〔一八六一〕に持ち出された。亡命王はこの貴重な内臓をまずイタリアのガエタに移し、ついでローマに運んだ。亡命王はローマを去りパリへ行かねばならなくなった。その時はオーストリア皇帝フランツ・ヨーゼフが提供したオーストリア領の城に滞在したが、彼は内臓をその城の礼拝堂に納めた。一八九四年に書かれた彼の遺言状で、彼は内臓の納められた聖遺物匣を枢機卿ラヴィジェリ〔アフリカの宣教に尽くしたフランス人聖職者〕と白衣の神父たちが運営するカルタゴの司教座教会に遺贈した。このようにして聖ルイの内臓は聖王が死去した地に戻ったのである(8)。

聖ルイの遺体の分割は一二七〇年におこなわれた。一二九九年に教皇ボニファティウス八世は、教書『デテスタンダエ・フェリタティス』(*Detestandae feirtatis*) によって、そのような行為を野蛮で奇怪なものとして将来にわたって禁止した(9)。人間の身体は、たとえ屍の状態であっても、元のままにしておくことを重んじる新しい感情が生まれていたからである。しかしそうした感情は、とくにフランスでは、王や偉人の身体に対して広がりを見せていたもう一つ別の感情とぶつかった。墓を多く造ることで（それぞれに異なった場所に遺体の墓、心臓の墓、内臓の墓を建てること）、その身体的な記憶の現存を増やしたいという欲求である。旧制度《アンシャン・レジーム》社会における威信への欲求は、異教の伝統に連なる、遺骸趣味や度を超えた葬儀芸術趣向によって育まれてきたものであるが、この欲求は、人体尊重という考え方に対して長い間優位を保ってきた。教会はこうした〔人体尊重の〕考え方を社会の頂点である王家に対して課すことには成功しなかったのである。こうした王たちの風習が聖遺物になった聖ルイの骨を分割することを助長したのである。

【注】

（1）この主題についてはこれまではやっと軽くふれられたぐらいである。私の知るかぎりでは、以下の文献がある。Colette BEAUNE, *Naissance de la nation France*, Paris, 1985, pp.126–184 ; Alain BOUREAU, «Les enseignements absolutistes de Saint

Louis, 1610–1630», dans *La Monarchie absolutiste et l' histoire en France* (Acte du colloque), Paris, 1986, pp.79–97 ; Christian AMALVI, *De l' art et la matière d' accommoder les héros de l' histoire de France. De Vercingétorix à la Révolution. Essais de mythologie nationale,* Paris, 1988 ; J. BUISSON, *La Représentation de Saint Louis dans les manuels d'histoire des écoles élémentaires (du XVIe siècle à nos jours)*, Mémoire de diplôme de l'É.H.É.S.S., inédit,1990(directeur M.Ferro).

（2）Patrick J. GEARY, *Furta Sacra. Thefts of Relics in the Central Middle Ages*, Princeton University Press,1978.

（3）ベネディクト会士ドン・ポワリエは、国民公会〔一七九二～九五〕の歴史記念建造物委員会の名において、この作業の証人であるが、その素気ない調子の報告書に、つぎのように書いている。「一七九三年一〇月一九日土曜日、内陣の発掘を続けていたとき、ルイ八世の墓の脇に、一二七〇年に死んだ聖ルイが納められていた墓を見つけた。それは他の墓に比べると丈が短く、幅が狭かった。遺骨は一二九七年の列聖の時に取り出されてしまった。［(ル・ゴフの注) 彼の柩が他に比べて短く狭かった理由、それは歴史家によれば、肉の部分がシチリアに持っていかれ、サン＝ドニには骨しか納められなかったからである。骨を納めるだけならば遺体全体を納める柩よりは大きくなくて済んだのである］」(Alain BOUREAU, *Le Simple Corps du roi*, Paris,1988,p.86)。

（4）Elizabeth A.R.BROWN,«Philippe le Bel and the remains of Saint Louis», *Gazette des beaux-arts*, 1980/1981,pp.175–182 ; *Acta Sanctorum*, mois d'août, vol.V, pp.536–537 ; Robert FOLZ, *Les Saints Rois du Moyen Âge en Occident(VIe–XIIIe siècles)*, Bruxelles, 1984, pp.171–180.

（5）Auguste MOLINIER, *Les Sources de l'histoire de France des origines aux guerres d'Italie (1494)*, vol.II, *Les Capétiens (1180–1328)*, Paris,1903, n. 2542 を見よ。

（6）A.ERLANDE-BRANDENBURG, *Le roi est mort, op.cit.,* p.96.

（7）*Ibid.*, p.96, n. 103.

（8）聖ルイのチュニジアにおける奇妙な伝説については、A.DEMEERSEMAN, *La Lêgende tunisienne de Saint Louis*, Tunis, 1986 を見よ。私たちは一九九〇年、カルタゴの機能を中止した司教座教会で、――その碑銘によれば――聖ルイの遺物を納める墓を見た。

（9）A.ERLANDE-BRANDENBURG, *Le roi est mort, op.cit.,* p.30 ; Elizabeth A.R.BROWN, «Death and human body in the later Middle Ages : the legislation of Boniface VIII on the division of the corpse», *Viator*,12,1981,pp.221–270 ; A.PARAVICINI BAGLIANI, *Il corpo del Papa, op.cit.* (前出三四七～八頁注1)。

第二部　王の記憶の生産——聖ルイは実在したのか

さて私たちは、聖ルイの生と死を見たのち、さらに論を先に進めることができるかどうかをみずからに問いかけ、この人物がいったいだれであったのかを知る試みをすべき時に至った。歴史家の義務として私は、オリジナル史料だけに頼って、つまり当時の史料の助けを借りるだけで彼の生涯を語ってきた。しかし証人たちの記憶は、さまざまのレベルからみて確かなものではなく、個人的な関心と集団的な関心から手が加えられている。そしてすでに「学問的である」とはいえないまでも、真実であることを期する歴史でさえも、一三世紀においてはいまだ揺籃期にあり、意識的にであれ無意識的にであれ、その歴史を書いてきた人々の、さらにはそれを書きながら歴史を構築し生産してきた人々の、置かれている状況と目標とするところ次第なのである。一人の王、ましてや一人の聖人、多くの人々が聖人として認めさせることを願ってきた王が問題であるからには、このような改ざんの力と規模の大きさは相当なものであったに違いない。（聖王）ルイ九世という個人にまで達することが期待されうるかどうかを知るには、どのようにして、また何ゆえに彼の記憶が生産されてきたのかを入念に調べなければならない。

私が読者に提起するこの企ては、歴史家の仕事《メティエ》〔マルク・ブロックの著書にも付けられている概念で、歴史家に特有の職人芸的な仕事の意味〕のなかで伝統的に「史料批判」と呼ばれているものをはるかに超えるものである。その狙いとするところは、歴史家の仕事の唯一真正な原材料である史料を手段として、歴史家が、一三世紀のキリスト教世界のなかで、記憶の生産に携わってきた環境および個人の利害関係を表わすこととは別のもの、そしてこの時期の記憶の生産手段とは別のものを認めることができるかどうかを知ることにある。この調査が終わった時点でとらえられるのはまさしく聖ルイなのか。それとも、聖ルイを私たちの記憶に残すに足るだけの諸々の理由や物的かつ知的な手段を有していた人々が、結局は個人としての聖ルイを私たちに知らせようという願望も可能性も持っていなかったことの理由を知るだけに終わってしまうのだろうか。この個人としての聖ルイを把握し理解することこそ、今日私たちが抱いている正当な願いなのである。彼らが作り上げてきたのは王なる者のモデルなのか、聖人の典型なのか。それとも現実に存在した人物であるあの王なのか、あの聖人なのか。だから私たちとしては、聖ルイ探求を進めるために、この企てを抜本的に問題視してかからねばならない。私たちの史料にみられる聖ルイなる人物は実在したのか。そしてそれが私たちに与えられる唯一人の人物であるとき、聖ルイは果たして実在したといえるのか。

聖ルイにまで行きついて彼を説明しようと試みるために、歴史家として、そしてその仕事がら、中世以来手に入れてきたかなりの学問上の進歩の恩恵に浴している歴史家として、どんな努力をして彼に近づこうとも、ここで得られる聖ルイもまた「私の」聖ルイであることは隠しようがない。聖ルイについての主観的なイメージを提起することがこの著作の目的であるというのではない。ここで、歴史的真実の問題を議論するつもりはない。そうではなくて歴史家の仕事《メティエ》は、真実を明かす仕事だと信じているからである。つまり「学問的な」、いってみれば証明可能な、そして確認可能な方法を実行に移すことである。とはいえ「私の」の聖ルイが「本当の」聖ルイであると思い込むほどお人好しでも自惚れ屋でもない。この書の冒頭から終わりまで専念しようと考えているのは、いわゆる内的自己批判をすることで読者を退屈させずに、「私の聖ルイ」を作り出すなかで、私自身の立場を、私自身の専門知識を、すなわち私の「個人的なハビトゥス」*habitus personnels*〔経験に基づき諸個人の内に定着している知覚・思考・実践行動を持続的に生み出す性向〕を考慮に入れることである。

本書のこの第二部の作業を進めるにあたり、ここでもこれを支える土台として、マルク・ブロックの「歴史家は（自分の研究において）自由に振る舞えるところは何一つない[1]」ということばを利用させてもらうことにする。

それゆえこの第二部では、以下の一連の質問に答えるように努めなければならない。どんな史料が無意識のうちに聖ルイに関する情報を私たちに与えてくれるのか。それとは反対に、どんな史料が、ルイについてのある考え方を、あるイメージを、後世の人々に伝えようという意図から出てきているのか。王の同時代人は、王に関して何を「記憶すべきものである」、すなわち集団的記憶のなかに入れるのにふさわしいと評価してきたのか。王の記憶の生産の主要な核心は何であったのか。彼らの意識的な関心は何であり、無意識的な関心は何であったのか。どんな伝統という網のなかで、聖ルイの記憶がとらえられてきたのか。私たちができれば知りたいと思っている第一級の人物についての、あるいはもっと単純に、ある一個人についての、今日ごく標準的な質問事項に属している事柄の何に関して、これらの史料は私たちに語ってくれないのか。喧伝と沈黙の入り混じったどのような全体のなかで、聖ルイの記憶が私たちに伝えられてきたのか。

【注】

（1）Marc Bloch, *La Société féodale*, Paris, nouv. éd. 1968, p.16〔邦訳、マルク・ブロック『封建社会』堀米庸三監訳、岩波書店、一九九七、六頁〕。

第一章　公式史料の王

行政資料による証言の助けを借りて君主や政府に近づく方法は、長い間歴史の舞台裏に追いやられて、歴史学のいわゆる「補助的」学問にあたる年代学、文書形式学、印章学などといったマイナーな領域に閉じこめられてきた。しかしこの接近法は、ことばの遊びではなく、それが日常的にくりかえし実践されるということを通して、権力の現実に至るための王道なのである。代々の王と、書かれたもの、尚書局《シャンセルリー》の慣例、彼らの君主権ないしは意志の表示の明確化と運用の規則、彼らの権力の主要な基盤の一つである文書類の保存との関係は、彼らの人柄および彼らの伝記に属する事柄である。聖ルイという人物は、この行政上の活動を通して真価が発揮されてきたのであり、また聖ルイはこの活動によって存在してきたのである。そしてそのおかげで、少なくとも部分的にではあるが、私たちにとって存在し続けているのである。これらの証言を通してみると、祖父であるフィリップ・オーギュストあるいは孫であるフィリップ端麗王と同じ王のようには現れてこないのである[1]。

聖ルイに関して最初に検討する塊は、彼の印《しるし》ないしは彼の名前のある公式史料からなっている。今日では、政府当局者は若干の重要な公式文書は自分で書くか、少なくとも署名をするが、重要性の低いものにはその署名を代理人に託する。一三世紀では署名はされなかったので、王のサインはなく、印璽がその代わりを務めた[2]。王が唯一の君主であるのと同様に、王の大印璽は、自分が印璽を施す文書に全き権威を与える唯一のものである。同時にそれは一つしか存在しないのである。たとえ前王の印璽母型が再使用されることがあっても——というのもこのような印璽の母型の製作は「時間のかかる、経費もかさむ、そして精緻な仕事であったからである（M・パストゥロー）——、君主の名前を含む銘文を刻むということは、新しい王の権力の掌握とともに現れ、例外的なこととして治世の間に王がそれを造り変えることはあるが、この王の死をもって初めて消えるのである。もはや大印璽（「威厳の印璽」ともいわれる。なぜなら印璽では君主がいかめしく座った姿で見られ、それを美術史家たちが威厳――王のみがもつあの崇高で神秘的な権力――と同等にみなしてきたからである）が用いられぬようになり、そしていずれにせよ君主が死ぬと、それは壊されてしまうのである。聖ルイは、十字軍遠征の間に役立てるために、不在時の代理印璽を作らせた最初の王であった。それは王が遠国に滞在している際の印璽で、自らの権力の継続性を明らかにし、王が権力の代行を託した人々だけが使用できるものである。印璽は尚書長《シャンスリエ》の管理下に置かれており、彼は通常、王が国内を移動する際にお供をする。下級ではあるが重要な役人である蠟暖め係り《ショフ＝スィール》が、君主の移動の際にはいつも、王、尚書長、それに大印璽のあとに付き従う。

　尚書局の文書の膨大化、官僚の仕事の迅速化の必要が、まさに聖ルイ治下において新しい慣例を整備するに至った。一二五〇年頃のことである。王の尚書局の文書の格付けがなされているが、それは文書の蠟付けのなされ方で識別される。赤と緑の絹の飾り紐の上に緑の蠟が施された文書は、シャルト（charte）ないしはシャルトの形をとった開封文書《レトル・パタント》である(3)。二本の帯の上に黄色の蠟の施された開封文書は定式性の度合いが低いものである。一二五〇年頃では、一本の帯の上に黄色の蠟の施された開封文書は、一層迅速に取り出せるもので、文書の本文の冒頭にある王の決断を示す「われ命ず」*mandamus* にちなんで、一般に「命令書《マンドマン》」と呼ばれており、文書形式学の一範疇である(4)。最後に、王の治世が終わる直前に、「印璽外」（*sic signatum extra sigillum*）と記され、文書形式学者たちが「内容外言及」と呼んでいる奉仕業務に関する覚え書であるが、その助けを得る必要も感じはじめられている。現在保存されている最古の例にみられる日付は一二六九年一二月三〇日である。これは一本の帯に印璽の施された書簡で、聖ルイがクレルモン司教に「修道士ギヨーム・ド・シャルトルを介して」聖遺物を届けさせる、と送付を予告しているものであり、この指示が「内容外(5)」となっているのである。

　王の文書の生産が諸制度の単なる機能の結果なのか、あるいは君主のはっきりと言明された意志からなのか、君主の個人としての行動からなのかを評価することは、明らかにとてもむつかしい問題である。せいぜいルイ九世が、王の文書が発給された場所に実際にいたことを指摘することができる程度である。そしてこれらはフィリップ端麗王以来、もはや起こらなくなるのである[6]。そこから推論できることは、王が少なくともこれらの文書の内容に大いに通じていた確率が高いこと、そしてこれらの文書から、あとで見るように、王の移動や滞在を知ることができるということである。

確かなことは、王の官僚制が聖ルイの統治とともに文書の増加という新しい局面を迎えているということである。聖ルイは書かれたものの王である。このような文書の拡大は、単に王権制度の発展に結びつけられる[7]だけではなく、自分の職務について、王国における自分のさまざまな問題への干渉義務について、公式な王の意志の証人である書き記された文書の有効性のなかでの自分の信頼性について、聖ルイが抱いている考え方をもまた表わしているのである。王の行政上の質的な進歩を示す量的な飛躍は、すでにフィリップ・オーギュストの治下に生じていた。一一九四年、フランス王の文書類がリチャード獅子心王の手に落ちてしまったフレトヴァルの戦いという不幸な出来事のあと、しかし同時にまた、王領の拡張に起因する文書の作成の著しい進展もあって、王の文書類のより良い保存効果をそこに見ることができるのである。フィリップ・オーギュストの（四三年の治世の間に）七〇一通のオリジナル文書が保存されているが、これは彼の祖父ルイ六世の九六通（二九年の治世の間に）、父ルイ七世の一九七通（四三年間の治世の間に）に対するものであり、それにあらゆる形態で伝来するおよそ一九〇〇通という文書の数は、ルイ七世が残したものの二倍にもなる。それに忘れてならないのは、保存されている文書は、生産された文書のごく一部を代表しているにすぎないということである。フランス王権はこの点に関して、書き記された文書の生産性が最も高い、しかも時期としても最も早い教皇権に比べても、さらには書類の保存に優れてはいるが、ほとんど実用的でない巻物《ロール》を使用し続けているイングランド王権に比べても、いまだ遅れをとっている。この遅れが取り戻されるにはフィリップ端麗王を待たなければならないであろう。聖ルイの治世は、遅れの取り戻しの真っただ中にあたるのである。

体系的にではないがアンリ一世とルイ〔ル・ゴフの書き忘れ。ルイ八世か？〕の文書の目録が、それに網羅的な形でフィリップ・オーギュストの記録簿《ルジストル》とフィリップ端麗王のそれが公刊された。不幸にも、聖ルイの時期と彼の息子フィリップ三世の時期は欠落している。王自身というよりもむしろ制度についての情報を与えてくれるこれらの史料を調べることは、いずれにせよ私の意図にはなかった。しかし王の名前で発給され、王の印璽が付された公式の文書に、聖ルイに関する何か情報がないかと、さらに求めることは望ましいことである。

尚書局の文書の本質的な部分は、フィリップ・オーギュストの主要な補佐役で、聖ルイの治世の冒頭に死んだ尚書長ゲランの名の付いた「ゲラン記録簿」*registrum Guarini* と呼ばれている記録簿のなかにある。ゲランは一二二〇年に、以前に作成された二つの初期の記録簿を改訂し補足するために、その実行を決意した。(8)

記録簿に転写されている文書は年代順に揃えられている。それらには制度や人物の活動状況が、ここでは王の尚書局の活動状況が、時の経過順に記述されている。一七章に分けられ、補足のために空白のまま残されたフォリオ(葉)の付されたゲラン記録簿は(このことは王の行政が未来に備えるという感覚をもっていたことを示す証拠ともなっている)、一二七六年まで使われた。つまり聖ルイの治世の全期間を通して役立ったのである。この君主が、慎重にその記録簿の写しを作らせ、一二四七年五月、十字軍への旅立ちの一年以上も前に仕上げさせて、それをこの遠征に携帯していくのを知ると、王とこの王の行政の記憶の書との間に、個人的ということもできる絆が感じられるのである。統治を継続するという彼の意志のしるしとして(このことは遠国にある王のイメージに含みをもたせざるをえなくするものであるが)、彼は一二四八年から五五年にかけてのエジプトや聖地での滞在期間、それにフランスに帰国したのちの当初の数カ月の間に、みずから下した決定を内容とする文書をその記録簿に複写させているのである。ジェラール・シヴェリは、聖ルイは再度この記録簿をチュニスへの十字軍遠征に持っていくことがありえたと想定している。なぜならそこには一二七〇年に発給した文書がみられるからである。(9) シヴェリはそこに、王の現実対応主義の姿勢を長期にわたって表わしてきた例の「応急処理《ブリコラージュ》」の証拠を見つけ出した。つまりそこに「加筆、訂正、修正」のあることを突きとめたのである。しかしその多くの場合は、社会構造の進展に王の政策を適応させようとする、ほとんど走り書き程度の試みである。たとえば騎士の義務負担の簡単な列挙を、封土からの現金収入の評価に置き換えるといった試みが示している通りである。聖ルイは貨幣経済が後戻りできないほど目覚ましい発展を遂げた時期の王である。王の財源の列挙の努力が未完成に終わっていることは、これらの努力が達成されなかったことの別の証でもある。これらの一覧表は未完成のままであるので、古い一覧表に頼らねばならない。[10] 王は自分ではその加速を制御できない時間のあとを追って走っているのである。

改革の意志は漠然とはしているものの、大ざっぱにいって、聖ルイがフィリップ・オーギュストを踏襲していることがわかる記録簿とならんで、文書箱《ライエット》と呼ばれる文書保管庫は存在する。そこには文書《シャルト》が保管されており、一三世紀には、その全体が文書《シャルト》の宝庫《トレゾール》と意味深くも呼ばれているものを形作っていた。この分野で聖ルイは決定的に重要な事績を完成させた。フィリップ・オーギュストは、フレトヴァルの事件以後、定まった場所に王の書類を置かせてきた。聖ルイはそれらの書類に聖なる保管場所を与えた。すなわち自分の宮殿のサント＝シャペルのなかにある、聖具室の宝庫《トレゾール》殿の上である。真正な書き記された文書が、金銀細工品に倣って、貴重品となったのである。この「文書箱《ライエット》」には、王と、外国の諸君主、王国の大封臣、さらにはその他の王の家臣たちとの関係書類が、条約、臣従礼、約束、保証〔原文ではcantinesとなっているが、原本のcautionsを採用〕という形のもとで納められている。つまり王に属する財産を目録化し、その所有の法的有効性を保証するあらゆる権利証書である。すなわち王の受信と送信、いいかえるならば、送付した書簡と受領した書簡、それら書簡の写し、返還書簡 *litterae redditae* ないしは回収書簡 *recuperatae* という名のもとに宝庫《トレゾール》に返還され回収された文書、もっと後になっておこなわれる聖ルイの列聖のような大きな政治的な出来事に結びつく文書、王の取得物などである。[11]

これらの史料から聖ルイという人物についての情報を引き出すのはむつかしいように思われる。[12]

しかしながら、ある問題に関して、一件資料が作成されたことを暗示する文書史料のいくつかの塊があることを指摘することはできる。すなわち、いずれにせよ、とくに聖ルイの関心を引く諸問題、ほとんど彼の脅迫観念と呼びうるようなことについて、文書管理上の特別の努力がなされてきたことである。たとえば聖地および彼の二度目の十字軍遠征の準備に関することは、とくに彼の頭から離れない。王の調停に関すること、そしてとくにイングランド王とイングランド王支配下にある諸侯の間や、彼自身の王国の諸侯の間に、自分自身が仲裁を買って出るという問題は、自からの決意を明らかにしてそれを固めるという、平和を願う王の気遣いである。最後に、自分の家族に対する関心であるが、人間としての、そして君主としての彼の関心事のなかで、若干奇妙な点もみられなくはないが、大きな場を占めるものである。それは新たなる不在と死の前夜の予感をほとんど反映したものといえるものである。彼は、とくに、末子たちの親王領《アパナージュ》の問題を、子供たちの利益と王国の利益の間のむつかしい折衷のなかで解決しようとしているのである。道徳と終末論に支配されていたこの時期にあって、彼には官僚政治にみられるような、王朝的君主国家的周到さがあるのである。

王の文書の保存に関して、彼の治世下でもっとも重要な刷新は、一二五四年からパリ高等法院《パルルマン》においても文書の保管が始まったことである。これらの文書を含む記録簿は、一四世紀に *olim*（「かって」）という名称が与えられた。この名称の所以は、記録簿の一つが Olim *homines de Baiona*（「かってバイヨンヌの人々は……」）で始まっていたからである。そしてこの *olim* という語は、最古の七つの記録簿に適用されたのである。これらの記録簿の作成の始まった日付は意味深い。一二五四年は聖ルイの聖地からの帰還の年であり、プロヴァンスに上陸したのちにフランシスコ会修道士ユーグ・ド・ディーニュと面談した年である。ユーグは裁きの義務に関して王の注意を引いた修道士である。それは道徳的な秩序の時期の始まりを告げる一二五四年の大王令《グランド・オルドナンス》の年でもある。それはまた「高等法院の活動における改善の時代の幕開け」[訳1]と呼ばれてきたことでもある。この高等法院は裁判事件を専門とするという理由で王のクーリア（*Curia regis*）全体とは最終的には区別されるものである。

たしかに高等法院は、多少なりとも王から独立して機能している。しかしながら王は年に三、四回開催される総会にほとんどいつも出席して、聖霊降臨祭、諸聖人の祝日あるいは冬の聖マルティヌスの祝日（一一月一一日）、聖母マリア清めの祝日、それに聖母の誕生の祝日の翌日ないしは八日目にはこれを主宰した。これらの記録簿の出現は、まさに聖ルイの心の奥底にある意志に、そして十字軍遠征からの帰還後の王の行動と政策の決定的な修正に呼応するものである。これは高等法院（控訴院）、すなわち王の裁判権への上訴 *appel* という手続きを通して、王の裁判権が、領主の裁判権ないしは他の裁判権（たとえば都市の）に優先するという主張が徐々に頻繁になってきていることである。これはまた文書による手続きに頼ることに決定的な進歩のみられる時期でもある。「オリム」*Olim* は、裁判権を有する聖ルイの官僚としての顔である。(13) それは、君主国家というこの新しい機構の歯車のなかでの王の意志と存在を、文書のなかに、登録された記憶のなかに書き込むことである。自分の職務を全うするために、彼は継続性を必要としたのである。「オリム」のなかで、はっきりと高等法院の「書記」という肩書の読みとれる最初の編纂者はジャン・ド・モンリュソンであるが、彼は一二五七年から七三年にかけてその職務を遂行した。

De mandato regis（王の命令により）という記述が現れるとき、王の特別の干渉があったと想像することもできよう。多くの場合、王の役人たち、とりわけバイイは、王の名のもとで決定を下すことがありえたとはいえ、時には *quantum ad consilium*（補佐役会に関すること）と *quantum ad regem*（王に関すること）との間に区別がみられることもある。たとえば、コロンブの修道院長が職務に就いたとき、王の侍従たちが彼に求めた儀仗馬に関する一二六〇年になされた調査についての一通の文書がある。この調査書の発給は、この高等法院において「補佐役会にもとづいて」なされたものであり、「王に関わるもの」ではないことに気づく。なぜならだれかがこの件に関して王に「話す」ことになっていたからである。(14) 聖ルイがこれらの文書類について抱いている特別な関心は、一二六〇年、サント＝シャペルの文書庫《トレゾール》にオリジナル文書一式の預託を命じた時に表われている。このサント＝シャペルの文書庫でも、特定の時期に王の注意を呼び覚ましたことに関する一件資料が作成されるのがみられるのである。たとえば聖ルイは、ラングドックの事件に関心を寄せているようであるかと思うと、フランス南部全般には関心がないように思われたりもするのであるが、ラングドック地方の制圧に関する文書一式と、とくにシモン・ド・モンフォール(訳2)のかつての封土と権利に関する印璽の付された書簡と文書を、一二六九年に高等法院の文書類のなかに加えさせているのである。

聖ルイの治世も末期になると、高等法院の文書類は史料の洪水であふれてしまう。この過飽和状態では、いずれにせよ、誕生を見つつある王の官僚体制を手探りででも確立させようという命令を行きわたらせることもできない。たとえば、高等法院の文書類と文書庫《トレゾール・デ・シャルト》の間の選別もままならない。高等法院の調査書は文書庫《トレゾール》の権利証書（tr-

tres）と混じり合ってしまっている。すでに聖ルイは文書類の史料の背後に隠れてしまい、姿が見えないのである。

聖ルイの王史料が、フランスの他の王の史料ともども大きく欠落しているのは、一七三七年のパリ会計院の火災の際に灰燼に帰した記録簿と会計関係文書一式の損失に起因している。聖ルイの治世に関して残されているのは若干の断片にすぎないが、「意義のある」ものである。家政機関の会計簿、つまり君主の家の切り盛りの一切で、蠟板に書かれている。たとえばこの蠟板に、家政機関の会計係りジャン・サラザンは、一二五六年の聖母マリア清めの祝日から一二五七年の諸聖人の祝日までの期間、つまり六三八日間、王の居館の日々の経費を記したのである。(15) 一二三一年、一二三四年、一二三八年、一二四八年、一二六七年の会計簿は保存されてきた。(16) 先に一二三四年の聖ルイの婚礼経費、および十字軍遠征経費の要約についての数値データを見てきた。軍役に関する数値も伝わってきており、(17) とりわけ監察使（enquêteurs）側の文書、とくに一二四七年の調査に関するものである。(18) このように文書類は私たちに、聖ルイなる一人の人物のイメージを明かしてくれる。それは多量に書き留め（つまり記録させて）、保管を重ねていくが、ほとんど数えることをしない人物像である。彼は数値に取り囲まれてはいない。それはおそらく王の会計記録が失われた結果であろう。というのも王権はこの一三世紀という時期にあっては、しだいに計算することを始める時期であり、算術と計算の世紀として叙述されることもありえたのである。(19)

調査書とともに、王令《オルドナンス》はとくに重要である。この語が用いられるのは中世よりのちのことであり、このタイプの文書の呼び名、およびその内容の法的性質から結果する文書の形式は、聖ルイ治下ではいまだ十分に定まっていないということを喚起しておこう。ここで問題となるのは、立法および行政命令的な性格をもつ文書であり、王のみがその発布の権利を有しているものである。それらは「法　令《エタブリスマン》」（*stabilimenta*）、「規定《スタテュ》」（*statuta*）、「禁　止《デファンス》」（*inhibitiones*）、あるいはさらに、通貨に対しては「協　定《アティールマン》」、「命　令」、「法　令」と呼ばれている。これらは王領ないしは王国の一部において有効な、一般的な効力をもつ重要なテクストである。また聖ルイ治下では、しだいに王国全体に有効性をもつものとなる。(20) 王国全土に適用された最初の「王令」は聖ルイの未成年時代に発布されている。(21)

フランスの代々の王が発布した王令の適当な版本がないので、大よそのことしかわからない一つのリストから得られる印象に頼らざるをえないが、その印象は確かに正当なものでもある。(22) フィリップ・オーギュストに関して六通の王令があるのに対して、ルイ九世のものと数えられるのは二五通である。このなかには、王令と同じ性格とみなされてきた八通の規定書《レーグルマン》は数えられていない。これら君主権の権威に由来する文書は、拡大の途上にある王の権力の鍵となる分野、および聖ルイにとりついて離れない諸問題に関するものである。前者に関してはラングドック地方問題、貨幣問題、諸都市の問題であり、後者に関してはユダヤ人問題、高利貸し問題、風俗の改善の問題であるが、私戦や神の審判の問題と同様に、これらも王の権威に属するものなのである。

このような文書を取り巻く不確かさが何であれ、明らかなことは、ある程度の混乱はみられたが、しだいに明確となる意志をもって、聖ルイの治世が、王の「立法権」を改めて主張したこと（すなわちカロリング王朝以来ふたたび見い出されたこと）によって特徴づけられるということである。聖ルイはかなりの程度まで、カペー王朝で最初の立法者としての王たらんとしてきたし、事実そうであった。

最後に、聖ルイの若干の書簡が、アンシャン・レジーム（旧体制）期の碩学たちの刊行した史料集のなかに、あるいはフランス以外の外国の文書館の分類《フォン》のなかに保管されてきている。捕虜となったのち、一二五〇年に聖地から自分の臣下に送った書簡、(23) それに上陸後にカルタゴからフランスの教会へ差し出した書簡の場合がそうである。(24) ロンドンの公文書館 Public Record Office は、聖ルイがヘンリー三世に宛てた一三通の書簡を所有している。(25)

個人的な様相がままみられるにもかかわらず、聖ルイの公式な王文書は、とりわけこの王権の集団的記憶に由来するものはかなり「客観性」が高く、そして多くの場合、個人的な特徴のないものであるので、王としての、抽象的ではあるが自分の王国と歴史のなかで、しだいに現存性を高めていくイメージを私たちに与えてくれるのである。

【注】

(1) この点に関するフランス歴史研究における大きな進歩は、ジャン＝フランソワ・ルマリニエおよび彼の弟子たちのおかげである。とくに以下を見よ。LEMARIGNIER ; *Le Gouvernement royal aux premiers temps capétiens, op. cit.* 前出一〇六頁注7；

Id., *La France médiévale. Institutions et société*, Paris, 1970 ; E. Bournazel, *Le Gouvernement capétien au* xiie *siècle, 1108–1180. Structures sociales et mutations institutionnelles*, Paris, 1975. プロソポグラフィックな方法の寄与に関してはつぎを見よ。*Genèse de l'État moderne : prosopographie et histoire de l'État* (table ronde, Paris,1984), Paris, 1986.

（2）Michel Pastoureau, *Les Sceaux*, Turnhout,1981 ; Brigitte Bedos Rezak, «Signes et insignes du pouvoir royal et seigneurial au Moyen Âge : le témoignage des sceaux», dans *Actes du 105e Congrès national des sociétés savantes* (*Caen, 1980*), Comité des travaux historiques, Philologie et histoire, t. I, 1984, pp. 47–82. 聖ルイの第二の威厳の印璽は口絵写真12を見よ。

（3）Gaston Tessier, *La Diplomatique royale française*, Paris, 1962, pp. 237 sqq.

（4）*Ibid.*, pp. 244–246.

（5）*Ibid.*, pp. 246–247.

（6）Natalis de Wailly, dans *Recueil des historiens des Gaules et de la France*, pp. xxviii-xliv, et 407–512 (*regum mansiones et itinera*) ; G. Tessier, *La Diplomatique royale française, op. cit.*, p. 293.

（7）イングランド王権のケースについては、注目すべき研究がＭ・クランチーによりなされた。*From Memory to Written Record, England, 1066–1307*, Londres, 1979, 新版 1993.

（8）この記録簿は分類番号ＪＪ26〔テクストのＴＪ26は誤記〕のもとに国立古文書館に保管されている。ガストン・テッシエは記録簿を「自然人あるいは法人が、自分が発給した、あるいは受領した、あるいはそれらの発給、受領あるいは伝達の際に、自分に伝達された文書を転写し、あるいは転写させた写本」と定義した。転写は登録と同じ意味である。

（9）G. Tessier, *La Diplomatique, op. cit.*

（10）G. Sivery, *Saint Louis et son siècle, op. cit.*

（11）A. Teulet (éd), *Layettes du Trésor des chartes*, t. I., Paris, 1863, p. vi.

（12）しかしつぎの論評を見よ。Robert-Henri Bautier, «Critique diplomatique, commandement des actes et psychologie des souverains du Moyen Âge», *Comptes rendus de l'Académie des inscriptions et belles-lettres*, 1978, pp. 8–26. エリ・ベルジェは「文書庫《トレゾール・デ・シャルト》の文書箱《ライエット》から見た聖ルイの晩年」に関する調査をおこなった（*Layettes du Trésor des chartes*, t.IV, Paris, 1902）。この表題からまさに、自分が生き、統治した晩年の一〇年間（一二六一～七〇）に文書を集めさせた人物である王を知ることで、これらの王の文書類が何を教えてくれるのかという研究が期待された。残念ながらエリ・ベルジェは文書庫の文書箱を参照しながら、これらの史料をとりわけ口実にしてしまい、一般的な用語でもって晩年の一〇年間の王の政策を素描したのである。そして時代錯誤もはなはだしく、聖ルイの「対外政策」と呼ばれているものに特別の注意を払い、一九世紀末の実証主義的歴史学の、これまた特徴的な方法を用いて、聖ルイのこの政策を判断しようとしたのである。

(13) Arthur BEUGNOT (éd.), *Olim ou registres des arrêts rendus par la cour du roi sous les règnes de Saint Louis, Philippe le Hardi, etc.* t.I. *1254–1273*, Paris, 1839 ; Edgar BOUTARIC, *Actes du Parlement de Paris*, t. I, *1254–1299*, Paris, 1863 とくに pp. LXIV–LXVI.

(14) *Olim*, t. I, p. 131, n. 75.

(15) *Recueil des historiens des Gaules et de la France*, t. XXI, pp. 284–392. 王の会計記録の存続している残りの箇所は、Nathalie DE WAILLY によってこの集録の第 XXI 巻 1855 と XXII 巻 1865 で公刊された。家政機関《オテル》に関しては F. LOT et R. FAWTIER, *Histoire des institutions françaises au Moyen Âge*, t. II, *Les Institutions royales*, *op. cit.*, «L'Hôtel du roi», pp. 66 sqq. を見よ。

(16) 前出一六五頁および二四六頁を見よ。

(17) *Recueil des historiens des Gaules et de la France*, t. XXIII.

(18) 聖ルイの調査はレオポルド・ドリールによって公刊された。*Ibid.*, t. XXIV, 1904.

(19) 一三世紀における計算の進歩に関しては、Alexander MURRAY の素晴らしい本 *Reason and Society in the Middle Ages*, Oxford, 1978 を見よ。

(20) 王令に関しては後出八六三～五頁を見よ。

(21) 前出一三三頁を見よ。

(22) ルイ一五世、すなわち摂政オルレアン公フィリップの求めによって、Eusèbe de LAURIÈRE は一七二三年に *Ordonnances des rois de France* を公刊したが、とても間違いの多い版であり、別の刊本に取って代えられるべきであろう (*op. cit.*, 再版 Farnborough 1967)。Gérard GIORDANENGO はこの版を *Recueil général des anciennes lois françaises depuis 420 jusqu'à la Révolution de 1789* (Paris, 1822–1833) と同様に擁護したが、その動機は「中世の現実について、(現在の中世学者たちの見方と比べ) より近い見方がこの編纂のなかに支配している」ということであった («Le pouvoir législatif du roi de France, XIe–XIIIe siècles : travaux récents et hypothèses de recherche» *Bibliothèque de l'École des chartes*, t. 147, 1989, pp. 285–286)。思うに、中世の行政上の実践と心性《マンタリテ》を尊重することで、真に「学問的」な版が出れば、今日の歴史家たちの利用も可能な王令のより

よいテキストを与えてくれることになろう。聖ルイの立法権の発展についてはつぎを見よ。Albert RIGAUDIÈRE, «Législation royale et construction de l'État dans la France du XIIIe siècle» dans André GOUDRON et Albert RIGAUDIÈRE (éd.), *Renaissance du pouvoir législatif et genèse de l'État*, Montpellier, 1988.

（23）前出二三八頁注2を見よ。

（24）前出三五九頁注11を見よ。

（25）G. TESSIER, *La Diplomatique royale française*, *op. cit.*

【訳注】

（1）王国の最高裁判権は、クーリア・レギスという封建集会にその起源をもつ制度のなかに包含されていたが、一三世紀を通じてしだいにクーリアの機能が多くの王国諸制度に分解するなかで、高等法院の管轄事項として定まっていった。

（2）シモン・ド・モンフォール（一一五〇～一二一八）は一二〇九年にアルビ十字軍を率いて出兵し、一二一一年にカステルノダリーでトゥールーズ伯レーモン六世を破り、一二一三年にミュレで勝利をおさめると、一二一五年にはトゥールーズとカルカソンヌを奪いとり、教皇側に勝利をもたらした人物。

第二章　托鉢修道士聖人伝作者の描いた王
――刷新されたキリスト教の聖王

聖ルイの生涯は、教会が新しい制度を認めた最初の半世紀と密接に結びついている。新制度とはすなわち托鉢修道会である。一一世紀の中葉以来、教会は西欧社会の大きな変化に反応しようと努める。そのもっとも顕著な特徴は、経済の驚異的な飛躍である。これは聖ルイが大立役者となった貨幣の普及をもって頂点に達する。すさまじい都市の動き、ここでも王は、パリという首都の役割を増大させるのと同じだけ、「良き」都市〔フランス王とある特定の関係を結んでいる都市〕の統治を管理することでその役割を演じてきた。ロマネスクおよびゴシック芸術を見事に開花させた。サント＝シャペルからパリのノートル＝ダムやアミアンの大聖堂にかけて、さまざまな教会が、聖ルイに彼の信心行為の枠組みを与えた。そして最後に、たとえば、現世に対する一層強い愛着と、彼岸に対する飽くなき強烈な怖れ、利益に対する新しい魅力と清貧の精神への常に新たにくり返される呼びかけ、共同体という枠組みの改編のなかでの個人の存在の出現、こういったものを調整する価値の新しい均衡のなかでの心性と実践の変化である。このような挑戦に教会は、一一世紀の中葉と一二世紀の中葉の間に、改革の最初の動きを示すことで応えたのである。いわゆるグレゴリウス改革（教皇グレゴリウス七世（一〇七三～八五）にその名が由来する）である。教会は前よりも厳密に聖職者と俗人を分けたが、以後この両者の間に、性行為による溝〔性行為の可否による区別〕が設けられることになる。一方は純潔、貞節、独身であり、他方は一夫一婦制の、解消不可能な結婚である。そして教会は霊的事項と俗的事項との間に新しい関係を定めたのである。改革の第二の動きは一三世紀の冒頭に現れる。教会が世俗世界で富裕になり、そこに根づく問題、教会が普通の俗人から遠い存在となってきたこと、福音と信者たちの間に教会が介在させている遮蔽幕、教会がキリスト教を信じる大衆によってそうだと受けとられることばを発することができなくなっていること、このようなことを問題として取り上げる異端運動に刺激されて、若干の聖職者と俗人たちは、福音の字面とその真意に立ち返り、謙譲と清貧を実践し、模範として示し、神のことばに耳を傾けさせるために立ち上がった。

托鉢修道会

一二一五年、第四ラテラノ公会議によって、既存の戒律以外の戒律を奉じる新しい修道会の創立が禁じられた。既存の主要な二つの戒律とは、聖ベネディクトゥスの戒律と聖アウグスティヌスのそれである。スペインの律修参事会員ドミンゴ・デ・グズマンと、イタリアの俗人アッシジのフランチェスコという二人の稀有な人物の呼びかけに応じて、その名称からも説教を重要視していることがわかる説教師会と、謙譲を主唱するがゆえにこのように呼ばれている小さき兄弟の会の誕生がみられた。説教師会は、フランスでは通常「ジャコバン」（聖ヤコブを守護聖人とする彼らのパリの修道院の名前に由来する）ないしは「ドミニカン」（この会の創始者の名に由来する）と呼ばれているが、一二一六年および一二二〇年に特別な慣習律をつけた形でプレモントレ会の戒律に近い律修参事会員が奉じている戒律を採用した。そしてこれは一二二六年に「戒律」として制定し直された。結び目のある縄帯を締めていたので、今なお「コルドリエ」（縄紐修道会士）と呼ばれている小さき兄弟の会士、すなわち創始者の名にちなむフランシスコ修道会士たちは、教皇から新しい戒律に従うという例外的な許可を得たが、これは自分の共同体を修道会に変貌させることにためらいを感じていた聖フランチェスコが一二二一年に起草したものであった。この戒律が教皇聖庁に受け入れられたのは一二二三年に、修正を施されてからでのことであった。一切の土地の所有と、一切の土地収入を拒むこれら二つの修道会は、自分たちの托鉢と施しから得られるもので命をつないでいた。そんな次第で托鉢《マンディアン》修道会と呼ばれたのである。アッシジのフランチェスコは、聖ルイが王位についた一二二六年に亡くなり、一二二八年にはすでに列聖されていた。またドミニクスは一二二一年に亡くなり、一二三三年に列聖された。教皇庁の圧力を受けて、別の修道会、カルメル修道会も、一二二九年、一二四七年、一二五〇年という段階を経て托鉢修道会の仲間入りを果たした。第四番目の托鉢修道会、聖アウグスティヌス隠修士会を結成するために、教皇は一二五六年に独居隠修のいくつかの共同体を統合させた(1)。

托鉢修道会は、自分たちの修道院を、人里離れた場所ではなく、人々の集う都市のなかに建てた。その構成員は「修道士《モワーヌ》」ではなく「兄弟《フレール》」であり、それに第二の(「姉妹の《スール》」)修道会と第三会(俗人の)が付け加えられ、このようにして彼らの網の目のなかに社会の全体をとらえているのである。この托鉢修道会は、一一世紀から一三世紀にかけての大飛躍から生まれた、新しい社会のキリスト教化を実現するための教会の道具なのである。とくに、経済の飛躍や、貨幣の普及や、利益追求の発達と正面から向き合う清貧の精神という反動から生まれた托鉢修道会は、逆説的であるといえなくもないが、商人を正当化する倫理的・宗教的な解決法を編み出し、若干の金銭的な操作を合法化した。要するに、資本主義の発達を許したのである。一三世紀において、托鉢修道会の推進のもとに、理論の上でも実践の上でも、金銭と宗教に関する大論争が起こった。マックス・ウェーバーはこれをプロテスタンティズムの兆しのもとに位置づけたのである(2)。托鉢修道士たちが提起し、部分的にではあるが首尾よく押し進めることができたのは、経済生活の、とりわけ貨幣使用の倫理化ということである(3)。聖ルイの主要な補佐役たちは王ともども、王を拠り所として、王の支援を得て、金銭と商売についてのあのモラリスト的で不信を隠せぬ正当化というフランス特有な心性《マンタリテ》を示してきた。それは今日までフランスの心性の特徴となっているものである。聖ルイと托鉢修道士たちに共通したこの特徴は、大多数のフランス人の、そしてとくにド・ゴールからミッテランに至る二〇世紀のもっとも顕著な指導者たちの経済に対する姿勢にもみられるところである(4)。

托鉢修道会の成功、そしてとりわけドミニコ修道会とフランシスコ修道会という二つの初期の主要な修道会の成功は強烈であった。フランスはそれらが早期に定着した国の一つである。最初の企ては、フランシスコ修道会に関しては、ヴェズレーでは一二一七年、オーセールとパリでは一二一九年、一方聖ドミニクスに関しては、これより早い日付が与えられるようである(プルイーユの女子修道院は一二〇六年、トゥールーズの修道院は一二一五年、パリでの設立は一二一七年)。しかしフランスにおけるドミニコ修道会および小さき兄弟の会の修道院の進出の最盛期は一二三〇年から一二六〇年にかけてであり、聖ルイの治世のもっとも重要な時期にあたる。[5] 聖ルイが亡くなった頃には、フランスには二〇〇近い数のフランシスコ修道会の修道院があり、ドミニコ修道会の修道院も一〇〇に近く、ドミニコ修道会士たちは、小さき兄弟の会士たちによって選ばれた都市よりも、一般により大きな都市に拠点を構えていた。

聖ルイのまわりには早い時期から托鉢修道士たちがいた。彼が最初に出会った托鉢修道士はジュルダン・ド・サックスであったようである。彼は聖ドミニクスの後継者で、一二二二年から一二三七年にかけてドミニコ修道会の総長を務め、パリ滞在の際には、ブランシュ・ド・カスティーユとごく親しい関係にあったようである。一二二六年に聖フランチェスコが亡くなると、小さき兄弟の会の修道士たちは、幼い王と王太后に、聖フランチェスコが死ぬまで用いたといわれていた枕を贈ったとされている。[6] 幼い王は、やがて聖遺物の、他に例を見ない愛好家となるのであるが、その事実が本当のことであるなら、王はその思い出を心に深く刻んだはずである。

最初の十字軍遠征に出発する前から、王は托鉢修道士たちに特別の愛着を示していた。彼がもっとも熱意を燃やしてきた二つの企画を打ち明けたのは、何よりも彼らに対してであった。まず最初は、サント゠シャペルと、そこに収納したとくに貴重な聖遺物に対する崇敬であるが、彼はその聖遺物のために毎年三つの特別な聖務を割り当てた。一つ目の聖務はパリのドミニコ会修道院に、二つ目はフランシスコ会修道院に、三つ目はパリの他の修道会のどれかに託されたのである。[7] ついで一二四七年に、十字軍遠征の準備として王国内で命じられた調査があったが、この調査の大部分を王は托鉢修道士たちに託したのであった。同様に、パリ、ルーアン、ヤッファとコンピエーニュではフランシスコ修道会のために、ルーアン、マコン、ヤッファ、コンピエーニュ、ベジエ、カルカソンヌとカーンではドミニコ修道会のために、多くの托鉢修道士の修道院が建立されたのも、王の気前良さのおかげである。このなかにはパリのサン・ジャック修道院の度重なる拡張工事は数えられていないし、ルーアンのドミニコ修道会の修道院についても同様である。一二五四年、聖地からの帰還のあと、王のもっとも近くにはべる補佐役となり、そして友人となったのは、ルーアン大司教、フランシスコ会修道士ウード・リゴーであった。

一方私としては、王の聴罪司祭であるドミニコ会修道士ジョフロワ・ド・ボーリューの語っていることとは違って、聖ルイ自身が托鉢修道士になろうと真面目に考えたとは思わない（王がドミニコ会修道士か、フランシスコ会修道士かという選択を決めかねたことが、ジョフロワによれば、この願望が実現しなかった唯一の理由としているのであるが）。彼には王としての自分のなすべき義務感が、そして敬虔な世俗の人間としての自分の天職があまりにも深く滲透していたので、よしんば一層名誉あるどちらか一方を選ぶためであっても、責任が疎かになることもあり、神が彼に与え賜うた職務を放棄することはなかった。その反面、王の次男と三男が、一人はドミニコ会修道士として、一人はフランシスコ会修道士として僧衣を着ることを願ったということは大いにありうることである。

聖ルイと托鉢修道士たちとは、根本において同じ目標をもち、そしてしばしば同じ方法をとった。すなわち社会の宗教的・倫理的改革のために権力を利用するということであったが、これはたいていの場合、政治改革と称しうるものの様相を帯びていた。聖ルイは自分の調査のために托鉢修道士たちを利用する。托鉢修道士たちも、時には直接前面に踊り出る。たとえばイタリア諸都市におけるように、王権内にみられるような強大な権力が存在しない場合や、王に行動と改革を促すため王の権力を認めることで、自分たちが都市の規約の改革そのものに着手せねばならない場合である(8)。

托鉢修道士たちは、最終的に聖性についての新しいモデルを仕上げる(9)。だから、彼らがそのもっとも熱心な代理人となった教皇庁から、聖ルイの列聖の際に第一の役割が託されるのは当然のことなのである。そして列聖の前後での王の記憶は、まず最初は、托鉢修道士たちのいく人かが書き残しているものであるが、彼らは、まだ聖人になっていないルイ、あるいはすでに聖人となったルイに捧げられた著書のなかで、自分たちの庇護者に対する感謝の意を表わすことだけでは満足せずに、この機会をとらえて、彼を通して自分たちの修道会の理想とするものを明記しているのである。彼らが描く聖人は、一人の托鉢修道士の姿であり、王でもあったらしい人物である。聖ルイの記憶のために特別な重要性をもってきたのは三人の托鉢修道士である。そのうちの二人は、列聖の前に、聖人として王を認めさせるという明確な目的で伝記を書いたということで、また三番目の人物は、とくに、そのうえ今は紛失して存在しない列聖手続きの一件資料を用いて、いわば公式な王の「伝記」を作成したことで重要なのである。

【注】

（1）いくつかの小規模な托鉢修道会、およびかなり重要なイエスの購いの会 Sachets すなわち袋をさげた托鉢修道会 frères du Sac は、一二七四年の第二リヨン公会議で廃止された。この会議が存続を許したのは四つの大托鉢修道会、すなわちドミニコ修道会、フランシスコ修道会、カルメル修道会、それにアウグスティヌス修道会のみであった。

（2）マックス・ウェーバーの新版に付した私の序文を参照されたい。Max WEBER, *L'Éthique protestante et l'esprit du capitalisme*, Paris, 1964, 新版 1990, pp. 7–24〔邦訳、マックス・ウェーバー『プロテスタンティズムの倫理と資本主義の精神』大塚久雄訳、岩波文庫、一九九八。なおこの和訳にはル・ゴフの序文は付されていない〕。

（3）Lester K. LITTLE, *Religious Poverty and the Profit Economy in Medieval Europe*, Londres,1978. これは重要な著作である。

（4）Jean DANIEL, *Les Religions d'un Président : regards sur les aventures du mitterrandisme*, Paris,1988.

（5）Richard W. EMERY, *The Friars in Medieval France. A Catalogue of French Mendicant Convents (1220–1550)*, New York et Londres, 1962 ; Jacques LE GOFF, «Ordres mendiants et urbanisation dans la France médiévale», *Annales. E. S. C.*, 1970, pp. 924–943〔邦訳、ル＝ゴッフ「中世フランスにおける托鉢修道会と都市化」（『都市空間の解剖（アナール論文選４）』江川温訳、新評論、一九八五）〕。

（6）L.WADDING, *Annales Minorum*, 3e éd., Quarrachi, 1931, t. II, p. 182.

（7）後出九四五～五一頁を見よ。コレット・ボーヌは本当らしい仮説を提起している。すなわち「聖ルイとフランシスコ会修道士たちとの関係が密接であるというのは伝説である」（私なら誇張であるというところである）。聖ルイを一三一二年に列聖されたフランシスコ会修道士、トゥールーズ司教である王の甥の息子ルイに近づけるために「この伝説は一三世紀の後半にナポリのアンジュー家の宮廷で生まれたものである」。ナポリのアンジュー家の宮廷とつながりのあるジョットは、一三三〇年頃、フィレンツェにあるサンタ・クローチェ教会のバルディ礼拝堂に、僧衣を着て、フランシスコ会第三会員の縄帯をしめ、甥の息子を立ち会わせている聖ルイを描いている。一五四七年にパウロ四世の教皇教書で聖ルイは正式にフランシスコ会第三会員となった。そして一五五〇年頃のこれらの第三会員たちの聖務は「ルイは贖罪の戒律のもとにおのれの進路を定めるべく聖フランチェスコの仲間となった」ことを肯定している。(C. BEAUNE, *Naissance de la nation France*, *op. cit.*, pp.138-139)。

(8) A.VAUCHEZ, «Une campagne de pacification en Lombardie autour de 1233», art.cité (前出八二頁注7)。

(9) 後出一〇五七頁以下、とくに一〇六七頁を見よ。

ジョフロワ・ド・ボーリュー

最初の人物はドミニコ修道会士ジョフロワ・ド・ボーリューである。彼自身のことばによると「王の生涯の最後の二〇年近く」の間、王の聴罪司祭を務め、チュニスまで王に従い、王の最期を看取った人物である。新しく任に就いた教皇グレゴリウス一〇世が、一二七二年三月四日にすでに、三月二七日の彼の聖別の前でさえあったが、「あらゆる面での彼の振る舞い方と彼の残した文書一枚一枚について、さらには宗教に関わる事柄の彼の実践について、できるだけすみやかに情報を与えるように」(1)彼に求めているのである。そんな次第でジョフロワが、おそらく一二七二年の暮れか、あるいは一二七三年の初めに(2)、『かつてのフランス王、敬虔なる思い出をもつルイの伝記と清らかな生き方』*Vita et sancta conversatio piae memoriae Ludovici quondam regis Francorum* という表題の五二章からなる報告書(*libellus*)(3)を作成して、これを教皇に送り届けることになる。実際にこれが簡潔な聖人伝であるといえるのは、ルイ九世の列聖につながるはずの手続きの口火を切るものであったからである。ジョフロワが語っているのは、まさに神が「彼の記憶に霊感」を吹き込んでくれたこと、彼が「亡き王」について記憶すべきことを覚えていることなのである。彼が行動したのは、教皇の命令に従っただけではなく、自分の上司への、間違いなくまず第一にドミニコ修道会の上司たちへの服従からでもあった。だからこの企ては、教皇と説教師会修道会に端を発するものなのである。

称賛が無秩序に展開されている(なぜならほとんど王の称賛しかみられないからである)。しかしそこにいくつかの全般的な流れを認めることができる。ルイはヨシヤに比較されている（第一章から第四章にかけて。これが旧約聖書に引用されているヨシヤの母との関連で、ブランシュ・ド・カスティーユを力強く賛辞することばを第四章に滑り込ませることを許している）。彼の徳と信仰心が本書の根幹をなしており（第五章から第二四章）、そのうちの二章、すなわち第一二章と第一四章は、譲位して托鉢修道士になるという王の願望と、彼の息子のうちの二人が托鉢修道会に入り、そして彼の娘のブランシュが女子修道院に入るのを見たいという彼の祈願に捧げられている。第一五章は、王の「遺言書」として提示された、王の息子であり跡継ぎに対する彼の『教え』を再度取り上げたものである。もう一つの章で王のナザレへの巡礼を語っている。つぎに比較的に年代順に並べられた部分が思い起こさせるのは、彼の最初の十字軍遠征（第二五章から第二八章にかけては、母である王太后の死の知らせを受けて彼が悲しんだ長い記述が付け加えられているが、年代順に従うのであれば、ここにナザレへの巡礼を挿入すべきであろう）、ついで王のフランスへの帰還（第三一章から第三六章にかけて）、彼の第二回目の十字軍遠征の準備（第三七章から第四一章）、チュニスへの十字軍遠征、王の死、彼の遺物の運命、サン＝ドニでの彼の遺骨の埋葬（第四二章から第五〇章）であり、そして二章にわたる結論がある。ここでは出発点に戻って、ヨシヤとの適切な比較と、単刀直入な結論、すなわち「聖人たちのなかに名が登録されるにふさわしい[4]」となっている。

「聖人伝」*Vitae* の通例に従って、出来事のいかなる日付にも言及されていないが、ジョフロワはテーマとなる部分を、大よそ時間に沿って語られる部分と並置させている。後者は、一方で、自分が王の聴罪司祭であった時期に、他方で、聖ルイの生涯と治世のなかでも、ほとんどすべての彼の伝記作者たちが王の最初の十字軍と聖地滞在がそれにあたるとみなしている転換期のあとに位置づけられる時期に対応している。この区切りはヨシヤとの比較を正当化するのに役立っている。ヨシヤの治世には、旧約聖書によれば、彼にもまた列聖手続きに関する場合と同様に、際立った二つの時期が知られているからである[5]。ジョフロワのテクストは何よりも一つの証言であり、ルイ九世を一つの範疇に、すなわち聖人の範疇に納めさせようとして、彼を、聖人を規定するモデルにふさわしいものとして描いているのである。

王としての聖ルイの行動については、ほとんど数行の短い章しかみられない。第六章は彼の臣下たちの統治にみられる王の振る舞いに関するものである。[6] このジョフロワ・ド・ボーリューの『報告書《リベルス》』は、「托鉢修道会と母親をいたく愛し、そして二度にわたり十字軍に出かけ、最初は囚われの身となり、二度目はいとキリスト教的な形で死んだ、きわめて信仰の篤い俗人の敬虔な生き様」ということばで要約することができよう。

【注】

（1）L. Carolus-Barré, *Le Procés de canonisation de Saint Louis, op. cit.*

（2）Sancta はこの語の公式な、法律的な意味での saint(e)「聖人（女）」を意味するものではなく、「とても敬虔な」の意である。今日でもなおまったく列聖されていない人物をいい表わすのに、une sainte femme, un saint homme という。

（3）*Recueil des historiens des Gaules et de la France*, t.XX, pp. 3-27. ジョフロワ・ド・ボーリューの翻訳は、Carolus-Barré, *Le Procés de canonisation de Saint Louis, op. cit.* pp. 29 以下に見られる。

（4）*Recueil des historiens des Gaules et de la France* の第二〇巻の刊行版は聖ルイの息子への『教え』*Enseignements* のフランス語版で終わっている。

（5）後出四八三頁および四八六頁以下を見よ。

（6）*«De statu ejus, quantum ad regimen subditorum»*.

ギヨーム・ド・シャルトル

第二番目に取り上げる伝記作者であり、聖人伝作者でもある托鉢修道士は、私たちの知るかぎりにおいて、先の第一の伝記作者ジョフロワの代役を務め、そしてあとを受け継いでいる人物である。このギヨーム・ド・シャルトルもまたドミニコ会修道士で、最初の十字軍遠征の間、聖ルイの礼拝堂付き司祭を務め、共に囚われの身となったが、イスラム教徒から許しを得て宗教奉仕という慰みを王にもたらした人物である。フランスに戻ると彼は五年半後に、したがって一二五九年ないしは一二六〇年に、ドミニコ会に入会したが、王の側近として居続けた。チュニスへの十字軍遠征の際には、王の死に立ち会い、そして葬列の一員としてイタリアとフランスを横断してサン＝ドニまで王の遺骨について歩いた。彼はジョフロワ・ド・ボーリューの死後、彼の論考に補遺を付けようと願っていたが、彼もまたほどなくして死んだに違いない。というのも彼は一二八二年の列聖手続きの際の証人たちのなかに姿を見せないからである。他方、例外的なほど多くの機会に彼が王のそばに姿を見せていることから考えて、彼には証言する価値があったに違いない。

彼の『報告書《リベルス》』は短いものではあるが、[1]一三世紀にみられる通常の聖人伝のように二部からなり、第一部は『伝記《ウィータ》』と呼ばれてはいるものの、大部分が伝記というよりはむしろ、この聖人の徳に捧げられたものである。第二部は奇蹟にふれたものである。実際に彼はジョフロワ・ド・ボーリューよりもいくらか長寿であったので、サン＝ドニの王の墓所や、あるいは他の場所で起こった知らせるべき奇蹟をジョフロワよりも多く知っていた。そして彼はジョフロワが省いたもののいくつかを埋めようと望んだのである。

かっての王の礼拝堂付き司祭である彼は、サント＝シャペルの建立と聖ルイの信仰上の実践に言及し、エジプトと聖地への十字軍の思い出を呼び覚まさせ、王の徳に関する意義深い逸話を報告している。ジョフロワ・ド・ボーリュー以上に彼は、王の権威の強化と、教会と正義と平和に奉仕すべき王の特別の役割（教会に対する尊敬、異端審問官への支援、「悪しき」慣習の廃止と不正直な役人の処罰、ユダヤ人と高利貸しに対する処置、私戦に対する闘い、「戦闘の証拠（勝った方が正しい）による」手続きを「証人による、および議論による」*per testes et per rationes* 手続きに置き換えること）という展望のなかで、統治のあり方について語り、ジョフロワとまったく同じように、王の謙譲さ、「憐憫の所業」についての王の慈愛と実践、王のつましさ、それに王の禁欲主義についても力説している。彼の『報告書』は「君主鑑[2]」に近づいているのである。

説教師会士として彼もまたジョフロワと同じように、ルイが托鉢修道会の修道士たちを贔屓にして、彼らの修道院に数々の例外的な恩恵を授けたことを強調する。彼の一層個人的な、稀なる寄与の一つは、ジョフロワ自身も立ち会った王の死を、時には異なった詳細な内容を盛り込んで、長々と語るやり方である。

王が亡くなったとき、彼は王を理想的なキリスト教の王として、他の王たちの模範となる王として、太陽王として賛美する。(3)

しかし彼の主要な独自性は、五ページ近くにわたって(三から四一にかけて)いくつかの詳細な奇蹟、正式に証明され、真正さを認証された、正確には一七の奇蹟を報告していることである。これらの奇蹟は一二七一年と七二年の間に起こっている。これらはすべて日付が打たれている。実際にこれらの奇蹟こそがルイ九世の聖性が築かれうる唯一の出来事なのである。彼の人生は、その価値が日頃の実践に由来するさまざまな徳によって初めて価値あるものとなっているのであり、王の聖性は人間として生きてきたことによるのではない。

【注】

(1) *Recueil des historiens des Gaules et de la France* 第二〇巻では、フォリオ版でジョフロワ・ド・ボーリューの一三頁に対して、一三頁(二八頁から四一頁)にあたる。

(2) 後出七六五頁以下を見よ。

(3) 「彼は地上の世界の王、および君主の太陽であり栄光であった」(*Recueil des historiens des Gaules et de la France, op. cit.* p. 37)。

ギヨーム・ド・サン=パテュス

聖ルイの第三番目の聖人伝作者はフランシスコ会修道士ギヨーム・ド・サン=パテュスで、一二七七年頃から、王妃マルグリットが死ぬ一二九七年まで、彼女の聴罪司祭を務め、ついでカスティリアの王子フェルナンドに嫁して寡婦となった王妃の娘ブランシュに仕えた人物である。彼は、もっとも興味を引かないとはいわずとも、そもそも信頼性にもっとも欠けるように思われる。彼は列聖のあとに、おそらく一三〇三年に執筆している。これは聖ルイの死後三〇年を経た時期であり、彼は王とは面識がなかったことになる。とはいえ、おそらく彼こそが、彼の同時代人の目に映る聖ルイの聖性のイメージについて、およびこの王を記憶に残る人物にしたことについて、もっともよく私たちに伝えられている情報を与えてくれているのである。実際に彼はルイ九世の列聖手続きの一件資料を利用し、かつ忠実にこれに従ったようである。この一件資料は私たちの時代まで伝えられてはいないが、わずかに残された断片から、この本質的に重要な史料にギヨームがどのように忠実であるかを評価しうるのである[1]。だから彼が聖ルイについて私たちに与えてくれるのは、すでにすっかり出来上がったイメージというよりも、制作中のイメージなのである。一三世紀において習慣となっていたように、ギヨーム・ド・サン＝パテュスは、一方においてこの『伝記《ウィータ》』を編纂したと同時に、絶対に欠かすことのできない、列聖委員会によって採択された公式に認められた奇蹟の目録も編纂したのである[2]。

実際にこのフランシスコ会士が利用したに違いないのは、三三〇人におよぶ証人の証言の完全なテクストではなくて、ローマ教皇庁によって承認されたが（*Vita per curiam approbata*）、今は失われてしまっている、公式の『伝記』であったものの要約である。この王妃の聴罪司祭は、ついで、この公式の要約を、かなり狭い範囲にしぼって整理し直した。そして名の知れぬ翻訳係りが『奇蹟集』とともども『伝記』のラテン語のテクストをフランス語に翻訳した。私たちが所有しているのはこの翻訳なのである[3]。『奇蹟集』はそれゆえ別の一集成をなすもので、今日ではその数六五となっている。すなわち聖ルイの聖人伝は以後、伝記の部分と奇蹟の部分が均衡のとれた状態に達するのである。明白なことは、聖ルイは、インノケンティウス三世以来教会が望んでいた通りに、彼の生前に奇蹟を起こすことはなかったということである。この点から列聖手続き以前の証拠のなかでは、生涯にまつわる事項（すなわち徳と信仰心）の方が多くみられるのである。しかしながらいえることは、列聖が、これまでの霊的で倫理的な威光をもつ聖ルイのイメージを、奇蹟を起こす力（病気を癒す力）の方に方向転換させたということである。とはいえ聖ルイの

「伝記」を作った托鉢修道士たち自身も奇蹟に敏感であったし、ローマ教皇庁もこの「伝記」を最大限に考慮に入れようとしていたのである。一二七〇年（ルイ九世の没した年）から一二九七年（ルイ九世の列聖の年）にかけての「生涯の補充期間」においては、奇蹟をおこなう人という側面が重要視されてきたのである。

列聖手続きの証人たちに話を戻さねばならない。というのもギヨーム・ド・サン＝パテュスが伝えてくれているのは、彼が手続き書類を読んだり、他の証言を聞いたりすることで彼自身が作り上げたイメージというよりも、聖ルイについて彼ら証人たちが抱いているイメージなのである。つまりギヨーム・ド・サン＝パテュスの聖ルイ像は、列聖手続きの証人たちが全員参加して創造したものなのである。ここで明らかに問題となるのは『伝記』に関する証人たちだけであり、その数は三八人である(4)。

ギヨームが彼らを引き合いに出している階級的な序列関係は興味を呼ぶ。最初に、この聖王に血縁上近い二人の王、息子であり王位継承者であるフィリップ三世と、ルイの弟であるシチリア王シャルル・ダンジューが、つぎに二人の司教、エヴルーの司教とサンリスの司教が挙げられる。そのあとに続くのは聖王のお気に入りの修道院の三人の修道院長、すなわちチュニスへの十字軍遠征の間に王国の摂政を務めたベネディクト会修道士であるサン＝ドニ修道院長と、ロワイヨーモンおよびシャーリスの二人のシトー会修道院長である。彼らのつぎには九人の諸侯が続く。この聖人の息子であるピエール・ダランソンに始まり、聖人の従兄弟にあたり、フランスの酒膳頭《ブティエ》を務めるエルサレム王の息子ジャン・ダークル、チュニスへの十字軍遠征の間の二回目の摂政を務めたシモン・ド・ネール、フィリップ三世の王軍司令官《コネタープル》ピエール・ド・シャンブリ、シャンパーニュのセネシャルで聖王の親友でもあり、のちに彼の有名な伝記を書くことになるジャン・ド・ジョワンヴィルなどである。そのあとに王の二人の聖職者、五人の説教師会士、一人のシトー会修道士、二人の厨房係りを含む七人の聖王の召使いたち、三人の都市民、三人の修道女、それに王の外科医一人である。全員が聖人のそばに仕えていた者であったとすると、二四人の俗人を三つの主だったグループに分けて数えることができるが（王の親族、諸侯、召使いに加うるに若干の都市民）、これに比べると聖職者はわずかに一四名で、そのうちの二名が高位聖職者《プレラ》（司教・大司教）、三名が修道院長、二人が王の評議会《クーリア》の聖職者、五名が説教師会士、三名が修道女である。

この聖人は、聖職者ではない俗人がなった聖人であり、王でもあった。だから俗人と王の友人たちの割合がここでは優位を占めている。しかし注意しなければならないのは、これらの俗人の心性や信仰心について知られていることは、彼らが生活を共にしている聖職者たちの霊性と信仰上の実践にごく近いということである。それでもこの聖人が教会関係の証人の三分の一に達する異常に多い数のドミニコ会修道士によって、その上『伝記』を書いたフランシスコ会修道士である執筆者によって聖人として示されたことであり、さらには王が三名の修道女の証言の恩恵に浴したのに、王の家族の女性のだれ一人として証言に喚問されなかったという事実は残る。

同じように、王が生活していた空間を示すこれらの証人たちが、どこの出身で、どこで生活してきたかに注意することも興味あることである。多くの者が、彼の二つの大きな試練である二度にわたる十字軍遠征の間に、王と頻繁に交わりをもったことから列聖手続きの証言者として姿を見せているとしても、家族の成員を除けば、これらの証人たちはそれぞれエヴルー、サンリス、ボーヴェ、ノワイヨン、パリ、シャーロン、サンス、ルーアン、ランス、ソワソン、コンピエーニュ〔コンピエーニュ司教区は存在しない〕、シャルトル司教区に属している人物であり、二人の小姓《ヴァレ》はナント司教区に属するブルトン人である。つまりイル＝ド＝フランスとその周辺地方の聖人、そして十字軍の聖人だということになる。

ギヨーム・ド・サン＝パテュスは、列聖の一件資料から引き出した情報を入念に整理した。(5)『伝記』は文字通り伝記的な叙述の三章に分けられて、年代順に並べられている。最初の二章は聖人の幼年期と青年期を述べているが、ちなみにそれほど詳細ではなく、彼の母親と――ルイとブランシュの親子関係はまったく切り離しがたいこと――、そして彼が立派な教育を受けたことについて強調している。最後の章では死が語られ、そして死の床にある王に「おおエルサレムよ、おおエルサレムよ」といわしめた校本に信頼性を与えている。

一八におよぶ章は、聖ルイによる三対神徳（信仰《フォワ》、希望、慈愛すなわち愛）の実践について、彼の信仰心の三つの形（信心行為《デヴォシヨン》、聖書の研究、祈り）について、身近な人に接する二つの対応の仕方（愛情と思いやり）について、彼の憐憫の所業（憐れみ）の実践について、彼の行動に現れる五つの主要な徳（謙譲、忍耐、贖罪、「良心の美しさ」

（ル・ゴフは五つ目の徳を記載していない）、および彼の王としての三つの最高の徳（正義、正直、慈悲）について、そして彼のもっとも恒常的な特性である「ねばり強い」忍耐力について語られる。そして第一八章は聖人の死に行きつく。

聖人伝作者たちがこの聖人の『伝記』と呼んでいるものの本質は、それゆえ、信心行為と徳の習慣的な実践なのである。この「聖人伝」という概念は、実際には文学上のジャンルなのであるが、私たちの伝記という概念からははるかに隔たっている。ある聖人の一生のなかにさまざまな出来事があるとしても、それらが年代的な連続性を作ることはない。この聖人伝作者は、それぞれの章のなかで、この聖人の習慣的な行動について詳しい説明を与えている。そして一層稀ではあるが、王の意図がはっきりわかる逸話を、模範例として語る。たとえば、第八章で、王の祈りの習慣にふたたびふれる場面で、ギヨーム・ド・サン＝パテュスはつぎのように語る。

［…］そして他の祈りに加えて、聖なる王は毎日夕刻になると五〇回もひざまずき、祈りのたびに真っ直ぐに身を起こし、ふたたびひざまずき、そしてひざまずくたびごとに、たいそうゆっくりとアヴェ・マリアを口にするのであった。そしてそのあとでは酒は一滴もたしなまず(6)、自分の床に入るのであった(7)。

つぎの一文はシャーリスのシトー会修道院が舞台となったものである。

それに、以前、サンリス司教区にあるシトー修道会に属するシャーリスの教会であったことだが、聖なる王は、敬虔なる人々が、とても深々と頭を下げている場面に出くわした。そして、この教会で修道士たちが死ぬと、その身体がそこに置かれている一つの石の上で清めを受けるのだという噂を耳にした。すると聖なる王はその石に口を当てて申された。「ああ神よ、何と多くの敬虔なる人々が、ここで清めを受けられたことか(8)」と。

もちろんこのフランシスコ会修道士は、聖ルイが托鉢修道会に抱いていた特別な愛着心を強調しているのである。彼は、托鉢修道士たちの修道院が建てられた都市に来るたびに、聖王が施し物や食べ物を修道士たちに配らせたことを思い起こさせている。[9] 彼らに対する聖王の心の寛さは、彼がしばしば訪れ、修道士の数も多いパリでも示されていた。彼の寛大な心は、当時、第二級の托鉢修道会の修道士たち、すなわち「持ち物の一切ない」人たちにまで広げられていた。

托鉢修道士たちの聖人[10]である聖ルイについてのこの一件資料に、彼と密接に関わりのある史料を付け加えなければならない。同じギヨーム・ド・サン＝パテュスの説教《セルモン》である。これは彼の聖ルイの『伝記』および『奇蹟集』よりもあとに書かれたもので、したがって一三〇三年以降の著作であり、やはり列聖の一件資料を要約した例の『公式伝記』*Vita approbata* に依ったものである。一二九五年に死んだマルグリット王妃の聴罪司祭を務めたのち、当時ギヨームは、王妃の娘で、カスティリアの王子フェルナンドに先立たれ寡婦となっていたブランシュの聴罪司祭の任にあった。彼は一三一四年から一五年の間は、まだこの職務に服していた。ブランシュがこの世を去ったのは一三二三年である。この説教は聖ルイに向けられた賛辞である。これは、一三世紀末から一四世紀に定義され、実践されていたスコラ学的方法〔主題をつぎつぎに階層的に説明して、大きな体系を作る方法〕の説教と完全に照応している。このテクストは、ギヨーム・ド・サン＝パテュスの『聖ルイ伝』の同じ編者である碩学アンリ＝フランソワ・ドラボルドにとってさえ「無味乾燥な」ものに思われたようである。[11] ドラボルドはこのうち「冒頭ならびに終結部」以外では、彼が「歴史的な件《くだり》」と呼ぶものだけを刊行した。そのために大ざっぱな全体呈示による修正のまずさが目立ち、ギヨーム・ド・サン＝パテュスの説教についての誤ったイメージを与えることになっているのである。ギヨームは一九世紀および二〇世紀の人間の好奇心に応えるように努めてきたわけではない。彼は一つの「主題」から聖人伝的説教を作った。この主題は、当時の約束事に従って、きまって聖書から引き出されている。そしてこの説教の目標にそれが関わっているので選ばれているのである。その目標とは聖ルイを賛美することにあるので、選ばれた主題は『マカバイ記一』（二章一七節）の「あなたは（この町では）有力な指導者であり」という表現であった。したがって明らかなことは、この説教師の仕事は、聖ルイをこの主題のスコラ学的展開の枠のなかにはめ込むことにあるのであって、その逆ではないことである。聖ルイを「高貴な生まれの、評判のよい、徳の篤い」人物として定義することから、一連のスコラ学的な下位区分がもたらされる。この下位区分は聖ルイの徳に適用され、「彼が王という最上位の位階」、「道徳的な行動の誠実さ」そして「完徳という崇高さ」という主題に従ってまとめられて、彼を特徴づけるものとして「君主、この上なく高名なお方、もっとも偉大なお方」*princeps, clarissimus, magnus* という三つの語が彼に適用されることを正当化するのである。

ついでこれらの特質の一つ一つが、それぞれさらに下位に区分され、あるいは「諸権威」（他の聖書の詩節）によって、あるいは「諸理由」（理性的諸議論）によって定義された別の特質になる。たとえば「王という最上位の位階」は、四つの徳に分解される。すなわち「彼の知恵の輝き」（『列王記』の一節「ダビデは賢明なる君主として王座に座る」によって例証される）〔ウルガータ『列王記上』。なおこの解釈を誤りとする現行の共同訳ではこれを採用していない〕、「彼の思いやりの優しさ」（「わが僕《しもべ》ダビデが彼らの真ん中で君主となる」という『エゼキエル書』の一節〔三四章二四節〕によって例証される）、「彼の純潔さの煌めき」と「彼の信心行為の熱烈さ」は、諸権威に従うことによってではなく、証拠を見せることによって証明されるのである。

実際この説教は、一つの真の「君主鑑」であり、説教という形で書かれたものである。ギヨーム・ド・サン＝パテュスは、理想とする君主のモデルを頭に描いており、彼はそれを聖ルイの『伝記』（すなわち彼の徳の習慣的実践）に合わせているというよりもむしろ、『伝記』の方をこのモデルに合わせているのである[12]。説教という「ジャンル」は、ここでは聖ルイという事例のなかでは「君主鑑」というジャンルと互いに重なり合う。なぜなら一三世紀の「記録作者」の関心を呼ぶのは、まず最初に理想的なキリスト者である君主のモデルを私たちに押しつけ、そしてそのつぎに初めて聖ルイの一生が、このモデルにふさわしいことを私たちに見せるというところにあるからである。聖ルイのなかで見ているのは人間そのものではなく、モデルであり、これが彼らの関心を呼んでいるのである。それに彼の同時代人による聖ルイの記憶すべき一件資料の大部分は、お互いに参照し合っているいくつかのテクストの構造化された全体をなしている。なぜならそれらのテクストは、同一の記憶を生産することを使命と考えている人たち、つまり聖職者たちによって、同じ生産工房（伝統的修道院、托鉢修道会修道院）で、互いに影響を与え合っている「ジャンル」、すなわち「聖人伝」、「鑑」、「説教」などなどに従って生産されているからである。このようにして私たちは一つの大きな記憶の塊のなかに埋まってしまっているのであり、その内部で、大部分は紋切り型である聖ルイのイメージを押しつけられているのである。

説教が暗示する聖ルイの生涯のなかで具体的に起こった逸話的な事件の数は少ない。問題となるのは一般に『伝記』および『奇蹟集』のなかで示されている挿話である。説教にみられる四つの件《くだり》だけが、『伝記』のなかでこれに相当するものが見い出されない(13)。

最初の話は、その出処として、ギヨームが王妃マルグリット自身によるものとして挙げているものである。それは聖ルイが妻や子供たちと一家団欒でくつろいでいる姿を見せてくれる(14)。二番目も同じくマルグリットによって報告されたもので、夫が夜中に祈りのために起きるたびに、妃がその肩に衣服をかけてやったと語っている。三番目の話は、聖ルイが朝の勤めが終わったあとも、この勤めに要したと同じ時間、ずっと祈り続けていたということである。聖王がみずからを傷め、またそうすることを好んだ鞭の苦行が記述されている四番目の件は、実際にはギヨーム・ド・サン＝パテュスの『伝記』には出てこないが、ジョフロワ・ド・ボーリューの『伝記』の一節に対応している(15)。

ギヨームは聖ルイに、王に関する語源、すなわち「王は正しく統治するに由来する」*rex a recte regendo*(16)、および君主に関する語源「君主とは首位を得る者なり」*princeps qui primus capiat* を適用している。彼は「首位を得た。なぜなら長子という理由で（*ratione primogeniture*）、王という威厳の位階に達したのだから」。

この説教はまさに聖ルイとフランス王権用に脚色された「君主鑑」なのである。この説教が形式の上でスコラ学の方法論に従っているとしても、その内容については影響は及んでいない。王を取り巻いていた托鉢修道会士たちは、ヘイルズのアレクサンデル、聖ボナヴェントゥーラ、聖アルベルトゥス・マグヌス、聖トマス・アクィナスといった偉大な学者托鉢修道士たちについては無知であった。聖ルイは信心行為の聖人であって(17)、托鉢修道士である大学人によってまとめ上げられた新しい神学の聖人ではない。聖ルイはスコラ学誕生以前の聖人なのである。

【注】

（1）列聖手続きのオリジナル史料一式については、ヴァチカン文書館に断片が稀な形で伝っているにすぎない。それらはアンリ＝フランソワ・ドラボルドによって公刊された。«Fragments de l' enquête faite à Saint-Denis en 1282 en vue de la canonisation de Saint Louis» *Mémoires de la Société de l' histoire de Paris et de l' Île-de-France*, t. XXIII, 1896, pp. 1–71 およびルイ・カロリュス＝バレ «Consultation du cardinal Pietro Colonna sur le deuxième miracle de Saint Louis» *Bibliothèque de l'École des chartes*, t. 118, 1959, pp. 57–72. 発見されたシャルル・ダンジューの供述の写しはP・E・リアン伯爵によって公表された。«1282 : déposition de Charles d'Anjou pour la canonisation de Saint Louis» dans *Notices et documents publiés pour la Société de l' histoire de France à l' occasion de son cinquantième anniversaire*, Paris, 1884, pp. 155–176.

（2）『奇蹟集』に関しては後出一〇六九〜八〇頁を見よ。

（3）Guillaume DE SAINT-PATHUS, *Vie de Saint Louis*, Paris, 1899. ここでは私はドラボルドの立場に立つ。カロリュス＝バレは先に掲げた『列聖手続きの再構成についての試み』のなかで、列聖手続きで証言した証人たちそれぞれに、彼らが当然語ったはずの証言を当てはめることができると信じた。この試みの巧みさ、博識、それに興味深さにもかかわらず、私としてはギヨーム・ド・サン＝パテュスの伝記を解体することに必ずしも納得するものではない。そして残念なのは、この伝記の統一性までも壊してしまっていることである。これはまさに首尾一貫性のあるテクストであり、フランシスコ会修道士の作品なのである。たとえそこに「手続きに出席した証人たちの集団的な創造」を見るにしてもである。

（4）Guillaume DE SAINT-PATHUS, *Vie de Saint Louis*, pp. 7–11.

（5）ドラボルド版で一五五頁におよぶ彼の作品の目次はXXIX–XXXII頁に見られる。写本が示してくれており、そしてギヨームもおそらくそのようにしたと察せられる二一章の表題を以下に示しておく。「第一章は幼年時代における聖なる糧について、第二章は成長する過程での彼の驚くべき宗教心あふれる生き方について、第三章は彼の揺るぎない信仰について、第四章は彼の正しい希望について、第五章は彼の激しい愛について、第六章は彼の熱烈な信心行為について、第七章は聖書の研究について、第八章は敬虔なる神への祈りについて、第九章は彼の身近な人々への激しい愛について、第一〇章は彼らへのひたむきな（美しい）思いやりについて、第一一章は憐れみの所業について、第一二章は彼の深い謙譲心について、第一三章は彼の忍耐の活力について、第一四章は頑固なまでの贖罪行為について、第一五章は良心の美しさについて、第一六章は清らかな貞潔について、第一七章は正しい裁きについて、第一八章は素朴な正直さについて、第一九章は彼の人の善い慈悲心について、第二〇章は彼のしぶとい忍耐力について、そして第二一章は彼がこの世から天国に召された至福の死について」。

（6）社会の上層部では床に就く前に「寝間の酒」と呼ばれているものを飲む習慣があった。

（7）Guillaume DE SAINT-PATHUS, *Vie de Saint Louis*, pp. 54–55.

（8）*Ibid.*, p. 50.

（9）*Ibid.*, p. 83. 第三部で、これらの気前良さについて詳細に論じる。

（10）あとで托鉢修道士たち、および彼らの理想が聖ルイの聖性に及ぼす影響について論じる（第三部第九章一〇四六頁以下）。

（11）Henri-François DELABORDE, «Une œuvre nouvelle de Guillaume de Saint-Pathus», *Bibliothèque de l'École des chartes*, 63, 1902, pp. 267–288.

（12）私がここで、中世の聖職者たちが記憶すべきであると判断した聖人たちや秀でた人々の記憶を作り出し、そしてそれを私たちに伝えてくれた「文学上のジャンル」に関するこの問題に力点を置くのは、これらの形式がこの記憶の生産のメカニズムについて情報を与えてくれるからである。

（13）Henri-François DELABORDE, «Une œuvre nouvelle...», art. cité, p.268.

（14）王妃が聴罪司祭に話したところによると、王が性的交渉を控えている期間は、仕事から身を休めるために、妻や子供に会いに来ても、清らかにいたいという気持ちから、自分と目を合わせぬようにしていたということである。

（15）後出九六〇～一頁を見よ。

（16）後出四九七頁を見よ。

（17）聖ルイの記憶にあるこれら三名の伝説的な托鉢修道士の他に、ドミニコ会修道士トマ・ド・カンタンプレを追加することができる。おそらく一二三二年にルーヴァンの説教師会の修道院に入り、聖ルイとほぼ同じ頃、一二七〇年から七二年頃に死んでいる。彼は一二五六年から一二六三年（後世におこなわれた追加もあるが）の間に『蜜蜂から引き出される世界の善』*Bonum universale de apibus* すなわち「蜜蜂に関する寓意的な展開という枠内での一種の実践道徳論」を書いているが、このなかでトマは、いく度もくり返して彼の同時代人であるフランス王ルイに言及し、彼のなしたいろいろな徳を明らかにしている。いつもは領主や王侯に対して厳しいトマも、ルイ九世に関してはつぎのようなことばで賛辞を表わしている。「天上におわします王に感謝すべし、救済の君主であられますキリストに感謝すべし、おお教会よ。とりわけドミニコ会士とフランシスコ会士に感謝すべし。この時代にかようなる王を、強力な手で王国を治め、されどあらゆる人々に平和と、慈愛と、謙譲のあらゆる範を垂れし王を与えたまいし神に、われら皆、感謝という厳粛なる行いを返そう」(THOMAS DE CANTIMPRÉ, *Bonum universale de apibus*, éd. G.Colvenere, Douai, 1617, pp. 588–590. L. CAROLUS-BARRÉ による翻訳、*Le Procès de canonisation*, *op. cit.*, pp. 247–248)。

第三章　サン＝ドニの王、王朝と「国家」の聖王

聖職者たちが聖ルイに適用してきた王のイメージのなかには二つの顔がある。一つは托鉢修道会の修道士たちによって造形された顔で、とりわけこの聖人を大見出しで目立たせているものである。いま一つはサン＝ドニのベネディクト会修道院の修道士によって作られた顔で、王に力点を置く。前者にとって問題なのは一人の聖人としての王であり、ギヨーム・ド・サン＝パテュスはそれを自分の説教の主題にしてきた。後者にとってこの王は、一人の聖なる王であり、彼の聖性が王のイメージを豊かなものにしているのである。托鉢修道士という圧力団体が、聖ルイと同じ時期に誕生した新しい力を代表するものであるとするなら、サン＝ドニという記憶の場は、フランス王権のほとんどその起源にまでさかのぼるものである。この守護聖人はパリの最初の司教ディオニシウス（ドニ）であり、三世紀に殉教で倒れ、ヒルドュイヌス修道院長によって九世紀に広められた伝承では、聖パウロによって改宗させられたアテネの人ディオニュシオス・アレオパギタと同一視された。サン＝ドニの起源は、中世に信じられていたところによると、聖ディオニシウスが埋葬された場所に建てられた教会である。アンヌ・ロンバール＝ジュールダンは、説得力のある議論を展開して、この場所は長い伝統を保っていると考えている。それはガリア人たちが共通の信仰のために集っていた中心的な場所であろう、とする。つまり中世におけるブリテン諸島からイタリアへの錫の街道の上に位置しており、かなり早い時期から、やがてパリとなるルテティアというガロ・ロマン〔ローマ化されたガリア〕の都市に結びつけられていた。(1) サン＝ドニはこのパリと対をなして、フランスの二つの、切り離せない首都となる運命を担うことになるのである。

三人の人物が、サン＝ドニを栄光に包み「国家的」記憶の役割を打ち立てた。つづいてサン＝ドニはこれを延長させ、確固たるものとし、繁栄させた(2)。その最初の人物とは、七世紀にこの教会をベネディクト会修道院に変えたメロヴィング王家のダゴベルトである。彼はこれを再建させると、みずからをここに埋葬させた。これがやがて、時おり何人かの王が葬られることもあったが、カペー王家の時代に至り「代々の王の墓所」となるきっかけを作った。第二の人物はカロリング王家のシャルル禿頭王で、彼は祖先にあたるシャルル・マルテルおよびペパン短躯王とのつながりを復活させて、この修道院に莫大な寄進をした。そしてこの場所に遺言通りに八八四年に埋葬されたのであるが、それはアルプス山中での彼の突然の死の七年後のことであった。第三番目の人物は、一一二二年から五一年にかけて修道院長を務めたシュジェである。彼はこの教会を建て直させる際にゴシック様式を誕生させた当人でもあり、この修道院をカペー王朝に決定的に結びつけたのである。彼は国王ルイ六世とルイ七世の主要な補佐役となり、この修道院の旗を王軍の軍旗としたのである。シュジェは直ちに「西欧でもっとも愛読された書物の一つ」（コレット・ボーヌ）となっていた『シャルルマーニュ伝』に手を加えさせた。彼は図書室を作らせた(3)。これは、一一世紀にカペー王権の記憶の場となることを願っていたフルリー（サン＝ブノワ＝シュル＝ロワール）の歴史史料編纂の役割をサン＝ドニが完全に取り戻して、それを保証することを可能にしたのである。サン＝ドニは、この役割を継続し完全な形で引き受けるために、一二世紀にこれをフルリーから奪いとったのである(4)。

このサン＝ドニの役割はフィリップ・オーギュスト治下（一一七九～一二二三）で強化された。この王はランスでの戴冠式に使用される王の象徴物件《アンシーニュ》の管理を、正式にこの修道院に託したからである。しかし彼はまた、この修道院を訪れる人々の案内書となっていたフランス歴代王の短い年代記の著者リゴール修道士によって編集された伝記の主人公でもあった。『フィリップ・オーギュストの諸事績』*Gesta Philippi Augusti* のなかでリゴールは、この君主を奇蹟というアウラ（霊気）で包み込んだ。この君主の死後、側近たちはフィリップ・オーギュストの聖性を認めさせる計画を進めるために、このアウラを利用しようと努めた。しかしこの計画は重婚の王という否定的なイメージにぶつかってしまった。ただしこの重婚という判断は教会が広めていたもので、教皇の叱責にも屈せず、フィリップはデンマークのインゲブルガとの結婚を履行しようとしなかったことによるものである(5)。

この修道院と密接な関係を維持することに執着していた聖ルイが、とりわけその治世の末期に、つまりチュニスに出発する前のことであるが、王国の二人の摂政のうちの一人に任じたマティユ・ド・ヴァンドームの修道院長在任期間中に、父王ルイ八世の時にその目標に達したカペー王権の壮大な計画を、目に見える形で具体化しようと、王家の菩提所を手直しさせたことは見てきた通りである。サン＝ドニが華々しくこれに尽くしてきたこの壮大な計画は、メロヴィング家からカロリング家、そしてカペー家へと、王家が継続しているというイメージを押しつけるものであった。そしてとりわけカペー家のシャルルマーニュの「家系」への回帰（*reditus ad stirpem Karoli*）を正当な権利として要求したものであった。このシャルルマーニュこそ、威信ある核心に位置する人物であり、フランス王権が神聖ローマ帝国と奪い合っている王朝の起源に関する拠り所であった。

【注】

（1）Caput regni はパリと同様にサン＝ドニも表わす。Anne LOMBARD-JOURDAN, «*Monjoie et Saint-Denis!* » *op.cit.*（前出二八九頁注1）。

（2）前出八五頁および三三二頁、その他随所を見よ。

（3）Bernard GUENÉE, «Chancelleries et monastères. La mémoire de la France au Moyen Âge», dans P.NORA (éd.), *Les Lieux de mémoire*, t.II, *La Nation*, vol.1, Paris, 1986, pp.15–21. Alexandre VERDIER, *L' Historiographie à Saint Benoît-sur-Loire et les miracles de saint Benoît*, Paris, 1965.

（4）Colette BEAUNE, «Les sanctuaires royaux», dans P.NORA (éd.), *op.cit.*, t.II, *La Nation*, vol.1, pp.58 sqq. ガブリエル・スピーゲルは、彼女の学位論文を要約した *The Chronicle Tradition of Saint-Denis* (Brookline,Mass. et Leyde,1978) においては、サン＝ドニの歴史編纂史料写本に関わる複雑な問題を完全に解明しているとはいえない。

（5）J. LE GOFF, « Le dossier de sainteté de Philippe Auguste», art.cité（前出四八頁注6）。

プリマ

聖ルイの治世は、一一八〇年以降もラテン語によるさまざまな年代記が書かれ、『一一八〇年までのフランク人の諸事績』*Gesta Francorum usque 1180* の延長線上にあることがわかる。ルイ王は、以前にラテン語で書かれた年代記をもとに、フランス語で歴代フランス王の年代記を書くようにサン＝ドニに求めることで重要な主導権を発揮した。二つの理由にもとづく重要な結果をもたらす決断であった。それはこれまでの年代記を一つにまとめ直し、首尾一貫したものとすることで、ほとんど公式なものといえる一つのフランス史の作成に向けての決然たる第一歩であった。そしてそれはまた、聖職者という階層を超えて、少なくとも教養があり、また王の歴史に興味をもつ数少ない俗人も読むことのできるフランス語で書かれた記憶の出現でもあり、「国家の」歴史の萌芽であった。

この作業はサン＝ドニ修道院長から修道士プリマに託されたが、彼がこの仕事を完成させたのは一二七四年のことにすぎず、彼はこの書を恭しく聖ルイの息子フィリップ三世に手渡した。この場面は一枚のミニアテュール（細密画）によって不滅のものとなっている。(1)

この『列王物語』*Roman aux rois* は聖ルイの治世の前で止まっている。しかしこの書は依頼者の影響を深く受けており、聖ルイを生み出したフランスの王家の伝統に、深い、そして長期にわたる影響の表われがみられるので、ここでプリマに場を譲らねばならない。

ベルナール・グネが改めて指摘したことであるが、近代の学問研究は最初、プリマはラテン語によるキリスト教作品の単なる翻訳者であるからには、一二七四年にフィリップ三世に手渡した手書本の写字生にすぎないと信じていた。(2)今日ではこのプリマという人物のなかに、ベルナール・グネともども、サン＝ドニの偉大な歴史編纂者たちのなかでももっとも優れた歴史家の一人、「偉大なる歴史家」(3)を見ているのである。たしかに彼は中世的歴史家、つまり自分が利用する史料のなかに、自分の目にとって重要なものはすべて、文字通りにそれを尊重して取り込むように努める編纂者なのである。「真面目な」歴史家であるプリマは、多くの史料を利用した。自分が与えようと考えているフランス史のイメージに役立つと思われるあらゆる史料を利用したのである。彼の最重要な主題は、クロヴィスの洗礼からフィリップ・オーギュストに至る継続性、フランス王権のあらゆる連続の上にほとばしるカロリング家の栄光、神がフランスにいつも示してくれた恩恵である。たとえばフィリップ・オーギュストの「奇蹟的な」誕生がそうである。王ルイ七世の相次ぐ妃たちは、娘しか生み落とさなかったが、最後の最後に息子が生まれたのである。代々の王とならんで、「他の国家を凌ぐ（すなわち上に立つ）名高き貴婦人」であるフランスが現れる。このフランスは、クロヴィスとともにこの国に最初に導入されたカトリックの信仰の後継者であるのみならず、古代文化の後継者でもある。なぜなら「学識 clergie［知識］と騎士道はギリシアとローマからフランスに来た」からである。そのうえプリマはフランス王権のトロイヤ起源説をふたたび取り上げ、これを広める。一一九六年以降もプリマは、フィリップ・オーギュストの結婚騒動によっていささか迷惑をこうむったということもほとんどなかったに等しい。聖ルイの思いつきの実現者として、プリマは『列王物語』に一つのフランス史としての首尾一貫性と愛国的なトーンを盛り込んだのである。プリマのフランス史はやがて聖ルイの頭上に載かれることになるフランスの偉大さの基礎を打ち立てたのである。このフランス史が待ち望んでいるように思われるのは、聖ルイに他ならないのである。(4)

【注】

（1）ここで喚起しておくが、roman とはフランス語で書かれた作品のことである。

（2）Bernard GUENÉE, «Histoire d'un succès», dans Fr. AVRIL, M.-Th.GOUSSET, B. GUENÉE, *Les Grandes Chroniques de France*, Paris, 1987, p.93.

（3）Bernard GUENÉE, «Chancelleries et monastères. La mémoire de la France au Moyen Âge» art.cité（前出四二二頁注3）, p.25.

（4）一二五〇年から八五年におよぶラテン語で書かれたある年代記がプリマのものとされてきた。これに関しては一四世紀のジャン・ド・ヴィニェのフランス語訳しか現存しない。この作品の著者の帰属は証明すべき問題として残されているように思われる。SPIEGEL, *The Chronic Tradition of Saint-Denis*, *op.cit.*, pp.89–92 を参照。

ギヨーム・ド・ナンジと『聖ルイ伝』

聖ルイを知るためのサン＝ドニの主要な史料といえば、偉大な歴史家である修道士ギヨーム・ド・ナンジの作品ということになる[1]。彼に向けられてきた賛辞はあいまいである。「非難すべき余地のない客観性」を彼の内に認める一方で、賛辞を浴びせる場合であれ非難する場合であれ、彼が独断的に判断するようなことはしないと強調しながらも、彼の作品のなかに「俗権および教会の権力への服従以外の一般的な観念がある」ことを探り出そうとしても無駄であるとか、また何ら注釈も施さずにフランスの代々の王のもっとも大きな過ちを報告しているとの主張がなされてきた[2]。私としては、聖ルイおよびフィリップ三世勇胆王〔聖ルイの息子〕の伝記作者としてのギヨーム・ド・ナンジと、聖ルイの治世が重要な位置を占める一つの「世界年代記」の著者ギヨーム・ド・ナンジとを区別して扱わねばならないと思っている。このずれは、本質的には、中世において厳密な規則によって支配されていた文学ジャンルの間の差異に起因するものなのである。

ギヨームは、おそらく一二五〇年頃に生まれ、若くしてサン＝ドニに入り、そこで文書保管係の職に就いたが、それがいつの時期からなのかは不明である。ここで彼は、おそらく一二八五年以降に、ルイ九世の『伝記』（一二九七年の列聖の前には書き終えている）およびフィリップ三世の『伝記』とならんで、一二世紀の冒頭の年代記作家シジュベール・ド・ジャンブルーの仕事を継続した『世界年代記』*Chronique universelle* を書く。この『世界年代記』の一一一三年以前を記述している彼には独自性がない。しかしそのあとの部分になると、個人的見解が一層濃くなってくる。彼の聖ルイは焼き直しであるが、フィリップ三世およびフィリップ四世端麗王の治世の初期に関しては、独自のものであり、重要な史料である[3]。彼は一三〇〇年に没しているようである。

【注】

（1）J.-B. La Curne de Sainte-Palaye, «Mémoire sur la vie et les ouvrages de Guillaume de Nangis et de ses continuateurs», *Mémoires de l' Académie royale des inscriptions et belles-lettres*, 8, 1733, pp.560–579 ; H.Géraud, « De Guillaume de Nangis et de ses continuateurs», *Bibliothèque de l' École des chartes*, 3. 1841. pp.17–46 ; Léopold Delisle, «Mémoire sur les ouvrages de Guillaume de Nangis», *Mémoires de l' Académie royale des inscriptions et belles-lettres*, 27, 2e partie, 1873, pp.287–372 ; H.-F. Delaborde, «Notes sur Guillaume de Nangis», *Bibliothèque de l' École des chartes*, 44, 1883, pp.192–201 ; G.M.Spiegel, *The Chronic Tradition of Saint-Denis, op.cit*. pp., 98–108.

（2）H.Geraud, art.cité, p.46. Spiegel により再録、上掲書 p.101.

（3）聖ルイの『伝記』とフィリップ三世の『伝記』はドヌー（M.Daunou）によって *Recueil des historiens des Gaules et de la France*, t.XX, p.310–465（原文はラテン語）のなかに含まれて校訂刊行されており、これには一三世紀末のフランス語訳がある。ラテン語の『年代記』もまたこの第二〇巻に（五四四頁以降）収められている。そしてジェローによって『年代記』の「追加部分」が校訂刊行されている (2 vol., Paris, 1843)。ギヨーム・ド・ナンジは同様に『縮刷年代記』も書いたが、これもドヌーにより校訂刊行された *Recueil des historiens des Gaules et de la France*, t.XX に含まれている (pp.645–653)。

ギヨーム・ド・ナンジの『世界年代記』

この『年代記』は実際に「客観的」である。これはアナール Annales〔年代記〕という伝統的な形態で提示されており、主要な出来事が、年ごとにドライに素描されている。叙述的な展開、一般的な見解、判断、二義的と判断された事件は、そこから排除されている。たとえば一二三一年に関していうと、ギヨーム・ド・ナンジは、聖なる釘の紛失の挿話について聖ルイの『伝記』のなかでは長々と述べている。そしてこの問題に関して、幼い王の信仰心の発現と、彼の側近たちによるそれらの受けとられ方についてのギヨームの指摘はとても興味深いものとなっている。[1] しかし『伝記』を再録してはいるものの、事件の羅列という枠組みに限定してしまっている『年代記』では、この挿話は完全に消えてしまっている。とはいえ聖ルイの役割が「世界」年代記というもののなかで大変重要であるといえるのは、そこに他の身分の者や他の登場人物が姿を見せるからである。しかしながら、歴史についての考え方がこの『年代記』の構造のなかに透けてみえる。ギヨーム・ド・ナンジはとりわけ人間に、とくに貴顕に関心を寄せている。彼らは歴史の原動者ではないにしろ（唯一真の原動者は神である）、少なくともこの人間史の主人公たちであるからである。しかしこれらの人間もまた集団で登場する役者たちでもありうる。最後にギヨームは、時おり、事件とそれが起こる場とのつながりを同じように強調する。なぜなら彼は歴史が作られ、そして記憶が作り出される「場《リユ》」〔トポス〕の感覚をもっているのである。

以下、歴史・年代記の概念および聖ルイがそのなかで占めている位置についての意義ある例を二つ示すことにしよう。

一二二九年に関しては、四つの出来事が述べられており、これらにギヨームは四つの節《パラグラフ》をあてている。[2] 最初はブルターニュ伯の反乱と若きルイ九世によるその鎮圧の話である。この話は「ブルターニュ伯は」（*Comes Britanniae*）で始まり、そして早々とフランス王を介入させる。「ブルターニュ伯は、ベレーヌ〔ベレーム〕の城を失ったことに、いたたまれぬ気持ちとなり、新たにフランス王ルイの領地に侵入を開始した」。そしてそのあとすぐに、王が戦争の仕掛人であるブルターニュ伯から主役の地位を奪いとってしまう。「王は、この態度に我慢ならず、新たに一軍団を結集させた［…］」。そしてこの節は勝利を得たフランス王で終えられる。「このようにして四年、いやそれ以上の期間にわたって、フランス王ルイは、自らの王国を平和に治めた」（*Ludovicus Franciae rex regnum gubernavit*）。「客観的であり」「判断を下さない」といわれているギヨームは、実際、物語をただ整然とさせることで、そしてことばを選ぶことで、ブルターニュ伯を断罪しているのである。伯が王領に侵入したことを表わすために、ギヨームは infestare という語を使用しているのであるが、この第一の意味「賊が荒らす」は、ひどく軽蔑的な意味合いをもつものである。伯は悪人である、彼は敗れたのみならず「屈服して」罰を受けるのである（「このようにしてブルターニュ伯ピエールは屈服した」*Et sic, Petro Britanniae comite humiliato*）。王に対する伯の反逆は、ここでは問題となってはいないが、家臣の主君に対する反乱をはるかに超えて、たいそう厳しく断罪されている。断罪されているのは「王」になされた侮辱なのである。(3)

ギヨーム・ド・ナンジは、フィリップ端麗王の治世の初期、つまり聖ルイの死から約二〇年あとに執筆しているのであるが、このフランス王に関しては、さらに一層強烈なイメージを与える傾向があった。「この書では、王はこれまでみられなかったほど心に残る存在であった」。(4)ギヨーム・ド・ナンジの描くルイ九世は、時期尚早なフィリップ端麗王の姿である。それは性格からではなく（ちなみにフィリップ端麗王は、彼の生きた時代の年代記作家にとってすでに謎の人物であった）、彼が行使した権力からの判断である。このようにしてプリマに続いてギヨーム・ド・ナンジは、サン＝ドニの聖ルイを、あえていうならば、常により王らしい王に仕立てているのである。

一二二九年の第二節は――前節の半分に満たない短いものであるが――アラゴン王のハイメ一世征服王に捧げられている。「アラゴン王は［…］」と王が節の冒頭を飾る。ギヨームはアラゴン王のサラセン人制圧を思い起こさせる。バレアレス諸島とヴァレンシアは聖ウィンケンティウスの殉教の地である。彼はキリスト教世界を膨れ上がらせる。なぜなら彼の年代記はキリスト教世界のそれであり、聖ルイがそこに占めるきわめて重要な地位は、まさに彼をキリスト教世界のもっとも強力な君主とするところのものなのである。

第三節（三行）は、聖人という名誉ある称号がこの年に認められたキリスト教世界の二人の別の大人物に捧げられている。それは「ハンガリア王の息女で、テューリンゲン方伯《ラントグラーフ》の妻」聖女エリザベートと、「小さき兄弟の会に属する」パドヴァの聖アントニウスとである。ギヨームは自分の読者を聖性の雰囲気に包み込んでいるのである。

最後の節（一四行）は、聖ルイがあとになって深く関わることになるキリスト教世界の大問題、すなわち十字軍に費やされている。最初の主人公たちは集団である。つまり十字軍参加者の群である。ギヨームは同様に「十字架のしるしを付けた巡礼者の大群」（*multitudine magna peregrinorum crusesignatorum*）と、歴史のなかにおける大衆の役割にも鋭い感覚を示している。ついでキリスト教世界の「公式な」二人の主要人物、教皇と皇帝が登場する。ここでは皇帝は、自分の有利になるように姿を見せているのではない。十字軍に出発するとたちまちフリードリヒ二世は十字軍参加者たちを「ひそかに」見捨てて、ブリンディシ〔イタリア、アドリア海に面する港町〕に戻る。教皇は彼を破門する。最後の偉大な人物はイスラム教徒のスルタンである。ギヨームはオリエントで起こっていることに大いに注意の目を向けていたが、いまだにキリスト教世界がヨーロッパのラテン・キリスト教世界に聖地を「加えたもの」であるとする伝統的な考え方にくみしていたので、この人物の死を記することだけにとどめている。

翌年一二三〇年は、聖ルイの記述という見地から見て、さらに一層興味深い。

この年の口火を切るのは王である「フランス王ルイは」(*Ludovicus rex Franciae*)で始まる。彼はボーヴェ司教区にあるボーモン゠シュル゠オワーズ近郊にロワイヨーモン修道院を建てる。ギヨームはこのように、もっとも記憶されるべき彼の活動の一つのなかで、とりわけさまざまの教会や修道院や托鉢修道会の修道院の創立者および後援者としての王を描いているのである。そして周知のように、一三世紀の末期においてこのロワイヨーモンは、王に慈しまれた修道院、彼の偏愛の「場所」となったのである。

第二節は、同様に三行からなるが、ふたたび皇帝を登場させる。皇帝のイメージは悪くなり続けている。「神聖ローマ皇帝フリードリヒは、使節たちをバビロニアのスルタンのもとへと派遣した。人の語るところによると、皇帝はこのスルタンとキリスト教世界にとって信用できぬ友好条約を取り交わした(5)」。このあと、聖ルイの記憶にとってもっとも関心の高い話が長々と展開する(三七行におよび、本当のことをいうと、そのうちの二〇行はギヨームのあとに加筆されたものである)。

最初は、ある場所が前面に現れる。しかしどんな場所でもよいのではなく、若い王が過ごす首都である。事件の当事者は、パリで優位を占めていた二つの集団、都市民《ブルジョワ》と誕生したばかりの大学の聖職者《クレール》たちである。

パリで学生[scholaresとは、同時に教師も学生も指す]と都市民との間に大きな争いが起こった。実際に、都市民

たちは聖職者たちを殺した。そのため聖職者たちはパリを離れて世界のあらゆる地方へ散ってしまったのだ。[6][訳1]

これに続いてまもなく、齢一六歳の若き王が登場する。

王ルイは、他のいかなるものにも勝る学問という宝[7]が得られる［この宝は、まず最初にアテネからローマに、つぎにローマよりガリアへ、騎士道という名のもとにディオニュシオス・アレオパギタのあとについて来たものである］古典文献ならびに哲学文献の研究が、パリを離れてしまったことを知り、ひどく残念に思った。そこで大いに敬虔なる王は、かくも偉大で、かくも良き宝が、自分の王国から離れ去るのを心配した。というのも「知恵と知識は救いを豊かに与える[8]」からであり、また「お前が知識を退けたので私もお前を退けて[9]」と、いつか神にいわれるようなことは望まれなかったからであるが、上記の聖職者たちにパリに戻るように命じ、彼らが戻ってくると、この上なく寛大に彼らを迎え入れ、聖職者たちに悪を働いた都市民たちに対して、いち早く損害の賠償をさせたのである。

続くテクストは加筆であり、現在まで伝えられてきている『年代記』の最古の写本にはみられず、現代の学問的な史料校訂者も、それがギヨーム・ド・ナンジ自身のものか、それともこれを続けて書いた人の手になるものかを決めかねているものである。この加筆はいずれにせよ、サン゠ドニという環境《ミリュ》のなかで作られた聖ルイのイメージを知るうえで興味深いものである。

実際に、もし救済の知恵というかくも貴重な宝がフランス王国から奪い去られてしまったとするなら、フランスの代々の王の百合の花飾りの紋章《エンブレム》は今頃は、驚くほど損なわれていることになったであろう。なぜなら神とわが主イエス・キリストは、フランス王国を信仰、知恵および騎士道によって、他のあらゆる王国以上に特別に飾ることを望まれたので、フランスの歴代の王は伝統的に武具と王旗に、さながら宇宙に向かって語りかけることを望んでいるかのように、三枚の百合の花びらを描かせてきたのである。すなわち信仰、知恵および騎士道的勇気は、神の摂理と恩寵において、わが王国を他のすべての王国よりも一層豊かにしているのである。二枚の同じ形をした花びらは、実際に知恵と騎士道を意味するものであり、もっとも高い位置に置かれた信仰を意味する第三番目の花びらを見張り、護っているのである。なぜなら信仰は知恵により支配され、管理されているからであり、そして騎士道により護られているからである。これら三つの徳が、フランス王国のなかで、平和、力および秩序（*pacifice, fortiter et ordinatim*）において、互いに見事に結びついている（*sibi invicem cohaerentia*）かぎり、王国はしっかりと立ち続けるであろう（*stabit*）。もしそれらが離ればなれになり、あるいは根こそぎに引き抜かれてしまうと、自分の意志に反して分割された王国全体は荒廃への道をたどり、崩壊に至るであろう(10)。

このテクストは、稀に見る浮き彫り模様で、一二世紀この方フランスでしだいに浮かび上がってきた「国家的」歴史の哲学を要約したものである。肝要な三つの主題がそこに混じり合っている。最初のものは「学問の転移」*translatio studii*、つまり知識の、アテネからローマとフランスへの転移である。ドイツが「権力の転移」*translatio imperii* の受益者であったのと同様に、フランスは知識という遺産を受け継いだのである。フランスにおいては、分離できないまでに結合した形で、キリスト教が学者の威光と戦士の栄光をもたらしたのである。すでに一二世紀において、聖職と騎士道という対をなす組み合わせが教会から祝福され、キリスト教世界のなかでのこの王国の卓越した地位を表明してきたのである。クレティアン・ド・トロワなる作家は、彼の宮廷風ロマンのなかで、この威光に満ちた組み合わせが、フランスにおけると同じほど輝いている場所は他にどこもないことを誇りとして語った〔参照『クリージェス』*Cligès* のプロローグ〕。一三世紀になると、第三の権力、大学の知の権力が、もっとも高度な学問である神学の中心地であるパリで確立されて、王権のなかに具象化された俗権、および司祭によって代表される霊的権力を強化することになった。新しい三重機能の三つ巴である「司祭職、王権、学問」*sacerdotium, regnum, studium* が、この新しい権力の姿を表わしてきたのである(11)。この価値体系が、フランスにおいてその最高の具象化を見たのは聖ルイの治下においてであった。ルイ九世は司祭の権力、王の権力、それに学者の権力を高めることに手を貸した。彼の母は知識人という新しい権力には無頓着で、教師や学生をパリに引き留めることができなかったが、若者の直観が、ルイに、ストライキや、制度の死をもたらすこともありうる逃散に終止符を打つことを許したのであった。聖ルイは、パリの大学を安定させることで、フランス王国にその優越性を確保したのである。フランス王権の標章《エンブレム》として百合の花の威光を最高水準にまでもたらしたのも彼であるので、当時流行った寓意的な解釈法に従えば、百合の三枚の花びらをこの三つの権力の象徴と解釈できるのである。ここでは信仰は知恵と知識のなかに根を下ろしており、聖アンセルムスからトマス・アクィナスへと、すなわち知識の中心地である修道院から、スコラ学の坩堝《るつぼ》であるパリという都市へ移り変わることで、この信仰を理性によって明らかにしようと努めてきた大きな知的な動きに対応している。すなわち「理性を求める信仰」(*fides quaerens intellectum*)である。(訳2)この道徳的・社会的な三要素に、政治的・思想的三要素が対応する。つまり平和、力および秩序からなる三要素で、これまた聖ルイが具象化しているものである。これが、一三世紀から一四世紀にかけての転換期における、サン=ドニが聖ルイについて与えているイメージである。そして、この年代記のあとの展開は、ギヨーム・ド・ナンジ自身のものであろうが、サン=ドニの継承者のものであろうが、ほとんど重要なことではない。(12)ルイこそは百合の花の王であり、そのことがとくに価値をもつのは、聖職と騎士道、信仰と力という二枚の花びらから、その全体に首尾一貫性を与える第三番目の花びらである「学問」が引き抜かれることがなかったということである。(13)彼は知識の王であり、この知識こそが政治的および社会的システムを構造化するのである。

フランスのこの大きな力に向かっての上昇のなかに、その起源における聖ディオニシウス(聖ドニ)の重要な役割がみられる。彼のおかげで知恵と騎士道がギリシアからフランスにやって来たからである。そう考えると、前世紀にみられたアベラール(ペトルス・アベラルドゥス)に反対するサン=ドニの修道士たちの怒りがよく理解される。歴史と学問の上から事の真相を追究し、この修道院の守護聖人がけっしてアレオパギタではなかったことを証明しようと思い立ち、そしてそれを証明することができたこの批判精神にあふれた知識人に直面して、この大修道院がフランス王権に手を貸して打ち立てているのは別のシステムである。つまり、伝統的な歴史と象徴的なイマジネールのな

[14]かに根を下ろした安定した権力システムである。アベラールは、今日私たちが理解しているような、歴史的な真実を執拗に追求しようとすることが、このシステムを土台から崩壊することになることにおそらく気づいてはいなかったのである。このようにして平和と、力と、秩序に至り着くのである。「有機的知識人」というグラムシ〔イタリアの共産主義政治理論家。一八九一～一九三七〕の概念がそれにふさわしい適用対象を見い出したとするなら、それはまさに一三世紀のキリスト教世界のなかにおいてであり、そして聖ルイをフランス王権国家の王にしたのは、彼ら、つまりサン＝ドニの修道士たち、あの偉大なイデオローグたちなのである。

サン＝ドニのこの歴史的な役割を喚起したさらに先で、サン＝ドニのいわばロビー活動のメンバーであるギヨーム・ド・ナンジは、忘れることなく、さながら托鉢修道士の身分にある王の聖人伝作家たちが、自分たちの兄弟（托鉢修道士）のために王の後ろ盾のあったことを強調しているのとまったく同じように、この修道院と聖ルイとの特権的な絆を強調しているのである。一二三一年の項目で、彼はつぎのように記している。「フランス王ルイと聖職者たちの助言にもとづき、フランスのサン＝ドニ教会[15]は修道院長職にあるウード・クレマンのもとで改修されることになる。周知のごとく、この教会が神より受けた献堂の聖なる（*mysterium*）性格ゆえに[16]、これまで修道士たちがあえてなさなかったことである」と。ついでにつぎのことを注意しておこう。つまりギヨームはこの機会を利用して、神は、彼は名指しで引き合に出してはいないが、ライヴァルであるランスのサン＝レミ修道院のためだけではなく、サン＝ドニのためにも奇蹟をなされた、ということを述べていることである。とりわけギヨーム・ド・ナンジは、若干の人々から歴史に対するどんな独自の考えも持ち合わせていないと糾弾されているが、伝統と刷新の間に設けている傑出した弁証法を、そしてさらにいうなれば、聖なるものも時代とともに豊かになるという歴史性に関する彼のセンスがあることを記憶にとどめておくことにしよう。

ここで気づくことはサン＝ドニの聖ルイ像は、托鉢修道士たちの聖ルイ像をいかに利用しているかということである。

ギヨーム・ド・ナンジの『年代記』にみられる聖ルイ像は、それゆえに、卓越した一つのフランスの一人の王であり、このジャンルが望んでいるように、世界の歴史のなかに組み込まれた王である。この『年代記』では、聖ルイの『伝記』の一語一語がしばしば再録されているのであるが、個人の伝記においては重要ではあっても、より一般的な本質に言及せざるをえない世界年代記においては、余分なもののように思われる細かい記述は剪定されてしまっている。その代わりにこの『年代記』には、この修道士ギヨームが『伝記』からはずしてきた諸事実の報告が含まれている。気候の異常、象徴的な兆し、予見、そして驚異に関する覚え書などである。一二三五年に関して指摘されている最初の出来事は以下の通りである。「ひどい大飢饉が（*fames valde magna*）フランスに、とくにアキテーヌ地方に起こった。その結果、人々は動物に倣って野草を食べていた。実際に、小麦一スティエ〔一五〇～三〇〇リットル〕の値はポワトゥー地方で一〇〇スー〔スーは二〇分の一リーヴル〕にまで高騰し、この地方では多くの人が餓死し、壊疽性麦角中毒で苦しんだ」（一八七ページ）。同じく一二六六年に関しては、「フランス王国で、八月の、日の出まえにあったことだが、彗星（*cometes horribilis*）が現れて、その光る尾を東方に向けていた」（二三〇ページ）。この二つの出来事はフランス王国に関わるものであり、聖ルイの『伝記』には現れないが、それらが起こったのは彼の治世下のことである。ギヨーム・ド・ナンジは聖ルイを驚異《メルヴェイユー》とは関係のない存在として描いている。彼は王を宗教的雰囲気に包み込み、異常な出来事からは遠ざけるように王を護っているのである。

【注】

（1）前出一五〇～一頁を見よ。
（2）ギヨーム・ド・ナンジのラテン語の年代記は *Recueil des historiens des Gaules et de la France*, t.XX, pp.545–546（ドヌー版で一頁半、pp.180–181）にある。
（3）ベルナール・グネが正当にも指摘したことである。
（4）Bernard Guenée, «Chancelleries et monastères.» art.cité（前出四二二頁注3）p.25.
（5）«*Fredericus imperator Romanus misit nuntios ad soldanum Babyloniae et contrapit cum eo, ut dicitur, amicitias Christianitati suspectas*» (*Ibid.*, p.181).

（6）これはヨーロッパ史で知られている最初のストライキであることを喚起しておこう。

（7）«*Studium litterarum et philosophiae, per quod thesaurus scientiae qui cunctis aliis praeminet et praevalet acquisitur*» (p.182).

（8）«*Divitiae salutas sapientia et scientia*». これは『イザヤ書』（三三章六節）からの引用である。

（9）«*Quia repulisti scientiam, repellam te*». これは『ホセア書』（四章六節）からの引用である。

（10）«*Si autem de eodem separata fuerint vel aversa, omne regnum in seipsum divisum desolabitur atque cadet*» (p.183).

（11）H.GRUNDMANN, «*Sacerdotium-Regnum-Studium*. Zur Wertung der Wissenschaft im 13. Jahrhundert», *Archiv für Kulturgeschichte*, 34, 1951.

（12）私はギヨーム・ド・ナンジのものであると考える。なぜならギヨームのテクストを示していると思われるある写本にもとづいて公刊されている『伝記』のなかに、この書き継ぎ部分がそっくり認められるからである (pp.318–320)。

（13）これはまさに、すでに見てきたように、一二世紀の半ばにソールズベリーのジョンが表明した王の新しい概念の行き着くところである。「無学な王は王冠を被せられたロバにすぎぬ」(*Rex illiteratus quasi asinus coronatus*)。

（14）J.LE GOFF, «La France monarchique. I. Le Moyen Âge», dans A. BURGUIÈRE et J. REVEL (éd.), *Histoire de la France*, t. II (*op.cit.*, 前出八六頁注1), pp.83–85.

（15）Francia はここではイル＝ド＝フランスという限られた意味である。

（16）*Ibid.*, p.183.

【訳注】

（1）大学人の裁判権管轄をめぐって、以前から都市民と聖職者の間で悶着が絶え間なかった。あるとき、ある大学人が都市民と喧嘩の末に殺されるという事件が起こり、これがきっかけとなってストライキが生じた。

（2）聖アンセルムスは、ル・ベック修道院長を経たのちカンタベリー大司教となった、修道院神学を代表する人物である。彼は、理性はあくまでも信仰の補助手段と考えていた。したがってこの文脈は瞑想に重きを置く修道院神学から理性に主眼を置くスコラ神学へと動いていくことを意味する。なお fides quaerens intellectum「理性を求める信仰」とは聖アンセルムスのことばである。

ギヨーム・ド・ナンジの『聖ルイ伝』(訳1)

列聖の前に書かれた聖ルイに関する『伝記』は、『伝記と事績』*Vita et Gesta* という表題によく応えている。最初の用語は、聖人たちの伝記に、場合によっては、何らかの聖なる性格を帯びた職務によって聖人に近いとされてきた人物が――たとえば王が――、とりわけ公式にであってもそうでなくても、聖性があるとの評判に包まれている場合には、そういった人物の伝記にも本質的に適用されるものである。この『伝記』が特殊であるのは、列聖の前に書かれたことであるが、著者が個人的に王と面識があったわけではない。おそらくまったく若い修道士であった彼は、サン゠ドニへの王の遺骨の到着とその埋葬に立ち会っただけであると記している。事績 *Gesta* という用語は、主人公の「行為と武勲」を示す、つまり一つの歴史である。ギヨームはここで文学的な教養のない単なる修道士として自らを紹介し――これはへりくだりすぎである――、他人の著作を借りて仕事をしたこと認めている。当時の大部分の伝記作家とは正反対に、彼は自分が語ることについて実際の目撃証人であったといってはいないことに注目されてきた。彼は「私は見た」*vidi* といい張ることはしない。その理由は、おそらく彼は聖ルイを知らなかったからであるが、同様に彼が自ら「記憶者」ではなく「歴史家」でありたいと望んでいたという事実によるのである。彼は資料を集め、整理し、説明しようと努める。彼は二つの主要な典拠史料を利用した。ジョフロワ・ド・ボーリューの『伝記』と、今日では失われてしまったジロン・ド・ランスのルイ九世の『伝記』である。ギヨーム・ド・ナンジが前者に忠実であることを証明することができるからには、後者に関しても同様で、彼がこのようにしてこのジロンの作品の重要な部分を救ったと推測することができる。しかしさまざまな史料の編纂者であっても――ベルナール・グネは適切にも彼をそうだと強調したのだが――中世では、典拠史料の整理と解釈を示唆することで著者であり続けられるのである。

ギヨームは、ルイ九世の『伝記』と『歴史』の継続した枠組みをなす主要な出来事と、間接的にしかその一部になっていない、そして彼が「余談」*incidentia* として記している付随的な出来事とを区別している。

彼のテクストは、聖ルイの未成年時代の揉め事について、軍事作戦について（彼の聖ルイは一人の戦士であり、軍隊 *militia* は王国の主要な戦力の一つである——彼は、タタール人の間でさえも「フランス人は驚くほど強い好戦的な人々である」との噂が流れているのを聞いたと、強調している）、王位継承を確かなものとすることができる王の息子たちの誕生について、詳細な記録にあふれている（それに彼は名前の論理を理解していた。すなわち長男には王の父の名を、次男には祖父の名を付けるということである。そこから、最初に生まれたものの一二六〇年には没することになる長子にはルイが、次男にはフィリップが与えられ、のちにこの次男はフィリップ三世となるのである）。とりわけ十字軍遠征について、とくに年代的に近いチュニスへの十字軍遠征については詳しい。彼はまた、この時期すでにプロヴァンス伯として、そしてとりわけナポリ・シチリア王として活躍していたシャルル・ダンジューに特別の関心を寄せている。それは、彼の歴史家としての主要な動機の一つが、唯一主要なとはいわないまでも、フランス人に対する賛辞であるということである。そしてとりわけ兄であるルイ王のかたわらという良い場所に姿を見せるのにふさわしい。輝かしい政治・軍事的生涯を送ったことでシャルルは、タリャコッツォの戦い（一二六八）の前に、フランスの誇りの呼びかけをシャルルにいわせている。「フランスで生まれ、力と勇気の評判高き騎士である皆の者よ……」[1]と。

神が歴史を操ることも確かである。若いルイに反抗する諸侯は、「神の手」が王のもとにあると気づくと反乱をあきらめる。一二三九年に王は、主がついに自分を敵方の策謀から逃れさせてくれたことを知る。しかしギヨームは、イスラム教徒によって捕らえられたルイが、すぐにささやかな額の身代金でやすやすと買い戻されたことに驚いたとき、この事件の責任を、「奇蹟」をなされた神と、その功績がこのような結果に結びついた「善き王」との両者に分かち与えるのである。争いと戦争が大部分を占めるこの歴史のなかで、その主要な原因となるものは大人物たちの心理である。平和と静寂を破るのは、だれなりと諸侯の傲慢さ（*superbia*）である[2]。この傲慢さの、この「思い上がり」の具体的なさまざまな顕れのなかで（ブルターニュ伯とラ・マルシュ伯は、王の大家臣のなかでもっとも不忠な者であるが、前者は「尊大かつ高慢な」、そして後者は「うぬぼれに満ち、かつ忌むべき思い上がった」男である）もっとも悪いのは、王に反逆することなのである。ギヨームはそれをこのような性格上の理由にとどめている。なぜなら彼はこれらの策謀が、とりわけ王と家臣の関係を規定するきまり《コード》との関係で判断されなければならないことを十分見抜いていないからである。ギヨームは法律用語をうまく駆使してはいない。ちなみに公法の概念は、とくに王の権力に適用される概念は、一三世紀の後半ではまさに発展の真っただ中にあったのである。あの神秘的で至上の聖性である王の「威厳」*majestas* と、君主権として現れる「権力」*potestas* とが、十分うまく区別されていないようにみえる。同様にギヨームは、聖ルイを心理に関わる用語で判断し、たしかにあいまいである王の行動のなかで、何が感情に関わり、何が制度上の政策であるのかを区別しきれていない。彼はまた、聖ルイは最初の十字軍遠征から人が変わって戻ってきたと記している。王が、後悔の念と後ろめたい気持ちに充たされて、前よりも一層贖罪的な、一層禁欲的な生活を送りはじめただけではなく、自分の権力の行使を仮借のないものにしたと見ているのである。王の現実的な後悔の念は、政治的な動機に対する自分の権力を強固にするように駆り立てているが、そのことにギヨームが気づいているようには思われない。一二五四年の大王令は、ギヨームがその一つの版《ヴェルシヨン》を与えてくれているのであるが、これは道徳的な秩序を行きわたらせたものである。「ルイ王のなされたる事および行為のなかにあり、そして行きわたっている神の知恵を目で見て、それを認め、聞きおよんだ諸侯、騎士、および身分の上下を問わず他のすべての人々は、王が正しい裁きをなしたる際には、王を畏れ、日々、ますます王を崇めた。なぜなら彼らは、王が聖なる人間であり、貴紳《プリュドム》であることを見てとり、またそうであると知ったからである。以後彼の王国において、あえて王に刃向かう者はもはやだれもおらず、もしだれかが反抗しても、その男は直ちに屈服させられたのである」（四〇一ページ）。王がフランスと外国に押しつけた平和を（それはルイの「平和推進者」としての時期である）神は、この父親の諸々の功徳のゆえに、息子のフィリップ（三世）の治世の間もそれをもちこたえさせたのである。「このようにしてルイ王の時期に、フランス王国の王座は、他の王国と比べてみると、至るところにその光をまき散らす太陽のごとくに輝いていたのであった」（同上）[3]。

このように上記のサン＝ドニの聖ルイ像は太陽王なのである。あるいはむしろ、この太陽とは、光線と善行を発散する王座である。王は、王権を表わす象徴物件《アンシーニュ》に、すなわち印璽の上では王冠に、歴史編纂物の上では王座に吸収されてしまっている。聖地からの帰還後の聖ルイの変身は、ギヨーム・ド・ナンジにとっては、ジョフロワ・ド・ボーリューの『伝記』*Vita* の重要な箇所を、自分の『事績』*Gesta* のなかに組み込む機会でもある。なぜならこの変身は彼の聖性の証拠をもたらすものだからである。托鉢修道士の姿をした王が太陽王の陰に現れる。そしてギヨームは、自分の主人公の、近くおこなわれる列聖に彼なりの貢献をもたらす。彼はその功徳を述べ、その最初の奇蹟の数々を語る。歴代の王を通してフランスの地位を高めるために、サン＝ドニはあらゆる手段を利用するのである。

聖ルイのなかには、托鉢修道士のやり方で、清貧、謙譲、それに終末論的裁きであるあの平和を高揚させることで、キリスト教社会の体制を揺るがせることのできる一人の聖人が潜んでいる。それと同時に彼のなかには、サン＝ドニの見方によれば、信仰、力、そして秩序の結集によって、キリスト教世界の安定化を助ける一人のキリスト教徒としての王も存在しているのである。つまり「二つの顔をもつ」*bifrons* 一人の聖なる王である。しかし大学人である托鉢修道士たちは、この二つの傾向に対して、折衷的解釈を見い出すことで、聖ルイを精神分裂症であるとすることをまぬがれさせてきた。他方サン＝ドニの修道士たちは、托鉢修道士としての王を、王権と国家感情という軌道の上に定着させることになったのである。

ルイ九世の肖像を通してギヨーム・ド・ナンジが描いているキリスト教的な王権の総括的叙述のなかには、他のいくつかの王のイメージが王の治世の初期に現れていた。これらを晩年の太陽王は自分のものとして統合吸収し、無効なものにすることはなかった。なぜなら一三世紀末の王は、絶対君主ではないからである。主君と封臣の間の封建関係の相互義務に関して、彼は自分の臣下たちに対して、彼らが尽くしてくれる忠誠に値する保護を果たす義務を守ってきた。その治世の初めから、聖ルイは、「臣下は自分たちの主君に忠誠を尽くさねばならず［ギヨームは君主権に関する用語である「臣下」sujet と、封建制度の用語である「主君」seigneur を混ぜこぜにして用いている］(4)、そしてその忠誠とは、主君が臣下に、それに匹敵する援助を要請することである」と、心のなかで考えた。すでに彼は「いと善良にして、いと高貴な」王であり、「聖なる暮らしを」送られている。このことは、神が彼に、いや彼と彼の王国に、「繁栄」をもたらしていることの説明となる。彼は、たとえば彼に謀反を起こすあの諸侯たちのような悪い君主のモデルに、あるいは、厳密にいうと悪いとはいえないが、「疑わしい」皇帝フリードリヒ二世に、対立しているのである。しかし同様に「いつも良きことに嫉妬している悪魔」（三二五ページ）によって生み出される正反対のモデルも存在しているのである。

ギヨームは『伝記』においても『年代記』においても、オリエントに強く惹かれている。これは聖ルイの生涯および関心事のなかで、忘れてはならぬ肝要な局面である。ギヨームが反善王、反聖ルイを見い出すのはオリエントにおいてである。それはサラセン人あるいはトルコ人のイスラム教のスルタンにおいてではなく、過激スンナ派の一宗団《セクト》、すなわちアサッシンたちの王である「山の老人」においてである。聖ルイはこの人物と聖地で何度か接触したことがある。悪魔が忠告を与えている「きわめて悪質な、きわめて心の曲がった」この王は、事実、神のとりなしによって善人になったのである。[5] ギヨーム・ド・ナンジはこのようにして、聖ルイと異教の君主たちとの外交関係を正当化したかったのであろうか。もしそれが彼の意図であるとするなら、オリエント滞在中の王からとくに許された仲介者の地位を得ていた托鉢修道士たちと、王はふたたび会談することになる。二つの歴史編纂事業は、すなわち托鉢修道会のものもサン＝ドニのものも、ルイのオリエントの地平線を強調しているのである。

【注】

（1）*Ibid.*, p.433.
（2）*Recueil des historiens des Gaules et de la France*, *op.cit.*, t. XX, p.343.
（3）太陽のメタファーがラテン的キリスト教における王の象徴体系の伝統に属するものであるようには思われない。これは研究するに価しよう。後出六五六頁、八二七頁および四〇八頁注3を見よ。
（4）*Ibid.*, pp.315–317.

（5）この話の内容は六八〇～七頁を見よ。バーナード・ルイス(*Les Assassins, Terrorisme et politique dans l'Islam médiéval*, 1967. 仏訳 Paris, 1982； 新版 Bruxelles, 1984) は資料の裏づけはないことを指摘したうえで、聖ルイが聖地に滞在していた折、アサッシンたちと接触をもったことを確認している (p.163 sqq.)。フリードリヒ赤髭王のある使者が、一一七五年に語源として *Heyssessini* を与えているが、これはすなわち「山の領主」の意味である (*Ibid.*, p.37)。

【訳注】

（1）この見出しは原書では *La Vie de Saint Louis de Guillaume de Saint-Pathus*「ギヨーム・ド・サン＝パテュスの聖ルイの『伝記』」となっているが、明らかに間違いであるので、「ギヨーム・ド・ナンジの『聖ルイ伝』」と訂正した。

第四章　「例話」のなかの王

一三世紀は歴史を、人間の時間の形態としても、文学ジャンルとしても、さらには知の学問分野としてもいまだに十分に切り離して考えることがなく、代わりに物語だとか逸話などが熱心に求められた(1)。学びとろうという願望もあったようである。教会はそのことを知っており、その教化的努力は大きいものがあった。主要な教育者である説教師たちに、教会は逸話を提供した。その教化を目的とした小話《しょうわ》を説教師たちは自分たちの説教のなかに取り入れた。これが「例話」*exempla* といわれるものなのである。

中世の「例話」*exemplum* とは「事実に則したものとして提示され、為になる教訓によって聴衆を説得するために、演説(一般には説教であるが)のなかに挿入されるための短い話(2)」である。この話《レシ》はまた面白く、強い印象を与えるというその特徴によって、話を聴く人々の注意を引きつけることに力を尽くす。これは修辞法を弄した手管であり、ある教訓を伝えることを狙いとする逸話《アネクドート》である。「例話」といわれるものの教訓は、聞き手の救済を究極目標としているので、中世の「例話」は「終末論的な仕掛け(3)」と呼ばれることもありえたのである。「〈例話〉は、説教にみられる一般的な発話様式を壊して、説教師とその聴衆の間に人目を忍ぶ共犯関係を打ち立てるような話《レシ》の現実的で面白おかしい調子を、説教のなかに取り込む。しかしそれに騙されないようにすべきである。例話は説教のなかで、異物、つまり孤立した単位をなすどころか、他のあらゆる議論と結びつき、その取り込みが引き起こす瞬間的な話の流れの中断は、権威ある語り《パロール》である説教のイデオロギー的な機能を一層強めることになる(4)」。「例話」は、しばしばその起源の一つである、あるいはその行きつく先の形態の一つである民話に近く、寓話《ファーブル》にみられるように、主人公が動物でもありうることもまた示してくれる。古代の「例話」は、物語の主題がまさに一人の英雄である場合が多く、その英雄自身が生きた手本であり、この英雄の語りと行為が模範的価値をもっていたという事実から、しばしばその魅惑的な力を引き出していた。キリスト教徒たちは古代文化の大部分の他の形態ともども「例話」を集めたとき、それらを聖史上の偉大なキリスト教徒のモデルに、彼自身がこの上ないモデルであるイエスに、聖母に、旧約聖書の人物たちに結びつける傾向があった。このタイプの「例話」は中世には伝承されてこなかった。中世は文学を「聖史」の「例話」から切り離して、聖なる人間と聖書の登場人物を、これらの小話から隔離したからである。

　中世の「例話」には、当然のこととして歴史上の人物を集めるという傾向がない。まずは、あらゆるキリスト教徒を聴衆とすることが念頭にあるので、「普通の」人間、すなわち、その人が習慣としているあらゆる行動において日常性からはみ出していない人間を舞台に登場させる傾向があり、したがって「例話集」recueils d' *exempla* といえば、それが「日常生活のバイブル」を構成しているということもできたからである。つぎに「例話」は逸話を対象化する傾向があるからである。つまり主人公から主題としての資格を奪いとり、これを対象物にする、つまり話の流れを通して提起されている教訓の単なる道具にしてしまう。そしてこの教訓それ自体が物語の主題となるのである。歴史上の人物は、中世の「例話」においては、もはや名ばかりの存在にすぎない場合がよくある。その人物は「説教のイデオロギー的機能」のなかで身動きがとれなくなっており、それが用いられることによってその人物は吸収されてしまうのである。

　しかしながら聖人や大人物の『伝記』が、教化的逸話の、そしてより特別な場合には奇蹟の（しかし奇蹟は「例話」とははっきりと区別すべきであり、まったく違ったジャンルを形成するものである）数珠つなぎとして構成される傾向にあるので、「例話」の蒐集家すなわち説教師は、時おり「伝記《ウィータ》」を構成する断片的部分を「例話」というランクに移させたいという誘惑にかられてきた。そして「伝記」の主人公が声望のある人物である場合には、この誘惑は一層大きくなる。この場合、無名の、あるいはだれなりとキリスト教徒を舞台に登場させる「例話」から、英雄的な、あるいは個人的な一つの「例話」への漸次的移行が起こるのである。「例話」を「伝記的」と定義できると信じさえした人もいた。その場合の例話は、源になるある「伝記」が存在しているのであり、「そのもとになる〈伝記〉

の構造を下敷きにして、その構造を模写する」ことになろう。しかしここでの挿話はその歴史上の人物の伝記から抜粋されたものであるということになろう。(5)

「例話」は多くの場合、キリスト教徒を罪から思いとどまらせるために「悪い例」に頼るので、「例話」にもっともふさわしい根拠を与えうる歴史上の人物は悪人たちであるということを付け加えておこう。悪い王たち、テオドリクス〔東ゴート王、西ローマ帝国を滅ぼしたオドアケルを謀殺、北イタリアに東ゴート王国を建設した。晩年近臣の処刑からキリスト教徒に恨みをかう。四五四～五二六〕ないしはシャルル・マルテル（王とみなされていた）は、カトリック信者（正統アタナシウス派）や教会を迫害し、伝統に従えば地獄に落とされたのであるが、彼らがそのもっともふさわしい主人公なのである。しかしながら一三世紀には、フランスの歴代の王が、時には逸話の主人公として取り上げられることもあったが、その逸話は巡りめぐって、時には「例話集」のなかに入り込むこともあった。もっとも早く、そして他のだれよりもその逸話を提供してきたのは、良い例にも悪い例にも取り上げられているフィリップ・オーギュストであるように思われる。(6)

聖ルイが、彼の徳と彼に関して流れている教化的逸話によって、「例話」の潜在力をもった提供者となっているとしても、彼は、逆説的にいえば、彼の聖性そのものによって——当初はそう思われただけであったが、その後公式に聖人に列せられた——、「例話」の悪しき主人公の一人になった。聖人と判断されることで、彼は例として否定的に示されるような非難に価する行動を見せなくなるのである。聖人となることで、彼はこの悪人のジャンルから逃れて、「伝記」や奇蹟の枠に加えられる人物になったのである。

【注】

(1) 一九世紀に碩学アルベール・ルコワ・ド・ラ・マルシュは、自分が集めた中世の例話集 recueil d'*exempla* に、*Anecdotes historiques*『歴史的逸話』というタイトルを与えている（後出四四八～九頁および四五九頁注2を見よ）。

(2) Cl. BRÉMOND, J. LE GOFF, J. Cl. SCHMITT, *L'«Exemplum»*, Turnhout, 1982 ; J.-Th. WELTER, *L'Exemplum dans la littérature religieuse et didactique du Moyen Âge*, Toulouse,1927 ; Jacques BERLIOZ et Marie-Anne POLO DE BEAULIEU, *Les Exempla mé-*

diévaux. Introduction à la recherche, suivie des tables critiques de l'*Index exemplorum* de F. C. Tubach, Carcassonne, 1992 ; C. Delcorno, «Nuovi studi sull' "exemplum". Rassegna» in *Lettere italiana* 1994, pp. 459-497.「中世の例話集、新しい展望」についての討論会が一九九四年秋、ブロッサール、ベルリオーズ、ポロ・ド・ボーリューの指導のもとにサン＝クルーで開催された。

（3）Cl. Brémond, J. Le Goff, J. Cl. Schmitt, *L' «Exemplum»* p. 37.

（4）*Ibid.*, p. 164.

（5）Marie-Anne Polo de Beaulieu, «L'anecdote biographique dans les exempla médiévaux» *Sources. Travaux historiques*, n°3-4, *La Biographie*, 1985, pp. 13-22.

（6）J. Le Goff, «Philippe Auguste dans les *exempla*» art. cité（前出四八頁注6）pp. 145-154.

証言として限界のある「例話」

しかしながら私たちは、聖ルイを主人公とするいくつかの「例話」を知っている。小話に「聖ルイの時代における」という日付を与えるための、そしてこの小話に真正性という補足的な刻印を与えるための参照としてしか王が姿を見せない逸話を、しかるべき形で差し引くと、その数は多くはない。しかしそれらの例話は、聖ルイのイメージに関して、また彼が対象になってきた記憶作成のプロセスに関しては、一般にきわめてはっきりとしている。

以下、説教師たちが用いていたある論考から二つの例話を取り上げることにしよう。それはドミニコ会士エティエンヌ・ド・ブルボンの作品である。彼がパリで学んだあとの生活と活動は、リヨンの説教師修道会の修道院が中心であった。この作品はおよそ一二五〇年から、彼が死ぬ一二六一年の間に作成された(1)。聖ルイより早く死んだ彼は、主人公たちがまさに生きている間に、巷に流れている逸話を迅速に「例話」に作り替えたと証言している。最初のものは、「聖霊の賜物」を扱っている作品のなかにみられるものであり、助言という賜物（*donum consilii*）にあてられた第五章の「第三命題」をはっきりと具体的に表わしている。良き判断（*consilium*）という賜物を支える力（*de fortitudine*）が問題であり、これによって人間は救済へとおのれを導いてくれる徳を選ぶことができるのである。この力を助けるもののなかに、神への愛によって与えられる施しがある（*elemosina data pro Deo*）。これは「肯定的な」例話 *exemplum* であり、その主人公は若き聖ルイである。

フランス王ルイは、目下国を治められているお方であるが、ある日素晴らしいおことばを述べられた。このおことばは、その場に居合わせて、王の口からじかに聞いた一人の聖職者によってくり返された。この君主がいまだ若年であられた頃の話である。ある朝のこと、多くの貧者が王宮の中庭に集められ、施しを待っていた。だれもがまだ眠っている時刻を利用して、王はただ一人、多額のドニエ貨幣を背負った一人の召使いを伴い、楯持ちの身なりをして寝室を出た。それから自分自身の手で全額を配りはじめられた。そしてもっともみすぼらしくみえる人々には、より気前よく与えたのである。それが済むと自室に引きこもった。そのとき王の母君と話をしていて、出窓からその場面に気づいた一人の修道士が、王を迎えに出るとこういった。「陛下、私はあなた様の悪い行いをしっかと見とどけさせていただきました」。すると君主はすっかり狼狽して答えられた。「わがいと親しい修道士よ、あの者たちは私の雇人たちなのだ。彼らは私に代わって敵と戦い、王国の平和を保っているのだ。私はあの者たちに支払われるべき俸給の全部をまだ支払いきってはいないのだ(2)」。

この「例話」は施しの価値をはっきりと表わしている。これはすでに彼の生前に確立されていた気前よく施しをする人という評判に訴えたものである。同様に王の徳と慈愛の実践が早くからみられるというイメージにも呼応している。しかしこれは、道徳的な箴言であると同時に警句である「例話」の教訓を、年端もゆかぬ一人の若者の口に託しているのであり、ここではその教訓はとても本当らしくは思われない。聖ルイは「トポス」、すなわち常套表現を演出することに手を貸している。この「例話」は王の一つのイメージを利用し、そのイメージを成功が間違いない一つの逸話によって強化する。このようにしてこの例話は、例外的に信心深い一人の君主の思い出を権威づける手助けとなる。それは虚弱な幼い王というイメージと闘う役割を果たし、例外的な人間であるという記憶を作るために、聖人伝によくみられる手順を踏む。つまり例外的な人間や聖人たちは、子供の頃から大人の考え方と振る舞いをするという手法である。(3) 聖ルイには少年期がなかった。というのも彼は神童であり、きわめて早い時期から大人のようであったからである。

エティエンヌ・ド・ブルボンの第二の「例話」は、一二四四年の王の大病と、彼の十字軍の誓いの挿話に関わるものである。

このフランスの王は死に至るほどの大病を患い、医者からも見放された。王は灰の上に寝かせられると、その場に居合わせたすべての人を呼び、こう申された。「さてこの私は、世界でもっとも裕福でもっとも高貴な君主であった。この私は、他のあらゆる人間よりも勢力があり、地位と運と、わが友人の数において他の人々の上に立ってきたが、死の到来をいささかなりとも遅らせることも、病いの進行を一時たりとも休止させることすらできぬとは。いったい、これらのことは何の価値があるというのか」。王がこのように申されるのを聞いて、その場に居合わせた者たちはすすり泣いたのであった。しかしあらゆる予測に反して、王がもう亡くなられてしまったと思われたその瞬間に、主は王の病いを癒され給うたのである。王はふたたび身を起こされると、神に感謝の意を示され、そのあとで十字軍を決意されたのである。(4)

この「例話」は「畏れの賜物について」(*De dono timoris*)を扱っている第一の書の第七番目の「命題」を、さらに特定するなら、畏れの理由の第九番目を明らかにするものである。キリスト教徒たる者は、死を、すなわち重病に罹っているという事実を、畏れなければならないということである。

現実にあった歴史上の事実から――聖ルイの病気と十字軍への誓い――この例をもち出した著者は、これをうまく利用して、ふたたび、死を前にした権力ある者と富める者の無力という常套表現を、すなわちトポスを導入しているのである。この言説《ディスクール》は、聖ルイが灰のベッドの上に乗せてもらったらしいということがはっきりと記載されているかどうかの問題と同じく、この挿話に関する他のいかなる証言のなかにも見い出されないものである。ルコワ・ド・ラ・マルシュはここに、「直接報告された」「新たな詳細な情報」を見ている。それはありえないことではない。しかし、私はこの話はむしろ、――どんな歴史的な真正性からも自由な「例話」のイデオロギーの論理のなかで――それを利用して、大人物の間で日常的に実践されている、「臨終の」*in articulo mortis* 身体を、「最終の」*in extremis* 贖罪として灰のベッドに休ませるという暗示を与えるために、そして古代からの伝統的なトポスを用いるために、著者によってでっち上げられたか、あるいは単に思いついただけの作り話であると思う。聖ルイについての言説の歴史的な真実に関して、私が懐疑的な見方をするのは、単にこの常套表現の平凡さからだけではなく、この考え方と表現の仕方が、私にはルイ王の考え方や語彙に関して私たちが知っているものと、ずいぶんとかけ離れているように思われるということにもよるのである。王の権力と富への行きすぎた暗示、死の擬人化、および一切のキリスト教に関する参照も欠如していることから、私はこの言説を贋作とみなしたい気持ちにさせられるのである。いま一度くり返すが、一つの既知の事実、聖ルイの病気と十字軍参加が、一つの常套表現の単なる歴史的な演出にまことしやかな偽りの様子を与えるのに役立っているのである。エティエンヌ・ド・ブルボンが気にかけているのは、聖ルイが「本当に述べた」ことなどではなくて、王がこのドミニコ会士の教化的意志と、彼の古典的な教養にふさわしい形で語ることができたであろうということである。聖ルイは、この「例話」においては、もはや前例以上のものではない。これらの逸話は将来の聖王の、早い時期に紋切り型化されたイメージの副産物にすぎないのである。

さらに、一三世紀のトゥールのある写本においては、王は一層現実的な存在感を欠いている(5)。一二二八年から四八年にかけてパリ司教を務め、実際に王の友人であり補佐役であったギヨーム・ドーヴェルニュに関する他のいくつかの「例話」に混じって、聖ルイを想起する一つの「例話」がある。この場面は、王の第一子の誕生に設定されている(だから一二四一年生まれの、幼くして死んだブランシュのはずである)。

ルイ王の妻であるフランス王妃マルグリットは、まず最初に姫を出産なされたのだが、人々はそのことを王に告げることを渋った。この件を王に告げるために司教のギヨームが呼ばれた。彼は王のそばに赴くと、つぎのようなことばでその知らせを王に伝えた。「陛下お喜びくださいませ。朗報でございます。仔牛たちが授かったという知らせをもって参りました。と申し上げますのも、フランス王国はただ今、一人の王を得たからであります。実際に陛下に姫が授かったということは、姫が結婚されることにより、一つの王国を陛下にもたらすからであります。もし王太子であらせられたならば、大きな伯領を分かち与えねばならなかったことでありましょう」。このようにして司教は王を喜ばせたのである(6)。

司教が姫を将来の牝牛として言及しているうさん臭い優雅さと、仮定として語られている王太子は長子であるので、父親の死後王権を継ぐことになり、のちに生まれる王子たちに約束された領地ではないからには(7)、王がその王太子に大きな領地を与えなければならなくなるであろうと司教にいわしめている不正確さは見逃すことにしよう。そのうえ、ルイ七世は不幸にも長い間、女の子供だけにしか恵まれず、将来のフィリップ・オーギュストのかなり遅い誕生は、奇蹟としてみなされてきていた。しかしたとえ聖ルイが男子の跡継ぎをもつことを気にかけていたとしても（彼はその後、六人の王太子をもつことになった）、この知らせが尊敬すべき報告者と、洒落という間接的な手段に頼らねばならないという点で、姫の誕生を告げられて、王が快い反応を示していないこともありうると見てとれるのである。明らかなことは、この話が、冗談を挿入するための作り話であり、フランス王権の継承上の習慣以上に、伝統的な社会のなかでの、女児たちの軽視のされ方を思い起こさせるということである。聖ルイはここでは、「例話」の必要事項のために借用された、単なる名前にすぎないのである。

いま一つ別の「例話」は、私にはもっと興味を引くように思われるものであり、聖ルイの裁きの章に入れることができよう(8)。

王聖ルイは、聖金曜日〔キリストの復活日前の金曜日〕にはいつも、詩編を始めから終わりまで全部を通して読む習慣があった。ところである年、高貴な家柄のさる人物が、数多くの悪行を働いたかどでシャトレに拘束された。その厳かな金曜日に、王は礼拝堂に引きこもり、信仰の実践に没頭した。だがその囚人の両親と友人たちは、王自身の息子とその兄弟である君主たちに案内されて、祈りを捧げている聖域にまで王につきまとってきたのである。彼らに気づくと王は、いったん中断した読書をその箇所からふたたび始めるために、読み終えていない詩節の上に指をのせた。他の者たちを代表して話を切り出す役目を引き受けた領主たちの一人が、王に近づくと、つぎのように申した。「高名なる陛下殿、本日は恩寵と憐憫の日でございます。まさにこの日に、われらが救世主はわれらをあがない給い、十字架の上にいたあの盗人に赦しを与えられたのです。わが主は死刑執行人のために祈りを捧げながら死んでいきました。ところでここにいる私たちは皆、高名なる陛下殿、あなた様の御前にてひざまずき、そしてシャトレの牢獄で呻いているあの高貴なる囚われ人のことを憐れみ給い、イエス・キリストの例に見倣っていただくことを、謙譲なる気持ちであなた様に懇願いたします」。敬虔な王は善意をもって彼らのいい分を聞いた。彼は心の寛さを今まさに発揮しようとしていた。とそのとき、詩編の上にのせていた指を離すと、その下に書かれていたつぎのような内容の詩節を読み上げた。「いかに幸いなことか、裁きを守り、どのような時にも恵みの業を果たす人は」〔『詩編』一〇六章三節〕。王は一瞬の間考え込んだ。それから返答として、嘆願者たちにパリのプレヴォを呼び寄せるように命じ、ふたたび読書を始めた。罪人の赦しと釈放が得られるものと確信したこの者どもは、できるかぎり迅速にプレヴォを迎えに人を派遣した。役人はまもなく君主の前に姿を見せた。そこでルイはこの役人に、詳細を知っているのなら、その囚人が犯した罪を列挙するようにと求めた。この要請を聞いてプレヴォは、真実を偽ることもできず、命令に従い、身の毛もよだつような一連の犯行を述べた。王は役人の報告を聞き終えると、裁判を思い通りにするようにと、そしてまさにその日に、人々がおこなっている厳粛な儀式とは関わりなく、罪人を絞首台に送るようにと命じたのである。(9)

ここでもまたこの逸話の真正性を保証してくれるものは何一つない。「例話」というジャンルが、大部分は、あるいは真実か虚偽かをふれまわる「噂」に属しているか、あるいは純然たる作り話に属しているかのどちらかだからである。しかしこの小話は、別の史料によって私たちが察知しているところのものをはっきりと示している。すなわち聖ルイの心のなかでの厳しさと憐憫との葛藤である。二つの態度の間の均衡を強く説く「君主鑑」にみられる王のイデオロギーと緊密に結びついた、そして聖ルイの側近たちと当時の世論を、寛容派と厳格派の二つの陣営に分けていたように思われる葛藤である。この「例話」は反寛容説主張者の流れによって作り上げられたということも十分ありえよう。王の気性の激しさが抑圧にまで進むと、王の努力から憐憫の気持ちが生じてきて、より穏和なキリスト教的な考えが働く。これは基本的には托鉢修道会の霊性のそれである。だがこれが彼ら托鉢修道士たちに、異端審問を通して、無情な裁き手として行動することを妨げることはなかった。この「例話」はまた、教会からの指示事項が、たまたま文字通り遵守されていない事態に直面した際の王の良心を明らかに示している。これらの指示事項は聖ルイにとっては侵すべからざるものではない。道徳に関する緊急事態が典礼上のタブーを犯させることもありえるのである。[10]金曜日の肉断ちの日がヘンリー三世との宴会のために違反されうるのとまったく同じように、死刑の宣告が聖金曜日に起こることもありうるのである。

他の二つの「例話」は、王の生涯の出来事を本当らしく活用する、一三世紀のイデオロギーの大きな流れによる聖ルイのあの利用法を明らかにしているように思われるものである。最初のものは、宗教に関して俗人たちの意識の向上に聖ルイを位置づけるものである。[11]

ある学識ある聖職者がルイ王の前で神の教えを説いていた。そしてその説教のなかで彼はつぎのようなことばを発する機会を得た。「受難の瞬間に、あらゆる使徒たちはキリストを見捨てた。彼らの心のなかで信仰の火が消えてしまったのだ。ただ一人聖母マリアは、受難の日から復活の日まで、その火を絶やすことがなかった。これを記憶するために、贖罪の週の朝のお勤めでは、一本だけを残して、残りの明かりがつぎつぎに消されるのである。この一本は復活祭当日にふたたび灯すためにしまっておかれるのである」。このことばを聞いて、より位の高い別の聖職者が立ち上がると、その説教者にいい返し、こう反論した。「〔聖書に〕書かれていることだけを主張なさることをお勧めします。実際に使徒たちはイエス・キリストを肉体に関しては見捨てましたが、心に関しては見捨てることはしませんでした」と。この不幸な説教師は、まさに壇上で前言を取り消さざるをえないところであったが、そのとき王は、立ち上がると、つぎのように口を挟んで申されたのである。「先ほど申されたことは嘘偽りではない。教父たちの教えのなかにまさしく書かれています。私のところへ聖アウグスティヌスの書を持ってきなさい」。急いで王の命令に従うことになり、その書物が運ばれ、そしてその時宜を得ない話の邪魔者の狼狽をよそに、確かめたいと願っている男に対して、王はこの名高い学者によって書かれた『聖ヨハネの福音書に関する注釈』のあるテキストを見せた。そこにはつぎのように書かれていた。「彼らは逃げ去った、心に関しても肉体に関しても彼を見捨てて（*Fugerunt, relicto eo corde et corpore*）」。(12)

この第一番目のものを読むと、信仰に関して干渉するという聖ルイの好みと、この王の聖書および教父についての教養を引き立たせていることがわかる。(13) 聖職者と俗人の間の権限と機能の分離を重んじる聖ルイは、ためらいもせず俗人に許されるぎりぎりの限界まで宗教の分野に深入りしていった（王はたしかに例外的ではあったが、それでも俗人であった）。一三世紀の説教はミサの典礼から切り離された。この進展が、王が説教の最中に干渉することを許したのである。真実であるという保証はないが、この逸話はそれゆえに、本当らしくないわけではない。この「例話」はとりわけ王の教父学の造詣の深さを強調するためのものである。(14) 第二番目の「例話」はイタリアに起源をもつもののようである。

ルイ王はある日托鉢修道士ボナヴェントゥーラにつぎの質問をなされた。「もし人間が、まったく存在しないのと、永遠の責苦へと断罪されるがために存在するのとの間で選択をするとしたら、どちらを選ぶべきであろうか」と。ボナヴェントゥーラは王に答えた。「陛下、この質問には二つの点が考えられます。一方は、神に対する永遠の冒瀆の罪であり、その冒瀆がなければ、至上の裁きも永遠の罰を科することはないでありましょう。もう一方は限りなき苦悩であります。だれも神と永遠に敵対関係にあることを受け入れることができないでしょうから、私が思いまするに、けっして存在しないことを選ぶ方がよいでしょう」。そのとき、この神の威厳に対するいとも敬虔な賛美者であり、このいともキリスト教者である君主は、出席者の方に顔を向けると、つぎのように付け加えられた。「私は、わが托鉢修道士ボナヴェントゥーラの最終判断に満足している。そして私は、この世に永遠に生き、この世にあって、わが創造主に背きながら、王としての至上権を享受することなどよりも、無に帰せられる方を千倍も好むであろうということを、あなた方に断言しておこう」と。

この逸話は、フランシスコ修道会という環境から出ているものであり、何よりも聖ボナヴェントゥーラの威光を強調するためのものであるが、私たちがより確かな証拠によって知っているような聖ルイの考えと行動の方向にまでさらに及んでいる。それは王が尊敬という気持ちで托鉢修道士たちをとらえていることであり、もっと特別のいい方をすれば、神学者としての、そしてとりわけ説教師としてのボナヴェントゥーラが王に及ぼしている魅力である（「最終判断」décision という用語は大学の教師の権威を喚起する）。この高名なフランシスコ会士は、パリ大学の偉大な神学者の一人であり、一二五六年に彼の属する修道会の総長に選ばれているが、何度もルイおよび王の家族の前で神の教えを説いてきた(15)。結局のところ、とりわけジョワンヴィルによれば(16)、何度も聖ルイによって明言されたとされる、魂の死さえもたらす罪のなかで生きるよりも、死ぬことの方が好ましい、という信念がそこにはみられるのである。

最後に、私がこの書にあてがってきた年代上の限界をややはみ出したところに置かれている、ある例話集から取り出した二つの「例話」を考慮に入れることにする。あるドミニコ会士によって編纂されたこの例話集は、一三二六年にボローニャで作成された写本に集められた、説教師用の合本に属するものである(17)。

最初のものは例話集の第五九番目のもので、『軽率な誓約』*De iuramento improviso* という表題をもつものである。

フランス王である福者ルイの時代に、一人の偉大な司教がドイツからパリに遣ってきて王を訪問した。司教は、自分の身体を支えてもらうために、自分の兄弟の息子である二人の若者を伴っていた。司教が職務に専念していたある日のこと、小鳥を追いかける遊びに興じていたこの若者たちは、さる大貴族の果樹園に入り込んでしまった。この貴族は、屋敷から二人を見て、いったい何者なのかと尋ねた。二人のどちらも身元を明かさなかったので、この貴族は二人の若者を吊し首にしてしまった。司教は事の次第を王に話した。司教と同席していた王は、すぐにそのことにひどく憤慨し、聖なる福音書にかけて、その貴族を絞首刑にすることを誓った。王は補佐役会《コンセィユ》でこの事件を披瀝した。すると大多数の者は、この件が原因で王国に大紛争を起こしかねないと主張して、王の誓約の実行を思いとどまらせた。王は多くの賢明な修道士を召喚し、彼らに自分の誓約を果たさずに済ませうるかどうかを尋ねた。修道士たちは、その誓約の実行をあきらめることは、王国全体の共通の善を考慮に入れるとむしろ良いことであると答え、つぎのように主張した。すなわちヘロデ王も誓いを立てたが、［洗礼者］［聖］ヨハネの首をはねさせることが義務づけられることはなかった。なぜなら若い女［サロメ］の要求は理に適ったものではなく、不公平なものだったからであると。それゆえこの司教が、自分の甥たちの死に対する裁きを求めたのは正当であったとはいえ、そのことから王国に大きな混乱がもたらされることもありうるということで、王は自分が熟慮もせずに誓った約束を実行する義務を負わなかったのである。王は自分の思いを実現することができなかったとはいえ、誓約の字句は実行させせた。王は例の貴族を殺さずに生きたまま裸にして袋に入れ、数時間絞首台に吊させた。貴族は降ろされるとさっそく償いとして、彼の体重に相当する重さのフィレンツェ金貨を支払わされた。しかし金銭欲にかられたと思われないように、王はこのお金を三等分にして、一部はドミニコ会士たちに――そのお金で私たちは共同寝室と食堂を建てたのである――、残りはフランシスコ会士たちとサン・ジェルマン［デ・プレ］の修道士たちに与えたのである。彼らはそれで教会を建てたのである[18]。

この物語は奇妙なことに、クーシーの領主と、彼の森で狩をした三人のフランドルの若い貴族〔子供〕の絞首刑の事件を思い起こさせる[19]。この事件では例話と同じく、貴族たちの勝手な裁きに対する聖ルイの厳しさ、王国の一部の人々の（本質的には貴族である）敵対的な反応、一度決めた方向を逆転させて金銭にもとづく妥協を受け入れるという王に許された義務が見い出される。この政治的な教訓に、この「例話」は誓約の不履行という判例を作ることになる事例を付け加えている（実際問題として聖ルイは誓約なるものを嫌っていた。少なくともこの点に関してこの「例話」は本当らしいとは思われない）。この事実は二重の意味で興味を呼ぶ。それは聖ルイの時代に――スコラ学者たちの行動のもとに――決議論の発展の重要性を明らかにしていることであり、そして聖金曜日の事件におけるように、伝統的な、表向きは神聖不可侵である規則を尊重しないことが受け入れられていることが明らかにされていることである（福音書の上に手を置いた誓約である）。もっとも興味深いのは、おそらく、聖ルイの治下で優勢となる政治的なスローガンが「共通の善」というそれであることであろう。最後に、托鉢修道士という圧力団体によって強調されているものであるが、聖ルイが托鉢修道士たちにもたらしている独占的ではないにしろ、特権的な利害関係の証言があることである。聖ルイはここでは、国是と世論によって制限を受けている王としてのみならず、托鉢修道士たちの王として姿を見せているのである。

最後の「例話」は、しごく簡単な『聖なるルイについて』*De beato Lodewico* という表題である。とはいえ……。

聖ルイに関していわれていることであるが、パリにある［わが説教師会士の修道院の］客人の館で、教師および托鉢修道士とともに王が食事をされていたある日のこと、王は一人の若者を食卓の端まで行かせて、托鉢修道士たちが食堂で何をしているのか、様子をうかがわせた。その若者は戻って来ると報告した。「彼らは良く振る舞っております。各人朗読と、目の前に置かれているものに注意を向けております」。すると王は申された。「良く振る舞ってはいないではないか」。一時間後に王は改めて若者を行かせた。彼は戻って来ると王に報告した。「前よりも行儀が悪くなりました。互いに小声で話し合っており、前のような注意力で、読師の話を聞いてはおりません」。すると王は答えた。「前よりもましになった」。王は若者を三度目の使いに出した。若者は戻って来ると、これ以上の行儀の悪さはありません、彼らは大声で叫んでいるので、だれも読師の声を聞くことができません、と報告した。すると王は答えた。「今や彼らの振る舞いは完璧だ。托鉢修道士はたっぷり食べると満足する。だが十分に腹が満たされぬと、彼らの一人が口を開いてミサを歌うのがやっとなのだ、聖金曜日によく見られるではないか(20)」。

托鉢修道士たちとの親密さを除けば、聖ルイの行動はこの逸話のなかでは、まったく本当らしいところはない。敬虔なる王は、つつましさの信奉者であるので、中世初期の「修道士の洒落」や、私たちのいう「坊主のたわごと」に類したこの「托鉢修道士の立派なお話」を、自分に責任ありとすることはなかったであろう。「例話」というジャンルがその主人公たちに求めるのは、そこで物語に注意を向けさせるための手がかりとなる名前だけである。私たちが直面しているこの例話は、これまで見てきたように、どれも互いに近い関係にあるいくつかの逸話を生み出したと想定されるが、それは一つの真の伝記的な「例話」とは正反対に位置づけられる極限の事例なのである。

残る問題は「例話」が、心ならずも多かれ少なかれ（というのもそれがこの例話の究極目的ではないからであるが）、聖ルイが生きていた時代に存在していたような彼の紋切り型のイメージを伝えていき、そして時にはいくつかの特徴を肥大させる場合もあり、真正性と紋切り型表現との間を揺れ動いているということである。それは、教化を目的とした短い説話のジャンルの約束事に従うために、一般的にはごくありきたりの説教師およびおそらくは彼らの聴衆である一般大衆の、ほとんど切実でもない要求に合わせるために操作され、単純化されたイメージなのである。それは一三世紀のメディアにふさわしいマスメディア的貧困の産物なのである。「例話」を通して、聖ルイの記憶それ自体が、一三世紀のイデオロギー的そして精神的な現実に根づいた常套表現を創り出してきたのである。王とその時代は、「例話」によって生み出される鏡の働きのなかに、そのイメージを反映し合っているのである。

【注】

（1）エティエンヌ・ド・ブルボンに関しては *Tractatus de diversis materiis praedicabilibus* の Jacques Berlioz による版の序文を参照されたい（印刷中）。

（2）Etienne de Bourbon, *Anecdotes historiques (Tractatus de diversis materiis praedicabilibus)*, A. Lecoy de la Marche (éd.) Paris, 1877, p. 443; Lecoy de la Marche の翻訳は *L'Esprit de nos aïeux. Anecdotes et bons mots tirés des manuscrits du* XIIIe *siècle*, 1888, pp.95–95.

（3）前出一〇六〜七頁を見よ。

（4）先に引用した（四四八頁）Lecoy de la Marche による *Tractatis*, p.63 からの抜粋版のラテン語のテクスト。同じ碩学の訳は *L'Esprit de nos aïeux, op.cit.*, p. 97.

（5）Tours, 市立図書館、Ms. 205.

（6）Lecoy de la Marche, *Anecdotes historiques, op.cit.*, p.388, n.1.

（7）はっきりといわれているわけではないが、長男が問題はではないとするなら、この例話はもはや大きな意味をもたない。

（8）後出八一一頁以下を見よ。

（9）Lecoy de la Marche, *L'Esprit de nos aïeux, op. cit.*, pp. 98–100.

（10）後出八〇一〜二頁を見よ。

（11）A. Vauchez, *Les Laïcs au Moyen Âge, op.cit.*（前出七六頁注13）; G. Lobrichon, *La Religion des laïcs en Occident, op.cit.*（前出七六頁注13）。

（12）Lecoy de la Marche, *L'Esprit de nos aïeux, op. cit.*, pp.100–101.

（13）後出九五五〜九頁を見よ。

（14）この書を翻訳したルコワ・ド・ラ・マルシュは、つぎのようにこれを紹介している。「聖ルイと聖ボナヴェントゥーラの対話は、後者自身が報告しているものであるが、これはフェデーレ・ダ・ファンナによって最近発見され、熾天使博士ボナヴェントゥーラの著作集の新版のために書かれたフェデーレの序文で引用されているイタリアの写本から抜粋されたものである」(*L'Esprit de nos aïeux*, *op. cit.*, pp. 102–103)。

(15) 後出九四八頁および九五八～九頁を見よ。

(16) 後出九五九頁および事項索引「罪」の項を見よ。

(17) *Tractatus de diversis historiis Romanorum et quibusdam aliis verfangt in Bologna im Jahre 1326*, S. HERZSTEIN (éd.), Erlanger Beiträge, Helft XIV, 1893. J. Th. WELTER, dans *L'Exemplum*, *op. cit.*, p. 358 n. 54 を見よ。

(18) *Tractatus de diversis historiis Romanorum*, *op. cit.*, pp. 29–30.

(19) 前出二九二～三頁および後出八一三頁を見よ。

(20) *Tractatus de diversis historiis Romanorum*, *op. cit.*, p. 27.

メネストレル・ド・ランスの物語

つぎの「例話」に移ることにするが、これは厳密にいうと、中世ではその作品もほとんど知られていないと思われる一三世紀の無名の作家、メネストレル・ド・ランス〔ランスの遍歴楽人〕から拾われた話《レシ》にもとづく例話である。この作品の興味は、その性質とその目的に関わっている。これは物語の演目《レベルトワール》であり、城から城へと渡り歩いて、とりわけ貴族階級の聴衆を、また都市では都市民を愉しませていた例の旅芸人たちの一人によって書き留められたものである。たとえば、一二四〇年に死んだ大司教アンリ・ド・ブレーヌとランスの都市民との争いの語りになると、彼は都市民の味方となる。彼について知られていることは、ランスの人間で、一二六〇年頃に執筆したということだけである。彼の書はおよそ一一五〇年以降の世界の歴史で、とりわけ、ひと続きの逸話ないしは小話から構成されている。これらは人によっては「例話」に関連づけられてきたが、短い話《レシ》という性質のみがそれらとの共通点となっている。彼は明らかに教化することと愉しませることという二つの目的を追求している。しかし（おそらく上手な語り部ではあったであろうが）彼の才能には限界が感じられる。多少とも年代に従った話に教訓譚と伝説を挾み込む。頻繁にでたらめな話や噂話を集める。みずから風刺的であることを願い、卑猥の限界にまで深入りし、あらゆる種類の誤り、とくに年代的な誤りにあふれている。(1) 彼はとりわけフランスと十字軍の歴史に関心を向けている。彼についての興味は、心性と文化的消費という見地からでしかない。「例話」の著者あるいは収集家たちが一般にラテン語でこれらを転写しているのに、メネストレル・ド・ランスの小話は、聖ルイの習慣的なことばにより近い俗語〔ここではフランス語〕で語られ、書かれているのである。メネストレルは、聖ルイの一生にあったいくつかの挿話に、私たちがふたたび目を通すことを可能にしてくれているのである。それも本書の第一部に提示してきたように、歴史学が今日それらを確立し、歴史的な展望のなかに置くことを可能にしているようなものではなく、当時の「通信員」が、同時代の一般大衆に、おそらくは彼らの好みにへつらうために、情報の誤りや偏見ともども提示してきたような挿話なのである。

たとえばメネストレルは、ブランシュ・ド・カスティーユと教皇特使枢機卿ロマン・ド・サンタンジュとの間のいわゆる親密な関係にくすぶっている中傷を集めるだけでは満足せずに、つぎの話を付け加えている。ボーヴェの司教が、この高位聖職者の子を宿しているといって彼女を責めると、彼女は諸侯と司教の集まりに——そのなかにボーヴェ司教もいたのだが——裸のままマントだけをはおって出席したこと、そして机の上に乗るとマントを脱ぎ捨て、「皆の者よ、私を見てください。私が子を宿しているという者がいるのです」といいながら素裸になったらしいこと、さらに「前からも後ろからも」たっぷり見てもらったが、明らかに「彼女の腹には子はいない」ようであったこと、などである。(2) このメネストレルは、あるいは彼の情報源は、ブランシュ・ド・カスティーユに関していうなら、たとえば当時のベストセラーであったゴーティエ・ド・コワンシーの『聖母奇蹟集』〔ベネディクト会士の作家。一一七七〜一二三六。この作品はマリア崇拝を賛美するために書かれた約三万行の大部な作品である〕のなかで出会うような、よく知られたタイプの話、すなわち修道女が（しばしば女子修道院長のこともあるが）身ごもったかどで糾弾されると、自分の無実を証すために教会参事会室の真ん中で丸裸になる、といった話をブランシュに適用して、「異国から来た女性」と幼少の王に反撥する諸侯階層によってでっち上げられた悪口に尾鰭をつけているのである。(3) これはここでは噂をもとに作られた話であり、メネストレル・ド・ランスは、ブランシュの潔白を断言してはいるものの、まさに彼を喜んで受け入れる階層のなかでこの話を広めているのであり、彼らにこのきわどい場面を提供することでへつらっているのである。しかしこれはまた、ルイの未成年時代の、幼少の王と異国から嫁いできた王妃という、なかなかむつかしい状況に関する証言でもある。ルイは青春時代を女嫌いと外国人嫌いという男性中心の領主世界のなかで過ごしたのである。

メネストレルは王の未成年期の混乱について長々と述べ、この「少年」に同情を寄せるふりをしている。そして父親が死んだ時に一四歳であったといいながらも、いつもこのように少年と呼んでいる。大部分の大封臣や王家では、これは伝統的には（しかし一定はしていなかったが）大人の年齢であった。メネストレルは聖別式と青春期の戦争に参加している王を描いているが、興味を覚えさせてくれるような詳細な描写はみられない。ついでルイの結婚を述べる際に、二つの描写を滑り込ませているのであるが、それは王家に関するもの、王妃の家族に関するもの、それに夫婦に関するもので、彼の聴衆に情報を与えるためである。

さてここで二〇歳になられたフランス王について申し上げよう。母后は彼を結婚させようと決意なされた。それで王は四人の娘をもつプロヴァンス伯の長女を妻に娶ったのである。イングランドのヘンリー王が次女を、現在ドイツ王である彼の弟のリチャード伯が三女を、そしてフランス王の弟アンジュー伯が末娘を娶られてプロヴァンス伯領を手に入れたのである。なぜなら男の跡継ぎがない時には、末子がすべてを譲り受けるというのがこの国のしきたりだからである(4)。［…］王が妻に迎えられたかのご令嬢の名はマルグリット、たいそう躾のよい、聡明な貴女《ダーム》であった。王との間に五人の息子と三人の娘、計八人の子たちをもうけられたが、長男はルイ(5)、次男はフィリップ、三男はピエール、四男はジャン、五男はロベールという名であった。それに長女の名はイザボー〔イザベル〕といい、ナヴァラ王に嫁いでおられる。次女はマルグリットという名で、ブラバント公のご子息に嫁ぎ、そして三女はブランシュという名である(6)。

このように、大家についての消息通になりたがっている聴衆に対して、聖ルイと妃を狭い家系という網のなかに位置づけるというやり方である。メネストレルは幼くして死んだ子どもたちのことは知らないのか、あるいは黙って見過ごしてしまっている。すなわち最初に生まれた娘のブランシュ（一二四〇～四四）、生後まもなく、ルイとマルグリットが十字軍に出かける前の一二四八年に死んだジャン、そして一二六〇年に生まれた最後の娘アニェスである。彼は三男と四男を逆にしているが、実際にはジャン・トリスタンは父である王が捕らえられていた間の一二五〇年にダミエッタ〔聖ルイはこのエジプトの都市を一二四九年に奪取したが、翌年には自分の身代金支払いのためイスラム側に返却している〕で生まれ、ピエールはその翌年、つまり一二五一年に聖地で生まれたのである。日付に関しては概してほとんど正確とはいえないが、メネストレルが王家の年譜に一層の注意を向けていたことは当然である。一三世紀は誕生日を以前にもましてよく書き留めはじめる時期でもあり、この配慮の始まりは明らかに大人物の子供たちからである。

ラ・マルシュ伯およびイングランド王との争いになると――これまた戦争という話題の好きな聴衆にとって恰好の主題であるが――メネストレルは、毅然とした、しかし慎重な一人のルイという人物を提示している。たとえば王が、ボルドーにヘンリーが来ることを知ると、「彼は驚くどころか、彼らを迎えに行った」。王は狼狽することなく、ラ・マルシュ伯が王のことを「賢い男である」と見てとったほど、念入りに身支度をするのである。

メネストレルに話の材料を与えているルイの生涯についての第三の挿話は、十字軍である。一連の短い場面描写や、短い絵画的描写によって十字軍が語られる。まず十字軍の誓いがある。「つぎに、大病に襲われたのちの時期にあったことであるが、王は今にも死ぬかと思われるほどの病気を患った。そんな時に王は外地に出かける十字軍の誓約をおこなったのである。王は元気を取り戻すと、旅の準備をした。そして十字軍参加を勧めさせた。すると多くの身分の高い人々が十字軍に加わったのである」。そして高い地位にある十字軍参加者のリストが続く。聴衆に情報を与え、喜ばせるのにふさわしい、多かれ少なかれ有名な名前が並ぶ。「[…] そして多くの他の大領主たちも十字軍に出向かれ、そのためにフランスがすっかり空っぽになり、そしてその不在は今もなお感じられるほどである」[7]。メネストレルは十字軍に対するある種の敵意を、とりわけそこで血を流し、そこで貧困に陥った貴族階層のなかで触れて回っているのである。

その批判はより率直であり、十字軍の資金調達に関してはイングランドのベネディクト会士マシュー・パリスのそれと一致するものではあるが、別の見地に立つものである。

しかし王は、そこから何ら良いことを引き出せぬことをなされた。というのも、王は、ローマ教皇特使の保証のもとに騎士たちが都市民から借りている借金の支払い猶予として、彼らがローマ教皇特使に求めた三年間の延期に同意したからである。そうしたうえで、彼らは海の向こうへ旅立ったのである。しかしこれはゴッドフロワ・ド・ブイヨンがなしたこととは違う。彼は自領を永遠に売り払い、自分自身の財産だけを持って海を渡り、他人の財産は何一つ持ち出すことはしなかったからである。彼はこのように振る舞ったのであり、そして聖書も、神は何ごとにおいても不正な利を得る手を使うことをけっして望まれないと述べているのである(8)。

ここで改めて一三世紀の人間についての、そしてまずは王たちについての大きな問題に出会う。それは聖ルイが解決した問題ではあるが、さまざまな批判を巻き起こした。また、戦争や例外的な大きな事業となるとたちまち、財政上の問題が、貴族階級に、とりわけ領地からのみの収入や、自分の封臣たちの義務負担の支払いだけではもはや自足することができなくなった王権に、ほとんど解決できない課題を提起するということに気づかせるきっかけとなった。聖ルイは借金をした最初の王であった。帰還しようという希望も抱かずに、そこにまるまる全力を投入するほど外地を愛しきっているゴッドフロワ・ド・ブイヨンのような人物から見れば、聖地に向かって出発した第一回の十字軍の時代は何と変わってしまったことか。それ以後、十字軍に出かける際には、あまりに涙もろくなるのを怖れて、自分の城のある方角に振り返ることは望まなかったものの、心のなかでは振り返っていたジョワンヴィルのように(9)、十字軍に参加した騎士たちは、不安な気持ちで帰還のことに思いを馳せながら、自分たちのあとに残していくもの、すなわち自分たちの家族、城、故郷、金銭上の利害などに心を残しつつ出発していくのである。聖ルイはこのようなノスタルジーを抱いて十字軍に参加する王なのである。

つぎは群衆と大スペクタクルの場面となる。「王は旅の準備を整えてしまうと、パリのノートル＝ダムで懸章と自分の巡礼杖を受けとった。そして司教たちはミサを唱った。それから王はノートル＝ダムを発つのだが、彼も王妃も王の兄弟および彼らの妻も皆、靴も履かずに素足のままであった。そしてすべての修道会の人々とパリの民衆は、涙を流し、泣きながらサン＝ドニまで見送った。そしてそこまで来ると、王は彼らに別れを告げ、彼らをパリに送り返した。彼らとの別れに際して、王はさめざめと涙を流された[10]」。ここにみられるのは十字軍に旅立つ際の感動であり、エルサレムへの軍事的な巡礼に対する集まった民衆の大きな動揺である。しかしそのあと、王と家族は出発し、民衆は残る。民衆の旅への参加は、儀式と行列への参加に限られている。しかし出発する人々は、とどめのない涙のなかを進んでいくのである。男性的中世は涙もろい。聖ルイは涙の王であるが、同時にあとで見るように、涙を流すこともできぬ苦しみの王でもあるのである[11]。

メネストレルのテクストでは、感動は個人的なのものとさえなっており、その場面は、母と息子との互いに向い合った対話にうかがえるように、隠し立てのないものである。

> しかし母である王太后は王とともに過ごされ、三日の間、王の断りがあったにもかかわらずついて来られた。そこで王は王太后に申された。「美しく、いと優しい母上殿、どうかお願いですから、すぐに戻ってください。母上には私の三人の子供を、ルイ、フィリップそれにイザベルを残していきますから、見守ってやってください。それにフランス王国も母上に統治を委ねます。子供たちがきちんと見守られ、王国が立派に治められるであろうことは、私にははっきりとわかっております」。すると王太后は涙を流して答えられた。「美しく、いと優しい息子よ、私とそなたとの別れを、私の心はいかにして耐えられようか。私の心は二つに分けられないとあっては、石よりも硬いというものです。そなたは私にとっては、これまで母なる人間に授かった最良の息子なのです」。こういうと王太后は気を失って倒れた。王は立ち上がらせると接吻し、涙を流して暇《いとま》を告げた。そして王の兄弟たちも、彼らの妻

たちも涙ながらに王太后に別れを告げた。すると王太后はまたもや気を失った。そしてわれに返るとこういわれた。「美しく優しい息子よ、そなたにはもう二度と会えないだろう。心がそのようにささやくのです」。彼女は真実をいったのである。なぜなら王が帰国する前に王太后は亡くなられたからである(12)。

この逸話版『聖ルイ伝』にあるすべての挿話をここに再録することは不可能である。そんなわけでエーグ・モルトへの旅について、航海について、そしてキプロス島での滞在についての要約された話は飛ばすことにする。しかし興味ある挿話が一つみられる。それはいくつかの情報を確認してみると真実らしく思われるが、メネストレルだけが明言しているものである(13)。今は一二四九年の春、キプロス島を出発してエジプトに向かっている。「そのとき王は、全員が船に乗り込むことを望まれた。王が命令を下されると、それが実行された。すると王はそれぞれの船の指揮官に、封をした書簡を手渡し、港から離れる前にそれを読むことを禁じた。船が港を離れるとさっそく、指揮官たちはそれぞれ、王の書簡の蠟の封印を壊した。そのとき彼らは、王が自分たち全員にダミエッタへ行く命令を下されたことを知ったのである。そこで指揮官たちは、それぞれこの地に向かうように水夫たちに命じたのである(14)」。

この挿話は、それ以後において戦略上必要とされる秘密の厳守という問題の核心に私たちを導いてくれる。聖ルイは一二七〇年に行き先を秘密にするというこの策をふたたび用いることになる。一二四九年に、エジプトに向かうか、それともパレスチナかという二つの方向の間で戸惑いがあったようである。一二七〇年には、このはらはらする気持ちは一層大きくなる。オリエントに上陸することを予告しておきながら、カルタゴとチュニスが選ばれることになる。地中海における聖ルイは、間諜たちの暗躍する世界で行動していること、そして一般的ないい方をすれば、戦時平時を問わず、たしかに一三世紀の発明ではないが、秘密ということが、いずれにせよ長にある者たちの武器となっていることが感じとられるのである。

つぎは上陸の場面である。ジョワンヴィルはすでにこれを語っており、したがってメネストレルはこの情報に十分通じていた。以下に二人の話を並べてみよう。一方は体験的証言であり、他方はある情報の、今回は真面目な情報であるが、歴史に関する短い話に変えたものである。

メネストレルは、ダミエッタの港への接岸は困難をきわめ、イスラム教徒たちが、近づいてくるキリスト教徒の船にめがけて、多量の矢を放ったので、「キリスト教徒たちは中休みをした」と語っている。

そして王は、キリスト教徒たちが前に進むのを止めていると知るや、激しい勢いで怒った。王は両足を揃えると、武具を身に着けたまま、首に盾をかけ、手に刀を握って海中に飛び込んだ。海水は腰の高さにまで達していたが、神様のおかげで岸辺にたどり着いた。それから王は、サラセン人のなかに突入し、彼らと激しく戦った。これを見て人々は驚嘆した。するとキリスト教徒たちは、王がこのように振る舞っているのを見て、束になって海中に飛び込み、陸に上がると、鬨の声《モンジョワ》を叫び、戦を交えた末に、数えきれぬほど多くの敵を殺した。そして絶え間なくキリスト教徒たちは船から出てくるのであった。(15)

ジョワンヴィルも同じくこの場面を語っているが、その才能ははるかに優れている。

王はサン゠ドニの御旗が地面に倒れたと伝え聞くと、大またで船を横切り、一緒にいた教皇特使の制止を振り切り、その御旗を放置しておく気持ちにはなれずに、(訳1)海中に飛び込んだ。彼は脇の下まで水に浸かった。それから王は盾を首にかけ、頭には兜を被り、手に槍を持つと、海岸にいる自分の家来たちのところまで進んでいった。陸に上がり、サラセン人たちを見ると、何者なのかと尋ねた。サラセン人であるとの答えが返ってきた。すると王は、槍を小脇に抱え、盾を胸の前に押し当てた。もしその場に居合わせた彼の賢明なる部下たちが止めなかったら、王はサラセン人たちに襲いかかっていたでもあろう。(16)

目撃者であるジョワンヴィルの方がより多くの詳細な記述と正確な記述をもたらしている。だがメネストレルは、この挿話のなかで、自分にとってもっとも肝要に思われることを記録にとどめているのである。これら俗人である聖ルイの記憶の制作者たちを通して、騎士である王の姿が見事に現れているのがみられるのである。(17)

つぎにダミエッタの奪取とエジプト遠征の主要な挿話が、マシュー・パリスのものと同じモデルに従って語られる。すなわち（上陸の際に頭に血がのぼっていたにもかかわらず）賢明なる王と並んで、十字軍参加者のなかに、愚か者で、悪人である王弟ロベール・ダルトワ伯がいるのである。彼の過ちから敗北を喫し、王は囚われの身となり、牢獄に入れられるのであるが、メネストレルはこれに力点を置くことなく、一〇日間の出来事に縮めてしまっている。彼はまた、聖地での滞在、ブランシュ・ド・カスティーユの病気と死、王のフランスへの帰還をほとんど価値のないものとして扱っている。マシュー・パリスと同様に、彼はフランドルの事件を、とりわけフランスとイングランドとの和解に関して長々と述べている。ここで彼が強調しているのは(18)、自分の同時代人を感動させ、王の政治的な行動において重要な役割を演じてきた性格の一つの特徴、つまり「良心」に関してである。ルイの性格を描写するためにメネストレルは、ルイが権利ありと主張してきた「貴紳」prud'homme というレッテルを拠り所にしているのである。(19)

「私たちは今やルイ王のことを、目下国を治めている貴紳ということにしよう。フィリップ王がイングランドの悪しき王であるジョン王から奪いとったノルマンディの領地について、王の良心は王を非難したのである(20)［…］」。ついでメネストレルは二つの事柄、すなわち一二五四年のヘンリー三世のパリ訪問と、一二五九年のフランスとイングランドとの間の条約をごた混ぜにしている。彼はこの条約を一二五四年に締結させてしまい(21)、自分に当然な権利について「疑い」を抱いていた聖ルイは(22)、この条約によって疑いが晴らされ、義兄弟であるヘンリー三世との「友情」が回復されたと述べている。すなわち「そしてフランス王の良心は和らいだのであった」と。同様に、メネストレルは、一二五四年と一二五九年のイングランド王の二度におよぶパリ滞在を一度にしてしまっている。「パリにある［フランス王の］居館において、人々の面前で、イングランド王は臣従の誓いを立てられた(23)」のは、一二五四年ではなく一二五九年である。このイングランド王の臣従礼に大きな重要性を認めている聖ルイを是として、メネストレルはこの出来事を強調して、この合意を「良いことである」と形容しているのである。(24)

ここでのメネストレルは興味深い。なぜなら王の「良心」について語りながら、彼は細心な聖ルイの心理的特徴を強調するだけではなく、その関心事項がいつもまったく表層的なものである彼の目録を、一三世紀の諸々の価値感の変化のなかでのきわめて重要な一つの概念に向かって開いてみせてくれているからである。シュニュー師は一二、一三世紀の「良心の誕生」について語ることができたのであるが(25)、それは個人が、意図するという心の内部の探求に、内省に、道徳的な生活の内面化に――これは一二一五年の第四ラテラノ公会議によってあらゆるキリスト教徒に命じられた、少なくとも年に一度は告解せよとの義務が決定的な刺激となっている――心を開くということについてである。その告解とは、托鉢修道士たちが――またしても彼らが登場するのであるが――それを自分たちの専門領域とし、彼らがそれをもとに信者を作っていくという、良心の吟味が先にあらねばならぬ告解である。良心の目覚めは、人間の振る舞いだけを、そして心性を変えるものではない。それは、聖ルイおよび一二五九年のフランスとイングランドとの条約とともにみられるように、一つの政治的な所与ともなるのである。メネストレル・ド・ランスの聖ルイについての最後の逸話は、「驚くほどに賢明で優しい」といわれていた、一二六〇年に一六歳の若さで死んだルイ王の長男の死に結びつけられている。王の苦しみは母后の死を知らされた時に見せた苦しみに似ている。「王はとても辛い、悲しみの気持ちをもたれていたので、だれ一人彼の心を和らげることはできなかった[…]。このようにして王は大いに愛する息子に深い悲しみの心を抱かれていた。そしてだれも王からことばを聞き出すことができぬほどまでに、悲しんでおられた(26)」。ルーアン大司教〔原文ではランス大司教。訂正〕ウード・リゴーは、王のフランシスコ会士としての友人であり補佐役でもあったが、王に「会って、慰める」ために遣ってきた。「大司教は王に多くの聖書の気の利いたことばや聖なるヨブの忍耐について話した」。私たちはここで聖ルイの忍耐というテーマ(27)に出会う。この聖ルイとヨブを同一視することに、マシュー・パリスはあらゆる意味づけをおこない、全力を傾けた。王を慰めるために大司教は「王に、ある農夫の庭の巣で捕らえられた四十雀《しじゅうから》の例（例話）を語った。農夫はそれを捕らえたとき、小鳥にお前を食べるつもりだといった(28)」。

自分の聴衆を愉しませる機会だと愉悦感に浸っているメネストレルが、こと細かに長々と述べているこの短い話を要約することには、それなりの価値がある。四十雀は農夫に、もし食べたとしてもほとんど満腹することはないだろう、なぜなら自分はとても小さいからだと答える。反対に、もし逃がしてくれたら、為になる三つの良い忠告を教えてあげようという。農夫は納得して四十雀を放し、つぎの三つの忠告を得る。すなわち「手に入れたものを足下に投げ捨ててはならない。耳で聞くすべてを信じてはならない。手に入れたり、取り返せないものに、あまりひどく悔やんではいけない」。この教訓は、農夫にとっては、明々白々である。四十雀は農夫の信じやすさと人の良さをからかっているのである。大司教が聖ルイの注意を留めさせていること、それは明らかに第三番目の忠告である。「殿」と大司教はいった。「あなた様にはよくおわかりのことと思います。あなた様のご子息様は取り戻せないのです。あなた様はご子息様が天国におられると信じるべきです。それでご自分を慰めなければなりません」。大司教が本当のことをいっていると聖ルイにはわかり、王はみずからを慰め、「そして自分の悲しみを忘れた」(29)ということである。またしても聖ルイと彼の息子の死は、実際には登場人物や状況にほとんどそぐわない、楽しくて教化的な物語を設定するための口実にすぎないのである。

しかしこの最後の例は、民間伝承がいまだ社会の上層階級の文化のなかに浸透していた時代、農夫にとって良いことが、王にとっても良いことでありえた時代、そして小鳥たちが聖フランチェスコのことばに耳を傾けるだけではなく、彼ら自身が話しかけて、君主たちに教訓を垂れることのできた時代、そんな時代に聖ルイが生きたことを思い起こさせるのである。田舎の、貴族の、そして農夫の中世である。聖ルイは四十雀に耳を貸すことができたのである。

メネストレル・ド・ランスはこのように聖ルイについての記憶に最後の証言を与えている。イングランドのベネディクト会士マシュー・パリス、そしてそのあとシャンパーニュの領主ジョワンヴィルの二人が扱ったのと同じ王に関する逸話を彼も語ってきた。私たちは聖ルイの記憶の生産を調べている以上、これら三人の証人たちの間の史料上の系譜関係を追究してみても虚しいことである。ジョワンヴィルは王と会って話を聞いた人物である。しかし彼はまた人の噂話も集めたのである。聖ルイは、一三世紀のキリスト教世界がそうであった、あの広大な文化全体を通して駆けめぐっていた情報や、話《レシ》や、噂からなる大きな網の中心部にいたのである。同様に王のイメージは、多面鏡の働きのなかで形成され、歪められていったのである。メネストレルはそんな鏡の一つなのである。

【注】

(1) Le Menestrel de Reims, ナタリ・ド・ヴァイイ版より引用。一九世紀末の学者でもあるこの作品の校訂者は、本書の主要な誤りを集めた数ページにおよぶ『作品の批判的要約』を作り上げた。
(2) *Ibid.*, p. 98.
(3) メネストレル・ド・ランスはこういっている。「王妃ブランシュはたいそう苦しまれた［…］。自分の息子は幼く、自分も異国から来た孤独な女であった［…］」(p.174)、「諸侯はフランスの王妃に悪意を抱いていた。彼らはしばしば一緒に話し合いをもったが、フランスには自分たちを統治できるような者はだれもおらず、王とその兄弟は年が若く、母親をほとんど尊敬していないというのであった」(p.176)。
(4) *Ibid.*, pp. 182–183.
(5) それゆえルイは死んでしまっており、メネストレルはこの節を一二六〇年以降に書いたようである。
(6) このことから、このテクストにおそらく一二六一年という日付、ないしは一二六〇年の終わりという日付さえも与えることが可能である。
(7) Le Menestrel de Reims, éd. citée, pp. 189–190.「そして今なおそこに見られる」。
(8) *Ibid.*, p. 190. マシュー・パリスに関しては、後出五三三〜五五頁を見よ。
(9) Joinville, *Histoire de Saint Louis*, *op. cit.*, p. 69. ジョワンヴィルは伝統的な貴族であるので、自分が国に戻るという希望を十分もっているにせよ、ゴドフロワ・ド・ブイヨンというモデルに近づこうと努めている。彼は金を借りるよりもむしろ自分の領地を抵当に入れる。「不正な形ではびた一文持って行きたくなかったので、私はロレーヌのメスに行き、わが領地の多くを質に入れてきた。聖地に出かけるために故郷を離れた日には、土地の定期金収入一〇〇〇リーヴルも持っていなかった。なぜなら母上殿がまだ存命中であったからである。けれども私は騎士一〇人と三人のバナレット騎士を伴って行ったのである」(同書 p. 65)。

(10) Le Menestrel de Reims, éd. citée, pp. 190–191.
(11) 後出九六二頁およびミシュレによる重要なテクストは一一一〇～一頁を見よ。
(12) Le Menestrel de Reims, éd. citée, pp. 191–192.
(13) 本書の第一部では、メネストレルの証言がとても疑わしいので考慮しなかった。しかし一三世紀の人々の振る舞い方、心性、それに利害に関しては、興味深い一つの史料である。
(14) *Ibid.*, pp.192–193.
(15) Le Menestrel de Reims, pp. 193–194.
(16) Joinville, *Histoire de Saint Louis*, pp. 89–91.
(17) 後出八二〇～二頁を見よ。
(18) 前出二七八頁注1および後出八八二頁と九六三～七頁を見よ。
(19) 後出七八二～五頁および一〇六七頁を見よ。
(20) Le Menestrel de Reims, pp. 234–235.「悪しき王ジョン」とは欠地王ジョンのことである。
(21) マシュー・パリスについては、後出五三二頁以下を見よ。
(22) Le Menestrel de Reims, p. 235.
(23) *Ibid.*, p. 236.
(24) *Ibid.*, p. 235.
(25) Marie-Dominique Chenu, *L'Éveil de la conscience dans la civilisation médiévale*, Montréal et Paris, 1969.
(26) Le Menestrel de Reims, p. 237. 若いルイの死と聖ルイの悲しみについては、前出三二五～六頁および後出九三二頁を見よ。
(27) 後出五四七頁を見よ。
(28) Le Menestrel de Reims, p. 237 sqq.
(29) *Ibid.*, p. 239.

【訳注】

(1) この箇所のジョワンヴィルの原文は Quant le roy oÿ dire que l'enseigne saint Denis estoit a terre, il en ala grant pas parmi son

vessel, ne onques pour le legat qui estoit avec li ne le voult lessier, et sailli en la mer,... である。ヴァイイはこの le を enseigne を指すものとして la に読み替えているが、モンフランは sans vouloir jamais renoncer à son geste「自らの行動をあきらめるつもりなどなく」と解釈している (Monfrin, *Vie de saint Louis*, Paris, 1995, p. 78)。

第五章　旧約聖書における聖ルイの予示

聖ルイの典型的なイメージを創り出すために、今私たちに与えられている情報源史料は、前のものに比べてかなりずっしりとした重みのあるものである。

五世紀この方、「蛮族」の定住の影響をこうむった結果、ローマ帝国の解体からキリスト教的西欧が生まれたとき、それはいくつかの領土上の集団に細分され、それらの頂点に立つ長は王という称号を受けた。(1) 中世の王権体制は、かってのさまざまな王権から受け継いだ遺産をいくつも寄せ集めた歴史的な状況の結果なのである。しかし、イデオロギーの見地からいえば、支配的な遺産は、とりわけ七五二年にペパン短躯王がサウルとダビデがおこなったやり方で王となる塗油を受けて以来、聖書のそれであった。王権の理想はとりわけ旧約聖書に着想を得ている。中世のキリスト教のイデオローグたちはそこに個々の王のモデルと「良き王」の理論とを同時に見い出してきたのである。

唯一の、そして真の王はヤハウェである。地上の王は彼によって選ばれ、彼に忠誠を誓い、彼に仕え、そして究極的には彼の似姿にならねばならない。王を合法的なものとし、その職務と権力を聖別化するもの、それは塗油である。王がなさねばならぬ事柄のうちで、神への奉仕に続くものは、自分の臣下に対する義務をもつということである。法律を遵守させ、自分の臣下を保護し、とりわけ正義と平和を行きわたらせねばならないのである。諸々の王のなかで、世界の統治権を所有するために、最終的には一人の王が、つまり救世主である王が存在することになる。

以上が旧約聖書が西欧中世の諸王に伝えてきた特質なのである。しかし同様に良い王もいれば、悪い王もいる。聖書のなかでは、悪王は、明らかにキリスト教徒ではない、偶像崇拝の、ユダヤの民を迫害する王である。もっとも有名な二人は、個人名はわからないが、エジプトのファラオと、あだ名が個人名になったバビロニア王ネブカドネツァルである。(訳1) しかし旧約聖書のユダヤの王のなかでもまた善王と悪王が存在した。善王のモデルはいつもヤハウェに忠実なダビデである。しかしながら彼は完全者ではなかった。ソロモンの場合はもっとあいまいである。旧約聖書には彼は大いに好意的に書かれている。しかしすでにそこに敵意を含んだ流れのあることも感じられる。(2) ところで中世においては、「ソロモン王は悪い君主の原型として選ばれた」のである。(3) 彼にまつわり、彼をアレクサンドロス大王に近い人物としてきた伝説は、この賢明で（エルサレム）神殿の建設者である王を、贅沢な、偶像を崇拝する、魔法使いの君主に変貌させたのである。肉欲の犠牲者であるソロモンは、神殿を建設させるために彼が最初に虜にした悪魔に、みずからの身を委ねる結果に終わる。タルムード〔ユダヤ教の律法や宗教的な伝承、解説などを集めた律法集〕の伝統によると、悪魔の一人アスモデウスが、とくにソロモンをからかう。白魔術と黒魔術の間を揺れ動いたソロモンは、ついにこの悪魔の手先となってしまう。まさに中世のファウストである。(4)

中世の「君主鑑《ミロワール・デ・プランス》」においても、公式の王の儀式においても、言及されるのは明らかにダビデというモデルである。まず東ローマ帝国では、「新しいダビデ」*novus David* という肩書のもとに、四五一年にカルケドン公会議で皇帝マルキアヌスが選ばれ承認されている。(5) 西欧では、この肩書がもち出されるのは六二六年から六二七年にかけてのことにすぎず、クロタール二世のためである。(6) しかし厳密な意味での「君主鑑」というジャンルが発展するのはカロリング王朝とともにである。理想的なモデルとしてであれ、「新しいダビデ」として提示されている現実の君主に霊感を与える者としてであれ、ダビデを参照することの方がはるかに重要な事項なのである。(7) シャルルマーニュはもちろんその恩恵に浴しており、(8) 側近たちは彼をダビデと呼ぶ習わしになっていた。しかしこのような慣例はルイ敬虔王の頃からとりわけ広まったようである。聖別式の塗油の際に、この称号は君主の第二の誕生、あるいはむしろ第二の洗礼という考えを呼び覚ますものとなる。一般にこのように君主とダビデを同一視することは、中世の政治的なイデオロギーのなかでは、聖書が、とりわけ旧約聖書が幅広く用いられていたという点に位置づけて考えるべきである。(9) この姿勢はとりわけ初期中世に、とくにカロリング期に出会う。やがて見ることになるが、この伝統は長く続き、たとえば一三世紀においても大いに生きているのである。疑いもなくダビデは聖書に現れるあらゆる王のなかで、もっとも大きな成功を博した王である。八一九年と八三〇年の間に書かれた『王道』*Via Regia* というカロリング期のもっとも重要な「君主鑑」の一つのなかで、スマラグドゥス〔ルイ敬虔王の側近として活躍した神学者。生没年不詳〕は、キリスト教の君主たちへそのモデルとして、なかんずく、ヨシュア、ダビデ、エゼキエル、ソロモンそれにホシュアを勧めていた(10)。スマラグドゥスは王たる者に必要な大部分の徳を、これらの聖書のなかの王に認めていた。すなわち神を畏れること、知恵、慎重、率直、忍耐、正義、判断、憐憫、謙譲、正しきことへの熱意、寛大、忠告である(11)。

中世の君主の旧約聖書にもとづくモデルが、王ではなく、族長や預言者であることさえあった。ドイツのある年代記は一一八八年に「さながら、いま一人のモーセのごとくに」*quasi alter Moyses* 十字軍に参加したフリードリヒ一世赤髭帝に言及している(12)。同様にギヨーム・ド・シャルトルはルイをモーセと比較している。「そして主がモーセに『山の上であなたに心を明かされた模範に倣って行動しなさい』〔出典不明〕と申されたように、われらの一人一人に、この高き山の上でなさねばならぬことが指示され、示されたのである。すなわちこの名高き王の威厳と高貴さが卓越していること、彼の善意が明白であること、および彼の生き方が傑出していることである(13)」。

ジョフロワ・ド・ボーリューが族長の上に王を位置づけるためにルイと比較しているのはアブラハムである。「主の命令により、ある日独り息子を神に捧げる気になったのだが、アブラハムがこの正義心ゆえに人々の賛辞を受けたとするなら、主は永遠の正義と最終的な報いにはるかに価するこの王家の信心深いお方を評価しないことがあろうか。彼は一度ならず二度までも、救世主にお仕えするために、たいそう敬虔な気持ちでみずからを死にさらされたではないか、王自身も兄弟たちも、そして彼の王国全体から集まった軍隊の精鋭たちも。とりわけチュニスへのあの最後の敬虔な、かつ不幸な首尾に終わった十字軍遠征では、ご自身の息子たちとともに、そして彼の軍隊全員とともに、キリスト教の信仰の熱意と高揚のために、かの地でキリストの生贄《ホスティア》となるのに価したではないか、そして殉教者として、かつ救世主の疲れを知らぬ闘士として、救世主という役割のなかで、ご自分の命の幸せなる最期を迎えられたのだ(14)」。生贄と殉教に言及するまでに至り、ジョフロワはルイを「アブラハムを凌駕する者」*super Abraham* としているのである。ボニファティウス八世はこの行きすぎを拒むことになるが、それでもルイを「超人」surhomme とみなすのである。[15] 聖ルイの列聖の日、すなわち一二九七年八月一一日の日曜日に述べた説教の中で、教皇ボニファティウス八世は聖王をサムエルにたとえている。この名前は「神に従順なる」*obediens Deo* という意味である。なぜならルイは「死ぬまで神に従順であった」からである。[16]

【注】

（1）Marc REYDELLET, *La Royauté dans la littérature latine, de Sidoine Apollinaire à Isidore de Séville*, Rome,1981.「君主鑑」としての聖書に関しては次章を見よ。

（2）F.LANGLAMET, «Pour ou contre Salomon? La rédaction pro-salomonienne de I Rois I–II» *Revue biblique*, 83, 1976,pp.321–279 et 481–528.

（3）Areyh GRABOIS, «L'idéal de la royauté biblique dans la pensée de Thomas Becket» dans *Thomas Becket* (Actes du colloque international de Sédières,19–24 août 1973), publiés par R. FOREVILLE, Paris,1975, p.107.

（4）Alexandre CISEK, «La rencontre de deux "sages": Salomon le "Pacifique" et Alexandre le Grand dans la légende hellénistique médiévale» dans *Images et signes de l'Orient dans l'Occident médiéval, Senefiance*, n° 11, 1982, pp.75–100. Cf. Marc BLOCH, «La vie d'outre-tombe du roi Salomon», *Revue belge de philosophie et d'histoire*, 4, 1925. これは *Mélanges historiques*, t.II, Paris, 1963, pp.920–938 に再録。しかし一三世紀には賢王のモデルとしてソロモンの復権があった。Philippe BUC, *L'Ambiguïté du livre. Prince, pouvoir et peuple dans les commentaires de la Bible au Moyen Âge*, Paris,1994, pp. 28–29 を見よ。

（5）Eugen EWIG, «Zum christlichen Königsgedanken im Frühmittelalter» dans *Das Königstum. Seine geistigen und rechtlichen Grundlagen*, Mainauvorträge,1954 (Vorträge und Forschungen, éd. Th. Mayer, t. III), Lindau et Constance,1959,pp.11 et 21 ; Frantisek GRAUS, *Volk, Herrscher und Heiliger im Reich der Merowinger*, Prague,1965, p.344, n.223.

（6）L.K.BORN, «The Specula Principis of the Carolingian Renaissance» *Revue belge de philosophie et d'histoire*, 12, 1933,pp. 583–612 ; H. H. ANTON, *Fürstenspiegel und Herrscherethos in der Karolingerzeit*, Bonn,1969 ; Walter ULLMANN, *The Carolingian Renaissance and the Idea of Kingship*, Londres,1969. 次章を見よ。

（7）H.STEGER, *David rex et propheta. König David als vorbildliche Verkörperung des Herrschers und Dichters im Mittelalter*,

Nuremberg,1961.

（8）Ernst H.KANTOROWICZ, *Laudes regiae. A Study in Liturgical Acclamations and Medieval Ruler Worship*,Berkeley et Los Angeles, 1946, pp.53–54 ; Robert FOLZ, *Le Couronnement impérial de Charlemagne*, Paris,1964,pp.97–98 et 118–120.

（9）Percy Ernst SCHRAMM, «Das Alte und das Neue Testament in der Staatslehre und der Staatssymbolik des Mittelalters» dans *Settimane di studio del Centro italiano di studi sull'Alto Medioevo*, 10, Spolète, 1963, pp.229–255.

（10）*Patrologie latine*, vol.102, col.934 sqq.

（11）*timor domine, sapientia, prudentia, simplicitas, patientia, iustitia, iudicium, misericordia, humilitas, zelum rectitudinis, clementia, consilium*.

（12）*Gesta Treverorum Continuatio*, dans *Monumenta Germaniae Historica. Scriptores*, t. XXIV, Leipzig, 1879, pp.388–389, cité par E. A. R. BROWN, «La notion de la légitimité et la prophétie à la cour de Philippe Auguste» art.cité（前出九八頁注9）, p.87.

（13）GUILLAUME DE CHARTRES, *De Vita et de Miraculis*, p.30.

（14）GEOFFROY DE BEAULIEU, *Vita*, pp.3–4.

（15）後出一〇四六頁を見よ。

（16）*Recueil des historiens des Gaules et de la France*, t. XXIII, p.153.

【訳注】

（1）あだ名が個人名になったのはネブカドネツァルの父ナボポラッサル。ユダ王国を滅ぼしたのはネブカドネツァル二世。

ダビデとソロモン

しかし理想的な王ないしは理想化された王に対する必要不可欠な準拠となるものは、まさに聖書の王たちのそれである。『ロベール敬虔王伝』はおそらくこの王の死の直後に、つまり一〇三一年から三三年の間に書かれたものであるが、そのなかでベネディクト会士エルゴー・ド・フルリーは八回にわたってダビデに言及しており、いかなる王といえども「聖なる王であり、かつ預言者であるダビデ」(1)以来、これほどの徳を示され、またこれほどの良き行いを成し遂げられた者はいないと、その作品の冒頭において断言し、そして終わりでも同じことばをくり返しているのである。一二世紀には、聖書に現れる王たちと、当時の王たちとを比較することの回帰現象がみられた。実際に、とりわけイングランドにおいて、スペインにおいて、さらにはフランスにおいて確立される王権に、聖史のなかでの安定した基盤を与えることが問題なのである。新しいゴシック芸術は、王の芸術であるが、王権を讃える二つの大きな図像学のテーマを導入し、発展させている。王の扉とエッサイの家系樹である〔ベツレヘム出身のダビデの父イザヤ。イザヤの預言を明示するために一二世紀以来表わされるようになったキリストの系譜図〕。偉大なイデオローグであり、フランスのゴシック期の王権の宰相であったシュジェは、彫刻とステンドグラスにおいてこの二つのテーマを公衆の目にふれさせているが、これは同じ王権のイデオロギーの二つの表われにすぎないのである。予型論的象徴体系は、新約聖書上のあるいは同時代のそれぞれの人物ないしは出来事に、旧約聖書のなかのモデルとなる人物なり出来事を対応させるものであるが、それがこのイデオロギー上のプログラムの助けとなっている。聖書にみられる王や王妃がやって来て、今日の王や王妃のために証言をするのである。そしてエッサイからダビデへと、ついでマリア、イエスへとつながる系譜関係が、家系図文化の価値や考え方が抗しがたく確立されている時代にあって、王権に神聖不可侵の家系図を与えるのである。(2)結局のところ、王はもはや単に神から選ばれた者、神から塗油された者ではなく、神の似姿なのである。「王は神の似姿なり」*Rex imago Dei*、王は地上における神なのである。(3)

王の地位がこのように上昇するなかで、あいまいにとらえられてきたモデルとしてのソロモンの運命は、矛盾を含んだ変身をこうむることになる。

一二世紀の有名なカンタベリー大司教トマス・ベケットは、すでにこれまで十分に示されてきたように、「聖書にみられる王権の理想」を公言してきた。(4)ベケットは教会とイングランド王ヘンリー二世を対立させる争いの中心人物である。ヘンリーをダビデにたとえることはできない。なぜなら、ダビデが、偉大な諸々の功績の他に、私生活の面で姦通や殺人を犯すことで重い罪を背負ってきたとしても、彼は意地を張ることなく、預言者ナタン〔ダビデやソロモンと同時代の宮廷預言者。ダビデはナタンの前で、将軍ウリヤの妻バテシバを奪った罪を直言して、みずからを悔い改めた〕の前で謙虚になったからである。ヤハウェは、ダビデとバテシバの間にできた子を殺させたあと、ダビデを許し、彼がバテシバとの第二子ソロモンを引き取ることを許した（『サムエル記下』一二章）。これに反してベケットは、悪人ソロモンのなかに、ヘンリー二世の予示を見ているのである。ダビデと違ってソロモンは、彼もまた贅沢で、結局は偶像崇拝者であるのだが、後悔することがなかった。そこでヤハウェは、彼の死後イスラエル王国を二分割することで彼を罰したのである（『列王記上』一一章）。イングランドのヘンリー二世とイングランドのカトリック教会との度重なる争い、そして最後にはトマス・ベケットが惨殺された結果、イングランドの聖職者たちはプランタジネット家を、サタンの血を受け継いでいる妖精メリュジーヌの子孫であるとして、悪魔とみなすまでに至った。[訳1] 一一九〇年頃から一二一七年頃に書かれた『君主の教育について』*De principis instructione* というある君主鑑のなかで、ヘンリー二世の補佐役であったウェールズのジェラルドは、亡き王のきわめて暗い人物像を描き出している。[5] 王をダビデやアウグストゥスにたとえるのを拒み、王に関してヘロデ大王とネロを喚起しているのである。イングランド王朝に対する敵対心にかられてジェラルドは、フランス王権を、存命中の王であるフィリップ・オーギュストを、そしてのちにルイ八世となる息子であり後継者ルイを感動的に称賛している。イングランド王権とイングランドの教会の間の不和、教皇庁によって何かと利用されたトマス・ベケットの死体が原因で、長引く憎悪に変わってしまった敵対心は、ことごとくフランス王権に利する形となった。イングランドの王が旧約聖書に現れる王権から威信として借り損なったものを、フランスの王は、神と教会に従うことで手に入れたのである。教会のポーチやステンドグラスに、イスラエル王国とユダ王国の王や王妃たちの立像、姿を配し、エッサイの家系樹の輝かしい絵をつぎつぎに増やしていく芸術上の宣伝に助けられて、一三世紀になると、フランスの王は聖書から受け継いだ予型論象徴体系の偉大なる受益者となるのである。フランスの君主はこのようにして、旧約聖書にもとづく王権イデオロギーの分野において、二重の価値の上昇の恩恵に浴することになる。第一はソロモンのモデルの価値の上昇である。このダビデの息子は、当時までは矛盾の多い評判を得てきていた。一方では彼は先に取り上げた増加の一途をたどる悪魔化というレッテルを貼られていたが、他方では依然として神殿の建設者であり、富と知の模範であり続けていた。彼のイメージが『ポリクラティクスすなわち宮廷人の愚行について』*Policraticus sive de nugis curialium* の影響のもとに、当時の君主たちにしだいに認められてきたのはこの第二の面なのである。これは一つの君主鑑であり、新しい王権の理想を提示しているものであるが、そのなかでソールズベリーのジョンは、良き王の新しいイメージ、知的とはいわないまでも、教育を受けた王を提案していたのである。[6] ところで旧約聖書の賢き王（*sapiens*）はソロモンである。彼はこのようにしてそのモデルの評価の回復を得る。そしてそのモデルは悪魔化と同時にそれと矛盾した形で確立されていくのである。

第二の価値の上昇はヨシヤ〔ユダ王国の王。前六三〇～前六〇九。敬虔な王として知られ、『申命記』の精神に則った宗教改革をおこなう〕である。聖書に現れる君主のなかで、ヨシヤが中世西欧の諸王に対してしばしば参照モデルとして用いられたとは思われない。[7] ところが聖ルイに対して好んで比較されたように思われるのは、じつはこのヨシヤなのである〔次節参照〕。

たしかに聖ルイが話題になるとき、この上ない聖書上の王であるダビデが、王ルイの同時代人によって言及されてきた。ギヨーム・ド・サン＝パテュスによって述べられた説教のなかにみられる場合がそうである。[8] ギヨームが聖ルイに認めている四つの主要な徳（知恵の素晴らしさ、思いやりの優しさ、禁欲の純潔さ、信心行為の熱心さ）[9] のなかで、最初の二つはこの聖書に現れる王ダビデに関わるものである。すなわち「ダビデはいと賢き君主として椅子に座り給う」（ウルガータ『サムエル記下』二三章八節）[10] および「わが僕ダビデが彼らの真ん中で君主となる」（『エゼキエル書』三四章二四）[11] である。ダビデとの類似性は最後に、八月二五日の聖ルイの祝日に対する第四番目の典礼の聖務日課のなかにみられる。この聖務日課はベネディクト会士たちの成果であるようで、一二九七年の列聖のすぐあと、サン＝ジェルマン＝デ＝プレの写本のなかに初めて現れる。[12] 聖ルイに関するギヨーム・ド・サン＝パテュスの説教のテーマは、マカバイ家〔シリア王国支配下のユダヤ人を指導した一族〕の人々の父であるマッタティア〔ユダヤ教の祭司。アンティオコスに対して蜂起〕との比較を含んでいる。というのもアンティオコス〔アンティオコス四世。シリア王。在位前一七五～前一六四。ユダヤ人を迫害〕から派遣された役人によってこの君主マタティアに向けられたことばが問題となっているからである。「あなたはこの町では有力な指導者であり、ご子息やご兄弟の信望も厚い」（『マカバイ記一』二章一七節）[13]。しかしもっと意義深いのはダビデのモデルとならんで、ソロモンのモデルが、ほぼ間違いなくルイ九世の治世下の日付をもつ[14]フランスの諸王の聖別式と戴冠式の「儀典書」*Ordo* のなかに現れていることである。マルク・ブロックは「ダビデとソロモンの例は、王たちに神聖不可侵であるという特徴を、キリスト教徒にふさわしい形で取り戻させることを可能にしていた[15]」と指摘した。だからこれらの二つの名前は、きまって王の聖別式の儀典書のなかにくりかえし現れるのである。今話した儀典書のなかでは、王ルイが二度目の誓約をしたあと、立ち会っている司教の一人が祈りのなかで、モーセ、ヨシュア〔モーセの後継者〕、ギデオンおよびサムエルの場合と同じように、神が王のもとを訪ねられ、福者ダビデとその息子ソロモンの上に垂らさせたのと同じ知恵の露を王に注ぐようにと神に求めるのである。つぎにランスの大司教が王の両手に塗油をするとき、彼は『サムエル記上』によるダビデの塗油に言及する。最後に、王の塗油のあとで語られる祈りのことばの序言で、ダビデが最高の王の権力に達したこと、および神よりソロモンになされた知恵と平和の贈り物についての暗示を与える。そしてアブラハムと同じ忠誠さ、モーセと同じ寛容さ、サムエルと同じ勇気、ダビデと同じ謙譲さ、ソロモンと同じ知恵、これらを王に授け給えとする祈りを神は受けるのである。

最後に、一二九七年八月一一日の聖ルイの列聖に際しての説教のなかで、ボニファティウス八世がテーマとして取り上げるのは、「ソロモン王は世界中の王のなかでもっとも大いなる富と知恵を有し」*Magnificatus est ergo rex Salomon, super omnes reges terrae, divitiis et sapientia*（『列王記上』一〇章二三節）である。あるいはまた、ソロモンの名も述べずに、聖書によって高揚されたソロモンの力と富と知恵を引き合いに出すこともせずに、彼はこの聖書の君主よりも、新しい聖人によりふさわしい[16]「平和をもたらす」*pacificus* という修飾辞（「平和をもたらす王は神に讃えられた」*Rex pacificus magnificatus est*）を導入することで、引用を手直ししているのである。

【注】

（1）HELGAUD DE FLEURY, *Vie de Robert le Pieux*, texte édité, traduit et annoté par R.-H. BAUTIER et G. LABORY, Paris, 1965, *sub verbo* et notamment p.58 et p.138.

（2）G. DUBY, «Le lignage» art. cité（前出三三二頁注5）pp.31–56.

（3）Wilhelm BERGES, *Die Fürstengspiegel des hohen und späten Mittelalters*, Leipzig,1938,p.24 sqq.

（4）A. GRABOIS, «L'idéal de la royauté biblique dans la pensée de Thomas Becket». art. cité.

（5）Robert BARLETT, *Gerald of Wales,1146–1223*, Oxford, 1982, p.712.

（6）後出五〇一～二頁を見よ。

（7）しかしながら「七八七年の『一般訓諭勅令』*Admonitio generalis* の序文において、シャルルマーニュはみずからを、神により託された王国を真の神の信仰に戻そうと努めている王ヨシヤにたとえられている」(Pierre RICHÉ, *Les Carolingiens*, Paris, 1983, p.123)。私はドミニック・アルベールの *Les Carolingiens et leurs images. Iconographie et idéologie*（université de Paris IV,1994）の学位論文が近く公刊されるのに期待する。ここで私の研究の最重要なものを再録しておく。«Royauté biblique et idéal monarchique médiéval : Saint Louis et Josias» dans *Les Juifs au regard de l'histoire. Mélanges Bernhard Blumenkranz*, Paris, 1985, pp.157–168.

（8）前出四一七頁注11を見よ。この説教が『伝記』の起草の前に書かれたのか、あるいはそのあとなのかを知るのはむつかしい。しかしローマ教皇庁で編集されたものの、今は紛失して存在しない『伝記』からほぼ取られたとみられる細かい記述がこの説教には含まれている。ドラボルドによって公刊されているこの説教の計画書から、ギヨーム・ド・サン゠パテュスが少なくとも二度聖ルイのモデルとしてダビデを取り上げたことがわかる。

（9）*splendor sapientie, dulcor compassionis, nitor continentie, fervor devotionis.*

（10）*David sedens in cathedra sapientissimus princeps.*【訳注】ウルガータの誤り。現行聖書の当該箇所には存在しない。

（11）*Servus meus David erit princeps in medio eorum.*

（12）Robert FOLZ, «La sainteté de Louis IX d'après les textes liturgiques de sa fête», *Revue d'histoire de l'Eglise de France*, 57, 1971, p.36.

（13）*Princeps clarissimus et magnus es.*

（14）Theodore et Denis GODEFROY, *Le Cérémonial françois*, Paris,1649,t.I. p.17.「儀典書」Ordo とは、聖なる人物、たとえば司教なり王なりの聖別のための典礼の手引き書である。

（15）M.BLOCH, *Les Rois thaumaturges, op.cit.*（前出三五〇頁注29）p.68.

(16) *Recueil des historiens des Gaules et de la France*, t.XXIII. p.152（「平和を望まれる王は賛美された」であり、そのテーマとなっているのは「ソロモン王はその富と知恵により地上のあらゆる王に勝って賛美された」である）〔訳文はル・ゴフのまま〕。【訳注】この箇所（『列王記上』一〇章二三節）に関して、共同訳では「ソロモン王は世界中の王のなかでもっとも大いなる富と知恵を有し」とある。

【訳注】

（1）メリュジーヌは中世伝説中の妖精。アルバニア王と水の精ウインディーネの娘で、土曜日になると下半身が蛇に変わる。リュジニャン家のレモンダンと結婚し一家の繁栄をもたらすが、レモンダンが禁止事項を破ったことで悲痛の叫びを発して城を去る。

ルイとヨシヤ

ヨシヤは、聖ルイの時代の一つの「君主鑑」のなかにちらっと姿を見せるだけである。それは『貴族の子息の教育について』*De eruditione filiorum nobilium* という、ドミニコ会士ヴァンサン・ド・ボーヴェによって、王の息子フィリップ、のちのフィリップ三世勇胆王の教育係であったシモンという名の聖職者のために書かれたものである。[1]子供時代を力を込めて称賛するこのドミニコ会士は——この時期は、子供がしだいに社会のなかで価値を高めてきたように思われる時期である。それまでの社会は、子供を重要視することがなかった——、神の選定のおかげで、イスラエルの「初期にみられる、もっとも良い」王たちは子供であったと断言している。[2]彼は例としてダビデ（「兄弟のなかでも年下の」）[3]（『サムエル記上』一六章一一節）と、統治を始めたとき八歳であったヨシヤ（『列王記下』二二章一）を挙げている。ヴァンサン・ド・ボーヴェは、疑いもなくここで、一二歳の聖なる王ルイ九世との比較を促すつもりである。しかし彼は出生順相続というカペー家の政策のことなど夢にも考えていない。なぜならこの王朝の政策は、当時は、理論におけるよりも現実において一層、男性優位であることが表明されているからである。

ヨシヤはさらに列聖された聖ルイのための典礼の聖務にも現れる。それらのなかの第三番目に（第三夜の最初の答唱）子供時代のテーマがふたたび現れる。「子供時代から聖ルイはヨシヤ王のごとくに心底から神を求めた」(4)。別の所で（第二聖務の賛美歌 Hymne de *Laudes* のなかで）聖ルイはヨシヤのように「ことばと行為によって、神に熱心な信仰を捧げられた」(5)と語られている。ここでもまた、聖ルイの聖人伝作家が聖ルイの具体的な信心行為について私たちに述べていることは、旧約聖書がヨシヤについて述べていることと一致するのである(6)。「彼のようにまったくモーセの律法に従って、心を尽くし、魂を尽くし、力を尽くして主に立ち帰った王は、彼の前にはなかった」（『列王記下』二三章二五節）。

しかしルイ九世とヨシヤとの比較は、彼の最初の伝記作家で、彼の生涯の晩年の二〇年にわたって聴罪司祭を務めたドミニコ会士ジョフロワ・ド・ボーリューの思いつきであったようである。彼は聖ルイの伝記を教皇グレゴリウス一〇世の求めに応じて書いた。教皇は、一二七三年と一二七五年の間に、死んで間もないこのフランス王の列聖のことをすでに考えていたのであった(7)。冒頭からジョフロワは、ルイ九世を讃えるために、聖書のなかでヨシヤ王についてなされている称賛を利用すると予告している。彼は旧約聖書の三つの節を利用している。『シラ書』（四九章）のなかの一節、『列王記下』（二二章）の一節、それに最後は『歴代誌下』（「パラリポメーノン」*Paralipomenon* 三四章）の一節である。

『シラ書』の四九章はつぎのように語っている。

ヨシヤの業績は、香料造りが丹念に
混ぜ合わせた香のようにかぐわしい。
それはだれの口にも蜜のように甘く、
酒の席での音楽のようだ。

彼は正しい道を歩んで民を悔い改めさせ、
忌まわしい不法な行いを根絶した。
彼は心をまっすぐ主に向け、
不法のはびこる時代にひたすら神を敬った(8)。

『列王記下』の二二章および『歴代誌下』の三四章のなかに、これにきわめて近いことばがみられるこのヨシヤの話に関して、ジョフロワ・ド・ボーリューは『伝記』の中でつぎのように要約している。「ヨシヤはまだ子供の頃、主を探し求めはじめた。そして主の眼差しのもとに、正しく、かつ心地よいことをなされ、父であるダビデの進まれたあらゆる道を通って歩かれた(9)。右にも左にも道を逸れることはなかった。母親の名はエディダといった。彼は神殿と主の館を修復させた。心底から、全魂をこめて、そして全力を発揮して主に身を委ねるという点で、彼より以前に、彼と同じ王はいなかった。彼のあとにも、彼に匹敵する王は現れなかった。彼は実際に過越祭〔ユダヤ教で出エジプトを記念する祭り〕を祝ったが、これと同じものは以前にもなかったし、その後も、いかなる王もこれに類するものはおこなわなかった」。そしてジョフロワは「これらすべては、やがて示すように、わが栄光ある王にまさしく当てはまるのである」と付け加えている。

これらの相似たもののなかで、彼ははっきりと三つの点に留意している。ヨシヤという「名前」がルイにふさわしく、二人とも聖なる、きわめてキリスト者らしい清らかな一生を送ったことである。

中世において「名前」が重要な意味をもつことは知られている。名前はそれをもつ人物の本質であり、真実である。まことしやかな学問を装った語源研究の遊びからも、その深い「意味」を見い出すことは可能である。ところでヨシヤという名前は四通りの異なった解釈がなされうる。そしてそれらすべてがルイ九世にふさわしいのである。実際にそれは「主の救済」*Salus Dominis*、「主の高揚」*Elevatio Domini*、「主の称賛」*Incensum Domini*、「犠牲」*Sacrificium* を意味しうるのである。いったいだれがルイ以上に、キリスト教世界の救済に、キリストの信仰の向上と高揚に、子供時代に芽生えた信心行為の称賛に、そして最終的に十字軍のために、自分の命を犠牲にすることに身も心も苦しめてきたであろうか。ジョワンヴィルがあとでいうように、王という生贄《ホスティア》である聖ルイは、キリストさながらに、午後の三時にチュニスを前にして死んだのである。

つぎにルイはヨシヤと同じように、罪のない、正しい人物であったという点である。ヨシヤと同様に、彼もこの点で父親という手本に従ったのである。この父親とは、ヨシヤにとってはダビデであり、ジョフロワ・ド・ボーリューは「父」*pater* という用語を字義通りに受けとって、そのように（つまり祖先としてではない。その方がよりふさわしいといえようが）解釈しているのである。他方ルイ九世にとっては、それは実の父であるルイ八世である。父王はアルビ派に対して十字軍を派遣することで信仰と公正さを示し、彼もまた、いやむしろ、すでに彼も、というべきであるが、十字軍から帰還の途上で死んだのであった。このように、類似した二つの継起場面を時間のなかで延長させることで、ジョフロワは、ダビデとヨシヤ、ルイ八世とルイ九世という二組の父親と息子というカップルを関連させているのである。あるいはさらには、ルイ九世には二人の父親がいる、とする。一人はこの世の父であり、彼もまたモデルである。いま一人は象徴的な父親であり、この父親もまた昔の物語のなかでは、モデルである父親の息子であった。その上に「彼は右にも左にも道を逸れることはなかった」*non declinavit ad dextram neque ad sinistram* という表現をふたたび取り上げることで、ジョフロワは同様にセビーリャのイシドルスによる王の定義「王は正しく統治すべきである（がゆえに王と呼ばれる）」*rex a recte regendo* (*vocatus*) を再度見い出しているのである。

最後に、もっとも注目すべきであるのは、おそらくジョフロワ・ド・ボーリューが、ヨシヤの母エディダを名指すだけにしている『列王記下』の一節を巧みに使っていることであろう。彼はこれを利用してルイの母、ブランシュ・ド・カスティーユを賛美し、このようにして父親ルイ八世、母親ブランシュ、息子ルイ九世という一つの王家の聖家族を提示しているのである。そしてそれ以上に、ルイ九世はイエスの「似姿」*imago* に他ならないのである。

ジョフロワの『伝記』の残りの部分は、当時の聖人伝の慣例に従って、歴史的な継起場面と（ここでジョフロワは、時おり彼自身の証言を滑り込ませている）王の徳に関する展開を巧みに混ぜ合わせながら展開される。ヨシヤというモデルは常に下に隠されていて、浮かび上がることは稀である。この聖書のなかの王の名前は、贖罪と告解に関して、とくに、神を罵しる者と神を冒瀆する者に対する処置である宗教上の立法や、自分の王国に宗教上の規律遵守を再建するための王の努力に関して現れてくるのである。王はここでは完全にヨシヤの名前に価する。なぜならジョフロワによれば、「王は不信仰に由来する嫌悪すべきことを取り除き、心を主に向けることで自分の心を制御され、そして罪多き時代に、神の信仰のために自分の信仰心を強固なものにされた」からである。(10)

良き説教師であり物書きであるジョフロワ・ド・ボーリュ一は、ヨシヤとヨシヤの最初の聖書からの引用に戻って『伝記』を終えている。すなわち「かくも香りの良い、蜜のようにかくも甘い、神の教会のなかで、かくも耳に心地よく響く〈われらがヨシヤ〉の記憶が、いつまでも残るのでなければ、われらに他の何が残るというのか」。ルイ九世は単に「第二の」、いま「一人の」ヨシヤであるだけではない。それは「私たちの」ヨシヤなのである。ルイ九世が単に私たちの時代のヨシヤではなく、私たちのものである私たちのヨシヤであり、私たちが一つの「聖なる歴史」を生き直すことを可能にしてくれるお方であるという以外に、ここでは何というべきだろうか。

ジョフロワ・ド・ボーリュ一の継続者であるギヨーム・ド・シャルトルもまたドミニコ会士であり、王の礼拝堂付き司祭であったが、王の列聖のあとで、つまり一二九七年以降に王の伝記を書いた人物である。そしてその最後で、他の作品より短くヨシヤとの類似性を取り上げている。彼は考慮に入れはするが、「ヨシヤの想い出」*Memoria Josiae* に関する聖書のテクストを簡潔にまとめ、その暗示をヨシヤという名前だけにしている。しかしこの記憶は、芳香と音楽のなかにたちまち発散して消えてしまう。ヨシヤはもはや「芳香の漂う想い出」にすぎないのである。(11)

聖ルイとヨシヤを比較する深い動機は私には、結局のところ、ジョフロワ・ド・ボーリュ一が聖ルイの治世の晩年とヨシヤの晩年を比較対照した、すでに前に言及した節のなかにあるように思われる。聖ルイの伝記を書いた人たちや聖人伝を書いた人たちは、一致して、彼の生涯と彼の治世のなかに、二つの大きな局面があることを認めている。つまり一二四八年の十字軍の前と後とである。たしかに王は子供時代から徳があり、信心深い。ただ十字軍というあの時代遅れの冒険に対する彼の好みを除けば、正常である。彼は自分の地位にふさわしい服を着て、食事をとる。冗談をいうこともしばしばある。彼は正義にとりつかれ、王の監察使 enquêteur を新たに創り出しているが、法律を作ることはほとんどしていない。一二五四年以後、彼は禁欲生活を送り、自分の臣下たちに道徳および宗教上の掟を押しつけようとする。遊び、売春、神の冒瀆に反対して、彼はほとんど病的なまでに、自分の監察使たちに、王の代理人としての真の異端審問官であるように駆り立てる。彼は、自分自身の人間性および臣下の人間性のなかに潜むエジプトへの十字軍の失敗の原因となった罪を根絶しようと願う。彼にとっては、つぎなる十字軍を勝利に導くか、ないしは、せめてそこで殉教するのに価するために、宗教を立て直さなければならないのである。

ところで聖書はヨシヤについて何を私たちに語っているのか（『列王記下』二二章から二三章）。彼の治世の最初の一八年間「ヨシヤは主の目に適う正しいことを行い、父祖ダビデの道をそのまま歩み、右にも左にも逸れなかった」。しかしそれ以上の何ものもないのである。つぎに彼の治世の一八年目に神殿を改修させ、そこで『律法の書』すなわち「ドゥテロノーム」*Deutéronome*（『申命記』モーセ五書の第五書）を見つけた。ヨシヤと彼の民はヤハウェに神殿まで厳かな行列を作って登った。ヨシヤは神との契約を改め、ヤハウェの神殿のなかにあった神殿男娼の家も含めて、ユダ王国における異教の残滓をことごとく破壊した。そして彼の宗教改革を無事に進めたのち、エルサレムでヤハウェの名誉を讃えて、尋常とは思われない過越祭を祝った。その後、彼の王国に攻め入る準備をしていたファラオと戦い、メギドで死んだのである。彼の亡骸はエルサレムに運ばれた。

この二人の王と二人の治世との間に相似性があることを見ない者はいないであろう。その際、中世のキリスト教世界の王たちと旧約聖書の王たちとを、このように伝統的な形で比較することの新しい意味が明らかになるのである。つまり一三世紀においては、神の目に適った君主のモデルをもつこと、あるいはその具象化を望むこと以外には類似点をもたぬこの二人の王を対置する際、純粋にイデオロギー的な水準で抽象的に比較してみること以上のもの、そしてそれとは別のものが必要なのである。それ以後は、何らかの「歴史的な類似性」もまた求められるようになる。したがって旧約聖書の王の最良のモデルであるダビデを動員するよりはむしろ、聖ルイと他のある王とを比較する方が良いのである。そのある王とは、たしかに良き王であり、その良き王の治世によって、とりわけ、当のフランスの王の治世を、いわば予示した王なのである。

こうしてみると二人の王は、時間の三つの類似した軌道の上に位置していて、見分けがつかないほどである。一つは歴史における象徴的な時間であり、そこでは現前する歴史は、聖書のはるかなる過去の時間のイメージにすぎない。いま一つはとりわけ終末論的な時間である。そこでは君主がおのおの自国の民を、永遠の救済のために自分の神の方へ連れて行こうと努める。しかし同時に歴史的な時間もある。そこでは若干の断片が再来することはあっても、王と治世はもはや相互交換はできない。芸術が世界と類似しているように、また肖像が個人と似ているように、二人の王は類似していなければならない。なぜなら聖ルイが、逆説的に、そしておそらくは不完全な形で成功をおさめているといえるものは、ヨシヤから借りようと努めてきたもの、つまりその「歴史的な」独自性と「個人性」にあるからである。しかしここでは、聖ルイとヨシヤというカップルが歴史のなかの無時間の象徴体系に揺れ動いているように思われるこの境界を示すだけでやめておくことにしよう。ヨシヤを借りてきても、記憶の生産者たちはいまだ予型論的抽象化から聖ルイを抜き出してはいないのである。聖ルイはヨシヤ「その二」、ヨシヤの一つの顔にすぎないのである。

【注】

（1）VINCENT DE BEAUVAIS, *De eruditione filiorum nobilium*, éd. A.Steiner, Cambridge (Mass.), 1938, 再版 New York, 1970.

（2）幼い王については前出一〇六頁以下を見よ。子供の評価については P. RICHÉ et D. ALEXANDRE-BIDON（*L'Enfance au Moyen Âge*, *op.cit.* 前出一一三頁注3）を見よ。著者はいささか楽天的にすぎる。

（3）VINCENT DE BEAUVAIS, *De eruditione filiorum nobilium*, *op.cit.*, éd. citée, p.87.

（4）R.FOLZ, art. cité, p.34 n.22 : «*Toto corde cum rege Josia quaesivit Deum ab infantia*».

（5）*Ibid.*, p.38. : «*culta colebat sedula Deum verbis et actibus*».

（6）«*Similis illi non fuit ante eum rex, qui reverteretur ad Dominum in omni corde suo, et in tota anima sua, et in universa virtute sua*».

（7）Geoffroy de Beaulieu, *Vita*, pp.3–26.

（8）『エルサレム聖書』の翻訳文。

（9）ダビデは実際には彼の祖先にすぎない。

（10）*«tulit abominationes impietatis, et gubernavit ad Dominium cor suum et in diebus peccatorum corroboravit pietatem in cultum divinum»*.

（11）Guillaume de Chartres, *De Vita et de Miraculis*, p.29. これらの芳香に関するメタファーは考えられる以上に重要である。Jean-Pierre Albert は、それらが王のイデオロギーとキリストのモデルから発していることを示した。*Odeurs de sainteté. La mythologie chrétienne des aromates*, Paris,1990.

第六章　『君主鑑』の王

歴史家はしばしば、最古の諸社会の機構のなかに、一人の長が頂点となる一つの階層形態の存在を認めることができる。このような社会を君主国と、そしてその頂点にある人を「王」と呼んでいる。もともとこの王と呼ばれる長(chef-roi)は、単に聖別されたという性質を示しているだけではなく、あらゆる権力を一身に集めている人物である。このタイプの長が重きをなしてくるのとほとんど同時に、この長の行動範囲を制限するような試みがなされる。まずは軍事力、経済力の掌握者たちが——そのうえこれらの社会では、この両者は見分けがつかないこともしばしばある——、そして戦士たちと裕福な土地所有者たちが、王のもつ権力を奪いとったり、分かち合ったりするように努める。ローマ人はずいぶんと早い時期から王権を廃止して、代わりに「共和政」と命名された寡頭政治に置き替えて、長きにわたって王という名前そのものまでも嫌ったのである。

これらの古風な社会から王権が誕生するのは、断片的な史料(碑文、蠟板など)、神話(たとえばウルクの王ギルガメシュの神話〔ウルクはユーフラテス河の左岸にある現在のワルカにあった古代シュメールの都市。聖書ではエレク。ギルガメシュは古代バビロンの英雄叙事詩の主人公〕)ないしは記念碑によって維持される単なる記憶から、一つの真の意味での歴史の概念およびその構成へと移行したことをはっきりと示すものであったとも思われるのである。この真の意味での歴史は、その伝統的な起源に関してはしばしば伝説にすぎないが、すべてを王と王の継承に帰着させるシステムのおかげで、王のまわりに首尾一貫した継続性のある骨組みを築くことを可能ならしめるものである。そしてこの骨組みはしばしば王朝という原理によって強化されるのである。王権は、何かを説明してくれると同時に何かを語ってもくれる、歴史の相い補い合う二つの面なのである。ピエール・ジベールは、王権と歴史との結びつきの誕生について、サウル、ダビデおよびソロモンという初期の王をめぐる古代イスラエルにくみする説得力のある精緻な証明をおこなった(1)。

他方、その他の人物たちも、さらに一層熱をこめて、宗教上の分野で王の特典を規制すべく骨を折ってきた。それが祭司たちの心配事であったからである。七世紀の冒頭、大司教であり百科全書の編纂者でもあるセビーリャのイシドルスは、ラテン語の語源(*rex*「王」、*regere*「支配する」、*recte*「正しく」)に立ち戻って、王は「正しく」統治するべきであり(*rex a recte regendo*)、大諸侯にも、役人にも、臣下にも道を「真っ直ぐに」進ませねばならないと主張していた。この定義が聖ルイに適用されていることはすでに見てきた。王は自分自身のなかにあらゆる権力を結集する人物となることだけに満足せず、あらゆる徳の結集した人間となるべきである。九世紀から一三世紀にかけて、このモデルを論じるために貢献してきたのが、もっぱらこのために書かれた特別な著作である「君主鑑《ミロワール・デ・プランス》」であった(2)。

これらの論考の著者である聖職者たちが第一の目標としたのは、王の「聖別された」という性格が、王の職務の神的あるいは司祭的な性格に行き着くことを避けることであった。王は、神によって指名された選ばれた者、ユダヤ・キリスト教の伝統のなかでは、聖別の塗油を受ける者でしかないはずであった(一二世紀の西欧で作られた秘蹟の七項目は、秘跡の一覧表から王の聖別を排除している)。一二世紀と一三世紀において、王を「神の似姿」にするためのいく人かの聖職者の努力は、そこそこの成功しか得られなかった。王を「司祭王」(*rex et sacerdos*)として、「サレムの王」および「いと高き神の祭司」メルキゼデク(『創世記』四章一八)という聖書のモデルに当てはめようという試みは、皇帝たちに仕えるいく人かの聖職者の努力にもかかわらず、聖書のなかにおいても、キリスト教においても、中世西欧のキリスト教イデオロギーにおいても、大きな成功を得るには至らなかった。

司祭たちが、王を司祭の条件から遠ざけるこの意志のなかで、古代のユダヤ教聖職者も中世西欧の教会も、正統な信仰を公言し、これを擁護する、そしてとりわけ教会のために王の力を行使するという、王からの公式の約束を取りつけることに執着していたようである。それは、カロリング期以来、西欧の王たちが宣言しなければならなかった約束の、そしてやがては誓約の主要な対象だったのである。結局のところ王の権力を制限することは、王が専制君主となり、悪や悪魔に手を貸すことを妨げることになるはずであった。それゆえ王もまた、まずは神に対する、ついで司祭たちと教会に対する、自分たちの臣下に対する、自分たちの民に対する、義務をもっていたのである。

この種の著作においては、オリエントの君主権という最古の時期からすでに、聖職者たちがこのように王の義務というものを表明していたのであるが、それらの目的は、若干の儀礼を尊重することであったり（たとえばモーセの戒律におけるように）、とくにしだいに数多くみられるようになるのだが、個人的な、公的なさまざまの徳を実践することであった。聖書だけに言及するとして――中世西欧においてはイデオロギー的に必ず参照されるものであるが――、私としては『申命記』（一七章一四から二〇節）のなかにはめ込まれている王の倫理に関する短い論考を強調しておきたい。このテクストは、聖ルイの時代にその影響が認められるものであるが、王のための禁止事項が述べられているにもかかわらず、王権と王という人間についての楽観的なイメージを提示している。反対に、王の制度が問題となるとき、すなわちサムエルが「王を要求する民に」答えるとき〔『サムエル記上』（八章一〇節）のこの箇所は原本ではヤハウェを主語として記述しているが、聖書ではサムエルが主語であるので、これに従った〕、旧約聖書は王権についてきわめて悲観的なイメージを与えており、王のなかに、ヘブライ人を「王の奴隷」にするという不可避的な専制君主を見ているのである（『サムエル記上』八章一〇から一八節）。このように聖書がしばしばそうであるように、王権に味方をする議論と、それに反対する議論をもらしくれる。しかし聖書は王権を判断する一つの基準を定めた。すなわち王権は王の価値に匹敵するということである。王を教育すること、王に王の倫理を提案すること、それはしたがって司祭職にある者のもっとも重要な職務の一つなのである。四世紀に君主がキリスト教徒となったとき、教義を明確にせねばならなかった。アウグスティヌスは、とりわけH・H・アントンが「キリスト教君主の最初の鑑」と呼んだ『神の国』の第五巻二四章でこれを明確に表わした。そこではこのヒッポの司教が、「平和、秩序、正義」（*Pax, Ordo, Justicia*）を君主権の根拠として、そしてローマの伝統に従っていうならば、「至福の皇帝」（*imperator felix*）の根拠として強調し、キリスト教徒の君主を良き君主にする徳を定義している。つぎに六世紀から七世紀への世紀の変わり目に、グレゴリウス大教皇は、自分自身も王権と王の問題に心を奪われていたので、とりわけ君主権の理想および王の本質的な徳としての正義の重要性を強調したのである。

【注】

（1）Pierre Gibert, *La Bible à la naissance de l'histoire*, Paris,1979.

（2）「君主鑑」の諸起源に関しては、Pierre Hadot, *s.v.* «Fürstelspiegel» dans *Reallexikon für Antike und Christentum*, t.VIII, 1972, col. 555–632.

カロリング期の鑑

カロリング期になって、王の「職務」（*officium*）ないしは「役目」（*ministerium*）に内在する徳を王に思い起こさせるという全面的な目的のもと、そしてとりわけ王位への昇進を正当化し、あるいはむしろ、神が彼ら王という人間に関しておこなった選択について以後効果あらしめている宗教上の儀式を正当化するために、小作品が欠かせぬものとして現れた。神の選択が、人間たちが王家の内部でする選択と多くの場合一致するとしても、八世紀の半ばにメロヴィング王朝がカロリング王朝に取って代わられたように、この神の選択はある家系から他の家系へという漸次的移行を承認することもありえたのである。しかし、徐々に、たとえばフランスでは、亡き王の男の第一子の、あるいはもっとも濃い血縁関係にある男子の跡継ぎに有利な相続法が定められるようになった。八一六年にランスにおいて、ルイ敬虔帝の聖別のために、塗油と戴冠の二つの儀式が同時におこなわれた。ちなみに、中世のキリスト教徒の王の聖別のために利用されたテクストは、「儀典書」*ordines* と呼ばれており、まさしく典礼用のテクストないしは一件資料で、儀式の成就を助けるためのメモなのであるが、これ自体が「君主鑑」の特別な下位範疇をなすものであるとみなすことができる。

中世の文化システムは「鏡」miroir（*speculum*）のイメージを大いに利用してきた。聖アウグスティヌス以来基本的なものとされている、記号ないしは反映の理論、すなわち地上における現実はいずれも、理想のタイプの多少なりとも成功をおさめたレプリカにすぎないとする理論を表わすというよりも、むしろ逆に、鏡のなかで見られるイメージこそが、実際に地上の現実の「理想的な《イマジネール》」イメージなのだということを示しているのである。どんな鏡も「真実」の道具であり、それゆえ私たちを中世の想像力のもっとも奥底へと導いてくれるのである。しかし多くの場合、鏡はその形而上的な、神学的な機能をあきらめてしまい、一二世紀に発展し、一三世紀以降の中世後期に一般化する「道徳化」という、いわば倫理的な顕揚の過程に結びついた規範的なジャンルとなってしまう。どんな「鑑もの」も「模範とされるもの」となってしまったのである。

九世紀のカロリング期の「君主鑑」の著者たちは、高位の教会関係者であるが、当時の王たちに旧約聖書の何人かの王、たとえばとりわけダビデ、ソロモン、エゼキア、ヨシヤなどのモデルを提示してきた。彼らはとくに王にふさわしい徳にことのほか執着している（何よりもまず正義 *justice* であるが、同様に知恵 *sagesse*, 慎重 *prudence*, 忍耐 *patience*, 憐憫 *miséricorde*, 謙譲 *humilité*, 公正に対する熱意 *zèle pour la droiture*, 寛大 *clémence*, 信仰心 *piété* など）。最後に彼らは、教会と聖職者を保護するという王の有する絶対的な義務を強調しているのである。このようにしてカロリング期には、教会のしだいに大きく膨らんでいく政治的かつイデオロギー的な役割が際立ってくるのである。しかしこれらすべての「鑑もの」が——おそらくある程度まではヒンクマル〔ランスの大司教。シャルル禿頭王の庇護を受け政治に介入。八〇六?～八八二〕の場合を除かねばならないが——政治的な論考であったわけではない(1)。

【注】

（1）H. H. ANTON, *Fürstenspiegel und Herrscherethos in der Karolingerzeit*, *op.cit.*（前出四七九頁注6）。ミシェル・ルーシュは最近、これらの「鑑もの」がとりわけ聖職にある著者そのものを反映しているかどうかという問題をみずからに提起した。Michel ROUCHE, «Miroir des princes ou miroir du clergé?» dans *Commitenti e produzione artistico-letteraria nell'alto medioevo occidentale*, Spolete Centro italiano di studi sull'Alto Medioevo, 1992, pp.341-367. これは私がここでみずからに提起している問

題の一面である。

ソールズベリーのジョンの『ポリクラティクス』

ソールズベリーのジョンの『ポリクラティクス』とともに、一二世紀の中葉に一つの転換期が印される。この書は一一五九年に書かれた、中世の政治学についての最初の重要な著作であり、パリの学校で教育を受けた知的スケールのとても大きい一人の聖職者によって、イングランドで書かれたものである。教皇聖庁の高位にある聖職役人であり、ついでカンタベリー大司教テオバルドゥスの秘書官となったソールズベリーのジョンは、トマス・ベケットの友人となり、しばらくの間ランスのベネディクト会士ピエール・ド・セールというサン＝レミの名高い修道院の院長職にあった親友のもとに身を寄せていた（ここにはフランスの代々の王の聖別の際に使用される聖油入れが保管されていた）。そして一一七六年から亡くなる一一八〇年まで、シャルトル司教を務め、その生涯を終えた。

『ポリクラティクス』が中世の王のイデオロギーに対して与えた貢献は重要である。ソールズベリーのジョンはこれを書くにあたって、誤ってプルタルコスのものとされていた小冊子『皇帝トラヤヌスの教え』*Institutio Traiani* を利用した。これは四〇〇年頃、ローマで捏造されたというのが真相らしい。だが、このトラヤヌスの偽の教えの手引き書は、じつは一冊の「君主鑑」なのである。ここではとりわけ、（一二世紀における）キリスト教西欧では初めて、政治社会を人体に見立て、王をその頭部にあてた社会有機体説のメタファーがみられるのである。しかし『皇帝トラヤヌスの教え』を凌駕している『ポリクラティクス』は、知性ある学者君主というスローガンも投げかけた（「無学な王は王冠を被せられたロバにすぎぬ」*rex illiteratus quasi asinus coronatus*）。そしてとりわけ王権イデオロギー（ジョンはイングランドおよび教皇庁の宮廷に誕生をみつつあった官僚制度のなかにそれが実施されるのを見たのであるが）にきわめて堅固な基礎を与えた。ソールズベリーのジョンは当時のもっとも教養ある人間の一人であり、おそらくは一二世紀の人文主義ルネサンスのもっとも優れた代表者であった。パリとシャルトルの学派に固有の「自然主義」によって特徴づけられる彼は、社会を――そして王がその頭部にあたるのであるが――有機的に組織化された一つの全体と考えた。彼はまた、神学および哲学上の議論のなかに、中世の末期および近代の政治学のなかで（そして政治的現実のなかで）一つの重要な役割を演じることになる暴君殺害のテーマを投げかけたのである。結局のところ、彼は作られつつある宮廷 cour、そして一二世紀から一八世紀にかけて大発展することになる宮廷という現象を、とくに批判的な目で分析したのである。『ポリクラティクス』の副題は（のちに削られてしまうが）『あるいは宮廷人の愚行について』 *sive de nugis curialium* である[1]。

【注】

（1）J. Dickinson, «The medieval conception of Kingship and some of its limitations as developped in the "Policraticus" of John of Salisbury», *Speculum*, 1926, pp. 308–337. 前出四八三頁を見よ。

一三世紀の「鑑もの」

『ポリクラティクス』というモデル、およびさまざまな君主権力が身分制や官僚制の諸形態へと急速に発展していくことで刷新された「君主鑑」は、一三世紀になると新しい開花期を迎える[1]。おそらく、フランス王ルイ九世ほどにこの豊かさを強く体験した王はだれ一人いなかったであろう。彼はいくつかのこれらのテクストの編纂と、同時にこの情熱的な任務を遂行するうえで自分の助けとなるはずの聖別の儀典書（*ordines*）の編纂を間接的にもくろませ、直接的に助成したのである。

だからこの時期は聖ルイの「政治的アカデミー」について語ることもありえたのである。その中心となったのは、ジャコバン修道会士の修道院、つまりパリのドミニコ会修道士たちの名高いサン＝ジャック修道院である。したがってここにはロビー活動をおこなう托鉢修道士、そしてとくにドミニコ会士がみられるのであり、すでに彼らが聖ルイの聖人伝関係史料群の生産に従事しているのは見てきた通りである。一二五四年から六三年にかけてこの修道会の総長の任にあったアンベール・ド・ロマンの呼びかけによって、ドミニコ会士の修道院は「君主鑑」の編纂、否むしろ大部な政治的著作の編纂を一つの集団に任せたらしいが、これは聖ルイに促されたものであった。『王の（あるいは貴族の）子息の教育について』*De eruditione filiorum regalium* (ou *nobilium*) はこの著作に属するものであろう。これは、当時ロワイヨーモンのシトー会修道院の読師《レクトゥール》であり、すでに王と関係のあったドミニコ会士ヴァンサン・ド・ボーヴェが、当時は王夫妻の次男であったが、のちにフィリップ三世となる幼いフィリップの教育に役立てるために、当初王妃マルグリットに与えたものである(2)。この著作のいま一つ別の部分は、一二六〇年と一二六三年の間に同じヴァンサン・ド・ボーヴェによって書かれた『君主の道徳教育について』*De morali principis institutione* のようである。この当時ヴァンサン・ド・ボーヴェはロワイヨーモンを離れてしまっており、この作品をルイ九世および、ナヴァラ王でありかつシャンパーニュ伯でもある娘婿ティボーに同時に献呈した。そして最後に第三番目の部分は、のちに誤ってトマス・アクィナスのものとされ（そこから現代版では偽トマスという名前が著者に与えられているのであるが）、そしておそらくヴァンサン・ド・ボーヴェか、あるいは著名なドミニコ会士ギヨーム・ペローによって編纂された『君主の教育について』*De eruditione principum* から作られたものであろう(3)。

これらの三つの作品に付け加えなければならないのは『ファラオの教訓的夢あるいは王の学問について』*Morale somnium Pharaonis sive de regia disciplina* である。これはおそらく一二五五年と一二六〇年の間に、シトー会ジャン・ド・リモージュによってナヴァラ王テオバルド（ナヴァール王ティボー）のために作られたものである。そしてここでもっとも私の興味を引くのは、フランシスコ会修道士ジルベール・ド・トゥールネによって聖ルイのために一二五九年に書かれた『王と君主の教育論』*Eruditio regun et principum* である。最後に、将来のフィリップ三世勇胆王となる息子フィリップのために、聖ルイによってその晩年に編纂された『教え』のなかに、王自身によって書かれた真の「君主鑑」を見なければならない。

【注】

(1) L. K. BORN, «The Perfect Prince : a study in 13th and 14th century ideal», *Speculum*, 1928, pp.470–504. これ以前の時期に関しては Georges DUBY, «L'image des princes en France au début du XIe siècle», *Cahiers d'histoire*, 1982, pp.211–216. 全般的には D. M. BELL, *L'Idéal éthique de la monarchie en France d'après quelques moralistes de ce temps*, Paris et Genève,1962.

(2) 『王の子息の教育について』の中でヴァンサン・ド・ボーヴェは子供たちになすべき教育に関してソールズベリーのジョンの考えをふたたび取り上げている。しかし子供については一層はっきりと積極的な考え方を明らかにしている。

(3) ヴァンサン・ド・ボーヴェとこの企画については、後出七三二頁および一〇六四頁を見よ。Robert J. SCHNEIDER は *De morali principis institutione* (Corps Christianorum, Continuatio Mediaevalis, vol. 137) Turnhout, 1995 を公刊したばかりである。

ジルベール・ド・トゥールネの『王と君主の教育論』

ジルベール（ないしはギベール）・ド・トゥールネについては、ほとんど何一つ知られていない。ただパリ大学の学生であり教師であった時期があったこと、当時彼の属する修道会では知的な名士の一人とみなされていたこと、そして教育と道徳に関する種々の著作とならんで、とくに十字軍参加者に向けた説教を作成したことだけがわかっている。彼はおそらく聖ルイのエジプトおよび聖地への十字軍遠征（一二四八年から五四年にかけて）に参加し、王と結んだと思われる友情からこの『教育論』が生まれたのであろう。

『王と君主の教育論』(1) は聖ルイ宛の三通の書簡から構成されており、その最後の書簡に、この書が聖フランチェスコの祝日の第八日目、すなわち一二五九年一一月一一日にパリで完成されたとの指示がある。三通の書簡は、『皇帝トラヤヌスの教え』に倣って、「君主たる者に必要な」四つの原則を扱っている。すなわち神に対する尊敬（*reveren-*

tia Dei)、自己規律(*diligentia sui*)、権力者や役人に対する規律(*disciplina potestatum et officialium*)、臣下に対する愛情と保護(*affectus et protectio subditorum*)である。

最初の書簡は二部からなる。第一部(四章)は神に対する尊敬(*reverentia Dei*)にあてられており、一三世紀前半の聖職者たちの知的かつ文化的構造を際立たせている。ジルベールは対比法による推論に頼っている。その証明は、まず「神を尊敬すること」*reverentia Dei* という肯定の議論によって、つぎに「神を尊敬しないこと」*irreverentia Dei* という反対の否定的議論の分析によってなされる。同様に彼は文化的な参照に際しては、キリスト教(とりわけ旧約聖書にもとづく)に属するものと異教に属するものという、二重のシステムに頼っている。この方法は伝統的なもので、支持したい命題に有利な「諸権威」を積み重ねることからなる。この場合、異教の文献から借りてくる参照史料は、聖書および教会の教父たちから引いてきた史料とほとんど同じほどの数にのぼる。[2] 一二世紀の「ルネサンス」からは遠く離れてはいない。

著者はまず最初に、「君主が神に対して敬いの心をもたぬと、治世も君主の地位も滅びるということを新約聖書と旧約聖書の諸例から」思い起こさせる。彼は続いて「同じことを異教の王の歴史の助けを得て」示す。しかしこの対比法に注意しよう。聖書の例は永遠の真理の証拠であり、異教の例は「歴史の」証拠にすぎないのである。歴史は不確かなこと、移り気なことに属する領域であり、それはその象徴として運命の車輪をもつ。第三章は、息子たちとともに屈辱的な死を迎えたサウルを、エラ、ジムリ、ナダブ、ヨアシ、ヤロブアムなどといった、すべて非業の死を遂げた諸王を参照として引き合いに出している。反対に、キリスト教徒である皇帝コンスタンティヌス〔三一三年にキリスト教公認令を発布したローマ皇帝〕とテオドシウス〔三九二年にキリスト教を国教としたローマ皇帝〕は神への自分たちの尊敬の念を示した。前者はニカイア公会議で名誉ある席につくことを拒むことで、後者は聖アンブロシウス〔四世紀のキリスト教の教父。四大教会博士の一人。ミラノ司教〕によって命じられた贖罪を、忍耐強く、かつ公衆の面前で実践することによりみずからの罪をあがなうことで、この気持ちを示したのである。最後に著者は、ローマ帝国を不当に奪ったカエサルの殺害を、ティベリウスとクラウディウスの毒殺を、カリグラの殺害を、ウィテリウス、ガルバ、それにオトーの非業の死を、そしてとりわけネロ以来のキリスト教徒の迫害者となった諸皇帝の悲惨な死を思い起こさせているのである。このようにしてローマ帝国は、ふさわしくない皇帝に対する神の罰としての非業の死の長い連続にすぎず、破滅と消滅、ないしはむしろその力が他へ移るまでの、長期にわたる、しかし避けることのできない歩みにすぎなかったのである。

「王のみずからに対する規律」（*diligentia sui*）に捧げられた第一の書簡の第二部の一二の章は、この著作全体の内部で特別な一つの「君主鑑」をなしており、より個人的でかつ王という人物に一層的《まと》がしぼられたものである。「みずからに対する規律」、王の個人的な諸々の義務という主題の展開は、『申命記』一七章のなかに含まれている「君主鑑」の一つの注釈として提示されている。中世の聖書注釈学の慣例に従って、ジルベール・ド・トゥールネは、これにどんな学問的・歴史的聖書注釈学上の基盤も持たぬ解釈を与えている。彼は「蠟の鼻」をもつ〔自由に操れる〕（一二世紀の末期近くのアラン・ド・リールのことばによる）聖書からの引用文を、自分に都合の良い意味に変えてしまっているのである。

『申命記』一七章にみられる一二の規定とは、「王は馬を増やしてはならない」〔一六節〕、「王は民をエジプトへ送り返すことがあってはならない」〔一六節〕、「王は大勢の（あるいは多くの）妻を娶ってはならない」〔一七節〕、「王は金や銀を大量に蓄えてはならない」〔一七節〕、「王位についたならば、『申命記』を読み、熟考し〔『申命記』一七章一九節では「生きているかぎり読み返し」〕」〔一九節〕、「王は祭司のもとにある原本からこの律法の写しを作り」〔一八節〕、「神なる主を畏れることを学び」〔一九節〕、「この律法のすべてのことばを守り」〔一九節〕、「そうすれば王は同胞を見下して高ぶることなく」〔二〇節〕、「その戒めから右にも左にもそれることなく」〔二〇節〕、「王位を長く保つことができ」〔二〇節〕、そして最後に「永遠なる生を願う」〔該当する節なし〕である。これらは同じテーマを展開するための口実であり、そこにはキリスト教思想の常套句が、あるいは当時の強い関心事が現れているのである。

「王は馬を増やしてはならない」。この勧めは、狩に対する痛烈な非難に変貌する。驚くべきテクストであり、司教や聖職者に向けられた狩猟についてのこれまでの断罪、および王たちが狩猟をすることの無益ないしは有害にふれためずらしい暗示から始まって（九世紀ではジョナ・ドルレアンにおいて、一二世紀ではジルベール・ド・トゥールネの典拠史料となっているソールズベリーのジョンにおいてみられる)、王の文化人類学が展開される。そこでは狩猟は王にとって子供じみた遊びとして現れているのである。そのうえ、賭事(賽子やその他)に対して伝統的に科せられてきた断罪は、宗教的・道徳的な理由というよりは、価値の社会的システムに呼応するものである。子供じみた一切のもの、王を子供と思わせるような一切のものが、避けられねばならないのである。それでもこの痛烈な非難は、中世における狩猟の実践とはまったく反するものである。王たちは狩猟を自分たちの独占物とするように試みてきた。彼らは「森」forêt という法的・地理的な概念を創り出すことで、狩猟のための広大な保留区を自分たちのために作り上げた。彼らは、この上ない王のスポーツであると考えてこれに熱中した。奇妙なことに、聖ルイは、狩猟を実践したことを示すいかなる史料も伝わっていない唯一の王なのである。(3) そして彼は賭け事を毛嫌いし、賭け事に耽っている者に時おり腹を立て、この件に関して、聖地からの帰還後に法律を定めたことが知られている。

「王は大勢の妻を娶ってはならない」。当時のことなのかそれとも最近あったことなのかについての暗示はいささかもないが、ジルベール・ド・トゥールネはまさにカペー家の王を標的にしているという印象を受ける。彼らはフィリップ・オーギュストまでは、波乱に富んだ結婚および愛の生活を送り、離婚、内縁関係および近親相姦〔教会法が要求する〕第七親等ではないにせよ、〔ローマ法が要求する〕第四親等までの親族間の教会による結婚禁止、そしておそらくはシャルルマーニュ以前の場合には現在と同じ親族計算という意味においての近親相姦〕の問題で教会とぶつかってきた。(訳1) 話題にせねばならないのは、実際に、まさに一夫多妻についてであり、ジョルジュ・デュビーは、一夫多妻制で夫の方から解消できる貴族的な結婚モデルに対して、教会が一夫一妻制の解消不可能な結婚モデルを勝利させはじめたのは、一二世紀になってからのことにすぎない様子を示した。(4)

「王は金や銀を大量に蓄えてはならない」。これを注釈することは、私たちが「経済の分野」と呼ぶところのものに近づく機会でもある。貨幣経済、そして——蓄蔵から貨幣操作に至る——貨幣実践は、貨幣が権力と統治における特殊な領域であるという意識をはっきりともつための道のりの一つであった。一二五九年、それらの間に直接的な関係があるわけではないが、通貨に関する諸決定が聖ルイによりつぎつぎにおこなわれることになる。グロ銀貨の鋳造、金貨の鋳造の再開、諸侯の貨幣鋳造に対する闘いの始まりである(5)。

「王位についたならば、『申命記』を読み、熟考し」。ジルベール・ド・トゥールネは、ソールズベリーのジョンの古諺「無学な王は王冠を被せられたロバにすぎぬ」を取り上げて発展させている。聖ルイの時代のフランスでは、すなわち大学人の支配に移ったキリスト教世界にあっては、もはや王が賢いというだけでは十分ではなく、王に「教養がある」cultivé ことが必要であった。できれば王もまた知識人であることが望ましいであろう。

「王は祭司のもとにある原本からこの律法の写しを作り」。王は教会を讃え、護り、それに耳を貸さねばならない。王が聖別の際におこなう誓約は、まず最初に司教と司祭を満足させるように作成されている。王の権力の増大という論理を立てると、それは教会の影響力の減少に帰着する。だから一二五九年のフランスにあっては、王と教会の間の均衡関係が模索されている時であったのである。王は、神と教会の「世俗の手」bras séculier であり、王は信仰を保証し、自分自身がいとキリスト教徒的な王なのである。しかしとりわけ世俗的な事柄においては、教会のいうままにはならない。ジルベール・ド・トゥールネにとっては、権力を握るこれらの高い階層のなかで、魂の死さえもたらす罪は、依然として「傲慢」、「高慢」*superbia* なのである。「貪欲」*avaritia* は、悪徳の序列のなかでは、傲慢に取って代わる傾向をもつが、宝物の軽蔑という教訓があるにもかかわらず、傲慢と同じだけ王に脅威を与えることはない(6)。王による税徴収は、いまだ耐えがたいものではない。

最後に、三つの関心事が王の精神と行動を支配しなければならない。一、王は真っ直ぐ前に歩き、脇道にそれず、公正の道を進まねばならない。二、王は子宝に恵まれ、かつ長く生きることに価しなければならない——跡継ぎに恵まれること、長寿こそは、良き統治のための安定の裏づけだからである。三、王は聖別の塗油が確証してくれる神の選定のみに従うべきではない。始まりと同様に終わりにも配慮すべきである。自分と民の救済を確かなものとせねばならない。王権のおよぶ果て、それは天国である。真の王は終末論的王であるべきである。そして聖ルイは、しだいにこの王の天職にとりつかれることになるのである。

この小冊子を構成する第二の書簡は、権力者と役人たち（側近と王の役人たち）の規律を扱っている。これもまた対比法にもとづいている。否定的規律、つまり君主が自分に仕える者たちの悪しき性癖に課すべき規律と、肯定的規律、すなわち王の名のもとに行動する人々の義務とである。まず最初に、王たちは他人を改めさせねばならない、「世俗の手」としての自分たちの義務を遂行せねばならない。つぎに君主は、自分の支配下にある人々のための手本とならねばならない。ジルベール・ド・トゥールネはここで、ソールズベリーのジョンによって打ち出された社会有機体説のメタファーを取り上げる。王は四肢（成員）のために頭として振る舞わねばならない。王からこそ、王権という身体全体に広まるプラスの電波が発せられねばならない。しかし王はまた、そこに「精神の鏡のなかに映る」社会の光景を観想するために、みずからを顧みる術を知らねばならない。王はそこに悪の奥深さを見い出すであろう。ジルベールは、実際に、隠されているもの、とくに悪を暴くことに大いなる重要性を付与している。王は悪を調査する者、審問官であらねばならない。

探り出し、矯さねばならない諸悪のなかで、まず都市の悪と人々の悪弊がある。都市化という大きな波の行きつく先で、都市が一般に感嘆され、称賛されている時代にあって、ジルベールはしかしながら、都市化現象に関しては悲観的な立場をとっている。都市では罪は他の場所よりも悪質である。彼の属する修道会の総長である聖ボナヴェントゥーラもまた、ほぼ同じ頃にこのことを力説し、そこから、フランシスコ会士たちはとりわけ諸悪がもっともひどい場所に戦うべき身を置くべきであるという議論を引き出している。君主はまた法律を改革せねばならない。良い法律もあれば、悪い法律もあるからである。ジルベール・ド・トゥールネは君主たちを、一四世紀に、とりわけイタリアで開花する例の「トポス」の道に巻き込む。それは、良き統治と悪しき統治という対立であり、アンブロッジョ・ロレンゼッティはこれをシエナの市庁舎の壁にフレスコで描くことになるのである。

この第二の書簡の第一部最終一一章は、王の側近、すなわち「クーリア」*Curia*、つまり宮廷の人間である「クリアーレス」*curiales* と呼ばれている者たちのなかで、最悪の人物たちにあてられている。ここでは「宮廷」を、一六世紀以来獲得することになる領主的および儀式的な意味にとるべきではない。クーリアとは中央集権化された官僚的な国家の考えと組織を発展させる途上にある封建的王の、統治および行政上の機構の場である。このクリアーレスたちについての批判的な記述のなかで、ジルベール・ド・トゥールネは、時おり、一三世紀の「道徳心向上」の重要な手続きの一つに頼っている。それは動物の直喩である。ここでは、聖書、教父たち、および古代の異教作家とならんで、自然という第四番目の参照領域が姿を現す。自然の動物たち、自然の植物や花、自然の石は、人類の美徳と悪徳の予示であり象徴である。何にもましてへつらいと偽善を具現化するのはカメレオンとムカデであり、蛇と毒をもつ動物であり、豹である。

この第二の書簡の第二部は、肯定的に権力者と役人の規律を示している。良き評判（*bona fama*）の源は、法律面も含めて、中世で大いに重要な要素なのである。この願望が君主に正義と規律を生み出させるのである。正義はここでは主要な主題である。ジルベール・ド・トゥールネは、正義はすべての人間に同一であるべきであり、裁判官の剣は正義に役立つものであることを思い起こさせる。正しい君主は不法な誓約を禁じ、聖職者や弱者に対する司教座都市民《シトワイヤン》や都市民《ブルジョワ》の不正を抑止せねばならない（これは一三世紀では、都市に対するフランスの諸王の政策の鍵の一つである）。君主はとりわけ、必要とあらば、自分の「県知事《プレフェ》」やバイイを監視し、罰しなければならない（これは自分の代理人の過ちを償わせるために、聖ルイによって命じられた数多くの調査の方向である）。最後に君主は、自分自身を抑制し、貧者に対する王の裁判権の濫用を避け、判決文を数年間も遅らせたりせずに、この者にその裁きを保証せねばならない。

ジルベール・ド・トゥールネの著作の第三の書簡は、七つの章だけからなるものであるが、臣下に対する王の振る舞いに関わるものである。王は臣下に愛情を注ぎ、保護する義務がある。このフランシスコ会士は、まず自然から、爬虫類から、空を飛ぶ動物（本質的には蜜蜂）から、水棲哺乳類（イルカとアザラシ）から借りてきた例によってこれを証明する。最後に雌鶏は、雛のために自分を犠牲にする母のモデルである。自分の臣下に対して王は、慈悲深くあることを心得ねばならない（節度と憐憫という常套句は、一三世紀の君主の倫理の中心にある）。なぜなら慈悲深さは正義を弱めるものではないからである。同様に、他人になされた不正に対しては、自分がその犠牲者となっている不正に対するよりも、一層厳しくあるべきである。自分の民に対して良くありたいと願っても、王は何一つ失わないであろう。それとは反対である。王の最良の砦は、自分の民への愛である。この愛は、政策の最高の究極目的である平和の最善の保証人なのである。

ジルベール・ド・トゥールネのこの著作の土台となる基層、また素材の大部分を構成している歴史および文化の基層は明白である。それは聖書――とりわけ旧約聖書で、一三世紀にも影響力があり、生きていた――、ソールズベリーのジョンと『皇帝トラヤヌスの教え』によって刷新された「君主鑑」の伝統、そしてキリスト教文化によって認められ、とくに「一二世紀のルネサンス」によって大きく豊かさを増した民間伝承的文化である。しかしこの著作のイデオロギー的な基盤は、偽ディオニュシオスの階層的神学である。初期中世の文化的・政治的神学の考え方に深く浸透したこのギリシア生まれの神学者の著書は、四世紀の末ないしは五世紀初頭の日付をもつものであるが、九世紀およびそれ以後にラテン語に翻訳されて、一三世紀にも大きな影響をもち続ける。これらの著書はパリ大学で講義されて注釈が施されている。地上の階層に、モデルとして天上の階層を与えるというこの考え方は、もっぱら君主権に関する政治神学的省察に使われるものである。最終的に参照されるモデルとして熾天使と主天使たちを与えているジルベール・ド・トゥールネの著作は、そのもっとも優れた証言の一つである。(訳2)

最後に、この『王と君主の教育論』*Eruditio regum et principum* は、そこで参照される諸権威と実例を通して、王権の歴史を素描したものである。二連からなる歴史上のモデルたちが、肯定的な意味でも否定的な意味でも、中世の君主権の基礎となっている。それは聖書上の君主の系列と、とりわけローマの皇帝で、のちにキリスト教徒となった初期の皇帝を含む古代の君主の系列である。聖ルイより以前の中世については、一例を除いて例がみられない。第一の書簡の第二部第五章では、「文字の読める」王に関する『申命記』の注釈のなかで、一方でダビデ、エゼキエルとヨシヤを、他方でコンスタンティヌス、テオドシウス、ユスティニアヌス、レオ(三世)を引き合いに出したのち、ジルベール・ド・トゥールネはつぎのように書いている。「これに、敬虔で常に尊厳の満ちた、いともキリスト教的で不屈の君主シャルルマーニュを付け加えよう。その記憶が今も祝福されているあなたの先達を」と。これは、シャルルマーニュのイメージがどんなに力をもっていたかに関する、またこの偉大な皇帝からルイへの継続性を要求するためになされたカペー家によるキャンペーンの重要性に関する、これ以上ない証言である。それゆえシャルルマーニュは、古代と現在との間のつなぎなのである。しかしこの著作のなかに、献辞と、当時のいくらかの状況をしのばせる参照事項以上に、現在なるものを見い出すことができるであろうか。一般に「君主鑑」は歴史の外にあるジャンルである。一三世紀の冒頭において、ウェルズのジェラルドがその『君主の教育について』*De principum institutione* のなかで、たとえイングランド王ヘンリー二世を、彼の息子と後継者たちを、彼の属する王朝を誹謗したとしても、それは彼の著作が、真の意味での「君主鑑」というよりも、プランタジネット家に対する挑戦的な作品であったからである。

ジルベール・ド・トゥールネの著作には、驚くべき、そしていかなる他の「君主鑑」にも類を見ない一つの章が含まれている。それは第一の書簡の第二部の第二章である。『申命記』(一七章)の「そして彼(王)は民をエジプトへ送り返すことがあってはならない」という節は、聖ルイがエジプトで囚われの身となったこと、つまりこの著作の編纂からわずか一〇年ほどしかさかのぼらない事件、いってみれば「同時代の」事件を通して全面的に注釈されているのである。その内容はこの上なく興味をそそるものだとはいえない。明確な指示があるものの、王はここでは、実際には宗教の熱心さのゆえに称賛されているのであり、十字軍の失敗は、民の、とくにフランスの軍隊の悪徳のせいにされているのである。新しいモーセ、モーセと同様に自分の民の犠牲者であるルイは、約束された地には入らなかった。キリストが聖地を解放しようとする時は、自分でそれをする。それにしてもこのテクストは十字軍への決別のことばのように響く。聖ルイはそれには耳を貸さないであろう。彼はエジプトをチュニジアに置き換えるだけで済ませることになる。しかし私たちの目に、もっとも重要なことが残っている。それは例示という分野に、このように現代史が入るということである。一三世紀の「例話」集のなかで、「われらが時代に」*nostris temporibus* 起こったことに、ますます大きな重要性を与えるという、これと同じ傾向のあることが注目されるのである。君主は以後、みずからの姿を鏡のなかで見ることができるのである。

【注】

（1）*Education des rois et des princes*, édité par A. DE PORTER, dans *Les Philosophes belges*, t.IX, Louvain,1914.

（2）これらを数えるとそれぞれ四五（すなわち四六パーセント）、四一（四二パーセント）および一二（一二パーセント）となる。

（3）聖ルイと狩猟については、後出八七四～六頁を見よ。

（4）G.DUBY, *Le Chevalier, la Femme et le Prêtre, op.cit.*（前出三四九頁注20）。

（5）前出二九九～三〇五頁および後出八四一～三頁を見よ。

（6）Lester K.LITTLE, "Pride goes before Avarice : Social Change and the Vices in Latin Christendom", *American Historical Review*, LXXVI, 1971.

【訳注】

（1）シャルルマーニュ以前には、いわゆるローマ式の親族計算方式、すなわち現在と同じ親等計算で、四親等の男系血族までしか結婚を禁じていなかった。ところが教会は一〇世紀以後、ゲルマン式の親族計算方式、すなわちローマ方式の二倍（兄弟はローマ方式では二親等であるが、教会式では一親等）の方式で、七親等の男女両系の結婚を、少なくとも法理においては禁じた。したがって現在の血族・姻族あわせて一四親等間の結婚が禁止されることになり、貴族社会においてはほとんどいつでも近親相姦による婚姻無効が宣言可能となった。

（2）偽ディオニュシオス文献には日付はない。のちの学者がそのように判断したにすぎない。中世ではこの人物はパウロの弟子とされていたので、著作も一世紀のものと認識されていたことになる。

聖別、君主鑑

王の聖別の儀式は、それなりに、行動、身振り、そして語りにおいて、一つの「君主鑑」[1]をなすものである。この点については、聖ルイの王としての神聖さに関して、より詳細にふれるつもりである。聖別は、治世が代わるたびに、王の権力をその神の起源に戻し、王に神の保護が継続すること、および明白であると同時に象徴的な契約を考慮して、聖職者が特権的地位を得るのと交換に、教会の支持を確かなものとし、社会階層の上から下まで成員全員で王国の安定を確保するために、前の治世を再現することを目的とした典礼定式書《リテュエル》に従う。霊験あらたかになるべく、聖別はもっぱら保守的な儀式であらねばならず、その古めかしさが有効性を保証するのである。そこでは新しい試みは稀でしかありえず、元来からの儀式を元からと同じ方向にさらに押し進めながら、強化するのである。(2)

一四世紀のシャルル五世の聖別(一三六四)の前では、一〇五九年のフィリップ一世の聖別についてのきわめて簡潔な記述しか知られていない。儀典書は、現実の聖別を記述したものというよりはむしろ、将来の聖別に対するモデルであり、教示である。一般にそれらは日付を定めることは困難である。それらが利用されたのかどうか、そしてどんな聖別に対してなのかを知ることは容易ではない。というのもランスには儀典書のコレクションが残されており、そのなかから聖職者と新しい王の側近が選ぶことができるからである。ルイの聖別のためにどんな儀典書が役立ったのかは知られていない。しかしほぼ確かなことは、三つの新しい儀典書が彼の治世下にこのコレクションに加えられたことである。彼の治世の初めに「ランスの儀典書」といわれているものと、治世の末期に別の「カペー家最後の儀典書」といわれているものがある。カペー家最後のという理由は、ヴァロワ家の王位への到来(一三二八)の前には新しいものはなかったからである。そして、とりわけ、「一二五〇年の儀典書」であるが、これについてはまた話す機会があろう。(3)一方でルイ九世のもとフランスの王権によって獲得された象徴的な威光が増大したこと、そして他方で王が自分の跡継ぎである息子に「代々のフランスの王がそれによって聖別の塗油を受けるにふさわしく(4)」なることを勧めているように、王自身がこの儀式に向けた関心について思いを馳せると、三つの儀典書が新しく加えられたということは何ら驚くにあたらない。これらの儀典書のなかでもっとも興味深い「一二五〇年の」といわれているものは、彼の治世の間に作られた確実性がもっとも高く、新しい王の象徴物件《アンシーニュ》、すなわち左手に握られた「正義の手」*la main de justice* を出現させている。これはフランス王権の特権的所有物として残るであろう。正義は、王権イデオロギーにおいては、そしてとくにキリスト教の王権イデオロギーにおいては、王の主要な職務、すなわち聖別されたもののなかに基本的に根を下ろしている職務であるだけではない。この正義はとりわけ平和とともに、思考および行為における徳であり、これは生前から聖ルイのイメージにもっとも強く結びつけられてきた。それは、直接または間接的に聖別（それに印璽）によって表わされ広められた、そして「君主鑑」のプログラムのなかにおけると同じように、聖別の儀典書のなかに書き留められた、王のイメージ群に対する王の個人的な貢献であるとみなすこともできる。また、この治世は、このフランス王の聖別の儀典書が、前よりも完全な形で、フランス王権の本質的な特徴を反映しており、そしてこの治世とともに、王の宗教の構築がほとんどその頂点に達したことを証言している(5)、と考えることもできる。

近くからであれ、遠くからであれ、聖ルイに関わっている「君主鑑」というこの一件資料が、もしここで止まるということになるとしたら、この聖王は「君主鑑」のもつ一般的な性格の背後に、ほとんど完全に霞んでしまうであろう。

【注】

（1）後出一〇五〇～五頁を見よ。

（2）Richard A. Jackson は彼の注目すべき作品において、代々のフランス王の聖別に導入された革新的な点を力説してきた。*Vivat rex. Histoire des sacres et couronnement en France, 1634–1825* (Strasbourg, 1984)。私は自分の研究«Reims, ville de sacre» (dans P. Nora, [éd.], *Les Lieux de mémoire, op.cit.*, t. II, *La Nation*, vol.1,pp.89–184) のなかで保守的な点について一層力説し、ルイ一六世（一七七五年）、シャルル一〇世（一八二五年）の聖別、およびルイ一八世（一八一五年と一八二四年の間）の不首尾に終わった聖別の際に、啓蒙主義や革命の圧力を前にした革新的なものに対する抵抗の力をとくに強調した。

（3）後出七二八～三〇頁を見よ。

（4）D. O'Connell, *Les Propos de Saint Louis, op.cit.*, p.187.

（5）後出一〇五五～七頁を見よ。

息子と娘に宛てた『教え』

しかし聖ルイは、例外的なことだが、(1)自分で一つの「君主鑑」を書いたのである。それは彼の息子フィリップ、王の死後チュニスの前で跡を継ぐことになる将来のフィリップ三世のために、王が作成した『教え』である。さまざまな伝説や不明な点がこのテクスト、いやテクスト群を取り巻いている。というのもルイは、ナヴァール王妃となった娘のイザベルに宛てた別の『教え』と、この『教え』の二つを作ったからである。王がカルタゴで死の床にあった時にこれらを口述筆記させたと、いかにもロマンチックに主張されてきたが、これはたしかに一つの作り話である。作成年代は、これに反して、もっと早期であるとされてきた。この『教え』は一二六七年には、つまり二回目の十字軍を決意した翌日には作られていたであろうとされる。チュニジアに向けて出発する少し前の一二七〇年という日付を与える方がより本当らしく思われる。他方ある人たちは話をもっと先に進めて、聖ルイがそれらを写字生に口述筆記させたのではなく、内輪のことであるという性格から、彼自身が書いたのであろうとする。これは俗人の、とりわけ要職にある俗人さえも含めての話だが、習慣に反していることになろう。しかし聖ルイは字を書くことができて、これらのテクストがきわめて個人的な性質のものであるということは疑いのないことなので（聖ルイはイザベルに、彼女のために書いた『教え』を、弟フィリップ以外には自分の許しなくだれにも見せぬように求めている）、「自分の手でこれらの『教え』を書いた」と娘に語るとき、それを信じることができるし、息子に宛てた『教え』についても、よしんば秘密にすることを求めてはいないにせよ、同じようにしたと仮定することができる。未来の王があくまでも公人であるとしたら、ナヴァール王妃はあくまでも私人である。より重要なことは、これらのテクストを私たちに伝えてきた写本の問題である。これらは自筆のものではなく、それらが実際に書かれた時代にきわめて近い時代の日付をもつ写本もない。これらのテクストは、ギヨーム・ド・シャルトル、ギヨーム・ド・サン＝パテュス、ギヨーム・

ド・ナンジ、それにジョワンヴィルの聖ルイの『伝記』の終わりに組み込まれてきた。おそらくこの『教え』は、それゆえに、列聖手続きの一件資料の一式の書類として加えられたものであろう。ジョワンヴィルによって与えられている版は、アメリカの中世学者デーヴィッド・オコンネルが、ラテン語の翻訳からオリジナル・テクストを再構築するまで、最良のものとみなされてきた(2)。もちろん、聖ルイの思想が表明されているこのオリジナル・テクストを本物とみなさなければならない。手を加えたテクストを私たちに伝えてくれた写本に関する研究は、困難なものだけにまだない。しかし考えられることは、異なった版、とりわけ加筆部分は、ルイと昵懇《じっこん》であったか、ないしは良い史料を使って、王の語ったことを集めることのできた人物の意見を表わしているということであり、そして何らかの社会階層、とくに教会という社会階層の利害に役立てるための諸々の変更とならんで、たとえば「良き都市(3)」のことを配慮するようにという王の勧めのように、聖ルイの真の「教え」も付け加えられたということである。

聖ルイはまず最初に――そしてこのテーマはテクストにくりかえし現れるが――家族に対する愛情を表明し、親子の間に存在すべき愛の絆を強調している。彼は自分の「父親としての愛情」(一節)を語り、「心から」自分の息子が「良い教えを受ける」ことを望み(二節)、また彼に母親を「愛し敬い」、そして自分の「良き教え」と「良き助言」(二一節)に従うように勧め、父親たる者が、息子になすことができる、またなさねばならぬあらゆる祝福を与えている(三一節)。第一の教えはそれゆえに、親と子に限られた家族の愛情と尊敬にもとづく、本来あるべき基本的構成単位を際立たせている。しかしこれらの勧めはほとんどいうまでもない事柄である。真の教訓は別のところにある。この世のいかなる愛情をも、良きことに対する愛と義務感に先行させてしまってはならない、というものである。「しかし、だれに対するものであれ、愛によって、良きことをなすのを辞退しないように、そしてすべきでないことをなさないように用心すべきである」。聖ルイはおそらく、息子が魂の死さえもたらす罪の状態でいるよりは、むしろ死んだ姿を見る方を選ぶ、と断言した母ブランシュ・ド・カスティーユのはっきりとした意志表示を覚えていて、ジョワンヴィルによると、重病の最中に長男のルイに向かって王自身が述べたとされることばを思い出しているのである。「美しい息子よ、私の願いは、おまえがおまえの王国の民から愛されるようにすることだ。なぜなら本当の気持ちとして、もしおまえが万人の目の前でわが王国を立派に治められないなら、それよりはスコットランドより来たれる一人のスコットランド人が、わが王国の民を見事にそして忠実に治めることの方がずっとよいだろうからだ(4)」。だから、この世のものに対するどんな愛着も、神への愛、そして神に由来する道徳的な価値への愛を前にしては色あせるはずである。

しかし息子が王に抱いている尊敬と信頼の気持ちを、聖ルイは敏感に感じとっているようである。なぜなら王が息子のためにこのテクストを書くという決心に至らせるのは、それは「私はおまえが他のどんな者よりも私のことを心に留め置くであろうというのを何度も耳にしてきた」からである。王のカリスマ性はまず最初に、彼の語りを通して実行される。そして「教えること」を彼が好み、彼がそうされてきたように良い教育を受けるということが将来の王にとって最重要な事柄であるということから、自分の息子であり、長男の死後、当然の跡継ぎとなったこの息子を教育することは、他に比べようのない満足なのである。したがって、フィリップは特権を有した生徒なのである。しかし本質的な徳である信仰がなければ、何ものも有効ではない。「おまえは心から、力の限り神を愛せよ」。そしてその当然の結果は、罪を憎む気持ちであるが、この罪とはまず最初に神に対する個人的な侮辱である。個人の関係がすべてを凌駕するこの封建世界において、罪を犯すことは神に「気に入られぬ」ことであり、ルイにとっては、彼の母親にとってと同じように、意識して魂の死さえもたらす罪を犯すことはとても恐ろしく、それを思い起こすだけで、この上なく行きすぎた想像の引き金となるほどである。「おまえはつぎのような意志をもつべきだ［…］。魂の死さえもたらすような罪を意識して犯す前に、おまえの脚と腕が切り取られ、この上なく残忍な殉教によっておまえの命が奪われるのに耐えるという意志である」。王はこのことをすでにジョワンヴィルに話していたのである。

「ところでそなたに尋ねるが」と王は申された。「そなたはレプラを患うか、魂の死さえもたらす罪を犯すかとすれば、どちらを選ぶか」。そこで一度も王に偽りを申したことがなかった私は、レプラを患うより三〇回罪を犯す方がよいと答えた。修道士たちが出発したあと、王は私一人をそばに呼んで、足もとに座らせると、つぎのように申された。「そなたはどうして昨日あのようなことをいったのか」。そこで私は王にいま一度申し上げましょうというと、王は私に申された。「そなたは、せっかちな軽率者［よく考えずに語る粗忽者］のように、そして愚か者のように話した。なぜならそなたは、魂の死さえもたらす大罪のなかにあるよりも醜いレプラ患者などいないことを知るべきである。というのも、死すべき大罪の内にある魂は悪魔と同様なものだからだ。だからこれほど醜いレプラなどありえない。

たしかに人はいったん死ねば、身体のレプラから癒される。しかし、魂の死さえもたらす罪を犯した人間が死ねば、彼は、生きている間に、神が彼を許すに十分な悔い改めをおこなったかどうかもわからないし、確信も持てない。それゆえ彼は、神が天国におわします間中ずっと、このレプラの罰を耐え忍ばねばならぬかもしれないことを、大いに怖れることになるのである。だから私はできるかぎりそなたに願うのだが、魂の死さえもたらす罪がそなたの魂にとりつくよりもむしろ、レプラあるいはその他の病いによって、あらゆる不幸がそなたの身にふりかかることの方がより良いのだということを、神と私への愛のために、そなたの心に刻み込んでおいてほしい」と。

信仰とは神への個人的な忠誠であるので、いつも神に感謝をすることがふさわしい。神が試練（「迫害、病気あるいは他の苦しみ」）を送り届けてくる場合も同様である。「なぜなら、神はそなたに良かれと、それをなされたのだ、と理解しなければならないからである」。このような罰に価したという事実を反省すべきである。なぜならそれらの原因は、神に対して「ほとんど愛さず、ほとんど仕えてこなかった」ということであり、「神の意志に反して多くのことを」なしてきたということだからである。ここでもまたルイは、自分自身のこと、十字軍での試練のことに思いを馳せる。そして苦しみに喘ぐ王は、これらの不幸の原因について熟考し、それらを自分の能力不足の内に見い出し、それだからこそ、行いを改めようと努めてきた。ましてやそこから恩恵（繁栄、肉体上の健康あるいは他のこと）を受けている場合には、神に感謝の気持ちを示さねばならない。そして不幸を避けるために罪を犯さないようにすべきであり、とくにどんなキリスト教者にとっても、王たる者にとってはなおのこと、この上ない封建的な罪である傲慢に陥らぬようにせねばならない。不正な戦争のなかでもっとも罪が重いのは、神の賜物と戦うことからなる戦争、「われらが主の賜物で、われらが主と戦う」戦争である。

ここにみられるのは、今や信心行為の教えである。まず第一は、頻繁に告解を実践することである（これは頻繁に聖体拝領をするという実践に引きずり込むものではない）。第四ラテラノ公会議（一二一五）以来、告白にもとづく告解はキリスト教の信心行為の中心に置かれ、キリスト教社会に対する教会の規制を強めるものとなっている。それゆえに聴罪司祭の選択が——とりわけ王にとっては——最重要な課題となる。(5) このような次第で、きわめて大きな重要性をもつことになる人物、王の聴罪司祭が出現したのである。絶対主義の時代には、この王の聴罪司祭は、その勇気があるかぎりにおいて、君主の全能の均衡を保たせるための、稀なる権力の一つを代表することになるのである。

聖ルイは、教育の必要性とその救済力を信じているので、「信仰心があるだけではなく、十分に立派な教育を受けた」聴罪司祭を選ぶことを息子に勧めている。勢力をもつキリスト教徒たる者は、他の人間以上に王は、自分の聴罪司祭に、その存在を有効ならしめるために、自分に遠慮なく叱責することを許さなければならない。そしてこのことは自分の友人である者からも同じように期待されなければならないことである。「よく愛する者はよく罰を与える」。このようにキリスト教は古代の古諺を再度取り上げたのである。へつらい上手で小心者の聴罪司祭は、悔悛者にとって不幸である。聴罪司祭は、宗教上の、および公式の自分の役目を超えて友人にならねばならず、忠実な、まさに「忠義な」友として、相手のいい分に耳を貸すことで、「心の不安」を抱いている自分の悔悛者に、心を落ち着かせる治療薬を与えることができるのである。(6) 語りというものについてのほとんど神聖な一つのまとまった考え方が、ここで明らかになるのである。聴罪司祭に、そして忠義な友に、「秘密」を打ち明けることができるということである。告解（そして自白）の強化は、告白された秘密の空間を作り出す、あるいは、少なくともこれを押し広げる。しかしことばでいい表わせないものを無理やりいわせることはできない。すなわち「もちろんそれが、おまえが話すことのできる事柄であればの話だが(7)」。このようにして一三世紀のキリスト教徒の心のなかに秘密の空間が形成される。これはことばでいい表わせないこと、および自白の弁証法に通じるものである。

告解のあとに続くのは、重要性の高い順に、ミサおよび祈りに出席するという問題である。しばしばミサを聴くということは良いことである。聖ルイはこの信心行為において、恐るべき競争相手を見つけたのである。それはイングランド王ヘンリー三世で、彼は一二五九年のパリ条約の交渉の折、よく会合に遅れて到着するのであった。来る途中で目にとまったあらゆる教会へミサを聴くために入ったからである(8)。彼はこのようにして聖ルイを苛立たせることにまんまと成功した。教会の建物は、一三世紀においては社交の場と化しており、ミサに熱心に耳を傾けることが、多くの気晴らしによって痛烈な打撃を受けていたのである。ルイは自分の息子にそんな遊びを避けるように勧めている。「教会へ行ったら、時間の無駄遣いをしないように、そしてくだらない話を交わさないように気をつけなさい」。祈りは、それが口から発せられるものであれ、あるいは心のなかのものであれ（口でいうものであれ、頭のなかで思うものであれ）、そこでは大いに歓迎されたはずである。どうやら一三世紀に黙読の実践が始まったようであるが、これは大きな声で読み上げる伝統的な習慣に重なっている(9)。祈りは、さらに一層沈黙のなかに入り込み、個人の内的空間を占めるに至る(10)。しかしミサに立ち会っているキリスト教徒の内的緊張が極限に達する瞬間がある。それは聖変化〔俗的なものが聖的なものに変わること。聖別〕とホスティアの聖体奉挙の時である。「そしてとくに、わが主イエス・キリストの聖遺体がミサの場に現前している間は、そして同様にその直前の一瞬は、一層瞑想に耽り、祈りのことばに心を向けるようにしなさい」。一三世紀は聖遺体に心を向ける、聖遺体の昇進の時期なのである。最初に昇進した遺体は、ホスティアのなかに受肉したキリストのそれである(11)。この聖体の世紀にあっては、典礼やミサの身振りは変化し、聖体、すなわち現前し、そして目に見える聖体のまわりに秩序づけられる(12)。

信心行為の三位一体である告解、ミサと祈りは、憐憫の所業によって補完される。フィリップは慈愛の人とならねばならないであろう。苦しみに喘ぐ王は、精神的な苦しみであれ肉体的な苦しみであれ（心の、あるいは身体の）、「自分で苦しみに喘いでいるとみなすすべての人を」救わなければならない。彼自身の支援は道徳的あるいは物質的なものとなり、施し物という形で表わされる。王たる者は、ルイがそうであったように、施しをする人間であらねばならず、やがて自分が口述筆記させることになる遺言書のなかでも王は施す人になるのである。救わねばならない苦しむ人間の最前列にいるのは貧者たちである。「小さき貧者」*Poverello* と呼ばれている聖フランチェスコ、それにルイが取り巻かれている托鉢修道士たちも含めて、清貧が支配しているこの世界においては、王たる者は、聖ルイのように、物乞いをする者たちの、象徴的な意味でも自発的でもない、現実に存在し、そこから逃れられない貧者たちの王であらねばならない。

良き者たちを連れとすることを求め、悪しき者たちを連れとすることを避け、善を愛し悪を憎むこと[13]——これは中世の根本的なマニ教的心性に合致する——を息子に求めたのち、王は、彼の強迫観念の一つであることばの問題、すなわち、罪への唆し、悪口、そしてとりわけ瀆神という「悪しきことば」に対する闘いが必要であるという問題に立ち戻っている。聖ルイは、ここではひどく激情にかき立てられて、罪を犯した者が、王の裁判権ではなく、教会裁判権ないしは領主裁判権に属する場合に関して、権限をもった裁判の責任者から罪人を起訴させるように息子に勧めている。そしてこの件について、彼の目から見て、悪しきことばを発することが冒瀆にあたる聖なる人物とはだれであるのかを定めている。それらの人物とは、神であり、聖母である——これは何ら驚くにはあたらない。なぜなら一一世紀以来、マリア崇敬の西欧における電撃的な飛躍は、聖母マリアをほとんど三位一体の第四番目の人物にしたほどであるからである。同様に、もっと驚くことには、その対象に諸聖人を加えるのである。他の諸分野と同じように、ここでも聖ルイは過激派であり、いくつかの信心行為の極論主義者であり、今のケースでは、道徳的抑圧の闘士なのである。

これにつづく条項は一層個別的に将来の王に向けられている。これらは『教え』の全体によって構成されるもっとも大きな君主鑑の内部にみられる小さな「君主鑑」をなすものである。

最初の教えは、神の賜物に、すなわち王の機能が表わしている神の選定に、ふさわしくあるということである。とくにフランスでは、奇蹟の油で完成されるはずの聖別の塗油という理由からである[14]。そこから結果するはずの例の「あらゆる事柄における善意」は、王において現実のものとなるだけにとどまらず、それは「外に現れて見える」ように示されることで、そうなるのである。聖ルイの王としてのモラルは、存在するものに外観を付け加えることを願う。王は、自分の臣下に対して、生きている、目に見える、そしてはっきりとした象徴的存在であらねばならない。とはいえ聖なる王権も、時には不在によって、人間が座っていない王座、すなわち王座の前にカーテンが降ろされて、秘密の、極秘の登記簿のなかに表わされていることがある。しかしルイの王権は、新しい理論と政治上の習慣とに合致しており、とりわけおのれを見せる、究極的には自身をさらけ出す王権なのである。(15)

王の最初の徳、それは正義である。ルイはこの点を強調し、王が正義を掲げてだれかと敵対関係に巻き込まれるであろう場合の始末のつけ方を述べている。王は補佐役会に圧力をかけるべきではなく、彼らはただ真実のためにのみしか発言すべきではない。ここでもまた、理想とすること、価値のあることが、どんなに勢力があり、どんなに愛されていようとも、いかなる人間よりも上に置かれているのである（一七節）。聖ルイは王の権力の強化に骨を折ってきた。しかし彼はこれを絶対主義から遠く離れたところで維持してきたのである。フランスの諸王は、最終的には、この絶対主義に落ち込むことになるのである。(16)真実（そしてこれを遵守させるための法律）だけが彼の上にあるのではなく、王は、裁きを宣告するために自分が築いた組織、配置したばかりの高等法院を構成するあの「（彼の）評議会《コンセイユ》のメンバー」の諸決定を受け入れることもしなければならないのである。

聖ルイのいま一つの強迫観念は、とりわけ一二四七年から現れる。すなわち政治上の良心の呵責である。なぜなら政治は倫理性に関わるからである。王は自分の臣下たちになされたどんな損害も、とくに「土地と金銭に絡む」どんな不正な私物化をも立て直さなければならない。これは王がとても熱心に取り組ませてきた調査の対象であった。一三世紀における教会の大きな苦労の種の一つは、商人や高利貸し、あるいは彼らの後継者たちに、不正な利益や法で禁じられた利子の返却を強いることである。これらの返却を扱っている手引き書や、返却しようという意志が働いて、限度を超えて得た利益について良心の呵責を表わしている遺書などは数多くある。良い結果を得るのが一層稀であり、さらに一層困難であるのは、例の基本的な財産、つまり土地の返却である。それに聖ルイも、自分の息子に勧めているこの rendre「返す」という語がなかなか発音しがたいことをよく知っている。なぜならこの語は〔返すという行為を〕成し遂げることが、さらにいちだんと困難な動作であることを意味しているからである。ジョワンヴィルがこの件について王が語ったのを聞いたように、王はそのことを自分の親しい人たちに打ち明けている。[17] つぎに王は教会、聖職者、それに修道士が考慮すべき態度を定めている。

祖父であるフィリップ・オーギュストのことばを参照しながら、聖なる教会の人物たちについてルイ王が発言している忠告のなかに、皮肉の調子がないかどうか、私たちは疑ってみることもできよう――ルイにはそれができたとジョワンヴィルを介して私たちは知っているからである。王の補佐役会の数人のメンバーが、「聖職者たちが王に大きな損害を与えているのに、どうして王はそれに耐えておられるのか、驚くとともに、不審を抱いている」という注意を促すと、フィリップ・オーギュストは、そのことは自分もよく知っているが、わが主に対する感謝の気持ちから、「私と聖なる教会との間にいざござ」が起こるようなことは望まないからだと答えた、という例である。フィリップ・オーギュスト[18]が自分の息子、つまりルイの実の父親〔ルイ八世〕に、教会の人々とは打算的に、常に仲良くしなければならないと教訓を垂れているもう一つ別の指摘のことがルイの頭にはないといえるであろうか。『教え』においては、聖職者のなかでも修道士を――修道士と托鉢修道士を――、他の者たち、すなわち在俗聖職者たち以上に愛さねばならない。なぜなら彼らによって「わが主がもっとも崇められ、かつ奉仕される」からであり、だから必要な際には彼らを「進んで助け」なければならない、としているからである。

最後に、王は教会関係でみずからが掌握している諸権利の行使において、すなわちいくつかの聖職禄の授与（王の十字軍遠征中のこれらの権利の委託に際して、聖ルイはきわめて慎重であった）にあたって、みずから大いに注意の目を向けていることを示さなければならない。王は聖職禄を「優れた人物」にしか付与するべきではなく、同じ人間に兼任させるのではなく、参事会員聖職禄をもたない聖職者に優先してこれを与えなければならない。これは王の正義感と清貧に対する関心から、口述筆記された忠告である。この問題は、不正利益の返却について先に引用したケースにおけるように、しばしばとても「厄介な」ものであるので、ルイは息子にこれらの件に関しては貴紳の助言を受けるようにと勧めている。ここにもまたキリスト教的な「君主鑑」の最重要なテーマがあるのである。王たる者は優れた補佐役の意見を聞くべきである、つまり立派な補佐役を選び、彼らのことばに耳を貸さなければならないのである。

この勧告のことばの全体が、「教皇庁、およびおまえの霊的指導者にすべきであるように、尊敬と敬意を抱かねばならぬわが聖なる父である教皇に捧げ」られている教えによって飾られているのである。その実践に関してはすでに見てきたところであるし、もっと先で、これについて何を考えねばならないかを見ることになろう。[19]

これらの教えのなかでもっとも個性的な見解がみられる部分の一つは、戦争と平和にあてられた箇所である。それは正当な戦争と不当な戦争に関する本当に短い論考である。これはまた一二世紀および一三世紀のキリスト教世界の、個人的には聖ルイの、強迫観念の一つでもある。[20] 戦争は基本的に悪である。なぜならその際、不可避的に「罪」が犯されるからであり、「貧しい人々」がその犠牲となることはほとんど避けられぬことだからである。だからルイは、とりわけ「貧しい人々」に損害を与える当時の習慣に従った敵の土地荒らしをおこなうのではなく、「攻囲戦によって相手の所有物、都市、あるいは城を奪取する」ことで、相手方を拘束することを勧めているのである（彼は敵については話さないだけではなく、「悪人」という語しか用いていない。なぜなら彼にとって戦争とは一つの裁きの作戦でしかありえないからである）。教会と貧者たちを損害からまぬがれさせるために見張らねばならない。そして戦争を布告する前に、多くの備えをせねばならない。（戦争をすべきかどうかを知るために）良い助言を入手し、「その理由がまったく理に適ったものであることを」確信し、その「悪人」を説得するために努力の限りを尽くし、相手に「十分な警告を」発し、そして最後に「十分に待った」うえで事にあたらねばならない。戦争は王にとっては窮余の策でしかないはずである。

戦争をこのように道徳的に考えることは、平和、つまり今存在している争いごとの鎮静に対するルイの情熱の第二の側面である。とりわけそれは、王の「領地の人々」が、あるいは王の封臣のいく人かが、そして「王の家来たち」が関わっている場合にみられる。そしてつい先ほどまで、自分の祖父を参照しながら一つの「例話」を前に進めてきた王は、ここでまた一つの例話をもち出す。それは聖マルティヌスを介入させるものである。この聖人は「わが主を通して、自分が死ぬことになると知った瞬間に、自分の大司教座教会の聖職者たちの間の諍《いさか》いを鎮めるために、遠くまで出向いて行った。そうすることで、彼には自分の命の立派な最期が迎えられるように思われた」からである。[21]そしてルイは、これは「たいそう立派な例である」と強調している。

正義に対するこの行動は、戦争に対して、そして戦時下においてだけではなく、「平和な」といわれる時にもとられるべきことである。それには特別な配慮が求められる。王の役人たちの監視、王国からの罪の浄化、王の財政の正しい、無駄のない管理である。

王は、自分が任命したり、自分が代理人あるいは召使いに取り立てた家来たちの責任者なのである。王は優秀なプレヴォたちに、そして自分の「家政機関」、つまり自分の家の優れた構成員に恵まれるように絶えず気を配らなければならない。正義をあまねく広めさせるべき定めにある彼ら自身が、正しくあらねばならないからである。罪の浄化の本質的な狙いは、聖地からの帰還後に王が追放した罪である。すなわち「卑劣な誓約、および神あるいは聖母あるいは聖人たちの意に反してなされ、あるいは語られる一切の事柄、つまり肉欲の罪、賽子遊び、飲み屋通い、あるいはその他の罪」である。それらの罪を「打ち倒」さなければならない。「おまえの国で異端に走る者と他の悪者たち」に関しては――王はたしかにカオールとロンバルディアの高利貸し、およびユダヤ人のことが念頭にあるのであるが――、同じように、彼らを破滅させるのではなく、追放することでこの国をその罪から浄化せねばならない。もっとも肝要なのはこの浄化である。あくまでも浄化であって肉体的な処罰ではない。神を罵った者さえも、これまで見てきたように、厳しく罰せられることになる。最後に、自分の十字軍遠征のために、祖父フィリップ・オーギュストが貯えたお宝を使い果たしたかどで、これまでも非難されてきたし、今日もなお非難を受けているこのルイ王が、自分の息子に、自分の金は「良い使い道」にだけ使い、「正しく徴収されるべきである」と促しているのである。王は、倹約を心掛け、「下らない出費」や「不正な徴税（税金）」をせぬように、そして王の財にあたるものを「正しく徴収し、上手に使う」ことを息子フィリップに求めさえしているのである。

この道徳的かつ政治的なプログラム全体は、つぎの一文に要約できる。すなわち「おまえのすべての権力を行使して、良きことを前に進めなさい」。これは聖ルイがこれまでずっともってきた、そしてさらには一二五四年以来もち続けてきた、治世上のプログラムなのである。

いくつかの概念や強迫観念という角度から、人間の行動に対する、もっと個別的にいえば、王なる者に対する聖ルイのヴィジョン、本質的な構造と人物のヴィジョンを要約することもできる。

それはまず最初に、いくつかの箇所にみられる「心」と「身体」の間の相補的な対立である。これは二重の意味で興味あるものである。それというのも、この対立が、中世の人間がしばしば軽蔑によってしか表わしてこなかった身体に注意を向けることを促し、そしてこれを中世末期のあの偉大なる昇進者である「心」のなかに霊的なものとして位置づけることに結びつけているからである。それによって血というものの新しい魅惑と、情緒による霊性の侵入とが姿を現すのである。

つぎに、今度は伝統的なものであるが、聖職者と俗人の間の対立である。しかしながらこの対立は、これまた一三世紀の新しい流れに結びつく二つの独特な性格をもって現れる。すなわち聖職者のなかでも修道士 religieux に、そしてさらには伝統的修道士 moines よりは新しい托鉢修道士 frères に寄せられる好みであり、同様に頻繁に俗人への言及がみられることである。もっぱらドミニコ会士とフランシスコ会士の手によって語られてきた王は、息子に「良き」修道士と同様に「良き」俗人からも助言を受けるようにと勧めている。

この「新しい語り」の時代にあって、語りの重要性を強調しているのは、「口」と「考えていること」というセットである。しかしこれは、語られることと考えられていることの間の必然的なつながりを思い起こさせるものでもある。語りは自立性をもたず、考えられていることに従属するはずのものであるので、話されることは心と理性に由来し、この両者を忠実に表わしているはずである。(22)

説教に参加することと、「私的に」おこなわれる信心行為の遂行という実践をおこなうという組み合せは、公けに声を発しておこなわれる信心行為と、私的に黙っておこなわれる信仰心とが相い補う関係にあることを表わしている。表現するということが、説教の発展と同時に私的な世界の構築を確かなものとしたのであり、この両者がともに一三世紀を特徴づけているのである。

最後に、将来の王の注意をとくに引き留めるはずの人物として、教会関係の人物や修道士以外に、一方には貧者たち、キリスト教徒のあの苦しむ兄弟たちが、他方には祖先の人々が登場する。聖ルイは自分の家系の死者たちのことを考えることにとくに敏感であったからである。これは貴族的な、そして家系中心の考えであり、とりわけ王としての、そして王朝としての考えである。

娘イザベルへの教えの肝要な部分は、しばしば逐語的とさえいえるほど、この王が息子に残したものを再度取り上げたものである。おそらく君主と統治に関わる、まさしく「君主鑑」であるすべての部分は消えてしまったのであろうが、信仰、魂の死さえもたらす罪への憎悪、告解、ミサおよび祈りの重要性、苦しみに直面した際の忍耐、傲慢さの放棄、不幸な人々および貧者に対する憐憫、「良き」取り巻きの選択に関する箇所は見い出される。いくつかの教えに限って、女性という条件で潤色されている。彼の時代の考え方にもとづいて、ルイは、少年も少女も、男も女も同じように教育する必要があると信じている。息子にお金の倹約を勧めている部分に相当する箇所では、王は娘に衣服や飾りを質素にすることを勧めている。「服や宝石にあまりにもお金をかけすぎてはなりません」、「あなたの衣装に極端に凝ってはいけません」、「着飾ったり、身だしなみを整えるのに、長い時間をかけすぎたり、あれこれと考えすぎてはいけません」。「そしてお辞儀をする時はいつも、腰を少ししか曲げないよりは、深々と曲げなさい」。それでもやはり女性は男性にかしずくために作られたことになる。すなわち「神様の命令通りに、謙虚にあなたの夫や、父や、そして母のいいつけに従いなさい。あなたが快くそうすべきであるというのは、あなたが彼らに対して抱いている愛情のため、とりわけそうあるべきとお命じになられたわが主に対する愛のためなのです」。しかしながら、フィリップに対するのとまったく同じように、王は娘に、この世のいかなる愛も、神によって望まれた正義と義務を成し遂げることに打ち勝つはずがない、と教えているのである。「神様に反することであれば、あなたはだれのいうことにも従うべきではありません」。娘が両親に、嫁が夫に従うことも、神および神によって人間に与えられた諸価値に従うことを前にしては道を譲らねばならないのである。

最後に、神に対する女性の信心行為は、男性のそれに比べてより極端な、より絶対的な何ものかがあるに違いない。

「わが主に気に入られる」ために、「あなたの心からけっして離れることのない願いを心に抱きなさい」。イザベル宛に書くことで、ルイは神への愛に関して、フィリップに託したよりも多くのことを語っているのである。「私たちが節度をもって神を愛さなければならないというその節度とは、際限なく神を愛するということです」。

【注】

（1）Robert Holz は適切にも聖ルイの『教え』を聖ステファヌスのそれと比較した。この王は、一一世紀の初期におけるハンガリーの最初のキリスト教の王であり、唯一の先駆者である。

（2）D.O'Connell, *The Teachings of Saint Louis, op.cit.*, texte français dans D.O'Conneell, *Les Propos de Saint Louis, op. cit.*, pp. 29 à 55.

（3）後出八三四～七頁を見よ。

（4）Joinville, *Histoire de Saint Louis*, pp.11–13.

（5）Groupe de la Bussière, *Pratiques de la confession*, Paris,1983.

（6）Carla Casagrande, Silvana Vecchio, *Les Péchés de la langue. Discipline et éthique de la parole dans la culture médiévale*, trad. fr., Paris, 1991.

（7）Jacques Chiffoleau, «Dire l'indicible. Remarques sur la catégorie du *nefandum* du XIIe au XVe siècle», *Annales, E. S. C.*, 1990, pp. 289–324.

（8）彼が泊まっていたシテ島の南端にある館から王宮までのこの道程は、短く思われるが、一三世紀においてはシテ島には数多くの教会があった。

（9）P. Saenger, «Silent Reading : Its Impact on Late Medieval Script and Society», *Viator*, 13, 1982, pp.367–414 ; Id. «Prier de bouche et prier de cœur», dans *Les Usages de l'imprimé*, Roger Chartier (éd.), Paris,1987, pp. 191–227.

（10）後出九七〇～八一頁および Nicole Bériou, Jacques Berlioz et Jean Longère, (éd.), *Prier au Moyen Âge*, Turnhout,1991 ; C. U. E. R. M. A. *La Prière au Moyen Âge, Senefiance*, No 10, Aix-en-Provence,1991 を見よ。

（11）A. Paravicini Bagliani, *Il corpo del papa, op.cit.* （前出三四七頁注1）。

(12) Jean-Claude SCHMITT, «Entre le texte et l'image : les gestes de la prière de saint Dominique», dans *Persons in Groups. Behaviour as Identity Formation in Medieval and Renaissance Europe*, New York, 1985, pp.195–214 ; ID., *La Raison des gestes dans l'Occident médiéval*, Paris,1990 ; Miri RUBIN, *Corpus Christi. The Eucharist in Late Medieval Culture*, Cambridge,1991 ; Pierre Marie GY, *La Liturgie dans l'histoire*, Paris,1990（とくに聖体の休日に関して）。

(13) Jacques LE GOFF, «Saint Louis et la parole royale», dans *Le Nombre du temps. En hommage à Paul Zumthor*, Paris,1988, pp.127–136. 後出七四六頁以下を見よ。

(14) 聖ルイはこのことはいってはいない。しかし明らかに王は「フランスの代々の王が聖別される塗油」について話題にしながら、聖霊によって奇蹟的にもたらされたクロヴィスの洗礼の油の入ったランスの聖油入れのことを考えているのである。この聖油入れが王の聖別の第一部で決定的に最重要な位置を占めるのは、聖ルイの治世においてなのである。後出一〇五六頁を見よ。

(15) 後出八八四～六頁を見よ。

(16) Jacques KRYNEN は、中世フランス王権の絶対主義への、断固としたとはいわないまでも、少なくともほとんど恒常的な歩みのあることを信じている。彼の素晴らしい著書 *L'Empire du roi. Idées et croyances politiques en France, XIIIe-XVe siècles*, Paris,1993 参照。

(17) JOINVILLE, *Vie de Saint Louis*, pp.18–19, 後出一〇九一頁を見よ。

(18) 後出八六〇頁および八九五頁を見よ。

(19) 前出一四三～六頁および後出九九〇～四頁を見よ。

(20) Philippe CONTAMINE, *La Guerre au Moyen Âge*, Paris, 3e éd.,1992(chap.x, «La guerre : aspects juridiques, éthiques et religieux», pp.419–477 ; F.H.RUSSELL, *The Just War in the Middle Age*, Cambridge,1975.

(21) Sulpice SÉVÈRE, *Vie de saint Martin*, XI, 2, éd. et trad. Jacques Fontaine, Paris, t.I., 1967, pp. 336–339.

(22) J.LE GOFF et J.-Cl. SCHMITT, «Au XIIIe siècle : une parole nouvelle», art. cité（前出七六頁注9）pp.257–280.

第七章　外国の年代記作者の描いた王

一三世紀の文化は、まずもってキリスト教的であり、ヨーロッパ的である。集団意識と西欧的なアイデンティティの感情は、キリスト教世界に帰属しているということに根拠を置いている。この感情は、共通の社会制度と共通の文化に参加しているだけに、個人において一層強いといえる。聖職者たちは一般にキリスト教世界のことばでものを考える。キリスト教世界は彼らの活動領域であり、彼らがもっとも頻繁に書き残しているのもまた世界年代記なのである。(1) ところで聖ルイはこれらの年代記の作者たちに二つの意味で認められている。まずは彼がキリスト教世界の第一人者だからであり、つぎに例外的に信心深い彼のイメージが、ずいぶんと早くから広まっていたからである。聖ルイとほぼ同時代の外国の二人の主要な年代記作者――フランス人ではないがキリスト教徒である――が王について語ってきたが、二人の証言は双方はっきりと違っている。イングランド人ベネディクト会士マシュー・パリスの『大年代記』*Chronica majora* においては、王が最重要な人物の一人として姿を見せる場合には、王は歴史のなかで実際に占めてきた場所にそのまま納まっている。この作者は本当の意味でキリスト教世界の一つの年代記を編纂しているからである。それは他の王たちと同じような一人の王、単に他の王たちよりも信心深い一人の王なのである。そしてマシューは、多かれ少なかれ王をよく知っている人物たちによって話されている王の噂をいろいろと聞くことがあったにせよ、彼自身は一度も王に出会ったことがないようである。その全体に流れるトーンもまた、伝統的なキリスト教世界のそれである。すなわちそこでは、教皇と皇帝、王、大人物たち、北ヨーロッパの封建社会が舞台の前面を占めている。一方、パルマのサリムベーネ托鉢修道士の『年代記』*Chronica* はまったく違っている。これは、一人のフランシスコ会士の作品である。都会の修道院のなかでの滞在と巡回という生活をそれぞれ経験しながら、キリスト教の宗教心の新しい形を体験し、キリスト教世界の全体史よりも、ほぼ個人の日記ないしは回想録にみられるように、自分が見聞したことを語ることに一層気を遣っているのである。彼は南の文化、本質的にはイタリアと都会の文化に浸っている人間である。彼は、聖ルイについて語ることは少ないが、王とは一度出会ったことがあり、この短い出会いから、一三世紀が私たちに与えてくれる聖王についてのもっとも感動的なヴィジョンを引き出した人物なのである。

【注】

(1) B.GUENÉE, *Histoire et culture historique dans l'Occident médiéval, op.cit.* (前出四二頁注1) pp.20–22 : «L'espace et le temps».

マシュー・パリス、イングランドのベネディクト会士

マシュー・パリスは、八世紀の後半にマーシア王オファ二世によって建てられた、南イングランドのセント＝オールバンズにある貴族的な修道院《モナステール》でほとんど全生涯を過ごした。(1) 彼はここで一二一七年に修道士の衣服をまとったのである。一般に一五歳に達するまではベネディクト会の修練士《ノウィース》になれないので、彼は一二〇〇年頃の生まれであったはずである。イングランド国内で数回居場所を変えたこと、とりわけロンドンで王ヘンリー三世のそばにいたこと（その際ウェストミンスター修道院に滞在していた）を別にすると、彼はただ一回だけ外国への派遣使節の任を果たしたようである。一二四七年、ノルウェー王ホーコン四世は、教皇から、ベルゲンの近くのニダーホルム島にある聖ベネディクトゥスホルム修道院を改革するためにマシューを派遣するという旨の大勅書を手に入れた。カオール出身の金融業者たち（「高利貸し」）との間にいくつかの難儀な問題を抱えていたからである。このときマシューは同時に、十

字軍への参加を求めるルイ九世からホーコンへの伝言も携えていた。なぜ、どうして、フランスの王がこの任務をイングランドのベネディクト会士に託したのかは知られていない。これが二人の人物の間に知られている唯一の接触なのであるが、間接的な出会いというのもどうやら本当らしい。一二四八年六月にベルゲンに着いたマシューは、おそらく翌年にはノルウェーから戻っている。セント＝オールバンズに戻り、一二五九年にはそこにいたようである。

『大年代記』*Chronica majora*（『大年代記』は一般には単に『年代記』と呼ばれている）は近代の歴史研究にとって、彼の著作のなかではもっとも主要なものである。しかし中世の人々がとりわけ興味を示した彼の著作は、歴史逸話集である『歴史の華』*Flores historiarum*、伝記的・聖人伝的著作である『二人のオファ王伝』、およびアングロ・サクソン語の韻文で書かれた聖オールバン、エドワード証聖王、聖トマス・ベケット、そして聖トマス・ベケットと同様にカンタベリーの大司教であった聖エドモンド・リッチという「イングランドの」偉大なる四人の聖人伝、それに、より低いレベルのものとして、『イングランド人の歴史』*Historia Anglorum* および彼の修道院のために書かれた著作であった。マシュー・パリスの著作、およびそれらの伝来にはいくつかの特殊な点がみられるが、そのことが作品に独特の性格を付与している。すなわち若干のものは自筆の手書本の状態で伝えられてきており、そのうちのいくつかは彼の手になる絵で飾られているということである。[2] 彼の名前についての一切の疑問を取り除くために、マシュー・パリスがれっきとしたイングランド人であるということをはっきりさせておこう。パリスという名前は、一三世紀のイングランドではかなり流行っていた父親譲りの名であり、フランス出身であるとか、パリ大学に頻繁に出入りしていたとかを想定させるものではない。ちなみにマシューは何ら大学教育は受けてはいない。[訳1]

聖ルイが姿を見せる『大年代記』は、セント＝オールバンズにおけるマシューの前任者の一人であるロジャー・ウェンドーヴァーの年代記の続き物である。[3]『大年代記』はそれを一二三六年まできわめて子細に転写しているのであるが、この日付以降は、独自なものとなっている。世界年代記とはいうものの、その情報収集の中心はセント＝オールバンズの隠修修道院である。ここはキリスト教世界に関する、とりわけフランスとイングランド、教皇権、および何にもまして第一に皇帝に関する情報の立派な受け入れ機関なのであった。しかしながらマシューは、自分が受けとる情報を、いかなる検証にも、いかなる批判的調査にも付さず、誤りが頻繁にみられる（たとえば王フェルナンド三世のことをアルフォンソと呼んでおり――たしかにカスティリアの王では頻度の高い名前ではあるが――、彼について何度も話している）。したがって、彼の年代配列はきわめて怪しいといえる。彼はとりわけ噂と悪口の蒐集家であり、いい触らし屋である。彼のなかに事実や、出来事や、人物の真実性を探し求めるべきではない。そうではなくて、彼の時代にキリスト教世界のなかで語られていることの反響を探すべきなのである。

マシューはみずからイングランド人であると感じているのであるが、イングランド王ヘンリー三世に対しては、王の取り巻きの一人であったと思われるのに、好感を抱いていない（そしてさらに王の父であるジョン欠地王に対しても同じで、悪い思い出につながっている）。彼は王を常に「イングランドの王」（*rex Angliae*）と呼んでいる。一方ルイ九世が、称賛の形容詞を付されずに引き合いに出されることはほとんどないのである。彼は聖職者たちの優位性を意識しているが、古風な修道士であって、あの改革者である托鉢修道士には好意をもってはいない。実際に彼はどんな革新も、とくにどんな新しい課税も、どんな租税も忌み嫌っている。そんなわけで彼は、当時、その租税上の貪欲さが増大の一途を突き進んでいた教皇権に対して、この上なく激しい敵意を抱いているのである。彼は、当時の世界とその世界の発展に関して悲観的である。毎年暮れになると、彼は自分の年代記のなかに、今日いくつかの新聞がそうしているように、その年の顕著な出来事を記している。しかしとりわけ問題となるのは、彗星のような天空の兆し、怪物の出現、干魃、洪水、凶作である。彼は、とりわけ罰するにまで至る神の意志の確認、および人間の悪徳に関しては別として、歴史についての厳密な考え方をもっているわけではない。けれどもマシューが尊敬の念を抱いている人物もいる。たとえば皇帝フリードリヒ二世であり、彼のなかに一人の専制君主の姿を見ているとはいえ、彼の個性がマシューを魅了しているのである。強烈な人物に魅せられる彼は、イスラム教徒であるとはいえオリエントのある特定の君主にも深い印象を受けている。興味深いのは、彼が「西欧の人間」les Occidentaux と「オリエントの人間」les Orientaux（彼はこの二つの用語を使って示しているのである）の間の対立を考察するやり方である。すなわちある種の公平さ、相対的な公平さで、イスラム教のあるスルタン、あるいはオリエントの人間のなかにさえも、キリスト教徒である西欧の人間がもつ徳に時には勝るほどの徳をいくつか認めているのである。彼はこの点で、恐ろしいマホメットに対する彼らの信心行為については別にして、折を見てオリエントの敵方に敬意を表する聖ルイと同じなのである。マシューは、観察し、語り、そして他ではめったにみられないことであるが、前に述べたように、絵に描き表わすことを心得ているのである。彼は批判的精神もなく、視野の深さも持ち合わせぬ、過去の方に顔を向けた人間ではあるが、世間の騒ぎを伝え、才能豊かにキリスト教世界のイメージを映し出しながら、社会に積極的に関与した証人なのである。

聖ルイに対して、およびこの王としばしば密接に結びつけられている彼の母に対して、マシューは考え方を変えたように思われる。この関係はルイとブランシュの二人が作り出し、一二五二年の末にブランシュが亡くなる時までフランスを統治してきたものとして認められているまさにカップルである。聖ルイの母が亡くなったとき、それはマシュー・パリスにとっては心からの弔意を王に表わし、モービュイソンで修道女の服を着た彼女の敬虔なる死を賛美し、そしてつぎのような称賛に満ちたことばで彼女を描く機会であった。「それゆえブランシュは高潔なお方であった。性の上からは女子なれど、性格の上からは男子。新しきセミーラミス〔勇気、才知、美貌を兼ね備えたバビロニアの伝説上の女王〕、この世に対する神のお恵み。そして彼女はフランス王国を慰めなき状態に残して、死んでしまわれた[4]」。彼女の生涯はただただ苦しみの集積にすぎなかった。夫ルイ八世の夭逝、王国の統治という気遣い、病気がちな息子の健康状態、息子の十字軍への出発、息子の虜囚生活、殺される直前にイスラム教徒の前から逃亡した二番目の息子アルトワ伯ロベールの十字軍での屈辱的な死、麻痺に罹った三番目の息子アルフォンスの不治の病い、そして最後に彼女のもとにもたらされた、自分の王国を天上の王国と交換して余生を聖地で送り、そこで死にたいという長男ルイ王の噂。これぞまさしく、マシュー・パリスの典型的なやり方で、さげすむことなく不幸と弱さを強調しつつ、賛美し、目立たせる手口である。いささか悪意はみられなくもないが、さながら彼が、おそらく隠された罪に対する罰が問題であるということを、理解してもらいたがっているかのような印象を時おり受けるのである。そしてそれは、聖ルイについても同じなのである。

マシュー・パリスは、最初の十字軍遠征前のフランスの王に、とりわけ三つの分野に関して興味を抱いている。王の未成年期および青春期の政治上および軍事上の紛糾問題、類い稀な聖遺物の獲得にみられる王の信仰心の表われ、そしてイングランド王との関係である。フランスの同時代人たちの証言と比較してみると、マシューの選択には何ら独自なところはない。彼には何よりも、若いルイ九世は体質の上からもまた健康の上からも、肉体的に病弱な存在のように思われている。一二四二年の欄に、ちょうどルイが二〇歳で、タイユブールの勝利〔聖ルイはこの地でイングランドのヘンリー三世およびラ・マルシュ伯に対して勝利をかち取った〕のあと疫病がフランスの軍隊を襲った年であるが、マシュー・パリスはこの王の病弱ゆえに思い浮かぶ怖れを書き記している。「王は事実お若く、優しい。だが病弱であられた」(5)。彼はこのようにしてキリスト教世界でのルイについて抱かれているイメージをかいま見させてくれるのである。ここでは王位についた子供たちについての例の執拗な怖れが見い出される(6)。ルイはやっと子供から抜け出たばかりである。彼は若者 *iuvenis* なのである。彼には、三九歳で夭逝した父ルイ八世の想い出が重くのしかかっている。「フランス人たちは、アヴィニョンを前にして思いがけず父王であるルイを失ったので、自分たちの王を失うことをひどく怖れていた」(7)。ところで遺伝の原理は王にあってはとくに強い。この父にしてこの子ありである。他の事柄と同じく、運命に関してもいえるのである。神と神が創られた自然とが、この方向に力を合わせて努力をするからである。

一二三六年までロジャー・ウェンドーヴァーの年代記に依拠してきたマシュー・パリスは、ルイが母親の手に操られているのを見て、ブランシュ・ド・カスティーユに対する同情の気持ちをほとんどみせることはない。彼はみずから進んで中傷をくり返している。それはフランスの諸侯が広めているブランシュについての中傷である。彼女の振る舞いが王の未成年期の心の脆さをさらに弱めることになってしまったようだ、というのである。「大貴族たちは、例の伯(8)がアヴィニョン包囲の際に、王妃への愛のために自分の主君であるルイ王を、彼らのいうところでは毒殺したとして、裏切りと大逆の罪で訴えていた。そしてこれらの大貴族たちが決闘裁判(9)によって伯に罰を与えようと、何度もくり返して願った時も、幼い王の性格の素朴さとその年齢のゆえに、王国のあらゆる事柄を一手に引き受けていた王妃は、彼らに耳を貸すことを拒んだ。そんな次第で、彼らは王と王妃に対する忠誠心を捨てて、戦争という手段でフランク人たちの王国を荒らしはじめたのである。人々の噂では、例の伯と同様に、ローマ教皇特使の精液で汚れた女を、そして寡婦暮らしの羞恥心の許される限界を超えた女を、貴女《ダーム》および主君としてもつことに、彼らは実際に義憤を感じていたのである」(10)。ここまでが、ロジャー・ウェンドーヴァーとマシュー・パリスという、修道院に属する二人の側からの、聖ルイの未成年期を特徴づけてきた混乱についての、彼らにとって重大に思われる説明である。

ブルターニュの事件〔第一部第一章一二〇頁以下「未成年にともなう困難」を参照〕に関して、マシューはこの若年の王が「正義の法律よりも一人の女［ブランシュ・ド・カスティーユ］の進言に従って」(11)、イングランド王の諸権利について真実を隠していると非難している。また、一二三六年にこれら二人のイングランドの年代記作者は、新たに起こった諸々の紛糾問題と、フランスの大貴族たちの新たな反乱について述べている。「彼らは王国のなかの王国であるフランスが(12)、一人の女性の進言によって統治されていることに、じつのところ義憤を感じていたのであった」(13)。マシューはさらに、皇帝フリードリヒ二世によって召喚されたキリスト教徒の君主たちがヴォークールールで落ち合った際のことについて、フランスの王は「平和の集まりに全軍を引き連れて来ることで、他の君主に対して恐怖心を与え、有害な悪い範を示した」といっている。他方イングランドの王は、自分が欠席することについての正当な詫びを述べたうえで、ヨーク大司教とエリー司教の引率のもとに、自分の弟であるコーンウォールのリチャードと数名の大貴族を派遣するだけにとどめ、この会議に和やかな雰囲気を与えたのであった(14)。ところが、一二三九年ないしは一二四〇年から(15)、すなわち受難の聖遺物の獲得、およびそれを納めるためのサント＝シャペルの建設にふれられるところからマシューの調子は一変する。これらは大いに讃えられるべき行為だからである(16)。マシューはまた、タタール人に関する王から母親への返答に感嘆して(17)、「フランスの貴族のみならず、キリスト教世界の辺境に住む住民たちの心に勇気を与えた(18)、高貴で称賛に価することば」であると讃えている。

一二四二年の仏英戦争の際には、マシューは両国王の間にほぼ同じバランスを保っている。しかしながら、一二四一年、父ルイ八世が親王領として割り当てたポワティエ伯領をルイが弟アルフォンスに授与した際には、マシューは、コーンウォールのリチャード（イングランド王の弟）に対してなされたフランスの王の不正に激しく抗議している。それはイングランド人の側からすれば、フランスの重臣《ペール》からなる宮廷とフィリップ・オーギュストによって、ついでその息子ルイ八世によって、不当に自分たちのもとから奪われたこの伯領は、リチャードに帰属しているものだからであった。当時、フランスの王によるこの行動については、「イングランド王国を嫌う人々の助言に従った」[19]といわれていた。フランスの王である聖ルイと、彼に反抗するユーグ・ド・ラ・マルシュおよびレーモン・ド・トゥールーズという大封臣を支援するために遣ってきたヘンリー三世との間に戦争が勃発したとき、マシューは、フランスの領地に滞在するイングランドの商人たちを逮捕させ、彼らの商品を押収させたルイの態度に憤慨している。この山賊的行為によって「王は、フランスに古来から伝えられている尊厳に対する計り知れぬ過ちをもたらした。それまでフランスは、伝統的に、あらゆる逃亡者や亡命者に、とりわけ平和を求める人々に、彼らを護るための保護の手を差し伸べることで、事実、安心のできる避難所と後ろ盾を与えてきたからである。そしてそこからこの国のことばでフランスと呼ばれる名称の起源が生じているのである[20]」。このイングランドの修道士は、イングランドがすでに、商人たちが重きをなす商いの国であることをよく意識しているのである。

しかしながら、マシューのルイに対する考え方の転換と呼びうるものが完成するのは、イングランドと敵対関係に陥る前に、ルイが、イングランド王のフランスにおける昔からの所有地に関してその権利を認めており、ヘンリーにポワトゥー地方とノルマンディの大部分を返却する意図のあることを告げたらしいとした点によってである[21]。この断言は、以後マシュー・パリスの『年代記』のなかで、さながらライトモチーフのように何度も話題となり、そしてルイは「返却する望み、返還する意志のある人」となっていく。これは事実であろうか。この時期にはそのように考えることを許すものは何一つない。ほぼ確実なことは、このフランス王が、祖父フィリップ・オーギュストが獲得したノルマンディをイングランドの王に返却するなど、けっして考えなかったということである。ルイが、マシュー・パリスのいうように、この返還に対する自分の諸侯たちの頑固な反対を拠り所にしているのは、それは現実がそうであったというよりは口実であり、自分がその背後に避難する「巧みなかけひき」であるように思われるのである。これならまさにありうることである。しかしこうしたことが、――ノルマンディとポワトゥーに対してではなく、フランスの西部および南西部の他の領地に対して――、彼の諸侯や側近たちの一部からの反対の声を押しのけて、王がこのあと一二五九年の条約に際しておこなう返還につながると確定するには気がかりな点が残る[22]。だから仮定しうるのは、マシューが自分の願望を現実と取り違えただけではなく、フランスにおけるイングランドの昔からの所有地に関して、聖ルイに和解的な態度があるという噂が、まさに一二五九年以前に流れていたということである。それに、実際にルイにとってきわめて重要なものとなる参照事項を付け加えなければならない。それは、二人の姉妹を娶ったことで義兄弟になったにすぎないとはいえ、マシューが「同血者」*consanguineus* と呼んでいるルイとイングランド王とが姻戚関係にあるということについての参照である。マシュー・パリスは、王が一二四七年、十字軍へ出発する前日、不当な課税および不当な王の財産の横領に対する、また、起こりうる返還を手がけるための監察使を制度化したとき、王にいつもの賛辞をくり返している。この領地の返還のケースでは、彼のイングランド人としての「愛国心」が喜んでいるのである。しかし監察のケースでは、あらゆる課税に対する、とりわけそれが王の（封建的ないしは「公の」）課税に対する、そして王国のなかに王の役人の干渉が拡がることに対する、マシューの敵意があるのである。

この年代記作者は、聖王が十字軍に参加する時は、最終的には彼に共鳴している。封建的な性格をもつ伝統的霊性がしみ込んでいるので、たとえ大人物たちの欠点をうやむやにしたりはしないとしても、マシュー・パリスは十字軍の一崇拝者なのである。ただ、彼が嘆いているのは、それを実現するために、とりわけ聖職者たちに降りかかる重い租税の徴収を聖ルイが教皇から手に入れたことの一点である。彼はこの反例として、十字軍に参加するために自分の領地と財産を売却したイングランドのある領主を取り上げる。そのうえ、十字軍のためのこのような資金の掠奪は、彼の目には、王の失敗の原因であり、その説明ともなるのである。「フランスの王は、十字軍を実現するために、自分の王国から無尽蔵の金銭をはぎ取るという有害な範を垂れた。それは、神から罰が下り、利することにはならなかった。王がそれで得た果実は、あとにみられる通りである[23]」。反対に彼は、出発前に自分の王国で良貨を回復しようと望んだことについては王を誉めている。イングランドの王は、みずから入念に「偽金使い」(*falsarii*) を探させたことがあった。彼らは銘文のある外枠を消したり破損させたりして、内枠におよぶまで貨幣を削り取っていたのである。この王は、法で定められた重さ（*pondus legitimum*）を保ち、完全な円形をしている貨幣だけが今後通用すると布告して、この罪に該当するユダヤ人、カオール出身の人間およびいく人かのフランドルの商人たちに罰を与えたことがあった。ルイは一層厳しくこの例に従った。「フランスの王陛下もまた、自分の王国内でこれらの犯人を探し、彼らを絞首台の風にさらすように命じられた(24)」。

他方マシュー・パリスによって一二四八年のことと書いている処置については、私たちは何も知らない。だがこれらの処置は、その治世の晩年におけるルイの行動について私たちが知っていることと符合する。貨幣の質を改善する努力と、高利貸しおよび貨幣の変造者に対する処置を健全なものにするための努力である。ここでもまた王とその治世についての長々とした意見、聖ルイについて早い時期に作られたイメージがみられる。すなわち金銭はモラルの所管であること、王は「良」貨を通用させる義務をもつこと、金銭に目のない人間は――第一にユダヤ人と高利貸しであるが――憎むべきであることである。

マシュー・パリスは同様に、ある機会に見せた王の態度に対して、このフランスの王を称賛している。その好奇心をそそる機会とは、一二四八年、十字軍遠征に向けてパリからエーグ＝モルトへと旅立った折に、突発的に起こったことである。王は途中でポンティニー＝アン＝ブルゴーニュにあるシトー会の修道院に立ち寄られ、そこで一二四六年に列聖された、以前カンタベリー大司教を務めた聖エドモンド・リッチ（あるいはむしろアビングドン）の遺体に敬意を表された。シトー会士たちは王を喜ばせるために、そしてまた、（マシュー・パリスは奇妙ないい方をしているのであるが）一行の邪魔をしている巡礼たちの殺到を緩和するために、あるいは欲しいとせがまれたためか、この聖人の片方の腕を切り落とし、贈り物としてフランスの王に与えようとした。黒衣のベネディクト会士マシュー・パリスはこの機会を利用して、競争相手である白衣の修道士たちについて悪口をいうのである。「かくしてポンティニーの修道士たちの恥が重ねられたのであった。すべてのシトー会士については何をかいわんやである。そして多くの者は、これほど崇敬に価する遺体が、シトー会士の教会に安置されていることを嘆いたのであった。他方聖人たちの遺体は、黒い修道会の修道士の教会では、きわめて恭しく保存されているのである。ああ、何と大胆不敵な思い上がりであることか。神が手も触れられずに、かつ腐敗させることなく保存してこられたものを[25]、その手足を切断することを人間があえてなしたとは[26]。十字軍に向かわれる途中で、遺体の一部を渡された信心深いフランスの王は、つぎのように返答された。『神が手も触れずに保存されてこられたものを、私のためだからといって、どうか切り離さないでほしい』と。ああ、何と信仰が欠けていることか。主が腐敗させることなく、美しい状態で保ってきたのは、修道士みずからが懸命になってそれに防腐処理を施し、例の塗油によってその遺体の状態をより良くするべく努めてきたからである。そのために肉の色がふたたび土色に戻ったのである。それゆえ怒れる主が、以前にはそこで花のごとくに咲き誇っていた奇蹟を、今後、もはやこの場所では稀にしかなされることがなくても、それは間違ってはいないことなのである。このようにして大貴族たち、高位聖職者たち、それに聖職者たちの目に、シトー会士たちの尊敬すべき修道会は、頽廃と映ったのである。そして、この修道会の評判ばかりではなく、この振る舞いはキリスト教世界全体にとっても悲しい兆候のように思われたのである」。これは聖ルイが死んだ際の遺体と、彼の列聖後の彼の遺骨がこうむることになる遺体分割のことを思うと驚くべきテキストであり[27]、死体と人体とによってのちのち抱かせられ、そしてこの世紀の終わりに、しだいに大きくなっていく遺体尊重の気持ちを考えると、その先触れとなるテキストである。同時にこのテキストは、歴史のなかに予兆となるものをいつも探し求めているベネディクト会士の心性の上にあてられている光によって注目すべきものであり、そしてこれは、聖ルイの栄光を讃えつつシトー会士たちをおとしめることで、十字軍の来るべき失敗を予告することに成功しているのである……。

それ以後、ルイは、このイングランドのベネディクト会士から形容詞の形で二つの賛辞を受ける。第一のものは「いともキリスト教徒的な」*christianissimus* である。彼はキリスト教の王のなかで最高のキリスト教徒である。マシューは最初のカトリックの王であるクロヴィスの洗礼の奇蹟を生む聖油で完成される、ランスでの聖別の塗油にもとづいているフランス王権のあの卓越性を認めている。彼はフランスについて語るために「王国のなかの王国」*regnum regnorum* といった表現や、あるいはキリスト教世界におけるサン゠ドニの優越性を受け入れることで、この卓越性をすでに認めてきた[28]。一二四三年に教皇の選出が行きづまった際に、フランス人たちは枢機卿たちに一人の教皇を選ぶのにぐずぐずしないようにせき立てている。マシュー・パリスは「あらゆる西欧の人間におよぶ使徒職をディオニシウスに譲ることで聖クレメンティウスから聖ディオニシウス（聖ドニ）に認められた、彼らフランス人たちの古来からの特権」によって、この姿勢を正当化している。十字軍への途中、ルイがリヨンで、教皇インノケンティウス四世と出会ったとき、マシューは、フリードリヒ二世に対する教皇の頑固な態度のことで、十字軍の成功を危険に導くことになるという理由から批判したフランス王に、はっきりと同意の気持ちを示して、つぎのようにいわせている。「フランスよ、フランスよ、お前の目で、後見人付きの孤児として十字軍を守るのだ。なぜならお前の繁栄も、キリスト教世界全土の繁栄も、十字軍の状況次第なのだから」。[29][30][31]

マシューは、別の機会にルイを最高の王 *rex magnanimus* と呼び、とりわけ新たに地上の王たちのなかでの彼の卓越性を思い起こさせながら、彼を「不屈のシャルルマーニュの後継者」と呼んでいる。そして、おそらくマシューのいつもの手である悪意をこめて、勝利者である祖先と敗北者である後裔とのコントラストを巧みに取り入れているのであるが、ルイ八世以来採用されている、フランスの代々の王はシャルルマーニュを祖先とするという主張を認めているのである。最高の聖変化が、彼が聖ルイについてのもっとも素晴らしい賛辞をいわせているあるスルタンの口からもれてくる。殺さずに身代金と交換で王を釈放する心づもりでいることを非難するイスラム教徒たちに、このスルタンはつぎのように答えたというのである。「皆の衆よ、知ってほしい。この者はあらゆるキリスト教徒のなかでもっとも高貴な男なのだ［…］わしは、このような立派な人物に毒を盛って殺すことは潔しとしないのだ」。ルイはキリスト教徒の第一人者である、なぜなら彼はキリスト教世界におけるフランス王という卓越した地位を、例外的な個人の資質と調和させているからである。[32][33][34][35]

しかし、十字軍がマシュー・パリスの目から見て、フランスの王のイメージの決定的な改善を確認するものであるとしても、彼がフランスの人々についてもっているイメージは否定的なものであり、ただただ一層悪くなるだけである。彼らの大きな欠点、それは高慢であり、うぬぼれであり、荒っぽく、つつしみなく表わされる「傲慢」*superbia* である。から威張りのうぬぼれは、十字軍という現実が、情け容赦なくその偽りを明らかにしたのであった。[36]

憎きフランス人の化身といえば、それは聖ルイのつぎに生まれた弟、アルトワ伯ロベールである。彼は自慢癖に不名誉を加えたとされる人物である。なぜなら彼こそが、兄に従わずに、無分別にもサラセン人たちに攻撃を仕掛け、さらに失敗すると逃げ出して、十字軍の敗北の引き金となったとされているからである。マシューは彼を「虚勢を張り、そしてつつしみもなく、フランス人のやり方で誓いを立てる(37)」者として示している。もっとひどいことには、イスラム教徒たちと接触して、多くのフランスの十字軍参加者の信仰は消えてしまったようである。マシュー・パリスは、敵方に移った数多くの十字軍参加者たちの離脱を伝えている。マシューが無意識のうちに敬意を表しているイスラム教徒たちの寛容さが、裏切りを容易にしたのである。

多くのキリスト教徒たち［この文脈は本質的にフランス人が問題であることを示している］は、このきわめて大きな不幸の時期に、ひそかに陣営や町を抜け出し、サラセン人たちの条件の甘さのおかげで敵の陣列に入り、これを増大させ、わが軍に効果的に抵抗した。サラセン人たちはこの脱走兵を歓迎し、彼らを祝福してこれら飢えに苦しむ者どもに食べ物を与えた。そして確かなことは、多くのキリスト教徒は、サラセン人たちの〈寛容さ〉のおかげで(38)、自分たちの宗教を守ることができたのである(39)。

多くの十字軍参加者たちは、つぎのようにいいさえしたようである。「われらの信心行為は何の役に立つというのか。聖職者たちの祈りは、われらが友の施しは。マホメットの教えの方がキリストの教えよりも優れているのではないのか(40)」と。

彼なりに十字軍の不幸な者たちとの比較が不可欠であることを強調して、マシュー・パリスは、ほとんど同じ時期にあたる翌年の一二五一年に、同様の離反がフランスで起こっていることに注意している。彼が大いに注意を寄せているのがパストゥロー運動で、これに脅かされて(41)、王妃ブランシュ・ド・カスティーユをはじめとして多くのフランス人たちが、真の強い精神的なショックを感じ、信仰を失ったようである。

真面目で徳の篤い人々、そして大いに分別のある高位聖職者たちは、マホメットの時代この方、キリストの教会のなかでこれほど危険な悪疫が襲いかかったことは一度もなかったといっている。それは、フランスの王を不意に襲った不幸のためにフランスの王国における信仰がぐらつきはじめた瞬間に襲われたのである(42)。

このようにマシュー・パリスは褒めたり貶《けな》したりするのである。十字軍に出かけた王が、その称賛と評価を高めているのと同時に、その満足感に慎重に浸らねばならないことを隠し通せない偽善者的な愛想の良さで、彼は王の屈辱を力説しているのである。

いかなる歴史物語においても、フランスの王が異教徒の捕虜となり敗北した話は見い出せない。例外はこの方だけである。たとえ他の者たちがことごとく命を失ったとしても、死と不名誉から、よしんば一人であれ救われたということは、キリスト教徒たちが、少なくとも、生き延びて恥を回避する何らかの理由となるものをもっていたからであろう。ダビデが『詩篇』のなかで〔二一章二節〕、王なる人物は救われるようにと特別に祈っているのはその理由からである。なぜなら「主よ、(王を)お救いください」(*Domine, salvum fac regem*)(43)というとき、軍全体の救済がこの人物に依存しているからである。

王なる人物の象徴全体がここで強調されている。マシューにとって、敗北者であり囚われの身であるルイは、この象徴的なアウラ〔人や物が発散する独特の雰囲気〕を失ってしまっている。以来彼は「栄光なき王」*rex ingloriosus*(44)なのである。彼の不運は、フランスの信用失墜をもたらすことになる。「そこでフランスのこの王の名は、異教徒によって恥ずかしくも敗れたという理由で、まずはエジプトで、そしてフランス王国の庶民のなかで、同様に貴族の間でも、大いに価値を落としはじめた(45)[…]」。このテクストのなかではマシュー・パリスの真面目さを見定めることができる。それは他の多くの問題点のなかでも、十字軍の失敗と同様に、敗北者のルイがイングランド王にノルマンディおよび大陸におけるその他のイングランド王の昔からの所有地の返却を提案したであろうという空想をも、事実として同列に置いていることからうかがわれる。このベネディクト会士は空想することで生きている。そして彼の『年代記』が運び伝えてくれているのは、真面目な情報以上にこの空想なのである。敗北者である王について彼が書いていることのなかには、単に本心を隠しているところがあるだけではない。それは彼がつぎのような明らかな矛盾を説明しきるまでには至っていないからである。すなわち、ルイは自分の敗北によって名誉を傷つけられたに違いないとしている点と、同様にこの敗北が彼に余分な威光を与えているとしている点である。この矛盾から抜け出るために、彼は自分が想像していることを事実として提示する（しかしおそらく聖ルイは一方で屈辱感と後悔の念というあの感覚をもったことであろう、という点である）、そして彼を賛美することでフランスの王についての悪口との均衡を保たせなければならない。マシューは、敗北はしたが、その敗北で名を上げた聖ルイのイメージという、この両義性を把握して説明するまでには至っていないのである。この修道士は、敗北したことを恥とする封建的な考えの上に生きている。そして受難のキリストのまねびという新しい徳を、おのれの心に描くことができないのである。

「栄光なき王」*Rex inglorioscus* は、以後「悲しき王」*rex tristis* となる。王は捕虜になったのち、その悲しさで死ぬのではないかと怖れられた(46)。彼がふたたび自由の身になっても、その悲しみはなおアッコンまで持続している。「悲しく、栄光のない王は、アッコンに留まられた。そして心に感じているこの上なく苦い思いで、このような気落ちした状態では自分はけっして美し国《うま》フランスに戻ることはできないと誓われたのである」(47)。その理由は、彼個人が喫した屈辱感が、全キリスト教世界のそれであったからである。王を慰めようとしたある司教に向かって、ルイはつぎのように答えたようである。「もし私一人が恥辱と逆境を堪え忍ぶべきならば、またもし私の罪が普遍的な教会に及ばなければ、私は同じ魂でそれらに堪えるだろう。だが、ああ、私は、全キリスト教世界を、混乱のなかに沈めてしまったのだ」(48)。彼は、自分に残された人生にとって、さながらすでに死に直面しているかのように、いつまでも悲しみから癒されぬ王なのである。「そして哀れにも自分の死の瞬間を見越し、早まった苦しみにとらえられて、彼は以後もはや、顔をほころばせたり、安心して呼吸をすることもできなかった」[49]。以来、王の唯一の徳となるのは、忍耐（*patientia*）、「黙って逆境に耐える」[50]力なのである。そして人々が思い出すのは、イエールからパリに戻る道すがら、苦しみに喘ぎ、涙を流す悲しみの王という驚くべき肖像なのである。[51]

聖ルイがそののち贖罪の実践に力を注いだことは確かなことであり、それは十字軍を境目として二つに切り離された彼の人生の基本的な特徴の一つなのである。反対に、どんな陽気さをもルイが決然とあきらめたということは、マシュー・パリスの幻想であって、あらゆる史料が逆の証拠を示している。ジョワンヴィルのみならず、マシュー・パリス自身も、一二五四年と一二五九年の間に王に言及する際には逆の証拠を示している。

つまり、サン＝ドニの修道士たちと、一二世紀から一三世紀への転換期の人間である托鉢修道士たちにとって、聖ルイのイメージは、新しいヨシヤという旧約聖書のモデルの刷新である予型論的象徴体系と、受難のキリストであるイエスを見事にこの世で模倣するという近代的な態度との間で揺れている。そしてこの伝統的なイングランドのベネディクト会士にとって王とは、完全に神に服従しながら、神によって砕かれた人間であったヨブという中世初期の理想的モデルを新しく体現する存在であったのである。「本当に彼は第二のヨブとみなされえたのである」[52]。

マシューは最後に、屈辱を受け、憔悴した一人の聖ルイというこのイメージにも、最終的な取り柄があると思っている。マシューはそこに、彼自身の王、自分が服従し、へつらいさえしているあのヘンリー三世宛の一つの補足的な教訓を示す好機をみているのである。この王を彼は自分の王として、自分が一体であると感じているイングランド人たちの王として受け入れねばならないと思っているが、軽蔑もしているのである。この王もまた敗北した、正確にいえば、聖ルイに敗れた王である。十字軍に出向いてではなく、イングランドの領土を取り戻す戦争に敗れた王である。十字軍に出かける勇気も信仰心もなかった王である。その統治の方法および租税の徴収によって、それでもなお自分の貴族たち、聖職者たち、それに自分の臣下たちに暴政を敷く王である。聖ルイとは正反対の人物であり、そこでは聖ルイは、まさに称賛すべき、模倣すべき人間として現れるところであろう。十字軍の威厳を損なったあの財政上の貪欲さを別にすればだが。「神が一つの鑑として与えてくださるフランスの王の例は、あなたを怖じ気させるに違いないであろう。自分の王国からお金を奪い取ることで、彼はわれらが敵であるサラセン人たちの懐を肥らせた。そしてこの貪欲さに制裁を加える役を果たした彼の敗北は、キリスト教徒たちに消えることのない恥をもたらしたのである」[53]。

フランスに戻ってからのルイは、もはや三つの分野においてしかマシュー・パリスの関心の対象とはなっていない。フランドル事件、パリ大学問題、そしてとりわけフランスとイングランドの関係改善である。

マシュー・パリスは一二五四年以来、ユダヤ人に対する処置は別にして、王によって決定された道徳上の政策には何ら言及していない。反対に、イングランド人に関わることだけに、彼はフランドル事件については長々と述べている。なぜなら彼はそこに、フランス王権にとっての重大な脅威と[54]、ルイの聖地からの帰還の主要な原因を見ているからである。この展望は誤っているとはいわないまでも、少なくともきわめて矮小化されたものである。なぜならルイをフランスに戻らせる決心をさせたのは、母親の死の通知を受けたことと、息子の未成年の期間に王国の統治を任せうる強力な人物が存在していなかったことが原因だったからである。女伯マルグリットに嫌疑をかけて、マシューは自分の女嫌いについて自由に心の内を打ち明ける。「フランスの王冠は、一人の女子、フランドル女伯の高慢さのゆえによろめいている」[55]〔三〇六〜九頁参照〕。

一二五五年、パリ大学における在俗聖職者教師と托鉢修道士の修道会に属する教師との間に論争が交えられた際、ルイ王は托鉢修道士の側に立ち、ギヨーム・ド・サン゠タムールという在俗聖職者教師の長に反対して[56]、自分が教皇庁の世俗の手であることを受け入れるのであるが、このイングランドの年代記作者は、彼自身ドミニコ会士とフランシスコ会士を、そして彼らを支持する教皇を大いに嫌っていたので、逆にルイに在俗聖職者教師と大学の自治（「自由」）を支持する願望があったことにしている。「フランスの王は、パリの市民とまったく同じように、大学の教師と学生の自由を救いたいと願っておられたにもかかわらず」[57]、説教師会托鉢修道士たちは、みずから教皇の僕となることで、より得になる計算をしたのである。

しかしマシュー・パリスにとってとりわけ重要であるのは、フランスの王とイングランドの王との関係改善である[58]。この件で一二五四年に、最初の、本質的に象徴的で感傷的な一つの挿話がある。ヘンリー三世は、アンジュー地方にあるフォントヴロー修道院のプランタジネット家の墓所へ、自分の母親の遺体を移葬させに遣って来た折に、ポンティニーにある聖エドモンド・リッチの遺体の前で黙想した。するとこの遺体は、折よくその奇蹟をとりなす力を発揮して、イングランド王の病いを癒したようである。つぎにヘンリーは厳密な意味でのフランスを横断してイングランドに戻りたいと願い出た際に、ルイは急遽それを許すと、二人の家族的なつながりを強調して、ヘンリーにパリで自分の客人となり、プロヴァンスの四人の姉妹との家族の会合に出席するよう招いている。その四人というのは、二人の王の妻であるフランス王妃マルグリット、イングランド王妃エレオノール、それにヘンリー三世の弟であるコーンウォール伯リチャードの妻サンシーおよび王自身の弟アンジュー伯シャルルの妻ベアトリスという姉妹たちである。この祝宴を完璧なものにするために聖ルイは、自分の義母にあたる四人の高位の女たちの母であり、プロヴァンス伯領を嫁資として受け継ぐ存在であった伯夫人を招待さえしたのであった。ルイ王はシャルトルまでヘンリーを迎えに出向き、彼を見つけると走り寄って抱擁する（*«ruit in oscula»*）。それは「双方からの抱擁と挨拶、それに双方の間の愛想の良い会話」だけの和やかなものであった。

パリに着くと二人の王は町を見物する。そして二人はこのパリで、何度もくりかえして群衆のなかに入り、群衆と身体を触れ合った（「密集した群衆が、列をなして押し寄せ、パリでこのイングランド王を見ようと、互いに身体をもみ合いへし合いしながら殺到してきた」[59]）。なぜなら王権は、一三世紀の中葉においては、人々がみずから進んで見られるように自分の姿をさらすものだからである。

ルイはヘンリーに、滞在場所として都市の中心部にある彼自身の王宮か、祖父フィリップ・オーギュストの城壁の外にあるテンプル騎士団の広大な居館のどちらかを選ぶように提案する。数多くの供の者と多くの馬を連れていたので、イングランド王は古いテンプル騎士団を選ぶ。ホストと連れ立ってヘンリーは観光客としてパリを見物し、サント＝シャペル、グレーヴ界隈、橋、そしてとりわけ、見事な石膏で建てられたパリの建物群を感嘆しながら眺める。これらの建物には各階三つの部屋があり、四階建て、ないしはそれ以上のアパルトマンからなっており、それらの窓からは好奇心に満ちた数知れぬ男女が身を乗り出しているのであった[60]。

ヘンリーはパリに一週間滞在する。ある夜、テンプル騎士団の大ホールで、アハシュエロス〔『エステルの書』にみられるペルシアの王〕の宮廷にも、アーサー王の宮廷にも、シャルルマーニュの宮廷にもみられなかったような、これまでにない見事な宴会を催す[62]。多くの由緒ある会食者たち、すなわち君主、司教、諸侯、姉妹同士の二人の妃に付き添う一八人の伯夫人、というという面々のなかでの礼儀作法は厳しい。ルイはヘンリーに主賓の席を与えようとするが、イングランド王はこういい張る。「なりませぬ。わが主人であられる王よ、あなたこそが中央の席に座らねばならないのがより礼儀に適い、ふさわしいというものです。あなたは私の主人であり、これからもそうあられるお方です」。ルイはこの申し出を受け入れる。そしてマシュー・パリスはこの上下関係に賛同する。「フランス王陛下は、神の塗油を受けられたことからも、その力量からも、その軍事力の優越性からも、地上の王のなかの王であらせられるので中央に、そして彼の右側にはイングランド王陛下、また彼の左側にはナヴァラ王陛下が着席された[62]」。

食事の終わりに、ルイはイングランド王に、その夜自分の宮殿に宿泊に来られるようにと強く勧めた。フランス王は、自分の悲しみを忘れてしまわれたようで、「冗談をいい」（«*jocose dicens*»）、『マタイによる福音書』をもじって「今は止《と》めないでほしい。このように「冗談」（*facetiam*）と「正義」（*justitia*）をおこなわなければならないのです[63]」といわれたのである。そして王は笑ってこう付け加えられた。「自分の王国では、私は主人であり、王である。皆が私のいう事に従うことを願う」。するとイングランド王は同意した[64]。

二人の王は、この会見を機に何度か打ち解けた話し合いをもつ。聖ルイはその機会に、イングランド王にノルマンディを含めたフランスにおける彼の領地を返却しようという自分の強い願望を改めてはっきりと告げた。しかし彼の諸侯たちの、何が何でも反対であるという意見も考慮する。彼はこの新しい友に、自分は十字軍での失敗に大変苦い思いをしたが、平常心に戻り、「自分の心に帰った」今は、「自分は、全世界が自分のものとなるよりも、神の恩寵が自分に与えてくれた苦しみ――「忍耐」*patientia*――の方が一層快いのだ」と打ち明けるのである[65]。

一二五八年からの対話の内容は、本当にその実を結実させるようになる。聖ルイは諸侯に自分の意志を貫いて、イングランド王から簒奪した領地を返す決断をしたようである。しかし今度は相手側に障害がもち上がった。マシュー・パリスは一二五九年、おそらく本人が死ぬ少し前のことであるが、フランスとイングランドの交渉の最終段階を記す際に、平和条約の調印に反対しているのは、シモン・ド・モンフォールの妻であるレスター伯夫人であるとしている。(66) おそらくマシューは、パリ条約の調印を知らなかったのであろう。彼はフランスにおける若干の領地がイングランド王に返されるであろうと知っても満足しはしなかったであろうし、ルイがノルマンディを頑としてフランス領として守り通したのを見ても、裏切られたとは思わなかったであろう。結局のところ、ルイ九世が彼に及ぼした強烈な印象が何であれ、マシュー・パリスはとりわけイングランド王に提案すべき一つの実例（一般に積極的に見倣うべき実例ではあるが、重要な一つの点、すなわち課税という点については悪い実例である）をルイに見ていたのである。ルイ九世の生涯からいろいろと選んだこの連載記事のなかでは、挿話の選択、人物の解釈、逸話から取り出された教訓は、偏りのない一人の歴史家の努力を浮き立たせているというよりも、一人のイングランドのベネディクト会士の考え方をよく表わしているといえるのである。ルイ九世について語りつつ、それ以上にヘンリー三世に思いを馳せているように思われるのである。

【注】

（1）マシュー・パリスについては、R. VAUGHAN, *Matthew Paris*, Cambridge, 1958, 2 éd., 1979 を見よ。
（2）M. R. JAMES, «The Drawing of Matthew Paris», *Walpole Society*, 14, 1925–1926.
（3）ロジャー・ウェンドーヴァーのこの年代記も『歴史の華』*Flores historiarum* という表題であるので、マシュー・パリスの同じ表題の作品と混同すべきではない。
（4）MALLHIEW PARIS, *Chronica majora*, t. V, p.354.
（5）*Ibid.*, t.VI, p.225 : «*Erat namque rex juvenis, tener et delicatus*».
（6）*Ibid.*, 一〇六頁以下を見よ。
（7）これは数多いマシュー・パリスの間違いの一つである。すでに見てきたが、ルイ八世はオーヴェルニュのモンパンシエで死んだのであり、アヴィニョン包囲の際ではない。この間違いは、ルイ八世が自分に毒を盛ったのはシャンパーニュ伯だと信じたことを、この軽率なベネディクト会士が忘れてしまっているだけに、一層不思議である。この種の死が相続に絡んだものでありうるとはなかなかいいがたい。

(8) ティボー・ド・シャンパーニュが彼女の恋人として提示されている。

(9)「神明裁判」。

(10) MATTHIEW PARIS, *Chronica majora*, t.II, p.196.

(11) *Ibid.*, p.325.

(12) ラテン語のテキストでは«*regnum regnorum, scilicet Gallia*»となっているが、これはキリスト教世界のなかでのフランスの威光を示している。Gallia はフランスを表わすために用いられており、Francia は当時は通常は、中世の末期に「イル＝ド＝フランス」と呼ばれることになるフランスの中心部を指す。

(13) MATTHIEW PARIS, *Chronica majora*, t.II, p.366.

(14) *Ibid.*, p.393.

(15) 彼の年代記がもはやロジャー・ウェンドーヴァーの年代記に依存しなくなるのも同様にこの時期である。

(16) 前出一八一～二頁を見よ。

(17) ブランシュ・ド・カスティーユは一二四一年に「尊敬すべき、かつ神より愛された夫人」*venerabilis ac Deo dilecta matrona* となった！

(18) MATTHIEW PARIS, *Chronica majora*, t.IV, p.112.

(19) *Ibid.*, p.137.

(20) *Ibid.*, p.198. *Francus* は「率直な」「自由な」の意。

(21) *Ibid.*, pp.203–204.

(22) 前出三一四～七頁および後出一〇三六～八頁を見よ。

(23) *Ibid.*, t.V, p.102. フランスにおける十字軍のための聖ルイの掠奪のリストについては *Ibid.*, t.V. pp.171–172.

(24) *Ibid.*, p.16.

(25) 周知のように中世の人間は、聖人の遺体の非腐食性を、それらの遺体が発散する「聖性の芳香」ともども信じていた。これは聖性の認知の基準の一つであった。

(26) 一二九七年、聖ルイの列聖の年に、教皇ボニファティウス八世は大勅書『嫌悪すべき野蛮なる行為について』*Detestande feritatis* によって、死体の四肢の切断を禁止した（E. A. R. BROWN, «Death and Human Body in the Later Middle Ages» art. cité, 前出三七六頁注9）; A. PARAVICINI-BAGLIANI, *Il Corpo del Papa, op.cit.*（前出三三三頁）。

(27) 前出三六三〜四頁を見よ。

(28) 前出五三七〜九頁を見よ。

(29) *Chronica majora, op. cit.*, t. IV, p.249 : «*apostolatum super gentem Occidentalem*».

(30) テキストには Francia と書いてある。この語は徐々に Gallia に代わってフランス全体を示すようになる。

(31) *Chronica majora, op.cit.*, t.V, p.23.

(32) *Ibid.*, t.V. p.239.

(33) *Ibid.*, t.V, p.307.

(34) 前出九五〜六頁を見よ。

(35) *Ibid.*, t.V, p.202.

(36) *Ibid.*, t.V, p.247.「実際フランス人の軍事上のうぬぼれは、神の御意に召さなかった」(*non enim complacuit Deo Francorum superbia militaris*).

(37) *Ibid.*, t. V, p.151 : «*more Gallico reboans et indecenter inhians*».

(38) この語は *ex Sarracenorum tolerantia* と書かれている。

(39) *Ibid.*, t.V, pp.106–107.

(40) *Ibid.*, t.V, p.108.

(41) 前出一三三九〜四三頁を見よ。

(42) *Ibid.*, t.V, p.254.

(43) *Ibid.*, t.V, p.158.

(44) *Ibid.*, t.V, p.385 :「栄光なきフランス人たちの王陛下は、聖なる地で苦難の時を」«*dominus rex Francorum tempore tribulationis in Terra sancta* <u>*ingloriosus*</u>〔原文inglorios を訂正〕».

(45) *Ibid.*, t.V, p.280.

(46) *Ibid.*, t.V, p.160 : «*ne forte rex moreretur prae tristitia*». 彼が捕らえられていた短い期間に生まれた息子に、Jean *Tristan* という名前が付けられていることが思い出される。この息子はチュニスを前にして、父より数日前に死ぬことになる。

(47) *Ibid.*, t.V, p.175.

(48) *Ibid.*, t.V, p.466.

(49) *Ibid.*, t.V, p.312.

(50) *Ibid.*, t.V, p.203.

(51) 前出二六二～四頁を見よ。

(52) *Chronica majora*, t.V, p.331.

(53) *Ibid.*, t.V, p.239. これはルイが神の攻撃をみずから受け入れることを示しているある偶発事件に関することである。«*ut secundus Job vere posset censeri*». かつて十字軍から戻ってきたルイを慰めようとしたこの司教は（前出二六二～四頁を見よ）、同じようにルイ王に模範としてヨブを示したが、霊性が異なってしまっており、より近代的になっていたこの王を慰めることには全然ならなかった。

(54) 前出三〇六～九頁を見よ。

(55) *Chronica majora*, t. V, p.433 : «*per superbiam muliebrem*».

(56) 後出七四一頁を見よ。

(57) *Chronica majora*, t.V, pp.506–507.

(58) 前出三一二頁以下を見よ。

(59) *Chronica majora*, t.V, p.481.

(60) *Ibid.*, t. V, pp.478–479.

(61) *Ibid.*, t.V, p.479.

(62) *Ibid.*, t.V, pp.480–481.

(63) マタイのテキストでのこの箇所は、イエスによって洗礼を受けることを望んでいる洗礼者ヨハネ（その逆ではない）に答えるイエスの返答となっている。「今は止《と》めないでほしい。正しいことをすべて行うのは、我々にふさわしいことです」«*sine modo, sic enim decet* 〔原文dicetを訂正〕 *omnem adimplere justitiam*[...]»(Matth. III,15)。ルイは「機知に富む王」*rex facetus* として

「洒落」*facetiam* を挿入しているが、これは、とりわけこの文脈では、イエスのきわめて真面目な文にパロディー風で冗談めかしのいたずらをしているのである。

(64) *Chronica majora*, t.V, p.481. 第三部の八〇〇～三頁にこの祝宴をより詳しく取り上げる。いま一つ別の祭宴が大学人たちによって組織されているが、そのなかには、イングランドの教師や学生が多い。彼らは授業を中断してお祭りの服を着て行列を組み、木の枝や花を手に持ち、王冠を被り、さまざまな楽器を鳴らして歌を唱った。この祭宴はパリ全体が驚くばかりに飾り立てられ、明かりが灯されて二日と一晩続いたのである。フランスでこれまで噂になったなかでも、もっとも美しい祭宴であった (*Ibid.*, t.V, p.477)。

(65) *Ibid.*, t.V, p.482.

(66) *Ibid.*, t. V, p.745.

【訳注】

(1) 当時の大学関係者の名前は、「個人名＋地方名あるいは都市名」であることが多く、これによってヨーロッパ各地からやって来た彼らが、お互いにどのように呼び合っていたのかがうかがえる。ここでル・ゴフがわざわざ「大学教育は受けていない」と断っているのは、de Paris という一見大学関係者と紛らわしい名前であるだけに、大学史研究者として、一言付け加えたものである。

イタリアのフランシスコ会士、パルマのサリムベーネ

フランシスコ会士であるパルマの托鉢修道士サリムベーネは、ラテン語で書かれたある年代記の著者であるが、残されているその一部は、一一六八年から、おそらく一二八八年に突然襲われた死の直前である一二八七年にまで及んでいる。これは世界年代記《クロニック・ユニヴェルセル》というジャンルに属するものであるが、とりわけ一二二九年から語られているのは、サリムベーネが同時代人であり、証人である出来事、ないしは十分に情報をつかんでいるある史料の伝聞から、彼が集めた出来事である。彼が関心を示している分野は、とりわけ彼が生活し、訪れた地域をカバーしている。すなわち

イタリア都市国家が繁栄する北部および中部、二度にわたって彼が旅をしたフランスである。彼の基本的な視点は、自分が属しているフランシスコ修道会のそれである。[1]

彼は一二二一年一〇月九日にパルマの裕福な都市民の家に生まれた。若い頃にイタリア北部のコムーネの政治・宗教の改革運動に強い印象を受けた。この「ハレルヤ運動」*Alleluia* は一二三三年に、若干のドミニコ会士とフランシスコ会士の呼びかけに、都市に住む群衆が動いたものである。中世における一種の一九六八年五月運動である。[2] 一六歳で小さき兄弟の会に入会する決心をする。父親ジュイド・ディ・アダムの激しい反対があったにもかかわらず、アッシジの聖フランチェスコとこの聖人自身の父親との間の絶縁関係を見倣って、彼は一二三八年二月四日に、パルマのフランシスコ会士の修道院に入った。一所に留まらず、修道院から修道院へと渡り歩くという、この修道会の最初の半世紀に存在した例の放浪修道士の集団に属していた。ファーノで修練士の修行をおこない、一二四八年に説教をおこなうことを許されて、一二四九年にジェノヴァで司祭に叙階されるに至るまで、ルッカで二年、シエナで二年、ピサで四年過ごした。彼は一二四七年から四八年にかけて、さらにふたたび一二四九年と、二度にわたってフランスへの長期の旅に出ている。ついで彼はジェノヴァ、ボローニャ、フェラーラ、レッジオ〔レッジオ＝ネッレミリア〕の修道院を経て、ファエンツァに五年、イモーラに五年、ラヴェンナに五年滞在したと述べている。彼が一二八八年に死んだのは、おそらくエミリア地方のモンテファルコーネの修道院であろう。

彼の年代記の校訂者であるジュゼッペ・スカリアは、サリムベーネに関して、「自分の価値と、教皇擁護派《ゲルフ》の人間としての着想と、貴族的な性向を意識している」人間であると述べている。彼が私たちの興味を引くのは二つの理由による。彼は長い間ヨアキム派思想の信奉者の一人であった。彼の言によると、それは一二六〇年まで、すなわち彼が参加していた鞭打苦行者の運動までとのことであるが、この運動が彼を不安に陥れ、当時フランシスコ会士に多くみられたこのカラブリアの修道院長の弟子たちと、そりが合わなくなる結果となった。[3] 私の見解では、これらの思想が聖ルイに及ぼした魅力をより良く理解するのに、サリムベーネは助けとなるのである。彼は、王が一二五四年、十字軍からの帰路イエールで出会い、自分のパリの宮廷に呼び寄せようと試みたが叶わなかったヨアキム派のフランシスコ修道会士ユーグ・ド・ディーニュときわめて深いつながりのある人物であった。彼は一二四八年には（フランスの）プロヴァンで、一二五三年には（イタリアの）マントーヴァで、いま一人の偉大なヨアキム派のボルゴ・サン・ドンニーノのジェラルドと長時間にわたってことばを交わした。この人物は一二五四年にパリで『ジョアッキーノ・ダ・フィオーレの永遠の福音書入門』を刊行し、この書物はノートル＝ダム大聖堂前の広場で売られていたが、教皇権とフランシスコ修道会によって発禁となり、ジェラルドは、書物も、友も、秘蹟も奪われて、残りの日々を獄中で過ごすことになった。

私たちが関心を抱く第二の理由は、この托鉢修道士サリムベーネが二度、王と対面したということである。王の生前では、一二四八年、王が第一回の十字軍に発たれるとき、サンスにあるフランシスコ会士の修道会総会で対面している。ついでその死後では、一二七一年、亡骸が納められている棺がレッジオ＝ネッレミリアを通過した時であるが、この地で、死んだ聖ルイは最初に正式に認められる奇蹟を起こしたのである。一二四八年の出会いの記述は、とても優れた史料であり、『年代記』*Cronica* のなかにみられるルイに関するその他の短い説明は、私たちにマシュー・パリスとは大いに異なった立場にあり、そのうえ、聖王と年代的にややずれのある一人の聖職者によって観察された王のイメージを伝えてくれるのである。マシューはルイより一五歳から二〇歳年長である。そして彼よりも一一年早く死んでいる。他方サリムベーネは王より七歳若く、王の死から一八年後に死んでいる。

一方はベネディクト会士、他方はフランシスコ会士である。一方はイングランド人、他方はイタリア人である。前者は一度も王と出会ってはいないが、後者は王を間近に見ている。マシューは伝統的な修道院から記述し、伝統的な封建社会のなかで生きてきた。サリムベーネは沸き立つコムーネ世界の出身で、修道院を渡り歩いてきた。マシューにはパリ大学についての若干の暗示はみられるものの、一切の知的な文脈の外で自分の年代記を書いている。一方サリムベーネは、彼の年代記の素材そのものであるヨアキム思想をめぐる大論争を支持している。そしてルイもまたこの論争のなかに片足をつっ込んで生きてきたのである。

サリムベーネは王の列聖の約一〇年前に亡くなったにもかかわらず、ほとんど常にこのフランスの王を「聖」ルイと呼んでいる。ウィリアム・ジョーダンは正当にも、「聖」(*sanctus*)という語は一三世紀には、教会側から崇敬の対象として公式に認められた聖人だけに保留されているのではなく、聖性の評判を享受している人物にも適用されること、そして列聖の手続きの展開に大いに通じているサリムベーネが、この形容詞を前もって彼に与えているということも忘れてはならないと注意を促している。[4] 同様にいつもの習慣で、彼は王に「良き思い出の」(*de bonne mémoire*)という形容詞を与えているが、これは通常は、人々に良い思い出を残し、それを呼び覚ましてくれる好ましい人物を指し示す表現である。ある偉大な人物の歴史的なイメージを生産する際の、記憶のレシピの役割を喚起するという利点をもつトポス上の定型表現なのである。

『年代記』のなかでは、十字軍とともにルイ九世が現れる。ゲルフ派に属していながら、教皇派というよりはむしろ皇帝派に好意的なサリムベーネは、フランス王が教皇インオケンティウス四世に逆らっていることを強調している。教皇は、皇帝との争いにこだわり、フリードリヒ二世を説得する手助けをさせるために、ルイが十字軍への出発を遅らせるのをみることを願っていたのである。フランス王と教皇との一二四五年のクリュニーでの話し合いのあと、[5] ルイはインノケンティウス四世とフリードリヒ二世との争い事のために、十字軍の出発を延期することはできぬと拒否する。このフランシスコ会士は王の約束の履行と王の頑迷さについて力説する。「フランス王ルイはそれゆえ、あとに退けない自分の計画を成し遂げることにこだわり、断固たる態度で、かつ敬虔な気持ちで、自分の遠征をとことんまで実現し、できるだけ早急に聖地に救いをもたらす準備をなされたのであった[6]」。

そしてフランスの王がサンスに到着し、滞在した時の有名な話がある。贖罪の十字軍参加者としてエーグ＝モルトに向けて旅立たれ、途中フランシスコ会士の修道会総会に立ち寄られた時のことである。

数カ月前からフランスに滞在し、王の十字軍参加を強く勧める一人の托鉢修道士とともに、その前年にオーセール地方を旅したサリムベーネがその場に居合わせる。それは目撃者なのである。したがってサリムベーネは自分の眼で見て、話すことができる立場にあるのである。

フランスの王がパリを離れてこの修道会総会に来られるというので、王が修道院に近づいたとき、小さき兄弟の会の托鉢修道士全員が敬意をもって歓迎すべく王を迎えに出かけた。小さき兄弟の会に所属され、パリの教授講座を戴くルーアンの大司教であられるリゴー托鉢修道士は、(7) 高位聖職者の飾りの付いた衣装を身に着けて修道院から出てこられると、「王はどこですか、王はどこですか」と、ことばを発して尋ねながら、急いで王を迎えに出て行った。そこで私も彼のあとについて行った。なぜなら彼はただ一人で、そのうえ取り乱した様子で、司教冠を被り、手には司教杖を持って、行こうとされていたからである。実際に彼は準備にひどく手間取ってしまったので、他の托鉢修道士たちはすでに外に出てしまっており、彼らは道のそこかしこで、王のご到着を見たいと、王が来られるはずの方角に顔を向けて待っていたのである(8)［…］」。

すると王が姿を見せられる。

王はすらりとしておられ、華奢（*subtilis et gracilis*）で、ほどほどの細身で背も高かった（*macilentus convenienter et longus*）。王の顔は天使のようで、顔立ちは優雅であった。そして王は、王としての華美な服装ではなく、巡礼の身なりで、頭陀袋と巡礼杖を首から下げ、両肩には申し分のない王の飾りを付けて、小さき兄弟の会の修道士たちの教会に来られた。それに王は、馬ではなく歩いて来られたのである。王のご兄弟、三人の伯たちも［…］王と同じ謙譲さと身なりであとに続いていた［…］。そして王は、あとに続く貴族たちの一行には気にかけずに、貧者たちの祈りと代禱の声が続くことの方を好まれていたのである［…］。そして真のところ、戦争に赴く武装した騎士というよりはむしろ、信仰心をもった修道士のように思われたのである。托鉢修道士たちの教会に入ると、王はたいそう敬虔に祭壇の前にひざまずき、祈りはじめた。教会から出て、敷居の上に足を止められたとき、私は王の横にいた。サンスの教会の宝物管理人から一匹の大きな川カマスが王に進呈され、樅の木でできた水盤の水のなかで泳いでいるのを見せられた。この水盤は、トスカナ地方の人々がそのなかで揺りかごの赤子を洗い、水浴させるビゴンカ（bigonca）と呼んでいるものである。また、フランスでは川カマスというのは高価で貴重な魚であった。王は使いの者にも贈呈者にも感謝の意を表した。それから王は、自分が話したいと思っている托鉢修道士は別にして、騎士以外のだれも参事会室に入ってはならぬと大きな声で申された。
われわれが修道士総会に集まったとき、王は自分の計画について話しはじめられた。これらの計画は、ご自身からも、王のご兄弟からも、母である王太后からも、それに彼の側近たち全員からも勧められているものであった。そしてとても信心深く膝を曲げられると、王は托鉢修道士たちに祈りと代禱を求められた(9)。信仰心と敬虔な気持ちから王のそばにいた数名の托鉢修道士は、悲嘆にくれたかのように、涙を流したのであった［…］。

王のお供をして十字軍に出かけるローマ教皇特使ウード・ド・シャトルー枢機卿が、つぎに演説をおこない、さらにつづいてフランシスコ会総長ジャン・ド・パルムが、王の謙譲さと寛大さによって、托鉢修道士たちの王であり、同時に「われらの王（*rex noster*）であり、主人であり、父であり、かつ恩恵を施す人であり」、自分たちにとても立派な話をしてくれた王に対して賛辞を浴びせる。王は彼らに金銀を求めに来たのではなく（なぜなら神のおかげで彼の金庫はどれも金銀であふれていた――フランス王の富の評判に関する興味深い証言である）、彼らの祈りと代禱を懇願に来たのである。彼はイル＝ド＝フランスのフランシスコ会士が他の管区の托鉢修道士たち以上に示してみせてくれている十字軍および十字軍精神を褒め上げ、すべての托鉢修道士司祭に、王および彼の側近たちのために四度ミサを歌うように求めることを取り決める。そして万一、王が命を落とすようなことがあるとしたら、修道士たちはこれらのミサの回数を増やすことになるであろう。もし王がこれらの良き行いが不十分であると思い、命令を下せば、托鉢修道士たちは王のことばに従うであろう。ルイは大いに喜ばれて、総長に感謝の意を述べ、パルマのジョヴァンニのことばを文書に認め、この書き物に修道会の印章を付したうえで、自分に渡してほしいと求められ、そのように事がなされた。ルイは文書好きな人間であり、彼にとって公式の認可を受けた書き物こそが、口で述べられたことを補足するものであり、必ずせねばならない完成作業なのである(10)。この出来事を祝するために王は、謙譲なお方ではあったが、托鉢修道士たちに食堂で立派な食事を供して、彼らと会食する。献立には、サクランボと真っ白なパンがある。そしてフランス人たちは、彼らの習慣に従って、食事中ふんだんにブドウ酒の樽を空け、ためらいがちな托鉢修道士たちに一緒に飲むことを強いる。つぎにはミルクで煮込んだ新鮮な空豆、魚とザリガニ、ウナギのパテ、アーモンドミルクとシナモンの粉末で煮込んだコメ、素晴らしい薬味を塗った焼きウナギ、それにタルト、チーズ、果物がふんだんに出された。そしてこれらが、礼儀を失することなく、かつ入念に供される(11)。彼らは肉抜きの食事をしたが、量は多かった。この食事は、ともあれ王にふさわしいものであった。

ルイの信心行為と謙譲さは、一般に他者への伝染性があり、競争心を抱かせる。それはパリでのヘンリー三世との場合にもみられた。また、サンスでは、王の会食者と離れて座っていたのはフランシスコ会の総長ジャン・ド・パルムである。彼は王の食卓には同席せずに、三人の伯、枢機卿、大司教からなる貴族および貴顕の一団を遠ざけて、もっとも身分の低い者たちと別の食卓へ食べに行く(12)。同様にオーセールのフランシスコ会修道院でもサリムベーネは、王の最年少の弟であるプロヴァンス伯シャルルが、教会で祈りに時間をかけているのを称賛の気持ちで眺めた。その間王は辛抱強く戸口で弟を待っていたのである(13)。

サリムベーネは一所にじっとしていない人間であったので、ミディ地方にまでフランス王について行く許可を得た。このようにして彼は王の信心行為の証人となるのである。「王は絶えず大通り（*strata publica*）からそれて、小さき兄弟の会の托鉢修道士や他の修道士の庵に向かって右へ左へと進んで行き、彼らから祈りを受ける(14)」。オーセールでは、フランシスコ会士たちが王に、そして同じように彼のお供たちにも、腰掛けるための椅子や丸太を差し出す。この教会には石畳が敷いてないからである。しかし王は埃をかぶって地面に座り、彼の兄弟と修道士たちを自分のまわりを取り囲むように地面に座らせ、彼らに自分のいうことを聞くように求める(15)。

サリムベーネはリヨンで王と別れ、ローヌ河をアルルまで下り、海路でマルセイユに至り、ついでイエールに赴き、有名なフランシスコ会士でヨアキム派であるユーグ・ド・ディーニュと会う。このフランシスコ会士は背の低い黒ずんだ男で、「世界でもっとも偉大な聖職者の一人」であり、雷のような騒々しい声を出す偉大な説教師であり、天国を語る時は素晴らしく、地獄を語ると恐ろしく、聴衆を葦のごとくに震え上がらせる人物である。六年後に聖ルイが十字軍からの帰路、会いに出かけたものの、努力の甲斐なく自分の側に引き留めておくことができなかったのは、まさにこのユーグ・ド・ディーニュなのである。(16)

十字軍についてサリムベーネは――他の年代記作者と同じように、というのも彼の史料も同一だからであるが――主要な出来事と、のちに聖ルイの歴史と伝説を育むことになるさまざまな事実を報告している。ダミエッタの奪取、続いてロベール・ダルトワの死および敗北であるが、この敗北はフランス人の罪と同時に、年代記作者の嫌われ者である聖ルイの弟の計略の誤りによって引き起こされたものである。また、王の虜囚生活が始まったこと、サラセン人たちの攻撃、流行病、さらには飢餓により王の軍隊の大部分が死んだことである。ルイは、釈放されると、ダミエッタを返却せねばならなくなり、そこで聖地にあるいくつかの駐屯地に要塞を築きに赴く。『年代記』ではここにジョワンヴィルをも印象づけた一つの挿話が置かれている。カエサレアの要塞で働いていた武器を持たぬフランス人の一団をサラセン人たちが不意に襲い皆殺しにしたので、聖ルイは共同墓穴を掘らせて、みずからの手で彼らを埋葬したのであるが、疲れも悪臭も怖れることはなかったという挿話である。(17)

敗北者となり囚われの身となった聖ルイに対してサリムベーネがどんなに称賛していようとも、彼の十字軍に関する判断にはニュアンスが感じられる。彼はこの十字軍が全員一致で決められていないことを強調している。一二四八年、彼がプロヴァンに滞在していたとき、二人の「過激なヨアキム派」(*totaliter Ioachimite*) であるフランシスコ会士とその地で出会っている。そのうちの一人はボルゴ・サン・ドンニーノのジェラルドであったが、彼らから王についての話を聞き出すことになる。彼らは十字軍への出発の準備をしているフランス王に関して、冒険は王にとって不幸に終わることになると預言して、冷笑し揶揄する。そして彼らはエレミヤについての注釈のなかにあるフィオーレのヨアキムの一つの預言を引用して、「フランスの王は囚われ、フランス人は敗れ、流行病が彼らの多くを殺すことになる」(18)と預言したのである。

マシュー・パリスと同じようにサリムベーネも、パストゥロー運動(19)に大きな重要性を与えており、彼もまた、世界の終末を思わせる見方をして、彼らに激しい敵意を抱いている。なぜなら彼のような聖職者は、鎖を解かれた不作法者である牧童《パストゥロー》たちに対してただ怖れと、軽蔑と憎しみを抱いているだけだからである。しかし一方で彼は、フランス王のサラセン人に対する恨みを晴らすために出かけるという、彼らの意志を強調してもいる。彼らは、自分たちの考え方に共感する多くのフランス人を味方につけて、あの災禍を招いた十字軍勧誘の説教をおこなった罪ある托鉢修道士たちに対して反乱を起こしたのである。それゆえ彼らは、多くの者が現在信仰を失っていることの責任者なのであり[20]、これは聖ルイ治下のフランスにみられる宗教上の不信仰の形態の出現に関する新しい証言である。無宗教という着物の裾全体が、フランスとキリスト教世界を包み込んでいる聖王の信仰心というマントの下にちらついているのがこの証言により見抜かれたといえるからである。王の治世の末期に告げられる経済的かつ社会的な危機は、おそらくまた、異端と教皇権に対する敵意という、あの伝統的な拒絶よりもっと奥の深い宗教上の危機でもあるのである。ダビデ王の有名な一文「分別のない者は、神はいないと心のなかでいう」〔出典不明〕は、おそらく当時誕生しつつある一つの現実に呼応するものであろう[21]。このように、聖ルイはさらに一層敗北の王となるであろう。しかし不信仰と無神論の時代にはいまだ入ってはいない。

　サリムベーネはパストゥローたちの我慢のなさに、ルイの辛抱強さを対比させている[22]。しかし王が試練を経て成長したとしても、勝利が神の称賛のしるしであるこの世界においては、十字軍は依然として敗北である。ルイの弟の一人、ロベール・ダルトワは、十字軍の失敗と、その結果としてフランス人に対してもたらされた恥の、部分的な責任者であったのである。

　やがていつの日か、ナポリ・シチリア王となったいま一人のシャルル〔アンジュー伯シャルル ルイ九世の弟〕が、フリードリヒ二世の後裔たちに対して、勝利でもってこの汚点を消すことになろう。一二八五年に彼が死んだとき、サリムベーネは彼について「フランス王の弟」あるいは「ルイ王の弟」という呼称以外、けっして呼ぶことはしないと述べている。「この方は優れた戦士であった。そして聖ルイのもとでの十字軍においてフランス人がこうむってきた恥を消してしまわれたお方である[23]」。

十字軍から帰還後のルイの治世の後半については、サリムベーネは、イタリアに戻ったので、ほとんど何も語っていない。しかし彼は二度くりかえして述べていることがある。(24)それは教皇の求めに応じて聖ルイが、パリ大学の在俗聖職者教師ギヨーム・ド・サン゠タムールをフランスから追放したということである。(25)なぜならこの人物は、托鉢修道会を厳しく攻撃して、「大学から彼らを追放しようとした」からである。王は見事にこの怒れる学者に対する托鉢修道士たちの恨みを晴らしたのである。その際サリムベーネは一頁を費やしてチュニスへの十字軍と、彼が最後になってマシュー・パリスと同じく「いともキリスト教徒的な」(*christianissimus*)と呼ぶことになる王の死を述べる。彼は、王がこの計画の第一の局面の目標としてチュニスを選んだことに説明を加えている。「聖地を一層容易に取り戻すために、ルイと十字軍の隊長たちはまず最初に、聖地への道の中程に位置し、十字軍参加者にとって無視しえない障害となっているチュニスの王国をキリスト教徒に服従させるという考えを抱いたのである(26)」。この判断は、チュニスを選択したことが、地理についての無知、すなわちチュニジアとエジプトおよびパレスチナとを隔てている距離についてのキリスト教徒たちの誤りに起因するという仮説を十分に正当化しているように思われるのである。

最後に、托鉢修道士サリムベーネの証言として残されているのは、彼が聖ルイとの最後の遭遇をもったことと、この王の死後の伝記のなかで重要な一つの事件の証人であることである。一二七一年四月に、新しいフランス王フィリップが、「棺に香料を詰めて芳香を漂わせた(27)」父の遺体をフランスに持ち帰る際に、サリムベーネの故郷であるレッジオ゠ネッレミリアとパルマの町を通過した。そしてこのとき、これらの町でそれぞれ、聖王の亡骸が奇蹟をおこなったが、それはとりわけサン゠ドニの墓所でくり広げられる長い一連の奇蹟の最初のものであった。レッジオでは町のある名士の足の病いを癒した。(28)パルマでは数年来腕に潰瘍があった娘を治した。教会の従順な息子である聖ルイは、賢明にも、この世紀の冒頭に教皇インノケンティウス三世が求めていたように、奇蹟をおこなうために死を待っていたのである。そして例外的な証人であるサリムベーネは、またしてもそこに居合わせたのであった。あとになって彼は、奇蹟を起こす力のあることを確認する前から、その謙譲さと信仰心を称賛してきた人物の列聖の手続きに興味を示す。しかし彼は、自分の死後十数年後におこなわれるその結末を知ることはない。

しかしながら彼は、未来の教皇マルティヌス四世が亡き王の奇蹟について正式に調査をしてきたフランスからレッジオに戻ると、神はルイに対する愛のゆえに、正式に確認され、そして登録された六四の奇蹟を成し遂げられた、と自分に打ち明けたことを記している。それゆえマルティヌスはこの王が列聖されることを望んでいたのであろう。しかしありありと残念な気持ちでサリムベーネが指摘しているように、自分の願いを実現しえずに、この教皇は一二八五年に死んだのである。この年代記作者は、その時点で、先の明るい希望を抱いて聖ルイから離れていくのである。「おそらくこの列聖は別の教皇の手でなされよう[29]」。これを実現したのはボニファティウス八世であった。一二九七年のことである。

【注】

（1）SALIMBENE DE ADAM, *Cronica*, nouv.éd. citée G.Scalia,2 vol.

（2）*Cronica*, *op.cit.*, vol.1,pp.99 sqq.のなかにみられる話である。ヴォーシェの素晴らしい研究を見よ。A. VAUCHEZ, «Une campagne de pacification en Lombardie autour de 1233» art.cité（前出八二頁注7）。

（3）前出三五八～六一頁を見よ。ヨアキムの思想についてはH. MOTTU, *La Manifestation de l'Esprit selon Joachim de Fiore*, *op. cit.* 前出七七頁注16; D.C. WEST (éd.), *Joachim of Fiore in Christian Thought*, New York,1975を見よ。一三世紀の預言については Marjorie REEVES, *The Influence of Prophecy in the Later Middle Ages. A Study in Joachimism*, Oxford,1969. 千年王国主義については Bernhard TÖPFER, *Das Kommende Reich des Friedens*, Berlin,1964 ; Ernst BENZ, *Ecclesia Spiritualis. Kirchenidee und Geschichtstheologie der Franziskanischen Reformation*, Stuttgart, 1934, J. LE GOFF, *s. v.* «Millénarisme», art.cité（前出七七頁注16）。

（4）W. Ch. JORDAN, *Louis IX and the Challenge of the Crusade*, *op.cit.*, p.182.

（5）SALIMBENE, *Cronica*, vol.1.p.256.

（6）*Ibid.*, p.304.

（7）何度も話に出てくる聖ルイの友人であり補佐役であるウード・リゴーが問題である。

（8）*Cronica*, p.318.
（9）*Ibid.*, pp.319–320.
（10）*Ibid.*, pp.320–321.
（11）*Ibid.*, p.322. サンスにおけるルイの宿泊の「食事に関する」部分は、八〇〇～一頁にかけて詳述する。
（12）*Ibid.*, pp.321–322.
（13）*Ibid.*, p.323.
（14）*Ibid.*, pp.322–323.
（15）*Ibid.*, p.323.
（16）前出二五八～六一頁を見よ。
（17）*Ibid.*, p.486, および後出一一二三頁と付録Ⅱを見よ。
（18）*Ibid.*, p.340.
（19）前出二三九～四三頁を見よ。
（20）*Cronica*, pp.645–646.
（21）これは一三世紀における無信仰の形態に関するR・E・ラーナーの主張にくみする議論である。他方、異端者やあの不信心者をカペー王権が保護しているという考えは、私には根拠がないように思われる。«The Use of Heterodoxy : the French Monarchy and Unblief in the XIIIth Century», *French Historical Studies*, IV, 1965. 後出九九四頁注8を見よ。
（22）*Cronica*, p.646.
（23）*Ibid.*, p.821.
（24）*Ibid.*, pp.438 et 659.
（25）彼は間違えて一二五六年ではなく一二五三年という日付を与えている。
（26）*Cronica*, pp.702–703.
（27）実際そこには死者の遺骨しかなかった。前出三六五～六頁を見よ。
（28）*Cronica*, p.707.
（29）*Ibid.*, p.865.

第八章　常套表現に現れる王——聖ルイは実在したか

王の生涯のなかでの、出来事や人名や地名については私たちの知るところであるが、その個性に関しては、ルイ九世は私たちの目から隠れてしまっているように思われる。記憶の生産者たちは、自分たちの証明に必要である常套表現のなかで、聖ルイを解体してきたからである。彼らは王をモデルにしなければならなかった。すなわちそれは聖性というモデル、そしてより特定したいい方をすれば王という聖性のモデルであるが、このようにして王を王の聖性へと「煮詰めていった」のである。彼の心の奥底について、私たちのこのような認識不足に対して、現代の歴史家のいく人かは、聖ルイの個性そのものを伝えてくれるような説明を見い出そうと願ってきた。王が自分を外に出すことを嫌ったのであれば、羞恥心とつつましさから、姿を隠してしまったであろう。エティエンヌ・ドラリュエルはこのように書いている。「王がいつも示した控えめな姿勢を残念に思わねばならない。彼がわれわれにとって未知の人物ではないにしても、彼の心の内で考えていること、および彼の個性の発展をとらえようと試みる歴史家からあまりにも頻繁に逃げすぎている」(1)。それにエドモン゠ルネ・ラバンドはつぎのように強調している。「この〈控えめ〉という用語は、一九七〇年にフランス人がその記念日を祝ったルイという人間を定義するための基本的な語であるように私には思われる。そしておそらくそれは、彼の気質がそうであったことにぴったりなのである」(2)。さらにジャック・マドールを引用しよう。「彼のもっとも高潔な、もっとも困難な所業、それらを彼は〈秘密〉裏に完成させてきた。なぜなら彼は謙譲さという自分の好みが、王としての威厳と反しないように絶えず用心を重ねてきたはずだからである。この秘密が明らかされることはありえない。われわれは聖ルイの内面生活については、大したことを知ることがないことに甘んじなければならない」(3)。

しかしながらこのような自由な心理的な解釈には用心せねばならないであろう。歴史上のある人物の気質や個人の性格の定義を試みる前に、当時の人々がその人物の行動について私たちに語ってくれていることを、当時の倫理的なカテゴリー、および文学的肖像の作者たちの概念装置とつき合わせてみなければならない。

「控えめ」について、というよりもむしろここでは、一二世紀に編み出された倫理に関する規範の用語のなかにある節度と節制について語る方がよいであろう。この倫理規範は戦士の行動様式やその「狂気」の過剰に対して、一二世紀の「ルネサンス」によって当世風のものとなったキケロやセネカの古代の道徳に、キリスト教的な枠組みを与える貴紳《プリュドミー》の理想が打ち勝つ形で編み出されたものである。この節度とは、肉体の規制によって、そしてとりわけ一二世紀の前半にユーグ・ド・サン＝ヴィクトールという人物が修道院の修練士のために定めた身振りの規制によって表わされているところのものであるが、やがて在俗聖職者たちの間にもそれが適用されるのがみられる(4)。ルイ九世は何よりもみずから貴紳《プリュドム》であることを望んでいる(5)。そのことは、一四世紀冒頭にみられるフランスの当時の三人の王についての添え名の一覧表が証している通りである。すなわちフィリップ勇胆王とフィリップ端麗王の前にルイ貴紳王が挙げられているのである(6)。

私たちの眼から逃れているどころか、ルイ九世が心の内で考えていること、内面生活、それに彼の個性の発展は、王の聴罪司祭、伝記作者および年代記作者によって明らかにされている。彼らは私たちに、托鉢修道士たちによって勧められた理想に適った謙譲さ、正義、世俗的な関心の放棄を王が求めていると述べている。彼らは王の考えと行動のなかに存在する大きな切れ目を強調し、それを王の治世を二つの部分に分ける理由にさえしているのである――十字軍の前と後という分け方である。すなわち、素朴な信仰心と普通のキリスト教徒的統治の時期と、そのあとの贖罪と道徳に関わる時期とである。このことはさらに、『モーセ五書』の発見の前と後でのヨシヤとの類似を強調することにもなる(7)。ルイはこの点では、彼の時代の理想にみずからを順応させているだけである。しかしジャック・マドールは、托鉢修道士たちのキリスト教徒としての理想と、キリスト教とは別の、いやそれよりも前からあるとさえいえる王の伝統に従って作り上げられた王権の行動規範との間で(8)、王が体験した基本的な葛藤をまさに見たのである。ここでウィリアム・ジョーダンの知的で繊細な仮説に出合う。これは、一方でルイの信心深く、道徳を垂れたがる行動によって引き起こされた批判に直面して、他方でキリスト教徒としての彼の理想と、王としての彼の職務との狭間にあって、乗り越えることができずに心の内に閉じ込めてしまったであろう葛藤に直面して、聖ルイ自身が知ったであろう心の動揺に関する仮説である。(9)

このアメリカの歴史家が、近代の伝記作家たちの大半がかって聖人伝作者たちによって作られた理想的で、まことしやかな嘘にあふれたイメージを聖ルイに受け入れさせてきたことについて、批判精神に欠けているとしているのはたしかに正しい。私もここでそのような構築物を解体しようと努めているのである。私は、私たちの証拠提示によってかいま見られる、この美しい像のなかにあるひび割れをお見せするつもりである。しかしまずウィリアム・ジョーダンによって正当にも認められた矛盾が、それ自体、当時の常套表現に属しているものであることを、また聖ルイの個人的な性格に関する証拠ではないということを指摘したいと思っている。ちなみにジョーダンも、それを疑っており、さまざまな批判に王が敏感であることに関して、つぎのように指摘している。「われわれはこれらの〈逸話〉を、楽しい軽いトポス topoi とみなすことができる。これらもまた、一人の聖王のイメージをわれわれのなかに創り出すために、熟慮の末に表現されたものなのである」。

ある統治者が批判にさらされるということは、実際のところ、その統治者につきものの伝統的なイメージの一部をなしていたということであり、その人物が必ずしも聖人である必要はないのである。同様に、ジャック・マドールによると、ルイが自分の良き行いにもとづいて保ってきたと考えられる「秘密」は、彼の時代にとくにはっきりと現れていた一つの常套表現に属するものである。なぜなら、たとえば、恥ずべき貧者というタイプが現れるのは、この時期のことだからである。自分の清貧や慈愛を黙して語らないことは、性格の個人的特徴を表わしているのではなく、共有されている社会的・倫理的な規範に帰せられることだからである。アッシジの聖フランチェスコにみられる自分の聖痕を隠す気持ちと同じであり、聖ドミニクスの祈りにみられる人目につかぬ実践も同じなのである。

ウィリアム・ジョーダンが適切に取り上げている、身近にあった人間の死に際して悲しみを過度に表わしたり、大粒の涙を流すということも、同じように大人物に関する常套表現に属することである。このようにしてその人間性と、そして一族のもつ意味、あるいはむしろ聖ルイに関しては、一家のもつ意味が示されるのである。もしそれが年代記作者や伝記作者の文体にみられる、型にはめられた定式表現ではないとしても、あの騒々しい喪の悲しみやあふれ出る涙は、高貴な人物たちの深い悲しみの儀礼的な表現なのである。そして彼らの悲しみの背後にある、本当らしく思える誠実さとはいわずとも、少なくとも純粋に個人的な動揺を暴き出すことはむつかしい。その理由から、深い悲しみに明け暮れる聖ルイにおいては、当時の君主たちにありがちな、感情を外に出すという行為がどの程度のものであったかを正確に知らせることはできないのである。『ローランの歌』にみられるシャルルマーニュという人物は、これらの涙もろい君主たちのモデルではないのか。(訳1)

聖ルイが一二五二年の春、聖地で母の死の知らせを受けたとき、ジョワンヴィルおよび王の側近たちの前で大げさな悲しみを見せているが、それは真実、息子と母親を結びつけている例外的な愛情の絆のしるしである。(10)一二六〇年に、長子であり跡継ぎである一六歳の息子の死が、王をただ悲しみを表わすばかりの状態にまで落胆させたとき、このことをヴァンサン・ド・ボーヴェは、今度は王を慰める詩のなかで(11)非難するのであるが、自分より先に死んだ後継者に対する王なる者の儀礼的な嘆きというよりも、その死がおそらくは神の怒りの結果と見る一人の父親、ないしは一人の王の大きな心の痛みをそこに見たい気持ちにさせられるのである。この過度な悲しみについては、一一三一年に、すでに王冠を授けられていた長男フィリップが事故死した際に、ルイ六世もまた非難されていた事柄なのである。(12)さらにはピエール・ド・ブロワは、イングランド王ヘンリー二世が、跡継ぎの王太子の死後も悲しみと涙に耽っていたとき、この王をたしなめたことがあった。(13)ルイ王のすぐ下の弟であるロベール・ダルトワが一二五〇年にエジプトで戦死したとき、聖ルイによって表わされたはなはだしい悲嘆の有様については何と考えるべきか。さらにはあの最後の家族の死の悲しみや(チュニスで、自分自身の死の数日前に受けた、息子ジャン・トリスタンの死の最後の宣告について)、一二七〇年二月の妹のイザベルの死については。修道女の服を着せられて、息を引き取り、藁のベッドの上に横たえられた亡骸の前で、王は心の動揺に負けて、膝から崩れ落ちたのである。(14)あるいは、そこに、中世の秋を予示するともいえる死体に対する愛好趣味を見なければならないのか。

こんな次第で涙の王であり、これ見よがしに悲しむ王である聖ルイとヘンリー三世がいるのである。しかしまた、同じ態度で、プロヴァンス伯であり、そして一二六六年からナポリ・シチリア王となったルイの弟シャルル・ダンジューもいるのであるが、彼は、年代記作者には情に脆い人間とは映らず、ルイとの関係も、多くの場合、争いの危機をはらんでいた。王が、自分自身は聖地に残る覚悟を決めて、弟であるアルフォンス・ド・ポワティエとシャルル・ダンジューの二人は直ちにフランスに帰って母親を助けて王国に専念するように決定を下したとき、ジョワンヴィルはつぎのように証言している。「アンジュー伯は自分が船に乗らねばならぬとわかると、たいそう悲しい表情をされたので、全員驚いたのである。しかし彼はフランスに戻られた」[15]。一二七〇年の死の十字軍の際には、この同じ人物はシチリア王となっていたが、チュニスの前方に遅れて到着する。ルイは今しがた息を引き取ってしまわれたばかりであった。彼は王の天幕のなかに兄の遺体を見つけると、涙を流して王の足下に身を投げ出す。それゆえに、まさに個性を超えた行動のモデルに関わっているのである。

ルイにまつわる歴史叙述によって作り上げられた神話が、そして彼の個人の聖性のもっとも特徴的なものとして提示している態度が、王の同時代人ないしは先駆者たちの神話のなかにみられることがよくある。

イングランド王ヘンリー三世の信心行為は、たとえその表わされ方が時おり異なっているとはいえ、ルイの敬虔さに比べて、熱心さで劣っていたとは思われない。ルイは説教に狂信的であり、ヘンリーはミサにそうなのである[16]。一二五〇年の劇的な和解がなされる前には、政治と戦争における場合と同じように、信仰心に関して、この二人の君主の間に真の対抗意識、競争心そのものが存在していたようである。それにしてもこの競争は、互いに相手を追い越すまで追究されたのである。一二五九年、ヘンリー三世がパリへ平和交渉に遣って来たとき、ルイは会合がおこなわれるたびに、自分の宮殿でこのイングランド人を待たねばならぬことに苛立たしさを隠しきれないでいるのである。ヘンリーは、シテ島に宿を定めていたにもかかわらず、来る途中にあるすべての教会に足を止めることをしなかったであろうか、そしてそこで可能なかぎりのあらゆるミサに立ち会わなかったであろうか。一二七一年、このフランスの王の遺体がサン＝ドニに埋葬されたとき、この死者が一人の聖人であるということを明らかにしたいと思っている葬列が通り過ぎる際に、あるイングランド人が、自分自身の王もやはり聖人であると抗議をすることになるのである。

臣下たちに宛てた書簡のなかで、自分の敗北とエジプトでの虜囚について真実と告解を求められたフランス王が、自分の不幸について国民《くにたみ》に何一つ隠しておくことを望まず、心を打ち明けて信頼を求めるという国民との前代未聞の関係を初めて打ち立てたことで、君主の新しい率先的な行動であるという印象を抱かせた一方で、リチャード獅子心王もまた、臣下に書簡を送って、本当のことであるが、彼らに勝利を伝えたこと、一一九八年にフィリップ・オーギュストに打ち勝ったばかりのジゾールでの勝利を伝えたことが、思い浮かばないだろうか。(17)したがってフランスのカペー家の伝統のなかにおいてこそ、聖ルイの予示を求めねばならないのである。

聖ルイが完璧な形で体現されているモデルの最初で最良の素描は、修道士エルゴーによって描かれているようなロベール敬虔王であった。エルゴーはフルリー（サン＝ブノワ＝シュール＝ロワール）のベネディクト会修道院に属していたが、この修道院は初期カペー王たちのために、たとえば一二世紀以来サン＝ドニがその任務を果たすことに成功した宣伝代理人であるのと同じように、歴史編纂とイデオロギー形成の中心部《フォワイエ》としての役割を演じるように努めた場所である。エルゴーは『ロベール敬虔王伝』を、この王の死（一〇三一）と一〇四一年の間に書き上げた。(18)これは聖人礼賛の書であり、ロベール＝アンリ・ボーティエの表現を再録させてもらうならば、「ほとんど聖人伝的な」作品である。そのなかでこの著者は、この作品がユーグ・カペーの息子であり後継者であるロベールを聖人と認めさせる手助けとなるよう期待していたのである。神と聖アニアヌスの加護のもとに置かれているこの『伝記』は、「それらなくしてはだれも神の王国に至ることはできないであろう慈愛、謙譲それに憐憫の所業」を讃えるものとしてみずから名乗っているものであり、この慈愛、謙譲および憐憫という領域のなかで「フランク人たちの王である、いとも優しく、いとも敬虔なロベール［…］は、いとも聖なる王であり預言者であるダビデ以来、だれ一人彼に匹敵するものを見い出せぬほど輝かしい光を放たれた」と書いているのである。この書でエルゴーはロベールの肉体および倫理の肖像を描き、王の憐憫、謙譲、信仰心、聖遺物に対する尊敬、祈りに対する意欲を詳細に語る。ついで王とその家族によってなされた修道院の設立と教会への寄進、およびロベールの奇蹟を列挙する。そして最後に彼をダビデの生まれ変わりとして提示する。

この王の肖像を取り除き、はるかに数多い（そして列聖委員会で確かめられた）奇蹟の数を脇に置き、ダビデをヨシヤと入れ替えるなら、ジョフロワ・ド・ボーリューおよびギヨーム・ド・サン゠パテュスによって編纂された聖ルイについてのそれぞれの『伝記』の骨組みが、大筋のところ、ここに認められるのである。ただこの二人がルイに着せている托鉢修道士の着衣だけが、エルゴーがロベールに付与しているベネディクト会士との外見上の違いとなっているのである。

以下に一一世紀のフルリーの修道士によるこのロベール敬虔王の『伝記』のなかのもっとも意義深い一節を見ることにする。

なぜならこの国は多くの病人を、とりわけ多くのレプラ患者を抱えているのに、この神のお人は、怖れから顔を背けることはしなかった。なぜなら、わが主キリストが人の姿を借りて、よくレプラ患者から歓迎されたということを聖書のなかで以前に読んだことがあったからである。彼はてきぱきと、みずから望んで彼らに近づき、彼らのなかに入って、みずからの手で金銭を恵み、そしてみずからの口で彼らの手に接吻の跡を残し、あらゆる事柄において神を讃え、主のおことばを思い起こさせるのであった。そのおことばとは「お前は埃です。そしてお前も埃に帰るということを思い起こしなさい」であった。他の人々に対しても、彼は敬虔な気持ちで援助の手を差しのべてこられたが、それは姿をお見せになる場所で偉大なことを成し遂げられる全能の神への愛のためであった。さらに良いことに、神の力はこの申し分のない人間に、身体を癒すための恩寵を授けられたので、彼のいとも敬虔なる手が病人の傷口に触れて、彼らの身体に聖十字のしるしをつけることで、彼は、痛みによるあらゆる苦しみから病人たちを解放するのであった(19)。

今日このテキストを読んで、そこに本能的に聖ルイのことを思い起こさない者があるであろうか。最古の時期から知られている、手を触れることで何もかも治癒するという力をフランスの歴代の王に付与するためのこの試みは、ただし、一一世紀を過ぎ一三世紀に至ると、はっきりとした形をとり、るいれき患者に触れるという形に限られてしまうことは除くとしよう[20]。

さらにダビデとヨシヤを入れ替えるだけで、エルゴーの『ロベール敬虔王伝』のつぎの別の一節を読んで今日思いあたるのは聖ルイではないのか。

［…］なぜなら、たしかに聖なる［王］ダビデこの方、地上の王のなかで、その聖なる徳と、謙譲と、憐憫と、信仰心と、慈愛によって——この慈愛という徳は他の徳に勝るものであり、これが欠けるとだれも神に会えないであろう——彼に似ている者は一人もいない。なぜなら彼はいつも主につながっており、彼の心は完璧の域にあったので、けっして神の命令からそれることはなかった[21]。

エルゴー・ド・フルリーがロベール敬虔王に対して試みた、カペー家から一人の聖王を出すという、結局は失敗に終わったこの最初の構築作業のあと、聖ルイのいま一つ別の予示が、ロベールの一世紀後、ルイ九世の一世紀前に、彼の曾祖父ルイ七世とともに現れる。いくつかの史料は、エルゴーがロベールに対して用いているものよりも、一層信憑性が高いように思われるが、ルイ七世をまず例外的に敬神に凝り固まった、とりわけ俗人のものではなくて修道士の信仰心をもった人物として提示してくれている。彼の妻アリエノール・ダキテーヌはつぎのように愚痴をこぼした。「私が結婚した相手は男ではない、修道士です」と。そしてルイ七世は、聖ルイより前に、二度くり返して当時のイングランド王ヘンリー二世によって調停役として選ばれた。最初は、ヘンリー二世の息子たちとカンタベリー大司教トマス・ベケットがこのイングランド王と対立した揉め事の際であり、二度目はこの王と大司教との間に争いが激化した時である。これらの調停は失敗に帰した。だがおそらくこれが、ルイ七世の政治上の威信を道徳的な聖性があるとの評判に変えられなかった理由ではないであろう。彼は、だれをも説得できるような伝記作者には恵まれず、また彼を聖人とするために教会を説得しうるいかなる集団の支持をも受けることがなかった。彼の信仰心は、一部分は、その後ヘンリー二世と再婚したアリエノールとの結婚の破綻の原因とはなったが、おそらく十分に輝きのあるものとしては現れなかったのである。イングランド人同士の争いの調停を引き受けたのは、それ以上に、アリエノールの再婚から生じたフランス王とイングランド王との間の対抗意識に結びつけられる政治的駆け引きが勘定にあったのである。

戦士の王である祖父フィリップ・オーギュストという人物のなかに、聖ルイの第二の予示がみられるのを明かすと、読者はおそらくもっと驚くであろう。一三世紀はこの王を尊厳王とは呼ばずに、フィリップ「征服王」(22)と呼んでいたのである。食べることと飲むこと、それに女性に眼を向けていた王であり——彼は、教会の眼には長い間重婚者として通っており、彼の第二番目の正妻デンマークのインゲブルガに対する婚姻の義務を拒んだ理由で破門されたのである——、狂気じみた怒りを表わす王である。しかしながら彼が死んだときにはすでに、彼の側近の者たちが活かせると期待したフィリップ・オーギュストの真の「聖性に関する史料」が存在していた(23)。このように脚色された彼の生涯においては、すべてが奇蹟に満ちていた。彼は一一六五年に、すでに四五歳を迎え老人とみなされる年齢に達していた父親ルイ七世から生まれている。ルイ七世の最初の二人の妻は娘しか産み落とさなかったが、第三番目の妻が、結婚後五年目にして産んだ子であった。王妃の妊娠中に、ルイ七世は一人の男の跡取りが、諸侯に金製の聖杯《カリス》に生き血を入れて与え、飲ませている夢を見た——これぞペリカンの紋章をもつ王、自分の大封臣たちに自分自身の血を与えるキリストなる王である。フィリップ・オーギュストの最初の伝記作者であるリゴールは、軍事上の遠征の際に、フィリップに三つの奇蹟をなさせている。すなわち彼は収穫時期を延期させ、日照りの最中に奇蹟の雨を降らせ、ロワール河で、同じく奇蹟の浅瀬を自分の槍で見つけ出させたのである。彼の第二の伝記作者であるギヨーム・ル・ブルトンによると、彼は二度にわたり夢で幸運を得たという。ミサに列席していたとき、全列席者のなかで彼一人が、司祭がホスティアを上に挙げた瞬間に、全身輝いている幼きキリストの姿を見たのである。見神《ヴィジョン》が彼に「神秘的な力」を授けたのである。一一九〇年の八月には、ジェノヴァとシチリアの間でのことであるが、軍隊とともに彼を十字軍に運ぶ船上で激しい嵐に見舞われたとき、フィリップは神が天上から自分たちに会いに降りてくるのを見て、仲間を安心させている。ブーヴィーヌの戦いについては、王がキリストの振る舞いをなされた聖なる勝利とされてきた。最後に、一二二三年、彼の死の前日に、一つの彗星が彼の死が近いことを預言した。そして聖ディオニシウスもまた、あるイタリアの騎士を癒しているまさに同じ時に、その彗星のことを告げ、そしてこの騎士がそれを教皇に知らせたのである。

周知の通りフィリップ・オーギュストは聖人にはならなかった。彼の性にまつわる行状と、それに端を発する教会とのいざこざが、彼に列聖への道を閉ざしてしまった。そのうえ、彼の列聖を望む主唱者たちが、俗人がもつ奇蹟の力を嫌う教会の眼からすれば、疑われるような奇蹟を力説したことが、おそらく間違っていたのである。その後、生き方と品行にみられる聖性が奇蹟に打ち勝ち、奇蹟はたしかに必要ではあるが、もはや宗教上および倫理上の完成の上に押される印章以上のものではなくなってしまった。けれども彼の伝記作者たちは、彼の個性という面を疎かにすることはなかった。そしてフィリップ・オーギュストがロベール敬虔王と聖ルイとの間にあって、見事につながりを作っているのは、この点に関してなのである。聖王は狩猟にも馬上試合にも参加しない。彼は「尊大な人間を抑える人、教会を擁護する人、貧者たちを養ってくれる人」であり、貧者に服を贈り、王の家政機関に布施職を創設し[24]、王の礼拝堂を君主の信心行為を大々的におこなう重要な機関に変えた。彼は、一一九五年のパリと同じように、飢饉と洪水の結果に対する闘いに個人的に寄与し、贖罪の行列のあとに従い、ブドウ酒を分かち与えるなどしたのである。彼は自分が職に据えたバイイたちに裁判の任務を託し、彼らの監視を役目とする監察使を指名した。彼は罵りのことばをひどく嫌い、それらを操る者たちに弾圧を加えた。それゆえ聖ルイは、フランスの王を理想的なキリスト教の王の具現とするために、つまり聖なる王とするために、カペー家の長年にわたる忍耐の果てに生み出されたものとして現れているのではないだろうか。聖ルイは、聖人になることに成功したロベール敬虔王の姿、フィリップ・オーギュストの姿ではないであろうか。

聖ルイはさらに古いモデルのくり返しではないのか。カペー王朝がカロリング王朝との接合「シャルルマーニュの家系への回帰」*reditus ad stirpem Karoli* を実現することに至るこの時期において、彼はシャルルマーニュの生まれ変わりではないのか。一二〇一年にジル・ド・パリが、跡継ぎである若き王太子であった聖ルイの父親ルイ八世に捧げた「君主鑑」は、モデルとしてシャルルマーニュ——「カロリーヌス」*Karolinus*——を与えているものであるが、これはこの偉大な皇帝と聖ルイとの間をつなぐものとなっているのではないのか。(25) ある明確な模範となる点、すなわち食卓での振る舞いに関して見ると、食事の席にある聖ルイは、よく食べよく飲むシャルルマーニュの生まれ変わりにすぎないとは思われないだろうか。(26)

聖ルイはまた、あるテキストが名付けているように、キリスト教という時代のなかに、さらに一層深く根を降ろした「コンスタンティヌスの生まれ変わり」ではないのか。彼は、彼の伝記作者たちや教皇ボニファティウス八世が列聖の大勅書のなかで名指しているように、現実の歴史と新約聖書の人物たちを旧約聖書のモデルの分身とする予型論的象徴体系に従わせるならば、新しい法のもとにあるヨシヤではないのか。(27) なぜなら、カロライン・バイナムが述べたように、一二世紀以降、人格というものは「類型」のレパートリーのなかでしか形をもたず、そして類似の原理に従ってしか定義されえないからである。(28)

そうであるなら、個人というものは「集団的な同一性」つまり範疇を通してしか存在しないし、実現もしないことになる。聖ルイは、「キリスト教者の王」であった。(29) 人物の性格づけは、その人がモデルに類似しているところによってのみなされるのである。聖人であること、それは「神のような」存在であることである。もし人間が『創世記』に従って神の姿に似せて創られたとするなら、聖寵を失った人間が「神の似姿」になれるのは、神を真似つつ聖人になることができたり、あるいは王の完璧さに達することができる時に限られるのである。なぜなら、この世で「神の似姿」*imago Dei* (30) となるのは、王の使命だからである。

死んだ王の遺骨を介して、あるいは葬列の際に、あるいはとりわけサン゠ドニの墓所に触れる際に現れる神がおこなう奇蹟とは、伝統的にみられる、ありふれた奇蹟である。聖ルイは、当時のどんな聖人とも同じように癒しをおこ

なうのである。(31)

このように伝記作者や聖人伝作者によって生み出された聖ルイという人物は、一つの理想的なイメージ、すなわち地球外に存在するモデルの似顔絵とは別のものなのであろうか。聖ルイは実在したのであろうか。

【注】

(1) Etienne DELARUELLE, «L'idée de croisade chez Saint Louis», *Bulletin de littérature ecclésiastique*, 1960, p. 242.

(2) Edmond-René LABANDE, «Saint Louis pèlerin», *Rèvue d'histoire de l'Église de France*, 57, 1971, pp. 5–17.

(3) Jacques MADAULE, *Saint Louis, roi de France*, ·Paris, 1943, p.23.

(4) J.-Cl. SCHMITT, *La Raison des gestes, op.cit.* を見よ。

(5) 後出七八二頁以下を見よ。

(6) これは一二九三年と一二九七年の間に書かれたポワティエ伯の遍歴楽人《メネストレル》のある年代記から抜粋したフランスの王の系図である。年齢と年代に関しては大よそのものである。「ルイ貴紳王は一三歳と七カ月で王位についた［…］。彼は四三年間の統治のあと、カルタゴで亡くなられた。五八歳であった。王の時代には王国は平和であった。神と聖なる教会を愛した。それゆえに聖人といわれている」(*Recueil des historiens des Gaules et de la France*, t.XXIII, p. 146)。列聖の前に書かれたこのテクストは、彼が語っていることと黙していること（敗北とエジプトでの虜囚）の両面から興味を呼ぶものであり、年代設定に関する中世の聖職者たちの道具立てについての彼の証言についても同様である。すなわち人物の年齢、（幽閉と治世の）期間はあるが、年代の記載がない。

(7) 前出四八六～九三頁を見よ。

(8) ルイが食事においてこれらの二つの規範の妥協を見い出したやり方については、あとで見るであろう。後出七八五頁以下を見よ。

(9) William Ch. JORDAN, «*Persona* et *gesta*：the Image and Deeds of the Thirteen Century Capetians. The Case of Saint Louis», *Viator*, vol.19, 1988, 2. pp.209–218.

(10) 後出九〇五～七頁を見よ。

(11) 前出三二六頁を見よ。

(12) SUGER, *Vie de Louis VI le Gros*, éd. citée (前出三五〇頁注23), p.267. この若い王は、一五歳に達したとき、パリの城壁の外を走っていた豚に馬が追突して、落馬で死んだのである。

(13) PIERRE DE BLOIS, *Epistola 2*, dans *Patrologie latine*, t.207.

(14) LE NAIN DE TILLEMONT, *Vie de Saint Louis, op.cit.*, t.V, p.117を見よ。ルイとイザベルという兄妹のカップルについてはW. Ch. JORDAN, *Louis IX and the Challenge of the Croisade, op. cit.*, pp.9–12を見よ。

(15) JOINVILLE, *Histoire de Saint Louis*, p.243.

(16) L.K.LITTLE, «Saint Louis' Involvement with the Friars», art. cité (前出七六頁注12), p.5.

(17) DUBY, *Le Moyen Âge, de Hugues Capet à Jeanne d' Arc, op.cit.* (前出八六頁注1) による引用。前出一三八頁注1を見よ。

(18) HELGAUD DE FLEURY, *Vie de Robert le Pieux*, éd. citée (前出四八四頁注1)。

(19) HELGAUD DE FLEURY, *Vie de Robert le Pieux*, éd. citée, pp.127–129.

(20) M.BLOCH, *Les Rois thaumaturges, op.cit.* (前出三五〇頁注29)。Jacques LE GOFF, «Le miracle royal», dans *Actes du colloque de Paris pour le centenaire de la naissance de Marc Bloch*, Paris, 1986.

(21) HELGAUD DE FLEURY, *Vie de Robert le Pieux, op.cit.*, pp.138–139.

(22) 王領を「増やしてきた」(Augmenté) ことでフィリップ二世にずいぶんと早くから与えられていた「尊厳王」Augusteという添え名は、一四世紀以降には慣れ親しいものとなるが、一三世紀を通して、「征服王」Conquérantという添え名の前には影が薄かった。

(23) LE GOFF, «Le dossier de sainteté de Philippe Auguste», art.cité (前出四八頁注6)。

(24) Robert-Henri BAUTIER, «Les aumônes du roi aux maladreries, maisons-Dieu et pauvres du royaume. Contribution à l' étude du réseau hospitalier...de Philippe Auguste à Charles VII», dans *Actes du 97e congrès national des sociétés savantes (Nantes, 1972), Bulletin philologique et historique*, Paris, 1979, pp.37 à 105.

(25) M.M.COLKER (éd.), «The Karolinus of Egidius Parisiensis», *Traditio*, 34, 1973, pp.99–325.Cf. Andrew W.LEWIS, «Dynastic structures and Capetian throne-right : One View of Giles of Paris», *Traditio*, 33, 1977.

(26) 後出八〇三～五頁を見よ。

（27）前出四八六～九三頁を見よ。

（28）Caroline BYNUM, «Did the Twelfth Century discover the individual?», *Journal of Eccelsiastical History*, 31, 1980, *Jesus as Mother. Studies in the Spirituality of the High Middle Ages*, Berkley, 1982, pp.82–109 に再掲載。一二世紀における個人に関しては後出六一八頁以下を見よ。

（29）キリスト教の王のモデルに関しては前出「君主鑑」に関する章（四九六～五三〇頁）および第三部を見よ。

（30）W.BERGES, *Die Fürstenspiegel des hohen und späten Mittelalters, op.cit*.（前出四八五頁注3）を参照。

（31）聖ルイの奇蹟は後出一〇六九～八四頁を見よ。

【訳注】

（1）フランス中世を代表する武勲詩『ローランの歌』においては、シャルルマーニュも、その甥ローランも涙もろい。一二臣を失ったシャルルマーニュは涙に明け暮れる。

　ロンスヴォーへとシャルルは来たれり。
　目にとまる死者に、涙流しはじめ、……（2855–7 行）
　その花すべて、われらの武将の血にて朱し！
　帝、憐み抱き、涙せざるを得ず。（2872–3 行）
　　（有永弘人訳『ロランの歌』岩波文庫、一九六五）

第九章　ジョワンヴィルによる「真」のルイ九世

聖ルイの記憶の生産にとってすべてが終わったと思われたとき、また彼が列聖され、ボニファティウス八世が教皇文書と二つの説教のなかで、王の公式のイメージを決定的なものでありたいと望んで描いたとき、そして王と直接的な知り合いであったか、王の身近にいる人々の証言を集めていた聖人伝作者たちが、ギヨーム・ド・サン゠パテュスによる編纂のように、列聖の手続きにおける証言者たちの証言を利用して、この聖王の伝記と真正な奇蹟を書き上げたとき、八〇歳になる一人の男が『われらが聖ルイ王の聖なることばと良き事績』の口述筆記を始めた。そしてこの書は、すべてを変えはしないものの、聖ルイの「真の」人となりに私たちが近づく可能性を根本的に修正することになるのである。

シャンパーニュのセネシャル、ジョワンヴィル領主ジャンは、彼自身の告白するところによると、ルイ九世の孫にあたるフィリップ端麗王の妻であり、一三〇五年四月二日に死んだ王妃ジャンヌ・ド・ナヴァールから、彼女の死の直前であると思われるが、この書を書くようにとの要請を受けた。彼は一三〇九年にこれを完成させると、ジャンヌの息子であり、ナヴァラ王であり、シャンパーニュとブリーの伯であり、のちにフランス王ルイ一〇世喧嘩王となるルイに献上した。聖ルイに遅れること一〇年、一二二四年生まれのジョワンヴィルがこの作品を書いたとき、彼は八〇代であった。

例外的な証人

二つの状況がジョワンヴィルを例外的な証人にしている。まず彼は王と昵懇《じっこん》であったことである。とりわけエジプトへの十字軍遠征の大部分の期間、王のもっとも近くにいた家中の一人であった。しかし彼はまた、さまざまな時期に、パリの王宮で王と親密な生活を送ってきた。そして彼は、王の生涯についての自分の知らない状況に関しては適切な証人に、たとえばチュニスへの十字軍遠征と王の死に関しては息子アランソン伯に、問い合わせをおこなってきた。父親の最期を看取った人物だからである。ジョワンヴィルは一二八二年の王の列聖のためにおこなわれた調査の際には、尋問を受けた証人の一人となった。そして、彼の同時代人をもっとも驚かせたルイの道徳的な聖性の諸特徴の一つである、嘘に対する聖王の過敏さの証拠を私たちが握っているのも、じつは彼のおかげなのである。王が捕虜となっていた間、王は事実、サラセン人たちに対して約束を違えることを拒んできた。当時としては異教徒を騙すことは、徳の行為とはみなされないまでも、いずれにせよ罪とみなされることはなかった。この極端なまでの道徳的な繊細さは、列聖の際にボニファティウス八世によって取り上げられ、そしてドミニコ会托鉢修道士〔ジャン・ド・サモワ〕によって言及されたのである。この修道士は一二九八年八月二五日、この新しい聖人の遺体の奉挙の際に、サン＝ドニで、フィリップ端麗王を前にして説教を垂れたのであった。ジョワンヴィルはその場にいた。するとこの説教師は、ジョワンヴィルを引き合いに出す際に、聴衆に向かって彼を指さしたのである。ジョワンヴィルにとっては何という気分の爽やかな復讐であったことか。自分の友人であった聖ルイの、息子も、孫も、すなわちフィリップ三世勇胆王もフィリップ四世端麗王も、彼に対して敬意を示すことがなかったのだから。

ジョワンヴィルの第二番目の独自性は、俗人であるということである。おそらくは信心深い俗人であろうが、とにかく俗人なのである。だから彼は、托鉢修道士である聖人伝作者たちのように、信心行為をおこなう王を見せることだけに限ることはしなかった。ジョワンヴィルはまた、彼がいなくては私たちが知りようのない、戦士としての、騎士としての王を見せてくれる。これらの面に彼はその書物の二分の一を費やしてさえいるのである。「この書の第二部は、王の偉大なる剛毅さと、武具を携えての偉大なる事績について語るものである」。一二四二年、タイユブールでイングランド人を迎え撃つ。戦争が始まると、ルイは戦陣を離れることなく「他の兵士たちとともに危険のただ中に身を置く」。とりわけ一二四九年から五〇年にかけてのエジプト滞在の王。そこでジョワンヴィルは交戦の際に、これまで自分が一度も見たこともない「立派な騎士である」ことを王のなかに見抜く(1)。

このようにしてジョワンヴィルは、王が俗人でありながら列聖され、まさに俗人の聖人となったという例外的な事実を強調する。「今日の俗なる人間で、自分の治世の始まりから生涯を閉じるまで、自分の時代を通してずっと、かくも聖らかに生きたお方はいない」。俗人たちの昇進が際立つこの一三世紀の功績は、他の何にもまして、非聖職者のキリスト教信者層を、通常は修道士や聖職者たちだけのものとされている聖人となることを認めるまでに至らしめたことである(2)。

ジョワンヴィルのこの証言では、すべてが例外的なのである。俗人が聖人伝を書いたのも初めてのことである。しかしこの例外は説明できなくはない。貴族階級の構成員の何人かは、実際に、文学的作品を作ることを許すような教育段階に達していた。たしかにジョワンヴィルは、とりわけ教養のある俗人である。弟ロベール・ダルトワの死をルイ九世が涙している姿を示している件《くだり》の背景に、一世紀前に自分の弟に涙を流している聖ベルナールの嘆きのレトリックがあることをミシェル・ザンクは炯眼をもって述べている(3)。しかしジョワンヴィルは、伝記と奇蹟とが続くこのジャンルの慣例的なプランに従うことはしない。

この大いに信心深い俗人は、彼が目撃することのなかった奇蹟は無視するように、一行の文のなかで述べるだけにしている。「そして彼の遺骨は匣《はこ》に仕舞われ、運ばれて、フランスのサン＝ドニに埋められた。そこは彼が生前に墓所として選んであったところであり、その場所に彼は埋葬されたのである。神はその後この場所で、彼のために、彼の篤い徳によって多くの素晴らしい奇蹟をおこなわれた」。必要と思われる際には、他人の証言を拠り所にするとはいえ、ジョワンヴィルは、まずは自分の証言を書く。自分が立ち会わなかった王の死の話を入れることで自分の思い出を補っているのは、それは一人のキリスト教徒としての自分の一生のなかで、死は完成であり、永遠の命を終局的に得るか、それとも失うかの瞬間であり、この世で演じられてきた役割の最後の幕において、自分が明らかになる瞬間だからである。ルイの場合、この死は、すでに見てきたように、それが誕生の際に予知されていた事柄を確認するために訪れただけに、一層重要なのである。(4) それゆえこの王の死は、一つの運命の完成なのである。その死はまた、ルイのキリストのまねびの決定的な成功を表わすものである。「彼は十字架という事実に関してわが主を真似られた。なぜなら神は十字架で死んだ、だから彼もそうしたのであるし、彼がチュニスで死んだ時は、彼が十字軍に出向いていた時であり」、午後の三時にというのは、「神の御子が十字架の上でこの世の救済のために死んだ、まさにその時刻」だからである。

【注】

（1）前出三三二〜四頁を見よ。
（2）A.Vauchez, *Les Laïcs au Moyen Âge*, *op.cit.*（前出七六頁注13）; G.Lobrichon, *La Religion des laïcs en Occident*, *op.cit.*（前出七六頁注13）。
（3）M.Zink, «Joinville ne pleure pas, mais il rêve», *Poétique*, 33, 1978, p.34.
（4）前出四一頁を見よ。

信頼できる証人

しかし、ジョワンヴィルの書物は、とても変わった作品であるので、聖ルイに近づく道としてこれを利用する前に、若干の問題が課せられねばならない。まず十字軍を語っている最重要部分に関して、事件後半世紀以上も経って書かれた思い出の信憑性について疑ってみなければならない。最初に次のことを思い出してみよう。書かれたものが数少ない中世の社会は、書かれたものに取り巻かれている私たちの社会におけるよりも、もっと強力な、長期にわたる、しかも厳密な記憶の社会であるということである。他方――ジャック・モンフランやミシェール・ペレの研究のような文献学および言語学の研究がおそらくその証拠をもたらしてくれるであろうが――、ジョワンヴィルがもっと早い時期に（おそらく、その思い出が自分の存在と生活の中心となっていた王の死後すぐに）回想録を作成したということもありうるということである。いずれにせよこのセネシャルは、一二八二年の列聖手続きの尋問の際に、手続きのなかに記録されていた王の聖性の証拠として与えられた聖ルイのいくつかの特徴に言及した。これらの思い出は、同様に、『伝記』のための下準備をなすものでもあるのである。(1) 結局のところ、彼のなかにある王についてのこの記憶の鮮やかさそのものが、彼の思い出を生き生きしたものに保ってきたに違いない。ジョワンヴィルは、ミシェル・ザンクが見事に指摘したように、感動を引き起こすイメージと、それに結びつけられている感情の思い出をもち続けている感情的記憶の持ち主なのである。この感情的記憶は、一二四一年、王弟であるアルフォンスの騎士叙任式にともない列侯会議が開かれたソミュールでの王主催の大宴会の折に、一七歳の若いジョワンヴィルがルイと初めて出会った時に生まれたようであるとはいえ、その記憶は王という人物描写の枠からはみ出してさえいる。ちなみに、ジョワンヴィルはこの挿話についての思い出をもち続け、これを目を見張るばかりの描写のなかで語っている。(2) しかし王についてのこの記憶は、とりわけ十字軍をめぐって結晶する。それはジョワンヴィルの一生を支配する大局面だからである。まず、この経験は大部分の十字軍参加者の人生にとってもっとも盛り上がる瞬間を代表していたからであり、つぎにそれが、このセネシャルを君主と親密な関係に導いてくれたからである。この経験はまたジョワンヴィルにとって断腸の思いを味わう原因ともなった。彼の心は、一方に神と王、他方に自分の家族、領地および城という二つの間で揺れ動いたからである。封建的心性のあらゆる劇的な矛盾がそこにみられるのである。「私がジョワンヴィルをあとにした日……」、この話は有名である。

例のシュミノンの僧院長は私に肩章と巡礼杖を渡してくれた。そして私はジョワンヴィルをあとにした。素足で、履き物もはかず、シャツ一枚の姿であった。帰還するまで城に戻ることもない。このような姿でブレクールへ、サン＝テュルバンへ、そして聖遺物の祀られている他の場所へと足を運んだ。ブレクールとサン＝テュルバンへ行く間に、私はジョワンヴィルの方角に顔を向けたくなかった。あとに残してきた美しい城のこと、二人の子どもたちのことで心が乱れるのを怖れたからであった(3)。

ジョワンヴィルの記憶は、鮮やかに視覚的であり、聴覚的である。彼は聖ルイの船団がキプロスからエジプトに向けて出帆する様子を思い出している。

土曜日、王は出帆した。そして他のすべての船もそれに倣った。いとも美しき光景であった。というのも、目の届くかぎり、大型小型とり混ぜて、一八〇〇隻も数えられる船の帆の布で、海一面が覆われていたからであった(4)。

彼は十字軍に向かってイスラム教徒が投ずるギリシア油焔弾を思い起こしている。

ギリシア油焔弾のやり方はひどいものであった。ヴェルジュー〔中世で料理によく使われた青いブドウから搾った調味料〕の樽ほどの大きさのものが、まさに前方より飛んでくるのであった。そしてその樽から出ている炎の尾は、これまたたっぷり槍一本の長さはあった。飛来する時の音もはなはだしく、さながら天から落ちる雷《いかづち》かと思われた。天空を飛びまわる龍のごとくであった。陣中にあっても、大閃光を放つ大量の火のゆえに、さながら真っ昼間と同じようにはっきりと見えるほど、とても明るい光を放っていた(5)。

彼は、エジプトでサラセン人と戦う、これまでに見たなかでも「もっとも素晴らしい騎士」である聖ルイを思い起こす。[6]

ジョワンヴィルはとくに着衣と色に敏感である。彼が厳密に再構成してくれるのは衣服をまとい、彩り鮮やかに着飾った聖ルイなる人物である。すでにソミュールで初めて出会ったとき、「王は青い繻子の中着《コット》と、その上に上着《シュルコ》をはおり、白貂《オコジョ》の毛皮の付いた真紅の繻子のマントを召され、頭には木綿の帽子を被られていた。この帽子は当時まだ若かった王には似合わないものだった」[7]。そして、敗北の十字軍遠征から帰還したあとのこととして、衣服に関する贖罪行為の時期について述べる[8]。最後に、ジョワンヴィルが聖ルイに関して見た二つの夢のなかの一つで、二度目の十字軍の誓いの準備をしている王が現れたとき、王は色ものの服を身に着けているのである。「私には、教会の衣服を着た数人の高位聖職者《プレラ》たちが、王にランス産の真紅のサージで作ったカズラ〔司祭がミサの時に着る袖なしのガウン〕を着せているよう思えた」。この色は、ルイ七世が生まれてくる自分の息子フィリップ・オーギュストについて見た血と金の夢がそうであったように、ここではまさに象徴的な意味をもつのである。

この夢を見たあとで、私はとても学識のある私の司祭ギヨーム殿を呼び寄せ、その夢の話をした。するとと彼はつぎのように私に答えたのである。「殿、あなたは王が明日、十字軍の誓いを立てるのをご覧になられることでしょう」。私は彼になぜそのように思うのかと尋ねた。すると彼は、私が見た夢のためにそう思うのだと答えた。なぜなら真紅のサージのカズラは十字架を意味しており、それは神が十字架に撒き散らした脇腹の、手の、そして足の血で赤く染まったからである。「カズラがランス産のサージであったのは、もし神があなたに命を与えてくださるならおわかりになることだが、その十字軍遠征は勝ち目が薄いであろうという意味である」[9]と。

【注】

(1) ルイ・カロリュス＝バレは、ギヨーム・ド・サン＝パテュスによる聖ルイの『伝記』の抜粋を引用している。その抜粋は、彼によると、ジョワンヴィルが列聖手続きの際に公言したことを書き留めたものである。そして彼はそれらをジョワンヴィル自身の作品の対応箇所と照合している（L. Carolus-Barré, *Le Procés de canonisation, op. cit.*, pp. 78–87 および証人ジャン・ド・ジョワンヴィルの紹介の箇所——彼はジョワンヴィルを一二二四年ではなく一二二五年の生まれとしているが、当時は一年が三月から始まっていたので、中世の日付設定に一月および二月に関しては一年を加えるという、現代風の年代方式の表記法がここで問題となることはない。というのも彼はジョワンヴィルの誕生日として五月一日を仮定しているからである——pp. 152–158）。

（2）*Histoire de Saint Louis*, p. 69. 前出一六八〜九頁を見よ。
（3）*Ibid.*, pp. 54–57.
（4）*Ibid.*, pp. 82–83.
（5）*Ibid.*, pp. 112–113.
（6）*Ibid.*, pp. 124–127.
（7）*Ibid.*, pp. 54–55. 前出一六九頁を見よ。
（8）前出二六三頁を見よ。
（9）*Ibid.*, pp. 396–399.

伝記か自伝か

しかしジョワンヴィルを読むと、その対象とするものが——意識的であれ、無意識的であれ——何であったのか、王にあるのか、それとも彼自身にあるのか、見当がつかない。伝記なのか、それとも自叙伝なのか。もしジョワンヴィルが、以前にみずからの回想録に類したものを編纂させていたとするなら、とりわけルイの思い出を呼び起こすためにそれが書かれたとしても、主人公に関するこの私のためらいは説明されうるのである。また、王妃ジャンヌの要求を満たすために新しく編纂したとしても、前に書いたものにみられる、おそらくは自伝的な特徴を完全になくしてしまうことはなかったであろう。けれども今日までのところ、この仮説を支持するいかなる決定的な議論もない。しかしそれでも問題として残るのは、大部分がこのセネシャルの個人的な証言にもとづいて、注文された用語に従って『われらが聖ルイ王の聖なることばと良き事績』を表題とする一つの作品を仕上げたとはいえ、ジョワンヴィルが異常なまでに固執して自分を登場させているのを考慮せねばならないということである。ミシェール・ペレは、「自分のテクストのなかでジョワンヴィルは、現代の校訂者たちによって分けられているパラグラフの七三パーセントに介入している」ことを計算し、「彼は王と自分との関係をひどく特権化して考え、同時に、とても力強く王の話の中心に自分を置くので、その話が時には霞んでしまうほどである」ことを示した。「そうなると、彼が実際にそのような挿話に立ち会ったのかどうかも、あるいは王を含め、王との関わりで設定されている〈われわれ〉*nous* のなかに、彼ジョワンヴィルが正確にどの程度入っているのかも、もはやわからない(1)」。

伝記作者である聖職者たちと違って、ジョワンヴィルはフランス語で書き、王が実際に自分をいい表わす言語で(これもフランス語であるが)王に語らせている。したがって、王のことばがジョワンヴィルによって忠実に書き留められたものであれ、あるいはジョワンヴィルが聞いたと信じていること――あるいは信じたいと思っていたこと――を王の口に託したものであれ、聖ルイが個人的に息子と娘に語っている規範的なテクストである『教え』を別にすれば、王について「本当である」と思われることが語られるとみえるのは、ジョワンヴィルのなかにしかないのである。

ミシェル・ザンクによって細かく分析された「自―他伝記的」もつれという状況に関しては、それはまずジョワンヴィルが「フランス語で書き、自分自身のことを一人称を用いて語る最初の人間である(2)」という事実に由来している。これは時代の刻印なのである。なぜなら一三世紀は「叙情詩から個人詩への移行」の時期だからである。この『伝記』においては、自伝と「他人」の伝記とが解きほぐせないまでに混ざり合っているのである。聖ルイは奇妙にも「片時も離れない」カップルの構成に身を委ねているように思われる。ある場合には、母親と合体するのは王であるし、またある場合には、王と融合しようと努めるのはジョワンヴィルなのである。

この「私」*je* と「われわれ」*nous* を一緒に明言するエクリテュールの新しさに、ジョワンヴィルは彼の書の冒頭から陶酔しているように思われる。

全能なる神の名において、「私」こと、シャンパーニュのセネシャルであるジョワンヴィルの領主ジャンは、わが聖なる王ルイの伝記を、「私」が海外への巡礼の旅に王のお供をした六年間、そして「われわれ」が戻って来て以来の期間、「私」が見聞きしたことを今、書き留めさせています。(3) そして「私」があなた様に王の偉大なる数々の事績と、王の勇気ある振る舞いの数々をお話し申し上げる前に、「私」は王の聖なるおことばと良き教えについて見聞きしたことを、あなた様に申し上げることにします［…］。(4)

私たちは鏡の働きを通してしか聖ルイを探し求めることができないとすれば、このセネシャルが心に描いている聖ルイは、この上なく人を面食らわせるものであり、彼自身にとっても、そして彼の読者たちにとっても、ジョワンヴィルが一つの現実に従って幻想を創り出すための、この上なく巧妙に配置された人物とはいえまいか。「ジョワンヴィルは、自伝的な証言と、聖王に向けた私《モワ》の回顧的な視線および私《モワ》に対する私《モワ》の回顧的視線を混同してしまっている［…］。ジョワンヴィルは、自分が王について与えているイメージ、つまり彼自身の感動の結実が、自分自身のイメージに送り返され、そのために彼のテクスト全体が、非常に多くのパッサージュ（場面）に分けられるというやり方で機能しているのではないかとの疑いを抱かせる。その場面場面でははっきりとした形で、王の個性が、ジャン自身の個性を通してと同時に、双方の個性を照らし出す二人の人間の親密な会話を通して暴かれているのである」(5)。

この親密な状態 symbiose は、私たちを別のものへ、新たな幻想へ、主観性 subjectivité と文学的感受性とが生み出す幻想へと導くことになるのだろうか。私たちにはとても近い存在にみえ、私たちが彼のおかげて、彼とともに見て、聞いて、触れていると信じているジョワンヴィルの聖ルイは、このセネシャルの感動によって創出された幽霊にすぎないのではないのか。おそらく、「ジョワンヴィルは王を愛していた」であろうし、たしかに彼の話の「真の」細かい記述は王を描いている。しかしそれ以上にジョワンヴィルは、彼が王に抱いている友情を描いているのである。だから彼は、王と、私たちが王について知っている事柄との間に、さらに一枚の遮蔽幕を作ることにもなるのである。

【注】

（1）Michèle Perret, «À la fin de sa vie ne fuz je mie», *Revue des sciences humaines*, 183, 1981–1983, pp. 17–37. 社会科学高等研究院の私のセミナーに提出された貴重な分析に対して、ミシェール・ペレ女史（「ジョワンヴィルの『聖ルイ伝』における語り手の地位」）およびクリスティアヌ・マルケッロ＝ニツィア女史（「ジョワンヴィルの『聖ルイ伝』における動詞形態とディスクール戦略」）に謝意を捧げる。

（2）Michel Zink, *La Subjectivité littéraire. Autour du siècle de Saint Louis*, Paris, 1985, p. 219. 同様にすでに引用された注目すべき論文«Joinville ne pleure pas, mais il rêve»を見よ。

（3）すなわち、聖職者を含めて「著者」の大部分がしているように、「口述筆記をさせている」。

（4）*Histoire de Saint Louis*, pp. 10–11.

（5）Michel Zink, *La Subjectivité littéraire*, *op. cit.*, pp. 220 et 226.

ジョワンヴィルの具体的な聖ルイ像

それでもやはりこのテクストは、私たちを真正な関係の核心に導いてくれて、文化によって伝えられた理想のモデルとしての聖ルイではない、ジョワンヴィルが親密な関係にあった「真の」聖ルイなる人物に出会わせてくれるのである。変形され、あるいは美化されているとはいえ、このセネシャルの愛情のこもった記憶が育まれている具体的な細部描写は「真の」細部描写なのである。

ジョワンヴィルはルイに会ったり、話を聞いたりするだけではなかった。彼にとって、王にじかに触れること、つまり近づいて触れるという必要性は、王自身が感じていた必要性に照応していたように思われるのである。たしかに王のこの態度のなかには、自分のまわりや近くに弟子たちを集めるキリストのまねびを見ることもできよう。しかし、「君主鑑」からも、文学的なコードからも、身振りの手引き書からも、そして新約聖書からさえも借用されたものではないこれらの場面を読み返してみよう。もし福音書のイエスが、意識的であれ無意識的であれ、ルイのモデルであったとしても、福音書はジョワンヴィルのモデルではなかった。彼がいいたかったことは、彼の経験と、体験の記憶から生じているのである。もし彼が自分の書物のなかで、自分の友にふたたび出会うことを望んだとしたら、嘘を援用することで、よしんばそれが見事な文学的な嘘であっても、彼の計画を台無しにしてしまうことになろう。なぜならこのセネシャルは——それが彼の近代性であるのだが——他人のために書いているのでも、亡くなった王妃や彼の息子のために書いているのでもないからである。彼は自分のために書いているのである。

　では彼が私たちに打ち明けている聖ルイ像とはどんなものなのか。それは、まずは観察された、近くから触れられた一人の聖ルイなのである。

　この「触れる」場面の第一場は、パリの王宮で起こった。そしてその役者たちは、王と、のちにフィリップ三世となる息子のフィリップ、彼の娘婿であるナヴァラ王ティボー・ド・シャンパーニュ、そしてジョワンヴィルである。

　そのあとで、王陛下は、現在の王〔フィリップ端麗王〕の父君であらせられる息子のフィリップ殿下とティボー王をお呼びになった。王は礼拝堂の入り口にお座りになり、手を地面に置かれて、こういわれた。「人に話を聞かれないように、ここに、私のそばにお座りなさい」。——「ああ、陛下」と彼らはいった。「われわれはそんなにあなた様のお近くに座ることはできません」。すると王は私に申された。「セネシャルよ、ここにお座りなさい」。私の服が王の服に触れんばかりのおそばに私は座りました。[1]

　第二の場面は、重々しい文脈がさらに一層の深い奥行きを与えるものであるが、アッコンで、聖地に留まるべきか、それともフランスに帰るべきかを王が側近たちに問うために招集した補佐役会の日に設定されている。ジョワンヴィルは王に留まることを勧めたほとんど唯一の人物であった。だがそれにつづく食事の席では、ルイは彼にことばをかけなかった。彼は王が自分に腹を立てているものと思った。

王が食後の感謝の祈りを聞いていた間に、私は格子窓のところへ行った。これは王の寝台の枕元に向かって補強のために取り付けられたものであった。私は窓の桟の間に両腕を通していた〔…〕。私がそうしている間に王がこられて、私の肩に寄りかかり、そして私の頭にその両手を置いたのであった。私はそのとき、〔背後の人を〕フィリップ・ド・ヌムール殿だと思った。彼は私が王に与えた助言を理由に、その日、私をひどく苦境に追い込んだからであった。それで私は「放っておいてください、フィリップ殿」と叫んだ。運悪るく、振り向きざまに王の片手が顔の上に下がったので、その指にはまっているエメラルドによって、それが王であるとわかったのであった。(2)

ミシェル・ザンクはこの接触に関して魅惑的なフロイト流の仮説を打ち立てた。何度か王に「触れた」という幸せは、ジョワンヴィルが聖ルイに対して向けた友情の一面、一証拠であるというのである。(3) ルイがジョワンヴィルに分かち与えさせているように思われるこの接触の必要性が、個人的な特徴であるのか、あるいは触れるということが特別な機能をもつであろうとする、より一般的な身振りに属するものであるのかを決めるのはむつかしい。仮定しうることは、受難と復活のあとでトマスに脇腹の傷に触れさせるというイエスの例が、とりわけキリストの受難がほとんど固定観念的な表象であった時期の中世の男女を強く印象づけたということである。もっと一般化していうと、内的な感情の具体的な証拠を、すなわちそれらの感情に目で見えて手で確かめられるしるしを求めている社会においては、そして超自然そのものが夢や幻として生じることまでも期待している社会においては、触れるということが特別な価値をもっていたというのは妥当なことなのである。奇蹟、とくに触れることによる治癒の奇蹟は、数も多く、かつ教訓的である。存命中の聖ルイが、るいれき患者に触れることでこれを癒した。そして彼の死の直後にはイタリアで彼の遺骨の棺が、ついでサン゠ドニに埋葬されたあとには王の墓所が、それに触れた患者や病人を癒したのである。私としては、他に仮説を立てる必要もなく、ジョワンヴィルが王と肉体的な接触を求めているのは、彼が、王がやがてなるところの聖人をはっきりと予感しているからなのであると思う。彼が触れるのは、命はあるが、すでに聖遺物となっている肉体なのである。いずれにせよ、ジョワンヴィルは、聖王の『伝記』を書いている時にはそのことがわかっており、思い出は、体験した出来事と原稿作成との間に経過した時間を利用して、この客観的な確認によって豊かなものになるのである。

彼が聖地に設定している一つの逸話は、楽しいやり方で――告白というつつましやかな形式の一つで――このセネシャルの秘めた心の内を見事に見せてくれる。ある日のこと、ルイはアッコンの近くに陣営を張る。アルメニアのキリスト教徒の巡礼たちが通り過ぎた。自分たちを取り囲むサラセン人たちに貢物を支払って、エルサレムへ行くところであった。

私は、天幕のなかの柱に身を寄せて座っておられる王のもとへ行こうとしていた。王はじかに砂の上に座っておられた。絨毯もなく、下には何も敷いておられなかった。私は王に申し上げた。「殿、表にはエルサレムに向かう、大アルメニアの大勢の人々がおります。殿、彼らは、聖なる王に会わせてほしいと私に願い出ているのですが、私はあなた様の骨にはまだ接吻したくはありません(4)」。

ここには、王に関してジョワンヴィルだけが私たちに語ってくれる一つの例、年代記作者からは無視されてはいるが、ごく身近からルイの具体的な人柄を思い起こさせる王の習慣、習慣的な態度の一つ、つまり地面に座る時の身の置き方に関する王の好みが書かれているのである。

すでにその一つの例を示したので(5)、別の例を挙げよう。通常ルイは、王の裁きに向けられる告訴者ないしは申請者――しだいにその数が増している――の問題を、自分の補佐役たちの処理に任せていた。しかし王はしつこい請願者たちの攻撃から補佐役たちを「自由にしてやる」ことが好きであった。王は補佐役たちのところへ行くと、自分の助手役たちに請願者との対応を割り当てたり、あるいは王自身で彼らの訴訟の決定を下すために、みずから彼らの何人かを引き受けることで、手助けをしたのであった。

そして王は教会から戻って来ると、われわれを呼び寄せられ、ご自分は寝台の脚もとに座り、われわれ全員を自分のまわりに座らせて、自分がいなくても役目を果たすことのできる者はだれかおらぬかと尋ねられた。われわれがその者たちの名前を申し上げると、王はその者たちを呼び寄せるようにとお命じになられたのである〔…〕(6)。

ヴァンセンヌの樫の木の有名な場面が設定されているのはこの箇所である。

いく度もあったことだが、夏になるとミサのあと、王はヴァンセンヌの森へくつろぎに出かけられ、一本の樫の木に背をもたれさせると、われわれをご自分のまわりに座らせたものであった。そこには用件のあるすべての人々が王に事情を説明に来ていたが、彼らは門番やその他の役人たちには煩わされることはなかった〔…〕(7)。

しかしヴァンセンヌに関して伝説的となっていたことは、パリの王宮の庭でもあったのである。そしてジョワンヴィルはここに、自分の気に入りの主題の別の一つ、すなわち王の着衣を見い出しているのである。

夏のことであるが、時おり私は、人々の問題を解決するために王がパリの王庭に来られるのを見かけた。カムロットの中着《コット》をはおり、袖なしの羅紗の上着《シェルコ》を着て、首のまわりを黒いタフタのマントで覆い、髪は櫛でよく梳き、飾りは付けず、頭には白い孔雀の羽根付きの帽子を被っておられた。王はご自分のまわりにわれわれを座らせるために絨毯を敷かせた。王の御前にいる用件のあるすべての人々は、王のまわりに立ったままでいる。すると王は、

先にヴァンセンヌの森について申し上げたような方法で、彼らの問題を解決させたのであった。(8)

自分のまわりに集まった仲間たちとともに地面に座った時の王の姿勢、この謙譲さの特徴や、そしておそらくは、とりわけ仕種についての肉体的な好みについてもまた、これを私たちに打ち明けてくれるのはジョワンヴィルだけなのである。それにこの歴史家は稀なる、そしておそらくは人を惑わす感覚の持ち主である（これは使徒たちのなかでのキリストの態度ではないのか）。しかし、批評家としてのすべての自分の仕事《メティエ》を果たしてしまうと、そのあとの彼は、証言の真正性を判断するのに、最終的には「真の」聖ルイの面前にいたということを頼りにするしかないのである。彼は自分自身に告白しようという気になる。「これは、ジョワンヴィルが勝手に創り出しえなかったことである。まさに真実の匂いが漂っている。これは聖ルイがそうであったはずのことなのである［…］」。この印象を、ジョワンヴィルの読者はしばしば身をもって感じる。嘘や包み隠しをせずに、自分が本当に知った通りの聖ルイを自分の記憶のなかに再発見するよう懸命に努めたことで、このセネシャルが自分自身にも王にも手加減を加えないところにまで至っているだけに、一層そのように感じるのである。

彼はしばしば一人のルイという人物によって邪険にされ、焦らされて（彼にとっては何という楽しみであることか）、人前に姿を現す。ルイは教訓を垂れることが好きで、多かれ少なかれ、好意からセネシャルをからかって楽しんでいる。他方、人の善いセネシャルは、利害関係からではなく、自分の王に対する愛着心を傷つけられることの怖れから、不愉快な気持ちに身を震わせているのである。ジョワンヴィルは、彼の思い出によれば、聖ルイのそばにあって、王のいま一人の家中であり、やがてソルボンヌとなるパリにある貧困学生のための学寮《コレージュ》を創立した司教座聖堂参事会員ロベール・ド・ソルボンと人目を引くカップルを作った。王に対するのと同じ友情あふれる、情熱のこもった称賛によって結ばれている、切り離なすことのできないカップルではあったが、王を愛する点ではライヴァル関係にあり、自分よりもむしろ相手に尊敬と友情の証が与えられているのではないかと、ジョワンヴィルは嫉妬深く様子をうかがっていたのである。ルイはこの嫉妬心をいたずらっぽく利用し、宮廷風の楽しみ方で、二人の廷臣の競争心をかき立てることを楽しんでいたようである。

聖ルイとジョワンヴィルとの関係は、時おり気取った会話《マリヴォダージュ》の形をとることもあった。そんな気取りの会話のなかで、人の善いセネシャルは、ひどく内気な恋人であったので、必ずしも聖王の皮肉を自分に向けられたものだととらえていたとは思われない。そうではなくて、おそらくは王のことばをそのまま受けとるふりをしている巧妙な自己皮肉にすぎず、その実、彼の頭のなかは、王の意図の字句通りの解釈で満たされていたのである。このセネシャルは、自分が裁定をくだす、笑いのための一種のスコラ学的な討論のなかで、自分をからかういたずら好きな皮肉屋のルイを私たちに示してくれている。なぜなら、ルイが公けの席上で、ジョワンヴィルの意見に反してロベール師に理ありとした時に、王から、じつはジョワンヴィルと同意見なのだ、申しわけなく思っている、と打ち明けられると、ジョワンヴィルはたちまち幸せで心が和んでしまうからである。そして彼は、ルイが彼に向かって皮肉をこめてお世辞をいうとき、この王を歓喜の思いで信じ込んでしまうようである。「私は、あなたのような繊細な者には、神に関して話すことを潔しとしない[…]」(9)。

このようにジョワンヴィルは聖ルイのなかに、封建制度の王に欠かせない伝統的な成員や補佐役としての高位聖職者《プレラ》と諸侯とともに、彼の心が選び、彼の自発的な意向によって引き立てられた、より身分の低い人物たちが混じり合っている宮廷の王の姿を暴いてくれているのである。これらの腹心たちと補佐役たちは、つぎの時代の寵臣となることを予告するものである。その間、このフランスの王は、カペー家の代々の王の伝統的な政治政策にみられる、厳密な意味での封建的階層に属する人々とは、さらに一層距離を置くことになるであろう。そしてルイは、皮肉や冗談を用いることで、彼らの馴致を押し進めているのである。

ジョワンヴィルはこのように私たちにある程度、宮廷の新しいやり方を例示する王を、あるいは冗談によって側近たちを楽しませ、笑わせなければならぬ王 *rex facetus* を見せてくれている(10)。しかし同様に、ルイの年代記作者たちが浸っている、真面目な信心家から逃れることを心得ている王、この世に愛着をもち、自分の一族郎党を見捨てないために、自分は危険に勇ましく立ち向かっていくことをためらわない王という姿も見せてくれる。キプロス島の前で、今にも流されそうな船から離れるようにと急かされたとき、王は、「私がしているのと同じだけ自分の命を愛さない者は一人だにいない[11]」と自分の心情を告白しなかったか。

一三世紀のキリスト教徒の多くが、良きキリスト教徒になるのをやめることなく、天上の徳を地上に降ろさせ、地上での生を生きるに価するものとし、永遠の救済の準備はこの世では現世を否定するだけではなく――贖罪とこの世の蔑視において――、この地上での生の節度ある享楽のなかにおいても始まると考えているこの時代にあって、彼らがしばしば心ひそかに思っているこれらのことを、彼はためらわずに大きな声で語っているのである[12]。

【注】

(1) *Histoire de Saint Louis*, 20–21.
(2) *Ibid.*, pp. 234–237〔七八〇頁参照〕。
(3) M. Zink, «Joinville ne pleure pas...» *art. cité*, pp. 42–44.
(4) *Histoire de Saint Louis*, pp. 308–311.
(5) 前出五九七頁を見よ。
(6) *Histoire de Saint Louis*, pp. 35–36.
(7) *Ibid.*, pp. 34–35.〔八八七～八頁参照〕この場面はもちろん、王の個人的な裁きに自由に近づけることと、告訴人としだいに重きを増す裁判機関との間に置かれている遮蔽幕との間の対立を強調するために書かれている。この対立はすでにルイ九世の治下にやや認められ、ジョワンヴィルが『伝記』を作成しているフィリップ端麗王の治下ではさらにはっきりと認められる。若者ジョワンヴィルが知ったのは、直接的で個人的な君主政治の理想的なモデルであり、これを、老年になり過去への愛惜の念につまされたジョワンヴィルは、自分としては認めがたい、王の人格がその背後に隠れてしまう官僚的王権というこの当時のモデルと対立させているのである。
(8) *Ibid.*, pp. 34–35.
(9) *Ibid.*, pp. 14–15.
(10) J. S. P. Tatlock, «Medieval Laughter», *Speculum*, 21, 1946, pp. 290–294. イングランドのヘンリー二世 Henri II d'Angleterre

(1154～1189) も *rex facetus* といわれている。

（11） *Histoire de Saint Louis*, pp. 8–9 et 344–345. 〔六二三頁参照〕

（12） Jacques Le Goff, «Du ciel sur la terre : la mutation des valeurs du XIIe au XIIIe siècle dans l'Occident chrétien», dans *Odysseus. Man in History. Anthropology History Today*, Moscou, 1991, pp. 25–47 （ロシア語版） を見よ。

王は笑う

ジョワンヴィルのおかげで私たちは、聖ルイが笑い、時には大笑いをするのを見る。[1] ジョワンヴィルが、自分がまだ接吻したい気持ちをもち合わせてはいない王の聖遺骨に関して、先に報告した[2]洒落をいうとき、王は笑い転げる。「すると王は大いに明るくお笑いになられた[3]」。

ジョワンヴィルもまた、囚われの身になった時に持ち物すべてを失った。聖ルイが、ジョワンヴィルの進言通りに聖地に留まる決心を下したとき、このセネシャルはみずからの滞在費用として自分にも二〇〇〇リーヴルを与えるように他人を介して王に求めた。一二五一年の復活祭までの、一年の三分の二にあたる期間、自分と三人の騎士の生活を維持するためのものである。すると王はこれを彼に渡した。やがて復活祭が近づいて来ると、王が他人から何かをせがまれるのが好きではないことを知っていたジョワンヴィルは、ある計略に訴える。

王がカエサレアの町を堅固な要塞に造り変えている間に、私は王に会うために彼の天幕を訪れた。王は教皇特使と話されていた部屋に私が入って来るのを見るや否や、立ち上がり、私を部屋の片隅に連れていくと、つぎのように話された。「そなたも知っているように、」と王はいわれた。「私は復活祭までしかそなたを引き留めなかった。私と一緒に一年間暮らすためにそなたに何を与えたらよいのか、お願いだからいってほしい」。そこで私は王に、以前に頂戴した分より以上のお金を頂戴するつもりはありません、そうではなくて、私は王と別の取り決めをしたいのです、と申し上げげた。

「なぜなら」、と私はいった。「殿は何かを求められると、ご立腹になられますので、私としましては、殿が私の申すことを聞き入れくださって、この一年を通して私が何かを求めることがあっても、腹を立てないでいただきたいのです。それにたとえ殿が私の申し出をお断りになられても、私も腹を立てることはいたしません」。王はそれを聞くと、大声でお笑いになり、その条件で私を引き留めておこうと申された。そして私の手をとり、教皇特使の前から補佐役会の方へと私を連れて行かれ、一同に向かってわれわれが交わした取り決めのことをくり返し話された。それを聞いた皆は大変愉快になられた。というのもこの陣営ですでに私は十分金持ちであったからである(4)。

すると今度もまた王は大笑いしたのであった。「王はそれを聞くと、たいそう明るく笑い出された(5)」。ある日、王がジョワンヴィルの要求に腹を立てていたとき、ジョワンヴィルは王に二人の取り決めを思い出させた。すると王はふたたび笑った(6)。また別の機会のことであるが、ある会議の折に、高位聖職者たちが王に一人で話をしに来られるようにお願いした。またもや王は、彼らの要求が理に適ってはいないと思い、それを断った。

王が高位聖職者たちとの会談から戻られると、会議室で待っていたわれわれのところへ来られて、高位聖職者たちと一緒で苦しかったと笑いながらいわれた。そして王は、彼らの真似をして、彼らをからかいながら、ランス大司教、シャルトル司教、そしてシャーロン司教との対話のことを話されたのである(7)。

ジョワンヴィルの証言の一部は、年代記作者たちの述べていることを確認するものである。それはまさに、本質的に同一の人物だということである。罪に対する同じ恐怖心(「魂の死さえもたらす大罪のなかにあるよりも醜いレプラ患者などいない」)や、貧者に対する同じ愛情が見い出されるのである——王はジョワンヴィルに、王自身がおこなっているように、聖木曜日に彼ら貧者の足を洗ってやることを求めた。王はジョワンヴィルに、確固とした信仰をいつまでも保ち、悪魔の誘惑から身を守るように仕向けているのである。王は、人々が王国のなかで、その悪魔の名前を口にすることさえしないように望んだようであったし、王自身これをうまくやり遂げてきた[8]。王はどんな時でも正義を守らせたいと願っている。王は司教たちに逆らい、自分の役人たちによる判決がしばしば自分には正しくないと思われる、破門された人々への財産の差し押さえを拒んでいる。虜囚の間も、王は威厳を守り、イスラム教徒に対してさえも約束を守った。彼は平和の偉大な愛護者である。「王は臣下の間に和をもたらすために、世界の中でもっとも骨を折った人間である」。しかし同時に、異国の人間の間にも平和を求めた。たとえばブルゴーニュの人々とロレーヌの人々がそうで、彼らは王を慈しみ、自分たちの訴訟を王の法廷にもち込んでいるのである。
王の慈愛は普遍的であった。

> 王はいとも心の寛い施しをおこなう人であったので、彼が王国を巡行されると、至るところで貧しき教会、レプラ病院《マラドルリ》、施療院、介護施設、そして貧窮した貴族の男女に施し物を与えたのであった。王は毎日おびただしい数の貧者に食べ物を与えておられたが、このなかには、彼の寝室で一緒に食事をとる貧者の数は入れてはいない。そして私は何度も、王が手ずからパンを切り分け、飲み物を与えているのを見たのである[9]。

ジョワンヴィルは同様に――しかしこれは、自分自身が証人とはならなかった事実について、彼が利用したある「年代記」からの借用であるが――、まさに王がパリのプレヴォ制度を改革した時のように、王がどんな注意を払って自分のバイイたちやセネシャルたちの不正を立て直し、そして監視して、王国内での調査を実施したかを語っている。結局のところルイは、修道会、とくに托鉢修道会に肩入れをしたのである。

【注】

(1) このことはエドモン＝ルネ・ラバンドによって十分に考慮されてきた。«Quelques traits de caractère du roi Saint Louis», *Revue d'histoire de la spiritualité*, 50, 1974, pp. 143-146. 前出二四八頁を見よ。

(2) 前出五九七頁を見よ。

(3) *Histoire de Saint Louis*, p. 310.

(4) *Ibid.*, p. 275〔二四八頁参照〕。

(5) *Ibid.*, pp. 274-275.

(6) *Ibid.*, pp. 278-279.

(7) *Ibid.*, pp. 370-373.

(8)「私は、その名を呼ばねばならぬ何かの書物のなかや、書物が語っている聖人たちの伝記のなか以外では、王が悪魔の名を呼ぶのをけっして聞いたためしがなかった」(*Histoire de Saint Louis*, pp. 378-379)。

(9) *Ibid.*, pp. 380-381.

王の欠点

しかしジョワンヴィルの書物にはそれ以上のものがある。彼だけがもたらしてくれる生々しい、かつ具体的な覚え書の他に、ジョワンヴィルは王の欠点についてのただ一人の情報提供者でもある。この率直さは、彼の「回想録」のなかに重なってみられる二つの深い意図から生じているのである。最初の意図とは、「真実」を語るという断固とした意志である。自分と王との関係を彼は誇りをもって書いている。「王にけっして嘘を申したことのない私は……」。彼は王の死後も、王に嘘をいわないことを続けようと望んでいる。第二の意図とは、すでに見てきたように、彼の作品が、王についてと同じだけ自分について語っているということに関わることである。それは彼ら二人についての書物であり、他に例を見ない、しかしお互いが明快さと率直さで結ばれている友情についての書物である。ジョワンヴィルは聖性について、理想化された、生気のない考え方はしていない。偉大なる聖人さえも完璧な人間ではないのである。

それでは彼はルイに対して何を非難しているのか。まず最初に王は、王がそうなりたいとひそかに期待している貴紳にふさわしい節度を、必ずしもいつも保っていたわけではなかったことである。たとえ戦争活動に、自分の怒りを抑えることをしない、ほら吹きの戦士を前にしたとしても、貴紳の王は理性を保たねばならないであろう。ところがエジプトの地に上陸する時に王は何をしたのか。王は衝動的に海中に飛び込み、サラセン軍に気づくと、熟慮することもなく、彼らに飛びかかっていこうとした(1)。

ジョワンヴィルはあからさまに王を非難してはいないが、激高しやすく、かつ怒りっぽい気質に対して、彼が保っている沈黙に咎める気持ちが含まれていることは明らかである。このセネシャルは怒っている自分を見せるだけにとどめているが、しかし話は暗黙の批判となっている。

自由の身となってエジプトとアッコンの間を船で渡る間、王はまたもやジョワンヴィルに心を打ち明ける。

王はまたしても私に、今度は王の船に乗っているアンジュー伯についてだが、彼が全然自分の相手をしてくれないことに不平をもらすのであった。ある日、王が、アンジュー伯は何をしているのかと尋ねると、ヌムールのゴーティエ殿と双六(2)をして遊んでいる、との答えが返ってきた。そこで王は、病気のために弱った身体をふらつかせながらそこに行った。そして賽子と双六の板を取り上げると、海に投げ込んだ。そして、敗戦と虜囚(3)からそれほど時も経っていないのに賽子遊びを始めた自分の弟に対して、たいそう激しく腹を立てられたのであった。

敬虔なる怒り、それはおそらくは、賭事遊びに耽り、贖罪を忘れたことに対する王の賛辞すべき恐怖心から生じているものであろうが、これは自制力の欠如および誇張を示すものでもある。

ジョワンヴィルは、母親の死の知らせを受けた聖ルイが、過度なまでに悲嘆の気持ちを表わしたことを、さらに一層の非としている。中世ではこれまで見てきたように、男であれ、戦士であれ、王であれ、ある状況では人前で涙を流すのが普通である。しかし涙は節度をもって流さなければならない[4]。

時には、ある種の罪に対する憎しみが、王に正義の行為をなさしめることがあるが、それがひどく度を超してしまったがゆえに、正義ではなくなることもある。偏執的で病的な正義の味方である王は、とくに神の冒瀆者の罰には、厳しさと、残酷とさえいえる態度を示す。彼自身がそのような扱いの受け手になることをもくろんでいたことは本当である。「すべての卑劣な瀆神者がわが王国から退けられるという条件ならば、私は灼熱の鉄を押しつけられてもよい」。偽善だと非難されかねない言明である。ルイはこのような偶発的な事態が起こる危険はないと十分にわかっていたのである[5]。

ジョワンヴィルはさらに、十字軍から帰還する船旅の間に、王の不寛容といういま一つの特徴を故意にいい忘れる証人でもある。

> われわれは沖に大きな島を見た。それはパンテヌレーという名前で、シチリアの王とチュニスの王に服従しているサラセン人たちが住んでいた。王妃は王に、わが子たちのためにこの島の果物を手に入れるべく、三隻のガレー船を島に派遣するよう願い出た。すると王はそれを許した。そしてガレー船の船頭たちに、王の船がその島の前を通り過ぎる時に、王のもとに戻る準備を整えておくようにと命じた。ガレー船団はその島の一つの港から島に入った。ところが王の船がその港の前を通過したとき、ガレー船団についての情報が何一つわれわれの耳に届かないという事態が起こった。
>
> 水夫たちはお互いにぶつぶついいはじめた。王は彼らを呼びつけると、この事態をどのように思うかと尋ねた。すると水夫たちは、サラセン人たちが王の家来とガレー船を拿捕したのではないかと答えた。「しかし、陛下殿、われわれはあなた様に、彼らを待たれるなという意見と助言を差し上げます。なぜなら、あなた様は、どちらもあなた様に好意を抱いていないシチリア王国とチュニス王国との間におられるのですから。もしあなた様が、このま

まわれわれに漕ぎ続けさせていただけますなら、われわれはあなた様を、今夜にでも危険からお救いすることができるでしょう。なぜなら、われわれはあなた様にこの海峡を通り過ぎてもらうことになるからです」。すると王は申された。「正直に申して、私はお前たちのことばは信じないぞ。少なくとも家来たちを救い出すために最善の手も尽くさずして、彼らをサラセン人の手に残してゆけとは。命令だ、お前たちは帆を巻き上げて方向転換せよ、そしてわれわれは彼らを攻撃するために出かけるのだ」。するとそれを聞いて王妃はとても大きな悲しみの気持ちを示されはじめ、そして申された。「ああ、このようなことになったのは、私のせいです」。やがて王の船および他の船が帆を巻き上げている間に、例のガレー船団が島から出てくるのが見えた。船団が王のもとに着くと、王は船団の水夫たちになぜこのような事態になったのかと尋ねた。すると彼らは、自分たちではどうにも仕様がなかった、同行したパリの都市民の息子たちの六名が、庭で果物を食べ続けていたからだと答えた。そんなわけで、水夫たちはなかなか彼らを乗せることができず、さりとて置き去りにするわけにもいかなかったから遅れたのだと答えた。そこで王はこの子供たちを小舟に乗せるようにと命じた。すると子供たちは泣き叫び、わめきはじめた。「陛下、神にかけて、僕たちの持ち物一切を身代金として受けとってください。殺人者や泥棒たちが乗せられる小舟に入れられることなどしてくださらぬよう。なぜなら僕たちは永遠に非難を受けることになってしまいます」。王妃とわれわれ全員で、王がこの考えを放棄するよう、できるかぎりのことをしたが、王はどうしても、だれのいうことも聞き入れようとはしなかった。結局子供たちは小舟に乗せられ、われわれが陸に上がるまでの航海中ずっとそこに乗せられて、大変な危険を味わうことになった。海が荒れてくると、高波が彼らの頭上を通り抜け、風で海に放り出されないよう、じっと座っていなければならなかったのである。

しかしこのセネシャルは、いずれにせよ、このように自分の王である友をなかなか糾弾できず、つぎのように結んでいる。

そしてこの措置はもっともなことであったのだ。なぜなら子供たちの貪欲さのために、まるまる一週間もわれわれを遅れさせるほどの損害となったからである。というのも、船の進路を王は前後あべこべに方向転換させてしまったためである。(6)

時おり反対に、王は、自分自身と彼の代理人のために規則として定めた清廉潔白さをみずから忘れているように思われるところもある。プロヴァンスに上陸したあと、王はイエールで、フランスへ帰る旅に必要な馬が運ばれて来るのを待っていた。クリュニー修道院長が二頭の立派な儀仗馬を贈り物として届けにやって来た。一頭は王に、もう一頭は王妃に贈られたのである。翌日この修道院長は、かなりの数の請願を王に提示しにやって来た。王は「彼の話をたいそう注意深く、とても長い間聞いた」。そのときジョワンヴィルは王にいった。「差し障りがございませぬなら、殿にお尋ねしたいと思います。昨日例の二頭の儀仗馬を頂戴されましたがゆえに、殿はいつもよりはお優しい態度でクリュニー修道院長のいうことを聞かれたというわけですか」。王は考え込むと、その通りだと白状された。そこでジョワンヴィルはいま一度王に教訓を与えた。

「殿、あなた様に意見と助言を申し上げます。フランスにお戻りになられたら、誓いを立てたあなた様のすべての補佐役の方々に、あなた様の御前に来られる、問題を抱えている人々からは、どんな貰い物をすることも禁止なさいませ。なぜなら、もし補佐役の方々が戴き物を受けとるとすれば、彼らは、あなた様がクリュニー修道院長になさったと同じように、自分たちに物をくれる人々の言い分を、前にもまして、一層自発的に、一層注意深く聞き入れることになるのは確かだからです」。すると王は、自分の補佐役たちを呼びつけて、すぐに私の申し上げたことをお伝えになられた。補佐役たちは、私が良い助言をしたといってくれた。(7)

作り話ではないとしても、この話はおそらくこの善良なジョワンヴィルによって手直しされたものであろう。彼は、王と自分との間の友情から、時には王に自分の方から説教をしたり、ルイについての賛美と同じように自分自身に対しても賛美のことばを発することが許されているのを示しながら、幸せな気持ちに浸りすぎているのである。しかし、私たちにとっては、だれも完璧な人間はいないということを強調するジョワンヴィルを、そしてそれなりの弱点を有する一人の聖ルイという人物とジョワンヴィルとの絆を、高く評価するよい機会なのである。すなわちこの肖像は、「本当のものである」という確率が一層高いのである。ジョワンヴィルのこの助言に関しては、数週間後の一二五四年の大王令のなかにその反映が見い出される。もし過度に史料批判的に構えるならば、すべてが自分の栄光に役立つようにできている懐古的な逸話をジョワンヴィルに着想させたのは、じつはこの大王令の方であって、その逆、つまりジョワンヴィルの助言が大王令につながったのではないと疑ってみることもできよう。しかしこれを嘘とするなら、それはジョワンヴィルの意図するところを壊してしまうことになろうと思われる。潤色したり、ちょっぴり自分のために遠回しにいったりすることはあっても、ジョワンヴィルはおそらく話を作ることはしなかったであろう。

セネシャルの目から見て一層重要なことは、王が妻に対して無関心であるということである。ジョワンヴィルは王に対しても、王妃マルグリットに対しても、ほとんど同じ称賛の気持ちと愛情とをもっている。反対に、彼は、母親である王太后には心を寄せてはいないようである。ジョワンヴィルは、王太后ブランシュの息子の嫁に対するおぞましい振る舞いを書いている(8)。彼はブランシュ・ド・カスティーユに対する息子の過度なまでの従順さに、明らかに敵意を抱いている。彼は、王が自分の母親に対して、みずからの家族の他の成員や、側近や、高位聖職者や諸侯たちに対するのと同じように、断固とした態度を見せてほしいと願っていたのであろう。彼はおそらく、王の母親に対するあの愛情に嫉妬を感じていた。しかしその嫉妬心が彼に明断な判断を与えているのである。

ジョワンヴィルが尊敬する王妃マルグリットは、ジャン・トリスタンを産み落とそうとしていた十字軍のもっとも厳しい時期にあっても、驚嘆すべき存在であった。勇壮な彼女は、サラセン人の手に捕まるよりも、むしろ忠実な騎士の手で首をはねてもらいたいと予告していた(9)。彼女は、恐るべき、嫌悪すべき義母の死の知らせに接して、悲しみの気持ちを表わすことで、自分の魂の偉大さと寛大さを示しているのである(10)。自分は死んだ王太后に涙は流さなかったが、王の苦しみに涙を流したのは本当のことだと、彼女はジョワンヴィルにはっきりと述べている。そしてこの信心深い王妃マルグリットは、帰国の途中で嵐のために壊滅状態に陥った王の船団が救われたことで、神に感謝することを忘れなかった。ジョワンヴィルの示唆するところによると、彼女は、パリで、奉納物《エクス＝ヴォト》として銀の船を造らせなかったであろうか。これを善良なセネシャルはサン＝ニコラ＝デュ＝ポールに、すなわちこの海の旅人の守護聖人に捧げられた大きな巡礼の教会に携えていったはずである(11)。

一二五三年に王妃は聖地で三度目のお産をした。彼女は女児を産み落とし、その子は父方の祖母の名ブランシュを受け継いだ。この名前はすでに一二四〇年に生まれ、幼くして死んだ王夫婦の第一子に与えられたものであった。彼女が生まれるとしばらくして、マルグリットはサファド（シドン）に滞在する王のもとへと行った。ジョワンヴィルは彼女を迎えに出る。

そして、私が礼拝堂におられた王のもとに戻って来ると、王は、王妃と子供たちは元気かどうかと尋ねられた。そこで私はお元気ですと申し上げると、王は、「私には、そなたが私の前から立ち上がったとき、妃を迎えに出かけることがわかっていた。それで私は説教を聞くために、そなたを待ち望んでいたのだ」と申された。そこで私はあなた方につぎのことを思い起こさせたい。私は王のおそばで、すでに五年間もお仕えしてきたのに、私の知るかぎり、王はこれまでに王妃のことや子供たちのことを、私にも他の者たちにも話されたことがなかったということである。それに自分の妻や子供によそよそしくするのは、良いやり方であったとは思われない(12)。

このような態度を前にして、ジョワンヴィルは今度も厳しい非難のことばをいわずにはいられなかった。そして彼は王に対して弁解もしない。五年の間、側近たちに王妃のことを口にしないとは。王妃は、身重でありながら、王と軍隊の身代金の支払いのために、そして外地で生まれた三人もの王の子供たちの養育費のために、お金を集めてきたというのに。何という変わった人間であるのか、何という常軌を逸した聖人であるのか。

そのうえ、つぎの話はまさに、王という立場にある亭主の前で窮屈な思いをしていた王妃が思ったことである。そしてこれはおそらく、聖ルイについて、ジョワンヴィルがもっとも戸惑った、もっとも不安に思えた打ち明け話なのである。

先と同じ嵐の際に、王妃は船上にある王の寝室に行った。しかし彼女は無理やりそこから離れさせられた。なぜなら海水が流れ込む危険があったからである(訳1)。そしてそこにはコネターブル〔軍最高司令官〕のジル・ル・ブランとジョワンヴィルだけが横になっていたのである。ジョワンヴィルは王妃にどうしてここに来られたのかと尋ねた。王妃は「王と話をしに参りました。王がどこかへ巡礼に出かけることを神様に、あるいは聖人様たちにお約束するためです。そうすることで私たちが陥っているこの危険を神様にお助けいただくためです」と答えた。ジョワンヴィルが王妃にサン＝ニコラ＝ド＝ヴァランジェヴィル（サン＝ニコラ＝デュ＝ポール）へ巡礼に出かけることを約束するように勧めたのはその時であった。しかし王妃はそれに参加したいとは思わなかった。「セネシャル殿、本当はそうしたいところです。でも王はとても気まぐれな *divers* お方なので、ご自分がおられないところで私が約束したことをお知りになったら、けっして私をそこへ行かせてはくれませんわ」(13)。*Divers* とはどんな意味なのか。この語の理解は容易ではない。ナタリ・ド・ヴァイイはこれを「常軌を逸した」と訳している。当時は子供に関して、あの子は *divers* だ、情緒が不安定だ、何をしでかすかわからない、といわれた。『薔薇物語』は、女性は *diverse* で変わりやすい（女心と秋の空 *donna mobile*）といっている。正しい語源の意味でこの形容詞の範囲を定めるように努めねばならないで(14)あろう。王妃に代わってジョワンヴィルが、奇妙な聖ルイという人物を決然と暴いているのである……。

【注】

（1）*Histoire de Saint Louis*, pp. 89–91. 前出四六七頁を見よ。

（2）西洋双六のゲーム。

（3）*Histoire de Saint Louis*, pp. 220–221.

(4) p. 331. 後出九〇五頁を見よ。
(5) 自分自身も瀆神を嫌うジョワンヴィルは、一層控えめである。「ジョワンヴィルの館でそのようなことばを発した者は、平手打ちないしは打擲を受けるのである」。
(6) *Histoire de Saint Louis*, pp. 353–355.
(7) pp. 358–361.
(8) 後出八九二〜九三九頁を見よ。別の視点から、つまり聖ルイ自身の視点から考察された聖ルイと彼の家族との関係をより深く扱ってある。
(9) *Histoire de Saint Louis*, pp. 216–219.
(10) *Ibid.*, pp. 330–333.
(11) *Ibid.*, p. 347.
(12) *Histoire de Saint Louis*, pp. 326–327.
(13) *Ibid.*, pp. 346–347.
(14) 後出九二五〜六頁を見よ。

【訳注】
(1) ジョワンヴィルのテクストでは「(風が強くなって)」王の部屋の仕切り壁を壊さなければならなくなり、風にあおられて海に放り出されるのを怖れて、だれも部屋に留まることができなかった。ちょうどそのときフランスのコネタープルであるジル・ル・ブラン殿と私とが、王の部屋で横になっていた」(モンフラン版 p.312) とある。

ジョワンヴィルの夢

聖ルイとジョワンヴィルとの関係は、このセネシャルの証言によると、夢の昇華という驚くべき挿話で幕を閉じる。

この夢は、ルイがセネシャルのもとに現れた二度目のものである。最初の夢は聖ルイが二度目の十字軍の誓いを立てた日の前日に見たもので、例の血の夢であった[1]。

私はパリへ出向いた。三月のノートル＝ダムで徹夜課が行われる前夜に着いたが、なぜ王が私を呼びつけたのか、その理由を話せるような者は、王妃にしろ他の人間にしろ、だれもいなかった。ところで、神の思し召しか、朝課の時刻にぐっすりと眠り込んでしまったのである。眠りながら私は王が祭壇の前にひざまずいているのを見ているような気がした。教会の服を着た数名の高位聖職者が、ランス産のサージの真紅のカズラを王に着せているように思われた。

二番目の夢は、すべてが終わった時に現れた。聖ルイは亡くなった。彼は正式に聖人になった。ジョワンヴィルは列聖の手続きにおいて証言した。彼の証言は取り上げられた。一二九八年のこと、サン＝ドニでの公式の儀式で説教師〔ジャン・ド・サモワ〕は、フィリップ端麗王ならびに出席者全員のもとで、列席していたこの七四歳の老人を指でさしたのである。

しかしジョワンヴィルは幸せではなかった。まず彼は後ろめたい気持ちであった。王に付き従ってチュニスへは行かなかったからである。彼は――激しいとさえ思われる調子で――王のお供をすることを断ったのである。彼は王に次のように答えた。最初の十字軍で王と一緒に外地に赴いていたとき、フランス王とナヴァラ王の兵卒たちが「自分の部下を駄目にし、貧乏にしてしまった」、だから今度は自分が「自分の領民を助けて守るために」国に留まりたい、と。もし自分が十字軍の誓いを立てたなら、「みずからの民を救うために、みずかからの御身体を捧げた」神を怒らせることになってしまうだろう。だからこれは、「災難や損害に」自分の民を委ねてしまうことを怖れぬ王に対する、これまた間接的ではあるが、明解で厳しい批判となっているのである。しかし、今となって、彼はそのことに良心の呵責を覚えている。聖王はこの離脱のことで、この不忠のことで彼を恨まなかったか。王は自分の友情を彼から取り上げて死んだのではないのか。そう考えると、もし生きていることに意味があるとするなら、聖王との友情そのものであるジャン・ド・ジョワンヴィルにとって、そこにいったい何が残されているというのか。もし彼があの友情を失ったのだとしたら――まさにその通りであるなら、永遠に――、彼はどうなるのか。ジョワンヴィルは幸せではない。なぜなら今の国王であるルイの孫は、聖なる祖父の聖遺骨の大量の配分を執行されたばかりなのに、彼に好意を示さず、彼に目もくれず、忘れてしまっており、何一つ分かち与えてくれなかったからである。心のなかに一つの聖遺物さえあれば、それで十分なのか。キリスト教徒にとって超自然なことも物質的なものも必要とする時代にあって、ジョワンヴィルには自分の聖なる友人の、手で触れて確かめられる思い出が必要なのである。

突然、天空から偉大なる使者が、彼岸の情報提供者が遣ってくる。それは夢である。

さらにこのあとで、われらが聖王に関する、王の名誉になるであろう事柄を、そして私が眠りのなかで王に関して見た事柄を述べたいと思う。私はどうやら夢のなかにいて、ジョワンヴィルの礼拝堂の前で、王をお見かけしたようだ。王は、私にはそのように思われたのだが、ことのほか陽気で、心からくつろいでおいでであった。そして私自身も心が安らいでいた。なぜなら私は王を、私の城のなかでお見かけしたからである。そこで私は王に申し上げた。「殿、あなた様がこの礼拝堂からお出ましになられましたら、シュヴィヨンという名の、私の村にある拙宅にお泊め申しましょう」。すると王は笑いながらこう申された。「ジョワンヴィル殿よ。誓って申すが、私はそんなに急いでここから離れたくはない」。

目覚めると、私は考えはじめた。私の礼拝堂にお泊めすることが神と王のお気に召すように思われた。それでそのようにした。なぜなら私は王のために、神と王に捧げる祭壇を設けたからだ。ここで王に捧げる聖務が永遠に唱われるでありましょう。そうするために永遠に設定された定期金があります。私はこれらのことを、彼の名を継ぐルイ王陛下にお話し申しました。もしルイ王が真の聖遺体の遺物を手に入れられて、聖王の祭壇にお詣りに来られる人々がこれまでよりもはるかに大きな信心行為ができるように、それらをジョワンヴィルにある上記のサン＝ローランの礼拝堂に送り届けてくださいますなら、神とわれらが聖王ルイの御意に叶うであろうと思われます。(2)

ジョワンヴィルは新しく王となったルイ一〇世（喧嘩王）が、おそらく自分に分けてくれるであろう真の聖遺物にさらに望みをかける。

しかし彼にとって最重要なことが得られた。ジョワンヴィルにある城のなかの彼の家へ、陽気に姿を見せて「私はそんなに急いでここから離れたくはない」ということで、聖ルイは、自分の友情は死んではいない、もしあのことで彼を恨んでいたとしても、今では彼を赦し、友人としてのカップルが新たなものとなりうることを彼に保証したのである。

この祭壇を作ることで、ジョワンヴィルは自分の家の、彼の礼拝堂のなかで、聖ルイを完全に、永遠に所有するのであるが、それは、彼が王の崇敬のために永遠の定期金を設定したからである。この城、彼の人格を表わすこの象徴的な場所において、聖ルイは永遠に生き続けるのである。セネシャルが私たちに語らなかったこと、それは、聖遺物がないために彼の祭壇の上に、あるいはそのそばに像を造ることで、永遠に聖王をみずからのものとする補完をおこなうつもりだということである。王の似姿は王の化身、永遠に所有される王の分身ということになろう。(3) ジョワンヴィルのもたらす証言は、記念碑的な像において完成するのである。

【注】

（1）*Hisotire de Saint Louis*, pp. 397–399. 前出五九〇頁を見よ。

（2）JOINVILLE, *Histoire de Saint Louis*, pp. 411–413.

（3）中世の人間に関する「図像」の意義については、J. WIRTH, *L'image médiévale. Naissance et développement* (VIe–XVe *siècles*), Paris, 1989 および Jean-Claude SCHMITT, «L'historien et les images aujourd'hui», *Xoana*, 1. 1993, pp. 131–137 を見よ。

第一〇章　モデルと個人の間の聖ルイ

聖ルイの記憶の生産はそれゆえに、もし聖ルイという個人に接近しようとすると、伝記作者たちの常套表現や、この君主の聖職関係や公職筋の取り巻きによって操作された情報の束を避けて、少なくとも「真の」聖ルイの姿を暴いてくれる例外的な証言、すなわちジョワンヴィルの証言に特権を与えることを余儀なくさせるのであろうか。

事態はそのように簡単ではない。実際に、聖王が属していた社会や、伝記作者および列聖の手続きの証人たちという精神的な枠組みが、そして当時の感受性とその記憶化の様式においては、個人を無関心の領域に置くこと——社会の頂点に置かれているこの個人も含めて——、あるいは反対に、個人としての人格を考慮することが、自分自身と他人についての、そしてとくに伝記といわれるものの、つまりは諸『伝記』*Vitae* の主人公たちについての認識、定義および説明の様式の一つになっていたかどうかを疑ってみなければならない。

歴史と個人

個人の発生や確立が、歴史のさまざまな時期に数多くみられるというのは、歴史家にとっては、いつも苛立たしい気持ちにさせられる事柄である。この主張がくり返されると、ついには歴史のなかでの個人の発生の追究問題の信用を貶める結果に至る。しかしながらこれは現実に存在する問題であり、その解決には数多くの、厳密なそして綿密な研究を必要とするであろう。まずは経験にもとづく、そして良識的な二、三の提案だけにしておこう。

長期持続のなかで発現される多くの歴史現象と同じように、個人の確立は、一本の恒常的な発展の線をたどるものではない。ある特定の時代、ある特定の社会に対応するものも、私たちの個人という概念とは異なっている(1)。西欧文化をはみ出すことなくいえば、古代ギリシアの哲学によって考えられたソクラテス的個人や、個人の魂が付与されたキリスト教徒、その「力」*virtu* によって活気づけられたルネサンスの人間、ルソー的ないしはロマン主義的な英雄などは、個人を明瞭に区別できるタイプのものである。しかしそれだけではなく、彼らは個人についての同一の概念に応えるものでもなければ、とくに、同じ社会に属する関係おいても彼らは同じではないのである。現実の、あるいは空想上のいくつかの社会にとどめるとして、古代の都市にも、アウグスティヌスの『神の国』にも、ラブレーの「テレームの僧院」(訳1)にも、あるいはトーマス・モアの『ユートピア』にも、カルヴァンのジュネーヴにも、ポール＝ロワイヤル(訳2)にも、イエズス会にも、個人のモデルはあるのである。そしてそれは、それぞれが特別で、他と異なるモデルなのである。

けれども西欧社会においては、今の現代においてしか、真の意味で個人と個人主義について語ることはできない。そして長期にわたる、多様な、しばしば地下にもぐって見えない準備期間に属する現象に対して何らかの目印を与えるとしても、アメリカの憲法やフランス革命をもち出すことによってしか、その現象は明確にならないのである。だがおそらくは歴史が始まって以来、個人についての異なった概念の周辺には、長期にわたる、強力な、渇水ないしは逆流さえもがあとに続く個人主義の、永続性のある諸々の圧力が多かれ少なかれ存在してきた。したがって、もし継続性のない、さまざまの形をもつ歴史があるとするなら、それはまさに、個人の置かれている場と個人という概念の歴史なのである。

しかしながら同様に、一方では、まさに個人の記憶を固定するために作られ、そして疑いもなくより特定の利害関係、より明確な断言を表わしている、一連の歴史生産もみられる。それは自伝、つまり肖像《ボルトレ》(訳3)のケースである。最近になって、少なからずの歴史家は、聖ルイの生涯に先立つ、ないしはそれを包含するとさえいえる時代が、個人の進出を見い出すあの時期の一つであったという考えを進めている。

イギリス人ウォルター・ウルマンは、教会法制史家であるが、『中世における個人と社会』のなかで、臣下としての個人という中世の概念は一八世紀の終わりになって初めて完全な成就を見るにしても、中世の真っただ中にすでに、都市民＝個人という概念へと変容しはじめたと考えている。中世のキリスト教社会においては、個人は基本的な二つの表象の拘束のために姿を現すことができなかった。すなわち法律の優越性という表象と、有機体としての社会という表象とであった。前者は、個人は劣った存在であり、法律を適用する任務をもった、より優れた存在に従わなければならないとする、社会階層的で不平等な社会のイメージを想定する。各個人に同等の権利を与える多数派原理は存在しなかった。そうではなく、もっとも「健全な」少数派 *sanior pars*、「もっとも優れた人々」からなる少数派の決定が、「優秀さ」の劣る人々に押しつけられていたのである。個人は臣下（*subjectus*「服従するもの」）にすぎなかったのである。そしてウォルター・ウルマンは、私たちの目にとても非個性的に見える中世の歴史叙述の性格が、何よりもそこから結果してくることを強調しているのである。(2)

【注】

（1）E・H・ウェーベルも *La Personne humaine au XIIIe siècle* (Paris, 1991, p. 496 n. 6) において同様に「〈人格〉*personne* という概念の激動的な歴史」について語っている。私としてはこの概念は横に置いておくことにした。なぜならこれは中世では哲学と神学の領域に限られているように思われるからである。神学者たちの世界に限られてしまっている諸概念を、共通の心性のなかにあふれ出させるという誘惑は抑えなければならない。一般的に、一三世紀のスコラ神学の世界は、聖職者の、ましてや当時の大部分の俗人の知的な道具については明らかにしていないように思う。おそらくトマス・アクィナスにみられるような政治的な思想だけが、「理性的な」思想の若干の形式と同様に普及することになる（しかし聖ルイ以降である）。

（2）Walter ULLMANN, *The Indivisual and Society in the Middle Ages*, Baltimore, 1966, p. 45.

【訳注】

（1）フランスの人文主義作家フランソワ・ラブレー（一四九四～一五五三）が『ガルガンテュア物語』で描いた男女混合の貴族

趣味的な修道院で、その戒律「汝、望むところを行え」に従う成員は、精神的かつ思慮に富む人間であらねばならず、肉体的、知的、道徳的な生の成熟を培う。

（2）ポール＝ロワイヤルは一二〇四年に建てられ、一二二五年にはシトー会の女子修道院であった。一六世紀の末に修復された。サン・シランとサングランの指導のもと、さらにアントワーヌ・アルノーの影響を受けて、イエズス会と敵対するジャンセニスム（オランダのヤンセンの教義を信奉）のフォワイエ〔集会場〕となり、輝かしい文化の中心地となった。

（3）絵画における肖像画をいうポルトレとは異なり、文学における、個人の肖像を描き出すような人物描写の文学形式としてのポルトレは、フランスでは一七世紀に一ジャンルを確立したといわれる。ラ・ブリュイエールが有名である。

一二世紀から一三世紀への転換期

いま一つ別の支配的であった表象は、聖パウロに由来するもので、一二世紀にソールズベリーのジョンが、社会は人体に類似しており、そこでは四肢は頭（ないしは心臓）に従わなければならないという社会有機体説の考え方とともに、よみがえらせたものである。これは個人を、社会階級すなわち社会的身分（*ordo, status*）、小教区、同業組合、懐胎中の国家といった、個人が所属する共同体に溶け込ませるものであった。

けれども、ウォルター・ウルマンによると、発展に荷担する他の要素を組み合わせることで、臣下＝個人から市民＝個人への変貌を有利に導いたのは、法律の優越性そのものなのである。彼にとって封建的システムの本質は「領主と封臣との間の個人的なかつ私的な契約」(1)である。彼は法律の優越性と個人の考慮とを結びつけることになるこの傾向のもっとも著しい表われを、諸侯からイングランド王に強要された『マグナ・カルタ』（一二一五）の第三九条に見ているのである。「いかなる自由人も、その人間の同身分者たちの判断（*iudicium parium suorum*）および国の法律（*per legem terrae*）に依らずして、逮捕され、あるいは牢に入れられ、あるいは財産を差し押さえられ、あるいは法律の適用からはずされ、あるいは国外追放され、あるいはどんなことであれ不利益をこうむることはないであろう」。この解釈には異議を差し挟む余地があるように思われる。実際に、キリスト教西欧国家のデモクラシーに向けての長い緩慢な歩みが、二つの主要な道をたどってきたことを確認せねばならないからである。イングランドが歩んだ道は、国の法律と同身分者の判断による個人の権利の保証に根拠を置くものである。一方、フランスの歩んだ道は、万人に対して平等な国家の法律の確立を通過しているが、その法律作成と適用は王権国家の時代には王によって確保されてきたのであった。それはまさにクーシーの領主のケースに関して聖ルイがなしたことなのである。(2) だから「封建的」システムは、まったく異なった二つのものとしてみなすことができるのである。一方では個人の保護を煽動するものとして（イングランドのケース）、他方でこの個人の保護の障害となるものとして（フランスのケース）機能したのである。後者では平等は特権を有する上層のなかにしか存在せず、階層的システムが温存されることとなった。どちらのシステムにしろ堕落することもありうる。そしてそれは中世にすでに起こってきたことである。一方のケースでは、特権階級の支配であり、他方のケースでは国家の専制政治であり、これはフランスではフィリップ端麗王とともに起こった、いやおそらくはすでにフィリップ三世とともに起こっていたし、少なくとも貴族階級の一部は、それがルイ九世の若干の行為のなかに読みとれると思った。

ウォルター・ウルマンの考え方に戻ろう。彼は個人という概念が中世西欧に出現し、そして彼が「ユマニスト的」と名付けている第三の道を発見している。それは、人間の思想、心性、それに行動のきわめて多様な、しかしきわめて重要な意味をもつ分野のなかにみられる、発展の収斂から結果するものである。彼はここで、アリストテレス主義にもとづく哲学的で神学的な準備があったことと同時に、俗語〔ラテン語ではなく国の人々が日常的に用いている言語〕での文学形成、視覚芸術における「自然主義」の発展、ダンテのユマニスト的な思想、パドヴァのマルシリオの政治哲学、サッソフェルラートのバルトロの法学思想についても言及している。これらの考察は私たちを聖ルイの時代を超えたところにまで連れていくことになる。しかし、反対に、彼の治世は、ウルマンが臣下としての個人から都市民としての個人へ変貌の決定的な飛躍の時としている時期の中心に位置しているのである。「歴史学はついに、西欧での一二世紀から一三世紀にかけての転換期が、個人の準備と同じように、将来の立憲体制の発展の種が蒔かれた時代であるということを認めるに至った[3]」。そしてとりわけラテン語以外のことばによる文学が説明しているように、心性と感受性の根本からの転換が起こり、その中心に個人が現れるのである。「初期中世において文学にトーンを与えていたのが〈死を想え〉*Memento mori* であったのに対して、一二世紀の終わりからは、〈生を想え〉*Memento vivere* となったのである[4]」。あきらめて、この世を逃げ出して永遠の世界に生きるという昔のトーンが、「生きる喜び」*joie de vivre* に、すなわち、この世での命を完全な喜びにまで運ぶ、人間の個人的な能力への楽天的な訴えかけによって置き換えられたのである[5]。ルイによる、「私がしているのと同じだけ自分の命を愛さない者は一人だにいない[6]」という驚くべき文を思い出されるがよい。ルイもまた例の「天上の徳の地上への降下[7]」に影響されているのである。聖ルイは、価値が付与され、個人のものとなったこの地上の生活と、聖人たちの通功の共同の場である天上との間を航行しているのである。

イギリスのいま一人の歴史家コリン・モーリスは、もっと先まで進んでいる。それは、ギリシア・ローマの古代を、個人という概念をおそらく育んだであろう発祥《フォワイエ》の地の一つとし、さらにこの概念のキリスト教に含まれている諸起源を強調してはいるものの、彼の書物の表題に従うならば、真の「個人的なものの発見[8]」の役割を中世に残しているのである。彼の第二の独自性は、この現象の発端を一一世紀の半ばにまでさかのぼらせていることである。したがって彼の研究の年代区域は一〇五〇年から一二〇〇年ということになる。しかし彼にとって決定的な時期は一二世紀であり、*individuum*（個体）、*individualis*（個人）、および *singularis*（個物）という用語は論理学の専門用語に狭く限定されているので、当時は個人に当てはまる語が存在していないと指摘したうえで、「自己探求」la quête de soi ということばに力点を置いている。これはかってはキリスト教的ソクラテス主義と呼ばれていたものである。これについて二つの起源を与えているのは聖ベルナールの友人であるベネディクト会士ギヨーム・ド・サン＝ティエリ（一〇八五～一一四八）である。これについては「肉体と魂の本質について」（*De Natura corporis et animae*）に関する彼の論考『デルフォイのアポロンの返答の話はギリシア人の間では有名であった。すなわち、人間よ、お前はお前自身を知るのだ』がある。そしてソロモンも、否むしろキリストもであるが、『雅歌』*Cantique des Cantiques* のなかで（第一歌八）同じことをいった。「どこかわからないのなら、群の足跡をたどって羊飼いの小屋に行き、（そこであなたの子山羊に草を食《は》ませていなさい)」(*Si tu ignoras... egredere*)。このキリスト教的ソクラテス主義は、じつに多様な形で聖ベルナールのような人間と同様にアベラールのような人間にも天啓を与えてきた。私《モワ》の探求は、私的な、耳を介しての告解の強化のなかで追究される。そこでは単に客観的にみえる過ちを罰するのではなく、罪人の意図を暴こうと努めるのである。聖アウグスティヌスの『告白』に着想を得た自伝が、ラティスボーンの修道士であるオットロー・フォン・ザンクト゠エンメラン(一〇七〇頃没)とともに生まれ、そして北フランスのベネディクト会士ギベール・ド・ノジャン(一一二三没)に引き継がれる。オットローは「内的な人間」を探し求め、ギベールは「内的な神秘」に出会うのである。(9)

この私《モワ》は別の「私《モワ》」の探求へと進む。一二世紀は友情の賛美の世紀である。イングランドのシトー会士リエヴォーのアエルレッドは、キケロの友情(『友情論』*De amicitia*)についての論考を再発見し、一一五〇年から六五年の間に『霊的友情』という書物によって自分の生涯を飾ることになる。彼は「神とは友情である」と断言し、さらに進んで、友情は真の愛情であるといい切る。神聖な愛と世俗の愛はあらゆるあいまいさに覆われており、一二世紀にもっとも多くの注釈がなされた聖書『雅歌』でもこれらを隠蔽しているのである。聖ベルナール、ギヨーム・ド・サン゠ティエリは神への愛の歌い手である。ギヨームは断言している、すなわち、汝が探している人が、もし汝の愛のなかにいるならば、その人は汝のなかにいるのであり、その人はただ神に会いたいだけではなく、神に「触れ」、そして「そっくりそのまま神の内部に、その心にまで入ること」さえも願っているのである。(10) 聖ベルナールは、前に見たように、聖ルイが母親に、息子に、弟に、妹に涙を流すのと同じほど激しく、自分の兄弟に涙を流す。ジョワンヴィルと聖ルイの間には、聖ルイが自分の信心行為をおこなっている最中にも、個人間に見られるあの激しい友情と愛情が存在した。この激しさは一六世紀にはモンテーニュとラ・ボエシーのモデル(訳1)「それは彼であったから、それは私であったから」に行き着くであろう。ここに「内的な人間」に対するあの魅惑がみられるのである。

最後に、新しい個人は、宗教上の新しい道を探索する。すなわちキリストの受難の崇拝であり、終末論であり、神秘神学である。イエスの受難、新しいエルサレム、人間の友情と愛情を通しての神の探索、それが聖ルイの宗教となるであろう。

ロシアの中世学者アローン・グレーヴィチもまた、一三世紀に個人が出現するという説の支持者である。中世においては、自分が属している集団にいかに個人が吸収されているか、また「個人的なものは表わされえない」*individuum est ineffabile* といわれていた時代において重要であったものが、いかに部分ではなくて、全体、つまり「普遍」*universitas* であるかを強調したあとで、彼は『中世の文化のカテゴリー』に関する彼の偉大な書物を「人格を求めて」というエッセーで締めくくっている(11)。

彼にとって、中世にみずからしっかりと根づくように努めているのは、実際には「個別性」*individualité* というよりもむしろ「人格」*personnalité* である。「ペルソナ」*persona* という概念は、ローマ世界では、最初は芝居の仮面を指していたが、法律面で人格という概念に変貌した。しかし封建システムは長い間、個人が独立することを妨げてきた。個人は思考の上では、普遍や類型のなかにはめ込まれたままであった。他方、社会的な現実においては、個人は自分が属している共同体に従属していたのである。最後に、一三世紀が一つの転換期を示した。そこでは、「人格において、そうであると認められるべきだという主張がしだいに増えていることの証拠となる兆候」が現れてきたのである(12)。

グレーヴィチは、つづいてもっと先に進んで、中世を法人格の誕生のみならず、厳密な意味での個人の誕生の日付としている。彼は来世への旅の話を検討することで、「魂の運命」として構想された個人の伝記のイメージと、死にかけている枕元で個人の審判を受けながら(13)死の瞬間に終わりを迎える人格という概念が、八世紀にすでにキリスト教に現れているとする仮説を主張したのである。

【注】

（1）*Ibid.*, p. 73.

（2）前出二九二～五頁および後出八一三～四頁を見よ。

(3) W. Ullmann, *The Individual and Society, op. cit.*, p.69.

(4) 原文はフランス語である。

(5) W. Ullmann, *The Individual and Society, op. cit.*, p.109.

(6) 前出六〇〇～一頁を見よ。

(7) 前出六〇〇～一頁を見よ。

(8) Colin Morris, *The Discovery of the Individual, 1050–1200,* Londres, 1972. C・モーリスは «Individualism in XIIth century religion : some further reflexions», *Journal of Eccesiastical History,* 31, 1980, pp. 195–206 という論文のなかで自著に補記をおこなった。同様に Aaron Gourevitch の最新刊書を見よ。*La Naissance de l'individu au Moyen Âge* (version française), Paris, 1995.

(9) Georg Misch, *Geschichte des Autobiographie*, 2e éd., 4 vol. en 8 tomes, Francofort, 1949–1969 ; K. J. Weinstraub, *The Value of the Individual. Self and Circumstance in Autobiography*, Chicago, 1978, 1982 (2e éd.) ; Sverre Bagge, «The Autobiography of Abelard and Medieval Individualism», *Journal of Medieval History*, 19, 1993, pp. 327–350. Sv. Bagge は「ヨーロッパ文化における個人」に関する研究に着手した。

(10) Claudio Leonrdi, Guillaume de Saint-Thierry のイタリア訳のついた版の序論。Lettera d'Oro（『黄金の手紙』）Florence, 1983, p. 25.

(11) 1972 ; 仏訳版パリ、1983〔邦訳、グレーヴィチ『中世文化のカテゴリー』川端香男理・栗原成郎訳、岩波書店、一九九二〕。

(12)「人格」personne という概念についての私の考えは、前出六二〇頁注1を見よ。

(13) Aaron J.Gurevic, «Conscience individuelle et image de l'au-delà au Moyen-Âge» *Annales, E. S. C.*, 1982, pp. 255–275 ; «Perceptions of the Individual and the Hereafter, in the Middle Ages» という表題で Historical Anthropology of the Middle Ages, Polity press, pp. 65–89 に再録された。この学説に関しては後出六三三頁で論じる。

【訳注】

(1) ラ・ボエシー（一五三〇—六三）。一八歳で『意思隷従論』*Discours de la servitude volontaire* を書いた。なお「真の魂の結婚」が彼とモンテーニュを結びつけている。

「私《モワ》」

こういった考え方は含みの多い批判の対象となってきた。まず最初に、アメリカの女性歴史学者カロリーヌ・バイナムの側から、中世にはそれを示す本当の語がないとされている個人（*individual*）という概念と、「魂」（*anima*）、「自己」（*seipsum*）、「内的な人間」（*homo interior*）といった用語に対応するとされている私《モワ》（*self*）という語との間に、まずもって区別をすべきとの提案がなされた。(1) 女史によれば中世は、一二世紀以降でさえも、かけがえのない「唯一の」もの、どんな集団からも「分離できる」（そして分離された）ものとしての「個人」を認めてはいないようである。一二世紀と一三世紀が見い出したであろう、ないしは再発見したであろうといえるのは、それは内的な人間としての私《モワ》である。しかしこの私《モワ》は、その人間が属している集団の外で存在することはないであろう。この二つの世紀の新しさは、社会のこれまでの一元的、二元的、あるいは三元的な古い概念を、数多い集団によって取り替えてしまった、あるいは二つを共存させたということになろう。一元的には教会、キリスト教世界、キリストの神秘な身体、二元的には聖職者と俗人というカップル、勢力ある人々と貧しき人々というカップル、裕福な民と貧しき民（*popolo grasso/ popolo minuto*）というカップル、より新しい三元システムでは三つの社会身分（祈る人、戦う人、働く人、*oratores, bellatores, laboratores*）、あるいは上層、中層、下層（*maiores, mediocres, minores*）(2) といったものとならんで、新しい社会的および社会職業的類型が、教会の内部でも（修道士、参事会員、在俗聖職者、あらゆる種類の修道会(3)）、あるいは「社会的身分」（*status*）によって分けられる俗人の間でも、発達するのである。たとえばこれらの俗人に対しては、一三世紀の説教師たちは、彼らの社会における職業や、置かれている状況（寡婦、既婚者、若者、あるいは裁判官、商人、職人、農夫、貧者、レプラ患者、巡礼者など）に適合する特別の説教を作っているのである。これらの社会的身分は、社会の発展に応じて変化するであろうモデルや類型《タイプ》としての人間に従って定義されることになろう。アベラール（アベラルドゥス）のものとされている自伝書『わが災厄の記』*Historia calamitatum* は、真正な作品であれ、一三世紀の偽書であれ、実際には『「哲学者」という一つの類型としての人間の昇進と失墜の物語』なのである。「この世に対して反旗をひるがえす個人」としてみなされているアッシジのフランチェスコは、「この世に味方する一人のモデル」となるであろう。

最後に、聖ルイが自分の「私《モワ》」についてどのように意識してきたかを考えてみなければならない。マルセル・モースによって打ち立てられた、「私の感覚《モワ》」と個人という概念の間の区別が、ここでは適切な見方である。もしルイが「私の感覚《モワ》」を十分にもっているとしたら、彼はみずからを「個人」として考えるであろうか。何ものもこれほどに不確かなものはない。(4)

たとえば、個人についてのこれだという概念をもたずして聖ルイという個人を探しに行くことは、これに関してカロリーヌ・バイナムは語ってはいないが、それは見果てぬ夢を追い続けることになろう。私たちが到達しうる唯一の聖ルイは、一三世紀の終わりの教会にとっての聖王のモデルであるか、あるいは托鉢修道士たちやサン＝ドニによる、あるいは一人の信心深い騎士による王のモデルであるかのいずれかとなろう。

ジャン＝クロード・シュミットの判断は、さらにもっと含みがある。彼は、一九世紀末にヤコブ・ブルクハルトおよびオットー・フォン・ギエルケによって創始されたドイツ学派の伝統に帰している、「個人の発見」という歴史学上の「フィクション」と呼んでいるものの起源にまでさかのぼって、中世における個人の存在を否定しているのである。しかしこれは、あくまでも個人という用語の現代的な意味においてであり、この語を用いたのも、あいまいさに満ち、矛盾をはらむ緊張のなかでそれ自体が把握される、人格という概念があとになって出現することを認めるためにすぎない。つまり、「個人という意識を称揚することからは、まずほど遠く、一方で自分自身がその似姿である神のなかに、他方で自分がその運命を共有している人間のなかに、自分の主体性をなくしてしまう傾向がある」からである。しかしながら、聖アウグスティヌスの系統のなかでは、一一世紀にすでに中世の聖職者たちは、「私の放棄《モワ》は、逆説的に、個人の意識が深まることを前提とする」というキリスト教的人格がもたらすこの矛盾の、予期せぬ逆転を体験してきたのである。

この概念は、ウィリアム・ジョーダンが聖ルイにおいて暴けると考えた、そして私も、苦しんで生きるよりも調和をもって乗り越えてきたと王が信じている、王の内的な緊張を説明するものであるように思われるのである。神を信じることで聖ルイは自分の個人的な弱さを人格の力に変え、自分の振る舞いのなかで、道徳的なものと政治的なものを一致させたのである。彼の人格は、彼の個人を、自分が神の意志であると信じているものに合致させることで作られたのである。

最後にジャン＝クロード・シュミットは、まだ下に隠れていて見えないとはいえ、個人の発生の過程に対応するものを、カロリーヌ・バイナムがしたように、霊性の歴史という見通しのなかだけではなく、一二・一三世紀からの自伝や、道徳的な生活の内面化や、「理性」のために「権威」を後退させる知的な技術の変貌や、そしてとりわけ愛と死の領域に感じられる感受性と霊性の変化を収斂していく道に従って、探し求めに行かなければならないと考えている。(5)

【注】

（1）C. BYNUM, «Did the XIIth Century Discover the individual?», art. cité（前出五八一頁注28）。一二・一三世紀における個人の誕生のテーマに関しては同様につぎのものを見よ。John BENTON, *Self and Society in Medieval France. The Memoirs of Abbot Guibert of Nogent*, New York, 1970 ; «Individualism and Conformity in Medieval Western Europe», dans A. BANANI et S. VRYONIS Jr. (éd.), *Individualism and Conformity in Classical Islam*, Wiesbaden, 1977, pp. 148–158, et John BENTON, «Consciousness of Self and Perceptions of "Personality"», dans *Culture, Power and Personality in Medieval France*, Th. N. BISSON (éd.), Londres, 1991, pp. 327–356. 同様にPeter BROWN の大いに暗示的な論文 «Society and the Supernatural : a Medieval Change» *Daedalus*, 104, 1975 および文学史上の二つの研究 Peter DRONKE, *Poetic Individuality in the Middle Ages*, Oxford, 1970 ならびに R. W. HANNING, *The Individual in Twelfth Century Romance*, New Haven, 1977. また、*Individuum und Individualität in Mittelalter* というテーマについての討論会が一九九四年九月にケルン大学のトマス研究所で開かれた。

(2) Jacques Le Goff, «Le vocabulaire des catégories sociales chez saint Francois d' Assise et ses biographes au XIIIe siècle», dans *Ordres et classes. Colloque d'histoire sociale* (Saint-Cloud, 1967), Paris et La Haye, 1973, pp. 93–123.

(3) これらの問題に答えるために一二世紀の作者不詳の論考が編纂されている。*Libellus de diversis ordinibus [et professionibus] quae [qui] sunt in ecclesia*（『教会内の多様な身分と宗教生活についての覚え書』）。

(4) 序論を見よ。二八頁。

(5) Jean-Claude Schmitt, «La "decouverte de l'individu" : une fiction historiographique?», dans P. Mengal et F. Parot (éd.), *La Fabrique, La Figure et la Feinte. Fictions et statut des fictions en psychologie*, Paris, 1984, pp. 213–236. シュミットはとくにヤコブ・ブルクハルトの *La Civilisation en Italie au temps de la Renaissance* (1860), Paris, 1885, IIe partie «Développement de l'individu» を参照している〔邦訳、ブルクハルト『イタリア・ルネサンスの文化』柴田治三郎訳、「世界の名著」中央公論社、一九六六〕。Otto von Gierke, *Deutches Genossenschaftrecht* (1891), trad. partielle en français : *Les Théories politiques au Moyen Âge*, Paris, 1914 ; Louis Dumont, *Essai sur l'individualisme. Une perspective anthropologique sur l'idéologie moderne*, Paris, 1983 ; Charles M. Radding, *A World Made by Men : Cognition and Society. 400–1200*, Chapel Hill, 1985.

聖ルイのケース

これまで歴史家たちのさまざまな学説を通して私がたどってきたこの緩やかな歩みから、今や聖ルイという個人に近づくことが可能である。さまざまなモデルやいろいろな常套表現のなかに王を没入させようとして作られた史料から、聖ルイなる人物が浮き上がってきているように思われるのである。王の伝記作者たちから王自身による王の自伝が、彼の内的な生活から一人の個性ある人物が、彼のことばから彼の個人的な理由を表明する個人が、死に面した時の彼の感情豊かな行動と態度から一人のユニークなキリスト教の王の姿が、浮き出てくるのである。そんな王に、私は虚構のなかにおいてではなく、幻想のなかでもなく、歴史という現実のなかで近づくことができると信じている。

真実として、個人という概念が一三世紀においては、フランス革命後の概念とは異なっており、とりわけ一二世紀以来確立されているものが、罪人の意図の探索と個人の告解の実践に煽られている内的な人間に同化した「私《モワ》」であっても、あるいは個人というものが自分の属する共同体《コミュノテ》の外、否むしろ私《モワ》と集団との間の恒常的な弁証法的な関係のなかに生きている共同体の外では存在しなくても、それでもこの「私《モワ》」がしだいに強く語りかけてくることや、さらには一三世紀における個人が、「私《モワ》」と、内的な人間と、それに近代的な意味での個人との混合体として提示されていることは、おとらず事実なのである。

聖ルイは、彼の先任者たちよりも一層「個性的な」一人の聖なる王である。(1) 王に献上された「君主鑑」のなかでフランシスコ会士ジルベール・ド・トゥールネは、『申命記』から着想を得たこの理想的な王の個性味のない一枚の肖像のなかに、ルイのエジプトでの虜囚生活に関する個性味のあふれる、事件という意味では歴史的な一章を挿入しているのである。一三世紀にもっとも好まれたものの一つで、説教のなかに滑り込まされた逸話である、聖ルイも大いに好んだ「例話」というあの文学ジャンルのなかに、「われらの時代に」起こった(*notris temporibus*)、「真実の」ものが、すなわちモデルや常套表現に帰せられることのない、同じ時代に起こった事実に特権を与えるという傾向が存在する。つまり、説教師や史料が、それに関して「私が読んだ」(*legi*)というよりも、(2)「私が見た」(*vidi*)とか「私が噂に聞いた」(*audivi*)ということのできるものである。それはまさにジョワンヴィルが聖ルイについておこない、語っていることである。彼は自分が他人から借りがあること、たとえば、彼自身が立ち会うことのできなかった父親ルイの死について語ってくれたロベール・ド・クレルモンに借りがあること、あるいは、今日の私たちにはまったく知られていないフランス語で書かれたある作品のなかで見つけたものがあることを認めている。

私はすべての人に知らせておこう。私がこれまでこの作品のなかに入れてきたわれらが聖王の事績の少なからぬ部分は、私が見たこと、そして聞いたことであり、同時に、彼の事績の少なからぬ部分は、フランス語で書かれたある作品のなかに私が見つけたものである。それらを私はこの書物に書き写させたのである。そして私はあなた方に、私が本当に見て、聞いたのだということを思い起こさせよう。この書物のなかの話を聞くことになる人たちに、この書が語っていることをしっかりと信じてもらうためである。ただし、ここに書かれている他のことについては、私はあなた方にそれらが本当のことであるとの証言はおこなわない。なぜなら私はそれらを見たわけでも、また聞いたわけでもないのだから。(3)

聖ルイとは人格も社会的地位も、それに生活もひどく違ってはいるものの、時おりとても身近な存在として感じられる当時の一人の偉大な聖人と同じように、(4)ジョワンヴィルは聖ルイと気心が合っているのである。

このアッシジの聖フランチェスコに関しても、個人とモデルとの間の闘いが観察されうる。実際に、彼が命を終えた直後に作られた一つの肖像から、そしてかなり自発的な証言から、どのようにして個別性を消して、さまざまなモデルとの類似を求める肖像へと移っていったのかが示されてきた。(5)それは、フランチェスコの死後三年を経た一二二九年にこの聖人に捧げて書かれた、チェラーノのトマッソの『第一の伝記』*Vita prima* と、この修道会の発展に従い、モデルに従順な一人のフランチェスコを見せるために、一二四六年に彼が書き改めた『第二の伝記』*Vita secunda* とを比べると知ることができる。『第一の伝記』はフランチェスコを「他のすべての人々とは異なった人間」(*vir dissimilens omnibus*：第一の書、五七章、一九節)として提示していた。ところが『第二の伝記』は「あらゆる点で個別性を消して」(*singularitatem in omnibus fugiens*：第二の書、一四章、四節)彼を描いている。教会は、この修道会に彼の重みをしだいに感じさせようとして、トマッソに対して、フランチェスコをこれまでの伝統的なモデルに従うようにさせたのである。それは聖ルイに及ぼされたのと同じ圧力であるが、とりわけジョワンヴィルのおかげで、それは時には過ちとして暴かれている。個人の激しさが、理想の王という衣を着せられたモデルの調和を崩すのである。それはこの時代が、近代的な意味でのこうした個人の表出や、こうしたたどたどしいことばを許しているからである。

若干のタイプの史料、若干の発話様式は、私に、一三世紀における個人の確立の可能性を否定する人々の学説に疑問を抱かせてくれる。たとえばラテン語ではない、その国の言語で書かれた文学史料がそうで、そこでは「私《モワ》」moi ではなくて「私は《ジュ》」je の出現がみられる。[訳1] これは「文学上の主観性」の開花であり、より一般的な主観性の指標なのである。ジョワンヴィルと彼を通して現れる聖ルイは、この一連のテキストの線上にあるのである。[6] それらはまた新しい裁判上の実践でもある。犯人は告訴者があって初めて訴追されるというこれまでの古い告訴手続きが、聖ルイの治下になると、教会関係の人間であれ俗人であれ、ある権限を有する司法官が被疑者を合法的に訴追するという手段を追求した新しい審問手続きに取って代わられはじめたのである。追求された最善の証拠は、以後、必要に応じては拷問という形でなされる「自白」*aveu* となる。教会の異端審問についての強迫観念は、いかなる異端者をも目こぼしせずに、犯人だけを罰するように押し進めることで、つまり異端とそうでない者とを区別することで、被疑者や被告を個々のケースとして扱うことを助長した。法律上の概念はしだいに私と公を離す傾向に向かう。そこに、ジルベール・ド・トゥールネが聖ルイに捧げた『君主鑑』のなかで示しているような、王に適用すべき本質的な区別があるのである。私的な領域は個別の事柄となり、少なくとも若干の最高権力をもった個人のもとでは、その個人の属性となるのである。[7] それに、それぞれの遺言者を個別化する遺言書の復活も付け加えておこう。

個人の確立をもっともはっきりした形で助長しているのは、とりわけ、おそらくは、来世の地理の改造と、死につながる信仰と実践が結果として変容したことである。神は、まさに人の死の瞬間に、その死者に煉獄を通り抜ける道を課すべきかどうかを決めることになる。煉獄という、あの世のこの新しい場所に、以後ある管轄区域が付与されるのである。というのも煉獄は、この世の終わりの時までしか存在しないであろうから、神はもはや、この死者を地獄あるいは天国へ送るために最後の審判を待つことはありえず、場合によっては一時的なその魂の滞在の場所について決定を下すはずだからである。永遠の救い、または地獄落ちへの断罪の決定的な瞬間、それはまさに、死の、個人の死の瞬間である。[8] しかし私はアローン・グレーヴィチの説には最後までついていけない。煉獄を信じるということが、個人をどんな共同体からも切り離すことになると主張しているからである。[9] ところが実際は、煉獄での滞在期間の短縮は生存している親族たちが祈りとミサと寄進を施し、煉獄にいるその死者に保証する代禱によって左右されているのであり、それによって生者と死者の間に新しい絆が生まれ、そして肉親の家族とならんで、修道会、信心会《コンフレリー》などといった、霊的ないしは仮構の家族の重要性が強められるのである。新しい均衡が、個人と、彼が結びつけられている集団との間に確立される。この均衡のなかで聖ルイは生きてきたのである。

【注】

（1）後出一〇五七頁以下を見よ。ロベール・フォルツは、聖ルイの『教え』と一一世紀にハンガリーの聖王イシュトヴァンが自分の息子宛に書いた手引き書との間にある差異を、『中世の聖王たち』*Les Saints Rois du Moyen Âge, op. cit.* という立派な書物のなかで見事に分析している。

（2）Cl. Brémont, J. Le Goff, J. -Cl. Schmitt, *L'Exemplum, op. cit.* 前出〈「例話」のなかの王〉（四四四～七三頁）を見よ。

（3）*Histoire de Saint Louis*, p. 413.

（4）アッシジのフランチェスコは一二二六年に死んだが、この年に幼いルイが王位についている。彼は一二二八年以来列聖されている。ルイに先立つこと六九年である。

（5）Francis de Beer, *La conversion de saint François selon Thomas de Celano,* Paris, 1963 とくに pp. 240–243.

（6）M. Zink, *La Subjectivité litteraire, op.cit.*

（7）Paul Ourliac et Jean-Louis Gazzaniga, *Histoire du droit privé français de l'an mil au Code civil,* Paris, 1985.

（8）J. Le Goff, *La Naissance du Purgatoire, op.cit.*

（9）A. Gourevic, «Conscience individuelle et image de l'au-delà au Moyen Âge» art. cité (p. 506 n. 1). 私は『アナール』のこの同じ号 *Annales* (note de la p. 255)で、この学説に疑問を提示した。

【訳注】

（1）フランス語の歴史から見ると、ジョワンヴィルの時期に強調的な意味をもたない主語人称代名詞 je が出現する。

良心

同時に、私《モワ》moiと私《ジュ》はjeの覚醒を特徴づける最良の語は、おそらく「良心《コンシアンス》」であろう。(1) 良心の吟味、良心の事件が一三世紀において意味のある現実となる。一三世紀と一四世紀のフランスの王たちが、その統治において、たとえば監察使の派遣において、いかに自分たちの良心の声に耳を傾け、そしてその良心と折り合いよくすることを望んでいたかが強調されてきた。この良心こそが、自分たちの個人的な救済と、自分たちの民の救済とを確かなものにしてくれるはずだと信じられたからである。新たな、個人と共同体との出会いである。これらのすべての王のなかで、もっとも崇高な良心の持ち主は聖ルイであった。

チェラーノのトマッソがアッシジのフランチェスコというモデルに関してフォルマ *forma* すなわち「鋳型」と呼んだものに対するこの個人の圧力は、同様に、聖人伝作者たちにも及んだ。彼らがこの王を直接知っていた場合——王の聴罪司祭ジョフロワ・ド・ボーリューが、近くに仕える者として、同時に「内的な人間」の聴き役として王を知っていた——、あるいは王の側近たちからその噂を聞いた場合——列聖の一件資料とそこに含まれている証言を伝えた王妃の聴罪司祭ギヨーム・ド・サン゠パテュスのケース——、彼らは時おりその圧力に屈することもありえたのである。

聖ルイは、彼らのなかにおいてさえも、時おりモデルから離れている。まず最初に聖人たる者は、自分自身とそして悪魔と戦わねばならないからである——この世ではだれも完璧ではないように、聖人でさえもそうであり、したがって、いつも聖人を理想化すべきであるとは限らない。とりわけこれらの証人たちは、英雄の人格に関するみずからの直接的な知識から逃れることはできない。こうした彼らの具体的な経験が、彼らに、それが何であれ、時には理想的で類型的な王ではなく、現実の王を描くように強いるのである。

この聖王が誘惑と戦っている時にもたらされる個人的な特徴を示そう。ルイは夫婦の性の交わりについての教会の禁止事項をこと細かに守ってきた。しかし、時には彼は戦わねばならなかった。肉の誘惑を聖人が乗り越える姿は聖人伝の常套表現の一つである。そしてこの勝利の紋切り型のイメージは――とくに大グレゴリウスの『聖ベネディクトゥス伝』以来――、肉欲にとりつかれた聖人が転がろうとしている燃えたいら草の実際の火のなかで、肉体の火を消すことであった。しかしジョフロワ・ド・ボーリューにおいては、この常套表現は現実的な姿で表現されている。「肉欲を断っている日々に、何らかの理由で王妃である妻のもとを訪れて共に過ごし、そして人間の弱さゆえに、時おり自分の妻の肌に触れることで、肉の疼きを感じた時には、肉の反乱が鎮まるまで、彼は部屋のなかを縦に横に動きまわるのであった（*per cameram deambulans*）(2)」。夫婦の寝室のなかを大股で歩きまわるルイのイメージと現実との合致をだれが疑うであろうか。

時おり、聖人伝作者でもあるこの聴罪司祭によって表わされる非難は、王の過度な信仰心が原因である。ルイには修道院でおこなわれている形を取り入れた真夜中の信心行為の習慣があった。真夜中に起きて朝課を聞きに行き、それから自分の寝台の足下でしばしの間祈りを捧げる。これは人前ではないところでおこなう個人の祈りのよい例である。しかし彼は早朝の一時課の刻〔午前六時〕にはすでにふたたび起きていた。「このような徹夜は、彼の身体を、とくに頭脳の働きを弱めたり、大いに悪い影響を与えることもありえたので、彼はついに［彼の側近たちの］何人かの慎重な人物たちの助言と懇願を受け入れるに至り、朝課に代えて、一時課のすぐあとにおこなわれるミサと聖務日課を聴くことができる［より遅い］時間に起きることになった(3)」。

待降節〔クリスマス前の四週間〕と四旬節〔灰の水曜日から復活祭の前日までの、日曜日を除く四〇日間〕および聖処女の四つの徹夜課の期間に身にまとう王の苦行服に関しても同様の指摘がみられる。「けれども王の聴罪司祭［つまりジョフロワ・ド・ボーリュー自身である］は、それは王の地位（*status*）にある者にふさわしくないものであるが、そうするのであればせめて貧者たちに気前よく施し物を与え、臣下たちにすみやかな（*festinata*）裁きを得させるべきだと王に申し上げた(4)」。そしてさらに断食に関しては、王は、金曜日の完全な断食と水曜日の部分的な断食（肉と脂肪）の他に、月曜日の補足的な断食を付け加えようと望まれた。「しかし肉体的な虚弱さのゆえに、［彼の側近たちのなかでも］慎重な人物たちの助言を受け入れて、王はこれを断念した[5]」。

現実を思わせる効果は、モデルとのずれからではなく、つまり創り出されたり、あるいは直接的な経験とは別の史料から借りたりしたとは思われない具体的な詳細な描写からもきている。

時おりこの聖人伝作者である聴罪司祭は、自分だけが知っている事柄への称賛のイメージを加筆するためであるにせよ、王のきわめて個人的な振る舞いを新たに具体的に喚起させる詳細な話を滑り込ませている。「彼は聴罪司祭たちを、いつも大変恭しく取り扱っていた。そして、みずからを告解するために聴罪司祭の前にすでにかがみ込んでいた時でも、その聴罪司祭が扉や窓を開け閉めしようとすると、時どき、王は司祭の代わりに急いで立ち上がり、司祭に断ってつつましくみずから閉めに行くのであった［…］[6]」。

ギヨーム・ド・サン＝パテュスは、王は召使いたちも含めて、だれとでも「あなたで話す」vouvoyer 習慣のあったことを報告している[7]。ことばをかける相手をすべて羊の群のなかに溺れさせてしまう伝統的な「お前」*tu* を放棄し、丁寧な「あなた」*vous* を用いることは、それによってより尊敬を受ける個人的な尊厳に聖ルイの注意が向けられていることを示しているのである。

【注】

（1）M.-D. Chenu, *L'Éveil de la conscience dans la civilisation médiévale*, *op. cit.*（前出四七二頁注25）; Joseph R. Strayer, «La conscience du roi», *Mélanges R. Aubenas*, Montpellier, 1974 ; Elizabeth A. R. Brown, «Taxation and Morality in the XIIIth and XIVth centuries : conscience and political power and the kings of France», *French Historical Studies*, 8. 1973, pp. 1–28.

（2）Geoffroy de Beaulieu, *Vita*, p.7.

（3）*Ibid.*, p.13.

（4）*Ibid.*, p.10.

（5）*Ibid.*

（6）*Ibid.*, p.6.
（7）GUILLAUME DE SAINT-PATHUS, *Vie*, p. 19.

フランス語を話す王

私たちにとって、「真の」聖ルイの声がすぐそばで聞こえるとさえいえる印象をさらに大きくしているのは、それは彼の伝記史料の一部が、王をフランス語で話させているということである。

実際にルイ九世の治下においてフランス語は決定的な発展を遂げる。フランス語で作成された文書の数は著しく増加している。ルイが一二四七年に自分の監察使たちを起用するとき、王に提出された最初の請願書は、まだラテン語で認められていた。しかし王の治世の末期に至り、それらはフランス語で認められている。王が一二七〇年の少し前に、長男と娘に『教え』をみずからの手で書いたとき、ギヨーム・ド・ナンジが指摘しているように、王はこれをフランス語で書いているのである。[1] 彼が修道士プリマに取り寄せを求めているのはサン＝ドニの『年代記』のフランス語版である。死の床にあったとき、祖先のことばであるラテン語をふたたび見い出すとしても、王は母語であるフランス語を促進させてきたのであり、[2] そして彼がサン＝ドニの墓所で、ことばの奇蹟を成し遂げたとき、彼が奇蹟に預かった男に話させたのはイル＝ド＝フランスのフランス語である。[3] しかしこの男は、じつはブルゴーニュ生まれであった。[4] 私たちが話し声を耳にするこの最初のフランスの王は、フランス語でみずからを表明しているのである。

【注】

（1）GUILLAUME DE NANGIS, *Vie de Saint Louis*, p. 456 : «*manu sua in gallico scripserat*».
（2）Jean BATANY, «L'amère maternité du français médiéval», *Langue française*, n° 54, mai 1982, p. 37.

（3）同様に王妃マルグリットも一二七〇年前では自分の書簡をラテン語で書いたが、のちにはフランス語で書いた。G. SIVERY, *Marguerite de Provence, op. cit.*

（4）D. O' CONNELL, *Les Propos de Saint Louis, op. cit.*

王の肖像

肖像の歴史は私たちに、個人というものに注意が向けられはじめた時期を標定するための、決定的な要素を提供してくれる。聖ルイはただその先史に属しているだけである。[1]

ローラント・レヒトは最近、レアリズムは一つのコードであると、さらに念を押して主張した。[2]世界および「現実の」存在物へのこの関心を定義するために、彼にとって最良に思われる用語は、「現実性の原理」であり、彼はこれを「技芸の世界によって現実の世界を対象として取り上げること」と定義している。この原理は「必然的に個別化の原理であり」、彼はそれを「一三〇〇年頃の」彫刻のなかにみられると考えているが、正当な見方である。墓石の彫刻はこの原理が観察できる特権的な場であり、一三二〇年ないし一三三〇年代から、とりわけ容貌上の特徴に関する一三世紀の研究の成果として「肖像の誘惑」が現れてくるのである。当時のこれらの関心事は、アリストテレスが書いたとされるある論考や、ホーエンシュタウエン家のフリードリヒ二世の宮廷学者の一人であり、天文学書とはいえ個人の容貌の研究として人相学を一部に含む著作を書いたミカエル・スコトゥスの一作品からの着想である。この関心は、一三世紀の後半に、スコラ学とともに大きくなった。たとえばアルベルトゥス・マグヌスの『動物に関して』*De animalibus* や聖トマス・アクィナスのものとされる『人相学について』*De physiognomia* のなかにそれがみられる。しかし墓石彫刻はそれでもなお、理想化された肖像をとどめているのである。この彫刻は今もサン＝ドニにある横臥像に見ることができるが、これは聖ルイと彼の身近にいた補佐役の修道院長マティユ・ド・ヴァンドームの肝入りで、一二六三年から六四年にかけて王の墓を再整備した折に置かれたものである。(3)聖ルイのものとみなされている像には、当時のものも含まれているが、それらは私たちに実際の彼の顔をかいま見させてくれるのであろうか。

聖ルイに関する図像解釈学の史料を研究した結果、私は、アラン・エルランド＝ブランデンブルクと同じ結論に達した。つまり「われわれは聖ルイのいかなる本当の肖像も知らない」ということである。専門家たちが一二三五年頃と考えている──すなわちルイ九世がおよそ二〇歳の頃──パリで描かれた教化的なある聖書のミニアテュールには、ありふれた顔をして座っている王が表わされている。この史料の興味深さは、均衡のとれた二つの枠のなかに、同じ高さで、ブランシュ・ド・カスティーユとルイ九世とが表わされているところにある。そしてこの像は私には、この二人が実際に作っていた奇妙な王家のカップルの性格をまさに定義づけているように思われるのである。(4)二人とも王冠を被って王座に座っており、一見したところ、平等な共同統治という印象がこの図像から浮かび上がってくる。しかしさらに注意深く眺めてみると、聖ルイは真の王座に座っているが、王の母親の方は一種の高官用の椅子、「ダゴベルトの王座」と呼ばれていたタイプの椅子に座っていることがわかる。これらの椅子を、フランスの歴代の王の印璽に描かれているものと比べてみると、ブランシュの椅子は威厳の印璽にみられるフランスの歴代の王が座っている椅子を、そしてルイの椅子は、より「時期的に新しい」王座であることを思い起こさせる。とりわけ母である王妃の足先は、長いローブの襞の下に隠れて見えないが、ルイの足先は丸見えで、王の権力の象徴である赤い小さな絨毯の上に置かれている。それにブランシュは白貂を裏打ちしたマントをはおっていながら、手には何も持っていない。他方ルイは、王の権力の象徴物件《アンシーニュ》を持っている。つまり左手には百合の花の飾られた王杖──他のフランス王から区別するしるし──、そして右手には小さな地球を持っている。この地球は、縮小された形で、皇帝型の、最高の性格の象徴的な権力を王に付与しているのである。(5)これこそがまさにルイと母親との関係、王のカップルの尋常ならざるケースであった。見せかけの平等の背後には、常に、最高の王の権力のあらゆる付与物件《アトリビュ》を所有すべき唯一の人間に有利な、すなわちこの若い王に有利な不平等がみられるのである。フランスという王国の頂点に両頭政治はなかったのである。ここに現実主義がみられるとしても、しかしそれはあくまで制度的なものである。すなわちここでは王の職務と、王とその母親の間に現実に存在する諸関係とが表わされているのである。

いま一つ別の図像は、まったく異なった性質のものである。それは羊皮紙の上に筆で描かれ、淡く色づけされたデッサン画である。おそらく一七世紀にパリの模写職人によってプロヴァンスの碩学ファブリ・ペレスクのために描かれたもので、一四世紀初頭のパリのサント゠シャペル寺院の絵の一枚の断片を表わしているものである。これらのデッサン画はおそらく、ルールシーヌのコルドリエ修道女（クララ会修道女）の教会で一三〇四年と一三二〇年の間に描かれ、聖ルイの娘であるブランシュから注文されたとされる聖ルイの一生を描いた別の系統のフレスコ画に着想を得たものである。(6) 自分の父親の伝記を書くようにとギヨーム・ド・サン゠パテュスに求めたのも、まさにこのブランシュであった。この史料はまた、貧者たちの足を洗っている聖ルイの顔が描かれているとされるものでもある。この図像は、自分の知っている父親のイメージに愛着を覚えた娘の一人に求められて、托鉢修道女たちのために描かれたものである。そしてこれは、大人物たちの最初の写実的な肖像が現れる時期のもので、おそらく、謙虚な姿をした、最初の十字軍遠征から戻って来た、髭を伸ばした悔悛者としての聖ルイの現実の特徴に近いものである。

これらの二つの古い図像は、厳密な意味で個人の肖像に至る一連の作品のなかで、聖ルイの占める場所を十分に定めてくれているように私には思われる。ペレスクのデッサンは、ローラント・レヒトが一三世紀から一四世紀にかけての転換期に特筆すべきこととして挙げていたあの「肖像の誘惑」を思い起こさせる。これら教化的な『聖書』のミニアテュールは、特異で現実の権力状況に順応させられたものであるとはいえ、象徴的でありふれた、理想化された肖像の伝統のなかにあって、王の肖像を支えているのである。(7)

すでに中世末期において、ウール県のメンヌヴィルの教会にある一四世紀の初期に作られた一つの彫像のモデルをルイであるとする試みがなされていた。(8) 今日ではこの彫像は聖ルイのものではなく、彼の孫であるフィリップ端麗王のものであると断言することができる。このことは、ちなみにこの彫像がフィリップ端麗王の強力な補佐役であったアンゲラン・マリニーの一つの封地の教会のなかに存在するだけに、何ら驚くことはない。けれどもこのような混同が起こるのは、聖ルイは人々が個別化された肖像に直面しはじめた時期に生きていたという、ずいぶんと早い時期から人々が抱いていた気持ちの証となるものである。それは同様に聖ルイが、フィリップ端麗王と同じように、カペー直系の最後の王たちに結びつけられた、美しいという評判をもっていた事実によっても説明される。この特質によって、おそらく理想化された彫像は、現実を実際に反映する彫像へと容易に移すことが可能となったのである。一四世紀の冒頭にサン＝ドニの墓所に置かれた聖ルイの彫像は象徴的であった。王は顎髭も蓄えず、百合の花で飾られたマントをはおり、キリストの受難の三本の釘と、おそらくはサント＝シャペル寺院の本当の十字架の聖遺物匣をイメージさせる二本の横木の付いた十字架を手にしている。これはフランス王権の象徴体系と、キリストの受難、十字架、聖遺物への信心行為の象徴体系とを結びつけるものなのである(9)。

アラン・エルランド＝ブランデンブルクは、私たちが聖ルイのいかなる真の肖像も知らないのと同様に、「いかなる年代記作者も彼の特徴を描いてみせる努力をしてこなかった」とみなしている。王の列聖の直後に編纂された聖ルイに関するある『伝記』は、ある部分は修道士たちの読書用として、ある部分は説教用として書かれているが、私たちに王の肉体についての興味ある素描を与えてくれる(10)。

王は背丈に関しては、肩の高さにおいて人々を凌駕し、そのうえ、王の身体の美しさは身体の均整と調和しており、王の頭は知恵の宿る場所にふさわしく円く、穏やかで晴れ晴れとした顔は、外見的には何かしら天使の面影があり、鳩のごとき目は恩寵に満ちた光を放ち、顔は白いと同時に輝いており、毛髪の（そして顎髭の）年齢的には早いその白さは、王の内面の成熟度と老年における尊敬すべき知恵さえも予告していた。これらすべてを賛美することはおそらく不要であろう。なぜならそれは人間の外的な飾りにすぎないからである。内的な徳は聖性に由来する。そして尊敬に結びつけられるべきは、これらの内的な徳なのである。これこそ一層この王を愛するように駆り立てるものであり、王の外的な様相を見ただけで、喜びへと内面的に心が動かされたのであった。

これが彼の死と彼の列聖のすぐあとに定められた王のイメージである。これは理想化されたイメージで、内的な人間と外的な人間との間の伝統的な調和——とりわけ一二世紀以来の——にもとづいたものである。しかしこのイメージは、背丈に関してはジョワンヴィルによって、鳩の目に関してはパルマのサリムベーネによって報告された、生前の王についての印象から一部証拠づけられる。そして彼の晩年の白髪は、まさに彼の統治の第二部にあたる悔悛の王のそれである。王の顔から発する喜びが示されている最後の特徴は、より一層この時代にぴったりしたものである。悲しみではなく喜びのメッセージを運ぶ、顔に笑みを浮かべるフランシスコ会士の王である。

たしかにモデルと現実がルイにおいては区別がつかなくなっている。彼の肉体がその第一の証人である。この意味を要約しておくことにしよう。実際に「真の」聖ルイに接近する可能性を確かにしてくれるものは、何よりもまず、きわめて早くから示されてきた、理想的なキリスト教徒の王を実現させ、体現する意志——彼の母および教育係の人々の意志、つぎには彼の身近にいる修道士たちによって支援され、彼の同時代人たちが王に送り返す王そのもののイメージによって強められた王自身の意志——であり、そしてこの事業において彼がおさめた間違いのない成功である。王の聖人伝作者たちの理想とする王は、まさに彼なのである。一七世紀の絶対君主制に関し、ルイ・マラン〔第一次世界大戦前に首相を務めたフランスの政治家。一八七一〜一九六〇〕によって提唱されたものとは少し違った意味で、「王の肖像、それは王そのものである」。「君主鑑」と王についての諸々の聖人伝は、ルイの人格を王権の常套表現のもとに薄れさせるどころか、これらの常套表現の生きた化身でありたいと願った一人の聖ルイを描いている。そしてそこに聖ルイの、したがって彼の伝記の、奥深い独自性があるのである。聖人たちを含め、歴史に登場する偉大な人物たちにとって、このようなケースは稀である。中世の初期から一二世紀まで、歴史上の主役たちの人格は、彼らの個人性を奪う沈黙のなかに、あるいはその人に押しつけられるモデルによって、その個人性が吸収されて、私たちから逃れてしまっている。王の身近にいたジョワンヴィルの『聖ルイ伝』は、王の人格についてのこの客観的ではあるが特別な構造に、他人に還元不可能な役割を王に戻してくれる詳細な逸話を付け加えている。私たちが使ってきた史料は、聖人伝的であると同時に「現実的」でもあるのだが、称賛によってであれ、あるいは批判的な保留をつけてであれ、私たちにそのことを十分に伝えてくれる。その結果、王がモデルとどんな点で隔たっていたのかを感じとり、そしてしばしばそれについて知ることもできるのである。ほとんどの場合は行きすぎによって、道徳的な熱心さによって、あるいは気質によって隔たっていたのである。王に近い存在であったのか、あるいは単なる評判のおかげであったのか、王と同時代人の何人かが、王に関して例の「欠点」を知っていたということ、および彼らが生前の王について、その理由ありとする批判を知っていたということは、私たちの聖ルイの認識に第三の次元を付け加えることを可能にしてくれる。つまり、王は存命中、そして彼の生きた時代において、議論の的となる人格をもつ人間であったということである。王はそこから、より「本当の」人間的な厚みを引き出しているのである。聖ルイは実在した。そして史料を通して彼に出会うことが可能である。最終的に王のイメージに固有の現実性を付与するもの、それは個人に対する一般的な関心が、それとして確立されはじめる時期に王が生きたということである。「内的な人間」を創り出し、それに到達しようとしたり、語りや身振り[11]や態度を魂と心の動きに合致させることで、人間の外的な顕示を内的な存在に一致させようとするキリスト教上の古くからの努力に則って、人はしだいに外面を、存在の表現とみなすに至ったのである。個人を知るということは、これまで久しく、自分たちの祖先を、社会的地位を、職業上の役割を考慮することに根拠を置いてなされてきたが、当時は、個々の人間の外的なしるしを分析することに向けられていたのである。すでに個人を識別する手段として個人名が見い出されていた。やがて「写実的な」肖像が現れるであろう。聖ルイは、中世においてすでに視覚的にその個人的特徴を表わそうと人々が思いつき、そしてその「類似した《アンシーニュ》」肖像を生産しようと人々が努めてきたように思われる、フランスの最初の王なのである。印璽のような権力の象徴物件や象徴的な道具こそが王という人格を同定する。彼はそんな時代にいまだ属しているのである。フランスの諸王の自筆、署名、それに写実的な肖像を見い出すには一四世紀を待たなければならない。しかし、聖ルイの時期からすでに、この王の奇異な特徴が外的形態のなかに浮かび上がる傾向があった。矛盾した二つの動きが互いに反対方向に作用しているようである。急速にそして幅ひろく広まった例外的な王というイメージは、彼の人格についての関心を速めた。しかし他方で、国家の生成は王冠を戴く人物を犠牲にし、そしてその王冠に特権を与えようとする政治体制の生成は王の個人的な表象の出現を遅らせたのである。カントーロヴィッツの用語をふたたび取り上げて述べるならば、王の政治的な身体と自然の身体との間の緊張感によって、王に奇異な特徴があったことはうかがい知れるが、そのことでその特徴が完全に確立されたといえるわけではないのである。(12)

【注】

（1）以下はこの聖人の図像学に関して私が参照した一件資料である。Gaston Le Breton, *Essai iconographique sur Saint Louis*, Paris, 1880 ; Auguste Longnon, *Documents parisiens sur l'iconographie de Saint Louis,* Paris, 1882 ; Emile Mâle, «La vie de Saint Louis dans l'art français au commencement du xive siècle», dans *Mélanges Bertaux,* Paris, 1924, pp. 193–204 ; Emile Van Moe, *Un vrai portrait de Saint Louis,* Paris, 1940 ; P. M. Auzas, «Essai d'un répertoire iconographique de Saint Louis», dans *Septième centenaire de la mort de Saint Louis, op. cit*., pp. 3–56. 私がもっとも興味を覚えた二つの研究は、Meredith Parson Lilich, «An Early Image of Saint Louis», *Gazette des beaux-arts,* 1970-1971, pp. 251–156 および、とりわけ A. Erlande-Brandenburg, «Le tombeau de Saint Louis», art. cité である。

（2）Roland Recht, «Le portrait et le principe de réalité dans la sculpture : Philippe le Bel et l'image royale», dans *Europäische Kunst um 1300* (XXVe Congrès international d'histoire de l'art, Vienne, 1984), 6, pp. 189–201. ここではその他の肖像のテーマに関する論文を参照できよう。レヒトはとくに、古いとはいえ注目すべき F. Siebert, *Der mensch um Dreizehnhundert im Spiegel deutscher Quellen. Studien über Geistesentwicklung* (Historischen Studien CCVI), Berlin, 1931 を研究の拠り所としている。これは一三世紀の個人の誕生の研究にとって重要である。肖像の歴史の初期に関しては、とりわけつぎのものを見よ。Pierre et Galienne Francaste, *Le Portrait. Cinquante siècles d'humanisme en peinture,* Paris, 1969, それに Enrico Castelnuovo, *Portrait et société dans la peinture italienne, Paris,* 1993 ; Jean-Baptiste Giard, «L'illusion du portrait», *Bulletin de la Bibliothèque nationale,* 1978, pp. 29–34 ; Percy Ernst Schramm, *Die deutschen Kaiser und König in Bildern ihrer Zeit, 751–1152*, 2 vol., Leipzig et Berlin,1928 ; Gerhard B. Ladner, *Papstbildnisse des Altertums und des Mittelalters Bd II. Von Innocenz II zu Benedikt XI,* Cité du Vatican, 1970 ; Jean-Claude Bonne, «L'image de soi au Moyen Âge (ixe–xiie siècle) ; Raban Maur et Godefroy de Saint-Victor», dans Br. Gentili, Ph. Morel, Cl. Cieri Via (éd.), *Il ritratto e la memoria,* 1993, pp. 37–60.

（3）前出三三二頁以下を見よ。

（4）前出一五六頁および後出九〇一～三頁を見よ。

（5）このミニアテュールはニューヨークのピアポント・モーガン図書館の手書本二四〇のフォリオ8に見られる。口絵写真5を見よ。

（6）Direction générale des Archives de France によって一九六〇年五—八月にサント゠シャペルで開かれた「聖ルイ」展示会のカタログ一一七号。ガイルズ・コンステーブルは Buchard de Bellevaux, *Apologia de barbis,* éd. R. B. C. Huygens, Corpus Christianorum Continuatio Mediaevalis, vol. 62, Turnhout, 1985 の長い序文、および論文«Beard in History : Symbols, Modes, Perceptions»（ロシア語）、*Ulysse, Revue de l'Académie russe des sciences,* 1994, pp. 165–181 のなかで、中世における顎髭の象徴性を研究した。口絵写真8を見よ。ならびに口絵写真7と15の髭面のルイの図像も参照。

（7）Roland Recht (art. cité, p. 190)は一三〇〇年頃の肖像の状況を見事に定義している。「当時は王の肖像について二つの異なった概念が共存していた。一つは理想化という一般原理を働かせるもの——回顧的肖像——であり、他方は「生きている様」の観察を取り入れようとするものである」。

（8）Paul Deschamps, «A propos de la statue de Saint Louis à Mainneville (Eure)», *Bulletin monumental,* 1969, pp. 35–40.

（9）Georgia Sommers Wright, «The Tomb of Saint Louis», *Journal of the Warburg and Courtauld Institute,* XXXIV, 1971, pp. 65–82.

（10）*Beati Ludovici vita, partim ad lectiones, partim ad sacrum sermonem parata,* dans *Recueil des historiens des Gaules et de la France,* t. XXIII, pp. 167–176.

（11）J.-Cl. Schmitt, *La Raison des gestes dans l'Occident médiéval, op. cit.*（前出五七九頁注4）。

（12）E. H. Kantorowicz, *Les Deux Corps du roi, op. cit.*（前出三五一頁注30）。

第三部　聖ルイ、理想的で比類なき王

今や、まず模範的で比類なき聖ルイ像を構成するさまざまな要素を組み立て直し、ついでこの聖ルイ像を歴史上実在した理想的なキリスト教王の肖像と比較し、最後にそのモデルとの関係で、実際に存在した聖ルイを説明すべき時がきた。このためには、すでに利用した史料を新しい視点で取り上げ直すことも、時には必要になるだろう。

外面から内面へ

これまでの考察で、聖ルイについての史料がどの程度信頼できるかについて一応の理解が得られたので、私はここでは、彼の生涯と行動を通して、そして聖ルイが、彼が生きた世界および社会とどのような関係を取りもったかという点から、彼に接近していこうと思う。

それには、以下のような考察を重ねていくつもりである。まず第一章では、彼が空間と時間に対してどのような関係を取り結んだかを見るが、これらは客観的なものであったり実際に体験された〔主観的な〕ものであったりするし、彼がおこなった選択や行動によって影響をこうむったり、何らかの刻印を押されたりもする。ついで、具体的な現実、文化的・社会的な組織、彼の行為や夢といった網の目のなかで彼を考察する。第二章では、五感に訴える種類の周囲の状況、すなわち図像や芸術作品、文献を通して聖ルイを観察するが、これらは、彼が意図的に生み出せたものであれそうでなかれ、彼が実際に目にしたり、それらについて考えをめぐらしたりしたものである。つづく第三章では、彼自身に舞台にご登場願って、彼がその心の内を外に出して自分を表現したりするさまを描くつもりである。これは、彼自身の語りと身振り、それが良く考えた末のものであれそうでなかれ、いずれにせよ彼自身の行動を、さらには、彼の生きた時代のコミュニケーションの規則《コード》、すなわち、ことばや身体言語、食事の決まりの体系《コード》を、彼自身がどのように操っていたかを通して表わされる。中央に位置する第四章では、私は聖ルイを、王の三つの機能のなかではっきりと位置づけたい。三つの機能とは、第一に聖なる――つまり裁く――機能、第二に闘う機能、第三に豊穣の――つまり経済的――機能という、今日の私たちのものとは異なる学問的、社会的、政治的組織化に従う区別である。

つぎの第五章で私は、ある種の歴史家や読者の関心に答えるために、いくつかの重要な命題を体系的に集めようと努めた。なぜなら、この種の人々は現在でも、一三世紀という時代を、ある過程、すなわち「封建的」と呼ばれる王権から、いわゆる「近代的」君主国家への過程ともっぱら考えがちで、その動きのなかに聖ルイを位置づけたいと考えているからである。

ついで、彼の家族の構成員を取り上げ、キリスト教的な家族のモデル――もちろんここでは王の家族モデル――との関係で、この人物を血でつながった家族のなかで観察しなければならない（第六章）。妻、子供たち、母、兄弟と姉妹、そして彼が所属する王家と、彼の祖先たちがそうである特別な威光を放つ死者たちがこの調査の対象となろう。

第七章と第八章では、人間の内面の調査に戻るが、これは、この時期の支配的な学問的・道徳的な潮流を追跡することによっておこなう。この潮流とは、外見と実体が一致していることにますます大きな重要性を認めようとする、あるいは外見を実体自体に結びつけること、つまり内面的な真実を外に表わすことに価値を置くものである。それゆえ、ここで問題となるのは聖ルイの宗教観であり、これは信仰とその具体的な業、そしてこの信仰を拒否する者たち――異端者、イスラム教徒、ユダヤ人――に対する彼の態度の間に探られる。

ここまで来て初めて、聖ルイを聖性へと、すなわち彼の列聖の承認と宣言へと導いたものについて考察し、彼のなかに、集団にあてはまる人物像ではあるが、同時に個別に分解することもできなくはない人間像を一人の人間のなかに体現する、彼特有のやり方を識別する時がくる（第九章）。すなわち、そこで問題となるのは、聖別された王、病いを癒す王、修道士のような王、そしてまさに彼個人の徳と業だけで彼の肩書、すなわち聖なる王たりえた人物である。

私は最後に、この人物の核心に関わるもの、そして彼が自分自身について同時代人に対して与えていたイメージや後世に遺したイメージについて考えることで、この書を閉じようと思う（第一〇章）。このイメージとは、身体においても心においても、苦悩する王のイメージである。それがゆえに、彼は殉教者にはなり損なったとしても、それでもなおキリストに倣う王たりえたのである。

第一章　空間と時間のなかの聖ルイ

聖ルイの世界

キリスト教徒というものは、まず第一に空間と時間を自分流のやり方で取り扱うことでみずからの救いへの道を準備するものである。果たして、この世の「旅人」*homo viator* たる人間として彼、聖ルイは、この世における自分の使命にふさわしい具体的かつ霊的な道程をたどり、この道程の途上で良き休息所、滞在所を選びながら、この世の巡礼を続けることができたのであろうか。ある領域をもった王国の王として、「自分の土地」である空間を上手に取り扱いえたのであろうか。

聖ルイと空間

まず一三世紀において、聖ルイにとって空間がどのようなものであったかということから考察を始めよう。この具体的現実とイデオロギーとの、すなわち実際の経験と思考の賜物である表象世界との混合のなかで、どのようなものが聖ルイに、空間と具体的な関係を取り結び、個人としても王としても、空間との関係でものを考え行動するように仕向けたのかを、「旅人」という一般的なキリスト教的な概念を超えて見分けるように努めよう。すなわち、彼の住まい、彼の「領地」、王領なるもの、王国全般、彼の王国、および彼の王国がその一部を構成する全体、つまりキリスト教世界、そしてキリスト教世界の外の世界がここでは問題となる。キリスト教世界の領域に限れば、彼のとりわけの関心の対象は、彼の領地——これはより正確には、一つの領域的かたまりであるよりは彼が保持する諸権利の総体なのだが——を守り、そこからあらゆる適法で必要な収入を得、彼の土地に正義と平和を行きわたらせ、そしてそこを彼の恩恵で満たすことにあった。この帰結として、彼の生きた時代にますます高まっていた国境、すなわち諸権利のおよぶ境界に対する関心が出てくる。(1)ルイはこの境界線の内側をしばしば旅行したが、時には境界線ぎりぎりに達することもある。たとえば、ローマ教皇との会見のためにクリュニーへ、一二六二年には息子フィリップの結婚のためにクレルモンへ赴いた。境界線のこちら側で彼はいわば自分の縄張り領域を動きまわっていたのだが、その周囲は非常に長い境界線からなっていたにもかかわらず、これらの内部を走る道路あるいは河川が、そしてもっと稀ではあるが海上のルートがその移動を可能としていた。この空間を移動することになった理由にはじつにさまざまなものがある。たとえば、ある住居から別の住居への移動、巡礼、重要人物との会見などである。最後の点については、たとえば彼は、一二四八年の十字軍遠征の途上、リヨンで教皇インノケンティウス四世と再会しているし、また三度にわたって、つまり一二五四年にはシャルトルで、一二五九年にはアブヴィールで、そして一二六三年にはブーローニュ゠シュル゠メールで、イングランド王を出迎えている。ちなみに、一二四三年七月におこなわれたと考えられてきたアラゴン王ハイメ一世とのル・ピュイでの会見はおそらく実際には開かれなかったものと思われる。彼が自分の人生でもっとも重要ないくつかの出会いをしたのはサンスにおいてであった。ここで彼は、一二三四年に彼の妻となるマルグリット・ド・プロヴァンスと初めて会い、一二三九年にはキリストの茨の冠を初めて眼にしている。彼はまた、自分に近しい人々の騎士叙任のためにも旅立っている。たとえば、弟ロベールのために一二三七年にはコンピエーニュへ、コンスタンティノープルのラテン皇帝ボードゥアン・ド・クールトネー二世のために一二三九年にはムランへ、弟アルフォンスのために一二四一年にはソミュールへ、さらに弟シャルルのために一二四六年にはふたたびムランへと出かけている。(2)さらに彼は、紛争の調停のために(一二五六年にはペロンヌ、一二六四年にはアミアン)、また、もっと稀ではあるが、彼の治世の前半には西フランスへの軍事遠征のために、あるいは彼みずからが現地で事にあたらねばならなかった事件——たとえば一二五五年一一月にフランドル・エノー継承問題でヘントを訪れている——のために旅立っている。

時には、聖ルイは、イル＝ド＝フランス、あるいはその隣接地方（ノルマンディ、ベリー）において、大規模な巡回旅行をおこなったが、これらは行政の誤りの矯正のための巡回でもあった。ここではルイは、超《スーパー》＝監察使、つまり彼自身が一二四七年以来王領や王国全体に派遣していた監察使たちの頭として現れる。この巡回旅行は同時に、施しの分配によって特徴づけられる慈善の興行であり、「現在のものとはまったく同じではないにせよ」「宣伝」旅行と呼びたくなる種類のものでもあった。王はみずからその姿を臣下の前に見せたのである。王権は当時、より誇示的な道(3)と、より隠された道との間の分岐に立たされていたが、いずれにしてもこれらは権力が外在化される二つの極端な形に他ならない。すなわち一般大衆の前に仰々しく現れることと、隠れて引きこもってしまうことである。古代のオリエントの皇帝たちは、儀式の際、カーテンの後ろに隠れてその姿を現さない。末期ローマ帝国の皇帝たちやビザンツ皇帝たちも同様であったが、彼らは円形競技場では進んでみずからの姿を華々しく見せたのである。聖ルイは姿を見せた最初の王であったが、彼以後、王がますます姿を見せるにつれて、国家なるものはその姿を隠してしまう。一方には光を発散する権力（この点で聖ルイは太陽王なのである）、他方には神秘の権力がある。この二つが結合されるのはルイ一四世〔太陽王〕のもとであろう。王が国家それ自体になることで、太陽王は姿を現すと同時に身を隠す。これこそがヴェルサイユの演出なのである。太陽たる王は宮廷にしか姿を現さないだろう。聖ルイはといえば、彼は姿を現すことを好んだが、これは権力、正義をみずから体現するためであった。彼はこのためにパリの王宮の中庭とヴァンセンヌの森の扉を開け放たせたが(4)、これにも同様の慈愛と、謙譲と、政治的な演出が混じり合っているのである。しかし彼は同時に、彼が浄めている自分の屋敷にこもり、姿を隠そうとする傾向も持っており、この彼の謙譲さのもう一つの面が、同じく善行、すなわち慈善を「ひそかに」おこなうように彼を駆り立てるのである(5)。

これに対して、ルイが、現実には十字軍へ出かけるために、あるいは自分の思いのなかで、つまり夢のなかで、キリスト教世界の外へ出るとき、彼はしばしば想像の空間のなかに逃げ込んでしまう。なぜなら、この空間は、まずはオリエント、すなわち中世という時代がとりわけその想像力を羽ばたかせた領域であり[6]、そして何より聖地、すなわちキリスト教徒の想像力が最大限に発揮される場所であるからである。これは、西欧のキリスト教徒たちがこの地方について結局よく知らなかったことによる。

聖ルイはどのようにして空間を認識していたのであろうか。この王は地図を持っていたわけではない。彼以前の時期、あるいは彼の同時代に作成された地図は、まったくといっていいほど現実の役には立たないものであったが、そうした地図でさえ彼が眼にしたことがあるとはほとんど考えられない。彼が一二七〇年、チュニスへ向かう船上で見たかもしれない地図も、きわめて初歩的なものであったに違いない[7]。彼が空間についての知識を書物から得たとすれば、それは聖書からであり、また彼の側近の聖職者たち、とりわけドミニコ会修道士で百科全書的知識の持ち主であったヴァンサン・ド・ボーヴェ[8]が、彼に話して聞かせたものからである。

自分の王国については[9]、彼は、自身の尚書局や部局の聖職者たち、それから王の旅程のネットワークに位置する教会に属する教会人や修道士たちから、現地で彼のまわりにもたらされる知識を得ていた。後者の人々は、王の補佐役会議《コンセイユ》や、王領や王国のさまざまな場所出身の王の取り巻き《メスニ》に属する俗人たちから情報を受けていたのである。そしてもちろん王自身もしょっちゅう動きまわっていたのである。

以下、まずは地図を広げて、聖ルイが、どこに滞在し、どこを動きまわったかを見てみよう。

【注】

（1）*Histoire de la France, op.cit.*（前出八五頁注1）、dirigé par A. Burguière et J. Revel, t. I, *L'Espace français*, Paris, 1989. P・ゴーティエ＝ダルシェによる興味深い指摘がつぎの論文のなかにある。«Un problème d'histoire culturelle : perception et représentation de l'espace au Moyen Âge», *Médiévales*, n° spécial, *Espaces du Moyen Âge*, n° 18, 1990, p. 7. シャルル・イグネのつぎの論文も見よ。«À propos de la perception de l'espace au Moyen Âge», dans *Media in Francia. Mélanges Karl Ferdinand Werner*, 1988.

（2）彼がみずからの息子で後継の王ともなるフィリップを騎士叙任させたのは、パリであり、王宮の中庭においてであった。一二六七年のことである。
（3）後出八八四〜六頁を見よ。
（4）後出九四〇〜一頁を見よ。
（5）Jacques MADAULE, *Saint Louis de France*, *op.cit.*, p. 23 を見よ。
（6）Jacques LE GOFF, «L'Occident médiéval et l'océan Indien : un horizon onirique», dans *Mediterraneo e Oceano Indiano*, Florence, 1970, pp. 243-263, repris dans *Pour un autre Moyen Âge*, *op.cit.*（前出六七頁注3）pp. 280-298〔邦訳、「西洋中世とインド洋――夢の領域」（ル・ゴフ『中世の夢』池上俊一訳、名古屋大学出版会、一九九二所収)〕。
（7）P. GAUTIER-DALCHE, dans *L'Uomo e il mare nella civiltà occidentale*（後出六七八頁注1）を参照。
（8）後出七三三〜四頁を見よ。
（9）Robert FAWTIER, «Comment le roi de France, au début du XIVe siècle, pouvait-il se représenter son royaume?», dans *Mélanges P. E. Martin*, Genève, 1961, pp. 65-77.

首都パリ

一一世紀、とりわけ一二世紀以降、パリは、王のふだんの居住地となり、それゆえに評議会《コンセイユ》、すなわち「クーリア」*Curia* が通常開催される場所となったが、この傾向は聖ルイのもとでますますはっきりとしたものとなっていた。「クーリア」もまた、各地を巡回する封建法廷から統治の機構へとしだいに変容し、一箇所に定着するようになったのである。パリは、「王国の頭」*caput regni* すなわち王国の首都となった(1)。しかし、サン＝ドニも「王国の頭」と呼ばれ続けていた。この修道院こそ、王が戦争へ向かう前にはその旗頭を受けとりに行ったり、十字軍へ出発する前には巡礼の象徴物件を受けとりに行ったり、毎年細心の注意で保管されていたビザンツ金貨をその祭壇に四枚奉献したり、王の聖別式に使用する王権の象徴物件を保管したり、代々の死せる王が復活の時を待ちながらその身体を横たえているところだからである。(2)

フランス王国は、パリとサン＝ドニという二つの首都をもっていたのであるが、この両者をつなぐ道には、やがて「モンジョワ」(3)が散りばめられ、真に王の道と呼びうるものとなる。王権の空間を構成する聖なる三角形とは、それゆえ、つぎの三つからなる。すなわち、王が王としての権力を受けとる聖別式の大聖堂があるランス、王がふだんその権力を行使する王宮の所在地パリ、そして王がみずからの権力を手放して葬られる「代々の王の墓所」である「国家的」修道院サン＝ドニである。

パリで王がふだん住んでいたのはシテ島の王宮（現在最高裁判所がある場所）であったが、ここはカロリング期にパリ伯の住居があった場所で、ロベール敬虔王が一一世紀初めに取り戻して王宮として修復し、同時に聖ニコラウスに捧げられた礼拝堂を建てさせた。(4)一〇〇〇年後今度はルイ六世がこれを塔で補強し、その結果王宮は真の要塞と化したが、このおかげで、とりわけパリが外的の攻撃にさらされなかった一三世紀には、王たちはルーヴルの要塞に逃げ込む必要がなかったわけである。ルーヴルの要塞はといえば、これはフィリップ・オーギュストが一三世紀のごく初期に、パリ全体を囲んで造らせた城壁の突き出し部分として建設させたものである。シテ島の王宮には中庭があったが、これはフィリップ・オーギュストが壁で囲ませてできたもので、ここでは聖ルイの治世を通じて、もっとも重要な公式行事がいくつもおこなわれている。たとえば、一二五九年一二月四日のイングランド王ヘンリー三世による臣従礼《オマージュ》の誓い、一二六七年六月五日、すなわち聖霊降臨祭におこなわれた将来のフィリップ三世勇胆王の騎士叙任などが挙げられる。聖ルイは王宮には新しいものといえば、ただ一つしか付け加えなかったが、これは重要な付加となった。それはサン＝ニコラ礼拝堂のある場所に、サント＝シャペルを造らせ、そこに彼が購入した(5)キリストの受難の聖遺物を納めたことである。この聖遺物はその奇蹟を起こす力によって、最後には王とその家族、そして王国にとってのお守りになり、またこの君主が頻繁に信心行為をおこなうことができるような個人的な信心の対象ともなった。

サント＝シャペルのすぐかたわらに、彼はもっと小さな三階建ての建物を造らせたが、その一階部分はサント＝シャペルの下階礼拝堂と同じ高さで、その上の二階・三階部分はサント＝シャペルの上階礼拝堂よりも低いものだった。この一階と二階部分はサント＝シャペルの上階および下階礼拝堂の聖具室として使われていた。聖具室の建物の最上階には、やがて王の文書庫が設けられることになるが、この文書庫にはほとんど神聖に近い性格が与えられていたので、「文書の聖具室《トレゾール・デ・シャルト》」という名称が与えられた。この名称は学問上の専門用語として生き残り、さらにこの建物全体に対しても拡大して使われるようになった。ここへは、サント＝シャペルの控え壁に接する螺旋階段（螺旋状に回りながら上る階段）によって上ることができたが、この特別な入り口は、王が文書を閲覧する時にのみ限定して使用された。このようなわけで、ここにみられるのは、王国の法的・行政的な記憶蓄積の場の固定化であると同時に、聖ルイの聖なる人格に結びつけられる神聖化なのである。ここには文書と同じく、王の蔵書も収められたが、その主要な部分はエジプトへの十字軍のあとになって集められたものであった。聖ルイはこの十字軍遠征の間にアミール〔イスラム世界で「司令官」の意。この時期には、軍隊の指揮にあたる多くの者がこう呼ばれている〕が集めたイスラム蔵書を見る機会を得て、非常に深い印象を受けていたのである。聖ルイの蔵書もまたキリスト教関係のものであり、彼は時どきその書物を彼の側近に貸し与えたりしていた。この蔵書は彼の死後、あるいは王自身の遺言に従い、あるいは後継者たちの寄贈などによって散逸することになる。
とはいえ、ルイ九世は相変わらず数多い自分の住居を巡回して歩く王であり続けた。これらの住居は三つの種類に分けられる。第一にパリ以外に存在する多くの王「宮」、第二に「王の」修道院、そして第三に王が宿泊権をもっている俗人領主や教会の館である。(6)

【注】

（1）パリの首都への変容については、A. LOMBARD-JOURDAN, «*Montjoie et Saint-Denis!*», *op.cit.*（前出二八九頁注1）の他に、R.-H. BAUTIER, «Quand et comment Paris devint capitale», art.cité（前出二八九頁注1）を見よ。

（2）パリとサン＝ドニという組み合わせについては、A. LOMBARD-JOURDAN, «*Montjoie et Saint-Denis!*», *op.cit.* を見よ。

（3）Robert BRANNER, «The Montjoies of Saint Louis», dans *Essays presented to Rudolf Wittkouer*, t. I, Oxford, 1967, p. 13–16よりも、Anne LOMBARD-JOURDAN, «Montjoies et Montjoie dans la plaine Saint-Denis», *Paris et Îl-de-France*, 25, 1974, p. 141–181の方がより確かな研究である。初期の「モンジョワ」（「くにのお守り」という意味）は、そもそも神とされた家父長的先祖が葬られているとみなされた墳丘であったが、キリスト教化によって聖なる守り人ディオニシウスの墓に変えられたものである。「モンジョワ」とは、台座、花飾りのある高い十字架、および三つの大きな王の彫像からなる小さな記念碑で、パリとサン＝ドニを結ぶルート沿いにいくつも置かれており、一三世紀に建設されたものである。戦時における鬨の声「モンジョワとサン＝ドニ」は、一二世紀にフランス王の騎士たちによって叫ばれはじめた（三五九頁訳注1参照）。

（4）Jean GUÉROUT, «Le palais de la Cité à Paris, des origines à 1417», *Fédération des sociétés historiques et archéologique de Paris et de l'Île-de France, Mémoires*, 1949, 1950 et 1951, t. I, II et III.

（5）前出一七九～八一頁および後出七一八～九頁を見よ。

（6）Carlrichard BRÜHL, *Feodum, Gistum, Servitium Regis*, Cologne et Graz, 1968, 2 vol.

聖ルイの住居と旅程

聖ルイがいつどこにいたのかを、どのようにして知ることができるのだろう。

私がここで利用するデータは一九世紀にまとめられたものであるが、その利用には注意を要する。その理由は、まず第一に、中世の史料はそもそも体系的に生産されるものではないからである。第二に、現在の歴史家は、情報を批判的に吟味できるだけの素材を十分にもっているわけではないからである。しかし、いずれにしても、聖ルイの治世においては、それらの言及が文書のなかに明確に記載されている限りにおいてではあるが、ある時ある場所で文書に王印璽が付されていたり、王の意志が言及されていたりすることは、その時その場所に実際に王が存在したことを間接的に示すものと、一般に認められているように思われる。これは聖ルイのもとでも、王の権力はなお、王の個人的な性格に本質的に負っているという、行政の古風な特徴なのであるが、王個人に興味を寄せる者にとっては便利なことではある。聖ルイの王文書については学問的に新しい刊行物が欠けているので(1)、一九世紀の学者たちによって刊行された『諸ガリアとフランスの歴史編纂者集成』*Recueil des historiens des Gaules et de la France* のなかの史料を頼りにする他ない(2)。

これらの史料から、非常に大ざっぱな形ではあるが、もっとも頻繁に滞在した場所はもっぱらイル＝ド＝フランスであったことがわかる。パリのシテ島の王宮を別にすると、王がもっとも高い頻度で訪れたところとして三つが挙げられる(3)。すなわち、パリの東のヴァンセンヌ（六〇回の言及）、西のサン＝ジェルマン＝アン＝レー（五〇回）、北西のポントワーズ（四八回）である。王が愛着を寄せたらしいヴァンセンヌにはしかし、この時期まだ質素な館しかなかったらしく、彼は時には、森のなかに分院を構えたグランモン会修道士のもとに滞在したものと思われる。この地は一般には「ヴァンセンヌの森」と表記されていた。聖ルイはここでは狩りをしなかったようであるが（他の場所でもしなかったが(4)）、この地に赴くのを好んだ。それはパリから近かったことと、おそらくそこに建つ建物の質素さを愛したからであろう。ここはまた、河川交通路に近かったことから、彼が王国のさまざまな場所に旅する際の便利な出発および帰着地点ともなった。ヴァンセンヌは、一二三九年に茨の冠を受けとりに赴いたサンスへの旅から帰る旅程の、パリを前にしての最後の滞在地でもあった。彼が一二七〇年、その最後の旅となる二回目の十字軍へと出発したのも、また王妃マルグリットに結果的に最後のものとなる別れを告げたのも、ここであった(5)。

サン＝ジェルマン＝アン＝レーにはもっと重要な「王宮」があり、聖ルイはここに一二三八年、おそらく当時サン＝ドニ修道院教会堂を建て替えていた建築家に新しい礼拝堂を建てさせたが、これはかってフィリップ・オーギュストが建てさせたものより、ずっと大きく美しいものであった(6)。セーヌ河近くにあるサン＝ジェルマンは、ちょうど東あるいは南東方面に向けてヴァンセンヌが果たしていた、旅程の出発および帰着点という役割を西方面について果たしていたのである。

ポントワーズの王「宮」は、聖ルイにとって特別な愛着の対象であった。というのは、ここが、母の求めに応じて一二三六年に建てたモービュイソンのシトー会修道院に近かったからであり、彼自身、一二五二年に死を前にしてここに隠遁した母と同じく、この修道院に滞在することを好んだのである。ポントワーズはまた水路から赴くに格好の場所でもあった。

というのも、聖ルイは、それが可能であるかぎり何度も、イル＝ド＝フランスに点在する自分の住居を船で訪れていたからであり、彼の旅程記録がしばしばそのことをはっきり記録している。たとえば、一二三九年五月一五日「船でムランからパリへ」、五月一八日「船でパリからサン＝ジェルマンを通ってオートゥイユへ」、五月三〇日には「船でポントワーズからマントへ」、七月五日には「船でヴェルノンからルイユへ」、などなど。たしかに、この「旅する」*viator* 王はしばしば「馬に乗る者」でもあったが、可能であればどこにでも——イル＝ド＝フランスは積載量の小さい船なら航行可能な河川の網の目が張りめぐらされていた——船で旅する王であった。それに、祈りを捧げるためには、たしかにこの方がはるかに簡単ではある。

ここで、河川交通網に沿って多かれ少なかれ彼が頻繁に訪れた、その他の滞在地をまとめておこう。まず、パリから見てセーヌ河上流域、すなわちヴァンセンヌが最初の橋頭堡となる方面であるが、ここには順にコルベイユ（一九回）、ムラン（三五回）、フォンテーヌブロー（二二回）といった王の居住地があった。セーヌ河下流域については、上陸地点としてオートゥイユ（九回）とヌイイ（七回）、住居としてマント（四回）、そしてとりわけヴェルノン（一六回）が挙げられる。しかしながら、もっとも重要な一群はオワーズ川流域にあり、ここでは聖ルイは同じくこの地域を足繁く訪れたメロヴィング、カロリング諸王の伝統を継承したのであるが、他方彼が建てさせた二つのシトー会修道院、一つは女子修道院モービュイソン、一つは男子修道院ロワイヨーモンの存在が彼を惹きつけてもいた。この二つの修道院は、ともにアニエール＝シュル＝オワーズの近くにあり、彼とその親族のための信仰心を磨くため、そして彼の子供たちの墓所として建てられたのである。セーヌ河との合流点コンフラン（八回）から始まるこの一群を、オワーズ川をさかのぼってみれば、上陸点としてポントワーズ（四八回）（同時にモービュイソンを含む）、ボーモン＝シュル＝オワーズ（七回）、アニエール＝シュル＝オワーズ（二九回）およびロワイヨーモン（一八回）、それからクロヴィス以来の王の住居があり、九八七年にユーグ・カペーが王に選ばれた、オワーズ川から若干東へそれたノネット川沿いの都市サンリス（一一回）、最後に聖ルイがメロヴィングおよびカロリング諸王から継承した「王宮」ばかりでなく、彼がその建設を財政的に支援し、そこでミサや説教を聴くのを楽しみにしていたドミニコ会修道院が存在するコンピエーニュ（二三回）がある。彼はコンピエーニュに、さらにはポントワーズやヴェルノンにも施療院を建てさせている。

最後に、短い道のりであるが、何にもまして優れてパリにつながる「王の道」(7)の終着点に、孤立して、サン＝ドニ修道院がある（一一回の言及）。

【注】

(1) 中世の王文書刊行事業においては、一二二三年のフィリップ・オーギュストの死から一二八五年のフィリップ端麗王の即位までの期間について欠落がある。

(2) 『諸ガリアとフランスの歴史編纂者集成』の第二一巻のなかに以下のものが含まれている。（一）「諸王の滞在地と旅程」(*Regum Mansiones et Itinera*) のなかに「ルイ九世の滞在地と旅程」(*Ludovici Noni Mansiones et Itinera*), p. 408–23 がある。（二）「諸王の滞在地と旅程、補遺」(*Addenda mansionibus et itineribus regum*), p. 498–99 の大部分はルイ九世に関係したものである。（三）別の「諸王の滞在地と旅程、補遺」(*Additum regum mansionibus et itineribus alterum supplementum*)、p. L–LI も同じくかなり多くルイ九世に関係している。（四）「一二五四年から一二六九年までのルイ九世によって行使された宿泊権」(*Gista quae Ludovicus IX cepit ab anno MCCLIIII ad annum MCCLXIX*), p. 397–403. 第二二巻には(pp. XXV–XXXVI)、「諸王の滞在地と旅程についての会計簿抜粋」(*Excerpta et rationibus ad mansiones et itinera regum spectantia*) があるが、これは一二三四年二月から五月までと、一二三九年五月から一〇月までをカバーしており、第二一巻にある上述したリストに言及された地名とは部分的にしか重なっていない。巻末地図3も見よ。

(3) フィリップ・オーギュストの治世以来、関係の文書数は飛躍的な増加を見せたが、これは王の官僚機構の増大と同時に、聖ルイがヴァンセンヌに寄せた特別な愛着のゆえでもある。フィリップ・オーギュスト自身は、残存する史料による限りでは、六通の文書しかヴァンセンヌで発給していない。

（4）後出八七四〜五頁を見よ。

（5）Jean CHAPELOT, *Le Château de Vincennes*, Paris, 1994を見よ。ジャン・シャプロはこの場所で、興味深い成果をもたらした考古学的発掘を指揮し、一九九四年には（エリザベート・ラルとともに）研究集会を組織したが、その報告集の出版が待たれる。【訳注】CHAPELOT, J. et LALOU, E., éd., *Vincennes aux origines de l'Etat oderne. Actes du colloque scientifique sur les Capétiens et Vincennes au Moyen Age, Vincennes, 8, 9 et 10 juin 1994*, Paris, 1996として刊行された。ここにはル・ゴフ自身が序文を寄せている。

（6）ロバート・ブランナーは、ここに「王宮様式」発展の決定的段階を認め、その後ろ盾として聖ルイを考えている。後出七一九頁注4を見よ。

（7）A. LOMBARD-JOURDAN, «Montjoies et Saint-Denis», *op.cit.*

イル＝ド＝フランスの王

このように、聖ルイの治世を通じて、「フランキア」(訳1) *Francia* の意味が単にイル＝ド＝フランス地方だけでなくフランス王国全体を示すようになったという事実にもかかわらず、聖ルイはまず第一にイル＝ド＝フランス地方の王であった。パリとオルレアンを結ぶ、カペー家にとっての旧主要幹線道は衰退傾向で、聖ルイ自身オルレアンやフルリー（サン＝ブノワ＝シュル＝ロワール修道院）へはほとんど足を向けていないが、それでもイル＝ド＝フランス地方の王であることには変わりはない。ただ、彼の曾祖父ルイ七世が、一一六五年に、その「奇蹟の子」である息子フィリップ（オーギュスト）の誕生の知らせを聞いた王城の所在地エタンプに、八回彼が立ち寄ったことが言及されているだけである。いずれにせよ、聖ルイは、王権の誇示や調査、そして喜捨の業のための巡行幸として、イル＝ド＝フランスを越えて、ガティネ（モンタルジ、ロリス）、ベリー（ブールジュ）、そしてとりわけノルマンディへも赴いている。この素晴らしいノルマンディ地方は、固有の法を享受していて、フィリップ・オーギュストがこれを取り[1]

戻して以来絶えず、イングランド人に対して軍事的にも心理的にも防衛せねばならない場所であった。以上の状況こそ、ギヨーム・ド・サン＝パテュスが「自分の王国のさまざまな部分」を見聞する、と形容する事態なのである。(2)

【注】

（1）周知のように、イル＝ド＝フランスという名称自体は一五世紀にならないと現れず、さらに行政単位となるのは一六世紀前半のことである。

（2）GUILLAUME DE SAINT-PATHUS, *Vie de Saint Louis*, *op. cit.*, p. 90.

【訳注】

（1）この用語は、そもそも「フランク王」が支配する領域を意味し、その範囲は、時どきの政治状況に応じて変化した。その後、のちの「フランス王国」に対応する「西フランク王国」に限定された。さらに、フランス王権の弱体化にともない、王が実質的に支配するイル＝ド＝フランス地方を狭く指す意味が現れた。

王国を見聞すること

十字軍から帰ると、聖ルイは、長い間彼が不在にしてきた「自分の王国を見聞すること」の必要性を痛感した。(1) よく知られているように、オリエントでの敗北の思い出によって動揺していた王は、一二五四年の後半、熱にうかされたような活動を展開する。この年彼はラングドックのセネシャル管区のあちらこちらにかなり長く留まったのち、九月にパリへ帰ると、王国の北東への旅に出た。この間ソワソンに滞在したのは確実で、ここで彼はボーケールで別れたままだったジョワンヴィルとの感激の再会を果たし、その後おそらくトゥールネとヴェルヴァンまで赴いている。一一月には王はオルレアンにいて、ここでイングランド王ヘンリー三世を出迎えている。このイングランド王は、プランタジネット家代々の墓所であったフォントヴローへ向かう途中であり、さらにブルゴーニュのポンティニーにあるシトー会修道院まで赴き、自分がかって追放したが、最近になって列聖された聖エドモンド・リッチの亡骸を前に祈りを捧げにいくところであった。聖ルイはそれからパリに戻ると高等法院を主宰して、一二五三年にパンプローナで死んだナヴァラ王でシャンパーニュ伯のティボー四世死後の、ナヴァラ王位の継承問題に専心する。彼が一二五四年一二月の日付をもつ有名な「大王令」を発布したのは、おそらくこの頃である。それから彼はシャルトルへ赴いてヘンリー三世を迎え、さらに彼に同行してパリへ戻り、かくして二人の王は家族ともども、この年のクリスマスをパリで過ごすこととなる。

【注】

（1）「監察する王」、前出二七五頁以下を見よ。

十字軍への出発と帰還

十字軍の出港地への、および寄港地からの道筋が、しばしば通常の街道からはずれた場所への逗留によってしるしづけられるのは、王がその道すがら巡礼地を訪れるためであった(1)。

十字軍に参加する巡礼としてルイは、十字軍を管轄する教会当局によって定められた儀礼行為を果たしている。一二四八年六月一二日、彼はサン＝ドニで、教皇使節ウード・ド・シャトルーによって杖とスカーフを受け、同時に王の軍隊の出発の合図ともなる旗頭を掲げた(2)。パリに戻ると彼は、ノートル＝ダムでミサに参列し、その後、裸足で巡礼の服装を身にまとって、サン＝タントワーヌ修道院へ行列を組んで祈りにいく。それからコルベイユの城に足を止めて、ここで母に別れを告げたのである。

彼は、ちょうど開かれていたフランシスコ会総会で挨拶を述べるためにサンスに立ち寄ったが、修道士パルマのサリムベーネが王をかいま見たのはこの折である。彼がたどった道筋の東西両方面にあって、訪れる対象となった教会のなかでは、特別にヴェズレーに逗留して、マグダラのマリアに祈りを捧げている。リヨンでは、彼は教皇インノケンティウス四世と会見している。またフランス王国と神聖ローマ帝国との境界であるローヌ河を船で下った時に、ラ・ロシュ＝ド＝グランの城でいくつかの事件に遭遇しているが、ここでは彼は、巡礼であることを理由に、当地の領主が要求する通行税の支払いを拒否し、この城を奪って破壊させている。同様な事件はアヴィニョンでも生じたが、マシュー・パリスによれば、この都市の住民は巡礼に攻撃を仕掛けていたのである。最後に彼は、エーグ＝モルトに到着して、家臣であるトゥールーズ伯レーモン七世を迎え、ここから八月二五日に出港した。

十字軍からの帰還に際しては、聖ルイは、自分が支配する王国の土地しか通ることを望まず、彼が十字軍のために建設した王自身の所有であるエーグ＝モルトの港に上陸したいと考えていたので、プロヴァンス伯であった彼の弟シャルルの領地に降りることをなかなか納得しなかったが、それはここが神聖ローマ帝国に属する土地であったからである。七月三日に到着したサラン・ディエールから彼は、イエールのフランシスコ会修道院へ赴き、高名な修道士ユーグ・ド・ディーニュのもとを訪れ、その後ボーケールでやっと自分の王国の土を踏んだのである[3]。この途中、彼はサント＝ボームでマグダラのマリア巡礼を果たす。サント＝ボームは、ヴェズレーとともに聖女を崇めるために人々が訪れる二つの巡礼地の一つである。この巡礼地は、王に付き従っていたジョワンヴィルに強い印象を与えている。「王はプロヴァンス伯領からエクス＝アン＝プロヴァンスと呼ばれる都市へやって来たが、ここはマグダラのマリアの遺体が安置されているということであった。われわれは一七年間マグダラのマリアが隠れ住んだところと伝えられる、とても高い岩の丸天井《ヴォールト》の下に身を置いた[4]」。南フランスのセネシャル管区のあちらこちらで自分の代官たちの行動を調査したのち、王はオーヴェルニュ地方を上って、ル・ピュイ（聖母教会）とブリウード（サン＝ジュリアン修道院）という巡礼の大聖地を訪れ、イソワール、クレルモン、サン＝プールサン、サン＝ブノワ＝シュル＝ロワールを通って、やっと九月五日にヴァンセンヌへ到着した。自分の軍隊の旗頭を返還するためにサン＝ドニへ最後の寄り道をして、パリに帰り着いたのは九月七日のことであった。

一二七〇年にも同じ儀式がくり返された。三月一四日サン＝ドニへ、六月一五日シテ島の王宮からノートル＝ダムまで裸足で行列、それからヴァンセンヌへ向かい、そこで王妃マルグリットへ最後の別れ（まさにその通りになってしまった）を告げる。ふたたびサンス、ヴェズレー、クリュニー、リヨンの道筋をたどり、ローヌ河を下る。エーグ＝モルトを前にして、聖霊降臨祭にあたりサン＝ジルへ巡礼をおこなったが、これが最後の巡礼となる。

それゆえ、聖ルイは、南フランスを訪れた回数は少なく、ノルマンディやベリーへの巡回や一二五四年のラングドックのセネシャル管区調査はあったにせよ、中世末期やルネサンス期にはもっと日常的となる調査や権力の誇示のための巡行をおこなったわけではない。彼はまた南フランスへは特別な目的をもった旅行を企てることもなかった。近代国家における王がおこなう、このような政治的な旅行の嚆矢となるのは、一三〇三年から一三〇四年にかけてフィリップ端麗王が敢行した大巡回旅行であろう[(5)]。


【注】

（1）前出二二六頁以下および二六二頁を見よ。
（2）Philippe CONTAMINE, «L'oriflamme de Saint-Denis aux XIVe et XVe siècles. Études de symbolique religieuse et royale», *Annales de l'Est*, 1973, pp. 179–244.
（3）前出二六二頁を見よ。
（4）JOINVILLE, *Histoire de Saint Louis*, p. 365.
（5）Jean FAVIER, *Philippe le Bel*, Paris, 1978, pp. 335 sqq.

巡礼の王

聖ルイは、さまざまな旅行の機会をとらえて巡礼の中心地で信心行為を捧げたが、時には巡礼が旅の目的それ自体であることもあった[1]。

彼が特別の信心行為を捧げていたのは、一三世紀に爆発的な発展を見せる信仰の対象であった聖母である。王にとっては、聖母は、その息子イエスのもとでのこれ以上のないとりなし役であり、彼の王国、臣下、そして彼自身にとっての最高の導き手でもあっただけに、この聖母への崇敬は篤いものがあった[2]。聖ルイは何度も、シャルトルのノートル＝ダム、セーのノートル＝ダム、そしてベルネーにあるノートル＝ダム・ド・ラ・クーテュールを参詣のため訪れている。

彼がおこなった聖母マリアに捧げられた教会への巡礼のうちで、もっとも注目されるのは、おそらく一二四四年五月二日、母と三人の兄弟と一緒におこなったロカマドゥールへの巡礼であろう[3]。これは、ルイがもっとも善しとしていた家族での巡礼であったが、同時に王の巡礼でもあった。なぜなら、ロカマドゥール巡礼の発起者こそイングランド王ヘンリー二世であったからである。ヘンリーは生涯に二度ここを訪れ、そのうち一度は聖アマドゥールの遺骸の発見の直後であった〔聖アマドゥールは詳細不詳の隠者で、一一六六年その遺骸が発見された〕。ブランシュ・ド・カスティーユの実の父、カスティリア王アルフォンソ八世（一一五八〜一二一四）もまたここを訪れている。ところで、アルフォンス・デュプロンが意味深くも指摘している通り、「フランス王が群衆と接する際、王のまわりに漂っている病いを癒す奇蹟のアウラは別としても、巡礼の王の存在は、彼が赴く巡礼地に特別な刻印を与えるものである」[4]。これはまたマリアの保護を得るための贖罪の巡礼でもある。さらにまたタイユブールの戦いののちの王の病いからの回復と、最初の男子誕生とに感謝の気持ちを表わすための巡礼でもある。アルフォンス・デュプロンは議論を進めて、聖ルイは他の巡礼と同じように、（のちにサント゠ボームの洞窟でも感じるように）岩山に秘められる垂直性が象徴する霊性と、岩の窪みにある避難場が象徴する母性に敏感に感じるところがあったに違いない、と指摘している。この避難所とは、聖母の、しかもここでもまたオリエントを喚起させる黒い聖母の隠れ家なのである。最後にこれは政治的な巡礼である。このフランス王には稀なことであるが、「北フランスと南フランスとの間の均衡」を求める意図がここには現れているのである。

ルイは、一二五六年三月にモン・サン゠ミシェルを訪れたが、この時期にはこの大天使ミカエルの巡礼地はいまだフランス王と王国の大守護者ではなく、海難に対する守り、そして何より依然として和が結ばれていなかったイングランド人に対抗する拠点であった。この地もまた垂直性の際立つ聖所であり、上にあるものが下にあるものよりも優位に立つという、キリスト教に深く根づいた価値観が支配する場である。この価値観を聖ルイは、地を這うような聖性、すなわち謙譲の聖性という別の聖なる価値観で修正することになる。

オリエントへ十字軍として出かける場合以外には、聖ルイは、キリスト教世界ではフランス王国から外に出ることはなかった。フランス王国が彼の活動空間なのである。彼が戦争をおこなうのも、幼年時代に自分の有力な封建家臣たち、またイングランド王の場合のように、彼の領地が攻め込まれた時だけである。彼はフランスをますます神聖ローマ帝国から政治的に独立したものとしたが、これは彼の祖父フィリップ・オーギュストが決定的なやり方で開始したことであり、彼自身は神聖ローマ帝国の政治問題に関係することは望まなかった。神聖ローマ帝国問題は、彼にとって他所の問題になっていたのである。

いずれにせよ、一三世紀に生きるキリスト教徒にとって、三つの大巡礼地が存在している事実には変わりはなく、そのうちの二つはキリスト教世界の内部にある。すなわち、ローマとサンチャゴ゠デ゠コンポステラである。ルイはこれらを訪れたこともなければ、訪れようと考えたことすらなかったものと思われる。ローマはおそらくまったく安全な場所とはいいがたかった。当初はフリードリヒ二世と、ついでマンフレディと闘争をくり広げていた時期だからである。ローマ教皇が南イタリアにおいて、ルイが両使徒の墓所〔ペテロとパウロの墓所、すなわちローマ〕への巡礼には興味を示さなかったことについては、もっと深い理由がいくつか考えられよう。ローマは何より教会人にとっての「両使徒の墓へ」*ad*

が、彼らの問題に関わろうとはしなかった。それに、ローマは神聖ローマ皇帝の都市である。フランス王が皇帝を尊重していたとしても、王は皇帝に何ら臣従礼を捧げたわけではない。数ある俗人君主たちのなかでも皇帝のみにローマの地を委ねることは、皇帝を尊重している証ではあるが、だからといっていかなる上下関係の認知も皇帝に示す必要は王にはないのである。

コンポステラに対する無関心には、もっと驚かさせるものがある。彼の友ジョワンヴィルもここを訪れ、そのことを誇りにもし、喜んでいるのである。いくつかの史料では、聖ルイの末期《まつご》のことばのなかで聖ヤコブの名が呼び求められたことを証言してはいるが、聖ヤコブはルイがとりわけ愛した聖人の一人ではなかったと思われる。

彼の祈りにおける三つの重要対象は、第一に彼の王国と王朝の聖人である聖ディオニシウスで、この聖人はパリの王宮から馬で行けばほんのわずかのところの墓に眠っている。第二に聖母であり、多くの場所で祀られているとはいえ、そのなかでももっとも著名な場所のいくつかが彼の王国にある。そして最後に、何よりもキリストが存在する。キリスト、それはエルサレムを意味する。エルサレムこそ彼の一大願望であり、一大苦悩そのものであった。なぜなら、彼は聖地のすぐ近くにまで到達しながら、これを異教徒から解放できず、やむなく大家臣らの助言を受け入れて撤退することになるからである。いとも優れたるキリスト教徒である王にとって、エルサレムを望みながら、これが異教徒によって支配されるがままにし、なおかつ異教徒に安全通行を願い出ねばならないなど、あってはならないことなのである。彼はまた、フリードリヒ二世がこの聖なる都をイスラム教徒から金で買うのを手をこまねいて見ていたわけだが、エルサレムを攻略し奪取することができなかった彼は、結局この都をじかに見ることはないであろう。

しかしながら、彼が死を前にして思い描いたのはどんなエルサレムであったのだろうか。地上のエルサレムか、それとも天上のエルサレムか。じつをいえば、この二つのエルサレムの混同から十字軍は生まれたのである。

聖ルイにとって、キリスト教世界の空間とは結局、西欧ローマ・カトリックのキリスト教世界、プラス聖地のことであった。十字軍は厳密には征服ではなく、再征服なのである。現実の地理的状況を無視するこの霊的・宗教的な空間のなかでは、オリエントにあるキリスト教世界の原初の心臓と西方にあるその身体が、地理的に分け隔てられていることなどほとんど重要ではない。聖地とキリスト教世界はただ一つのものであり、聖ルイが神から与えられた使命とは、この一体性を回復することなのである。

とはいえ、この分断されたキリスト教世界のただ中に、試練の空間、すなわち海があるのである。


【注】
（1）興味深い論文 E.-R. LABANDE, «Saint Louis pèlerin», art.cit.（前出五七九頁注2）がある。
（2）カスティリア王アルフォンソ一〇世賢明王は、聖ルイのほぼ同時代に生きていたが、聖母への崇敬が篤く、このために『聖母マリアの歌』*Cantigas de Santa Maria* を作っている。
（3）この巡礼について蒐集した研究成果を私に提供してくれたことに対して、マリー＝クロード・ガノーに謝意を記す。また、Jacques JUILLET, «Saint Louis à Rocamadour», *Bulletin de la Société des études littéraires, scientifiques et artistiques du Lot*, t. 92, 1971, pp. 19–30 も参照。
（4）Alphonse DUPRONT, *Du sacré. Croisades et pèlerinages. Images et languages*, Paris, 1987, pp. 317–318.

聖ルイと海

一二四八年から五四年までの間、海の存在はほとんど片時も聖ルイの行動と頭のなかから離れなかった(1)。彼は実際に数週間を海上で過ごし、また重要な決定を海上で下した。さらに一二七〇年に彼が死ぬのは、ふたたび海上の旅へと出発したのち、海辺においてであった。この海とは、もちろん地中海である。

嵐や「海の冒険」は、すでに見たように、聖ルイには常に欠けることはなかった(2)。「海の冒険」といういい回しは彼の同時代人が用いていたもので、やがて大いに広まることになる、今日ならさしずめ「海難」〔現行のフランス商法典に規定がある、保険者が責任を負う危険に含まれる偶然の事故〕とでも呼びたくなる状況を指すものである。このように表現が変わっていくことの背後におそらく考えられるのは、海に向かって突進する騎士道精神にあふれる人間の心のあり方から、海上貿易の利益とその貿易がやがて「海難」と呼ばれるものによっていかに脅かされるかをよく知る人間たちの心のあり方への移行であろう。海上の苦難というものは、中世の人間たちにとって、聖人の受難を特徴づける試練である。そして、聖人伝固有の決まりきった表現としての海での災難というこの「トポス」は、とりわけ十字軍参加者に適用される。というのも、彼らこそ、海の「交通路」を通って「海の果ての場所」*partes ultramarinae* と規定される地方へと、巡礼のなかでももっとも危険な旅を敢行する贖罪の英雄だからである。教皇ボニファティウス八世は、一二九七年八月六日にオルヴィエートでおこなった聖ルイの列聖に際しての説教のなかで、彼の聖性の証拠の一つとして、彼が十字軍へ向かうに際してどのように海に立ち向かったかを挙げている。「彼は海を横切りながらキリストのために彼の身体と心を危険にさらしたのである」[3]。

つぎに、海は聖ルイにとって、個人的にも集団としても多くの経験を積む場であった。彼は海上のあちらこちらを動きまわったのだが、これには、きちんと決められた生活を送るキリスト教徒にとって、予定をことごとく狂わす混乱がいつもつきまとうこととなった。これらの混乱を彼は可能なかぎり抑えようと試みた。たとえば、彼は教会当局から、自分の船に聖別された祭壇を備え、ここで聖体《ホスティア》の秘蹟にあずかる許可を得ていた。そこでミサや聖体拝領を執りおこなうことができたのである。祈りの時間は、全般には、船内でもきちんと守られ、王はその際いつもの通り、聖職者や修道士、さらにはジョワンヴィルのような俗人領主に取り巻かれていた。しかし、別の混乱が水夫、つまり野卑で罪深い輩の方からもち上がる。水夫の生きた世界は、中世の人間の圧倒的多数がそうであった陸の人間にとって、あまりよく知られていなかった世界、人を不安がらせる海の放浪者たちの世界であった。彼らは寄港地では、しばしば通りすがりの他所者であり、しかもほとんどが悪習に染まった輩と化してしまう。ジョフロワ・ド・ボーリューが証言するところでは、聖ルイは、船に乗り組んだとき、水夫たちの宗教心のかけらもない行動に驚き、悲しみをさえ覚えたという[4]。王は、彼ら半野蛮人が不平をつぶやくなか、彼らに聖務日課や祈りに参加することを命じたので、そののちはそれが旅の日課を規則づけることになる。聖ルイのこうした反応は、おそらく驚愕や経験不足から引き起こされただけではなく、同時に、教会当局が、彼ら通常の人間の生活の外にいる存在についてもっていた、むしろ否定的なイメージに培われたものであろう。聖ルイの幼年期に生きていたジャック・ド・ヴィトリーは著名な説教師であり、聖地にも赴いたことがある人物であるが、彼の未刊行の説教、あるいはより正確にいえば説教の手本は、「水夫たちへ」*ad marinarios* 向けられている。(5) その主題は『詩編』第一〇六節からとられたもので、海の危険と驚異について語っている。ここで語られる海とは、この「世」の海、すなわち人間社会の、地上の世界の海であり、「暗く罪深い」*tenebrosa et lubrica*、多様で、変化に富む *multiplex* ものである。(6)

ジャック・ド・ヴィトリーは、水夫の仲間ことばに通じていたが、俗語の話ことばも用いて、水夫たちの悪徳や罪を並べ上げている。これらの説教に特有の性格は何でも誇張することであるが、描かれるイメージはまことに暗い。聖ルイの状況認識をたしかに培っていた文学上のタイプとは、このようなものであった。

それでは、水夫たちはどのような所業をなしていたのか。ある時には、巡礼の持ち物を奪って、彼らを途上の島々に置き去りにし、飢えで死ぬに任せたり、さらに悪いことには、巡礼を奴隷としてサラセン人たちに売ったり、巡礼や商人が海に慣れていないことをよいことに、船を故意に難破させたりし、しかもその際自分たちだけは、巡礼たちの財産や商品を満載した救命ボートや小舟で脱出したのである。もっとも、故意に難破を引き起こし、被害者の持ち物を奪う輩というのは、じつは聖パウロが実際に遭遇した事件を引き合いに出したものであるが、中世キリスト教伝統のなかではこの聖パウロの災難はほとんど伝説化されていたということである。水夫の悪徳は、立ち寄る港においても同様に不安の種であった。酒場や売春宿になじんでいる彼らは、海で稼いだ金をすべてこの種の感心できない快楽のために使い果たしてしまうのである。このように、海では、王は肉体的のみならず精神的にも危険に隣り合わせていたのである。

最後にそしてとりわけ、聖ルイにとって海は、宗教的で象徴的な空間でもある。聖書のなかに頻繁に登場する海のイメージは、世界創造に先立つ深淵のカオスに由来する恐るべきものである。『創世記』において、神が世界を創造したとき、海はカオスの世界として現れるが、そこは悪魔的な力をもつもの、怪物、そして死者が宿りかつ行動を起こしている場所であり、これらは神と人間に対して力を振るう。地上は開化されているが、海は野蛮のままなのである。天地創造におけるもう一つの海のイメージは『ヨブ記』のなかのものであるが、ここにもまた海に住み、時たま人間を恐怖におとしいれるためにそこから出てくる怪物たちが描写されている。このイメージがとりわけ明白なのはレビヤタン〔悪の力の象徴としての海の怪物で、最後の審判にあたって神に打ち倒される〕の場合である。怪獣と闘うダニエルが眼にするのは他ならぬ海の怪物なのである。さらに、黙示録のなかで、これらの怪物はふたたび前面に現れる。「また私は、一匹の獣が海から上がってくるのを見た。その獣は一〇本の角と七つの頭をもっており、その角の上には一〇の王冠を戴き、またそのそれぞれの頭には神を冒瀆する名前が記されていた」〔『ヨハネの黙示録』一三章一節〕。さらに、危険な海のイメージは新約聖書[7]にも現れる。そこではガリラヤ湖が海に擬せられている。嵐の湖は物理的にも象徴的にも海そのものなのである。

海の恐怖を、そしてそこでは常に嵐や難破の危険に直面していることを、聖ルイは、人から語り聞かされたり、あるいは自分で読んだ聖人の伝記のなかに、なかでもとりわけ、ほとんど同時期のジェノヴァ人、ヴァラッツェのヤコポ（ジャック・ド・ヴォラジヌ）によってまとめられたかの有名な『黄金伝説』のなかに見い出したであろう。マグダラのマリア、聖マウリティウス、聖クレメンティウス、その他多くは、海で遭難した聖人たちなのである。

恐怖の世界である海は、中世においてはしかし、むしろ揺れ動く世界というイメージで表わされ、たとえば「教会」を象徴するお決まりの図像イメージは聖ペテロの船なのである。権力者もまた、運命の車輪〔車輪は運命を表わすヨーロッパ古典の定型表現〕には引きずられないとしても、海によってもてあそばれることになる。聖ルイが乗った現実の船は、波に翻弄され、海の冒険にさらされるというこの同じ象徴を体現したものなのである。

しかしながら、そこはまたイエスが荒れ狂う波を鎮め、水上を歩いたという世界であり、これには聖ペテロが信仰の欠如のゆえに溺れる危機に遭遇したことが対比されている。海とは最終的には恐れるに足らないものなのである。それはこの世の終わりにあたって、神が、最後の審判と永遠の命に先立ってこの世に平穏をもたらすために、まず初めに打ち壊すであろうものだからである。「もはや海もなかったからである」〔『ヨハネの黙示録』二一章一節〕、「もはや死はない」〔『ヨハネの黙示録』一二章四節〕。なぜなら、海こそ死であり、イザヤもすでにこう語っていたからである。「その日、主は〔…〕海にいる竜を殺される」〔『イザヤ書』二七章一節〕。

しかしながら、海はさらにまた十字軍へと続く空間、贖罪と試練の空間ではあるが、同時に欲望と希望の空間でもある。というのもこの液体の道の果てには、聖ルイが常に抱いていた希望である、キリスト教への改宗を待つイスラム教徒の君主たちが見い出されるはずだからである。改宗の幻想はエジプトでもチュニスでも働いた。

聖ルイは、聖書やキリスト教の伝統が伝える海についてのより良いイメージを十分に認識していなかったわけではない。そうしたイメージの第一は、驚異の世界というイメージである。これらキリスト教が古代世界から継承した伝統によれば、それはとりわけ島々、幸福の小島、人類の黄金時代の名残りである富裕な島というイメージである。具体的には、聖ブランダヌスが航海した北の海の島々であったり、当時の人々がしだいに興味を寄せはじめていた大西洋の島々であったり、あるいは地中海の島々であったりした。ジョワンヴィルの記録のなかには、聖ルイが海の航海の途上で出会った驚異の島々について二度言及がある[8]。第一の話は、ある島に立ち寄った時のこと、艦隊の一隻に乗船していた若者たちが果物を採りに下船したまま帰ってこなかったため、なかなか出港できなかった、というものである。いま一つの話は非常に意味深長であるが、聖ルイやジョワンヴィル、その他の領主たちがある島に上陸し、そこで花や草や樹木を、そして白骨化した非常に高齢の隠修士を発見したというものである。これらは、異教の黄金時代のイメージというよりは、初期教会のイメージ——というのもルイたちはキリスト教徒であったからであるが——、自然のただ中、島という驚異的な孤独の世界のなかに身を置いていた、初期のキリスト教隠修士のイメージを聖ルイたちに想い起こさせたのである。海はまた、奇蹟が生ずる空間であり、ジョワンヴィルは私たちに、海に落ちた聖ルイの一人の友の命が救われた奇蹟について語っている[9]。

しかしながら、海はとりわけ、オリエントへ向かうために彼が選び、克服することを望んだ道程なのである。

【注】

（1）Jacques LE GOFF, «Saint Louis et la mer», dans *l'Uomo e il mare nella civiltà occidentale : da Ulisse a Cristoforo Colombo, Gênes*, 1992, pp. 13–24 および第一部第二章「聖ルイと地中海」二〇五～一一頁を見よ。

（2）前出二〇九～一〇頁を見よ。

（3）*«Corpus suum et vitam suam exposuit pro Christo, mare transfretando»*.

（4）*Recueil des historiens des Gaules et de la France, op. cit.*, t. XX, pp. 14–15.

（5）パリの国立図書館ラテン語手書本一七五〇九番（第一二八葉裏—一三〇葉）にもとづいて、この説教を転写してくれたマリー・クロード・ガノーに謝意を記す。

（6）下方の海と上方の海、内側の海と外側の海を区別する必要がある。下方の海とは地獄であり、非常に辛い *amarissimum* 場所である。上方の海とはこの世であり、ちょうど売春婦がそうであるように、罪と危険が溜っている。非常に興味深い描写が、海のさまざまな危険やそれらが風によってさらにひどくなるさまを並べ上げている。ジャック・ド・ヴィトリは海峡をとくに重要視している。「海峡」*Bitalassum*、ここは二つの海が出合う場所であり、非常に危険である。逆の危険は *bonatium* すなわち凪ぎであり、風が絶え、船の航行を不可能にしてしまう。

（7）これは、突然嵐が起こって、キリストが眠っていた、ペテロとその同乗の水夫たちの船を脅かしたという有名な逸話である。ペテロとその仲間たちは、恐れおののいてつぎのように叫ぶ。「主よ、助けてください。溺れそうです」〔『マタイによる福音書』八章二三節他〕。するとイエスは、ちょうどヤハウェが旧約聖書のなかでそうするように、嵐を鎮めた。

（8）前出二五六～七頁および六〇七～八頁を見よ。

（9）JOINVILLE, *Histoire de Saint Louis*, p. 357.

聖ルイのオリエント

聖ルイにとっての現実のオリエントとは、[1] まずキプロス島である。ここはビザンツ帝国とイスラム勢力が対峙する東地中海のただ中に存在するという、驚くべきラテン的キリスト教世界のプラット・フォームであり、またレヴァント貿易の中心地、さらにはキリスト教徒の商人と十字軍参加者たちの前線基地なのである。この島は、数多くの政治的な紆余曲折を経たのち、フランスにその起源をもつリュジニャン家によって王国として統治されていたが、この王家は一二四七年にローマ教皇により皇帝への家臣関係を解かれていた。多数のフランス出身の貴族の家系がここに居を構えていたので、聖ルイはこの島をフランスの一部とみなしていた。そうなのである、キリスト教世界はオリエントにおいてもわが家にいるかのように振る舞えたのである。

エジプトに上陸した時に、王はオリエントについてどんな知識をもっていたのだろうか。西欧へと戻って来た十字軍参加者による、そのほとんどが口頭によって伝えられた物語を眺めてみると、エリー・グラボワの魅力あふれる表現を借りれば[2]、「聖なる地理」から「パレスチナ学」へという変化をたどったことがわかる。しかしこの、聖書と初期キリスト教世界についての知的認識のあり方から、より同時代的な具体的な個々の知識へというこの変化は、あくまでキリスト教に関係するかぎりでのパレスチナを対象とするものでしかなかった。オリエントについての叙述は、たしかにより正確さは増していたとはいえ、依然としてキリスト教に関係する場所や記念となる建造物ばかりに関心を寄せている。とはいえ、ここでもまた托鉢修道会の推進力によるものだが、イスラム教徒の住民についてのより正確な知識が、主として彼らをキリスト教へと改宗させるためとはいえ、獲得されていたのである。ドミニコ会士やフランシスコ会士たちは、「サラセン語」、すなわちアラビア語を学んだ（だから聖ルイは、場合によりアラビア語を解するドミニコ会士を頼ることもできよう）。十字軍の理念や現実が一三世紀に大きく変質するとしたら、それは何より双方の関係の平和的な形への進展であり、この発展には聖フランチェスコが聖地より帰還したのちに、ある推進力を与えたように思われる。これはかつて「霊的十字軍」と呼ばれていた[3]。聖ルイは、それゆえ、伝統的な軍事的十字軍と新たな霊的十字軍との狭間に位置していたのである[4]。

しかしながら、具体的な地理的知識という点でいえば、王やその側近たちの無知はあまりにも大きかった。すでにチュニスの十字軍についてその点をかいま見た。一二七〇年の十字軍についてモハメド・タルビは以下のようにすら書いているのである。「聖ルイがこの十字軍に刻印づけることになる方向性は、一連の誤りに由来する。それは地理的――距離の誤った計算――、戦略的、自然環境的、政治的、外交的、そして人間の行為としての誤りなのである」(5)。

【注】

（1）私は、第一部第一章において、世界、そしてとりわけオリエントについてすでに語ったが、それは聖ルイの周囲に現実に存在した形においてであった。ここで私が物語るのは、「彼の」オリエント、すなわち、実際にであれ想像のなかだけであれ、彼の認識上のオリエントについてである。

（2）Aryeth GRABOIS, «From "Holy Geography" to "Palestinography"», *Cathedra*, 31 (1984), pp. 43–66 (en hébreu)；«Islam and Muslims as seen by Christian Pilgrims in Palestine in the XIIIth century», art. cit.（二一九頁注13）。J・K・ライトのつぎの古典的書物も依然として有益である。*Geographical Hore in the Times of the Crusades*, New York, 1925. 中世のキリスト教徒が抱いていたイスラムのイメージについては、Robert W. SOUTHERN, *Western Views of Islam in the Middle Ages*, Cambridge, Mass., 1962〔邦訳、サザーン『ヨーロッパとイスラム世界』鈴木利章訳、岩波書店、一九八〇〕；Claude CAHEN, «Saint Louis et l'Islam», art.cité（前出二一九頁注13）。

（3）F. Van ORTROY, «Saint François d'Assise et son voyage en Orient»,art.cit.（前出二一三頁注20）。

（4）後出九八六～八頁を見よ。

（5）Mohamed TALBI, «Saint Louis à Tunis», dans *Les Croisades* (ouvrage collectif publié par la revue *L'Histoire*), Paris, 1988, p. 78.

サラセン人、ベドウィン、アサッシン

一三世紀にキリスト教徒が得ていたイスラム世界についての知識のなかで、それまで唯一使われてきた、そしてその後も使われ続ける総称としての「サラセン人」という用語、さらに「ベドウィン人」、「アサッシン」という用語について、この頃新たな区別がなされてきていたことに注意せねばならない。聖ルイはパレスチナで、この区別を具体

的な形で認識するようになる。ジョワンヴィルもこの経験について、私たちに非常に貴重な情報を伝えてくれている。聖ルイとジョワンヴィルにとって、サラセン人（ジョワンヴィルはトルコ人とも呼んでいる）とは、一方でイスラム教徒全体、すなわちムハンマドの教えに従っている者たち――とはいえ彼らが「異教徒」であることには変わりはない――を指すとともに、他方では聖ルイたちが主に対決していた、組織化された国家を率いる君主に従属する臣民、すなわちスンナ派イスラム教徒をも狭くは意味している。(1) 近東におけるスンナ派の武力的支配の復活はクルド人サラディンによるもので、彼は一一七一年、カイロを根拠地としたシーア派のファーティマ王朝を滅ぼしたのであった。

聖ルイとジョワンヴィルは、一二五〇年、エジプトにおいてキリスト教徒とサラセン人との間に生じた戦闘の際に、ベドウィンを身近に知るようになった。戦闘ののち、ベドウィンたちはサラセン人の軍キャンプに略奪に来たのだが、おそらくルイより好奇心旺盛であったジョワンヴィルは、もちろん情報を得て王に伝えたいがために、本題から離れて長々と、このサラセン人とは区別され、より獰猛である略奪者たちについて述べている。

彼らベドウィンたちは、放浪の放牧者であり、剣のみで武装して、もっとも弱い者たちを襲う略奪者であって、本当の戦士ではない。彼らは運命というものを信じており、死を恐れない。なぜなら死は神の意志の外にすらあり、あらかじめ定められた時に訪れるものだからである。彼らはフランク人たちとその武具を軽蔑していた。彼らが自分の息子に悪態をつく時には、つぎのようにいったという。「呪われよ、死が怖さに武装するフランク人たちのように」。彼らが恐るべき存在であるのは、ムハンマドではなくアリー〔第四代正統カリフ。在位六五六～六六一。ムハンマド死後の勢力抗争のなかで暗殺された〕に捧げている彼らの信仰が（彼らはゆえにシーア派である）、輪廻を信じている蛮族の信仰だからである。それゆえにジョワンヴィルは、そしておそらくは王もまた、彼らに対してひたすら拒否反応を覚えざるをえないのである。彼らベドウィンは、黒い髪と髭をたくわえ、頭にはナプキンのようなものを巻きつけ、「醜くおぞましい」。彼らはまた、アサッシンたちの王である「山の老人」に従うがゆえにますます危険な存在であった。(2)

事実、キリスト教徒たちがそれまで一括して「サラセン人」と呼んでいた人々が、むしろ多種多様な存在であると気づきはじめるのは、彼らが「山の老人」に従うアサッシンたちと接触したこととも関連している。(3)

アサッシンたちは、アリーを支持するイスラム教徒の一集団から分かれたもので、この集団は七世紀の後半にイスマーイール派信徒からなる長く地下にもぐったセクトを形成していた。彼らは、長い間知られることなく隠されてきた真のイマーム〔スンナ派ではカリフと同義だが、シーア派ではその最高指導者〕の再来を待ち望んでいたが、このイスマーイール派教義のなかには、キリスト教のなかのある種の千年王国的傾向と非常によく似た傾向が存在した。九〇九年に、隠れていたイマームが再来し、「アル・マーディ」の名のもとに北アフリカのカリフを名乗るという事件が起こり、エジプトのカイロに拠点を置くファーティマ王朝が新たに興された。一一世紀には、ファーティマ王朝は衰退の兆候を示しており、代わってセルジューク・トルコがスンナ派を強力に再興することになる。セルジューク・トルコの帝国に不満を抱く多くの者はイスマーイール派に合流したが、このイスマーイール派は「天才的革命家」ハサン・サッバーフによって再組織化された。ハサンは、イランのシーア派の重要拠点の一つ、クムの出身であったが、一〇九〇年、エルブールズ山岳地のなかに、アラムートの大要塞を築き、死を迎える一一二四年までここに留まり続けた(4)。

彼はここにフィダーイー（献身者〔「宗教・政治的目的のために一身を犠牲にして戦う者」を意味する語で、宗教・政治上の敵を暗殺する者を指す〕）の部隊を創設したが、彼らはイマームの命令を断固実行することを誓約した。イマームは、不正と危険を象徴する者たちすべてを暗殺することによって、アッラー〔イスラムにおける唯一なる神の呼称〕と正義の支配を打ち立てようとしたのである。

シリアのイスマーイール派は統率がとれていたが、彼らが、十字軍によって創られたキリスト教徒支配の諸領邦と取り結ぶ関係はさまざまなものであった。ある時は互いに同盟関係が結ばれたが、他方ではキリスト教君主がイスマーイール派の刃に倒れることもあった。彼らの犠牲となったもっとも著名なキリスト教君主といえば、エルサレム王でもあった辺境伯コンラード・ド・モンフェッラートで、一一九二年四月二八日、ティールで暗殺された。また、彼らが狙う大きな敵は、サラディン〔反十字軍のイスラムの英雄だが、シーア派のファーティマ王朝を滅ぼし「成り上がり者」ともみなされていた〕であり、彼は結局暗殺をまぬがれたものの、一一七六年以降は特別に防備を施された木造の塔のなかで暮らす羽目になった。この場所で、だれ一人素性不審な者が近づけないように守備兵に守られていたのである。

キリスト教徒支配のオリエント圏の外でおこなわれた暗殺もアサッシンに帰せられている。暗殺者という脅迫心理状態が西欧に広まっていったのである。コンラード・ド・モンフェッラートの暗殺者に手を貸したのはリチャード獅子心王であり、これによって彼の腹心アンリ・ド・シャンパーニュが、狙っていたエルサレム王位を得ることになった、という噂が広がった。また、リチャードその人を亡き者にするために、ひそかにアサッシンが西欧にやって来たとも当時はささやかれていたのである。この何年かのちには、フィリップ・オーギュストに対して同様の噂がくり返された。そして聖ルイに対してもじつはそうなのである。その『伝記』の一二三六年の項に、ギヨーム・ド・ナンジはつぎのように書いている。「悪魔、その本性は常に善人をねたむことにあるが、このたびは王ルイの聖性と王国統治の成功を見て、隠微かつ忌避すべき策略者として、王に危害を加えるべく、未聞の、そしてほとんど避けえない危険を準備しはじめた」。「山の老人」は、悪魔に籠絡《ろうらく》されて、フランス王ルイの死をたくらみはじめたというのである。このきわめて邪悪で、悪略にたけた老王は、アンティオキアとダマスカスの境界地帯に住んでおり、山岳の頂上にある非常に強力な要塞に守られていた。彼は周辺のキリスト教徒やサラセン人たち、さらにはもっと遠くに住む者たちからも非常に恐れられていたが、それは彼が何度にもわたって使者を送り、彼らの君主たちを無慈悲に殺させ続けたからである。実際、彼はその王宮で土地の若者を養育し、若者たちはここであらゆる言語を学び、死に至るまでの忠誠を喜んで彼に誓うようになるが、死こそ彼らに天国の喜びを保証するものに他ならない。このようにして彼は、フランス王ルイをどんなやり方であれ殺せ、という命令とともに、使者をフランスへ派遣したのである。

幸いにも神は、君主たちの意図よりもみずからの意図を優先させることがおできになるので、老王の気持ちを変えさせて、暗殺の計画を平和の計画となさった。老王はフランス王に、暗殺者の到着より前に別の使者を送り、暗殺の計画を王に事前に告げたのである。

このことは事実起こった。二番目に送り出された使者は最初の使者を捕らえてフランス王へ委ねたのである。心打たれたルイは、この両者ともに贈り物を与えて、「山の老人」には、平和と友好のしるしとして王にふさわしい贈り物を遣わしたという(5)。

この伝説が物語っているのは、アサッシンのイメージが一三世紀末から一四世紀初めの西欧においてどれほど広がっていたかということである(6)。話自体は間違いなく、聖ルイがアッコンで、現実にシリアのイスマーイール派の指導者である「山の老人」の使者の訪問を受けた、というエピソードで潤色された物語に由来する。ジョワンヴィルがこの会見について語っている話は、その重要部分をここに再録する価値がある。

王〔ルイ〕がアッコンに留まっていたとき、「山の老人」の使者たちが彼のもとにやって来た。王はミサから戻ると、彼らを自分の前に連れてこさせ、つぎのように座らせた。まず王の前に盛装で武装したアミール〔司令官〕がいた。アミールの後ろには、同じく武装した小姓がいて、彼は手に三本の短刀を隠し持っていたが、短刀の一つは別の短刀の柄のなかに具えられていた。アミールの要求が拒否された場合、小姓は王にこれら三本の短刀を突きつけて脅すことになっていたからである。三本の短刀を持った小姓の後ろには、さらにもう一人の小姓がいて、彼はバックラム(7)で自分の腕をくるんでいたが、これも王が「山の老人」からの要求を拒否した際、王の死体を包む布として差し出すためであった(8)。

アミールは王〔ルイ〕に「山の老人」からの信任状を手渡し、王に対して毎年の貢ぎ物を差し出すように命じた。こうした貢ぎ物は、ドイツ王（神聖ローマ皇帝）やハンガリー王、バビロンのスルタンたちが、生き永らえるための保証として「山の老人」に差し出していたものであった。この暗黙の死の脅しに加え、さらにアミールはルイに、「山の老人」がテンプル騎士団や救護騎士団に支払いを余儀なくされている貢ぎ物を禁止させるように求めた。かりにこの二つの騎士修道会の会長を暗殺したとしても、結局同じくらい強情な別の人物が後継者となるだけであることがわかっていたからである。そこで王は〔その日の午後〕アミールに、二人の騎士修道会会長自身の前でもう一度その要求をくり返させた。これに対し修道会会長らはアミールに「サラセン語で」、翌日救護騎士団本部へふたたび会いにくるよう命じた。翌日、会長たちは彼ら使者たちにこういった。もし王の名誉が尊重されないようなことが起こったなら、――使者たちは王に対する公式の使者なのであるから――われわれは〔昨日〕アミールを海へ投げ込んでいたことであろう、そして、アミールが王に与えた大層な脅しの過ちを帳消しにしてほしければ、アミールは二週間後に「山の老人」からの王への贈り物を携えてもう一度やって来ねばならない、と。

二週間後、「山の老人」の使者たちはふたたびアッコンを訪れ、王に老人の下着を持ってきた。彼らが老人からのことばとして王にいうには、ちょうど下着というものが他のいかなる衣服のなかでもより身体の近くにあるように、これこそ老人が他のいかなる王よりもフランス王を愛しているしるしである、と。そしてさらに老人は自分の指輪を送ってきたが、これは純金でできており、彼の名が刻まれていた。この指輪によって老人は王と結婚すると伝えてきたのである。というのも、今後二人は一体であることを彼は望んだからである。

老人が王に贈ったその他の宝物のなかには、非常に念入りに作られた水晶製の象、同じく水晶製のジラフと呼ばれる動物、水晶製のさまざまな種類の果物、さらにはゲームやチェスの台があった。これらのすべては琥珀でできた花々で散りばめられていたが、これらの琥珀は質の良い純金の装飾文様で水晶とつながっていた。使者たちがカーテンを引いて、これらの品々を満場に明らかにするや否や、まるでこれらがいっせいに花開いたように、部屋全体が芳香で満たされたかのように思われたさまを想像あれ。

王からも老人のもとへみずからの使者たちを遣わし、おびただしい贈り物を届けさせたが、そのなかには緋の布地、金の盃と銀の馬銜《はみ》があった。また、これら使者たちとともに、王は老人のもとへサラセン語を操る修道士イーヴ・ル・ブルトンを差し向けた。(9)

ジョワンヴィルは続いて、修道士イーヴがもたらした(10)「山の老人」についての詳細を――イーヴは老人をキリスト教に改宗させることには失敗した――報告している。以上、聖ルイおよびその周囲の人々が近東イスラム世界の多様性についてもっていた知識のあり方を、細かく述べてきた。彼らは、キリスト教徒としていつものやり方で、すなわち恐れと羨望が胸を行き来する気持ちで、応対していたのである。「山の老人」に死に至るまでの忠誠を誓う彼らテロリストたちは、その使命がいかに身の毛もよだつようなものであれ、キリスト教徒である封建領主たちが何にもまして高く評価してやまない感情、すなわち信仰と忠誠からすれば英雄でもあったのである。オリエント、それは嫌悪すべき、そして驚異の世界であった。

【注】

（1）イスラム教徒を大きくスンナ派とシーア派に分ける区別の形成については、Hichem DJAIT, *La Grande Discorde. Religion et politique dans l'Islam des origines*, Paris, 1989 を見よ。

（2）JOINVILLE, *Histoire de Saint Louis*, pp. 136–41.

（3）B. LEWIS, *Les Assasins, op.cit.*（前出四四一頁注5）。

（4）*Ibid.*, p. 63.

（5）GUILLAUME DE NANGIS, *Gesta Ludovici IX*, p.324.

（6）一一八五年に死んだギヨーム・ド・ティールがアサッシンに言及しているし、同様に、聖ルイによってアジアに派遣されたドミニコ会修道士ギヨーム・ド・リュブルークの旅の物語にも彼らは現れている。彼らがとりわけ噂になっていたのは、ギヨーム・ド・ナンジやジョワンヴィルが執筆していた時期、すなわち一三〇〇年頃のことである。マルコ・ポーロも彼らについて語っているし、一三三二年にはドイツの司祭ブロカルドゥスがフィリップ・ド・ヴァロワのためにアサッシンについての本を書いている。この本は新たな十字軍のことを考えていたこの王に、計画を思いとどまらせるためのものであった。マシュー・パリスはといえば、彼は、一二四五年に毒入りコショウを送って西欧のキリスト教徒を大規模に毒殺しようとしてサラセン人一般を非難しているが、とくにアサッシンを取り上げているわけではない。ちなみに、このとき、いくつかの中毒事件ののちコショウの毒に気づいた大都市では、公けの伝令の叫びによる知らせで人々に用心させたといわれている。このことによってとり立ててコショウの欠乏は生じなかった。というのもキリスト教徒の商人は安全なコショウを大量に蓄えていたからで、彼らはそれを市場に流したのである（四巻四九〇節〔マシュー・パリスの *chronica majora*〕）。ダンテは、『神曲』地獄編一九歌においいて、「裏切りのアサッシン」と短い仄めかしをおこなっている。聖ルイの時代にすでに、「アサッシン」ということばはヨーロッパ全体で「プロの殺し屋」という意味で広まっていたのである。

（7）「バックラム」（ブカラという町の名前に由来する）とは、ゴム液に浸した強く大きな布である。

（8）JOINVILLE, *Histoire de Saint Louis*, p. 247.

（9）*Ibid.*, p. 251.

（10）JOINVILLE, *Histoire de Saint Louis*, pp.251–255 を参照。

モンゴルの幻想

パレスチナ滞在中、聖ルイはカエサレアでアジアから来た別の使節の訪問を受けたが、彼らは遙かずっと遠くの「タタール」、すなわちモンゴルからの使節であった。これは、偉大なるカン（汗）がキリスト教に改宗するか、あるいは少なくともイスラム教徒に対抗するためにキリスト教徒と同盟を組むという、王とキリスト教世界全体の希望が現実のものとなることを意味するものだろうか。これまで、この希望はすべて失望のまま終わっていた。[1]

キリスト教世界側からモンゴルに対して最初に好奇心を動かしたのは教皇庁であった。一二四五年、インノケンティウス四世は三つの布教団を大カン探訪の旅へと差し向けた。二人のドミニコ会修道士、のちに聖ルイの側近の一人となるアンドレ・ド・ロンジュモー、およびクレモーナのアスランが、フランス人フランシスコ会士シモン・ド・サン＝カンタンとともに聖地を旅立った。もう一人のフランシスコ会士ピアノ・ディ・カルピーノのジョヴァンニ（プランカルピーノ）は、ポーランドのベネディクトゥスと一緒に、ボヘミア、ポーランド、キエフ、そしてヴォルガ河流域を通る旅程をたどっている。[2]

プランカルピーノは大カンのもとへ到着し、グユク〔モンゴルのカン、定宗。一二四六～四八〕の即位式にも参列しているが、その他の者たちも各地にいたそれぞれ大勢力の長たちのもとに至っている。彼らすべてはどこでもまったく同じ返事を得たが、それはプランカルピーノの場合の表現でいえばつぎのようなものである。「お前〔教皇のこと〕がみずから、すべての王たちの先頭に立って、奉仕と臣従の礼を尽くすためにわれわれのもとへとやってこい」。

聖ルイはこの返事も修道士たちによる旅行記録も、よく知っていた。一二四八年の初め、彼はプランカルピーノと会っている。ヴァンサン・ド・ボーヴェはその『歴史の鏡』のなかに、シモン・ド・サン＝カンタンおよびプランカルピーノの記録をかなりの分量をとって抜粋している。

キプロス島に滞在していた間に、聖ルイは「タタール人たちの偉大な王」からの使者の訪問を受けて、思いもかけない申し出に驚かされる。このタタールの王は彼に「多くの好意的で誠実なことば」[3]を寄せて、「自分は王を助けて聖地を解放し、エルサレムをサラセン人の手から奪還する準備がある」というのである。これを聞いたルイは喜んで、アラビア語を解する（というのも少なくともラテン語よりも通じると思えたからだが）二人の説教師会修道士をグユクのもとへ急ぎ派遣したが、彼らには、礼拝堂の代わりになる非常に高価な緋色の天幕と、そのなかに並べるキリスト教信仰の重要教義を示す「さまざまな図像」を持たせた。

派遣された修道士の一人アンドレ・ド・ロンジュモーが、当時カエサレアにいた聖ルイのもとに、モンゴル側の使者たちを連れて帰ってきたのは一二五一年のことであった。使者たちの返事はここでもまた以前と同様であった。

余は汝にこのことを告げ、命ずる。というのも、汝は余と和をなすことなくば、およそ和をもつことはできぬからである。祭司ヨハネスは余に謀反を起こした。さらに、だれもかれもがこれに連なった（その数たるや多数にのぼった）。余は彼らすべてを剣の刃にかけた。かような次第により、余は汝に命ずるに、毎年汝は、汝が余を友とするかぎり、金銀を余のもとに献上すること。もし汝がこれを怠った時には、余は、余が前に述べた者どもになしたと同じく、汝と汝の臣下を滅ぼすであろう。

聖ルイはこの事件から惨めな結論を引き出した。「王は使者を派遣したことを深く後悔した、と察せられたい」[4]。

しかしながら、聖ルイはモンゴル人と完全に縁を切ってしまったわけではない。一二四九年には、有力なカンであり、チンギス・カンの血筋であったサルタクがキリスト教に改宗し、洗礼を受けたという知らせが伝えられた。聖ルイは、ふたたび新たな使者として、聖地に住んでいた彼の臣下、フラマン人フランシスコ会士ギヨーム・ド・リュブルークを派遣した。彼は公式の使節ではない。それは聖ルイが前回の手ひどい扱いがくり返されるのを恐れたからであった。しかしギヨームはフランス王の挨拶状を手にしており、王の意志をしっかりと代弁する者であった。リュブルークは名のみのキリスト教徒であったサルタクと会見したが、サルタクは彼をさらに、モンゴル世界の中心にある首都カラコルムに拠点を置いていたカンのなかのカン、マングーに紹介している。リュブルーク自身は、以前の派遣者たち以上の成果をもたらすことはなく帰国している。彼がキプロス島に戻った一二五五年にはすでに、聖ルイはフランスへ帰還していた。リュブルークはのちに、王にその旅の記録を送っているが、これはこの種のもののなかで最良の、真の傑作といえる作品となった(5)。

キリスト教徒とモンゴル人との関係における最終的な転換点は、一二六〇年代初めに生じたように思われる。アッコンのキリスト教徒たちはしだいにイスラム勢力に押され、一二六〇年に新しい大カン、フラグのもとに使者を送り和と援助を請うた。フラグはキリスト教徒の捕虜を解放し、キリスト教徒たちと和をなすこと、そしてエルサレム王国を復興することを約束したのである。

フラグが戊の年(一二六二)四月一〇日にウルミア湖に近いマラガでラテン語に翻訳させ、その使節であるハンガリー人が携えてきた「王ルイおよび、フランス王国のすべての領邦君主、公、伯、領主、騎士、その他臣下のすべて」へ宛てた書簡(6)を聖ルイが受けとったとき、彼はまだこれらの状況について知らなかった。

「裏切りの民族サラセン人の撲滅者にして、キリスト教信仰の篤き擁護者」という肩書に飾られたフラグは、この書簡でまず世界全体に対する大カンの支配権《スヴレヌテ》と、自分たちに反逆する諸民族に自分の先祖と自分自身が打ち勝ってきた数々の勝利について語ったのち、彼の帝国および彼が闘った地方において、彼がいかにキリスト教徒たちに好意的であったかを強調し、さらにフランス王に対して、自分は自分が従えた国々で奴隷の身に落とされたり捕虜となっているすべてのキリスト教徒を解放すると予告する。そしてカラコルムで、大いなる満足とともにアンドレ・ド・ロンジュモーが持ってきた緋色の美しい天幕を受けとったが、自分はキリスト教世界のトップの序列について誤った考えをもっていたという。すなわち、ローマ教皇こそ唯一無二の最高指導者であるとみなしていたのである。のちになって、教皇は単なる霊的指導者にすぎず、もっとも強大なキリスト教王とはフランス王であり、わが友のことであると理解したのである。フラグは、マムルク朝からアレッポとダマスカスを奪ったのち、さらに彼らをそのエジプト本拠で攻撃して滅ぼそうとした。このためフラグには船団が必要であったが、もっていなかった。彼がフランス王に船団を求めたのは、キリスト教徒にエルサレムを返還するという約束を、フランス王が知っているはずだと思っていたからである。

ルイとその補佐役たちは、この提案に当惑し、書簡前文に書かれているカンの上級封主権の主張のみを問題とすることになった。というのも、たとえこの主張がまったく実効性のないものにすぎなくても、フランス王がこれを認めることなどできなかったからである。聖ルイは、謝意だけを表し、使節をローマへ差しまわした。こうしてローマではそのの ち数十年にもわたって、結果的には実りのない外交努力を教皇が続けていくことになる。聖ルイは機会を逃したわけである。モンゴルの空間はかくしてふたたび彼に閉ざされてしまった。

【注】

（1）モンゴルとキリスト教世界については、前出五二一〜九頁を見よ。

（2）J. Richard, *La Papauté et les missions d'Orient au Moyen Âge, XIIIe–XVe siècles, op. cit.*（前出六〇頁注9）。

（3）Joinville, *Histoire de Saint Louis*, p. 75.

（4）*Ibid.*, pp. 259–71. アンドレ・ド・ロンジュモーはしかし同時に非常に興味深い新しい情報をもたらしており、ジョワンヴィルはその一部を伝えている。そこにかいま見えるのは、モンゴル人が想像上の歴史をどのように自分たちの栄光のために利用したかである。彼らは、伝説の祭司ヨハネスやペルシア皇帝を打ち破ったり殺したりしたことをもって栄光の理由としているのである。

（5）クロードおよびルネ・カプレールによる素晴らしい刊本がある。前出六〇頁注10を見よ。
（6）J. Richard, *Saint Louis, op.cit.,* p.509. この書簡は失われたが、のちに発見され刊行もされている。P. Meyvaert, «An unknown letter of Hulagu, il-Khan of Persia, to King Louis IX of France», art. cit.（前出六〇頁注11）。

想像のなかの驚異のオリエント

聖ルイが実際にエジプトやパレスチナで得た、具体的で真正ともいえる知識がどのようなものであったにせよ、だからといって彼は、キリスト教徒たちがオリエントについて作り上げてきたイメージの土台となっている、神話的で想像力に満ちた地理像を手放してしまったわけではない。おとぎ話としてのオリエントという像が彼らキリスト教徒たちの頭のなかに深く根づいていることを、ジョワンヴィルがナイル河について語っていること以上によく示しているものはない。

以下に引用するのは、まず聖ルイやジョワンヴィルがその目で見た現実のナイル河の様子であるが、これはちょうど古代のギリシア人やローマ人、それからビザンツ人たちがやはりエジプト河口でみずから見たり、直接の証人から聞いたというナイル河の様子のようなものである。

まず語らねばならないのは、エジプトと地上の楽園を通って流れる河についてである。この河は他のすべての河川とは異なっている。というのは、他の河川は下流へ行けば行くほど、小さな川、小さな水の流れが合流してくるのに対して、この河ではそのようなことはまったく起こらない。逆に、この河はエジプトまで一つの大きな水道で流れ、それから七つの支流に分かれて、エジプトのなかに拡がっていくのである。

聖レミギウスの祝日〔一〇月一日〕が過ぎると、これら七つの河川は地域一帯に広がり平原を浸す。水の流れが引けば、農民たちはそれぞれ自分たちの土地を無輪鋤で耕すが、彼らはこの鋤で土を掘り返して、小麦、大麦、クーミン、籾を播く。すべては非常にうまくおこなわれ、だれも土地を肥沃にする必要を知らない。それから、どこからやって来るのか、神の意志による以外わからないが、増水が起こる。もし増水が起こらねば、この地域にはみのりは訪れないであろう。なぜなら、太陽の強い照りがすべてを焼き尽くし、雨もこの地にはけっして降らないからである。この河は常に濁っている。この河の水を飲む土地の者たちは夕方になって水を汲み、アーモンドを四粒、あるいは空豆を四粒つぶして入れておく。翌日には、何の問題もない飲み水が出来上がっている。[1]

ついで上流に向かってさかのぼるにつれて、地理的な知識は驚異の世界に一変してしまう。

この河がエジプトに入る前に、手慣れている人々は、夕方自分たちの網を広げて河に投げ入れておく。朝になると、網のなかには獲物が入っており、これらはこの地方で使われている目方で売られる。だが、網の獲物といっても、それは、生姜、ルバーブ〔大黄〕、アロエの木、シナモンなのだ。これらは地上の楽園からやって来るといわれているが、それは、この地の森では風が枯れ木を倒すように、楽園に生えている木々も風が倒すからである。枯れ木から河に落ちたものを、この地で商人たちがわれわれに売るのである。この河の水は、われわれがこの水を（この地方で作られる白い土の土器に入れて）紐で小屋に吊り下げておけば、真昼の炎天のもとでも、泉の水のように冷たい。

この土地では、バビロニアのスルタンが、何度もこの河がどこから来るのか知ろうと試みたという。彼は、二回焼かれることからその名が付いた二回焼き《ビスキュイ》というパンの一種を持たせて使者を派遣したが、彼らはスルタンのもとに戻るまでこのパンで食をつないだという。使者たちの報告によれば、彼らは河をずっとさかのぼり、とがった岩の大きな山に至ったが、だれもそこに登ることができなかった。この山から河が流れ落ちていたのである。上の方の山には木々の密生があるらしい。また彼らがいうには、さまざまな野獣やさまざまな驚異を見い出したが、それ

らはライオンや蛇、象などで、動物たちは河の向こう岸から、自分たちが上流の方へ行くのを見に来たという。(2)

この注目に価する文章のなかには、いくつかの要素が絡まり合っている様子がみられる。それらは、地上の楽園から流れ出す河川という信仰や、聖書の地理学に結びついた神話、伝承的な事項（「といわれている」）についての理性的な疑いの念、実験（特別な容器に入れて水をぶら下げておく）、そしてイスラムおよびキリスト教国家の指導者の双方に共通な関心事である学術的な探求心といったものである。ナイル河の源を実証的に経験で調査しようとする探検者たちを派遣したのは、バビロニアのスルタンである。ここでもやはり、聖ルイが生きていたのは、神話に根ざした知の世界と経験的な知識を求める欲求という、二つの別々のものが蝶番のように結びついていた時代なのである。しかし、このナイル河を前にしての態度には、科学的な驚異とでもいうべき特徴が依然として存在し、これには、自然と神話との、そして現実のエジプトと地上の楽園との間に、何の矛盾も決裂もないことが前提とされている。ナイル河をさかのぼるにつれて、一方から他方へと移行するだけなのである。ひょっとすると、存在するのは、この二つの世界を分かつ境界や断層という機能を同時に果たしているどこかの場所、自然現象だけなのかもしれない。すなわち、だれも登ることができないとがった岩の大きな山から河が流れ落ちている、と表現されたこの滝のような。(3)

一三世紀半ばという時代に、ある一人のキリスト教徒が地理というものを認識するのにもっとも適した場所というのは聖地であった。なぜなら、聖地こそあらゆるところからやって来るキリスト教徒たちが出会う場だからである。たとえば、カエサレアで聖ルイは、一人のノルウェー人領主〔アレルナール・ド・スナンガン〕の拝謁を許しているが、その結果ルイの地理上の視野は「白夜」の地方まで拡がることになった。

ところで、話をわれわれの事柄に戻して続けると、王がカエサレアの町を防備で固めていた時に、陣営にアレルナール・ド・スナンガン殿がやって来たが、彼はわれわれに、西方の世界の果てにあるノルウェー王国で自分の船を建造したと語った。さらに王のもとへやって来る旅の途上、彼はスペインのまわりを一周し、モロッコの海峡部を通らねばならなかったといった。彼はわれわれのもとに到着するまでに大きな危険に遭遇してきたわけである。王は彼を一〇番目の位の騎士として遇した。さらにまた彼は、ノルウェーの土地では、夏には夜は非常に短いので、どんな夜でも必ず、沈む夕日と昇る朝日の明るさが見られると話してくれた。

カエサレアにはまた、王の親族で、当時コンスタンティノープルのラテン皇帝に仕えていたフィリップ・ド・トゥシーなる人物もやって来た。ラテン皇帝は、ニカイアに逃れていたギリシア正教の皇帝に対抗して、ハンガリーを脅かしていた異教のトルコ系民族クーマン人（あるいはクーメン人）[4]と同盟を結んでいた。フィリップ・ド・トゥシーは彼らの野蛮な習俗について聖ルイに物語っているが、それはたとえば、犬の血と切り分けられた肉によって契られる義兄弟的な盟約関係や、生きている馬と従者、莫大な量の金と銀とともに、墓穴のなかに座った格好で葬られる富裕な騎士の埋葬形式、といったものであった。

このように聖ルイは、常に恐れと驚異の間を揺れ動きながら、頭のなかで空間を拡大し、そこに住民を配置したのである。神が地上においてそのように望まれたか、あるいは少なくとも受け入れられたこの世界の大きな多様性に対して、神に感謝を捧げつつ、王は自分自身の展望に従って、この多様性を認識する術を学ぶのである。そしてこの展望こそ諸民族のキリスト教への改宗に他ならない。聖ルイの空間とは布教の世界なのである。

その生涯の終わりに、聖ルイはそれまでなおざりにしていた一つの大陸、アフリカ、厳密には北アフリカをも、この改宗の世界に結びつけようとした。

ギヨーム・ド・シャルトルは、まさにこのことについて、つぎのように語っている。「彼はその臣下たちに、このアフリカの諸地方に信仰を拡げ増大させるために思いをめぐらす努力をするよう仕向けた[5]」。アフリカにキリスト教信仰の空間を拡げること、そしてチュニスからエジプトまでの距離を誤って認識していたこと。チュニスの十字軍とはこのようなものであった。

以上のように、聖ルイの空間とは、部分的で断片的にすぎなかったにもかかわらず、キリスト教の普遍性と、すべての場所にその力を及ぼす神の支配という意味によって一体化されていた。そしてこの信仰による世界の把握は、時間の体験という領域ではるかに強く働いていたのである。

【注】

（1）JOINVILLE, *Histoire de Saint Louis*, pp.103–105.

（2）*Ibid.*, p. 105.

（3）J. LE GOFF, «Le merveilleux scientifique au Moyen Âge, in J.-F. Bergier, hrsg., *Zwischen Wahn, Glaube und Wissenschaft : Magie, astrologie, alchemie und Wissenschaftsgeschichte*, Zürich, 1988, p.87–113〔邦訳、「中世の科学的驚異」（ル・ゴフ『中世の夢』池上俊一訳、名古屋大学出版会、一九九二所収）〕。

（4）彼らは、東方アラビア語史料では「キプチャク人」、ロシア人からは「ポロヴチ人」と呼ばれている。周知のように、ボロディン作曲の『イーゴリ大公』のなかにはポロヴチ人の踊りが挿入されている。JOINVILLE, *Saint Louis*, p. 273を見よ。

（5）GUILLAUME DE CHARTRES, *De vita et de Miraculis*, p. 36.

聖ルイの時間

聖ルイの時代、時間の測り方はまだあいまいであったが、それは体験される時間が多様で、さらには断片的であったからである。機械時計が最初に現れるのは一三世紀末に至ってからである。私たちは、かなりの大人物についてさえその誕生の日付を、そしてそれゆえに正確な年齢を知ることができないのである。王や諸侯、有力家系の構成員について、番号を付して区別する（一世、二世など）慣行はまだ一般的でなく、不正確なことが多かった。聖ルイ自身、その生前には、ルイ九世などとは呼ばれたことはなかったのである。フランス王の番号付けが初めて体系的におこなわれたのは、聖ルイがその編纂を命じ、彼の死後の一二七五年に完成することになるプリマの年代記においてである。日付についても、ある月の何日目という表示よりも一般にずっと広く採用されていたのは、それぞれの日をその祝日とされる聖人の名前で表わすことであった。聖ルイは正確さを欠く多様な時間のなかで生きていたのである。

時間の良き使用法

王ルイ九世は、自分の「領地」や王国という空間の良き使用法を心得ていた。では彼は、キリスト教徒としても王としても、複数の時間を最大限に利用する術についてはきちんと心得ていたであろうか。一三世紀においては、一人の生涯の長さ、一つの治世の長さを形作るのは、これら複数の時間の絡み合いである。まず日々の時間、昼と夜がその長さを微妙に変えながら交替する時間であるが、これはキリスト教的な生活秩序を深夜に至るまで律する鐘の音のリズムによって枠づけられる。ついで、キリスト教の典礼が支配する、循環する一年という時間があり、これはクリスマスから復活祭、昇天祭、聖霊降臨祭、そして待降節によってふたたび閉じられるというように、キリスト教徒に救世主の生涯の思い出をたどらせる暦によって節目づけられている。さらには、一つの人生というあと戻りできない歳月の経過という時間があるが、これは、世界の創造と、その第二の起源というべき神の受肉から、容赦なくこの世の終末へ向かい、最後の審判という最終的な篩《ふるい》にかけられて、天国であれ地獄であれ、永遠の運命へと飛翔する道程の一断片である。さらに、終末論的な時間もある。これは待望すべきものであるとともに恐れるべきものであり、希望の時であるとともに恐怖の時でもある。とりわけ、自分が神の恩寵にふさわしいことを個人として示さねばならないだけでなく、ほとんどすべての臣下に対してもその救いの責を問われる王にとってはなおのこと、終末の恐怖はより厳しいものであった。この世の時間については、一つの社会、一つの時代においても多様であり、時間そのものやその測り方も統一化されてはいなかった（時を測るもっとも確実な手段として機械時計を徐々に使用するようになったのは、孫のフィリップ端麗王、および彼に続く王たちからであるが、彼らは、ちょうど貨幣統一への努力の場合と同じく、時間を測る新しい手段の筆頭として王宮の機械時計で測られる時間を基準として設定し、いわば君主制国家による時間の管理を始めたのである）。さらにまた多くの時間がある。農村の生活において本質的ともいうべき、農作業の自然の時間。自治都市や商人たちが仕事の時間を測るために設置した鐘による都市の時間。一年のうちでも良い季節にしかおこなえない軍事遠征の時間、あるいは逆に何年にもわたる十字軍遠征の時間。王の裁判がおこなわれる時間。神への祈りやとりなしの願いがおこなわれる時間。家族や供の者たちとの食事や余暇やお喋りの時間。いろいろな知らせが王のもとに届くための、一般には長く、むらのある時間——聖ルイが聖地で母の死を知ったのは何カ月ものちのことであった。

時間の長さの単位を区切っていたのは蠟燭であり、その長さは違っていたり同じであったりした。キリスト教徒の生活の時間を刻んでいたのは鐘の音であった。時間はまた、修道院でも城でも、日時計で測られてもいた。だから聖ルイの時間は、彼の同時代人と同じく、自然環境、および時間の長さについての日々の経験に緊密に結びついていたのである。王は、時間の長さについて忍耐を覚えねばならないこともあった。たとえば、騎馬での旅行を長びかせる一般に劣悪な状態にある道路や、長い冬場や風次第で航行できなくなる海上交通路などによるものである。さまざまな知らせが届けられるのを長々と待ち続けているのに、さらに遅れてしまうこともあった。

聖ルイにとって、結果的にではあるが、おそらくもっとも苦しみに満ちた長さと感じられたはずの時間は、母の死の知らせが彼に届くためにかかった時間であったであろう。

彼自身の生涯を構成するいくつかの状況の連なりは、それらの長さによって彼の同時代人たちを強く印象づけた。まず第一に彼の治世の長さであり、これはじつに四四年にも及んだのである。ギヨーム・ド・サン゠パテュスは、その『伝記』の冒頭でつぎのように述べて、この点を強調している。「神に愛でられた聖ルイは、彼のフランス王国を長き年月にわたって治めた」。罪を犯すことなく、かくも長い間生きること以上に大きな善行はない。彼の聖性は、長い時間にわたったという聖性なのである。また、彼の治世についてはもう一つ別の時間的長さがある。それは彼がオリエントで過ごした期間である。ジョワンヴィルはオリエントで王と暮らしを共にしたために、この長さを認識していた。「私が聖地に留まったのは、六年間というかくも長き時間であった[1]［…］」。

【注】

（1）JOINVILLE, *Histoire de Saint Louis*, p. 65.

循環する典礼の時間

彼の日常を律する時間は、典礼上の暦の時間であった。これは一年の周期と一日の周期の組み合わせから出来ていた。ギヨーム・ド・サン＝パテュスは、この王の「篤き信仰心」について書いた章で、その要点をつぎのように叙述している。

聖なる王は、自分の礼拝堂司祭たちの一人と、定められた時間に、あるいはいつもそれが可能なわけではなかったが、規定の時間の少し前に、篤い敬虔さをもって聖務日課を果たすことを常としていた［戒律に定められた典礼の時間の尊重］。さらに彼は、礼拝堂司祭や聖職者たちには、定められた時間に先んずることなくきちんと、すべての聖務日課禱務を盛式に唱えさせ、いとも敬虔にそれらを聴いていた。［…］聖なる王の果たす神への奉仕は以下のようにおこなわれるのが習わしであった。聖なる王はまず真夜中に起床し、聖職者と礼拝堂司祭を呼ばせるが、彼らは毎夜王の面前で礼拝堂へと入場する。そして彼らは器楽伴奏付きで声を上げて毎日定められている朝課および聖母の朝課を歌う。この間聖なる王は、礼拝堂において、王付きの礼拝堂司祭の一人とともに、両方の朝課を低い声でつぶやく。朝課が終わると、礼拝堂司祭は、望むならベッドへ戻ることができる。こののち少々時間が経った頃、時には司祭たちには睡眠時間がほとんど与えられなかったほどであるが、王は彼らを一時課を唱するために呼び、彼らは礼拝堂で、定められた一時課と聖母の一時課を器楽伴奏付きで声を上げて歌う。これに立ち会う聖なる王は、王付きの礼拝堂司祭の一人とともに、両方の一時課を低い声でつぶやく。冬季には、夜が明ける前に一時課がおこなわれたが、復活祭後には、朝課が夜が明ける前の起床後ほどなくしておこなわれた。[…]一時課が歌われている間、聖なる王は毎日、基本的には音楽なしに歌われる死者たちのための祈りを聴いていたが、特定の死者記念、あるいは彼の取り巻きのだれかが死んだ際には、器楽伴奏付きのミサを執りおこなわせた。聖なる王はまた、毎月曜日には天使のミサを、毎火曜日には聖母のミサを、毎木曜日には聖霊のミサを、毎金曜日には十字架のミサを、毎土曜日にはふたたび聖母のミサを、器楽伴奏付きで声を上げて歌わせた。さらにこれらのミサとともに、彼は毎日その日のミサを器楽伴奏付きで声を上げて歌わせた。四旬節には、彼はいつも一日に三度のミサを聴いたが、そのうちの一回は正午あるいは正午頃おこなわれた[…]。

　食事の時間になると、彼は食事をとる前に礼拝堂へ入る。そして礼拝堂司祭たちが彼の前で、その日に定められたものと聖母の三時課、および正午の聖務をそれぞれ音楽付きで唱えることになる。王自身はこれらの聖務日課を、王付きの礼拝堂司祭の一人とともに低い声でつぶやいていた。[…]毎日、彼は晩課を音楽付きで聴いたが、自身は礼拝堂司祭と低い声でつぶやいた。夜の簡単な食事ののちは、礼拝堂司祭たちが礼拝堂へ入場し、その日に定められた終課と聖母の終課を音楽付きで声を上げて歌う。聖なる王は、自分の礼拝場所にいる時には、終課が歌われている間、よくひざまずいたままで祈りを捧げ続けた。毎日、神の母へ捧げる終課が終わると、礼拝堂司祭たちによって、同じ場所で、盛式に音楽付きで聖母のアンティフォーナ〔交誦〕の一つが、またある時には「サルヴェ・レギーナ〔めでたし元后〕」、別の時には何か別のものが歌われた。そののち、聖なる王は自分の寝室へ戻るが、そこへは王付きの司祭の一人が聖水を運んでくる。王はこれを寝室へ撒き、「アスペルゲス・メー〔われを浄めたまえ〕」を唱え、そののち祈りを捧げる。聖なる王が床に就く時間が来ると、彼は礼拝堂司祭とともに何か終課の祈りを唱えた(1)。

ここにみられるのは何より修道制的な信心行為の一日のプログラムなのであり、二つの信心がとりわけはっきりと認められる。すなわち、死者たち、および聖母への信心である。時間の使用法が修道士の生活のように厳格に律せられていたのだが、王はこれが何度も乱されるのを見ることになった。とりわけ四つの状況が彼の生活リズムの変更を余儀なくさせたものとしてとくに挙げられ、いずれの場合も聖ルイはできるかぎりこれらの変更を最小限にとどめようと努力していた。

第一に挙げられるのは、馬での旅行であり、これはしばしばくり返された。これら騎馬での集団移動については、伝記作者たち、とりわけギヨーム・ド・サン゠パテュスが細心に記録をとっているが、それは彼らを驚かせるものがあったからに違いない。王は、こうした際には彼の礼拝空間や執りおこなうミサの数を縮小せざるをえなかったが、王の礼拝堂付き聖職者が何人も彼に付き従い、馬に乗っている彼のまわりで聖務を唱える一方、彼自身も礼拝堂司祭やその他の聖職者とともに低い声で聖歌や祈りを捧げ続けていたのである(2)。

彼の信心行為の秩序を乱す第二の原因は病いであった。この際には、聖ルイは床に就いたまま祈りや聖務を聴いたし、体調が許すかぎりでみずからそれらに参加していた。

第三の混乱は、彼が宿営した場所に礼拝空間がまったくない場合に生じた。この際には、彼の寝室が礼拝堂の代わりとなったが、このような事態はごく稀でしかなかった。なぜなら「王国のどこにいても礼拝所があった」からである。

最後に、彼がエジプトでイスラム教徒たちの捕囚となり、供にはキリスト教徒の食事番しか見い出せなかった期間を挙げねばならない。ここでも彼はできうるかぎりの努力を払ったので、その信心行為が牢番たちの心を強く打ち、彼らは戦場で見つけた聖務日課書を彼のもとへ届けたほどであった。

王はまた、特別の機会というものを非常に大事に考えていたが、これらは、一つは悲嘆と節制によって、もう一つは喜びによって特徴づけられる例外的な時である。別のことばでいえば、贖罪の時と祝祭の時ともいえる。

まずはもちろん四旬節である。

彼は年間を通して、毎金曜日には断食をおこない、毎火曜日には肉や脂身をとらなかった。彼は本当は毎月曜日にも食事の制限をしたかったのだが、まわりの者たちに押し止められたのである。彼は聖母に捧げられた四つの大祝日の前日や、聖金曜日、諸聖人の祝日の前日、年間のその他の重要祝日には、パンと水だけで過ごした。四旬節と待降節の期間の毎金曜日には、魚も果物もとることを差し控えた。しかしながら、たまには、彼の聴罪司祭の許可を得て、ある種の魚、ある種の果物に限って口にすることもあった(3)。

同様に彼は、待降節と四旬節の全期間中や、毎週何日か、あるいは大祝日の当日および前日や、聖体拝領を受ける日の前の数日にわたり、妻との性的な関係を一切差し控えていたが、これもよく知られていた事実であった。

神学上・教会法上の決議論〔宗教上の規範と実際の行動とが衝突する際、罪に陥らないような原則を立てること〕に強く影響されていた托鉢修道士的な信仰心が、当時の彼の日々の行動を規制していたのであるが、これはあくまで彼自身の意志によるものであった。たとえばルイは、本来の陽気なその性格を、笑いに対するキリスト教の伝統的なタブーと両立させるよう努めていたが、聴罪司祭からは金曜日には笑わないという節制をみずからに課すことで良心を宥めるよう勧められてもいた。これには、このタブーが、より自由な新しい行動様式の誕生によって緩和されていたことも関係している(4)。

重要な祝日については、彼は逆に典礼上最大限の盛儀でもってこれがおこなわれることを好んだ。飾り、蝋燭、歌唱、司教たちの参加などがその重要要素であったが、そのため聖務は非常に長引き、不満の声がもれることにもなった(5)。

彼はサント＝シャペルにおいて、そこに安置された聖遺物に捧げるいくつかの祭日を定めたが、それらの祝日には盛式の聖務を求めた。すなわち、茨の冠については八月一一日、その他の聖遺物については九月三〇日である。それぞれの祭日に、教会の、あるいはその他の形をした貴重な聖遺物匣をかついで練り歩く行列が組まれた。絹の祭服をまとった教会人が声高に歌う一団に、王自身、諸侯、民衆の一群が付き従った。聖ルイはお祭り騒ぎの宗教行事でみずから演出役を買って出ることに熱心であり、復活祭に至っては一大お祭り騒ぎがくり広げられることになっていた(6)。

ギヨーム・ド・サン゠パテュスは、王がいかに盛大に、大天使ミカエルの九月二九日の祝日を祝ったか――ギヨームは、王がある年、ロワイヨーモン修道院へこの祝日を祝いに出かけた様子を語っている――、また王家とフランス王国の守護聖人である聖ディオニシウスの一〇月一九日の祝日を祝ったかを語っている。聖ディオニシウスの祝日には、王は長男を連れてこの修道院へ赴き、聖人の祭壇、王国の主君でもある聖人の祭壇へ金貨四枚を捧げるのである。

聖木曜日は、貧者の足を洗う儀式の日である。聖ルイはこの謙譲の儀式にひどく執着していたが、これも王に寄せられるキリストのイメージを強めることとなった(7)。

同様に王は、貴族と王にふさわしいとみなされた伝統に従って――同時に特別な配慮をもって――、宗教上の重要祝祭の背後に隠された世俗の重要な祝祭をも祝っている。これら世俗の祝祭は異教の伝統を引くものであり、そもそもの昔の野蛮さから完全には脱却していなかった戦士の階級が、キリスト教化された形態のもとに、その生命を維持させ続けていたものである。たとえば、彼ら夫妻の義兄弟および姉妹にあたるイングランド王夫妻との一二五四年の会見に際しては、クリスマスの祝祭の機会が選ばれていた。また、王の弟ロベールやシャルル、息子であり王国の後継者であるフィリップのそれぞれの騎士叙任式、あるいはフィリップとイザベル・ダラゴンとの結婚は、すべて聖霊降臨祭に、そしてアルフォンスの結婚式は六月二四日、すなわち民間伝承儀礼の宝庫である聖ヨハネの祝日におこなわれている。聖ルイは、キリスト教の年間暦という、汲めども尽きぬ豊かな祝祭時間を最大限利用したのである。

しかしながら、重要な祝祭や旅行、病気による変更を除いて、彼の日々の時間割をもっとも強く律していたのは、やはり宗教上のリズムと肉体上のリズムが組み合わされたリズムであった。

彼の王国の統治は以下のようにおこなわれていた。すなわち、毎日、歌唱付きの聖務日課と、歌唱なしの「死者のためのミサ」を聴き、さらにおこなわれる時には、歌唱付きのその日のミサ、あるいは歌唱付きのその日の聖人のミサを聴く。また彼は毎日、食事ののちベッドで憩う。昼寝と休息ののち、彼は寝室で、礼拝堂付き司祭とともに、死者のための聖務をおこない、そののち晩課を聴いた。夜には彼は自分のためにおこなわれる終課を聴いた(8)[…]」。

のちに王たるものの一日として一般的に課されることになる日程を、聖ルイ自身がきちんと守れていたかどうかは疑わしい。王という職業のなかの世俗的な部分がはっきりと別個に定まるのは、王の周囲に恒常的な宮廷が存在し、同時に王の任務が規則的な業務の遂行へと変質するという二重の網の目のなかに、君主が組み込まれてしまう時でしかない。じつは王の一日なるものを最初に叙述したのは、クリスチーヌ・ド・ピザンであり、一四世紀後半にシャルル五世の一日を描いた時であった。たしかに、聖ルイのほとんど修道士のようなスケジュールの傾向をおそらくさらに強めているのは、教会人である彼の伝記作者たちであった。俗人としての仕事が、この宗教的な時間の使い方のなかに入り込んできたのである。かくして、正義＝裁判の務めが——たしかに聖なる務めであるが——、王とその取り巻きたちの一日のもっとも日常的な場を占めるに至る。

すでに見たように、ユーグ・ド・ディーニュは、この日々の正義＝裁判の務めを聖ルイに確信させた(9)。しかし聖ルイは同時に、歴史という長い持続性のなかでの時間についての配慮も忘れなかった。

【注】

(1) Guillaume de Saint-Pathus, *Vie de Saint Louis*, pp. 33–35.
(2) 口絵写真10を見よ。
(3) Guillaume de Beaulieu, *Vita*, pp. 10–11. 聖ルイは大きな魚や新鮮な果物が大好物だった。後出七九三～四頁で語られる逸話も参照のこと。
(4) J. Le Goff, «Rire au Moyen Âge», *Cahiers du Centre de recherches historiques*, avril 1989, n° 3, pp. 1–14.
(5) Guillaume de Saint-Pathus, *Vie de Saint Louis*, p.37.「彼は聖務の長さで他人を飽きさせた」。

(6) GUILLAUME DE CHARTRES, *De Vita et de Miraculis*, p. 24.
(7) GUILLAUME DE SAINT-PATHUS, *Vie de Saint Louis*, pp.42–44.
(8) JOINVILLE, *Histoire de Saint Louis*, p. 33.
(9) 前出二五九〜六一頁を見よ。

聖ルイと歴史の時間

聖ルイは、一三世紀に現れた二つの大きな歴史編纂事業に対して重要な役割を演じている。彼は、ドミニコ会士ヴァンサン・ド・ボーヴェ[1]に対して歴史についての百科全書『歴史の鏡』*Speculum historiale* の編纂を命じ、他方サン＝ドニの修道士プリマには、歴代フランス王の歴史のフランス語版『列王物語《ロマン・オ・ロワ》』[2]の執筆を委ねているが、このもとになったのは、そもそもはラテン語で書かれたさまざまな歴史年代記で、サン＝ドニに保管されていたかあるいは編纂されたものである。王自身はこの作品を見ることなく没し、プリマはこれを一二七五年、王の息子フィリップ三世に捧げている。

プリマはその歴史編纂をフィリップ・オーギュストの死、すなわち一二二三年で終わりとしたが、彼の死後、他の年代記作者たちが、彼の『列王物語』をサン＝ドニやその他の場所で書き継いだ。聖ルイについての部分は、その列聖ののちに書き加えられたのだが、これは他の既存の史料、とりわけギヨーム・ド・ナンジの再録であって、私たちに聖王について教えてくれるところはほとんど何もない。

しかし、聖ルイの求めによってプリマが編纂した歴史書自体は、歴史の時間についてのある概念を反映している。そして、この概念こそ、大きく見れば聖王が自分の生涯と統治において、それに沿って決断を下していたものでもあった[3]。

プリマの歴史書の第一の特徴とは、ことばのほとんど近代的な意味で、これが歴史学的であるという点にある。この歴史書はまず、史料の探索にもとづいている。プリマは書いている。「この歴史は、フランスにあるサン＝ドニ修道院伝来の歴史書の文言と叙述順序そのままに書かれるであろう。これらの歴史書には、すべての王の歴史や事績が書かれている。それゆえ、ここから私たちは歴史の基になるものを取り出し、汲みとらねばならない。もしも必要に価する事柄が他の教会の歴史書に見い出されることがあれば、文言の純粋な真実性によって判断しながら、これに付け加えることもあろう」。ここにみられる、より「学問的な」歴史探求においてプリマは、ベルナール・グネに従えば、神の摂理や超自然的なものに直接にはまったく頼っていないのである。彼はたしかに、彼以前の年代記作者たちと同じく、「神の保護がフランス王を常に取り巻いていた」と信じていた。しかし、「彼は、シュジェやリゴールが絶えず神や悪魔を登場させてきた執着ぶりには苛ついていたのである」。やむなくシュジェやリゴールの一節を翻訳せねばならない時でも、彼はつぎのように表現を簡略化してしまう。「神の手が彼とともにあった」、「悪魔が彼を助けた」、「悪魔のそそのかしで」など。とはいえプリマも、歴史とはまず第一に「長期にわたる道徳の教え」（ベルナール・グネ）と信じていたのである。彼は折あるごとに、「およそ君主は、あれこれの歴史的人物が示した良き先例を守らねばならない」ことを強調する。それゆえ、歴史の時間とは、たとえばそれが史料によって支えられる真実のものであるにせよ、訓育のための、模範を探るための時間であることになる。そして、聖ルイはそのような歴史が気に入っていたのである。説教や君主鑑と同じ意味で、歴史書も君主にとって有益な文学ジャンルなのである。歴史書は、現在の王の訓育と行動のために、過去の時間を利用するものであった。

　他方、プリマの「歴史」は、王、より厳密にいえば王朝がその中心に置かれている。そもそも、フランス王の歴史を三つの王朝、あるいは「血統」、あるいはプリマ自身のいい方では「系譜」に分けて考える発想の創始者は、プリマなのである。なぜなら、彼が書く歴史とは、彼自身がいうところでは、フランス王の「系図」でもあるからである。フランス王権とはまさしく、シュジェがサン＝ドニという王の修道院にある著名なステンドグラスで最初に図像化させたエッサイの樹〔『イザヤ書』に由来するキリストの人としての系図の図像化。ダビデの父エッサイを根とし、頂点にキリストが描かれる〕に他ならない。このフランス王版エッサイの樹は、メロヴィング王朝、カロリング王朝、カペー王朝という三段構造になっている。この樹の成長過程には、一度だけ不慮の事故が生じていた。ユーグ・カペーは「王位簒奪者」であったため、この樹にはいわば接ぎ木がおこなわれねばならなくなったのである。すなわち、このフランス王の樹のなかには中核となる再興者、シャルルマーニュがいるのだが、フィリップ・オーギュストがシャルルマーニュの正統の血筋の娘と結婚したことは、まさに「シャルルの血統への回帰」が果たされたことを意味し、フランス王権の連続性のなかにカペー家が最終的に適法な形で組み込まれるということなのである。王や王朝の時間の流れのなかでの自分の位置に非常に敏感であった聖ルイは、プリマがその構造を見事に示した、この特別で重要な歴史の時間をまさに実体験していたのである。

最後に、プリマの『列王物語』は、サン゠ドニの歴史編纂事業の一環であり、王や王朝の時間を創造したのだが、同時にこの修道院と王権が緊密に連携しながら作り上げていったある時間に対しても道を開いた。すなわち、フランスという国の時間である。聖ルイは、プリマが書いた「歴史」の時間が終わったすぐのちに登場し、国の時間ともいうべきものに身をさらした最初の王であった。プリマに歴史書を編纂するよう彼が命令したからこそ、国の時間はフランス語で書かれたのである。

ヴァンサン・ド・ボーヴェの『歴史の鏡』は、世界の創造、すなわち聖書にみられる歴史に始まり、諸々の帝国、皇帝たちの交代が続く世界年代記である。この書物が、フランスの歴史に直接関わりはじめるのは、ルイ七世、とりわけフィリップ・オーギュストに至ってからで、ここでカペー王朝とシャルルマーニュの血筋への回帰 *reditus regni ad stirpem Karoli* が言及されているが、一二四四年を越えると話があいまいになってくる。ヴァンサンは、とりわけ聖ルイのなかに、塗油された王ダビデと賢き王ソロモンとの反映である聖別された賢王を見ており、アテネからローマへ、さらにパリへと諸学芸が移転した知の移動 *Translatio studii* の到達点としてこの王を考えている。ヴァンサンにとって聖ルイは「教会人《クレルジェ》」に好意的な「騎士《シュヴァルリー》」を体現するものであり、これはすでに半世紀前にクレティアン・ド・トロワが倫理的・社会的理想像として提示していたものであった。

セルジュ・リュジニャンはかって適切にも[4]、聖人伝作者の文章のなかで聖ルイは、二種類の異なる歴史の時間、二種類の異なる系譜という二つの時間を合体させたと指摘した。すなわち、一つは、アダムとイヴに始まり、ルイも属している「人類の系譜」であり、いま一つは、ルイの前任者、ルイ自身、ルイの後継者が責任を負っている、その起源をトロイアにもつ「フランク人」の系譜である。ルイ自身がポワシーでの洗礼によって誕生したように、フランク人の系譜もクロヴィスの洗礼によって真に誕生したのである。さらに論を進めることもできる。なぜなら、聖ルイはつぎのように考えていたからである。すなわち、フランス王はいともキリスト教的 *christianissimus* であるがゆえに、当然のことながらフランス人の系譜について特別な責任を担っているばかりでなく、人類全体に対しても責任を負っており、この世の終わりでは、人類の系譜はキリスト教徒の系譜と一体化するはずであると、したがって、キリスト教徒の使命は、まさにアダムとイヴに始まるすべての男女を結び合わせることにある、と。

フランス王は、しかし別の面からみれば、終末の時間と同時に、この世の時間についても責任を負わなければならない。

人間は、この世の時間を、過去、現在、未来という三つに分割して管理しており、これらはそれぞれ、記憶、配慮、予見という三つの行動を要求する。教育的配慮に欠けることないヴァンサン・ド・ボーヴェが、王子フィリップのために書いた君主鑑『貴族の子息の教育について』*De eruditione filiorum nobilium* のなかで書いていたのもこの点であった(5)。王は、とりわけ過去の記憶を維持し、歴史を書かせねばならない。彼は現在にあっては行動し、未来を見通しこれに備えねばならない。これこそ、聖ルイが息子のために『教え』のなかで示したプログラムそのものなのであった。

とはいえ、この世の時間はそれ自体、神に始まり神に終わる歴史のなかに組み込まれている。地上の楽園から追放された人間は、ふたたび天国に受け入れられるにふさわしくあるよう、この世で日々努力せねばならない。したがって、この世の時間とは、贖罪の、試練の、そして忍耐の時間であり、この世の時間を救いの時間とせねばならないのである。フランス王は、この時間の使い方について特別な責任を課せられている。なぜなら、歴史上トロイアに起源をもつことで卓越した地位を約束されているフランス王は、霊的な誕生ともいえる聖別の際の塗油により、他の者の、まず第一にはその臣下の魂を救済する力をもつようになったからである(「汝は、フランスの歴代王が聖別された聖油を受けるに価する」)。王の終末へ向けての使命とは、その民を救済へと導くことに他ならず、ここから逆にあらゆる不純な要素を排除する義務が生じる(「汝の領国にておよそすべての罪が滅ぼされるよう、すべてを挙げて務めよ。罪とは、誓約違反、身体の罪、賭け事、酒場、その他の罪である」)。この種の終末論的な政治思想は、彼の治世全体にわたって読みとれるが、やはり決定的な転換点となったのはオリエントからの帰還であった。このとき、聖ルイは、彼が自由にできる唯一の時、すなわち現在を、永遠の幸福、永遠の救済、ふたたび見い出されるはずの天国の時へと向けられる未来に、決定的に結びつけたのである(「この命が終わるとき、私たちは永遠のなかで神のもとへ至る。永遠のなかで神を限りなく眼にし、愛し、敬うことができるのだ」)。これこそ、一二五四年一二月の「大王令」が見晴らす地平なのである。

クロード・カプレールの仮説によれば、ヴァンサン・ド・ボーヴェはおそらく聖ルイのなかに終末の時の王を見ていた、という。これは、フランス王には「いともキリスト教的な」という形容のもっとも深い意味を表わす終末へ向けての使命が付与されている、というメロヴィング期にまでさかのぼる伝統に従ってのことであった。ルイ九世は、さまざまな時間と空間――オリエントと西欧――を総合し、このことにより、歴史の最終段階を開いてその完成へと導くことができる王なのであろうか。私はといえば、そこまで主張するつもりはない。いずれにせよ聖ルイ自身については、私にはつぎのように思える。彼は、個人として生きたこの世での長い時間のなかで、この世の歴史の時間、すなわち学問的な歴史編纂事業がその記憶を保存し、展開しようとした歴史の時間、そしてサン＝ドニやその他の修道院図書館に蓄積されていく歴史の時間を、神の時間、すなわち天地創造から最後の審判、究極の永遠へという時間のなかに、しっかりと組み込み定礎づけようとしたのだ、と。最後の時が来る前に、その歴史の時間が神の時間のなかで崩壊してしまわないように(6)。

【注】

（1）後出七三三～四頁を見よ。

（2）「ロマン」とは、「ロマンス語で（すなわちフランス語で）書かれた作品」という意味である。

（3）B. GUENÉE, *Histoire et culture historique dans l'Occident médiéval*, *op. cit.*（前出四二一頁注1）; «Les Grandes Chroniques de France. Le Roman aux roys (1274–1518)», dans P. NORA (éd.), *Les lieux de mémoire*, *t. II*, *La Nation*, vol. 1, Paris, 1986, pp. 190–214 ; G. M. SPIEGEL, *The Chronicle Tradition of Saint Denis*, *op. cit.*（前出四三三頁注4）。プリマについては、前出四三三～四頁も見よ。

（4）Serge LUSIGNAN, «Le temps de l'homme au temps de monseigneur Saint Louis : le *Speculum historiale* et les *Grandes Chroniques de France*», dans *Vincent de Beauvais. Intentions et réceptions d'une oeuvre encyclopédique au Moyen Âge* (sous la direction de Serge Lusignan, Monique Paulmier-Foucart et Alain Nadeau), Saint-Laurent et Paris, 1990, pp. 495–505.

（5）第四〇章「過去を集め現在に備えねばならないこと」、第四一章「いかにして未来を見通せばならないか」(*De eruditione*, éd. A. Steiner, pp. 159–166 et 166–172)。

（6）Cl. KAPPLER, dans *Vincent de Beauvais*, *op. cit.*（前出七〇九頁注4）p. 238.

第二章　図像とことば

一三世紀に生きた王の周囲には、図像とことばが満ちあふれていた。ことばとは、まだとりわけ話ことば、口頭のことばである。あとの方で聖ルイ自身が語っている様子を見てみよう。しかし、この世紀を通じて書き物が大きな発展を遂げた結果として、書かれたテクストにも注意を払うことになるのはもちろんである。

キリスト教世界全体、とりわけ最初の「偉大なる世紀」を経験しようとしていたフランスは、聖ルイの治世の時代に、文学、哲学、神学と同じく、芸術や図像の面でも類例のない隆盛を迎えていた。この時代には、偉大なる芸術作品がつぎつぎに現れたが、それらのいくつかを数え上げてみよう。ステンドグラスに満ちあふれたゴシック様式の大聖堂建設、新しいスタイルの細密画、パリ大学におけるスコラ神学、散文で書かれたアーサー王物語、一二四〇年頃(聖ルイ二六歳の頃)に書かれた「聖杯伝説」、『狐物語』や『薔薇物語』、フランス語最初の大叙情詩人リュトブフの作品。ちなみにリュトブフは、彼の詩のなかに(彼自身は好きではなかった)聖ルイを登場させている[1]。聖ルイは、これらの作品、これらの思想運動とどのような関係をもったのであろうか。フランスに生じたこの文化と創造の偉大な時代と、その同時代人であった中世でもっとも偉大なフランス王を、これまでの歴史がそうしてきたように、関係づけたくなるのは当然ともいえる。

王というものは、中世においてはなおさら、神に愛でられねばならず、その威信は、芸術的・学問的活動を精神的にも財政的にも支えることによって表現されることになっていた。もしかりに、人間と社会にとって本質的に重要なものは心と頭と魂のなかにある、としだいにみなされるようになっていたとしても、外見上の振る舞いは、封建的価値体系においても、形成途上にある近代的な王権国家においても、決定的な重要性を帯びていた。記号によって深く秩序づけられた世界である中世社会においては、建築物や芸術作品は、測りしれない価値をもつ記号として機能しているのである。聖ルイは、この記号体系の表現や具体的意味作用に方向づけを与えようとしていたのだろうか、あるいは逆にそれに振り回されていただけであろうか。

【注】

（1）後出七四一頁および一〇四〇頁を見よ。

音楽における王

初めに断っておかねばならないが、この章で音楽がほとんど取り上げられないのは、私のこの分野についての無知と、個別の詳細な分析においても全般的な総合においても、十分な研究が欠けているという状況のためである(1)。しかしながら、音楽のない文明など存在しない。そして一三世紀は音楽についても偉大な世紀であったのである。とりわけ、パリでは、多声音楽《ポリフォニー》によって特徴づけられるノートル＝ダム学派の活動が続けられていたが、これは一一六五年以降にゴシック様式の大聖堂建設とともに誕生し、レオナンという偉大なる名前と結びついてその名がとどろいていた。彼には、かの有名なペロタンという弟子がいたが、ペロタンが生きていたのは聖ルイとおそらく同時代であった。イル＝ド＝フランスが一方でゴシック芸術発祥の地であり、パリがカペー王の首都となったことと同じく、一二世紀と一三世紀に変わり目に、この地域が音楽においても一大中心地であったことの意味は大きい(2)。それゆえ、ある意味で音楽は王の芸術であった。ペロタンはオルガヌム(訳1)作曲家であり、また多声部をもち宗教行列の際に歌われる「コンドゥクトゥス(訳2)」の作曲者でもあったが、この多声部からなる音楽こそが、伝統的な「グレゴリウス聖歌」との決定的な違いである。この段階の多声音楽はこののち、一四世紀に現れた「新しい技法《アルス・ノーヴァ》」と区別されて「古い技法《アルス・アンティクア》」と名付けられることになるが、いずれにせよ、革新的な音楽であったのである。

若き聖ルイは、こうした音楽的環境のなかに浸っていたのである。王と音楽との関係は、つつましいものであったかもしれないが、日々ふれるという意味で実際的であり、緊密であり、深い関係にあった。王は毎日、ミサや聖務日課を自分の礼拝堂司祭や聖職者たちに歌わせていた。彼が最重要の王国制度として位置づけた王の礼拝堂は、(3)昼も夜も、旅にあってさえも、宗教歌唱で彼を覆っていたのである。

聖なる王はまず真夜中に起床し、聖職者と礼拝堂司祭を呼ばせるが、彼らは毎夜王の面前で礼拝堂へと入場する。そして彼らは［器楽伴奏付きで］声を上げて毎日定められている朝課および聖母の朝課を歌う。［…］王が馬で移動している時ですら、王は馬に乗った司祭たちに大きく声を上げて音楽付きの聖務日課歌唱を唱えさせていた。(4)

サント＝シャペルは、中世の王の威信がそこにかかっている、音楽上の聖なるものという舞台仕掛けを演出している。ルイは、他のいかなる王や君主たちにもまして、この音楽の霊気《アウラ》に浸ることに執心していた。彼の王としての一生、個人としての一生は、音楽のなかで進行していたが、彼はこの音楽を、神への祈りと敬意であるとともに、個人的には自己鍛錬の手段、さらには王の職務を新たな価値で高める伴奏ともみなしていたのである。彼自身は音楽は聴いたが、司祭たちとともに歌いはせず、ただことばで祈ったのみである。

王は、これとは逆に、世俗の歌謡にはほとんど関心を寄せず、自分のまわりでこれら俗謡が歌われること自体を嫌った。側近たちに宗教歌唱のみを歌うようにさせるために、あるとき彼らと一緒に歌う羽目に陥ったことがある。(5)

彼は世俗の歌は歌わず、彼の親しい取り巻き《メスニ》の者たちがそれらを歌うのも我慢できなかった。彼はあるとき、若い頃流行った俗謡を歌っていた自分の盾持ちの一人にこれを禁じ、代わりに聖母の「アンティフォナ」〔交誦〕と「アヴェ・マリア・ステッラ」を教え込もうとした。というのも、これは覚えるだけの価値のある大変良き事柄であったからである。聖王は時どき、みずからこの盾持ちと一緒にこれらの宗教歌唱を歌ったのである[6]。

【注】

(1) 音楽家や学者たちのいくつもの共同作業が、中世の音楽関係手書本やその解釈についての知見を大きく拡大させてきた。ここでは、聖ルイの思い出に満ちあふれているロワイヨーモン修道院に根拠を置く、マルセル・ペレス主宰の「オルガヌム」グループにふれておこう。Mark EVERIST, *Polyphonic Music in XIIIth Century France. Aspects of Sources and Distribution*, New York et Londre, 1989 参照。

(2) Jacques CHAILLEY, *Histoire musicale du Moyen Âge*, 3e éd.,1984 (chap. XII : «Le primat de l'Île-de-France : fin XIIe-début XIIIe siècle» ; chap. XIII, «Le Grand Siècle : siècle de Saint Louis»).

(3) Claudine BILLOT, «Les saintes chapelles de Saint Louis», dans *Les Capétiens et Vincennes au Moyen Âge* (colloque de 1994, actes à paraître).【訳註】BILLOT, C., Les Saintes-Chapelles de saint Louis : conditions et signification de ces fondations, dans *Vincennes aux origines de l'Etat moderne. Actes du colloque scientifique sur les Capétiens et Vincennes au Moyen Âge, Vincennes,8,9 et 10 juin 1994*, éd. par J. CHAPELOT et E. LALOU, Paris, 1996, p. 171–181 として刊行されている。

(4) GUILLAUME DE SAINT-PATHUS, *Vie de Saint Louis*, p. 33.

(5) Robert BRANNER, «The Sainte-Chapelle and the *Capella Regis* in the XIIIth century», *Gesta*, 10/1, 1971, pp. 19–22.

(6) GUILLAUME DE SAINT-PATHUS, *Vie de Saint Louis*, p. 19.

【訳注】

(1) ノートルダム学派のオルガヌムは、グレゴリウス聖歌を定旋律とする長く伸ばされたテノール声部に、カリスマ的に華やかに展開されるドゥプルム声部が組み合わされる。ペロタンはさらに、厳格なリズム・パターンを導入した。

(2) 教会の典礼において、助祭あるいは副助祭が福音書読誦のため朗誦台に進む際などに唱えられる単声あるいは多声音楽。多声のコンドゥクトゥスは、定旋律をもたず、全声部が一音対一音で歌われる。

建築――宮廷様式はあったか

ルイが定期的に遍歴楽人《メネストレル》たちを自分のまわりに集めて、彼らの演奏を聴いていたとは思えないが、貴族たちが時たま彼のためにこれらの歌い手たちに芸を披露させた時には、ルイは世俗の音楽に身を任せないわけにはいかなかった。事実、一二三四年の王の会計簿断片のなかには遍歴楽人《メネストレル》たちへの支出項目が存在するが、彼らはサンスでおこなわれた王の結婚の余興のために雇われたのである。もっと儀式張っていない機会にも、王は彼らの演奏を聴くことを受け入れた。「食事ののち、富者たちに雇われた遍歴楽人《メネストレル》がヴィエールを持って入ってきた時には、彼は楽人が歌い終わるのを待って感謝の祈りを捧げた。それから彼は立ち上がった[…]」(1)。

聖ルイは、音楽のなかの王であったと同時に、建築物や図像に取り囲まれている王でもあった。しかし、この時代の代表として聖ルイやゴシック芸術に思いを馳せ、叙情的な魂の高まりに身を任せてしまうのは、見方としては魅力的ではあるが、あまりにも単純にすぎる。事実はといえば、いくつもの偉大な大聖堂が建築の最中であり、あるものはほとんど完成し、あるものは未完成、またあるものは大改造中であった時代に、聖ルイは生き、行動していたというだけである。

彼がイングランド王ヘンリー三世と落ち逢うことになるシャルトルの大聖堂の最終的な完成は一二六〇年になってからである。一二六四年一月に彼があの名高い「アミアンの裁定」を下した場所であるアミアンの大聖堂は、当時はまだ壁の上部および内陣の天井部分が未完成であった。パリのノートル＝ダム大聖堂はといえば、一二四五年にはその主要部分がすでに完成していたが、一二五〇年頃から東西両翼廊部分で大掛かりな延長工事が開始されることになる。前世紀に花咲いた初期ゴシック建築の傑作、サン＝ドニの修道院教会堂内部は、一二三一年以降大掛かりな改修を受けたが、工事は、一二六二年から六三年におこなわれた翼廊中央における王家の墓所の再編まで続いた（ルイはこの工事に介入した)。王の聖別式がおこなわれるランスの大聖堂については、その建設はルイの即位後ほどなくして始まり、完成したのは彼の死後しばらくしてからである。つまり、ランスの大聖堂建設は聖ルイの治世とほとんど重なるわけである。

聖ルイは多くの教会の建設に、財政的な援助をおこなったり、場合によっては建設自体を命じたりしているが、彼がそれらのコンセプト確定について何か役割を演じたのかどうか、今では何もわからない。私たちは王の美学上の好みについては、ほとんど何も知らないのである。彼は、ルイ六世と若年時のルイ七世の全能の政治顧問であったサン＝ドニ修道院長シュジェが一二世紀初めにそうであったような意味で、建築のスタイルや思想の鼓吹者ではなかった。ブールジュ大司教ジル・コロンナの証言するところでは、聖ルイは建物の建設を望んだとき、まず親しい友人、側近や官僚たちにこれを告げ、彼らは王とともに計画を議論して、王がより厳密な計画へと仕立て上げるための助けをしたというが、私たちはこれを信用できるだろうか。この証言は後代のもので、私には事実そのままとはみえないのだが。いずれにせよ、建物の計画策定に関与した者たちは、今度は、この計画を他の人間たちに告げ知らせることになったであろう。たとえば、設計図を描く建築家、計画の助力者たち、敷地を獲得する係りの者たちや建設費用の捻出に携わる者たちなどである[2]。

つぎに引用するのは、ジョワンヴィルが王に対して捧げた、かなりあいまいだが称賛の念がこもった賛辞である。「本を作り、金や青でこれに彩色する文筆家と同じく、前述の王は自分の王国を、彼の建立になる美しい修道院、大変多くの施療院、説教修道士会やコルドリエ修道士会、その他の修道会の修道院で飾った[3]」。しかしながら、卓越した美術史家であるロバート・ブランナーが、「熱情的なまでに偏向的な[4]」その書物のなかで主張することには、聖ルイの治世期を通じてパリの建築は「洗練された芸術に変容した」が、これは王とその側近の意志を反映するものであり、彼はこれを「宮廷《クリア》様式」と名付けている。この芸術は一二五四年の聖ルイの十字軍からの帰還ののちに発展したが、すでに十字軍以前に、王の存在が深くしるしづけられているイル＝ド＝フランスにある一群の建築物のなかに胚胎していた。たとえば、ロワイヨーモンのシトー会修道院、サン＝ドニ修道院、そしてとりわけサント＝シャペルがそうである。この芸術は、フランス王国とその君主の富と威信を誇示する芸術なのである。そのことを証言するものとして、イングランド人マシュー・パリスを挙げておこう。彼はルイ九世を「至上の塗油とその権力、軍事的な優越性によって、この世のあらゆる王のなかの王」とみていた[5]。パリは当時、ノートル＝ダム大聖堂の建設現場でくり広げられた新機軸の連続によって、芸術上の首都ともいえる存在であったが、同時に豪華な工芸アトリエの存在も忘れてはならない。彩色手書本、象牙細工、刺繍細工、タピスリー、宝石細工や典礼器具、カメオや古代風の宝石などがそうである。

一般の住居用建築は別にすると、王が積極的に援助した建築分野はつぎの三つである。第一には、軍事建築であり、たとえばエーグ＝モルトや、聖地のヤッファが挙げられる。二つ目には王の住居であり、彼はトゥールに新しい城を建てさせた（文献史料の情報のみ）。そしてとりわけ宗教建築である。王が命じた建築作品について、だれか一人の建築家がこれらを統括していたとは思えない。ルイはさまざまな建築家をその都度頼りにしていた。真実らしいのは、王は建物の建設を財政的に援助し、その実践はその受益者によっておこなわれたという推測である。たとえばロワイヨーモンなら当地のシトー会修道院の修道院長が、サン＝ドニならベネディクト会修道院である当所の修道院長によっておこなわれたということである。しかし、ロワイヨーモンはいわば聖ルイの修道院でもあり、彼は、兄弟たちや年長の息子たちとともに（象徴的にではあるが）修道士たちが石を運ぶのを手伝っている。サン＝ドニは何にもまして王家の修道院である。サント＝シャペルはといえば、これは単なる王の私的な礼拝堂というだけでなく、キリストの受難の聖遺物という彼が手に入れたもっとも素晴らしい獲得物を納める聖遺物匣であり、もっとも強く熱望する場所の一つ——最大の場所そのものである——が具体化したもの、彼のもっとも深い信心行為の対象となる場でもあったのである。たとえ王自身がサント＝シャペルの建築家たちを直接指導したわけではなかったにせよ、これが驚異的美しさを誇るものでなければならないという彼の望みを建築家たちに伝えたことは間違いない。そして一二四八年、十字軍出発の直前に完成するや否や、サント＝シャペルはまさにそのようなものとして姿を現したのである[6]。一二五四年にパリにやって来たイングランド王ヘンリー三世という、他に例を見ない観光客も、そのパリ美術観光のかなめとしてサント＝シャペルを訪れることになろう(7)。

こうした建築の様式について聖ルイがどのような役割を演じたのかはともかくとして、確かなことは、この建築は、そのイメージが暗黙の調和とでもいうべき特徴で展開する枠組みをもっているという点である。ロバート・ブランナーの定義に従えば、これは「エレガンスと上品な趣味」の芸術なのである。この芸術は同時に禁欲の芸術でもある。「極限に至るまで軽快で細身であるこの芸術は、横溢に対する空白の全面的な勝利そのものである。それはまた、あらゆる不必要な部分を取り除いた骨組みや、直線、円、弧および四角形を用いる平面幾何学の特性についての高度な思索として、革新的なところは少ないとしても、一三世紀初めの古典期ゴシック芸術のなかに潜在していた傾向を比類のない程度にまで発展させたものであり、その特徴は、表面的効果の調整と量感からの解放の両者をはっきりと結び合わせた点にあった。この統一性は、窓の描く線に始まり、トリフォリウムや柱脚、柱、扉口《ポルタイユ》、切妻《ピニョン》に沿って自由に飛翔していく。[…] これらの細部は極度に洗練されているにもかかわらず、建築全体についてみれば記念碑的壮大さの印象にも欠けていない(8)」。この外見的特徴は、聖ルイ自身についての特徴、すなわち「節度あるエレガンス」によく合致する。美術史家たちがこの芸術に付す名称、レイヨナン・ゴシック様式(訳1)は、聖王の人格に見事に調和しているのである。

【注】

（1）Joinville, *Histoire de Saint Louis*, p. 369.
（2）R. Branner. 後出注4を見よ。
（3）Joinville, *Histoire de Saint Louis*, p. 407.
（4）Robert Branner, *Saint Louis and the Court Style in Gothic Architecture*, Londres, 1965.
（5）Matthieu Paris, *Chronica*, p. 480.
（6）前出一七九～八一頁を見よ。
（7）前出三一一三頁および五四九頁を見よ。

（8） R. BRANNER, *Saint Louis and the Court Style, op. cit.*, p. 12.

【訳注】

（1）フランスに誕生したゴシック様式は、大よそ一二世紀を通じての試行錯誤の結果、一三世紀初頭に至ってある様式的完成を迎えたが、この後の古典期ゴシック様式は通常、レイヨナン様式とフランボワイヤン様式に分けられる。どちらも窓の飾り格子の形態（前者は放射状、後者は火焔状）にその名を由来するが、建築様式自体としての相違は、むしろ建築に付加された装飾の性格が重要であり、前者の節度が、後者の過剰ともみえる細部装飾と対比される。

図像の教え

かくして私は、ゴシック芸術と聖ルイとの関係を、美的および道徳的感性の共鳴という観点から説明するという誘惑に屈してしまったわけである。事実、表面に現れた事象や形態のみを通して、集団的創造行為と個人の感性との間のより深い関係を探る場合、おそらく実りある作業ではないとしても、このような説明の仕方を避けることができるであろうか。さらに、書かれたテクストがない場合、たまたま周囲に存在したという状況以上の議論をおこなうことは可能であろうか。

ドンナ・L・サドラーは、いくつかの図像解釈学《イコノグラフィーク》上のプログラムを解読しようと試みたが、この場合、聖ルイはそれらの主題であるよりは、むしろその立案者であろうとしている。ただし、そこでは、王が真の意味で個人的にこれらのプログラムを定義したことは示せなかったし、つぎのようなことは彼女自身十分承知してのことである。たとえばちょうどアレクサンドロス大王がアペル〔紀元前四世紀のギリシアの画家。アレクサンドロス大王の友にして、その公式肖像画家〕とともに、そしてスペイン王フェリペ四世がヴェラスケス〔一七世紀スペインの画家〕とともにそうしたように、王がピエール・ド・モントゥルイユ〔一三世紀の建築家。パリのノートル＝ダム（訳1）、サン＝ドニ、サント＝シャペルの改修、建築に携わった〕と手に手をとって、パリのノートル＝ダム大聖堂の南の翼廊正面に示されている美的な効果について議論したさまを想像したとしても、それは夢物語にすぎないのである[1]。しかしながら、彼女が、これら図像主題のなかに聖ルイを律していた行動と統治の原則を見い出し、さらに聖ルイは、彼の時代の聖職者や君主たちと同じく、図像は宗教教化のプログラムであり、時には政治的な意志発現の手段であると考えていたことを確認するとき、彼女はこれらの図像を通して、聖ルイが自分自身の考える政治に芸術を利用しようとしたそのやり方を探っているのであり、これは基本的に正しい研究姿勢といえよう。これらは、いわば図像版の君主鑑なのである。

この女性歴史家はすでに、一二四四年から五〇年の間頃に作成された、ランスの大聖堂の西正面の裏側に置かれた彫刻について興味深い解釈を提示していた。「キリストの洗礼像はここで、クロヴィスの洗礼、フランス王の塗油を想起させるために置かれている。ここではまた、良くも悪くもなりうる「王道」(*via regia*)についての王への道徳的教えがおこなわれている。ヘロデがここでは悪しき王を代表しているが、彼は洗礼者ヨハネの警告を聞き入れず、悪魔のようなヘロディアに誘惑されている。一方にはダビデ、メルキゼデク(ここでは祭司=王というよりは、司祭として表現されている)が、他方にはアブラハムが、ともに教会と王権のしかるべき関係を明らかにしている。騎士への聖体拝領は、キリスト教が戦士階級を騎士制度のなかで公認することを表わしているが、騎士制度の推進者は教会であり、その頂点には、王がいるのである[2]」。

図像の教えは、ここでは、聖ルイが王の系譜に与えていた重要性を強調するためにも現れている[3]。扉口《ポルタイユ》にすでに、キリストの系図がダビデから聖母を通る形で表現されていた。これこそ、シュジェがサン=ドニで造形させたエッサイの樹のテーマである。キリストは語っていた。「アブラハムの子なら、アブラハムと同じ業をするはずだ」〔『ヨハネによる福音書』八章三九節〕。ここからメルキゼデクによるアブラハムの祝福〔『ヘブライ人への手紙』七章一節〕と、洗礼者聖ヨハネの説教とが垂直に積み重なる観点が出てくる。この図式のなかでは、洗礼者ヨハネは単にキリストの先駆けではなく、メルキゼデクの血筋であり、アブラハムの後継者なのである。ヘロデは、逆に悪しき血統を代表する。

もう一つ別の例を挙げよう。ルイ七世以来フランス王は、「終末の時の王」として表象されていたが、フランス王の聖別はキリストとの共同統治の開始を表わすものでもあり、これは最後の審判においても続く。ランス大聖堂の北翼廊の扉口《ポルタイユ》は、「通常とは異なる最後の審判図像を示している。すなわち、天国行きに選ばれし者たちと地獄行きへと断罪された者たちとの選り分けの場面には、天上の王座に座す王と、地獄の大鍋へと断罪された者たちの行進を導くもう一人の王 *alter ego* が、同時に表現されているのである」。

聖香油が持ってこられたり、ルイ九世がるいれき患者に「触れ」に行くために通る、礼拝堂へ通じる北の内側の扉口《ポルタイユ》には、イエスがおこなった肉体および精神の病いの癒しの場面が表わされているが、これは王の病いを癒す能力が、聖別の際の塗油に由来するという事実を暗示しているものと読みとれる。

サント＝シャペルのステンドグラスについていえば、これらは、継続する贖罪のプロセス全体のなかで、フランス王が果たすべき役割を明確に表現するものであったが、これは世界の創造から、ヨブ、キリスト、そしてキリストの受難の聖遺物の獲得者である聖ルイを経由して世界の終末へと続く。これらのステンドグラスにおいては、ダビデがルイを、エステルがブランシュ・ド・カスティーユを思い起こさせるようにできているといえよう[4]。

最後に指摘せねばならないのは、一二六二年から六三年にかけておこなわれたサン＝ドニの王の墓所の再編にみられるフランス王家のプログラムについてである。これは、「この世のキリスト教王国を、メロヴィング、カロリングの両王朝と連続するカペー王朝を通して実現したいというルイ九世の強い意志の現れである[5]」。これら本節で提示した仮説はどれも魅力にあふれるもので、おそらく事実であったものと思われるが、証明するテクストはまったくないのが現実である。

【注】

（1）Donna L. SADLER, «The King as Subject, the King as Author. Art and politics of Louis IX», 1990（この素晴らしいテクストを送ってくれたことについてドンナ・サドラーに謝意を記す）。サドラーは、聖王とヴィルヌーヴ＝ラルシュヴェークにあるノートル＝ダム教会の彫刻群との関係について別の論文をつい最近公けにしたが、この教会には聖ルイは、主の受難の聖遺物を求めに赴いたことがある（«Courting Louis IX in the Sculptural Program of Villeneuve-l'Archevêque», *Majestas*, 2,1994, pp. 3–16）。

（2）J. Le Goff, «Reims, ville du sacre», art.cité（前出五一五頁注2）p. 127. この箇所は、トロントでおこなわれた中世およびルネサンス期の王の戴冠式についての研究集会におけるサドラーの報告にもとづいているが、彼女の報告は出版された研究集会会議録には収録されなかった。*Coronations, Medieval and Early Modern Monarchic Ritual*, Janos M. Bak (ed.), University of California Press, 1990.
（3）後出九三六〜七頁を見よ。
（4）フランソワーズ・ペローは、つぎに掲げる書物のなかで、サント＝シャペルのステンドグラスに表われる王のプログラムの意味を新しいやり方で解釈してみせた。J.-M. Leniaud - Fr. Perrot, *La Sainte-Chapelle, op.cit.*（前出一八一頁注1）。
（5）前出三三二〜四七頁。

【訳注】
（1）美的な効果。原文は vertus esthétiques. パリ大聖堂南の翼廊ポルタイユは、たしかにピエール・ド・モントゥルイユが途中でジャン・ド・シェルからその指揮を受け継いで完成させたものであるが、「徳」についてのモチーフはない。なお、周知のように、「徳」は西正面の中央ポルタイユの基礎部分に造形されているが、これらはヴィオレ＝ル＝デュックが一九世紀にストラスブール大聖堂をモデルに「創造」したもので、本来存在したという証拠はない。

絵入りの書物

聖ルイと絵画、すなわち挿絵入りの手書本との関係は、さらに微妙な問題を含んでいる。ここで問題となるのは、単に、聖ルイがこれらの作品を注文したのか、細密画が王の指示や意図に応えているのかといった点にとどまらず、これら絵入りの書物は王についての何かを私たちに教えてくれるものなのかどうかということである。しかも、このような議論の前提となる疑問に答えることは、私たちにはまったく不可能なのである。たとえば、図像に取り巻かれていたことを問題とする場合、聖ルイのケースについては、それが単に彼が挿絵入り書物を持っていたことなのか、あるいは王がそれらを見ながらいろいろ考えにふけることを習慣にしていたということなのか、あるいはまた、単に彼がそれらを見たことがあるというだけのことなのか。ともかく私たちは、私がこれから話す作品を聖ルイがじっくりと見たことがある、という仮定を前提としておくことにしよう。

王たちが単に個人のものではない、王家としての蔵書、すなわち後継者へと受け渡していく蔵書をもつような時代はまだ到来していない。君主国家の制度として蔵書は、聖ルイの後継者たちの趣向に合致していたのだが、これが形をなすのはシャルル五世の時を待たねばならない。しかし、ルイ九世は幾冊かの書籍を所有していたのは間違いなく、すでに見たように、十字軍ののちには、イスラム教徒のアミールの蔵書に触発されて、とりわけ教会教父の著作のような基本的な宗教書からなる蔵書を作り上げた。彼はこれらの書籍を側近たちや、彼が敬愛する訪問者たち、あるいはもう少し確かな宗教教育が必要と彼がみなした者たちへ貸し与えた[1]。しかしこの種の書物には挿絵は含まれてはいなかったはずである。

とりわけ王は、かなり以前から徐々にではあるが俗人大諸侯たちがそうしていたように、豪華な挿絵入り手書本を何冊か所有していた。貴重本とは、当時の観念では、質の高い羊皮紙に美しい書体で書かれ、豪華に製本され、とりわけふんだんに彩色された本であり、彩色は、赤見出し《リュブリック》、すなわち赤いインクで書かれた見出し、彩色されるかあるいは場面情景が描かれる文頭の一語の装飾頭文字《イニシアル》、さらに豪華な場合には細密画などでおこなわれていた。一三世紀のフランス王たるものはこれらの豪華本の所有に非常に熱心であったが、それはこれらがその質の非常な高さのゆえに、「皇帝にふさわしい」特徴をもつと考えられていたからである。フィリップ・オーギュストからフィリップ端麗王に至るフランス王たちが、その国内においては皇帝と同等の地位を占めることを主張していた時代にあって[2]、豪華に彩色された書物を所有することの重要性は、芸術と政治が密接不可分に関係していたことをよく示している。

俗人たちの関心を呼び、彼らが聖書以上によく所有していた書物のなかでもっとも重要なものは、詩編集《プソティエ》、すなわち旧約聖書の一部をなす『詩編』の本である。学校に行くか、あるいは貴族の家系に属する子供たちが読み書きを習ったのは、じつはこのテクストを通してであったのである。最高位の権力者や最大の富裕者たちは、大人になると、個人用の詩編集をもつようになるが、これは彼らの信心行為の程度によってどのくらい頻繁に読むかにもよるが、聖務日課書によく似た機能を果たすことになる。高い地位にある俗人女性も詩編集を所有していたし、場合によってはみずから個人用のものを注文することすらあった。たとえば、ブランシュ・ド・カスティーユのような貴顕の女性がそうであった。フィリップ・オーギュストの二番目の妻であったデンマークのインゲブルガの詩編集はとりわけ有名であるが、彼女は結婚の翌日に、ルイの祖父によって遠ざけられ、修道院へ閉じこめられてしまった。(3) 一三世紀を通して、マリア崇敬発展の結果であろうが、この階層の女性たちはしだいに、詩編集に替えて時禱書《リーヴル・ドゥール》を、枕元に置く信心の書とした。挿絵をふんだんに含んだ初期の時禱書の一つは、聖ルイの娘イザベルのために作られたものだが、おそらく一二五八年に執りおこなわれた彼女のシャンパーニュ伯・ナヴァラ王ティボー〔テオバルド〕との結婚に際してのことであったろう。(4)

今日わかっているところでは、聖ルイは少なくとも三つの詩編集を所持していた。すなわち、かって彼の母が所有していたものが一つ、および彼自身のために作成されたものが二つである。

前述したインゲブルガの詩編集は北フランスのある修道院のアトリエで製作されたものであったが、ブランシュ・ド・カスティーユの時代以降、製作の中心はパリのさまざまなアトリエに移ってきた。パリが彩色写本製作のヨーロッパの中心地となるのは、まさに聖ルイの時代なのである。(5) ブランシュ・ド・カスティーユの時禱書(6)にはまず初めに、月々の仕事と星座の記号を表わす合計二四の円形図によって装飾された暦が置かれている。写本装飾は、金の地に描かれた頁全面にわたる二二の細密画によって構成され、そのうち一七は二つの円形図が重なった形をしており、全部で三九の小さな画像が表わされている。(7) 最初の細密画は、非常に素晴らしい出来のものだが、天体観測儀を手にする天文学者の姿が、写字生と暦計算士との間に描かれている。これ以降の細密画は全体として、堕天使の転落、イヴの誕生および原罪から、復活と最後の審判へという流れを追うものである。これはキリスト教的な時間という意味での歴史の思想、プログラムとその現実化の素晴らしい図像表現に他ならない。(8) 最後に、詩編のテクストを装飾するものとして、一〇の装飾頭文字《イニシアル》が金の地に描かれているが、これらはみな場面情景描写であり、ここではその大半が、とりわけ王にふさわしいテーマであるダビデにまつわる話からとられている。

ルイは手書本の蒐集家ではなかったし、とくに好んだ職人とか製作アトリエも持たなかった(9)。彼の名前をもつ詩編集の最初のものは、おそらく彼が読み書きをそれで学んだ本であろう(10)。一四世紀に付された注は以下のように述べている。「この詩編集は、かってフランス王であった聖ルイのものであったが、彼はその幼少期、この詩編集で読み書きを学んだのである」。この手書本は一三世紀初めにイングランドで製作されたもので、聖ルイの父となる、当時はまだ王太子であったのちのルイ八世がイングランドで手に入れたものである。この詩編集も、暦を除けば、ページ全面にわたる二三の細密画を含んでおり、これらは世界の創造と原罪、アベルとカインの貢ぎ物、アベルの殺害、ノアの方舟、アブラハムとサムソンの物語、受胎告知に始まるキリストの生涯から聖霊降臨までを表わしている。ブランシュ・ド・カスティーユのものと比べれば、この詩編集には、堕天使の転落やアンチ・キリスト、最後の審判といったテーマに欠けており、終末論的な視野をもたない。

第二のものはもっとも有名なもので、一四世紀の筆跡で「この詩編集は、聖ルイのものであった」という注記を含んでいる。ここでは暦のなかに、フィリップ・オーギュストの死(一二二三年七月一四日)、ルイ八世の死(一二二六年一一月八日)、ロベール・ダルトワの死(一二五〇年二月九日)、ブランシュ・ド・カスティーユの死(一二五二年一一月二七日)のそれぞれ命日が言及されている(11)。この手書本にはついで、ページ全面にわたる七八の細密画が収録されており、これらは今日一三世紀のパリで製作された彩色写本のなかでも傑作と評価されている。これらの細密画にはそれぞれキャプションが付いている。ここに現れる建築学上の要素は、「サント＝シャペルのアーケード列、切妻壁、薔薇窓を忠実に再現したものであり、ほとんど間違いないと思われるのは、ここには、聖ルイの建築家であったピエール・ド・モントゥルイユによるさまざまな指示か、おそらくは王の個人的な行為そのものが現れているとみなすべきであるという点である」(12)。この詩編集はサント＝シャペルで使用されるために製作されたのであった。

細密画の場面はすべて旧約聖書に題材をとったもので、アベルとカインの貢ぎ物からサウルの塗油まで続いている。これらの背後にあるのは、王権は神によってある使命を委ねられるがゆえに存在するという思想で、この使命は聖別の際の塗油によって王に賦与されるものである。

この手書本には戦闘の場面が多くとられている。ハーヴェイ・スタールは、別の彩色手書本のなかにある細密画を検討した際にすでに、その重要性を強調していた。彼が検討した手書本とは、現在ニューヨークのピアポント・モーガン図書館所蔵のもので（M六三八）、一二四〇年代、おそらくは聖ルイの第一回十字軍出発の前に製作されたものである。スタールが明らかにしたところによると、問題の挿絵は「旧約聖書の図像化の歴史のなかで重要な変化の段階を画している」。一三世紀以前には、旧約聖書の挿絵は「聖書のテクストや、旧約と新約両聖書の間の対応関係を明らかにする予型論上のプログラムと関係するものであった」。しかしながら、この手書本以降は、旧約聖書は「一つの歴史」――「すなわち、絵画的な微細な描写にあふれた、長く継続する語りからなる年代記のようなものになった。その結果、人物の行為は、話のなかの展開に位置づけられて、かって興味の中心であったキリストや新約のテーマの予型論的意味を表面的にはもたなくなったのである(13)」。

この図像表現上の転換は、一三世紀に生じた文化および心性上の根本的な進展に関係しており、聖ルイもこのなかに位置していた。問題となるのは、語りの価値の上昇と、その最終的な勝利である。旧約聖書の登場人物やキリストの生涯をモデルとして、個々の人間の生涯が、歴史叙述や芸術的・文学的創作のなかで、第一義的な歴史的枠組みとなったのである。たとえば、ジェラール・ド・フラシェは、一二五六年に開かれたパリの説教師修道会総会の決定にもとづいてドミニコ会修道士たちの伝記を書いた(14)。ここでもやはり、托鉢修道士たちがいわば前衛に位置しているが、問題なのは、聖人の伝記や聖人伝という伝統的なモデルを超えて、継続する年代記のようなものとしてのある人間の生涯の記録という考えが、まさにこの頃、同時代の人々に重要と感じられてきたことである。聖ルイは一生涯の歴史のようなものとして自分の存在を考えており、彼の同時代人もこの視点から彼を見ていた。ちなみに、伝記についての新しい概念がこのように花咲いたということが、聖ルイの伝記を書くことを正当化するもっとも深い要因だったのである。

他方、聖ルイのこの詩編集のなかでは、戦闘の場面が多く描かれていたり、特徴的なこととして武装（武器、防具、戦闘機会）が写実的に再現されていたりするが、この点を考えてみると、これらは旧約聖書に題材をとってはいるものの、製作当時の戦闘風景をむしろ表現しているものと思われる。戦争という現実に対するこのような興味の拡大は、キリスト教徒とサラセン人たちの間で闘われた戦闘に、つまり聖ルイの十字軍以前からすでに、興味がもたれていたことによるものであろう。戦争への関心は聖ルイの十字軍におそらく有利に働いたと思われるが、事実この十字軍は、少数派ではあったがしだいに力を増していた十字軍反対派が宣伝するよりは、ずっと民衆には評判が良かったのである。ここではまさに人は図像的環境のなかにいるのである。

この文脈でもう一つ別の手書本を取り上げたいが、これはまちがいなく王によって注文されたものではなく、彼自身も見たことすらなかったのはほぼ確かという代物である。問題の史料は、一二五〇年頃に作成されたフランス歴代の王たちの聖別の式次第テクストであり、教会の典礼に類似するために一二五〇年の「儀典書」*ordo* と通常呼ばれている。この史料が例外的にもつ特徴はその挿絵にあり、一八の細密画が聖別式の儀式を映画のように連続的に映し出しているのである。この史料はおそらく、聖別式における教会側の主役であるランス大司教の属司教、シャーロン＝シュル＝マルヌ司教のために製作されたものであろう(15)。

この聖別式の儀式の絵入りの語りのなかでは、聖香油入れ（フランス王が塗油によって得る唯一無二で奇蹟的な能力を強調する）や、王権の象徴物件、あるいはフランス王にとってこの儀式がいわば通過儀礼として何物にも代えがたい特徴をもつことや、フランス王の同身分者たちがこの儀式で果たす栄誉的な役割、そして細心精緻に設計されている教会と王権との間のバランス、といったものの重要性が浮き彫りにされている。とりわけ最後の点は、聖ルイの政治、および一三世紀半ばにおける教会の権力と王の権力との関係を明確に特徴づけるものである(16)。

これらの細密画は、ある特定の聖別式を再現したものではなく、表現されている無名の王をはじめとして登場人物には名前が付されていない。しかしながら、これらの細密画が、たとえ限定的なやり方ではあっても、聖別された王としてのフランス王について聖ルイが与えようと望んでいたイメージを強固なものとし、さらには広く普及させたことは確かである。いずれにせよ、これまで一度たりとも聖別式の場面は図像化されたことはなかったし、こののちも一三六四年のシャルル五世の聖別式「儀典書」まで類例がない。ちなみに、シャルル五世の「儀典書」では、聖ルイの子孫であるこの王が、写実的に描かれた肖像のなかにはっきりと識別できるやり方で表現されている。ここでもやはり、これら細密画は、芸術と政治の間の密接な関係を新たに明白に表現しているといえる。より厳密にいえば、これらは聖ルイがどのようにして、「王を崇拝する宗教」ではないにせよ、少なくともフランス王権の聖なる性格とその誇示機能を強化しようとしていたかを明らかにしているのである。[17]

【注】

（1）後出九五六～七頁を見よ。Günter HASELOFF, «Die Psalterillustration», dans *13. Jahrhundert. Studien zur Geschichte der Buchmalerei in England, Frankreich und de Niederlanden*, Florence, 1938 ; Victor LEROQUAIS, *Les Psautiers manuscrits latins des bibliothèques publiques de France*, 2 vol. et 1 album, Mâcon, 1940–1941.

（2）J. KRYNEN, *L'Empire du roi, op.cit.*（前出五三〇頁注16）を見よ。

（3）Florens DEUCHLER, *Der Ingeborg Psalter*, Berlin, 1967 ; François AVRIL, «Der Ingeborg Psalter», *Bulletin monumental*, 1969, pp. 58–60 ; Louis GRODECKI, «Le psautier de la reine Ingeburg et ses problèmes», art. cit.

（4）この手書本は現在ケンブリッジ (Fitzwilliam 300) に伝来しており、通常『イザベルの詩編集』という名前で呼ばれているが、これはその内容からしてまだ完全な時禱書とは分類できないからである。

（5）R. BRANNER, *Manuscript Painting in Paris during the Reign of Saint Louis, op. cit.*（前出八六頁注6）。

（6）Paris, Bibliothèque de l'Arsnal, ms. 1186.

（7）V. LEROQUAIS, *Les Psautiers manuscrits latins, op. cit.*, t. II, p. 16.

（8）前出六九五頁以下を見よ。

（9）Robert BRANNER, «Saint Louis et l'enluminure parisienne au XIIIe siècle»,dans *Septième centenaire de la mort de Saint Louis* (Actes des colloques de Royaumont et de Paris, mai 1970), Paris, 1976, pp. 69–84.

（10）Leyde, Bibliothèque de l'Universitè, ms. BPL (76 A).

（11）ここには王家の死者記念に対する聖ルイの配慮が明瞭に認められる。後出九三八頁を見よ。

(12) 一九六〇年五月から八月にかけてサント＝シャペルで開かれた「聖ルイ」展覧会のカタログ (p.95) 参照。この手書本については、ハーヴェイ・スタールが現在この詩編集についての全般的研究を準備しており、これはきわめて興味深いものとなろう。とりあえず、以下の研究を参照のこと。Arthur HASELOFF, «Les Psautiers de Saint Louis», *Mémoires de la Société des antiquaires de France*, t. I, 59, 1898, pp.18–42 ; H. OMONT, *Le Psautier de Saint Louis,* Graz, 1972 ; William Ch. JORDAN, «The Psalter of Saint Louis. The Program of the 78 full pages illustrations», *Acta. The High Middle Ages*, 7, 1980, pp. 65–91. 聖ルイの詩編集（パリ、国立図書館、ラテン語手書本分類一〇五二五番）の写真版複製は、グラーツのアカデミー印刷出版社より一九七二年に刊行されている。

(13) Harvey STAHL, «Old Testament Illustration during the Reign of St Louis : The Morgan picture book and the new biblical cycle», dans *Il Medio oriente e l'Occidente nell'Arte del XIII secolo*, Hans Belting (éd.), Atti del XXIV Congresso Internazionale di storia dell'Arte (1979), Bologne 1982,pp.85–86.

(14) Gérard de FRACHET, *Vitae Fratrum ordinis Praedicatorum necnon Cronica ordonis ab anno MCCIII usque ad MCCLIV,* Louvain, 1896.

(15) ジャン＝クロード・ボンヌと私は共同で、一九八五年にトロントで開かれた戴冠式についての研究集会で、この細密画を注釈付きで紹介したことがある。研究集会の集会録はヤノク・バクによって前掲の書物のなかに刊行されている。*Coronations, op.cit.* ; J. LE GOFF, «A Coronation Program for the Age of Saint Louis», pp. 46–57 ; J. Cl. BONNE, «The Manuscript of the *ordo of 1250* and its illuminations», pp. 58–71. 私たちは、この手書本の完全な刊本（注釈付き）、およびエリック・パラッツォの協力のもと、典礼部分についての挿絵の復元を刊行する予定である。本書の口絵写真13および14を見よ。

(16) これはまた、フィリップ・ビュクが「道徳的規範としての聖書」、すなわち注釈付き聖書を位置づけた文脈でもある。この書物はおそらく一三世紀の第2四半世紀に作成され、聖ルイに献呈されたもので、現在はパリ（国立図書館、ラテン語手書本分類一一五六〇番）、オックスフォード（ボードレイアン図書館、二七〇B）、およびロンドン（大英博物館、ハーレイ分類一五二六および一五二七番）に三部伝来している。ここに現れる細密画のいくつかは、聖ルイに対して、一三世紀の注釈学者たちの解釈に従って聖書に現れる王権のイメージを提示したもの、と考えることできるかもしれない。Ph. BUC, *L'Ambiguïté du livre, op. cit.,* p. 189 sqq. を見よ。

(17) 後出一〇五五頁を参照。

王と、王に仕える知識人たち

聖ルイはまた、例外的ともいえる知的環境のなかに生きていた。一三世紀は学芸学部や神学部で花咲いたパリ大学の偉大な開花期であった。この時期にこそ、学問上の深く大きな革新的動向が確立されたのであるが、これには新しく生まれた托鉢修道会、とりわけそのなかでももっとも重要な二つの修道会が決定的な役割を果たした。一つはドミニコ会（パリでは、彼らがコンポステラ巡礼路沿いに修道院を構えたことから「ジャコバン」と呼ばれた）であり、その創設者聖ドミニクス（一二二一没）みずからがこの修道会に学問の道を示した。いま一つはフランシスコ会、あるいはコルドリエ会であり、これに属する修道士たちは最終的には神学の高等研究において地位を築きはしたものの、アッシジの聖フランチェスコ（ルイの即位の年、一二二六没）自身は長い間——死に至るまでとはいえないが——、学問研究に対しては警戒感を示していた。

さまざまな伝説や、「聖ルイの世紀」という中身のない決まり文句、そして、威信高きパリ大学およびそこで教えた教師たちと聖王とを、純粋に文章装飾のためにだけに関係づける言説を一切排除してかかるなら、私たちはまず第一に、聖ルイはこの時代に名声のあった教師とはわずか二人しか付き合いがなかったこと、さらにこの二人は第一級の学者であったとはいえない存在であることを確認せねばならない。この二人とは、パリ司教座教会の参事会員であったロベール・ド・ソルボンとドミニコ会士ヴァンサン・ド・ボーヴェである。

一二〇一年にアルデンヌ地方に生まれ、一二七四年にパリで死んだロベール・ド・ソルボンのすべての著作はいまだ活字に起こされてはいないし、今もなお彼について完全な研究がおこなわれているわけでもない(1)。しかし、彼の著作のもっとも多くの部分を説教が占めていることは間違いないので、そのために聖ルイのような説教が大好きな聞き手に気に入られたのであろう。この参事会員については、ジョワンヴィルが『聖ルイ伝』のいくつもの箇所で、いつもの生き生きとした調子で描写してくれていることから、私たちのお馴染みという感じがする。ジョワンヴィルとロベールは二人とも、ほとんど同じ時期に王の身近にいたのである。ジョワンヴィルを読むかぎりでは、彼らはそれぞれ非常に異なってはいるが、分かちがたいカップル――聖職者と俗人、老人と若輩という対比――であったようにみえる。彼らはいつも、聖人で王でもあるこの仲間の寵を争うライヴァルとして、些細なことでも競い合っていたが、お互いに愛情と尊敬の念に結ばれた真の友人でもあった。聖ルイ自身も、彼らが互いに口論したり、王の寵愛をめぐって疑心暗鬼になったりするのを見て、面白がっていた。

騎士、貴族、セネシャルという身分および肩書をもつジョワンヴィルは、ロベール・ド・ソルボンに農民の出というつつましい出自であることを思い出させることに気を遣ったりしなかった。ジョワンヴィルは王の面前で大っぴらにこのことをもち出す。「農夫と農婦の息子である貴兄は云々」。彼はまた、ロベールがその出自の低さからすればあまりに豪華に着飾っているとして攻撃する。ロベール・ド・ソルボンは、高等教育のおかげで社会的昇進を遂げた実例なのである。当時誕生したばかりの大学は、大学人の聖職者という身分を利用して何らかの聖職禄を獲得する術を知っていた人間にとっては、名声と財産を築き上げる手段ともなりえた。彼は、おそらく出身地の教会人のだれかの眼にとまり、研究・教育の道を歩むことを援助されたに違いなく、その後パリ大学では何らかの奨学金を享受したのである。彼はおそらく、苦しかった青年時代のこと、それにもかかわらず例外的に運が良かった社会的昇進のことを忘れなかったのであろう。というのも、彼は神学部の学生であり学芸学部の貧しい教師でもあった者たち〔神学部をはじめとする上級学部の学生は、その準備学部である学芸学部の教師を務めていた〕のために寮を創設したからである。この寮は彼の名前で呼ばれ、その後大きく発展して、遂には神学部、さらには大学全体を形容する名前とすらなった。ロベールは歴史上、友人であった王と同じくらいの著名人となったのである。彼こそソルボンヌの創設者であった。しかし彼はこの事業を、彼の友の支えなくしては実現できなかったのであるから、聖ルイは事実上ソルボンヌの共同創設者である。驚くほど対照的な組み合わせである。

パリで学芸学部の教授資格、ついで神学の教授資格を得たのち、ロベールはまずカンブレーで、そして一二五八年にはパリで司教座教会参事会員職を得た。彼は何よりパリ大学で神学の講座をもつ教師であり、彼にかなり甘い証言によれば、当時トマス・アクィナス、ボナヴェントゥーラ、ジェラール・ダブヴィールなどの有名教授とならぶ、パリ大学でももっとも高名な教師の一人であったという。後世には、彼はこの素晴らしい評価の座から転がり落ち、おそらく実際以上に低くみられるまでに至った。つづいて、彼の名前は彼が創設した寮の名前にすっかり覆い隠されてしまったが、こちらの寮の名声はしだいに高いものとなっていった。

彼は、聖ルイの聴罪司祭の一人であったらしい。もしそうであれば、そのことが、彼が王の寵愛を得て、ひょっとしたら王に対して何らかの影響力を行使しえたかもしれない理由の一つということになろう。彼は、聖ルイと同じく、心の内の良心を吟味するタイプの人間であった[2]。彼が残した短い論考のなかには、ニコール・ベリウーによれば「良心吟味の手本」である手引きが見い出される。ここにいるのはたしかに、聖ルイにとって有用な人間、自分の救いを成就する助けとなる人間であり、王にとっては、このことの方が大学で教えられる高度な神学研究よりもずっと重要だったのである。事実、この良き教会参事会員は、「ある種の聖職者たちが、天体や形而上学の研究、あるいは思弁的神学の無意味なまでに煩瑣な議論にあくせくしていることをいまいましく感じていた」。ロベールも、機を見るに敏な教師や学生たちの寵児であったアリストテレスに関心は寄せていたが、彼がずっと頻繁に引用するのはむしろセネカやカトーであった。すなわちロベールは、一二世紀ルネサンスの産物で、その時代遅れの弟子なのである。彼は、司牧やとりわけ慈愛の徳に興味が傾斜しており、在俗聖職者であったにもかかわらず、托鉢修道士の贖罪精神や謙譲さに対して共感の念を抱いていた。托鉢修道士たちがいつでも裸足で歩いていることに賛辞を送っている。

というわけで、彼が聖ルイの心を惹きつけたのはきわめて当然ともいえるが、王にしてみれば、いずれにせよ彼とは、ちょうどジョワンヴィルとの関係と同じく、陽気ではあるが尊大ではないやり方で、ある一定の距離を置いて付き合っていたのである[3]。

しかしながら、聖ルイのもっとも近くにいて、おそらく王の命令で、王と対話を重ねながら、ある程度は王の意向に従って、ある学術・学問的著作を著した「知識人」がいる。彼こそドミニコ会士ヴァンサン・ド・ボーヴェである[4]。一一九〇年頃にボーヴェに生まれたヴァンサンは、フィリップ・オーギュストの治世の終わり頃パリで勉強し、その後ドミニコ会へ入会したが、これはおそらくこの修道会がパリのサン゠ジャック教会に根拠を据えた一二一八年の少しのちのことであったろう。彼はおそらく一二二五年のボーヴェにおける説教修道士会の修道院創設に参加し、ここの副院長となっている。ヴァンサンが、一二四三年から一二四五年頃、聖ルイに出会ったのは、ボーヴェ司教区にあるシトー会修道院ロワイヨーモンの草創期の院長のおそらく一人である、ラドゥルフスの仲介によってである。聖ルイはこのロワイヨーモンの創建者としてしばしばこの修道院を訪れていたのである。一二四六年、ヴァンサンは、ロワイヨーモンへ読師（教師）として呼ばれることになった。

【注】

（1）Palémon Glorieux, *Aux origines de la Sorbonne, t. I, Robert de Sorbon*, Paris, 1966 ; Nicole Bériou, «Robert de Sorbon», dans *Dictionnaire de spiritualité*, 13, Paris, 1988, col. 816–824 ; «Robert de Sorbon. Le prud'homme et le béguin», *Comptes rendus de l'Académie des inscriptions et belles-lettres*, avril-juin 1994, pp. 469–510 ; A. L. Gabriel, «Robert of Sorbon at the University of Paris», *The American Ecclesiastical Revieu*, t. 134, 1956, pp. 73–86.

（2）前出四六八～九頁、六三五頁および後出八八二頁を見よ。

（3）この良き教会参事会員はいつも自分が信じる信仰のなかに甘く憩っていたわけではない。以下に引用するのは、ロベールの著作の学識深い校訂者フェリックス・シャンボン（当時ソルボンヌ大学図書館司書）が、一九〇二年に良心についての彼の短い論考（*De conscientia*）を刊行した際、これを要約した部分である。「この本のテーマは最後の審判であるが、著者はこれを大学のリセンシア学位〔中世大学の学位にはマギステリウム、リセンシア、デテルミナシオの三種があった。リセンシアは大学誕生以前から管区司教に付与権があったことが想定されているもので、教授免許とも訳されている。大学は学位授与権を実質的にコントロールするために、リセンシアの有名無実化を図って、残りの二つの学位を創設していった〕取得のための試験にたとえている。この学位の責任者であるパリ司教座教会の尚書長は神その人で、立会の副査は天使たちである。しかし天国の試験は大学の試験よりずっと念入りである。なぜなら、ただの一問でも答えられないと、直ちに不合格であり、地獄行きを命じられる。しかも、大学の試験のように一年経てば再挑戦できるわけではなく、永遠に断罪されるのである。それゆえ、質問される項目が載っている本、良心の本を完全にマスターしておくことが非常に重要なのである。［…］」ちなみに、ロベールは煉獄についての知識がなかったが、他方聖ルイはこれを信じていた。Robert de Sorbon, *De conscientia*, F. Chambon [éd.], Paris, 1902.

（4）Serge LUSIGNAN, Préface au *«Speculum maius» de Vincent de Beauvais, Réfraction et diffraction*, Montréal et Paris, 1979 ; *Vincent de Beauvais, op.cit.*（前出七〇九頁注4）。ジャン・シュネーデル指導のもと、ポルミエ＝フカールが担当しているナンシー大学の付属施設ヴァンサン・ド・ボーヴェ研究所は、諸々の重要な研究を続行中で、専門研究シリーズ *Spicae* を刊行している。ナンシー大学中世文献史料研究所、ロワイヨーモン基金およびモントリオール大学の共催で、一九九五年にロワイヨーモンで、「説教修道士会士ヴァンサン・ド・ボーヴェ――一人のドミニコ会士とその学問的環境」をテーマとする研究集会が開かれている。

王に仕える百科全書家――ヴァンサン・ド・ボーヴェ

王はヴァンサンに百科全書の編纂を命じたか、あるいは少なくともヴァンサンがすでに取りかかっていた百科全書に興味を抱いていた。そして、この種の著作物こそ聖ルイの関心を引きつけるものなのである。なぜなら、これは、同時代の偉大な大学人、たとえばヘイルズのアレクサンダー、王の補佐役であり親しい友でもあったパリ司教ギヨーム・ドーヴェルニュ（在位一二二八～四九）、あるいはアルベルトゥス・マグヌス、トマス・アクィナスたちが著わした、緊密な体系的構成をもつ大全的著作のごとき高度な神学書ではなく、貴紳の士ならだれでも必要とする知識が並べられた類いの書であったからである。一三世紀は単に革新的神学の繁栄期であるばかりではなく、同時に、もっとつつましやかであるが、百科全書の一大展開期でもあった(1)。というのは、百科全書こそ、先行する二世紀の間、とりわけ沸騰するエネルギーにあふれた創造的な一二世紀の間に蓄積された(2)膨大な事績と思想を汲み上げた器であり、さらに、独自の観点から、これら新しい知識を並べ上げ、分類し、秩序を与えようとしたものであるからである。一三世紀という時代は、学問的、技術的、知的、社会的、政治的、宗教的などのあらゆる領域において、整理と分類の時代であった。この世紀は、多くの現象に秩序が与えられた時代である。たとえば、大学という組織、同業組合、法体系、教会会議による規制、一般的性格をもつ王令《オルドナンス》（オルドナンスという語は、「オルドネ」という動詞の二つの意味である「秩序を与える」と「命じる」を共に有している）、百科全書、そして大全的書物などは、すべてこの時代の産物であった。ここでもまた、聖ルイは時代の子であった。なぜなら彼は秩序感覚というものに深く浸されていたからであり、彼にとっては正義と平和こそ、(3)秩序の原理と徳に他ならない。彼はさらに、自分自身の経験や見聞によって、キリスト教徒は知の領域において、異端、ユダヤ人、イスラム教徒など、その対話と論争の相手によっては困難な状況に置かれることを見てとっていた。それゆえに、百科全書は、王にとってもキリスト教徒全般にとっても、知識、思想、そして論争のための武器が蓄積されている倉庫のようなものなのである。

ヴァンサン・ド・ボーヴェは、平均的知識人にすぎず——一三世紀のドミニコ会士がすべて「偉大な知識人」であったわけではない——、歴史編纂の領域では、エリナン・ド・フロワモンの年代記がモデルと情報源を彼に提供しているように、シトー会士たちの影響を強く受けていた。彼は、(4)この百科全書の時代にあって、少なくとも継続する二つの計画に従って、一つの百科全書『大鏡』（*Speculum maius*）を編纂したが、これは三つの主要な部分に分かれている。すなわち、「自然の鏡」（*Speculum naturale*）、「学問の鏡」（*Speculum doctrinale*）、そして「歴史の鏡」（*Speculum historiale*）である。この書物は広範囲にわたる知識が詰まった編纂物であるが、この知識編集作業はあまりに莫大だったので、ヴァンサンは二つの作業班の助力を仰いだ。一つは、ロワイヨーモンのシトー会士たちであり、いま一つはパリのサン＝ジャック修道院に拠点を置くドミニコ会士たちであった。聖ルイ自身も資料の蒐集のため彼に援助を惜しまなかった。(5)

『大鏡』は、ヴァンサン・ド・ボーヴェ自身によって何度も手直しされているが、そのいくつかは、「歴史の鏡」の部分についての聖ルイによる改訂の示唆、あるいは要求によるものと考えることができる。なぜなら王は、歴史に非常に関心を寄せており、歴史を通じてカペー王朝がもっとも素晴らしい形で提示されることを望んでいたからである。(6)

しかしながら、聖ルイはロワイヨーモンで、ヴァンサン・ド・ボーヴェの教えを聞く立場に置かれることがあったかもしれない。一二六〇年の長男の死に際して王のために書いた『慰めの書簡詩』の冒頭で、ヴァンサンは以下のように書いている。「私が読師の職務を果たすためロワイヨーモンに逗留していたとき、あなたは、神への謙譲の心から、つたなき私の口伝てで、神のおことばをお聞きになった(7)」。また、ギヨーム・ド・サン＝パテュスもつぎのように断言している。「ロワイヨーモン修道院で神学教師が詩編について講義することになっていたとき、王もそこにいて、鐘が鳴るのを聞くことがあった。ところでこの鐘は修道士を教場へ集めるべく鳴らされたものであったが、王も時たま教場へ赴き、修道士のように彼らに混じって、講義をしている教師の足下に座し、勤勉に教師の弁に耳を傾けていた。聖なる王は何度もこのように行動していたのである(8)」。

ヴァンサン・ド・ボーヴェが身につけていた教養とは、聖ルイと同じく、一二世紀ルネサンスの圧倒的な影響下にある一二世紀の聖職者のそれであった。セルジュ・リュジニャンは論理学について(9)、ジャクリーヌ・アメッスは哲学について(10)、それぞれがこの点を証明している。アメッスは、「学問の鏡」についての詳細な研究の結論部分で、以下のように述べている。すなわち、実践哲学の第一部にあたる倫理学の箇所でも、アリストテレスは「他に多くある典拠の一つにすぎないばかりか、もっとも引用されていないものの一つであるようにすらみえる」。聖ルイと同じくヴァンサンも、一三世紀に繁栄を迎えたアリストテレス受容からすればその前段階に属している。より厳密にいえば、「ヴァンサン・ド・ボーヴェは、哲学史の観点からみれば、彼の同時代のスコラ学の流れのなかにはまったく位置していない。道徳哲学も、彼にとっては、学問としての哲学ではなく、「諸学芸」*artes* の一つ、一二世紀の知識の構成要素の一つにすぎない。[…] ヴァンサンは、一三世紀の体系化された学問が授受される大学の、というより、一二世紀のまだ制度化されておらず自由に教師が教える学校の教え子なのである(11)」。さらにおそらく驚くべきことは、彼は、聖ルイと同じく、同時代の知的な歴史状況の影響をほとんど受けていないようにみえる点である。この時期、この領域は目覚ましく沸騰するエネルギーにあふれていたにもかかわらずである。『鏡』のどの作成段階をみても、ここには哲学的思索発展の痕跡が見てとれない。パリ大学であれほど同時期に熱く議論が闘わされていたにもかかわらず、ヴァンサン・ド・ボーヴェは、その時どきの学問上の事件を鑑みて、自分の著作に手を加えるなどということは一切おこなわなかった(12)」。

ヴァンサン・ド・ボーヴェは、さらにいくつかの論考や短い著作などを公けにしているが、そのいくつかは聖ルイやその側近に献呈されている。一二六〇年の王の長男の死に際しては、ヴァンサンは王のために『慰めの書簡詩』*Liber consolatorius pro morte amici* を書き送った[13]。王とその娘婿ティボー・ド・ナヴァールに献呈された『君主の道徳教育について』*De morali principis institutione*、および王妃マルグリットに捧げた『貴族の子息の教育について』*De eruditione filiorum nobilium* についてはすでに述べた[14]。ここで私がふれておきたいのは、ある歴史家たちが、この二つの君主鑑〔直前に提示された、二つの君主教育論〕を、のちにより大きな著作に挿入されることを念頭において作成された断片とみなしているという事実である。この著作こそ、『大鏡』と対になるある種の「政治の鏡」、すなわち一三世紀フランスの偉大な君主鏡となったであろう『王位についての全般的著作』*Opus universale de statu principis* であると考えることもできるのである。ヴァンサンは、結局実現されずに終わったこの著作の計画を、『貴族の子息の教育について』の序文のなかで予告していたのかもしれない。彼はこの箇所で、「いとも気高きわが王」への愛のために、「王位とすべての宮廷、あるいは王の家族のあるべき姿、さらには公行政と全王国の統治についての『全般的著作』」を著わしたいという望みを明らかにしているのである。

聖ルイは、この一大事業計画を直接命じたり、あるいは示唆を与えたりしたのであろうか。今では何もわからない。しかしながら、ヴァンサン・ド・ボーヴェは、これほどに偉大な計画には釣り合わなかったであろうと思われる[15]。ヴァンサンは、一二五九年の少し前にロワイヨーモンから退いて、パリのサン＝ジャック修道院へと戻り、こののちも王との接触を続けた。彼が死んだのは一二六四年のことであった。

【注】

（1）J. Le Goff, «Pourquoi le XIIIe siècle est-il un grand siècle encyclopédique?», dans *L'enciclopedismo medievale*, a cura di M. Picone, Ravenne, 1994, pp.23-40.

（2）一二世紀、および一般に一二世紀ルネサンスと呼ばれる運動について書かれた膨大な文献のなかで、私はここではシュニュ師の偉大な書物を挙げておきたい。*La Théologie du* XIIe *siècle, op. cit.*（前出一一五頁注8）。この書物が取り扱っている内容は、書物のタイトルが想像させるよりもずっと広く、深い歴史的感覚にもとづいており、むしろ一二世紀問題のすべての次元を明らかにするほどのものである。

（3）後出八二一〜一九頁を参照。

（4）「鏡」の意味については、Einar MAR JONSSON, «Le sens du titre *Speculum* aux XIIe et XIIIe siècles et son utilisation par Vincent de Beauvais», dans *Vincent de Beauvais, op. cit.*, pp. 11–32 を見よ。

（5）作業班による仕事、とりわけ一三世紀のドミニコ会士によって組織化された作業形態については、Yves CONGAR, «*In dulcedine societatis quaerere veritatem*. Notes sur le travail en équipe chez S. Albert et chez les Prêcheurs au XIIIe siècle», dans *Albertus Magnus Doctor Universalis 1280–1980*, G. Meyer et A. Zimmerman (éd.), Mayence, 1980 を見よ。

（6）口絵写真15を見よ。これは「歴史の鏡」の、ある手書本の冒頭に置かれた聖ルイの肖像である。

（7）S. LUSIGNAN, Préface au «*Speculum maius*», *op.cit.*, p. 57.

（8）GUILLAUME DE SAINT-PATHUS, *Vie de Saint Louis*, p. 79.

（9）*Le «Speculum doctrinal», livre III, Études de la logique dans le Miroir des sciences de Vincent de Beauvais*, Thèse de doctorat de Montréal, 1971.

（10）J. HAMESSE, «Le dossier Aristote dans l'oeuvre de Vincent de Beauvais. À propos de *l'Éthique*», dans *Vincent de Beauvais, op. cit.*, pp. 197-218.

（11）*Ibid.*, pp. 213–215.

（12）*Ibid.*, p. 216.

（13）前出三二六頁および Peter VON MOOS, «Die Trotschrift des Vincenz von Beauvais für Ludwig IX», art. cité（前出三二八頁注2）を見よ。

（14）前出五〇三頁を見よ。

（15）この史料群を素晴らしい形で研究したロバート・シュナイダーは、この計画された書物は、真の意味での政治思想の総括的著作ではなく、四つの論考の寄せ集めでしかありえなかったであろうと考えているが、このうちヴァンサンには前述の二つの鏡しか執筆する時間がなかったわけである。〔シュナイダーによれば〕この書物およびこれらの論考は、一つの体系を構成することはなく、あくまで既存の言説の編集という原則にとどまり続けたであろう、しかしながら、ヴァンサンが個人的な著作を著わすこともありえたわけで、そこで「学識ある思索者としての彼固有の成熟」に到達することはあったかもしれない、というのである。私はといえば、シュナイダーは若干現実を美化しすぎているように思える。ヴァンサン・ド・ボーヴェは、現実には（著作の完成されたものによってそういえるのだが）、シトー会士エリナン・ド・フロワモンの真似をしただけであり、みずからの『歴史の鏡』のなかにエリナンの『王のあるべき姿について』*De constituendo rege* を（『君主の良き統治について』*De bono regimine principis* のタイトルのもとで）挿入しただけである。『全般的著作』自体、もし完成されていたとしても、中世盛期の二つの偉大な革新的政治論考、すなわちシャルトルで作成されたソールズベリのジョンの『ポリクラティクス』*Policraticus*（一一五九）とジル・ド・ロームの『君主の統治について』*De regimine principum*（一二八〇、のちのフィリップ端麗王のために書かれた）の間の時期に作成されたものとしては、すでに若干時代遅れの代物となったであろう。Robert J. SCHNEIDER, «Vincent of Beauvais, *Opus universale de statu principis* : a reconstruction of its history and contents», dans *Vincent de Beauvais, op. cit.*, pp. 285–299. ミシェル・スネラール（M. SENELLART, *Les Arts de gouverner. Du regimen médiéval au concept de gouvernement*, Paris, 1995, p. 147）は、「一大政治体系書の構築という使命をもったアカデミーの創設」という聖ルイの計画についても、私がかってまとめた仮説（«Portarit du roi idéal», *L'Histoire*, n°81, septembre 1985, pp. 72–73）をそのまま取り上げている。

もう一人のソロモン

ヴァンサン・ド・ボーヴェとまったく同様に、聖ルイは、一三世紀における「パリ大学の日々燃えるような議論の毎日」とは無縁であった[1]。王があるときトマス・アクィナスを食事に招いたという伝承は[2]、私にはまずまちがいなく単なる伝説であるように思われる。また彼が聖ボナヴェントゥーラを宮廷に招いたのも、司牧についての説教をさせるためであった[3]。ここでもう一人、一三世紀の偉大な聖職者の名前を挙げておく必要がおそらくあろう。元パリ司教座教会の尚書長で、神学教師、一二四四年に教皇インノケンティウス四世によって枢機卿に叙せられたウード・ド・

シャトルーである。彼は、十字軍準備のための教皇使節として聖ルイと緊密な関係にあり、王についてエジプトまで赴いているし、十字軍についての教皇宛て報告書を作成してもいる。ウードの著作は今なおあまりよく知られていないが、重要な研究の対象となりうるものである。彼はとりわけ説教師として著名であったようで、それゆえここでも、聖ルイがもっとも関心を示した領域である説教が問題となるのである。

先に仮説として提示したが、まだ若かった王が直接介入したもっとも初期の事件の一つが、一二二九年から三一年のパリ大学のストライキに際しての王権とパリ大学との間の和解であり、このとき王は当初母后が頑強に反対したにもかかわらず和解を押し通したといわれる。もしこれが事実この通りであったとしたら、それは彼が、王国の首都にこの知性と威信の源を保持しておくことがキリスト教君主にとって利に適うことと理解していたからであろう。彼はパリ大学の歴史のなかに二度ほどはっきりと姿を現しているが、これらの機会は、この政治的ヴィジョンを最終目標とすることが関心事であったことを証し立てている。

聖ルイがパリ大学に関与した第一の事件は、すでに見たように(4)、在俗聖職者教師たちと托鉢修道士教師たちとの間の紛争である。彼が教皇アレクサンデル四世の要求する措置を実行させたのは、托鉢修道士に対して彼が抱いていた共感のゆえでもあったろうが、彼としてはとりわけ問題が教会の事項に属し、教会の決定をただ「世俗の手」として執行するだけであったからであろう。しかし、同時にギヨーム・ド・サン＝タムールの追放が、聖ルイが何にもまして重要視していたパリ大学の秩序回復をもたらすに違いなかったからである。ギヨームは神聖ローマ帝国内における在俗聖職者教師たちのリーダーであったから、王には直接関係のない人間だったのである。しかしながら、聖ルイはかくして、治世の晩年におけるパリ大学のもっとも著名な神学教授の一人であったジェラール・ダブヴィールをはじめとする教師たちや、詩人リュトブフのようなギヨーム・ド・サン＝タムールの弟子たち、あるいは支持者たちの反感をかうことになった(5)。

第二の事件は、聖ルイの側近ロベール・ド・ソルボンによる学寮の創設である。ルイは、この学寮創設にあたって、カルティエ・ラタン、とくにクープ＝グール通りにある自分の所有下にあった家を複数譲渡しているし、のちにはこの学寮に寄宿する学生の何人かの生活費を負担することになる。これらの行為は、たしかに、ルイがパリ大学の華である神学研究に対して寄せていた関心からでもあったろうが、第一義的には、慈善の行為、慈善事業のための寄進であり、そして友ロベールに対する恩恵の施しであった(6)。

以上に見たように、聖ルイに身近な知識人とは、中程度の二人の存在、すなわちロベール・ド・ソルボンとヴァンサン・ド・ボーヴェのことであった。王は、高度な神学的・哲学的思索などあまり興味がなかったのである。彼が獲得し、普及させたいと願っていた知識とは、「有益な」な知識、救済に役立つ知識であった。このように選びとられた立場から、彼がとりわけ重要視した表現形式としてつぎの三つが現れてくるのである。すなわち、説教、霊的修養の書、教育の書である。これらは三つとも、中世の文化と心性の上ではかなりの重要性をもつとしても、学問的、文学的には取るに足らないジャンルにすぎない。ちなみに、時の聖職者たちは、この王がより高度な知的活動を担うものとは考えてはおらず、これらの知的活動は理性によるものとして聖職者にのみ留保されるものとみなしていたのである(7)。ソロモンは賢者ではあっても、知識人ではなかった。同じような意味で、聖ルイは、もう一人のソロモンなのである。

【注】

(1) Marie-Christine DUCHENNE, «Autour de 1254, une révision capétienne du *Speculum historiale*», dans *Vincent de Beauvais, op. cit.*, pp. 141–166.

(2) ル・ナン・ド・ティーユモンは (t. V, p. 337)、書かれたものを典拠として挙げることなく、ただつぎのように述べている。「私が〈側聞した〉話であるが、あるとき聖トマスが聖ルイと食卓を共にした際、聖トマスは黙り続けたあげく、突然口を開いて叫んだ。〈この議論でマニ教徒を打ち負かせるぞ〉。これを聖ルイはいとも良しとした」。

(3) 説教史料の刊行および研究は、多くの素晴らしい業績を生み出している。ここでは一三世紀について、とりわけつぎの二つの文献を挙げておきたい。Nicole BÉRIOU, *La Prédication de Ranulphe de la Houblonnière, op. cit.* (前出七六頁注9); David D'AVRAY, *The Preaching of the Friars, op.cit.* (前出七六頁注9)。

（4）前出五四八頁を見よ。

（5）*Le Dit de Maître Guillaume de Saint-Amour* et *la Complainte de Maître Guillaume*, dans Rutebeuf, *Oeuvres complètes*, M. Zink (éd.), t. I, Paris, 1989, pp. 137–157.

（6）P. Glorieux, *Aux origines de la Sorbonne*, *op.cit.*, t. II, *Le cartulaire*, Paris, 1965.

（7）Ph. Buc, *L'Ambiguïté du livre*, *op. cit.*, pp. 176 sqq. を見よ。

第三章　語りと身振り――貴紳王《プリュドム》

王の語り《パロール》

一三世紀は、国家や教会などの諸制度・諸機関、都市や農村などの共同体、そして個人までもが、しだいに書かれたもの《エクリ》へより大きな意味を与えていく時代、口頭による記憶の維持が、書かれたものを前に後退していった時代であった(1)。書かれたものは、とりわけ統治の手段としてしだいにその重要性を増していった。フィリップ・オーギュスト以降、王権は文書類を細心に保管するようになったが、その量はこの世紀を通じて爆発的に増加の一途をたどった(2)。「知の制度」*Studium*（大学）が体現する新しい権力、知の権力も同じく、より一層多くの書き物を生産する。学生たちは講義のノートをとり、大学公認の本屋や筆写生たちは、「ペキア」*pecia* のシステム〔とりわけ大学の教科書を大量に流布させるために採用されたコピー手続き。一冊全体の代わりに、折り丁単位に分割されて、別々に筆写される〕によって(3)講義録を再生産し、教科書はその数を増していった。商人たちも文字を商売の頼りにしはじめた(4)。本来書かれるはずのない慣習法ですら、ローマ法や教会法に倣って、文字文献によって定着するようになる(5)。

しかしながら、この世紀は同時に、語り《パロール》の復興の時代、新たな語りの時代でもある(6)。たとえば、托鉢修道会の活動が象徴する、説教の新たな発展を通しての神の御ことばの新たな建て直し(7)、あるいはまた、一二一五年の第四ラテラノ公会議によって強制された口頭での告解の際の、また祈りの際の、そしていまだ沈黙のなかでおこなわれてはいなかった読書の際の(8)、小声でつぶやく語りの領域の拡大、そして声による語りがおこなわれる空間は、托鉢修道会の教会から都市へ、「高等法院《パルルマン》」へ、そしてふたたび生まれつつあった演劇舞台へと拡がっていった。最後に、語りの文学空間の問題がある。ポール・ズムトールは、一三世紀を「語りの勝利《トリオンフ・ド・ラ・パロール》」の世紀とみなし、[9]「歌い《シャン》」との関係で「語り《ディ》」を、「儀礼《セレブラシオン》の文学《リリスム》」に対立する「説得の文学《リリスム》」として定義した。彼はとりわけ「証明の、あるいは議論の言説《ディスクール》」を強調するのである。

【注】

（1）Michael T. Clanchy, *From Memory to Written Record*, *op. cit.*（前出三九三頁注7）。書かれたものに結びついた形での文化活動実践の展開とその結果については、つぎの文献を参照。Brian Stock, *The Implications of Literacy : Written Language and Models of Interpretation in the XI*th *and XII*th *Centuries*, Princeton,1983.

（2）J.W. Baldwin, *Philippe Auguste*, *op. cit.*（前出八一頁注3）。

（3）Jean Destrez, *La Pecia dans les manuscrits universitaires des XIII*^{e} *et XIV*^{e} *siècles*, Paris, 1935（古くなってしまったが、パイオニア的書物であった）。

（4）ここではアンリ・ピレンヌとアルマンド・サポリの古典的な論文を挙げておこう。Henri Pirenne, «L'instruction des marchands au Moyen Âge», *Annales d'histoire économique et sociale*, 1, 1929, pp. 13–28 ; Armando Sapori, «La cultura del mercante medievale italiano», *Rivista di storia economica*, II,1937, pp. 89–125, repris dans *Studi di storia economica, sec. XIII–XV*, vol.1, Florence, 1985, pp. 53–93.

（5）一三世紀のフランスでは四つの大きな慣習法集成が編纂されている。すなわち、一二五八年以前に、ヴェルマンドワのバイイであったピエール・ド・フォンテーヌによって編纂された『ある友への助言』*Le Conseil à un ami*, 一二五五年と一二六〇年の間に編纂された『裁判と訴訟』*Justice et Plait*, 一二七三年直前に編纂の『聖ルイの法令集』*Établissements de Saint Louis*, そして一二八三年にフィリップ・ド・ボーマノワールによって著わされた『ボーヴェ地方慣習法』*Coutumes de Beauvaisis* である。なお、つぎの文献を参照されたい。P. Ouriac et J. -L. Gazzaniga, *Histoire du droit privé*, *op. cit.*（前出六三四頁注7）pp. 99 sqq.

（6）J. Le Goff et J.-Cl. Schmitt, «Au XIIIe siècle : une parole nouvelle», art.cité（前出七六頁注9）。言語哲学的観点からの研究とし

ては、Irène ROSIER, *La Parole comme acte. Sur la grammaire et la sémantique au XIIIe siècle*, Paris,1994.

(7) D.L. D'AVRY, *The Preaching of the Friars, op. cit.*

(8) P. SAENGER, «Silent Reading», art.cité (前出五二九頁注9)。

(9) ポール・ズムトールはここでもパイオニア的存在であり、その著書 (*Essai de poétique médiévale*, Paris, 1972, pp. 405–428) において、つぎのような説明を加えている。すなわち、この新しい言説《ディスクール》が位置づけられるのは、「ある種の語りの世界であり、これは内容的には、起源からすると聖職者たちのものであるいくつかのタイプの話の周縁部に、しばしばごた混ぜの形で張りついているものであるが、「文学的」な語りにおいてはある特有の組織原理を有している。すなわち、詩人あるいは聴衆にフィクションとして同一化する「私」、あるいは「あなた」の概念使用がそれである」。

王としての語り

以上述べたような「語りの一般的な動き」(1)から、王としての語りもまた生まれてくる。中世キリスト教世界の王が継承していた二つの主要な伝統のなかでは、語りによる権力行使は、その主要な特徴として、というよりももっと端的に、王という職務に関わる義務として現れる。インド＝ヨーロッパ文明圏の権力秩序においては、王の権威は、ギリシア語の「クライネイン」、すなわち「実施する」(「頭」、「頭のしるし」を意味する「カラ」に由来する)という動詞によって表明され、「他のやり方では単なる〈語りかけ〉でしかないであろうものに、神がその実存を賦与する身振りから発する」(2)。王の権威こそが、「語りが行動において実現されることを可能にする」(3)。聖書においては、王の語りの実効性と義務は、マサの王レムエルの口を借りてとくにはっきりと表明されているが、この王はその母が彼に諭したことばをくり返すのである。

あなたの口を開いて弁護せよ

ものをいえない人を
犠牲になっている人の訴えを。
あなたの口を開いて正しく裁け
貧しく乏しい人の訴えを。
（『箴言』三一章八―九節）

カペー家の王たちが受け継いだのは、より厳密にいえば、ローマ皇帝たちの理想化された肖像であり、それらはスエトニウスや、さらには四世紀の『皇帝伝』*Liber de Caesaribus*（中世において著名でよく利用されたのは、その抜粋『皇帝小伝』*Epitome de Caesaribus* である）の著者であるアウレリウス・ヴィクトールが遺したものであった。非常に社交的で、その側近たちと一緒になって会話や食事、散歩を楽しんだというペルティナックスの肖像に由来する特徴、すなわち、王を中心とする集団の表現および絆として、食事を共にしたり一緒に散歩したりすることと同時に語りかけに対しても重要性を与えているこの特徴は、エルゴー・ド・フルリーによってロベール敬虔王の肖像を描写する際に（一〇三三頃）、そっくりそのまま再利用されている[4]。他方、一二世紀の終わり、リゴール・ド・サン＝ドニが『フィリップ・オーギュストの諸事績』*Gesta Philippi Augusti* のなかで、この王のもっとステレオタイプな像を描く際にも、王について「会話が巧みであった」と述べているのである[5]。ここに現れているのは、それゆえ、ある種の伝統的なモデルなのであるが、これを聖ルイはのちにほとんど完全な形で体現することになろう。

【注】

（1）P. Zumthor, *Essai de poétique médiévale*, Paris, 1972, p. 419 ; J. Le Goff, «Saint Louis et la parole royale», art. cité（前出五三〇頁注13）。

（2）Émile Benveniste, *Le vocabulaire des institutions indo-européennes*, t. II, Paris, 1969, p. 42〔邦訳、バンヴェニスト『イン

ド＝ヨーロッパ諸制度語彙集』前田耕作監訳、言叢社、一九八六―七)〕。
(3) *Ibid.*, p. 35.
(4) Helgaud DE FLEURY, *Vie de Robert le Pieux*, éd. cit.（前出四八四頁注1）p. 60.
(5) Henry-François DELABORDE (éd.), *Oeuvres de Rigord et de Guillaume le Breton, historiens de Philippe Auguste*, Paris, t. I, 1882, p. 31.

聖ルイは語る

というのは、フランスの歴史のなかで、真の意味でみずから語った様子をかいま見ることができる最初の王こそ、聖ルイであるからである。たしかに、「かつて〈語られた〉ことば、今ではその木霊すら聞くことができない、失われてしまった声については、その断片ですら拾い集められるわけではなく、できるのはただその復元のみである」(1)。しかしながら、聖ルイの語りは、彼の伝記作者や聖人伝作者に、異様なまでに強い印象を与えたのであり、彼らはしばしば直接話法で王に語らせることを望んだ。彼に割り当てられている語りは、おそらく聖人というものに伝統的に割り当てられている語りの規則に合致したものではあるだろう。しかし、一三世紀末以降、聖人の性格が、アッシジのフランチェスコという非常に強い個性をもった聖人の影響を強く受けはじめる時期以降、列聖手続きは、従来のような奇蹟の羅列ではなく(2)、むしろ一人の生涯の軌跡を通じて、現実に生きた聖人(3)、「真の聖人」像に接近しようとするようになる。とりわけ、俗人であったジョワンヴィルは、王の話ことばであったフランス語で自分の著作を口述筆記させたわけであり、またその主人公の生前、そばに仕えていた時には、王に張りついていることに情熱の限りを傾けていたのであるから、ジョワンヴィルが王の死後に書かれた物語のなかで、自分は王の語りに「貪欲に耳を傾けていた」と証言し、一四世紀に『伝記』を編纂するはるか以前に、おそらくルイの死後程なくしてそれらをノートに書きつけていたと想定してもまず間違いないと思われる。それゆえ、私たちはここに、王が「語ったことば《パルレ》」そのものをしばしば見い出すことができるのである。(4) ジョワンヴィルは事実、王妃ジャンヌ・ド・ナヴァールによる著作の依頼をつぎのように定義づけている。「わが王聖ルイの善き事績と聖なる〈語り《パロール》〉とを一冊の書物にまとめ上げること」。だから私たちは、シャルル・ヴィクトル・ラングロワの古い考えに従って、「聖ルイのことば」を正しく集めることができたのである。つまり、一三世紀（あるいは一四世紀初頭の）一群のテクストは、「永遠に消えてしまった聖ルイの声に［…］私たちを近づけ、［…］王が語った語り口を大よそながら映し出している(5)」と考えることができるからである。さらに加えて、今引用した史料集の編者であるディヴィッド・オコンネルは、聖ルイが息子と娘に宛てた『教え』の真正でかつ原初のテクスト版を再現することに成功している(6)。

聖ルイの王としての語りは、それゆえある伝統に深く根ざすものであり、その祖父フィリップ・オーギュストの語りのいくつかをとくに改めて取り上げたりもする。しかし、聖ルイの語りは一三世紀の刻印をとりわけ強く受けているのであり、かくしてマルク・ブロックのことば、人間というものはその父親の子というよりもっとその時代の子である、という格言がここでも実証されるのである。

聖ルイの語りは、道徳的で教育的なこの時代にあって、道徳的かつ教化的な語りであった。これはまた、この説教の時代に生き、とりわけドミニコ会やフランシスコ会修道士のような説教師に取り囲まれていた王の口から出るものとして、教え導くという内容のものでもあった。王の説教は、「例話」*exemplum*、すなわち説教のなかに組み込まれた逸話が繁茂したこの時代にあって、これらの「例話」を通して働きかける。王の語りはさらに、祈りと、とりわけ告解のなかで表わされるという新しい形態に従う形で、信仰心にあふれたものであった。それは他方、正義をおこなうものであり、王が王の至上の義務として行使する――裁判をおこなう――語りによってみずから実践するか、あるいはこれをよく教育され、監督された王権の代行者たちに委ねることによって果たす、という形でなされた。さらにそれは、争いの鎮めでもあり――平和は正義とならぶもう一つの王の大きな理念である――、王によって下される仲裁を通して実現される。王の語りは、節度をわきまえた王に当然みられるはずの、中庸の精神に支配されたものでなければならず、荒々しい騎士の理念に代えて、穏和を愛する貴紳の理想が称揚される。しかし、同時にまた、悪口、誓約破り、瀆神の語りを撲滅するものでもなければならない。

【注】

（1）B. CERQUIGLINI, *La Parole médiévale. Discours, syntaxe, texte*, Paris, 1981, p. 247. 聖ルイがフランス語で語っている様子を当時の史料が提示してくれていること自体の重要性については、前出六三八頁を見よ。一三世紀における、この聖人と彼が語っていた言語との関係については詳しい研究がある。I. BALDELLI, «La "Parola" di Francesco e le nuove lingue d'Europa», dans *Francesco, il francescanesimo e la cultura della nuova Europa*, I. BALDELLI et A. M. ROMANINI (éd.), Rome, 1986, pp. 13–35.

（2）聖ルイに帰せられた奇蹟は、そのすべてが死後に生じたものだが、伝統的な「通常の」類いの奇蹟である。Sarah CHENNAF, Odile REDON, «Les miracles de Saint Louis», dans Jacques GELIS et Odile REDON (éd.), *Les Miracles, miroirs des corps*, Paris, 1983, pp. 53–85 ; Jacques LE GOFF, «Saint de l'Eglise et saint du peuple : les miracles officiels de Saint Louis entre sa mort et sa canonisation», dans *Histoire sociale, sensibilité collectives et mentalité. Mélanges R. Mandrou*, Paris, 1985, pp. 169–180. 後出一〇五七〜六〇頁を見よ。

（3）一三世紀における聖性の概念の展開については、A. VAUCHEZ, *La Sainteté en Occident*, *op.cit.*（前出四八頁注6）。一三世紀末における「現実再現の原則」の形成については、Roland RECHT, «Le portrait et le principe de réalité dans la scrulpture», art. cité（前出六四五頁注2）。

（4）ジョワンヴィルと聖ルイの関係については、Michel ZINK, «Joinville ne pleure pas, mais il rêve», art. cité, et *La Subjectivité littéraire*, *op.cit.*, p. 219–39（「聖人伝と自伝との狭間におけるジョワンヴィルのバランス感覚および彼の立場。すなわち、叙述の結果として現れる感動」）。

（5）D. O'CONNELL, *Les Propos de Saint Louis*, *op. cit.*, p. 30.

（6）D. O'CONNELL, *The Teachings of Saint Louis*, *op. cit.*

身近な者たちへの語り

王の語りは、その直接的な形態では、何にもましてとりわけ、王がふだんその話し相手としている身近な者たちの小さな集団へ向けられる。王は彼らが答えるように仕向けるとはいえ、会話の主導権を握っているのは、もちろんいつも王である。王との会話が、この集団の中心的意味であり、存在理由であり、職務それ自体であるのだが、王国の統治において果たしていた重要な役割にもかかわらず、この小集団の存在は歴史家たちから正当な評価を受けてきたとはいいがたい。この小集団は、君主の助言者《コンセイエ》からなる封建法上の制度である「クーリア」とは区別される。王の私的な内輪空間においても、公的領域においても、彼らはいつも馬に乗って王についてまわるのである。私たちがこの小集団について情報を得ることができるのは、とりわけジョワンヴィルのおかげであるが、集団の構成はかなり不均質なものであった。ジョワンヴィルを読めば、三つのグループが、この伝記作者が王の近くにいた時期である二つの十字軍の間、すなわち一二五四年と一二七〇年の間に識別される。まず分かちがたい同僚として、ジョワンヴィルとロベール・ド・ソルボンのカップルがいる。ついで、ルイの娘婿、若きナヴァール王ティボー、および王の晩年には彼の息子、のちのフィリップ三世がいる。最後は、彼のお気に入りの修道士である托鉢修道士たちである。ジョワンヴィルはこの集団のことを語るとき、「われわれ」と書いている。たとえば、こうである。

われわれが［王の宮廷で］内々に侍っていたとき、王はそのベッドの足下に座っていた。そこにいたドミニコ会士やフランシスコ会士たちが、王が喜んでお聞きになられると思われた本をいま一度申し上げたところ、王は彼らにいったものである。「私に本は読まないでくれ。昼食後には「クオリベット」ほどふさわしいものはない(1)」。

「クオリベット」とは、とりとめもなく自由に選ばれる話題のことである。王は「みずから欲するところを語れ」といいたかったのである。

ギヨーム・ド・サン＝パテュスはこの身近な集団を、「彼らは信頼と称賛に価する人々で、王と長らく会話を交わす」と位置づけている[2]。その親密さは、この語の近代的な意味で、会話によってもっともよく表現される。ジョワンヴィルがもっとも幸福に感じるのは、王が自分だけにひそひそ話をするように語りかけてきたことを報告する時である。

彼はあるとき私を呼んで、つぎのようにいった。「そなたのように鋭い判断力をもつ者には、私は神に関わることをあえて話そうとは思わない。それで、そなたに聞きたいことがあったので、この二人の修道士たちを呼んだのだ」。その質問とは以下のようなものであった。「セネシャルよ、神とは何ぞや」。私は答えた。「殿、それはそれ以上善きものが存在しえないほど、善きものです」。「たしかにそうに違いない。良き答えである。そなたの答えは、私がいま手にしているこの本のなかにも書いてある」。

「ところでそなたに尋ねるが」と王は申された。「そなたはレプラを患うか、魂の死さえもたらす大罪を犯すかとすれば、どちらを選ぶか」。そこで一度も王に偽りを申し上げたことがなかった私は、レプラを患うより三〇回罪を犯す方がよいと答えた。修道士たちが出発したあと、王は私一人をそばに呼んで、足もとに座らせると、つぎのように申された。「そなたはどうして昨日あのようなことをいったのか」。そこで私は王にいま一度申し上げましょうというと、王は私に申された。「そなたは、せっかちな軽率者のように、そして愚か者のように話した[3][…]」。

王の語りがより一層親密となるのは、王の子供たちに対してである。「彼は、床に就く前に、御前に子供たちを呼ばせ、彼らに善き王たちや皇帝たちの事績を語って聞かせ、おまえたちもこのような人々の例に従って行動せねばならぬ、と諭したものであった[4]」。

【注】

（1）JOINVILLE, *Histoire de Saint Louis*, pp. 368–369. 後出九四一頁を見よ。
（2）GUILLAUME DE SAINT-PATHUS, *Vie de Saint Louis*, p. 123.
（3）JOINVILLE, *Histoire de Saint Louis*, pp. 14–15〔五一八～九頁および九六〇頁参照〕。
（4）*Ibid.*, p. 380–381.

教えの語り

この道徳的で教育的な語りを指し示すためにジョワンヴィルの頭に浮かんだのは、「教える」、「教え」ということばであった。王の語りには、彼を取り巻いていた托鉢修道士[1]たちの教化的な説教に近い調子が感じられた。私は、王の聴罪司祭であったジョフロワ・ド・ボーリューがいうように、王がみずからドミニコ会士、あるいはフランシスコ会士になろうとは一度も考えたことはないと思う。しかし、托鉢修道士たちがより端的に実践していた語りの領域について、彼は、俗人に許されるかぎりにおいてもっとも遠くまでこの道を進んだ。彼は、王という例外的な俗人が享受する地位、他の者には真似ができないこの地位を利用して、王の語りを実践したのであるが、これは語りによる教えを天職とするこれら新しいタイプの説教師たちの語りに非常に近いものであった。

ジョワンヴィルはいう。「私があなた方に語るのは、私が見たり聞いたりした、王の聖なる語りと、善き教えである[2]」。ここに現れているのは、教義の、そして神学の領域にさえあえて進む、説教する王の姿である。「聖なる王は[3]、その力のすべてを挙げて、語りによって、神が私たちに与えたキリスト教信仰を私に堅く信じさせようとなさった

［…］」。この教えの語りへの熱情は、十字軍への「途上」の間、あるいはその帰還の際や海上においても彼がけっして手放さなかったものである。「読者はあとの方で、海の向こうからの帰還の途上、海上で彼が私に垂れた教えを見い出すことになるだろう(4)」。

この教えへの偏愛を、聖ルイは、その生涯の終わりに息子フィリップおよび娘イザベルへのそれぞれ『教え』として口述筆記させたか、あるいはおそらく自分の手で執筆することで、大きく満足させたことだろう。「愛する息子よ、私はおまえに教える……」。この表現はフィリップに対するテクストのなかに一〇回も現れる。「愛する娘よ、私はあなたに教える……」。イザベル宛のテクストではこの表現の頻度は若干減るが、それは、娘に対してはより距離を置いて――二人称複数〔敬称〕を使用している(5)――、そしてより直接的に語っているからである。そしてイザベルに対しては、命令形を用いている。たとえば、理解せよ、聞け、愛せよ、用心せよ、従順に振る舞え、などなど(6)。

パリ大学でスコラ学が凱歌を上げていた時代の王として、彼は、学者《クレルジー》〔中世の用語法では「聖職者」は「学者」を直接意味することがある〕(7)としてではなく、また必ずしも見栄えのする知的レベルであったわけではない範囲のなかでではあるが、大学のうちで練り上げられていた新しい学問の方法のいくつかを採用している。すでに見たように、彼は「クオリベット」という自由な語りのことを話題としていたが、これはおそらく大学の討論における「自由論題《クオドリベット》」が念頭にある表現であろう。彼はまた、ジョワンヴィルとロベール・ド・ソルボンに好んで「討論」を闘わさせたが、これも大学の教育方法をモデルとするもので、王自身は「教師」(8)として討論の結論を下すのである。「われわれが長い間討論をおこなうと、彼は最後に判定を下していったものである［…］」。

説教の新しいテクニックのなかには、聖ルイがとりわけ好んで実践していたものがある。すなわち「例話(9)」であり、聖ルイはみずからの会話を「例話」で飾り立てるのである。時には、話題は彼の祖父フィリップ・オーギュストの思い出からとられる。この場合には、王の語りは王家の記憶についての語りとなる。「わが祖父、王フィリップがかって私に語ったのであるが、およそ王に対しておこなわれた奉仕には、その価値に照らして、ある者には多く、ある者には少なく報償を与えねばならない。彼は、さらにまたこうもいった。与えることができるものを、時にはきっぱりとあえて拒否することができなければ、領地をよく統治することはできない、と」。ここからつぎの教訓が引き出される。「王はつぎのようにいった。これらの事柄を私はそなたたちに教えておく。なぜなら、この世は求める者のみ多く、魂の救いや身体の名誉に配慮する者は少ない。他人の財産を理由があってもなくても手に入れさえすればよいと考えているからである(10)」。

【注】

(1) L. K. Little, «Saint Louis' Involvement with the Friars», art. cité.

(2) Joinville, *Histoire de Saint Louis*, p. 10–11.

(3) *Ibid.*, pp. 24–25.

(4) *Ibid.*, pp. 22–23.

(5) ギヨーム・ド・サン＝パテュスは、聖ルイがふだんは二人称複数を用いていたことを書き記している。「彼はだれに対しても、通常複数形で話しかけていた」(*Vie de Saint Louis*, p. 19)。

(6) 私がここで参照しているのは、デイヴィッド・オコンネルがパリの国立図書館フランス語手書本一二八一四番および二五四六二番のなかに発見した「原初の」テクストの翻訳である。*Les Propos de Saint Louis, op. cit.*, pp. 183–194.

(7) 前章を見よ。

(8) Joinville, *Histoire de Saint Louis*, pp. 16–19.

(9) Cl. Brémont, J. Le Goff, J.-Cl. Schmitt, *L'«Exemplum», op. cit.*（前出四四六頁注2）; *Prêcher d'exemples. Récits de prédicateurs du Moyen Âge*, présenté par Jean-Claude Schmitt, Paris, 1985. 前出四四四頁以下 および七五一頁を見よ。

(10) Joinville, *Histoire de Saint Louis*, pp. 364–365.

語りによる統治

物語る王、語りによって統治する王である聖ルイは、王が果たすべき二つの至高の職務をこの語りという働きによって行使するのであるが、これこそ君主鑑が称揚していた正義〔＝裁判〕と平和に他ならない。

裁判する王は、みずから審問し判決を下すこともあったが、それはかの有名な「門口の法廷」、ジョワンヴィルが記すところによるとのちに「請願審理《ルケット》」と呼ばれる王宮の法廷において、あるいはもっと知られているところでは、ヴァンセンヌの森の樫の木の下に座して、みずからの面前で裁かせる「訴訟対決」においてである。「それから、彼はみずからの口で彼らに尋ねた。［…］それからまた、彼は彼らにいった(1)［…］」。必要と感じれば、彼は裁判を委ねている者たちの判断に修正を加えた。「彼は、王のために語っている者たちのことばのなかに、あるいは他者のために語っている者たちのことばのなかに修正すべき事柄を見い出した時には、みずから語ってそれを修正した(2)」。

争いを鎮める王としては、その語りによって紛争を調停する。彼の語りは王国のなかだけではなく、キリスト教世界全体においてさえも平和をもたらす。異国人は互いに闘わせておく方がそれだけ彼らが衰弱して王のためになるであろうに、として王の介入を非難する者があったが、これには彼は神のことばを引いてこう答えた。「争いを鎮める者はみな祝福される(3)」。

【注】

（1）Joinville, *Histoire de Saint Louis*, pp. 34–35.
（2）*Ibid.*
（3）*Ibid.*, pp. 376–377.

信仰の語り

しかしながら、彼は托鉢修道士たちがその普及に力を尽くしていた新しい信心行為を体現する王でもあった。彼は、沈黙のなかであっても声を上げてであっても、「口に出して、あるいは頭のなかで」も、祈りの王なのである。[1] 引きこもっている時でも、路上にある時でも、彼が決して忘れなかったのは、祈りを口にすることであった。「彼は馬で旅行している時ですら、同じく馬に乗った礼拝堂司祭たちに聖務日課を声を上げて唱えさせ、歌わせていた」[2]。彼は息子に対してまず第一につぎのように祈ることを勧めている。「口に出しても、あるいは頭のなかでも、一心に祈りを唱えなさい」[3]。それから、さらに息子に勧めるのは別の語りの実践である。すなわち、身近な者の小集団との会話（「愛する息子よ、教会人でも俗人でもよいから、良き人たちと進んで交わりなさい。[…] 良き人たちと進んで語り合いなさい」）、それから公的、あるいは私的におこなわれる説教の聴聞（「公けの説教でも私的な会話でも、わが主について語られる事柄を進んで聞きなさい」）である。[4]

ついで告解の語り、すなわち一二一五年の第四ラテラノ公会議が少なくとも年一回の実施を強制した、口から耳へという司祭への語りがある。彼は、その聴罪司祭であったジョフロワ・ド・ボーリューが称賛している通り、告解を熱心かつ敬虔に実践しており、息子や娘たちにもこれを強く勧めている。「もし心に何かわだかまりがあれば、それをおまえの聴罪司祭か、あるいはおまえの秘密をきちんと守ることができる信頼すべき人間とみなせるだれか他の人に打ち明けなさい。そうすることで、おまえは、もちろんおまえが語ることができる事柄次第ではあるが、より穏やかな心を得ることができるだろうから」[5]。

彼の語りは、とりわけ真実のものでなければならなかった。彼は嘘を嫌悪しており、彼がサラセン人の捕囚となった際にも、彼らに嘘をつくことを拒否したほどである。この点については、彼の列聖審理、および列聖を宣言した教皇文書においても、とくに言及され称賛されているところであった。

この真実の語りへの愛のゆえに、彼は悪しき語りを憎み、とりわけ聖地よりの帰還ののち、一二五四年には、「舌による罪」(6)を厳しく罰することになる。彼自身、罵言、瀆神などの、悪魔におもねるような語りはすべて注意深く避けていた。「私はかって彼が悪魔を名指したことなど聞いたことがない」と断言したジョワンヴィルは、つづけてつぎのように付け加える。「悪魔の名は王国中に広まっていたが、思うに、これが神の思し召しに適うはずはないのだ」(7)。瀆神に対しては、聖ルイは実力をもってこれに対抗する。

王はかくも神とその愛しき母マリアを愛していたので、神やその母について不名誉な事柄や野卑な罵言を語ると思われた者どもに対しては、厳しく罰した。たとえば、私自身が見たところによれば、彼は、とある金銀細工職人が瀆神のことばを吐いたとして、カエサレアにおいて晒し台に縛りつけ、ズボン下とシャツのまま、首のまわりに豚の腸と内臓とを巻きつけさせたが、その量はあまりに多かったので彼の鼻にまで達した。また私は聞いたことがあるだけだが、海の向こうから帰って来たのち、彼はこのこと［瀆神］を理由に、パリのとある市民の鼻と下唇を燃やさせたが、この光景を私自身見たわけではない。そして聖ルイはいったことがある。「卑劣な瀆神のことごとくがわが王国から退けられるという条件ならば、私は灼熱の鉄の刻印をわが身に受けてもよい」(8)と。

その生涯の終わりには、ルイが「悪しきことば」に対して抱く嫌悪感はますます激しいものとなった。教皇クレメンス四世はこれを承認はしたが、罰は四肢の切断、あるいは死刑にまで至るべきではない、と宥めてもいる。彼の死の前年、一二六九年に発布された王令は、瀆神の罪は罰金、あるいは晒し、あるいは鞭打ちによって罰せられることを定めている(9)。

その語りを超えて、聖ルイの生身の声を伝えてくれるテクストが少なくとも一つ残っており(10)、これもまたジョワンヴィルが私たちに伝えてくれている。「彼は、他者の財を奪うことは悪しきことであるといった。なぜなら、返すことはきわめて大変なことだからである。というのも、返すということば *rendre* を発音するだけでも、それは、そこにある二つのエル（*erres*）によって喉をがさつかせるのである。この二つのエルは、他者の財を返そうとする者を背後からいつも狙っている悪魔の熊手に他ならない」(11)。この文章はかくして聖ルイの語りの根本的な特徴を教えてくれるのである。彼は、私たちが俗語、すなわちフランス語で語るのを聞くことができる最初のフランス王であった。

この王の語りについては、二点ほどさらに確認しておこう。第一には、この語りには近代的なものが刻印されていること、第二は、それにもかかわらず、聖ルイの語りは偉大な中世伝統の外観をまとっていることである。

新しい特徴はといえば、この語りは中世初期の王の語りに言及される際につきもののレトリックを欠いている点である。聖ルイは素朴に語ろうとしたし、伝記作者や聖人伝作者たちもこの素朴さを表現しようと努めていたが、この特徴こそ托鉢修道士の聖性や、一二世紀のユマニスムから受け継いだ中庸という理想に合致するものなのである。ジョワンヴィルはこれを特徴づけるにふさわしい美しい表現を見い出している。「これらの語りにおいて、彼は穏和であった」、すなわち「節度のある」人間であった(12)。

【注】

（1）聖ルイの祈りの信心行為については、後出九七〇～九頁を見よ。
（2）Joinville, *Histoire de Saint Louis*, p. 33.
（3）D. O'Connell, *Les Propos de Saint Louis*, *op. cit.*, p. 186.
（4）*Ibid.*, p. 187.
（5）*Ibid.*, p. 187 et p. 193.
（6）C. Casagrande et S. Vecchio, *Les Péchés de la langue*, *op. cit.*（前出五二九頁注6）。
（7）Joinville, *Histoire de Saint Louis*, pp. 12–13, repris pp. 378–379.
（8）*Ibid.*, pp. 378–379. ジョワンヴィルはさらに記している。「私は彼のおそばにいること二二年であったが、その間彼が、神や、その母マリア、あるいは聖人たちに罵言を吐いたことを聞いたことがない。何かについて断言しようとする時には、彼はいつも〈たしかにその通り〉とか〈たしかにかくのごとし〉とかいうのを常としていた」。瀆神のことばを吐いたパリのとある市民へ課した罰については前出二九一頁を見よ。カエサレアでのとある金銀細工職人への罰については、後出八一三頁を見よ。

(9) J. Richard, *Saint Louis*, *op. cit.*, pp. 286–287.

(10)「語り」と「声」については、ポール・ズムトールの二つの素晴らしい本を見よ。*Introduction à la poésie orale*, Paris, 1983, et *La Poésie et la Voix dans la civilisation médiévale*, Paris, 1984.

(11) Joinville, *Histoire de Saint Louis*, pp. 18–19. 前出五二三～四頁および後出一〇九一頁を見よ。

(12) *Ibid.*, pp. 12–13.

最後の語り

しかしながら、生涯の最後にあたってふたたび戻ってきたもの、そして聖人伝作者たちが私たちに伝えてくれているものは、伝統的な王の語りそのものである。聖人伝作者たちは、死にゆく聖ルイにさまざまな事柄を語らせているが、そのなかではギヨーム・ド・サン＝パテュスが伝えていることが、聖ルイの死と臨終の苦しみについての物語の総括的表現にあたるだろう。

まず第一に、死を間近に控えた王はことばを失ったという。「最後に、彼が喋れなくなって四日が経った」。彼は、身振り手振りでしか意志を表わせなくなったのである。これこそ、臨終の者の最後の告解を妨げようとする悪魔の最後の試みなのだが、悪魔も王の心の奥での罪の悔い改めには何も手出しはできなかった。ついで、死の前日、彼はふたたび喋れるようになってつぎのようにいった。「おおエルサレムよ、おおエルサレムよ」。このように語ることで、彼は十字軍参加者であればだれもが想起するこの世の終わりへの期待に加わることになるのである。最後に、死の当日、彼はまずキリスト教徒である王にふさわしい伝統的な語りをおこない、彼に委ねられていた民の救いを神に懇願するが、これはイスラム教徒の土地で彼の軍隊が置かれた状況にも合致するものであった。「わが愛しき主よ、この世にとどまるこの民の感謝を受け、その国に導きたまえ。この民がその敵どもの手に陥ることのなきよう、そして汝の聖なる名を拒否するよう強いられることのなきよう」。

そして、最後の語りはつぎのようなものであった。「父よ、私は私の霊をあなたの保護のもとに委ねます」。ただし、「この聖なる王はこれをラテン語で語ったのである」(1)。死の間際で王は、母語を捨て、聖なることば、教父たちのことばを選んだのである。

【注】

(1) GUILLAUME DE SAINT-PATHUS, *Vie de Saint Louis*, pp. 154–155.

いとも穏やかな身振り

私たちは今日、社会によっては、身振りが何らかの言語体系を構成していることを知っている。あらゆる言語体系と同じく、記号としての身振りは、イデオロギー的で政治的な装置によってコード化、規範化されている。現在までの私たちの調査において想像されるところによると、キリスト教会はとくに異教の身振りのシステムを撲滅することに努力してきたのであるが、これはとりわけキリスト教信仰にとってとくに忌まわしく感じられる領域、たとえば演劇においてであり、同時にこれら異教の身振りを、激しい身振りのなかでももっとも激烈な現れ、すなわち悪魔のとり憑きとして押さえ込もうとしてきた。異教と悪魔が特権的に振る舞う表現形式としての身振りは、常に悪の側から秩序の転覆を狙っており、身体、すなわち「この魂の忌まわしい衣」にあまりにも堅く結びついているので、中世初期の教会の眼には、ちょうど夢と同様に、危険で何をしでかすかわからないものと映っていたのである。古代の文献においてはごく普通の意味であった「身振り」*gestus* ということばや、もっと意味深長であるが「激しい身振り」*gesticulatio* ということばは、検閲を受けて姿を消すか、あるいは部分的に新しい学問上の意味を担うことになったが、これはとりわけ、キリスト教が身体を魂に従属するものとして位置づけ、新しい人間を枠づけようとする領域、すなわち音楽において顕著である。(1) 五世紀に生きたキリスト教徒の修辞学者マルティアヌス・カペッラ以来、身振りは、典礼のなかに位置づけられなければ、「調和し」、法に適うものとは認められなかったのである。

一二世紀以降、抑圧はしだいに管理に取って代わられる。抑圧はまず修道院の規律のなかに現れるが、事実中世初期の修道戒律や慣習律には身振りはまったくみられない。身振りがこの種の史料のなかで何らかの重要性を初めて与えられたのは、一二世紀前半にユーグ・ド・サン＝ヴィクトールによって編纂された『修練士の教育について』*De institutione novitiorum* においてである。「規律」の一つとして現れた身振りは、まず修練士に、それから人間社会全体のモデルであった律修生活の枠を超えて、聖職者や俗人一般に課せられたが、もちろん必要な修正を加えられてである。(2)

一二世紀半ばから一三世紀半ばの時期にかけて、身振りの規格や、身振りのどこまでが法に適い、どこから法にはずれるかという境界が明確に定義されるに至ったが、これは、紀元一〇〇〇年以来キリスト教的西欧社会が経験した発展と変容の結果生まれた新しい社会を律する、さまざまなコードによってであった。すなわち、一方には新しい修道会や教会法によって整備された教会の規律体系があり、他方には社会全体を枠づける王権による立法、さらには俗人世界のエリートに課せられる宮廷風礼儀と貴紳のコードなどがある。これ以降、たとえ身振り記号の検閲や身体に対する蔑視が依然として存在し続けていても、とりわけ一二世紀に確立したキリスト教的ユマニスムの精神は、真のキリスト教徒なるものはこの地上の世において魂の永遠の救いを待ち望むという展望のもとで、「身体と魂」の双方で自分の本分を実現できねばならないと考えたのである。だから、そこには単に身振り記号の道徳的領域だけではなく、最終的な救済という終末論的な領域が存在することとなった。

聖ルイは、一三世紀において、この規律体系の網の目の核心部、中心部に位置する。新しく誕生した托鉢修道士たちは、ユーグ・ド・サン＝ヴィクトールによって開拓された道を進んで、身振りの良き体系を定義していくのだが、彼らのなかでもとくに『修練士のための戒律』*Regula novitiorum* を書いた聖ボナヴェントゥーラや、『修道会の役職について』*De officiis ordonis* をしたためたフンベルトゥス・デ・ロマニス、『諸身分のための説教』*Sermones ad status* の著者ジルベール・ド・トゥールネの名を挙げることができる[3]。律修聖職者をモデルとしていた王は、身振りについても彼らをモデルとしたのである。のちに見るように、彼の聖人伝作者たちは、王の信心行為の実践を叙述する時ほど明確に彼の身振りを描写することはない。ドミニコ会士でもあった王の礼拝堂司祭ギヨーム・ド・シャルトルは、彼の振る舞いは、その習慣、行動、そして「身振り」において、単に王にふさわしくあったのみならず、律修聖職者のようでもあったと強調している。「彼の習慣、行動、そして身振りは、単に王らしいものであったばかりか、律修聖職者のようでもあった[4]」。

それでは、王らしい身振りとは何か。聖ルイの身振りは君主鑑の指針のなかに位置づけられるが、さらに聖別式における身振りと、病いを癒す王として果たす癒しの身振りにおいてその頂点に達する。ここには二つの最重要な用語が現れる。それは「示す」（王が病人に対しておこなう十字のしるしによる）と、そしてとりわけ「触れる」である。なぜなら、病いの癒しは具体的な接触を要求するからである[5]。

最後に、俗人の最高位にある者としての身振りがある。ここでは聖ルイは、宮廷風礼儀が一三世紀に形をとった姿のモデルなのである。荒々しい武人は貴紳となった。

【注】

（1）封建関係のシステムにおける身振りの役割については、つぎのものを参照。J.-Cl. SCHMITT, *La Raison des gestes dans l'Occident médiéval, op. cit.*（前出五三〇頁注12）（邦訳、シュミット『中世の身振り』松村剛訳、みすず書房、一九九六）；Jacques LE GOFF, «Le rituel symbolique de la vassalité» (Spolète,1976), repris dans *Pour un autre Moyen Âge, op. cit.*, pp. 349–420.

(2) HUGUES DE SAINT-VICTOR, *De institutione novitiorum*, dans *Patrologie latine*, t. 176, col. 925–952, cap. XII : «De disciplina servanda in gestu» ; cap. XVIII : «De disciplina in mensa et primo in habitu et gestu».

(3) BONAVENTURE, *Regula novitiorum*, dans *Opera omnia*, t. XII, Paris, 1968, pp. 313–325 ; HUMBERT DE ROMANS, *De officiis ordonis*, cf. V : «De officio magistri noviciorum», dans B. HUMBERT DE ROMANS, *Opera*, éd. J. Berthier, Rome, 1888, II, 213 sqq. ; GUIBERT DE TOURNAI, *Sermones ad status*, Lyon, 1511 : «Ad virgines et puellas sermo primus», f° CXLVI.

(4) *De vita et actibus [...] regis Francorum Ludovici auctore fratre Guillelmo Carnotensi*, dans *Recueil des historiens des Gaules et de la France*, t. XX, p. 29. 後出の第六章「家族のなかの聖ルイ」を見よ。

(5) フランス王による、るいれきの癒しの身振りについては、M. BLOCH, *Les Rois thaumaturges*, *op. cit.*, passim, et notamment p.90 sqq.〔前掲訳書九〇頁以降〕参照。その『伝記』三五章に以下のように叙述されているジョフロワ・ド・ボーリューの証言がある。「彼は病人に触れながら聖なる十字のしるしを付け加えた」(p. 20)。実際にはすでにロベール敬虔王が十字のしるしをおこなっていた。さらに以下の箇所を参照のこと。GUILLAUME DE SAINT-PATHUS, *Vie de Saint Louis*, p. 99（「彼はるいれき病者を呼んで彼らに触れた」et p. 142（「彼はるいれきに冒された病人に触れた」）。

聖ルイの身振りをどこに探せばよいのか

現実の聖ルイをとらえることができるかどうかという問題を、ふたたびしばらく考えてみよう。かって、写真や映画の誕生以前には現実の身振りを再現しうるかどうかは疑われていた。また、身振りの史料として図像のみを特権的に取り扱おうともされてきた。しかし、それはつぎの点を忘れた議論である。芸術や、あるいは単なる形姿ですらそれぞれ特有なコードに支配されていること、そしてかってレアリズムと呼ばれたこのコードは中世も遅くになってからしか現れないということである。さらに、聖ルイのような歴史上の人物の身振りが問題となる際に念頭においてよいのは、この王の同時代の図像はまったく残っていないという事実である。ルルシーヌ通りにあるクラリス修道会修道院やサント＝シャペルのフレスコ画は、一四世紀の初めに製作されたものであり、王の何がしかの特徴や態度の痕跡をとどめていたかもしれないし、それらについてはだれかがその証人となったかもしれないが、今日これらはすべて失われてしまっている(1)。だから、聖ルイと同時代の芸術作品、とりわけ細密画のなかに現れているようなものから、この王の身振りを拾い集めていくしかないのである。この状況を念頭においたうえで、かってアンリ・マルタンは中世の細密画に現れる「王の姿勢」、とりわけ中世の王の身振り言語を特徴づけると思われるある身振りに関心を寄せたことがあった。すなわち、足を組んだ形で座る姿勢であり、これは君主の優越性と怒りの身振りであるというのである。この姿勢は、とりわけ聖ルイの同時代史料で、一般的にも測りがたいほどの価値をもつ、ヴィラール・ド・オヌクールの画帳のなかに図式的に現れている。もう一つの例外的な史料は、おそらく「現実の」身振りを伝えるものだが、これはたぶん、最終的には一二二六年に戴冠した聖ルイではなく、彼の息子フィリップ三世が一二七一年の聖別の際に実行するもので、その父の治世の間に整備されたモデルにもとづくものであろう。この史料は、すでに見た(2)ランスの「聖別式儀典書」を飾る細密画であり、おそらく一二五〇年より少し前に作成され、彩色された。しかしながら、これは聖別の際に王によってただ一度だけとられた身振りなのであり、王の儀式を表わす史料としては、たしかに本質的な重要性をもつが、孤立した特例にすぎない(3)。

その他については、私たちは、聖ルイの身振りをもっぱら文献のなかに探らざるをえない。ここでの問題は、それらの身振りの描写について伝記作者たちがおこなった選択という問題、それから彼らが身振りを語る場合のやり方の問題であり、後者は単なる仄めかしから、何らかの身振り全体を詳細に描写することまでのすべてのやり方が含まれる。この点については、まず予備的指摘を二点ほどしておこう。

まず第一には、聖ルイの伝記作者たちはすべて、そのレベルはさまざまであったにせよ、単にだれかを褒めたたえることを旨とするだけではなく、より厳密には聖人伝作者であったという点である。したがって、この種のテクストにおいては、聖ルイの身振り記号は、本質的にもっとも高い価値をもつキリスト教徒モデルに合致する典型として表現されているのであり、そもそもからして宗教的な身振りに圧倒的な比重が置かれているのである。この聖人伝を語るという意図は、時たまではあるが、身振り記号というレベルでのさまざまな緊張関係を強調することになる。これらはつぎのようなものの間の緊張関係として現れる。すなわち、彼が実際そうであった俗人という地位と、彼がおそらくかくありたいと望んだ聖職者や律修教会人という地位との間に、そして、その職務のゆえに、「傲慢」*superbia* に陥らずに、多かれ少なかれしばしば「威厳をもって」振る舞うべく努力し、またそうありたいと望んだ王という地位と、一三世紀という時代の聖性、とりわけ謙譲の精神によって深く刻印されているものとして、彼がさらにまた、かくありたいと望んでいた聖人という地位との間にである。ジョフロワ・ド・ボーリューのある一節は、聖ルイが、その謙譲心のゆえに、いかにして本来王の尊厳とは両立しないと思われる身振りを果たすことになったのかを示してくれている。

ある土曜日、聖ルイがシトー会士のもとクレルヴォー修道院に滞在していた時のことであるが、王は「貧者の足を洗う儀式に参加したいと望んだ。[…] 謙譲心から彼は何度もその上着を脱ぎ、ひざまずいて、手ずから神の僕たちの足をへりくだって洗おうと欲した。しかし、そこには彼に身近な存在ではない諸侯 (*magnates*) もいたので、彼らの助言を入れて、彼はこの謙譲の義務を果たすことを差し控えたのである(4)」。

ジョワンヴィルのテクストは、彼が俗人であったことから、その主人公を過度なまでに教会の眼から眺めるという偏向からはまぬがれているという利点がある。これは彼が書いたのが私的な回想であり、またおそらく王の死の直後、列聖の前にその口述筆記が開始されたので、聖人の姿だけでなく、彼が自身で見聞した聖ルイのその他の性格特徴をも叙述しているからである。すなわち、王としての姿、すなわち、騎士として、領主として、評議会《コンセイユ》の審議を受けて審判する君主として、裁判官として、そして平和をもたらす者として、その最重要の職務を果たす封建社会の王の姿や、自分の友としての聖ルイの姿である。ジョワンヴィルは、二つの身振り記号、すなわち、一方には騎士、戦士としての激しい気性と暴力を事とする人間の身振り、他方では貴紳の士としての省察と抑制を範とする人間の身振りとの間の緊張関係の証人でもある。たとえば、聖ルイはエジプトへ出帆したとき、勇敢さを発揮するという誘惑に負け、冷静な知恵を忘れた。すでに見たように、彼の激しい身振りは同席した「貴紳の士たち」には非難されたのである(5)。

第二の指摘は、身振り領域内部の性格分類に関わるが、これはこの時期の史料と規範的なコードの性格によって変わる。私は結果として三つのタイプの身振りを区別することになったが、それらを身振り——および聖ルイの身振り——として定義すること自体、じつは「ア・プリオリには」自明ではないのである。

第一のタイプは、「暗黙の意味をもつ」身振りであり、これらは伝記作者が叙述も名指しもしない行動のなかに含まれる。たとえば、食べる、寝る、命令する、馬で旅する、などがそうである。これらの行動に結びつけられている身振りの全体は、しかしながら重要な意味をもつ。これらの行為全般は必ずしもいつも詳述されるわけではないので、これらの身振りが伝記作者によってしばしば言及されているという事実それ自体、このとき問題となっているのが、量的にも質的にも何かある特定の意味を帯びている身振り記号であることを示している。事実、これらの行動すべてはこのとき、聖ルイに対して何らかの問題を提出していたのであり、それらはたしかに、行動が要求した身振り、王の職務が課す身振り、そしてしばしば矛盾するものとして現れるが、彼の宗教的な理念が鋭く要求する身振りだからである。たとえば、食べたり、寝たりすることは、何らかの身体の規律を前提とするが、ここでは彼の苦行者としての理想が、彼の地位に結びついている食事の豪華さや、俗人としての、とりわけ戴冠を受けた俗人としての眠りの習慣に対立するものとして現れる。(6) 命令することも、聖ルイがとりわけ尊敬の対象である教会人を相手とするとき、とくに微妙なものとなる。(7) 馬で旅することは、王の信心行為の通常の時間の使い方を混乱させることになったが、これは彼の宗教的な実践が、修道院での生活のような定住性や規則性を当然要請するものであるがゆえに大きな問題となる。(8) W・Ch・ジョーダンとは異なって、私には、聖ルイはこの困難な課題を容易に解決していたように思われるのだが、それでも緊張関係は存在したのである。

第二タイプは「受け身の」身振りである。中世西欧のような非常に階層化された世界においては、ある人間の社会的な地位やその倫理の内容は、とりわけその人間の地位を確立させ、意志を相手に課す際の身振りと、逆に何らかの強制をこうむる際の身振りとの間の対応関係として現れる。(9) ところで、聖ルイは、その生涯にわたって二つの面で、そのようにいってよければ、積極的に受け身であった。まず第一に、その幼少期には、中世の価値体系から自動的に引き出される子供のイメージ、すなわち幼少期からできるだけすみやかに脱出して大人になれなければ、いわば無存在のままであるというイメージ通りに、従属し、服従することによって存在していたのである。彼は当時、その母と教師によって模範的に教育されていたが、母は厳しく、教師は肉体的な罰を加えることをためらわなかった。[10][11] もう一つの服従は神に対してである。それは彼の信心行為の実践や殉教者として生きることの追求のなかに現れる。[12]

私にとって聖ルイのなかに確認することが有益と思われる身振りの第三のカテゴリーは、「消極的な」身振りである。中世、とりわけルイが生きた一三世紀には、人間が自分の可能性を最大限解放できると、はっきり考えられていたような世紀であるが——中世初期のこの世の蔑視を事とするキリスト教と、中世末期の怖れにとりつかれたキリスト教との間のいわばオアシスである——、こうした一三世紀に生きるキリスト教徒としては、自分の積極的な行動と身振りを通してと同じくらい、差し控えねばならないこと、しないこと、つまり悪魔に——消極的な形で——抵抗することを通して、救いに到達しうると考えられていた。伝記作者たちが語る聖ルイの身振りのなかには、彼がおこなわなかった身振りが含まれている。たとえば、ギヨーム・ド・サン＝パテュスはつぎのように状況を観察している。「彼はふさわしくないあらゆる遊びを避け、あらゆる不名誉なことや醜いことをしないように気をつけ、さらにだれをも、行いによってもことばによっても、傷つけず、どのようなやり方であれ、だれに対しても中傷したり非難したりはしなかった。彼を怒らせるようなことを、ある時しでかした人物を叱る際にも、彼は非常に穏やかであった。[…] 彼は世俗の歌謡は歌わなかったし、その取り巻きのだれかがそれらを歌うことも許さなかった[13] […]」。

伝記のなかで、もっとも充実した聖ルイの身振りの情報を伝えてくれているのはジョワンヴィルの『聖ルイ伝[14]』とギヨーム・ド・サン＝パテュスの伝記である。ギヨームの伝記には、さまざまな資格で王の身近にいた他の伝記作者にみられるような、具体的なイメージや思い出に欠けるところがある。しかしながら、彼の伝記は、おそらく一方では聖ルイの側近からもたらされた情報、他方では列聖手続きのための書類からの情報にもとづくものであり、それゆえ、もっとも完全な規範的なテクスト、最良の「聖なる王の鏡」なのである。

【注】

（1）これはアンリ・マルタンのつぎの論文での指摘である。Henri MARTIN, «Les enseignements des miniatures. Attitude royale», *Gazette des beaux-arts*, mars 1913, p. 174. この論文は別の点でも、その書かれた時代を考えれば特筆すべきパイオニア的仕事である。

（2）前出七二八頁を見よ。

（3）後出一〇五〇～四頁を見よ。

（4）GEOFFROY DE BEAULIEU, *Vita, op. cit.*, p. 6.

（5）JOINVILLE, *Histoire de Saint Louis*, pp. 89–91. 前出四六七頁を見よ。

（6）聖ルイの食事の習慣とそれが引き起こす緊張関係については、後出七八五頁以下を見よ。

（7）聖ルイが聖職者に対して表わしていた尊敬のしるしについては、GUILLAUME DE SAINT-PATHUS, *Vie de Saint Louis*, pp. 50–51 et 53–54 を見よ。

（8）馬での旅行が聖ルイの信心行為の実践に及ぼした混乱については、GUILLAUME DE SAINT-PATHUS, *ibrd.*, pp.34–35. 前出七〇〇頁および後出七七五～七、九七二、九七六頁を見よ。

（9）もっとも極端なケース、すなわち煉獄での滞在の場合には、もはや善行をためることはできず、贖罪と浄めの罰に身を委ねるわけで、それゆえ身振りはまったく受け身となる。この問題については、J. LE GOFF, «Les gestes du Purgatoire», dans *Mélanges offerts à Maurice de Gandillac*, Paris,1985, pp. 457–464 を見よ。

（10）種々の伝記は、ブランシュ・ド・カスティーユが、自分の息子が永遠の死に価する罪を犯すぐらいなら死んだ方がよいとか (GUILLAUME DE SAINT-PATHUS, *Vie de Saint Louis*, p. 13)、その息子が悪しき王であることが明らかなら、フランス王国は彼よりもむしろスコットランド人によって統治された方がよい (JOINVILLE, *Histoire de Saint Louis*, éd. Corbett, pp. 86–87) などと、公けに述べたというエピソードを競って伝えている。

（11）「この教師は時おり規律のために彼を打った」(GUILLAUME DE SAINT PATHUS, *Vie de Saint Louis*, p. 18)。

（12）例として、「われらが主〔の運命〕を身体にて受ける彼の信心行為について」(*ibid.*, p. 39)。ジョワンヴィルは、第一回十字軍の際にすでに、聖ルイの行動は殉教者に等しいとみなしている。「思うに、もし彼を殉教者の列に加えないなら、彼に対して正当であるとはいえないであろう。彼は、私自身参加した六年におよぶ十字軍の巡礼において、あれほどの大きな苦難を耐え忍んだのであるから」(Corbett éd., p. 84)。ギヨーム・ド・シャルトルはつぎのように証言している。「戦闘が終わり、生涯の最期が近づき、統治を栄光のもとに果たしたのち、この王は、その苦難のゆえに、殉教者の類いなき冠を受けるために天上の王国へと赴いたに違いない」(Guillaume de Chartres, *De Vita et de Miraculis*, *op. cit.*, p. 36)。

(13) Guillaume de Saint-Pathus, *Vie de Saint Louis*, p. 18–19.

(14) 私は、第二部第九章で、ジョワンヴィルが聖ルイについて抱いていたイメージの検討をおこなった。Maureen Durlay Slattery, *Joinville's Portrait of a King* (Thèse de doctorat de l'Institut d'études médiévales, Université de Montréal, 1971) という文献があるが、私は参照していない。

聖なる王の身振り

この王妃マルグリットの聴罪司祭〔ギヨーム・ド・サン＝パテュス〕は、その序文のなかで予告していることだが、自分はこの著書では列聖手続きにおける証人の証言順序、「時間の秩序」、すなわち時間軸に沿っての順序には従わず、それに代えて別の叙述順序を採用したといっている。すなわち、関係する事実の「位階の秩序」、「組み合わせのもっともふさわしい秩序」、いい換えれば、まず「幼少期」と「成長期」――成人への準備という意味によってしか価値のない、人生のとるに足らない時間――に二章をあてたのちは、テーマ別の階層構造に従って諸々の徳を論述するのである。私たちがここに識別することができるのは、もっとも重要なものからもっとも外見的なものに至る、聖なる王の身振りなのである。まず第一に叙述されるのは、神に対する三つの徳に関係する身振りである（第三章から第五章）。すなわち、「堅い信仰」、「真っ直ぐな希望」、「強い愛」であり、これらはそれぞれ信仰の、希望の、そして慈愛の身振りを定義づける。つづいて敬虔な行為の実践がくるが、これは、「熱烈な信心行為」、「聖書の研究」、「神への献身的な祈り」であり（第六章から第八章）、それぞれ信心行為、聖書の読書、祈りの身振りの叙述がおこなわれる。さらに、諸々の徳が叙述される。すなわち、「近親の者への強い愛」――これは聖ルイの場合には、母ブランシュ・ド・カスティーユに対する愛着、および妻マルグリット・ド・プロヴァンスに対して表わしていたようにみえる、単に子供を産む道具に対する以上の熱意を除けば、父および長男としての身振りである——、「思いやり」、「憐憫の業」（すなわち憐れみ）、「深い謙譲心」、「克己心の強さ」、「贖罪の厳しさ」、「良心の美しさ」、「禁欲の聖性」（第九章から第一六章）。さらには王としての諸々の徳の列挙、すなわち、「正義の真っ直ぐさ」、「飾りのない正直さ」、「敬虔な仁慈」（第一七章から第一九章）。そして最後に、その生涯でもっとも価値あるもの、すなわち常に聖性のなかにあったという生涯の最期に、この一生の絶頂点として、殉教者にも等しい十字軍途上における死がくる。「その一生は長くねばり強かったが、その死は幸福なものであった」。

大団円——聖なる死の身振り

第二〇章、すなわち最後の章で、ギヨーム・ド・サン＝パテュスは、チュニスを前にしての聖ルイの、王としての、それからキリスト教徒としての死の身振り、すなわち身振りの大団円を叙述する。

彼は約三週間の間、病いを患った。病いの初期には、非常に重い状態にあったにもかかわらず、ベッドに横たわったまま、その礼拝堂司祭の一人と一緒に、彼は朝課およびその他すべての聖務日課を唱えていた。さらに、ミサおよびその他すべての聖務日課が、彼のためにテントのなかで声を上げて歌われ、毎日彼の面前で読唱ミサもおこなわれていた。十字架が彼のベッドの前、彼の目の前に置かれていたが、これは彼の病いが重くなりはじめた時に、彼の命令でそこに配置されたのである。彼は非常にしばしば十字架を見つめたり、眼差しを向けたり、手を合わせて拝んだりしていたが、毎日、朝まだ何も食べていない時に、十字架を持ってこさせ、いとも高き信仰心と敬意をもってそれに口づけし、抱きしめていた。彼はしばしば、その創造者である神に対して、その病いについて感謝を捧げ、非常にしばしば「パーテル・ノステル」、「ミゼレーレ」、および「クレド」の祈りをくりかえし唱えていた。聖なる王は、死に至らしめる病いに冒され、ベッドに横たわったままになって以降、毎日このようにみずからにつぶやき、おそらく詩編や祈りを唱え、しばしば涙を拭って神を讃え賛美していたのである。病いの間、彼はよく説教修道会修道士ジョフロワ・ド・ボーリューに告解をおこなっていた。それからまた、病いの間、聖なる王はイエス・キリストの聖体を求め、何度となくこれを拝領した。イエス・キリストの聖体を拝領するために、彼のもとにそれが持ってこられる際には、聖なる王は、聖体を運ぶ者が寝室に入ってくると、病いで弱っていたにもかかわらず、ベッドから降りて地面に立ったが、この時すぐさま彼の側近が彼にコートを着せかけた。聖なる王は、イエス・キリストの聖体を拝領する前に、かなり長い間地面に身をかがめて祈り、それから地にひざまずいて、いとも高き信心にて、これを拝領した。彼は一人ではベッドに帰れず、お付きの者たちが彼をベッドへ戻した。聖なる王は、終油を求め、ことばを失う前に塗油を受けた。

最後に、彼は四日の間ことばを失ったが、まだ意識ははっきりしており、組み合わせた手を天に掲げたり、時おり胸を打ったりしていたし、彼がおこなう仕草から察するに、人々のことも認識していた。彼はわずかではあったが、食べたり飲んだりしたし、人が何かを拒絶したり要求したりする際によくするような手の仕草もしていた。

病状が悪化すると、彼はごく低い声でうなりはじめたが、まわりの人が詩編を唱えると、善き王は唇をかすかに動かした。

死に先立つ日曜日に、修道士ジョフロワ・ド・ボーリューは、王のもとにイエスの聖体を運んだが、王が伏せている寝室に入ると、彼には王がベッドの外で地にひざまずいているのが見えた。ベッドのかたわらで両手を組み合わせてひざまずいた王の姿を見い出したのである[1][…]。

これらは、祈ったり、聖体拝領を受けたり、身振りが困難な時には顔つきや眼、そして手のしるしで合図した病人の身振りであった。これらはまた、極度に衰弱していたにもかかわらず、主の聖体を前にするとベッドから離れるという、寝たきりのキリスト教徒の身振りでもあった。そして、もはや喋れなくなって、しるしでことばの代わりをした死にゆく者の身振りであった。ルイは、彼に残されていたあらゆる身振りの方策を尽くして、自分の信仰を表わしたのである。

【注】

（1）GUILLAUME DE SAINT-PATHUS, *Vie de Saint Louis*, pp. 153–155.

信心行為の身振り

キリスト教の信仰体系では、身振りは、心の動き、人間の内面の徳の表現であり、その外への現れでなければならなかった。ところで、聖ルイは、彼の信心行為を「心の奥にとどめる」ことはできず、「これをいくつものしるしによって表現することになるであろう」(1)。身振りとは記号、すなわち *signum* という語のアウグスティヌス的意味において、象徴なのである。したがって、これらは中世の一大象徴体系の本質的な要素の一つとして理解されねばならない。

これらはまず第一に、この王が動きまわる空間との関係で定義される。ここでは、すでに見たように、以下の二つの状況が大きく区別される。すなわち、王が宮廷にいるか、あるいは宿泊地にいる時と、王が旅の途上にある時すなわち「馬で騎行している」時である。前者の場合、ルイは律修教会人に倣った敬虔な行為を実践し、聖務日課を果たすために寝室と礼拝堂、あるいは個人礼拝室の間を行ったり来たりするのである（「彼はそこから寝室へと戻った」「聖務日課の時間がくると聖なる王はベッドへと戻ることになっていた」）。彼が信心行為をおこなっている間のもっとも意味深長な身振りは、ひざまずくことであったが、さらに、とりわけ彼は勤行の最中には決して座ることを（地面に座ることは例外）しなかった（「教会や礼拝堂へ入ると、彼はずっと足を揃えて立ち尽くすか、あるいは地面か敷石の上にひざまずくか、あるいは前にあるベンチに脇腹の一方をもたせかけ、下にはクッションを置かず、ただ地面に広げられたカーペットの上に直接座るかであった」）。これらの状況においては、王はけっして一人でいたわけではない——なぜなら身振りの意味作用は、他の人間、すなわち話し相手や観衆の存在に依っているのであるから。礼拝堂付き司祭たちが彼の周囲に、「彼の面前に」いたわけで、それゆえ彼はその信心行為の実践にあたって、いわば彼の教会人たる分身に伴われており、彼はその信心行為の身振りそれぞれを「彼の礼拝堂付き司祭の一人とともに」果たしていたのである。馬での旅行中には、彼は、その信心行為の身振りをもっともよく果たすことができる駐屯地を見つけようと努力していた。

これら二つの主要な信仰空間に、三番目のものを付け加える必要もあるだろう。ルイ九世は健康に不安があり、彼の苦行実践も健康状態を損なうものであってはならなかった。「王が病気であった」時や「彼がベッドに横たわっていた」時には、彼の寝室が礼拝堂に変わった。この際の身振りは口頭の語りに限定され、「非常に弱っており、話すことができない時には」、彼の教会人たる分身が彼の代わりをしたのである。「彼は、自分のために詩編を読むもう一人別の聖職者をそのかたわらに置いていた(2)」。

その他の宗教上の実践は、説教を聞くこと、聖体の拝領、十字架や聖遺物への崇敬、聖職者たちへ尊敬のしるしを表わすことなどに関わる。彼は説教を好んで聴いたが、これは二つのタイプの身振りを導くことになる。すなわち、一つは謙譲心をもって説教を聴くために「地面に座ること」であるが、いま一つは、同様の謙譲心をもって、時おり「彼は説教を聴くために一日に二度、四分の一里を〈徒歩で〉歩いた(3)」ことである。聖体拝領の際の身振りは、「いとも多くの信心行為をもっておこなわれるべきもの」であった（王は一年に六回、すなわち復活祭、聖霊降臨祭、聖母被昇天祭、死者の記念日、クリスマス、聖母お浄めの祝日にしか、聖体拝領を受けないのであるから、その回数はあまり多くはない）。すなわち、「彼は、聖体拝領を受ける前に、手と口を洗い、頭巾や帽子を脱いだ」。そして祭壇の前では、「彼は手を合わせて、祭壇まで歩くのではなく、ひざまずいたまま進んだ」。教会の内陣に着くと、「彼は祭壇まで歩くのではなく、ひざまずいたまま進んだ」。

ため息と呻き声を多くもらしながら、自身の罪を告白するのであった[4]」。

彼の十字架に対する信心行為は、とりわけ聖金曜日においては、「彼がその時いた場所の近くにある」多くの教会への参詣によって特徴づけられていた。彼はそこに赴き、「素足で」ミサを聴き、ついで、十字架を崇めるために頭巾と帽子を脱ぎ、被り物なく、ひざまずいて十字架まで進み、これに「口づけした」。最後に、「彼は十字架に口づけしている間中、十字架の形になって地面に身をかがめたままでいたが、彼はこうしながら涙を流しているように思われた[5]」。

聖遺物に対する信心行為においては、その他の身振り、すなわち、行列の際の身振りや、聖遺物を肩に担ぐという身振りが現れる。「行列の際、聖なる王は、司教たちとともに、みずからの肩の上に、前述の聖遺物を担いでいた」。このような場合、王はその信心行為を、単に礼拝堂付き司祭や何人かの聖職者の前だけではなく、「パリの聖職者と民衆[6]」を前にして披露するのである。公けの信心行為の身振りというわけである。最後に、これらの身振りは、聖職者やとりわけ修道士を前にすると、ある特定の価値体系を浮き彫りとするが、これらは態度によって表わされる。すなわち、空間内に置かれた位置との関係で表わされる上下関係、称賛の表明や模倣などである。

王はその礼拝堂付き司祭たちに、「聖なる王の食卓より高い、あるいはそれと同じ高さの」食卓で食事をとらせており、「貴紳たち」を前にすると「この聖なる王は立ち上がった[7]」。ルイは「非常によく、そして非常に親しく、教会や宗教施設［すなわち、托鉢修道会やその他の伝統的修道院］を訪れていた」。彼は、修道士たち、とりわけシャーリスのシトー会修道士たちの行いや身振りを熱意をこめて観察していた。毎土曜日、晩課のあとでおこなわれる貧者の足を洗う儀式の際には、彼は「いとも大いなる信仰心でもって、前述の修道士たちがおこなうさまを見つめていた」。彼は修道院長に従って寝室の扉の前まで赴き、そこで修道院長が、これから就寝する修道士それぞれに対して祝福の聖水を与えるさまを見ていた。「彼は大いなる信仰心でもって、おこなわれるさまを見つめていた[8]」。彼は修道士の身振りを真似て、「一人の修道士として、修道院長から聖水を受け、頭を垂れたまま、回廊から外に出て、彼の宿舎へと赴いた[9]」。

ギヨーム・ド・サン＝パテュスがここできわめて詳細に身振りについて語っているのは、聖ルイを、俗人としては可能なかぎり、修道士や律修聖職者の立ち居振る舞いに近い人間として表現するためであった。身振り[10]は、キリスト教徒の身分、地位、価値を判別するコードなのである。ちょうど身振りによって異端が判別されるように、敬虔な俗人、聖人も身振りで認識されるのである。

【注】

(1) 私がここで取り上げるのは、この『伝記』を構成する二〇章のうち、もっとも長い第一六章において言及されているものだけとする。この章は、ルイ九世の「篤き信心行為」の叙述にあてられており、ドゥラボルド版一四三頁中、序論の一三頁を除いて二〇頁を占めている。

(2) GUILLAUME DE SAINT-PATHUS, *Vie de Saint Louis*, pp. 32–52.

(3) *Ibid.*, pp. 38–39.

(4) *Ibid.*, p. 39.

(5) *Ibid.*, p. 40. 口絵写真11参照。

(6) *Ibid.*, p. 42.

(7) *Ibid.*, p. 50.

(8) *Ibid.*, p. 51.

(9) *Ibid.*

(10) 異端の身振りについては、Jean-Claude SCHMITT, «*Gestus, gesticulatio.* Contribution à l'étude du vocabulaire latin médiéval des gestes», dans *La Lexicographie du latin médiéval et ses rapports avec les recherches actuelles sur la civilisation du Moyen Âge*, Paris, 1981, p. 386 et n. 45 ; Emmanuel LE ROY LADURIE, *Montaillou, village occitan de 1294 à 1324*, Paris, 1975, «Le geste et le sexe», pp. 200–219〔邦訳、ル＝ロワ＝ラデュリ『モンタイユー』（上）井上幸治・渡邊昌美・波木居純一訳、刀水書房、一九九〇、「身振りと性」二〇九～二三〇頁〕。

モデルと人格

一三世紀末という時期には、身振りは、何らかのモデルと同時に、ある人間の人格をも表わすものであったのだろうか。聖ルイの伝記作者たちが私たちに伝えてくれる身振りは、何らかの王権や聖人のモデルだけでなく、人間としての聖ルイの個性にも接近させてくれるものなのであろうか。

確かなことは、彼ら伝記作者たちは、聖ルイを通して、さまざまなモデルに合致する人間像を造形しようとしていたという事実である。しかし、そこにはそれ以上の内容も存在する。ボニファティウス八世の言によれば、聖ルイの同時代人は、彼のなかに一人の人間以上のもの、一人の超人を見ていたように思われるのだが(1)、これは一般に考えられてきたほど例外的なことではないにせよ、いずれにせよ驚くべきことである。ここからすれば、聖ルイの人格はその同時代人にはとらえがたいものであったということなのであろうか。ギヨーム・ド・サン＝パテュスによれば、ジョワンヴィルもまた、この同じ考え方をずっと伝統的なやり方ではあるが表わしていたという。「彼〔ジョワンヴィル〕は、およそ人間存在のなかに認められるものすべてにおいて、彼〔聖ルイ〕以上に均整がとれ、まったき完全さを有する人間など見たこともなかったのである(2)」。

私の考えでは、まず第一に、聖ルイが貧者とともに表わされているとき、その身振りは、身振りそれ自体のレベルで現れ、より「真実」そのままであったように思われる。たとえば、盲人たちに食事を提供する際、彼はつぎのような身振りを示す。

> これら貧者のなかに、盲人、あるいは視力の弱い者がいた時には、聖なる王は、その者に一杯の鉢を渡し、手でどのようにこの鉢を扱えばよいのかを教えた。また、視力の弱い者、虚弱な者がいて、その前には魚が置かれてい

た時には、聖なる王は、魚の身切れを取り上げて、手ずからその骨を親切にも取りはずし、ソースにつけて、病人の口へと運んだ(3)。

私はとりわけ思うのであるが、私たちは、彼ら伝記作者たちによって取り上げられ叙述されているこの種の身振りによって、単にモデルに合致している、また規範となすべき実例としての聖ルイ像のみならず、歴史上存在した彼の個性をも認識できるのである。「真実の」聖ルイに接近可能であるという私の確信を、身振りについてさらに固めてくれる理由として、少なくともつぎの三つが挙げられる。

第一は、彼のことを知り、また接してもいた彼ら伝記作者たちは、伝記の読者や聞き手に対して、彼らが、真実この偉大な王、このとてつもない人間、この聖人の身近にいた者であり、時にはその友人でもあったことを認めさせようとしてきたという点である。伝記作者たちは、この特権が自分たちにもたらす誇り、あるいは幸福、あるいはその双方を正当化するために、一人の人間の生きたさまを描いた。というのも、彼らが生きた一三世紀末という時期は、芸術において「レアリズム」が普及し、肖像画が誕生しかかっていた時期であって、人間の生きざまを描くことこそ、作者が主人公をよく知っていたことの正当化の証拠として、皆が期待するものだったからである。とりわけ、ジョワンヴィルという人間はこの野心をもっていた。ジョワンヴィルは、彼が王の船の窓際にいたとき、聖ルイが後ろからやって来て彼の肩に寄りかかり、彼の頭にその両手を置いた時のことを叙述している。フィリップ・ド・ヌムールだと勘違いしたジョワンヴィルは、「放っておいてください。フィリップ殿」と叫んだ。王の片手が顔の上に下がったので、ジョワンヴィルはその指にはまっているエメラルドによって、この親密な身振りの主を認識したのである。この逸話において、この単純で親愛の情あふれる身振りによって表現されているのは、まさしくルイその人である(4)。

伝記作者たちは、非常にしばしば、王が、寝台の足下で身近な者たちとお喋りするために、またパリの王宮の庭園やヴァンセンヌで裁判をおこなうために、そして説教を聴くために、地面に座り込んださまを描いているが、ここに私たちは、単にボニファティウス八世が強調するような謙譲心の規範に合致する身振りだけではなく、人間聖ルイの身体上の姿勢についての個人的好みをも認めることができるのである。

最後に、そしてとりわけ重要なのは、聖ルイの人格は、本質的には、キリスト教モデルに自分の身振りすべてを合致させようという意志のなかにこそ現れているのではないか、という点である。エジプトで、そしてとりわけパレスチナの地で、彼は、実例を示して布教せよと宣言した。伝記作者たちが伝える聖ルイの身振りが、キリスト教の身振り体系のモデルに合致したものであることは、これ自体、聖ルイの人格が、彼が標榜するさまざまな理念を身振りによって表わす努力のなかにこそあることを示してはいないだろうか。王と王の肖像は、歴史的には結び合わされてしまったのではないだろうか。

【注】

（1）「私たちが部分的に見たり、ありうることとして聞いたり知ったりしたこととして、彼の生き方は単に人間のそれではなく、人間を超えたものであった」（*Recueil des historiens des Gaules et de la France*, t. XXIII, p. 149）；「私たちがまちがいなく断言していえることには、彼の好意と恩恵に満ちた外見は、彼が人間以上のものであったことを示していた」（*ibid.*, p. 153）。これまで一般には、これらの表現は中世文学上類例なき表現と考えられてきた。事実はといえば、ジャン＝クロード・シュミットが私に指摘したことだが、ヴァラッツェのヤコポが『黄金伝説』（Éd., Graesse, p. 449）の、オーセールのゲルマニクスについての箇所で、つぎのような一節を書いている。「彼は、その行いのすべてにおいて人間以上の存在であった」。この表現は、五世紀にリヨンのコンスタンスによって著わされた、オーセールのゲルマニクスの原初版聖人伝のなかには見当たらない。「人間以上の」という表現は、ある種の奇蹟をおこなう聖人については、中世盛期の聖人伝語彙に属するものと思われる。しかし、一二世紀の神秘主義思想家リシャール・ド・サン＝ヴィクトールについて、ダンテが似たような表現を用いており（彼は「思弁にかけては人間の域を超えた」〔『神曲』天国篇、第一〇歌一三二行〕）、ここから考えると、この観念は聖性の領域以外に広まっていたとも思われる。

（2）GUILLAUME DE SAINT-PATHUS, *Vie de Saint Louis*, p. 133.

（3）*Ibid.*, pp. 79–80.

（4）JOINVILLE, *Histoire de Saint Louis*, éd. Corbett, p. 172〔五六六頁参照〕。このエピソードの解釈については、ミシェル・ザンクに想を得ている。M. ZINK, «Joinville ne pleure pas, mais il rêve», art. cité.

（5）「彼はほとんどいつも寝台の足下に座っていた〔…〕」(*Recueil des historiens des Gaules et de la France*, t. XXIII, p. 149)。

貴紳王

その語りにおいても身振りにおいても、聖ルイがとりわけ望んでいたのは、彼にとってもっとも高尚と思われた人間理念を実現することであったが、これこそ、一三世紀に、勇敢な戦士と雅びな宮廷人という二つの理念を統合し、手なづけてしまうことにより、これらに置き換わりつつあった理念、すなわち「貴紳《プリュドム》」の理念であった。

中世という時代は、大諸侯に、とりわけ王に対して好んであだ名を付ける時代であり、この時期にはまだ、彼らを家系継承の順序で示す習慣は確立されていなかった。一二九三年と一二九七年の間に編纂された、ポワティエ伯の遍歴楽人《メネストレル》の年代記はフランス王の系譜を含んでいるが、そこではルイ（九世）、その息子フィリップ（三世）、その孫フィリップ（四世）は、それぞれルイ「貴紳王」、フィリップ勇胆王、フィリップ端麗王と呼ばれている[1]。

貴紳とは、その人物がもつ慎重さ、賢明さ、中庸といった性格によって定義される。ジョワンヴィルは、勇敢ではあっても貴紳ではない騎士の例としてブルゴーニュ公ユーグを挙げ[2]、ユーグについてこの判断を下したのはフィリップ・オーギュストであるとして、それは「勇敢な戦士 *preuhomme* と、貴紳 *prudhomme* との間には大きな違いがある」からという。

一二四四年にリヨンで、皇帝フリードリヒ二世は教皇インノケンティウス四世に対して、聖ルイの仲介を求めることを提案しているが、それは彼が貴紳であるからという。「そして、彼は、貴紳であるフランス王にこの件につき頼る準備があった[3]」。そして、王自身もこの資格をみずから望んでいたのである。ジョワンヴィルによれば、ルイはロベール・ド・ソルボンに対して以下にように打ち明けたという。「ロベール師よ、もしも私がそうであるなら、貴紳の名で呼ばれたいと思っている。そのためには他のものはすべてそなたに差し上げてもよいほどだ。なぜなら、貴紳はいとも偉大で良き事柄であるので、そのことばを口にするだけで、口がいっぱいになってしまうからだ」(4)。

貴紳は、クレティアン・ド・トロワの理念の延長線上で、「騎士《シュヴァルリ》」と「聖職者《クレルジ》」を、あるいはまた「剛勇と知恵」*fortitudo et sapientia* を結び合わせている。貴紳は、一二世紀と一三世紀の世紀の変わり目に生じた道徳的価値の変化を表現するものでもある。このことばは、「道徳的権威をもつ者」、「徳にあふれた者」を表わし、さらにシャルル・ブリュッケルに従えば、「優れた人間」、「良き人間」とも表現できる。これは一七世紀古典期の人間理想であった「紳士《オネットム》」の中世版のようなものである。このことばはまた、「キリスト教的意味合いをもつ道徳的価値」に従って行動する人間をも指す。あるいはさらに、リンボ〔完全な幸福の状態が許されない魂の憩う所。旧約時代の聖人たちが留まっていた「父祖リンボ」と、自罪は犯していないが洗礼を受けずに死んだ幼児がいる「幼児リンボ」の二種がある〕(5)へと降り立ったイエスが解放した旧約聖書に登場する聖人たちと同じような「義人《ジュスト》」なのである。

もし、貴紳が戦士たちの側で「勇敢な戦士」とは区別され、その知恵と信心とによって野蛮さを緩和する価値を表現していたなら、他方の聖職者の側では、これは「篤信家《ベガン》」、仰々しい信仰者と区別される。ロベール・ド・ソルボンは、ジョワンヴィルによって「貴紳」と呼ばれていたにもかかわらず、王の前で篤信家《ベガン》を擁護したが、これはセネシャルであるジョワンヴィルに反論してのことである。そしてジョワンヴィルに王は以下のように尋ねたのであった。「セネシャルよ、貴紳が篤信家《ベガン》よりも価値があるのはなぜか、その理由を述べよ」(6)。この際、聖ルイは、貴紳の信仰告白によってこの議論を閉じている。このように、貴紳王が位置するのは、戦争好きと凝り固まった信仰との間なのである。しかし、貴紳はぬるま湯のなかに生きるのではない。これは戦いと賢さの結合でもあるのである。

以上にように、ルイがすべてにまして高く評価していたのは、「俗人」としての理想像なのである。私たちは、彼がこの理想にいつも忠実であったわけではないことを知っている。ある時には、彼は「狂った」騎士精神にとらわれて、エジプトへの上陸の際のように、慎重さをすべて忘れてしまったし、またある時には、彼は怒りを制御できずに、側近や会話相手に怒りをぶちまけることもあった。彼はこのことをみずから認識してもいた。しかし、時おり感情を爆発させることがあったにせよ、聖ルイは全般的には、彼にとって良き行動の指針である、この抑制、この中庸の徳を守ることに成功していた。彼は、この行動をとるにあたって、意味深長にも衣服のまとい方でこれを表わしていた。

参事会員ロベールとセネシャルであるジョワンヴィルが、王の前で衣服について、例によって友情に裏打ちされた口論をおこなった際、聖ルイはつぎのような判決を下した。「なぜなら、セネシャルがいったように、そなたらはきちんとこぎれいに装っていなければならない。というのも、そうすれば女性方はそなたらをより一層愛するであろうし、殿方はより一層気に入るであろうからである。なぜなら、賢者もいう通り、人は皆、衣服においても武具においても、この時代の貴紳からは飾りすぎると、またこの時代の若者からは地味すぎるといわれないように、きちんと身づくろいをせねばならないからだ」(7)。王が食卓につく時には、この中庸さ、この貴紳の振る舞いはどのように現れるのであろうか。伝記作者も年代記作者も、王の食卓での立ち居振る舞いについて大変多くのことを証言しているし、これは王の行動を観察する絶好の機会ともなる。

【注】

(1) パリの国立図書館所蔵フランス語手書本四九六一番のなかに含まれるこの年代記の系図断片は、*Recueil des historiens des Gaules et de la France*, t. XXIII, p. 146 において刊行されている。

(2) JOINVILLE, *Histoire de Saint Louis*, pp. 115–116 et 200. 一三世紀にしだいに「賢者」を追い落としていった貴紳という観念の定義、および変化については、Ch. BRUCKER, *Sage et sagesse du Moyen Âge (XIIe et XIIIe siècles)*, Genève, 1987, *passim*, cf. Index, *s.v.* «Prudom / prodome / preudom. preudome» を参照。

(3) MÉNESTREL DE REIMS, p. 126.

(4) JOINVILLE, *Histoire de Saint Louis*, pp. 16–19.

(5) その『信仰告白』のなかで、ジョワンヴィルは、サムソンがライオンの口から奪った蜜房について、つぎのように語っている。「甘く役に立つ蜜房によって、神が地獄から救い出す聖人や貴紳が示されている」(*ibid.*, p. 427)。

(6) JOINVILLE, *Histoire de Saint Louis*, p. 217. ロベール・ド・クルソンの未刊行説教のテクスト、およびこれについての興味深い注釈を私に送ってくれたことに対して、ニコール・ベリウーに謝意を記す。N. Bériou, «Robert de Sorbon, le prud'homme et le béguin», art. cité（前出七三四頁注1）。

（7）*Ibid.*, pp. 20–23. 衣服についてのつつましさという特徴は、フィリップ・オーギュストやルイ八世にも帰せられている。ここでも王についてのトポスが問題となっているのである。Le Nain de Tillemont, *Vie de Saint Louis*, t. III, pp. 178–179 を見よ。

食卓の聖ルイ——王たる者の大食と食事の節制の間で

この行きすぎへの誘惑に対する節制の意志を、聖ルイが模範的なやり方で表わしていたのが食卓においてであった(1)。一三世紀のキリスト教徒が食事の際に従わねばならない儀礼には複数あったが、とりわけ重要なのは以下の二つである。第一は、キリスト教徒であればだれにでも課せられたもので、食卓に並ぶ品々についての決まり《コード》であるが、これは根本的には、断食、あるいは特定の日、期間において——もっとも重要なものとして毎金曜日と四旬節期間中——肉やその他の食べ物を差し控えることからなる。第二の儀礼は、有力者に課せられたものである。衣服と同様に食べ物もまた地位、社会的ランクを表わすものであったから、有力者は自分たちのランクを維持するためにも、食事についてのある種の豪華さを誇示せねばならなかったのである。王についていえば、この王という地位は、食べ物の領域においては、何らかのタブー——王のみに許されているか、あるいは禁じられている料理——、および何らかの儀式によって特徴づけられていた。さまざまな君主の世界では、王は一人で食事をとることになっていたり（絶対主義のヨーロッパやローマ教皇の場合）、逆に、これが多数派であるが、王は、その座る場所、椅子、食器、皿の並べ方などによって、他の陪食者より上位に、またある種別格の地位にあることを明示する食事の儀式によって、あるいは多くの、あるいは選ばれた、あるいは二人の陪食者を伴わねばならないという義務によって、自分の地位を表現しなければならないこともあった。これらの義務のいくつかは、儀礼化され、拘束力のあるエチケットに縛られていたが、他のものは、これが大多数ではあるが、単なる習慣、名誉、評判に関わるものであった。

宗教上と世俗上の儀式の双方において、ある場合には豪華な宴会が華麗に執りおこなわれねばならない時もあった。たとえば、宗教上の重要祝祭、騎士叙任式のような騎士道上の重要祝祭、封建法上の大集会（とりわけ聖霊降臨祭の時のそれ）、有力者に供せられる饗宴などの場合である。

しかし、聖ルイの場合には、これらの一般的な儀礼に他の特殊な儀礼が加わる。聖職者は、俗人が守っているよりはずっと厳しい食事慣習（「慣習律」*consuetudines* によって定められている規則という性格をもつ）に従っていた――より特定すれば伝統的修道士の世界がそうであり、また修道制伝統を守りはするがその過剰な厳格さを緩和した托鉢修道士の修道院においては、ある程度緩和された形態において。ところで、聖ルイは、修道士や托鉢修道士の品行に倣おうと努力していたのであり、彼らとよく似た食事習慣、食事の仕方を求めていた。彼は、いつものように、また贖罪の気持ちから、普通の俗人に対して定められた規制以上のことを果たしたいと思っていたのである。すでに見たように、夫婦関係を差し控えるという点について、彼がおこなっていたことがその例である。

しかし他方では、ルイは、彼が熱きことばで賛辞を捧げていた、俗人についての振る舞いのモデルにも合致しようと望んでいたが、これこそ貴紳に他ならない。ところで、貴紳とは、緩和、節制、知恵、あらゆることにおける中庸さの規律によって特徴づけられる。彼は、私が食事における貴紳さと呼ぶところのものを尊重しようとしていたのであり、これは修道制的な、あるいはキリスト教的なつつしみ深さとは完全に重なるものではない。

最後に、この態度は、十字軍よりの帰還以降強まっていったが、ここでも他の領域と同様に、年齢を経るに従って、聖ルイはキリストに倣うべく努力を続けていくことになる。彼の特別な関心事となったのは、貧者、病人、レプラ患者の食事の世話をすることであったが、とくに、食事とともに、貧者、あるいは修道士、托鉢修道士の足を洗う儀礼を実践することであった。このようにして彼は、最後の晩餐を追体験しようと願っていたのである。

明らかなことであるが、もしこれらの食事についての行動モデルが一人の人間のなかで、あるいは優先関係をつけられて、あるいは時と場合によって使い分けられながら、同居していたとしても、何らかの葛藤は避けられるべくもなかったように思われる。王としての義務である大勢のなかでの大食か、あるいは食事におけるつつましさか。私はここで、食卓における聖なる王を表現する同時代史料全体を集めてみるつもりである。検討の順序は信頼性の増す順番、すなわち聖人伝から始めて年代記へと向かう。

【注】

(1) J. Le Goff, «Saint Louis à table : entre commensalité royale et humilité alimentaire», dans *La Sociabilité à table. Commensalité et convivialité à travers les âges* (Actes du colloque de Rouen,1990), Rouen, 1992, pp. 132–144.

緩和

最初の証人は、「彼の生涯の最後の二〇年ほどにわたって」王の聴罪司祭であったドミニコ会士ジョフロワ・ド・ボーリユーである。彼は『伝記』の著者であるが、この書はおそらく一二七二年から七三年にかけて編纂された。そしてこの伝記は、ジョフロワ自身の個人的な思い出にもとづいてルイの日常習慣を綴った書物であるが、托鉢修道士的な信心の刻印を強く受けた聖人伝の一般的モデルに従って書かれており、同時にこの君主の列聖の見通しという状況の産物でもある。

彼は、年間を通じての習慣として、毎金曜日には断食し、毎水曜日には肉と脂身の料理を控えていた。彼はさらに、時おりではあるが、毎月曜日に肉を控えることもあった。しかし、体力の衰えの理由から、身近な者たちの助言を入れて、この日には食事の節制を断念した。さらに彼は、聖母マリアの四つの主要祝日の前夜には、パンと水だけの食事しかとらなかった。同様に、彼は聖金曜日、時おりであるが諸聖人の祝日、その他年間の大断食日には、パンと水だけの断食をおこなうことを望んでいた。四旬節と待降節には、毎金曜日、魚と果物をとらなかったが、聴罪司祭の許しを得て、この日には、魚と果物一種類のみを食することとなった。彼は、完全にいかなる果物をも口にしなかった修道士のことを聞いたことがあったが、この修道士は、一年に一度、はしりの果物を一つ差し出されると、感謝の身振りでこれを一回だけ味わい、その後は一年を通してこれを一切口にしなかったという。聖なる王は、このような完全さに達するだけの勇気がないことにため息をつきながら、この事績を彼の聴罪司祭に告げたが、少なくとも逆の行為をしようという考えを思いついた。すなわち、彼のもとにはしりの果物が捧げられると、彼はこの時はこれを口にせず、まずこの年の初めの実りを神への犠牲として捧げ、その後は良心に恥じることなくこれを食したのであった。思うに、この行為を彼はそののちずっと守った。私は彼のように、ブドウ酒を大量の水で割って飲む人をまったく――あるいはほとんど――見たという記憶がない(1)。

ここにみえるのは、断食と節食についての決議論、すなわち良心の問題にいかなる態度で望むべきかという議論である。完全な断食は毎金曜日にのみ遵守されていた。より緩和された断食は、パンと水での断食であるが、聖母マリアの四つの主要祝日――彼のマリア信仰のしるしである――、聖金曜日、諸聖人の祝日の前夜、およびその他の大断食日に指定されている。もう一つのケースは料理の中身についての制限であり、毎水曜日の肉と脂身、毎月曜日の肉、四旬節および待降節中の毎金曜日における魚と果物がこの対象となっていた。この議論のなかでもう一つ問題となっていたのは、食事における苦行を前提とする断食と節食の規則正しさであった。これらは、ある時には例外が認められなかったが、別のある時には「時おり」にしか実践されていない。聖ルイにおける食事の苦行の理想は、非常に厳格であることが望まれたにせよ、さまざまな緩和処置を受けていた。たとえば、毎月曜日の肉についての節食をあきらめたこと、四旬節および待降節中の毎金曜日において、魚と果物を完全に控えるという規則に代えて、一種類ずつをとるようにしたことなどである。

　食事の苦行におけるこの（相対的な）緩和については、三つの要因が働いていた。すなわち、彼の健康状態の悪化（「肉体の衰え」*debilitas corporis*）、彼の聴罪司祭や側近たちによる緩和への影響力、そして彼自身の緩和の意志である。最後の点についていえば、これは一方では、過剰な苦行という傲慢さを避けるとともに（もっとも彼は一年に一度を除けば、果物を差し控えることについて、修道士と張り合うつもりはなかった）、他方では、食事の苦行においても貴紳に要求される中庸さを守る、という配慮によって動かされていたように感じられるが、時には彼の嗜好に単に屈したという場合もあったろう。模範とされた修道士とは違って——おそらく何がしかの皮肉が混じっていたのであろう——、一年に一度を除いて果物を食したという逸話は、彼の伝記作者や聖人伝作者ですら書き留めている彼の果物に対するはっきりとした嗜好を考慮に入れて初めて、この王の行動を説明できるものである。彼らが私たちに示してくれている聖ルイなるものは、おそらく、彼らの意志に従って、何らかの快楽（果物は別にしても、彼は川カマスのようなおいしい魚に眼がなかった）、あるいは情熱に身を委ねる傾向があり、それゆえにこれらを我慢すること以上に大きな功徳はない人間として表現されているのである。この聖人は、闘う闘士なのである。ブドウ酒を大量の水で割ったという例では、ルイは真の勝利者として表わされている。彼を動かしていた食事の際のモデルは明らかに修道制的であるが、私たちは、彼に向けられた緩和への助言のなかに、彼の健康への配慮は別にしても、食事の実践においてさえ、その地位が要求する尊厳を彼に保たせようとする聴罪司祭や側近たちの配慮を見すかすことができる。ここでは、貴族的・王的なモデルが修道制的なモデルと対立しているのである。

　聖ルイを叙述することを通して、ジョフロワ・ド・ボーリューのテクストは、最後に、さまざまな料理を弁別させてくれるが、そこには富裕者のモデルと貧者のモデルとの間の対立の構図が現れる。肉、脂身、魚、果物、ブドウ酒がそうであった。完全な断食のうえに、パンと水とによって定義される食事の——意図的な——清貧理念が置かれているのである。

【注】

（1） Geoffroy de Beaulieu, *Vita*, pp. 10–11 から翻訳。

謙譲心と苦行

二人目の証人は、王妃マルグリットの聴罪司祭であったフランシスコ会士、ギヨーム・ド・サン＝パテュスである。彼は、一二九七年の聖ルイの列聖後、公式の伝記、すなわち厳密な意味での聖人伝となる伝記の編纂に携わった。この伝記については、一三世紀の終わりに作られたフランス語翻訳しか現在伝わっていない(1)。ギヨームが証言するところでは、ルイは食卓に「崇めるべき人物」、すなわち修道士を好んで招いたが、王は彼らと、修道院では聖書や戒律の教えが「食事の間に」読まれる代わりとして、「神について語る」ことができた。ギヨームは、王がヴェルノンの施療院に赴く時には、王は息子たちの前で、みずからの手で貧者たちの足を洗ったというが、それは息子たちを「信心の業において教育し訓育しよう」としていたからであった。王はまた、「それぞれの病状にあった肉、あるいは魚の料理」を貧者たちに供するよう準備させた(2)。

だから食卓は、単に食物をとるというだけではないのである。それは、彼の救いを成就するための場所であり、機会なのである。食卓は、身体の配慮（身体に栄養を与える、滋養する）の場所であるとともに、快楽（食事の快楽と食事に結びついた快楽、すなわち会話、余興）の場所でもあるが、これは不品行な行動へと横滑りする可能性もある。たとえば、食べすぎ、飲みすぎ、消化不良と悪酔い、ほら吹きや猥談、男女がともにしている時には猥褻な行動（大食と情欲の結びつき）へと発展しかねない。食事はそれゆえ、教化的な会話と貧者への奉仕を通じての、完徳と鍛錬の手段でなければならないのである。聖ルイはここでは、デュメジルのいう王の第三の職務、すなわち、養いの王として現れる。

この配慮は、「信心（憐れみ）」の業にあてられた第一一章全体を通して展開されている。そこでは、王による貧者のための食事の奉仕についての日程表が見てとれる。

［まず第一に、毎］水曜日、金曜日、土曜日には、四旬節および待降節を通じて、彼はみずから、その寝室あるいは衣装部屋で、一三人の貧者に食事を提供し、給仕していた。王は彼らに、二種類のポタージュ、魚あるいはその他のものからなる二種類の料理を供すべく配慮していたのである。彼はみずからパンを二つに裂き、貧者それぞれの前に置いたが、王の寝室付き召使いたちが、必要なだけ貧者たちの前でパンを裂いた。そして、聖なる王は、彼らが持ってきた二つのパンを貧者たちそれぞれの前に置いた。

この箇所には、すでに指摘した目の見えない貧者のエピソードが挿入されている。[3] 王はこの奉仕の身振りに施しを付け加えている。

彼らが食事をとる前に、王は彼らそれぞれにパリ貨で一二ドニエを与えた。彼はさらに非常に困っていると思われた者たちへは、それ以上の額を与えた。幼児を連れた女性に対しては、彼は施しを増やした。[4]

［…］聖なる王は、いつも自分の前に三鉢のポタージュを置かせ、このなかにみずから自分の前にあるパン片を浸した。そしてこの鉢にスープを作って、このスープ鉢を貧者たちの前に置かせた。彼はこの奉仕のために、目にとまったもっとも悲惨な貧者たちを呼ばせていて、これらの貧者の前では他の貧者に対するよりもずっと積極的にかつしばしば奉仕していたのである。この恩恵にあずかる一〇人の貧者は、それぞれ聖なる王からの施しとしてパリ貨で一二ドニエを受けとった。[5]

彼は、しばしば赴いた場所であるロワイヨーモンのシトー会修道院でも同じ行動をとった。その共同食堂では、彼は、時おり修道院長の食卓で食事をとることもあったが、しばしば場所を占めたのは、他の者たちのために食卓で奉仕する修道士たちのなかであった(約四〇人ほどの助修士がいた)。

彼は台所の窓のところにやって来て、そこで料理がいっぱい入った鉢を手に持ち、それを運んで、食卓についていた修道士たちの前に置いた。[…]鉢があまりに熱かった時には、料理や鉢の熱さのゆえに、彼は時おりマントで手を覆った。時には料理をマントの上にぶちまけてしまうこともあった。修道院長が彼にマントが汚れたことを指摘すると、聖なる王は、「何の問題もありません。別のものがありますから」と答えた。そして食卓のなかに分け入り、時おり修道士たちの杯にブドウ酒をついだ。時には彼は、この修道士用の杯でブドウ酒を味わい、もしブドウ酒が良いものであればこれを称賛し、もし酸っぱかったり樽臭かったりすれば、良いブドウ酒を持ってくるように命じた(6)[…]。

ヴェルノンで、ある修道女がこともあろうに、王手ずからでなければ食事をとらないといい張った時には、聖ルイは、「彼女のベッドのかたわらに赴き、みずからの手で彼女の口に食事片を運んだ(7)」。

食事は、この王の「いとも高き謙譲心」について述べた第一二章にも現れる。ここでは貧者や病人に対する食事における王の奉仕の例が他にも述べられている。ルイはここで、貧者や、とりわけレプラ患者らと、同じ鉢で手ずから食事をとった人物として表現されている(8)。彼は梨を用意して、レプラ患者の前にひざまずき、患者の口にこれを運んだが、患者の血と膿が鼻の穴を通して流れ出し、王の手を汚したという(9)。

シャーリスでは、修道士たちよりも上等の料理が彼に振る舞われたところ、彼は自分のために置かれた銀の鉢をある修道士へと運ばせて、自分はより貧しい料理の入った木の鉢を代わりに受けとった(10)。

最後に、王のこの謙譲心は、十字軍からの帰還ののちに大きくなっていったのであるが(11)、これは食事の際の衣装における、より一層のつつましさによっても特徴づけられている(いつも身に着けていたマントは食べるには不自由だったので、これをシュルコに着替えた)。すでに見たように、彼は一二五四年以降は、リス(北方のシベリアリス)のものではなく、ウサギや子羊の毛が裏打ちされた衣服しか身に着けなかったが、さらに時には食事に際して白子羊の毛が裏打ちされたシュルコ――なかば贅沢品ではある――を身にまとった(12)。第一四章においては、聖地からの帰還ののちとりわけ露わとなった、「かたくななまでの苦行」が長々と述べられている。

聖なる王は大きな魚を好んでいたにもかかわらず、しばしば自分に供せられた大きな魚を脇に押しやり、自分のために小さな魚を持ってこさせて、これを食べた。時おり彼は自分の前に供せられた大きな魚を小さな断片に切り刻ませたが、皆はこれは王自身が食するためと考えた。ところが、彼はこの大きな魚も他の魚も口にせず、ただポタージュのみで満足して、魚は施しへと委ねさせたのであった[彼はこれらを施しの奉仕として与えさせた]。思うに、王はこれを禁欲の業としておこなったのである。海の向こうからの帰還ののちには、彼は大きな川カマスその他の美味な魚を元来大変好んでおり、まわりの者たちもこれを買って、食卓で彼の前に供したにもかかわらず、彼はこれを口にしなかった。そしてこれらを施しにまわして、みずからは他の小さな魚を食した。また、しばしば彼の前に焼き肉その他の料理が美味なソースとともに供せられることがあったが、彼はこの調味料に水を加え、ソースのおいしさを消してしまった。彼に給仕する者が彼に「殿、それでは味が台無しです」といえば、彼は「そんなことに構うな。私はこの方がずっとよいのだ」と答えるのであった。思うに、彼はこれを自分自身の食欲を抑制するためにおこなったのである。彼はしばしば、まずく「風味がよくない」ポタージュを口にしたが、これはそのまずさゆえにだれも好んで食しようとはしないほどのものであった。聖なる王が食べていたのは、エンドウ豆や類似のものなどによる粗悪な料理(「肉」)であった。また、彼のもとに美味なスープや他の(美味な)料理が供せられると、王はこれに冷たい水を加え、料理の味わいという快楽を取り払った。あるとき、パリにヤツメウナギがもたらされて、聖なる王とその他の者たちの前に供せられた。彼はこれを食せず、貧者たちにこれを振る舞うか、あるいは共同の施しへと委ねたのである。［…］このようにして、これらの料理はかくも卑しむべきものとなり、当初四〇スーあるいは四リーヴルの価値があったものが、わずか五スーほどの価値しかなくなってしまったのである。王はまた、はしりの果物についても同様な態度をとったが、これはそもそも彼が好んで口にしていたものであった。彼は、自分の前に、はしりとして差し出されるその他すべての食物について、このように振る舞ったのである。そして、彼は、真実そうであったと思われるのだが、ただ禁欲の心から、すなわち、彼が生来これらのものに対して抱いてしまう欲望を抑制するために、これをおこなったのである。

食卓における真の苦行と紙一重である彼の食事での貴紳ぶりは、一二五四年を過ぎると、パンとブドウ酒の習慣として露わとなる。

彼は、飲食における過剰さ（「暴飲暴食」）を決しておこなわないことを旨としていた。[13]彼は食卓でパンを切り刻んだが、健康な時には、一日に人より多く切りとることはなかった。彼の前には金のカップとグラスが置かれていたが、このグラスにはしるし（「筋」）が入っていて、彼はこの線までブドウ酒を満たした。それから、その上に大量の水を加えさせたので、その結果四分の一がブドウ酒で四分の三が水ということになった。彼は強いブドウ酒はとらず、非常に弱いブドウ酒で満足していたのである。こののち、彼はグラスで飲むか、あるいは、このように量を計ったのち、これを金のカップに移して、飲んだりした。また、こののちさらに、彼は自分のブドウ酒を水で割り、かくしてブドウ酒の香りなどほんのわずかしか残らなかったのである。

この食事の禁欲は、断食の実践とともに、その頂点に達する。

彼は、毎年四旬節の期間中ずっと断食した。さらに、待降節、すなわちクリスマスに先立つ四〇日間の間断食し、四旬節の料理しか口にしなかった。彼はまた、教会が断食を命じた徹夜勤行、四季の斉日、その他の聖なる教会の断食日に断食した。すなわち聖母マリアの四大祝日の徹夜勤行、聖金曜日、われらが主の生誕日の徹夜勤行には、彼はパンと水のみの断食をおこなったのである。しかし、パンと水の断食をおこなっている日にも、彼は他の日と同じく食卓を整えさせた。そして彼の騎士たちのだれかが彼とともにパンと水だけの断食を所望すれば、彼らは王とともに王の食卓で食べたのである。四旬節中の毎金曜日には、彼は魚を口にしなかったが、その他の金曜日にも聖なる王は非常にしばしば魚をとることを差し控えていた。待降節中の毎金曜日には、まったく魚を食さなかった。さらに、一年を通じて金曜日には、大いに好んでいたにもかかわらず、果物をまったく口にしなかった。四旬節中の毎月曜日と毎水曜日には、適当と思われるよりはるかに少ない量しか食べなかった。毎金曜日には、ブドウ酒を、ほとんど水のような代物となるほど大量の水で割った。聖なる王は、飲めば顔に出るので、ビール（「セルヴォワーズ」）を好まなかったが、食欲を抑えるためにしばしば四旬節中かなりの量のビールを飲んだ。さらに、聖なる王は、海の向こうに赴く前も、帰還ののちも、いつも一年を通じて毎金曜日には断食していたが、クリスマスが金曜日にあたる時は別で、この時には肉を食した。これはこの祝日の偉大さ（「高さ」）のゆえであった。さらに、彼は毎週月曜日、水曜日、土曜日に断食した。聖なる王が、その初めの十字軍（「通行」）の際に海の向こうにいた時には、聖霊降臨祭の二週間前に断食を始めたが、彼はこの断食をその死まで続けたのである。さらに、彼は自分に供された料理をすべて食べることはなかった。これは思うに、彼は禁欲のため、そして神のためにおこなったのである。(14)

ルイは、つまり、食事についてのあらゆる苦行を展開していたわけである。その食事の規律の体系は、大よそ以下の事柄からなっていた。まずあまりおいしくないものを食べる（たとえば大きな魚より小さな魚）、ついで美味なものをまずくする（たとえばソース、スープ、ブドウ酒に冷水を加える）、それから美味なものを差し控える（ヤツメウナギ、新鮮な果物）、そして節度を守って食べたり飲んだりし、いつも控えめに同じ量だけ食べそして飲む（たとえばパンとブドウ酒)、最後に、頻繁に断食を実践する。彼は、食器に現れる王という性格(金のカップ)を、料理や飲み物の内容のつつましさで矯すのである。この苦行によって、彼は、生来好んでいた食事の快楽を拒否し、逆に、彼の好みではないもの、たとえばビールを嗜むことを自分に課すのである。彼のこの態度は、彼自身のことばによると「人生を愛している」にもかかわらず危険に猛然と立ち向かったり、おそらく激しいものであった情欲については、これを教会が課す夫婦の性関係の規則を細心すぎるほどに守りながら抑えていたことと同じであった。

中庸を望む心と、最高の信心や道徳に対する情熱との狭間にとらわれた聖ルイは、食事の苦行においても闘士《チャンピオン》たらんと欲したが、その肉体的状況、中庸のとれた貴紳の理想、そしていずれにしても彼の王たる地位にふさわしくありたいという意志が混じり合ったさまざまな理由により、みずからの気質を受け入れてもいたのである。

【注】

(1) 前出四〇八頁以下を見よ。

(2) GUILLAUME DE SAINT-PATHUS, p. 64. ここには、聖ルイが貧者の健康に対して示した栄養上の配慮が書き留められている(身体の健康と心の健康)。

(3) 前出七七九〜八〇頁を見よ。

(4) *Ibid.*, pp. 79–80.

(5) *Ibid.*, p. 81. 彼は海の向こうでも同様の食事の施しの義務を守っている。

(6) *Ibid.*, pp. 85–86. コンピエーニュのドミニコ会修道院でも、彼はしばしば修道院用の食事を命ずるために台所に入り、そののち、食堂へ赴いて、修道士たちの食卓に連なったが、彼はここに自分用の台所から食事を運ばせたのである。

(7) *Ibid.*, pp. 98–99.

(8) *Ibid.*, p. 105. 強調されていることだが、王はここで「真の謙譲者」として行動しているのであり、自分がその残りものを口にする貧者のなかに「わが主イエス・キリスト」自身を見ているのである。

(9) *Ibid.*, p. 107.

(10) *Ibid.*, p. 109.
(11) 聖ルイが、エジプトでイスラム教徒の手のなかで捕囚の月日を送った間にも、ある程度の食事のレベルは確保されていた。病いをまぬがれた唯一の王の召使いであったイザンバールという名の男は、病める王のために食事を料理し、スルタンの宮廷から持ってきた肉と小麦からパンを作った。
(12) GUILLAUME DE SAINT-PATHUS, p. 111. JOINVILLE, *Histoire de Saint Louis*, pp. 367–369,および前出二六三頁をも見よ。
(13) この金のカップはその後王家にとって一種の聖遺物となった。彼の死後ルイ一〇世の所有に帰した諸物件の目録のなかに、つぎの一節がある。「同、聖ルイの金のカップ、これで飲まれることはない」(Delaborde, p. 120, n. 1 による)。
(14) GUILLAUME DE SAINT-PATHUS, pp. 119–122.

ジョワンヴィル――自己抑制

三番目の証人はジョワンヴィルである。彼は、聖ルイをして一三世紀の聖性理念に合致した王として表わそうと望んではいたが、それよりはるかにまして、もっとも真面目な、もっとも真正な、そして王のもっとも身近にいて、もっとも親愛をこめた王の賛嘆者でもある伝記作者である。聖職者ほど敬虔な行動をとる、というトポスには毒されていない作者である。

序論からすでに、ジョワンヴィルは王に備わっていた徳のなかに、王の節度を数え上げている。

食べ物について彼はきわめて節度深かったので、私は生涯を通じて一度も彼が、多くの富裕者がするように、あれこれ料理を注文するのを聞いたことがない。彼は料理人が彼のために準備し、彼の前に供されるものをただ食べていた。[…] 彼はブドウ酒を、酔わないと思える量に従って、控えめに水で割って飲んだ。彼はキプロス島で私に対して、なぜブドウ酒を水で割らないのかと尋ねたことがあった。私は彼に、その理由は医者たちにあって、彼らは私に、あなたは頭が大きくお腹が冷たいので酒には酔わないといったのです、と答えた。すると彼が私にいうには、彼らはそなたを騙している、なぜなら、もし私が若い頃にブドウ酒を割って飲むという習慣を覚えず、歳をとってからそうしたいとしても、ブドウ酒の嗜みと胃の病いが私をとらえるであろう、と。さらにいうには、私がもし歳をとってからも生のブドウ酒を飲んでいたら、私は毎晩酔っぱらうことになるだろう、と。そして、年寄りの酔っぱらいほど醜いものはないのだ、と。(1)

ここから三つの点を指摘しておこう。第一には、料理における聖ルイの控えめな態度、そして飲んだり食べたりすることに対する無関心さの追求であり、ある種の食事についてのアタラクシス（心が平静な状態）である。第二は、水で割ったブドウ酒を飲む行為と、酔いを悪として退ける態度である。最後は、酒を飲む習慣についての食餌療法的配慮である。(2)

すでに見たように、ジョワンヴィルがルイについて最初に語るのは、彼にとって記憶されるべき食卓という状況においてであった。その機会とは、王が二七歳であった一二四一年、王弟アルフォンス・ド・ポワティエの騎士叙任式ののち、ソミュールで開かれた全体集会の際の一大饗宴である。ジョワンヴィルはこの饗宴にパンを切り分ける若き盾持ちとして参加したのである。(3)

ルイが何を食べたのかについての細かな情報は伝えられていないが、この際には、料理は王家としても例外的な会食にふさわしい豪華さであったろうことはまず間違いない。

しかし、すぐつづけてジョワンヴィルは、彼もまた、とりわけまず第一に聖ルイの食事の施しについて証言している。「毎日、彼は貧者の大集団に食べ物を振る舞っていた。彼の寝室で食べ物にあずかる貧者を数に入れなくてもである。さらに、私は何度も、彼みずから彼らにパンを切り与え、手ずから飲ませるのを見た」。(4)

ジョワンヴィルもまた、王の食事における節度を強調しているが、これは一二五四年以降には食卓での真の苦行に変容していく。(5)しかしながら、聖ルイは自分の王たる地位とその義務とを忘れはしない。すでに見たように、彼は

「富裕者」が遍歴楽人の歌を聴くのを受け入れているし、接待の義務をも満足をもって実行していた。「だれかよそから来た富裕者が彼と食卓を共にした時には、彼は彼らにとって良き陪食者であった」[6]。

この証言は貴重である。なぜなら、もしルイが苦行者たらんと欲していたとしても、彼は料理自体には関係しない食卓の作法という面については、彼の王たる地位にふさわしくあり続けていたのである。食事ののちに音楽を聴いたり、食卓で社交的に振る舞ったりすることがそれである。

【注】

(1) JOINVILLE, *Vie de Saint Louis*, p. 13.
(2) 十字軍に際して、ジョワンヴィルの記すところでは、王の意に反して、「いつでもどこでも消費するための財産・財貨を当然保持していたに違いない諸侯たちは、有り余るほどの肉の添えられた一大料理を供しはじめた」(*ibid.*, p. 95) という。
(3) 前出一六八~七〇頁を見よ。
(4) *Ibid.*, p. 381.
(5) *Ibid.*, pp. 367–369. 前出二六二~四頁を見よ。
(6) JOINVILLE, *Vie de Saint Louis*, p. 369. 前出七一六頁を見よ。

王の諸義務

この他に検討せねばならない証言は、今度は聖人伝伝記作者たちではなく、二人の年代記作家である。彼らは二人ともフランス外の修道士であった。

若い方は、イタリア人のフランシスコ会修道士パルマのサリムベーネである。私たちはすでに、王が十字軍への途上サンスに到着したとき、彼が立ち会っていた様子を見たが、サンスでは一二四八年六月にフランシスコ会修道会総会が開かれていたのである[1]。サリムベーネがとくにふれているのは、このとき王に大きな川カマスが供されたというエピソードである[2]。

これは王への捧げ物にすぎず、王がそれを食べるのが報告されているわけではないが、私たちは川カマスは彼の大好物であったことを知っており、このエピソード自体、王が信心深さのゆえに〔修道会総会に〕立ち寄ったという状況に、ある種の美食の色彩を導き入れるものである。なぜなら、この王は食事の祝宴を避けていたわけではなかったからである。王とその供の者たちを讃えて、陽気な仲間のフランシスコ会修道士たちは、出費を惜しまずもてなすこともためらわなかった。

この日、彼がその費用を負担して、修道士たちと食事を共にしたが、これにはさらに、王の三人の兄弟や、ローマ教皇庁の枢機卿、修道会総長、およびルーアン大司教の修道士リゴー、フランス管区長、属管区長、修道会顧問たち、その他会議に出席していたすべての者たち、さらに外部者と呼ばれる宿泊中の修道士たちが加わった。修道会総長ジャン・ド・パルムは、王のまわりには高貴で品位ある社交界があるのを見て、〔…〕目立つ振る舞いをしないようにと考え、王のかたわらに座すように誘われたにもかかわらず、主が語りによって教え、実例をもって示されたこと、すなわち礼儀 *curialitas* と謙譲さを示すことの方を望んだ〔…〕。それで、修道士ジャン・ド・パルムは、貧者たちの食卓に座ることを選んだが、彼の存在によってこの食卓は高められ、彼は大勢の者たちに良き手本を示したのであった[3]〔…〕。

ここでは、食卓における謙譲さの手本を示しているのは聖ルイではなく、修道会総長ジャン・ド・パルムであるが、彼はたしかにヨアキム派、つまり「左派」であった。この時のメニューは以下のようなものであった。

私たちはまず、サクランボ、ついでとても白いパンと王の鷹揚さにふさわしいブドウ酒を、その素晴らしさを味わいつつ大量に口にした。それから、フランス人のもとではよくあることであるが、飲めない者にも飲むことを勧める者が大勢おり、彼らはこれを強制するのであった。つぎに、アーモンド入りの牛乳で煮込みシナモンの粉をまぶした新鮮な豆、素晴らしく味付けされた焼きウナギ、それからタルトとチーズ［柳の小さな篭のなかに入っていた］、最後に大量の果物が出てきた。これらすべてが礼儀正しく丁寧に供せられたのである。[4]

まさしく、祝宴に必要な量の多さと、フランシスコ会の禁忌を考慮に入れた料理の中身（肉がない）という二つの要求を満たすメニューである。聖ルイはこれらのすべてを、あるいはたくさん食べたのであろうか。修道士サリムベーネはこの点については語っていない。しかし、聖ルイは、この話のなかでは、食事を控えることよりもむしろ王の食卓にふさわしい豪華さと結びつけて語られている。

私が引用する最後の証人は、イングランド人のベネディクト会修道士である年代記作者マシュー・パリスである。彼は、一二五四年末、イングランド王ヘンリー三世がフランス王に招かれてパリに滞在した折のことについて、とりわけ細かい情報を得ていた。この滞在の頂点にあたるのは、聖ルイがその客人である王をもてなすために開いた祝宴であった。

　この日、フランス王殿は、約束していた通り、イングランド王殿とともに、前述の「古いテンプル騎士団」内の、王の大広間において、両王の多くのお付きの者たち（*familia*）とともに、食事をともにした。さらに、どの部屋も会食者たちであふれていた。中央の門にもどの入り口にも門番や会計係はおらず、すべての者たちに広く扉が開かれていたが、彼らには豪華な食事が振る舞われたために、料理の多さから食欲がなくなるほどであった。［…］過去において、それがクセルクセス［アケメネス朝ペルシアの王。『エステル記』一章参照］の頃であろうと、アーサーの頃であろうと、シャルルマーニュの頃であろうと、これほど高貴で、これほど素晴らしく、これほど多く人が集まった宴会はけっしてなかった。料理の汲めども尽きぬ種類の多さは素晴らしいかぎり、大量の酒は美味で、奉仕の質の高さは心地よく、会食者はきちんと秩序を保ち、贈り物を与え合う鷹揚さも限りのないものであった〔…〕。食卓の配置は以下のようであった。この世の王のなかの王であるフランス王殿は中央の卓越する席に座し、右にはイングランド王殿、左にはナヴァラ王殿が座を占めた〔…〕。それからそれぞれの位階と地位に従って公たちが、さらには二五人の者たちが公たちに混じって、より上座に席を占めた。ある者たちによれば公よりも上位とみなされる司教も一二人列席していたが、彼らは領主たちと混じっていた。貴顕の騎士たちの数はといえば、これは数えることができないほどであった。伯妃については、一八人が数えられたが、彼女たちの三人は前述の二人の王妃〔フランス王妃およびイングランド王妃〕の姉妹であった。すなわち、コーンウォール伯妃、アンジューおよびプロヴァンス伯妃、そして王妃にも比せられるべき彼女たちの母、伯妃ベアトリスである。(5) 魚の日にもかかわらずおこなわれた豪華で素晴らしい食事ののち、イングランド王は、パリの真ん中にあるフランス王殿の本王宮で夜を過ごされた。(6)

ここにみられる情景は一二五四年一二月のものであることを改めて思い起こしておこう。この時期には、他の伝記作者に従えば、このルイ王は十字軍の失敗という悲嘆にくれており、しだいに厳しくなっていく食事の苦行を開始していたのである。ところで、彼は節制せねばならない日に肉を食する大宴会を催し、政治的な性格をもつ祝杯を挙げながら、王にふさわしい華麗な儀式を執りおこなったのである。王は、かりに節度を保った会食者として振る舞ったとしても（マシュー・パリスはこの点については何もふれていない）、微笑みながら機嫌よくこの会食を終えたのである。ルイは、必要な場合には、食卓においてもその王たる尊厳を守り、豪華な食事や君侯にふさわしい美食などの、食卓における王の流儀に積極的に身を任せる術も心得ていたのである。

ここでもまた、私はW・Ch・ジョーダンの意見をそのまま受け入れるわけにはいかない。ジョーダンは、聖ルイをして、二つの矛盾する要素の間の緊張関係に苦しめられていた存在として描き出した。すなわち、禁欲的性格への傾斜と彼の職務に義務として結びついていた豪華絢爛さとの間に、そして彼がその方向を向きがちであった修道制的・教会人的なモデルと、伝統および世論が彼に課そうとしていた貴族をも超える王のモデルとの間に存在する緊張関係である。ジョーダンによれば、この緊張関係をもたらすこれら二つの外見的モデルを、彼は内面化してはいるが、うまく使い分けることができなかったという。私はといえば、聖ルイは、たとえ彼が食卓においてマゾ的傾向を有していたとしても、食事において精神分裂病的な行動を表わしていたとは思えない。彼は自分自身の内面において、荒々しい騎士としての性格と争いを鎮める調停者としての性格を、戦争と平和を、教会、修道士、聖職者の尊重と司教や教皇に対する抵抗を、王役人の悪行の調査と中央集権的な君主国家構築への努力を、そして倫理観と現実政治を、といった表面的には矛盾する価値を調和させることができていたのである。彼はそれとちょうど同じように、食事のモラルを行動においても良心の内においても守ると同時に、食卓における王の義務をもきちんと果たすことができたのである。彼の臣下や同時代人のなかには、逆に、ここに偽善の一形態を見い出す者もいたし、この点で彼は、彼の助言者であり、さらにはモデルでもあった托鉢修道士たちとならんで、非難されもしたのであった。

【注】

(1) SALIMBENE DE ADAM, *Cronica*, t. I, p. 318.
(2) *Ibid.*, p. 319.
(3) *Ibid.*, pp. 321–322.
(4) *Ibid.*, p. 322, および前出五六〇～一頁を見よ。
(5) 「魚への」*Ad piscem*.すなわち、「斎日」〔キリストの苦難を想い出すために、鳥獣の肉を差し控える日。しばしば魚が供された〕。
(6) MATTHIEU PARIS, *Chronica majora*, t. V, pp. 480–481.

王のあるモデル

しかしながら、ここに集めた史料が全体として、食卓における聖ルイの真に個人的なあり方に接近させてくれるという印象を与えてくれる一方で、私たちは単に王についての概括的・規範的なモデルに、すなわちトポスに接しているにすぎないと考えることを余儀なくさせる史料が少なくとも一つある。
ジル・ド・パリが一二〇〇年に、フィリップ・オーギュストの長男で将来の後継者である王太子ルイ、すなわち聖ルイの父に捧げた韻文の君主鑑『カロリーヌム』は、幼き王太子に対してモデルとしてシャルルマーニュを提示しているが、そのなかで食卓におけるこの皇帝を、つぎのように描いているのである。

咳払いをすることなく
腹を鳴らすことなく、震えることなく、胸をはって
そうすることがふさわしいとき以外には、節度をもった生き方を信奉し
王宮がいとも贅沢に輝いていても、彼自身は
めったにしか良き食事をとらず、四品以上は許さなかった
食卓では、焼いた肉を好み
好ましい料理をとることを愛し
狩猟の獲物を切って串に刺すことを望みはするが
これらについては、飽食することなく節度をもって食し
食事のたびに四口以上はブドウ酒をけっして飲まなかった(1)。

この韻文詩の背後にあるのは、間違いなく『カール大帝伝』、すなわち九世紀にエギンハルドゥスによって書かれたシャルルマーニュの伝記である。
飲み食いにおいて、彼は節度をわきまえていたが、これはとりわけ酒についてそうであった。なぜなら、彼は酔

いを嫌悪しており、これは彼自身や彼の取り巻きに対してだけでなく、だれに対してもそうであった。食事を差し控えることについては、彼はより大きな困難を感じており、しばしば断食を身体によくないとこぼしていた。彼はめったにしか宴会には参加せず、これは大祝日に限られていたが、この日には大勢の者たちに取り囲まれていた。食事には、通常四品が準備されたが、これとは別に狩人が串刺しにすることになっていた焼いた肉が供され、これは彼の大好物であった。彼は食べながら、好んで歌や朗読を聴いた〔…〕。彼はブドウ酒やその他の酒については、非常に節度を守っており、一回の食事に三口以上飲むことはめったになかった。夏には、正午の食事ののち、果物をとって、一口だけ酒を飲んだ。それから夜と同じく、着替えて、二、三時間昼寝をとった。(2)

焼き肉の代わりに魚を置き、ブドウ酒は水で割って、昼寝を省略すれば、食卓のシャルルマーニュは食卓の聖ルイに置き替わってしまう。カペー家の王たちが彼らの夢を実現した、すなわち彼らがシャルルマーニュの血を引く者であり（「シャルルの血筋への回帰」）、シャルルマーニュのように行動する者であることを現実のものとして明らかにしたのは、一三世紀初めにおいてであった。食卓における聖ルイとは、根本的には、若干の誇張を交えながら、食卓のシャルルマーニュの真似をするカペー家の王にすぎない。個人なるものを追い求め、ある人間をその個別性のなかに捕まえたと思った瞬間でさえも、概括的なもの、モデル、トポスからまぬがれることはたしかに非常にむつかしい。個人としての聖ルイが食事をすることなどあったのだろうか。

【注】

（1）«The "Karolinus" of Egidius Parisiensis», éd. M. L. Colker, *Traditio*, 29, 1973, p. 290 (livre IV, vers 11–20).

（2）EGINARD, *Vita Caroli Imperatoris*, éd.Claudio Leonardi, §24, p. 100〔邦訳、エインハルドゥス『カロルス大帝伝』国原吉之助訳、筑摩書房、一九八八。ただしここでは邦訳とは別個に新たに訳し直した〕。

第四章　三つの機能の王

三つの機能

ここ三〇年ほど前から、何人かの中世史家は以下の点を承認してきた。すなわち、ジョルジュ・デュメジルの提示する、インド＝ヨーロッパ系の諸社会においては本質的に重要な三つの機能に従って思考を組織化する一般的な原理が存在する、という仮説は、西欧中世社会にも適応可能なのである(1)。いまだその道筋と状況はよくわかっていないが、一〇世紀以降の時期に（九世紀にすでにアングロ＝サクソン王アルフレッドのもとでは、ボエティウスの『哲学の慰め』の翻訳のなかに現れている）、アイルランドがこのプロセスにおいて重要な役割を演じたと考えられ、その結果、何らかの伝播が存在したとして、この三つの機能というイデオロギーはラテン的キリスト教思想のなかに現れるのである。これは、一〇二七年頃、ラーン司教アダルベロンによってカペー王ロベール敬虔王のために書かれた『詩』の有名な定式のなかで確固とした形を与えられたが、アダルベロンによれば、社会というものは、三つの身分、すなわち、祈る者（*oratores*）、闘う者（*bellatores*）、および働く者（*laboratores*）によって構成されるという(2)。

ジョルジュ・デュビーが明らかにしたことによれば、この組織原理は、一一、一二世紀の西欧社会の学問的・制度的諸構造の大部分において識別できるものであり、さらに一七世紀に至っても、たとえば政治理論家ロワゾーのもとでは依然として命脈を保っていたうえに、フランス革命の初期にも延長して存在していた。ちなみに、フランス革命は、ある意味では、この原理の最終的な勝利と終局を意味していた(3)。

【注】

（1）Georges DUMÉZIL, *L'Idéologie tripartite des Indo-Européens*, Bruxelles, 1958. 彼がおこなった最終的な定式化は以下の文献に見られる。«À propos des trois ordres», dans *Apollon sonore et autres essais : vingt-cinq esquisses de mythologie*, Paris, 1982, pp. 205–259 ; Jean BATANY, «Des "trois fonctions" aux "trois états"», *Annales. E.S.C.*, 1963, pp. 933–938 ; J. LE GOFF, *La Civilisation de l'Occident médiéval, op. cit.*（前出一五三頁注10） pp. 290–295 ; ID., «Notes sur société tripartite, idéologie monarchique et renouveau économique dans la Chrétienté du IXe au XIIe siècle», (1965), repris dans *Pour un autre Moyen Âge, op. cit.*, pp. 80–90. 三つの機能というイデオロギーについては、Michel ROUCHE, «De l'Orient à l'Occident. Les origines de la tripartition fonctionnelle et les causes de son adoption par l'Europe chrétienne à la fin du Xe siècle», dans *Occident et Orient au Xe siècle*, Paris, 1979, pp. 321–355 ; Otto Gerhard OEXLE, «Deutungsschemata der sozialen Wirklichkeit im frühen und hohen Mittelalter. Ein Beitrag zur Geschichte des Wissens», dans Frantisek GRAUS (éd), *Mentalitäten im Mittelalter*, Signaringen, 1987, pp. 65–117.

（2）ADALBÉRON DE LAON, *Poème au roi Robert*, introduction, édition et traduction de Claude CAROZZI, Paris, 1979.

（3）Georges DUBY, *Les trois Ordres ou l'imaginaire du féodalisme*, Paris, 1974 ; J. LE GOFF, «Les trois fonctions indo-européennes, l'historien et l'Europe féodale», *Annales. E.S.C.*, 1979, pp. 1184–1215.

キリスト教的な王、三つの機能の王

このモデルは、私には、聖ルイのなかに具体化された王権の性格とイメージを理解する助けになるように思える。まず第一に、三機能論を中世キリスト教的思考によって王権に適応することからくる大きな特徴として、古代インドや創建時代のローマにおいてとは異なって、王はここでは、神々に倣って、それぞれ三つの機能のどれか一つによって性格づけられるもの——本質的には、法を定める王、あるいは闘う王、あるいは繁栄を保証する王——として現れるのではなく、一人一人の王がみずからの内にこの三つの機能すべてを結びつけているという点がある[1]。

三つの機能のイデオロギーの伝播という複雑な問題の詳細に立ち入ることは差し控えるとしても、強調せねばならないのは、このイデオロギーは西欧中世においては限定されたものである点である。たとえば、これとは競合関係にある他のシェーマの存在がある。第一には、もっともしばしば見受けられるものとして二項対立的図式（聖職者と俗人、権力者と貧者、など）。それから三項列挙（童貞、禁欲、妻帯、あるいは女性については処女、禁欲、妻）。そして最後に多項並立（社会職業的区別の働きの結果としての、この世のさまざまな「身分」。これは一三世紀に非常に流行し、ここでは王は、皇帝と教皇は別格として、司教と並び、諸身分という鎖の頂点に位置する）。さらに、ジョルジュ・デュメジルが明らかにした事実として、三つの機能という思想は、キリスト教世界の一大参照大系の本である聖書には無縁であったという点がある。中世の聖職者たちは、何とかこの三つの機能という体系を聖書のなかに導入しようと試みたが、これはゆっくりとしたプロセスを経て、たとえば一二世紀には、ノアの三人の息子、セム、ヤペテ、ハムをそれぞれこの三つの機能と同一化し、あるいはむしろ、この三つの機能を体現する三つの社会グループ、すなわち、聖職者、戦士、農奴と同一化するに至った。ちなみに、農奴は前二者に従属するのであるが。

一三世紀末においても、三身分というシェーマは、聖職者がその当時の社会に対して投げかける眼差しにおいて、多かれ少なかれ明示的ではっきりとしたものであり続けており、教皇ボニファティウス八世が一二九七年に聖ルイの列聖を承認する教皇文書において参照しているのも、この図式であった。彼は、フランス人全体を、「輝かしいフランス家」出身の「かくも気高く、かくも偉大な君主の」列聖という喜びに結びつけようとして、彼らすべてがこれを喜びとするようにと呼びかけている[2]。この際、フランス人とは、フランス人全体のなかで第三の機能を体現している働く者の群、すなわち「フランスのかくも敬虔な民衆」、それから「高位およびその他の聖職者」（これが第一の機能を表わす）、最後に「大諸侯、諸侯、貴族および騎士たち」、すなわち第二の機能を委ねられた者たちという三者からなるのである。これは、このシェーマの通常の秩序配列ではなく、ここでは第三身分が民衆全体に拡張されているが、分類のモデル自体は同一である。

【注】

（1） J. Le Goff, «Notes sur société tripartite», art. cité（前出八〇九頁注1）を見よ。Daniel Dubuisson, «Le roi indo-européen et la synthèse des trois fonctions», *Annales. E.S.C.*, 1978, pp. 21-34.

（2） Boniface VIII, p. 159.

第一の機能――正義〔裁判〕と平和をもたらす聖別された王

聖別された王として、聖ルイは、キリスト教社会において第一の機能を具体的に表現するさまざまな価値や役割を、第一級のやり方で体現し、実践する。(1)

聖別によって賦与される第一の役割とは、正義〔裁判〕である。(2)ギヨーム・ド・サン＝パテュスは、その『伝記』の序文においてすでに、この王は「だれに対しても侮辱や暴力をおこなわず、君主にふさわしく正義を保持していた」と語る。これはまったく適切な表現である。彼がおこなう正義とは、彼の道徳的な完全さ、および正義をおこなう人間に賦与されている法的な権威の双方によって、「君主的《スヴレーヌ》」なのである。

ボニファティウス八世は、オルヴィエートにおける説教の一つで、この点をつぎのように語っている。「彼がおこなった正義がいかほど大きなものであったかは、単に例示によって明らかであるだけではない。人はこのことをはっきりと見てとることができたのである。実際、彼は、ほとんどずっと地面に敷いた絨毯の上に座って、とりわけ貧者や孤児たちからなされた訴訟の訴えを聞くように努め、彼らに対してまったき正義をおこなったのである」(3)。そして、この列聖の教皇文書において、教皇は、その最初の一節からすでに、聖ルイを「正しき裁き手であり称賛すべき応報者」として讃えているのである。(4)この応報の機能においては、王は、この世における永遠至高の応報の神のイメージで表わされているのである。

しかし、この評価はまた、同時代証言によっても裏づけられる。一二五四年の十字軍からの帰路、イエールにおいて、聖ルイに非常に強い印象を与えたヨアキム派のフランシスコ会士ユーグ・ド・ディーニュは、「説教のなかで、王はその民のためにいかに振る舞わねばならないかを、王に教えた。そして説教を終えるにあたって彼はいった、〈[…] キリスト教徒の書物においても、異教徒の書物においても、正義に欠けることによる以外では、いかなる王国もあるいはいかなる領国も、けっして滅ぶことはなかったし、ある領主の手から別の領主の手へと、そしてある王の手から別の王の手へと移ることもなかった〉、と。さらに、彼はこうもいった。〈王はフランスへとお帰りになられるからには、その民にいとも正しく正義をおこない、神の愛を保つことができるように心されるように。それは神が、王からその命もろともにフランス王国を奪い去ってしまうことがないようにである〉、と」(5)。

裁く者としての王は、単にフランスにおいて、パリやヴァンセンヌにおいてそうあるだけではなく、海の向こうでもそうである。ジョワンヴィルは、ちなみに、「王がそこに滞在していた時」(6)、パレスチナのカエサレアにおいて下した「断罪と判決」についていくつか言及していた(7)。

ルイは、ここでも神に倣って慈悲深くあることもできた。会議のおこなわれる日、ある女性が、王宮の階段の下で王を侮辱していった。「お前がフランス王だというのは、何てひどいことだ。だれかお前を王国から追い出してくれないものか」。王の士卒たちが彼女を打ちすえて追い出そうとしたが、ルイは彼らに彼女に触ることも追い出すこともしないように命じた。そして、彼女の言を注意深く聞いたのちに、王は彼女に答えた。「たしかに、あなたのいうことは真実である。私は王にふさわしくない。わが主のお気に召したならばの話であるが、もし私より王国をよく統治できる者があったとすれば、私の代わりにその者が王である方がよかったのであろう」。そして、彼は侍従の一人に、彼女に金銭を、「聞くところによれば四〇スー」を与えるよう命じた(8)。

ギヨーム・ド・サン＝パテュスはまた、王の居館《オテル》において銀の鉢やその他の品々が盗まれた一件も語っている(9)。ルイはこの盗人を許したばかりか、盗人たち皆に金銭を与えて、それから海の向こうへと送り出したのである。仁慈と追放。これこそが、聖ルイの裁き、王の裁きの二つの顔なのである。

なぜなら、彼はみずからが下す判決にあたって、非常に厳しく、また残酷ですらありえたからである。彼は神を冒瀆する者を情け容赦なく罰した。カエサレアにおいて、神を冒瀆した金銀細工職人を晒し刑に処した。パリでは、同じ罪を犯した「ある都市民の鼻と唇を焼かせた」(10)。しかし、彼の裁きにおける厳しさがもっとも強く非難された事件は、クーシー領主アンゲランについての有名な事件であった。この領主は、自分の領地に狩りをしに入って来たとして、その所領内の森のなかに迷い込んだ三人の貴族の若者〔子供〕を裁判もせず、吊し首にしたが、若者たちは武器も持たず、猟犬も従えていなかったのである。ルイの反応と行動を思い返してみよう。彼は、アンゲラン自身、およびその取り巻きであった騎士たちと士卒たちを捕らえさせ、アンゲランに対しては、この領主が要求した法廷「決闘」を拒否した。王の封建法廷《コンセイユ》を構成する直臣《バロン》たちは、彼の釈放を王に対して要求した。王はこれを冷淡に拒否して席を立ち、その結果直臣《バロン》たちは「仰天し混乱した状態で」取り残された。最終的には、「補佐役《コンセイエ》たちの助言を入れて」、王はアンゲランを自由の身としたが、重い罰を課した。すなわち、アンゲランはパリ貨で一万リーヴルの罰金を支払わねばならず（これは聖地防衛のためアッコンに送られることになる）、さらに王は彼から若者たちが吊された森を没収し、アンゲランに対して、吊された者たちの魂のための祈りを確保するため二つの礼拝堂を建立するよう強制したうえに、森と養魚池についてのあらゆる上級裁判権を彼から取り上げた〔二九二〜三参照〕。

聖ルイの厳しさは、単に、この件を王に訴え出たこれら若者の一人の伯父が修道院長であったという事実や、訴訟手続きにおいて「決闘」に代えて法を置こうという王としての意志によってだけからは説明できない。彼にとっての重要さは、裁きはすべての者に対して同一であり、強力な領主といえどもこれをまぬがれえないことを示すところにあった。そして、王の裁判のみがこの原則を守らせることができるものである以上、彼は、直臣や貴族に対抗してこれを断固おこなうことにより、王の裁判をより強固なものとするのである。王の封建法廷《コンセイユ》において、彼は、ブルターニュ伯ジャン一世赤毛伯を「厳しく叱責した」が、これは伯が、「その身体、その継承およびその栄誉」に関わる事項においては、直臣《バロン》たちに抗するような調査をおこなう権利は王には存在しない、と主張したためであった。貴族たちの言はこの点では誤っていなかったが、他方、聖ルイの考える王の裁判は、もはや位階によって異なるものではない。この一件は、王が半分譲歩したにもかかわらず、大きな不平不満の騒ぎを残した。(11)

しかしながら、聖ルイの主張のなかに、ある種の社会的平等のプランを見るなら、これはまったく誤りであり、時代錯誤である。聖ルイは、中世の人間は階層化されて存在するという考えをきちんともっていた。しかし、罪を前にしては人は皆平等なのである。実際、彼にとって裁判は、常に終末の時という地平をもっていた。王の裁判は、この世の終わりののち永遠の時においては、天国へと選ばれる者たちと地獄へと断罪される者たちは皆平等に取り扱われることを、現世において先駆けて示しているのである。(12) この点からみれば、ルイはヨアキム派ユーグ・ド・ディーニュの話を聞くようにあらかじめ決まっていたようなものである。そしてひょっとしたら、彼はもっとラディカルなものの見方に身をさらしていたのかもしれない。千年王国主義は、中世において——そしてそののちにも——、もっとも強力な「革命的」観念および推進力を育んだ。(13) しかし、聖ルイは、その精神がこの世の終わりののちの永遠に向けられていたとしても、その足は常にこの地上にとどまったままであったのである。

【注】

(1) 聖別については、後出一〇五〇〜七頁を見よ。
(2) ルドヴィッヒ・ブイッソンの素晴らしい書物 *Ludwig IX, der Heilige, und das Recht*, Fribourg, 1954, chap. III, «Der König und die iustitia», pp. 87–130 を見よ。
(3) BONIFACE VIII, P. 149.
(4) *Ibid.*, p. 154.
(5) 前出二五八〜六一頁を見よ。
(6) JOINVILLE, *Histoire de Saint Louis*, p. 363.
(7) *Ibid.*, pp. 277–283.
(8) GUILLAUME DE SAINT-PATHUS, *Vie de Saint Louis*, pp. 118–119. 後出一〇四一頁を見よ。

（9）*Ibid.*, pp. 151–152.
（10）背景については、前出二九一頁および七六〇頁を見よ。
（11）GUILLAUME DE SAINT-PATHUS, *Vie de Saint Louis*, 135 sqq. 前出二九一～五頁を見よ。この箇所で、私は、大きな騒ぎを巻き起こしたこの件についていろいろ詳細に述べている。
（12）一三世紀における、階層主義的な傾向と平等主義的な傾向の衝突については、Ph. BUC, *L'Ambiguïté du livre*, *op. cit.* を見よ。
（13）J. LE GOFF, *s.v.* «Millénarisme», cité（前出七七頁注16）。

平和

聖ルイによって実践された聖別された王の偉大な機能として、正義のつぎにくるのは平和である(1)。平和と正義は、ルイ九世が聖別の際に誓った誓約において結びついて現れている(2)。正義は平和を確立し、平和への望みは正義を導くのである。ボニファティウス八世もこの点について以下のように述べている。「正義と平和は一緒になって働く。彼は正義においてかくも素晴らしく支配したので、彼の王国は平和のなかに憩うことができた(3)」。戦乱に明け暮れていたこの中世世界にあって、ルイは戦争を恐れていた。なぜなら、戦争は否応なく不正と罪の源となるからである。息子への『教え』のなかで、彼はつぎのように書いている。

親愛なる息子よ、私はおまえに教えておく。おまえは、できうるかぎりにおいて、だれであれキリスト教徒と戦争を交えないようにせねばならない。もし、だれかがおまえに対して悪をなす時には、戦争をなす前に、おまえの権利を回復する方法が他にないかどうかいろいろな方法で確かめなさい。そして、戦争において生じる罪を避けるために注意を払いなさい。〔…〕そして、戦争を宣言する前に、つぎの諸点でよく助言を受けるように配慮しなさい。それは戦争の原因がまったく理に適ったものであるかどうか、またおまえは悪人をきちんと諭したか、またそ

うすべきなのだが、悪人が償いをするのを十分に待ったのかどうか、などである。(4)

彼は、その時代における偉大な「平和維持者」であった。彼はまず、自分の支配領域、自分の王国においてそうであり、息子への助言においては、つづけて以下のように書いている。

親愛なる息子よ、私はおまえに教えておく。おまえの王国において、おまえの臣下の間で生ずるであろう戦争や揉め事に対して、おまえは、できうるかぎりにおいて、これを鎮めるように力を尽くさねばならない。なぜなら、これこそわれらが主のもっとも望まれるところだからである。(5)

しかし、彼は、王国の外、とりわけその境界付近においても平和維持者であり、たとえばこのためにフランスの境界地域に平和領域を設定した。ギヨーム・ド・サン＝パテュスは、王の隣人への愛を語っている章の最後で、このことにふれ、東の境界が不安定で戦乱の危険を常に抱えていたことを、つぎのように述べている。

自分の王国の外で貴族同士の戦争が生じたことを聞くと、王は彼らに対して格式高くそれだけ強制力も強い勧告を送って、彼らの争乱を鎮めたが、このためには大きな出費も辞さなかった。たとえば、バール伯と、リュクサンブール伯であるアンリ殿が戦い合った時のことである。また、ロレーヌ公や、前述のバール伯、その他多くの者たちについても同様であった。かくして、彼は単に自分の隣人を善において涵養しようとしていただけではなく、善において改革しようともしていたように思われる。(6)

すでに見たように、ジョワンヴィルもまた、ルイの平和維持政策を特徴づけるエピソードを取り上げていた。その箇所には、この平和という語が脅迫観念のようにくりかえし現れる。(7)

周知のように、この政策は王の補佐役《コンセイユ》たちの間で一致した同意を得ていたわけではなかった。王の理想主義に対して、彼らは戦争をやめるどころか、これを利用するために、戦いをあおり立てさえする封建社会の伝統であるシニスムを対置していた。しかし、王と意見を共にしていたジョワンヴィルは、王は同時に、その平和維持政策から利益を引き出せることも強調している。(8)いつもとほとんど同じように、王は二重の報酬を得るのである。すなわち、あの世にあっては神に気に入られ、この世にあっては一人、あるいは複数の人間に貸しを作るのである。これこそ「あの世の価値体系をこの世に降ろす」ことを導く彼特有のやり方なのであるが、この姿勢は一二世紀から一三世紀への転換を特徴づけるもののように私には思える。(9)

この平和政策を、聖ルイはとりわけ、フランス王国や彼自身の王の職務の運命がかかっている時に実行した。これはとりわけ、いかにすれば平和のための譲歩が、同時に敬虔な行為であり政治的な術策でもありうるかを彼が示す際にはっきりと現れる。たとえば、一二五八年のアラゴンとの和約、そしてとりわけ一二五九年のイングランドとの和約の際がそうであった。(10)

ここにはっきりと認められるのは、つぎの二つの価値体系の間のぶつかり合いである。すなわち、一方には新しい宗教心性によって鼓舞される価値体系——とはいえ、キリスト教のなかに昔から深く根づいているものもある——、他方には封建社会の伝統から継承したものである。ルイは、中世フランスの歴史のなかでほとんど他に類例のないこの時期において、この二つを結びつけるのである。

その結果はといえば、これはフランス王国にとっては、平和な時が長く続くという例外的な恩恵をもたらした。ギヨーム・ド・ナンジはその『事績』のなかで、この点について長い章節をあてているが、そこでは「平和の王ソロモン」に倣う形で、この聖なる王の主要な善行の一つとして平和を挙げているのである。彼によれば、神は、一二五四年の王の聖地からの帰還から一二七〇年のその死に至るまでの間、平和がフランス王国を統べることを聖ルイにお認めになったという。さらに神は、この恩恵をその息子で王位継承者であったフィリップ三世に対しても延長させたのだが、これは少なくとも「彼が、聖なる王の善行に従って統治するかぎり長く」続くはずであった——すなわち、教皇庁によってたしかに「十字軍」と命名されはしたが、これは偽善的名称であるアラゴンとの戦争（一二八四～八五）までであった。ちなみに、教皇庁は同様な所業をかってすでにフリードリヒ二世に対してもおこなっていた。(11)ボニファティウス八世は、一二九七年八月一一日におこなったオルヴィエートでの二回目の説教において、このテーマをふたたび取り上げ、「平和」*pax*、「平和をもたらす王」*rex pacificus* といった用語に終末論的な意味内容を与えることになる。これらの用語によって教皇はまずソロモンを形容し、ついでこれを聖ルイに当てはめる。これは旧約聖書の一節「ソロモン王は世界中の王のなかでもっとも大いなる」（『列王記上』一〇章二三節）からとられた説教のテーマである。

彼［聖ルイ］が「平和の」および「平和をもたらす」（*pacem faciens*）と呼ばれるとき、この天賦の才および徳によって表わされているものは、およそあらゆる才と徳である。彼は自身平和的であったが、すべての者たち、その臣下のみならず外人に対してもそうであった。彼は彼自身が平和的であった。彼は実際、世俗の平和、心の平和を有し、かくして永遠の平和へと至った。彼がどのようにその王国を平和のうちに護ったかは、すべての同時代人が見てきたところである。この平和は正義なくしてはおこなわれなかった。これは彼が彼自身について、神に対して、そして彼が平和を保った隣人に対して正しくあったがゆえである。(12)

ここで問題となっているのは、つまり、単に戦争がなくこの世が平安であるというだけではなく、何よりも重要な平和、すなわち永遠に続く天国の平和のこの世における先駆けとなる終末論上の平和なのである。それゆえ、まさに正義についてと同様、聖別された者の職務が問題なのである。

ルイの威信、その平和を築く者という名声は非常に大きなものであり、一二四四年から四五年にかけて開かれていたリヨン公会議の際にもすでに、当時教皇インノケンティウス四世と紛争中であった皇帝フリードリヒ二世は、「貴紳である」フランス王の仲介を提案したほどであった。皇帝はフランス王が命ずることはすべて果たすであろうと誓約したのである。(13) 聖ルイはこのように、キリスト教世界の仲介裁定者の姿をとって現れる。

しかしながら、彼はいつも成功していたわけではなかった。イングランド王とこの王に反乱した有力家臣との間の紛争調停を依頼された彼は、王側に有利に判断を下したが、これは公平なものとはいえなかった。この君主との血縁関係、イングランドの政治・社会構造、およびその歴史に対する軽蔑の念、王の職務はすべてのものに優越するという確信などが、彼を決断へと導いたのであるが、この判断は紛争調停にほとんど役に立たず、さらに、この一度だけであるが、聖ルイは公平ではないと非難されたのである。(14)

【注】

（1）L. Buisson, *Ludowig IX*, *op. cit.*, chap. v, «Der König und der Fried», pp. 183–248 を見よ。

（2）後出一〇五二頁および L. Buisson, *Ludowig IX*, *op. cit.*, p. 131 を見よ。

（3）Boniface VIII, p. 149.

（4）*Enseignements* (D. O'Connell éd.), p. 189.

（5）*Ibid.*, p. 189.

（6）Guillaume de Saint-Pathus, *Vie de Saint Louis*, pp. 73–73.

（7）Joinville, *Histoire de Saint Louis*, pp. 375–377.

（8）*Ibid.*, pp. 377–379.

（9）J. Le Goff, «Du ciel sur la terre : la mutation des valeurs», art.cité（前出六〇二頁注12）。かって「世俗化」と呼ばれた、この世の事柄についての行動におけるこの世とあの世との間の協同関係、というものの見方に対する私の批判を参照のこと。上下の階層関係と水平的協同関係との間の関係が問題なのである。中世盛期という時代は、本質的には不平等な構造のなかでおこなわれる、これら平等的な実践に大きな重みを見い出していた。封＝家臣関係の場合については、J. Le Goff, «Le rituel symbolique de la vassalité, art. cité（前出七六五頁注1）。

（10）前出三一〇～二〇頁を見よ。

（11）Guillaume de Nangis, *Gesta Ludovici IX*, p. 400.

(12) Boniface VIII, pp. 152–153. イヴ・サシエは、その『ルイ七世』のなかで、「平和の王」という表現をこの聖ルイの曾祖父にも適用しているが、王にはつきもののこの定形表現が明確に終末論的な意味をもったのは聖ルイとともにである。*Louis VII*, *op. cit.*(前出一一三頁注1)p. 347.
(13) Le Ménestrel de Reims, p. 126.
(14) Ch. T. Wood, «The Mise of Amiens and Saint Louis' Theory of Kingship», art. cité(前出三二四頁注1)。

第二の機能——闘う王

聖ルイは戦争と、そこから生じるさまざまな不正を恐れていた。戦争は罪の源だからである。だが、いつもそうであるわけではない。異教徒に対する戦争は別であり、十字軍がその典型である。戦争はまた、忠誠誓約を破るとか、不正に反乱を起こす好戦的な君主に対しては、彼らがキリスト教徒であるとしても、やはり正当なのである。たとえば、彼の治世の初めに反乱を起こした家臣たちに対する戦争、一二四二年のイングランド王および彼に与したフランスの諸侯に対抗する遠征、彼の父ルイ八世によって華々しくおこなわれたアルビ派異端、およびその保護者たちに対する戦争ののちも、ラングドック地方に依然残り続けた残党たちの抑圧などは、この理由で正当化される。ルイは、みずからが正しいと信じる戦争を始める時には、何もおもんぱかることもなくこれをおこなった。そして、祖先たちと同じく、彼はみずから戦争に参加し、しかるべく闘ったのである。彼は第二の機能の王、騎士たる王であった。

多くの年代記がこの王がおこなった戦争について私たちに語ってくれているが、戦争において彼がどのように振舞ったかを教えてくれるものは少ない。伝記作者や聖人伝作者は聖職者、とりわけもっとも多いのは托鉢修道士であったが、彼らは、当然のことながら、戦争よりも平和についてより注意を向けており、王の戦士という側面については、彼らもまた沈黙を守っている。

ジョワンヴィルだけが、闘う王ということで問題としている側面についてはっきりと述べている。それは、彼が自分自身俗人であり騎士であったから、そして彼が十字軍と聖地において王のかたわらに侍っていたからである。彼は、この王の「偉大なる勇猛さ」を描き出している。タイユブールで、(1)イングランド人とフランス人との間の戦いが「偉大なる武勇」や「偉大なる勇猛さ」開始されたとき、「王はこれを見て、他の者たちとともに危険のなかへと身を踊らせた」(2)。また、とりわけマンスーラの戦いにおいて、いまだ壊滅状態に至る前であったが、ジョワンヴィルは、騎士王たる聖ルイの姿を典型的に示す視覚的イメージを伝えてくれている(3)。

ルイは、王としての軍事的義務を果たしていたのであり、推測するに、彼は封建的な戦士であればだれでも持っていた激情のほとばしりをもってさえ闘っていたはずである。おそらく喜んで戦っていたというわけではなかったであろうが、それでも雄々しい陶酔感は何がしかあったであろう。

王の戦士としての機能を、聖ルイは、一三世紀のもっとも高いレベルでの戦争が関係するあらゆる領域で行使していた(4)。彼は、軍事遠征の、とりわけ十字軍の物資補給を非常に細心に準備した。エジプトへは相当量の戦争器具、とりわけ攻城用櫓車を運び込んだ(5)。また、戦場となるか、あるいはその危険がある場所には、城塞や砦を維持したり、補修したり、あるいは新たに建設したりするよう配慮していた。とりわけ彼は、サイド（シドン）、スール（ティール）、アッコン、シャテル＝ペルラン、カエサレアやヤッファの砦を築いたり、あるいはさらに強力なものに補修したりしたが、これらが聖地における彼の滞在のもっとも重要な目的であったのである。フランスにおいてさえ、平和を求めつつも、戦争の準備を怠らなかった。マシュー・パリスは二度にわたって、一二五七年になってもルイがノルマンディへ砦強化の軍事行動をおこなったさまを述べている(6)。

ルイ自身は一二歳で騎士叙任を受けたが、これは一二二九年一二月に、ランスでの聖別への道すがらソワソンでおこなわれた。彼は他方、王家の若者の騎士叙任式を高度な盛式さを守って執りおこなわせている。一二三七年の六月一七日、すなわち当時貴族の大きな祝祭を伝統的な教会祝日の日程に合わせる際に好んで選択されていた聖霊降臨祭には、彼のつぎの弟ロベール・ダルトワの騎士叙任がコンピエーニュの王宮で挙行された。この重要な儀式の際には、ルイは、二〇〇〇人の騎士たちを前にして、他の多くの貴族の若者の騎士叙任を司ったことであろう。一二四一年の六月二四日、すなわち元は異教の神聖な祝日であった日を、キリスト教を受け入れた貴族たちがキリスト教化された形で再利用した洗礼者ヨハネの祭日には、ソミュールにおいて、王の二番目の弟アルフォンス・ド・ポワティエの騎士叙任が兄に勝るとも劣らぬ盛式さを遵守しておこなわれた(7)。一二四六年のふたたびの聖霊降臨祭には、一番下の三番目の弟シャルル・ダンジューがムランにおいて騎士叙任された。兄弟たちは、成年、すなわち二〇歳に達した時に騎士となり、彼らの父ルイ八世がそれぞれに指定しておいた親王領《アパナージュ》の所有を王から授与され、王である長兄に対して忠誠優先の臣従礼《オマージュ・リージュ》を捧げたのであった。最後に、王の息子で将来の王位継承者であるフィリップの盛式騎士叙任式も、同じく聖霊降臨祭、すなわち一二六七年の六月五日に、パリのシテ島にある王宮の庭で執りおこなわれたが、この際にも他の多くの貴族の若者たちが同時に騎士となった。聖ルイはまさしく、騎士の人間集団を差配する騎士たる王、戦士の人間集団を指揮する戦士たる王として現れるのである。

【注】

(1) 前出一八七〜八頁を見よ。
(2) Joinville, *Histoire de Saint Louis*, p. 59.
(3) 前出二三四頁を見よ。
(4) Ph. Contamine, *La Guerre au Moyen Âge*, *op. cit.*（前出五三〇頁注20）を見よ。
(5) 前出二三二頁を見よ。
(6) Matthieu Paris, *Chronica majora*, t. V, p. 626, p. 636.
(7) Joinville, *Histoire de Saint Louis*. 前出一六八〜七〇頁を見よ。

聖ルイと第三の機能

ジョルジュ・デュメジル自身が強調しているように、第三の機能は、いわば変幻自在のプロテウス〔ギリシアの海の神。父ポセイドンより姿を自在に変える力を授かった〕の機能であって、多くの面で定義することがもっとも微妙な問題を含み、時にはまったく困惑させられてしまう。聖ルイがもっとも把握しにくいのは、この第三の機能、すなわち「物質的な富の生産」という機能の王としてなのである。さらに一層、事をむつかしくするのは、この機能は、中世キリスト教西欧社会においてはとくに、驚異と肩をならべて、魔術的な対象に関連するような事柄の外に滑り落ちてしまうようにみえるからである。あるいは、もっとはっきりとした形では、この機能が、従属身分に置かれているとはいえ、物質的な富のなかでももっとも重要なものをとくに生産する者たち、すなわち農民あるいは職人と労働者、したがって「みずからの手で働く者」、一言でいえば、アダルベロン・ド・ラーンの図式で示されるところの「働く者」を意味する場合である。

王権は、第三の機能の履行にあたってしだいにその実効性を失っていった。聖別の儀式の際、新しい王が「豊穣」*abundantia* を確保することができるように神へ呼びかけられ続けていたにもかかわらず、経済的な領域における王の魔術的な力は衰えていき、ついにはほとんど消滅してしまったことが認められるのである。シャルルマーニュは何より「最高の地位にある農民」*summus agricola* であったし、ダゴベルトは彼の行くところ収穫物を稔らせた。さらに、フィリップ・オーギュストの死の直後、その列聖を企図して集められた書類によれば、彼の治世の初期に生じたという三つの奇蹟は、この第三の機能に関連したものであったのである(1)。

ところで聖ルイについては、このような情報はほとんど存在しない。彼の列聖公式資料のなかには六〇ほどの奇蹟がみえるが、このなかで関連のものはただ一つだけである。しかもそれは、パリに所有していた三つの納屋を洪水に浸されてしまった王のある盾持ちの寡婦に対して、王がその納屋を乾かしてやり、その結果王に自然現象を左右する能力が認められたというつつましいものである。おそらく、同時代に強調されているのは、彼の身体的な美しさの方であり、これは第三の機能の一つの現れである。この美しさは、彼の同時代人によっては、人間の外見についてのレトリックである、決まり文句を思わせる用語で表現されているのであるが、それでも現実のある反映を認めることができる。(2) 私たちは、一二四八年にサンスにおいて、フランシスコ会士パルマのサリムベーネが王の顔立ちを見て感じた、ある種「生の」状態における衝撃を見た。(3) ここでとりわけ強調されているのは、この王の身体および顔立ちの美しさは、その心と精神の美しさを表わすということであり、これは内面の似姿として外見をとらえる中世キリスト教的な概念に沿うものであった。ボニファティウス八世もこの点に言及するのを忘れない。「彼の生涯の聖性は、彼の顔立ちを拝んだすべての者たちにとって明らかであった。〈彼は恩寵に満ちていた〉(4)(『エステル記』一五章)(訳1)」。彼の列聖のおそらく直後に作成された典礼用のある『伝記』が、王の身体的な美しさを細ごまと叙述していることについても、私たちはすでに観察していた。(5)

しかしながら、とりわけ聖ルイは、先任の王たちや他のキリスト教君主たちのもとでもみられる物質的な恩恵の賦与を、極端なまでに実施する存在でもあった。彼は偉大な施し人であり、貧者たちを、直接にか、あるいは聖職者や修道士を仲介として、食料や金品の施しによって大いに潤わせたのである。聖ルイは自身で、修道士や病人、貧者の食事の世話もしている。彼は、遺言における遺贈に至るまで、表面的には際限のない出費をする、人々を扶養する王であった。彼のもとでは、王の第三の機能についての三つの特徴が結び合わされている。すなわち、君主や支配階層のモラルを特徴づける鷹揚さ、一三世紀に確立する憐れみの業の体系のなかで中心的な位置を占める施し、そして最後に、このゴシック芸術が花咲いた時代に肥大した——とりわけ宗教的な——建築の豪華さ、である。(6)

この施しをおこなう王は、とりわけ同時代人に強い印象を与えていたが、それは金銭による慈善が、君主や貴族たち、さらに市民たちによっても広範に実施されていた時代においてのことであった。すでに上流社会に一層くい込んでいた市民たちも、托鉢修道士たちが勧め、その使用が拡がっている貨幣によって支えられるこの新しい形態の「憐れみの業」を通して、これに参加していたのである。

ボニファティウス八世は、一二九七年八月六日のオルヴィエートにおける説教のなかで、つぎのように語っている。「憐れみの業については、彼の生涯の聖性はとりわけ、貧者への施し、病院や教会の建設、そしてその他あらゆる憐れみの業において明らかであった。それらを数え上げればあまりにも長いものとなってしまうであろう(7)」。教皇はさらに付け加えて、もしこの王がおこなった施しの量を推し量ろうと望むなら、彼がなした慈善の新しい手段のうちで、ただ一つを例として挙げることができるという。それは、彼がパリへ「入市」するたびごとに、修道士、とりわけ托鉢修道士たちに追加の施しをおこなうよう取り決めたことである(8)。ギヨーム・ド・サン＝パテュスは、王の「信心の業」について述べるために長大な章をあて、そこで――私たちは他の箇所でそのさまを見てきたが――ルイが王国でおこなう騎馬行は、とりわけ施しの振る舞いの遠征であったことを強調している(9)。ジョワンヴィルもまた、この点を強調してつぎのように述べている。「王はきわめて鷹揚な施し人であったので、王国で訪れるところはどこでも、貧窮している教会、レプラ病院、施療院《オテル＝デュー》、病院、貧窮した貴族の男女へ施しを与えさせた(10)」。彼はまた、王の「数々の偉大で鷹揚な施し」にまるまる一章をあて、そこで病院の建設――そのなかには三〇〇人の盲者のためのパリの「三〇〇人《キャンズ＝ヴァン》」院がある――、教会や修道院の創建を語っている(11)。聖ルイは、王がおこなう施しの額をかなり大幅に増加させることだけでは満足しなかった。一二六〇年の文書において王の施しを組織化し、祖父フィリップ・オーギュストが一一九〇年頃に、イングランド王がすでにおこなっていたことを真似てとった処置を制度化して、規約と責任者、すなわち施し係り職を創設した。つまりルイは、その先任の王たちによっておこなわれていた施しを制度化したのである。彼は、パリ貨で二一一九リーヴル、小麦六三ミュイ（パリでは一ミュイは約一五〇〇リットルに相当する）、それからニシン約六万八〇〇〇尾と見積もり、これらを施し係りとバイイが配分することとしていた。この王文書は一部、パリ施療院《オテル＝デュー》に保管され、記憶の保存と参照の便のためにあてられた。この史料は王の慈善の詳細を、「王の、鷹揚であるとともに、こせこせしたとはいわないまでも細心丹念な精神状態を見定めることができるほどこと細かく(12)」規定しているのである。最後に付け加えておけば、施し係り職は、聖ルイのもとで、王の家政《オテル》のなかに統合され、ここにおいて聖なる統治という王の第一の機能と、経済、財政、そして慈善のためという第三の機能とが結

びつけられたのである。(13)

一二七〇年二月に作成した遺言において、彼はその鷹揚さと慈善の一大原則を明らかにしている。彼は、自分の動産のすべて、および王領の森からの収入を、つぎの三種の者たちへと割り当てている。すなわち、王権によって過重な賦課を課され、その一部返還が必要となる者たち、ついでその職務に報いるべき王の役人たち、そして最後に長々と続く種々の施療院施設《メゾン=デュー》および修道院——その筆頭には托鉢修道士がくる——のリストが並ぶが、最後のカテゴリーに属する教会機関は、王からの遺贈を貧者への施しや教会の建設のために使うことになっていた。遺贈を受ける者たちは、その代わりに、王とその家族、王国のために祈りを捧げることになる。もし、この返還や譲渡がなされたのちでも、まだ何がしかの金銭が残れば、王位を継承する者がこれを「神の栄誉と王国の益のために」使用しなければならない。(14)

しかしながら、聖ルイは、かっていわれていたほど財産を浪費していたわけではない。彼はこの点では、ちょうど貴紳の知恵によって猛者の血気を抑えていたように、節約と倹約の行動という新しい価値規範を共有することで、より正当に、より控えめに出費するというこの時代の趨勢に従っていた。アレクサンダー・マレイがこの趨勢について明らかにしたところによると、これは、公的・私的な法行為において、「ラティオ」*ratio* ということばの二重の意味——「計算と理性」——に従って「計算」を始めた社会の新しい特徴なのである。(15) 聖ルイは、息子に宛てた『教え』のなかで、つぎのように明言している。

愛する息子よ。私はおまえに教えておく。おまえが消費する金銭は良き使用のために出費されるべきように、そして正しきやり方で徴収されるべきように固く心に留め置きなさい。私がおまえに心掛けてほしいと大いに願っているのは、おまえがくだらない出費や不正な徴収をせず、税金が正当に徴収されて正しく使用されることである[…]。

しかし、王の第三の機能において、聖ルイとともにとりわけ第一級の意味をもつことになったのは、奇蹟による治癒という機能である。フランス王は、魔術的に豊穣をもたらす者という機能を放棄してしまったが、これを、るいれきの病いに対し触れる行為で癒すという威信を獲得することで埋め合わせたのであった(16)。

この病いを奇蹟によって癒すという天性の能力は、本来第一の機能、すなわち王の聖なる性格に負っているものであったが、思うに、聖ルイとともにこの能力は、本質的な形で、健やかさ、癒し、そして慈善という領域を通して、第三の機能へと展開を遂げていったのである。慈善をおこなう王というイメージが、同時代人の眼には、病いを癒す王というイメージをしだいに背後に押しやっていく。病いの癒しも憐れみの業となる。一三世紀には、病人も貧者も同じ一つのものとなった。聖ルイは彼らを区別しなかった。

思うに、聖ルイの聖人伝作者たちのなかにその姿を現す太陽王というテーマは、おそらくビザンツを経由して、ヘレニズム期の王やローマ皇帝の伝統に連なるものであるが、西欧における完璧なキリスト教王という視座のなかでは、聖別された者に関係する機能から恵みを与える機能へと知らないうちに移行していたのである。

聖ルイという太陽の王から発する光は、その臣下を照らし暖めるのである(17)。

私たち近代人の目には、とりわけ社会の繁栄と物質的な生産活動との関係で定義されるこの第三の機能を特徴づけるものは、経済的なものである。今度は、経済を前にした聖ルイを検討する必要がある。彼のそうした行動は明かではないのである。

【注】

(1) J. Le Goff, «Le dossier de sainteté de Philippe Auguste», art. cité (前出四八頁注6)。

(2) 聖ルイの身体的な美しさは伝記作者が非常に強調していたところなので、『ガリアとフランスの歴史家集成』の第二三巻の索引の用語として取り入れられている (p.1025)。「ルイ九世はどのような外見であったかについて *Qua forma fuerit Ludovicus IX*」。

（3）前出五五八〜六〇頁を見よ。

（4）Boniface VIII, p. 149.

（5）*Recueil des historiens des Gaules et de la France,* t. XXIII, p. 173. 前出六四二頁を見よ。

（6）前出七一六頁以下を参照。

（7）Boniface VIII, p. 149. 中世における貧者および貧しさについては、ミシェル・モラの基礎的な諸業績 *Les Pauvres au Moyen Âge,* Paris, 1978 ; (éd.), *Études sur l'histoire de la pauvreté,* 2 vol., Paris,1974 を見よ。

（8）*Ibid.,* p. 150.

（9）Guillaume de Saint-Pathus, *Vie de Saint Louis,* chap. xi, pp. 79–90, notamment p. 89.

（10）Joinville, *Histoire de Saint Louis,* p. 381.

（11）*Ibid.,* pp. 391–395.

（12）R.-H. Bautier, «Les aumônes du roi aux maladreries, maisons-Dieu etpauvres établissements du royaume», art. cité（前出五八〇頁注24）p. 44.

（13）Xavier de La Selle, «L'aumônerie royale aux xiiie–xive siècles», communication au colloque «Les Capétiens et Vincennes au Moyen Âge», dont les actes sont à paraître.〔de La Selle, X., L'aumônerie royale aux xiiie et xive siècles, dans *Vincennes aux origines de l'Etat moderne. Actes du colloque scientifique sur les Capétiens et Vincennes au Moyen Âge, Vincennes, 8, 9 et 10 juin 1994,* éd. par J. Chapelot et E. Lalou, Paris, 1996, p. 183–189 として出版されている〕。王の家政《オテル》については、後出九四〇〜一頁を見よ。

（14）André Duchesne, *Historiae Francorum scriptores,* Paris, t. V, 1649, pp. 438–440. より新しい刊本では、*Layettes du Trésor des chartes,* t. IV, 1902, n°. 5638. 遺言の執行指定者は、パリおよびエヴルーの司教、サン＝ドニおよびロワイヨーモンの修道院長、王の二人の礼拝堂付き司祭であった。

（15）A. Murray, *Reason and Society in the Middle Ages, op. cit.*（前出三九四頁注19）。

（16）後出一〇五三〜四頁を見よ。

（17）前出四三八〜九頁および六五六頁を見よ。

【訳注】

（1）『エステル記』のみならず聖書全体にこれに正確に一致する表現はない。

聖ルイと経済

一三世紀のフランス王というものは、経済をどのように見、どのようにとらえていたのであろうか。また、これに対してどのような関心を抱き、どのような立場をとろうとしたのであろうか。あるいは逆に、経済はこの人物についての知識や理解のためにどのような道筋を提供してくれるのであろうか。これらの問題についての調査は簡単なものではない。これは、私の知るかぎり、私たちの調査を助けてくれるような先行研究が存在しないだけになおさらむつかしいのである。さらに加えて、この調査は根本的な理由でそもそも困難なのである。今日私たちが経済と呼んでいるものは、一三世紀西欧においては、物質的な現実という意味でも精神の活動による範疇分類という意味でも、特有の性格をもつ何らかの領域を形作ってはいなかった。この点こそ、過去の経済諸現象の研究にとっての重要な問題であるのだが、これまで、歴史家によっても経済学者によっても提起されることは稀であったといわねばならない。経済学者のなかではただ一人、カール・ポランニー[1]のみが私にとってある導き手となったが、それは彼の「埋め込まれた」（*embedded*）経済という概念によってである。すなわち、経済がみずからに特有な形式のもとにそのもの自体として現れるのではなく、本質においても表象においても——固有の名前すらもたない——自立することなく体系全体のなかに常に包含され、またこの全体に対して主要な、あるいは特別な性格を何ら付与することのないような経済のあり方である。

私はここで、聖ルイと経済との関係の概略を描いてみたい。これはまず第一に、彼が、今日私たちが経済と呼んでいるものをどのように——非常にしばしば断片的な形ではあろうが——とらえていたかを理解する試みから始め、ついで、「経済的」領域において、他の事柄との媒介や、諸現象の読解の格子、および行動の参照枠を彼に対して提供していた、非経済的なイデオロギー装置および概念を検討しよう。第一の場合には、経済は、行政および財政に、第二の場合は、宗教、モラルおよび政治理論のなかに埋め込まれて現れることになる。

【注】

(1) Lucette VALENSI, «Anthropolgie économique et histoire : l'oeuvre de Karl Polanyi», *Annales E. S. C.*, 1974, pp. 1311–1319 ; S. C. HUMPHREY, «History, Economics and Anthropology. The Work of Karl Polanyi», *History and Theory*, 1969, vol.8, pp. 165–212.

経済と行政

聖ルイは、経済的な意識も、経済政策も持たず、意識された経済的な行動もとってはいなかった。どのようにすればこのように育ってしまうのであろうか。何人かの歴史家たちの想定とは異なって、私は一三世紀の教会当局が課していた経済についての教義のためではないと思う。ただ単に、何人かのスコラ学者たち——その筆頭にはトマス・アクィナスがいる——や彼らの意見に動かされた托鉢修道士たちが、商業や利子について——とりわけ高利貸しに対して強制された「返還」についての論考（*De restitutionibus*）のなかで——、神学的あるいは道徳的な原則をいくつか指摘していただけなのであるが、これらの原則はたしかに、今日私たちが経済と呼んでいる領域において影響力をもってはいた。しかし、この王は、王の行政組織を構成する複数の重要な部門のただ中で経済なるものに遭遇するわけで、その際経済的なものとは異なる諸基準によってこれを取り扱っていた。聖ルイ個人からはあまりにも遠ざかってしまいかねない細部にわたることは差し控えて、私はここでは経済・財政を構成する王の行政活動の五つを検討することにしよう。すなわち、王領の管理、都市とりわけパリに対する態度、戦争および十字軍の費用調達、利子に対する闘い、そして貨幣問題である。

王領からの収入は、一三世紀には、王の収入の最重要部分をなしていた。王は「自分の収入で生活する」のである。これは根本的には農業によるものである。ルイは土地の王なのである。厳密にいえば、農地と森の王である。なぜなら、現存する一二三四年、一二三八年および一二四八年の会計簿によれば、王の森からの収入は王領収入の四分の一に及んでいたからである。(1) 王領の面積は、フィリップ・オーギュストの治世を通じて四倍に増えていた。ルイはそれゆえ、相続によって多くの財産を得ていたわけである。王領に特有な経済管理などは存在しなかった。バイイやセネシャル、およびその下役であるプレヴォは、同時に裁判、財政、軍事、行政の機能を併せもっていた。彼らは専門分化していなかったので、いわば王権の何でも屋なのである。

おそらくある種の財政的・行政的秩序といったものが、しだいに定まっていったものと思われるが、それはフィリップ・オーギュストの治世のもとですでに企てられていたものの継続の上にであった。(2) 一二三八年には、出費についての新しい分類が決められ、それ以降、封建的な性格の出費、王の公けの権威に関係する出費、王の役人たちの給与が区別されることとなった。そのうちの第一のものは、「封と施し」(*feoda et elemosynae*)と名付けられている。「封」はここでは「恩恵」(*beneficium*)の意味で使われ、土地ばかりでなく、ある金額の金銭、すなわち「貨幣封」と呼ばれる一種の年金から構成されるものも意味されうる。この「貨幣封」はこの当時しだいに広まりつつあったが、それは王がもはや王領の土地を分配することを望まなくなったからであり、また貴族たちのますます大きくなる必要に対応して貨幣流通が加速していたからであるが、他方ルイは裕福な貨幣保有者となっていた。ジョワンヴィルは聖地において、この貨幣封を一つ享受していたのである。この項目のなかにはさらに、王領を膨れ上がらせることになる封の購入、たとえば一二四〇年のマコネ地方の購入出費が計上されている。二番目のタイプの出費は、「事業」(*opera*)と呼ばれているが、これは建造物の建設および維持、道路の整備および延長――幹線道路は公権力に属しているのである――、さらにもっと一般的に、今日なら「国土整備」とか「公共事業」とか呼ばれるようなものも含まれる。最後に、王の役人たちの給与は「無償の給付」(*liberationes*)という項目名のもとに現れる。

一二四八年の昇天祭の日付をもつプレヴォとバイイの会計簿は、その体裁上傑作とみなされて長く手本として使われ続けた。ルイ九世の王役人たちはまた、テンプル騎士団に納められていた王の金庫をこれ以上ないほど素晴らしく管理しており、騎士団自体の役割は会計簿の維持に縮小されていたのである。

出費の領域は、あくまで限られたものとはいえ、きちんとした管理の対象であったとするなら、収入の方はまだ旧態依然としたものが続けられていた。

王に隷属する農奴は、個別にあるいは集団で、金銭によって隷属からの地位の解放を得ることができた。これは王権にとって追加的な収入であり、特定の農村世界がますます富裕化していた証拠であるが、同時に隷属の絆が社会的にも道徳的にも背後に退いていく動きを表わす現象でもある。かつて評価されていたところによると、聖ルイの治世期は、フランスにおける農民の生活条件が改善されていく時代であった[3]。この王は、一二四六年にはヴィルヌーヴ゠ル゠ロワの農奴を、少しのちの一二六三年にはティエ、ヴァル゠ダルクイユ、グローシェ、オルリー、パレー、イッシー、ムードン、フルリー、ヴィルヌーヴ゠サン゠ジョルジュ、ヴァラントンの農奴を解放している。王領は、王の家臣たちの領地における農奴解放のモデルであったのだろうか。何人かの領主たちの行動様式から見ると、そのように考えることができるのである[4]。

かつて「聖ルイが王国の経済に対して与えていた眼差しは、何より税徴収という関心のもとであった[5]」と主張されたことがある。この王が税徴収に示していた配慮が重要なものであることは否定はしないまでも、この王の頭のなかでは、税徴収の問題は収益の問題であるよりは、まず第一に道徳と正義の問題であったことを強調せねばならない。王が税を徴収する権利——一三世紀において聖書の注釈者のなかにはこれに異議を唱える者もいた——については、ルイは疑いを差し挟まなかった。しかし同時に彼は、税徴収は、正当で穏当なやり方でおこなわねば正当化されるものではないと考えていたのである[6]。

この王領管理の活動の頂点をなすものが、彼の十字軍出発直前におこなわれたもので、これこそ一二四七年に王の監察使たちに委ねられた任務であったのである。しかし、この事業の目的は経済的な性格のものではなかった。これは秩序と正義の回復、不正な徴収物の返還、悪行を働いていた王の役人の懲罰を直接の目標としており、十字軍への出発を前にしての秩序再建というはっきりとした意志の表明なのであった。しかし、道徳と物質的利害の追求の混じり合いにその特徴をもつこの処置において、この王は具体的方策では損はしないようになっていた。何らかのものを返還する場合でも、別のものでその穴を埋めていたのである。彼は同時に道徳的利益と物質的利益の双方をわがものとしていたのである。

一般的にいって、王領、家臣の保有する封、および王国全体において、ルイは封建法上の、および王権に固有に属する収入を最大限引き出そうとしていた。彼はここでは、トマス・ビソンが(7)、封建法上の特典をより良く利用することによって王権の増大をもたらしたという意味で最初の真の封建的王とみなした、フィリップ・オーギュストのまさに孫なのである。たとえば、ルイは「宿泊権」——家臣による王の滞在維持義務——を厳格に利用したし、家臣たちが王の息子の騎士叙任について王に負っていた助力義務《エード》——この場合には賦課租——を細心に徴収し、さらには、商品流通についての権利——通行税と流通税——の請負金を正確に見積もって支払わさせていた。しかし、彼が求めていたものは、経済力からくる利益であるよりは、彼の政治的権威を尊重させることであった。最近の研究者の指摘によれば、フランドルでもその他の王の大家臣の封においても、「王は経済的な実力を回復できたわけではないが、あまりにも長く封建諸侯たちによって簒奪されていた、経済外的な強制力を自分の手に回復した(8)」のである。

さらに全般的にみれば、彼は、宗教的および道徳的原則の名のもとに王権の物質的利害に細心の注意を寄せていたとしても、教会の物質的富裕化に対しては、同じ原則のもとになお一層敵対的であった。ルイはここでは、一三世紀に托鉢修道会とともに絶頂期を迎えた伝統の継承者として現れるが、事実彼ら托鉢修道士たちは王の側近のなかに多く姿を見せる。(9)彼は、すでに早い時期、一二三〇年代にボーヴェ司教やランス大司教との紛争においてその意志を表明していたように、司教の領地における王の諸権利を要求するためなら武力も辞さなかったが、これを導いた動機には、教会の物質的貪欲さを弾劾するという意志が結びついていた。この点は、事がローマ教皇庁に関わる時にはなお一層真実味を帯び、一二四七年に教皇庁のもとへ提出した『抗議』におけるように(10)、これに文字通り熱中したのである。

【注】

(1) Philippe CONTAMINE et alii, *L'Économie médiévale*, Paris, 1993, p. 222.

(2) J. BALDWIN, *Philippe Auguste*, *op. cit.* (前出八一頁注3); Gérard SIVERY, *L'Économie du royaume de France au siècle de Saint Louis*, Lille,1984.

(3) Guy FOURQUIN, *Les Campagnes de la région parisienne à la fin du Moyen Âge*, Paris, 1964.

(4) Marc BLOCK, *Rois et serfs. Un chapitre d'histoire capétienne*, Paris, 1920.

(5) G. SIVERY, *L'Économie du royaume de France*, *op. cit.*, p. 33.

(6) Ph. BUC, *L'Ambiguïté du livre*, *op. cit.*, pp. 239 sqq.

(7) Th. BISSON, «The Problem of Feudal Monarchy : Aragon, Catalonia and France», art. cité (前出八一頁注4)。

(8) G. SIVERY, *L'Économie du royaume de France*, *op. cit.*, p. 32.

(9) 前出一四三頁以下を見よ。

(10) 後出九九二頁を見よ。

王とその良き都市《ボンヌ・ヴィル》

都市は、一三世紀のフランスにおいてなおその力を増大させていた一大勢力であった。経済的にみれば、商業と市場の活性化、手工業の発展、貨幣の役割の増大などが挙げられる。社会的な観点からすれば、「都市民《ブルジョワ》」のもつ意味の高まり、政治的には、都市参事会制度の発展が重要であろう。文化的な領域においても、たとえば手書本の写本製作やその装飾は、農村の修道院「筆写工房」(*scriptoria*)から都市のアトリエへとその中心を移していたし、詩作や誕生しつつある演劇は、聖職者と都市民《ブルジョワ》からなるさまざまな人間集団によって活気づけられていたのである。最後に軍事的な領域においても、都市軍の兵力は——すでにブーヴィーヌの戦いにおいてそのさまを見たように——重要な役割を果たすことができていた。

都市に対して、聖ルイ治世の王権はニュアンスに富んだ政策をとっていた(1)。都市問題に対する王権の干渉はその数を増していた。いくつかの王令が都市当局の活動の枠組みを定義づけており(2)、傾向としては、都市を王権のコントロールのもとに置こうとするものである。W・Ch・ジョーダンがかって指摘した通り、王権は、「政治体としての都市について、継続して厳格な道徳的関心を(3)」明らかにしていた。ここでもなお、もっとも重要な動機は宗教的および倫理的なものであり、都市において秩序と正義を貫徹させることが問題なのである。ルイやその補佐役《コンセイエ》たちは、貧者を搾取して自分たちの利益のために都市を統治している富裕者たちの財政管理に苛立っていた。古典ともなった著名な文章のなかでフィリップ・ド・ボーマノワールは、富裕者たちが都市の下層階級に課している不公平と不正を弾劾している(4)。しかし、ここでもまた王権の利害は道徳上の要請と一体のものとなっているのである。

都市に対する王権のコントロールについて、聖ルイの治世下で二つの重要な革新が現れた。

その第一はパリに関係する。パリは、人口おそらく二〇万に達する怪物に成長していたが、当時キリスト教世界には人口一〇万を超える都市は他に存在しなかったのである。最近になって移住してきた農民たち、暴力や賭博、そして売春宿への出入りなどといった（王権の眼には）悪しき振る舞いを学生たち〔パリ大学の学生。そのほとんどは、パリ出身ではない〕を真似ておこなう若者たち、さらに日々ますますその数を増している物乞いやあぶれ者《マルジノー》たちは、聖ルイにとって耐えがたい二つの悪徳をいや増すものと映った(5)。すなわち無秩序と神に対する罪であり、それがまさにパリが王権の首都となった時代に進行していたのである。

パリに対してルイは特別な法的地位を与え、これはさまざまな形をとって今日に至るまで存続することとなった。一二六一年、王はプレヴォ職の改革をおこなったが、これにより秩序維持——非常に広範にわたる観念である——についてのほとんど全権をプレヴォは手にすることになり、今日なら「警視総監《プレフェ・ド・ポリス》」と呼ばれるようなものとなった。王はこの職を、信頼でき、また断固とした処置がとれる人間、すなわちエティエンヌ・ボワローに委ねた。彼に任務として与えられた活動は三つの具体的目標をもっていた。第一に秩序を守らせること、ついで繁栄を継続させること、最後にこの都市および富裕な住民のもつ富を考慮に入れて、王の金庫に財政的な貢献をさせることである。これは、治安および税徴収の装いをしてはいるが、厳密な意味での「経済的」側面をたしかにもっているものである。

パリの都市生活の――つまりはプレヴォの職務の――とくに重要な部門は、同業組合に組織化されたさまざまな職業の活動である。王の死の前年にあたる一二六九年、エティエンヌ・ボワローはみずからの活動を文書によって明らかにするために一つの記録を作成させた。これはのちに非常に著名なものとなったが、その第一部の内容から、『同業組合の書』として知られている(6)。実際これはまず最初に、調査されたパリの一〇一にわたる同業組合の規約のテクストを含んでいる。したがってこの事業は、もしかりにこの規約化が同業組合の構成員によって自分たち自身のためになされたものであるとしても、王権がこの職業秩序の最高の保証者として現れること、そして場合によっては、その理由を問わずどんな問題についても干渉しうる手段を王権が留保していることをはっきりと示しているのである。この史料は、私たちにとって一三世紀パリの経済生活を知る主要な情報源であるが、実際のところは治安関係資料であり、王国の都市全般に一般化することはできないものである。

歴史家によってあまり取り上げられることが少ない第二部は、パリにおいて王権が徴収する賦課租のリストである。「権利と慣習」というタイトルのもとに、これは二つのタイプの王の税を包含する通行税および賦課租が目録化されている。すなわち、すべての者に共通に課される都市住民全体への賦課――タイユ、安全護送税、通行税――、および特定の商業行為について課される賦課――手工業税《オーバン》、流通税など――である。この部分は、『同業組合の書』の第一部が手工業に関係するものであったことに対応して、商業に関わるものといえよう。

しかし、パリは王権が唯一関心を示す対象であったわけではない。王権は、聖ルイのもとで、他のものより若干重要な都市群から構成される都市網の編成をうながした。これこそ当時「良き都市《ボンヌ・ヴィル》」と呼ばれていたものであり、その城壁のもつ力によって、必要な場合には敵からの攻撃に対する避難所や抵抗の中心地となったり、その経済的な活動によって王国全体の繁栄の中核となることが可能な都市であった。「良き」とは、ここでは「強く富んだ」という意味で理解されねばならない。王にとってこれらの都市は、王権に奉仕するものとして富の貯蔵庫であった。息子への『教え』のなかで、聖ルイはつぎのように述べている。「必要な場合には、おまえはおまえの良き都市《ボンヌ・ヴィル》の力と富によって自分を守ることができるであろう」[7]。

中世フランス都市史においては、聖ルイの時代は「真の転換期として考えられねばならない」[8]ように思われる。聖ルイは、重大な決定を下す際に、封建諸侯とともに都市の代表を参加させたが、それまでは前者のみが封建集会《コンセイユ・フェオダル》の枠で王の決定に参与できたのである[9]。

ルイの都市に対する態度は、それゆえ、彼が経済についての何らかの認識をもっていたことを推測させるものである。都市は王の第三の機能を体現するものとなった。

【注】

(1) Charles Petit-Dutaillis, *Les Communes françaises. Caractères et évolution des origines au* XVIIIe *siècle*, Paris, 1947. J. Schneider, «Les villes du royaume de France au temps de Saint Louis», art. cité（前出一八三頁注1）。

(2) A. Giry (éd), *Documents sur les relations de la royauté avec les villes en France*, *op. cit.*（前出一八四頁注7）、pp. 85–88.

(3) W. Ch. Jordan, «Communal Administration in France 1257–1270», art. cité（前出一八三頁注1）。

(4) Philippe de Beaumanoir, *Coutumes du Beauvaisis*, A. Salmon (éd.), t. II, 1970 (rééd.), pp. 266–270.

(5) A. Serper, «L'Administration royale de Paris au temps de Louis IX», art. cité（前出一九〇頁注2）。

(6) *Le Livre des métiers d'Etienne Boileau*, R. de Lespinasset et F. Bonnardot (éd.), Paris, 1879.

(7) N. de Wailly (éd.), *Joinville et les Enseignements à son fils*, Paris,1872, pp. 26–28 et 52.

(8) Albert Rigaudière, *Gouverner la ville au Moyen Âge*, Paris, 1993, pp. 7-8.

(9) *Ibid.*, p. 60. ここは素晴らしい問題解説がおこなわれている、つぎの題目をもつ章の一節である。「中世フランスにおいて良き都市《ボンヌ・ヴィル》とは何であったか」(pp. 53–112)。

戦争と十字軍の費用調達

聖ルイの治世は、中世全般から見るとむしろ平和な治世期であり、ボニファティウス八世も王の列聖承認の教皇文書のなかでこの点に言及していた。軍事的な活動といえば、治世の初めの何年かに生じた封建諸侯に対する軍事遠征、一二四一年から四二年にかけてのイングランド人との戦い、一二四〇年および一二四二年のランクドック遠征、そして二回の十字軍、とりわけ一二四八年から五四年の長い遠征のみである。フランス王国は、一二五四年から七〇年まで平和の内にあったのである。

ブランシュ・ド・カスティーユの死とルイ九世のフランスへの帰還までの間に生じた王権の機能不全が、聖地における聖ルイおよび彼の軍隊への戦費調達をむつかしくはしたものの、この一二五三年までは、ルイの治世の大出費であった十字軍も、王の財政を借金で苦しめたりはしなかった。都市、およびとりわけ教会が十字軍費用の最重要部分を負担しており、テンプル騎士団と王の「クーリア」の責任で確保されていた、パリからエジプトおよびパレスチナへの貨幣の運搬は、定期的に困難なくおこなわれていたのである。

本質的には宗教上の行動である十字軍が、おそらく聖ルイと王権が財政上の技術を洗練させていく（といってもこれを過大に評価すべきではないが）最大の契機となったことは興味深い事実である。(1)

【注】

（1） A. Sayous, «Les mandats de Saint Louis sur son trésor pendant la septième croisade», art.cité.

高利

高利[1]（あるいは一三世紀の表現ではむしろ「諸々の」高利）に対する闘いは、ユダヤ人に対する処置と緊密に結びついている。一二三〇年（ムラン王令）から六九年の間に出された高利貸しを営むユダヤ人に対する一連の処置は、聖ルイ自身によってか、あるいは彼の名のもとにおこなわれたものである[2]。聖ルイがおこなった対高利立法を説明するために、これが挿入されている数多くの論考やテクスト全体を眺める必要がある。

じつはこの時期はまさに、高利を断罪する非常に古くからある伝統の上に、一方では高利や高利貸しに対する多くの処置の最重要部分が決定され、他方では高利に対抗するもっとも効果的な理論、あるいは実践のテクストが編纂された時代であった。まず教会会議の決議である。たとえば、高利の返還を命じた一一七九年の第三ラテラノ公会議、および一二一五年の第四ラテラノ公会議や一二七四年の第二リヨン公会議が挙げられる。また教皇文書については、グレゴリウス九世教皇令集のなかの二九章からなる「高利について」の項目にのちに納められる、ウルバヌス三世の教皇文書『コンジュルイット』（一一八七）、神学の論考としては、一三世紀初めに作成されたロベール・ド・クールソンの『利子について』*De usura*、ギヨーム・ドーセールによる『大全（命題集四巻の大全）』*Summa in IV libros sententiarium* のなかでの叙述（第二六論）、トマス・アクィナスによる『神学大全』のなかでの同じく叙述（第Ⅱ—二部、第七八問題）、聖ルイの身近にいたヴァンサン・ド・ボーヴェによる『学問の鏡』*Speculum doctrinale* 第一〇巻における叙述、そして最後に、聖ルイの死後になるが、トマス・アクィナスの弟子ジル・ド・レシーヌが一二七六年から八五年にかけて書いた『利子について』*De usura* が挙げられる。その他多くの「例話集」*exempla* が、一般には地獄へと落とされる高利貸しを、そして稀ではあるがこれ自体としては意味深長にも煉獄へと落とされる高利貸しを、描写している。これと平行して教会法学者たちは、ますます頻繁におこなわれるようになった財政的な処置として、利子の徴収を正当化する「特例」を考え出しながら、「節度をもった」利子を弾劾するよりは、むしろ「利率の制限」を推奨する方向を打ち出していた。

キリスト教徒の高利貸しが教会裁判権の管轄に属していたのに対して、ユダヤ人および外国人（イタリア人、すなわちロンバルディア人やカオール人など）は、王権という俗権による抑圧的な立法処置の対象であった。というわけで、一三世紀の一大現象がまさにキリスト教徒の高利貸しの増加にあったにもかかわらず、王権による公的な抑圧処置（聖ルイの諸王令）は、教会の裁判管轄に属さないユダヤ人や外国人にしか課されないのである。それゆえ、これは、何らかの経済的な処置（ユダヤ人によって徴収された利子の王権による没収、ユダヤ人高利貸しが貸し付けたキリスト教徒の負債の帳消し）というよりも、はるかにユダヤ人迫害の一側面なのである。しかしながら、一二五八年の王令の序文のなかで、聖ルイはユダヤ人による利子徴収について、「これはわが王国を貧困化させる」と述べている。したがって、これはたしかに本質的には宗教的、イデオロギー的、政治的な性格をもつ排除の問題ではあるものの、そこには経済的な関心も部分的に存在していたと考えねばならない(3)。ユダヤ人と同じくキリスト教徒の側でも、外国の人間集団に対する高利子徴収はすでに寛容に取り扱われていた一方で、聖ルイの治世のもとでは、原理原則というレベルではないにせよ実践慣習における方向転換によって、「兄弟的な〔キリスト教徒同士の〕」人間集団の枠内でも、高利をより寛容に認めていこうという傾向が存在した。したがって、実際に問題となったのは、ユダヤ人からキリスト教徒を守ることなのである。経済的な動機が比較的二次的なものであった証拠は、高利が犯罪という意味での罪ではなく、「悪徳」として提示され弾劾されていたという事実のなかに見ることができる。

一二四七年、十字軍の費用調達のための方策として、ユダヤ人が徴収した高利の没収を聖ルイに助言した者がいたが、王は、そのような忌むべきやり方で獲得された財産がこのような聖なる目的のために使用されることを拒否したのである。

【注】

（1）高利についての文献は膨大である。ガブリエル・ル・ブラが『カトリック神学事典』のなかに書いた「高利」の項目はもっとも重要である（*Dictionnaire de théologie catholique*, t. XV, 1950, col. 2336–2372）。文献目録については、私の以下の本を参照されたい。*La Bourse et la Vie. Économie et religion au Moyen Âge*, Paris, 1986〔邦訳、ル・ゴフ『中世の高利貸』渡辺香根夫訳、法政大学出版局、一九八九〕。

（2）後出一〇〇七頁以下を見よ。

（3）後出一〇〇七頁以下を見よ。もっとも重要なテクストは二つあり、一つは『申命記』二三章一九―二〇〔―二一〕節（「同胞には利子をつけて貸してはならない。〔…〕外国人には利子をつけて貸してもよいが〔…〕」）であり、もう一つは『ルカによる福音書』六章三四―三五節（「何もあてにしないで貸しなさい」）である。ベンジャミン・N・ネルソンは、その素晴らしい本のなかで（*The Idea of Usury. From Tribal Brotherhood to Universal Otherhood*, Princenton, 1949 ; 2e éd. 1969）、「部族の連帯」から「普遍的な利他主義」へという文脈のなかに、利子に対する態度の変容を位置づけている。一二六八年に聖ルイが語っていたのは「外国人の高利貸し」であり、弾劾されたのは彼らなのである。利子の問題は、キリスト教世界の内部で進行する同化と排除のプロセス全般のなかでとらえられねばならない。R. I. Moore, *La Persécustion, op. cit.*（前出七五頁注2）参照。聖ルイの貨幣政策については、前出三〇一～五頁を見よ。

貨幣

周知のように、聖ルイは、その治世の末期の一二六二年から七〇年にかけて、貨幣についての一連の王令を発布した(1)。そこでとられた処置の重要部分を振り返っておこう。王国内におけるイングランドのスターリング貨の流通の禁止、王権のもとで鋳造される貨幣の偽造に対する弾劾処置、王国内における流通貨幣を王の貨幣に限定し、領主たちの貨幣は彼らの領地でしか流通させないようにすること、エキュ貨、すなわち金貨の鋳造の再開（ただし、エキュ貨は一四世紀以前には少量しか供給されないだろう）、そして価値が大きい銀貨（トゥールのグロ貨）の鋳造である。これらの処置は明確な経済的・政治的目的に対応するものであった。すなわち、インフレを抑えつつも王国内の商取引を円滑にするため貨幣供給を安定的に確保すること、大量で高額の貨幣需要についての長期的な見通しの行動指針により商業の発展をうながすこと（イタリアの大商業都市に適合的であった金貨ではなく、フランスという地理的場においてフランスの市に適応するグロ銀貨が重要となる）、そして最後に君主国家の構築という枠組みにおいて貨幣の王専属特権を闘いとることであった。

しかし、これらの処置には同時に道徳的・宗教的理由も存在した。というのも、「聖ルイの目には、強い貨幣こそ商取引における正義を保証するものであった(2)」からであり、これらは何より正義という観点からの決定なのであった。セビーリャのイシドルスによって与えられた常に想起されるべき貨幣の定義を忘れてはならない。すなわち、「貨幣」*moneta* は「知らせる」*monere* に由来するのであり、「それは、品質あるいは重量におけるあらゆる種類の不法行為に用心させるからである」。これは「悪しき」貨幣、「偽造」*falsa* 貨幣、あるいは「贋造」*defrandata* に対する闘いであり、「良き」貨幣、「正しく公正な」貨幣の維持のための努力なのである。

この聖ルイの政策は、領主や教会人の世界を混乱に陥れた。一二六五年にパリ大学神学部においてジェラール・ダブヴィールは、つぎの設問に対して解答を与えねばならなくなった。「王は、最近出された王令において、同時に司教の従属民でもあり、そのなかには教会人も含まれる彼の臣民に対して、今後スターリング貨を使用しない旨誓約をもって約束させる権利はあったか」である。これは貨幣問題を審議し、公益（*utilitas publica*）という観念を検討するためのよい機会であった(3)。しかし、この討論は、適切な学問的検討方法を欠いていたため有効な結論を導くことができなかった。神学者たちにさえその能力が欠けていたとするなら、王にはなお一層欠けていたはずである。というわけで、王は実務家たちの助けを借りようとして助言を求める集会を開催した。そこには都市民《ブルジョワ》たちの参加がその能力を買われて呼びかけられた。貨幣問題について王権が無能力であったことは、経済事象の取り扱いがきっかけとなって、都市民《ブルジョワ》たちが政治的上昇を果たし、彼らの影響力が王の政策に浸透するという事態を生んだのである。ただし、ここでもまた、貨幣の道徳的側面を超えて、その象徴的側面を指摘しておかねばならない。問題なのは、トマス・ビソンがそのフェティシズム的性格を明らかにした「貨幣の保存」*conservatio monetae* であり、キリストのしるしのもとにおける「貨幣の革新」なのである。聖ルイのエキュ貨の表面には、百合の花と「神の恩寵によってフランス人たちの王であるルイ」*Ludovicus Dei gracia Francorum rex* という銘文が、また裏面には、十字架とつぎのような宣言が刻まれているのである。「キリストは勝利し、キリストは統治し、キリストは君主として命令する」(4)。

【注】

(1) 前出三〇一～五頁を見よ。

(2) R. Folz, *Les Saints Rois du Moyen Âge en Occident, op. cit.* (前出三七六頁注4)。

(3) P. Michaud-Quantin, «La politique monétaire royale à la Faculté de théologie de Paris en 1265», art. cité.

(4) Th. Bisson, *Conservation of Coinage, op. cit.* (前出三〇五頁注4)。

救済と必要

第三の機能についての概念的およびイデオロギー的枠組みは、識別することがむつかしい。なぜなら王権や王の統治に直接関係する史料が、この点についてはっきりと証言することはほとんどないからである。

これらの主題についての非常に明確で一般的な陳述は、聖ルイの王令のなかにはほとんど存在しないか、あるいは非常に断片的なものにすぎない。あったとしても、その読解のためには、公文書やその他一般の文書で使われている用語の意味を解読できる知識が必要である。私が拾い集めることができたのは、つぎの二つの表現だけであった。一つは「わが魂の救済に役立つことを望んで」*anime nostre cupientes providere saluti* であり、これは単に王の行政にあって宗教的なるものが最上の地位にあることだけではなく、そこには王の個人的な救済がかかっていることをも明確に示している(聖別式において王は神と聖職者と臣民の前で、「正しく」治めることを誓うが、この結果彼の個人的救済は彼の王としての行動如何にかかることになる)。いま一つは「公共の有益のために」*pro communi utilitate* であり、これについてはのちにコメントしよう。ここでは、経済現象を含む領域において王の行動を導いていたように思える諸観念を識別するために、いくつかの法テクスト、行政文書、道徳的著述の方にさらに情報を求めねばならない。この領域における王の決定の一部分は、その権力の至上の性格、その権力を基礎づけるもっとも高い諸原則、そして固有な意味で王のみに属する権利に由来している。

たとえば、聖ルイが貨幣について法を制定することができるのは、単にその「権力」*potestas*（最高権力）や「権威」*auctoritas*（決定する力、およびそれを正当化しうる権利）ばかりでなく、君主の聖なる性格を示す定義不可能な「威厳」*majestas* にもよるからである。聖ルイに対しては、口頭ではないが書き物においては、三人称あるいは二人称で「威厳に満ちた陛下」Sa Majesté, Votre Majesté が使用されるのである。

ここでもまた、彼の行動を正当化するのは、平和とならぶ王の二大職務の一つにして徳である正義であった。しかし、とりわけ経済現象についての処置は、他の目的と密接不可分な関係をもっていた。都市に対する処置、所領の経営、宿泊権、高利に対する闘い、そして「良き」貨幣のための処置などは、その至上性についてはより劣る、下位レベルの原則にとりわけ従うものであったが、ここからはつぎの三つの観念が発生する。すなわち、「有益さ」*utilitas*、「必要」*necessitas*(1) および「快適さ」*commoditas* であり、どれも皆人間が物質的なもの、肉体的なものに従属しているというしるしを帯びている。

おそらくここで問題となっているのは、民衆、王の臣下に対する善の一形態、すなわち「民衆の必要」*necessitas populi* であるが、これは一一九九年にインノケンティウス三世がアラゴン王ペドロに「悪しき貨幣」について宛てた書簡のなかですでに述べていたものである。しかしここでは、議論の中心は自分の魂の善良さではなく、王国の物質的基盤である。このスローガンは一四世紀の都市条例では必須のものとして現れることになるが(2)、起源を探せば、王の立法権を理論化した一三世紀のレジスト〔大学で法学教育を受けた、王権に奉仕する「高級国家官僚」〕や聖書の注釈学者たちのもとに見い出される。

都市の権力は常に、「公共の利益のために」*pro communi utilitate, pro commondo et utilitate communi, pro neces-*

sitate et utilitate 行使されねばならない。この権力は物質的な利害を含むさまざまな状況に対して適用される。非常にしばしば、問題なのは「身体の必要」*necessitas corporis* ou *necessitates corporales* あるいは「身体の善」*bonum corporis*（聖書の「わが身を憎んだ者は一人もおらず」*nemo carnem suam odio habuit*〔『エフェソの信徒への手紙』五章二九節〕という表現が参照される）であることがはっきりと示されている。これは、農業や自然界の諸力をはじめとする「人工・人造学」(訳1) *artes mecanica* による生産物を意味する「身体的な事柄」*res corporales* に関係するものである。

これらの財は、それらが従属している身体への蔑視にではないにせよ、少なくとも身体に関わるものとして最低の評価を否応なく受けていた。事実、これら自然による生産物は、多かれ少なかれ「肉の弱さ」*fragilitas carnis* によって脅かされるという性格をもっている。とりわけ貨幣についてはそうである。経済現象が存在するところには常に、王にとってもその臣下たちにとっても、二つの大罪、すなわち貪欲と欺瞞 *avaritia et fraus* に陥る大きな危険が存在するのである。いずれにせよ、聖ルイの目にこれらの財が、トマス・アクィナスがアリストテレスに依りながら「公共善」と呼んだものに見えたとはとても思えない。ちなみに、この公共善という概念はこののちより高い地位を与えられて、一二八〇年、ジル・ド・ロームがのちのフィリップ端麗王に捧げた『君主の統治について』*De regimine principum* 以後には、フランス王権を動かす歯車のなかに浸透していくことになる。ルイは身体を蔑視しなかったにせよ、二次的なものとみなしていたので、彼にとっては、私たちが今日経済現象と呼ぶものは、それが身体に結びついているためにその価値は低く、さらに他の現象に比べてとくに罪に脅かされる性質のものであった。

聖ルイはそれゆえ、経済に対しては意識的な関係を取り結ぶことはなかったし、経済には――個人的にであれ彼の名のもとに統治する者たちを通してであれ――非介入の立場をとっていたものと思われる。しかしながら、一二五四年七月および八月には、二つの王令が発布され、ボーケール、カルカソンヌおよびニームのセネシャル管区において、この地域に飢饉が発生した場合に、小麦およびその他の物資の輸出を禁止するかどうかをセネシャルとともに決定する真の評議会《コンセイユ》を設置している。一二五九年には、ボーケールおよびニームのセネシャルが、アラゴンへの小麦の輸出を禁ずる処置をとるかどうかの集会を招集している。これらの経済的処置は、政治的・社会的に重要な一面をもっている。良き都市《ボンヌ・ヴィル》の市政官《コンスル》および代表者たちは、これらの集会において、封建諸侯、聖職者、裁判官、下級裁判官《ヴィギエ》やバイイとならんで、かなり大きな勢力をなしていた。都市民《ブルジョワ》たちはたしかに、王の役人たちとならんで第三の機能に関係する者として現れているのであり、この資格において王の行政集会に侵入してきたわけである。彼らはまもなく第三身分のエリートを構成することとなろう。そしてそれは一七八九年まで続くのである。

最後に、聖ルイの行動を、一三世紀のフランスおよびキリスト教世界についての史料全体から見てとれる経済発展のなかに位置づける作業が残っている。あらゆる点からして想定できるのは、聖ルイの治世は、一〇世紀から一三世紀にかけて進行した一大経済発展の最後の局面に位置することであり、また今日一四世紀の危機と呼ばれている経済動向の逆転の始まりは、彼の治世の終わり頃の一二六〇年頃にはすでに始まっていたことである(3)。聖ルイがとった最後の一連の処置(とりわけ貨幣の領域)は、部分的にはこの危機の始まりを反映しているのである。しかし、聖ルイも彼の同時代人たちも、まだそのことに気づいてはいなかった。

長期的な経済動向という観点からすれば、もっとも重要な現象は、一〇～一三世紀の巨大な成長の絶頂と大きな危機の始まりの間に、聖ルイの生きた状況が位置づけるられるということであろうが、私にはもう一つ別の現象が非常に重要に思える。すなわち市場経済の発展である。聖ルイの偉大な友人で側近でもあった托鉢修道士たちはこれを、漠然と道徳的に向上させようとしたり、宗教的かつ道徳的な被いのもとで、とりわけ市場の自律的な機能を正当化しながらコントロールしようとしていた(4)。

王の第三の機能は弱体化していた(慈善は除いて)。それはつぎのような事態によく現れている。ルイは、王国の何世紀にもわたる繁栄から、フィリップ・オーギュストの遺産から、そして都市やとりわけ聖職者の富への課税から引き出した大量の金銭を有していた。彼は物質生活上の現実全体に対して無関心であったが、これは貴族や聖職者のほとんどすべてが共有していたイデオロギー的な蔑視を、彼もまた分けもっていたからである(自然力に頼る技芸を含め「経済的」な仕事は「隷属的」であり、低い地位へ押しやられる)。ローマ法の復興や、トマス・アクィナスを初めとする神学思想もまたこの経済現象の価値のおとしめを強めることとなったが、これは部分的には、これを取り扱う適切な概念的道具立てが欠如していたからでもあった。これらすべての要因が重なった結果、聖ルイがとりわけ実践していたのは経済的には何もしないということであった──道徳と王権の威信が痛みを感じるところでおこなわれた、結局のところ二義的な意味しかもたないいくつかの介入を除けば。

聖ルイと経済との出会いはなかったのである。[5] 彼は、当時経済に関係する問題について闘わされていた一大論争に個人的には関わらなかったし、また、彼の頭のなかやその行動のなかに、パリ大学や聴罪司祭の論考、あるいは托鉢修道会とりわけフランシスコ会士のもとで提出されていた論争、すなわち労働の価値や商業と商人の正当的評価をめぐる論争などが反映した痕跡を認めることはできないのである。まったく同様に、彼は金銭をめぐる一三世紀の一大論議についてもその論争の外にいた。この論争の対立の図式では、金銭は、アッシジのフランチェスコの立場からすると悪魔的な性格をもち、スコラ学者たちによれば、その獲得と利用の意図に従って良くも悪くもなるものであるが、それではどのようにすれば、金銭を制御し、道徳化することができるのであろうか。この問題に関心を寄せることすら彼にはなかったように思われる。[6] 彼は、表面的には繁栄している王国および不自由ないほど金銭を蓄えていた王行政が、わけがわからないながら利用していた経済メカニズムにとくに感情を動かされることもなく、ただ順応していただけなのである。彼の良心は平穏であった。貧者に対する行為が彼にある満足をもたらしていたし、ユダヤ人の利子徴収を抑圧することで、より危険な問題が自分に提起されることも避けることができた。ここでもまた、彼は托鉢修道士たちの弟子なのであって、[7] 彼らは、理論においても実践においても、のちに資本主義の開花を容易にするような妥協を作り上げていたのであった。

思うに、この章を閉じるにあたって、あるパラドックスを取り上げねばならない。非物質的な価値にすべてを賭けていたこの王は、一三世紀末においてすでにそうであったのだが、後世のフランス人たちの想像力のなかでは、その死後のイメージにおいて、自身の徳と奇蹟の思い出よりもはるかに、その時代の王国の物質的な繁栄という記憶を残したという事実である。というのも、非常にしばしば哀惜の念とともにくり返された「聖ルイ王の良き時代」という表現が意味していたものこそ、貨幣改鋳、全般的な飢饉や物価の高騰がなかった時代という、経済的繁栄の治世に他ならないからである。記憶にとどめられ、ノスタルジーとともに哀惜される聖ルイとは、経済的繁栄を体現する聖ルイなのである。この聖ルイのイメージは、大部分は単なるイメージにすぎないのであるが。

【注】

（1）政治原則としての「必要」*necessitas* については、Ph. Buc, *L'Ambiguïté du livre, op. cit.*, pp. 260–271 を見よ。

（2）A. Rigaudière, «Réglementation urbaine et législation d'État dans les villes du Midi français aux XIIIe et XIVe siècles», dans *Gouverner la ville, op. cit.*, pp. 113–159.

（3）パリにおける労働者の世界の最初の争議は、一二五〇年代に生じている。ブロニスラウ・ゲレメクは、最初に確認されるものとして、皮なめし親方と雇い人たちとの間の紛争を挙げている。*Le Salariat dans l'artisanat parisien aux XIIIe–XVe siècles*, Paris et La Haye, 1968, p. 102.

（4）ジョン・ボードウィンは、スコラ学者たちのいう「正当価格」は市場価格以外の何ものでもなかったことを証明した。John Baldwin. *The Mediaeval Theories of the Just Price. Romanists, Canonists, and Theologians in the XIIth and XIIIth Centuries*, Philadelphie,1959.

（5）ジェラール・シヴェリは、すでに引用した文献において（Gérard Sivéry, *Économie du royaume de France au siècle de Saint Louis*）、聖ルイの時代のフランスにおいては、二つの異なる進行速度をもつ二つの経済が存在したという仮定を立てたことがある。一つは、伝統的なもので、飢饉によって脅かされる不安定なものであり、いま一つは「新しく」、一大交換経済の発展および都市のダイナミズムにも「好不況の循環」を通して適応するものであるという。アンリ・デュボワはこの仮説を的確なやり方で批判した。*Revue Historique*, 109, 1985, pp. 472–473.

（6）しかしながら、彼はジルベール・ド・トゥールネの叙述のなかでは、すかし絵のようではあるが、たしかにこの面で現れる。

（7）J. Le Goff, *La Bourse et la Vie, op. cit.*〔前掲訳書〕を見よ。

【訳注】

（1）「人工・人造学」とは、伝統的な思弁的学知区分に対して、中世盛期に新たに技芸の一部としての地位を与えられた、より実践的な技術知を総括する技芸群概念である。一二世紀のサン＝ヴィクトール学派を代表するユーグによれば、機織学、兵器学、商学、農学、狩猟学、医学、演劇学から構成される（サン＝ヴィクトルのフーゴー「ディダスカリオン（学習論）」、『中世思想原典集成九　サン＝ヴィクトル学派』五百旗博治・荒井洋一訳、平凡社、一九九六、六八～七五頁を参照）。

第五章　聖ルイは、封建的な王か、それとも近代国家の王か

私は、この書物のなかでこれまで何度にもわたって、聖ルイは、中世フランス王権が歴史的にたどった道程との関係では、どのようなタイプの王に属するのかについて述べてきた。多くの脇道によって途切れながらも、後世の歴史家からは結果的に首尾一貫した性格を与えられてきたこの道程の上に、意識的であれ無意識によるものであれ、彼が刻したしるしはどのようなものであったのだろうか。この章では、私のアプローチの中心に位置する、身体と心をもったこの王の人格からは若干距離を置くことにする。しかし、聖ルイは非常に個性豊かな王であるので、幸いにも私が彼を取り逃がしてしまうことはないだろう。ところで、フランス史に少しでも素養のある読者は、むかし学校で教わったつぎの二つの意見を同時に思い起こさずにはいられないだろう。すなわち、一方では、中世の——一三世紀は中世である——核心とは封建制であり、それゆえ、聖ルイは封建的な王に違いない。しかしながら他方、一三世紀は近代国家誕生の時代でもある。すでに聖ルイの祖父フィリップ・オーギュストはほとんど国家が前提となる王といってよい存在であったし、聖ルイの孫フィリップ端麗王はより明白にそのような王ということになろう。それでは、聖ルイは近代国家の王なのであろうか。歴史家のなかには、初めに挙げた側面を強調して、一三世紀の王権は結局のところ真の意味で封建的な王権であったと考える者たちがいる(1)。他方には、近代国家の構築過程に興味を寄せる歴史家たちがいて、とりわけしばらく前からヨーロッパと北アメリカでおこなわれている素晴らしい共同研究は(2)、若干歴史の歯車を早く回転させようとしているのだが、この立場に立つ者たちは、聖ルイをフィリップ端麗王の方へと押しやっているのである。私はといえば、この書物のあちらこちらで検討した問題点の指摘を再構成することで、聖ルイを取り巻く「政治的な」周囲の状況をはっきりさせることを試みたい。もちろん、聖ルイがそこで生き、働きかけた政治的な動きは一直線に伸びたものではなく、また神によって定められたか、あるいは合理的に措定された――この二つはしばしば同じことに帰着する――唯一の目的によって導かれたわけでもない。よくいわれることだが、ここでも改めてくり返せば、現実は、封建制か近代国家かという問題への関心が先行する図式よりも、はるかに複雑なのである。哲学者、社会学者や政治学者たちは、大きな功績として、とりわけ歴史について「考える」ことを歴史家に余儀なくさせる。しかし、彼らはあまりにもしばしば歴史家たちに対して、歴史の構造的、および事件上の複雑さを犠牲にして、短絡的とはいわないまでも事象を単純化する図式を前面に打ち出すよう仕向ける。たしかに、学問としての歴史学は、他の学問と同じく抽象化の作業によって発展してきた。だが、歴史をどんなに抽象的に考えても、これは、ぶよぶよと肥っており、はっきりとは決めがたいのである。聖ルイがそのなかに捕らえられ、また、彼自身がその形成に寄与した歴史の一般像もまったく同じである。私は、この書物の最後で、すなわち聖ルイおよび彼が体現した王権の核心へと向かう私の旅路のほとんど終着点において、この種の王権の基礎自体をなすものについて述べようと思う。それは聖なるものであり、そこに聖ルイは自身の聖性を付け加えることになろう。

【注】

（1）たとえば、前出の八三四頁注7に掲げたTh. Bisson, «The problem of the feudal monarchy».

（2）Jean-Philippe Genet, (éd.), *État moderne : genèse, bilan et perspectives*, Paris, 1990. クリナンのこの上もなく素晴らしい書物（*L'Empire du roi*, *op. cit.*）は、フランスにおける絶対王権への道を若干急がせすぎており、この種の発展に対する阻害要因をあまりにも低く評価しすぎている。アルベール・リゴディエールによるバランスのとれた最上の問題解説を参照のこと。*Pouvoirs et institutions dans la France médiévale. Des temps féodaux aux temps de l'État*, t. II, Paris, 1994.

封建制と近代国家

中世フランスについての歴史研究においても、また一三世紀フランスにおいても、聖ルイの治世は特殊な位置を占めている。そこでは、聖ルイの治世は中世フランスの絶頂期であったと一般的には考えられており、私が先ほど述べた西欧中世の大部分の時期を特徴づける二つのプロセス、すなわち封建制の確立と近代国家の誕生との関係においてこの治世を位置づけることなど、ほとんどおこなわれていないのである。

この王の人格、彼の治世を取り巻いていた宗教的な雰囲気やこの時代の文明の華々しさが、フランスの歴史全体からすれば半世紀にすぎないこの時代の下部構造を覆い隠していたのである。彼を目がくらむような後光で取り巻いていた繁栄のイメージが、研究の深まりにつれて若干損なわれてきたのもつい最近のことでしかなかった。事実いくつかの研究は、一二六〇年以降の経済、社会階級および学問的活力といった領域において、一四世紀に生じることになる大きな危機を予告する兆候を発見していた(1)。しかし、現代の歴史家たちもまた、一四世紀初めのフランス人たちがもっていた「聖ルイ王の良き時代」というノスタルジーを共有していたのである。

聖ルイによって体現されていた王権のタイプをはっきりさせるためには、私は、従来の研究状況との関係で、この章の冒頭で提起した問題をまず第一に検討せねばならない。封建的な王と近代国家の王との間にははっきりとした歴史的対立などないのである。封建制から近代国家へと連なる展開は、一三世紀には過渡的な「封建的王権」という重要な段階を経験したのであり、このなかで聖ルイは中心的な位置を占めている。

封建的なシステムと王権のシステムとは、たとえこれらが理論的にははっきりと区別される別々の論理に対応していたとしても、対立していたのではなく、歴史的現実においては共存していたのである。聖ルイの治世に進行した隷属身分の上昇と貨幣経済の発展は、封建制を弱体化させなかったばかりか、逆にこれを強化さえしたのであり、王の

「良き都市《ボンヌ・ヴィル》」となった多くの都市はこの封建的システムの構成要素ですらあった。そして、聖ルイはこの独創的な統合をもっともよく体現したフランス王であったのである。(2)

彼の治世のもとで、封建的王権は、決定的なやり方で、近代君主国家へと変容を遂げていった。(3)

【注】

（1）これは、G・デュビーがその大部な概説でとっている立場である。*Le Moyen Âge (987–1460)*, dans *Histoire de France*, t. I, *op. cit.*（前出八五頁注1）。

（2）アメリカの中世史家たちは最近、カペー王たちは、まず最初に封建的システムを頼りにし、ついで国家的王権システムにこれを抑えさせたのではなく、まったく逆に、まず王権の確立に努めることから始め、ついでこの権力の上に立って封建的なシステムを利用し、これを権力の強化のために役立てたのだ、という見解を押し出している。Th・ビソン（«The problem of the feudal monarchy», art. cité）やJ・ボードウィン（*Philippe Auguste, op. cit.*）は、フィリップ・オーギュストの治世にこの決定的な時期を置いており、この王はビソンによれば「フランス最初の封建的な王」なのである。Ch・プティ＝デュタイイは、『フランスおよびイングランドにおける封建的王権（前掲）』のなかですでに、十分な証明はおこなってはいないとはいえ、聖ルイの治世は「封建的王権の絶頂期」であったと述べていた。ドイツの二人の歴史家、H・コラーとB・テップファーもまた（*Frankreich, ein historischer Abriss*, Berlin, 1985）、より深い証明の作業をおこなっているわけではないが、同じ結論をつぎのように述べている。「聖ルイは、王権の強化という事業の遂行に決定的なやり方で貢献した」。J・リシャールは、その『聖ルイ（前掲）』の章の一つを「封建的王権の諸構造の変質」と題している。ロジェ・フェドゥーは、偉大なカペー王たちの「封建的政策」について以下のように述べている。「彼らの成功の〈秘密の〉一つは、封建法にもとづく手段を最大限利用して、主要な封建諸侯を征服する準備をしたり、あるいはこれを法的に正当化したことにあった」（*L'État au Moyen Âge*, Paris, 1971, p. 64）。

（3）私自身のつぎの論文を参照。J. Le Goff, «Le Moyen Âge», dans A. Burguière et J. Revel (éd.), *Histoire de la France*, t. II, *op. cit.*（前出八五頁注1）。

封建的なシステムを王はどのように利用したか

王のものとみなされた、臣従礼《オマージュ》と封によって構成される封建的なピラミッドの頂点としての「最高封主権《シュズレヌテ》」なる特典が、ローマ法の実務を担当する法学者《ジュリスト》や近代の歴史家たちにより「主権《スヴレヌテ》」と呼ばれるものにもっとも近づいたのは、聖ルイのもとであった。この王は、「忠誠優先《リージュ》」の臣従礼《オマージュ》によって王に直接従属する領主の数を大幅に増加させた。たとえば、十字軍の間、それまで王の陪臣にすぎなかったジョワンヴィル〔ジョワンヴィルは、王の家臣であるシャンパーニュ伯の家臣である〕は、持ち物をすべて失ったので、王から定期金（「定期金封」あるいは「貨幣封」）を受けとって王の忠誠優先家臣となった。王は、だれの家臣ともならない唯一の存在である。一二六〇年頃編纂の『裁判と訴訟の書』*Livre de justice et de plet* は、「王の職務について」と題する章でつぎのように述べる。「王はだれからも〔封を〕保有しない」、だれからであってもである。最高封主権《シュズレヌテ》と主権《スヴレヌテ》とが観念においても実態においても区別できないものになってしまったことは、聖ルイの時代に、最高封主《シュズラン》と同じ意味で「封の主権者《スヴラン》」という表現が使われていることからも明らかであり、この二重表現は、封建的なシステムと王権のシステムとがこんがらがってしまったことを証し立てているのである。王は、一方では「主君」（Sire, messire, monseigneur, *dominus*）であり、他方では、ラテン語で呼びかける表現でいえば「陛下」（*Vestra Serenitas* あるいはこの時期すでに *Vestra Majestas*〔現在に至るまでヨーロッパ君主の尊称である〕）である。「陛下《マジェステ》〔＝威厳〕」は、主権《スヴレヌテ》をもっとも強く表現する用語なのである。

文字化が頻繁になり、書かれたものの威信が高まっていたとはいえ、語りや身振りのもつ重みや象徴性の価値がいまだ相当な重要性をもっている社会にあっては、王は封建制に関係することばや儀礼を、自分の有利になるように取り扱っていた。十字軍への出発の直前、ルイ九世は彼に従うすべての諸侯たちをパリに招集し、ジョワンヴィルの証言によれば、「もし旅の間に自分に何ごとかが生じた際には、彼らは王の息子たちに忠誠と献身を守るという」「誓約」をおこなわせた。誓約、忠誠、献身は、――封とならんで――封建関係のまさに基礎なのである。
彼の治世に編纂された、王の聖別の儀礼を叙述し、あるいはこれを規制している「儀典書」は、封建関係へ入るためのもっとも重要な儀礼である「騎士叙任」儀礼と、王位についたことを示す「王権の象徴物件」の授与や戴冠とを合体させている。

王領からの収入以外では、ルイはいつも封建法上の助力義務《エード》に頼るしかなかった。(1) 彼はここから最大限のものを引き出すべく努力はしていたが、さまざまな規則や今なお非常に強い効力を保っている封建的な心性にぶち当たった。しかしながら、彼はかなりしばしばその家臣に圧力をかけて、原則的には自分からは何も要求できないはずの彼らの家臣、すなわち彼からみれば陪臣に対して、助力義務《エード》負担を要求する許可をかち得ていた。彼は慣習を守らねばならなかったが、慣習があらかじめ認めていた場合であれば必ず、非常な厳格さで封建的な助力義務《エード》負担を課していたのである。彼は可能なかぎり、免税特権を制限しようとしたし、前任の王たちが家臣に与えていた特権についてはこれを削減している。この点では、彼は、そのほとんどが自分の家臣であった諸都市〔王と都市の間で封建関係が結ばれ、その結果、都市は王の家臣となる〕に対しては、とりわけ搾取的であったといえる。しかし、バイイでもあったフィリップ・ド・ボーマノワールがその『ボーヴェ地方慣習法』のなかで述べているように、(2) 彼は王としての権力を用いて、自分の直臣にも陪臣にも適用可能な「公共の利益のための諸決定」をますます頻繁に下していたとしても、封建制の桎梏から逃れ出ることはむつかしかったのである。最後に、彼は助力義務《エード》負担の納入の遅れに対しては無力であった。一二七〇年、彼の息子フィリップ三世は、その即位にあたって、一二六七年におこなわれた自分自身の騎士叙任のための助力義務《エード》負担のみならず、一二五五年の姉イザベルの結婚の際のものまでも要求しているのである。

逆に、平和をもたらす行為においてはルイは、強力な領主や他の王さえもが彼の家臣であるという状況によってもたらされる支配の道具を非常に巧妙に操った。彼が、一二五九年のパリ条約でイングランド王に対して要求した強みの一つはこれであったし、一二六〇年のアミアン和約において、イングランド王ヘンリーとその諸侯たちとの間で果たした仲介の役どころを理論的に支えていたのもこの資格であった。チャールズ・ウッドは、この点を評してつぎのようにいう。「これこそ、裁判の領域での王の管轄権を驚くほど拡大させた道具が、家臣関係によってどのようにもたらされたかという先例であり、彼のすべての野心ある後継者たちはこれに倣ったのである(3)」。すでに見たように、王の裁判権が聖ルイの治世において決定的な発展を遂げたのもこの領域においてであり、「上訴」手続きが王への直接の不服申し立てを増大させることにもなったのである。

より一般的にみれば、一二五〇年代以降、王評議会《コンセイユ》の会合が頻繁に開かれるようになっているが、これは王のもとへと達してきた「諸事件」の量的膨張が必然化したものである(4)。これらの「諸法院《パルルマン》」は、王やその補佐役《コンセイエ》たちの列席がなければ開くことができなかった。会期が長引き、組織の官僚制的な性格が強まると、まもなくその構成員は複数の部局に分かれる形で制度的に定まるようになる。聖ルイの治世の終わりには、これらの諸法院《パルルマン》はとりわけ都市や貨幣問題を取り扱っていた。「良き都市《ボンヌ・ヴィル》」の機能は、一二六二年、聖ルイによって再組織化された。新しい市長の年ごとの改選は一〇月二九日に行われ、一一月一八日には、選ばれた三人のなかから王がつぎの市長を選ぶことになっていた。さらに都市の会計係はパリの「高等法院《パルルマン》」へ、先任の市長とともに出向かねばならなかった（王国の中央集権化が進展していた）。

重大な決定は、その大部分が聖職者と俗人大諸侯からなる王の「封建集会《クーリア》」でおこなわれるか、あるいはいずれにせよそこで告示されていたが、彼らの何人かはより特別でより恒常的な王の補佐役《コンセイエ》であり、彼らの集会もまた「法院《パルルマン》」という名をもつこともありえた。より特殊な問題についての決定は、多かれ少なかれ新しいタイプのこれら「諸法院《パルルマン》」でおこなわれていた。

すでに見たように、アンゲラン・ド・クーシーの事件はある法院へともち出された〔二九二～三頁〕。「このようなケースにあっては、聖ルイが果たした個人的な役割を過大に評価することはできない(5)」。

この過渡期にあっては、ルイはここでもまた、彼自身の意志を超えて進展している統治機構の発展と、自身の個人的な考え方とを結びつけねばならなかったのである。

最後に、ルイは、社会的な出自からすれば非常に均質であった身近な者たちの狭いグループに取り巻かれるのを好んでいた。このグループには、彼の従兄弟であったシャンパーニュ伯兼ナヴァラ王のティボーや参事会員ロベール・ド・ソルボン、さらにはジョワンヴィルが「あの方の周囲にいたわれわれ」[6]と呼んでいる者たちが含まれていた。これこそ厳密な意味での「側近」であり、ルイはこのグループととりとめもなく議論したり、冗談をいったりするのを好み、彼らの間で自身の宗教的・道徳的メッセージを語り、また自分が下そうとしている決断を彼らのもとで試してみたりしたのである。これは、封建的な「家組織」*familia, mesnie* を彼なりに編成したものであった[7]。

しかしながら、聖ルイが封建的なシステムを独占的に活用できたのは、彼が、その祖父フィリップ・オーギュストにもまして、王権の性格と特典、その富および軍事力によって非常に強力な「王」であったからである。だが、それは同時に、彼が築いた教会との固い連合のおかげでもあった。

【注】

（1）Jean-Marie Augustin, «L'aide féodale levée par Saint Louis et Philippe le Bel», *Mémoires de la Société pour l'histoire du droit*, 6, 37, 1980, pp. 59–81.
（2）*Coutumes du Beauvaisis*, A. Salmon (éd.), t. II, 1900, n° 1499.
（3）Ch. T. Wood, «The Mise of Amiens and Saint Louis' Theory of Kingship», art. cité.
（4）Thomas N. Bisson, «Consultative Functions in the King's Parlements (1250–1314)», *Speculum*, vol. XLIV, 1969, pp. 353–373.
（5）*Ibid.*, p. 361.
（6）この表現のキリストを暗示する性格については、後出九四一頁および前出七五三～四頁を見よ。
（7）Guillaume de Saint-Pathus, *Vie de Saint Louis*, p. 71「このようにして、聖ルイはよく機能する取り巻きを作った」。後出九四〇～一頁を見よ。

王座と祭壇との偉大な連合

聖ルイの信仰心は、時には教会当局や教皇庁の行きすぎに従うことを拒否することがあったとしても――とりわけ破門の宣告や税の徴収についてであるが――、彼は、その信仰心とその行動によって、王権と教会との間の連合関係をその頂点にまで高めたといえる。この連合関係こそ当初よりカペー王権を支えた力であり、その後も長くそうあり続けていた。彼がそうしたのは宗教的な確信からであったが、同時に政治的な決断の結果でもあった。

かって、祖父であるフィリップ・オーギュストがその息子である将来のルイ八世に、死の床で語ったとされるつぎのことばが、聖ルイにくりかえし語り聞かせられた。「私はおまえにいっておく。神の聖なる教会を、私がなしたようにおまえも崇めなさい。私はこうすることで、大きな利益を得たのであり、おまえもまた同じく大きな利益を得るであろう」。聖ルイは、息子への『教え』のなかで、フィリップ・オーギュストがある日、評議《コンセイユ》の場で、つぎのようにいったと、その構成員の一人が語ったことを伝えている。「私は、私と教会との間にいざこざを生じさせるようなことをするくらいなら、私自身が損をこうむる方がはるかによい(1)」。そして、自分自身についてつぎのように付け加えた。「私がおまえにこのことをいっておくのは、おまえが、聖なる教会の人々と対立すると思われる状況にあまりにも易々と入り込まないように、と願うからである。おまえは、それゆえ、彼らを敬い、彼らを守護して、彼ら教会人がわれらが主への奉仕を安んじておこなえるように努めねばならない」。

ところで、教会は封建的なシステムのかなめとなる要素でもあった。なぜなら、教会は、グレゴリウス改革以後、俗人特権階級の支配から脱したのちも、その社会的地位や保持する富によって封建的なシステムの受益者の一つであったからでもあるが、何より教会が封建的システムをイデオロギー的に正当化する役割をも果たしていたからである。

ルイ九世は、その聖別の儀式の当時はまだ一二歳であり、この際に宣誓した誓約のことばを十分理解できなかったとしても、(2)その後大人になって、自分自身この誓約に拘束されているとみなしていた。彼自身、誓約は好まなかったにせよである。王権と教会との相互協力関係は、この誓約の基礎を形作っているのである。しかしこの双方は、それぞれ別のやり方で神との関係を考えていた。王はその出生および神からの直接的な関係のなかでその職務を所持し、その王国内で神の代理、「似姿」の役割を果たす。しかし、王がこの恩寵を受けるのは、教会を介してであり、教会は王に塗油し戴冠する高位聖職者によって代表される。教会こそが王を最終的に王にするのであり、王は教会を守ることを誓約する。その後王は、教会の秘蹟に関わる力の恩恵にあずかることになる一方、教会の世俗の手となる。この王座と祭壇との連合——聖ルイはこの点とりわけ明確な意識をもっていた——は、クロヴィスの洗礼以来長きにわたって、フランス王権の礎石であったのである。

このように教会と連合し、教会に敬意を払っていたとはいえ、(3)この王は、世俗的および裁判上の事項については司教たちの権利主張と相争ったり——青年期にすでにみられる——、フランス王国の教会に対する教皇庁の態度に強硬に対立することを(4)自分に禁じてはいなかった。彼は、自分が正当ではないと判断した問題については、教会の忠実な手とはならなかったのである。(5)彼は、教会の事項についての王の特典はこれを細心に行使し、彼に属する教会聖職禄の賦与権においては道徳的基準を適用してこれを行使したが、他方この原則を必ずしも尊重しない人事を強行する教皇庁を非難し続けた。

これらの特典については、ルイはその保持にきわめて細心であり、『教え』のなかでも、息子に対してつぎのように語っている。

愛する息子よ、私はおまえにいっておく。おまえが与えることになっている聖なる教会の聖職禄は、貴紳からなる大評議会《コンセイユ》の助言にもとづいて、しかるべき人に与えなさい。思うに、すでに何がしかのものを得ている人よりも、何の参事会員聖職禄も持たない人に与えた方がよい。なぜなら、もしおまえがしっかりと探せば、ほとんど何も持たず、譲与が正しく使われる人を相当数見つけられるであろうからである。[6]

ジョフロワ・ド・ボーリユーもまた、聖ルイが教会聖職禄の賦与についてとった行動を称賛している。素晴らしい評判の人物を選んだこと、パリ教会の尚書長やとりわけ托鉢修道士たちといった貴紳たちの助言に依ったこと、聖職禄の兼任はおこなわないように配慮したこと、賦与されるべき聖職禄が確実に空席であることを確認した時のみの賦与であったこと、などが挙げられている。[7]

【注】

（1）前出四七頁および後出八九五頁を見よ。
（2）後出一〇五二頁および前出一一八～九頁を見よ。
（3）前出一四三頁以下を見よ。
（4）G. CAMPBELL, «The Protest of St. Louis», art. cité（前出一〇五頁注８）。
（5）軽はずみで無益な司教による破門宣告に対する彼の批判については、後出九九一～三頁を見よ。
（6）*Enseignements* (D. O'CONNELL éd.), p. 189.
（7）GEOFFROY DE BEAULIEU, *Vita*, p. 12.

地方行政と立法権

フィリップ・オーギュストは、王領を四倍にも増大させた領土大拡張者であった。[1] 彼はまた、王領の管理――とりわけ財政面――を整えた。王を真似て、その家臣たちの大部分も、一三世紀には、封建的、あるいはより正確には領主制的な管理の能率を高めようと努力していた。これは、より精巧な財政技術と「バン領主制」[2]のより良い働きによって可能となったのだが、同時にマルク・ブロックが封建制の第二期と呼んだものを特徴づけるものでもある(3)。そして聖ルイこそが、王国の管理と経営から最上の利を上げることになるである。「監察使」を任命して、王の代官であるバイイやセネシャルたちの管理の様子を報告させたり、彼らが犯した悪行を是正させたりしたことは、その目的および結果として、王国の管理を確かなものとするとともに、より実効的でより異議が申し立てられにくいものとした。かって正当にも指摘されたことだが、「君主たち――これはとりわけルイ九世について真実である――が、地方の慣習を尊重し、現地有力者をその勢力下に巧みに組み込みえたことが、王の代理人たちがおさめた成功を説明する(4)」。

しかし、王のみがおこないうる方策は、特殊な形式のテクストという形のもとで現れる。

かっては、王の「主権《スヴレテ》」を根拠としておこなわれる王の決定を表現する文書を総称して「王令《オルドナンス》」と呼んでいたが、現実には「法令《エタブリッスマン》」や、時おりはもっと簡単に「書簡《レットル》」といったさまざまな呼称で表現されていた。これこそ、今日であれば王の「立法権」と呼ばれるものの表現形式なのである。これらの王令は、ルイ九世の前任王たちのもとでは稀にしか現れなかった。それは、彼らの立法権力が王領の境界をほとんど越えることがなかったからであり、ルイ九世のもとでは初めて多数公布されるようになった。聖ルイの王令《オルドナンス》については、フィリップ・オーギュストの六通に対して二五通がかって数え上げられたが、これにはさらに八通の規定命令《レーグルマン》が付け加えられるべきであろう。後者は、一八世紀の史料校訂者ウーゼーブ・ド・ローリエールによれば「王令のなかにはあえて数えることができなかった」ものであった。

しかしながら、これらの王令《オルドナンス》も時には、その適用範囲において、また適用対象人物において、限定された性格しかもちえなかった。適用される領域が狭い範囲に限定されたのは、王の主権のもとについ最近服属したばかりのいくつかの地域がもつ特権のためであった。これは、フィリップ・オーギュストがイングランド人たちから奪いとったノルマンディについてとりわけ当てはまる。一二四六年五月にオルレアンで出されたある王令は、アンジューおよびメーヌ地方の慣習における売買の問題を取り扱ったものだが、これはシャルル・ダンジューがこれらの地方を親王領《アパナージュ》として保持することになるに際してのことであった。ある分量の王令の場合、厳密な意味での「封建法上の」慣習の領域で立法をおこなっているケースも見受けられる。しかし、王は、これらの問題に干渉はしても、あくまで「封建法上の」問題であるという枠組みは尊重していた。たとえば一二三五年五月の王令では、「封の相続税と買い戻し」について定め、主君が受益できる「権益」を定めたのである（可耕地およびブドウ畑については毎年、養魚池および狩猟地については五年ごと、森については七年ごと）。これらの規定命令《レーグルマン》のいくつかでは「悪しき慣習」を廃止しているが、これこそ「封建的」支配のもとにあった一般民衆がもっとも強く要求していたことである。聖ルイは、権勢ある領主たちがみずからの封領域において行使している権利については、これを尊重し続けていた。トゥーレーヌ＝アンジュー慣習法はつぎのように規定している。「領主《バロン》は、その領地においてあらゆる裁判権――すなわち公権力――を有し、王といえども、領主《バロン》に属する領地においては、その同意なく罰令権《バン》を行使することはできない」。

王令のなかで、ある特定の人間集団のみにその適用対象が限定されているのは、とりわけユダヤ人についてである[5]。一二三〇年一二月のムラン王令は、フィリップ・オーギュストによるユダヤ人および彼らが徴収していた高利についての処置をふたたび取り上げたものだが、全王国（*in toto regno nostro*）にわたって適用された最初の王令となった。これは王権の歴史にその名を画す重要な日付である。王令は、ユダヤ人関連以外でも、ルイの心にとりついて離れなかったその他の関心事や、この時代にあって王権の介入がとくに要請され、また王のみにその解決が属すると自身感じていた問題についても、発布されている。

最初に取り上げられるべき領域は、戦争と平和である。すなわち、王は、戦争を布告したり停止したりできる唯一の主体であり、また戦争は平和への努力が無に帰した時にのみ、最後の手段としておこなわれるものでなければならないのである。一二四五年、五七年、および六〇年の諸王令が目的としたものはまさにこれである。これらの王令は、「王の四〇日」すなわち、武力紛争の発端から四〇日間、両敵対者の「肉の友」〔親族〕が紛争に巻き込まれないことを、王が保証する制度〔中世初期の戦争は、個人間ではなく、家系の間でおこなわれた〕を設定したり、私戦や「神明裁判」、決闘あるいは「戦闘による立証〔法定決闘のこと〕」を禁止したり、「法廷決闘」に代えて「証言による立証」を置いたりした。

二番目は貨幣に関係する領域である（一二六二年および六五年の王令）。貨幣は、正義についての諸理由から「良く」、「強く」なければならず、また王は、全王国における王の貨幣のみの流通という独占を許さねばならない(6)。

聖ルイの目にもっとも重要と映っていた王令は、道徳（売春、瀆神、悪意、悪辣さに対するもの）、正義（不当な税の徴収、王の役人や良き都市の指導者たちの不正および権力濫用に対するもの）を目的とするものであった。一二五四年の「大王令」、一二五六年の「王国の有益のための」王令、一二七〇年六月二五日にエーグ＝モルトで出された、チュニスへの十字軍へ出発した王の不在の間の王国摂政、サン＝ドニ修道院長マティユ・ド・ヴァンドームおよびシモン・ド・ネールへの書簡が、これに該当する。

これら全体のなかでも、ある一つの史料はとくに興味深く、これも伝統的に王令の一つとみなされてきたものである。一二四八年六月にコルベイユで発行された複数の書簡がそれで、これらの書簡により聖ルイは、その母に王国の統治――いわゆる摂政職――を委ねたのである。問題の史料は、彼女に委ねられた王権の内容と性格をつぎのように定義づけている。

まず第一は、王国の問題についての事柄を扱う全権であり、これは、彼女のもとにその判断が委ねられたか、あるいは彼女自身が取り扱うことを決定したかに関わらない。

> わがいとも愛する王妃母上殿へ、余は、十字軍での不在中、余の王国の問題が、母后の意向に適い、また母后みずからが取り扱うことがよいと判断されるに従って、審議せられ、また母后みずからが審議するまったき権利をもたれることを望み、定める(7)。

彼はまた、「彼女〔母后〕にとってそれが良いと判断するに従い、彼女が廃止すべきと考えたものを廃止する」全権も与えている(8)。つまりブランシュ・ド・カスティーユは、法律用語でいう「管轄掌握＝提訴《セジーヌ》」を含め、王国のあらゆる諸問題を取り扱う全権、および廃止する全権を有していたのである。ここには権力についてのとりわけ重要な側面が現れているのだが、それは単に法的に、この廃止する権力についてとくに言及しなければならないというだけではなく、およそ中世の心性に従えば、存在するものはそれ自体として永遠に続くはずのものであるから、およそあらゆる廃止措置はとりわけ重大なことだと認識されていた事実にもよる。王のこの全権は、王の恣意に委ねられているが、しかしこれは善なるものに従属せねばならない。この善なるものもおそらく王の解釈に任されてはいたが、客観的な基準とも合致していなければならなかった。これこそ古代ギリシアの思想が定義し、キリスト教の教義がふたたび定義し直した「公共善」に他ならない。

すでに指摘したように、ルイ九世は全権力 *plena potestas* をその母である摂政に賦与し、その結果彼女は自分が取り扱うことがよいと判断した(「彼女の意向に適う事柄」*quos sibi placuerit* という定形表現によって示されているが、これは全権を特徴づける表現である)すべての問題を処理することができたのであるが、彼は「善に合致すると判断するに従い」*secundum quod ipsi videbitur bonum esse* という表現を付け加えることで、この権力の委任に修正を加えてもいるのである。ここで問題となっているのは、個人のもつ権力の行使であるよりは、行政と統治の機構は公共善あるいは公共益という観念によって支配されているということの承認なのである。この観念自体は、再解釈された慣習法、復活したローマ法、および古代の政治・倫理概念の相互影響に由来し、当時のスコラ学神学者たちによって再構築されたものであったが、ルイにとっては、この観念がもつ道徳的・宗教的ニュアンスのゆえに好ましく感じられたのである(9)。

つぎに、母なる摂政に委ねられた権力は、王および王国への――国家というべきか――奉仕として王国の行政を司る者たちの掌握を含んでいた。ここでもまた問題となるのは、任命、転任あるいは罷免である。

母后は、母后にとってよいと判断されるに従い、バイイを任命し、城主、森林管理官、および余と余の王国への奉仕をおこなう他のすべての者たちを指名し、かつ罷免する権力をもつように(10)。

最後に、王は彼女に、フランス王の管轄に属する教会事項への介入権を委ねている。

　母后は、空位となった教会の高位、あるいはその他の聖職禄を賦与し、新たに選ばれた司教や修道院長の忠誠誓約を受け、彼らに空位教会財産受益権《レガリア》〔王は司教および修道院長の空位の間、その教会の世俗収入を享受できた〕を返還し、参事会および修道士団に対して、余の代わりに、〔司教および修道院長の〕選出許可を与える権力をもつように。[11]

　聖ルイがどのように王権を定義しこれを実践していたのかについては、つぎのように答えることができるだろう。王権は、完全な裁量にもとづく権力ではあるが、善なるものには従わねばならないものととらえ、その行使には、王に従属する二種類のネットワークに属する人間たちの資質に関して特別な配慮がなされた。その人的ネットワークの一つは、新しいもので、王国すべてに王権を拡大し、その直接の代理となる役人集団である。いま一つは伝統的な存在で、教会の高位聖職者たちであるが、彼らに対しては、王は細心に、しかしあくまで道徳的な基準に従って、その選出についての権利を行使していたのである。

　多くの大封建諸侯がその領邦内で、とりわけ王の弟たちが——とくにアルフォンス・ド・ポワティエが——彼らの親王領《アパナージュ》内で採用した諸策は、王が王領内でとった諸策を模倣したものであったが、時には逆に王に対する先例となったものもある。これらの諸策は、王国内における権力と行政の封建的な〔すなわち本来的には分権的な〕構造を最終的には均質化することとなった。事実、聖ルイの治世においてこそ、王領は決定的な形で、王国全体がそれに沿って鋳直される鋳型となったのである。

【注】

（1）「オーギュスト」のもともとの意味は、「拡大する者」である。

（2）Georges DUBY, *La Société aux* XIe *et* XIIe *siècles dans la région mâconnaise*, Paris, 1953 ; *L'Économie rurale et la vie des campagnes dans l'Occident médiéval,* 2 vol., Paris, 1962.【訳注】紀元一〇〇〇年以後本格的に成立する領主制は、死刑を宣告する上級裁判権からさまざまな賦課租の徴収に至る広範な権力であったが、その起源は、中世初期には国家が行使していた公権力の簒奪にあるとするのが「バン領主制」説であり、ジョルジュ・デュビーの学位論文がこの立場の代表例とされる。

（3）M. BLOCH, *La Société féodale, op. cit.*（前出三八一頁注1）〔前掲邦訳〕。

（4）J. SCHNEIDER, «Les villes du royaume de France...», art. cité.

（5）後出一〇〇五頁以下を見よ。

（6）聖ルイの貨幣改革については、前出二九九〜三〇五頁および八四一〜三頁を見よ。

（7）*«Carissimae Dominae et matri reginae concessimus et voluimus quod ipsa in hac nostrae peregrinationis absentia plenariam habeat potestatem recipiendi et attrahendi ad regni nostri negotia, quod sibi placuerit et visum fuerit attrahere [...]»,* (Fr. OLIVIER-MARTIN, *Études sur les régences, I, op. cit.*（前出一〇五頁注5）p. 87, n. 1).

（8）*«[...] removendi etiam quos viderit removendos, secundum quod ipsi videbitur bonum esse»* (*ibid.*).

（9）Albert RIGAUDIÈRE, «*"Princeps legibus solutus est" (Dig.,* I, 3, 31) et *"Quod principi placuit legis habet vigorem" (Dig.* I, 4, 1) à travers trois coutumiers du XIIIe siècle», dans *Hommages à Gérard Boulvert,* Nice, 1987, pp. 438–439. 慣習法についてこのテクストが依拠しているのは、ある共同体は当該共同体の慣習に従って共同で何らかの善を享受しうるという観念だが、この観念はいずれにせよ王国の臣民全体というレベルからみれば抽象的で一般的な価値しかない。ローマ法については、このテクストは〔古代の〕公益という観念を保持してはいるが、カペー王権の支配下の社会にこれを適用している。最後にこのテクストは、公共善というアリストテレス的な概念をもち出すが、これは、一三世紀のスコラ学神学者たち（とりわけ一二四八年以後のトマス・アクィナス）が提示した形態においてであり、彼らは、聖アウグスティヌスの提示した「神の国」の視座のなかでこの概念を再構成した。

（10）*«Baillivos etiam instituere valeat, castellanos, forestrarios et alios in servitium nostrum vel regni nostri ponere et amovere, prout viderit expedire»* (dans Fr. OLIVIER-MARTIN, *Études sur les régences, op. cit.*).

（11）*«Dignitates etiam et beneficia ecclesiastica vacantia conferre, fidelitates episcoporum et abbatum recipere et eis regalia restituere, et eligendi licentiam dare capitulis et conventibus vice nostra»* (*ibid.*).

聖ルイと法

ローマ法の普及は、よくいわれるほどには、聖ルイの治世における法についての一大事件とはいいがたい。その適用はまだ限定されたものであり、とりわけ南フランス、オック語地域のフランスを特徴づけるものにすぎなかった。ちなみにそこではローマ法が王権の浸透を容易にした。異端に対する闘いには失敗したが、法学教育には成功をおさめたここ南部の地域、とりわけ新設のトゥールーズ大学においてこそ、フィリップ端麗王のもとで王の統治をリードすることになるレジストが養成されはじめていたのである——のちにはオルレアン大学がこの役目を果たすことになる。北フランスにおいては、オルレアン大学はいまだ活況を呈しておらず、パリ大学ではローマ法は教えられていなかった。ある説によれば、パリでのローマ法教授の禁止は、フィリップ・オーギュストが教皇ホノリウス三世に対し、一三世紀にあっていまだ本質的には皇帝の法とみなされていたローマ法をフランスの首都では教えてならないと要求したからであるが、これにはフランス王が当時皇帝の保持する優越的な立場関係から逃れようとしていた背景がある。別の説によれば、事を決定したのは教皇庁自身であって、パリにおいては、法学と競合することなく、神学が最高の地位を占めるよう望んだためであるという(1)。

法の領域におけるこの王の治世の大事件といえば、すでに見たように、地方慣習法の大部分が成文化されたことである。たとえば、ノルマンディの『大慣習法書』*Grand Coutumier*、ヴェルマンドワのバイイであったピエール・ド・フォンテーヌ編纂になる『ある友への助言』*Conseil à un ami*、オルレアン地方についての『裁判と訴訟の書』*Livre de justice et plet*、トゥーレーヌおよびアンジュー地方についての『聖ルイの法令集』*Établissements de Saint Louis*、そして聖ルイの死後少しあとであるが、フィリップ・ド・ボーマノワールの『ボーヴェ地方慣習法』*Coutumes du Beauvaisis* などが挙げられる。封建法によって特徴づけられる慣習法は、口頭の世界から書かれたものの世界へと移行しつつあったのである。しかし、成文化によってさらに強化されたとはいえ、これはやはり封建法なのである。

聖ルイが派遣した監察使については、その主要な任務の一つは、もっとも純粋な意味での封建社会の伝統に連なる「悪しき慣習」の改革、あるいは撤廃であった。

おそらく、王に対する上訴がますます多くおこなわれるようになったことが、王権の拡大と王国の裁判制度の統一化を促したものと思われる。王は、時には人目を引く形ではあるがあくまで象徴的なやり方で、有名なヴァンセンヌの森の樫の木の下でのようにみずから裁いたり、もっとも普通にはその補佐役《コンセイエ》たちに裁判を委ねていた。しかしながら、ここで問題となるのは、領主の裁判権に代えて別種の裁判権を置き換えたことではなく、家臣の裁判権に対して、〔私的な封建関係における〕主君でもあり〔公的な国家の〕君主でもある人物の裁判権が優越することを強制したことである。聖ルイの死の直後、その息子フィリップ三世の王訴訟代理人《アヴォカ》たちが、ルイの弟で新しい王の叔父にあたるシャルル・ダンジューの訴訟代理人《アヴォカ》に対して語ることになるように、重要なのは、封建諸侯領の慣習に対して「王国の慣習」が優越することを承認させることなのである。これはまだ完全には定着していない変化[2]であった。

オルレアン大学の著名な教師で王権の断固たる支持者であったジャック・ド・レヴィニーのようなローマ法の影響を強く受けた法学者《ジュリスト》でさえ、「共通の祖国」すなわち王国よりも、「それぞれ固有の祖国」すなわちそれぞれが暮らしている領主領を優先すべきであると、いまだに公言していたのである。

【注】

（1）これはジャック・クリナンの仮説である。ジャック・ヴェルジェもまたフィリップ・オーギュストがこのような意味での介入をおこなったとは考えていない。J. VERGER, «Des écoles à l'université : la mutation institutionnelle», art. cité（前出六七頁注2）p. 844.

（2）M. BOULET-SAUTEL, «Le concept de souveraineté chez Jacques de Révigny», art. cité.

封建社会とブルジョワジー

聖ルイの時代のフランス王国は、依然として土地と農業経済にその基盤を置いていた。少なくとも王国の人口の九〇パーセントは農民であり続けていた。たしかに、聖ルイは農奴解放を数多くおこなっているし、強者よりも弱者の利害を優先したり、農民を保護するように王の代官たちに呼びかけはしている。しかし彼は、農民の搾取にその基礎を置く生産様式にはほとんど何らの変更を加えたわけではなく、農民が社会の階層のなかで占める地位にも変更はなかった。他方で、貨幣経済の普及、および領主領の経営方式に結びついた経済発展が、農民が負担する賦課の内容に変化をもたらしていた。この時期以降、賦役や現物での賦課租に代えて、貨幣による徴収、すなわち、貨幣賃租《サンス》が支配的となり、封建地代《ラント・フェオダル》はその性格を変えた。しかしながら、貨幣によって置き換わった部分は、農民層における何らかの社会階層分化を加速させることがあったにせよ、大局的には領主制のシステムを強化する方向に働いたのである。一三世紀は領主制の最盛期であった。

貴族の方はといえば、たしかに貴族や、さらには諸侯《バロン》までもが王の裁判権による掣肘を受けているさまに驚かされはする。聖ルイの時代に、諸侯の間で不満の渦を巻かせたアンゲラン・ド・クーシーの事件〔三九一〜三頁参照〕は著名である。しかし指摘しておかねばならないのは、すべてのケースで対立していたのは貴族同士、さらには騎士と諸侯《バロン》の間であったという事実である。聖ルイの側近には都市民《ブルジョワ》はいなかった。農民の子であったロベール・ド・ソルボンのような比較的低い地位の聖職者や、ジョワンヴィルのような中級ランクの騎士たちは存在したが、これはカペー家の一つの伝統に従ってのことであり、他方この伝統はあくまで、高位聖職者と諸侯《バロン》が多数派を占めるという事態を覆い隠すものではなかったのである。聖ルイは、一七八九年までフランス王権がそうであり続けるように、貴族と特権身分層《アリストクラシー》に結びついていた。彼はとりわけ、貧しい貴族を援助することに心をくだいていたが、彼らは十字軍や貨幣経済の発展の結果、財を失って「恥ずべき貧者」に分類されることになった者たちで、この社会階層こそ、托鉢修道士たちの教えを受けたこの王の心をとりわけ打ったのである。王は彼らを「貨幣封」に似た年金を享受する家臣として受け入れたり、発展を続ける王行政機関のなかに雇い入れたりして援助したが、ギー・フルカンによれば、彼らは聖ルイの治世のもとで王国行政のなかに「大量進出」したのである。私はといえば、フルカンのように、ここに十字軍が作り出した「国家貴族《ノブレス・デタ》」を見ることにはためらいを覚える[1]。聖ルイ、および彼の治世期のフランス社会を、過度に時代遅れと見たり先進的と考えてはならない。しかし、それでもやはり、この王が「荒々しい武人《ブルー》」と対立させて考えていた俗人の「貴紳《プリュドム》」という理念は、貴族的な理念であることに変わりはない。貴紳には、都市民も農民も対立するのである。

聖ルイは都市民《ブルジョワ》の王ではなかった。とはいっても、都市は、ある種の歴史研究の伝統がそう考えてきたようには反封建的な組織ではない。すでに見たように、都市経済は封建的な生産様式の内に位置づけられるものである。都市は、かって正当に表現されたように、「団体領主《セニュリー・コレクティヴ》」としてみずからを位置づけ行動していたのである。前＝資本主義などということばは語るべきではないだろう。手工業者の保有する封ですら聖ルイの時代のフランスでは珍しくなかったのである。たしかに、無視しえない変化が現れてはいた。成長と利得に敏感な精神が確固たる基盤を得て、商人は（利子によって）時間を、大学人は知識を売るようになったが、これらは二つとも本来神にのみ属するものであったのである。しかし、聖ルイは、ユダヤ人であれキリスト教徒であれ、高利貸しを唾棄していたし、個々にはさまざまであっても、総体的には知識人を敬遠していた。私はといえばむしろ、この時代の経済や都市、および商人社会については、ホセ・ルイ・ロメロの意見と同じく、封建的＝ブルジョワ的社会という表現で語りたいと思う[2]。

聖ルイは、苦悩する王、つつましき王、貧者の友、托鉢修道士の王として、新しいタイプの王ではあったが、これは一三世紀における神、キリスト自身が、十字架に架けられた王、受難の王としての神に変容を遂げたこととまさに関連するからなのである[3]。ところで、われらが主がつつましくあったとしても、平民になったわけではない。貧者や身分の低い者（「卑しき者[4]」）を愛するということは、聖ルイにとって正義の、というよりはむしろ憐れみの業なのである。

聖ルイは、現代的な意味で革命的な王ではなかったし、改革的ですらなかった。彼は、カロリング期に現れ、一二世紀ルネサンス、および一三世紀に生まれた托鉢修道士たちによって修正が加えられた「君主鑑」に忠実であった。彼はまた依然として、封建的なシステムから最高の利得を上げる封建的な王のままであったか、あるいはそのようにみずから進んでなった。彼は、逆に、ユートピア的王でもある。ボニファティウス八世がその列聖の教皇文書のなかでふれている「平和をもたらす王」*Rex pacificus*、すなわち臣下をこの世における幸福——一三世紀にはいまだ存在しない考えである——にではなく、あの世における救済へと導く終末の時の王のイメージであるが、他方、のちの世代は彼の治世をこの世における平和と繁栄の時代と考えることになる。[5] たしかに、彼の治世期に、天国の価値体系が地上へとますますはっきりと下降してきたことに間違いはないとしても、これらの価値は依然として宗教的なものであった。そしてもし、「偽ディオニュシオス文書」が語るような、階層化された大天使や天使たちの天国社会のモデル[訳1]が地上に降り来たったとしても、それはこの封建的な階層モデルがより強固に地上に根を生やすことにしかならなかったのである。

【注】

（1）G. Fourquin, *Les Campagnes de la région parisienne à la fin du Moyen Âge*, *op. cit.*（前出八三四頁注3）p. 152.
（2）Jose Luis Romero, *La Revolucion burguesa en el mondo feudal*, Buenos Aires, 1969.
（3）後出の第一〇章「苦悩する王、キリスト王」一〇八七頁以下を見よ。
（4）Guillaume de Saint-Pathus, *Vie de Saint Louis*, p. 79.
（5）前出六〇二頁注12に引用した私の試論を見よ。

【訳注】

（1）使徒パウロの弟子、ギリシア人のディオニュシオス・アレオパギタは、のちに初代パリ司教聖ディオニシウスと同一視される人物である。彼の手になるとみなされた著作群は「偽ディオニュシオス文書」と呼ばれ、神秘主義的傾向の強いもので、中世全般に大きな影響力を振るった。このなかに『天上位階論』なる著作があり、天上世界の位階的秩序が描写されている。「天上位階論」今義博訳（上智大学中世思想研究所編訳『中世思想原典集成三、後期ギリシア教父・ビザンティン思想』平凡社、一九九四）所収。

聖ルイは狩りはしなかった

クロヴィスからルイ一六世に至るまでのフランス歴代のすべての王が、多かれ少なかれ好んでおこなっていた活動、それが狩りである。王がおこなう狩りのために、多くの森が王の直轄とされ、それらの森や近郊に数多くの居館が造られたが、初めは森自体がいわばフランス王公邸であった。まずイル＝ド＝フランスが、広大な狩猟空間を王に提供した。とりわけフィリップ・オーギュストは「ヴァンセンヌの森」で狩りを喜んでおこなっていたが、ここは聖ルイにとっては本質的にくつろぎと裁判の場であった[1]。王たる者にとって、狩りをおこなうことほどそのイメージと特権を発揮させる機会はないのである。

ところで、聖ルイが狩りをしたことを証す史料はまったくないのである。おそらく彼は狩りをしたことがなかった[2]。狩りをすることによっても、あるいはむしろ狩りをしないことによっても、彼は、自分が俗人のなかで例外的な地位を占める存在であることを確かなものとする。まず第一に、狩りをしないことは彼を司教たちに近づける。第四回公会議[訳1]をはじめとして最初期の教会会議は狩りを司教たちに禁じていたが、それはこの娯楽が貴族を、とりわけ俗人貴族を特徴づけるものであるからであった。これに加え、狩人（バベルの塔を建設することでヤハウェを軽んじた暴君王ニムロドは、偉大な狩人ではなかったであろうか）、とりわけ狩りをする君主たちを否定的にとらえるある伝統が存在していた。聖書において、「空の鳥と戯れる」（*qui in avibus celi ludunt*）諸国の民の指導者たちは（*princi-*

pes gentium)、「消え去って、陰府に下」った（『バルク書』三章一六―一九節）。ヒエロニムスの筆とされていたあるテクストはつぎのように断言する。「私はかって狩人が聖人であったことなど見たことがない」[3]。九世紀に書かれた主要なカロリング君主鑑の一つを著わしたオルレアン司教ヨナスは、論考の一章（『俗人の教育について』*De institutione laicali* 第二巻第二三章）を、「狩りや犬を愛さんがために、貧者の利害をないがしろにする者たちについて」あてている（これは貧者に奉仕する聖ルイのために、とくに書かれたかのようにすら思えないだろうか[4]）。

一二世紀初めの偉大な教会法学者イーヴ・ド・シャルトルは、その『教会法集成』のなかに、狩りを弾劾する印象的なまでのテクストを集めているが、その箇所は七項目からなり、司教、司祭および助祭に対して狩りを禁じた教会会議議決とならんで、あらゆる地位の狩人を非難する教父の著作テクストが含まれている。聖アウグスティヌスは、狩人に何かを与えることは、道化役者や売春婦に何かを与えるのと同じように悪しきことであると断じている。「狩人に何かを与える者は、人間に対して与えているのではなく、非常に悪しき振る舞いに対して与えているのである。なぜなら、もし彼が単なる人間で、狩人でなかったなら、何も彼には与えられないだろうからである。つまり、報いられているのはその悪徳であって、彼の本性ではない」。同じアウグスティヌスは別の箇所でつぎのようにもいう。「狩人を見て楽しむ者たちに不幸あれ。彼らは悔い改めねばならない。そうでなければ、〔最後の審判に際して〕救世主を拝むとき、彼らは悲しみのうちに沈むことになるであろう。聖ヒエロニムスもいう通り、エサウは罪人《ペッシュール》であったがゆえに狩人であったのだ。聖書のなかには狩人の聖人はいない。そこでは唯一の聖人は漁師《ペッシュール》である」。聖ペテロとその同僚も、イエスの呼びかけを受けて人間をとる漁師となったのであって〔『マタイによる福音書』四章一九節ほか並行箇所〕、狩人となったのではなかった。最後に、聖アンブロシウスも、夜明けに起きても祈るために教会へと赴こうとせず、使用人たちを集め、罠を用意し、犬たちを連れ出して、藪や森をかけめぐる者たちを弾劾している[5]。

【注】

（1）ルイ一一世は、その父シャルル七世の死を知るとすぐさま狩りに出発した。

(2) はっきりさせておかねばならないのは、このことがおそらく間違いなく現実だとしても、このような断定は仮定以上ではないという点である。私は、聖ルイが狩りをけっしてしなかったことを明白に証言する史料、あるいは間接的に示す史料を見たことがない。ただ、聖ルイを直接目にしていた証人たちの断言によれば、彼らは、聖ルイが「賭け事、あるいはそれに類した遊び」も「名誉にふさわしくないいかなる遊技」もおこなっているさまは見たことがないというのである (GUILLAUME DE SAINT-PATHUS, *Vie de Saint Louis*, p. 133)。

(3) Ph. BUC, *L'Ambiguïté du livre*, *op. cit.*, p. 113を見よ。この書物のなかには、権力のイデオロギー装置である狩りについての素晴らしい資料が集められている。中世の狩りについては、近刊の *Les Caractères originaux de la Civilisation de l'Occident médiéval*, sous la direction de J. LE GOFF et de J.-Cl. SCHMITT のなかのアラン・ゲロー執筆になる「狩り」の項目を見よ〔*Dictionnaire raisonné de l'Occident médiéval*, Paris, 1999, pp. 166–78〕。ビザンツについては、Évelyne PATLAGEAN, «De la chasse et du souverain», dans *Homo Byzantinus. Papers in Honor of Alexander Kazhdan*, Dumbarton Oaks Papers, n° 46, 1992, pp. 257-263を見よ。王の狩りは、ここでは古代においてと同様、雄々しさであり、勝利する戦争の代替物である。

(4) オルレアンのヨナスのテクストは、ミーニュの『ラテン教父集』一〇六巻、一二一五〜一二一八欄にある。

(5) Yves DE CHARTRES, *Décret*, dans Migne, *Patrologie latine*, t. 161 / 1, col. 808–810.

【訳注】

(1) 四五一年のカルケドン公会議のこと。ただし、この公会議の議決のなかでは、教会人のさまざまな世俗的活動が禁止されているものの、司教の狩りについては言及されていない。注3のゲロー論文が参照しているのは、五一七年のエパオン教会会議第四議決である。

王の理論的統治構造《システム》

聖ルイの王権の性格を規定する政治理論の構成要素を復元するには、彼に関係する二つの史料を利用することができる。第一のものは、一二二九年一一月二六日付の教皇グレゴリウス九世がルイ九世、およびブランシュ・ド・カスティーユに宛てた書簡である(1)。教皇はここで、王にはつぎの二つの主要な特性、すなわち罰する権力を導き出す「力」*potentia* と、憐れみと赦しの源である「善意」*benignitas* があるが、さらにその両者の仲立ちをするものとして、王は「知恵」*sapientia* をもたねばならないと強調する。事実「知恵」は、「力」が傲慢へと、「善意」が「放任」*dissolutio* へと堕するのを防ぐ。すでに見たように、「知恵」は新しきソロモンである聖ルイがとりわけ称賛した徳であった。これら三つの王の特性に、その他の多くの王の権限を分類しうるが、これらはまたキリスト＝王の特性でもある。たとえば、「権力」*potestas*、これはローマ法の用語を王の統治構造概念のなかに組み込ませたものである。それから「威厳」*majestas*、これは古代ローマの古い概念であるが、キリスト教徒としての王は、一三世紀にはキリスト教神学という射程のなかでその意味内容を再定義しようとしていた(2)。最後に「畏怖」*timor* であるが、これは価値否定的な恐怖ではなく、積極的・肯定的な畏れである。キリスト教の王が体現する君主権理論とは、以上のように組み上げられているのである。ついで、仲介の役割を果たすものとして「知恵」がくるが、「知恵」とはキリストのもとでは「真理」*veritas* を意味していた。それゆえ、神とキリストの似姿であるキリスト教王にあっては、真理に従って考え行動する潜在的能力が備わっていることになる。「畏怖」が「強さ」に対応しているように、「知恵」は「誉れ」*honor* と対となるが、この「誉れ」はキリスト教化された封建関係のシステムにおいては、複雑な含みの意味がある用語であった。最後に、王の「善意」とはキリストの「善」*bonitas* であり、これこそキリストの聖性（*sanctitas*）の基礎をなす。それゆえ、キリスト＝王の使命として聖性が存在することになる。しかしながら、職務からくるこの聖性は、聖ルイの個人的な聖性とは異なるものであった(3)。最後に、「善意」には「愛」*amor* が結びつくが、これこそ聖ルイが他者に対して示した「同情《コンパッション》」と「憐れみ《ピティエ》」を基礎づけるものである。彼自身臣下を愛したが、王権の宣伝工作も、彼をその最初の一大モデルとしながら、臣下の方も彼を愛するように仕向けさせたわけであり、これは彼の存命中もその死後も続いたのであった。

第二の史料は、ヴァンサン・ド・ボーヴェの『君主の道徳教育について』*De morali principis institutione* である。これは聖ルイからの要請で書かれた君主鑑と政治学論考の合成物である。[4] ここでは、神の似姿としての王というテーマが非常に興味深い形で取り上げられている。それは三項図式でうまくいくという観点、「三位一体の似姿」*rex imago Trinitatis* としての王という観点である。この王の「力」は、「王の力」*potentia regalis* である。この王の「力」は、王が「支配する欲望」*amor dominandi* や圧制を避け、聖アウグスティヌスのつぎのことば、「大帝国は大略奪である」[5] ということばを忘れず、そして出生が彼を正当な王とする時にのみ合法となる。ヴァンサンは、ルイ九世がシャルルマーニュの後裔であり、[6] カペー王朝が長く続いていること自体が（ユーグ・カペーの登位から聖ルイの父ルイ八世の登位まで二三六年である）、「恩寵」に満たされている証拠であると述べる。第二の面は、君主の知恵（*sapientia principis*）である。これは以下の事柄からなる。みずからの性格と行動をコントロールすること、彼に従属するすべての社会組織をよく統治すること、意見や助言を与えたり受け入れたりする態度、自身で裁判を管理すること、法や規則を制定すること、良き友、補佐役《コンセイユ》、代官を選ぶこと、家政および王国の財政をよく管理すること、戦争を始める前によく熟慮すること、聖書においても世俗の著作においても教育を受けること、である。ここには、「無学な王は王冠を被せられたロバにすぎぬ」*rex illiteratus quasi asinus coronatus* ということばに象徴される、一世紀前にソールズベリーのジョンが提示したテーマが並んでいるが、これはグレゴリウス九世がその書簡のなかで「知恵」に与えた中心的な位置にも対応し、聖ルイの伝記作者たちが叙述し称賛した、彼の通常の行いとも合致する。最後にヴァンサンは、王の三位一体の最後の構成要素、すなわち善（*bonitas*）について語る。彼が強調するのは、王にとって必要なのは中傷や世辞に対して善を守ることであり、これは王の統治構造における政治道徳の一大テーマなのであった。

一三世紀になると、ローマ法学者《ジュリスト》とならんで教会法学者の存在も重要となる。事実、王の職務の性格を要約することになりつつある概念、すなわち「尊厳」*dignitas* は教会の世界に由来するのである。この用語は本来、それを受益する個人とは区別された「顕職《ディニテ》」を意味する教会役職を指していたが、のちには世俗のさまざまな役職にも適用されることになった。このことばはカペー王たちにとっては大きな重要性をもっていた。なぜなら、この用語はある職務がそれを継承していく者たちを超えて、永遠に続くことを背後で意味しているからである。事実、治世の間隙に生ずる権力の空白期間を可能なかぎり縮小することが、君主たちやその側近の重大な関心であった。ところで法諺〔法を諺形式に表現したもの〕では、「顕職はけっして消滅しない」*dignitas nunquam moritur* と断言する。しかし、聖別式の「儀典書」で明言され、王の尚書局でも、前任王の死の直後から新しい王の在位年を数えることによってこれを明示していたことなどから、長男が自動的に王位を継承するという慣行が定着すると、その結果として聖ルイのもとでは、「顕職」という概念からその主要な有用性が消え去り、さらにこの用語自体、君主権の全幅さをより良く表現する「威厳」*maiestas* の前にその姿を薄くする傾向が進行していたのであった。

【注】

（1）この史料は、デニフレとシャトランによって刊行され（*Chartularium Universitatis Parisiensis*, n° 71, t. I, pp. 128–129）、H・グルントマンによってその前掲論文に引用されている。«*Sacerdotium-Regnum-Studium*»（前出四三五頁注11）。さらにフィリップ・ビュックが前掲書のなかで引用、コメントしており、私が利用したのはこのテクストである。*L'Ambiguïté du livre* (*op. cit.*, pp. 178 sqq.). 同じ著者のつぎの論文も参照のこと。«Pouvoir royal et commentaires de la Bible (1150–1350)», *Annales E. S. C.*, 1989, pp. 691–713.

（2）「威厳」というテーマはまた、おそらくとりわけ一三世紀には芸術と文学においても現れるが、もちろんこれらの技芸分野に固有に働くやり方に応じてさまざまである。Alain LABBÉ, *L'Architecture des palais et jardins dans les chansons de geste. Essai sur le thème du roi en majesté*, Paris et Genéve, 1987 参照。一二〜一三世紀の文学における王については、つぎの素晴らしい書物を参照。Dominique BOUTET, *Charlemagne et Arthur ou le roi imaginaire*, Paris, 1993. 神学・法学的観点からみた「威厳」については、ジャック・シフォロとヤン・トマの進行中の研究業績を参照。J. CHIFFOLEAU, «Sur le crime de majesté médiéval», dans *Genèse de l'État moderne en Méditerranée*, Rome, 1993, pp. 183–213.

（3）後出一〇五七頁以下を見よ。

（4）この史料については、ロバート・J・シュナイダーによる素晴らしい分析が、一九八七年のグロニンゲン大学での講演のなかでおこなわれているが、著者の好意で私はその内容を知ることができた。ここでの引用はこの講演原稿による。Robert J.

SCHNEIDER, «*Rex imago trinitatis* : Power, Wisdom and Goodness in the *De morali principis institutione* of Vincent of Beauvais».
(5) «*Magna regna, magna latrocinia*».
(6) これこそ「シャルルマーニュの血統への回帰」(*Reditus ad stirpem Karoli*) のテーマである。前出九六～七頁を見よ。

王権の限界

この他にも、フランス王の主権に有利に働くいい回しが広まっていた。

まず第一に挙げられるのは、一二〇五年に教皇文書『ペル・ヴェネラビレム』において教皇インノケンティウス三世がフランス王に対しておこなった譲歩であり、ここで教皇は、「王は世俗の事柄について彼に優越するものを認めない」ことを承認した。法学や政治思想を研究している歴史家のある者たちによれば[1]、一般的にはローマ法学者よりも教会法学者の方が王の主権の確立に貢献したはずであるという。王の主権の確立をもっとも特徴的に表わすいい回しはつぎのようなものである。「君主は法から自由である」(*princeps legibus solutus est* :『学説彙集』第一巻第三章第三一法文)。「君主の意向に適うものは法的効力をもつ」(*quod principi placuit legis habet vigorem* :『学説彙集』第一巻第四章第一法文、および『法学提要』第一巻第二法文第六節[2])。

しかし、すでに証明されていることだが、一三世紀の王に適用された「君主の意向に適うものは」といういい回しは、王が自分自身の意志のみに従って行動する可能性をどのような場合でも、賦与するものではなかったものと思われる。これは逆に、厳格な法的適格性という枠のもとに置かれていた。すでに見たように、聖ルイは、母に二回目の摂政職を委ねるに際してこのいい回しをもち出したのだが、この際にも、彼の意向の実現は善なるもののためとしていた。[3] 良き助言に取り巻かれ、恣意的なやり方でみずからの意向を振りかざすことのない見識ある原則に従うことこ

そ、「君主の知恵」を構成する徳の一つなのである。(4)

同じように、王は、正しくいえば「法から自由」(*legibus solutus*)なのではない。なぜなら、「法の上にありながら」かつ「法の下にあり」(*supra et infra legem*)、「同時に法の子であり父でもあるので、彼は法を犯すことができない状況に置かれている」からである。(5)

聖ルイの治世の終わり頃にオルレアン大学の法学教師であったジャック・ド・レヴィニーは、王権の支持者であったにもかかわらず、王権に対して二つの決定的に重要な限界を付している。王国の外での王は、皇帝にではないにしろ、少なくとも帝国には従属する。もっともこの二つにはほとんど違いはない。「ある者たちは、フランスは帝国に対して免属特権を享受するという。この主張は法的には不可能である。ゆえに、フランスは帝国に従属することになる」。(6)王国の内でも、「ある者たちは、ローマが〔キリスト教世界の〕共通の故国であるのと同じく、王権は共通の故国であり、ゆえに王はその頭であるという」が、レヴィニは、すでに見たように、「家臣の義務は、共通の故国、すなわち王をというよりも、その固有の故国――すなわち、彼が王に捧げた臣従礼《オマージュ》の結果手にした領地――を守ることにある」と考える。(7)何にもまして王の忠臣であったジョワンヴィルでさえ、この点については同様で、彼が聖ルイに対してチュニスへの十字軍従軍を拒否したのは、彼の最優先の義務、すなわち自分が不在の結果荒廃していたシャンパーニュの領地の管理に専念するためであった。

以上のように、この二つのいい回し、「〈君主の意向に適うものは〉および〈君主は法から〉は、一三世紀フランスにおいては、限定された効力しかもたなかったように思われる。これらのいい回しはたしかによく知られていたし、その意味も受け入れられてはいたが、それは常に極度に形式的な形においてのみであった」。(8)聖ルイは絶対王政の王からはほど遠かったのであり、三つの義務が彼を束縛していた。第一は、すべてのものに優先するもの、神への従属という拘束である。ボーマノワールは、この点についてつぎのように断言する。家臣と同じく王であれだれであれ、「われらが主の命令に属する事柄は、すべてのものに優先しておこなわねばならない」。(9)思うに、これはプティ＝デュタイイと同意見であるが、聖ルイにとっての「本質的な義務とは、〔…〕臣下を天国へと誘い、人々の魂の救済を確かなものとすること[10]」なのであった。しかし、この点はリゴディエールと意見を共にするわけだが、私には、プティ＝デュタイイがこの拘束を第二の義務、すなわち公共善の義務に引きつけてしまっているのは、評価の行きすぎに思える。彼によれば、聖ルイにとって「公共の利益とはまさに、罪の消滅、悪魔祓いなのであった」という。事実はといえば、聖ルイにとって公共の利益は、たとえそれが本質的に重要であったとしても、終末論的な目的で汲み尽くされるものではなかった。「公共の利益」、それはこの世における良き統治を導く原則でもあるが、これは、近代的な君主国家が構築されることとの関連で、新しい形態の王の活動が行使されることになる、ますます技術化が進む領域での話であることが重要である。たとえば第一に挙げられる領域として、裁判、財政、貨幣がある。ただしこれらの領域は、アウグスティヌスの『神の国』が常に最終的な判断基準であった宗教・道徳的観点からはまだ自由になってはいなかった。中世の人間は、天国と地上との間の関係を律するある論理や場所を、私たちなら分離が必要で両立は不可能とみなすところで、構想していたのである。政治の「世俗化」、「俗人化」という考えは心惹かれるものではあるが、私にはアナクロニックに思える[11]。

逆に、ストレイヤーや、その弟子であるエリザベス・ブラウンが[12]、聖ルイとその後継者たちについて、キリスト教王の絶対権力を制限する三番目の要素として「良心[13]」の重要性を強調していることには、私はまったく賛成である。これは良心の吟味という形に具体化される。そしてそれは、神の意志と王の主権の行使とを仲介する告解という新しい実践形態と関連する。財政やとりわけ貨幣の領域において、フランス王の立法や行動には、ためらいや暗中模索、さらには表面的に矛盾するかのような事柄がみられるが、この態度がこれらを部分的に説明してくれるのである。自分の良心を問いながら、聖ルイは絶対王政への道を歩む運命にあったのであるが、その実現ははるかのちのことでしかなかった[14]。

【注】

（1）Ralph E. Giesey, *The Juristic Basis of Dynastic Right to the French Throne*, Baltimore, 1961, p. 7, また E. H. Kantorowicz, *Les*

Deux corps du roi*, *op. cit.* 〔前掲訳書〕の偉大な書物も参照のこと。

（2）S. Mochy Onory, *Fonti canonistiche dell'idea moderna dello stato*, Milan, 1951.

（3）A. Rigaudière, «"*Princeps legibus solutus est*" et "*quod principi placuit legis habet vigorem*"», art. cité（前出八六八頁注9）。

（4）前出三九〇頁を見よ。

（5）A. Rigaudière, art. cité（前出八八三頁注3） p. 441.

（6）M. Boulet-Sautel, «Le concept de souveraineté chez Jacques de Révigny», art. cité, p. 25. また同じ著者の«Jean de Blanot et la conception du pouvoir royal au temps de Saint Louis», *Septième centenaire de la mort de Saint Louis*, *op. cit.*, pp. 57–68 も見よ。

（7）M. Boulet-Sautel, art. cité, p. 23. 前出八六九〜七〇頁を見よ。

（8）A. Rigaudière, art. cité（前出の注5の論文） p. 444.

（9）Philippe de Beaumanoir, *Coutumes du Beauvaisis*, *op. cit.*, chap. XLIX, §1515. 注3および注8の A. Rigaudière の論文、p. 449 et n. 70 を見よ。

（10）Charles Petit-Dutaillis, «L'établissement pour le commun profit au temps de Saint Louis», *Annuario de Historia del Derecho español*, 1933, pp. 199–201.

（11）Joseph R. Strayer, «The Laicization of French and English Society in the Thirteenth Century» (1940), repris dans *Medieval Statecraft and the Perspectives of History*, Princeton, 1971, pp. 251–265. 以下の印象的なタイトルの書物は、同様に私には疑わしく思える見方を主張している。Georges de Lagarde, *La Naissance de l'esprit laïque au déclin du Moyen Âge* (1934–1946), 3e éd., Louvain et Paris, 1956–1970.

（12）Elizabeth A.R. Brown, «Taxation and Moralitiy in the XIIIth and XIVth Centuries : Conscience and Political Power and the Kings of France», *French Historical Studies*, VIII, 1973, p. 1–28, repris dans E. Lites (éd.), *Conscience and Casuistry in Early Medieval Europe*, Cambridge et Paris, 1988.

（13）前出四六八〜九頁と六三五〜七頁および後出九六三〜六頁を見よ。

（14）クリナンが素晴らしいやり方で研究した「絶対王政」化への道に関し、これが聖ルイの治世にも進行していたとしても、加速化したのは彼ののちの時代であった。

聖ルイは臣下に姿を見せる

すでに見たように、王の聖なる身体を隠すことと見せびらかすこと――私は「聖遺物の展示」と呼びたい気持ちにかられる――の選択のなかで、聖ルイは二番目の態度を選んでいた。(1) 彼はその前任王たちのだれよりも王の身体を「提示」していたが、この王の「展示」は、行列や貧者への施しの巡行という謙譲心の発露のなかに包み込まれていた。すでに見たように、パルマのサリムベーネによれば、聖ルイは十字軍への途上、一二四八年のサンスにおけるフランシスコ会修道会総会に、埃だらけの道を裸足でやって来たという。この贖罪を思わせる謙譲の外観は、王の人格をいや増しに輝かさせずにはおかなかったのである。(2)

ギヨーム・ド・サン゠パテュスが伝えるつぎの二つの話は、聖ルイが、謙譲心あふれる信心行為という雰囲気のなかで、群衆のなかに分け入ったさまをよく示しているが、ここには見せびらかしという要素も欠けてはいない。

第一の話は、聖ルイが公けに準備した一二六二年のサンリスでの行列について語ったものである。この行列は、彼がサン゠モーリス・ダゴーヌ修道院から獲得した聖マウリティウスの軍団の殉教聖人二四人の遺体を、そのために建てさせたサンリスの教会へと奉遷するためのものであった。遺体は、絹の布で覆われたいくつもの聖遺物匣で運ばれ、多数の諸侯や「一大群衆」の見守るなか、多くの司教や修道院長が集められた。「彼はサンリスの都市のすべての聖職者に、良き秩序に則った行列をおこなわせ」、聖遺物が納められた聖遺物匣を、「大いなる行列によって都市を横切って」、サン゠モーリス教会の建築が終わるまでの間安置させるべく、王宮の礼拝堂へと運ばせた。「聖なる王自身、ナヴァラ王ティボーとともに、行列の最後を飾る聖遺物匣をその肩にかついだが、その他の聖遺物匣は彼の前を行く他の諸侯や騎士たちが運んでいた。[…] 聖なる遺骸が前述の教会〔王宮の礼拝堂のことか〕に着くと、聖なる王はそこで盛式のミサを挙げさせ、そこに集まった民衆には説教がおこなわれた」(3)。王は、聖遺物を前にして公けに謙譲の行動をとったのである。聖職者、貴族そして民衆に対しては、皆の守り手である聖遺物をもたらす王としてのイメージを植えつけ、聖遺物の加護も、まず第一には王に対して向けられねばならなかった。

二番目の話は、馬に乗って貧者に施しをおこなう王についてである。「聖なる王が馬でその王国を駆けめぐっていたとき、貧者たちが彼のもとへやって来た。王はそれぞれに一ドニエを与え、もっとも貧しい者たちには、ある者には五スー、別の者には一〇スー、また別の者には二〇スーに至るまで与えさせた(4)[…]」。

聖地から帰り、「彼は故郷へ戻ると、毎日手ずから二人の貧者の世話をして、それぞれに二つのパンとパリ貨で一二ドニエを与えた」。彼はまた、飢饉や物価高騰の折には、金銭や食料を配給して、養う王としての役割を果たした。「時おり彼は語っていた。〈どの地方であれ貧者を訪ねて、彼らを養うことにしよう(5)〉」。

聖金曜日は施しをする王の一大「展示」日であった。

聖なる王が、聖金曜日に多くの教会を回って、彼のもとへとやって来る貧者たちへ金銭の施しをするとき、彼は警備の者たちに、貧者が自分のもとへ近づくのを妨げないよう指示していた。こうして、貧者たちは聖なる王に強く押し寄せることになり、すんでのことで王を押し倒さんばかりであった。彼はこれらすべてを忍耐をもって受け入れていた。なぜなら、施しを求めて彼に付き従い、時にはあまりに数が多いため彼の足を踏んでしまう貧者たちに押されたとしても、彼は、自分のまわりにいる守衛その他の者たちには、貧者を後ろに押し返すことを許さなかったのである(6)[…]。

これこそ、慈善の興行、王の身体を「展示する」興行である。王宮、とりわけヴァンセンヌや、より一層シテ島の王宮では、彼は隠れ住むことと見せびらかしの二つを結びつけている。彼の「家政《オテル》」は、のちに見るように、彼とその取り巻きにとって「聖なる家族」になりつつあり(7)、またサント＝シャペルは主の受難の聖遺物を納めた彼の私的な聖遺物匣となった。この聖遺物はパリへの到着の折には公開されたが、その後は彼の個人的利用のための私的礼拝堂のなかに封じ込まれてしまった。しかし、例外的な機会には、聖遺物は民衆に公開されるべく行列を仕立ててここを離れたし、王宮の庭も、王の親臨裁判を求めたり、王家の一大祝祭のためにやって来る人々にはその扉が開かれていたのであった。

【注】

(1) 前出六五六頁を見よ。
(2) 前出五五九～六〇頁を見よ。
(3) Guillaume de Saint-Pathus, *Vie de Saint Louis*, pp. 45–46.
(4) *Ibid.*, p. 89.
(5) *Ibid.*, pp. 89–91.
(6) *Ibid.*, pp. 117–118. 後出一〇三一～二参照。後出の当該箇所の最後の文章こそ、私には、聖ルイの行動を深いところで理解する鍵であるように思える。
(7) 後出九四〇～一頁を見よ。

聖ルイは打算的だったか

以上の通り、カペー家の王たちは封建制と宗教に覆われた君主国家を発展させたのであり、このことはとりわけ聖ルイについてよく当てはまる。彼の治世では、国家は聖性という仮面のもとに、その背後で前進していたのである。[1] 時代のしるしなのか、それとも、のちの表現を借りれば、この君主は「マキャヴェリズム」を弄したのであろうか。

聖ルイの行動のなかには一つの例外的ともいうべき特徴があるが、そこからは思わぬ驚きを与えられるので、聖ルイには「秘密」があったのではないかと考えてみたくなる。宗教的・道徳的命題に従って、神と宗教上の利害に優先するものはほとんどないとしながら、彼は同時に、王権とフランスの利害を常に守り続けていたのである。ヴォルテールはこの点を理解していたし(2)、フュステル・ド・クーランジュも同じく、つぎのように書いている。「彼の巧妙さ、それは正しくあることであった(3)」。

その前任王たちのだれにもまして、「いともキリスト教的な」(*christianissimus*)王というモデルを体現することにより、彼はより明確に、他のキリスト教王の上位にフランス王を位置させる自然な象徴物として、この標語銘を確立したのであった。このことはまた、このフランス王が、イングランド人マシュー・パリスによって、「この世の王のなかで、もっとも気高くもっともその地位にふさわしい」と呼ばれていることをも説明する(4)。ルイが、一二五九年一二月四日、シテ島の王宮においてイングランド王から臣従礼《オマージュ》を取りつけたとき、この儀礼のなかに、大きな政治的成功と、いともキリスト教的な和解の表現の二つを、どうやって区別することができるというのだろうか。

一二四七年、ルイが、王の役人たちの不正や裁判上の不公平に対する苦情を聴取するための監察使制度を設けたことも、正義の王というイメージを認めさせ確立させることとなった。王のバイイたちが、都市を統治して民衆に税負担をもっぱら負わせる都市民たちの税務政策の弊害をつき、「富んだ者たち」の不正を糾弾するとき、この権力は「良き都市《ボンヌ・ヴィル》」の管理にも干渉しているのである。

とりわけ、明確な宗教的・道徳的動機によって裁判をなし平和を築くという方策は、同時に、君主の権力と威信を増進させ、形成途上の国家を強化させることとなった。

聖ルイがヴァンセンヌの王の森の樫の木の下で裁判をおこなうさまを語る、ジョワンヴィルの有名な一節を読み返してみよう。

いく度もあったことだが、夏になるとミサのあと、王はヴァンセンヌの森へくつろぎに出かけられ、一本の樫の木に背をもたれさせると、われわれをご自分のまわりに座らせたものであった。そこには用件のあるすべての人々が王に事情を説明に来ていたが、彼らは門番やその他の役人たちには煩わされることはなかった。そして彼はみずからの口で彼らにつぎのように声をかけた。「ここにはだれか問題を抱えている者はいないか」。問題を抱えている者たちが立ち上がると、彼は彼らにいう。「皆静かにしなさい。あなた方の問題を一人ずつ裁いてあげよう」。そしてピエール・ド・フォンテーヌ殿とジョフロワ・ド・ヴィレット殿を呼んで、彼らの一人につぎのようにいうのであった。「私のためにこの問題を裁きなさい」(5)。

パリの王宮の庭でも同様なことがおこなわれた。

そして彼は絨毯を広げ、われわれは彼のまわりに座った。彼のもとにもち込みたい問題を抱えている者たちは皆、彼のまわりに立っていた。そして、彼は、私がすでに語ったヴァンセンヌの森でと同じように、彼らの問題を裁かせたのである(6)。

ジョワンヴィルは、これらの事柄を事実が生じてから四〇年ほどのちに書き留めている。そして彼は、現王のフィリップ端麗王(彼はその祖父の死の時には二歳であった)、および現在なら官僚と呼びうるような法学者《ジュリスト》や補佐役たちによって支配されている統治に好意をもっていなかったので、告訴人が王に容易に近づけたことや、裁判が個人的で直接のふれ合いのもとでおこなわれていた聖ルイのやり方を好んで強調している(7)。しかし聖ルイは、問題を抱えた者たちが自分のもとにやって来るのを妨げなかったり、彼らの話を聞いたとしても、決定、判決を下す際には、自分を取り巻く専門家たちに問題を委ねていたのである。ピエール・ド・フォンテーヌは著名な法学者《ジュリスト》であったし、ジョフロワ・ド・ヴィレットも有名なバイイであった。事実、彼個人による裁判というイメージのもとで、聖ルイは、王の裁判権制度を確立させ、彼の治世期の一大政治的・行政的発展である王への上訴、すなわち領主、下級、在地、そして私的な裁判権に優越する、王の裁判権制度を軌道に乗せさせたのである。モンテスキューはつぎのように書いている。「聖ルイは決闘することなしに、〔領主裁判権の判決が〕虚偽であると非難する慣行を導入した。この変化は一種の革命であった[8]」。ここから生じた裁判件数の増加が裁判専門家をさらに必要なものとする。最重要の事件については、しだいに多くの上訴が王の法廷、高等法院へもたらされるようになった。聖ルイはいまだなお巡回する王であったが、彼の裁判法廷は一つの場所に腰を落ちつけるようになったのである[9]。

かって「王の法廷へもたらされた訴訟の増加の原因は、聖ルイの道徳的な影響力によるものと思われる[10]」といわれたことがある。理解せねばならないのはつぎの点である。ここには異なる二つのもの、すなわち王の裁判権という制度の発展というべきものと、聖ルイの道徳的関心に対応するものとが、別々に存在するわけではない。また、ここには聖ルイの巧妙さなどというものも存在しない。なぜなら、彼の政治的な打算は、かりにそのようなものがあったとしても、その宗教的な動機づけとは切り離すことはできないからである。聖ルイは同時に、キリスト教的な裁き手であり、王の裁判権の構築者でもあった。なぜなら、王の裁判権とは、彼にとっては、その道徳的行動の道具にすぎないからである。聖ルイの「秘密」とはおそらく、政治と倫理が分けられないという点にこそある。

これこそが彼の偉大な力の源泉であった。十字軍でさえそうである。これは彼が、自分自身が生きていた歴史状況の利害を超える形で、あえて継続したものであった。というのも、十字軍は依然として威信高きものであったとはいえ、すでにアナクロニックになりかけていたのである。十字軍は、二度にわたって壊滅のうちに終わったにもかかわらず、聖ルイのイメージを豊かにし、フランス王国の威信に貢献した。十字軍はなお英雄的な行為であり、その後陥った単なるユートピアにはいまだ変質していなかった。アーサー王物語は、それが時代遅れとなったとき、アーサーの死でしか結末を迎えることができなかったように、十字軍は、それが時代の共通の心性からはずれてしまったとき、英雄の死、すなわち聖ルイの死によってしか終末を遂げることができなかったのである。

【注】

（1）クリナンは、場合によっては中世の政治実践のなかにマキャヴェリズムを観察できるのではないか、と問うている。J.

KRYNEN, *L'Empire du roi*, *op. cit.* を見よ。

（2）この書物の冒頭に掲げた引用を見よ〔一六頁参照〕。

（3）N. D. FUSTEL DE COULANGES, *Leçons à l'impératrice*, Colombes, 1970, p. 176（「聖ルイと王権の威信」）。

（4）MATTHIEU PARIS, *Chronica majora*, t. V, p. 307.

（5）JOINVILLE, *Histoire de Saint Louis*, p. 35. 口絵写真4を見よ〔五九八頁参照〕。

（6）*Ibid.*, p. 35.

（7）この点についてはベルナール・グネの適切な指摘に負っている。

（8）『法の精神』第二八編第二九章（邦訳、モンテスキュー『法の精神 下』野田良之他訳、岩波文庫、一九八九、二一八頁）。「決闘することなしに、虚偽であると非難する」とは、以前のような法廷決闘によることなく、領主裁判権の判決を王のもとに上訴することを意味する。「虚偽であると非難する」とは、厳密には「判決の誤りを正す」ことを意味する。聖ルイが「決闘の方法」、すなわち立証方法としての法廷決闘を禁止したことを想起しよう。

（9）F. LOT et R. FAWTIER, *Institutions royales*, *op. cit.*, pp. 332–333.

（10）*Ibid.*, p. 333.

第六章　家族のなかの聖ルイ

人間は一人で生きているのではなく、中世の人間なら、なおのことそうである。そして家族や親族のネットワークは、社会の底辺よりはピラミッドの頂点においてはるかに、人間たちをより強く縛りつけている。肉親、血のつながった家族はまた、結婚によって構成される家族でもあるが、ここにおいてこそ、他の者にもまして有力者たちは子孫を確保し、相互扶助を保証し、地位を保持し、家系を拡大するために可能なことをすべておこなわねばならない。この人間のネットワーク、およびそれに付随するさまざまな義務は、その家長が何にもましてみずからの家系を通して「王の尊厳《ディニテ》」を確保せねばならないとき、より強力で制約が多いものとなる。なぜなら、この家系は他のすべての家系に優越し、質的にも異なるものであるからである。聖ルイがみずからの家系の者たちに表わすべき愛は、この聖なる不可侵の性格に覆われていた(1)。

【注】

(1) A・W・ルイスの素晴らしい研究を見よ。*Le Sang royal, op.cit.*, chap. XIV, «Le développement du sentiment dynastique».

父

愛はまず尊属へ、両親へと向けられる。私たちには、聖ルイが自分の父親をどのように考えていたのかを知ることはできない。一二三〇年に出された反ユダヤ人高利貸し措置であるムラン王令のなかに、つぎのような決まり文句での言及が見い出されるだけである。「わが父、輝かしき王ルイ、およびわが祖先たちの思い出のために」がそうであるが、これは国王尚書局の文書書式に由来するものであっても、若き王自身のことばではない。ルイ九世のその後の王令にはもはや、「わが祖先たち」の言及しか存在しない。たしかに、ルイ八世の治世はわずか三年であり、この短い統治年数では、聖ルイのもとでは増加することになる王令の数も、多くというわけにはいかなかった。聖ルイの父の思い出はとりわけ教会によって顕彰されることになるが、教会はルイ八世に対してはアルビ派異端に対する軍事的介入という点で感謝の念を抱いており、他方おそらくこの顕彰によって、異端に対して同じほどの熱意を示さなかったその息子を間接的に非難しているのであろう。

一三世紀末の多くの史料は、「この父にしてこの子あり」という決まり文句をくり返すことで満足しているが、この文言は政治的なイデオロギーによって、とりわけ王に対して課されていたものでもあった。たとえばルイは、「その父の功徳の」、「その信心と信仰の後継者」として称賛されているのである。(1) おそらく、父の死の時わずか一二歳であった彼は、自分の父をよくは知らなかったのであろう。通常七歳に至るまで、貴族の子弟は女性の間で育てられ、周囲の男性はといえばとりわけ教会人であった。さらにルイ八世はしばしば戦争に出かけて不在であった。ルイ八世は何にもまして、まずは戦士であったが、他方聖ルイは、たとえ彼が、のちには騎士、戦争指導者としての自分の役割を雄々しく演じていくことになるとしても、好んで訪れるのは貴紳たちのもとであって勇士たちではなかった。

【注】

(1) *Recueil des historiens des Gaules et de la France*, t. XXIII, p. 168. ルイ八世については、G・シヴェリによる好意的な人物紹介を参照のこと。*Louis VIII le Lion*, Paris, 1995. この書物はジル・ド・ロームの『カロリヌス』に一章を割り振っているが、これは非常に興味深いものである。「皇太子ルイに捧げられた政治プログラム」pp. 29–52.

祖父

これに対して聖ルイは、彼が九歳の時に死んだ祖父フィリップ・オーギュストに対しては、称賛の念がこもった生き生きとした思い出をもち続けていた。聖ルイはその祖父とじかに接したことがある最初のフランス王なのである。彼がその祖父に接していたのは、ブーヴィーヌの闘いの直後の栄光の頂点にいた祖父であった。当時四九歳であったこの王は、この闘いのただ中にみずから飛び込み、皆の称賛をかち取り、あやうく死にかけたほどであった。五〇歳ともなれば、中世では人は老いたと考えられた。まだ狩りへは出かけていたとはいえ、フィリップ・オーギュストはこれ以降は戦争へは赴かず、後継者であるその息子がこれを任されていた。彼は教会当局とはアニェス・ド・メラン（一二〇一没〔フィリップ・オーギュストの三番目の妻であるが、教会からは結婚を認められなかった〕）の死後和解しており、一二一三年には二番目の正式の妻であるデンマークのインゲブルガを、押し込めていた修道院から解放していた。

インノケンティウス三世は、フィリップ・オーギュストがアニェス・ド・メランから得た子供たちの嫡出性を承認し、フィリップは、息子の一人フィリップ・ユルペルへは、ブーヴィーヌの闘いののちブーローニュ伯領を譲渡していた。ブランシュ・ド・カスティーユ（およびルイ九世）は、ルイ九世の未成年期間の間、フィリップ・ユルペルが、反乱した大諸侯にくみしないように彼を懐柔することになる(1)。

フィリップ・オーギュストは、一二〇九年のある庶子の誕生を最後として、もはや非難される行動をとることはなかったが、この庶子に対しては、庶子のためにはいささか特別ともいえる大胆さで、ピエール・シャルロという名前を与えていた。この名前はある大変栄誉に満ちた名前の省略形であるが〔シャルロはシャルルの省略形であり、シャルルはシャルルマーニュを筆頭とするカロリング家の特有名である〕、カペー家の王の息子に対して初めて与えられることで、シャルルマーニュの名前をカペー家が拝借したことになるのである。とはいえ、フィリップ・オーギュストはたしかに、イザベル・ド・エノーとの最初の結婚による息子である将来のルイ八世が、偉大なる皇帝シャルルマーニュの血統に――たしかに女性の血を通じてではあるが――直系として結びつく最初のカペー王となるように案配していたのである。聖ルイが接していたのは、つまり、人生の仕事をなし終え老いつつある祖父という存在であり、この祖父は、一二一八年に〔ルイ八世の〕長男のフィリップが九歳で死んだのちは、将来のフランス王となるはずのこの孫に好んでいろいろ話しかけていたのである。

しかしながら、フィリップ・オーギュストと、将来聖ルイとなるはずの人間ほど異なった二人の人物を想像するのはむつかしいのではないか。一方は戦士であり、征服者であり、狩り好きであり、楽天家で女好き、怒りっぽかった。他方は、必要な場合にはきちんと闘ったとはいえ、平和好きであり、狩り、美食、女性（妻は除く）を遠ざけて、欲望を抑え、敬虔で禁欲的であった。しかし、王である祖父が彼に示した気遣いをおそらく誇りとし、祖父の威信や、王の尊厳《ディニテ》を体現する皇帝のような祖父のやり方に強く印象づけられていた子供として、彼は祖父のことばに耳を傾け、また生涯の終わりに至るまでそのことばを覚えていた。聖ルイの治世を通じて、フィリップ・オーギュストについての逸話が語られ続けていたし、(2)彼自身も語っていたのである。とりわけ、その祖父が側近や召使いたちに対してさえ語りかけたことばは、何度もくりかえし語られ、模範とみなされていた。(3)

フィリップ・オーギュストは、聖ルイ自身にとっても参照すべき対象であり、ある権威なのであって、彼は時にはその陰に身を隠すのである。

アンゲラン・ド・クーシーの事件に際しては、彼は、その祖父がかって殺人を犯したある貴族の城を没収したこと、そしてこの者をルーヴルの牢獄へとつないだことを思い出させている。(4)息子への『教え』においても、フィリップ・オーギュストは引用されている唯一の人物である。ルイが息子のフィリップに対して、教会人が彼に悪をなした時でさえも、教会を尊重するようにと促すとき、彼は、フィリップ・オーギュストがかって、神から得ている恩寵により、自分は「自分と聖なる教会との間に不和が生ずるくらいなら」、教会が自分にもたらす損害を受け入れることを選ぶ、と語ったことを思い出させている。(5)この両方のケースにおいて、彼は、裁判における厳格さ、および教会人に対する――限定付きとはいえ――寛容という、自分自身の政策について異議を申し立てられた側面を何とか押し通そうと望んでいるのである。

フィリップ・オーギュストは聖ルイにとって、まさに王国の統治者としてのフランス王の生きたモデルであった。彼は、フィリップ・オーギュストが金の布で覆われ、手には王杖を持ち、頭には冠を戴いた亡骸としてパリからサン＝ドニへと運ばれたとき[6]、そこに栄光に包まれた死せる王を見てとったであろうか。おそらくそのようなことはあるまい。しかし、彼が抱いていたイメージは威信高き王のイメージであった。その祖父の姿を見、その声を聞き、その身体に触れていたという事実にルイが負っていたものこそ、彼が継承した王朝の継続性を彼自身が具体的・肉体的に実感できたことである。そして、これは一三世紀のもっとも重要な政治現象であるとともに、彼自身の政治行動のなかでももっとも断固たる形で守らねばならないことの一つであった。家族という感情は常に、彼のもとでは政治的意味と混ざり合っていた。

【注】

（1）前出一一二一～二二頁を見よ。
（2）J. Le Goff, «Philippe Auguste dans les *exempla*», dans *La France de Philippe Auguste*, *op.cit.*, pp. 145–156.
（3）前出四六～七頁を見よ。
（4）Guillaume de Saint-Pathus, *Vie de Saint Louis*, pp.137–138.
（5）*Ibid.*, pp.67–68. 前出四七頁を見よ。同じ話を伝えるジョワンヴィルのテクスト、また前出八六〇頁も見よ〔この原注は奇妙だが、修正は最小にとどめている〕。
（6）*Chronique rimée* de Philippe Mouskès, éd. citée, t. II, pp. 431–432, vers 23861–23884, cité par A. Erlande-Brandenburg, *Le roi est mort*, *op.cit.*, p. 18. 前出第一部第一章「誕生から結婚まで」を見よ。

母

聖ルイは、新約と旧約聖書との間に想定される予型論上の対応関係(訳1)に合致する形で、フランス王をイスラエルおよびユダヤの新しい王と考えるシャルルマーニュ以来の伝統的考え方に従って、学識ある同時代人からは、新しいダビデ、新しいソロモン、そしてとりわけ新しいヨシヤとみなされていた(1)。ジョフロワ・ド・ボーリューは、聖ルイの死の直後に書いた『聖ルイ伝』のなかでブランシュ・ド・カスティーユについて語る際に、この聖ルイとヨシヤとの同定から話を始めている(2)。事実、ルイとヨシヤとの類似性の一つは、この両者とも素晴らしい母をもったという点なのである〔『列王記上』二二章参照〕。

さらに、その名もエディダというヨシヤの母の名前を語らずに済ませるわけにはいかない。この名は「神に愛されし者」、あるいは「神の意に適う者」という意味であるが、これこそいとも貴顕なわれらが王の母、王妃ブランシュにまったき形でふさわしいものである。なぜなら彼女は真から神に愛され、その意に適う者であり、人々にも有益で好意をもたれていたからである(3)。

聖ルイの伝記作者たちにとって、この王は身につけた徳の大部分をその母に負っていたのであった。彼の人格、生涯、治世は、その母なくしては現実にそうあったものとはならなかったであろう。読者はここで、ブランシュが実際そうであった女性として称賛される様子を期待しているかもしれない。しかし、彼女の功績のもっとも重要な点とは、ある一人の男に似ていたということ、そしてその男を教育したということにこそある。すなわち彼女の息子である。女性と子供は、中世において、成人男性となることでしか価値をもつことができなかった。男性的な中世(4)……。

そのいとも敬虔な母による清い教育と有益な教え諭しのもとで、われらがルイは、幼少にあって、素晴らしい天分とこれ以上期待できないほどの前途有望さを発揮しはじめていた。そして日に日に成長して、完璧な男となって、神を求め、神の眼に正しくその意に適うことをおこない、真にその心と魂と力のすべてをあげて神の方へと向かっていた。ちょうど良き木の良き実がそうするように。(5)

要するに、子供が善良なキリスト教徒になるためのさまざまな条件が集められているのである。すなわち、良き天分をもっていること――なぜなら天分は不可欠であるから――、そして良き教育を受けることである。先天的素質と後天的獲得の両者が結合していなければ、良き結果はもたらされない。これこそ、ルイの側近聖職者の一大準拠であった『ポリクラティクス』においてソールズベリーのジョンが、そして聖ルイの妻に捧げられている『貴族の子息の教育について』のなかでヴァンサン・ド・ボーヴェが提示していた君主鑑の教えなのである。しかし、ブランシュ・ド・カスティーユは、息子が一二歳で王となったとき、異なる徳をも持っていることを示した。

彼が王として治めはじめたとき、彼はわずか一二歳ほどであったが、その母が王国の諸権利を管理し、守り、さらには侵害から防いだその剛毅、熱意、正しさ、力については、当時王の周囲にいた者たちがその証人である。この時期、治世の初め頃の王は多くの強力な敵対者たちに取り巻かれていた。(6) しかし、彼自身の無垢という功徳と、その母の熟練した先見の明によって(彼女は完璧な「ヴィラゴ」*virago*(7) の態度をとっていたが、このことによって精神および女性としての性に、男性の心根を付け加えていたのである)、王国に混乱を導き入れた煽動者たちは狼狽し圧倒されたのである。王の正義が勝利したのである。

キリスト教徒としての母の愛、ブランシュがその息子へ注いだ愛については、当時のある逸話が示してくれる。歴史的証言はルイ八世には何も語らせていないのに、ブランシュには、息子を通してではあるが、つぎのように語らせているのである。

ここで、ある修道士の話を語らずに済ませるわけにはいかない。彼は偽証者のいうところを信じて、王陛下はかって結婚前に、女性を何人も囲っており、彼女たちと時どき罪を犯していたが、その母はこれを知っていながら知らないふりをしていたと聞いたことがある、と断言した。驚いたこの修道士は、このことで王妃を非難したのである。しかし、王妃は慎み深い態度で、彼女についてもその息子についても身の証を立て、さらに称賛に価することばを付け加えたという。もし、あらゆる被造物にまして愛している息子の王が病いに臥せ、死の危険にあったとしても、彼がただ一度だけだが妻とは異なる女性と罪を犯していながら病いから癒えたと噂されるくらいなら、魂の死さえもたらす罪をただ一度でも犯して創造者を害するより、彼は死んだ方がよいとしたのである。(8)

比類なき母であり教育者でもあるといわれた彼女の役割に関するこの証言については、ボニファティウス八世が聖ルイの列聖の教皇文書において、そしてギヨーム・ド・サン＝パテュスが列聖手続き書類にもとづくその『伝記』において、公式に言及している。教皇はつぎのように宣言する。

彼は一二歳のとき、父の支えを失い、その母である貴き故フランス王妃ブランシュの監督と保護のもとに置かれた。彼女は、神に負っている諸義務を熱烈に配慮していたので、彼が王国を統治するにふさわしく、適切で、かつこれに価するように、知恵をもって彼を導き、熱心に教育したのである。この王国は、彼女が彼に教えたように、彼女による監督、という将来への備えを必要としていたのであった。(9)

ここにこそ、ブランシュがその息子へ伝え、彼もこれを決して忘れることなく見事に実現していくことになる根本的な教えが示されている。すなわち、神への奉仕と王国の統治を切り離してはならないことである。神に対して従順であることと王国の利害とは、ただ一つの同じ義務である。この両者は手に手をとって進む、進まねばならない。敬虔さと政治的巧妙さは不可分なのである。[10]

同様の論述はギヨーム・ド・サン＝パテュスのもとではつぎのように現れる。

彼が母としてもったのは、尊敬すべき王妃ブランシュであったが、彼女はその夫の死ののち、一二歳で統治を開始したその息子を敬虔に育て上げた。彼女は女性の心で男性の勇気をもち、厳格に、賢く、強力に、そして正しく政治をおこなって、王国の諸権利を保持し、将来への良き配慮によって多くの敵対者からこれを守った。[11]

その敬虔な息子は彼女の思い出をしばしば思い返したため、ジョフロワは、その母が、彼が魂の死さえもたらす罪を犯すよりむしろその死の知らせを望んだ、という聖ルイの語りを記録しているわけである。

ブランシュは一一八八年に生まれた。カスティリア王アルフォンソ八世とイングランド王の娘アリエノールとの間に生まれた娘である。一二〇〇年に一二歳で、フィリップ・オーギュストの長男で王位後継者であるルイ〔八世〕と結婚した。この結婚はフランス王とイングランド王との間の平和を最終的に確保することを睨んだものであったが、結果的にはそうはならなかった。彼女のルイとの結婚から一一人あるいは一二人の子供が生まれたが、このうち三人あるいは四人は幼少期に亡くなった。さらに、同じく成年を待たずして亡くなった子供として、一二一八年に九歳で死んだ長男フィリップ、一二三二年に一三歳で死んだジャン、そして一二三二年に七歳で死んだフィリップ・ダゴベールがいる。残ったのはルイ〔九世〕をはじめとして、順にロベール、アルフォンス、イザベル、およびシャルルであった。

これらの名前は、名前の付け方における王朝の政策に対応したものである。長男フィリップは祖父の名前であった。

ルイは父の名前。ロベールはカペー家の祖先ロベール家の血統、およびカペー家二代目の王であったロベール敬虔王に由来する。アルフォンスはスペイン方の祖父にちなんで命名された。フィリップ・ダゴベールは祖父の名前と、あるメロヴィング王（彼のために聖ルイはサン＝ドニ修道院に新しい墓を建てさせた）の名前を組み合わせたものである。シャルルの命名はカペー家にシャルルマーニュの名前をしっかりと導入したものであった。成人したただ一人の娘イザベルは、祖父フィリップ・オーギュストの最初の妻で、父ルイ八世の母であった祖母イザベル・ド・エノーの名前をもらった。

夫であったルイ八世の早すぎる死ののち、ブランシュは一二歳の息子、のちの聖ルイの後見人および王国の摂政となった。これは、当時いわれていたようには、死の床にあったルイ八世の意志によるのではおそらくなく、すでにささやかれていたことなのだが、ルイ八世の死の時その枕元にいた、夫ルイ八世の側近で、フィリップ・オーギュストの元側近でもあった者たちによって彼女が選ばれたのである。彼らがこの時すでに、彼女がすぐさま示すことになる偉大な資質を見抜いていたかどうかは別にしてもである。[12]

彼女が継承することになったのは困難な状況であった。まだ未成年の息子は、何人もの王の大家臣が潜在的に企てている反乱に脅かされていた。彼女はおそらくこのとき、最後の息子となるシャルルを身ごもっていた。さらに彼女はフランスの生まれではなかった。一般的にいって、中世の、とりわけフランスにおいては、他国出身の王妃はうまくいかないのである。一一世紀にすでに、トゥールーズ伯の娘で、ロベール敬虔王の三番目の妻であったコンスタンス・ダルル（あるいはド・プロヴァンス）はイル＝ド＝フランスのフランス人の宮廷の敵意をこうむらねばならなかったが、これは彼女が南フランス、オック語地域の出身であったからで、これに対して王の宮廷はオイル語の世界なのである。

カスティリア出身の彼女は、実際その出生においても見た目においても、カスティリア人そのものであった。というのも、彼女の身体的特徴については私たちはただ一つのことしか知らないのだが、これこそ当時彼女について語られていた「カスティリア女」という表現が示すもの、すなわち彼女の髪の毛が黒かったという事実である。[13]おそらく彼女はまた、人目を引くような篤い信心行為をおこなうことを旨としていたが、これこそ彼女がその息子へと伝えたものであり（ただし、篤い信心行為という伝統は、カペー家、とりわけ聖ルイのいとも敬虔な祖先ルイ七世のものでもあった）、彼女の甥カスティリア王フェルナンド三世の性格でもあった。このカスティリア王は一七世紀になってからではあるが、その聖性によって列聖されることになる。

彼女は単に、その息子をできうるかぎり完璧な王として育て上げ[14]（なぜなら彼女は彼が聖人にではないとしても、理想的なキリスト教的王となるように彼をプログラム化したのだから）、大家臣たちの反乱を相手に頑張り、フィリップ・オーギュストの側近たちが死んだのちにはフランス王国を治める、という困難な仕事を成し遂げただけではない。彼女はまた、フィリップ・オーギュストのもとで失った所領を回復することを望むイングランド人たちの脅威に立ち向かい、フィリッ彼女はまた、最悪の中傷の標的にもなったのである。シャンパーニュ伯ティボー四世や、とりわけ教皇使節であった枢機卿ロマーノ・ディ・サン＝タンジェロ（ロマン・フランジパーニ）の愛人として非難されていた。意志が強く、勇敢で権威的でもあった彼女は、これらに立ち向かって勝利をおさめた。時にはあまりに権威的でありすぎたので、強情のあまりあやうく大学をパリから失いかねないところにまで至った。一二二九年から三一年のストライキに際してのことである。このとき彼女は長々と抵抗を続けたのち、教皇使節とおそらくは若き王である息子の仲介の末にようやく妥協したのである。

この困難な時期を通じて、母と息子の間には内密で深い関係が結び合わされた。ルイ八世の死の直後、彼女は息子を連れて、ランスへの聖別式へと赴いたが、これは辛く危険をともなう荷車での旅行で、その様子は一四世紀初めの細密画が私たちに伝えているところでもある。[15]ルイは、かって母と自分が、恐れの気持ちでいっぱいになりながらモンレリの城に身を潜め、その後武器を手にしたパリの人々が彼らを捜しにやって来て、首都まで帰還した時のことをよく覚えていた。このときパリまでの途上は、押し寄せる民衆の歓呼の声で埋まっていた。[16]このような思い出が、彼ら二人のつながりを切っても切れないものとし、ブランシュがその息子へ与える教育の熱心さを強めさせた。そして王国の統治を、息子との協調のもとではあれ、その母へと委ねるという行為へと導いたのであった。

このようにして、フランスの歴代年代記のなかでは類例のないことなのであるが、王とその母との間のこのような愛情という奇妙な物語が、また、息子の成年以後においてさえ母が強力な権力をもち続けるという奇妙な物語が始まった。この例外的な状況は一種の共同統治と考えることができる。(17)おそらく二〇代以降、それから一二三四年の結婚ののちは、ルイは完全な意味での王であり、フランスを統治していたのであるが、その母の名前は依然として、王と同じ資格で多くの公式文書のなかに現れ続けているのである。一二二六年から五二年までの間、フランスを治めていたのは「王ルイと王妃ブランシュ」であった。ここでもまた、思うに、ルイは王という仕事を完璧に果たすということ、つまり王の職務の遂行と母への個人的感情とを、心乱されることなく両立させていた。なぜなら、彼は単に自分の権力をしっかりと認識していたばかりでなく、彼自身権威的でもあったからである。これは彼が共同統治者として受け入れたその母への尊敬や愛とは矛盾しないのである。このカップルにあっては、二人の性格は同じように強く、二人の脳裏には同じように王国の善に対する情熱がみなぎっていた。しかし、聖ルイはその母を十分に愛しており、彼女の助言の大切さをしっかりと認め、彼女が彼と王国のためにおこなったことについて十分感じるところがあったからこそ、たやすくこの種の共同統治を受け入れたのである。そしてまた、彼女の方もその息子を十分に愛しており、彼に対して信頼と称賛の念をきちんと抱き、王こそがただ一人の支配者、頭であることをはっきりと確信していたからこそ、彼が自分に委ねた権力を、見た目にも現実にも、みだりに濫用することはなかったのである。これはまったく驚くべきカップルの、理想化されたイメージである。私たちが彼らの間に不和の痕跡を認めることができないという点は特筆に価する。おそらくブランシュは、あまり信頼できないトゥールーズ伯レーモン七世に対して、ルイより若干ではあるが寛容であったであろうが、このこと自体は確かではない。

ただ一度だけではあるが、厳しい衝突が訪れた。(18)ルイが十字軍へと出発する決心を固めたとき、譲歩をしたのはブランシュであった。一二四四年のことである。王は死の瀬戸際に置かれており、ことばも話せなくなっていた。ある日突然、彼は回復し、すぐさま十字軍の誓願を立てたのである。このことがブランシュへと告げられる。

そのとき母である王妃は、彼にことばが戻ったことを聞き、あらぬかぎりの大いなる喜びを示された。そして彼が十字軍の誓約をなしたことを知ったとき、彼みずからがこのことを彼女に告げたとき、母后はあたかも王の死を目にしたかのような大いなる悲しみを示された。[19]

これほどまで深く、人目に際立つ悲痛とはいかなるものか。彼女の心の内では、二つの非常に深い苦痛が結びついていた。一つは、単純に、彼女自身がそう告白している通り、母としての愛情である。彼女は深く愛する息子とふたたび相まみえることができるのであろうか。事実、彼女は彼と再会することはなかったのである。当然ともいえる予感であろうか、当時五六歳の彼女には長い未来が約束されていたわけではないことは確かである。さらに、王自身病人であり、その体調は芳しくなかった。[20] 彼は十字軍の試練に耐えることができるであろうか。他方、いつものようにここでも、政治的な計算が感情と絡まり合っていた。十字軍という遠征は、「君主の諸義務、および王国の運命が彼に課している制約」と両立するのであろうか。彼女の心を動かしていたのは、単にルイの未成年時代に生じた「封建諸侯による」混乱だけではない。むしろはるかに問題と感じられたのはつぎの点である。すなわち、君主国家の構築段階を特徴づける諸問題、たとえば王国行政の複雑化が進展し、王国の繁栄と国内平和が軍事遠征や征服に優先するという新たな状況のもとでは、王国に王がじかに存在することが是非とも必要とされる、という点である。本能的に、また統治の具体的経験から、彼女はルイよりもずっと、この時期の政治諸構造の進展を理解していたのである。

しかしながら、ブランシュの説得もほとんど役に立たなかった。ルイは十字軍行きの決断を下し、これに固執した。いつものように、彼にとって真に重要な問題の場合、決めるのは彼自身なのである。彼はといえば、王としての良心を鎮めるためのある自己正当化の言い訳を見つけた。これこそブランシュに他ならない。彼女はすでに、気力と能力の双方を発揮していたし、問題を投げ出すなど絶対にありえなかった。彼女がふたたび摂政となればよいのであり、そう考えれば彼の気持ちは安らぐのであった。

この点にこそ、何にもましてこの王家のカップルがおこなったつぎの儀礼が占める重要性が存在するのである。一二四六年四月二六日日曜日、すなわち復活祭後の最初の日曜日で十字軍出立の直前、聖ルイはサント＝シャペルの創建儀礼を執りおこなわせた。これは母とともにサント＝シャペルで参列した最初にして最後の儀礼となった。

一二五三年春、当時シドンにいた聖ルイは、すでに数カ月前、一二五二年一一月二七日に亡くなっていた母の死の知らせを聞く。ルイはそれから、激しい苦悩と驚くばかりに芝居がかった喪に明け暮れることになるが、これはすべての者たちの称賛を生む一方で、なかにはルイの過激な性格を非難する者もいた。ジョワンヴィルもその一人であり、王への称賛と尊敬の念を失ったほどであった。ジョワンヴィルは、王がいつもそうありたいと欲していた中庸さからこれほど遠い姿の王をかって見たことがなかったのである。このありさまは同時代の人々を強く印象づけたようで、これを語る物語は広範に流布していた。ここでふれるジョワンヴィルの話は、これを語るもっとも生き生きとした叙述の一つである。

サファド〔シドン〕で王のもとに、その母が死んだという知らせがもたらされた。彼はあまりに激しく喪の苦しみを表わしたので、二日間にわたってだれも彼に話しかけることができないほどであった。私が彼の部屋に入って彼の前に姿を見せると、彼はそこに一人でいたのだが、私を見るなり腕を広げて、こういった。[21]「おお、セネシャルよ、私は母を失った」。「殿、私はその知らせには驚きません」と私はいった。「なぜなら、彼女は死ぬ運命にあったからです。しかし、私は、賢き方であるあなたが、かくも大きな苦悩を表わされるのを見て驚いています。なぜなら、ご存じの通り、賢者がいうには、人は心にある何らかの苦痛を顔に表わしてはならないからです。そして、苦痛を外に表わす者は、敵を喜ばせ友を嘆かせるからです」。彼はその母のために、海の向こうで多くの素晴らしい追悼儀礼をおこなわせた。その後彼は、多くの教会で彼女のために祈りが捧げられるように、諸教会宛の祈禱要請書簡を携えた使者をフランスへ送った。[22]

もしジョワンヴィルが聖ルイの思い出を書き残さなかったとしたら、私たちはブランシュについて、彼女が偉大で、その夫と子供たち、とりわけ王となった息子を愛し、これまで私が検討してきた伝記作者たちが書いているように、常に善を求め善をおこなった、強い性格の敬虔な女性というイメージをもち続けていたであろう。しかし、ジョワンヴィルはその現場にいて、つぎのように書くのである。

王太后ブランシュが王妃マルグリットに対して示す厳しさはきわめて大きなものであったので、王太后ブランシュは、その息子が妻と床を共にする夜以外は、彼が妻と一緒にいることからくる苦しみをできるかぎり味わいたくないとするほどであった。王と王太后にとってもっとも好む滞在先の居館はポントワーズにあったが、これは王の部屋の真下に王太后の部屋があったからである。［…］彼らは部屋をつなぐ螺旋階段でことばを交わし、諸事の解決にあたっていたのである。また、彼らは取り決めによって、つぎのような配慮をおこなっていた。すなわち、王太后がその息子の王の部屋へやって来るのを守衛たちが認めた時には、彼らは棒で戸をたたき、かくして王は部屋に居ながらにして彼女がやって来るのを知ることになる。母は部屋で息子にきちんと会うことができるわけである。また王妃マルグリットの守衛たちは、王太后ブランシュがやって来る時に同じことをおこなう。かくしてブランシュは部屋で王妃マルグリットに会えるのである。(23)

ここには、独占欲の強い姑とその嫁との間の典型的な関係が極端な形で現れている。ジョワンヴィルはこのような話を語ったとして、皆の憤慨をかった。しかし、この悲喜劇的物語にはなお、意識的にせよ無意識的にせよ、ユーモアのようなものがある。

だが、つぎの話においては、もはやこのような微笑ませる要素はまったくない。

あるとき、王はその妻である王妃のもとにいた。彼女は身ごもった子供のために苦しみ、死の危険にあった。そこへ王太后ブランシュがやって来た。彼女は息子の手を取ってつぎのようにいった。「おいでなさい。あなたがここですることはありません」。その母が王を連れ去るのを見ると、王妃マルグリットは叫んだ。「ああ、あなたは、死ぬ時も生きている間も、私が殿のおそばにいることをお許しにはならないのですね」。そして彼女は気を失い、皆は彼女が死んだと思った。彼女が死にかけていると思った王は戻ってきた。彼女はすんでのことで息を吹き返した(24)。

聖ルイはここでは、恐るべき母親のいいつけに従わないためにこそ身を隠すという、例のよくある息子たち以上の行動をとっていない。幸運にも、妻の出産という辛い場面において、聖ルイはわれに返ったのだが、これは母がすでに立ち去ったのちであり、若干遅きに失したといわねばなるまい。先の話では攻撃的で耐えがたい姿で現れていたブランシュは、この話では意地悪であり、端的にいっておぞましい。聖ルイは完璧ではなかった。ブランシュ・ド・カスティーユはなおさらそうであった。

【注】

(1) 前出四八〇～四頁を見よ。
(2) Élie Berger, *Histoire de Blanche de Castille*, Paris,1895 ; Régine Pernoud, *La Reine Blanche*, *op. cit.*
(3) Geoffroy de Beaulieu, *Vita*, p. 4.
(4) Georges Duby, *Mâle Moyen Âge*, Paris, 1988 ; nouv. éd. 1990.
(5) Geoffroy de Beaulieu, *Vita*, p. 4.
(6) 「完全なヴィラゴ」*tota virago*, すなわち性格が強く好戦的な女＝男である。
(7) 「男の魂」*masculinum animum*.
(8) Geoffroy de Beaulieu, *Vita*, p. 4-5〔後出一一一八頁参照〕。
(9) Boniface VIII, p. 155.
(10) 前出八八六～九頁を見よ。

(11) GUILLAUME DE SAINT-PATHUS, *Vie de Saint Louis*, p. 13.
(12) 前出第一部第一章を見よ。私は、一二〇頁以降において年代順に語った諸事件を、ここではブランシュ・ド・カスティーユの観点から取り上げ直している。
(13) G. SIVERY, *Marguerite de Provence*, *op. cit.*, p. 125.
(14) 息子の宗教教育における母親の役割については、以下の文献を参照。Jean DELUMEAU (éd.), *La Religion de ma mère. Le rôle des femmes dans la transmission de la foi*, Paris, 1992.
(15) 前出一一六～七頁を見よ。
(16) JOINVILLE, *Histoire de Saint Louis*, p. 43.
(17) 私はこの例外的な状況を、第一部一五六頁以降では時間の流れに沿って取り上げたし、六四〇頁においては、ある細密画に関連してコメントを施しておいた。
(18) 前出一九五頁を見よ。
(19) JOINVILLE, *Histoire de Saint Louis*, p. 63.
(20) 後出「苦悩する王、キリスト王」一〇八七頁以下を見よ。
(21) フランソワ・ガルニエはつぎの研究で、広げられた腕は「感情的な行動」を示すことを指摘している。François GARNIER, *Le Langage de l'image au Moyen Âge. Signification et symbolique*, Paris, 1982, p. 223.
(22) JOINVILLE, *Histoire de Saint Louis*, p. 331.
(23) *Ibid.*, p. 333.
(24) *Ibid.*

【訳注】

(1) 聖書注釈学の中心に位置するのが予型論 typologie である。イエスの到来と受難がその典型であるように、新約の物語はすべて旧約の物語の成就であるとの認識のもと、比喩や象徴による説明によって、一見まったく無関係な双方の逸話の間に対応関係が求められた。宗教著作の他、ステンドグラスなどの宗教美術にも、予型論上のテーマはあふれている。

兄弟と姉妹

直系尊属に属する人々を見たのち、私たちは、検討する系族構成員として、すぐさま直系卑属、すなわち子供たちに向かうのではなく、特定の傍系親族、とりわけ聖ルイの場合には、兄弟と姉妹たちを取り上げよう。生まれてすぐか、あるいは非常に幼少のうちに死んでしまった兄弟や姉妹たちのことを聖ルイがどのように感じていたか、私たちにはほとんど何もわからない。彼らの存在は、歴史的には、ルイに第一子としての権利を与え、継承順位を複雑にしたり変更したりしたということ以上の痕跡を残しているわけではない。

成長した兄弟と姉妹は以下の通りである。まず三人の男の兄弟がいたが、のちに一人減ることになる。一番上の弟である一二一六年生まれのロベールは、一二五〇年のマンスーラの闘いの最中エジプトの露と消えた。一二二〇年生まれのアルフォンスは、一二七一年のチュニスへの十字軍に参加しての帰途の途上、イタリアで死ぬことになる。一二二六年生まれの（おそらく一二二七年よりも確かである）シャルルは、一二六五年にナポリおよびシチリアの王となったが、一二八二年、シチリアの晩鐘の蜂起の際にシチリアを失って、一二八五年に死んだ。ちなみに、シチリアはこの事件ののちアラゴンの手に落ちることになる。

これらの兄弟たちは一括して取り扱わねばならない。なぜなら、まず第一に彼らは、父の決定によって、王領について設定される特殊な領主支配権である親王領《アパナージュ》を獲得した王の息子たちというグループを構成しているからである。(1)聖ルイは父の意志を尊重したわけだが、この決定をあくまでみずからの意志で実施した。彼は、弟たちがつぎつぎに成年を迎えると、みずからの手で騎士に叙任し、それぞれの親王領《アパナージュ》を彼らに授けた。「親王領《アパナージュ》は王権のではなく、家系の制度として現れている」(2)。しかし、すぐさま付け加えておかねばならないことがある。「しかし、この家長はみずからが王であることを忘れたことはなかった」。彼はきわめて厳密に親王領の領有の条件を更新したが、とりわけ重要なのは、親王領所有者の死に際して直系継承者が欠けていれば、これは王領に戻るという原則である。事実アルフォンスの場合には、これが現実のものとなった(3)。

思い返しておかねばならないのは、ルイ八世によって体系化された親王領政策は、そもそも王国の解体を生じさせる機構ではなかったという点である。これは、一四世紀末に、シャルル六世の叔父たちの権力欲が君主国家の機能を麻痺させんばかりにしたこととは大いに異なる。ちなみに、一四世紀には一三世紀よりも君主国家ははるかに進んだ機構をもっていたにもかかわらずである。この制度は逆に、兄弟たち、さらには父と息子たちとの間の紛争を未然に避けるためにまさに採用された手段であった。イングランドはこのような紛争の舞台となっていた。これはまた、王領は王家の「領地」であり、王の息子はすべてその父の死後その「一部分」を継承するという、いまだに生き続けていた伝統の表明でもある。しかし、規制条項を付随させる慎重な実施慣行が王国の解体を防ぐことになっていたし、王の諸権利と権威を保存させていた(4)。親王領の制度は、聖ルイとその弟たちとの間の緊張緩和のための物質的でまた心理的な基盤であった。そして、いつものようにルイは巧妙でしかも善良に、残された仕事をきちんと果たしたわけである。

この兄弟グループは、王との関係においても、兄弟相互の間においても、仲違いをすることはなかった。王自身も、たとえその優越性を保持したとしても、このグループの一員をなしている。彼らの関係は、同時に対等であり非対等であるが、これこそ中世封建社会の基本構造である(5)。このグループの現実がどのようなものであったのかは、さまざまな重要な機会に明らかになった。一二五九年の条約においては、ルイの兄弟たちは、彼らがイングランド王から保有している土地について、王に臣従礼《オマージュ》を捧げる必要がないことが規定されている。アルフォンスとシャルルは、エジプトでの壊滅的敗北ののち、ルイがまだ聖地に留まっている間にフランスへと帰還したが、彼らはここで公式に摂政の任務を果たした。「カペー家にあって、この役割が弟たちに委ねられたのはこれが初めてのことであった」(A・ルイス)。その父の死の直後、フィリップ三世はこの先例を踏襲した。多くの死体で覆われたカルタゴの地で——そこには父と弟ジャン・トリスタンの遺体も含まれていたのだが——、後継者である息子の成年前に自分が死んだ場合の摂政として彼が指名したのは、当時一九歳の弟ピエールであったのである。外見だけが単純にこの兄弟グループの一人一人を区別させていた。弟たちもしばしば、王の冠にほとんどそっくりの冠および髪型を身につけていた。そしてフィリップ・ユルペル以降の全員が、王家の象徴としての百合の花を採用している。

女性も同じようにこの地位の上昇の恩恵を受けている。なぜなら、ルイは場合によっては、王家が全員揃っているさまを公開しようという傾向があったからである。彼をこのように仕向けたのは感情的なものであったが、この公開儀礼にあっては、家族全体、さらに血によって結ばれた家族、そして権力による結びつきの家族という、三種類の人間たちが混じり合っていた。

だから十字軍とは、彼にとっては、家族全体でおこなうべき遠征であった。一二四八年、聖ルイは三人の兄弟と王妃――王妃の同行は、王がまだ若く（三四歳）、王位継承可能者が十分に多く誕生していなかったので、妻の存在を必要としたことから説明される――とともに出発した。王妃マルグリットはオリエント滞在中の六年間に三人の子供を産むことになるのである。すなわち、ジャン・トリスタン（一二五〇）、ピエール（一二五一）、そしてブランシュ（一二五三）である。

一二七〇年の十字軍の際にも、弟アルフォンスとその妻、それから王位継承者を含むルイ自身の成長した三人の息子が付き従った。すなわちフィリップ、ジャン・トリスタン、ピエールである。もう一人の弟ナポリ王シャルル・ダンジューもあとから合流することになる。その死の一カ月前、一二七〇年七月二五日付で聖ルイがカルタゴからフランスへ送った書簡において、彼は十字軍参加者のなかに、その嫁、「第一子たるわが息子フィリップの」*primogeniti nostri Philippi* 妻がいることにとくに言及している[6]。

十字軍における敗北ののちに生じた行動様式の変化より前のことであるだけになおさらであるが、彼は弟たちの騎士叙任に際して必ずおこなうことになっていた祝祭の豪華さには、細心の注意を払っていた。この儀礼は彼らの成年（二〇歳）到達と親王領《アパナージュ》の領有開始を同時に意味していたのである。

このののちルイの弟たちは、のちに称号となっていくある地位を誇りをもって打ち出しはじめる。「王の息子」、より正確には「フランス王の息子」、時にはその短縮形「フランスの息子」という表現がそうである。ちなみに、この「フランスの」という表現は、一四世紀には、王の子供たちだけに留保されることになる(7)。聖ルイの治世期に「親《プランス》王《・デュ・サン》」という制度がすでに現れていたとは思わないが、「フランス王の息子」という表現は、王朝と同時に「国家」という観念が強化されていったことを示す重要なしるしの一つではある。この観念は「フランス王の弟」という形でも現れることがありうる。王自身、この肩書を素晴らしい政治的な巧妙さでもって操っていた。すでに見たように、彼は、皇帝位を弟ロベールのために用意するというローマ教皇の提案を拒否する際、ロベールにはこの肩書で十分であると教皇に答えたのである(8)。

兄弟たちの間に取り結ばれた、この家系としての、そして王朝としての連帯感に、ルイはしばしばのことだが、兄弟愛というつながりを付け加えたが、これは実際に強固でお互い同士のものであったらしい。兄の列聖手続きにおける証言のなかで、シャルル・ダンジューは、たしかに自分自身の利害を考えて語っているとはいえ、兄弟間の連帯を木にたとえて称賛している。「一つの聖なる根から多くの聖なる枝が生えました。すなわち、聖なる王のみならず、栄光ある殉教者アルトワ伯、およびその意図によって殉教者とならぶポワティエ伯もそうなのです(9)」。

結婚外の性関係こそ最悪の魂の死さえもたらす罪であるとみなしていた母によって、厳格に教育された四人の兄弟たちは、結婚生活においてまったき貞潔を貫いているとの評判を得ていた。シャルル・ダンジューが誓って断言するのは、自分の知るかぎり、ロベールもアルフォンスもこの魂の死さえもたらす罪をかって犯したことはなかったし、自分自身もこの評判を受けるにふさわしいというものである(10)。

残る問題は、この兄弟たちはお互いにひどく異なる性格の者たちであったということである。この点は、彼らをルイに結びつけていた関係がそれぞれ異なることに対応している。

ロベールは愛された弟であった。わずか二歳違いのこの兄弟は一緒に育てられたし、ルイにとって彼はいつも一緒にいた弟なのである。ロベールは輝かしい騎士であった。おそらく彼はルイをその騎士的振る舞いで魅惑したであろう。ルイはこの行動様式には、一方で警戒的であるが——なぜならそれは理性的ではなく、彼の年齢にはあまりふさわしいことでないから――、惹きつけられてもいたのである。ロベールは力強い王子であった。その父は彼に親王領としてアルトワを指定しており、聖ルイはその騎士叙任に際してこれを彼に委ねた。この際同時にブラバントのマティルドとの結婚が祝われたが、この結婚によってロベールは、皇帝フリードリヒ二世の従兄弟、のちのブラバント公、チューリンゲンラント伯、およびバイエルン公の義兄弟となった。彼はかくして「神聖ローマ帝国領にしっかりとした足がかりをもつ人物」となったのである(11)。聖ルイはそれに付け加えて、エダン、ランスおよびバポームを彼に譲渡したが、これは彼らの母との領地交換によって得られたものであった。ルイはさらに、自分自身の出生地であるポワシーの城主支配領《シャテルニー》を彼に与えている。しかし、ルイには神聖ローマ帝国方面に干渉するつもりはなかった。すでに見たように、彼の目は一方では西へ、イングランドとの関係へと、他方では地中海へと向けられていたのである。ロベールは生前、必ずしも良い評判を得ていたわけではなかった。聖ルイについてはそれなりの評価を下しているマシュー・パリスは、その弟については甘くはない。彼はロベールを、十字軍での品行の悪さ、他の十字軍参加者、とりわけイングランド人に対して示した傲慢さ、戦場での下劣な行為を理由として糾弾しているのである。彼が死んだのも、戦闘の最中ではなく敗走の途上であったという(12)。

いずれにせよロベールは、規律無視と思慮の欠如から、イスラム教徒に対して無謀無思慮に闘いを仕掛け、フランス軍壊滅の原因を作ったことには間違いないと思われる。

しかし、ルイはこのことを認めようとはしなかった。彼は死ぬまでロベールを殉教者とみなし（すでに見たように弟のシャルルも同様である）、教皇に対して彼の殉教の承認を要求し続けた。もちろん無駄な努力であった。

アルフォンスは二番目の弟である。彼はもっとも素晴らしい相続分を得た。ルイ八世の決定が執行された結果として、彼は一二四一年の騎士叙任に際して、ポワトゥーおよび、アルビジョワ十字軍の結果獲得されたオーヴェルニュを受け、一二二九年にはトゥールーズ伯レーモン七世の娘ジャンヌと結婚した。一二四九年にレーモンが死んだとき、彼はオリエントにいたが、ブランシュ・ド・カスティーユとアルフォンスの代理者たちは、彼の義理の父が所有していたラングドックの広大な領地を彼のために造作なく取得したのである。こうして彼は「王国の諸侯のなかでもっとも強大な人物」[13]となった。聖ルイは彼を一刻も早くイスラム教徒から解放させるよう努めた。アルフォンスもまた捕虜となり、兄の解放の直後、身代金を払って縛を解かれたのである。一二五一年、アルフォンスは王国と彼自身の領地の管理をおこなうために、一番下の弟シャルルとともに王国に戻った。ところが帰還の直後に麻痺に冒された。当時としてできうるかぎりの看護と、とりわけ著名なあるユダヤ人医師の診療も受け、彼は身体機能の一部を取り戻したが、死ぬまで完全な回復には至らずに、もっぱらパリやその周辺で暮らすことになった。彼は自分のためにルーヴルの近くにオートリッシュ館という名前の宮殿を建てさせたが、これは「富裕者《オート・リッシュ》」が訛ったものである。しかし、彼は、遠方からであってもしばしば素晴らしい領地管理をおこなった。かっては、彼のことを革新的な統治者とみなし、王自身が王領や王国全体で彼の統治を真似たと考えられたこともあった。しかし、この印象は、おそらくアルフォンスの領地については行政史料が非常に豊富に残っているということに由来するものにすぎないであろう。このことは、一方で南フランスにおける文書化の強い伝統によって、他方では一八世紀の大火によって王の会計記録がほとんど完全に失われたという事実によって説明されるべき事柄なのである。いずれにせよ、これらの文書史料は、アルフォンスが多数の、そしておそらく有能な役人を従えて、貨幣の鋳造と流通、財政の健全な機能、および裁判の公正な実施をコントロールしていたこと、「三身分」全般に対してみずからの権威を大きな紛争なく維持していたこと、経済発展を促進させたこと、そして南フランスにしっかりと根づいていたローマ法を普及させたことなどを、私たちに教えてくれるのである。後継者を残さなかったこの忠実な弟はまた、同化というよりはむしろ同時並行的な事柄の展開の結果として、南フランスの王国への併合を静かに押し進めた人物でもあった[14]。リュトブフは、アルフォンス・ド・ポワティエを讃えた詩を一つ書いているが、その名は『ポワティエ伯の嘆き』*La Complainte du comte de Poitiers* という。ここでは、あたかも聖ルイについて語られているかのような内容であるが、この兄弟たちにあっては、ただ一つの理念モデルしかなかったのであろうか[15]。「彼は領地を平和に治めた。[…] 彼はまったきやり方で神を愛し、聖なる教会を敬った。[…] 彼は修道会を愛した。彼は騎士の鏡であった。[…] 彼は貧者を愛し、施しをおこなった。[…] 厳しき裁き手であった。[…] 彼は病いがちであり、これに苦しめられていたが、魂の健やかさは確かなものであった」。この詩は、何度にもわたって、兄と一緒にアルフォンスに言及しているのである。この詩においては、弔辞に特有の決まり文句が長々とくり返されているのであるが、これらはアルフォンスが残したイメージを反映しているようにも思える。

健康状態の悪化にもかかわらず（その義理の姉、王妃マルグリットの彼宛の書簡のなかでふれられている）、アルフォンスは聖ルイとともにチュニスへの十字軍へと旅立った。久しき以前から十字軍への熱き思いを個人的にも抱いていた彼は、イタリアから戻ったのち、いま一度今度はジェノヴァ人から船を購入して聖地行きを企てた。リグリアのサヴォーナにおいて、彼は病いに臥せ、その兄の死の一年後に死んだ（一二七一年八月二一日）。その妻も翌日に彼のあとを追った。彼らには子供がなかった。親王領についての規則、および一二二九年のパリ条約の実施規定によって、彼らの領地は直接王権のもとへと戻った。ルイは、アルフォンスのおかげで、といっても彼のあずかり知らぬところで、オック語のフランス地域をフランス王国へと吸収したのである。

聖ルイが南フランスについてどのような感情を抱いていたのかは、何もわからない。彼は、すでに見たように、彼に直接属するボーケールやベジエのセネシャル管区をきちんと管理することや、フランス王が有する地中海へ開いた唯一の港であるエーグ＝モルト港を建設、発展させることに心を砕いていた。また、オルレアン大学出身の法学者《ジュリスト》たちの助言を受けるようになるまでは、彼は、ローマ法のみならず慣習法にも積極的に関わっていた南フランスの法学者《ジュリスト》たちを頼ってもいたのである。他方で彼は、一二四〇年のレーモン・トランカヴェルが起こしたような反乱に対しては、それが厳しく制圧されるのを眺めていたか、あるいはみずから命じて制圧させもしている。イングランドやカタリ派異端にしばしば好意的に傾きがちのトゥールーズ伯レーモン七世の反抗の兆候に対しては、これを未然に抑えもした。彼は、弟のアルフォンスが南フランスを統治するのを見守っていたが、これは北フランスの諸制度の模倣というよりは、北と南に共通に課せられる行政上のモデルに即しておこなわれていた。彼は、真の意味では政治的な重要さをけっしてもつことなく自己衰退していったオック語文化を撲滅することなど求めはしなかった。もっとも暴力的な段階は彼の祖父、およびとりわけその父のもとですでに済んでいたのであって、これも十字軍という教会の世俗の手としてのことであった。ルイ八世自身がこの十字軍を望み、率い、そして北フランスの粗野な軍隊の手に大きく委ねたのではあるが。最後のエピソードは、王のバイイによって率いられ、最終的にカタリ派異端の火刑で終わったモンセギュールの攻略であった（一二四四）。この残酷な作戦も、その対象はオック語住民ではなく、反乱者、そしてとりわけ異端者であった。

おそらくこの一件は、できうるかぎりの公明さと客観性をもって取り上げ直さねばならないであろう。その際には、歴史的視野からみればしばしばアナクロニックな、オック語文化擁護者たちの主張する多くの神話や、国家統一および中央集権化をあらゆる罪の免罪符とするようなジャコバン的情熱は、排除する必要がある。（訳1）

もしかりに聖ルイが南フランスに対する特別な恩恵者ではなかったとしても、彼は意識的にも無意識的にもその虐待者ではなかった。(16)

一番下の弟シャルルは、ルイより一二あるいは一三歳年下であったが、紛争の種をもっとも多く播いた人物である——とはいえ才も備えていた。彼はフランスの歴史よりもむしろイタリアの歴史に属している。ギヨーム・ド・ナンジは、その『聖ルイ伝』のなかの一二六四年の項目に至ると、シチリア王となったこの人物に長いページを割いている。私としては、この方面に彼の事績を追うことは差し控えておこう。

シャルルは、父ルイ八世の死の直前に、あるいは、その若干のちに生まれたといった方がより信憑性が高いだろう。ルイは彼に対しては寛容と苛立ちが混ざった気持ちを抱いていたが、それはおそらく、この弟の行動とともに、彼が兄弟の一番下であるという条件によるものであろう。私は単に「精神分析学的」仮定をもてあそんでいるのではない。なぜなら史料が多くこれらの事実を語っているからであり、他方一三世紀の王の家族にあっては、人間関係と王朝の戦略は固く結びついているのである。一二四五年、シャルルが一九歳のとき、アラゴン人たちがちょうどその伯を失ったばかりのプロヴァンスへ進軍した。アラゴン王はプロヴァンス伯の一番下の娘を自分の息子のために要求したのである。シャルルは、聖ルイ自身が教皇に会いにリヨンへ出かけた際、そこで開かれていた公会議においてたまたま出会ったばかりのリヨン大司教フィリップ・ド・サヴォワのもとへ派遣され、アラゴン軍を押し返すため大司教とともに小軍を率いることになった。プロヴァンス伯は聖ルイの義理の父であり、リヨン大司教はプロヴァンス伯の義理の兄弟なのである。アラゴン軍は撤退し、シャルルは皆の争奪の的となったプロヴァンス伯の一番下の娘ベアトリスと婚約し、一二四六年に正式に結婚した。彼女はシャルルの兄である聖ルイの妻、王妃マルグリットの妹なのである。このようにしてシャルルは、同年親王領として授封したアンジューおよびメーヌに加えて、プロヴァンス伯の肩書も手に入れたのである。

アルフォンスの場合は義理の父の継承財産を容易に取得したが、シャルル・ダンジューについてはそれはうまくいかなかった。彼は領主や諸都市の反抗に直面せざるをえず、反乱軍は、彼が兄の十字軍に付き従っていた間、最重要拠点の奪回に成功していた。十字軍からの帰還ののちも、彼は反乱者たちを制圧するのに手を焼くことになる。彼が伯の代官の設置にこぎつけるのは、アルルとアヴィニョンで一二五一年、タラスコンで一二五六年、最後にマルセイユでは一二五七年になってからであるが、ちなみにマルセイユはその後もなお反抗をくり返すことになるだろう。

神聖ローマ皇帝であり、ナポリおよびシチリア王でもあったフリードリヒ二世の死後における南イタリアの歴史は非常に錯綜している[17]。シチリア王国に対する上位権をもつと主張していた歴代の教皇たちは、父のイタリアにおける継承財産を奪われたフリードリヒ二世の庶子マンフレディ〔マンフレッド〕の代わりに、自分たちが選んだキリスト教徒の君主を据えることをたくらんでいた。シャルル・ダンジューは考えられる候補者の一人だったのである。一二六三年五月、それまで弟の野心を抑えていたルイは、教皇から再度提示された申し出を承認し、また、政治的と同様に道徳的理由から兄の決定を待ち望んでいたシャルルも承諾の旨を教皇へと告げた。

一二六四年、新たに教皇に選出されたのはクレメンス四世、すなわち聖ルイの元補佐役《コンセイエ》を務めたギー・フルコワであった。彼は事を急がせ、王は弟のためになすべきことをすべておこなった。一二六五年六月二八日、教皇はローマにおいてシャルルに対し、シチリア王国の冠を授けたのである。

ルイは、これから関与することになる戦争のどれについても、それを正当化するあらゆる条件を整えることに尽くしている。なぜなら彼は、戦争は罪の源であるとして、これにつきものの悪行を断罪し、あらゆる平和的手段が尽くされるまで、この行使を差し控えねばならないとしていたからである。彼はまず、教皇の決定が封建法に則ったものであることを強調する。なぜなら教皇はシチリア王国の封建宗主《シュズラン》だからである。さらに、マンフレディが教皇庁を攻撃したことに加えてイスラム教徒と連合したことは、彼に対する戦争が十字軍という性格をもつことを正当化する。マンフレディに対しては、彼を救う最後の交渉がおこなわれていた。これは、コンスタンティノープルを再攻略したビザンツ皇帝に対して、首都を追われたラテン皇帝とともに連合軍事遠征をおこなうことを彼に受け入れさせるというものであった。ルイは明確に、シチリアを他のキリスト教世界と結びついたものとして、すなわち、コンスタンティノープルや脅かされている聖地方面への軍事行動の基地として考えていたのである。しかし、マンフレディはこれを拒絶することになる。

そこで、ルイはその弟にゴーサインを出した。シャルル・ダンジューは一二六六年二月二六日のベネヴェントの闘い一回で王国を攻略した。マンフレディはこの闘いの最中に死んだ。しかし、フリードリヒ二世の孫でコンラートの息子コンラディンがイタリアへと南下した。当時弱冠一五歳であった彼は、シャルルと一二六八年八月二二日にタリャコッツォで激突し、壊滅された。このようにしてナポリに首都を置くフランス系アンジュー王朝が開始された。シャルルはこの直後兄にふたたび会うことになるが、これは一二七〇年の破局的なチュニス十字軍の際であった(18)。かってフランス王をチュニジアへと出港させたのは、シチリアの主であったシャルル自身であるという仮説が提出されたことがあったが、私にはそうとは思えない。なぜなら、以前から長く皇帝位を夢見ていたシャルルが考えていたのは、とりわけギリシア人がラテン＝ヨーロッパ人から回復したコンスタンティノープルを再征服することであったと思われるからである。思うに、事は逆ではなかっただろうか。新たな十字軍を企図して以来ルイの頭にあったのは、出港の基地の確保であり、そのためにこそ、ナポリおよびシチリア王国の征服へと弟を最終的に駆り立てたのではないだろうか。

シャルルはもちろん、兄と連帯して十字軍へと参加した。彼が到着した時には、ルイは息を引き取ったばかりであった。彼は兄の亡骸の足下に崩れ落ちて涙にくれたという。それから彼は気力を取り直して、軍の長として行動し、撤退を決定してイスラム教徒と名誉ある退却を交渉した。彼は、甥の新しいフランス王フィリップ三世から、聖遺物となることになる兄の遺骸を得ようとしたが、結局内臓を受けるにとどまった。彼はこれをパレルモ近郊にある彼自身の教会モンレアーレへと持ち帰った。

聖ルイとの関係に限れば、私たちがシャルルにふたたび出会うことになるのは、一二八二年、ルイの列聖手続きに際して、兄の聖性についての肯定的な証言をおこなった時のこととなる。

彼はしばしばルイを苛つかせた。エジプトで解放された王がアッコンへ向けての船上にいた六日の間、ルイはジョワンヴィルに対してその弟について不満をこぼし、すでに見たように、解放されるや否や賭け事を始めた弟に怒りを爆発させた。[19] シャルルは別の機会でも聖ルイを怒らせている。たとえば、フランドルの継承という重要で錯綜した事件においてである。[20]

兄弟というものは、たしかに、じつに厄介な存在ではある。

【注】

(1) 親王領《アパナージュ》については、A. W. LEWIS, *Le Sang royal*, *op.cit.* を見よ。また私自身のつぎの事典項目も見よ。«Apanage», dans *Encyclopaedia Universalis*（前出九七頁注5）。

(2) A. LEWIS, *Le Sang royal*, *op.cit.*, p. 213.

(3) 一二五二年、聖ルイの叔父フィリップ・ユルペルの娘ジャンヌが相続人なしに死んだ。彼女の領地の運命は、アルフォンス・ド・ポワティエとシャルル・ダンジューがそれぞれ甥の資格でその三分の一ずつを要求したため、一二五八年までその解決が計られないままになっていた。この年、「貴紳たち」に意見を仰いだ法廷はすべてを王に帰した。

(4) 私はここではつぎの素晴らしい叙述に負っている。A. LEWIS, *Le Sang royal*, *op.cit.*, p. 299.

(5) 私はかってこの点を、主君と家臣との間の関係について論証しようと試みたことがある。J. LE GOFF, «Le rituel symbolique de la vassalité», art. cité（前出七六五頁注1）pp. 349–420.

(6) L. D'ACHERY, *Spicilegium*, t. II, 4, *Miscellanea*, *Epistularum*, n° LXXXVII, p. 549.

(7) A. LEWIS, *Le Sang royal*, *op.cit.*, p. 235–238.
(8) 前出一八五頁を見よ。
(9) P. E. RIANT, «1282 : déposition de Charles d'Anjou pour la canonisation de Saint Louis», art. cité（前出四一六頁注1）p. 175. 教会当局は、マンスーラの闘いで死んだロベール・ダルトワを殉教者とはけっして認めなかった。いわんやチュニス十字軍からの帰還の途上イタリアで病いのために死んだアルフォンス・ド・ポワティエについてはなおさらである。
(10) A. LEWIS, *Le Sang royal*, *op.cit.*, p. 341, n. 98 に関連史料のレフェランスがある。
(11) J. RICHARD, *Saint Louis*, *op.cit.*, p. 135.
(12) Matthieu PARIS, *Chronica majora*, t. V, p. 280. マシュー・パリスは、イングランドとフランスとの間に存在した理想についての厳しい対立を語る箇所で、イングランド王家に属するある勇敢な若い騎士を彼に対置している。ソールズベリー伯ウィリアム長剣伯であるが、彼は真の英雄で戦闘の最中死んだ。マシューによれば、真の聖人とみなされるべきはロベールではなく彼であり、それはとりわけイングランドの大聖人エドモンド（リッチ）のおかげである。エドモンド・リッチ、あるいはダビンドンは、一二三三年にカンタベリー大司教となり、一二四〇年、おそらくはローマへ向かう途上フランスへとやって来たが、同年ポンティニーのシトー会修道院に滞在中に死んだ。故郷を離れて死んだ「殉教者」とみなされ、一二四六年列聖された。
(13) J. RICHARD, *Saint Louis*, *op.cit.*, p. 138.
(14) E. BOUTARIC, *Saint Louis et Alphonse de Poitiers*, *op.cit.* 今でも役に立つ文献である。
(15) RUTEBEUF, *Oeuvres complètes*, éd. citée, t. II, Paris, 1990, pp. 391–399.
(16) Daniel BORZEIX, René PAUTAL, Jacques SERBAT, *Louis IX (alias Saint Louis) et l'Occitanie*, Pignan, 1976. これはオック語文化擁護派妄想の例。Jacques MADAULE, *Le Drame albigeois et l'unité française*, Paris, 1973 はオック語地域住民に共感を寄せるエッセイだが、客観的であろうと努めてもいる。
(17) その最重要ポイントについては、J. RICHARD, *Saint Louis*, *op.cit.*, p. 455 sqq.
(18) 前出三五一〜三頁を見よ。
(19) JOINVILLE, *Histoire de Saint Louis*, p. 221. 前出六〇六頁を見よ。
(20) 前出三〇六〜九頁を見よ。詳細については、J. RICHARD, *Saint Louis*, *op.cit.*, p. 329 sqq. を参照。

【訳注】

（1）ジャコバンとは、フランス革命がもっとも過激化したいわゆる恐怖政治段階を指導したグループを指す。「単一の」フランスの中央集権化を推し進め、地方慣習擁護者を反革命として厳しく断罪した。

妹

成長したただ一人の妹、一二二三年に生まれたイザベルの行動様式はまったく異なっていた。子供たちへの財産分与《アパナージュ》の決まりに従えば、娘たちは領地ではなく金銭を受けとることになっていたが、イザベルはまさにこのケースなのである。彼女は、宮廷で控えめにつつましく生きるだけの財産を得ていた。彼女は兄ルイを愛し、兄と同じように暮らし（王家につきものの華麗な儀式は別である）、義理の姉にあたる王妃ともうまく付き合っていた。彼女については、王の娘にはつきものの結婚政策が企てられたが、これは外交的・政治的駆け引きなのである。幼少期に彼女はラ・マルシュ伯のユーグ・ル・ブラン・ド・リュジニャンの息子と「婚約」したが、ユーグは未成年期の聖ルイに対して起こされた反乱の首謀者の一人であった。この計画は長期にわたって生きていたが、彼女が二〇歳の時に、素晴らしい結婚相手の話がもち上がった。神聖ローマ皇帝フリードリヒ二世が自分の息子コンラートの妻として彼女を求めたのである。成年に達していた彼女はこれを拒絶した。結婚自体を望まなかったからであり、聖ルイも彼女に無理強いはしなかった。おそらく彼女は、修道院入りはせずに家族のもとで、信心行為と禁欲のなかに生涯処女のまま生きることを望んだのであろう。王たる兄も彼女を愛し称賛していた。一二四五年に彼女は、母ブランシュ・ド・カスティーユおよび兄のロベールとともに、教皇インノケンティウス四世との会見に赴く王のクリュニー行きに付き従ったが、つまり彼女は、ルイが好んでいた家族での旅行に参加することは拒まなかったのである。とりわけこれは、いとも聖なる場所で、いとも宗教的な人物に会うための旅行であった。いとも輝かしい場所と、いとも威信高き人物、おそらく彼女にとっては若干晴れがましすぎる機会であったかもしれない。いずれにせよ彼女は、聖なる教会の豪華な儀式を、これが彼女のためではないと考えたとしても、尊重はしていたのである。聖ルイの伝記作者たちは、男の兄弟とならべて彼女にも子供グループということで言及しているが、ブランシュ・ド・カスティーユは子供たちに対して良き宗教教育を与えるために大変な配慮をしていた。成人して領邦君主となった男の兄弟の最後の生き残りであるシチリア王シャルル・ダンジューは一二八二年に、彼ら兄弟は皆清らかであったと述べることになるが、そのなかには妹も含まれていた。また、王である兄がおこなう教会や修道院の建設計画において、彼女はしかるべき役割を果たしている。ロンシャンにクラリス会女子修道院（当時はサン＝ダミアン修道女と呼ばれていた）をルイに建立してもらい、これは一二五九年に完成した。一二六三年、彼女はここに隠遁するが、修道女としての誓願はおこなわなかった。彼女は、一三世紀の女性の信心行為のあり方をはっきりと特徴づける敬虔な女性たちのグループに属しているのである。彼女たちはしばしば托鉢修道会の周囲で、俗人のままにとどまりながら、しかし修道女に近い生活を送っていた。すなわち同時に俗世の内側と外側に生きていたのである[(1)]。彼女は一二六九年、聖ルイの二番目の十字軍出発の直前、ロンシャンで死んだが、王にとってはこれは晩年の大きな悲痛の一つとなった。教会当局は彼女を福者と宣告することになるが、これは一六世紀になってからのことにすぎない[(2)]。かくして彼女はつつましやかではあるが、その兄のかたわらにとどまることになった。私たちにも彼らを切り離すことはできないのである。

王の家族というこのほとんど牧歌的なイメージのなかでは、鼻つまみ者や場違いな者どころか、いささかはみ出した者さえも見あたらないのである。

【注】

（1） André VAUCHEZ, *La spiritualité au Moyen Âge occidental*, VIIIe–XIIe *siècles*, nouv. éd.,Paris, 1994, «Le christianisme au féminin»,pp.158–168.

（2） 王家の者を敬う宗教類似のものは、西欧における王の娘たちに対しては結果的に形成されなかった。この点については、第一部三二九頁を見よ。逆は中央ヨーロッパ、とりわけハンガリーであるが、それについては近刊が予告されているつぎの文献を見よ。Gabor KLANICZAY, *La Sainteté des souverains. La sainteté dynastique hongroise et la typologie de la sainteté en Europe médiévale*, thèse à paraître.

妻

これまで述べてきたように、ルイは一二三四年にマルグリット・ド・プロヴァンスと結婚し、彼女の一番下の妹ベアトリスは一二四六年にシャルル・ダンジューと結婚した。現実には、彼女たちは、プロヴァンス伯レーモン・ベレンガール五世の四人姉妹であった――男の兄弟はいない。そして彼女たちは全員、たしかに同時にではないが王妃となった。マルグリットは長女であった。一二二一年に生まれた彼女は、三四年にフランス王と結婚し、彼に遅れること二五年して九五年に死んだ。一二二三年に生まれた次女エレオノールは、三六年にイングランド王ヘンリー三世と結婚し、九一年死んだ。三女のサンシーは一二二八年の生まれで、四三年にヘンリー三世の弟コーンウォールのリチャードと結婚したが、彼は一二五七年「ローマ人たちの王」となる。ただしこの選出には問題があり、彼は結局皇帝位につくことはなかった。サンシーは一二六一年には死ぬことになる。最後に、先にふれたように、一番下の娘、その母と同じくベアトリスという名の娘は一二三一年の生まれで、四六年、ジェラール・ド・シヴェリが「中世におこなわれた大きな結婚戦略の傑作の一つ」と呼ぶ策略の結果、聖ルイの弟シャルル・ダンジューと結婚した。彼女もまた若くして六七年に死ぬ。

マシュー・パリスが驚嘆して叙述している(1)目を見張らせる豪華な夕食会が、一二五四年のある晩、イングランド王のパリへの公式訪問に際してテンプル騎士団で開かれたが、ここには四人の姉妹と、プロヴァンス伯領を自分の相続財産（稼資）としてもっていたその母ベアトリス・ド・サヴォワが参加していた。この母はいわばキリスト教世界全体の義理の母なのである。もっともサンシーはまだ「ローマ人たちの王妃」ではなかったし、ベアトリスがシチリア王妃となるのもこの少しあとのことである。聖ルイはこの夕食会を大変喜んだ。彼は家族が集まることを好んでいたし、とにかく彼の目の前にはプロヴァンスの四人の姉妹がその母とともに集まっていたのである。彼女たちは、聖ルイを含む四人の兄弟たちの女性版のグループを構成していたわけであり、驚くべきことには、ここにはイングランドとフランスの王家の対照関係に加えて、それぞれの側で王とその弟が四人の姉妹の二人ずつと結婚しているという相似関係があるのである。

この連盟関係の傑作はルイには大変気に入っていた。ルイは、同盟の結果として形成される親族関係に非常に大きな重要性を与えていたからなおさらであった。彼はここにこそ、キリスト教世界の大家系間の連帯の保証の一つを見ていたし、これはとりわけ王家の間では、キリスト教世界のなかでの平和と、異教徒すなわちイスラム教徒に対する連合のために、是非とも必要不可欠なものと彼には思われたのである。さまざまな困難にもかかわらず、イングランド王と彼との間に存在しなければならない友愛が具体的な形をとったことに彼は満足であった。なぜなら彼らは義兄弟なのである。一二五九年、フランスとイングランドとの間の和解を刻したパリ条約調印ののち、彼が強調していうには、この条約の最大の果実の一つは、ヘンリー三世と自分という親族の間に、平和と友愛が打ち立てられたことであると。「なぜなら、私たちはそれぞれ妻として二人の姉妹をもち、私たちの子供たちは従兄弟同士なのであるから。これこそ平和が彼らの間になければならない理由である(2)」。

フランス王妃で聖ルイの妻であったマルグリットは、もっとも高いレベルでイングランド人とフランス人、それにプロヴァンスの女性たちを結びつけているこの鎖の、もっとも重要なかなめであったが、この人間関係のなかに完全に収まっていたようにみえる。彼女は、母や妹たちと利害を共にし(とりわけイングランド王妃エレオノールとは頻繁に書簡を交わしている)、他方ではフランス王である夫とともに行動するのだが、どちらも彼女の幸福に結びついていたのである。彼女のこの喜びにはある深い理由があった。二年前、オリエントから帰還してのち、悪夢のような厄介者が彼女の前から消えていたのである。義理の母ブランシュ・ド・カスティーユである。物理的な意味で、王を彼女からいつでも奪いかねない王太后がいなくなったというだけではなく、彼女自身がついに完全な意味で——単独の——フランス王妃となりうるのである。なぜなら、以前ならフランス王妃といえば別の人物、「カスティリア女」のことであったから。マルグリットがこれまで宮廷の王のかたわらにおいて、彼女の地位、教育、性格、そして能力に価するバランスのとれた役割を果たしていなかったとしたら、それは何よりあの耐えがたい義理の母のためであった(3)。

しかしながら、聖ルイが妻に対してとっていた態度には、戸惑わされるものがある。私たち自身がこれを見分けているのではない。ジョワンヴィルが私たちに証言しているのである。ところでジョワンヴィルは王を称賛していたし、さらにそれ以上に愛してもいた(4)が、聖ルイと同じく、あるいはそれ以上に、不正を憎んでもいた。そして、王は王妃に対して不正であった、というのである。私たちはすでにジョワンヴィルが語るところを見ておいた(5)が、それは十字軍からの帰還の途中、海上で生じた二つの事件においてルイがとった態度についてであった。

その際マルグリットがジョワンヴィルに、王である夫について語った話は、私たちに、聖ルイが妻に対してとっていた態度について二つのことを教えてくれる(6)。まず第一に、彼女はルイのことを「気持ちにむらがある《ディヴェルス》」という。ジョワンヴィルの現代語訳者はこれを正しく「気まぐれ《ビザール》」と訳している。これはしばしば子供に対して付される形容で、「気持ちがころころ変わって信頼が置けない」という意味である。私はといえば、「王はその時の気分で行動し、つぎに何をしでかすかわからない」と解釈してみたい。「もし私が彼に断りなく巡礼をおこなうことを取り決めたなら、彼は私が出かけることを禁ずることでしょう」と彼女が語っていることが、正確なところを私たちに教えてくれている。ここには王がその妻を前にして表わしていた性格の新しい面がみえる。彼は専制的であり、その時どきの気分に動かされやすいのである。一言でいえば、無関心と、権威的で時ならぬ干渉との間を揺れ動く、一緒に暮らすにむつかしい人間なのである。

ルイのこの態度をどのように説明すればよいのだろうか。そして私たちが他の面でよく知っている彼の善良さについての山のような証言と、これはどのように両立するのであろうか。まず指摘しておきたいのは、彼女はあのようにジョワンヴィルに語ってはいるが、他方では、自分の夫は善良な人間だと、思うに真面目に語ってもいることである。ここから結論されることはおそらく、一三世紀の男女にとって、聖性は日常的な家庭生活には何ら関係せず、特定の信心行為と喜捨の行為に関わるものであったということである。これにはさらに、嘘をつくことに対する嫌悪、貞潔および瀆神や特定の悪態を避けることが付け加わる。

しかしこれだけでは十分ではない。思うに、王は特定のカテゴリーの人間に対してある種無関心なのであり、つぎの二つの話はここに関係しているのである。すなわち、妻と赤子である。

ルイはごく幼い子供たちに対しては関心を寄せた様子がない。なぜなら、のちに検討するが、これとは反対に、彼は子供たちがもっと大きくなると、彼らにたいそうご執心となるからである。ここで問題となっているのは、一二五〇年から五三年にかけて聖地で生まれた三人の赤子のことである。彼はおそらく、彼らがもっと大きくなって、自分が彼らに注意の目を向けることのできる時期を待っていたのであろう。幼子イエスに対する信心行為はまだ広まってはいなかった。とはいえ彼は、その妻と子供たちの健康状態を、みずから会いにいかずに尋ねたことを咎めるジョワンヴィルの眼差しを感ぜずにはいられなかったであろう。

王妃について、彼が彼女のことを心配しなかったり、日常彼女に対して専制的な振る舞いをしていたとしても、これは彼女が女性であったからではない。ルイは、「男性的中世」にどっぷりつかっていただけで、特別に女性蔑視主義者であったのではない。また、妻が気に入らなかったからでもない。逆に、すでに見たことだが、彼は彼女に惹かれていたのである。彼女と一一人もの子供をもうけたのも、思うに、単に王朝の連続確保のためとか、他ならぬ肉体的欲求を満たすためばかりではなかったであろう。マルグリットはきちんとした教育を受けていたし、王妃として要求されうる程度に信仰深かった。この面では若干過剰であったこの家族のなかにおいても信仰深い方である。また彼女は浪費家ではなかった。多額の出費をおこなうとしても、これはおそらくサヴォワ家に対してのみで、しかも王の許可を必ず受けていた。おそらくルイは、彼女が王妃と妻という義務をきちんと果たしていたことを好ましく思っていたであろうし、これはとりわけ母の死後はそうであったろう。しかしながら、別の問題もあるのである。私はここである仮説を提示してみたい。

聖ルイは、家系というものに対して、狂信的ではないにせよ熱い思いを抱いていた。たしかに、王妃は家系の永続にとって不可欠の役割を演ずるわけで、彼女はこれは十分に果たした。しかし彼女はこの家系には属さない。彼が愛情という感情をもっともよく発揮できると感ずるのは、この家系の内部なのである。父を真にはよく知ることがなかった彼にとって、これは母、兄弟、妹に尽きるのである。配偶者は通常の場合、同じ程度に強い感情と利害をもたらしてはくれないのである。

しかしながら、聖ルイは王妃に対しても配慮を表わしていた。王はいつも一時課に参加するため夜中に起きることを常としていたが、「彼がその妻と一緒の時には(7)」昼でも夜でもこれを取りやめていた。彼は息子への『教え』のなかで、特別な一章を設けてつぎのように勧める。「愛する息子よ、私はおまえに教えておく。おまえは母を愛し敬いなさい。そして進んで彼女の良き教えを聞き、これを守りなさい。彼女の良き助言を聞き入れるよう心を配りなさい(8)」。ジョワンヴィルが例の指摘をおこなったとき、おそらくルイは十字軍のことを考え、敗北の記憶を反芻することで頭がいっぱいであったのであろう。しかるに、このような状況のなか、妻は慰めにも支えにもならず——マルグリットはそうありたいと望み、事実そうあったのだが——、彼自身これを認めることができなかったのではないか。おそらく従来の歴史叙述が好んで取り上げてきたいくつかの「事件」は、王と王妃の生涯に何がしかの暗雲をたちくもらせはしたであろう。しかし、私にはこれが重大なものであったとは思えない。第一に、マルグリットが、妹エレオノールへの熱い愛情により、宮廷の「イングランド」派閥を焚きつけたというのはありそうもないことである。むしろブランシュ・ド・カスティーユが、嫁に対する息子の怒りをかき立てるために陰謀をいい立てたのではないだろうか。

残る問題は、のちになってヴァティカン文書館で発見されたある奇妙な話である。一二六三年六月六日、ウルバヌス四世は王の求めに応じて、王の息子で王位継承者であるフィリップがその母に対しておこなった誓約の破棄を宣言した。以前フィリップは、母マルグリットに対して、三〇歳に至るまで彼女の後見のもとにとどまること、彼女に敵対するようないかなる補佐役《コンセイエ》も侍らせないこと、シャルル・ダンジューとはいかなる連合も結ばないこと、彼女を標的とするあらゆる誹謗中傷を知らせること、そしてこれらの約束を秘密の内に守ることを誓約したという(9)。

この文書は真正なものと思われる。何がマルグリットをしてこのような契約へと押しやったのであろうか。フィリップは、その母の目には弱すぎる性格で、緊密にコントロールせねばならない息子とみえたのか。父も、おそらくそう考えるに遠からずであったらしい。一二六八年には息子に家庭教師としてピエール・ド・ラ・ブロスをつけているが、これはのちに良い考えではなかったことが明らかになる。あるいは、マルグリットは、夫が彼女から奪った政治的な役割をみずから演じたいと望んだのであろうか。彼女がその耐えがたい義理の母の真似をして、ちょうど義母がそうしたように、自分の息子を従順な召使いにしようと夢見ていたとしたら、それこそ最悪ではないか。

いずれによせ、この一件は聖ルイの驚くべき決断に関係することになった。十字軍への出発を前にして、彼は摂政職を王妃マルグリットに委ねることを拒否したのである。思うに、これはジャン・リシャールと同意見なのだが、この決断の主な理由は、聖ルイの時代には「国家の意味が新しい次元を獲得した」こと、そして王はむしろ王国の管理と行政を、王国の統治にもっとも緊密に関係し、それゆえその継続性をもっともよく確保できる二人の人物に委ねたことにある。すなわち、サン＝ドニ修道院長マティユ・ド・ヴァンドーム、およびネール領主シモン・ド・クレルモンである。

マルグリット・ド・プロヴァンスについての節を終えるにあたって、私は、ジョワンヴィルが語る妻の夫への愛情話をもう一つ書き留めておきたい。

ブランシュ・ド・カスティーユの死の知らせが届いたのち、ジョワンヴィルがマルグリットに会いにいくと、彼女は涙にくれていた。彼は驚くのである。「なぜなら、亡くなったのは、あなた様がもっとも憎んでいた女性ではなかったのですか。彼女のためにあなた様はそのようにお泣きになるのですか」。マルグリットは答えていった。「泣いているのは王太后のためではありません。王様が喪の悲嘆にくれている苦しみのためなのです(10)」。

【注】
（1）前出五四九〜五〇頁を見よ。
（2）JOINVILLE, *Histoire de Saint Louis*, p. 39.
（3）王妃マルグリットについては、G. SIVERY, *Marguerite de Provence, op. cit.*
（4）M. ZINK, «Joinville ne parle pas, mais il rêve», art. cité および前出五九四〜五頁。
（5）前出六〇七〜九頁を見よ。
（6）JOINVILLE, *Histoire de Saint Louis*, p. 347.
（7）GUILLAUME DE SAINT-PATHUS, *Vie de Saint Louis*, p. 34.
（8）*Enseignements* (D. O'CONNELL éd.), p. 188.
（9）SIVERY, *Marguerite de Provence, op. cit.*, p.210.
（10）JOINVILLE, *Histoire de Saint Louis*, p. 333.

子供たち

人は子供をつくるためだけに結婚するわけではない。しかし、王ともなれば、子供、とりわけ男の子供たちをもつことは重要な義務となる。聖ルイが妻とのセックスを喜びとしていたことには疑う余地はない。ルイが、まだ陽が高い昼間に、妻に会いにその寝室へと向かった時にブランシュ・ド・カスティーユを襲ったすさまじい怒りの逸話が、このことを何よりはっきり示している。さらに加えてギヨーム・ド・ナンジが語るつぎのような情報がある。この点については私たちは他からの情報も得ているのだが、とにかく彼は以下の事柄を語る。聖ルイは、王妃マルグリットの同意のもと、肉体関係について当時の教会当局が「抱擁の時」[1]として取り決めていた事柄を尊重していたというのである。すなわち、待降節および四旬節の全期間、週の特定の曜日、大祝日およびその前夜、さらに聖体拝領を受けることになっている場合には、当日を挟んで前後数日間の間は、抱擁と接吻しか許されないのである。このような規定は、一方で教会への従順さの証明であるとともに、他方ではある種のバース・コントロールでもあった。およそ文明化された社会は常に出生数を制限するものである。とはいえ、王も肉体的欲望には弱かった。多かれ少なかれ男ならだれでもそうであるが、王の場合むしろはるかに弱かったといえる。すでに見たように、彼は夜になると欲求を抑えることができなかったのである。

節制が求められている期間に、何らかの理由で妻のもとを訪れて彼女と一緒にいなければならない事情が生じ、彼女のあまりにもそばにいることから、人間の弱さのゆえに、肉欲の制御できない動きを感じた時には、彼は、ベットから立ち上がり、肉欲の抵抗が収まるまで部屋を歩きまわるのであった。(2)

この規律に従った熱心さの結果が、一一人の子供たちの誕生である。ルイ八世とブランシュ・ド・カスティーユには九人の子供がいたが、さらに何人かが死産か、あるいは幼少期に死んだことがわかっている。その数はおそらく三人であった。聖ルイの時期には、死産あるいは幼少期の死亡であっても、ある程度正確に王家の子供たちについて言及がなされている。医学は、とりわけ産科や小児科ともいえる領域で進歩していたし、王家ともなれば最上の医者を手配することもできた。だから、ルイとマルグリットの子供たちは、ルイ八世とブランシュ・ド・カスティーユの子供たちよりもより生き延びることができるようになっていた。

ルイとマルグリットが結婚したのは一二三四年であったが、このときマルグリットは一三歳にすぎなかった。今日わかっているこの夫婦の最初の子供はブランシュで、一二四〇年、結婚から六年後に生まれている。王妃はこの時すでに死産あるいは流産を経験していたのだろうか。可能性としてはないわけではないが、おそらくそうではなかったであろう。なぜなら、王の周囲では、彼女の不妊を心配する声が上がっていたからである。

ル・ナン・ド・ティーユモンは、デュシェーヌによって刊行されている『聖ティボー伝』を引用して、つぎのような事実を語っている。

この時すでに離婚がささやかれていたが、これは全王国の恥であり害となるはずのものである。このような場合には、彼女は神の憐れみを嘆願するために、信心深きさまざまな人々、なかんずく聖ティボーに頼ることになった。[…]彼はシトー会のヴォ・ド・セルネー修道院に入り、この当時その修道院長であった。彼は王妃の深い悲しみにとりわけ心を打たれ、いましばらくの辛抱であること、そして彼も神が嘆願されている恩寵をお与えくださるよう望んでいるといった。彼は祈りに没頭し、ついに願いは聞き届けられた。王妃は懐妊し、喜ばしくもこの年[一二四〇年]七月一一日に出産したが、これは全王国にとって大いなる慰めとなった。[…]指摘しておかねばならぬのは、この王妃とその息子フィリップ勇胆王は聖ティボーへの信心行為を大いに示し、その墓を詣でたことである。

聖ルイの伝記はいずれもこの話にはふれていない。そもそもフランス王の最初の子供が「奇蹟的に」誕生するというモティーフは、何度もくり返されるおなじみのテーマなのである。

ここでは別の逸話が問題となる。それによると、王は男の子ではなく女の子が生まれたことに対して怒り、悲しんだというのである。パリ司教ギヨーム・ドーヴェルニュは気の利いたことばで彼を慰めたという(4)。

この逸話がかりに本当だったとしても、聖ルイがとくに「反フェミニスト」であったと考えるべきではない。最初に生まれた男子による王位継承という伝統(王令によって明確化されるのは、これより一世紀後シャルル五世によってである)が存在する王朝においては、男子が生まれないという状況は耐えがたい苦悩となる。年代記作者たちはいずれも一二四四年のルイの誕生、「いとも待ち望まれた」男子の出生がいかに大きな喜びと安堵をもたらしたかを述べている。

マルグリットは最終的に、その多産能力で同時代人の称賛を集めた。「王妃マルグリットのおかげで王国は宝に恵まれた」。

聖ルイの子供たちの誕生は、彼の治世期との関連では三つの時期に分けられる。すなわち、十字軍の前、最中、そしてその後である。妊娠は、王妃の受胎適合の時期、すなわち一九歳から三八歳に至る一二四〇年から六〇年までの期間、間断なくおこなわれた。男女の別も、聖ルイの世代としては均衡がとれているといえよう。六人の男子と五人の女子が生まれている。

彼らの命名はこの王朝の伝統に従っておこなわれている。大部分はカペー家の特徴名であるが、少数は婚姻関係の結果として他の家系から導入された。この場合、とりわけ母よりも祖母から受け継がれていることが多い。要するに、名前によって王朝の継続性というイメージが支えられているのである。長男は祖父の名前ルイ、次男は曾祖父の名前フィリップ、つづく二人の弟たちはカスティリア王家に由来するジャンという名前をそれぞれ受け継いだが、四番目の弟はこれに加えてトリスタン《かなしみの》という形容詞を付せられた。この子供は、軍事的な壊滅の直後、父が捕虜の身にある時に、包囲され放棄されんばかりの都市で出生したという、悲しみの記憶を課せられたのである。それからピエールというおなじみの名前の男子が生まれたが、この名前はたとえばルイ六世の数多い男子の一人やピエール・ド・クールトネーにも付せられていたし、フィリップ・オーギュストの庶子は、すでに見たように、ピエール・シャルロという素晴らしい二重名をもっていた。アニェスという名前はカスティリア王家の遠い先祖を思い起こさせる。ブランシュは、長らく伝統が絶えていたものだが、この場合は間違いなく祖母の名前である。ブランシュ・ド・カスティーユの死後生まれたマルグリットは母の名前を受け継いだ。ロベールの名については、これ以上にカペー家らしいものはない〔カペー家はユーグ・カペー以前はロベール家と呼ばれる〕。

すでに見たところであるが、長男ルイが一六歳で死んだ時には、聖ルイは父としても王としても悲しみにさいなまれた[5]。また、他の子供のうち娘一人と息子一人が幼少期にこの世を去っていることがわかっている[6]。成年に達した子供たちに対して聖ルイが与えたこの世における運命とは、いかなるものであったのか。それは王朝と王国のために役立つという原理に拘束されるものであった。彼らの地位を確保するには、三つの方法、すなわち領地、結婚、そして金銭がある。

ルイが息子たちに対して親王領《アパナージュ》を配分したのは、一二六九年、チュニスへの十字軍出発の直前であった(7)。その父にもまして――同時に、なしうる可能性にも応じて――、この王は王権に属する諸権利および権力の確保に意をくだいていた。彼は次男以下の息子たちには、小規模の伯領しか与えなかったのである。すなわち、ジャン・トリスタンにはヴァロワを、ピエールにはアランソンおよびペルシュを、そしてロベールにはクレルモン＝アン＝ボーヴェジを与えた。しかし、彼らを富裕な女相続人と結婚させ、その結果ジャンはヌヴェールを、ピエールはブロワを、ロベールはブルボンの領主領をそれぞれ得た。もっともピエールとロベールの結婚は、ルイの死後一二七二年になっておこなわれたものである。ピエールの場合を除いて、彼らの妻たちの相続領地は彼ら自身の領地には直接接しておらず、この結果、将来過剰に強力なだれか一人の手のもとに広大な領域的権力が形成されることは、あらかじめ排除されているのである。長男ルイは結婚を待たずして死んでいた。フィリップは、一二五八年にすでに、アラゴンとフランスとの間の係争を解決したコルベイユ条約の付随条項によって、アラゴン王の娘イザベルと婚約していた。この非常に政治的な結婚が正式に執りおこなわれたのは、一二六二年の聖霊降臨祭、クレルモン＝アン＝オーヴェルニュにおいてであったが、聖ルイはこの機会を利用して、アラゴン王ハイメ一世に、マルセイユ住民のプロヴァンス伯シャルル・ダンジューへの反乱を、ふたたび支持しない旨の約束を取りつけたのである。

これに対して、娘たちには、稼資を構成する財産分与としては金銭を与えただけであったが、富裕な諸侯と結婚させている。イザベルは一二五五年、シャンパーニュ伯でナヴァラ王であったティボー五世と結婚した。彼は聖ルイを称賛し模倣していた友人であり、聖ルイ自身彼を息子のように愛していた(8)。リュトブフは彼に『ナヴァラ王の嘆き』を捧げている。イザベルとティボーはともに一二七一年、チュニスへの十字軍からの帰途にこの世を去っている。ブランシュは一二六九年、カスティリア王アルフォンソ一〇世賢王の息子の一人フェルナンドと結婚したが、彼は一二七五年には死ぬことになる。マルグリットは一二七〇年にブラバント公ジャン一世と、アニェスは一二七九年にブルゴーニュ公ロベール二世と結婚した。ルイは、自身の死の直前、この世における最後の悲痛を味わったに違いない。

カルタゴのキリスト教徒軍陣営におけるチフスの最初の犠牲者の一人に、彼の息子ジャン・トリスタンがいたのである。彼は最初の十字軍における悲しみの最中に生まれ、当時まだ二〇歳であった。まわりの者たちはこの知らせを、すでに病いに臥していた王には隠そうとしたが、彼はこの事実を知ることになる。彼は苦悩の時どきを共にしたこの息子に対して特別な愛着を抱いていたようにみえる。ジョフロワ・ド・ボーリューは、簡単につぎのように書き留めている。「彼の死の知らせに際して、その敬虔なる父の情愛がつき動かされるさまは、人並み以下ではなかった」(9)。

王が子供たちについておこなった最初の配慮は、彼らに良き宗教的・道徳的教育を施すことであった。おそらく彼は、彼らの何人かが修道会へ入ることを望んでいたことであろう。彼は、ジャン・トリスタンとピエールが托鉢修道士、それぞれ一人ずつドミニコ会士とフランシスコ会士になることを期待していたが、彼らのいずれもこれを望まず、ルイも無理にとはいわなかった。修道士の側も、子供たちの聖職志願について聖ルイがとっている優柔不断な態度を信用してはいなかった。他方一二六一年と一二六四年の間に、教皇ウルバヌス四世はブランシュに対して、おそらく彼女の聴罪司祭の勧めに応じて、もしその父が彼女に修道誓願を課したとしても、彼女は一生を修道女として過ごすことはないという特権を認めている(10)。

その他、聖ルイの伝記作者たちの大半が私たちに教えてくれているのは、この王が子供たちにどのようなやり方で宗教実践を課したのかである。たとえば、ギヨーム・ド・ナンジはつぎのように書いている。

神の恩寵によって、この聖なる夫婦は子宝に多く恵まれた。彼らの敬虔なる父は、いともキリスト教的なやり方でその子供たちの教育と躾をおこなっていた。彼は、子供たちが成年の年齢に近づくと(11)、彼らが毎日ただミサだけでなく、朝課やその他の聖務日課に参列すること、それから自分と一緒に説教を聴きに出かけることを望んでいた。彼はまた、子供たちが修練を受けて聖母の聖務日課を唱え、彼自身が夕食ののち、教会で盛式に毎日唱えさせていた終課にも加わることを望んでいた。その最後に、皆で聖母に捧げる特別な歌唱を声を上げて毎日歌うのであった。終課のあとで、彼は子供たちと寝室へと戻るが、司祭が聖水でベッドの周囲と寝室を浄めたのち、子供たちは彼のまわりに座る。そして彼は、彼らが自分のもとを去る前に、何か彼らの訓育にとって役に立つ教化的なことばを告げるのを習慣としていた。

ジョワンヴィルはもう少し細かいところを私たちに教えてくれる。

夜、休む前に、彼は子供たちすべてを彼の前に来させ、彼らに良き王、良き皇帝たちの事績を話して聞かせる。それから彼らに、このような人物たちに範を求めるようにというのであった。また、その華美な嗜好、略奪と強欲さのゆえにその王国を失った、悪しき君主たちの事績も彼らに話して聞かせた。それから彼は子供たちにいうのである。「私はおまえたちにこれらの事柄を語るのは、神がおまえたちに対して怒り狂われることがないように、おまえたち自身が注意するためにである[12]」。彼は、聖金曜日には、彼らが頭に薔薇あるいはその他の花の冠を被ることを望んだが、これはこの日主の頭をむごたらしく飾った茨の聖なる冠に思いを馳せるためであった。まさしくこの冠でもって、王のなかの王、われらが主イエス・キリストは、その王国を壮麗に飾ったのである[13]。

私たちがここに見い出すのは、集まった家族集団を伴にしてルイが味わっていた喜びの感情である。その生涯の終わりの時期には、彼は毎年、「長子」であり継承予定者でもあった息子フィリップを、王朝と王国の守り手であるサン゠ドニへの家臣臣従の儀式に参加させていたが、この儀式は聖なる殉教者の祝日（一〇月九日）に、その彼の遺骸が眠る祭壇の上にビザンツ金貨四枚を捧げることからなっていた。

聖ルイがその長子フィリップ、および娘でナヴァラ王妃イザベルのために、それぞれ書いた『教え』は、彼の子供たちへの愛情とともに、父としての意識をも同時に示している。同時代人たちは、彼がこれらを口述筆記ではなく手ずから執筆したという事実を、例外的なこととして強調しているのである。このことは、彼がこれらの書物に対して与えていた重要性、つまりその内密な性格を明らかにしている。事実、これらはまず第一に、息子と娘への愛情の表現なのであり、常套的な用語で語りかけられているとはいえ、私たちはそこに真の愛情の吐露を感じる。

「愛する長子フィリップへ、父よりの挨拶と友愛を送る」。三四節からなるこのテクスト中一七節は、「愛する息子よ」という呼びかけで始まっているのである。さらに、ある一つのことばがくりかえし現れる。すなわち「心」である。「私は〈心の底から〉願う」、「おまえが〈心底〉貧者に対して憐れみ深くあるように」、「もしおまえが〈心に〉不安を宿しているなら」。この書簡体のテクストには、息子個人に対する部分と、将来の王が念頭に置かれている部分とがある。前者においてルイが喚起するのは、信仰、忍耐、告解を頻繁におこなうこと、教会への信心、貧者と病人に対する喜捨、良き人々を周囲に従えること、説教を聴くこと、悪口を避けることである。後者では、聖別の際の塗油にふさわしくあること、正義の判決をおこなうこと、紛争を鎮めること、教会人を尊敬すること、戦争を避けること、良き役人をもつこと、ことばと身体と賭け事による罪を弾劾すること、異端を放逐すること、そして無駄遣いをしないこと、を彼は要求している。

「愛する息子よ、私は、およそ父がその息子に与えることができ、また与えねばならないあらゆる祝福を送る」。そして彼は息子のために神に祈るのである。二つの種類の希望がこの書簡からにじみ出ている。一つは王家内部の連帯と相互愛に関係する。すでに見たように彼は、母を愛し敬い、その助言に従うよう要求していた。同様に、ルイは長子に弟たちを委ねている。「弟たちを愛しなさい。そしていつも彼らの善と進歩を見張っていなさい。さらに父の代わりに、彼らにあらゆる良き善行を教えなさい〔…〕」。一三世紀のキリスト教は、とりわけフランシスコ会が強調するところであるが、血縁の家族においても霊的な家族においても、父母の役割と兄弟の役割を好んで結びつけている。事実、アッシジの聖フランチェスコは、隠修生活をカップルで送ることになっている修道士たち〔修道制の用語では、兄弟たち〕が、互いに母と息子のように支え合うよう命じているのである(14)。

もう一つの希望とは、死者に対する祈りである。この王は、王朝に対する深い感情に動かされていたので、現在のみならず、未来と過去の人物たちにも愛情を注ぐのである。子供たちは未来であり、彼は、彼らを通じて家系の良き未来を確保することに心をくだく。しかし、愛着という点からみれば、彼にとって王朝とは何より死者たちのことであった。

彼は息子へ求める。「おまえとおまえの先祖たちの魂が平安のうちに憩うように努めなさい。もしおまえの先祖が何らかの返還譲渡をおこなったことを聞き及んだなら、さらに返還すべきものが何か残っていないか常に心を配りなさい。そしてもしそれが見つかったなら、おまえとおまえの先祖の魂の救いのために、すぐさまこれを返還しなさい」。彼が息子に対して祈るべく求める最初の死者は、彼自身である。「愛する息子よ。私はおまえにお願いする。もし神の思し召しから私がおまえに先立ってこの世を去ることになれば、おまえはミサおよびその他の祈禱によって、私が煉獄にて罪障をおこなうのを助けてほしい。そしてフランス王国の多くの修道会において私の魂のために祈りが捧げられるよう求めてほしい」。死者たち、先祖たちは、この家系のなかでももっとも重要な構成員なのである。なぜなら彼らは、家系の起源と継続性をもたらした父祖たちだからである。彼らはまた、連帯責任という形をとらざるをえない救済については、もっとも危険な者たちである。なぜなら彼らはもはやこの世で功徳を積むことができないからである。彼らの救済は、子孫たちの記憶と熱意に委ねられているのである。彼らこそもっとも愛さねばならない死者たちなのである。この結果として、サン゠ドニにおける王たちの墓の配置替えという事業が、聖ルイの行動のなかでも中心的な地位を占めることになる。

イザベルへの書簡は、つぎのような文言で始まるが、ここにはこの王とその長女を結びつけていた特別な相互愛の強さがよく現れている。

いとしき最愛の娘、ナヴァラ王妃イザベルへ、父よりの挨拶と友愛を送る。
愛する娘よ、私は、あなたが将来私のことをより一層記憶に留めてくれると思うゆえに、そしてあなたが他の人を愛するよりもずっと私を愛していてくれるがゆえに、手ずからいくつかの教えをあなたのために書き残しておこうと考えた(15)。

この内容は、一言でいえば、フィリップに宛てた教えのなかの、フィリップ個人のための部分に非常によく似ているが、受取人の性にふさわしい修正を受けている箇所もある。たとえば、完全に正直な女性以外は召し抱えないように、夫・父・母に従順であるように、衣服についてあらゆる華美は避けるように、そしてもちろん、ルイの魂のために祈るように、といったくだりである。

前任者たち、先祖たちからなる世界では、死者に対する記念禱は本質的な意味をもつ。最重要祝日には、ルイはその礼拝堂の祭壇に一二の蠟燭を灯させた。「このようにして父と母、すべての王たちのために、彼は記念禱を執りおこなわさせた(16)」。これら例外的に重要な死者たちの他にも、「彼が毎日、パリ教会の慣習に従ってその礼拝堂司祭の一人とともに死者たちへの奉仕をおこなっていた(17)」大量の死者の群がある。聖ルイは死者たちの王であった。

彼自身の死の直後からすぐに、彼の『教え』は生者のものではない死者のことばとなり、その受取人である息子へと影響を及ぼす。

今や王フィリップ三世となったフィリップが、ドミニコ会士ジョフロワ・ド・ボーリューおよびギヨーム・ド・シャルトル、フランシスコ会士ジャン・ド・モンスを通じて、フランスの教会人全員へとその父の死を告げた書簡のなかには、一部、度をすぎているとはいえ、しかるべき決まり文句に挟まって、より個人的な感慨が現れた一節が見受けられる。ここに感じられるのは、その父の強烈ではあるが同時に人を安心させる、愛情にあふれた存在の消滅が、フィリップにいかに大きな欠如と感じられたかであり、それは単に政治的・道徳的助言にとどまらず愛情においてそうなのである。「おそらくこのような父をもったことは大きな栄光であったであろうが、このような父からもたらされるかくも大きくかくも甘い慰め、父とのいとも心地よい対話、いとも効果的であったその助言、このような救いの手のすべてを失ったことは癒すことのできない苦しみである」。これはおそらくは補佐役《コンセイエ》のだれかの口述になる常套的表現ではあろうが、聖ルイがその息子に残した印象をも表わしているのである(18)。

【注】

(1) Jean-Louis Flandrin, *Un temps pour embrasser. Aux origines de la morale sexuelle occidentale* (VIe–XIe *siècles*), Paris, 1983.
(2) Guillaume de Nangis, *Gesta Ludovici IX*, p. 402.
(3) 「聖」ティボーは一二四七年に死んでいる。Le Nain de Tillemont, *Vie de Saint Louis*, *op.cit.*, t. II, pp. 393–394；A. Duchesne, *Historiae Francorum Scriptores*, *op.cit.*, t. I, Paris, 1636, p. 406.
(4) 前出四五〇〜一頁を見よ。
(5) 前出第一部を見よ〔三二五頁〜六頁〕。
(6) 前出第一部を見よ〔三二七頁〕。
(7) 私はここではつぎの文献に依っている。A. Lewis, *Le Sang royal, op.cit.*, pp. 222–224.
(8) Rutebeuf, *Oeuvres complètes*, t. II, pp. 381–390.
(9) Geoffroy de Beaulieu, *Vita*, p. 23.
(10) 前出三二九頁を見よ。
(11) ここでもまた、彼らが大きくなった時に初めて、王の彼らに対する関心が真に現れたことが確認される。
(12) Joinville, *Histoire de Saint Louis*, p. 381.
(13) サント＝シャペルの茨の冠という聖遺物への暗示である。
(14) C. Bynum, *Jesus as Mother, op.cit.*（前出五八一頁注28）；J. Le Goff, «Le vocabulaire des catégories sociales chez saint François d'Assise et ses biographes du XIIIe siècle», art. cité（前出六三〇頁注2）。
(15) *Enseignements* (D. O'Connell éd.), p. 191.
(16) Guillaume de Saint-Pathus, *Vie de Saint Louis*, p. 36.
(17) *Ibid.*, p. 37.
(18) *Epistola publicata super obitum Ludovici noni regis*, dans A. Duchesne, *Historiae Francorum Scriptores*, *op. cit.*, t. V, 1649, pp. 440–441.

取り巻き《メスニ》と側近

聖ルイにとっての家族とは、それゆえ何よりまず家系、王位を継承する家系であり、つぎに狭義の家族であった。しかしながら彼は同時に、より広い親族にも心を配っていた。マシュー・パリスが記すところによれば、彼は「いつも婚姻関係と血族関係に敬意を払っていた(1)」。

最後に、王は、自分の周囲に、その輪郭がよりあいまいな、より広い家族を従えていた。それは、彼の「家政《オテル》(2)」、すなわち彼および家族の諸々の雑事を担当する奉仕者全体であり、さらに、貴族あるいはそれ以外の者たちからなる近侍者たちをも含み込んでいる。これが彼の「取り巻き《メスニ》」である。彼らはそもそも、かって有力者の家で養われていた自由人の集団、被庇護者集団であったが、今や単なる食客に変化しようとしていた。ギヨーム・ド・サン＝パテュスは彼らについて、いみじくもつぎのように語っている。「彼［ルイ］は、その寝室で彼の取り巻きとともにいる時にはしばしば、簡単で控えめなことばをかけ、周囲にいる者たちの教化のために役立つように、善き聖なる事柄からなる善き物語を語って聞かせていた」。彼らは良き奉仕者であり、貴紳でもある(3)。後はさらに続けて、つぎのように述べている。

聖なる王ルイは、非常に好んで、その周囲に正直で正しい善き者たちを侍らせ、非常に注意深く、邪悪な人物や罪を犯したことがわかっている者たちとの同席や会話を避けていた。そして悪人やその話し方が下品な者たちを、すべてにまして嫌っていたのである。彼は、その取り巻き《メスニ》がこの上なく素晴らしく純潔に保たれることを望んでいたので、もしその取り巻きのだれかが、神あるいは幸いなりし処女マリアを厭わしく冒瀆した時には、彼らをその居館《オテル》からすぐさま放逐した。［…］そしてもし彼の家政《オテル》のだれかが魂の死さえもたらす罪を犯したのを知ると、彼を自分の宮廷と取り巻きから追放した[4]［…］」。

ここには、聖ルイのあいまいさが余すところなく現れている。一方で取り巻き《メスニ》は、王の人格に結びつけられた非常に道徳的な人間からなる集団である。他方ではこれは、今や身近な者たちからなる集団に変わってしまったが、いまだその痕跡をとどめている古風な制度の残骸である。この王は常に、重要な政治的問題については補佐役会《コンセイユ》を開いていたが、これは裁判事項については常設法廷《パルルマン》に変容を遂げつつあった。彼は、本来ならある集団〔補佐役会のこと〕に属すべき事項の審議にあたって、別の集団〔私的な取り巻き連中のこと〕に意見を求めることをためらわなかったのである。宗教的な教化的会話の体裁をとりつつ、彼は自分の気に入った人間のなかから選んだ身近な者たちの意見を取り入れていた。これは、本来は封建法上の制度であるが今や形成途上の国家機関に脱皮しつつある「評議会《コンセイユ》」に対して多かれ少なかれバランスをとるためであった。また、「評議会」においては、彼は、取り巻きたちの間で享受していたほどの自由を、その構成員の選択、発言そして決定のいずれにおいても持たなかったからである。

さらにそれ以上の事実がある。明白に宗教的・道徳的な理由から、彼は、自分が身近に接している――その構成員は物理的に彼に接することができる――この二つの集団から、その純潔を犯す危険のある者たちを排除しているのである。このようにして、王の周囲には、純化された清い聖なる空間が形作られる。これら間接的手段を通じて形成されるのは、聖化された国家空間であり、この王がその中心として、太陽として存在する。歴史の動きと、ある一人の王のたくらみによって、古風な制度と近代的な国家が同居することになった。さらに、別の展開への展望から見ると、聖ルイについてジョワンヴィルは、王の身近にいた者たちについて語る際に、時おり「あの方の周囲にいたわれわれ[5]」という決まったいい回しを使っている。これはイエスの弟子たち、使徒の集団を表わす福音書の表現であり、一三世紀には、キリストに倣う聖人、アッシジの聖フランチェスコに付き従った最初の人々によってふたたび用いられていたものである[6]。カルタゴにおいて午後三時この世を去る前にすでに、聖ルイはキリスト＝王であった。これこそ「国家の神秘」の最初の一つの現れである[7]。

【注】

（1）Matthieu Paris, *Chronica majora*, t. V, p. 436.

（2）王の家政《オテル》は聖ルイのもとで非常に大きく再編成された。一九九四年刊行予定の以下の書物を見よ。Elisabeth Lalou, *Actes du colloque de Vincennes sur les Capétiens*〔前掲書。一九九六年に刊行された〕。

（3）Guillaume de Saint-Pathus, *Vie de Saint Louis*, p. 124.

（4）*Ibid.*, p. 130.

（5）Joinville, *Histoire de Saint Louis*, p. 33. 前出七五三頁〔および前出八五九頁〕を見よ。

（6）Raoul Manselli, «*Nos qui cum eo fuimus ...*», *Contributo alla questione fracescana*, Rome, 1980.

（7）Ernst H. Kantorowicz, «Mysteries of State» (1955), 仏訳 «Mystères de l'État. Un concept absolutiste et ses origines médiévales», dans *Mourir pour la patrie*, Paris, 1984〔邦訳、カントロヴィッチ「国家の神秘——絶対主義の構成概念とその中世後期の起源」、『祖国のために死ぬこと』甚野尚志訳、みすず書房、一九九三、三〇—五一頁所収〕。

第七章　聖ルイの宗教

聖ルイの宗教とは、まず第一に信心行為の実践である。これは身振りや儀礼を通じて表わされるが、一日中、さらには夜中を通して恒常的に、また頻繁にくり返されるのである。しかし、彼の宗教は同時に、人間の内面へと常に浸透していき、そこから逆に彼の霊的生活をつき動かすように仕向けるような信仰、信心でもあった。これは聖ルイの時代の宗教実践の展開と内的な関連をもっていた(1)。

私たちは、聖ルイの多くの伝記作者たちのおかげで、彼の信心行為についてかなりな程度の情報を得ているが、それでも彼らがすべて聖人伝作者であったことを忘れてはならない。事実、彼らの大多数は、一二九七年の聖ルイの列聖以後にその著作を著わし、また他の者たちは彼の列聖をかち取ることを目的として、彼について語っているのである。彼らが若干の誇張を交えて著わしたとしても、いずれにしても彼らの意図自体が、このテーマを中心に置くように仕向けている。彼らが著述をおこなった時代は、他方、教会当局や今日なら世論と呼びうるようなものに照らせば、たとえ奇蹟が依然として聖性の主要な基準であり続けていたとしても、ますます徳の実践と日々の生活行動（狭義の厳密な意味における「生き様」*vita* あるいは「宗教的生活」*conversatio*）に重みを置くようになった時期であった(2)。さらに、ルイ九世について叙述されているのは、単にだれかある聖人のではなく、特定の聖人、すなわち俗人であり（修道士、司教、聖職者が聖性をほとんど排他的に独占していたことに対立する）王でもある聖人の信心行為である。彼の信心行為とは、その個人的な救済を、王としての職務の行使を通じて実現するよう求められていた俗人の信心行為であった。ルイ九世は、俗人と聖職者の区別についてははっきりと自覚していたが、聖職者の信心に可能なかぎり近づくために、彼が俗人社会の階層序列のなかに占めている至上の地位を最大限活用しようとしていた。とりわけ、みずからの救済よりもその臣下の救済のためにより一層祈ることを、自分のより重要な義務とみなしていた。あるいはむしろ、この両者を完全に一体のものとしていた。彼の祈りとは、礼拝する王の祈りなのである。

聖ルイの信心行為は、およそあらゆる信心行為の領域を包含している。すなわち、聖務日課、告解、聖体拝領、聖遺物崇敬、教会への敬意（世俗の事項に限定）、そして贖罪、慈善、禁欲の実践である。

【注】

（1）J. LE GOFF et R. REMOND (éd.), *Histoire de la France religieuse*, t. I, *op. cit.*

（2）後出「聖ルイの聖性」一〇五七頁以下、とりわけ一〇八二～三頁を参照。

シトー会モデル、托鉢修道会モデル

事実、修道制的な霊性、とりわけシトー会の霊性が聖ルイの心をとらえていたことを無視することはできない。シトー会は、一二世紀の改革派修道制のもっとも重要な代表者であり、一三世紀にも非常に強い影響力をもっていたが、さらに加えて、かって指摘されていた以上に、一三世紀より前の修道士の世界と托鉢修道士の世界を結びつける存在でもあった。ルイは、同じ程度の情熱をもって、シトー会修道士と托鉢修道士の双方のもとを頻繁に訪れている。前者は聖ルイを修道院の静謐において、後者は都市の社交世界《ソシアビリテ》において、それぞれ王を惹きつけていたのである。この両者は、ルイがすべてをおこなうための相互補完的な役割を果たしていたといえる。しかし、彼が訪れるのを好んだ場所、彼の心と魂が晴ればれとする場所、それはロワイヨーモンのシトー会修道士のもと、その大自然のなかであった。

しかしながら、かってとりわけ強調されたのは、聖ルイと托鉢修道士との関係の緊密さであり、たしかに彼らの影響は、彼の政治的な行動、その「政治」にとって決定的であった(1)。

二つの大きな托鉢修道会、小さき兄弟の会あるいはフランシスコ会、および説教師会あるいはドミニコ会は、聖ルイと同じ時期に生まれた。両者は、一二五〇年以前に、それぞれの修道院網の骨格部分――ドミニコ会は「大」都市に、フランシスコ会は小都市に――を形成し終えていた。ルイはこれらの修道院に援助を与え、しかるべく頻繁に訪れて、この修道制の新たな形態を積極的に受け入れたのである。この新しい種類の修道士たちは、キリスト教世界全体で驚異的なほど急速に成功をおさめていたが、伝統的な修道士とは異なって、都市のただ中で人々に混じりながら、俗人たちと強く結びついて生活した。そして、彼らが深く刷新した宗教的な実践行為を大きく普及させていったのである。すなわち、告解、煉獄の信仰、そして説教である。彼らは人々の意識のなかへと、そして生活の絆としての家族のなかへと浸透していき、家族や一人一人の個人と深く交わった。新しい社会のなかで、彼らは、初期キリスト教の根本的な徳、すなわち清貧、謙譲、慈善を実践したのである。

彼らは固有の財産はもたないことになっていたが、施しを得ることについてはずば抜けており、ルイのような富裕な俗人の援助で修道院を建設し、その偉容もますます大きなものとなっていった。これは本来は、修道会の創建者であるスペイン人聖ドミニコやイタリア人聖フランチェスコの意志とは相反するものである。彼ら清貧の使徒たちはまた、この世紀の大問題の一つであった金銭取引の専門家ともなり、初期資本主義の端緒となる商業および金融の新たな実践行為を、その最大規模のものを容認しながら、道徳的に正しいものとするよう努力したのである。さらにまた、男性・女性双方の救いの確保のために、ことばと模範とによる説得方法を開発した。教皇庁は、彼らを直接その従属下に置き、そのことによって在地の教会権威の代表たる司教の権威から離脱させ、一二三〇年代には、彼らに異端撲滅のため異端審問を委ねた。たとえ、そのすべての者がドミニコ会士ロベールほどの残酷さを示さなかったとしても、彼らはこの任務を、多かれ少なかれ過酷に、あるいは全般的には大いなる情熱をもって果たしたのである。このロベールはあだ名をブーグル、すなわちブルガリア人といったが、これは異端者を表わす表現の一つであり、いくつかの異端が起源を東方にもつことをはっきり示すものでもある。ロベール自身異端《ブーグル》であったが、彼は改心して説教修道会士となり、転向者特有の熱心さで一二三〇年代を通じて過酷な取り締まりにあたった。その取り締まりの対象は、フランス王国、とりわけフランドル地方であった。この地方においては、経済的繁栄が商業行為の発展をもたらしていたのだが、われらが異端審問官殿によってこれらはすぐさま高利の取得とみなされ、フランドルは火刑台でいっぱいになったのである。彼はすぐさま自分の振るう権力に陶酔し、すべてを焼き尽くす炎への渇望は、善人も悪人も区別することなく、罪なき者やただ愚直であった者たちまでをも断罪することとなった。マシュー・パリスのいうところでは、彼は「驚異の」*formidabilis* 恐怖の的となったのである。警告を受けた教皇は彼を罷免し、永遠の牢獄へと彼をつないだ。この異端審問官はその歯止めのない殺害行為がくり返されていた時には、望んだあらゆる援助を聖ルイから受けていたのであるが、ルイ自身も世俗の手としての義務を、同じくらいの熱心さで遂行していたのである。イングランドのベネディクト会修道士〔マシュー・パリス〕はこの事実を後世にはっきりと告げている(2)。

最後に、托鉢修道士たちは、聖フランチェスコのような聖人がこれには警戒的であったにもかかわらず、福音の宣教のためには知識が必要であるとみなしていた。この結果、中等・高等教育を施す托鉢修道会学校が創設され――「学院」(3) *studia* ――、修道士たちが頻繁に大学へ通った。さらに、熱い紛争の種となったのだが、彼らの何人かは大学のなかへ教師として入り込んだ。大学では彼らの革新的な教育は、一般的に見て学生のもとでも大きな成功をおさめた（パリでのトマス・アクィナスのケース）。この結果として托鉢修道士の多くは、一三世紀キリスト教世界における神学の一大中心地であったパリへと引きつけられることになった。だから聖ルイは、托鉢修道士の知的エリートといつでも付き合うことができたのである。しかし、すでに見たように、聖ルイの関心を引いていたのは、彼らの信仰心、彼らの社会問題についての知識、そして彼らの説教師としての雄弁さであった。

聖ルイの聴罪司祭の全員が托鉢修道士であったように思える。もっとも有名なのはドミニコ会士ジョフロワ・ド・ボーリューで、彼は王の死の直後、貴重な情報を伝える王の『伝記』を書いた。今日確認される唯一の他の聴罪司祭は、フランシスコ会士ジャン・ド・モンスである(4)。王はいつでも身近に聴罪司祭を従えることを望んでいたので、聖地から帰るとその数を二名と取り決めた。すなわち一人のドミニコ会士と一人のフランシスコ会士である。

托鉢修道士はまた、王の礼拝堂においても重要な役割を果たしている。王の礼拝堂付き司祭ギヨーム・ド・シャルトルは、ジョフロワ・ド・ボーリューと同じくチュニスまで王に付き従っているが、彼もまたドミニコ会士であった。コンスタンティノープルまで受難の聖遺物購入の折衝のため赴き、聖遺物をパリまで持ち帰ってきたのもドミニコ会士である。聖ルイは、彼ら托鉢修道士たちのために一年に三回の聖務を創設している。一つはパリのドミニコ会士に、一つはフランシスコ会士に、三つ目は首都に修道院を有する他の修道会に、交互に委ねられた。

説教を聴くのが大好きであった王は、サント＝シャペルにおいて家族や身近な者たちとともに聴く特別な説教のために、とりわけ托鉢修道士を頼りにしていた。彼はフランシスコ会士ユーグ・ド・ディーニュを、自分が愛したイエール修道院へ連れてくることには失敗したが、当時のもっとも偉大な説教師の教えに接することはできた。すなわち、パリ大学教師フランシスコ会士の聖ボナヴェントゥーラである。彼は一二五七年以来この修道会の総長であった。一二五七年から一二六九年の間、ボナヴェントゥーラがパリでおこなった一一三の説教のうち、一九は王を前にしておこなわれたものである[5]。

おそらくもっとも聖ルイの心の近くにいた托鉢修道士は、パリ大学の神学教師であったウード・リゴーであろう。彼は一二四八年にルーアン大司教となったが、このノルマンディの教会職の長たる地位は王国のなかでも特別で、しかも非常に重要であったにもかかわらず、彼は大司教職に就きながら托鉢修道士のままであった。職務の遂行において入念であったこの司教については、小教区巡察記録——一三世紀中葉における農村の司祭や宗教生活全般についての情報を含む唯一の史料——が残されている[6]。ルイは、彼に教会事項への参加を要求するだけでは満足しなかった。彼はルイから、たとえば一二六一年の聖霊降臨祭にはサント＝シャペルで説教をおこなうよう要請されたし、また、一二六二年の昇天祭のように、王が滞在の場合にはロワイヨーモンでミサを挙げた。さらに一二五五年には、王の娘イザベルとナヴァラ王のティボー・ド・シャンパーニュ〔ティボー五世〕との結婚を司り、一二五八年一一月八日には、王の父ルイ八世の死者記念ミサをサン＝ドニで仕切っている。一二五九年には、彼自身病いから癒えたばかりであったが、フォンテーヌブローで床に就いていた王を見舞っている。一二六〇年一月には、息子ルイの死の直後に王を慰めにやって来た。王はまた、彼に政治的な任務も委ねているのである。一二五八年以降は、ウード・リゴーはしばしば宮廷にいて、パリの王宮で開催される諸法廷《パルルマン》に列席している。王のために、一二五九年のイングランドとのパリ条約の折衝にあたったのも彼であった。

一二四七年以降聖ルイは、全王国にわたって王の行政の改革および不正の補償のために監察使を派遣したが、その多くは托鉢修道士であった。現在確認できる三一名の監察使のうちの八名がドミニコ会士、七名がフランシスコ会士である。

聖ルイのために編纂された種々の手引き本もまた、覚えておいでであろうが、主として托鉢修道士の手になるものである。たとえば、ドミニコ会士ヴァンサン・ド・ボーヴェの百科全書とか、フランシスコ会士ジルベール・ド・トゥールネの君主鑑がそうである。

一二五四年から五七年にかけてパリ大学を舞台として、在俗聖職者教師と托鉢修道士教師との間の紛争という、非常に過激な事件が起こった際にも、王は托鉢修道士側に立つローマ教皇の決定を支持した。さらに加えて、教皇アレクサンデル四世が在俗聖職者教師のリーダーであるギヨーム・ド・サン＝タムールを断罪して、彼のすべての役職および聖職禄を剝奪し、教育と説教を禁止して、フランス王国から追放に処したとき、聖ルイも、世俗の手として彼がおこなわねばならない判決の部分を厳格に実行に移したのである。

最後にふれておかねばならないのは、悪意に満ちた噂である。それによれば、彼はみずから托鉢修道士になるために王位を譲ることを考えたが、これを断念した。その理由は、王妃マルグリットの懇願のためではなく、ドミニコ会士になるかフランシスコ会士になるかを決めかねたからという――これはまったくの作り話であろう(7)。逆に、彼は、その次男以下の息子たちが、それぞれ二つの修道会のどちらかに入ることを望んでいたが、息子たちの拒否を前にして、あえて強制することはなかったのである。

ある社会階層においては確かに、そしておそらくは王国のかなり広範にわたって、托鉢修道士たちによって操られている王というイメージ(8)のみならず、さらには、王座にいるのは修道士そのものなのだというイメージが広まっていた。最後に紹介する逸話は、その真偽は疑わしいが、この現実の世論をよく反映している。この話によると、彼は、王というよりも修道士として行動しているという噂が広がるままにしているとして、彼を非難したある騎士に対して、つぎのように答えたという。

愚か者たちのいうことには煩わされないようにしなさい。私がそなたにこれから語るのは、私が自分の部屋に一人でいるとき、時おり生じることである。私には、「托鉢修道士ルイ」という叫びや私に対する中傷が聞こえるが、だれもが、私にはこれらの声が聞こえないと思っている。ところで私は、これらの叫び声の主を排斥せねばならないのかどうか自分自身で考えてみるのだが、もし私が神への愛のためにこれを堪え忍ぶなら、それは私にとっても益であると考えるに至った。そして率直にいって、私はこのような事柄が生ずることを残念とは思っていないのだ。(9)

【注】

（1）私がここで依拠しているのは、L.K. LITTLE, «Saint Louis' Involvement with the Friars», art. cité.

（2）MATTHIEU PARIS, *Chronica majora*, t. III, p. 520.

（3）*Le scuole degli ordini mendicanti (secoli XIII–XIV)*, Convegno del Centro di studi sulla spiritualità medievale, 17 (1976), Accademia Tudertina, Todi, 1978.

（4）ロベール・ド・ソルボンもまた、彼の聴罪司祭とみなされたことがあった。前出七三三頁を見よ。

（5）Jacques-Guy BOUGEROL, «Saint Bonaventure et le roi Saint Louis», dans *San Bonaventura, 1274–1974*, t. II, Grottaferratta, 1973, pp. 469–493.

（6）EUDES DE RIGAUD, *Registrum visitationum archiepiscopi rothomagensis*, Théodose Bonnin (éd.), Rouen, 1852；nouv. éd. J. F. SULLIVAN, *The Register of Eudes of Rouen*, 1964. ウード・リゴーは、一二七四年にルーアン大司教として死んだ。聖ルイは彼のために枢機卿の地位を手に入れようとしたが、これには失敗した。

（7）前出四〇一～二頁を見よ。

（8）後出一〇四一～二頁を見よ。

（9）この逸話は、G. G. COULTON, *From Saint Francis to Dante*, Londres, 1907, p. 405 において語られているが、典拠が示されていない。さらに L. K. LITTLE, «Saint Louis' Involvement with the Friars», art. cité, p. 21 がこれを引用している。

聖ルイの信仰

聖ルイの宗教の根本にあるのは、信仰、揺らぐことのない信仰であったが、それはまず第一に神への愛であった。彼はこれについて『教え』のなかで息子フィリップへつぎのように語っている。「愛する息子よ、私はまず第一におまえに教えておく。おまえは心のすべてと力のすべてをあげて神を愛しなさい。なぜなら、これなくしては、だれもほとんど何の価値もないからである[1]」。

この愛すべき、そして一点の疑いもなく信ずる神とは、とりわけ「子」——聖ルイの宗教の中心——である。彼の信仰とは、「イエス・キリストへの信仰[2]」なのである。この信仰は同時に、教会が体現する伝統やその教えに対する信仰でもあった。

聖なる王は、その力のすべてをあげて、その語りによってキリスト教信仰を固めようと努力していた。彼は、私たちは信仰箇条をいとも固く信ぜねばならない、そして死や肉体的な不幸が訪れても、私たちは、ことばによっても行為によっても、信仰をどのようなことがあっても捨てようとしてはならない、と語っていた[3]。

さらにまた、

王は、たとえ私たちにとっての確かさとは語られたことによるしかないにせよ、信仰とは信ずることにこそある、と語っていた。この点について、彼は私〔ジョワンヴィル〕にあるとき、私の父の名前を尋ねた。私は彼に、その名はシモンである、と答えた。彼は私に、どのようにして私がそれを知ったのか、と問うた。私は、私がこれを固く信じ、確かであるとみなすのは、母がこれを私に告げたからである、と答えた。すると、彼は私にいった。「それではそなたは、毎日曜日信仰告白《クレド》においてそれが歌われるのを聴いているのだから、使徒たちの証言になるすべての信仰箇条を固く信じねばならない(4)」。

この信仰は、「昔の敵」、すなわち悪魔によってもたらされる疑いやさまざまな誘惑から守られ、天国への期待によって強固なものとされねばならない。悪魔の攻撃は、とりわけ臨終の時において激しく、危険に満ちたものとなる。聖ルイの信仰は、徐々に死の瞬間へと焦点を合わせ、一四〜一五世紀には「往生術(5)」*Artes moriendi* の信心行為へと達することになる宗教のあり方にも関わっていた。

彼は語っていた。「悪魔はきわめて細心なので、死の瞬間にあらゆる手段を尽くして、私たちを信仰についての何らかの疑いのなかで死なせようとする。なぜなら悪魔は、人間が生前おこなった善行を奪い去ることはできず、同時に、真の宗教を告白して死んだ者は、彼の手には入らないことを知っているからである(6)」。

さらにつづけて、

それがゆえに、私たちはこのような罠に気をつけて自分を守らねばならず、悪魔がこのような誘惑を仕掛けてきた時には、つぎのようにいうのである。「立ち去れ、お前は、私がすべての信仰箇条を固く信ずることを妨げるまで私を試すことなかれ。もしお前が私の四肢すべてを奪いとろうとも、私はこの希望の内に常に生き、死にたいと思う」(7)。かくのごとく語ることのできる者は、悪魔がその者を殺すために使う同じ棒と剣にて、悪魔に勝利するのである。

ルイはジョワンヴィルに、シモン・ド・モンフォールが自分の信仰について語ったことをつぎのように話したが、彼自身もこの〔シモンの語った〕信仰を明確に自分のものとしていたのである。

聖なる王が私に語ったところによると、何人かのアルビ派異端が、当時王の名のもとにアルビ地方を占領していたシモン・ド・モンフォールのもとにやって来て、司祭の手のもとで聖体が肉と血に変化するのを見に行くように誘った。するとシモン・ド・モンフォールは彼らにいった。「お前たち自身がそれを見に行け。これを信じていないお前たち自身が行くのだ。なぜなら、私は、聖なる教会が教えているように、聖体のなかの神の実在を固く信じているからである。お前たちは、聖なる教会が教えているように、この死すべき一生においてこれを信じることで、私が何を獲得するかを知っているのか。私は天国において、いつも神の身近にいながら神を信ずるという功徳を積むことのない天使たちのものより、ずっと美しい冠を得るであろう」(8)。

これこそ、「この世にあっては尊ばれ、死後には天国を得ること」(9)を保証する信仰として、聖ルイが定義するものに他ならない。

サラセン人たちの捕虜となり、キリスト教信仰とは両立しない誓約をおこなうか、拷問を受けるかの選択を課された時ほど、彼がこの信仰を固く、そして勇気をもってはっきりと表明したことはなかった。王は彼らにいったのである。「あなたたちは私の身体を殺すことはできても、私の魂を殺すことはできない」。事実、彼にとって、「イエス＝キリストの信仰の外にあること以上に悪いことなどほとんどないのである」(10)。

一般的に、災難——肉体的、軍事的、あるいは心理的——は、神がその罪のために私たちに課し、私たちがこれを矯さねばならない試練として受けとめられていた。彼は、悪についてのキリスト教教義、すなわち神の呼びかけを聞く術を知っている者たちの善のために神が課す罰という考えを、全面的に受け入れていたのである。

難破の危険を逃れたのちに彼がジョワンヴィルに語ったことだが、大きな試練、とりわけ大きな病いというのは、私たちがみずからの救済に思いを馳せるための警告であるという。「彼［神］は、私たちが自分の咎をはっきりと認識するように、そして神の意に添わない事柄から訣別するように、私たちを警告によって呼び覚ますのである」。このことばこそ、彼が十字軍の失敗に対して与えた最終的な説明であった。

彼の信仰における神とは、封建関係における主君のようなものであり、彼はその家臣なのである。彼の信仰とはまた、聖別の際に誓われる臣従礼《オマージュ》の誓約のようなものでもある。ただし、この臣従礼《オマージュ》は、手によってではなく魂によって表明され、王をこの種の唯一無比の家臣、すなわち王国における神の代理であり似姿とするのである。「良き主君である神よ、私は私の魂をあなたの方へと掲げ、私をあなたに委ねます」。

最後に、彼の信仰は固い信頼に根ざすものであった。彼の救いを確かならしめるためには、神への畏れ *timor* と悪魔の恐怖が不可欠であったとしても、聖ルイにとっては、神とは、怒りの神ではなかった。彼の宗教は恐怖に支えられる宗教ではない。彼は間違いなく、幼年時代の補佐役《コンセイエ》であり身近に侍していたパリ司教ギヨーム・ドーヴェルニュ（一二四八没）のことばを、自分自身のことばと感じていたであろう。彼がジョワンヴィルの前で引用したのはつぎのことばである。「神が許すことのできないほどの罪を、だれも犯すことはできない(11)」。

【注】

（1）*Enseignements* (D. O'Connel éd.), pp. 185–186.

（2）とりわけ GUILLAUME DE SAINT-PATHUS, *Vie de Saint Louis*, pp. 23–25 を見よ。

（3）JOINVILLE, *Histoire de Saint Louis*, p. 23.

（4）*Ibid.*, p. 25.

（5）Alberto Tenenti, *La Vie et la mort à travers l'art du XVe siècle*, Paris,1953 ; J. Delumeau, *La Peur en Occident*, *op. cit.*（前出七七頁注19）〔前掲訳書〕。
（6）Joinville, *Histoire de Saint Louis*, p. 23.
（7）*Ibid.*
（8）*Ibid.*, p. 27.
（9）*Ibid.*, p. 25.
（10）Guillaume de Saint-Pathus, *Vie de Saint Louis*, pp. 23–24 ; Guillaume de Nangis, *Gesta Ludovici IX*, p. 381.
（11）Joinville, *Histoire de Saint Louis*, p. 45.

宗教上の知識

ルイは知識人でも神学者でもなかったが、宗教に関係する事項について知識を深めようという気持ちはもっていた。彼は聖書や、諸教父の著作を読み、側近たちと宗教について議論し、そしてとりわけたまたま出会った学識ある聖職者に疑問をぶつけたりしていた。かってつぎのような素晴らしい説明が与えられたことがある。「一三世紀の文化的カテゴリーのなかでは、聖ルイは偉大な学識者《クレール》として現れる。今日の意味でいう教会の偉大な聖職者《クレール》というのではなく、文化レベルにおいて、〔…〕彼は良き教養を身につけた学識者である。しかしその学識は、アルベルトゥス・マグヌスやトマス・アクィナスのような外国の偉大な知識人よりも、保守的なフランス人ドミニコ会士たちの学識にずっと近い(1)」。

彼の宗教的知識への好みは同時代の人々に対しても強い印象を与えていた。ギヨーム・ド・サン＝パテュスは、その『伝記』のまるまる一章、第七章全体をこのテーマ、「聖書を勉強する」にあてている。

聖なる王ルイは、人は時間を、どうでもよい事柄やこの世についての好奇心を満たすことで無駄に使うのではなく、重みのある素晴らしい事柄に費やさねばならないと考えていたので、聖書を一生懸命読んでいた。なぜなら、彼は注釈付きの聖書、アウグスティヌスやその他の聖人の原典、そして聖書について書かれたその他の本を所有しており、これを、夕食と就寝の時間の間に、みずから読んだり自分の前でしばしば読ませたりしていたからである。〔…〕六時課と晩課の間に昼寝をすることになっている日に、取り組まねばならない重要な仕事がない時には、彼は修道士やその他の敬虔な人々を呼んで、彼らに、神、聖人とその事績、聖書の物語、そして諸教父の生涯などについて語った。自分の礼拝堂において礼拝堂付き司祭が終課を唱え終わると、彼は寝室へと引き上げ、三フィートばかり蠟燭を灯させて、これが燃えている間中、聖書あるいはその他何か聖なる本を読んでいた。〔…〕さらに、彼の食卓にだれか教会人を招く機会がある時は、彼は進んで彼らを呼んだ。彼が食卓で神について語った人々とは、修道士あるいは在俗聖職者であった。これは托鉢修道士たちが食卓に集まるとき、修道院で読まれる教えを真似てのことであった(2)。

彼は時おりロワイヨーモンに赴いて、講義がおこなわれている間、修道士たちとともに座して、これを聴いていた。そして、

〔…〕修道士のように、彼は教えをたれる師の足下に座って、熱心に彼のことばを聴いていた。彼は何度もコンピエーニュのドミニコ会修道士の学校へも赴き、講義をおこなう師を前にしてタイル張りの床にじかに座って、その教えを熱心に聴いた。高い椅子に座っていた修道士たちは、彼と一緒に地面に座ろうとして、降りてこようとしたが、彼はこれを許さなかった。コンピエーニュのドミニコ会修道院の食堂では、彼は聖歌隊席へと登り、そこで教えを読み上げる修道士のかたわらにいた(3)。

このテーマについては、ジョフロワ・ド・ボーリューのつぎの証言のなかに、別の件についての詳細が見い出される。信心深き王は、海の向こうにいた時に、サラセン人のある偉大なスルタンの噂を聞いたが、このスルタンはサラセン人哲学者たちにとって有益と思われるあらゆる種類の書籍を探索させ、自分の費用でこれらを筆写させて、その書庫に保管したという。このようにして学識者たちは必要とする書籍を手に入れることができたのである。

敬虔なる王は、闇の子らが、光の子らよりも賢く、また真のキリスト教信仰を信ずる教会の子らよりもその誤った教えを信ずることに熱心である、と考えていた。彼は、フランスへの帰国に際して、有益かつ真正なあらゆる聖書についての書籍を、自分の費用で筆写させるという計画を思いついた。これらの写本がさまざまな修道院の蔵書のなかに見い出せるようになれば、自分自身、さらにはその身近にいる学識者や修道士たちが、自分およびその周囲にいる者たちのために、これを研究することができるのである。帰国後、彼はこの計画を実行に移し、このためにふさわしくきちんと管理される場所を建設した。これこそサント゠シャペルの宝物庫の部屋であり、ここにはアウグスティヌス、アンブロシウス、ヒエロニムス、グレゴリウスその他の正統教義を伝える諸教父の著作原典のほとんどが集められた。彼自身、暇がある時には、ここで好んで勉強していたし、他の者たちがここで研究することを喜んで許していた。[…]彼はこれらの著作について古い写本を購入するよりも、新しい写本を製作させることの方を好んでいた。なぜなら、そうすることでこれら聖なる書籍の数と利用が増すことになるからである(4)。

パリの彼の書庫に納められたこれらの書籍を、彼は遺言によって、その一部を(パリの)フランシスコ会士へと、またその「一部を(パリの)ドミニコ会士へと、そして残りを彼自身の創建になるロワイヨーモン修道院のシトー会修道士たちに遺した(5)」。こういうわけで、君主が代々受け渡していき、王権の終焉ののちに国有財産となるであろう王の蔵書の誕生については、シャルル五世を待たねばならないのである。聖ルイが豪華な彩色写本を別に取っておいたことは確かであるが、その数はおそらく非常に少なかった(6)。最後に取り上げる細かい情報は、王とフランス語との関係についてである。

彼が、ラテン語を解しない身近の者の何人かを前にして、これらの書籍で勉強していた時には、彼は、テクストを読み理解するたびに、それを彼らのためにフランス語へと翻訳していたが、これはまことに素晴らしい正確さであった(7)。

結局、彼の読書はまず第一にその信仰と結びついていたのである。「彼は、〔大学の〕教師たちの著作を読むのを好まず、その代わりに真正でその価値が証明された聖人たちの書物を読んでいた(8)」。

ここから、聖ルイが偉大な聖職者たちのもとで、キリスト教教義について教えを受けるのを好んでいたことが説明される。つぎの史料では、彼が、王の前で説教をおこなうためにやって来た聖ボナヴェントゥーラとの会話を利用するさまが描かれている。

修道会総長聖ボナヴェントゥーラの報告では、フランス王ルイ殿は彼につぎのような質問をしたという。人間は、たとえば地獄におけるように永遠の業苦のなかで生きるより、存在をまったき形で止めることの方を選ぶことができるのであろうか、と。彼は答えた。「殿、この質問には二つの意味があります。これはまず第一に神への永遠の攻撃を潜在的に意味します。なぜなら、正義の裁き手である神は〔永遠の業苦以外の〕別のやり方では永遠の罰を下されないからです。他方、ここには罰の絶え間ない苦しみが存在し、人はだれも神に対する永遠の攻撃の状態にとどまることを選ぶはずはないのです。それゆえ神に対する永遠の敵であるよりは、むしろ存在を止めることを選ぶべきなのです」。いとも敬虔なる神の信者である王は、これに対していった。「私は修道士ボナヴェントゥーラの意見に賛成である」。そして彼は参列者たちに向かっていう。「私はあなた方にはっきりいっておく。私は、この世で永遠に生き、私が今統治しているように、わが創造主を永遠に攻撃しながら統治するくらいなら、まったき形で存在を止め、無に帰する方を選ぶ方がよいのだ」[9]。

さて最後に、聖なる書物を手に、いつものように思いつきで、宗教やそれに類した事柄について、身近の者の一人に向かって質問する王の様子を示そう。その相手とはこの場合ジョワンヴィルである。「セネシャルよ、神とは何ぞや」。「殿、それはそれ以上善きものが存在しえないほど、善きものです」。すでに見たように、ジョワンヴィルのこの答えはルイを満足させたのである[10]。

【注】

(1) P. M. GY et J. LE GOFF, «Saint Louis et la pratique sacramentelle», *La Maison-Dieu*, 197,1994, pp. 118–120.
(2) GUILLAUME DE SAINT-PATHUS, *Vie de Saint Louis*, pp. 52–53.
(3) *Ibid.*, p. 53.
(4) GEOFFROY DE BEAULIEU, *Vita*, p. 15.
(5) *Ibid.*
(6) 前出七二四～六頁を見よ。
(7) GEOFFROY DE BEAULIEU, *Vita*, p. 15.
(8) 前出七三三頁を見よ。
(9) J.-G. BOUGEROL, «Saint Bonaventure et le roi Saint Louis», art. cité.
(10) JOINVILLE, *Vie de Saint Louis*, p. 15. 前出七五四頁を見よ。

信心行為と苦行

読んでいた宗教の本や、聞いていた教会の教えに確信をもって従っていたルイは、その信心行為の基盤を、神への愛とともに、罪の意識およびその結果としての贖罪実行の意志に置いていた。彼は、魂の死さえもたらす罪について、ほとんど肉体的な恐怖を覚えていたが、これは彼の母自身が彼に教え込んでいたことだけになおさらであった。ジョワンヴィルに対する彼のもう一つ別の質問を取り上げてみよう。「ところでそなたに尋ねるが、そなたはレプラを患うか、魂の死さえもたらす大罪を犯すかとすれば、どちらを選ぶか」。セネシャルはつぎのように答えた。「私はレプラを患うより三〇回罪を犯す方を選びます」。聖ルイは、他の者たちが同席していたので、その場では何もいわなかったが、翌日になってつぎのようにいった。「そなたは、せっかちな軽率者のように、そして愚か者のように話した。なぜならそなたは、魂の死さえもたらす大罪のなかにあるよりも醜いレプラ患者などいないことを知るべきである。というのも、死すべき大罪の内にある魂は悪魔と同様なものだからだ(1)」。

死の危険を前にしては、抜本的な癒しが必要なのである。ここから「かたくななまでの贖罪」、贖罪の厳しさが出てくるが、これこそギヨーム・ド・サン゠パテュスの『伝記』第一四章の主題であった。贖罪とは、まずは快楽の拒否、すなわち食卓とベッドにおける禁欲である(2)。彼の聴罪司祭ジョフロワ・ド・ボーリューは、王の純潔な習慣と貞潔さを、その伝記の二つの章において証し立てている。すなわち「彼の生活の純潔さと無垢さについて」の第五章、および「結婚生活における彼の貞潔さと禁欲について」の第一一章である。聖ルイがもっとも好んだ贖罪とは、あらゆる贖罪行為のなかで同時にもっとも肉体的かつ精神的なもの、すなわち断食であり、これによって身体から奪い去られたものが魂へ与えられるのである。彼は過剰なまでに断食をすることを望み、その結果、彼の聴罪司祭によれば、毎月曜日に彼が望むように肉なしの食事をとることを、皆がやめさせせなければならないほどであった。「彼はその側近たちの忠告に譲歩した」[3]。

修道士の補佐役たちは、修道士のような禁欲の行為をおこなう俗人であり王であり、さらには病いがちでもある人物に対して、称賛とためらいが混じった気持ちを抱いていたが、そうした彼らが彼にあきらめさせることができなかった過剰な贖罪は、これが唯一のものではなかった。彼らは、身体的な苦行を緩和するように彼を説得するのが関の山であった。たとえば鞭打ちとか粗布の苦行服の着用に対してである。

彼が生きていたのは、贖罪が社会全体を大きく揺り動かしていた時代であった。集団で、しかも大っぴらにおこなわれる鞭打ちの行が、時たま疫病のようにキリスト教世界に流行した。たとえば一二六〇年がそうであるが、この年はヨアキム派の千年王国待望者たちがこの世の終わりとみなしていたのである[4]。聖ルイの態度はもっと節度を保ったものであった。彼も自分を鞭打ったが、これは隠れておこなう贖罪であった。彼は、告解を終えるごとに、聴罪司祭の手から鉄の小さな鎖を五つ束ねた鞭を受けとるのであったが、これは折り畳んで小さな象牙の箱の底に保管されていた。この聖遺物匣のようなものを彼はいつも財布のようにベルトにぶら下げていたが、まわりの者たちの眼にはつかないようにしていた。彼はまたこれを複数別に用意しており、子供たちや気の置けない友人たちに贈り物として与えて、贖罪へと誘うのであった。鞭打ちの激しさは、複数いた彼の聴罪司祭の気風によって異なっていた。ジョフロワ・ド・ボーリユーが告げるところによれば、彼らの一人はあまりにも強く打ったので、傷つきやすかった王の皮膚をひどく痛めたという。この聴罪司祭（おそらくジョフロワ自身である）が王をいたわろうとすると、王はもっと強く打つことを命じ、望みの激しさに達すると合図を送った[5]。

ルイはまた、待降節、四旬節および毎金曜日には皮膚にじかに苦行服をまとうことを望んでいた。彼の聴罪司祭（ジョフロワ・ド・ボーリユー）は、この種の贖罪は王にはふさわしくなく、代わりに貧者への施しや裁判のより一層迅速な実施をおこなうよう、何度も彼にくり返さねばならなかった。しかしそれでも彼は、四旬節期間中、腰のまわりに幅の広い帯状の苦行服断片を着用し続けた。待降節と四旬節中の毎金曜日には、彼は秘密裏に聴罪司祭を通じて貧者たちに四〇スーを分配させていたが、これは代替贖罪で、教会当局が当時爆発的に増加させはじめていた慣習に従うものであった。聖ルイはこのようにして、教会が霊的生活についておこなう収支決算《コンタビリテ》(6)を実践していたのであるが、これは貨幣経済の浸透の結果であり、ルターの反抗や宗教改革の跳躍に大きな意味をもつことになるであろう。以上、聖ルイの贖罪行為を見てきたが、これらは彼にとって容易であったわけではない。これらは彼にとっては真の意味で、ある努力、我慢を表わしているのである。また、その努力にそれぞれの値打ちをつけるものでもあった。ルイは自身固有の気質をもっていた。彼は肉体的欲求をもち、大食で人生を愛し、冗談をいったり笑ったりすることを好んでいた。そのために、彼は金曜日には笑わないこと、そしてまた笑いをつつしむことを決めたのである。「聖なる王は金曜日にはできるだけ笑わないようにしていた。そして時たま用心不足で笑い出した時にも、すぐさま止めた(7)」。

聖ルイの信心行為を、これらの身振りだけに限定することはできないであろう。伝記作者たちは、彼が常に良心に耳を傾けていたこと、そしてその良心の性質と繊細さについて強調しているのである(8)。ギヨーム・ド・サン゠パテュスはその『伝記』の第一五章において、「美しき良心に関係する」ことを取り上げている。「というのも、魂のあらゆる善にもまして純粋な良心が神の目に良しとみえるのであるから、聖なる王ルイが神の目に良しとみえたのは、彼がいとも純粋であったからである(9)」。

逆に、聖ルイは、罪人の悔い改めを神が受け入れたことのしるしである涙、修道制の影響を強く受けた伝統的な霊性における「痛悔」の表現としての涙という賜物の恩寵が、自分には拒否されていることに絶望していた。一三世紀の伝記を読んでミシュレがショックを受けた「聖ルイには禁じられた涙の賜物」とはこのことである。しかし、「時おりわれらが主が、祈りの間、彼にいくばくかの涙を許し、涙が頬を口まで心地よく伝って流れるのを感じた時には、彼はこれをいとも穏やかに味わうのであった。心においてのみではなく、感覚においてもである(10)」。信心行為において、ルイはこのような肉体的な喜びを必要としていたのである。とりわけそれが心の内面から湧き出る時には。

【注】

(1) Joinville, *Vie de Saint Louis*, pp. 15–17. 前出五一八～九頁および前出七五四頁を見よ。
(2) 食卓における振る舞いについては、前出七八五頁以下を見よ。
(3) Geoffroy de Beaulieu, *Vita*, p. 10.
(4) Raoul Manselli, «L'anno 1260 fu anno gioachimitico?», dans *Il movimento dei disciplinati nel settimo centenario del suo inizio*, *op. cit.*（前出七七頁注17）。
(5) Geoffroy de Beaulieu, *Vita*, p. 10.
(6) 煉獄については、Jacques Chiffoleau, *La Comptabilité de l'au-delà. Les hommes, la mort et la religion dans la région d'Avignon à la fin du Moyen Âge*, Rome, 1980 を見よ。【訳注】煉獄は一二世紀に考案された天国行きのための一時的罪障の場所だが、とりわけ商人や高利貸しが赴くところと考えられてきた。彼らは、煉獄で苦しむ期間を短縮するために「救いを金で買う」ことになる。金銭による寄進、あるいはいわゆる「免罪符」の購入がそれである。これを「あの世の収支決算」と表現したのがシフォロ (Jacques Chiffoleau) である。
(7) Guillaume de Saint-Pathus, *Vie de Saint Louis*, p. 123.
(8) マシュー・パリスは、彼が非常に神経質となる問題、すなわちノルマンディについてのイングランド人とフランス人のそれぞれの諸権利についてすら、この点を認めている (*Chronica majora*, t. IV, p. 646)。「しかしながら、フランス王殿の良心の純粋さはこれらの議論によっては満足できなかったので、この疑わしい問題はノルマンディの司教たちに委ねられた」。
(9) Guillaume de Saint-Pathus, *Vie de Saint Louis*, p. 123.
(10) Geoffroy de Beaulieu, *Vita*, p. 14. この史料全体、およびミシュレのコメントについては、後出一一一〇～一一頁を見よ。

良心

以上のように、聖ルイの信心行為は、二つのタイプの霊性の蝶番の場所に位置するものである。一つは、伝統的・修道制的なものであり、痛悔と涙のなかにその鮮やかな顕われを見い出す。いま一つは、罪人の意図に従って判断される、罪の新しい概念に関係するもので、良心および良心の吟味にその重点が置かれる。聖ルイに涙が拒否されていたのは、おそらく個人的な感性によるものであったかもしれないが、これはまた、この霊性の変容にも関係している。良心は涙を涸らせがちなのである。

この良心なるものは聖ルイのもとで、ある一かたまりからなる徳を涵養させた。その第一は謙譲であり、これは彼のもとでは、ほとんど聖フランチェスコに倣うものとして根本的な意味を与えられる。この徳については、すでに多くの顕われ方を見たが、彼自身は、ある種の教会人のもとではこれが見受けられないことに驚いていた。一二四六年、クリュニーにおいて、彼は教皇インノケンティウス四世に対し、十字軍の成功のためにキリスト教世界の一体性の実現を図るべく、フリードリヒ二世との和解を説得しようとして失敗したが、この会見の直後の様子は以下のようであった。

教皇殿が尊大高慢にも彼の提案を拒否したとき、フランス王殿は、神の僕の僕とみずから称するこの人物のもとで、謙譲のいかなる顕われも見い出せなかったことに怒り憤激して立ち去った[1]。

ついで、忍耐がくる。この徳は、常に人間＝キリストに執着する人間＝王として、苦悩するイエス、受難のキリストの似姿となることを受け入れ、そのようにありたいと望んでいた彼のもとでは、本質的な重要性を有する[2]。彼の伝記作者や聖人伝作者たちは、この忍耐の徳をとりわけ目立たせている[3]。ここでは、より利害関係の薄い年代記作者のイングランド人マシュー・パリスの証言を聞こう。「いともキリスト教的なフランス王はアッコンにいたとき、この逆境を忍耐をもって沈黙のうちに耐えていた[4]」。ルイはまた、イングランド王と友好的な会話を交わしながら、つぎのようにもらした。「私自身については、わが心に鑑みるに、世界のすべてが私に服属するよりも、主が恩寵によってお恵みくだされた忍耐の方を、私はうれしく思うのです[5]」。

彼の良心について、同時代人たちは、とりわけ法への忠実さ、そして真実への情熱を証言している。ジョワンヴィルが語るつぎの逸話はこの点をはっきり示すものである。

　聖ルイの法への執着が明らかに認められたのはつぎの一件であった。すなわち、王がルノー・ド・トゥリー殿の謁見を許された時のことである。トゥリー殿は、ダンマルタン＝アン＝ゴエル伯領を故ブーローニュ女伯の後継者たちへ譲渡することを約された王の書簡を王のもとに携えてきていた。この書簡の印璽は毀《こわ》れており、印璽の王図像の足の半分、およびその足下の足台しか残っていなかった。王はこれをわれわれに示し、助言を求めた。

　われわれが一人の例外もなく一致したことには、この書簡の内容は、いかなるやり方であれ、実行に移すことはできないということであった。そこで彼は、侍従ジャン・サラザンにこの書簡を自分に見せるように命じた。そしてそれを手に取ると、つぎのようにいった。「皆の者よ、この印璽は私が海の向こうへ出かける前に使用していたものであり、刻印の破損部分が印璽全体と合致することは明らかである。したがってこの理由から、私としては、この伯領の没収〔正当な後継者がいない領地は、王が没収する〕を良心の呵責なく執行することはできない」。彼はそれからルノー・ド・トゥリー殿を呼んでいった。「あなたにこの伯領を委ねます(6)」。

　この法へのこだわりを聖ルイがもっともはっきり示したのは、イスラム教徒についてもこれを守った時であった。この行為は同時代人たちに強い印象を与え、ボニファティウス八世も一二九七年八月六日におこなわれた王の列聖の際に説教でふれているほどである(7)。というのも、キリスト教徒の間で尊重されねばならない道徳的諸規則は、一般には異教徒に対しては免除されていると考えられていたからである。このエピソードの証人であるジョワンヴィルは、もちろん彼の『聖ルイ伝』のなかでこの点を語っている(8)。しかし、それに先立ってジョワンヴィルは、列聖手続きの証拠提出においてすでにこれにふれており、またギヨーム・ド・サン＝パテュスも、その『伝記』作成のためにこの一件書類の情報を得ていた。私がここで依拠するのは後者が物語る方である。イスラム教徒たちが王とその他のフランス人捕虜を解放する身代金として要求していた二〇万リーヴルのうち、三万リーヴルのみが支払われた時に、サラセン人たちは王を解放した。これは、身代金全額が支払われるまでは王はダミエッタ沖の自分の艦船に留まるという約束が条件であった。聖ルイはこれを口頭で約し、文書にはしたためていなかった。彼とともにいた諸侯は、これを利用して錨を上げることを王に助言した。王は彼らに対して答えた。たとえイスラム教徒たちが、自分たちの約束を軽んじてダミエッタでキリスト教徒の捕虜を虐殺したとしても、自分自身が約束を守らないなどということは論外であると。しばらくしてのち、身代金が全額支払われたことが王に報告された。

しかしながら、聖なる王の騎士であるフィリップ・ド・ヌムール殿は彼にいった。「金額は全額支払われました。しかしわれらはサラセン人に対して一万リーヴルごまかしておきました」。聖なる王はこのことばを聞くと、非常に怒って、いった。「私は二〇万リーヴル全額が支払われることを望んでいるのである。なぜなら、私は彼らに約束したのであり、これが必ず実行されることを望んでいるのである」。このとき、シャンパーニュのセネシャルは、(9)フィリップ殿の方へと近づき、彼には眼で合図して、聖なる王へ語った。「殿、フィリップ殿が何をいったと思われたのですか。冗談です」。そして、フィリップ殿もセネシャルのことばを聞くと、聖なる王の真実への強き気持ちを思い起こして、ことばを続けた。「殿、セネシャル殿のいったことは本当です。私は、ちょっと試しに冗談で、あなたが何をおっしゃるか知ろうとして、あのようなことをいったのです」。聖なる王は答えた。「このような戯れ、このような試しに賛辞を期待しないように。そして金額が完全に全額支払われるよう気をつけていなさい(10)」。

【注】

（1）Matthieu Paris, *Chronica majora*, t. IV, p. 524.
（2）第三部第一〇章「苦悩する王、キリスト王」を見よ。
（3）これはギヨーム・ド・サン＝パテュスの『伝記』第一三章「激しさと忍耐」の主題である。
（4）Matthieu Paris, *Chronica majora*, t. V, p. 203.

（5）*Ibid.*, t. V, p. 482.
（6）Joinville, dans D. O'Connell, *Les Propos de Saint Louis, op. cit.*, pp. 116–117.
（7）Boniface VIII, p. 150.
（8）Joinville, *Histoire de Saint Louis*, p. 211.
（9）ジョワンヴィルは王のことをよく知っており彼の怒りも理解できたので、フィリップ・ド・ヌムール他、イスラム教徒を騙した者たちは後悔することになると考えたのであった。
（10）Guillaume de Saint-Pathus, *Vie de Saint Louis*, pp. 127–128.

秘蹟の実践

聖ルイは、王を含めて俗人の宗教生活における儀礼のもつ意味や、教会や司祭の必要不可欠な介在に対して大きな重要性を認めていた。一二世紀以降、とりわけユーグ・ド・サン＝ヴィクトールの『秘蹟について』*De sacramentis* が現れてから、秘蹟の神学は七つの秘蹟の枠のなかにその対象を定めた。ルイの考えでは、教会は、秘蹟の授与者としての役割以上に必要不可欠であることはないのである(1)。

聖ルイの立場は、ジー師が一三世紀の秘蹟実践についてつぎのように述べていることとぴったり一致する。「だれにとっても必要不可欠な秘蹟が二つある。すなわち、洗礼および魂の死さえもたらす罪を犯した場合の告解である(2)」。聖ルイが、自身の洗礼に与えていた重要性、および非キリスト教徒に洗礼を施そうとした熱意については、すでに見たところである。洗礼こそは、キリスト教共同体への加入、真の誕生、霊的な誕生であり、これは救いを待ち望むための、天国行きの不可欠な基礎条件である。洗礼を受けた場所が、真の意味でのこの世への出生地なのである——たしかに、現実には、生まれた場所と洗礼場所はしばしば同じではあるが。それゆえルイは、洗礼を受けた場所を明示するルイ・ド・ポワシーという名前を称することに執着したのであった。

告解は聖ルイの心を大きく占める秘蹟であった。なぜなら、この秘蹟こそがさまざまな魂の死さえもたらす罪を浄め、洗礼によってもたらされる純粋な状態を復元するからである。一三世紀は告解の世紀である。すべてのキリスト教徒に年一回の告解を義務づけたのは、ルイの出生の翌年、一二一五年に開かれた第四ラテラノ公会議であった。一年に一回というこの周期は、聖ルイにとってはきわめて不十分であった。それは、これでは間隔があまりにも空きすぎて、その間に生じる魂の死さえもたらす罪はあまりにも大きく、あまりにも危険であるからである。安全な間隔は一週間に一度であり、これが課せられる曜日はとくに贖罪のためにあてられる日、すなわち金曜日である。しかし、王はこの一週間の間にも、ひょっとしたら魂の死さえもたらしかねない罪を犯すことを恐れたが、これはとりわけ夜、すなわち誘惑の時で、悪魔が好んで選ぶ攻撃の時である。このために、彼の寝室近くには昼の聴罪司祭と夜の聴罪司祭が侍る必要が生まれ、この二人は王の告解を聴くために昼夜交代で勤務していたのである。

ルイの秘蹟についての行動において、聖体拝領の実践がやや後景に退いている点には驚かれるかもしれない。しかし、一二世紀以降には、罪人が聖体を受けるにふさわしくあるために果たさねばならない条件の方に、とりわけ重点が置かれていたのである。これこそが告解と悔い改めであった。「聖体拝領を受ける前に、良心を吟味せねばならない[3]」。

だからルイは、頻繁には聖体拝領を受けなかった。ギヨーム・ド・サン＝パテュスはこの点についての詳細をつぎのように述べている。

> 祝されし聖なるルイは、真の御身体［われらが主の身体］の秘蹟を篤く信心していた。なぜなら毎年彼は少なくとも六回聖体を拝領していたのである。すなわち、復活祭、聖霊降臨祭、祝されし処女マリアの昇天祭、諸聖人の祝日、クリスマス、およびマリアお浄めの祝日である[4]。

このテクストは同時に、私たちに彼の信心行為の階層序列についても教えてくれる。順に、キリストへの信心行為

（三回の聖体拝領）、ついでマリアへの信心行為（二回）、最後に諸聖人への信心行為（一回）である。

しかし、ルイはこれらの聖体拝領を、必要とされていた「王にふさわしい――同時に謙譲の――諸条件」で取り囲む。彼はこれらの聖体拝領を、――あらかじめの告解は別にしても――断食、貞潔および祈りで包み込んで、キリストの御身体を崇拝するのである。聖体拝領の行為をおこなうこと自体においても、彼の身振りは印象的なものとなる。

そして彼は、いとも大きな信心の行為によって聖体を味わうことになる。なぜなら、彼はこれに先立って手と口を洗い、頭巾と帽子を脱ぐのである。教会の内陣に入る際にも、彼は祭壇まで歩くのではなく、ひざまずいて向かった。そして祭壇の前で、告解の祈りを唱えた(5)。

一三世紀は他方、聖体崇敬の開花期でもある。一二六四年、教皇ウルバヌス四世は聖体の祝日、「キリストの御身体《コルブルス・クリスティ》」の祝日を定めたが、この日には聖体が移動天蓋に覆われて行列で練り歩かれるのである。こうしてこのローマ教皇は、聖なるものを発散する物体のその後の成功の口火を切ったが、これは事実すぐさま俗人諸侯たちの儀礼のなかに広がっていくことになる(6)。そして一三世紀には、聖体による奇蹟が頻繁に生じたのである。

その他の秘蹟については、ルイはもちろん結婚の秘蹟を受けていた(7)。彼は当時できうるかぎりを尽くして敬虔にこれを執りおこない、ミサを付け加え、そして「トビアの三夜」〔一六三頁参照〕を守った。しかしながら、結婚の典礼は中世には、「そののち、もつことになる重要性(8)」をいまだもってはいなかった。

終油の場合も同様であった。死にゆく者が意識を保っている場合、重要なのはとりわけ告解であり、祈りであり、謙譲の身振りであった。ちなみに謙譲の身振りとは、死にゆく者の身体をベッドから地面の寝床に移したり――王の位階がおそらく聖ルイにはこれを禁じていたであろうが――、修道士の衣服を身に着けることなどを意味する。ブランシュ・ド・カスティーユは、モービュイソン修道院でシトー会修道女の衣服を身に着けて亡くなった。聖ルイの伝記作者たちは、しかしながら、彼はカルタゴにおいて、その死の床では意識がはっきりしたまま終油を受けた、と記

していである。(9)

【注】

(1) P. M. Gy et J. Le Goff, «Saint Louis et la pratique sacramentelle», art. cité.
(2) *Ibid.*, p. 112.
(3) *Ibid.*, pp. 112–113.
(4) Guillaume de Saint-Pathus, *Vie de Saint Louis*, p. 39.
(5) *Ibid.*, p. 39.
(6) M. Rubin, *Corpus Christi*, *op. cit.*（前出五三〇頁注12）という素晴らしい書物を見よ。
(7) 前出一六一〜四頁を見よ。
(8) P. M. Gy et J. Le Goff, «Saint Louis et la pratique...», art. cité, p. 112.
(9) 最後に、堅信については、この時期の史料ではほとんどまったく問題になっておらず、叙階については、もちろん司祭に限定されている。

聖ルイと祈り

祈り(1)はある種の信心行為の核心に位置するように思える。それは、まず第一に愛であり、また、伝統的に教会や聖職者たちが文献によって教えてきた、神と祈る者との間の直接の交感を実現する行為である。この神と人とのつながりは、祈る者が人々の頭である王であるとき、とりわけ重要なものとなる。

祈りにおいて聖ルイが呼びかけたものは、とりわけその聴罪司祭であったジョフロワ・ド・ボーリューや、ギヨーム・ド・サン＝パテュスが書いた『伝記』のなかに現れてくる。逆に、他の伝記作者たち、とりわけジョワンヴィルや、列聖文書、および列聖の際にボニファティウス八世によっておこなわれた二つの説教のなかでは、これらの情報は多くない。列聖文書における聖ルイの祈りについてのほのめかし的な言及はわずか二つである。ボニファティウス八世が強調しているのは、王の信仰心は最初の十字軍からの帰還ののち、さらに強くなったことである。四旬節、待降節、祝日の前夜および四季の斉日を通じて、「彼は断食と祈りに精を出した」*in jejuniis et orationibus existebat*[2]。教皇はとりわけ祈りの長さ、すなわち祈りの形態にこだわっているのだが、教皇庁の側からみればこれは列聖の最重要要件ではなかった。ボニファティウスはまた、死の床において王が唱えた祈りについても言及している。この祈りによって王は「良き」死をまっとうすることができたからである。「敬虔なる祈りによってその魂を神へと委ね、つぎのことばを字句通りに口にして（「父よ、私は私の魂をあなたの手に委ねます」）、彼は幸福のうちにキリストのもとへと赴いた（*suam Domino exprimens verba sequentia, videlicet : Pater, in manus tuus commendo spiritum meum, feliciter migravit ad Christum*）」[3]。ルイは、慣用的な祈りのことばといい回しを用いたのではあるが、これを単に機械的に口にしたのではなく、これらのことばに現実の深い意味を与えていたのである（*literaliter exprimens*）。

祈りにおいてこの王が呼びかけていたものは、彼の『教え』のなかで息子へなされている勧告にも現れている。教会のミサにおいては、「口と心で」自分を表現せねばならない。祈りのことばは発音されるとともに、心のなかでもそれに思いをこらさねばならないのである[4]。祈りは、聖変化〔ミサの間に聖体のパンを聖別することば〕以降、聖体拝領が近づくにつれ一層強く念じられなければならない。ジョワンヴィルの語るところによると、彼は息子へつぎのように勧めていたという。「とりわけミサの時には、聖変化がおこなわれる際に心と口で神に祈りなさい」。さらにこの少し先のところでは、つぎのように助言している。「みずから進んで祈り（*proieres*）と赦し（*indulgences*）を追い求めなさい」。聖ルイの信心行為は、心の躍動と客観的に定まった儀礼とが混じる、あやふやな境界線上に位置するのである。

ジョワンヴィルがこの王の祈りについて言及しているのは、二つの機会についてだけである。最初の機会は母の死であるが、聖ルイは何カ月ものちになってこの知らせを受けたのである。周知のように、彼の苦しみはこの時だけは節度を逸するほどのものであった。そのとき彼がとった対応のなかには、フランスへの使者の派遣が含まれていたが、「この請願者の任務とは、多くの教会が彼女のために祈るようにという〈祈りの書簡〉を携えてまわることであった(5)」。

ジョワンヴィルが聖ルイの祈りについてふたたび語るのは、王自身の死を語る際であった。その時の聖ルイの様子は、王の息子アランソン伯ピエールという目撃証人がジョワンヴィルにもたらした証言に依っている。

[…]死が迫ってきたとき、彼は助けと援助を求めるために、諸聖人に、とりわけ聖ヤコブ殿に呼びかけて、「エスト・ドミネ」で始まる祈りを唱えた。すなわち「主よ、願わくは、あなたはあなたの民を聖化され、お守りくださいますように」である。それから彼は、その助けにとフランスの聖ディオニシウス殿にも呼びかけて、祈りを唱えた。すなわち、「主なる神よ、私たちがいかなる逆境をも恐れることのないよう、この世の繁栄を卑しむようにさせてください(6)」。

祈りを表わす用語は単純であって、ラテン語では「オラーレ、オラティオ」、稀には「プレーケス」、フランス語では「オレーゾン」(稀には「オレ」)、さらにあまりよく使われていないが「プリエ、プリエール」(*proieres*)である。ルイが祈った様子はすべてその伝記作者たち、とりわけジョフロワ・ド・ボーリューおよびギヨーム・ド・サン＝パテュスによって細かく語られている。

ジョフロワは、王の信心行為について、ミサや説教への参加を語る際に、その祈りのやり方を詳述している(7)。

聖ルイが日頃聞いていた祈りの聖務とは、定時課および聖母の時課であり、彼はこれらを歌唱付きで聴くのを好んだ。また彼は旅先でも祈りを聴くことを望み、自身も礼拝堂付き司祭とともに低い声で唱えていた。彼は毎日礼拝堂付き司祭とともに、かりにその日が大祝日であっても、死者のための聖務を、九つの「読誦」、すなわち聖書や諸教父の著作の抜粋で、聖務のなかにもともと組み込まれている朗誦と併せて唱えた。彼はほとんど毎日二回のミサに参列したが、しばしば三回あるいは四回におよぶこともあった。あるとき貴族のだれかが、王はこれほど多くのミサや説教に参加するために時間を費やしていると不満をもらしたが、これを聞いていた王は、もし自分がこの二倍の時間を賭け事や森で狩りに打ち興じるために費やすならば、不満などほとんど出ないであろうに、と答えた[8]。

王は自分の礼拝堂で、礼拝堂付き司祭や聖職者たちと朝課を唱えるために真夜中近くに起き出すことを常としており、朝課から帰るとしばらく静かな時間を過ごしてベッドの前で祈っていた。彼はこの時には、もし主が彼に何らかの信心の行為を示唆しても〔王が急に何か信心行為をしたくなっても〕、突然の来客に煩わされることを恐れる心配はなかった。彼は、朝課が教会で続くかぎり長く祈りを続けていたいと願っていた。しかし他方では、緊急の問題が生じているような時でも彼は一時課のために非常に早く起床することは好まなかったし、また徹夜の勤行は彼の身体を、とりわけ彼の頭脳を深刻に弱らせて負担をかけたので、最終的にはそばにいる者たちの助言と懇請にくみする形で、つぎのような祈りの生活リズムを実践することとなった。すなわち、まず朝課のために一時に起床し、それから立て続けに短い間隔を挟んで、一時課、複数のミサおよびその他の聖務日課を聴くのである。聖務日課が唱えられている間は、どんな会話にも煩わされることを望まなかった。ただし、緊急の場合は除いてであるが、急を要する場合でも、祈りを短く中断したにすぎない。彼は、王城での滞在以外の場合、とりわけしばしば生じた修道院や托鉢修道会修道院での滞在の折にも、同じように行動していた。

また大祝日の儀礼に際しても、彼はこれに非常に注意を向けており、また積極的に参列しようとしていた。彼は聖務における歌唱をとても好んでおり、彼の礼拝堂付きの聖職者の数を増加させたのと同じく、礼拝堂付きの聖歌隊歌手たちの数も増やした。とりわけ「聖歌隊童子」、すなわち一般に貧困学生で組織される未成年の聖歌隊員に執心した。これはのちには真の聖歌隊合唱団養成所となった。

聖ルイは祈りを五感でとらえられる形で考えており、祈りによって涙が頬をつたい口まで流れるほど感動することを願っていた。

彼がどこかの修道院を訪れる時には、彼自身のために、また存命のいかんにかかわらず彼の親族のために祈るよう、その教会の修道士たちにしきりに要求した。王がこうした願いを教会の参事会室においてひざまずいて求めるとき、彼らはこの謙譲の姿勢に心動かされてしばしば涙を流した。彼自身や彼の家族を超えて、彼の取り巻きたち、奉仕者たち、死んだ友人たちのための「代禱」[訳1]（祈りとミサ）を求めるとき、彼は、その肉親家族に対するのと同様に、その取り巻きによって構成される「人為的」家族に対する忠誠と連帯を表現しているのであった。祈りは、血と同様に心をも結びつける。

ギヨーム・ド・サン＝パテュスが「敬虔に神に祈ることについて」の章で述べているところによれば、祈りと喜捨の業は聖ルイの信心行為においては切り離すことができない組み合わせとなっていた。祈りとは、「神の前に彼の魂を現前させること」、「善き業をまっとうするために瞑想し、神の慰めと助けを得ること」であった。

病いに伏せていない時には、夜は毎晩、終課ののち、自分の礼拝堂あるいは衣装部屋で礼拝堂付き司祭とともに祈った。礼拝堂付き司祭が去ってしまったあとも、礼拝堂、衣装部屋あるいはベッドの近くで一人祈り続けた。彼は地面にひざまずき椅子に肘をついて祈った。彼の祈りは一般に非常に長く続いたので、彼の身辺で奉仕にあたる者たち（「寝室係」）は外でいらいらしながら待つことになった。彼は毎晩五〇回ひざまずき、ふたたび立って、「アヴェ・マリア」を唱えながら再度ひざまずき、それからまた立ち上がる、ということを延々と続けるのである。当時寝る前に一杯のブドウ酒を飲む習慣が一般的であったが、彼はこの「寝酒のブドウ酒」をとらなかった。最初の十字軍の前には、彼はいつも冬においてすら朝課が終わってから就寝していた。十字軍から帰ってからのちは、朝課のあと起床し、夜明け前に遅い朝課を唱え、それから祭壇の前やベッド近くで一人で祈りを捧げた。彼はあまりに地面に屈み込み頭を垂れて祈ったので、視力と意識が弱まってしまい、一人ではベッドに戻ることができないほどであった。

ギヨーム・ド・サン＝パテュスは、ルイが他の者たちに対しても祈りを多く求めたことをはっきりと告げている。修道院あるいは托鉢修道会の修道院を訪れる時には、彼は修道士たちの前にひざまずいて、彼らの祈りを請うのであった。この件について彼は毎年シトー会修道士たちに一通の書簡を書いていた。それによると、すべての修道士は彼のために毎年三回のミサを、すなわち聖霊のミサ、聖十字架のミサ、および聖母のミサを挙げねばならなかった。

彼は娘のブランシュへも、死後自分のために祈るよう求める書簡を送っている。息子と娘とに宛てた『教え』のなかでも手ずから同じことを要求していた。チュニスへと旅立つに際して、彼はパリの托鉢修道会修道院を訪ね、修道士たちの前でひざまずいて自分のために祈るよう求めたが、この謙譲の行為は彼の取り巻き《メスニ》たち、騎士たち、およびその他列席した者たちの面前でおこなわれたのである。

ギヨームはさらに、祈りおよび祈りの要求についての例外的な事件にもふれている。エジプトでの彼の釈放の際に、イスラム教徒の軍営では大きな騒ぎがもち上がっていた。王は、聖十字架の聖務、当日に要求されていた聖務奉仕、聖霊の聖務、死者たちのための聖務、「さらには彼が知っていたその他の善き祈禱」をおこなわせていたのである。シドンでは、彼は「素足で下着姿［毛の下着］の」キリスト教住民を総大司教の説教に参列させたが、これは王が聖地に滞在し続けた方がよいか、あるいはフランスへと帰還した方がよいかを神が示されるよう祈るためであった。最後に、一般的にいって、彼はその補佐役会《コンセイユ》との審議においてむつかしい問題がもち上がると、托鉢修道会の修道院に対して、祈禱によって神が王に対して良き解決の天啓をお与えになるように求めて祈らせたのである。このように聖ルイは、みずから重要な決定を下す前には、神から成功の秘密を引き出す任務を帯びた一群の祈禱者たちに取り巻かれるのであった。

彼は、集団でおこなう祈りと一人でおこなう祈り、そして声を上げておこなう祈りと一人つぶやく祈り（「口あるいは心の祈り」）を組み合わせていたが、声を上げておこなう祈りが、彼一人の場合ですら、彼の一般的な実践の姿であった。思い起こしていただきたいのだが、「沈黙の読書」(9)がゆっくりと定着していったのは、彼が生きていた時代になってからなのである。聖ルイは、集団でおこなう祈りと一人でおこなう祈りとのバランスを求めていた。彼はしばしば、礼拝堂付き司祭あるいは彼の礼拝堂の聖職者たちとともに祈ったが、一人での祈りも同じように好んでいたのである。

彼の祈りはまた、その形において王の祈りである。彼は、王の礼拝堂という、王国の他の大人物や貴族のだれのものより数が多くきらびやかな彼個人の礼拝機関とともに祈るか、あるいは彼一人で祈った。彼が一人ひそかに祈りを捧げる場合でも、それは、一三世紀には確立した個人の祈り[10]というばかりではなく、同時に君主が一人おこなう祈りでもあるのである。

集団でおこなわれる祈りは、大祝日のような何らかの大掛かりな機会の際の祈りであり、ここでは彼は王としての役割を演ずることになる。これらの儀礼のなかで、彼がとりわけ注意深く配慮したのは、彼にとって祈りを神秘の衣で包むその自然な延長形態、すなわち歌唱であった。

ルイは傾向として、いつでもどこでも祈りをおこなうことにしていた。どこにいても――地上においても水上、海上においても、住居のなかでも騎馬行の最中でも、一人でも公けの皆の前でも――、昼でも夜でもである。しかしながら、祈りの実践をずっと続けているわけにはいかない。明るい日中では、彼は二つの時をとくに大事にしていた。すなわち朝と夕刻である。またこの祈りの遂行や中断は、例外的なとき、すなわち大祝日や大きな災難とも関連している。聖ルイにとっての祈りは、例外的な時にも日々の時にも、儀式張った機会にも日常にも、同じようにおこなわれるのである。しかし、彼の祈りは傾向としては、日々、しばしば長くおこなわれた。彼について語った聖人伝作者たちが、彼の祈りがあまりに長すぎるので取り巻き連中はいらいらしていたという事実をくどくど述べているのは、この王は祈りの大きさという点で他の人とは異なること、普通の人とは区別される別格の存在であることを示すためであった。すなわち聖人の祈りなのである。

聖人伝作者たち、とりわけギヨーム・ド・サン＝パテュスは、聖ルイの祈りの身振りを書き記している。この時期は、身振りについての注目がふたたび生まれ、教会当局もこれを規格化しようとしていたが、節度と中庸を旨としたはずのこの人物は、身振りにおいては過剰であった。頻繁に信心行為をおこなうこと、ひざまずきや労の大きな身振りの数の多さ、感覚を麻痺させるほど深く地面へ屈み込むことなどであり、これらすべては通常の祈りの実践を超えるものであった[11]。もっとも、過激さのない聖人などいないものであるが。

この王は、たとえ大祝日（とりわけ復活祭）の喜ばしき祈りに身を委ね、喜びに満ちた歌唱の美しさを感じとっていたとしても、彼にとっては、祈りとはとりわけ「贖罪行為」であった。

彼はだれに祈ったのだろうか。彼は、神（子、キリストの形のもとに現れる）、聖霊、そして一三世紀には三位一体の第四の位格として現れる聖母に祈ったのである。

一二五四年、彼がキリスト教世界全体を揺るがした十字軍の敗北による呵責の気持ちによって苦しめられながら帰還したとき、「この王がすべての者の上に立つお方から慰めを受けられるように、聖霊に捧げるミサが執りおこなわれた」。聖母については、すでに見たように、その子イエスのもとで人間の罪をとりなしてくれるがゆえに、一般に臣下たちとともにその加護を求めた君主たちの特別の信心行為の対象となっていたが、聖ルイによっても特別な崇敬の、祈りの対象であった。彼は聖母マリアに捧げられたいくつもの教会や聖所を訪れるとともに、毎日聖母の聖務を唱えさせていたのである。息子に宛てた『教え』のなかでも彼は、「神あるいは聖母に敵対するような行為あるいはいいぐさ」[12]を厳しく廃絶するように求め、神が「その大いなる憐れみと、その祝されし母、聖母マリアの祈りと功徳によって」自分を守ってくださるよう祈ることを勧めている。

彼はだれのために祈ったのだろうか。自分自身のためにである。祈りとはまず第一に個人の救済の手段なのである。しかし、他の者たちのためでもある。彼は、自分の家系に、そして自分の先祖たちに、すなわちその父の、そしておそらくなおずっとその祖父フィリップ・オーギュストの思い出に、それからだれにもまして愛すべきその母、さらには兄弟姉妹、子供たち（王妃は別の家系に属している）に執心していた王である。聖ルイは王家の祈りをおこなう者であった。

その奉公人たちや側近たちに対しても友愛と感謝の念を抱いていた王である聖ルイはまた、「人為的な」親族関係の中心にも位置していたが、これは宗教的・終末論的な地平においては祈りによって結合されている。臣下（十字軍に参加した彼の兵士たちを彼が示す表現として「自分の部下《ジャン》」という用語があるが、これは一般的に彼の臣下を意味する）に対する義務を心得ていた王としては、王国とその住民のために王として祈ることをその職務のもっとも必須の義務の一つとしていた。良きキリスト教王とは、その臣下のために祈る王である。

おそらくすべてにまして聖ルイが祈り、また祈らせたのは、死者たちのためであった。彼は、きわめて大きな葬儀をおこなうことを旨としていた王朝の王であり、生きている者たちが死者たちのために「代禱」をおこなう必要を説く煉獄信仰が定着した時代に生きていたが、[14] 他方、とりわけクリュニーの創建以来、死者たちと盟約関係を結んだ修道会が彼ら死者たちのために祈るという、信仰の修道制的・貴族的な一大伝統の継承者でもあった。[15] こうして彼は、この時期特有の信仰実践に注意深く参与しながら、死者たちのための聖務に対して途方もないほどの地位を与えていたのである。[16] この王は生きている者たちの王であるとともに、死者たちの王でもあった。[17]

人が祈るのは、疑いもなく、この贖罪と謙譲の形態によって、自分自身および他者の救済を確保するためであり、同時に、善行をおこなうに際しての付け加えのためでもある。この祈りの信仰の行き着く先には、神との直接的な接触、瞑想が、また、自分自身や、自分が神に祈っている他者のために助けを求めることが存在する。王は、祈ることで、聖職者たちが聖別と戴冠の日に明確な形で彼に委ねた使命を引き受けているのである。すなわち、神と彼の臣下との間の仲立ちをすることである。

この時代のもう一つの特徴が、ルイに個人の祈りをおこなうよう求めていた。すなわち秘密のうちにおこなわれる信心行為と慈善の追求である。ある種の貧者たちの間で大きくなっていた恥ずべき貧困に対して、隠された慈善が応じることになる。

この時代に規範化されていた信仰心、とりわけ謙譲を旨とする托鉢修道会の信心によって推奨されていた一つの態度に従う形で、彼は善行を隠れておこない、自身の食事の厳しさも敬虔なたくらみで隠そうとしていた。しかし、同時に彼は、苦行のある種の見せびらかしを完全には抑えることができなかった。中世の信心行為がたどった道筋のなかに彼を位置づけようとすれば、事を単純化して、つぎのようにいうことができよう。ある種「ゴシック的」な生活への愛着に関与しながら、彼は同時にある種「フランボワイヤン的」禁欲主義の始まりをも表現している、と。[訳2]

最後に忘れてならないのは次の点である。シトー会修道院や、一三世紀にはいまだしばしばシトー会的信心行為の実践や精神を受け継いでいた托鉢修道会修道院を足繁く訪れていたルイは、祈禱のなかに、俗人が、神に愛でられる修道士の行動、地位、そして機会にできるかぎり近づく方法をみていたという点である。彼の祈りはおそらく何にもましてまず「修道制的な」祈りであった。これは、同時代人の何人か、すなわち彼が本気で托鉢修道会に入ることを考えていたとみなす、ジョフロワ・ド・ボーリューのような人々がもっていた王のまったきイメージとも関連する。もう一人の伝記作者、ギヨーム・ド・シャルトルはつぎのように書いている。「彼の習俗、彼の行為、彼の身振りは単に王のものというだけではなく、修道士のものでもあった[18]」。

【注】

(1) *La Prière au Moyen Âge, Senefiance, n°10*, Aix-en-Provence, 1991 を参照。私はここで私自身の試論「聖ルイと祈り」を再録している。これはウルム街の高等師範学校におけるピエール＝マリー・ジー師のゼミナールでまず口頭報告され、ついで私の師で友でもあるミシェル・モラに献呈された論文集のなかで刊行されたものである。*Horizons marins, itinéraires spirituels* (Ve-XVIIIe *siècles*), vol. 1, *Mentalités et sociétés* (Etudes réunies par Henri Dubois, Jean-Claude Hocquet, André Vauchez), Paris, 1987, pp. 85–94.

(2) Boniface VIII, p. 158.

(3) *Ibid.*, p. 159.

(4) D. O'Connell, *Les Propos de Saint Louis*, *op. cit.*, p. 186.

(5) Joinville, *Histoire de Saint Louis*, p. 331.

(6) *Ibid.*, p. 407.

(7) Geoffroy de Beaulieu, *Vita*, pp. 13–14. 私はここでは聖ルイの時間の使用法をめぐって前出六九八～九頁で提示した素材——祈りについての——をふたたび取り上げ直している。ここで行われるのは、祈りについての補足的詳細の提示となろう。同様に私は、前出七七五～八頁においてよりも、ずっと深いやり方で祈りの身振り行為を検討した。

(8) 周知のように、一二五四年および一二五六年の王令は王の役人に対して、何よりも賭け事を禁ずるよう命じているが、これは王領のみならず王国全体においてであった。前出二六七頁を参照のこと。狩りをしなかった聖ルイについては、前出八七四～五頁を見よ。

(9) P. Saenger, «Silent Reading: its Impact on late Script and Society», art. cité（前出五二九頁注9）、および同じ著者の *Ma-*

nières de lire médiévales*, dans *Histoire de l'édition française*, t. I, Paris, 1982, pp. 130-141 を参照。

（10）一二世紀から一三世紀にかけて個人なるものが確立した点については、前出六一八〜二〇頁を見よ。

（11）J.-CL. SCHMITT, *La Raison des gestes, op. cit.*（前出五三〇頁注12）、とりわけその第八章「祈りから法悦へ」。

（12）*Enseignements* (D. O'Connell éd.), pp. 190–191.

（13）J. LE GOFF, «Saint Louis et les corps royaux», *Le Temps de la réflexion*, III, 1982. 聖ルイは息子への『教え』のなかで二度にわたり、その先祖たちの魂の解放について語っている（第一八章）。

（14）J. LE GOFF, *La Naissance du Purgatoire, op. cit.*（前出四八頁注6）。

（15）膨大な文献のなかから、ここではとりわけ問題関心に関係するもののみを列挙する。Nicolas HUYGHEBAERT, *Les Documents nécrologiques*, dans *Typologie des sources du Moyen Âge occidental*, fasc. 4, Turnhout, 1972; Karl SCHMIDT et Joachim WOLLASCH, «Die Gemeinschaft der Lebenden und Verstorbenen in Zeugnissen des Mittelalters», *Frühmittelalterliche Studien*, I, 1967, pp. 365–405; J.-L. LEMAÎTRE, «Les obituaires français. Perspectives nouvelles», *Revue d'histoire de l'Église de France*, LXIV, 1978, pp. 69–81; Karl SCHMIDT et Joachim WOLLASCH, (éd.), *Memoria. Das geistliche Zeugniswerk des liturgischen Gedenkens im Mittelalter*, Munich, 1984; Otto Gerhard OEXLE, «Memoria und Memorialüberlieferung im früheren Mittelalter», *Frühmittelalterliche Studien*, X, 1976, pp. 70–95. つぎの素晴らしい学位論文はまだ刊行されていない。Michel LAUWERS, *La mémoire des ancêtres, le souci des morts. Fonction et usage du culte des morts dans l'Occident médiéval (diocèse de Liège, XIe–XIIIe siècles)*, Paris, 1992〔以下のタイトルで一九九六年刊行された。*La mémoire des ancêtres, le souci des morts. Morts, rites et société au Moyen Âge (diocèse de Liège, XIe–XIIIe siècles)*, avec préface de J. LE GOFF, Paris, 1996〕。聖ルイと死者たちについては、前出三四四〜七頁および九三六〜八頁を見よ。

（16）*Prier au Moyen Âge. Pratiques et expériences* (Ve–XVe *siècles*), Brépols, 1991.

（17）ジー師はご親切に以下の点を私にご教授くださった。それによると、聖ルイの祈りの実践は一三世紀のドミニコ会の実践に類似するものではあるが、二つの違いがあるという。第一は、彼による死者のための祈りがもつ重要性、第二は、長い祈りへの彼の嗜好（とりわけ個人の祈りについてそうである）であるが、これに対してドミニコ会会則では祈りと聖務は「短く簡潔に」おこなわれることが求められていた（会則の冒頭で二度にわたりくり返されている）。Cf. Roger CREYTENS, «Les constitutions des frères Prêcheurs dans la rédaction de S. Raymond de Penafort», *Archivum Fratrum Praedicatorum*, 189, 1948, p. 30.

聖ルイの実践行為を見定めるためには、フランス王の礼拝堂で使用されていた儀典書を参照する必要があろう（一四世紀末から一五世紀にかけての手書本が一つ残っている。すなわちパリ本で、国立図書館蔵、ラテン語手書本分類一四三五番）。Cf. Jean Dufrasne, *Les Ordinaires manuscrits des églises séculières conservés la Bibliothèque nationale de Paris*, Paris, Institut catholique, Institut supérieur de liturgie, dact.,1959, pp. 125–134.

（18）*Recueil des historiens des Gaules et de la France*, t. XX, p. 29.

【訳注】

（1）代禱とは、煉獄で天国行きのための浄めの罰を受けている者たちのために、この世の者たち、とりわけ教会人がその罰の短縮軽減を求めて祈ること。

（2）フランボワイヤンとは、もともとゴシック美術、とりわけ建築史上の概念で、中庸とバランスを旨としたレイヨナント様式に代わって、中世末期に発展した、表面細部に凝った華麗な様式を意味する。そもそもはステンドグラスの「燃え上がる火焔様」形態の形容であった。近年の宗教史研究は、宗教儀礼、信心行為などにおける微細な取り決めに特徴づけられる中世末期の信仰心を「フランボワイヤン的」と表現している。ここでは禁欲主義が外面的華麗さをともなうというこの時期特有の逆説的状況が示唆されている。

諸聖人への信心行為

聖母が人間と神との間の特権的ともいえる仲立ちであるとしても、他にもこの王のもとで天国との間をとりもった者たちがいる。すなわち聖人たちである。聖ルイは、封建的な王の統治をモデルとして、聖人たちを天国の統治構造の内でイメージしていた。彼は聖人たちを、宗教と政治を一つのものにするという彼の計画実行のための助力者と考えていたのである。すなわちこの世と天国のどちらでも、というよりも、この世でと同じように天国でも成功をおさめるという計画である。聖ルイ個人のこのもくろみは、一三世紀に生きた有力者や富裕者たちのもくろみでもあった。

この世と天国との関係は、地上の国は天の国を模倣せねばならないとするアウグスティヌス主義的モデルとは、若干転倒した関係にあるが、二つの世界の平行関係は同じで、ただ両者がひっくり返っているのである。「天国と同じくこの世でも」ではなく、「この世と同じく天国でも」なのである。商人が望んでいたのは、同時にこの世では金、あの世では永遠の命なのである。(1) 権力者は、この世では「名誉」を、天国では「栄光」を得なければならない。ルイは、驚愕しているジョワンヴィルに、この計画をどのように実現するかをつぎのように説明している。「そなたは、どのようにすればこの世で栄誉をもち、人々を喜ばせ、来たるべき時において神の恩寵と栄光を手にすることができるであろうか、わかっているでしょうな」。このための方法とは、聖人に頼ることである。

聖なる王が騎士に勧めたのは、とりわけ聖人の大祝日には教会を足繁く訪れ、彼らを敬うことであった。彼がいうには、天国の聖人たちとは、この世の王の側近たちと似たような存在なのである。この世の王については、騎士は、だれが王のそばにきちんと侍しているか、だれが王に頼めば確実に望みを得られるのか、だれの言に王が耳を傾けるかを知りたいと望むであろう。このような人物がだれかがわかれば、騎士はこの人物に会いに行って、自分のために王に頼んでくれるよう求めるのである。同様なことが、われらが主の身近に侍る側近たちである聖人たちについてもいえるのである。彼らは確実に神に求めることができるが、それは神が彼らの言に耳を傾けるからである。すなわち、そなたは聖人たちの祝日に教会へ赴いて、彼らを崇敬し、彼らがそなたのためにわれらが主に祈っていただけるよう、彼らに祈らねばならない、と彼はいうのである。(2)

ルイは、想像したことはまったくなかったであろうか。彼自身が聖人となり、この世で神と臣下との間で果たしていた神との仲立ちの役割を、天国でも果たし続けることがあるなどということを。善き王の定めとは、聖人となって、仲立ちという役割を永遠に果たし続けることではないか。

【注】

（1）J. Le Goff, *La Bourse et la Vie, op. cit.*

（2）Guillaume de Saint-Pathus, *Vie de Saint Louis*, pp.72-73.

聖ルイが執着した信心行為

私は、その他、彼がほとんどとりつかれるように関与した信心行為として四つを識別している。すなわち、説教を聴くこと、聖遺物崇敬、慈善を果たすこと、最後に宗教建築の建設である。

聖ルイが説教に対して示した好みについては、すでに長々と述べたので（彼自身しばしばアマチュア説教師として振る舞わなかったであろうか）、ここでは、彼の説教に対する情熱がほとんど奇妙な感じを抱かせるある逸話を紹介するだけにしておこう。

彼は非常に頻繁に説教を聴くのを望んだ。そして説教が気に入った時には、それを非常に良しとして、他の者たちにくり返すことができたが、これは非常な成功をおさめた。六週間にもおよぶ十字軍からの帰還の旅の途上、彼は一週間に三つの説教を船上でおこなうよう命じた。海が穏やかで、船が船乗りたちの手を煩わせることがない時には、敬虔なる王は、船乗りたちに、彼らについてのテーマを取り上げた特別な説教を聴くよう望んでいた。これらのテーマとは、たとえば信仰箇条、習俗、罪であったが、船乗りたちはきわめて稀にしか神のことばを聞くことがないと彼は考えていたのである(1)［…］。

ルイはまた、ほとんどフェティシズム的な聖遺物愛好者であった。たしかに彼は、受難の聖遺物の獲得と、そのためにサント＝シャペルを建設して年三回の聖務を創設したことを、彼の治世最大の成功とみなしていた。また彼は聖マウリティウスの聖遺物を獲得し、そのためにサンリスに教会を建てた際には聖人の遺骸の一大宗教行列を組んだ。[2]

彼が執着していた信心行為の第三は慈善である。すでに多くの例を見てきたところであるが、主要な形態としては二つあった。一つは食卓での貧者への奉仕と病人の世話、いま一つはとりわけ施しの分配であり、後者は秘密裏におこなわれることもあれば、公けにそして場合によっては誇示的におこなわれることもあった。王国を巡る騎馬行は施しの巡行であり、そこでは彼は貧者の集団につけまわされていたのである。[3] つまり、聖ルイにとっては、信仰および信心行為とは喜捨なしには立ちゆかないのであった。ギヨーム・ド・サン＝パテュスによれば、「これら二つの事柄は一致して、喜捨は祈禱に支えられ、祈禱は喜捨に支えられるという点で、同じくわれらが全能の主へと向かうものであった[4]」。そして一三世紀は、托鉢修道士たちによって強く勧められていた憐れみの業が、とりわけ俗人の富裕者や権力者のもとで、信仰心の本質的に重要な一要素となった時代であった。これこそギヨーム・ド・サン＝パテュスの伝記の長い第一一章「慈善の業」のテーマであった。そこでは、病人、とりわけ「よく見えない者たち」、すなわち盲目者の世話などが語られるが、ルイは彼らのためにパリに三〇〇人施療院《キャンズ＝ヴァン》を創設し、三〇〇人の盲目者を受け入れた。また、裸の者たちに衣類を与え、飢えている者たちに食事を提供し、貧者に施しをおこない、住まいのない者たちを住まわせ、海の向こうで死んだ十字軍参加者の寡婦たちの貧窮を支え、異教徒に捕らわれた者たちを解放し、レプラ患者の世話をし、聖地でおこなったように死者たちを埋葬し、コンピエーニュの施療院《オテル＝デュー》あるいはシャーリスのシトー会修道院でおこなったように臨終の者の枕辺に控えたりなどしたのである。

ジョワンヴィルはつぎのような証言をしている。

> 王はいとも心の寛い施しをおこなう人であったので、彼が王国を巡行されると、至るところで貧しき教会、レプラ病院《マラドルリ》、施療院、介護施設、そして貧窮した貴族の男女に施し物を与えたのであった。王は毎日おびただしい数の貧者に食べ物を与えておられたが、このなかには、彼の寝室で一緒に食事をとる貧者の数は入れてはいない。

そして私は何度も、王が手ずからパンを切り分け、飲み物を与えているのを見たのである。(5)

これら善き喜捨の業に加えて、宗教建築の建設を挙げねばならない。聖ルイは最大最高の規模で、王ならばだれでもとりつかれた(そして今なおどこかの共和国元首がとりつかれている)この情熱を発揮した。記憶されるべきしるしとして建築物を建設し、後世に遺すことによってである。彼はごく少数の王宮や城塞など、世俗の建物も建設したが、サン゠ジェルマン゠アン゠レーやパリのシテ島の王宮ではともにサント゠シャペルを付属させている。彼の伝記作者たちは、称賛の気持ちから、ただし過剰な出費に対してはいく分非難も交えて、彼が生前に建設させたか、あるいはその死後、彼の遺言の大きな部分をなす譲渡のおかげで建設された宗教建築のリストを作成している。(6) ジョワンヴィルもこれらを詳細に列挙しているが、そのなかには、ロワイヨーモンのシトー会修道院、母の願いで建てられたリスやモービュイソンのシトー会女子修道院、パリ郊外のサン゠タントワーヌ修道院(現在のフォーブール・サン゠タントワーヌに所在した)、複数のドミニコ会およびフランシスコ会修道院、ポントワーズとヴェルノンの施療院、パリの盲目者の館、妹イザベルの求めで建てられたサン゠クルーのフランシスコ会女子修道院がある。この敬虔な執着心を満足させるにあたっては、この貴紳たる王は、中庸を守り倹約であろうとする意志を忘れてしまっていた。「篤信家《ベガン》」、すなわち広い視野も節度もない信心家であるよりも「貴紳《プリュドム》」である方を好むと断言していた彼ではあったが、この領域ではしばしば過剰な信仰心をもつ俗人として振る舞っていたのであり、この王に欠けるものはといえば、ただ修道士の衣服のみであった。

【注】

(1) Geoffroy de Beaulieu, *Vita*, p. 14.

(2) 前出八八四頁を見よ。

(3) Guillaume de Saint-Pathus, *Vie de Saint Louis*, p. 89.

(4) *Ibid.*, p. 54.
(5) JOINVILLE, *Histoire de Saint Louis*, p. 381〔六〇四頁参照〕。
(6) 前出八二六頁を見よ。

十字軍での信心行為

ここで十字軍における聖ルイの問題について簡単に立ち返っておかねばならない。なぜなら、たとえ私が、ジャン・リシャールやとりわけウィリアム・ジョーダンのようには、聖ルイの生涯と治世のプログラムのなかの中心的で他の面に影響を及ぼす位置を、十字軍には認めてはいないにせよ、これが彼の大きな宗教的体験であり、さらにまた一三世紀中葉においては、キリスト教徒全体の大きな信心行為上の冒険でもあったことには違いないからである。聖ルイにとっては、すべてがキリスト教的完徳へと向けられていたのであるから、彼が「理想的な十字軍参加者」であったかどうかという問題を、私自身も提起したわけである(1)。

「理想的十字軍参加者」という概念については、聖ルイは、その同時代人にとっても、後世の人々にとっても、さらには現代の歴史家にとっても、このイメージされる人間像のもっとも良き体現者の一人であった。

彼がこのような存在とみられたのは、まず第一に、他の十字軍に参加した君主たちの大部分よりもずっと誠実に、「海の向こうへの巡礼」準備の行為を遂行したためである。騎士たちの冒険としての十字軍は、道徳的な備えや浄めの儀礼を要求する、宗教的な軍事行動である(2)。聖ルイの伝記作者たちは、その一回目の十字軍以降、彼の態度が変化したことを記している。彼は豪華な衣服や見せびらかし的な食事を断念するようになったというのである。この変化は彼の聖地よりの帰還のときに生じたのであり、これはその二回目の十字軍から彼の死まで続くことになった。なぜなら彼の生涯とは、この変化のとき以降、長い贖罪と、新たなそして決定的な「あの世への移行」へのゆっくりとした準備に他ならないからである。しかし、この変容はルイが十字軍行きの誓願をおこなった日に生じたのであり、また多くの教皇文書によって決定された十字軍関連立法もそう望んでいたことであった。

十字軍準備の行為としては、王国の中核地帯、すなわちオルレアン地方からヴェクサン地方までのイル＝ド＝フランスを巡る巡行があり、これは一二四八年、および一二六九年から七〇年にかけての二回おこなわれた。ルイ九世にあっては、この世の自分の王国への配慮は、彼自身の宗教的目標とけっして切り離せないものだから、彼は一二四七年、王国全体にわたって監察使派遣の一大事業をおこない、ついで、一二五四年の王令ののちに、王の役人によって犯された不正糾弾のための調査をふたたび急いで企てた。

これに加え、受難のキリストへの信心行為からなる一連の準備も、同様のものとみなしうる。この信心行為は受難の聖遺物を通じて、聖地に生きた歴史上の（そして聖なる）イエスを対象とするものであった。聖遺物の受け入れ準備は、ヴィルヌーヴ＝ラルシュヴェークでの受領から、サンスを発ってヴァンセンヌでの盛式の到着儀礼までの、素足による聖遺物運搬の行列を経て、王宮への奉遷、そして一二四八年四月二五日、すなわち十字軍への出発直前に聖別されたサント＝シャペルの建設まで続いた(3)。ここでもまた、信心行為の準備段階が本質的に重要なのである。

ルイ九世はおそらくまた、一三世紀の十字軍参加者の参加動機を総合的に体現化しているという意味でも、理想的な十字軍参加者であったろう。すなわち、征服、布教および贖罪である。彼が一二四八年、フリードリヒ二世が探っていた外交取引の道や、インノケンティウス四世が定義したばかりの新しい布教手段を拒否して、十字軍へと旅立った時には、彼はまだ「昔風の十字軍参加者であった(4)」。ジョワンヴィルがある日エジプトで見たのも、それは完全武装で輝くばかりの十字軍の雄々しい戦士の姿であった。「かって見たなかでもっとも美しい騎士」の姿。しかし、彼を突き動かしていたのは改宗への情熱であり、その究極の目的は一二四八年にはエジプトのスルタンの、一二七〇年にはチュニスのスルタンの、それぞれ魂の救いであったのではないか。

しかしながら、逆説的ではあるが、彼が「理想的な十字軍参加者」であるのは、彼が挫折したこと、さらに彼の十字軍がほとんど時代遅れのものであったからでもある。聖ルイは十字軍参加者ならだれでも遭遇する可能性のある二つの大きな不幸を共に経験した。すなわち捕囚と死である。これらの挫折こそが――キリストの実例により、この世における最高の勝利として受難が示される社会においては――、彼にどんな勝利よりもはるかに純粋な後光をもたらしたのである。たとえ教会当局が彼を十字軍の殉教者として承認することは望まなかったとしても、彼が受けた試練は、その同時代人たちの――ジョワンヴィルのような――眼には、この栄誉に、さらに――聴罪司祭ジョフロワ・ド・ボーリユーによれば――贖罪の犠牲、聖体としての性格に価するものとして見えていた。彼は贖罪の犠牲として、キリストと似たものとなったのである。かりに、私にはそう思えるのだが、この「民衆的」後光が、十字軍の殉教者というよりはむしろ、苦悩する王としての彼に帰せられるものであったにしてもである。

後世、彼は最後の偉大な十字軍参加者として記憶されることとなる。彼を最後として、この冒険は終わりを迎えたのである。彼がおこなった軍事遠征は、『アーサー王の死』〔円卓の騎士で著名なアーサー王の王国は、ねたみと裏切りによって崩壊し、王自身も妖精の国アヴァロンへ去っていく〕がこの偉大な騎士道文学の時代において表現していたもの、すなわち英雄たちの黄昏、ほとんど自死ともいえるような死の苦しみを、十字軍という場で表わしている。聖ルイは時代遅れの十字軍参加者として二重の意味で偉大であった。すなわち英雄の冒険を閉ざし、ノスタルジックなユートピアへの展望を開いたのである――現実の死に絶えた歴史と、来るべき夢想のなかの歴史との間をつなぐ存在として。

【注】

（1）J. Le Goff, «Saint Louis, croisé idéal?», art. cité.

（2）ウィリアム・チェスター・ジョーダンはこの行為の重要性を正しく認識した。彼のつぎの文献を見よ。*Louis IX and the Challenge of the Crusade, op. cit.*, pp. 105 et s.

（3）前出一七六〜九頁を見よ。

（4）P. Alphandéry et A. Dupront, *La Chrétienté et l'idée de croisade, op. cit.*, nouv. éd., 1995, p. 425. 同じく «*Militia Christi*» e *Crociata nei secoli* XI-XIII *(Mendola, 1989)*, Milan, 1992 を見よ。

第八章　紛争と批判

宗教の世界は、聖ルイにとって、単に信心行為の世界にはとどまらなかった。王はまず第一に、教会という制度を目の前にしており、一方で彼はこれに敬意を払い、信仰という領域においてその僕であり支えでもあったが、他方でローマ教皇庁のもつ世俗財産や裁判権、さらには権利主張をめぐっては、かなりしばしば紛争を構えた。ついで王は、キリスト教信仰の敵どもと相対さねばならない。すなわち、彼の王国内で活発化する数多くの異端者たち、それから彼が十字軍で直接対決したイスラム教徒たち、さらにフランスでは非常に大きな勢力を張り、彼自身迫害と保護との間を揺れ動いたユダヤ人たちとである。最後に、敬虔な王として彼は、いくつかの批判——真の対立ではないにせよ——の対象となったが、彼の信心上の行動が本質的な役割を演じるのは、これら批判との関係においてであった。

聖ルイと制度的教会

ある一つの契約と、ほとんど偏執的ともいえる一つの嗜好が、聖ルイを制度的教会と結びつけていた。[1]

この契約とは、聖別の際に王が誓った契約であり、教会を支え、守り、教会が自身では執行できない、たとえば強制力の行使や死刑判決の執行などを含む命令を実行することからなる。これこそ王権の「世俗の手」という職務に他ならない。「敬い守る」こと、これは王の義務および約束の本質部分である。彼は息子に対して、この点をはっきり重要であると述べている。「おまえに委ねられた領域で、あらゆる種類の人々、とりわけ聖なる教会の人々を守るよう心掛けなさい。彼らがその身体においても財産においても、危害も暴力も受けないよう注意しなさい［…］。おまえは、彼らが平和のうちにわれらが主に対する奉仕をおこなえるよう、彼らを敬い守らねばならない」(2)。

しかしながら彼はまた、聖職者、とりわけ修道士や托鉢修道士――「律修聖職者《ルリジュー》」――にも惹かれていた。ジョワンヴィルはこの点について、まさにつぎのように述べている。「王は、神に奉仕し、修道士の衣服を身に着けているすべての者たちを愛した」(3)。彼は新しい修道会、とりわけ小さな托鉢修道会を支援したが、その反体制的な外見（品質の劣る衣服、ばさばさの長髪）や異端に隣接する信心行為（過剰な清貧・謙譲への嗜好、千年王国主義的影響力）は教会当局の不安の種でもあった。教会は王の死の四年後、リヨン第二公会議においてこれらの小托鉢修道会の活動を禁じた。イエスの贖い会 Ordre du Sac、白外套会、聖十字架の会がそうである。より正統信仰に近かったカルメル会は生き残ることになるが、王は彼らのためにセーヌ河畔シャラントン近くに修道院を建てさせた。アウグスティヌス会も同様で、彼らのためには王は、モンマルトル門の外に所在したある都市民の納屋をその付属施設とともに購入している。

ルイは、しかしながら、何でも教会のいうがままになっていたわけではない。祖父フィリップ・オーギュストの例を引いて、息子に対して、なぜ教会とうまくやっていかねばならないかを説くやり方をみれば、彼が教会の権力志向についてきちんと認識していたこと、そして教会に対する行動において、現実的に対処する能力をもっていたことがわかる(4)。彼は、聖職者が王の、国家の正当な権力を侵害することを許さなかった。まだ幼年の王であったとき、彼はその権力を濫用する司教たちに対してこの意志を明確に示していた(5)。彼はまた、教会自身がみずからの有効性を損なうような誤りを犯すこと、たとえばだれも気にとめなくなるほどに破門を乱発することについては、教会にその非を説くことをためらわなかった。ジョワンヴィルは、ある法廷《パルルマン》でおこなわれた王と何人かの司教たちとの間の激烈な会見について報告しているが、そこでは俗人領主と司教たち、とりわけジョワンヴィル自身とシャーロン司教との間の紛争が問題となっていた。全会集会ののち、彼ら司教たちは、王にただ一人で自分たちと話しに来るよう要求した。会見ののち、聖ルイはジョワンヴィルや側近の者たちに事の次第を伝えに来た（「われわれは彼を裁判室で待っていた」)。司教たちは王を、自分たちが何人かの俗人領主に対して宣告した破門の実施について、――世俗の手として――援助をしないとして、厳しく非難したという。王は「笑いながら」、どうして自分が彼らの要求に屈しないかを説明したが、同時に彼らを嘲っていた。彼は、徳に満ちた行動をおこない、その領分から外れない教会人を敬うのと同じ程度に、その霊的な権力を逸脱し、栄誉と力に貪欲な教会人を弾劾するのである。彼はこの点で、教会の富裕化およびその地上の財産と虚栄への嗜好を批判する、教会の内部にも外にも存在した数多くの者たちの意見にくみしていたのである。すでに見たように、彼は二度にわたって教皇に対し、善き枢機卿、真に宗教的な高位聖職者を選ぶよう公式に要求した。

教皇や教皇庁も彼の批判や抵抗をまぬがれることはできなかったのである。それどころか彼は、教会の長に対しては、非常に多くのものを求めた。教皇は謙譲と憐れみの模範を示さねばならないが、しばしば高慢で支配欲にかられ、また非妥協的であった。とりわけフリードリヒ二世に対する闘いにおいてインノケンティウス四世が示した態度がそうである。一二四六年、王がクリュニーにおいてこの教皇ともった激烈な会見の様子を思い起こしてみよう(6)。ルイの敵意は、この点ではフランスの高位聖職者たちとも一致していたのだが、一二四七年、王とフランスの教会との間の関係についてこの教皇の態度に抗議する書面を送ったとき、その頂点に達した(7)。王は、非常に激烈なことばで、本質的にはつぎの二点からなる不満を教皇に寄せている。その第一は、教皇庁の課税を弾劾するもので、教皇庁はフランスの教会の収入を搾りとり、フランスの聖職者から間接税や直接税を徴収することで、あまりキリスト教的ではない貪欲さを示しているというのである。第二は聖職禄の付与についてである。教皇は、王や貴族や司教たちに代わってその大部分の付与を自分に留保するのだが、王その他は、多くの聖職禄についてすでに慣習として根づいていた付与権を主張していたのである。教皇は、それぞれの教会に定住しない異邦人を好んで任命し、その結果として、これらの聖職禄を創設した者が貧者の扶養にあてるよう命じていた金銭の援助《エード》や、必要な場合王にもたらされるべき助力義務《エード》は遵守、実行されなかったのである。

何人かの卓越した歴史家たちは、聖ルイのこの態度のなかに、「社会生活において世俗の秩序がしだいに重みをもっていく過程[8]」の発展を見ている。私はといえば、この世俗化という用語は適切ではないように思える。というのも、ここにはむしろ、不可侵の聖なる性格が教会から国家へと移っていくこと、そして王の職務の名のもとに、君主国家が教会の世俗権の一部を侵害しながら、これをわがものとしていく過程を見るからである。君主は、その王国内においては皇帝と同じような権力主体であることを主張したのと同じく、自分自身およびその従属下の聖職者のために、教会の世俗的事項についての独立した権力を要求したのであった。思うに、ガリカニスム[訳1]を語る必要さえあるかもしれないのである。一つの「国民的」教会を組織したかもしれないような「政教協約」が聖ルイによって発布されたという伝説をでっち上げるのは誤りではあるが、王と王国の聖職者の間の協調を基盤とする、世俗の事項についてのフランス教会の自立という観念は、おそらく少なくとも聖ルイの心のなかに胚胎していたであろう。

【注】

（1）聖ルイと教会との関係は、イヴ・コンガー師の素晴らしい論文の対象となった。Y. CONGAR, «L'Église et l'État sous le règne de Saint Louis», art. cité.

（2）*Enseignements* (D. O'Connell éd.), p. 188.

（3）JOINVILLE, *Histoire de Saint Louis*, pp. 395–397.

（4）*Enseignements* (D. O'Connell éd.), p. 188. 前出八六〇頁を見よ。

（5）前出一四三頁以下を見よ。

（6）前出二〇三～四頁および九六三～四頁を見よ。基本的な研究は今もってつぎのものである。Élie BERGER, *Saint Louis et Innocent IV, op.cit.*

（7）この史料はマシュー・パリスが伝えてくれる形で伝来している。教皇庁に対する敵意の面では、これがフランスよりもなお一層大きい国のなかで生きてきたこのイングランド人ベネディクト会修道士は、おそらく書簡の語調をさらに激しいものとしているのだろう。この書簡はキャンベル師の素晴らしい研究の対象となった。彼によると、この書簡は「生の史料」であるという。G. J. CAMPBELL, «The Protest of Saint Louis», art. cité（前出二〇五頁注8）。

（8）Y. CONGAR, «L'Église et l'État sous le règne de Saint Louis», art. cité. ストレイヤーがこの見解を提出しているが、その主要な文献はつぎのものである。«The Laicization of French and English Society in the XIIIth Century», art. cité.（前出八八三頁注11）、pp. 76–86. この学説は、つぎの人目を引く何巻にもわたる著作において一般化されたが、この研究は私には、中世末期の社会諸構造および社会思想についての考察を誤りに導くものであったように思える。G. de LAGARDE, *La Naissance de l'esprit laïque au Moyen Âge, op. cit.*（前出八八三頁注11）。ある奇妙な論文のなかで（«The Uses of Heterodoxy : the French Monarchy and Unbelief in the XIIIth century», cité, 前出五六六頁注21）、E・ラーナーは、一三世紀のカペー王権は「反教会的あるいは異端的動きについて寛容な政策」をとっていたとみなし、この判断のもっとも重要な根拠として、パリ大学教師アモーリー・ド・ベーヌの異端およびユダヤ人に対するフィリップ・オーギュストの態度、および一二五一年の羊飼いの少年十字軍〔第一部第三章の「パストゥロー事件」を参照されたい〕を前にしてのブランシュ・ド・カスティーユの態度（前出二三九～四二頁）を挙げている。聖ルイについては、彼は、司教たちが下した破門に対する彼の抵抗と、一二四七年の教皇への抗議を参照している。もしかりに「教会の普遍的な権利主張に対立し、国家的な権威の行使を支える新たな秩序の発展」を聖ルイの背後に見ることができるとしても、この政策と「異端」あるいは「無信仰」に対する何らかの寛容が結びついていたとは私には思えない。この論文は、私には、一三世紀についてはアナクロニックな概念に大幅に依拠しているように思える。

聖ルイと異端者たち

【訳注】

（1）ガリカニスムとは、「教会の自由な諸特権」の保証者とみなされる王の保護のもとに置かれた、フランスの教会の制度上の地位であり、具体的には、世俗事項について教皇の介入を王が拒否することを可能とする。中世後期の王権と教皇権との間の紛争を通じてしだいに理論化されたが、決定的な段階を画したのは一四三八年のブールジュの国事詔書である。近世以後革命期も含めて、フランス国家と教皇庁との間には何度も「政教協約」が結ばれている。

聖ルイは王権を、信仰の擁護者であり、また教会の世俗の手として考えていたが、この概念こそが、その前任の王たちのもとでと同じく、彼がこのキリスト教信仰の敵に対抗するべく介入する根拠となった。信仰の敵とは本質的にはつぎの三つ、すなわち異端者、異教徒、そしてユダヤ人である。

アルビジョワ十字軍が南フランスの異端者たちに決定的な一撃を与えたとしても、カタリ派やこれと同一視された者たちは、とりわけラングドック、プロヴァンスおよびロンバルディアになお数多くいて、その存在は無視しがたかった。しかしながら、一二三〇年を過ぎると、彼らはその数を減らし目立たなくなった。これにはさまざまな要因が絡まっていた。異端審問の展開、貴族や都市民のカタリ派への帰依がますます弱まったこと、異端の教義・実践および組織が全般的に衰えたことが挙げられる。

教会当局にとってと同様、聖ルイにとっても、異端者たちは真のキリスト教信仰のもっとも大きな敵であった。実際彼らは、キリスト教信仰を認識し実践した上で、これを棄てたのであり、棄教者、裏切り者、神に対する忠誠破りなのであった。

プリマはその『年代記』のなかで、聖ルイは異端者狩りを最優先課題としていたと述べている。「そして信仰の仕事［「信仰の仕事」*negotium fidei* とは異端者狩りである］が、司教あるいは異端者《ブーグル》［〔語源としては〕ブルガリア人、〔意味としては〕異端者］の審問官によって彼にもたらされた時には、すべてをあとにまわして、彼は急いでこれを遂行させた(1)」。

さらに聖ルイは、フランス王の聖別式儀典書のなかに合体された一二一五年の第四ラテラノ公会議のある議決を適用して、異端者を追捕し、彼らに対しては教会の世俗の手となることを誓約した。息子への『教え』のなかで彼はつぎのように勧める。「おまえはできるかぎり、しかるべきように良き人々の賢明な助言を求めて、おまえの王国から異端者たちおよび悪しき者どもを追い払いなさい。おまえの王国がそのような者どもから浄化されるように(2)」。ギヨーム・ド・サン＝パテュスはこの息子への助言を少し違った形で伝えている。「おまえの権力に従って、おまえの王国から異端者《ブーグル》およびその他の悪しき者どもを追い払うようにしなさい。そうすればおまえの王国はこのような者どもから浄化されるだろう。この際、おまえになすべきことを教える良き者たちの助言を得なさい(3)」。

このテクストはいくつかの情報をもたらしてくれるが、歴史家には一つの問題を提起する。ここで断言されているもののなかでもっとも重要なものは、異端者を追放して浄化するという聖ルイの意志である。聖ルイはたしかにその時代と価値観を共有しているのだが、おそらく彼は多くの者たちよりもずっと強く、不純という恐怖を感じていたのであろう。一一～一二世紀の宗教的大発展の成果を受け継いだキリスト教世界は、この時までに得られたものを確保し、力づくでかち取った自分のアイデンティティを守り、その純粋性を守り抜こうと欲していた。そのため内部分裂となるものすべてを脅威と感じ、この一体性、この調和を乱す可能性のあるものすべてを不純として断罪したのである。ロバート・ムーアは、反体制派の誕生、およびそれと相関関係にある、迫害する社会の誕生を適切に叙述したが、(4)この迫害する社会は、現実化した正統との間に距離をもつすべての他者を周縁部へと押しやり、排除して、根こそぎにするのである。

異端を不純および伝染性の病いと考えるこの概念を、ボニファティウス八世は聖ルイの列聖教皇文書のなかではっきりと表明している。

彼は、退廃という染みにそまっている者どもを忌み嫌っていたが、それは彼らが、この感染する病いの腐敗によって、キリスト教信仰の擁護者たちを腐敗させることがないようにと考えたからであった。このため彼は効果的な努力によってこの病いを彼の王国の外へと追放し、王国の健康状態に対して注意深く予防の配慮をおこなった。彼はこれらの災いの種を王国から放逐して、そこでは真の信仰がその真正さにおいて輝くようにしたのである。(5)

先のテクストが明らかにしている第二の点は、聖ルイによれば、王にとっては、何らかのやり方で異端者を特徴づけ、彼らに対してとるべき方策を選ぶにあたって、専門家の助言を得る必要がある、ということである。この専門家とは、まず第一に異端審問官——より特定すれば托鉢修道士である異端審問官——であったことは確かであるが、さらに転向した元異端者たちでもあり、王は、彼らが異端およびその信奉者のことを個人的によく知っていたので、とりわけ信頼していたのである。彼が、かってその正体が暴かれる以前に、あの厭わしいロベール・ル・ブーグルを非常に強く支持していたのは——マシュー・パリスは王をこの点で非難している——、おそらくこのことを考えてのことであったろう(6)。

もう一つの問題は、聖ルイが「悪しき者ども」と呼ぶ者たちに関わる。これはどのような人間たちのことなのであろうか。彼が「おまえの王国の異端者《ブーグル》と悪しき者ども」という定式表現で異端者たちと結び合わせている、評判が悪い危険な輩とはどのような種類の人間たちなのであろうか。ユダヤ人、高利貸し、あるいは別の観点で、娼婦、犯罪者のことを想定すべきなのであろうか。いろいろ考えてみた結果、彼は異端者を〔これらの者たちとは〕まったく異なるカテゴリーに分類しているわけではないことに気がつく。

もっとも特筆すべきことはおそらく、聖ルイが異端者たちから王国を、火によってではなく——彼は火刑という異端審問官による判決を実行していないわけではないが——追放という手段で浄化しようという意志をもっていた点である(7)。

この種の罰と、クリュニー修道院でおこなわれたキリスト教聖職者対ユダヤ人の「大討論」について彼がジョワンヴィルに後年語ることになる有名な宣言との間に、どこか首尾一貫したものがあるだろうか。王は話を終えるにあたって次のように宣言し、この断罪を、「キリスト教信仰を悪しくいう」者たちすべてに拡張しているのである。

王は付け加えていった。「また、私はあなた方にいっておく。非常に良き聖職者でなければ、彼ら〔ユダヤ人〕とはだれも討論すべきではない。また、俗人ならば、キリスト教信仰が悪し様にいわれるのを聞いたなら、キリストの信仰を剣以外のもので守ってはならない。剣でできうるかぎり〔敵の〕腹を刺さねば〔〈突き通さねば〉〕ならない(8)」。

首尾一貫したものなどないかもしれないところに、これを見つけようと努めるべきではおそらくないだろう。ルイは、およそ人間ならだれでもそうであるように、矛盾した反応をとりえた。追放の刑に処すだけの異端者たちと、公けにキリスト教信仰を攻撃する者たちとは、おそらくルイにおいては区別せねばならないのであろう。また、このくだりは、王よりも好戦的であったジョワンヴィルが自分自身の意見を王に語らせているのかもしれない。

いずれにせよ、異端者たちについての聖ルイの態度は、彼がキリスト教信仰の敵とみなしたすべての者たちに対してとった行動の三つの原則を、私たちに教えてくれる。まず第一に、異端者たちはフランス王国を汚染するのであり、王国は浄化されねばならない。第二に、王には、少なくとも理論的には、「悪しき者ども」を前にして、改宗か追放、そして同化か排除という二つの選択しかなかった。第三に、正統派の非キリスト教徒は、キリスト教徒、とりわけ俗人キリスト教徒よりも議論に強く、だからこそ恐るべき相手であるという認識である。彼らとの議論は避けるに限るのである。

【注】

（1）PRIMAT, dans *Recueil dese historiens des Gaules et de la France*, t. XXIII, p. 68.

（2）*Enseignements* (D. O'Connell éd.), p. 190.

（3）GUILLAUME DE SAINT-PATHUS, *Vie de Saint Louis*, p. 26.

（4）R. I. MOORE, *La Persécution. Sa formation en Europe* (X^e–XIIIe *siècles*), *op. cit.*（前出七五頁注2）。

（5）R. I. MOORE, «Heresy as disease», dans W. LOURDEAUX et D. VERHELST (éd.), *The conceps of Heresy in the Middle Ages* (*11th–13th Century*), Louvain et La Haye, 1976 ; BONIFACE VIII, p. 258.

（6）前出九四六〜七頁を見よ。

（7）JOINVILLE, *Histoire de Saint Louis*, pp. 29–31.

（8）*Ibid.*

聖ルイとイスラム教徒

イスラム教徒に対する彼の原則的立場は明確であるが、実際の行動は込み入っている。彼がエジプト、パレスチナ、チュニジアで関係をもったイスラム教徒のことを、ルイは通常サラセン人と呼んでいるが、これは民族を表わす用語であるとともに宗教的なニュアンスを含んでいる。今日まで伝わっている史料のなかで彼が使用している唯一の宗教用語は「異教徒《アンフィデール》〔非キリスト教徒、の意〕」であった(1)。西欧キリスト教世界は一般にイスラム教徒を異教徒《パイヤン》〔そもそも、キリスト教化以前のヨーロッパ、とりわけ農村部に根をはった信仰の信奉者、の意〕とみなしていたが、ルイが彼らについて語りはじめるのは、彼がエジプトで実際に彼らと出会ってからのことである。彼は当時、彼らが何らかの宗教を信じていることを理解していたように思えるし、この結果彼の目には、彼らはそれに非常に近いとはいえ、異教徒《パイヤン》一般と同一視するべき存在とはみえていなかった。マホメットやコーランについて彼が知っていた事柄は、彼にはとりわけ不信心や、あるいは魔術といったものにみえたことであろう。スルタンとの会話とのなかで、彼はマホメットを「いとも不誠実な事柄を、いとも多く命じ許容する魔術師」*illicebrosus* として扱っているし(2)、自分自身で「観察し調査した」と断言しているコーラン（*Alchoran*）については、「汚辱に満ちている」*spurcissimus* としている。これらすべてのことから、イスラム教徒に対してとるべき態度が単純化されるのである。彼らに対する戦争は単に許容されるばかりか推奨されるものとなる――これに対して、キリスト教徒同士では、戦争は避けられねばならない。これこそ、教会によって定義され、説教で勧められた十字軍に他ならない。他方、この十字軍は攻撃的な戦争、征服戦争ではなく、キリスト教世界がもともと自分に属する土地の所有者となるための手段である。すなわち再征服なのである。スペインのキリスト教徒たちが、サラセン人が彼らから不法に奪った土地を回復するのと同様に、十字軍参加者たちは、東方のサラセン人から聖地を奪い返そうとしたが、この場所は、イエスがこの世で生活し、聖金曜日の午後における十字架上の死から復活祭の午前中の復活までの間、その遺骸が葬られた墓が所在するキリスト教発祥の地であるがゆえに、ますます彼らのものなのである。しかしながら、エジプトへの遠征について彼にはもう一つの目的があり、彼はそれを捕囚の間に議論したスルタンに対して述べている。この驚くべき会話を、マシュー・パリスが伝える版で再現してみよう。

このような事柄が続いたある日、休戦が確認されたのち、フランス王殿とバビロンのスルタンは久しく望まれていた会見を楽しみ、忠実な通訳によって相互の意志を述べ伝え合ったのであるが、スルタンは王に、穏やかな顔つきと陽気な調子で、つぎのようにいった。「王殿のご機嫌はいかがですか」。

王は彼に、悲しげで打ちひしがれた様子で答えた。「まあまあです」。

「なぜお答えにならないのですか。よろしい」とスルタンは続けて、「あなたの悲しみの原因は何なのですか」。

王が答えるに、「私がもっとも得たいと望んでいたものをまったく得ることができていないからです。このためにこそ、私は私のうるわしき王国や、私のこの事業に反対したなお愛しき母を残してきたのです。このためにこそ、私は海や戦争の危険に身をさらしたのです」。

スルタンはたいそう驚き、かくも望まれたものとは何かを知りたいと思って、彼につぎのようにいった。「王殿よ、あなたがかくも熱烈に望むものとは何か」。

王は答えた。「それこそあなたの魂であり、悪魔が深き淵へと投げ込もうとするものです。しかし、すべての魂が救われることをお望みになるイエス・キリストの恩寵により、悪魔はかくも素晴らしき獲物の獲得を誇ることはできないでしょう。神はこのことを知っておられます。知らないことなどないのです。もし目に見えるこの世すべてが私のものであったなら、私は多くの魂の救いと交換に、これらすべてを差し上げてもよいのです」。

スルタンは答えた。「おお、何ということを。良き王よ。それがあなたのかくも辛き巡礼の目的だったとは。オリエントでは、われらは皆、あなた方すべてのキリスト教徒はわれわれの服従を熱烈に望んでおり、われらが領地の征服という欲望でわれらを打ち負かそうとしていたものと考えておりました。われらが魂を救うためであったなどとは考えたこともない」。

「全能の神が証人です」と王はいった。「私は神のためにあなたの魂、その他異教徒の魂が得られれば、そしてそれらの魂が栄光に満たされるのであれば、わがフランス王国へいつか戻るということはぜんぜん気にしていないのです」。

これを聞くとスルタンはいった。「われわれは、いとも祝されしマホメットの掟に従い、将来もっとも大きな喜びを享受できるようになることを期待しております」。

王は直ちに答えた。「まさにそれがゆえに、私は驚かずにはいられないのです。配慮深く慎重な人々であるあなた方が、多くの不誠実な事柄を命じ許容している魔術師マホメットを信じていることを。事実、私はそのコーランを観察し調査いたしました。そしてそこには汚辱と汚れしか認めることができなかったのですが、他方、古代の賢者、そのなかには異教徒も含まれますが、彼らによれば、誠実さこそこの世のもっとも尊き善なのです(3)」。

マシュー・パリスが最終的にたどり着くのは、一幅の牧歌的な絵図である。スルタンはルイのことばにいたく感動してすすり泣く。ルイはといえば、スルタンが改宗寸前と感じて感きわまり、自分はけっしてフランスへは帰らずに一生涯聖地に留まり、ここで神のもとですべての魂が救われるための闘いをおこなって、フランス王国は母の管理へと委ねると宣言するのである。だが、このスルタンは数日後暗殺され、神の摂理はこのうるわしき夢をかき消してしまうことになる。

たしかに潤色され美化されたこの話を、どのように考えればよいのであろうか。牢番との和解を望む囚人につきものの下心であろうか。それもあろうが、しかし、聖ルイの巧妙さはいつでも真面目なものであり、その意図は改宗という彼に脅迫観念のようにとりついた欲望と合致している。さらにこの動機自体は、異教徒《アンフィデール》の改宗を最終目標に置くさまざまな交渉に端緒をつけるためというこの事業の軍事的性格や、エジプト沿岸部に拠点をできれば確保したいという意図（このことは、ある史料が言及する、ルイが農具を持ち込んだという事実から推定されることである。なぜならこの領域の支配は、キリスト教徒支配下の聖地の安全を確保する以外の目的をもたなかったのであるから。この点はおそらくチュニスの第二回十字軍も同様であったろう。なぜなら聖ルイは地理に無知であり、チュニジアを聖地への扉と考えていたからである）とも矛盾しない。とりわけ周知のように、聖ルイがチュニスへの十字軍を決定した理由の一つは、チュニスのスルタンがキリスト教への改宗を考えているという噂にあったからである。

マシュー・パリスが語る非現実的な物語は、非常に現実的で生き生きとしたある想像力のなかにその根をもつものであるが、それは単に聖ルイの想像力というだけではなく、一三世紀の多くのキリスト教徒のものでもあった。改宗の幻想こそが、改宗への情熱を生み出すのである。(4) そしてこの第一の幻想の背後にもう一つの幻想が存在するが、これこそ聖ルイの大いなる幻想、すなわち一三世紀という時代の、普遍的な世界平和という幻想である。これはもちろんキリスト教世界の平和ではあるが、すべての土地、すべての民族へと拡張される。ここにこそ、逆説的だが、この軍事的十字軍の中核に、この世での平和を確保する「平和をもたらす王」として聖ルイが存在するのである。そしてこの平和は、この世の終わりののちに続く永遠の平和の前兆となる、終末論的な地平をもつ平和でもあった。なぜなら、この世紀は千年王国主義に熱狂した時代であって、この理念の翼は、異端的な逸脱からまぬがれた形では、聖ルイにも影響を与えていたのである。彼はヨアキム派のフランシスコ会士ユーグ・ド・ディーニュの熱狂的な聴衆の一人であった。

このいともキリスト教的な王がサラセン人たちに対して抱いた見方は、そのエジプトと聖地での滞在を通して変化を遂げていった。彼が見たもの、彼に報告されたこと、捕囚の間、またパレスチナにおける最後の滞在の間に彼が交わした会話は、サラセン人が宗教をもたない野蛮な異教徒《バイヤン》であるという考えから彼を遠去けた。そしてたとえ彼がマホメット、コーラン、イスラムの信仰についての意見を変えなかったにせよ、この敵のある者たちに対しては少なくとも、真の宗教的熱心さを認めるようになった。たとえば彼らは王に参考となる教えさえ与えたのである――すでに見たように王は彼らに倣ってサント＝シャペルにキリスト教関係の蔵書を作った。また彼の側からも、彼に出会うかあるいは彼のことを聞いた何人かのイスラム指導者たちに強い印象を与えている。マシュー・パリスがスルタンに語らせているじつに美しいことばは、おそらく本当の称賛の感情を反映したものであろう。他方、マシュー・パリスが王のことばとして「配慮深く慎重な」(*discretos et circumspectos*)という表現を用いるとき、彼はたしかに、フランス王が自分を捕えている人物でもある会話相手たちに対して抱いていた敬意を表現しているのである。この敬意は、彼らが魔術師によって構想され広められた誤った汚らわしい教義の魅惑にとらわれているだけに、ますます残念なことと感じられたのではあるが。一二世紀においては、シリアやパレスチナのイスラム教徒とキリスト教徒たちは、時おり互いを騎士として、戦士として、狩人として敬意を払いあっていたことを私たちは知っている。(5) 一二五〇年という時点のエジプトにおいて、わずかの時ではあっても、キリスト教徒の王とイスラム教徒のスルタンが、信仰の徒として、人間として、互いに敬意を感じることはありえたのである(そうでないなどありえようか)。

もう一度史料と、より確かな史実に戻ろう。聖ルイがある種の節度を保ったこと、そしてその改宗政策を――単に夢のような願望だけではなく事実においても――確かなものと考えていた点については、つぎの二つの史料が明らかにしている。

第一は、ギヨーム・ド・サン゠パテュスの証言である。

祝されし聖ルイはいとも敬虔であったので、彼が海の向こうにいたとき、その配下の者たちに対して、サラセン人の女性や子供を殺してはならないこと、彼らを生きたまま捕らえ、彼らに洗礼を授けるために連れてくることを命じ、そして命じさせた。同時に彼は、できるかぎり、サラセン人を殺すことなく、これを捕らえ獄につなぐことを命じた。(6)

現代という時代は、こうした強制的な改宗を受け入れることができないのはもちろんである。しかし、選択肢のもう一つの極――もっとも頻繁におこなわれた――が殺人であった時代のことを考えれば、このフランシスコ会士が聖ルイの「敬虔さ」について語ることができたという事実を理解できる。

いま一つの史料はジョフロワ・ド・ボーリューの証言である。

聖地にいる間、多くのサラセン人たちがキリスト教信仰を受け入れるために王のもとにやって来た。王は彼らを喜びをもって迎え、洗礼を施させ、注意深くキリストの信仰を教えさせた。彼はすべてみずからの費用で彼らの生活を賄った。王は彼らをフランスへと連れ帰り、彼ら自身、彼らの妻および子供たちのために生涯にわたる生活の資を確保した。彼はまた奴隷を買い戻させたが、このなかには多くのサラセン人、すなわち異教徒《バイヤン》がおり、王は彼らに洗礼を受けさせ、生活の資を与えた[7]。

一三世紀のこれら現地徴募兵《アルキ》の物語は好奇心を呼ぶエピソードである。付け加えておかねばならないことは、シリアやパレスチナのキリスト教徒の間にはイスラムへの改宗者も多く存在したという事実であり、十字軍の歴史は、キリスト教徒とイスラム教徒の間の軍事的・宗教的対決という以上に複雑であるという点である。

【注】

（1）彼は彼らをまた（ジョフロワ・ド・ボーリューが王に帰している論理のなかで使われている表現ではあるが）「闇の子」とも呼んでいるが、これは「光の子」であるキリスト教との対比においてである（*Vita*, p. 15）。

（2）Mathieu Paris, *Chronica majora*, t. V, p. 310.

（3）D. O'Connell, *Les Propos de Saint Louis*, *op. cit.*, pp. 81–82.

（4）B. A. Kedar, *Crusade and Mission*, *op. cit.*

（5）A. Miquel, *Ousâma, un prince syrien face aux croisés*, *op. cit.*（前出二五三注9）。

（6）Guillaume de Saint-Pathus, *Vie de Saint Louis*, p. 151.

（7）Geoffroy de Beaulieu, *Vita*, pp. 16–17.

聖ルイとユダヤ人

ユダヤ人は聖ルイに対して、おそらくもっと微妙な問題を提起していた[1]。その第一は数の問題である。ユダヤ人は聖ルイの時代のフランスには大勢いたのである。ジェラール・ナオンの注意深い研究の結果によれば、一三世紀にすでに一般にそのように思われており、現代の歴史家によってもくり返されてきた意見とは逆に、フランスのユダヤ人は非常に分散していたので、その数は、大きな共同体を作って集まっていたスペインのユダヤ人よりも多かったのである。かってその数はかなり大ざっぱに約五万人と見積もられていたが、現在ではそれゆえ、フランスには王国全体に分散して五万人から一〇万人ほど存在したと考えられよう。調査によると、ユダヤ人についての陳情、あるいはユダヤ人からの陳情がおこなわれた場所として、一五六カ所が挙げられる。詳細な研究によれば、ユダヤ人は王国に広く分散していたこと、とりわけ都市に多かったこと、しかし農村やブールにもいまだ存在していたことがわかっている[2]。

パリには大きなユダヤ人共同体が存在した。約一五万人ほどとも見積もられうるパリの人口に対して（他をはるかに圧してキリスト教世界最大の人口集落である）、史料にもとづく評価によれば[3]、おそらく三パーセントから五パーセントの、すなわち四五〇〇人から七〇〇〇人のユダヤ人がいた。そして彼らはとりわけシテ島に集中しており、この島の住民のおそらく二〇パーセントはユダヤ人であった。したがって、シテ島の王宮に住まう王は、王国全体においてではないにせよ、少なくともその首都においては、ユダヤ人が非常に多く浸透しているという印象をもちえたのである。

大きな変化が聖ルイの治世期に進行したが、これは大部分、この王の行政政策によるものであった。ジェラール・ナオンは、「一三世紀のフランスにおけるユダヤ人の感性についての真の地理的偏差」の存在を研究する必要があると考えているが、とりわけその治世の初期には、解消されていく傾向にあったとはいえ、北フランスのユダヤ人と南フランスのユダヤ人との間の歴史的区別が存在していたのである(4)。

聖ルイはまた、ヘブライの宗教問題は、キリスト教異端問題や、あるいはイスラム教徒にとって宗教の役割を果たしているものとは異なることを認識していた。ユダヤ教徒とキリスト教徒はともに旧約聖書を聖典としている。ユダヤ教は、真理の宗教ではないにせよ、まぎれもない本当の宗教である。キリスト教はユダヤ教から派生した。たとえユダヤ人がイエスを神として認めず、それゆえ、福音の新しき法がそれに置き換った古い律法のもとにとどまり続けるという大きな罪を犯したとしてもである。いずれにせよユダヤ人は、中世のキリスト教徒には厄介な人間カテゴリーのなかでも、もっとも唾棄すべき実例であった。彼らは同時に、内側にも外側にも存在する。内側にというのは、彼らはキリスト教世界のただ中に、そしてフランス王国のほとんど至るところに住居をもっていること、さらに歴史的に社会の一部分をなす宗教共同体であり続けてきたという点である。外側にというのは、彼らが真理の宗教、キリスト教を認めない宗教を信仰していること、特殊な共同体のなかで組織的に団結していること（フランスではスペインほど組織化されてはいないが）、そして特有の宗教的慣習を保っているという点である。特有の宗教的慣習とは、異なった典礼暦、男子割礼の儀礼、食物のタブー、特殊な宗教・教育施設、ある種の聖職者集団すなわちラビの存在である。非常に明確に図像化されるとともに非常に内面化された象徴体系に従えば、誤謬が真理と対立するように、シナゴーグは教会と対立するのである。

最後に、第三の厄介の種として、聖ルイは――キリスト教世界のすべての霊的・世俗的指導者と同様に――原理的には矛盾する二つの義務を負っていた。すなわち、一方にはその誤った宗教の結果であるユダヤ人の邪悪な行動を抑圧する義務があり、他方にはちょうど彼が寡婦、子供、外国人に対してもつ保護の義務と似た義務があるのである。ギヨーム・ド・シャルトルによれば、ルイは、「普遍的正統信仰者《カトリック》として」、すなわちすべての者に対する配慮をもつものとして、「司教たちは、自分たちに従属するキリスト教徒について、自分たちに関わることをなすべきである。私としては、ユダヤ人について私がなすべきことをなしたいと思う」と宣言したという(5)。しかし、このような言い方で彼がとりわけ了解していたのは、のちに見るように、ユダヤ人の悪しき行為を罰することは、ちょうど司教がキリスト教徒の罪を罰するのと同じように、彼に属するということであった。彼はユダヤ人についてはある種「外部の司教」でなければならないのである。

さらに深く考えれば、聖ルイのユダヤ人に対する態度は、一三世紀にキリスト教世界全体がとっていた政策のなかに位置づけられる。この世紀は、キリスト教世界から不純物を取り除こうという純化事業のなかで、迫害と排除という政策がおこなわれた時代であった(6)。この政策はとりわけユダヤ人に適用されたが、キリスト教徒たちはユダヤ人について、豚を食さないという彼らのタブーをひねくりまわして、逆説的にもユダヤ人と豚との汚らわしい類似性という議論をこっそり導入しはじめていた(7)。この種の攻撃に聖ルイは敏感であったが、それは彼が純粋、純化という欲望にとりつかれていたからであった。

より一般的には、ある種の攻撃は、それが古くからのものであっても新しいものであっても、ユダヤ人のまわりに瀆聖と反キリスト教的な犯罪の匂いを漂わせるものであった。第一の瀆聖とは、ユダヤ人をイエスの殺人者、ということは神の殺人者とすることからくる。キリストへの情熱的な信奉者であり、その受難にとりつかれていた聖ルイは、ユダヤ人に対するこの嫌悪感を共有していたが、中世の感性は、時代を超えた集団的責任論を論じて、ユダヤ人をイエスの殺人者とみなしていたのであった(8)。ついで一二世紀に現れたのは、キリスト教徒の子供を殺害するユダヤ人の殺人儀礼という攻撃である(9)。最後に、聖体信心の世紀である一三世紀以降その数が増していくが、聖体の冒瀆、すなわち真の神殺しという攻撃がある。というのも、キリスト教徒は、聖体におけるイエスの全実体変化とその実在を信じていたからである。

ユダヤ人に対する態度においては、ルイは一方では教会の、他方では先任の王たちの態度を受け継いでいた。第四ラテラノ公会議はすでに、その第六七、六八および六九決議において、「キリスト教徒がユダヤ人によって人間らしからぬやり方で扱われないように望み」、ユダヤ人がキリスト教徒に対して合意のうえで貸し付けた金銭に対する利子を高利(「重く、節度のない」*graves et immoderatas* すなわち法外な)とみなして、その返還を命じ、返還がなされない場合には、キリスト教徒がこれらユダヤ人と商業行為をおこなうことを禁じていたのである。この公会議はまた、ユダヤ人に特殊な衣服、とりわけ胸と背中に赤あるいは黄色の丸いマーク、車輪の印の付いた衣服の着用を強制し、キリストの受難を記念する数日間外出することや公けの職務に就くことを禁じていた。最後にこの教会立法は、ユダヤ人は「永遠の隷属民」として取り扱われるべきことを宣言した。しかし君主や領主たちはこれらの処置を部分的にしか適用しなかった。フィリップ・オーギュストは一二一〇年、王領のユダヤ人がキリスト教徒に対して徴収する貸付の金利を制限したが、彼はこうすることでユダヤ人金融をある意味で合法化したといえる。この「利子」の適法金利は週利で一リーヴル当たり二ドニエ、すなわち四三・三パーセントであった。この立法処置は一二一八年、ノルマンディのユダヤ人に対しても拡大された。ルイ八世はその治世の初め、一二二三年の王令で、ユダヤ人債権者が所有する債権の無効と、三年間の猶予期間を設けての貸付金の返還を決定した(10)。この結果ユダヤ人は、教会立法によれば場合によっては適法でさえあった、あらゆる利益を奪われることになった。この立法処置は経済動向の利害に相反するものとなろうが、それはこの結果金融の「高貴な」市場からユダヤ人を排除してしまったからである。この金融形態は、すでに教会機関がおこなっていたような、フローの資産を土地所有者に供給する際にその土地を担保とする貸付（「死質《モール＝ガージュ》」〔債権者が債権を生み出す資産の果実を直接取得する制度〕）のことであり、かっていわれたところの「その用語が生まれる以前から存在した農業信用金庫《クレディ・アグリコル》」のことである(11)。事実、一三世紀の物価のコンスタントな上昇と領主的土地収入の停滞の結果生じたのは、領主側の強い借金需要であった。しかしおそらく、経済投資あるいは高い生活水準の維持のためにユダヤ人から金を借りること（とはいえ、ユダヤ人は預金銀行や資本移転といった機能は果たしていなかった）に対する攻撃の理由の一つは、キリスト教徒商人の側からの高まる要求によるものであったろう。彼らは当時、この種の金融市場へ積極的に関与しはじめていたように思われるのである。第四ラテラノ公会議が、「わずかの時間でキリスト教徒の富を涸らすユダヤ人のたくらみ」からキリスト教徒を保護すると宣言したのは、とくに明言できないまでも、キリスト教徒商人をそのライヴァルたちから保護しようとするためではなかったのだろうか。この保護政策は、おそらくはすでにこの時期、爆発的に躍進していた経済に対する信用貸付の制度の提供を阻害するものであったろうが、聖ルイの治世の後半、この経済的発展が息切れした時には、なお一層悪影響をもたらすことになろう。

この高いレベルの金融業から排除されたユダヤ人は、その結果として、少額の消費者金融に活動を縮小させることとなったが（『調査書』によれば、数え上げられた貸付の六九パーセントがこれで、元本は五リーヴル、すなわち一〇〇スー以下であった。ちなみに、一三世紀のフランス人の大半にとって、一〇スーはおそらく一カ月あるいは二カ月の収入を意味した）、これはしばしば衣服や家畜を担保としていた。ユダヤ人金融のこの「失権」（B・ブルメンクランツ）こそが、大多数のユダヤ人貸付者を「少額貸付」たらざるをえなくし、「彼らの商売の対象を、とりわけつつましい階層に限定させた」のである。彼らはかくして「民衆の怨嗟の標的」となったが、これは「彼らが貧しき大衆と接触していたからであり、民衆の心性は彼らの役割を誇張し、彼らを〈何にもまして高利貸し〉として描いたからである(12)」。

しかしながら、ユダヤ人についてフランス王権は（他の王権と同じく）、ユダヤ人金融に対する制限とは矛盾するような政策も実行していた。王権側は、ユダヤ人が徴収する「利子」を天引きしたり、恣意的に彼らの金融操作に課税したり、純粋単純には彼らの財産の一部、たとえば家屋を没収したりして、王権自身の財政に利用しようとしていた。この種の税は「カプチオー」、すなわち「押収」と呼ばれていた。フィリップ・オーギュストは一二一〇年に、ルイ八世は一二二四年と二五年および二六年にこれを実施した(13)。カペー王権は、ユダヤ人金融業を圧迫することで、みずからの財政収入をも涸らせていたのである。

しかし、ユダヤ人が徴収する「利子」についての態度において、カペー王たちは、多かれ少なかれ教会当局の要求を適用しながらも――ルイは、その父および祖父の政治的選択を継承し、さらにこれを押し進めた――、経済的な観点からすればまったく首尾一貫しない政策もとっていた。ジェラール・ナオンによれば、「ユダヤ人金融は経済成長の同時代現象であり、その衰退は一三世紀末にはすでに感じられていた不況と時期的に重なる。教会の教義がフランスにおいて法のなかに取り入れられたのは、経済発展と結びついていた反教会教義の勢力が弱まった時である(14)」。

ギヨーム・ド・シャルトルは、ユダヤ人に対する聖ルイの気持ちと行動を叙述して、つぎのように断言する。

神と人類に対しておぞましいユダヤ人について、彼は彼らを非常に忌み嫌っており、彼らを見ることもできなければ、彼らの財産によって自身の利を得たくもないと考えるほどであった。彼らの毒の果実を何一つ差し押さえることは望まず、利子の取得も禁じると公言した。しかし彼らとて、他所でおこなわれているように、適法な職業あるいは商売によって、みずからの生活の糧を得ることは必要であった。何人もの王の補佐役《コンセイエ》たちは、王に逆の決断をしてもらうよう説得しようとしたが、それは、金銭貸借なしでは民衆は生活できず、土地は耕されず、職業や商売はおこなわれがたいと主張してのことであった。彼らは、ユダヤ人はすでに罪あるものとされているのだから、キリスト教徒はこの機会をとらえ、自分たちがなお一層高い金利の利子で民衆を苦しめるよりは、この罪ある仕事を彼らにおこなわせた方が望ましく、また受け入れやすいといった。これに対して王は、カトリック信仰者としてつぎのように答えた。「金融業をおこない利子を取り立てるキリスト教徒については、彼らが所属する教会の司教に関係する問題と思われる。逆に、ユダヤ人は私の責任なのである。彼らは隷属のくびきによって私に従属している。彼らによる利子の取り立てによって、キリスト教徒が苦しめられたり、私の保護の陰で利子が取り立てられることで、わが領土が彼らの毒によって汚されたりしてはならない。司教たちは、自分たちに属するキリスト教徒について、自分たちに関わることをなすべきである。私としては、ユダヤ人について私がなすべきことをなしたいと思う。すなわち、彼らは利子を放棄し、わが領土から完全に立ち去らねばならない。そうすることでわが領土は彼らの汚辱からより浄められることになる(15)」。

私たちはすでに、ルイが、ユダヤ人は自分の責任のもとにあると宣言していた一節を見た(16)。しかしながら、のちに見るように、彼はその保護の義務を本質的には抑圧の権利として理解していたのである。彼がユダヤ人の財産を何一つ保持することを望まないと断言した点については、史料がこれを否定している（あるいは、いずれにせよ彼の意志がそうであっても——ここでもまた、より現実的な彼の補佐役《コンセイエ》たちと対立することになる——、王の代理人たちの行動は違っていた)。最後に彼は、ユダヤ人のおこなっていることは忌まわしいとして、これに対する嫌悪を爆発させるのを抑えることはなかった。これこそ「彼の」領土を汚す (*inquinare*) 汚辱 (*sordes*) なのであるから。ここに明らかになるのはまさに、純化と排除のプログラムである。そこでは、中世キリスト教世界におけるユダヤ人一般の象徴であったサソリが用いられていた(17)。先ほど取り上げた史料において二回にわたり、聖ルイはユダヤ人の「毒」に言及しているが、サソリこそこれを発散するものに他ならず、その毒が「彼の」領土を汚染するのである。

キリスト教世界、より特定すればフランス王国におけるユダヤ人の法的地位は、一二一五年の第四ラテラノ公会議によって定義されていた。すなわち、「永遠の隷属民」である。この地位規定が意味をもつのは君主国家という枠組みではなく、王国の封建的な枠組みのなかであり、ルイは、このような場合において普通おこなうのと同じように行動するのである。つまり彼は、正当な権利をもつと考えられる領主の諸権利を、場合によって嫌々ながらでも承認する一方、可能な場合には王の権威を彼らの権利に置き換えて、これを侵害した。彼は教会の立法を利用して、ユダヤ人についての王の権利を確かなものとする。一二三〇年の王令は (この王令はおそらく彼の母と補佐役《コンセイエ》たちとの発議によるものであろう。なぜなら彼はこの時まだ一六歳で、王国の手綱を掌握していなかったから)、「全」王国に適用された最初の王令である。これは他方、王と巨大な封を保有する領主たちとの間の妥協の表現でもあった。なぜなら、その第二項は、「わがすべての王国において、だれも他の領地のユダヤ人を捕縛してはならない。各人は〈自分の〉ユダヤ人を見つけるところはどこででも、そしてそのユダヤ人が他の領地、あるいは他の王国において留まる時でさえいつでも、これを自分に固有に属する隷属民として扱うことができる」と規定しているのである。しかし、第五項は、王国における王の権威の主張と、王権を尊重させるために諸侯《バロン》の封建的な助力に頼ることとを、巧妙に結びつけている。「もし諸侯《バロン》のだれかがこの法令の遵守を望まないようなことが生じたら、余はこれを彼らに強制することになろう。そして余の他の諸侯《バロン》は、全力をあげて誠実に余に助力を与えるものとする」。この一二三〇年のムラン王令は、王の長い未成年期における王国の平和政策の一環であったが、ド・ラ・マルシュ伯、王軍司令官《コネターブル》のモンフォール伯、サン゠ポール伯、リモージュ副伯、ブルゴーニュ公、王国の酒膳頭《ブティエ》、バール゠ル゠デュック伯、オージュ伯、シャーロン伯、アンゲラン・ド・クーシー、アルシャンボー・ド・ブルボン、ギー・ド・ダンピエール、ジャン・ド・ネール、およびギヨーム・ド・ヴェルジーによる共同署名をともなったものである。この政策はまた、フィリップ・オーギュストによってすでに手がつけられていた。一三世紀初めには、「民衆の頭のなかには少なくとも、隷属民＝ユダヤ人という方程式が広まりはじめていた」(18)。この枠組みのなかで、フィリップ・オーギュストは、一二〇〇年を過ぎると、さまざまな領主たちとの間で、相互の領地に居住するユダヤ人の交換協約をいくつも交わしている。たとえば一二一〇年のゴシェ・ド・シャティヨンとの間の(19)、さらにシャンパーニュ伯ティボーとの間の(20)ものが挙げられる。しかし、フィリップ・オーギュストが教会立法にもとづき体系的にこれをおこなうきっかけを与えたのは、第四ラテラノ公会議〔一二一五〕であった。一二二八年に彼は、「自分の権力に従属するユダヤ人についての」*de judaeis potestatis suae* 法令を発布した(21)。

ルイは、隷属民とみなされたユダヤ人の返還について、さまざまな大領主たちと協定を結んでいくことになる(22)。ウィリアム・ジョーダンが示したように、一二三〇年のムラン王令で用いられた「彼自身の隷属民として」*tanquam proprium servum* という表現は、逃亡した農奴《セルフ》との類似性を示しているが、似ているのはこの点だけである。農奴はみずからの身分を金銭で買い戻すことができたし、他の領主領に一定期間居住すれば解放されたものともみなされた。しかしユダヤ人は直ちに引き渡され、拘束されることになる。ユダヤ人はまさに、第四ラテラノ公会議の議決通りに、「永遠の隷属民」なのである。こうして、王によって恣意的におこなわれるユダヤ人への課税や没収が合法化される。「押収」*captiones* がそれである。ユダヤ人に対してはまさに「容赦なく課税できる」(23)のである。

一度ならず、ユダヤ人についての立法は社会的・経済的発展に逆行するものであった。一三世紀は、キリスト教世界全体、とりわけフランスにおいて、農奴《セルフ》解放の一大進展期であった。ユダヤ人の従属化は逆の方向で強化される。しだいにユダヤ人はフランスの社会において、不可触民、除け者となっていったのであり、すでに法律で規定されたゲットーで暮らしていたのである。

聖ルイの態度の形成については、これらの先例や全般的な状況に加え、彼の側近の圧力や影響を考慮に入れねばならない。ブランシュ・ド・カスティーユは明らかにユダヤ人に対して非常な敵意を抱いていた。多くの托鉢修道士も同じである。最後に、改宗者たち――しばしばドミニコ会士となった――も聖ルイに対して（ちょうど異端者に対してロベール・ル・ブーグルがそうであったように）、彼らのかっての信者仲間を非常に厳しく弾圧するよう圧力をかけた。

ここから生じるのは聖ルイの極端な攻撃性である。すでに引用した史料の最初のところで、ギヨーム・ド・シャルトルはつぎのように明確に述べていた。「神と人類に対しておぞましいユダヤ人について、彼は彼らを非常に忌み嫌っており、彼らを見ることもできなかった」。ルイは祖父と父が手をつけていた反ユダヤ人立法を継続し、さらにこれを強化した。彼が発布した王令の多くはユダヤ人についてのものである。(24)

その第一は、すでに見た一二三〇年発布の有名なムラン法令である。すでに検討した二つの条項に加え、さらに三つの条項がある。すなわち、ユダヤ人の金銭貸借を禁じる条項、ユダヤ人から金を借りた者は、諸聖人の祝日に近い三つの祝日に三回に分けてこれを返却するよう命じる条項、そしてユダヤ人は同意のうえおこなわれる金貸しについて利子を徴収してはならないことを命じる条項である。利子はここでは、「元本を上回るあらゆる金額」と定義されている。

一二三四年の王令は、キリスト教徒の債務者がユダヤ人に負っている負債の三分の一の返還を命じ、負債が償還できない場合でも彼らの財産は差し押さえられないこと、ユダヤ人は信頼のおける証人を前にして設定されないような担保は、いかなるものであれ受けとってはならないことを規定した。これに違反したユダヤ人は元本を失い、王の裁判権によって訴追され、その処置の実施は王のバイイに委ねられた。

一二五四年発布の改革大王令は、(25)ユダヤ人についての二つの条項を含んでいる。第三二項は、ユダヤ人は「利子徴収、妖術ならびに字体」の使用をやめねばならず、タルムード(26)および「瀆神的内容が発見されたその他の書物」は焼却されねばならないことを規定している。これらの処置を守らない者は追放されることになる。すべてのユダヤ人は「期限付き貸借契約や利子徴収によってではなく、みずからの労働、あるいはその他の仕事で」生きねばならない。

第三三項は、領主《バロン》および王の役人に対して、債務者を捜すユダヤ人の手助けをしてはならないことを命じている。この規定は同時に、領主《バロン》は他の領主の支配のもとにあるユダヤ人を自分の領地に留まらせてはならないこと、そして彼ら領主たちに「利子の取り立て」をやめさせるという義務があることをくり返している。利子の定義はここでも「元本を上回るもの」であった。

利子については、これらの王令は厳密に適用されていたとはいえない。何人かの領主《バロン》が自分たちの領地でおこなわれるユダヤ人金融を涸れさせるのを恐れていただけではなく、バイイやセネシャルのなかにも、「ユダヤ人利子徴収」を攻撃する王の決定に従うにはあまり熱心でない者もいた。一二五四年にこれらの処置がくり返され強化されたことは、処置のより厳格な適用をともなうものであった。一二五四年の王令こそ、フランス王権の反ユダヤ人金融活動の第三段階を画するものであった。すなわち、当初は、不動産に担保を置く大金融業の発展を支持していたが、のちに、担保をとって貸付をおこなうユダヤ人金融活動に対する制限がくる（とりわけ一二三〇年のムラン王令以後である）。そして最終段階になって、ユダヤ人金融はそのすべての合法的基盤を奪われるのである。[27] ウィリアム・ジョーダンの詳細な研究は、ピカルディにおいてはユダヤ人の利子徴収に対する闘いが王権の勝利に終わったことを示している。[28] これについてジョーダンは、北フランスのすべてにおいてほとんど同様であったに違いないと考えている。[29] 南フランスでは、アルフォンス・ド・ポワティエが、ユダヤ人の利子徴収に対して兄〔聖ルイ〕と同じくらい厳格な処置をとっていたが、どのように適用されていたかについてはわかっていない。[30] 逆に、ナルボネ〔ナルボンヌ地方〕のユダヤ人はよく組織化されていて、他の地域よりも抵抗が激しかった。[31]

利子に対する闘いに加えて、王権はユダヤ人に対してもう一つ新たな攻撃を加えていた。タルムードの焼却である。一三世紀前半に、ユダヤ人の聖典はキリスト教徒と共通の聖書である旧約聖書ではなく、タルムードであるという見方が現れた。タルムード、すなわち「口承の」律法は、「書かれた」律法である聖書の注釈の集成であり、その注釈は西暦二〇〇年以降六世紀過ぎまでの間にしたためられたものである。バビロニアに離散《ディアスポラ》したユダヤ人の手になる「バビロニアのタルムード」は五世紀末以降の編纂である。[32] この新しく生まれた敵意は、タルムードの新しい版が普及したこと、あるいはいずれにしても、托鉢修道士、とりわけドミニコ会士たちがいくつかのタルムード、とりわけ「バビロニアのタルムード」の内容についてもたらした情報の産物であった[33]。

口火を切る役割を果たしたのは、ユダヤ人改宗者ニコラ・ドナン・ド・ラ・ロシェルであった。彼は直接教皇グレゴリウス九世に訴えて、タルムードをユダヤ人が適法に使用できる聖典の一部とみなしていた前任教皇たちの罪ある寛容さには倣わないよう求める。当時のキリスト教教会人の間には、タルムードは聖書に置き換わったもので、そのなかにはとりわけイエスとその母についての瀆神や常軌を逸した言辞があふれているという非難が広まりはじめていたが、ドナンはこの非難を取り上げている。ルイは、根拠があるように思われていたこれらの議論に鈍感ではいられなかったのである[34]。

グレゴリウス九世は一二三九年、キリスト教世界のすべての君主たちに対して同一内容の書簡を送り、そこで彼らに「ユダヤ人たちを誤った信仰のなかにつなぎ止めてきた」タルムードをすべて没収するように求めた。ブランシュ・ド・カスティーユとルイ九世もこれに素早く応じることになる。一二四〇年三月三日にタルムード本は没収され、同年六月一二日には、通称、ユダヤ人とキリスト教徒との間のタルムードについての「討論」とか、タルムードについての「判決」、さらには時おりタルムードについての「異端審問訴訟《コンセイエ》」と呼ばれる集会が開かれた。ブランシュ・ド・カスティーユや聖ルイ、聖職者の補佐役たち、さらにはニコラ・ドナンが、ユダヤ人との間の何らかの公開討論会を受けて立つ用意があったとは思えない。一二三三年に教皇によって設置された異端審問手続きも、まだその態勢を整えてはいなかった。よりありえそうなのは、この集まりは異端審問的な様相を漂わせた訴訟であり、そこに被告と弁護人の中間のような役割において、ユダヤ人学識者が参加していたというものであろう。ユダヤ人側のもっとも著名な人物は、ラビであるイエヒエル・ド・パリであった。ニコラ・ドナンが審問を担当した。イエスに対する瀆神的言辞については、イエヒエルは、タルムードに言及されているイエスは新約聖書のイエスではないと答え、ちょうど今のフランスにもフランス王ではないルイがたくさんいるように、当時多くのイエスがいたと指摘する。この指摘は、当時フランスにおいてはカペー王家以外ではルイという名前は非常に稀であり、王家以外のルイは非常にしばしば、聖ルイが洗礼させ、当時の慣習に従って代父名が与えられた改宗ユダヤ人であっただけに、一層皮肉な調子を帯びていたといえる。キリスト教徒に対して攻撃を加えていたという点については、イエヒエルは、「キリスト教徒」ということばは罪あるものとされた文献には一度も現れず、この文献が攻撃しているのも異教徒だけであると答えた。この「判決」の結果はといえば、タルムードは焼却されるよう断罪された。王と王太后を補佐していたサンス大司教ゴーティエ・コルニュはこの判決に抗議したが、翌年一二四一年に突然死去した。この死は、反ユダヤ的なキリスト教徒にとっては神の罰に見えたのである。王はそれから二二台の荷車におよぶタルムードの手書本を公開で焼却させた。グレゴリウス九世を継いだインノケンティウス四世は、ユダヤ人に対してなお一層敵対的であった。一二四四年五月九日、彼はルイに宛てて威嚇的な調子の書簡を送り、一二四二年の焼却には祝福を送りながらも、残る部数の焼却をおこなうよう求めている。この結果、一二四四年にはパリで二回目の公開焼却がおこなわれ、さらにそののち数年にわたり何度も焚書が続いた。

ところが、一二四七年になるとインノケンティウス四世は、聖ルイおよび十字軍準備のためのフランスにおける教皇使節ウード・ド・シャトルーに対して、残存するタルムードをユダヤ人に返還するよう命じたのである。おそらくは、さまざまな働きかけの結果や、さらには、これまでもユダヤ人迫害要求とその保護のための上訴の受け付けとの間を、右往左往してきた教皇庁の伝統的政策に従うものなのであろう。理由は、これらタルムード本がユダヤ人の宗教実践のために必要であるとのことであった。しかし、ウード・ド・シャトルーは教皇に対してこれらの本の破壊を継続するよう求めた。そして一二四八年五月一五日、パリ司教ギヨーム・ドーヴェルニュは、おそらくはドミニコ会士アンリ・ド・コローニュの影響を受けてタルムードの公けの断罪を宣告した(35)。

アルベルトゥス・マグヌスのような当時の卓越した大学教師のなかにもこれらの処置を承認する者がいた。寛容という観念は存在しなかった。ただ、時おり、一般的にはその場主義に動かされた比較的リベラルな行動実践が現れえただけであった。すでに見たように、ルイもタルムード破壊命令を一二五四年の大王令のなかで更新している。

ここでもまた、王の役人と大部分の托鉢修道士、および教会人たちが結託した熱意は、非常に効果的であったと考えることができる。なぜなら今日、フランスにはタルムードの中世の写本は一つしか伝来していないからである。予想できなかった結果の一つは、パレスチナに向けてのラビたちの避難と、アッコンでのタルムード学校の創設である。[36]ルイはその他にもユダヤ人を圧迫する処置をとっているが、これらのなかには、すでに前任の王たちのもとでみられるものもあれば、彼自身の発案によるものもあった。

十字軍への出発を前にして、彼は十字軍の戦費調達のためにユダヤ人の財産の「押収」*captio* を命じた。また彼は、より恒常的にも排除の精神によるユダヤ人の追放政策を採用しており、一二五三年には聖地から、フランス王国のユダヤ人追放の命を発し、この決定を一二五四年の大王令のなかでも威嚇的にくり返している。さらに新しい追放命令は一二五六年に出された。この威嚇処置がフランスで決定的に実行されたのは一四世紀に入ってからであるが、聖ルイはこの追放の実施を準備したのである。[37]

最後にルイは、第四ラテラノ公会議の勧告を王国において実施する命令を発したが、この勧告は、フィリップ・オーギュストやルイ八世、さらには彼自身でさえもその治世のほとんどすべての期間を通じて適用することを望まなかったものであった。この勧告実施は一人のドミニコ会士、ユダヤ人改宗者のポール・クレティアンの圧力――思うに脅しを想定することができよう――のもとにおこなわれた。すなわち一二六九年の王令によって、ルイはすべてのユダヤ人に対して、彼らを他の者から区別する車輪印の着用を命じたのである。この車輪印は黄色ではなく深紅の色をしていた。つぎに引用するのはこの恥ずべき史料の文言である。

余、フランス王ルイは、バイイ、伯、セネシャル、プレヴォ、その他すべての余の権力の代行者たちに挨拶を送る。余は、ユダヤ人がキリスト教徒とは区別され、そうと認められることを望むのであるからには、汝らに――説教修道士会のわれらがキリストにおける兄弟ポール・クレティアンによって余のもとにもたらされた調査に従って――、ユダヤ人である者すべて、その性にかかわらず、しるしの着用を強制するように命じる。すなわち、フェルトあるいは木綿製の深紅の車輪のしるしであり、彼らを認識できるようにこれを衣服の上方、胸と背中に縫いつけられたものである。このしるしは円周四インチで、真ん中の窪んだ部分は掌が入る大きさにすべし。もしこれ以降、ユダヤ人がこのしるしを着用していないことが発見された時には、彼の上衣は告発者のものとなるであろう。そしてしるしがない状態で発見されたユダヤ人は一〇リーヴル未満の罰金に処せられるように。罰金はこの金額を超えてはならない。この金額の罰金は帳簿に記載され、余——あるいは余の命令のもと代理人によって——敬虔な目的のために使用されるべし。(38)

聖ルイは、これらすべての迫害に対して、彼の眼に良いことと映る処置を対置させねばならないと考えたが、これこそユダヤ人の改宗であった。王はこのため、表面的には迫害とみえるが、実際には強制的改宗である行為に訴えた。たとえば、彼はユダヤ人に対して、キリスト教徒の説教師がおこなう説教への参加を強制しているのである。王の伝記作者たちは、この改宗への努力に対する彼の熱意と成功を強調している。聖ルイは、自分がこれをいかに重要と考えているかを示すために、しばしば自分自身が改宗ユダヤ人の代父となることを承諾している。つぎのテクストはその例であるが、ギヨーム・ド・サン゠パテュスからの引用である。

聖なる王は、あるユダヤ人女性およびその三人の息子と一人の娘を洗礼へと誘い、ボーモン゠シュル゠オワーズの城で彼らを洗礼させた。聖なる王、その母および彼の兄弟たちは、このユダヤ人女性および彼女の子供たちの洗礼の際に、洗礼盤を持ち上げたのである。(39)

この洗礼がおこなわれたのはおそらく一二四三年である。このユダヤ人女性は、ブランシュ・ド・カスティーユの名からブランシュという名を、息子の一人は王の名であるルイという名をそれぞれ授けられている。また、改宗を望む志願者を釣るために、年金が与えられることになっていた。現在まで伝来している王の会計簿断片にその記述が存在する。すなわち、一二三九年五月一八日の項目に、「パリの施療院《オテル゠デュー》に住まうかってユダヤ人であった一人の改宗者のために四〇スー。証人、施し係り。ゴネスで最近改宗した一人の女性改宗者のために四〇スー。証人、ティボー・ド・サン＝ドニ」とある。

ちなみに、元ユダヤ人のこのブランシュ・ド・ボーモン＝シュル＝オワーズはそののち、彼女の生計のために支払われるはずのこの年金を、教皇がその支払い事務を委任していたルーアン大司教ウード・リゴーから得るのに大変苦労することになる。

これらの改宗者の数はおそらくかなり多数に及んだものと思われる。一二六〇年のある王令は「良き都市《ボンヌ・ヴィル》」の市長たちに、改宗ユダヤ人の裁判を委ねている[40]。G・ナオンによれば、聖ルイのもとでの「ユダヤ人の地位の低迷は、単に経済的なレベルだけではなく、宗教的に見てもそうであった。これは一二五三年頃に企てられたユダヤ人改宗の大政策以前にすでにそうであった。[…]洗礼がもたらす経済的な魅力はユダヤ人にとって無視しがたかったものと思われる。[…]北フランスおよび西フランスにおいては、改宗者の数がさらに多かったことは特筆すべき点である[41]」。

これらの迫害に対して、ユダヤ人はどのように反応したのであろうか。現在まで伝来するこの種の史料のなかでもっとも完全なものは、一二四五年と一二六〇年の間に、ラビであるメール・ベン・シメオン・ド・ナルボンヌから聖ルイへと送られた抗議声明書である。

彼は、ユダヤ人金融が王にとってもそのキリスト教徒の臣下にとっても有益であることを王に示そうと努めたのち、王がユダヤ人に対して発布した不正な法を七つ列挙する。

> わが殿である王が態度を変え、その統治下にあるわれらが民の者たちに対して、――「律法」と「預言者」〔旧約聖書のこと〕に従えば――不正な［法と］判決を発布した内容とはつぎのごとくである。その第一は、彼はわれらが民の者たちに対する法として、ユダヤ人はある領主の領地を離れて他の領主の領地へ赴くことはできないと定めた。第二の法は、彼はわれらが民の者たちの債権と金銭を没収した。かくしてわれらはわれら自身とその子供らのみならず、われらが貧者や困窮者の生活を支えることができなくなり、多くの者たちが飢えで死ぬことになった。第三は、彼

は厳しく税を取り立て、これを廃止することはけっしてしなかった。ユダヤ人から金銭を没収した以上、彼はその王国全土において、ユダヤ人からいかなる税も取り立ててはならぬよう命ずるべきであった。［…］第四に問題なのは、彼がその家臣《バロン》に対して、彼らの気に入ることではなかったのに、異教徒《ジャンティ》〔ユダヤ人から見て異教徒、すなわちここではキリスト教徒〕がイスラエル人に対して負っている債権（利子と同じく元本も）を返済させないようにと命じたことである（彼はバイイに対してさえこれを命じたのである）。五番目は、逆にイスラエル人が異教徒《ジャンティ》に負債を負っている場合、彼はこのイスラエル人に対し、異教徒《ジャンティ》に負っているものを返済するよう強制したことである。第六には、われらはもはや利子付きのいかなる貸付もおこなえなくなるということであり、これは「律法」を通じ、長老たちの意見によって許されている範囲の利子においてもそうなのである。この結果、われらが民の貧者や困窮者は、その生活の資を奪われ、あなたたちのなかでは働くことがまったくできなくなった。第七には、彼はその領地に居住するわれらが民の富者の所有する大きな家屋を没収し、つぎのようにいった。「その者たちは四〇か五〇リーヴルの価値の小さな家で満足するように」と。しかしこの広さでは、ある男に二～三人の相続人があったなら、彼らやその子孫にとっては不十分となる。創造者である神が――その名に祝福あれ――アダムとイヴのためにこの世を創造されたのは、この二人から何世代もの子孫が生まれるためではなかったのか。

このラビは、つづいて、これらの法のために生じた三五にのぼる耐えがたい結果のリストを作成するが、これらは、王によって犯された罪や法的な侵害から始まり、ユダヤ人がこうむった身体的・精神的損害にまで及ぶ。私はここからつぎの二つを抜き出そう。「二五番目は、彼の民の悪人どもがあらゆるやり方でユダヤ人を虐待する原因を作ったという事実である。二六番目は、ユダヤ人の前で唾を吐き、彼らに対する侮蔑の態度を表わす者がいるということである」。彼はさらに、ユダヤ人家族の窮乏化、多くの子供を育てる困難、経済的な理由からくる若者の晩婚という状況について強く訴えている。

この訴えは巧妙にできている。そこには、王に関係すべき事柄、王がこれらの「法」において立ち戻るべきあり方のすべてが表わされている。すなわち、王の利害、その信仰心、その正義と平和への意志、その罪と地獄を恐れる心である。「この世においてもあの世においても、これらの法が含んでいる重大な罪によって、あらゆる重い罰が課せられることのないよう、あなたの身体と魂に気をつけていなさい(42)」。

このテクストが聖ルイの手に渡ったのかどうかはわからない。いずれにせよ彼にとっては、その生涯の終わり、つまり二回目の十字軍の直前には、王国の浄化がその成功の条件とみえていたので、彼は反ユダヤ人処置のさらなる強化へと向かうことになるであろう。

聖ルイのユダヤ人に対するこれらの態度については、どのような評価を下すべきだろうか。かって感情に訴えるようなやり方で、彼のユダヤ人に対する過酷さを否定しようと試みられもしたが、そのためには、一三世紀には存在しなかった世界宗教合同運動《エキュメニズム》や、寛容の精神の存在を聖ルイのなかに仮定しなければならない。彼についての唯一可能な言い訳は、彼は単にその時代の人間たちの普通の概念と行動に従ったもので、王に委ねられた責任から、これを強化しただけだということなのだろうか。しかし私には、彼は当時の何人かの教皇、高位聖職者、君主、領主たちよりも、より反ユダヤ的であったように思える。それでは、この断罪をいくぶんでも軽減する事情はないのだろうか。

確かなことは、ルイは自分以上に反ユダヤ的であった者たちによって後押しされていたという事実である。たとえば何人かの教皇や彼の側近の托鉢修道士の大部分、さらにはパリの知識人たちの態度、それからとりわけ何人かの改宗ユダヤ人のヒステリー的行動である。もっと突っ込んで、彼よりも反ユダヤ的であった彼の伝記作者たちによって、彼の反ユダヤ人感情の表現が無理やりでっち上げられてこなかったか、と考えてみることも必要であろうか。少なくとも一つのケースにおいては、これは真実である。私たちは彼が息子への『教え』のなかでつぎのように書いているという事実を知っている。「罪を、とりわけ野卑な罪、野卑な誓約を避けるようにしなさい。そしておまえのできうるかぎり、異端を破壊し撲滅させなさい」。彼の聴罪司祭ギヨーム・ド・ボーリユーはこの一節を改竄し、この改竄された版のテクストが列聖手続きの資料に付け加えられた。この聴罪司祭は、「そしておまえのできうるかぎり、異端を破壊し撲滅させなさい」という一節の代わりに、つぎの一文を置いているのである。「そしてとりわけユダヤ人および信仰に反するあらゆる種類の者どもを大いに軽蔑するよう努めなさい[43]」。

同じく、エリー・グラボワの考えによれば、ルイがキリスト教徒に対して「ユダヤ人の腹に剣を突き通す」よう勧めている有名なジョワンヴィルのテクストは、[44]筆者であるこのセネシャルによって誇張されたものであるらしい。ジョワンヴィルが『聖ルイ伝』を編纂したのは、一三〇六年にフィリップ端麗王がユダヤ人の大追放をおこなった時代なのである。とはいえ、かりにジョワンヴィルが、ユダヤ人に対する聖ルイの感情に若干手を加えていたとしても、私には、ルイは心からユダヤ人を嫌悪していたように思える。思うに、フィリップ端麗王を嫌っていたジョワンヴィルは、聖なる祖父の行動とは矛盾する行動をその孫がとってこそ、そこに満足を見い出したことであろう[45]。

私はまた、ジェラール・ナオンのように、この時代の一般感情からのみ聖ルイの態度を説明すべきではないと思う。彼はつぎのように書いている。「ユダヤ人政策によってこそ、ルイ九世は完全な意味でキリスト教徒にとっての聖人なのである。ここで問題となるのは、まさに教会当局が承認する規範に従った形の聖性の概念なのである[46]」。それでは、ボニファティウス八世が、その列聖文書においても、あるいは列聖についての二つの説教においても、ユダヤ人に対する聖ルイの態度について一言もふれていないのはどうしたわけなのだろうか。ユダヤ人に対する聖ルイの態度が彼の列聖宣言を妨げなかったことは確かだとしても、彼の聖性擁護のための議論のなかにこのテーマは入っていなかったのである。

聖ルイは一般的に見て、心やましいところなく自分の政策と信仰を一致両立させており、罪を犯すことや十分に良きキリスト教徒でないことだけを恐れていたのであって、ユダヤ人に対する明確な行動目標をもっていたわけではなかった。このことは、私がこのユダヤ人についての節の最初のところ〔一〇〇六頁〕で述べた理由から説明される。ユダヤ人の宗教は本当の宗教であるが、彼らに対してはタルムードが聖書の堕落した代替物であることを説得せねばならないのである。彼は、ユダヤ人の常軌を逸した行為の抑圧を義務と感じていたとしても、同時にユダヤ人を保護する義務も負っていた。なぜなら彼らはキリスト教会には属していないからであり、教会側はその二つの責任、すなわち矯正と保護の責任をキリスト教徒についてしか行使できないからである。ここから、聖ルイのなかにためらいやいい逃れ、半ば後悔といったことが生じる。反ユダヤ人処置がくり返されていることは、単にこれらの処置を適用させることの困難ばかりではなく、王自身、この実施を過度に迅速かつ厳格におこなうことに対して、ある種のためらいをもっていたことも示している。利子の定義にしても、ある種の逡巡がみられるが、これは教会当局自身のためらいでもあった[47]。さらにいえば、利子の問題やキリスト教信仰防衛の問題にしても、ユダヤ人のみが問題とされたわけではなかった。もしルイがキリスト教徒の金貸しによる利子徴収を大目に見ていたとしても、最終的にはロンバルディア人（イタリア人）やカオール人の利子徴収は断罪したのである。これは彼らが外国人であり、彼らもまた王国の浄化に抵触したからであった。一二六八年九月から六九年にかけて、王は彼らの追放を決定し、彼らの債務者たちは利子を除いた債務を彼ら債権者に返済しなければならなくなった[48]。予告された処置が厳しいものであったことは、おそらく部分的にはユダヤ人に恐怖を与え、彼らを改宗へと導くためでもあった――この偽善的な強制的改宗は、同時代人からはユダヤ人に対する寛容とみなされていた――。ユダヤ人に車輪印の着用を強制しようとする圧力にルイが屈することになるのは、その治世の末を待たねばならなかったのである。

一二五七年、どのような状況のもとでかはわからないが、聖ルイは、自分が発布した処置によって引き起こされたユダヤ人の財産の強奪を若干改めている。彼は信頼していた三人の教会人、すなわちオルレアン司教、ボンヌヴァル修道院長およびポワシー大助祭を指名して、十字軍の直前におこなわれたユダヤ人の財産の「押収」と、一二五三年から五四年のユダヤ人追放の際に犯された不正を矯正することになる。これらの委任調査官たちは、ユダヤ人が徴収した利子の返還を彼らに強制しながら、実際はともかくとしても、奪われた彼らの財産の返還にも配慮することになっていた。というのも、ルイは「ユダヤ人の財産を自分が保持するつもりはない」と断言しているからである。もし彼が、「ユダヤ人の家屋や定期金《ラント》、およびその他すべての不動産の売却をおこなう全権」を委任調査官たちに与えていたとしても、一方で彼は、「旧シナゴーグ、およびこれを適切に使用するために不可欠な機材が、ユダヤ人に返還されるよう望んだ[49]」のである。この「旧」シナゴーグは、フィリップ・オーギュストの治世のもと、一三世紀の初めに新たなシナゴーグ建設が教会法的に禁じられる以前に存在していたもので、その数はあまり多くなかったことはすでに大方の意見の一致を見ている。しかし、この返還命令が示しているのは、聖ルイには、ユダヤ人の宗教実践に対する寛容という、キリスト教の伝統を尊重するつもりがあったという事実である。ユダヤ教は、異端やイスラムの教えとは異なり、常にその存在が認められている宗教だったのである。

同じく、聖ルイの治世下のフランスで知られるかぎりの唯一のユダヤ人大虐殺《ポグロム》においては、彼は犯人のうち発見された者どもを捕縛させている。私たちがこの虐殺の存在を知ることができるのは、一二三六年九月五日の教皇グレゴリウス九世の書簡によるもののみであるが、これはフランス王に対してユダヤ人を保護するよう求める内容となっている。このユダヤ人大虐殺《ポグロム》は、アンジューおよびポワトゥーにおいて、十字軍の準備のためだと主張する下層民によって引き起こされた。バイイたちは、「ユダヤ人の殺害」にくみしたキリスト教徒を捜索し、逮捕された自称「十字軍参加者」には罰金を課した(50)。

最後の指摘は、彼の治世のもとでは、ユダヤ人は儀礼として殺人を犯しているという攻撃はみられなかったという事実である。

結局、聖ルイのユダヤ人に対する態度と政策をどのように特徴づければよいのだろうか。私たちは今日二つのことばをもっている。すなわち、反ユダヤ教主義《アンティユダイスム》と「反ユダヤ民族主義《アンティセミティスム》」である。第一のものはもっぱら宗教に関係するものだが、宗教がユダヤ人社会および聖ルイのユダヤ人に対する行動においてどんなに大きな意味をもっていたにせよ、これだけでは聖ルイの問題を説明するのは不十分である。彼の行動に関連する問題は全体として、厳密な宗教的枠組みを超えるものであった。つまりユダヤ教に対する敵意をも超えるような、嫌悪の感情、および排除の意志である。しかし他方で、「反ユダヤ民族主義」という用語は不適切で時代錯誤である(51)。聖ルイの態度や考えのなかには民族差別的なものは何一つない。差別主義的、反ユダヤ民族主義的な心性や感情が花咲くようになるのは、偽学問的な民族差別の諸理論の登場、すなわち一九世紀になってからのことである。聖ルイの行動を特徴づけるものとして、私には「反ユダヤ的《アンティジュイッフ》」という用語しか思いつかない。しかしながら、彼の反ユダヤ的概念、実践、政策はのちの反ユダヤ民族主義の温床となった。聖ルイは、キリスト教的、西欧的、フランス的な反ユダヤ民族主義の道程における一つの道しるべなのである。

【注】

（1）全体像を扱った主な文献は以下の通り。Margaret Wade-Labarge, «Saint Louis et les juifs», dans *Le siècle de Saint Louis*, Paris, 1970, pp. 267–275. 以下の文献は、ともに非常に簡略なものである。Jacques Madaule, «Saint Louis et les juifs», *L'Arche*, novembre-décembre 1970, n° 165, pp. 58–61 ; Bernhard Blumenkranz, «Louis IX ou Saint Louis et les juifs», *Archives juives*, 10, 1973–74, pp. 18–21. さらに、S. Menache, «The King, the Church and the Jews», *Journal of Medieval History*, 13, 1987, pp. 223–236.

（2）Gérard Nahon, «Une géographie des Juifs dans la France de Louis IX (1226–1270)», dans *The Fifth World Congress of Jewish Studies*, vol. II, Jérusalem, 1972, pp. 127–132 (avec une carte)：「われわれが調査した地点のうちの九八地点でユダヤ人の存在が見つけられた。このうち二三はトゥールのバイイ管区、一三はボーケールのセネシャル管区、一一はオーヴェルニュの軍管《コネタブ》区《リー》、一〇はポワトゥー＝リムーザンのセネシャル管区、九はヴェルマンドワのバイイ管区、九はパリのプレヴォ管区、六はカルカソンヌのセネシャル管区、五はサントンジュのセネシャル管区、三はカーンのバイイ管区、三はジゾールのバイイ管区、三はトゥールーズおよびアルビのセネシャル管区、一はコタンタンのバイイ管区、一はアジュネおよびケルシーのセネシャル管区である。これらは都市なのか、ブールなのか、それとも農村なのだろうか。現在の人口から判断すれば、二二の地点は人口一〇〇〇人以下、三七は五〇〇〇人以下、四〇は五〇〇〇人以上である。したがってユダヤ人は、農村には二二パーセント、ブールには二七パーセント、都市には四〇パーセント住んでいたことになる。逆に、ユダヤ人が居住しているのではなく、その顧客を有していた地点は――総計五一にのぼるが――、農村は三六、ブールは一三、都市はわずか二となる。実際のところ、ユダヤ人がいない地点の七〇パーセントは農村であり、逆にユダヤ人がいる地点の七七パーセントはブールあるいは都市であった。それゆえある程度農村にもユダヤ人が存在したとはいえ、都市居住の傾向は顕著と思われる。ユダヤ人の居住地点はしばしば行政上の拠点と一致している」。

（3）Michel Roblin, *Les Juifs de Paris*, Paris, 1952 ; William Ch. Jordan, *The French Monarchy and the Jews. From Philip Augustus to the Last Capetians*, Philadelphie, 1989, p. 9.

（4）G. Nahon, «Une géographie des Juifs dans la France», art. cité, p. 132.

(5) Guillaume de Chartres, *De Vita et de Miraculis*, p. 34. エリー・グラボワは、この断言について私の注意を喚起してくれた。しかしながら、私には、彼は聖ルイに若干過度に好意的な解釈を与えているように思える。王の保護は実際には懲罰の権利であった。彼には「よく愛する者はよく罰を加える」という諺を適用することはできない。なぜなら、彼はユダヤ人が嫌いだから。

(6) 前出九九八頁注4の R. I. Moore を見よ。

(7) Claudine Fabre-Vassas, *La Bête singulière. Les juifs, les chrétiens, le cochon*, Paris, 1994. また、Noël Coulet, «Juif intouchable et interdits alimentaires», dans *Exclus et systèmes d'exclusion dans la littérature et la civilisation médiévales*, Aix-en-Provence et Paris, 1978 も参照。ただし、この文献はとりわけ一五―一六世紀を対象としている。

(8) Paul Rousset, «La conception de l'histoire à l'époque féodale», dans art. cité（前出一七八頁注6）。

(9) N・コーンは正当にも、この攻撃はかつてローマ人がキリスト教徒に対して投げつけていたものであったことを指摘した。

(10) G. Langmuir, «*Judei nostri* and the Beginning of Capetian Legislation», *Traditio*, XVI, 1960.

(11) 私はここではつぎの素晴らしい研究に依っている。Gérard Nahon, «Le crédit et les Juifs dans la France du XIIIe siècle», *Annales E. S. C.*, XXIV, 1969, pp. 1121–1449. また、Aryeh Grabois, «Du crédit juif à Paris au temps de Saint Louis», *Revue des études juives*, CXXIX, 1970 も見よ。

(12) A. Grabois, «Le crédit et les juifs», art. cité, pp. 7–8.

(13) W. Ch. Jordan, *The French Monarchy and the Jews, op.cit.*, index *s. v. «captiones»*.

(14) G. Nahon, «Le crédit et les Juifs», art. cité, p. 142. この文献はレイモンド・ド・ローヴァーのより一般的な見解（«New Interpretations of the History of Banking», *Cahiers d'histoire mondiale*, 1954, pp. 38–76）を採用している。ド・ローヴァーによれば、利子についての教会の教義は、金融の歴史において従来考えられてきた以上に深刻な影響を与えたという。

(15) Guillaume de Chartres, *De Vita et de Miraculis*, p. 34 : Gérard Nahon (art. cité), pp. 30–31 の翻訳を再録。

(16) 前出一〇〇六～七頁を見よ。

(17) Luigi Aurigemma, *Le Signe zodiacal du scorpion dans les traditions occidentales de l'Antiquité gréco-latine à la Renaissance*, Paris, 1976.

(18) S. Schwarzfuches, «De la condition des Juifs en France aux XIIe et XIIIe siècles», *Revue des études juives* (Memorial Maurice Liber), CXXV, 1966, p. 223 ; G. Langmuir, «*Tanquam servi*. The Change in Jewish Status in French Law about 1200», dans *Les Juifs*

dans l'histoire de France (1er colloque international de Haïfa), Leyde, 1980.

（19）*Layettes du Trésor des chartes*, t. IV, nº 922, p. 350.

（20）*Ordonnances des rois de France*, t. I, p.36.

（21）*Ibid.*, t. I, p. 197.

（22）これらの史料は以下の研究のなかに翻訳されて刊行されている。Gérard NAHON, «Les ordonnaces de Saint Louis sur les juifs», *Les Nouveaux Cahiers*, nº 23, 1970, pp. 26–29.

（23）W. Ch. JORDAN, *The French Monarchy and the Jews*, *op.cit.*, p. 133.

（24）G. NAHON, «Les ordonnances de Saint Louis sur les Juifs», art. cité. ここにはラテン語およびヘブライ語の史料の翻訳が付されている。前出一〇〇九頁を見よ。

（25）「字体」とは、ヘブライ文字で書かれた魔術的しるしである。

（26）後出一〇一四頁以下を見よ。

（27）G. NAHON, «Le crédit et les Juifs», art. cité.

（28）William Ch. JORDAN, «Jewish-Christian Relations in Mid-Thirteenth Century France：An unpublished *Enquête* from Picardy», *Revue des études juives*, 138, 1979, pp. 47–54.

（29）W. Ch. JORDAN, *The French Monarchy and the Jews*, *op.cit.*, pp. 161–162.

（30）P. FOURNIER et P. GUÉBIN, *Enquêtes administratives d'Alphonse de Poitiers*, Paris, 1959；M. JURSELIN, «Documents financiers concernant les mesures prises par Alphonse de Poitiers contre les Juifs（1268–1269）», *Bibliothèque de l'École des chartes*, 68, 1907, pp. 130–149.

（31）W. Ch. JORDAN, *The French Monarchy and the Jews*, *op.cit.*, pp. 162–168.

（32）Adin STEINALTZ, *Introduction au Talmud*, Paris,1994.

（33）Yvonne FRIEDMAN, «Les attaques contre le Talmud (1144–1244), de Pierre le Vénérable à Nicolas Donin». これは一九九四年五月二日と三日にパリで開催された、「一二四四年のパリにおけるタルムード焼却」を主題する国際研究集会における口頭報告である。私はこの研究集会に参加し、本書ではこの口頭報告の内容を利用させていただいた（近刊予定）。一二四四年のパリにおけるタルムードに対する「判決」についての主要な研究は以下の通り。Gilbert DAHAN, «Rashi sujet de la controverse de 1240»,

Archives juives, 14, 1978, pp. 43–54 ; I. LOEB, «La controverse de 1240 sur Talmud», *Revue des études juives*, 1880–1881, t. I, II, III ; J. REMBAUM, «The Talmud and the Popes : Reflection on the Talmud Trials of the 1240», *Viator*, 13, pp. 203–221 ; J. ROSENTHAL, «The Talmud on Trial», *Jewish Quarterly Review*, new series, 47, 1956–1957, pp. 58–76 et 145–169 ; Alberto TEMKO, «The Burning of the Talmud in Paris. Date : 1242», *Commentary*, 20, 1955, pp. 228–239. クリュニー修道院長ピエール・ル・ヴェネラブルは約一世紀前の一一四四年、激しくタルムードを攻撃したが、彼はこれらの新しい諸版を知っていたわけではなかった。彼を「タルムード焼却について責任あり」とするわけにはいかないだろう。

(34) ニコラ・ドナンという人物がどのような人間であり、どんな意図をもっていたのはよくわかっておらず、議論が続いている。ある研究者たちは、彼は、少なくとも初期には、改宗者というよりはむしろユダヤ教「異端」であったとみなす。彼は、タルムードによって聖書はその価値を失ったとする主張に、異議を申し立てようとしたというのである。これはちょうど、ある種のキリスト教徒、とりわけ一三世紀の偉大なフランシスコ会士の大学教師ロジャー・ベーコンが、キリスト教の大学において、一二世紀のパリ司教ピエール・ロンバールの『命題集』の注釈が非常な重きをなしており、その結果、聖書の直接購読がおこなわれないまでになっている状況に反旗を掲げたようなものであるという。かっては、ニコラ・ドナンがパリの何らかのフランシスコ会グループと関係をもっていたと推測されたことすらあったが、このグループは聖書の注解やスコラ学的な注釈を拒否して、聖書への立ち戻りを主張していた。

(35) 私はここではつぎの口頭報告に依っている。André TUILIER, «La condamnation du Talmud par les maîtres universitaires parisiens au milieu du XIIIe siècle, ses causes et ses conséquences politiques et idéologiques», présentée au colloque de Paris de mai 1994 (dont les actes sont à paraître).

(36) Aryeh GRABOIS, «Une conséquence du brûlement du Talmud : la fondation de l'école talmudique d'Acre», communication au colloque de Paris de mai 1994 (前出注35)。

(37) ユダヤ人は一二三六年、ブルターニュから伯によってすでに追放されていた。

(38) G. NAHON, «Les ordonnances de Saint Louis», art. cité.

(39) GUILLAUME DE SAINT-PATHUS, *Vie de Saint Louis*, p. 20.

(40) G. NAHON, «Les ordonnances de Saint Louis», art. cité, p. 28.

(41) Id., «Une géographie des Juifs», art. cité, p. 131.

（42） G. NAHON, «Les ordonnances de Saint Louis», art. cité, pp. 32–33.
（43） *Ibid.*, p. 25.
（44） ユダヤ人との間でおこなわれた議論について語った騎士と修道院長に対して、王はつぎのように答えた（前出九九七頁）。「また、私はあなた方にいっておく。非常に良き聖職者でなければ、彼らとはだれも議論すべきではない。また俗人なら、キリスト教の信仰が悪し様にいわれるのを聞いたなら、キリストの信仰を剣以外のもので守ってはならない。剣でできうるかぎり腹を突き通さねばならない」（JOINVILLE, *Histoire de Saint Louis*, p. 31）。
（45） エリー・グラボワの口頭報告。
（46） G. NAHON, «Les ordonnances de Saint Louis», art. cité, p. 25.
（47） J. LE GOFF, *La Bourse et la Vie*, *op. cit.*（前出八四一頁注1）を見よ〔前掲訳書〕。
（48） これらの処置全体についての私の解釈については、前出二六七～八頁を見よ。
（49） G. NAHON, «Les ordonnances de Saint Louis», art. cité, p. 28.
（50） *Ibid.*, p. 23. 時おりユダヤ人たちは、組織的に抵抗し、ユダヤ人大虐殺《ポグロム》から身を守った。たとえばニオールのユダヤ人がそうである。
（51） G. LANGMUIR, «Anti-Judaism as the Necessary Preparation for Anti-Semitism», *Viator*, 2, 1971, pp. 383–390.

批判と抵抗

史料は聖ルイの側近、臣下たち、さらにはキリスト教世界全体や彼の敵であるイスラム教徒たちまでもが、彼に尊敬と称賛の念を抱いていたことを強張しているが、同時に彼についていくつかの批判や抵抗が示されていたことも隠しはしない。これらは側近の間からさえも聞かれたし、その他男女を問わず王国内外のさまざまな社会階層からも聞かれた。それは彼の個人的な行動に対する批判もあれば、彼のある政策面に対する批判もある。しかし、これらの批判の大部分は、とりわけ宗教をめぐってのものであった。彼の信心行為、平和と正義の実践が槍玉に上がっているのである。

あらかじめ断っておかねばならないが、ここでは王妃や子供たちに対する無関心という非難については取り上げない。この点について証言するのはジョワンヴィルだけであるが、彼はたしかに自分の目で見た証人で、周知のように、全体として王に対して非常に好意的なのである(1)。

彼の側近たち（聖職者、召使い、身近の者たち）が苛立つのは、彼の信心行為の実践についてである。彼らはこれを過剰で、時には耐えがたいものとみなしていた。たとえば、ルイは朝非常に早く、物音を立てずに起きて教会へ赴いたが、この結果、起床が遅れ、教会へのお伴の時に着替えを終えられなかった警護の者たちはあたふたとするのであった。

そしてしばしば、彼は朝、非常に早くに教会へと赴いたが、その時とても静かにベッドから起き、着替えをし、靴を履いたので、彼の寝室で眠っている他の者たちは靴を履く時間もなく、彼のあとを裸足で追いかけるのであった(2)。

彼がロワイヨーモンに赴き、修道院建設のために石の運搬作業を修道士と一緒になっておこなう時には、彼は自分の兄弟たちにも同じことをするよう強制し、彼らは嫌々ながらこれに従うことになる(3)。

彼が同乗の船の水夫たちに聖務日課への参列を強制したとき、彼が側近たちに絶え間なく説教を聴くよう強いたとき、彼が自分のまわりに取り巻き《メスニ》たちを集めて道徳の教えを垂れたとき、こうした信心行為を強制させられた者たちがどのように反応したかについての証言はない。しかし彼らの意向にはおかまいなく、その魂を救済しようとした王に対し、彼らが感謝の気持ちしかもっていなかったと推測することはできない。

たとえば、食事をしに居酒屋に出かけることもできず、ものを食べながら説教を聴かねばならない警護隊の者たちは、何を考えたであろうか。

警護の士卒たちがより好んで説教を聴くようにするために、彼は彼らに控室で食事をとるよう命じた。それまで、警護の士卒たちはそこで食事をすることにはなっておらず、手当をもらって外食していたのである。彼らは以後、宮廷のなかで食事を与えられることになったが、一方で聖なる王は彼らに同額の手当を与え続けたのであった。(4)

強制されはするが、そのための手当を受けておこなわれる信心行為……。王がミサを聴いていたコンピエーニュの教会で説教が始まると、外に出て向かいの居酒屋へ出かけた者たちは、聖ルイが遣わした警護の者たちによって強制的に教会へと連れ戻された。このとき彼らは何を考えたであろうか。

この一三世紀という時代には、居酒屋は男性が出入りする一大娯楽場、そして社交と情報交換の場所になろうとしていた。ところが聖ルイは、この居酒屋をほとんど淫売宿と同じようなものとして敵視するとみずから宣言したのである。淫売宿については、彼が売春を完全に禁止しようとしたとき、その補佐役《コンセイエ》たちは大部分が修道士であったにもかかわらず、この無駄な闘いをやめさせようとした。なぜなら教会当局は、肉は弱いものであり、原罪は人間がたび罪を犯すのを不可避としていることを承知していたからである。

側近の修道士たちはまた、聖ルイが個人的におこなっていた信心行為や禁欲の過激さを問題にした。聖ルイは、断食や鞭打ち、さらには数かぎりない聖務に異常なほど多く参列し、しかも夜中でさえそれをおこなった。しかし、中世初期の修道士や隠修士、さらにはもっとも禁欲的な修道会の修道士を特徴づけるこのような禁欲的行為の実践は、この時期のキリスト教徒、とりわけ俗人には、もはやふさわしくなかった。なぜなら、この頃から、宗教は以前ほど過激さに価値を与えなくなってきていたからである。

こうした禁欲行為をおこなう人間が俗人、とりわけ王である場合には、何が起こるのか。聖ルイにとりついて離れなかったモデルはキリストであった。彼には教会人あるいは司祭にのみ許された身振りを実践することはできなかったので、彼が好むことになったのは、すでに見たように、キリストの謙譲心を表わす行為であった。とりわけそれは、聖週間の期間中、貧者や修道士の足を洗う行為である。[5] たとえば、聖金曜日、お付きの者たちが聖ルイを取り囲む貧者たちから彼を引き離そうとすると、「彼は逆に、彼らのなすがままに任せるべきだ、というのである。なぜならイエスはこの日、私〔聖ルイ〕が彼〔キリスト〕のために苦しんでいる以上に、彼は私たちのために苦しまれたのであるから」。ここには聖ルイの深い願望が現れ出ている。すなわち、苦しみのなかのキリストに倣うことである。[6]

聖ルイがジョワンヴィルに対して、そなたもまた聖木曜日に貧者たちの足を洗うのかと尋ねたとき、このセネシャルは反対の声を上げ、神はそれを望まないといった。王はこの忠実な側近中の側近にひどく失望したのである。土曜日にそれをおこなうことができる場合には、彼は過剰な謙譲心から、同時にこれ以上の非難を避けるために、秘密裏に三人の年老いた貧者の足をひざまずいて洗い、足に接吻する。それから彼らの手を洗い、同じく手に接吻し、時おり彼らに金銭を与え、またみずから彼らに給仕をした。[7]

彼はまた、何人かの修道士の足を洗いたいとも考えていた。これは彼の謙譲の行為を補完することにもなろう。つまり彼は、心ならずも貧者になっている者の足と同じように、みずから進んで貧者になった者〔修道士のこと〕の足を洗うのである。

問題の逸話は、ジョフロワ・ド・ボーリューによっても、またギヨーム・ド・サン＝パテュスによっても語られているが、この二人には相違点が二つある。両者ともこの逸話をシトー会修道院にまつわるものとし、その文脈として、シトー会修道士が毎土曜日に互いの足を洗い合うという慣習にふれることでは一致しているが、ジョフロワによればこの舞台はクレルヴォー修道院である。聖ルイは土曜日にこの修道院にいたが、ここで儀礼に参加し、修道士たちの足を洗いたいと思った。しかし、彼に付き従っていた何人かの俗人有力者（「権力者」）は、王の取り巻きではなかっただけに非常にショックを受けたと考えられるのだが、この謙譲の行為は王にふさわしくないものとして彼に警告した。ルイはこの警告には屈した。[8] 他方、ギヨームによれば、この舞台はロワイヨーモン修道院であり、王にこの行為を思いとどまらせたのは、当院の修道院長自身であった。「彼は修道院長にいった。〈私が修道士たちの足を洗うことは良きことに思われるのですが〉。修道院長は彼に答えた。〈このような行為をあえて堪え忍ばれるのはあきらめなさい〉。聖なる王は彼にいった。〈なぜです〉。すると、修道院は答えた。〈人がとやかくいうでしょうから〉。聖なる王は答えていった。〈どのような噂が流れようか〉。修道院長は、ある者たちは良きことを噂するが、別のある者たちは悪しきことを噂するであろうと答え、かくして聖なる王は、修道院長の信じるところでは、その説得によってこれを断念したのであった(9)」。

真実がどうであったにせよ、私たちがここに見ることができるのは、王の自己卑下について、有力俗人の側からも有力教会人の側からも、反対の声が伝えられているという点である。反対の理由は込み入っている。シトー会修道院での王は自分の意のままに振る舞えないということもあるが、さらにとりわけこの行為自体が、王の「位階」の到達点とは両立しがたいのである。聖ルイは、「神の似姿としての王」という概念のなかで、キリストの、受難のキリストのイメージを自分のために作り上げる傾向にあったが、臣下にとって彼は、同時にそしてますます「威厳」の神というイメージそのものとなった。これは、当時彼の王国で大聖堂のポルタイユに彫刻されていた威厳の姿勢〔正面を向いて玉座に座る全身像〕で現れる父なる神、あるいは救世主キリストの「威厳」〔と同じ〕である。ルイは、神の威厳とキリストの謙譲との間で、引き裂かれてはいなかったであろうか。ここでもまた、彼は二つのイメージを同時に兼ね備えているのである。

王の行動に対する批判については、これらの過度な謙譲さに加えて、慈善の出費の過剰さも挙げられている。彼はあまりにも多く施しをおこなうと、教会の建設のためにあまりにも多くの出費をするとして非難されたのである。しかし、彼はこれらの批判に反論し、その態度を正当化して、改めることはなかった。

ギヨーム・ド・ナンジの証言を聞こう。

彼がおこなう施しの寛大さに対して彼の取り巻きの何人かが不平をもらしているのを知ると、彼は彼らにこういった。自分は、時おり鷹揚さを過度に発揮するのではなく、これらの行きすぎが、この世のくだらぬ事柄に対してよりも、むしろ神への愛のための施しにおいて〔いつも〕おこなわれることを望んでいる、と。霊的な行為のなかでおこなう彼の行きすぎが、あまりにもしばしばこの世の事柄のために出費せねばならぬ彼の行きすぎを寛恕し、その罪をあがなうのであった。

さらにギヨームはつぎのことばを付け加えているが、これはキリスト教的な慈愛と王の位階との間の均衡を求める聖ルイの態度をよく示している。

しかしながら、実際、王にふさわしい儀式張った機会においても、また、家のなか、会議、さらには騎士たちや諸侯たちの集会における日常的な出費においても、彼は王の位階にふさわしい鷹揚さと気前よさで振る舞っていた。すでに長らく先任の王たちのもとでおこなわれてきた以上に、彼は宮廷にふさわしいやり方で自分の屋敷でかしずかれていた[10]。

彼の過剰な厳しさについては、嫌悪を表明する彼のやり方が問題になると、彼自身が非難されることになる。たとえば、瀆神者を罰する際の彼の残酷なやり方に対してがそうである[11]。しかし、パリのフランシスコ会やドミニコ会修道院の建設にあまりにも多くの金額を出費したとして、彼の取り巻きたちが彼を非難したとき、彼はつぎのように叫んだという。

わが神よ。私は、この金銭は、彼ら、いとも尊き修道士たちのためにしかるべく出費されたものと思っております。彼らは全世界から神学の研究のため、パリのこれら修道院へと集まってきたのであり、そこで研究を終えると今度はふたたび全世界へと散ってゆき、神への愛と魂の救いのためにこれを広めるのです[12]。

最後に、何度か彼は、修道士や貧者に対する気前のよさへの非難に対しては、鷹揚に出費することは神から委ねられた代理人としての職務であるとして、これを正当化する。
彼の補佐役《コンセイエ》たちの何人かが、彼が修道院に対しておこなう大きな出費や大きな施しについて彼を非難したとき、聖なる王は答えていった。「黙りなさい。私の所有する一切は、神から授かったものである。このような使い方以上に良い形で出費することなどできない(13)」。

【注】

（1）前出六一〇～二頁および九二五～七頁を見よ。
（2）Guillaume de Saint-Pathus, *Vie de Saint Louis*, pp. 37–38.
（3）*Ibid.*, p. 71.
（4）*Ibid.*, p. 39.
（5）前出七〇二頁を見よ。
（6）前出八八五頁を見よ。最終章「苦悩する王、キリスト王」を見よ。
（7）Geoffroy de Beaulieu, *Vita*, p. 6.
（8）*Ibid.*, p. 6.
（9）Guillaume de Saint-Pathus, *Vie de Saint Louis*, pp. 109–110.
（10）Guillaume de Nangis, *Gesta Ludovici IX*, p. 406.
（11）前出二九一、七五九～六〇頁および八一三頁を見よ。
（12）Geoffroy de Beaulieu, *Vita*, p. 11.
（13）Guillaume de Saint-Pathus, *Vie de Saint Louis*, pp. 88–89.

政治的批判

前節の最後に引用した史料とともに、私たちはその対象とする場を本質的には私的で個人的な領域から、公的で政治的な領域へと移したことになる。

すでに見たように、イングランドのベネディクト会修道士マシュー・パリスは聖ルイについて、多くの点でこのフランス王を称賛していたにもかかわらず、常に一致した好意的なイメージをもち続けていたわけではなかった(1)。興味深いことは、マシューの批判のあるものは、彼が属するイングランドのセント＝オールバンズ修道院の外やフランスにおいてさえも、おそらく同じくささやかれていたという点である。

その第一は、聖ルイが女性に権力を委ねたという点に関係する。一二三五年の項目でマシューは、西フランスの領域についてイングランド側の権利主張を認めなかった若きフランス王を断罪しているが、この際罪あるのはまずブランシュ・ド・カスティーユなのであって、ルイ九世の誤りとは、正義に従わず母の意見に従ったことであるという。「[イングランド王の]これらすべての権利にフランス王は知らないふりをして、正義の掟よりは女の助言を受けることを選び、神の報復という恐怖を忘れた(2)」。マシューはまた、一二三六年のフランスの大封建諸侯たちの反乱を承認して、つぎのようにいう。「彼らは王国のなかの王国、すなわちフランス[ガリア]が、女によって統治されていることに我慢できなかったのである(3)」。一二四二年、ヘンリー三世とルイ九世との間の平和が決裂したとき、マシューは、フランス王がとったある措置に憤っているが、この措置は、二つの君主国家がやがて突入するであろう戦争が経済的側面を持つことを予告するものであった。

フランス王は、もっとも不適切なやり方で、乱暴に、彼の王国内で商売をしていたイングランド人商人の身体と財産を差し押さえ、フランス［ガリア］の古くからの尊厳に重大な過ちをもたらした。事実フランスは、これまであらゆる逃亡者や亡命者たちに避難所と安全を与えてきた伝統をもち、公然と彼らを守護してきたのであって、それが故に俗語で「フランス」と呼ばれるようになったのである(4)。

最後に、この間今度はブンラシュ・ド・カスティーユの称賛者に変わっていたマシュー・パリスは（一二四一年のモンゴルの来襲の際には、彼女を「王妃ブランシュ、フランス王の母にして、神に愛でられし尊敬すべき女性」と形容している）、十字軍に際してルイへの攻撃を開始し、この遠征が教会によって賄われたことを激しく非難する。教皇の許可を得たうえとはいえ、フランス王は重い財政的負担を強制して教会を押しつぶしたのだという。修道士を満足させるのはむつかしい……。

フランス王国内で、王の政治に向けられた主要な批判は三つある。

第一の批判は、とりわけ彼の補佐役《コンセイエ》の何人かから提出されたものであるが、彼の平和政策を問題とするものであった。彼ら補佐役は聖ルイの治世を平和の時代とすることに受け入れがたさを感じていたが、事実、年代的にこの平和は、封建領主間の戦争の蔓延と破壊的な「国家間」戦争との間に挟まるように存在した。彼らはとりわけイングランドとの間に結ばれたパリ条約を批判した。王は戦場では勝利し有利な条件を提示することができたのに、イングランド王に示された和議は、彼らにとっては弱さのしるしとみえたのである(5)。

二番目の批判は領主の世界から発せられたもので、彼ら貴族の権力に加えられた制限により、封土のなかで彼らが自分たちの完全無欠の独立と権威を失ってしまったことに関係する。この件については、アンゲラン・ド・クーシー事件を取り上げて、すでに検討した(6)。その学識高い校訂者によって聖ルイの治世の終わり頃と年代推定されたあるフランス語の詩《シャンソン》が、「私はただ私の封土の主であり続けたいだけなのだ」と願う者の恨みを表わしている(7)。

フランスの人々よ、あなた方は皆、吃驚《きっきょう》横転している。私は、封土で生まれたすべての者たちへ訴える。あなた方はもはや自由ではない。古来からのあなた方の自由とはほど遠い状況へと置かれてしまった。なぜなら、あなた方は調査によって判断を下されたからである。あなた方は残酷に騙され裏切られた。もはやいかなる保護もあなた方を助けにやって来ることはないからだ。うましフランスよ、もはやかくのごとくお前を呼ぶこともできない。お前は今や、奴隷の国、卑怯者の土地、かくも多くの暴力にさらされた悲惨な者たちの王国と名付けられねばならない。

私が本当に知っていること、それはこの従属が、どれほど過酷なものであるにせよ、神から来たものではないということだ。ああ、信義よ、かわいそうに驚き慌てている、あなた〔信義〕を憐れむ者はだれもいない。あなたは力と能力をもち、自分の足で立っていることができるのに。なぜなら、あなたはわれらが王の友であるからだ。ところが、あなたの支持者たちは王の周囲にはあまりにもまばらなのだ。私は王のもとでのあなたの支持者はただ一人しか知らぬが、彼は聖職者の手の内に閉じこめられており、あなたを助けに来ることができぬ。聖職者たちは、慈愛と罪とを混ぜ合わせて砕いてしまったのだ。

私がこのようなことをいうのは、私の主君を攻撃しようとするためだとは思わないでいただきたい。神がそのような謀りごとから私を守ってくださいますように。だが、私は私の主君の魂が悪魔に奪われてしまうことを恐れる。私はただ私の封土の主であり続けたいだけなのだ。彼〔主君＝王〕がこのことを知れば、すぐにも正義の裁きを下すであろう。その高貴な心は、逆のことをお認めにはならないだろう。彼が事態を予見され、きちんとした報告が受けられることを願うのはこの理由からだ。彼の隙をうかがう敵である悪魔は、彼に何の力も及ぼさぬだろう。もしわが主君がきちんとした助言を受けられないまま私がこれを放置したとするなら、私はわが信仰をないがしろにしたことになろう。

このテクストのなかに見い出されるのは、君主への諫言《かんげん》の決まり文句である。王には罪はない。すべての誤りは彼の補佐役《コンセイエ》からくるのである。この詩の著者はその個人的な倫理観を王に向けている。みずからの魂の救済にかくも心配る人間、かくも正義に配慮し良き人々の助言を求める人間も、正義を愚弄し悪しき助言に耳を傾けると、悪魔の餌食となるのである。聖ルイに対するこれ以上に辛辣な批判はあるだろうか。

さらにここには前代未聞の攻撃がみられるが、その対象は、聖ルイが封建的な自治を尊重する古い裁判手続きに代えて、調査による手続きを導入して裁判をおこなったことに向けられている。この詩の著者は王の裏切りについて語るのをためらわない。この著者は「過ぎ去った日の称賛者」*laudator temporis acti*〔ホラティウス『詩編』一七三〕、古き良き「封建」時代の称讃者として、怒りを爆発させて語る。「うましフランスよ、もはやかくのごとくお前を呼ぶこともできない。お前は今や、奴隷の国、卑怯者の土地、かくも多くの暴力にさらされた悲惨な者たちの王国と名付けられねばならない」。

興味深いのは、この攻撃的なパンフレットが俗語の詩《シャンソン》という形態をとっている点である。このことは、おそらく、王に反対する者たちが王の決定に対して、実力でも裁判の場においても、直接対決する手段をもたなかったことを意味している。しかし一方では、一三世紀は政治的な内容の俗語の詩が発展した時代なのであって、これはフィリップ端麗王治世のフランスにおいて全幅の形で現れる世論の形成にとっては一つの道具となっていた。この段階ではとりあえず、王の役人の行動に対して個々人がもらす不平不満が、より頻繁でより日常的に現れているのであるが、これは王国の中央集権化によって引き起こされた不平を示すものであった[8]。

最後に、王の政治に向けられた第三の批判は、とりわけ「民衆的《ポピュレール》」とでも表現できる世界において、かなり広範に拡がっていたように思えるものである。それは、聖ルイが修道士たちに取り巻かれているやり方に対する批判、および修道士たちが単なる王の個人的な行動に対してばかりか、政治においても大きな影響力を振るっていたことに対する批判である。ところで、彼ら修道士たち、とりわけドミニコ会とフランシスコ会の托鉢修道士たちに向けられたこのような批判は、非常に広範に受け入れられていた[9]。すなわち、彼ら良心の探索者たち、家族や家庭にまで踏み込んでくる私生活の検査官たち、遺言に介入して相続を侵害する者たち、清貧の熱烈な支持者であるにもかかわらず金融の一大専門家となった者たちに対しては、激しく対立する者が多かったのである。托鉢修道士のイメージとは、偽善者、『薔薇物語』の「見せかけ」のイメージである。[訳1] しかし、ジャン・ド・マンやリュトブフ——後者は、托鉢修道士との間で特権的な関係を結んだとして直接に聖ルイを非難している[10]——が、多かれ少なかれ限定された知的サークルを代表しているとしても、次節に見るある史料は、この敵意がそのサークルを超え、時には非常に攻撃的な表現をとりえたことを示している。

【注】

（1）前出五三三頁以下を見よ。
（2）MATTHIEU PARIS, *Chronica majora*, t. III, p. 325.
（3）*Ibid.*, p. 336.
（4）*Ibid.*, t. IV, p.198（フランク＝自由）。
（5）前出三一五～七頁を見よ。
（6）前出二九一～五頁および八一三～四頁を見よ。
（7）«Chanson sur les établissements du roi Saint Louis», *Bibliothèque de l'École des Chartes*, I, 1840, pp. 370–374.
（8）Gérard SIVERY, «Le mécontentement dans le royaume de France et les enquêtes de Saint Louis», *Revue historique*, 545, 1983, pp. 3–24.
（9）聖ルイと托鉢修道士たちとの関係については、前出三九八～四〇三頁およびすでに引用したつぎの素晴らしい論文 L. K. LITTLE, «Saint Louis, Involvement with the Friars» を見よ。
（10）リュトブフはとりわけ厳しい。以下の文献に、聖ルイに対する彼の不平不満が列挙されている。Jean DUFOURNET, «Rutebeuf et les moines mendiants» *Neuphilologische Mitteilungen*, 85, 1984, pp. 165–166.

【訳注】

（1）『薔薇物語』とは、一二三〇年頃、ギヨーム・ド・ロリスなる人物によってその前篇が書かれ、そののち一二七〇年頃にジャン・ド・マンによって後篇が書き継がれた韻文物語である。愛を主題とし、アレゴリーを構成原理として書かれている。

擬人化された登場人物「見せかけ」は、後篇第六章において修道士を風刺する。ギヨーム・ド・ロリス　ジャン・ド・マン『薔薇物語』篠田勝英訳、平凡社、一九九六参照。

「お前は修道士たちの王にすぎない」

ギヨーム・ド・サン＝パテュスが伝える次のエピソードを思い出していただきたい(1)。サレットという名のある女性が、会議のおこなわれる日、王宮の階段の下で王を侮辱したのであるが、彼女はだれも彼を玉座から追い立てないのを不思議に思っていたという逸話である。このとき彼女は王について何を非難していたのか。「お前は、小さき兄弟の会士、説教修道士会の修道士、司祭や聖職者たちの王にすぎない(2)」。

このフランシスコ会士がこの逸話を後世に伝えているのは、この話を聖ルイの顕彰のために役立てようとしたためである。聖ルイは、警護の士卒たちがサレットを外に追い出したり、触れたりすることさえ禁じ、彼女に対しては、彼女の考えが正しいこと、自分は王にふさわしくないこと、そして他の者ならばもっとうまく王国を統治するであろうことを述べて、侍従をして彼女に金銭を与えさせたのであった。

しかし、不都合が生じた事実には変わりはない。こうして私たちは、聖ルイの時代に反聖職者的心情の女性が少なくとも一人はいたこと、そしてすべての者が聖ルイを前にして称賛の気持ちでいっぱいになったわけでもなければ、彼の信心行為を好意的に受けとっていたわけでもなかったことを知ることになるのである。

もう一つの逸話は、この信心深い王を、「篤信家《ベガン》」の王として批判するだけでは満足せず、彼を――具体的な風刺によって――笑いものにしようとしたものである。社会階層からすれば、その舞台となるのは高級貴族のサークルである。ヘルデルラント伯〔現オランダ中部の州〕オットー二世（一二二九―七一）は、フランス人女性、ポンテュー伯シモン・ド・ダンマルタンの娘フィリッパと結婚していたが、おそらく訴訟のためと思われるが、パリに使者を送った。使者が帰ってくると、ヘルデルランド伯オットーはフランス王について彼に尋ねた。使者は、ある在俗聖職者の説教師が説教修道会士たちを、魂の死さえもたらす罪を犯したとして攻撃している旨を報告したが、彼ら修道会士たちは「王にかくも大きな謙譲の行為を助言している」という。そして、使者は嘲るように「首を斜めに傾けて」、伯にいった。「私は見たのです。この哀れな偽信者の王が、頭を覆うのに後ろにフードが垂れ下がった修道士のような頭巾を被っているのを」。この物語はドミニコ会士のトマ・ド・カンタンプレによって伝えられているが、彼は逆にフランス王のこの振る舞いを称賛し、これは奇蹟によって報われたとする（ちなみに、この奇蹟はしたがって王の生前におこなわれたことになる）。敬虔なる王をからかい、彼の姿を笑いものにしたこの使者は、生涯、この「ゆがんだ」姿勢のままであったというのである。(3)

聖ルイとその同時代人たちとの間に存在したこうした溝は、おそらくしばしばこのような逸話の形をとって現れたと思われるが、その底には心性と感性の深い変容が働いていた。ここにはある種の行き違いがある。聖ルイは、どのようなものであれ「封建」社会の本質的な慣行を尊重しながらも、一方では封建的な慣習に打撃を与え、王の職務を近代国家の方向へと変容させる、正義と平和の価値にもとづいて行動した。同様に、彼が君主国家の発展のために封建的な諸概念を利用したやり方など理解されることはなかった。彼が修道士のような王として行動し、修道士に自分の権力の一部を委ねるようにみえたとき、世論（あるいはその発芽的なもの）はこれに従わなかった。王の冠は聖なるものではあるが、しだいに世俗化しつつあったのである。

十字軍に対しては、世論はもっと分かれていた。一方では、エルサレムへの憧憬は、聖ルイがそうであるように消えることはなかったが、このエルサレムはもはや、軍事的な方法以外で回復されることが問題となっていた。聖フランチェスコはこの道をすでに歩んでいた。しかし、聖地よりもむしろ故郷のシャンパーニュの方に心を向けていたジョワンヴィルは、フランス王国のなかで孤立していたわけではおそらくないであろう。政治的表象の変化（ヨーロッパ・キリスト教世界か、あるいはヨーロッパ＝オリエント・キリスト教世界か）と結びついたこの眼差しの変容のために、私たちには学校時代からのおなじみの問いがまた現れる。すなわち、聖ルイは封建的か、近代的かという問いである。しかし、私たちは今やこの問いを別の表現で提出し直すことができるようになった。つまり、これらの概念を使おうとすれば、十字軍はまさに封建制の最高段階となるが、みずからおこなった十字軍で派手に失敗した聖ルイは、まさにその失敗によって、知らず望まずして、古典的な封建制に決定的な一撃を加えることになったのである。

【注】

（1）私はこの事件について、王の慈悲を表わすものとしてすでに言及していた。前出八一一頁を見よ。

（2）GUILLAUME DE SAINT-PATHUS, *Vie de Saint Louis*, pp. 118–119.

（3）L. CAROLUS-BARRÉ, *Le Procès de canonisation*, *op.cit.*, p. 248. トマ・ド・カンタンプレと聖ルイについては、前出四一七頁注17を見よ。

第九章　聖ルイ、聖別された王、病いを癒す王、そして聖なる王

聖ルイはカリスマ的な人物であった(1)。聖ルイのカリスマ的性格は、もしその定義が許されるならば、この王に身近に接していた人々にとっては、彼を取り巻く霊気《アウラ》から由来し、また伝聞によってしか彼を知ることのない人々にとっては、伝えられたイメージが異常なほどの性格をもっていたことから形作られたものといえよう。そしてこのイメージを表現するために、彼の同時代人たちはほとんど聖人ということばしかもち合わせなかったのであるが、彼はさらに聖人としても例外的な存在であった。すなわち、聖フランチェスコが修道士としてそうであったことを、ルイは俗人として、そして王として体現していたのである。ボニファティウス八世は、列聖の教皇文書のなかで、このイメージを表現するに「超人」*superhomo* ということばを使うことになろう。

しかしながら、聖ルイのカリスマ的性格は単に非理性的、直観的な与件ではない。これは、王という職種に加え、この王朝に特有な特徴である「病いを癒す聖別された王」という性質、さらには公式の列聖によって裏づけられた聖性という個人的な資質をも包み込んでいる。

フランス王に共通した特徴と、聖ルイに固有な特徴とをはっきりと区別することが重要である。

【注】

(1) このカリスマ的性格は、ウェーバーのカリスマ的支配の概念(訳1)とは部分的にしか対応しない。なぜなら、聖ルイのカリスマ的威信は彼固有の人格にのみに由来するものではないからである。これはまた、王の職務が有する客観的な威信と、君主鑑によって定義づけられたキリスト教的な原理にその基礎を置くもので、後者は個人的な支配力を制限する。このカリスマ的性格は、聖なるもののイメージと修道制的なモデルによって育まれた。

【訳注】

（1）マックス・ウェーバーのいうカリスマ的支配とは、支配者の人格および、その天与の資質、とりわけ呪術的能力などに対する被支配者の情緒的帰依によって成立し、非日常的で、純粋に個人的な性格の社会関係として現れる。ウェーバーの正当的支配の三類型においては、このカリスマ的支配は合理的（官僚制）支配、伝統的支配と対立し、その正当性としては神の恩寵と個人的使命感以外には依って立つものがない。ウェーバーの数ある著作のなかからとりあえず、『支配の社会学Ⅱ』世良晃志郎訳、創文社、一九六〇、四七～五九頁を参照。

フランス王の神聖な性格

しばしば混乱したやり方で取り組まれている領域については、さまざまな概念を区別することによって、問題を若干はっきりさせておく方がよい。すなわち、聖別されたもの、宗教的なもの、聖職者的なもの、病いを癒す能力に関わるもの、などの概念の区別である。これらのさまざまな側面は一緒になって一つの有機的なシステムを構成するが、これこそが中世フランスにおける王の権力とその具体的な表われを特徴づけるものである。カペー王権はみずからの権力についての、この面での実体とイメージを強化しようとして成功と失敗をくり返したが、いずれにせよ、このシステムは、九八七年のユーグ・カペーの登位から一二九七年の聖ルイの列聖までの間に構築されたのである。(1)

【注】

（1）中世王権についてのあらゆる現代的な問題関心の基礎となった偉大な書物がマルク・ブロックの以下の著作である。M.

BLOCH, *Les Rois thaumaturges, op. cit.*（前出三五〇頁注29）〔前掲邦訳書〕。

聖別のさまざまな価値

カペー家の王が聖別され、それによって宗教的な側面を有することの本質的重要性は、聖別式の儀典書のなかに見い出される。他方、この問題についての別の重要な史料類型もある。それは、王の伝記や年代記、たとえばフルリーの修道士であったエルゴー編纂になる『ロベール敬虔王伝』や、シュジェの『ルイ六世肥満王伝』、フィリップ・オーギュストを主人公とするリゴール・ド・サン＝ドニおよびギヨーム・ル・ブルトンの著作、さらには聖ルイを対象に書かれた伝記、聖者伝、奇蹟集である。一三世紀の君主鑑についていえば、実際のところ、聖別されたカペー王というイメージに付け加えるものは大してなかった。逆に、聖別の儀式自体は、要約され具体的な形をもって表わされる君主鑑として解読できるものである。カペー王の聖別について語った現存する史料はわずかである。代表的な一〇五九年のフィリップ一世の聖別についての叙述にしても、非常に簡単なものでしかない。なぜなら、この叙述の目的は、西フランク王国の代々の王の聖別と戴冠に対してランス教会が伝統的にもつ、排他的な権利を正当化することにあったからである。

きわめて高い確率で聖ルイの治世下に作成されたとすることができるものとして、三つの王の「聖別式儀典書」*ordines* が残っている。一つは治世の初め頃のもので、ランスの「儀典書」と呼ばれている。つぎは治世の終わり頃に編纂された「カペー家の最後の儀典書」、最後はこの二つに時間的に挟まれる、ここでは「一二五〇年の儀典書」と呼ぶもので、これには一八の見事な細密画が付いていて、私たちに聖別式の構成、プロセス、クライマックスを示してくれている[1]。

「聖別されたもの」*sacré*[2] とは、超自然的な力とのつながり、これらの力に参入すること、そしてキリスト教社会にあっては、神との直接的な関係を表現し、さらには非常にしばしばこれらを「創り出す」ものを指す（聖別とは聖化に他ならない）。聖別は、権力の委任という以上に（それはとりわけ戴冠によって意味される。すなわち「神によって戴冠された王」*rex a Deo coronatus*）、塗油による超自然的な力の吸入であり、権力の象徴物件 *insignes* の付与によって、これら超自然的力が彼に与えられたことを公けに明らかにする。

「宗教的なもの」*religieux* の定義づけは、「世俗市民的」*civil* という観念がほとんど存在せず、代わって世俗的事項と霊的事項とを区別していた社会においては非常にむつかしいが、いわばこの世において聖別されたものの規律に則った機能に関係するすべてであり、この機能は本質的には教会当局によって保証されるものである。聖別の際には、これはとりわけ王による誓約《セルマン》という形をとった約束《アンガージュマン》として表われる。これらの約束は「世俗の手」という観念に要約できる。

「聖職者的なもの」*sacerdotal* とは、王に対して教会人の性格と機能を付与するすべてを意味する。聖別の儀式は、君主が同時に司教であり、司祭であり、助祭であるという性格を思い起こさせる。しかし、厳格な限定によって、王が「司祭王」*rex sacerdos* たること、またはそのように見えることは妨げられる。

最後に、「病いを癒す能力」*thaumaturgique* とは魔術に近いもので、フランス王がもつと認められている「病いを癒す超自然的な力」を意味する。これは、多かれ少なかれ格式の高い儀式の機会に、非常に厳密に決められた状況のもとで（祝祭日、回廊のような聖別された場所）、「るいれき」あるいは結核性腺炎という特定の病いに冒された病人を、十字のしるしを切りながら触れることで（魔術的儀礼のキリスト教化）癒す行為である。この病いは、王によって癒されうるという意味で、「王の病い」*morbus regius* と呼ばれた[3]。聖ルイの同時代人は、接触に敬虔にも十字のしるしを切ることを付け加えたのは聖ルイであるとするが、これはすでに前任の王たちのもとでも確認されている[4]。

【注】

（1）この史料〔一二五〇年の儀典書〕は、パリの国立図書館蔵、ラテン語手書本一二四六番のなかに含まれる「儀典書」である。私は、ジャン＝クロード・ボンヌとともにこれを一二五〇年頃のものと判断したが、この説はリチャード・ジャクソンやフランソワ・アヴリルの意見とも一致している。前出七二八頁および私の論文《A coronation program for the Age of Saint Louis: The Ordo of 1250», dans J.M. Bak, éd., *Coronations, op. cit.*, pp. 46–57, さらには J.-Cl. Bonne, «The Manuscript of the ordo of 1250 and its Illuminations» *Ibid.*, pp. 58–71 を見よ。ジャン＝クロード・ボンヌと私は、注釈付きでこの「儀典書」の刊本を準備中である〔J. Le Goff, E. Palazzo, J.-L. Bonne et M. N. Colette, *Le sacre royal à l'époque de Saint-Louis*, Paris, 2001〕。

（2）A. Dupront, *Du sacré, op. cit.*（前出六七三頁注4）。

（3）「るいれき」Ecroulles ou scrofules という名前は、中世においては、さまざまな形態のリンパ腺炎、皮膚の化膿を形容している。

（4）J. Le Goff, «Le miracle royal», 後出一〇五三頁。

王の聖別

聖別はそれゆえ、とりわけ塗油と結びついている。塗油はランス大司教によって、頭、胸、両肩の間、両肩、腕の付け根、そして最後に若干のちにではあるが、手にもおこなわれた。身体すべてが王を表現するものとなって、その力が彼の全身のあらゆる場所にみなぎるのは、聖なる油のたまものなのだが、この油は、クロヴィスの洗礼〔四九八年カトリックへ改宗し、ローマ＝教会勢力と連合した〕に際して、当時ランス司教〔ランスが大司教座として現れるのは八世紀以後〕であったレミギウスのもとに聖霊から奇蹟的にもたらされたものである。その後歴代のランス大司教は、必要なたびごとに、奇蹟の油が保管されている聖油入れからこれを取り出すのである。この聖油入れはサン＝レミ修道院にその管理が委ねられていたが、この修道院長は聖別に際して大聖堂にこれを持ってくるのであった。

この超自然的な力を付与された王は、これ以降、神と自分が治める民との間の聖別された仲介者となる。彼を通じて、つまり塗油を受けた彼の身体を通じて、神の保護、神からの霊感がもたらされる。彼は、神と自分が治める民との間の結合符であり、その死に至るまで、単にこの世における守護だけではなく、とりわけあの世における魂の救済についても、王国と民に対して神の助けを保証する。

「聖別されたもの」はまた、王権の象徴物件を通して王に伝えられるが、これらは儀式の過程において付与される。塗油に先行する第一の段階は、王への武器賦与である。(1) まず始めに、王は物件の一部を受けとるが、これらはサン＝ドニ修道院長によって祭壇に運ばれ、教会のもっとも神聖な場所との接触によりその力を増した聖なる性格が王に伝えられるのである。つぎに王は、相続による王から宗教的な聖化による王に変質させる通過儀礼の最初の段階、すなわち「分離」の儀礼において、身に着けていた古い衣服の外側部分を脱ぐ。彼は、大侍従からは百合の花で飾られた靴を、ブルゴーニュ公からは金の拍車を、大司教からは鞘と剣を受けとる。この行為は、まずそれらの物件が祭壇に置かれ、ふたたびそこから取り上げられるという複雑な儀礼を通しておこなわれる。剣は、王が教会の世俗の手となったことを表わし、これ以降、塗油の儀式の間、フランス王国のセネシャルが抜き身のまま捧げ持つ。(2)

塗油に続く第二段階は、厳密な意味での王権の象徴物件の受け渡しである。(3) 侍従は王に「ヒヤシンス色のチュニカ〔シャツの一種〕」を渡す。この色はイスラエルの大司祭の衣服の色であったものが今やフランス王の色となったもので、王たちは青をもって聖別された権力の色としたのである（これは同時に聖母の色でもあり、さらに大青染料が集中的に開発されたこともあって当時流行の色となった）。チュニカには金の百合の花が散りばめられており、その上にはシャップあるいはシュルコといった袖なしの上衣をまとった。ついで大司教は王に「指輪」を授与する。これは王の位階および、カトリック信仰のしるしであり、さらにおそらくは神が民との間に約した結婚のしるしでもあった。王は右手に、聖別された権力の象徴である杓を、左手には「正義の手」を持つが、後者はこれが史料上の初出であり、以前の「護杖」*verge* に取って代わったものである。

強調せねばならないのは、衣服に金の百合の花が散りばめられている点である。これは王権の象徴物件のなかでももっとも神聖な象徴となりつつあったが、最近の研究によれば太陽の象徴であるという。(4) 聖ルイや、彼以前にもフィリップ・オーギュストおよびルイ八世は、すでに太陽王であったことになる。

最後の第三段階は「戴冠」であり、これは二つの場面で表わされている。すなわち、一つは「王冠」を載せることであるが、「王冠」とはヘレニズムおよびローマ帝国の神聖王権の「ディアデーマ〔王権を象徴する鉢巻き状の冠〕」の「蛮族風」変種である。いま一つは、高い位置に設定された「玉座」への着席で、これは権力の宇宙的な座としての原初の山の象徴である。

大司教による王冠の戴冠は、王権の聖化に一二人の同身分者(訳1)を巻き込んで協力させるという形でおこなわれる。六人の司教と六人の俗人大諸侯からなるこの制度は、シャルルマーニュ伝説の遺産であるが、彼らがこのような形で王の儀礼に組み込まれていることは、教会および世俗の特権階級《アリストクラシー》が王権国家へ合体させられたことを表わしているのである。

「宗教的なもの」は、とりわけ聖別の際に王が誓う誓約のなかに表われている。

ランスの儀典書、および一二五〇年の儀典書によれば、王はつぎの四種からなる誓約を口に出して誓う。

一　王はまず第一に教会に対して、教会の構成員および財産を保護することを約束する。

二　つづいて彼は、平和と正義——これは宗教的、さらには終末論的意味合いを強く含む価値である——を行きわたらせること、および神に倣って憐れみの業を示すことを約束する（一二一五年の第四ラテラノ公会議によって導入された付加的誓約条項には、さらに異端撲滅が含まれている）。

三　彼は聖なるカトリック信仰を擁護し、諸教会およびその責任者たちの後見人かつ守護者となり、その父祖たちの正義の伝統に従って神が彼に与えた王国を治め守ることを約束する。

四　最後に王は、戴冠と玉座への着席ののち、「神、聖職者および民衆の前で」*coram Deo, clero et populo* 総括的な最後の約束をおこなう。

実際のところ、これらの誓約、そして聖別全般においては、王と教会との間にある協約が締結されるのであり、教会はここで、みずから、と同時に自身がその代表であると任ずる民衆の立場から、王に相対しているわけである。

「一二五〇年の儀典書」の手書本を飾る細密画は、聖別する者が聖別される者よりも上位にあるという、聖職者と王の間にそもそも前提とされている不平等関係をきちんと尊重しようとしている様子をよく伺わせているが、儀式の最後にはこの関係は逆転し、王が聖職者に対して上位に位置するに至る。玉座に座し戴冠した王に対して大司教がおこなう平和の接吻は（およびおそらく臣従礼の接吻も）、王が塗油され戴冠されることで「聖なるものに変容した」ことを象徴的に示すものであろう。

「聖職者的」な面について述べるならば、ここではとりわけ、カペー王は「司祭王」の地位にまでは到達しなかったこと、おそらくこれを真に求めようとはしなかったことを指摘しておく必要がある。聖別の最中もそののちも、王は俗人のままである。しかし、王の聖別と埋葬を見ると、これが聖職者にのみ留保されている教会内陣、あるいは内陣の入口部分でおこなわれたという事実もあり、カペー王は聖職者の位階《ディニテ》の何らかの側面を副次的にせよ受けていたものと思われる。

聖別の儀式の間を通じて、王は、ある時は助祭、ある時は司祭（王がまとう祭服は司祭の上祭服《カズラ》のように左腕の上に持ち上げられている）、またある時は司教に類似する存在として表われる[5]。王は司教と同じく（これは司教にだけ許されることであるが）、額の上に塗油を受けるのである[6]。とりわけ、儀式に続くミサでは、王は、司祭に倣って、「パンとブドウ酒双方による聖体拝領を受ける」。ただし、これは王の生涯でただこのとき一度だけのことである。

最後に、王は、「るいれき」という特定の病いにのみ限定されているが、「病いを癒す」力、病人を癒す力を有している。古代の信仰として知られている王による病いの癒しが、いつどのようにしてその対象を変えたかについてはよくわからない。「王の病い〔王が癒す病い〕」は、七世紀のセビーリャのイシドルスにとっては黄疸であったし、聖ヒエロニムスはかってそれはレプラであったという。カペー家の王にとっては、「るいれき」であった。マルク・ブロックはおそらく、触れることでるいれきを癒すという、王の奇蹟の実践を示すいくつかの史料の意味を過大に評価し、カペー家の王による奇蹟の恒常的・制度的な実践の成立をたぶん過度に早くさかのぼらせすぎた。フィリップ一世はるいれきに触りはしたが、そののち、自身の罪によって、この病いを癒す力を失った。ルイ六世もるいれきに触れてはいるが、これが何回おこなわれたかはわからない。ルイ七世、フィリップ・オーギュスト、ルイ八世に至っては、彼らがこの力を行使したとする史料はまったくない。思うに、王が患部に触る《ロイヤル・タッチ》という行為の定期的な行使は、聖ルイ以後に始まったとするのが慎重な判断であろう(7)。聖ルイ以後ルイ一四世まで、王がこの接触による病いの癒しを最初に行使する場所は、コルベニーのサン＝マルクールにほど近い教会のなかにおいてであった(8)。

【注】

(1) 騎士叙任とは区別せねばならない。すでに述べたように、未成年であった聖ルイはランスでの聖別に先立って、ソワソンで騎士叙任された。J. Richard, «L'adoubement de Saint Louis», art.cité（前出一二〇頁注3）を見よ。

(2) J. Le Goff, «Reims, ville du sacre», art.cité（前出五一五頁注2）、とくにpp. 118–122を見よ。

(3) Hervé Pinoteau, «La tenue de sacre de Saint Louis IX, roi de France. Son arrière-plan symbolique et la *renovatio regni Iuda*», *Itinéraires*, 162, pp. 120–166, repris dans *Vingt-cinq ans d'études dynastiques*, Paris, 1982, pp. 447–504 ; Id., «Les insignes du pouvoir des Capétiens directs», *Itinéraires*, 323, mai 1988, pp. 40–53.

(4) Anne Lombard-Jourdan, *Fleurs de lys et oriflamme. Signes célestes du royaume de France*, Paris, 1991.

(5) 前出一〇〇六～七頁で検討した史料のなかでは、聖ルイはいわばユダヤ人についての「外部の司教」として表われていた。ただしこのような表現が使われているわけではない。

(6) 八世紀にペパンの聖別に際して導入されたこの儀式は、九世紀以降にしか司教の叙任式に導入されていない。だから、司教の塗油は王の塗油を真似たのであり、その逆ではなかった。

(7) 私は最近の論文でこの点を証明しようとした。J. Le Goff, «Le miracle royal», art.cité（前出五八〇頁注20）; Id., «Le mal royal au Moyen Âge : du roi malade au roi guérisseur», *Mediaevistik*, I, 1988, pp. 101–109. フレッド・バーロウは同じ議論を展開して(Fred Barlow, «The King's Evil», *English Historical Review*, 1980, pp. 3–27)、イングランドにおける王の癒し《ロイヤル・タッチ》はヘンリー三世以後にしか制度化されなかったと主張している。

(8) ルイが病いを癒す能力をもつことはキリスト教世界全体に知られていた。シエナ近くのモンタセンティの住人でランフランキーノなる人物は、るいれきを病んで、王に「触れて」もらうために一二五八年、フランスへと旅立った。Odile Redon, dans *Archeologia medievale*, XIV, 1987, pp. 390–393.

【訳注】

（1）一二人の同身分者とは、一二世紀に初出し一三世紀以後明確に意識されるに至った王法廷の同身分裁判の構成員であり、とりわけ儀礼において大きな役割を果たした。同身分裁判とは、領主はその同身分の者によってしか裁かれないという原則であり、王自身も「同身分のなかの第一人者」としてその一員である。一二人の内訳は、ブルゴーニュ公、ノルマンディ公、ギュイエンヌ公、フランドル伯、トゥールーズ伯、シャンパーニュ伯、ランス大司教、ボーヴェ司教、ノワイヨン司教、シャーロン＝シュル＝マルヌ司教、ラーン司教、ラングル司教である。

聖別の機構《システム》

聖ルイの治世の終わりに至ると、王権の聖なる性格に基礎を与えるこれらさまざまな儀式は一つの機構《システム》を構成することになる。

この通過儀礼の全体を通じて、王は、これまでのような男性長子ゆえに権力を継承する慣行によって指名を受けた存在から、王による誓約の約束の見返りとして、教会が賦与する聖なる塗油によって聖化された存在へと、変容を遂げるのである。時間的にさかのぼって聖別という通過儀礼の機構全体を補うもの、それは聖別の日の朝における寝室での王の目覚めである。このとき二人の司教が王を寝室まで呼びにいく。ランス教会でおこなわれる典礼では、誓約、塗油、そして王権の象徴物件の授与が、戴冠と玉座への着座という二つの重要時と結びつけられる[1]。さらに通過儀礼は、こののち、王の接触《ロイヤル・タッチ》による病いの癒しの最初の行使によって補完される。ということは、王の病いを癒す力、すなわちるいれき病人に触れる（そして奇蹟的にこれを癒す）力は、それ自体奇蹟的なみずから増殖する聖香油による塗油を通して（奇蹟の液体に直接触れることで）、王の身体のなかに獲得されるとみなされているのである。

ランスにおける儀式はさらに、「王信仰《ルリジョン・ロワイヤル》」の拠点となる三つの教会がこの儀式に参列・参加することでこの三者を結びつける。すなわち、第一は聖香油入れを保管するランスのサン゠レミ修道院であり、その修道院長によって代表される。ついでその大司教が主催して聖別をおこなうランス大司教座教会、最後に王権の象徴物件を管理するサン゠ドニ修道院であり、こちらも儀式においてはその修道院長によって代表される。ちなみにサン゠ドニでは、すべての王は、修道制的な埋葬儀礼という聖なる形のもとに、彼が聖別式以来保持してきた聖別された宗教的権力が終わりを迎えることになる。(2)

聖ルイとともに、「王信仰」の構築はほぼ頂点に達することになった。

種々の新しい「聖別式儀典書」、とりわけ一〇世紀末のフルラッドの「儀典書」以来のものは、それが本来属していたヨーロッパ共通の幹からフランス王の聖別を切り離す性格をもった。たとえフランス王が誓う誓約のとある箇所に、皇帝の「戴冠式儀典書」から借り受けた一節や、皇帝の口から発せられることによってしか効力をもたないような一節が見受けられるとしても、それはシュラムがかって示唆したような、これを削除し忘れたからではないと思われる。むしろフランス王がいまだ「その王国における皇帝」*imperator in regno suo* ではないにせよ、インノケンティウス三世がフィリップ・オーギュストに対して認めたように、「その王国において上位者をもたない(3)」ことをみずからはっきりと主張する格の高い方法をそこに見い出したからであろう。

種々の新しい「儀典書」は、聖香油の典礼を聖別の儀礼の中心に置き、フランス王が他のあらゆるキリスト教君主の上に位置することを宣言する。というのも、彼のみが、聖遺物のなかに納められた奇蹟の聖香油で塗油を受けるからである。彼は「もっともキリスト教的な王」*rex christianissimus* なのである。そして、聖ルイが触れることによってるいれきの病いを癒す力により大きな正当性を与えることができたのは、彼がこの力を制度的に、そして恒常的に行使したおそらく最初の王であったからである。

種々の新しい「儀典書」は、さらにある新しい王権の象徴物件を舞台に登場させている。すなわち「正義の手」である。ところで、正義とは、平和とならんで、王権のイデオロギー、とりわけキリスト教王権のイデオロギーのなかでは、王の主要な職務、根本的には「聖別されたこと」のなかにその根拠を置く職務である。(4)

聖ルイとともに確立したこの聖別という機構《システム》の反映として、私たちは、聖ルイがサン＝ドニの王家の菩提所を、カペー家あるいはむしろフランス王権のとりわけ聖化された菩提所とするために再編成した王でもあることを忘れてはならない。ここに、聖別され戴冠された王と王妃にのみに留保された菩提所、「シャルルマーニュの血統への回帰」を超えてメロヴィング家にまでさかのぼる、三代の王家の聖なる継続性を確立することとなる菩提所が立ち現れた。こうしてフランス王権は、個々の墓の配置と王の横臥像《ジザン》の造形を通して、まず過去に対しては王と王妃たちの血統の継続によって、そして現在においては実際に王位を継承してきた君主たちの亡骸と図像を同時に集め展示することによって、さらに未来に対してはこれら王の横臥像《ジザン》の開いた目が見つめる先によって、それぞれ聖なる絆を確かなものとするのである。

【注】
（1）玉座については別個の論述をあてる必要があろう。
（2）あるいは、「大司教位空位期」にはその属司教、もっとも頻繁にはその筆頭であるソワソン司教によって主催される。
（3）これは、クリナンが「王の帝国」と呼ぶものが構築される一準備であった。J. KRYNEN, *L'Empire du roi*, *op. cit.*〈前出五三〇頁注16〉。
（4）前出八一一～四頁を見よ。

聖ルイの聖性

聖ルイの聖性については、過去あるいは同時代のさまざまな聖性モデルとの関係を指摘することができるにせよ、ある強い独自性を示している。それはさまざまなタイプの聖性を組み合わせたものであること、そして聖性について中世の観念が変容したこととも結びついている[1]。それはまた、一三世紀の聖性を構成する種々の要素の総合であり、もっとも高尚な表われなのである。

彼の聖性の独自性は、まず何よりも、それを伝える史料に由来する。聖ルイが担った王としての職務のあり方を検討してみると、彼の死後列聖の試みが現れる以前、すなわち聖性の顕彰を直接には意図しない彼の生前時の証言のなかにも、ある時には聖性が現れているのに気づくのである。マシュー・パリスやパルマのサリムベーネの年代記はこのことを浮き彫りにしており、これらにおいてはすでに列聖以前にさえ、聖人のある種の特徴が現れていた点が強調されている。たとえば前者は、王の「良心の純粋さ」*puritas conscientiae* を称賛するが、これは聖ルイが監察使に委ねた使命においても、イングランド王に対する彼の態度においても同じように現れているとする。後者は、巡礼および贖罪者としての道を歩む王の忘れがたい肖像を伝えている。聖ルイの王としての行為は、何にもましてキリスト教的な王たりえたいと願った君主の配慮と決断を示している。彼の治世下に出された種々の王令（これは一二五四年の「道徳的」大王令のみならず彼が公布した立法行為の全体が問題なのだが）の内容およびその明白な発布動機を詳細に研究すると、すでに見たところであるが、王の精神構造が理解される。すなわち、彼の霊性と行動によって一人の聖人が作り出されるのだが、それは、フランス君主国家の構築とキリスト教的政治の実現の両者を、不可分なやり方で結びつける政治権力の実践を通してなのである。

彼を対象とし、その死（一二七〇）と列聖（一二九七）の間の時期に書かれた聖人伝的性格をもつ諸史料は、一人の中世的人物の列聖が、なぜ、どのように準備されたかを、例外的ともいえる正確さと豊富さで、私たちに明らかにしてくれる。これらの史料は、列聖が予定されている聖人の聖性を年代ごとに綴るものとなっている。とりわけ、王の聴罪司祭でドミニコ会士のジョフロワ・ド・ボーリューの手になる『伝記』の場合がそうである。彼が作り上げたのは、王の側近たちが抱いた印象、王家の王朝的利害、托鉢修道会の宗教概念、そしておそらくは、十字軍理念にとりつかれた教皇グレゴリウス一〇世の列聖政策に合致するような聖なる王のイメージである。また、サンス大司教管区の司教たちが枢機卿団に宛てた書簡においても、それは同様である。この一二七五年の書簡では亡き王の列聖が要求されているが、これはフランスの教会を特別な形で代表する者たちが練り上げた、王の聖性に関する真のプログラムなのである。さらにこれに先行して、聖ルイの息子で王位継承者であった新王フィリップ三世がフランスの全聖職者に宛てた書簡があるが、これも同種のものである。この例外的な史料は、職務に就いたばかりの王の名において、単にキリスト教王の理想を体現した王のモデルを描いているだけでなく、その後継者〔フィリップ三世〕が断言するところによれば、聖ルイはすでに「永久の王国と永遠の栄光のなかに」*ad aeternum regnum et gloriam sine fine* 移されているというのである。

聖ルイの列聖手続き資料は、すでに見たように、いくつかの断片を除いて失われているが、王妃マルグリットの聴罪司祭であったフランシスコ会士ギヨーム・ド・サン＝パテュスは、『伝記』および『奇蹟集』執筆にあたってこれらの資料を利用している。これらのテクストは証言が集められる複数の段階を再現しており、これにより聖ルイの聖性イメージがその死の直後にじっくりと練り上げられる様子を追跡することができる。すなわち、彼の聖性イメージが、この聖なる王の生活を彩った諸事件の正確な典拠情報からどのように引き剝がされ、本質的にはほとんど歴史から遊離した霊的なものの見方へと理念化していったかがわかるのである。これらの史料は他方、聖性のもう一つの側面である奇蹟を取り上げており、これは「伝記的」側面とは非常に異なる印象を与えるものである。

逆に、従来聖ルイについての歴史研究が無視しすぎてきたきらいはあるが、列聖の教皇文書、および列聖の際にボニファティウス八世によっておこなわれた説教は、教皇および教皇庁が聖ルイの聖性についてどのような見方をしていたかを私たちに伝えてくれる。これは、当時の他の史料がもたらすイメージや、必ずしもアナクロニズムからきちんと解放されているとはいえない近代の歴史家たちが伝えるイメージとは、時には、程遠いとはいえないまでも異なっている。教皇関係の史料では、たとえば、十字軍のさなかに死んだルイを殉教者であるとする考え方は沈黙のうちに拒否されているが、この考えは、彼の列聖を押し進めたフランス人たちによって主張されたもので（ジョワンヴィルものちにこれを取り上げることになる）、ルイ自身、一二五〇年にマンスーラの闘いで死んだ弟のロベール・

ダルトワ、およびその従者たちのために提出していたものであった。同様に、すでになされたこともあるが、列聖の若干のちに現れる典礼関係の史料も考慮に入れる必要がある。たとえば、これらの一つは聖ルイを「王たるものにとっての聖性の規範」*norma sanctitatis regibus* と定義しており、したがって、歴史家は聖なる王という類型のなかに彼を位置づける必要があることを改めて知ることとなる。この方面で始まっている研究は、対象が拡大され、考察が深まる可能性に富んでいる(2)。

検討されるべき史料のなかには、同じく聖ルイ自身によるテクスト、すなわち息子と娘にそれぞれ書いた『教え』がある。王がその後継者に対して、というよりはまず第一に自分のために差し出す「王の鑑」として、この史料は聖なる王の自画像を素描するものといえる。ロベール・フォルツは、ハンガリーの聖人王イシュトヴァーン(訳1)がその息子の教化のために書いたとされる『習俗教育の書』*Libellus de institutione morum* と比べると、聖ルイの独自性がいかに大きいかを明らかにした。この比較研究のおかげで、キリスト教世界の辺境でついこの間改宗したばかりであった一一世紀のキリスト教聖人王から始まり、キリスト教世界の中心において、その敬虔さで知られる長い伝統をもった王朝の後継者である、一三世紀の「いともキリスト教的な王」、キリスト教聖人王へと至る道のりをたどることができる。さらに加えて、これらのテクストを聖ルイが語ったことば全体のなかに位置づけることも必要である。私たちは、「新しい語り」が生まれた時代において、聖ルイのなかに一人の聖なる王の語りをとらえることができるのである。

これらの史料群の検討は、最後に、まったく例外的な史料、俗人によって書かれた偽=聖人伝的というあいまいな性格の著作、すなわちジョワンヴィルの『聖ルイ伝』の検討によって完全なものとなる。

【注】

（1）A. Vauchez, *La Sainteté en Occident*, *op. cit.*

（2）R. Folz, «La sainteté de Louix IX d'après les textes liturgiques de sa fête», art.cité.

【訳注】
（1）九三五頃〜一〇三八年。九九五年に神聖ローマ皇帝ハインリヒ二世の娘ジゼルと結婚。九九七年、ハンガリー王として即位。マジャール人のキリスト教化と王国統一を果たした人物。教皇グレゴリウス七世により列聖が承認され、ハンガリーの国民的シンボル、守護聖人とみなされている。

俗人聖人

聖ルイの聖性を定義しようとするとき、強調しておかねばならないことがある。それは、その同時代人たちが感じていた聖ルイのもっとも強い独自性のことで、彼が中世には稀なカテゴリーに属する俗人の聖人であったという点である（1）。聖ルイは、聖職者と俗人を厳しく区別したグレゴリウス改革以後に現れた、俗人の聖なる王なのである。たしかにこの時期以前の聖人王はすべて俗人であったが、しかし彼らは聖職者的な聖化された性格が入り交じった俗人であった。一三世紀に生きたフランス王なるものが、すでに見たように、何らかの聖別された性格を保ち、さらにはこれを強めていたとしても――教会当局によってはいくぶんためらいがちに、そして今でいう世論と呼ばれるものによってはとにもかくにも承認されていた――、彼はもはや、皇帝やその似姿としての王たちがかっては多かれ少なかれそうであった「聖職者王」*rex sacerdos* ではなかったのである。自身俗人であったジョワンヴィルも、ルイが俗人の聖人であったという例外的な性格を有していたことを、はっきりと強調している。

この聖人は、とりわけつぎの三つの領域で自身が俗人であることを明瞭に表わしている。すなわち、性行動《セクシュアリテ》、戦争、および政治である。

性行動こそ、グレゴリウス改革以来聖職者と俗人との違いを根本的なやり方で定義づけるものであった。聖ルイの聖人伝作家たち、とりわけ聴罪司祭たちは、その結果として、夫婦間の性行動についての聖ルイの完璧な態度を強調するのだが、これは俗人に課せられた条件それ自体を表わすものでもあった。聖ルイと王妃マルグリットは（教会にとって、結婚およびそこから生じる性関係の実践は夫と妻の相互の同意にもとづくものであるから、この問題は聖ルイのみならずマルグリットの問題でもある）、夫婦の間で通常は合法的であった性関係が教会によって禁じられる期間を、すなわち「抱擁の時」(2)を遵守しており、さらにこれに追加の禁欲期間を付け加えていた。ルイは夫婦の間の性行動の模範的守り手であり英雄なのである。これが彼の聖性の一つの側面であったことは間違いない。彼自身これについて、ドイツ皇帝ハインリヒ二世の聖性について語ったことがある。ある研究が示したところによれば、一〇二四年に死んだハインリヒ二世は、「グレゴリウス改革以前の、神聖な王というイメージに完全に合致していた」が、その死の一世紀後には、その列聖は不可能にみえていた。なぜなら、「彼は、神聖王権という伝統を拒否したグレゴリウス改革が定義するような、霊的な権力〔教皇を長とする教会権〕に奉仕する王という類型にはまったく対応しないからである」。一世紀以上たった一一四六年に、バンベルクの聖職者たちが、ハインリヒ二世はその妃キュネゴンド・ド・リュクサンブールとは性関係のない結婚生活を送った、という伝説を創造することではじめて、教皇エウゲニウス三世は、この皇帝の聖性を承認することになる。この列聖の根拠の大きな部分を占めたのは、「彼がその生涯の終わりまでもっとも完全な貞潔を守った」という事実であった。改革を突き動かしていた精神が最終的に、ハインリヒ二世の伝記を書き換えることになったのであるが、これは彼の貞潔がそのように推測されたというものであり、ルイ九世における性関係禁止の遵守とは異なる(3)。聖ルイのみが、俗人夫婦間の正しい——正しい以上ですらある——性行動のモデルに合致するのであるが、この理想は、一三世紀の王においては、王家の子沢山という王の義務と両立するものでなければならなかった。

ルイはまた、騎士たる聖人、戦士の聖人でもある。もし教会人による聖人伝しか残っていなかったとしたら、彼の人格と生涯のこの側面について私たちはほとんど知るところはなかったであろう。この点をはっきり述べているのはジョワンヴィルである。この王は、キリスト教的な戦争の二大原則、すなわち正当戦争および合法戦争という原則を守っていた。異教徒に対しては聖戦というモデルがある。教会当局が彼を殉教者聖人とすることを拒否したにもかかわらず、彼が十字軍のさなかに死んだ非常に稀な聖人の一人であるという事実は残る。ジャン・リシャールやウィリアム・チェスター・ジョーダンは、十字軍が聖ルイを魅惑していたことを非常に詳細に研究したが、十字軍に参加した聖人として聖ルイを十分に検討していたとはおそらくいえないだろう(4)。キリスト教徒の君主においては、けっして攻撃的であってはならず、正当な平和を求めねばならないという原則があった。ここでもまた聖ルイは一つのモデルなのである。彼は、側近たちにアラゴン王やとりわけイングランド王に対して弱腰とみえることで非難される恐れがあったにもかかわらず、争いを収めることに全力を傾ける王であった。しかし同時に彼は、フランス王権の利害を守りながら平和の王でもありうる術をわきまえていたのである。たとえば、彼自身がこの点を強調していたように、彼は〔戦争に訴えることなく〕臣従礼によってイングランド王をフランス王のもとに結びつけたのである。

政治においては、彼は理想的なキリスト教王であることを望んだ。このことから、イデオロギー的観点から彼の聖性を理解するためには、単に彼自身が書いた『教え』だけではなく、彼の治世下に、彼自身の依頼か、彼に献呈するために、あるいはその側近によって作成された五つの君主鑑、とりわけフランシスコ会士ジルベール・ド・トゥールネによる『王と君主の教育論』*Eruditio regum et principum*（一二五九）(5)を検討する重要性が出てくる。この点からすれば、これらの君主鑑を、同時代のノルウェーで書かれた『王の鑑』*Speculum regale* と比較検討すれば面白いかもしれない。この著作は最近になって君主鑑という史料類型のなかに分類されたものである(6)。私は、エナール・マール・ジョンソンがおこなったこの著作の素晴らしい分析のほとんどを受け入れることにやぶさかではないが、「君主鑑《フュルステンシュピーゲル》というものは、時間とともに変化するものではない」、「これらは一見多様にみえても、その出現以来一つの統一性を保っており、それゆえ長期持続《ロング・デュレ》のなかにこれらを位置づけねばならない」という彼の意見には賛成しかねる。私が思うには、カロリング期の君主鑑と、一一六〇年頃から一二六〇年の時期の君主鑑との間には、君主の理念において決定的な変容が存在する。一一六〇年頃という年代は、ソールズベリーのジョンの『ポリクラティクス』（一一五九）、およびそこに挿入されている『皇帝トラヤヌスの教え』*Institutio Trajani* の存在をその区切りとする。ちなみに、この挿入された著作は四〇〇年頃にローマでプリュタルコスによって書かれたものという体裁をとっているが、じつはソールズベリーのジョン自身によって偽作されたものである。一二六〇年以後、一つの転換がトマス・アクィナスやジル・ド・ロームによってもたらされたが、これらアリストテレスの影響が色濃い君主鑑は、聖ルイやその側近たちを精神的に支えていた政治イデオロギーよりも時代的にはのちに属する。王国の統治における王の政治的な聖性や臣下たちに対する王の態度が、君主鑑の影響を受けているかぎりにおいて、ルイの聖性は一二世紀ルネサンスの特徴を有しているのであり、このなかには王を、身体の頭、政治的身体の頭とみなす社会の有機体理論が含まれていた。

重要な「政治著作」*Opus politicum* について、ヴァンサン・ド・ボーヴェはそのうちの『君主の道徳教育について』や『貴族の子息の教育について』しか書かなかったらしいが、この偉大な政治論考によると、君主や補佐役たちや役人たちの行動は、「生活の正直さと魂の救済」(7)との関連で定義されることになっていた。

私たちはここで、おそらく他の君主鑑にもまして、一三世紀の理想的な王や聖なる王に共通の領域を問題とすることになるのである。他方、ヴァンサン・ド・ボーヴェは、カロリング期の君主鑑作者たちの著作やソールズベリーのジョンの『ポリクラティクス』、さらにはシトー会士エリナン・ド・フロワモンが自身の手になる年代記のなかに挿入する形で書いた『王の統治』*De constituendo rege*（『年代記』*Chronicon* 第一一巻）といった以前の著作も参照していた(8)。ヴァンサンはそこで、王の模範としてシャルルマーニュを提示しており、それゆえ彼の著作は「シャルルマーニュの血統への回帰」というカペー家の一大運動に結びつくものといえる。これは、すでに見たように、フィリップ・オーギュスト、ルイ八世、さらにはルイ九世自身にも重みをもち続けていた(9)。

これに直接関係するのは、思うに、「神の似姿としての王」の変形《ヴァリアント》である「三位一体の似姿としての王」*rex imago Trinitatis* というテーマであり、これはインド＝ヨーロッパ的三職機能論《トリフォンクショナリテ》と関係するとはいえ、これとは異なる三つの職能機能構造を示している(10)。

ヴァンサンは王の属性として「徳」*virtus* を挙げるが、これはつぎの三つの具体的属性のもとに現れる。すなわち、力、知恵および善である。「力」*potentia* についてヴァンサンは、王権の起源はカインとネムロド〔聖書では特定されていないが、伝承によってバベルの塔を建てさせた人物とされる〕に発する権力の簒奪にあるという性悪説に従っており、これはまたジャン・ド・マンが『薔薇物語』のなかでもふれている命題である。しかし、ヴァンサンは権力を、「本性の堕落」、すなわち原罪によって人間社会にもち込まれた悪を矯正するのに必要であるとして正当化してもいる。いずれにせよ、その力を「正しく」用いる王は、第二の属性である「知恵」*sapientia* によってこれをコントロールできるし、またそうせねばならないのであり、このことによって彼の権力は暴政に変質することが避けられる。この知恵は、戦争の良き使用を含み、また王に良き友、良き補佐役、良き役人を選ばせ、さらにキリスト教および世俗の技芸に通じさせる。三番目の属性は、王の徳の三位一体を成就する「善」*bonitas* である。なぜなら、君主は「彼が統治することになっている人々すべてを善において凌駕」せねばならないからである。王は、嫉妬、へつらい、世辞に用心することでこれに到達せねばならない。善こそ、「良き」王を聖性に近づける。

聖ルイにおいては、彼個人と彼の抱く理想的モデルとが歴史的にはただ一つのものとなった。だからこそ、すでに見たように、その聖性を検討することが「真の」聖ルイを検討することにつながるのである。

【注】

（1）A. VAUCHEZ, *Les laïcs au Moyen Âge, op. cit.*

（2）J.-L. FLANDRIN, *Un temps pour embrasser, op. cit.*（前出九三九頁注1）。

（3）R. FOLZ, *Les Saints Rois du Moyen Âge en Occident* (VIe–XIIIe *siècles*), *op. cit.*

（4）J. LE GOFF, «Saint Louis, croisé idéal?», art.cité.

（5）前出五〇四〜一二頁を見よ。これら五つの君主鑑に加えて、おそらく王および王妃に対して何の影響力も持たなかったとはいえ、さらにつぎのものを付け加えることができる。すなわちドミニコ会士ギヨーム・ペローの『君主の教育について』*De eruditione principum*（一二六五頃）、さらに、一二六五年頃にトマス・アクィナスによって執筆が開始され、一三〇四年にルッカのプトレメによって完成されてキプロス王に献呈された『君主の統治について』*De regimine principum* である。『君主の道徳教育について』*De morali principis institutione* については一〇六四頁で述べることにする。

(6) Sverre BAGGE, *The Political Thought of the King's Mirror*, Odense University Press, 1987 ; Einar MAR JONSSON, «La situation du *Speculum regale* dans la littérature occidentale», *Études germaniques*, octobre-décembre 1987, pp. 391–408.

(7) これらの詳細については、R・J・シュナイダーが、一九八七年一月二三日にグロニンゲン大学でおこなった「三位一体の似姿としての王。ヴァンサン・ド・ボーヴェの『君主の道徳教育について』における力、知恵および善」という講演（前出八七九頁注4）に負っている。未刊行のこの講演原稿、および注9に引用した講演原稿を私に送ってくれたロバート・J・シュナイダーに謝意を示す。前出五〇三頁および七四二頁注1を見よ。ヴァンサン・ド・ボーヴェの「政治著作」については、前出七三八頁を見よ。

(8) もしヴァンサン・ド・ボーヴェが『歴史の鏡』*Speculum historiale* の第二九巻にこれを再録していなかったとしたら、失われてしまったと考えられる部分。

(9) 前出四九六～五一二頁「『君主鑑』の王」前半部を見よ。Robert J. SCHNEIDER, «Vincent of Beauvais on political legitimacy and the Capetian Dynasty : The Argument of the *De morali principis institutione*», conférence prononcée au 22e congrès international d'études médiévales : «The Capetian Millenium, 987–1987» (Kalamazoo, 8 mai 1987).

(10) 「神の似姿」としての王については前出四九七～八頁を、三職機能論については、前出八〇八～四九頁を見よ。「神の似姿」としての王の概念は、君主鑑作者のもとでは相対的な成功しかおさめなかったが、神学者、およびおそらくは一般人の心性のもとでは根本的なものであり続けた。

聖ルイの聖性モデル

最初のモデルは聖書からのものである。聖ルイは、すでに見たように、新しいヨシヤである[1]。ヨシヤと同様、「彼以前に、彼ほどその心と魂と力のすべてをあげて神に自分を捧げた王はいなかった。彼ののちも、彼に比べうる王は現れなかった」（ジョフロワ・ド・ボーリュー）。ヨシヤと同じく、聖ルイはその治世の前半において敬虔であったが、その後半、十字軍ののちに、真のキリスト教的回心を経験した。実際、ヨシヤは、神殿を再建して、そこで律法の書、中命記を発見し、これを基礎として神との契約を更新し、エルサレムにおいてヤーヴェのために盛大な過ぎ越しの祭りを執りおこない、ファラオと闘ってメジドで死んだ。このように、聖書に従えば、ヨシヤは、信心の行為から聖性へと移行した王なのである。

二番目のモデルはカペー家のなかにあった。すでに一一世紀に、エルゴー・ド・フルリーはロベール敬虔王の列聖を企図したが、これはこのユーグ・カペーの息子の行動のいくつかの側面を強調することによってであり、それらが聖ルイの信心行為に類似していることは私たちに強い印象を与える。(2) それよりもっと驚くべきことのように私たちには見えるのであるが、フィリップ・オーギュストの側近たちは、この王の死の直後、彼を聖人にしようと試みた。この時はフィリップ・オーギュストがおこなった慈善を根拠とするものであったが、この点については聖ルイについて、ずっと現実に近くしかも具体的な証拠にもとづく形で提出されることになろう。(3) ロベール敬虔王とフィリップ・オーギュストにおいて失敗したカペー王列聖の試みは、聖ルイに至って成功することになった。彼は王家に属する聖人であり、その列聖が政治的な側面をもっていたことは否定できない。ボニファティウス八世は一二九七年になっても、聖ルイの孫フィリップ端麗王を籠絡するという幻想を抱いていたが、この王はやがて彼の不倶戴天の敵となるであろう。

最後に、聖ルイの聖性は王としてのモデル、聖人王としてのモデルに対応している。(4) しかし、中世初期の激情を発散する王や一一～一二世紀の罪を悔悟する王――彼らは、部族民のキリスト教化の時期や、修道制的モデル、神聖王権というイデオロギーなどに結びついている――と聖ルイとの間では、継続性よりも断絶の方が大きい。王の聖性は長期にわたって変化しないもの、という誤った考え方にはまり込まないよう気をつけねばならない。ルイの聖性は、これら伝統的な王の聖性とは異なるものである。

彼の聖性はとりわけ、一三世紀を特徴づけるつぎの二つのモデルによって、その性格が特徴づけられている。ルイは、彼を取り巻く、すなわち彼に影響を与え、彼を教育していた托鉢修道会が提示するモデルに合致する聖人であった。この点については、彼の聖人伝作者や敵対者たちが、彼は托鉢修道士になりたいという誘惑にかられていたと証言しているほどであった。修道士になるか否かのためらいは、俗人から構成される第三会組織をもっていた修道会が相手ならば不必要ともいえるが、たとえこのかたちであっても、王の職務と威厳は修道会への帰属とは両立しなかった。アラン・ブーローは適切にも、聖ルイの聖性のなかに現れる「私的な信心行為を公けに実践する人物像」に、托鉢修道会の影響を見ている(5)。

二つ目の同時代モデルは貴紳というモデルである。これは、宮廷風慇懃さと理性、荒々しい武勇と中庸さの混合物であるが、宗教上の最高の諸価値ともなりうるものである(6)。聖ルイは、貴紳の聖人であり、信心行為の脅迫観念にかられた宮廷風英雄、中世のポリュークト(訳1)なのである。

聖ルイの聖性を明らかにするためには、すでにふれた二つの問題についての検討を補足的におこなう必要もある。第一は、一三世紀という時期にフランス王なる者が担っていた性格と職務に関係する。ルイ九世については、個人としての聖人王と、職務としての、および集団表象としてのキリスト教的な王を区別せねばならない。聖ルイの聖性は、個人的なものであり、王という職務に自動的に結びついていたわけではないので、教皇によって単純に承認されればよかったのである。

同時に、聖ルイの聖性を造り上げ、列聖のために活躍した「ロビー活動者」の性格や構成および具体的行動も分析せねばならない。この「ロビー活動者」には、たとえば以下の者たちがいる。教皇グレゴリウス一〇世をはじめとする、十字軍をいまだに積極的に主張している者たち。カペー王家、とりわけ彼の孫フィリップ端麗王。フランスの教会全般、これはとりわけサンス大司教管区の司教たちから枢機卿たちに宛てられた請願のなかでその意志が表明されている。さらには、教皇庁内のフランス派閥。それからもちろん托鉢修道会であるが、「世論」*vox populi* も忘れてはならない。聖ルイは、フランス人にとっての聖人、托鉢修道士にとっての聖人、「民衆的な」聖人、すなわち自発的な世論によっても承認された聖人なのであった。

二番目の調査課題は奇蹟についてである。

【注】
(1) 前出四八六～九二頁を見よ。
(2) 前出五七三～五頁を見よ。
(3) Cf. J.W. Baldwin, *Philippe Auguste et son gouvernement, op. cit.* (前出八一頁注4), pp. 491–495 および J. Le Goff, «Le dossier de sainteté de Philippe Auguste», art.cité を参照されたい。
(4) R. Folz, *Les Saints Rois du Moyen Âge en Occident, op. cit.*
(5) Alain Boureau, «Saint Louis», dans *Histoire des saints et de la sainteté chrétienne*, t. VI, *Au temps du renouveau évangélique* (1054–1274), André Vauchez (éd.), Paris, 1986, pp. 196–205.
(6) 前出七八二～四頁を見よ。

【訳注】
(1) 三世紀のローマの軍人で殉教者聖人。コルネイユの悲劇の主人公で宗教的義務と世俗の愛情とに引き裂かれた人物として描かれる。

聖ルイの奇蹟

聖ルイが介在した奇蹟を調査してみると、彼のこの面での聖性は、他の面についてよりも一層伝統的なイメージに合致していることがわかる。もっとも多いのは、癒しの奇蹟、身体に関する奇蹟である。しかし、この「病いを癒す能力」を有したという聖性は、王の死後にしか発現せず、これは――偽預言者がおこなう幻の奇蹟や生前からこれを乱発する偽聖人の奇蹟を避けるために――死後に発現した奇蹟しか有効と承認しないインノケンティウス三世の規定に沿うものである(1)。ルイはこの領域では(2)、非常に正統信仰的な聖人、教会当局の規定に従順な聖人として現れる。これらの奇蹟をもっと詳細に見てみよう。

キリスト教における聖人は、その生涯および奇蹟という二つの性質によって定義される。その列聖の直前直後の数年および列聖の時期に報告されている聖ルイの奇蹟を検討してみると、聖ルイの列聖において、その奇蹟がどの程度の重要性をもっていたのかという問いに答えることができる。この問いはつぎの二つの形で表現される。一つは、彼の生涯および彼の徳と、彼の奇蹟活動との間のバランスはどのようなものであったのかということ、そして二つ目は、聖ルイの奇蹟には何か独自性があるのかということである。

列聖のための公式資料に収められている六五の奇蹟報告は、それらが生じた時と場所、奇蹟によって利を受けた者たち、およびこれらの奇蹟の性格を明確に記載している。

まず第一にもっとも重要な点は、聖ルイの奇蹟はすべて彼の死後生じているということである。伝記作者も、このことをしばしば強調している。ジョフロワ・ド・ボーリューはすでに、サン゠ドニへの王の遺骨の埋葬にあたって奇蹟が生じたと記している。「聖なる遺骨が埋葬されると、聖なる奇蹟が多く生じた。主は、かの聖人に対して直ちに奇蹟の能力を与えたのである［…］」(3)。また、死せる王を太陽、「西方に現れた新しい太陽」*sol novus ortus in partibus Occidentis* に比すギヨーム・ド・シャルトルは、「彼が眠りに就いたのちにおいても［すなわち彼の死後においても］、彼は奇蹟のきらめきによって輝き続けた」(*post occasum etiam lucere non desinens miraculorum evidentium claritate*)(4)、と断言している。さらにボニファティウス八世は、一二九七年八月一一日付の列聖承認文書のなかで、聖なる王がその死後、「［生前］その多くの功徳によって輝いていたように、多くの奇蹟によって光輝くこと」をキリストは望まれたと強調している(5)。

このように、ルイ九世の聖性は、一世紀前にインノケンティウス三世が推奨していた点に合致するものでもあった。これを理解するには、聖性の二つの表われを、すなわち、生きている間の徳と死後にのみ現れる奇蹟とをはっきりと区別せねばならない。教会当局はそれまで、ある人物がその生前に奇蹟を生じさせることについて、これをいわば世論の要求として何はともあれ受け入れてきたのであるが、その意味では彼ら民衆こそがこれらの人物を自然発生的に聖人として承認していたのである。しかし、こののち教皇と教皇庁が、列聖手続きの整備によって聖性の承認責任者となる。この際に重要なのは、聖人のイメージを完全に正統信仰に一致させることであり、これは可能なかぎり「民衆的な」宗教を排除するという教会当局の全般的姿勢と合致するものであった。それまで教会は、聖人がその生前において妖術使いと混同されないよう注意深く努めるにとどめて、この民衆宗教を、統合したとはいえないまでも寛容に取り扱ってきたのであるが、(6)今やこの姿勢が変化したのである。奇蹟を死後に限るとするこの政策は、結果として聖人の墓のもとに奇蹟が集中するという現象を生んだが、これは古代キリスト教伝統に沿うものでもあった。

聖ルイの生前に記録されている奇蹟はただ一つであるが、彼がこれを起こしたのではなく（あるいは彼を通して神が起こしたものでもなく）、逆に奇蹟によって彼が利を受けたものである。ボニファティウス八世は、とりわけ王の生前にすでに、聖性と奇蹟の雰囲気がすでに王のまわりに漂っていたことを示したいと望んで、彼の目にとくに王の功徳が積まれた時期とみえたエジプトでの捕囚の間に生じた奇蹟の一つを伝えている。ある日、喧噪から離れた寝室で祈っていた王は、聖務をおこなうための聖務日課書が手元にないことを嘆いた。彼のそばにいた修道士が王を慰めたが、突然王は自分のかたわらに聖務日課書を見い出した。これは神が彼に奇蹟的にもたらしたものであった。(7)

この例を除けば、奇蹟は王の死後を待たねばならない。そして死ぬや否やこれは爆発的に多発するのである。奇蹟は、王の亡骸がチュニスからパリおよびサン＝ドニへと帰還する途上に始まっている。ジャン・ド・ヴィニェは、すでに見たように、弟のシャルル・ダンジューの要求によっておこなわれた、シャルル建立のモンレアーレ修道院への王の心臓と内臓の奉遷のさなか、シチリアで生じた二つの奇蹟を伝えている。公式リストは、イタリア北部を王の遺骸が移動中、パルマとレッジオ＝ネッレミリアで生じた二つの奇蹟を記録している（ギヨーム・ド・サン＝パテュスが伝える奇蹟六四および六五）。いま一つの奇蹟は王の遺骸がパリに入場する際に生じた（奇蹟四六）。ギヨーム・ド・サン＝パテュスの伝えるところはとくに生き生きとしている。

一二七一年春、パリに、その父の遺骨をチュニスより持ち帰る王フィリップ三世が帰還するとの知らせがもたらされると、パリの都市民たちは葬送の行列を出迎えにやって来た。その先頭になめし皮職人たち［ギヨーム・ド・サン＝パテュスによれば三〇〇人以上］がいたが、彼らは新しい王がボードロワイエ門近くの場所を自分たちに割り当てたのは間違いであると不満を述べた。彼らは、クリストー［クレティユ］を越えてボンネル［ボンヌイユ＝シュル＝マルヌ］近くまで行列を迎えにいった。そこで彼らは、息子を連れてブルゴーニュから来たという一人の女性に出会った。この息子は八歳ほどの子供で、左耳に大きな――ガチョウの卵ほどの大きさの――腫れ物ができていた。彼女は多くの聖人のとりなしを願って、多くの聖なる場所に巡礼に出かけ（とりわけサン＝テロワ＝ド＝フェリエール）、また多くの医者に頼ったが、無駄に終わっていた。葬儀の行列がやって来ると、この女性は聖ルイの遺骨を納めた匣――これを前にしてすべての者たちはひざまずいていたのであるが――を運ぶ二頭の馬を操る者たちに、この子供の体の病める部分がその匣に触れられるために停まってくれるよう求めた。馬丁の一人が子供をやさしく抱え上げ、彼のこぶを匣に触れさせた。腫れはたちまちはじけて、そこから多くの「汚物」が子供の胸や衣服に流れ出たが、子供自身はまったく痛がる様子をみせなかった。居合わせたすべての者たちは奇蹟だと叫び、祝福されし聖ルイの功徳を讃えた。何人かは喜びのあまり泣いていた。この場に居合わせたある司教は、祝福されし聖ルイはここまでの道程の間にすでにいくつもの奇蹟を起こしてきたことを確かなこととして証言した(8)。

しかし、もっとも重要な奇蹟はもちろんサン＝ドニの彼の墓で生ずる。聖ルイはサン＝ドニ修道院の聖人なのである。

病人、障害者、手足の不具者、乞食たちが群をなして彼の墓のまわりに殺到し、これに触れ、その上に横たわる（この時期まだ「王の像」は棺の上に彫られていなかった）という光景が描写されているさまには、胸をえぐるものがある。石棺を削り、その石の粉を飲み下すことが史料に記されているのを見ると、信仰や宗教実践のあり方は、メロヴィング期にトゥールのグレゴリウスによって報告されていた状況からさして変わっていなかったことが、改めて思い起こされる。

ギヨーム・ド・サン＝パテュスによると、聖ルイの奇蹟によって六四人の人間がご利益を受けたことになるが、そのうち五三人はサン＝ドニにおいて癒されている。五名は身体の状態がサン＝ドニに赴くことを許さず、聖ルイによって癒されたならお礼参りをおこなうことを約束し、そののち実際サン＝ドニ詣でを果たしたケース。さらに二名の場合はシャーリス修道院およびパリで生じた奇蹟だが、ひとつは聖ルイの聖遺物が起こしたもので（王がもたらしたマントと頭巾）、さらに、ある子供は王の墓に蠟燭が奉献されただけで死から蘇った（奇蹟一九）。この他、聖ルイの名を呼んで祈っただけで奇蹟が生じた例が一例ある（奇蹟六二）。これは、サン＝ドニからの帰還の途上、ソーヌ川で溺れかけたエーグ＝モルトの城主のケースである。これらに、イタリアで起こった二つの奇蹟、パリの市門で生じた一つの奇蹟が付け加えられねばならない。

　このように奇蹟の圧倒的多数が地理的にサン＝ドニに集中しているにもかかわらず（全体で五分の四以上）、聖ルイの伝記作者のほとんどは、彼の奇蹟はサン＝ドニあるいは「他の場所で」[9]生じたと記している。これはおそらく一三世紀にははっきりと感じられるようになった奇蹟の「地方分権《デロカリザシオン》」の傾向に沿うものであるのだろう。[10]奇蹟を享受した者たちの居住地についてみると、二人のイタリア人（奇蹟六四および六五）、エーグ＝モルトの城主（奇蹟六一および六二）、王の遺骨をパリの市門で待っていたブルゴーニュ出身の子供（奇蹟五六）、およびリヨンから王の葬送行列に付き従ってきたジュラ地方出身の若い従者（奇蹟五五）を除けば、これらはつぎの三つのカテゴリーに分類される。すなわち、サン＝ドニ、パリ、およびノルマンディとアルトワとの境界地帯にまで拡がるイル＝ド＝フランスである。[11]

　すべての奇蹟は、ただ一例を除いて（奇蹟六六、水浸しになったパリの三つの穀物倉庫が乾いた）、何らかの奇形あるいは病いから癒されたか、あるいは死の危険から救われたというものである。これらは男女の性別の違いにほとんど関係しないし（男性が二三例、女性が二〇例）、二〇例におよぶ子供および青年男女についても、男子一一例、女子九例とほぼ同じである。性別および年齢については、奇蹟享受者の間には比較的均衡が保たれているのである。他方、奇蹟を受けた者の大多数は、社会的に低い階層の者か、あるいは貧者であり、六三名のうちの五〇名〔ママ〕に達する。残りは、七名の教会人（教会参事会員一名、司祭二名、シトー会士一名、パリの「神の娘」修道院修道女二名、女子助修士一名)、三名の都市民、五名の貴族(城主一名、騎士三名、貴族の女性一名)である。大多数の者たちがみずから働かねばならなかったとか、あるいは貧困か乞食へと追いつめられた存在であったことは、しばしば強調されているところである。さらに時には、彼らは奇蹟によって癒されたおかげで困窮状態を脱することができたとも強調されている(12)。

ここに現れているのは奇蹟の社会的な機能である。すなわち、もっとも経済的に恵まれない者たちの希望を支え、今日社会保障とか宝くじが果たしている機能の代わりをしているわけである。

奇蹟はそのほとんどすべてが、かって指摘されたことであるが、その享受者の身体的な状態に関係している。この際、フランス王が(聖人であろうがなかろうが)、「その職務によって」生きていながら癒すとみなされていたるいれきの癒しは別個に取り扱うべきであろうか。この問いに対しては、イエスでもありノーでもあると答えねばならない。別にすべきであるというのは、フランス王による病いを癒す力は、それぞれの王の霊的資質やキリスト教的見方から判断された彼らの生涯の価値とは関係がないと、すなわち彼らの個人的な資質とは無関係とみなされるからである。ジョフロワ・ド・ボーリューは、聖ルイがおこなったるいれきの癒しについては短い章を一つあてているだけであるし、その他の伝記作者たちについては、これについて語らないか、あるいは簡単に仄めかしているだけなのである(13)。しかしながら、聖ルイがその生前——フランス王として——おこなった特別な癒しの力と、その死後——正式の列聖には至っていないが、すでにそのようにみなされていた聖人として——生じさせた奇蹟の力との間には関係があるように思われる。実際、公式に認定された奇蹟の一つ(奇蹟六〇)において重要な役割を果たしていたある女性、王の倉の雇われ人であった男の寡婦エムリーヌ・ド・ムランは、つぎのような証言をしている。「〔彼女は〕誓約にもとづき、祝されし聖ルイの遺骨が海の向こうからフランスへと帰還してきたとき、この遺骨は、遺骨が納められていた匣に口づけした多くのるいれき患者たちを、遺骨が運ばれた道すがら、および諸都市において癒した、と語った(14)。そして一般に噂されていたところによると、彼らはすぐに癒された」。したがって、王が生前るいれきを癒す力をもっていたという評判が、彼の遺骨が運ばれる途上においても、病人たちを惹きつけたのだと推測できる。生前彼がもっていた病いを癒す力が、その死の直後の時期にも依然として有効であると信じられており、このことが、死後において彼は奇蹟をおこなう力をもつという信仰、すなわち彼の聖性確立に、ある役割を果たしたのである。これはたとえ、すでに見たように、その他の奇蹟が神に対して請い求められたうえで得られていたとしてもである。いずれにせよ、これは彼の亡骸が運ばれる途上であったからには、この亡骸は聖遺物であるということになる。病いを癒すルイ九世から聖人ルイへの移行を背後で支えたものこそ、るいれきの癒しであった。

しかし、この王の伝記作者たちが強調しているのは、死後の聖ルイの仲立ちによって生じた奇蹟は単に偉大でその数が多いばかりでなく、実に多様であったという点である。列聖の教皇文書においてボニファティウス八世は、聖なる王の「奇蹟の多様性」*diversitas miraculorum* について語っている[15]。実際、王としてのルイ九世がその生前においてきわめて特殊な病いを癒す力、すなわち、るいれきというただ一つの病いの癒しの力を備えていたのと同じく、聖人ルイは〔その死後〕非常に早期に、かの偉大な聖人の一人とみなされた。すなわちその力は、特定の聖域のなかで生じるある一つのタイプの奇蹟に限定されることなく、すべての病い——これらについては神に対して聖ルイの仲立ちを求めることができる——について実効力を有するのである。この力はサン＝ドニの墓で発揮されるだけでなく、「その他の場所」でも発現する。教皇庁によって認定された奇蹟のリストは、一三世紀末に「偉大」とみなされた奇蹟のなかでもこれ以上確かなもののない目録である。

ギヨーム・ド・サン＝パテュスはこれについて二つのリストを提示しているが、一つは説教のなかに、いま一つは彼の編纂になる『伝記』の「奇蹟について」の部分のなかにある。

説教において彼は、聖ルイによって奇蹟的に癒された病人を六〇名数え上げ、つぎのように分類している。

精神病者たち（*alienati mente*）　三人
四肢のやせ衰えに冒された者たち（*aridi membris*）　二人
溺死から救われた者たち（*ab acque inundanti periculo*）　二人

筋収縮に冒された者たち（*contracti curati*）　六人
身体の折れ曲がりが癒された者たち（*curvi erecti*）　二人
ふたたび歩けるようになった足の不具者たち（*claudi recuperaverunt gressum*）　五人
視力を回復した盲者たち（*ceci visum*）　三人
絶え間ない高熱に冒された者たち（*febricitantes continua sanati*）　三人
四日熱に冒された病者たち（*a febre quartana*）　三人
痔に冒された者たち（*fistulati*）　三人
白内障？に冒された者たち（*a gutta forma*）(16)　一人
ことばを取り戻した唖者たち（*muti recuperavernt verbum*）　二人
麻痺病者たち（*paralitici curati*）　一六人
眼および喉の腺炎疾患に冒された者たち（*a struma super oculum et in gutture*）　二人
るいれき患者たち（*a scrofulis*）　一人
聴力を回復した聾者たち（*surdus recepit auditum*）(17)　一人
腫れ物に冒された者たち（*a tumore sil et dolore*）　三人
死からよみがえった者たち（*mortuis suscitati sunt*）　二人

このリストは、「奇蹟について」(18)から引き出されるリストとは若干異なっており、「奇蹟について」においては六〇人ではなく六五人が数えられている。このもう一つのリストは、ギヨームによれば以下のように要約されている。

彼は、筋肉が収縮しその四肢が身体の方へ向いてしまった者たちや、身体が折れ曲がって顔が地面にほとんどつかんばかりの者たちを救った。彼は彼らに救いの手を差しのべ、完全な健康体へと回復させたり、彼らの顔を高く持ち上げた。彼は、せむしや通風病者、痔と呼ばれる症状の変わりやすい重い病気に冒された者たち、四肢がやせ衰えた者たち、記憶を失った者たち〔精神病者あるいは記憶喪失者〕、高熱が続く者たちや四日熱に冒された者たちを救った。〔…〕麻痺やさまざまな種類の衰弱に冒された者たちを彼は助け、救い、完全な健康体へと回復させた。彼は盲者には視力を、聾者には音を、足の不具者には運動機能を、死者には命をもたらした[19]〔…〕。

何人かの歴史家によれば[20]、一三世紀に奇蹟によって病いから癒された者のなかでは、「筋肉の収縮に冒された者たち」の割合は下がっているという。しかし筋肉収縮病者、身体が折れ曲がった者たち、足の不具者たち、それから麻痺患者と呼びうる者たち（このなかには思うに、何人かのてんかん患者——てんかんはサン＝ルー病と呼ばれていた——、およびパーキンソン病に冒された者たちが含まれていた）、すなわち一言でいえば運動能力に問題を抱えた者たちすべてを合わせてみれば、この種の病人が公式に認められた聖ルイの奇蹟によって病いから癒えた者のもっとも大きな部分を構成することに変わりはない。彼が癒す不幸せ者の典型は、サン＝ドニへ「腕木」、すなわち松葉杖にすがってやって来ることがやっとの者であるが、彼（あるいは彼女）はその腿、足、足先を「失った」にもかかわらず、サン＝ドニからは松葉杖をつかずに帰っていくのである。この客観的に確認される公然注視のなかでの癒しこそ、不具によってその価値をおとしめられ、他人、すなわち親族、施療院、慈善布施者に頼らなければ生きていけなくなった人間存在に対して、その本性および人間としての潜在的能力を回復させるのである。すなわち、動けること、健常であること、自立しているということ、働けることである。

苦しみの消滅というより、なお一層人間の尊厳の回復につながる奇蹟であるといえる。

もう一つ別の奇蹟的治癒のカテゴリーがある。すなわち、醜さや汚辱、膿や「汚物」を発散する病いから癒された者たちである。痔、腺炎、リンパ腺炎、傷などに冒されたこれらすべての人々の皮膚は、化膿し、悪臭を放ち、むくみ、裂けるのであるが、ピエロ・カンポレッジは、一四世紀から一八世紀までのイタリアを舞台に、これらの人々からなる悲劇的集団の様子をこれ以上ないほど鮮やかに描き出した[21]。彼らに対してもまた、奇蹟は美しさではないにせよ身体の完全さを、輝かしさではないにせよ清潔さを、そして周囲の人々との通常の接触を実現させるのである。

つまるところ、聖ルイは奇蹟においては例外的なところは何もない。彼は、一三世紀末という時点で人々が偉大な聖人に期待することを果たしたのであって、偉大な聖人とは、俗人であろうが聖職者であろうが、また王であろうが修道士であろうが、この点については同じであるといえる。奇蹟を通してみると、彼は、ちょうど彼の甥であるトゥールーズの聖ルイというもう一人の聖人〔シャルル・ダンジューの息子で、フランシスコ会士。一三一七年列聖〕について指摘されているのと同じく、他の聖人と同じような聖人なのであった(22)。

【注】

(1) A・ヴォーシェ(*La Sainteté, op.cit.*)は、この概念がゆっくりとしか定着しなかったこと、そして一三世紀にはいまだきわめて不完全であったことを証明した。

(2) 私はここで、すでに引用した私自身の研究 J. Le Goff, «Saint de l'Église et saint du peuple : les miracles officiels de Saint Louis entre sa mort et sa canonisation (1270–1297)» の要点を採録している。また、私の研究と平行しておこなわれながら、若干異なった見通し、すなわち身体の歴史という観点(これは本書第三部一〇章および最終章において聖ルイの身体について私が論ずるところでもある)にもとづいた、つぎの素晴らしい研究も参照のこと。S. Shennaf et O. Redon, «Les miracles de Saint Louis», art.cité(前出七五二頁注2)。

(3)「聖なる遺骨の埋葬ののち、神の奇蹟が多く生じた。神はその[新しい]聖人を奇蹟にて遇するに時を待たなかった」(*Recueil des historiens des Gaules et de la France*, t. XX, p. 25)。

(4) *De Vita et de Miraculis, Ibid.*, p. 28.

(5) Boniface VIII, *Ibid.*, t. XXIII, p. 159.

(6) インノケンティウス三世の立場は、聖ホメボンの列聖文書(一一九九年一月一二日)のなかで明らかにされており、この文書は以下の形で刊行されている。O. Hageneder et A. Haidacher, *Das Register Innocenz III*, I, Graz et Cologne, 1964, pp. 761–764.「真理の証すところによれば、魂が勝利する教会のもとで聖性へと到達するには、最終的には忍耐のみが要求される。なぜなら、〈最後まで耐える者は救われるであろう〉からである。しかしながら、闘う教会にあっては、聖人と称されるためには二つのことが要求される。生活の徳およびしるしとして現れる真理、すなわち、生前の信仰の業と死後の奇跡の発現である」(A. VAUCHEZ, *La Sainteté en Occident, op. cit.*, pp. 42–43)。

(7) *Recueil des historiens des Gaules et de la France*, t. XXIII, p. 150.

(8) GUILLAUME DE SAINT-PATHUS, *Les Miracles de Saint Louis*, pp. 171–174.

(9) たとえばギヨーム・ド・シャルトルのつぎの証言。「[…] および彼の墓所の周囲やその他で生じた奇蹟について」(*De Vita et de Miraculis*, dans *Recueil des historiens des Gaules et de la France*, t. XX, p. 28)。

(10) 地方分権という用語で意味されているのは、その生前に聖人自身がいたところ、あるいはその死後その聖遺物が具体的に存在した場所以外の場所で、奇蹟が生じるようになる傾向のことである。A. VAUCHEZ, *La Sainteté en Occident, op. cit.*, pp. 519–529：«Du tombeau à l'image : le lieu de l'invocation» を参照されたい。

(11) 確認されているのは、サン＝ドニの住民一二人、パリの住民二五人、イル＝ド＝フランスおよびその周辺地域の住民二〇人、より遠くの出身者二人、すなわち、アラス司教区出身のエノーの騎士、およびラントン(ポワティエ司教区、ヴィエンヌ地方ルーダン近く)からやって来た豚飼いの下男である。

(12) 例を挙げよう(奇蹟四二)。ジャン・ル・カルパンティエの妻、ジャンヌ・ド・サリス(クレシ＝アン＝ブリー近く)は、一二七六年のある晩、足と足先が動かなくなった。一カ月ののち、「彼女は貧しく、彼女を助ける者すらだれもなく、彼女の夫も彼女に必要なものを与えることを望まなかったので、彼女はパリの施療院《オテル＝デュー》に連れてこられた。しばらくすると、彼女は家に帰りたいと望み、夫の助けで松葉杖をついて戻って来たが、夫はふたたび彼女にかまうことはなかった。彼女はそれゆえ、〈非常な苦労をして〉[松葉杖をついて] パリのサン＝メリー教会へ施しを受けに赴いた。彼女は聖ルイの墓で生じた奇蹟についての噂を聞き、サン＝ドニへ赴いて自身で稼げる手段を探し、そこに留まろうと決心した。彼女は〈たくさん糸を紡いで三スーを稼いだ〉。そして、この路銀を手に、松葉杖をつき、娘の一人に介助してもらい、やっとのことでサン＝ドニへとたどり着いた。彼女は王の墓へ〈自分の背の高さの蠟燭〉を捧げた。四日ののち、彼女は具合がずっとよくなったことを感じた。九日ののち、彼女はパリに〈足は真っ直ぐで、杖も松葉杖も、またたれの助けも借りずに〉戻って来た。これ以降彼女は健康で、〈いま一人の聖なる女性のように働いた〉」(GUILLAUME DE SAINT-PATHUS, *Les Miracles de Saint Louis*, pp. 131–134)。

(13) GEOFFROY DE BEAULIEU, *Vita*, cap. XXXV：「彼はなぜ、病者に触れながら、十字のしるしを加えたのか」(*Recueil des historiens des Gaules et de la France*, t. XX, p. 20 で八行分)。ギヨーム・ド・サン＝パテュスは、たとえば『聖ルイ伝』のなかで

——というのも王の生前におこなわれた癒しであるから——、二つの短い仄めかしをおこなっている。一つは、「毎日朝、彼はミサを聴き、寝室に戻ると、彼が癒すことになっているるいれき病者を呼ばせて、彼らに触れた」(éd. Delaborde, p. 99) というもので、もう一つは、「そしてかなり早い時間に、この祝されし王は、ミサを聴くと、るいれきを病んだ病者に触れるのを習慣としていた」(*ibid.*, p. 142) というもの。ここでは理解がたやすいので原文のままの古フランス語をそのまま再録した。

（14）Guillaume de Saint-Pathus, *Les Miracles de Saint Louis*, p. 188.

（15）Boniface VIII, dans *Recueil des historiens des Gaules et de la France*, t. XXIII, p. 159.

（16）H・Fr・ドラボルドは、この箇所は *fortissima* の誤りであろうと考え、『奇蹟について』のフランス語訳では「痔」を意味する «goutte flestre» という表現を与えている。説教の写本（シャルトルに伝来）でも、*a gutta forma* は *fistulati* の直後に置かれているが、この両者の隣接関係は定かではないとする (H.-Fr. Delaborde, «Une oeuvre nouvelle de Guillaume de Saint-Pathus», art.cité, p. 277, n. 2)。

（17）私は数について、当該写本に書かれているローマ数字をそのまま再録した〔原書では、病人の人数がすべてローマ数字で表示されている〕。H・Fr・ドラボルドは、オリジナルのテクストはこの箇所 *tumore* ではなく *timore* であったとし、さらに sil という省略記号を解読できていないが、後者は私にも不明のままである (*Ibid.*, p. 277, n. 3 et 4)。

（18）そのいくつかのケースでは、言及されている奇蹟のカテゴリーを、とりわけ麻痺のカテゴリーを厳密に定義することが困難であることから、説教のなかに数え上げられていない五つの奇蹟の性格を識別することは私にはできなかった。

（19）Guillaume de Saint-Pathus, *Les Miracles de Saint Louis*, pp. 1–2.

（20）Pierre-André Sigal, «Maladie, pèlerinage et guérison au XIIe siècle. Les miracles de Saint-Gibrien à Reims», *Annales E.S.C.*, 24, 1969, pp. 1–27 ; A. Vauchez, *La Sainteté en Occident, op. cit.*, pp. 549–552.

（21）Piero Camporesi, *Il pane selvaggio* [1980], trad. fr., *Le Pain sauvage. L'imaginaire de la faim de la Renaissance au XVIIIe siècle*, Paris, 1981.

（22）Jacques Paul, «Miracles et mentalité religieuse populaire à Marseille au début du XIVe siècle», *La Religion populaire en Languedoc du XIIIe à la moitié du XIVe siècle, Cahiers de Fanjeaux*, 11, Toulouse, pp. 61–90.

奇蹟と生涯

私は、サン＝ドニの聖ルイの墓への巡礼について長々と述べるつもりはない。私はただつぎのことを記しておこう。すなわち、聖人の墓で中世初期におこなわれていた、いまだ揺籃状態にあった古い実践を受け継いだものである九日間《ウェナ》ノの祈りの間、およびとりわけその最後に、しばしば奇蹟は生じていること、また奇蹟は、他の〔無力な〕聖人たちが祀られているところへの一連の実りのない巡礼ののちに生じ、いわば聖ルイはその力において彼らを格段に凌駕する存在とされていること、そして奇蹟は、ただ一度のみで、サン＝ドニへの二回目の巡礼の最後にしか生じないこと（奇蹟三九）である。二回目の巡礼が成功したのは、奇蹟を願う者がそれに先立って罪を悔い改めていたからである。ここにおいてこそ、聖ルイの奇蹟における新しいものと伝統的なものとの関係、という問題が提起されるのである。これらの奇蹟を取り巻いていた雰囲気とは、「迷信的な」古い実践というものであったようにみえる。第一に、墓ではなく、聖ルイの所有物であった聖遺物物件を介在として生じた二つの奇蹟がそれを物語る。シャーリスのとあるシトー会士は、聖ルイがかってこの修道院へ譲渡していたマントを被ることで、頭から背中と腰にかけて走っていた痛みを癒された（奇蹟一二）。また、水浸しになったパリの三つの穀物倉が奇蹟的に乾いたのは、十字のしるしをきりながら、聖ルイが身に着けていた孔雀の羽の付いた帽子をこの水のなかに浸すことによってであった。この帽子は彼が自分の盾持ちの一人に与えていたものであり、その寡婦がこの穀物倉の所有者であった（奇蹟四六）。何人かの巡礼たちは自身で、あるいは代理の者を通じて、サン＝ドニの聖ルイの墓に自分の背丈の高さの蠟燭を捧げたし、奇蹟によって癒されたある女性はサン＝ドニの聖堂へ、みずからの足の治癒へのお礼参りとして足形の蠟燭を奉献している（奇蹟五五）。

いくつかの巡礼あるいは奇蹟は、生前聖ルイを知っていた者たちの眼の前に彼が姿を現したことから生じた(1)。たとえば、パリの参事会員で「医者《フィジシャン》」であった学士デュードのケースがそうである。彼は医者としてチュニスの十字軍へと王に付き従った人物である（奇蹟三八）。あるいはまた、トリニの小教区司祭であった修道士ジャン・ド・ラニーにおいては、聖ルイはジャンの前で生前王がしばしば着ていた服をまとって現れた（奇蹟五〇）。他方、ギヨーム・ド・シャルトルは、かって王の奉公人であった夫をもつあるパリの婦人が、夢のなかで、王がとてつもない輝きに満ちた人物を伴っているのを見たと伝えているが、この人物はパリの王の礼拝堂の祭壇に犠牲を捧げているようにみえたという。最後の例は聖人の死を告げる古典的な幻視であるが、これはルイ九世およびその息子でヌヴェール伯のジャン・トリスタンのチュニスでの死の知らせがパリにまだ届かぬ前のことであった。

このような聖性と奇蹟についての伝統的な想像力の存在を前にしながら、私としては、ある場合（たとえばサン＝ドニへの二回目の巡礼ののちに初めて奇蹟によって癒された女性の場合）には逆に、みずからの罪の真面目な告解が奇蹟を得るための条件になっていること、したがってサン＝ドニへの旅行の前に告解をすでにおこなっていなければならないことが明示されている点を指摘しておきたい。これこそ、霊的生活の「発展」の証拠であり、奇蹟にはこれに先立って個人的に敬虔な行為が準備されねばならないこと、そして一三世紀のキリスト教的な生活においてますます告解の役割が増していることの証拠である。

もっと広く、一二七〇年から一四世紀初めまでの聖ルイの伝記作者の作品全体を取り上げるなら、彼ら伝記作者の眼にとりわけ重要とみえたのは、奇蹟よりはむしろ彼の生涯の方であったという印象が得られる(2)。彼らが長々と述べているのは彼の生涯についてであり、彼をとりわけ、そしてまず第一に聖人たらしめるものは、この王の徳であり、功徳なのである。一二九七年八月六日の説教においてボニファティウス八世は、彼の前任者であるニコラウス三世（在位一二七七〜八〇）が、「この聖人の生涯を自分はよく承知しているので、その列聖のためには二つか三つの奇蹟で十分である」とはっきり述べていたことを改めて思い起こさせている。「しかし、〔ニコラウスの〕死が列聖に先んじてしまった(3)」。ここでいわれる生涯とはたしかに、伝統的な特徴を含んでいる（聖遺物崇敬のように時おり肥大化したものであったり、十字軍へのあくなき欲求のように時代遅れのものもある）。しかし、もっとも重要なのは、くり返すが、これは一三世紀という時代の新しい信仰のあり方に特徴づけられているという点である。この時代こそ、聖ベルナールや、もっと近いところではアッシジの聖フランチェスコの思い出が、彼らが体現し枠づけた深い宗教運動のみならず、新しい精神や新しい信仰実践をも背後で支えていた時代であった。すなわち深い謙譲の心、聖体への信心行為、俗人による修道士の信仰の模倣、憐れみの業の実践である。

それでは聖ルイの聖性は二つの部分に分ける必要があるのだろうか。近代的な側面をもつかもしれない生涯の部分と、伝統的なものを示すように思われる奇蹟の部分の二つにである。生涯からは、彼の人格、彼の特異性、彼個人の歴史へのメッセージが現れ出るのだろうか。奇蹟においては、彼は、いく多のモデル、トポス、「奥深い」一三世紀などの背後に隠れてしまうのであろうか。また、別の面からみれば、一方には聖職者たちの「学識ある」、「進歩的な」心性に特徴づけられた生涯があり、他方には「民衆的」で「伝統的な」心性にとらわれたままの奇蹟があるのだろうか。

このような問題については用心深くあらねばならない。聖ルイは、同時に新しくもあり伝統的でもありえた人間であり、王であり、聖人であった。生涯と同じく奇蹟も、一方で長い伝統に連なり、他方で新しい心性を表わしている。聖職者については、彼らは他の者たちと同じく奇蹟を信じていた。この信仰は、一三世紀末においてはすべての人間に共通する心性の一部をなしている[4]。教皇ニコラウス三世でさえ、奇蹟のない聖人が存在するなどとは信じられなかったのである。

【注】

（1）聖ルイがその死後現れて、彼の城の礼拝堂にその像を置くことを求めたという、ジョワンヴィルの有名な夢が思い起こされる。M. ZINK, «Joinville ne pleure pas, mais il rêve», art.cité を参照されたい。指摘しておきたいのは、聖ルイがその奉公人のもとに夢に現れるということは、王の死に続く何年かの間「トポス」であったように思われる点である。

（2）最近発見されたある史料がこの点を確かなものとしている。それは、トレド大司教D・ゴンザロ・ペレスが聖ルイの奇蹟についてボニファティウス八世の質問表（とりわけ一二八二年の列聖手続きに際してすでに集められていた。前出三六八〜九頁を見よ）に対して答えたもので、一二九七年初めの数カ月の間にローマで作成されたものである。ゴンザロ・ペレスは聖ルイに、インノケンティウス三世以来教会が聖人に対して承認している徳を二つ見い出している。すなわち、「徳の行為」*virtuositas operationum* および「善をなすことにおけるねばり強さ」*continuato vel continuitas actionum* であり、偉大な教養人であったこのトレド大司教は、とりわけアリストテレスの『倫理学』および『ニコマコス倫理学』からとられた議論に依拠している。ちなみに彼がもっていたアリストテレスの写本は一二七九年、すなわち聖ルイの死後ヴィテルボで作成されたものである。第三の特徴は「奇蹟の明らかさと確かさ」*claritas se evidentia miraculorum* であるが、これについては彼は、ルイ九世についてはこれは明らかであるという以上のことを語らない。結果として彼は、これらの奇蹟についてふれることを避け、そこに真の重要性を与えてはいないことになる。私としては、この史料を発見し、素晴らしい注釈付きで刊行したP・リネアンおよびFr・J・エルマンデスに対して熱い感謝の念を記しておく（«*Animadverto* : a recently discovered *consilium* concerning the sanctity of King Louis IX», art.cité）。

（3）Boniface VIII, dans *Recueil des historiens des Gaules et de la France*, t. XXIII, p. 151.

（4）A. Vauchez, *La Sainteté en Occident*, *op.cit.*, pp. 615–622 : «Mentalité hagiographique et mentalité commune».

聖遺物

奇蹟の検討に加えて、聖ルイの聖遺物についても付け加えておかねばならない。王の身体が切り刻まれて、内臓は弟のナポリ王シャルルのためにシチリアのモンレアーレの墓へ、遺骨はサン＝ドニの墓へと分割されて聖遺物となったのは古典的な話であり、これはフランス王権の伝統に沿った息子のフィリップ三世の命令によるものであった。同様に、王の骨が非常に多くの骨聖遺物に分解され、ルイの聖性を証す証拠としてばらまかれたのも古典的な話である。しかし、彼に特有な話は、遺体の聖遺物の運搬がチュニジアからサン＝ドニまで数カ月を要し、その間奇蹟が頻発したことであり、それが民衆の間に死せる王の聖性への信仰をもたらした点である。最後にもう一つ彼特有の話として挙げられるのは、モンレアーレの内臓がそののちたどった運命である。この内臓は、一九世紀に至ってナポリのブルボン家がオーストリアへ脱出するに際して持ち出され、それから彼らによってカルタゴのフランス人シトー会士たちに委ねられた。このようにして聖ルイの遺骸はその死の場所へと戻ったのである(1)。

【注】

(1) 前出三七五頁を見よ。ここで一二五九年に死んだマシュー・パリスが伝える驚くべき話を思い起こしておきたい。聖ルイは、ポンティニー修道院において、ある聖人の遺骸の四肢の一部分を委ねられたとき、激しく怒ったという。

最後の聖人王

聖ルイは、要するに、伝統的なものと近代的なものとの間に位置する聖人である。すなわち、中世初期の王の聖性からは距離を置くに至った聖性を有した聖人ではあるが、中世の秋を特徴づける個人的な、慈善と神秘主義にその価値を置く聖性へ完全に移行していたわけでもない。彼は、ほぼ同時代人であるカスティリア王フェルナンド（ただし彼の列聖は一六七一年になってからである）を除けば、最後の聖人王である。彼はまた、紀元千年以来キリスト教世界が大きな発展を遂げた結果として生まれた、新しい社会が確立する、一三世紀という時代が生んだただ一人の聖人王でもある。彼以後、アリストテレス主義に支えられた絶対的権力を奉ずる王たちは、個人的な聖性とは無関係となったが、それは個人的な聖性というものが国家の聖化と両立しなくなったためである。列聖されうる唯一の君主は、これ以降、教皇のみとなるであろう。

第一〇章　苦悩する王、キリスト王

おそらく、シェイクスピアが描くリチャード二世にもまして、聖ルイは、中世という時代の文脈において、「苦悩する王」であった。しかし、この苦悩する王というイメージは、その同時代人たちに対して大きなむつかしい問題をいくつか提起することになった。苦悩はそもそも何らかの価値を有するのであろうか。苦悩は何らかの積極的なイメージを獲得しうるであろうか。また、神がアダムに対してその罪の罰として与えたこの世での労苦は、救いのために役立ちうるのであろうか。事実、この労苦は、一一世紀から一三世紀にかけて、贖罪としての労苦の概念から、功徳としての労苦の概念へと移行したのである。たしかに、一二世紀末に人々の意識のなかに誕生した煉獄においては、何らかの身体を伴った魂は、苦しむことによって罰を科された状態から浄めの状態へと移行するのである。しかし、それでもなお、王は苦悩することが可能なのであろうか。聖ルイは中世初期のアングロ＝サクソンの王たちとは非常に異なっている。彼らは、ロベール・フォルツがロシア語の表現（*strastoterptis*）を翻訳して「受難に苦悩する」王たちと呼んだ者たちであり、ビザンツの影響を背景として、とりわけスラヴおよびロシアの聖人伝著作においてある程度の成功をおさめた者たちであった(1)。これらの殉教者＝王たちはみずからに特有な悲劇的な運命を課せられていたのだが、彼らの苦悩が彼らのイメージのなかで積極的な意味を与えられるのは、その死後においてにすぎない。聖ルイは、日常的、構造的に苦悩する者であり、これは病いがちであったためでもあるが、苦行を実践するという意味ではみずから望んでのことでもあった。苦悩する者という彼の威光は、その生涯を通じてゆっくりと獲得されたものであり、彼が十字軍のさなかに殉教者として死んだという事実は、新しいタイプの苦悩する王というイメージに、伝統的な衣を与えたものにすぎない。なぜなら、西欧においては、殉教とは無関係に、苦悩それ自体が価値をもつようにさえなり、それが王の価値を高める機能を果たすことになったからである。苦悩は、単純に神の恩寵に負うものではなく、神の恩寵と人間の努力が出会うところから生じる。しかし、王とは常に他の人々を凌駕する人物であるからには、苦悩する王とは偉大な苦悩者であり、偉大な王なのである。

ジョワンヴィルは、まさに聖ルイの預言的な誕生の日に、王の生涯が悲劇的な葬送の雰囲気のなかで開始されたことを伝えている。聖ルイの苦悩との関係について、もっとも重要ないくつかのテーマがそこにすでに現れていた(2)。

まず第一に個人的な苦悩がある。これは十字架の苦しみ、巡礼の苦しみ、十字軍の苦しみであり、十字架に架けられし者、すなわちキリストの足跡を人間がたどり彼と出会う、肉体的および精神的な苦悩の偉大な道程である。ついで、他者と共有する苦悩がある。これは王と、臣下および連れの者たちとの間で共有される苦しみ、および死である。最後に、この苦悩の積極的な価値づけがおこなわれる。これはこの世における人間の苦悩が、天国における永遠の喜びの始まりとなるからである。苦悩が位置するこの世の歴史という時が過ぎ去ると、苦悩が幸福へと変化した永遠の時がすでに目の前に現れる。

【注】

(1) Robert FOLZ, «Trois saints rois "souffre-passion" en Angleterre : Oswin de Deira, Ethelbert d'Est-Anglie, Édouard le Martyr», *Comptes rendus de l'Académie des inscriptions et belles-lettres*, 1980, pp. 36–49. すでに引用した書物(*Les Saints Rois du Moyen Âge en Occident, op. cit.*)においては、R・フォルツは聖ルイをこのなかに含めている。私はといえば、いくつかの重要な点でこの偉大な学者とは意見を異にする。たしかに「六世紀から一三世紀にかけて、王権自体が強固に確立されるにつれて、聖人王のタイプは変容した」のは真実である。ただし私にはこの現象とつぎの現象が彼がいうほど緊密な関係をもったとは思えない。「その権力を行使するやり方のゆえに聖化された王が、王冠を戴いた殉教者に取って代わった」(p.21)。しかしながら問題なのは、R・フォルツはつぎのように断言しながら、私が思うに、この重要な指摘のもつ意味を十分解明していない点である。「驚くべきことには、聖人とみなされた初期の王たちは、王のこの〈徳〉を、すなわち、いまだ異教徒であった彼らの先祖たちは当然もっていたとみなされた、勝利ないしは単に成功を生み出す能力を完全に欠いていたのである」。実際、勝利は王のイメージを構成する属性の一つであるが、この成功の中身はキリスト教とともに変容するのである。キリスト教にとっては殉教こそもっとも素晴らしい勝利なのであるから。そして、この概念こそ聖ルイの列聖をなお支配していた概念なのである。しかしながら、「受難を苦悩する」王たちと聖ルイとの間には一つ大きな違いがあり、これは伝統との断絶を示す時代の変化によるものであるが、R・フォルツはむしろこれらの間の継続性を強調しているのである。聖ルイの苦悩とは、外側から全面的に押しつけられたドラマチックな事件であるよりはむしろ、忍耐をもって受け入れるか、あるいは熱心にみずから求めた、自身の身体と心における日々の苦悩である。価値あるものとなった苦悩は、その極限において受難のキリストと出会う。これはこの世で短い生涯ののちに死ぬという条件を受け入れた人間の苦悩であるが、この条件は人間の能力に対する侵害ではなく、人間がこの世で振るうことができる力の一つの側面なのであり、その結果人間の威信は減るどころかむしろ増えるのである。変容したのは王権の概念というよりは苦悩の概念であり、身体についての態度である。

（2）JOINVILLE, *Histoire de Saint Louis*, p. 40-41. このテクストは前出四一頁にある。雑誌『中世なるもの』*Médiévales* はある特集号で非常に示唆的なテーマを組み、中世における苦悩のさまざまな形態を取り扱った。*Du bon usage de la souffrance*, n° 27, automne 1994.

身体のさまざまな価値

聖ルイはその身体と複雑な関係をとりもっていた。彼は、身体についてのキリスト教教義と、健康という彼個人の問題、自身の妄想、彼固有の感じ方を結びつけるのである。彼が生きた時代のキリスト教は、身体への蔑視という古くからの教え（これは、人間は高貴で神聖ですらあるとする原理にもとづく魂の全面的な開花、という新しい傾向に真っ向から対立する）を説き続けると同時に、最後の審判にあたってよみがえるはずの身体には何がしかの敬意が払われるべきことも認めていた。聖ルイは、肉体的苦行のなかに身体的・精神的喜びをたしかに見い出すことになる。彼は、祈りの際の辛い姿勢、断食、苦行服の着用、鞭打ちといった厳しい修道制的苦行を身近なものと感じ、またそうありたいと願っていたのである。彼は、謙譲さや贖罪への欲求という以上に、地面に座ったり、心地悪い状態で臥したりすることを好んでいた。彼は何かに触れることも好んでいた。彼の心理的・精神的生活は、身体を通して表われる。彼の人間理想を定義づける「貴紳」ということばは、口にすると気持ちがよいのである。これに対して、「返還する rendre」ということばは——彼は返還の義務にとりつかれていた——彼の喉に障る。なぜなら、このことばに含まれる複数の r《エル》の音は「悪魔の熊手」なのである(1)〔七六一頁参照〕。覚えておいでであろうが〔九六二頁参照〕、神が涙という賜物を彼に与え、これが彼の頬をつたって流れるのを彼がうれしく感じたとき、そして口の端に流れた涙を彼が味わい飲み下したとき、彼は感覚的な喜びを感じていたのである(2)。

彼は、息子と娘へ宛てた『教え』においても、神の賜物である「身体の健康」や病いに冒された時に示すべき忍耐、さらには「身体を患う者たち」に対して表わすべき慈愛について強調している。息子のフィリップもまた「身体の罪」には気をつけねばならないのである(3)。

ルイは貞潔で禁欲的であり、売春を憎んだが、夫婦の間の義務は喜んで果たしていた。誘惑しようとしている女性を前にして彼がどのように振る舞ったかについて語る、現在まで伝わっている唯一の逸話によると、彼は証人を前にして彼女に道徳的教えを垂れたという。すなわち、彼女は美しいが、その身体の美は花のようなもので、年が経ると、どのような外見的努力もこの無用な美を生き返らせることはできない、逆に、魂の美こそが神の心に適い、永遠の救いを確かなものとする、というのである(4)。

愛人を使って自分の夫を殺させた、姦通を犯したある女性のケースでは、彼は冷酷な態度を示した。女は事実を認め、悔い改めた。王妃やその他の貴顕の女性たち、さらには托鉢修道士たちは王に彼女の赦免を求めた。そこで王は、忠実な補佐役であったシモン・ド・ネールの助言を求めたが、彼もまた王と同じく、王の正義、公けの正義は是非なくおこなわれなければならないと考える人物であった。王は彼の助言を入れ、彼女をポントワーズにおいて公開の火あぶりに処した(5)。

【注】

（1）王の監察使たちの主要な任務の一つは、不正な徴収に対する訴えを聞くことであり、この結果王の側からの返還がおこなわれることになっていた。高利貸し、あるいはその相続人による利子の返還も、当人の救いのもっとも重要な——悔い改めをともなう——条件であった。一三世紀に多数書かれた「返還について」の著作は、金融業の実践およびこの問題に関する教会教義についてのもっとも興味深い史料情報の一つである。聖ルイは息子のための『教え』のなかでも返還の義務について何度も力説している。JOINVILLE, *Histoire de Saint Louis*, p. 19 を見よ。

（2）GEOFFROY DE BEAULIEU, *Vita*, p. 14.

（3）前出九三五～六頁を見よ。

（4）GUILLAUME DE CHARTRES, *De Vita et de Miraculis*, p. 33.「あるとき会議においてつぎのようなことが起こった。すなわち、突拍子もない服装のある女性が、法廷における彼女の審理の裁定ののち、少数の者たちとともに王の部屋へと入ってきて、王の眼にとまった。人を惑わすこの世のならいと、この世の者たちが身体のはかない美について下す誤った判断に従えば、彼女は素晴らしく美しいと、その美貌によって評判の者であった。みずからの心を神にまったき形で捧げていた王は、彼女の救いについて彼女と親しく話したいと願った。彼はその場にいた修道士ジョフロワ［ド・ボーリュー］を呼んで彼にいった。〈あなたはここに私と一緒にいて、私に個人的に訴えることを望んでいるこの女性に対して、私が何をいおうとするのか聞いていなさい〉。他の用件を片づけると、この女性が一人残って王および先の修道士だけになったので、王は彼女にいった。〈ご婦人よ、私は、あなたの救いについてちょっとしたことを思い出していただきたいだけです。聞くところによると、あなたはかつてお美しい方であったということですが、ご承知の通り、あなたの過去は過ぎ去ってしまいました。それゆえ、この美はむなしく無用なものであったこと、そしてすぐさま萎れて長くは続かない花のように、あっという間に消え失せてしまったことをよくお考えになることです。あなたがどんなに注意深く努めても、この美を呼び戻すことはできないのです。それゆえ、もう一つの美、身体の美ではなく魂の美を得るように心掛けなさい。魂の美によって、あなたはわれらが創造主の心に適い、その過ぎ去ってしまった美を得ていた時に犯した過ちをあがなうことができるでしょう〉。この女性はこれらのことばをじっと聞いていた。やがて彼女は生活を正し、より一層の謙譲さと正直さで振る舞うようになった」。聖人が女性ととりもつ関係のイメージについては、ジャック・ダラランの素晴らしい書物 Jacques DALARUN, *Francesco : un passagio. Donna e donne negli scritti nelle leggende di Francesco d'Assisi*, Rome, 1994 を見よ。聖ルイは、ここで取り上げられている聖人〔聖フランチェスコ〕に非常に近いと同時に非常に遠くもある。男が避けるべき誘惑する女性というモデルは、修道制的な伝統に属する。

（5） GUILLAUME DE SAINT-PATHUS, *Vie de Saint Louis*, pp. 142-143.「ポントワーズの最上流社会およびピエールライエの家系に属するある女性が、聖なる王の士卒によって逮捕された。というのも、聞くところによると、彼女は悪しき愛によって愛した男に自分の夫を殺させ、これまた聞くところによると、彼女は夫が死ぬと夫を厠に投げ込んだというのである。彼女が裁判でこの事実を認めると、聖なる王はその行為について裁きがおこなわれることを望んだ。ところが、フランス王妃、ポワティエ伯妃［王の弟アルフォンスの妻で、彼の義理の妹］、王国のその他の婦人たち、さらには何人かの小さき兄弟の会士および説教修道会士までもが、彼女はいたく悔い改め改悛しているのであるから、死刑は免除されるよう王に求めた。かの婦人の友人および近親者たち、王妃やその他の上述の者たちは王に、もし彼女が是非なく死刑に処せられるものとしても、処刑はポントワーズではおこなわないように嘆願した。王は高貴で賢きシモン・ド・ネール殿に意見を求めたが、シモン殿は裁きは公けにおこなわれるのがよしと答えた。このようなわけで、聖なる王は、上述の婦人がポントワーズの城で火刑に処せられるべきことを命じ、彼女は公開で火あぶりに処せられた」。

強姦事件

同様に、ムランにおいて、ある女性が暴力的に家に押し入った男によって強姦されたと王に訴えた時にも、彼はこの事件の処理をシモン・ド・ネールおよびその他の王の補佐役会を構成する者たちに委ねた。訴えられた男はこの女性と肉体的に関係したことは認めたが、彼女は「常軌を逸した女」、すなわち娼婦であると主張した。この男は、王によって委任された裁判官たちによって絞首刑を宣告されたが、法廷に座す何人かの者は聖ルイに対して、彼の恩赦を求めた。なぜなら、この男は王の取り巻き《メスニ》に属する者であったからである。しかし、王はシモン・ド・ネールに命じて、罪人の裁きをおこなわせ、彼は吊されたのである[1]。

これとは逆に聖ルイが敬うのは、人間の身体によって形づくられるこうした鎖の正反対の側の端、原罪を悔い改めによってあがなうことができなかった、これら男女の罪ある身体とは離れた側にあるもの、すなわち、あがないと救いの根拠となる、キリストの穢れなき身体である。

『教え』のなかで彼は、聖体を最高の身体、「われらが主イエス・キリストの身体」と呼び、息子のフィリップはこれを「ミサに出席している間、さらにはその前に」とりわけ崇めなければならないとする。(2)

しかしながら、ルイはみずからの身体を人間らしい配慮の外に置いたわけではなかった。彼は自分の身体に厳しい身体的贖罪を課したが、病気の時には、これを医者の業のもとに置くのである。王たる者も医者をもたねばならず、キリスト教徒たる者、みずからの身体に配慮し、自殺に至らしめるようなあらゆる行動は避けねばならない。

聖ルイの医者については何人かの存在が知られている。そのうちの二人はそれぞれ別個に文書のなかに現れている。一二五〇年の八月に王文書がアッコンで発給されているが（これは捕囚から解放された王がエジプトを出発して聖地へ向かった直後であった）、彼はそのなかで、サンスのプレヴォに対し、毎日パリ貨で一二ドニエの定期金を、王の世話をしたエルサンドという女性に、彼女が生きているかぎりずっと支払うよう命じているのである。彼女は大学で勉強したことがあるに違いない。なぜなら、この文書は彼女を教師の女性形である「マギストラ」*magistra* と呼んでいるからである。彼女はこの定期金を海の向こうからフランスへと戻ったのちに受けとるとされているので、おそらく、エジプトでの十字軍の間王の世話をおこなったあと、聖ルイと別れて聖地を去るその他のフランス人たち——このなかには王の兄弟たちもいた——と一緒に、サンスあるいはサンス地方へと戻る準備をしたに違いない。(3)

もう一人の医者は、おそらくクレモーナ出身のイタリア人で、一二四七年に死んだ「王陛下の医師」ピエール・ロンバールである。彼については、シトー会のフロワモン修道院文書集《カルチュレール》が、彼の遺言によってなされた贈与について記録している。彼は何軒かの家を購入し、そのいくつかの家をサント＝ジュヌヴィエーヴ教会とサン＝ヴィクトール教会へ譲渡している。ピエール・ロンバールはシャルトルの司教座参事会員であり、当所の大聖堂に葬られた。(4)

この他ルイ九世の聖職者の医者、ロベール・ド・ドゥエ師は、サンリスおよびサン＝カンタンの教会参事会員で、一二五八年、死を前にして、ロベール・ド・ソルボン発起になる学寮創設ための援助として一五〇〇リーヴルを遺贈している。遺贈と交換に、彼の記念禱がパリのさまざまな教会施設で毎年執りおこなわれることとなったが、そのなかにはソルボンヌ学寮も含まれている。

ルイは自分の身体について極端なまでの羞恥心を示しており、その身体を衆人にさらすと激しく動揺した。これについてもまた、ギヨーム・ド・サン＝パテュスはつぎのように証言する。

> 結婚している男にありうるあらゆる礼節が彼のもとにあった。ピエール・ド・ラーン殿は、彼の騎士であり、およそ三八年間にわたって長く彼とともにあった。彼は侍従として、およそ一五年間にわたり、高貴な領主の士卒《セルジャン》がおこなうように、王の足下で臥し、王の衣服を脱がせ、ベッドに入るのを手伝ったが、この聖なる王の肌［皮膚］を見たことはなかった。例外として、彼の足先や手を、それから時おり、彼が王の足先を洗う時にはふくらはぎを、また血を抜く時には腕を、これが痛む時にはふとももをかいま見たのみである。王がベッドから起きる時にはだれも聖なる王を助けることはなく、王は一人で衣服を着て、靴を履く。侍従たちは王の衣服や履き物をベッドの近くに用意して、彼はこれらを手にとると、ただ一人で身にまとうのである(5)。

聖ルイは、あの世で救いを得るためにこの世でこれに備えるには、身体と魂が一体でなければならないことを知っていた。このことは、彼が病いがちの王であったがゆえに、ますますはっきりと認識されていたのである。

【注】

（1）Guillaume de Saint-Pathus, *Vie de Saint Louis*, p. 144.
（2）*Enseignements* (D. O'Connell éd.), p. 186.
（3）Georges Daumet, «Une femme-médecin au XIIIe siècle», *Revue des études historiques*, 1918, pp. 69–71.
（4）Henri Stein, «Pierre Lombard médecin de Saint Louis», *Bibliothèque de l'École des chartes*, 100, 1939, pp. 63–71.

（5） GUILLAUME DE SAINT-PATHUS, *Vie de Saint Louis*, p. 132–133.

病いがちの王

苦悩する王として、聖ルイはまず何より、その身体において苦悩する者であった（1）。すなわち、彼は、周期的に襲ってくる病いで（右脚にくり返し現れる丹毒、マラリアあるいは「三日熱」）、また偶発的な疫病によって（一二四二年のイングランドとの闘いののち、およびエジプトで罹った赤痢、一回目の十字軍での「軍役病」——壊血病——、二回目の十字軍で彼の命を奪ったチフス（2））、しばしば苦しんだ。

この王は、一二四二年、ポワトゥーとサントンジュでのイングランド人およびその同盟者たちに対する闘いから病いを得て戻ってきた。この病いが一二四四年、彼がポントワーズにいた時に激しくぶり返した（ある時には彼は死んだとすら思われた）。病いから癒えたら十字軍に参加する、という約束をおこなったのはこの時である。

列聖の教皇文書のなかで（3）、ボニファティウス八世はこの点について、つぎのように仄めかしている。「彼が三〇歳のとき、彼は病いに襲われ激しく苦しんだ」（*In anno tricesimo constitutus, et quadam sibi aegritudine superveniente gravatus*）。おそらくマラリアと思われるこの病いについては、ギヨーム・ド・サン＝パテュスやジョワンヴィルも語っている。ギヨーム・ド・サン＝パテュスは、「彼はあるとき、ポントワーズで重い病いに冒された（4）」と述べ、ついで、「そして、かの聖なる王はその若き日にポントワーズで、この病いで死ぬのだとみずから思ったほど重い二重三日熱（マラリア？）に罹ったことがあったが［…］、彼の病いはあまりに重かったので、皆は彼の生命について絶望したほどであった（5）」。この場には居合わせなかったジョワンヴィルは場所を間違っている（ポントワーズではなくパリ）。「神の思し召しに従い、大きな病いがパリで王を襲ったことがあった。皆が彼が死んだと思ったほどの大変な状態であった（6）」。

エジプトへの十字軍における彼の肉体的苦しみについても、この二人は同じく書き残している。ギヨームはつぎのように書き綴る。

この聖なる王が、一回目の旅行［十字軍］ののちサラセン人たちによって捕虜とされたとき、彼は大変重い病いに罹り、歯ががちがちと鳴った。彼の皮膚からは色が失せ、蒼白となり、激しい下痢に悩まされた。彼は背骨の骨がすべて突き出して見えるほど痩せこけた。たいそう弱っていたので、彼が何か必要に迫られた時には、彼の取り巻きの者《メスニ》が彼を担がねばならないほどであった［…］。

ジョワンヴィルはといえば、非常にリアルなつぎのような文章を残している。

［マンスーラからダミエッタまでは船で赴くという］この助言は、複数の病いに冒された彼の健康の悪化のゆえになされた。というのも、彼は二重三日熱、非常に重い赤痢、さらには口と脚に現れた軍役病［壊血病］に罹っていたので、毎晩ズボン［キュロット］を脱ぐ時は、お尻の部分を切りとらねばならなかった。軍役病の力は毎晩彼が何度も気絶するほどであった（7）［…］。

彼の右脚を間歇的に襲ったこの病いについて詳しく教えてくれるのは、ギヨーム・ド・サン＝パテュスである。

この聖なる王は、毎年二度三度、あるいは四度も彼を襲い、時には多かれ少なかれ彼を激しく苦しめるある病いを患っていた。この病いにとらえられている時には、この聖なる王は意識がはっきりせず、呼びかけても反応がなかった。彼は食べることも寝ることもできなかった［…］。この病いから癒え、自身の力でベッドから離れることができるためには三日ないしそれ以下の日数がかかった。そして、この病いが軽くなりはじめると、彼の右脚のふくらはぎとくるぶしの間は血のように赤くなり、むくんだ。この赤みとむくみは夜まで一日中続いた。そしてむくみと赤みがしだいにおさまったのちに、三日目かあるいは四日目になると、この脚はもう一方の脚と同じような状態に戻り、聖なる王は完全に癒されるのであった。(8)

この苦しみに彼は人間ならだれでもするように反応した。「彼は呻きながら苦痛を訴えた」。おそらく一二五四年と一二六〇年との間、一二五九年に、彼はまたフォンテーヌブローで「非常に重い病い」に見舞われた。ジョワンヴィルが言及し、(9)ボニファティウス八世が仄めかしているのは、この病いの時である。死を間近と感じた王は、枕元にルーアン大司教ウード・リゴーを呼び寄せたのである。(10)

最後に挙げるのは、二回目の十字軍の直前のもので、このときルイは非常に弱っており、ジョワンヴィルにおいては、王の側近たちは王が出発するに任せたとして憤っているほどである。ジョワンヴィルは王の出発に際し最後の挨拶を述べにパリへ赴いたとき、王をその腕に抱いた。

彼の身体がひどく弱っていた状態で彼を出発するがままにさせた者たちは、大きな罪を犯したのである。なぜなら、彼は車によっても馬によっても行軍にはとても耐えられなかったからである。彼は病いでひどく弱っていたので、私は、彼にいとまを告げたオーセール伯の屋敷からコルドリエ〔パリのフランシスコ会修道院、パリ左岸〕まで、彼を私の腕に抱いて連れていったのである。(11)

この思い出はジョワンヴィルの記憶のなかにとりわけ重く残ることになろう。彼がここで示しているのは、「ピエタ」〔死せるイエス・キリストを膝に抱いて嘆き悲しむ聖母マリアの図像〕のもっとも古いイメージの一つである。これはすぐさま大きな成功をおさめる図像テーマとなるであろう。キリスト王なるイメージがこの情景を支えており、この情景はまたジョワンヴィルの母性的な幻想をも表現しているのである。

【注】

（1）私はここでは、時期を追って彼の生涯をたどった際にすでに引用した史料、あるいは別の問題関心から引用した史料を、身体および苦悩という観点からふたたび取り上げ直している。

（2）聖ルイについての素晴らしい病理学的・疫病学的資料はつぎの古い書物のなかにある。Dr Auguste BRACHET, *Pathologie des rois de France*, Paris, 1903. この著者はルイ一一世およびシャルル六世が冒されたらしいてんかんの病いが遺伝的な性格をもっていたことを証明しようとして、ユーグ・カペー以来のすべてのカペー王たちについて、少なくとも狂気の種あるいは生理的な欠陥を探そうとしたが、この説はあまり説得的ではない。この研究の要約は付録Ⅰ（一一四一～三頁）にある。聖性と病いとの関係については、C.L.B. TRUB, *Heilig und Krankheit (Bochumer historische Schriften*, 19), Stuttgart, 1978 を参照されたい。さらに Claude GAUVARD, «Les maladies des rois de France», *L'Histoire*, numéro spécial, *Les maladies ont une histoire*, n° 74, 1984, pp. 93-95 も見よ。たしかに、年代記作者たちや伝記作者たちは、ルイ六世の「下痢」、フィリップ一世（一〇六〇～一一〇八）およびルイ六世（一一〇八～三七）がその晩年病的症状を呈した肥満、フィリップ・オーギュストや一一九一年に十字軍の最中死んだリチャード獅子心王がおそらくその犠牲となったらしい粟粒熱、聖ルイの父ルイ八世（一二二三～二六）の虚弱体質、などについて言及している。しかし、これらの身体的不幸は、弱さやハンディキャップとして叙述されているのであり、これに対して聖ルイの病いは、彼にこの世での功徳と聖性のアウラを賦与している。

（3）BONIFACE VIII, p. 155.

（4）GUILLAUME DE SAINT-PATHUS, *Vie de Saint Louis*, p. 71.

（5）*Ibid.*, p. 21.

（6）JOINVILLE, *Histoire de Saint Louis*, p. 60.

（7）*Ibid.*, p. 6.

（8）GUILLAUME DE SAINT-PATHUS, *Vie de Saint Louis*, p. 116.

（9）JOINVILLE, *Histoire de Saint Louis*, p. 10.

（10）Eudes RIGAUD, dans *Recueil des historiens des Gaules et de la France*, XXI, p. 581.

（11）JOINVILLE, *Histoire de Saint Louis*, p. 400.

耐える王

聖ルイがこれらの苦悩をこの世での功徳に変えることができたのは、彼の忍耐力のおかげである。サラセン人の捕囚となって「軍役病」にひどく苦しんでいたとき、その苦しみに彼は忍耐と祈りで応えたのである。彼とともにあった唯一の召使い（というのも他の者たちは皆病いに倒れていたからであるが）は料理人のイザンバールで、彼が見た聖ルイは、ギヨーム・ド・サン＝パテュスが伝えるところによれば、つぎの通りである。

> 彼〔イザンバール〕は当時、聖なる王がみずからの健康状態について苛立ったり、激しく憤ったり、また何か些細なことに不平をこぼしたりしたのをけっして見たことがなかった。彼〔聖ルイ〕は忍耐と敬虔さによって、みずからの病いと彼の臣下たちの大いなる逆境を耐え忍んでいた。そして彼はいつも祈っていた。(1)

ボニファティウス八世は列聖の教皇文書のなかでこの忍耐についてふれているが、(2)ラテン語の「パティエンス」（「忍耐をもって我慢する」と同時に「何らかの害をこうむる」という意味もある）はより多義的なことばである。「この王は当時、下痢その他の病いを我慢強く〔?-〕耐え忍んだ」（*eodem rege tunc temporis fluxum ventris et aegritudines alias patiente*）。

ルイはこの苦しみを受け入れるだけでは満足しない。彼はこれを昇華するのである。

まったき形で信仰に根をおろし、精神的な事柄に完全に没入した人間として、彼は逆境や病いの鉄槌に挫《くじ》かれれば挫かれるほど、さらに一層熱心に、みずからが完全な形で信仰のなかにあることを示し、また宣言した。(3)

息子や娘に対して書かれた『教え』のなかでも、彼は苦難、病い、苦悩について同じような観点から述べている。その息子や娘に対して、単にこれらを我慢強く耐え忍ぶだけではなく、そのことでみずからの功徳を積むことができるからには、これに感謝すべきであると勧めるのである。(4) これらのテクストのなかで聖ルイは、彼の感情生活をはっきりと特徴づけるある表現を用いている。すなわち彼は、「心の不調」について語っているのだが、これは「身体の不調」と暗黙裏に対応しているのである。なぜなら彼にとっては、古典的な魂と身体、あるいは精神と身体という組み合わせよりもむしろ、心と身体という組み合わせがもっとも重要だからである。ここに表われているように、魂に代えて心のもつ意味が高まったことは、感性と語彙のレベルにおける転換点を示しているのである。(5)

最後に、私の史料調査のかぎりでルイが煉獄について語ったのは、彼が訪れたロワイヨーモンのレプラ患者に対して、この病いは「この世の煉獄である」と告げたものだけである。(6) 煉獄の教義の展開に対して保守的であった聖ルイは、人はこの世で「煉獄の罰」をこうむる、とのみ述べたグレゴリウス大教皇以来の古い教義の信奉者であった（ただし、聖トマス・アクィナスも同様かもしれない）。ここでの聖ルイは、とりわけ病いについてみずからが抱いていた根本的な観念を表明している。すなわち、病いとは試練から純化へ、罰としての贖罪から救済へと移行する機会なのであり、これはあの世ではなく、この世において獲得することができる功徳によって果たされるのである。(7)

聖ルイは、病いがちの王、忍耐する王、みずからの身体的苦しみを積極的な功徳へと価値転換する王であったが、だからといって彼は「悲しみの」王であったわけではない。ジョワンヴィルが正しく私たちに語っていることだが、たとえば毎金曜日のように、宗教的な理由から喜びを表面に表わすことを差し控えていた期間を除けば、この王はその生来の気質から快活であったのである（「王が上機嫌であられた時」(8) といういい回しがみられる）。おそらくこれもまたフランシスコ会的な霊性の特徴の一つなのであろう。

【注】

（1）Guillaume de Saint-Pathus, *Vie de Saint Louis*, p. 113.

（2）Boniface VIII, p. 156.

（3）*«Sic vir totus in fide fixus, et totus in spiritum absorptus, quando magis erat malleis adversitatis et infirmatis adtribus, eo plus fervorem emittens, in se perfectionem fidei declarabat»* (Guillaume de Saint Pathus, *Vie de Saint Louis*, p. 36).

（4）息子に対して、「もしわれらの主がおまえに、苦難、病い、あるいはその他の苦しみをもたらしたとしても、おまえはこれを敬虔に耐え忍ばねばならない。さらにこれについて神に感謝せねばならない。なぜなら、神はこれをおまえの善のためになされたのであり、このことを理解すべきであるからだ」(D. O'Connell, *Les Propos de Saint Louis, op. cit.*, p. 186)。娘に対しては、「愛する娘よ、もしあなたが何らかの苦しみ、あるいは病い、あるいはその他のことをこうむったとしても、あなたはこれを敬虔に耐え忍び、われらが主に感謝しなさい。なぜならこれは、あなたの善のためであり、あなたがこの善に価するがゆえであることを、あなたは信じなければなりません」(*Ibid.*, p. 193)。

（5）息子に対して、「もしおまえが〈心に不調〉を感じたら、おまえの聴罪司祭にこれを告げなさい」(*Ibid.*, p. 193)。

（6）「そしてこのようにして、この聖なる王は前述の「病人」を力づけ、彼に、〈この病いを我慢強く耐え忍ばねばならないこと、これはこの世の煉獄であること〉、来たるべき世で別のことに苦しむより、この世でこの病いに苦しんだ方がよいことを告げた」(Guillaume de Saint-Pathus, *Vie de Saint Louis*, p. 95)。

（7）J. Le Goff, *La Naissance du Purgatoire, op. cit.*〔前掲邦訳書〕。

（8）Joinville, *Histoire de Saint Louis, op. cit.*, p. 16.

みずから望む苦悩——禁欲と贖罪の王

聖ルイは、新しい托鉢修道制的な霊性によって影響を受けていたのと同じくらい、ロワイヨーモンのシトー会修道士たちを通して伝統的な修道制にも強い感化を受けていたようで、禁欲や苦行の実践の伝統に対してもこれを軽視はしなかった。この態度はおそらく、彼の若干マゾヒスティックな個人的傾向と同時に、ある種の俗人の間では時には過激な徴候を示していたこの時代の贖罪慣行に由来するものであろう。(1)

この王は、覚えておられるように、聴罪司祭を通じてか、または自分自身で、みずからに規律を課した。彼はしばしば苦行服をまとい、藁も入っていなければ絹製でもない木綿のマットレスの上に臥し、教会が要求する以上に断食をした。この過剰な贖罪行為は、とりわけ一回目の十字軍の失敗ののち、はっきりしたものとなった。ギヨーム・ド・サン＝パテュスはこれらの苦行の実践について、つぎのように細かく描写している。

その最初の旅行で海の向こうから帰って来て以来、彼はけっして干し草や羽毛の上に臥すことはなかった。彼のベッドは木で出来ており、彼が赴くところどこにでもこれを持ち運ぶのである。ベッドの上には、木綿のマットレスが敷かれ、さらに絹ではなく羊毛で出来た毛布で覆われていた。彼はこの硬いベッドの上に干し草も入れずに横たわるのであった［…］。海の向こうから帰ってきて以来、毎年聖金曜日、および四旬節中の毎月曜日、毎水曜日、毎金曜日には、彼は羊毛で出来た苦行服を肌にまとった。(2) 彼は能《あた》うかぎり人目を忍んでこれらの苦行をおこない、侍従たちからも隠れていたので、一人を除いて彼らのだれも、彼がおこなっていた苦行の激しさを知ることはなかった。彼は約一フィート半の長さの三本の紐を束ねた鞭を持っていたが、一つ一つの紐には四つあるいは五つの結び目がついていた。そして一年を通じて毎金曜日、そして四旬節中の毎月曜日、毎水曜日、毎金曜日には、だれもいないかどうか部屋の四隅を見てまわって扉を閉めて、説教師会の修道士ジョフロワ・ド・ボーリューとともに部屋に閉じこもり、長い間二人だけでそこに留まった。部屋の外に残った侍従たちは、聖なる王がこの修道士に告白をおこない、修道士が前述の鞭で彼を罰しているのだ、と考え、そのように語った。(3)

このように状況に通じていた王の聴罪司祭ジョフロワ・ド・ボーリューによっても、これらの苦行の存在が確認されるが、彼は同時にこれを制限しようともしていた。

これらの苦行について、ボニファティウス八世は、その列聖の教皇文書において、苦行服、断食および藁が入っていない持ち運びの木のベッドについてふれている(4)。

【注】

（1）以下の文献を参照されたい。G. G. MEERSSEMAN, *Dossier de l'ordre de la pénitence au XIIIe siècle*, Fribourg, 1961 ; ID., «Disciplinati e penitenti nel Duecento», dans *Il movimento dei Disciplinati nel settimo centenario del suo inizio, op. cit.*（前出七七頁注17）pp. 43-72 ; Ida MAGLI, *Gli uomini della penitenza*, Milan, 1977.

（2）聖ルイの苦行服と苦行道具はその死後、ムラン近くのリス修道院に伝来していた。

（3）GUILLAUME DE SAINT-PATHUS, *Vie de Saint Louis*, pp. 122-123.

（4）«*Carnem ipsam quasi assidui asperitate cilicii [...] edomans [...] districtis etenim corpus atterebat jejuniis [...], post ejus reditum supradictum, non in pluma vel paleis jacuit sed super ligneum lectum portabilem, mataratio simpli superjecto, stramine nullo supposito decumbebat*» (Boniface VIII, p. 158).

近親者の死——家族と王家の苦悩

喪の悲しみは、「心情深い」人間がその苦悩を受けとめ、これを乗り超えることを学ぶもう一つ別の試練である。彼にとって何にもまして重要なのは、家族、あるいはむしろ王家である。すなわち母（そう、とりわけ母である）そして兄弟たち、子供たちである。この点でジョワンヴィルが王を非難していたように、王は、重なる妊娠に苦しんだ妻であり母である王妃マルグリット・ド・プロヴァンスに対してあまり情熱的な愛情を示したとはいいがたかったようであるが、それでも、彼の聴罪司祭の言によれば、彼女を裏切ることはけっしてなかった。彼が耐え忍ぶことになったのは何人かの近親者の死である。ここには、一二五〇年にエジプトで死んだ弟のロベール・ダルトワ、一二五二年に王がパレスチナにいた時に死んだ母ブランシュ・ド・カスティーユ、一二六〇年に一六歳で突然その生命を失った長男で王国継承者のルイ、一二五〇年にマンスーラの敗北とイスラム教徒のもとでの捕囚の直後ダミエッタで生まれ、この時の悲劇的な状況にちなんでトリスタン《悲しみの》と名づけられ、その父の死の直前の一二七〇年にチュニスを前にして死んだもう一人の息子ジャン・トリスタンらの名前が挙がる。これら家族の死に際して、ルイがどのように苦しんだかを述べている史料を読み直してみよう。

ロベール・ダルトワの死に際して、ジョワンヴィルは、聖ルイが苦悩に打ちひしがれながらもこれに「耐えた」さまを示している。「王は、神が彼に与えたすべての事柄に対して神に感謝せねばならないと答えたが、そのとき涙が彼の目から流れ落ちた。とてつもなく大きな涙の粒が」(1)。一二五〇年八月にアッコンで書かれた書簡では、王は臣下の者たちに対して弟の死を告げる際、苦悩と神への服従が入り交じった調子をもって語っているが、ここにはロベールが十字軍の殉教者として天国にいるという王の願望に由来する喜びの念さえみられる(2)。

母ブランシュ・ド・カスティーユの死をその数カ月後に知ったとき、聖ルイは苦悩に圧倒されたが、その動揺はあまりに激しかったので、ジョワンヴィルは彼を叱責せねばならないと感じたほどであった(3)。

当時聴罪司祭として王のかたわらにいたジョフロワ・ド・ボーリューは、もっと控えめであまり虚勢を張らないやり方で、この王の神の意志への服従を強調しているのだが、それでもやはり、ふさわしいやり方で祈ることができないほどのルイの嗚咽、涙、大声での憤りのことば、ため息を隠そうとはしていない。彼は「節操のない悲しみ」とすら表現しているのである(4)。

数日間彼に隠されていた息子ジャン・トリスタンの死が、自分自身死にかけていた聖ルイに告げられたときには、「この良き父の心のなかは激しく動揺した」。

【注】

(1) JOINVILLE, *Histoire de Saint Louis*, p. 134.

（2）「ここにおいて、余は猛き貴顕の士である弟のアルトワ伯を失ったが、彼は永遠の記憶に価するのである。余がこの辛い死を思い起こすのは、余の心の苦さにおいてであるが、余はこれをむしろ喜ばねばならないのである。なぜなら、余はこれを信じかつ望むのであるが、殉教者の冠を得た彼は天なる祖国へと赴き、そこで聖なる殉教者に認められた報いを得ているのであるから」（D. O'CONNELL, *Les Propos de Saint Louis*, p. 165）。

（3）JOINVILLE, *Histoire de Saint Louis*, *op. cit.*, p. 330. 前出九〇五頁参照。

（4）GEOFFROY DE BEAULIEU, *Vita*, p. 17.

十字軍の失敗によって生まれた苦悩

聖ルイはまた、彼が「私の配下」と呼んだ彼の軍隊、彼の臣民、そしてキリスト教世界全体についても苦悩する王であった。エジプトでの十字軍の数々の不幸と彼の失敗はこれらすべてに関係するものであり、彼にとって苦悩が余計に増える源となった。

ジョワンヴィルは、サラセン人たちが放ったギリシア油焔弾が夜通し自分の軍隊の上に落ちてくるのをテントの下で聞いていた、この王の苦悩について証言している。王は嘆き、祈った。「われらが聖なる王は、彼らがギリシア油焔弾をわれわれに投げつけるのが聞こえるたびに、ベッドの上に身を起こして、われらが主に向かって手を合わせ、嘆きながらつぎのようにいった。〈主なる神よ、私の配下の者たちを護りたまえ〉[1]」。

フランスへ帰還したのち、一二五四年に、彼はイングランド王ヘンリー三世を前にして海の向こうで味わった苦悩を思い起こしている。「わが友、王よ、キリストへの愛のゆえにおこなった巡礼において私が味わった身体と魂の苦しみが、いかに大きく、いかに苦悩に満ちたものであったか、あなたにお示しするのは簡単ではない[2]」。この話を伝えるマシュー・パリスは、一二五四年にフランスへと戻った時の聖ルイを襲っていた悲しみ、まことの「鬱状態」について、つぎのように語っている。

フランス王は、心も顔も悲嘆にくもらせて、いかなる慰めも受けようとはしなかった。楽の調べも、冗談や慰めのことばも、彼を微笑させ、元気づけることなど叶わなかった。彼の生まれ故郷、彼自身の王国への旅も、あるいは王に出会えると押し寄せた群衆の尊敬をこめた挨拶も、そして主君たることを認める家臣たちの敬意をこめた挨拶や捧げられた贈り物も、彼の心を慰めることはなかった。彼は目を伏せ、しばしばため息をつきながら、その身の虜囚のことを心に浮かべ、そのためにキリスト教世界全体に混乱を招き入れたたことを考え続けていた。

彼を慰めようとした司教に、王はこう答えた。

「もし私一人が恥辱と逆境を耐え忍べばよいならば、またもし私自身の罪が教会全体に落ちかかるのではないならば、私はわが罪を独り静かに堪えることもあろう。だが、私にとって不幸なことには、全キリスト教世界が私ゆえに混乱に包まれてしまったのだ」。

そして、王がすべてを超えるお方の慰めを得ることができるように、聖霊を讃えるミサがおこなわれた。それ以降、神の恩寵によって、王は健やかな慰めの忠告を受け入れられた(3)。

その後ルイは立ち直り、王としての義務と活動を再開することになる。彼は自分の失敗と苦悩のなかに、贖罪となる政策を鼓舞するものを絶えず求め、また新たな形で、より断固とした、かつより強固なキリスト教的王権を構築するという仕事を続けるのであった。

【注】

(1) JOINVILLE, *Histoire de Saint Louis*, p. 114.

(2) MATTHIEU PARIS, *Chronica majora*, t. VIII, p. 89 ; D. O'CONNELL, *Les Propos de Saint Louis*, *op. cit.*, p. 139.
(3) MATTHIEU PARIS, *Chronica majora*, t. VIII, pp. 64–65 ; voir D. O'CONNELL, *Les Propos de Saint Louis*, *op. cit.*, p. 102. 私はすでにこのテクストの全文を、第一部のこの年代を叙述した箇所に引用しておいた。前出二六二〜三頁を見よ。

囚われた者の苦悩

聖ルイは、この時期の人間、とりわけ何らかの形で人の上に立つ戦士である人間が遭遇しうる苦悩の大きな三つの形をすべて経験した。すなわち、敗戦、捕囚および死である。ただし、彼が死んだのは軍事遠征の機会ではあったが、戦場においてではなかった。初期の殉教者たちが多く囚われの身を経験していたことから、キリスト教は常に捕囚を大きな試練とみなしてきた。一三世紀の初め、ある騎士修道会が創設されたのも、イスラム教徒によって捕らえられた囚人の買い戻しを専門におこなうためであった。それが、慈悲の聖母の会、メルセス会である〔一二二五年、聖ペトロ・ノラスコによって創設された騎士修道会〕。しかし、この屈辱的な試練のなかにさえ、聖ルイはなおみずからを偉大とする、そして自身とともに王の職務、彼に従う民衆、そしてキリスト教世界を偉大なものとする機会を見い出していたのである。

ジョワンヴィルは、これらの災厄（敗戦と王の捕囚）を物語るとき、嘆きの調子をもって語る。「あなた方はすでに、王とわれらがエジプトにてこうむった大きな災厄についてお聞きいただいている[1]」。

王は、一二五〇年に臣下たちに宛てた書簡のなかで、きわめて簡潔な形で、彼がその軍隊の大部分とともに囚われの身となった苦しみを述べているが、彼らはそもそもキリスト教徒の囚人を解放するために来たのであった。「余は、〔聖地へ〕余の囚人の捕囚と苦しみを嘆き、彼らを助けに来たものであるのに[2]」。

同じ書簡のなかで、彼はサラセン人たちと締結した休戦を捕囚の危険において正当化し、つぎのようにいう。

［…］余と他の捕虜たちが、このような虜囚に起因するあらゆる危険に身をさらし続けている以上、余は、残留するキリスト教徒たちとこの都市［ダミエッタ］を維持するよりは、余と他の捕虜たちが休戦条約によって解放されることの方が、キリスト教世界にとって好ましいと判断した(3)［…］。

しかし、この試練を宗教的にとらえ直すと、囚人の苦悩は徳と威信へと変わるものである。ギヨーム・ド・サン＝パテュスにとって、神が聖ルイを異教徒の手に引き渡したのは、憐れみと、奇蹟ではないにせよ「驚異」を望んでのことであった。「聖なる驚異においてみずからをお示しになることを望む憐れみの父は、聖なる王聖ルイを裏切り者サラセン人たちの手にお引き渡しになったのである(4)。［…］」。

王がその「忍耐」をもっともよく示すことができたのは捕囚においてであった。たとえば、ギヨーム・ド・シャルトルはつぎのように語る。「彼がエジプトにてかくも長く異教徒によって囚われの身となった時も、彼はいつもの信心行為の実践や神の誉め讃えを絶やすことはなかった」。この証人はこの箇所で、王が唱えていた聖務の詳細を述べているが、この聖務は、パリでおこなわれていたやり方に従って、アラビア語を解するドミニコ会士の司祭およびギヨーム・ド・シャルトル自身と一緒になされ、また彼の礼拝堂にあった聖務日課書およびサラセン人たちが彼に贈り物としてもたらしたミサ典礼書を利用してのことであった(5)。

彼の聖性の評判に貢献したこのエピソードについては、ボニファティウス八世も一二九七年八月六日の説教のなかでふれている。聖ルイはその宗教的熱意を、「キリストの十字架およびカトリック信仰の敵どもと闘うに至るまで、そして彼自身の、さらにはその妻および兄弟たちの捕囚に至るまで」発揮したという。列聖の教皇文書において、この教皇はつぎのように事態を描写する。聖ルイは牢獄において、「多くの恥辱と多くの侮辱を我慢強く謙虚に耐え忍んだ。これらを彼に課した者たちは哀れむべき状態にあったので、これらの虐げの性格はいや増しに屈辱的となった(6)」。

【注】

（1）Joinville, *Histoire de Saint Louis*, p. 216.

（2）D. O'Connell, *Les Propos de Saint Louis*, *op. cit.*, p. 171.

（3）*Ibid.*, p. 169.

（4）Guillaume de Saint-Pathus, *Vie de Saint Louis*, p. 23.

（5）Guillaume de Chartres, *De Vita et de Miraculis*, p. 30.

（6）Boniface VIII, pp. 149–50 et 156.

涙を禁じられた苦悩

しるし《シーニュ》とは本来宗教的な意味、すなわち神の恩寵が罪ある人間にもたらす具体的表現という意味だが、このなかでも、聖ルイが他にまして慈んでいたしるしがあった。それが涙である。彼は神に対して、生涯を通して「涙の泉を与えてくださるように」と懇願していた。涙は、神が罪人の贖罪の大きさを認め、彼に浄化の水を投げ与えることを示すものであった。伝記のなかで、聖ルイは最初から最後まで泣いているのである。

ところで、彼にはしばしば泣くことができない状態が生じている。彼の心は「かさかさに乾いて固くなった」ままなのである。聴罪司祭ジョフロワ・ド・ボーリューが語る話のなかには、涙を流せない王の苦悩を感じさせる箇所がある。フランス史について天才的な直感を働かせることができたミシュレは——彼もまたこの史料を読んでいた——、「聖ルイに拒まれた涙の賜物」というドラマがあることを理解した[1]。徳ある涙という観念が存在した一八世紀末以後の時代に生きたミシュレは、苦悩と喜びが入り交じる涙の泉を、人間の芸術作品創造の源でもある、存在のもっとも深いところからほとばしる涙の秘められた泉として再発見したロマン主義の時代の人間であった。彼は、時期的には列聖以後に属する、この聴罪司祭の古フランス語版テクストを提示しているが、私はここでは現代語に直して引用しよう。「聖なる王は、驚嘆に価するほど、激しく涙の恩寵を願っており、涙を流せないことに対してその聴罪司祭に悩みを打ち明けていた。王が司祭に、敬虔に、謙譲深くかつ秘密裏にいうには、連禱において普通なら〈良き主なる神よ、私たちに涙の泉をお与えくださいますよう〉というところを、聖なる王は敬虔にもつぎのようにいっていた。〈主なる神よ、私は涙の泉などあえて求めはいたしません。私の心の渇きを癒すためには、ただわずかの涙粒でよいのです〉。時には王はその聴罪司祭に、祈りの最中に主は時おり私に何粒かの涙をくださった、とひそかに語った。涙が頰を心地よく伝って口まで流れるのを感じた時には、王はこれをいとも穏やかに味わうのであった。心においてだけではなく、味覚においてもである(2)」。

ミシュレは、ジョワンヴィルからの引用をいくつか集めて、聖ルイは信仰について疑いを抱くことすらありえたと考えた(3)。しかし私としては、ミシュレが「軽薄」とみなしたこれらのしるしは、救いについてのルイの恐れを表わしているとしても、彼の信仰が揺らいでいたことを示すものではないと思う。

【注】

(1) 聖ルイにおけるこの非常に大きな、かつ非常に恐るべき特徴は、生命現象についての二人の偉大な歴史家にして精神分析家でもある人物によって完璧にとらえられていた。すなわち、ミシュレとロラン・バルトである。ミシュレは、その『フランス史』の一八三三年版において (t. II, livre IV, chap. VIII, dans *Oeuvres complètes* ; éd. P. Viallaneix, t. IV, 1974, p. 586)、ジョフロワ・ド・ボーリューのラテン語で書かれた一節をギヨーム・ド・サン＝パテュスが古フランス語に翻訳し直したものによって、この聴罪司祭の言を引用しているし、また一八六九年版の『フランス史』の有名な序文では、つぎのように書いている。「聖ルイが望んで得られなかったこの賜物を、私は得ている。すなわち〈涙の賜物〉である」。ロラン・バルトは、聖ルイにおける涙の欠如についてミシュレが関心を寄せた点に、つぎのようなコメントを付けている。「もう一つの孵化こそ涙である。涙とは賜物であり、聖ルイはこれを神に求めて空しかった。ミシュレ自身は涙を生じさせる術を心得ていた。涙といっても、心の涙、比喩的な涙ではなく、目と口と顔に現れてくる水と塩からなる涙である。なぜなら、この涙こそ真心がそのまま吐露される液状の媒体であり、また周知のように、真情の吐露とは正真正銘の生殖力以外の何ものでもないからである」(*Micihelet*

par lui-même, Paris, 1965, p. 157)〔バルト『ミシュレ』藤本治訳、みすず書房、一九七四、二二七〜八頁、ただし訳文は邦訳書そのままではない〕。ミシュレは涙にゴシック的中世の典型的特徴を見ていた。「これを思い起こすためには、ゴシック様式で建てられた教会の足元で、一粒の涙を流せば十分である」(Préface de 1869, dans *Oeuvres complètes*, éd. cité, t. IV, p. 167)。さらに考えが展開したものとして、つぎのような表現が挙げられる。「中世における技芸の原則としての情念」、「ここにこそ、中世の神秘のすべてがある。その涸れることのない涙の秘密と深い天才とが。これら尊ぶべき涙は、明澄な伝承のなかを、そして驚異の詩歌のなかを流れ、天国へとうずたかく積まれる。そして主の高みへと上がることを欲する巨大な大聖堂へと結晶する」(éd. cité, p. 593)。

(2) 前出九六二頁を見よ。この一節は前注に引用したミシュレの美しいテクストのなかにもある。ラテン語のオリジナルテクストは以下の通りである (GEOFFROY DE BEAULIEU, *Vita*, p. 14) : «*Lacrymarum gratiam plurimum affectabat, et super hoc defectu confessori suo pie et humiliter conquerebatur, familiariter ei dicens, quod quando in letania dicebatur*: Ut fontem lacrymarum nobis dones, *devote dicebat* : "*O Domine, fontem lacrimarum non audeo postulare, sed modicae lcrymarum stillae mihi sufficerent ad cordis mei ariditatem et duritiam irrigandam.*" *Aliquando etiam confessori suo familiariter recognovit*, quod quandoque Dominus in oratione aliquas lacrymas sibi dedit ; *quas cum sentiret per genas suaviter in os influere, non solum cordi, sed gustui suo dulcissime sapiebant*».

(3) P. VIALLANEIX, éd. cité, pp. 590–593.

他者の苦悩——憐れみの業

苦悩の感覚は、聖ルイのなかに苦悩に関係するおよそあらゆる信心行為を芽生えさせた。この信心行為は、彼自身に加えて他者に対しても実践される。その結果として、病人、貧者、レプラ患者たちへの世話や、施療院の建築がおこなわれるのである。これはまた、身体の苦しみと、心あるいは魂の苦しみとを分け隔てるものではなかった。

ギヨーム・ド・サン＝パテュスは、この王が、一三世紀のシステム化された形態のもとで新しく編成された慈善の規則体系《コード》、すなわち「憐れみの業」の規則体系をどの程度実践していたかを教えてくれている。

　彼はその隣人たちに対して慈善をおこない、きちんとした、かつ徳高き思いやりの念を発揮された。彼が憐れみの業をおこなうのは、貧者や病人に仮の宿であれ寝食する場を与え、食事をめぐみ、飲み物をとらせ、衣服を与え、訪れて慰め、みずからあれこれと世話をし、力づけ、また捕囚となった人々を買い戻し、死者を葬り、かくして徳高きやり方で、また鷹揚にすべての人々を助けることを通してであった[1]。

　この慈善の行為は、隠れておこなうわけにはいかなかったので、同時代人たちを深く印象づけた。この点についての史料はあり余るほどである。ギヨーム・ド・サン＝パテュスが報告するところでは、王はロワイヨーモンへ赴くたびに、当該の曜日ごとに許される基準に従って、この修道院の病人たちすべてに肉あるいは魚を振る舞わさせていた。これは病人が修道士であっても助修士であっても分け隔てがなかったし、さらにはこのとき修道院の施療院に滞在していた、この修道院のメンバー以外の病人に対してもおこなわれていたのである[2]。憐れみの業の対象は、嫌われ者である他所者にも拡げられていた。

　王の財政的寄与によって建てられたヴェルノン〔コンピエーニュのことか？〕の施療院《メゾン＝デュー》においても、彼は「貧者および病人のためにベッドおよびその他の必要なもの」を与えていた。この施療院の開設にあたって、彼は、非常によく似た性格の持ち主であった娘婿のナヴァラ王ティボーとともに、みずから最初の病人を導き入れる儀式、「王の聖別式を思わせる就任式《サークル》」をおこなった。

　コンピエーニュの施療院《メゾン＝デュー》が完成したとき、この聖なる王とともに、往時ナヴァラ王であった娘婿のティボー殿が彼を助けて、この新しく開設されたの施療院《メゾン＝デュー》に入居する最初の貧しき病人を担いで「ベッドへと」寝かせた[3]。

「目の見えない貧者のための」パリの三〇〇人施療院の創建については、ギヨーム・ド・サン＝パテュス[4]と同様、ジョフロワ・ド・ボーリューもこれを物語っている[5]。

他方、ギヨーム・ド・シャルトルは、王が、おそらくは感染症と思われる病いで死にかけている病人の世話をしたことについて強調し、つぎのように書いている。

王は慈善の気持ち（*pietatis*）にいたくあふれており、みずから進んで末期の苦しみのなかにある（*in extremis etiam laborantes*）病人たちのもとに慈愛の訪問（*causa charitative visitationes*）のため赴いた。ほとんどの者は、王がそのようなことをすれば災難が降りかかるであろうと恐れ、彼に思いとどまらせようとしたが、それにもかかわらず赴いたのである。彼は病人たちに、敬虔な慰めや救いのことば、非常にためになる助言を与えた[6]。

彼は、生涯の終わり頃に子供たちに対して書いた『教え』のなかで、心あるいは身体を病んで苦しんでいる者たちを思いやるように忠告している。息子に対しては、「愛する息子よ、私はおまえに教えておく。おまえは貧者や、心あるいは身体を病んで苦しんでいるようにみえる者たちすべてを思いやる心をもつように[7]」。娘に対しては、「心あるいは身体に不幸をもつことが知られるすべての者たちに対して、思いやりの心をもちなさい[8]」。

この件についてもっとも多くの証言を残しているのがギヨーム・ド・サン＝パテュスであり、彼の『聖ルイ伝』のなかに集められている[9]。私はそこからいくつかの特徴のみを取り上げよう。一般的に、「祝されし王聖ルイは、不幸の内にある者たちに対して驚くほど思いやり深く優しかった」。ギヨーム・ド・サン＝パテュスは、とくに最初の十字軍における聖ルイの姿を描いているが、このとき「彼の軍隊のなかには、貧者や、腰、歯、その他の病いを患ったさまざまな病人が多く」いたのである。王は、彼らをサラセン人の攻撃から守るために、必要不可欠というわけではなかった糧食運搬用の船を空にして、これらの船を「一〇〇〇人にもおよぶ貧者や病人で」いっぱいにした。彼自身もさまざまな病いに冒されていたが、「彼は自分の臣下の不幸と災難を分かち合いたいと望んで」、「彼とともにあった臣下たちを守るために、愛と慈愛の心で、あらゆる不幸にみずからの身体をさらした」、また、「彼はいとも大きく思いやりの心に満ちていたので、他の者たちと一緒でなければ船に乗り組むことを望まなかった[10]」。

ギヨーム・ド・サン＝パテュスが伝える証言のなかでもっとも有名なものは、ロワイヨーモン修道院へ病人を見舞うこの王の姿である。この聖人伝作者は、王が病人たちとの肉体的接触を求めたこと、彼の態度が医者のようであったこと、もっとも忌むべき状態の者たちに対して食事の給仕をおこなったこと、そしてとりわけレプラに冒されたある修道士に示した慈愛を強調して述べている。


彼はみずからこの修道院の病室へと入り、病気の修道士たちのもとを訪れ、彼らを力づけ、それぞれにどのような病いを病んでいるのか訊ね、彼らが膿を流している時ですら、その何人かの者たちの脈やこめかみに触れた。それから彼に随行していた医師を呼び、自分の目の前で病人の尿を検査させた［…］。彼は自分用の台所から彼らにふわさしい食事を運ばせた。

もっとも重い病いの者たちについては、彼はより急いでより配慮をこめて訪れ、彼らの手や、さらには彼らの病気の患部にまで手を触れた。およそそれが膿瘍であれ何であれ、病いが重ければ重いほど、王はより進んで病人に触れた。


レジェールという名の修道士がいた。彼はレプラを病んでおり、他の者たちとは離れて別の建物に住んでいた。彼はいとも悲惨で忌まわしく、この大きな病いの結果、目はまったく見えないほどに駄目になり、鼻はつぶれ、唇は裂けて腫れ上がり、眼孔は赤く「見るも」おぞましい状態であった。

王は、その修道士の前にひざまずき、パンを切り分けてやり、その口へとパンの片を運んでやった。彼に、鶏やうずらは好きかと訊ね、好きだという答えを得ると、台所からそれらを運ばせた。このレプラ患者が食材に塩味をつけることを望んだので、聖ルイは食片に直接塩粒をつけたが、塩粒がこの不幸せ者の裂けた唇のなかに入ってしまい、「毒」が唇からあふれて顎まで流れた。すると王は、レプラ患者の不平に応えて、食片に味つけするためにこれらを塩のなかに浸し、それから塩の粒を取り除いて彼に食べさせた。王はしばしばこのレプラ患者を見舞いに訪れ、供の騎士たちにも「われらが病人を訪れよう」といったが、騎士たちは王に従わなかったため、彼はそこの修道院長あるいは副院長とともに一人入っていった(11)。

ある施療院《オテル＝デュー》では、ルイは、そこに逗留している障害者たちに対して奉仕と慈愛のあらゆる行為をおこなった。しかし彼はまた、機会をとらえて、謙譲にではあるが公けに、その心と尊厳において苦しんでいる者たちへの敬意を示す模範を垂れることを望んだ。王の振る舞いは、宗教的であると同時に政治的な行為なのである。

ある年の聖金曜日、聖ルイがコンピエーニュの自分の城に滞在し、この都市の諸教会を素足で訪問していたとき、ある通りで一人のレプラ患者に出会った。王は通りの中ほどに溜まっている冷たくぬかるんだ水のなかに足を浸しながら通りを横切り、レプラ患者の前に至ると、彼に施しを与えて、彼の手に接吻した。お付きの者たちは十字を切って、互いにいい合った。「王が何をなされたか見たまえ。彼はレプラ患者の手に接吻したのだ(12)」。

こういった行動が、一二九七年八月六日のボニファティウス八世の説教、さらには列聖の教皇文書のなかでも言及されていることは、何ら驚くべきことではない。説教のなかで、教皇はつぎのように述べている。

このレプラ患者の敬虔な医師であった王は、しばしば彼のもとを訪れ、彼の潰瘍から流れる膿を丁寧に拭い、手ずから食べ物や飲み物を与えながら、謙譲の心で彼に奉仕した。こうした事柄を、彼は施療院やレプラ専門施療院にておこなうことを常としていた(13)。

教皇文書においてもボニファティウスは、「王がみずから、さまざまな修道院や施療院を訪れ、病人や障害者たちにおこなっていたこと」を引用しているが、そこでは、「他の者たちから隔離されて（*segregantus*）暮らさねばならないほど重いレプラの病いに冒された」ロワイヨーモンのレプラ患者や、王がコンピエーニュにおいて見舞ったサン＝テロワの病い（潰瘍）に冒された者について言及されている[14]。

【注】

（1）Guillaume de Saint-Pathus, *Vie de Saint Louis*, p. 104.
（2）*Ibid.*, p. 86.
（3）*Ibid.*, p. 99.
（4）*Ibid.*, p. 86.
（5）Geoffroy de Beaulieu, *Vita*, p. 11.
（6）Guillaume de Chartres, *De Vita et de Miraculis*, p. 52.
（7）D. O'Connell, *Les Propos de Saint Louis*, *op. cit.*, pp. 186–187.
（8）*Ibid.*, p. 193.
（9）Guillaume de Saint-Pathus, *Vie de Saint Louis*, pp. 59–111. その第九章「隣人愛」、第一〇章「隣人への同情」、第一一章「慈善」、第一二章「謙譲」。
（10）*Ibid.*, pp. 74–75.
（11）*Ibid.*, pp. 93–96.
（12）*Ibid.*, pp. 107–108.
（13）Boniface VIII, p. 150.
（14）*Ibid.*, p. 157.

罪のレプラ

聖ルイのなかに常に巣食っていた苦悩の深い原因は罪の感覚であったが、この罪こそレプラを生み、肉体的に死んだ方がましだと感じさせるものである。この罪をあがなうためにはみずから進んで苦しまねばならない。

この魂の死さえもたらす罪への恐れこそ、ブランシュ・ド・カスティーユが息子に教え込んだものであった。彼女は、厳しいキリスト教的モラルと、独占欲が強く、妬み深い母としての熱情とを混同して、つぎのように高らかにかつ激しくいった。息子が自分の妻以外の女性と罪を犯しているのを見るくらいなら、あの子は死んだ方がよい、と(1)。ルイはこの教えを忘れなかった。「彼は、母が何度にもわたって、彼が魂の死さえもたらす罪を犯すより死んだ方がよいと彼に教え込んだのを、覚えていた(2)」。

聖ルイはといえば、別の形の問いをジョワンヴィルに投げかけたことがある。魂の死さえもたらす罪を犯すか、あるいはレプラを患うかのどちらを選ぶか、と。敬虔な人間ではあったがごく普通のキリスト教徒であるこのセネシャルは、自分はレプラを患うくらいなら魂の死さえもたらす罪を三〇回でも犯すほうがよいと答えた。これに対して王は彼につぎのように答えた。

そなたは、魂の死さえもたらす大罪のなかにあるよりも醜いレプラ患者などいないことを知るべきである〔…〕。たしかに人はいったん死ねば、身体のレプラから癒される。しかし、魂の死さえもたらす罪を犯した人間が死ねば、彼は、生きている間に、神が彼を許すに十分な悔い改めをおこなったのかどうかもわからないし、確信も持てない。それゆえ彼は、神が天国におわします間中ずっと、このレプラの罰を耐え忍ばねばならぬかもしれないことを、大いに恐れることになるのである。だから私はできるかぎりそなたに願うのだが、魂の死さえもたらす罪がそなたの魂にとりつくよりもむしろ、レプラあるいはその他の病いによって、あらゆる不幸がそなたの身体にふりかかることを選びなさい〔…〕(3)。

ルイはまた、息子へも教えを垂れる。

〔…〕おまえは、つぎのことについて固い意志をもたねばならない。おまえは起こりうるどんなことに対しても、魂の死さえもたらす罪を犯さないように。それを知っていて犯すくらいなら、手足を切られ、もっとも酷い殉教によって生命さえ奪われることを堪え忍べ(4)。

ルイは、レプラを病む身体に対して、レプラを病む魂〔は永遠に断罪される〕というイメージを象徴的に適用することで、レプラ患者は道徳的に罪深いと主張する流れに、もっとも大きな貢献をした一人である。

【注】

（1）Geoffroy de Beaulieu, *Vita*, pp. 4–5〔前出八九九頁参照〕。
（2）Joinville, *Histoire de Saint Louis*, p. 42.
（3）Joinville, *Histoire de Saint Louis*, p. 42〔前出五一九頁参照〕。
（4）D. O'Connell, *Les Propos de Saint Louis*, *op. cit.*, p. 186.

十字架に架けられたキリストのモデル

罪に直面するこの苦悩は、とりわけキリストおよび十字架への信心行為を生み出した。キリストこそ、その受難によって、人間が原罪にもかかわらず救われることを可能にしたのであり、十字架こそ、その受難とあがないの道具であったのである。

聖ルイにとっての偉大なモデルとは、それゆえ苦悩するキリスト、受難のキリスト、十字架上のキリストであった(1)。一三世紀の王とは、王冠を戴く十字架に架けられたキリストである。これこそ何にもまして新しい王のイメージなのであった。

聖ルイは、格の高い儀式の際には何度も、十字架に架けられたキリストについて語っている。一二四六年、クリュニーにおいて、彼は教皇インノケンティウス四世に対してつぎのようにいった。「キリストは、十字架の恥辱を耐え忍ぶまでに謙譲であったと書かれてはいないでしょうか(2)」。また、臣下たちに対しては、一二五〇年八月のアッコンからの書簡のなかで、つぎのように要求している。「余は、お前たちすべてに願う。お前たちの救いのために血を流して十字架の上で苦しまれたお方に、奉仕することを(3)［…］」。茨の冠という象徴的な聖遺物を得、これを納めるためにそれ自体が聖遺物ともいえるサント＝シャペルを建設させた聖ルイは、この王宮附属の礼拝堂を神の苦悩に捧げようと望んだのであった。

逆説的なことに、ジョワンヴィルが、臣下たちのために苦悩した聖ルイのことを聖ルイ本人に対しては皮肉たっぷりなやり方で語らせているのは、ある異教徒を通してである。エジプトでの捕囚のとき、ある年老いたイスラム教徒は、捕虜となったキリスト教徒たちにつぎにように宣言した。「あなた方は、彼のために捕らえられ、彼のために打たれ、彼のために傷を負ったからといって文句はいうべきではない。彼はそれを、あなた方のためにおこなったのだから[4][訳1]［…］」。

【注】

（1）このイメージおよびこの信心の発生については、つぎのスピエールの素晴らしい研究を見よ。M.-Ch. Sepière, *L'image d'un Dieu souffrant. Aux origines du crucifix*, Paris, 1994. 一一世紀から一三世紀にかけての受難のキリスト、十字架に架けられたキリストへの信心行為の出現については、多くの研究がある。つぎの文献を参照のこと。Galienne Francastel, *Le Droit au trône. Un problème de prééminence dans l'art chrétien du* IVe *au* XIIe *siècle*, Paris, 1973, chap. VIII : «Le Christ souffrant et la Vierge triomphante». 聖ルイについては、前述のギヨーム・ド・サン＝パテュスが伝える意味深長なことばを見よ。前出一〇三一〜一二頁。

（2）Matthieu Paris, *Chronica majora*, t. IV, p. 202 ; D. O'Connell, *Les Propos de Saint Louis*, *op. cit.*, p. 91.

（3）*Ibid.*, p. 171.

（4）Joinville, *Histoire de Saint Louis*, p. 430.

【訳注】

（1）ジョワンヴィルのこの箇所は、あるイスラム教徒の老人とブルターニュ伯との会話であるが、正確には老人が伯に答えたのは、「あなた方がキリストのために捕らえられ、打たれ、傷を負わされても、文句をいうべきではない。なぜなら彼もまたあなた方のためにこのようにされたのであったから」という文句である。なお、当該箇所は『聖ルイ伝』ではなく、『ジョワンヴィルの信仰告白』と題する書の一部分で、ナタリ・ド・ヴァイイの刊本の付録として刊行されている。

殉教――死の苦しみと死

私たちは、弟のロベール・ダルトワの死についての彼の態度をすでに検討したが、ルイは十字軍における死を常に殉教の一形態とみなしていた。一二四一年にすでに、彼はキリスト教世界に押し入ったタタール人について、母につぎのように述べている。「われらが奴らを追い返すか、あるいはわれらが敗れるならばキリストの証聖者〔殉教者以外の聖人〕か殉教者として神のみもとに赴くか、のどちらかです(1)」。
また、一二五〇年から一二五四年にかけての聖地での滞在中、彼はシドンを目前にしてサラセン人に殺されたキリスト教徒たちの遺体を埋葬すべく探しに行った際、お付きの者たちにつぎのように述べた。

彼ら殉教者たちを埋葬しに行こう［…］。彼らは死をこうむったのであるから、われらもこのこと（遺体の悪臭、埋葬の労苦）を耐え忍ぶのだ。これらの遺体に嫌悪を覚えるようなことはあってはならない。なぜなら彼らは「殉教者」にして天国に座す者たちであるからだ(2)。

ジョフロワ・ド・ボーリューは、ルイの死の直後に書いたその伝記の冒頭で、この王をみずから進んで犠牲となった存在として描いている。

みずからの身体の健康状態に応じて、毎日神に対して捧げていた身体的贖罪という犠牲に加え、彼は海の向こうへの二回目の旅において、ついに自分自身を完全なる生贄として（*quasi holocaustum integrum*）、甘美な香りのうちに主へと捧げたのであり、この地［チュニジア］においてキリストの「聖体」となりし功徳を積み、殉教者および主の疲れを知らぬ戦闘代理人《シャンピオン》として、主のもとで幸福にその生涯の最後を遂げたのである(3)。

チュニスを前にしての彼の病い、末期の苦しみ、および死の物語は、初期の諸伝記においてすでに、どうしても語らねばならないテーマであり、また話の聞かせどころとなっていたが、そこでは、良き死、良きキリスト教徒の死についての伝統的な決まりきった表現《リュウ・コマン》のほとんどが展開されている。この際にジョフロワ・ド・ボーリューが強調しているのは、王が耐えた試練が幸福な最後を迎えることを望まれた（*qui labores ipsius voluit feliciter consummare*）神の恩寵についてである。病いが重くなると、彼は「はっきりとした意識および完全な理解力をもって」（*sane mente et integro intellectu*）敬虔に最後の秘蹟を受けた。最期が近づくと、彼は神とキリスト教信仰の称揚以外のことは考えなかった。彼はチュニスの王のもとへ、ドミニコ会士の説教師を派遣しようと思いつく。力と声がしだいに弱まっても、彼は絶えず常日頃とくに信心していた諸聖人の助けを求めた。すなわち、「彼の王国の特別な守護聖人たる」聖ディオニシウス、聖ヤコブ、その他多くの聖人たちである。「最期の時がくると、彼は灰で覆われた寝床の上に〈両手を十字架の形にして〉横たわらせ、魂を創造主のもとへと返した。〈それは、神の子が世界の救いのために十字架の上で死の苦しみを味わいながら息絶えたのと、同じ時刻であった〉」(4)。若干表現は異なるものの、ボニファティウス八世による列聖の教皇文書のなかにもこの良き死についての言及があるが（「彼は幸福のうちにキリストのもとへと旅立った」*feliciter migravit ad Christum*）、ここではキリストを思わせる要素（両手を十字架の形にしての死、午後三時の死）は排除されている(5)。

チュニスには居合わせず、それゆえ良心の呵責に苦しんだジョワンヴィルは、逆に、「神の子が世界の救いのために十字架の上で死んだ同じ時刻に」聖ルイの死は訪れた、という言い伝えを採録している(6)。

とりわけジョワンヴィルが抗議することになるのは、王の列聖が殉教者聖人としておこなわれなかった点である。聖性を認められたとはいえ、これは聖ルイに対する正当な取りはからいではない。

私〔ジョワンヴィル〕は思うに、十字架をとった巡礼において彼が耐え忍んだ大いなる労苦をみれば、彼を殉教者の列に加えなかったというのは、彼に対する十分な報い方とはいえない。とりわけ彼は、十字架の上に至るまで主に従ったのであるから。神は十字架の上で死んだが、彼もまた同様なのである。なぜなら彼がチュニスで死んだとき、彼は十字軍に参加していたのであるから(7)〔十字軍への参加のことを「十字架をとる」と表現するいい回しが同時代一般的であった〕。

聖ルイの人格や生涯において苦悩というものが占める重要性とその諸形態は、一三世紀におけるラテン的キリスト教の発展を凝縮するものであった。すなわち、身体や身体的な苦しみにますます大きな役割が与えられるということ、「憐れみの業」のシステムのただ中で「苦悩する身体や心」に向けられる慈愛が規格化されるということ、罪が嘆きに変わるということ、神に背いたという伝統的な痛悔を超えて涙が至るところに見い出されるということ、苦悩するキリストおよび受難の十字架に対して信心行為をおこなうこと、死にゆく者の末期の苦しみに力点を置くということ、などがそれである。苦悩をまさに悲嘆という形に変え、栄光へと向かわせるこれらすべての現象は、嘆きの「この人」、「この人を見よ《エッケ・ホモ》」〔中世末期に出現した、苦悩の表情でつながれて座す男の図像。十字架に架けられる直前のキリストを表現したものとされる〕にきわめて近いイメージを導くことになる。聖ルイもまた、この先駆者の一人である。

しかし彼は、苦悩を積極的に評価する歴史の流れにおいて、さらに一層重要な役割を果たしている。聖人としての彼は、貧者と病人のための慈善や、十字架の上のキリストを模倣したいという愛において、苦悩を受け入れ、かつ求める聖人であった。また、贖罪と自己犠牲の聖人として、彼はアッシジのフランチェスコと対をなす俗人でもあった。もしフランチェスコが、苦悩に満ちたおのれの召命を聖痕〔フランチェスコは、晩年十字架に架けられたキリストが受けたものと同じ箇所、すなわち両手両足および脇腹に傷跡を得た〕によって報いられたとするならば、聖ルイはその生涯にわたる嘆きの道を、悲劇的ではあるが栄光に満ちたイエスの死の時刻において歩み終えるという恩寵を得たわけである。

十字架に架けられたキリストおよび十字架への信心行為こそが、聖ルイをして犠牲の道行きをみずから歩ませることとなった。彼は他の何にもまさる贖罪として十字軍をおこない、病気と敗戦と捕囚に苦しめられつつ、その二回目の旅において殉教者へと到達する。自己犠牲をおこなう王——さまざまな社会における聖化された王権の諸側面の一つ[8]——、聖体＝王として、彼は末期の長い苦しみの果てに、イエスのイメージに沿って死ぬという恩寵に到達したのである。

この聖人はそれゆえ最終的には、苦悩によって定義される王モデルなのである。苦悩によって彼は、王権なるものを、あらゆる不幸を超越するところに置く。同時代人たちにとって彼の栄光を支えるものと考えられたのは、彼がかち得た勝利や富以上に、病気、捕囚、失敗、そして喪に際しての彼の行動であったのである。政治的意味と宗教的感性とを、分離しえない混合物として統合したこのキリスト＝王という尋常ならざる記念碑的人物は、苦悩というものを個人的な救いと同時に政治的な成功の道具とした。死者の霊を導く王、またこの世の終末を準備する王として、彼が政治的なイデオロギーとその実践を基礎づけえたのは、この苦悩——まず第一に身体的な苦悩——の上においてであった。

【注】

（1）MATTHIEU PARIS, *Chronica majora*, t. V, p. 147 ; dans D. O'CONNELL, *Les Propos de Saint Louis*, p. 147. この年代記作者は別の形でも聖ルイの語りを伝えている。「われらがタタール人たちを［…］奴らのタタールの住まいへと押し戻すか、あるいは奴らがわれらをすべて天国へと昇天させるか、のどちらかである」〔一八二頁参照〕。

（2）GUILLAUME DE SAINT-PATHUS, *Vie de Saint Louis*, p. 101.

（3）GEOFFROY DE BEAULIEU, *Vita*, pp. 3–4.

（4）*Ibid.*, p. 23.

（5）BONIFACE VIII, p. 159.

（6）JOINVILLE, *Histoire de Saint Louis*, p. 406.

（7）*Ibid.*, p. 4.

（8）Luc de HEUSCH, «The Sacrificial Body of the King», dans *Fragments for a History of the Human Body*, ed. M. FEHER, t. III, New York,1989,pp. 387–394.

結論

歴史上の偉大な人物をめぐって書物を書いたとなると、まず第一に打ち明け話をしたくなる気持ちを抑えるのはむつかしい。一〇年以上の長きにわたり、多かれ少なかれ長期にわたって聖ルイと時を共にしてきたのだが、この間、私と彼との関係はどのようなものであったろうか、またどのように変化してきたのであろうか。もちろん私は、「聖ルイと私」についての大ざっぱな話をするほど厚かましくはない。私はただ、歴史家たる者、それが何であれ、自分が選んだ主題《シュジェ》のなかに沈潜する権利、そしておそらく義務があると思うのである。そしてそのなかには当然その主題《シュジェ》が歴史的人物である場合も含まれる。しかし、歴史家はまた、学問を標榜する人間として、とりわけ歴史学のような特別で、かつ推論を旨とするような学問の場合には、自分が研究している対象《オブジェ》――〔主題《シュジェ》ではなく〕むしろ対象《オブジェ》であるが――とは距離を保たねばならない。歴史家は裁判官ではないのである。それでもなお、歴史家と、彼が対象とする人物との間に打ち立てられ、展開することになる絆は、歴史学的な伝記がもつ魅惑の一つであるとともに、もっとも大きな危険の一つでもあることに変わりはない。そもそもなぜ私は聖ルイを研究しようとしたのか、また、聖ルイを観察し、その姿を示し、彼の人間を説明する私自身の方法に影響を与えたものは何であったのか、これらの点については、すでにふれたのでくり返さない。有益とお考えなら、他の方々もこの問いに答えるべく努めていただきたい。しかし、私がこの人物とふれ合ってみて感じたことを打ち明けることができるのは、読者がいるからである。他方で、歴史家は、伝記を主題《シュジェ》とする際には、他の歴史学的な諸問題を扱う場合とは異なる関係をもつことになる。私は、一人の人物、というよりはむしろ一つの問題から出発することになった。すなわち歴史学的な伝記を書く理由は何か、そしてそれはどのように書かれねばならないのか、である。なぜ聖ルイをテーマとして選んだかという理由――すべて職業的なものであるが――も含め、この点については、私はすでに述べておいた。しかし、すでに七〇〇年前に死んだ人物とはいえ、一人の人間と一〇年以上にわたって付き合いながら、いろいろ考え込まないでいられるわけはない。歴史家の仕事というものは、くもりなく明晰で常に自己規制を働かす想像力を必要としていると考えられるからには、とりわけそうである。このようにして、私の内には、しだいに――おそらく幻想であろうが――つぎのような感覚が芽生えてきたのである。すなわち、私には聖ルイのことがだんだんよくわかってきた、彼の様子が見える、彼の声が聞こえる、必要な距離はとりつつも、隠れたところで彼を観察するもう一人のロベール・ド・ソルボン、あるいはジョワンヴィルに私自身がなったという感覚である。実際、自分自身をこのように過去のなかに沈潜させることも私の企ての一部であり、個人としての聖ルイに接近することは可能か、という私の問題関心の核心にさえ位置するものであった。私の調査が、しだいにこの問いに肯定的な答えをもたらすようになったことは私を力づけたが、それは私のなかにある、より主観的で、より内密な感情においてであったのである。

私は当初、彼とは生きている時代や社会的な地位がかけ離れていることから、彼に対しては大いなる疎遠さを感じていた。歴史家という特権を利用してさえも、王たるもの、そして聖人たるものに、どのように接近すればよいのかという問いの前に立たされた。ついで、あらゆる史料を読み、それらの生産過程を分析しながら、私はしだいに彼を身近に感じるようになった。私は実際に彼を夢に見たわけではないが、ジョワンヴィルと同様、そうすることができたのではないかと思っている。さらに、私がしだいに強く感じるようになったのは、この人物の魅力、魅惑であった。私は、多くの者たちが彼の姿を見たいと望み、彼の声を聞きたいと念じ、彼に触れたいと願っていたことを理解できたように思う。彼の前任者であるカペー家の王たちが注意深く練り上げてきた王という職務に関わる威信に加えて、彼にはとりわけ個人的なカリスマ性が付け加わった。すなわち、強い印象を与えるのに王冠も権力の象徴物件も身にまとう必要がなかった王のカリスマ性、そして托鉢修道士のパルマのサリムベーネが、サンスへと至る道を埃の舞うなか裸足でやって来るのを見た、鳩の目をした〔柔和な〕、背は高いが痩せた美男子であったルイという王の個人的なカリスマ性である。彼は、その外見を超えたところで人に印象を与えることができる人物であり、ウェーバーのカリスマ理論のもっともはっきりとした実例の一つ、そして権力のあるタイプ、あるカテゴリーをもっとも著しく体現した人物であった。その特徴を数え上げれば以下のようになる。まず、あるタイプの理想的な君主の姿を実現しようとする意志や同時に深く理想主義的であり広く現実主義的でありえたという能力を備えていたこと、勝利においても敗北においても偉大であったことである。そして、政治と宗教という表面的には矛盾する要素の調和の体現を図ったこと、すなわち平和主義者でありかつ軍人であったことや、権力の代行者たちの行動に気づかいながらも国家の建設に邁進したことが挙げられる。また、自分の地位をきちんと維持しながらも清貧の理想に魅惑されていたこと、根本的には不平等であった秩序を守りながらも正義を飽くなき形で求めたこと、そして最後に、人間の自由意志と神の恩寵との統合、および必然と偶然との統合（この両者がともになければ天命などありえない）を実現しようとしたことである。

ついで、彼が私にとってより近しい存在になると、私は、彼が笑ったり、冗談をいったり、友人をからかったりするさまを、あるいは、地面に座るといった素朴な身振りにおいては、思わせぶりなところはほとんど見せずに振る舞うさまを、見たり聞いたりできるようになった。これによって私は、自分の本性を抑えることの大変さを彼のなかに理解したように思った。すなわち、彼は、愛の行為においてはその血をたぎらせ、怒りや歓喜を身体に表わし、美味しい魚やとても新鮮な果物といった素晴らしい食事を好み、金曜日であっても笑いたくなり、そして四方山話に打ち興じることを本性から愛していたのである。ここには、ごく単純に考えて、列聖の教皇文書が打ち立てているような「超人」の背後に見え隠れする一人の人間がいる。そして、時間的に遠い過去の人間を扱う歴史家の不躾さからその分を忘れて、私は彼に対して、ある種の称賛と友情の混ざった気持ちを抱いたものである。その取り巻きの一人として彼が私を受け入れてくれるように望んだわけではないが、最後には私は、人が身近な者に対して育むような感情を彼に対して感じるようになった。私は彼を愛すると同時に嫌いもしたし、敵意も感じた。嫌悪感とは、もちろん二〇世紀の人間としての私の感情にとりわけ由来するものである。また敵意とは、根本的にはつぎのようなものに対してである。すなわち、外に表わされる贖罪実践――とりわけ鞭打ち――に結びついた彼の苦行理想に、また宗教を厳格に字句通り守るところからくる彼の不寛容に、ユダヤ人に対する狂信的態度に、側近の者たちへ信心行為を強制する意志に、しだいに厳しくかつ盲目的にすらなる道徳的秩序へ向けての不退転の歩みに（ジョワンヴィルも、王が十字軍から帰ったのち、毎日頻繁に信心行為をおこなったことに対して異議を唱えなかっただろうか?）、常により厳格になるその道徳主義に、常により説教臭くなるそのことばに、そして、常に人間らしくなくなっていく苦痛礼賛に、である。さらにはこれに、彼の妻や子供たちに対する態度でジョワンヴィルが問題としているような、彼をしばしば襲った他者に対する無関心が加わる。この無関心は、宗教のことを常にくり返し考えたがる、この世のしがらみよりも理想の追求を好むという彼の性向がもたらしたものであるが、時にはこのしがらみが彼を縛りつけもしたのである。このようなとき、彼はなお一層泣くことになった。

だからといって、私は告白するのだが、彼についての魅力はなくなるわけではない。

思うに、私にはさらに、伝統的な二つの問いに答える必要がある。すなわち、一つは歴史において偉大な人物というものは、いったいどのような役割を果たすものなのかという問いであり、いま一つは、古いものと新しいものとの間に、この主人公はどのように位置づけられるのかという問いである。ただし私としては、聖ルイを偉大な人間の何らかの理論、あるいは偉大な人間の比較史という観点から研究することは、他の人々にお任せしたい。ここではただ、ルイが彼の時代およびその後長きにわたり、例外的な人物であり続けることができた、その全般的な条件といくつかの状況を記しておくだけにしたい。彼はこの時代に存在した二つの主要な階層秩序の頂点に座すことによって利を得ていた。すなわち、一つは王権という世俗的な階層秩序であり、もう一つは、聖性という霊的な階層秩序である。前者においては、彼はただ権力を継承したにすぎないとはいえ、この王朝の威信を全幅に利用する形で行動していた(1)。サン＝ドニの王家の墓所の再編成や、『フランス大年代記』の中核を構成する『列王物語《ロマン》』のフランス語版編纂に対するルイの支援が明白に示しているように、彼は二つの王家の継続性と、カペー家に先行する二つの王家の標章的《アンブレマティーク》存在であるクロヴィスおよびシャルルマーニュの威信とを、みずからの支えとしていた。彼は、その「前任者たち」と祖先から受け継いだものを強調しながら、近い祖先のなかでももっとも華々しい存在であった人物、すなわち祖父のフィリップ・オーギュストにくり返し言及した。彼はまた、王の職務という点では、なぜか彼にとってより疎遠で、はかない存在であった父が体現していたイメージからも利を受けている。この王ルイ八世はカタリ派という、もっとも恐るべき異端に対する勝利者という栄光に取り巻かれていたのである。

ルイが例外的ともいえる過去の遺産から利を受けえたものとしては、つぎの三つが挙げられる。第一は政治的なもの、すなわちある王家に属していることであるが、この王家は奇蹟の油による塗油という例外的な身振りによって聖別され、聖なるものとなっていた。この塗油こそが、彼をして他のキリスト教世界の王たちの上位に位置づけられる「いともキリスト教的なる王」とし、病いを癒す能力という光輝で包むのである。

第二の遺産は経済的なものである。彼は莫大な収入を自由にしたが、それらは、一方で祖父のフィリップ・オーギュストによって国王財庫に蓄積された富に、他方ではフランス王国全体、とりわけこの時期に王領が経験していた著しい繁栄に由来するものであった。イル＝ド＝フランス、ピカルディ、ノルマンディ、ラングドックは経済発展がとりわけ目覚ましい地域である。

第三の遺産は「国民的《ナシオナル》」と呼びうるものである。一二二九年以来南フランスは、直接的にせよあるいは間接的にせよ、王国の北部と結びつけられたが、それまでこの地方における王権の影響力は、はるか彼方からの法理上のものにすぎなかったのである。これに対して、ルイは、初めて全王国を実際に支配した王であった。彼は、一二四八年の十字軍以前には、王国への繋ぎ止めを確保する以上の関心を南フランスに寄せていたとはほとんど思えない。一二四〇年には、レーモン・トランカヴェルを撃破し、ボーケールとカルカソンヌのセネシャル管区の状況は安定した。これに対しレーモン七世がイングランドと同盟して抵抗したが、一二四二年のイングランド軍の敗北に続いて敗れ、一二四三年のロリス和約がトゥルーズ伯の領地に対するルイの上級封主権《シュズラヌテ》を確かなものとした（しかし、伯は、とくにブランシュ・ド・カスティーユのおかげと思われるが、手心を加えられた)。活動的なカタリ派異端は、本質的には教会当局、異端審問、および異端自身の影響力の低下によって終焉を迎え、状況は平安へと戻った。この一三世紀の第2四半世紀という時期は、政治および文化という二重の意味で、南フランスの北フランスに対する敗北を画した時期であることは明らかである。この件について侵略者たる「北のフランス人」の暴力性のことを考えようが考えまいが、アルビジョワ十字軍以前の時期に、南フランスの人々がオクシタンの国家を形成することができなかったことや、さらには、戦士たる貴族階級《アリストクラシー》と深く結びついていたトゥルバドゥールの文明の絶頂期ののち、一三世紀末から一四世紀初めにはオック語文化が内側から衰えていったことを、過小評価すべきではない。一九世紀および二〇世紀のオック語文化再生運動は、これらの挫折へのノスタルジーや、北からやって来た十字軍士たちおよびカペー王権がおこなった暴力に対する敵意によって特徴づけられていた。しかし、あまりに党派的で時代錯誤のこうした過激派的態度よりも、中世における北フランスと南フランスとの間にとりもたれたさまざまな関係という、明白で公明正大なアプローチの方が重要なのである[2]。

　王であったこと以上に、ルイを歴史上の偉大な人物に共通するものから際立たせているのは、彼自身が生前積んだ功徳によって獲得された聖性と、何人かの人物がそのために貢献した熱意である。この聖性は、多くの点でより伝統的な側面をもっていたとしても、托鉢修道士の信心行為の影響を強く受けて、中世の聖人模様のなかにあっては、ある新しさを示すものであった点については、すでに検討したところである。グレゴリウス改革以後、しだいに稀になっていく聖人王という小さなグループのなかで、彼は以前のモデルとははっきりとした断絶を画している。そして、彼はこの新しいタイプの最初で最後の王であり、このモデルを表わす唯一の王である。この事実はまた、以後の彼のイメージを決定してきたし、今なお決定し続けているのである。

　彼が聖人であったことは、彼のイメージ形成にとっては補足的な利をもたらした。ルイは、その主人公を事実のなかで描こうとするタイプの文学によって好んで取り上げられたが、この際には、彼の長所と徳が強調され、弱点については語られないのである。もちろん聖ルイは、なかば公式の、それゆえ必然的に称揚的な性格をもつ伝記の対象となった最初のカペー王というわけではなかったが――彼以前にはロベール敬虔王、ルイ六世、彼の祖父フィリップ・オーギュストがいる――、彼のことをよく知っていた俗人によって伝記を書いてもらうという恩恵にあずかった最初の王なのであった。彼はジョワンヴィルに多くのおかげをこうむっている。もしジョワンヴィルがいなかったら、聖ルイのイメージは、一四世紀この方伝えられてきた生き生きとしたものではなかったであろう。おそらく、シャルルマーニュとエギンハルドゥスとの関係、ルイ六世とシュジェとの関係、ナポレオンとラス・カーズ〔セント・ヘレナ島におけるナポレオンの言行を記録〕との関係以上に、現在私たちが知っている聖ルイはジョワンヴィルの産物であろう。もっとも、調査を終えたあとの歴史家には、対象とした歴史上の人物は、実際、自分が書いた本の主人公にそっくりだと考える傾向があるのも事実である。

　最後にもう一つ聖ルイにとっての幸運がある。ジョワンヴィルはラテン語ではなくフランス語で書き、自身の尊敬の的であり友でもあったこの王のことばに耳を傾けていたことから、しばしばこの王に一人称で語らせることになったのである。この時期からようやく、作家が「私」で語りはじめたのであるが、聖ルイは一人称でこのように語る最初の高位の権威ある人物であった(3)。古代や中世初期の偉人は時たま、公式化・定型化された語りや、石に刻まれた碑文のなかに伝来する大昔の君主たちが語ったとされるステレオタイプ的な演説を口にしているが、それらを除けば、聖ルイは日常語で喋った西欧最初の大人物ということになる。

　長いスパンで見れば、ルイは、彼の王国でとりわけ顕著であった文明の最盛期に生きたことから、ここからも利を受けていたといえる。ただし、彼自身の活動がこの発展に大きく寄与したとはいいがたい。たとえばゴシック芸術の繁栄、パリ大学の栄光、フランス語の威信などに対する寄与である。もっとも、彼についての記憶が、彼同様に弾けるようでつつましく、さらには輝かしくもあった建築物、サント＝シャペルに結びついていたことは確かであるが。

　この幸運はその後の歴史においても長く続いた。この聖なる王は、政体や社会や心性の変化をともなう歴史的な記憶の有為転変を、大きなダメージもなく乗り超えるという幸運に恵まれた。その死から革命まで、彼はフランス王権の比肩するものなき真髄を体現していた。彼の子孫たちは、実際に王として君臨したかどうかには関わりなく、その血筋において、彼の長男からであろうが次男以下からであろうが女子からであろうが、さらにはカペー家直系であろうがヴァロワ家あるいはブルボン家であろうが、「血」というイデオロギー的な力のおかげで、その血管に彼の血が一滴でも流れてさえいれば（この徳高くして庶子をもたなかった王の血は、必ず「純粋」であった）、全員、他のだれにもにまさる特権グループの一員なのであった。彼らは、聖ルイの子孫たる王子、王女なのである。断頭台までルイ一六世に付き従った司祭は、最期の時に王につぎのようにいったか、あるいはそのように伝えられている。「聖ルイの子よ、天国へと昇れ」。いともキリスト教的な王として、とりわけ革命と第一帝政ののち、反革命的ではないにせよカトリック的・保守的な層に崇敬された聖ルイは、共和政の成立と世俗的価値観の進展に対しても、その立場を失わなかった。というのも、彼は同時に、新しく台頭した層によって護持されたさまざまな価値観をも体現できていたからである。すなわちそれは、穏健さであり、とりわけ正義と平和である。ラヴィッス〔第三共和政期の歴史家で、愛国的・公民的歴史教育の立役者〕の『フランス史』や学校教科書を通して、ジョワンヴィルの短い一節を神話的イメージにまで高めたのは、まさしく第三共和政自体であった。すなわち、ヴァンセンヌの樫の木の下で裁判をおこなう聖ルイというイメージである。今日では、ルイとキリスト教世界を文字通り一体化させることで、ヨーロッパ統合の理念の信奉者たちは聖ルイに敬意を払うことができるのである。

歴史学研究の進展や歴史叙述の新しい方向性は、定期的に問題関心の練り直しを要請してきたが、聖ルイはこの対象からはずされてきた。今日では、一三世紀のこの輝かしい光が当時の男女の生活に大きな陰をもたらさずにはおかなかったことは、より確実にわかっている。とはいえ、聖ルイが生きた世紀の暗部については、これまで史料的検討がおこなわれたことはなかった。聖ルイの時代、飢饉はむしろ少なくなり、憐れみの業はたしかに発展していた。しかし、十字軍と聖地での長い滞在によってフランスを放置し弱体化させた、という聖ルイへの非難が的を得ているかどうかは今なおまともな検討の対象とはなっていない。私は、これを証明できたと考えている。

彼の度重なる失敗自体もまた、彼のイメージ形成のためにむしろ役立ってきた。失敗のおかげで彼は、より人間的な印象を得る存在となったし、幸福と試練が相互に現れる国民的な歴史の流れのなかに位置づけられるようにもなった。そして、これら幸福と試練によってこそ、国民的な集団意識は、歴史的に形成されたアイデンティティのなかにあらゆる災難を統合することが可能となるのである。

残るは、二〇世紀末のフランス人にとっては闇の暗い領域に関するものである。異端審問に対する彼の支持、ユダヤ人に対する彼の態度、十字軍における彼の役割、キリスト教徒とイスラム教徒の間の関係における彼の役割、などの問題である。これらすべての領域は、一二世紀を通して形成され、一三世紀に制度化された一つの同じ脅迫観念に由来する。それは、自然のものであると同時に神秘的な性格をも有する一つの身体として、キリスト教世界を構築したいという意志である。この結果、これを汚し、堕落させ、弱体化させ、解体させるようなすべての者は排除されることになるが、このような者たちとは、まず異端者やユダヤ人、より問題は小さいが同性愛者たち、さらに場合によってはプラスの価値をもつレプラ患者、そして本当のところはよくわからないにせよイスラム教徒たちのことであった。ちなみに、当時イスラム教徒たちは、スペインのレコンキスタの進展とともに、キリスト教世界の内部にはもはやいなくなっていた。それでは、彼らがいた聖地やエルサレムはキリスト教世界には属していなかったであろうか。逆にその中心、核心ではなかったのか。この面で聖ルイは、不純を恐れたこの社会の産物ではあったが、見かけに反して、活動家としては穏健な存在にすぎなかった。別の思想潮流の影響下にもあったからである。それは、穏健なスコラ学的決議論と、語りと実例による托鉢修道会士の中庸な教育理論であった。

しかし長期的な視野に立つならば、聖ルイは単にこれらの領域ではその時代の人間として行動しただけだ、とする議論は避けねばならない。第一に、過去の何らかの行動様式に、ある人物が個人的に深く関与したということは、多かれ少なかれ重大な意味をもちうるからである。さらに、長期にわたって続く諸現象においては、過去が重みをもつことは当然のことだからである。

異端審問については、すでに見たように、彼は、当時のほとんどすべての統治者と同じように、教皇庁の要求に反対しようとは夢にも思わなかった。その要求とは、教会当局の世俗の手となって、異端審問という教会法廷の断罪が要求する処罰を実施せよ、というものである。しかし、ジャン・リシャールがこの点についてきわめて明確に証明したように、聖ルイの聖人伝作者のだれも、彼が異端の抑圧に特別な熱意を発揮したとは記していないのである。おそらく作者たちはその熱意を書き留めたかったはずなのにである。彼は、反異端的熱狂にとらえられた当初は、ロベール・ル・ブーグルによって欺かれていたのである〔九四六〜七頁参照〕。その後彼は、抑圧の拡がりを限定しようと努めた。彼の目的は改心、迷える子羊の正統信仰の懐への復帰、そしてすべてのキリスト教徒の和解であった。

これはまた、ユダヤ人についての彼の目標でもあった。ユダヤ人の洗礼は、彼の大きな喜びの一つであったし、彼は何度も、改宗したユダヤ人の代父となった。彼の敵意はあくまで宗教的なものであった。中世には人種《ラース》という観念がなかった。彼は人種差別的なウィルスに冒されていなかっただけでなく、そもそもユダヤ人を「生まれの別《ナシオン》」のなかに数え上げていなかった（ちなみに、この同時代用語は大ざっぱにいって、今日の民族《エトニ》に対応することばである）。とりわけ不実で憎むべき性格の他所者とされたユダヤ人に対して、たしかに聖ルイは、抑圧と保護との間でためらっていたとしてもである。

最後に取り上げるのは、彼の十字軍への参加である。これによって彼は、イスラム世界に対する西欧キリスト教世界の攻撃に関与することとなったが、その記憶はその後も長くとどまった。しかし同時に、彼の十字軍の失敗は、彼をイスラム教徒に勝利した敵ではなく、かつて西洋の前植民地主義と呼ばれたものの哀れなヒーローとしたのである。そして、ここでもまた、彼が育んでいたものはイスラム教徒改宗という幻想であった。

これらの成功や失敗のいずれをみても、ルイは革新的であったわけではない。彼は、彼以前にすでに生まれていた大きな動きである正義と平和への渇望を、より前進させようと努めていたのである。そのため彼は、王権や統一国家に有利となる制度および慣行を発展させたり、また、暴力をもはや全面的に肯定しないとか、信心行為の重心を変えたいとかいった心性上の変化を強固なものとした。信心行為については、一般には依然として聖遺物崇敬と苦行の実践に基礎が置かれてはいたが、その重心は謙譲さ、キリストのまねび、憐れみの業の実践の方へ変更されるようになった。これは、いまだ「デヴォティオ・モデルナ」（*devotio moderna*）〔「新しき信心」の意。中世末期ネーデルラントに現れた個人的・禁欲的な宗教運動〕ではないが、一〇世紀から一三世紀に生じたキリスト教世界の一大発展が提起した諸問題への回答となる「托鉢修道制的」信仰であった。彼はまた、社会を管理するさまざまな技術を発展させながら、中世と「ルネサンス」を挟む時代に生じた、人間が「権威と真理と信仰との間に」取り結ぶ諸関係の深い変容[4]の立役者の一人となった。

彼は、この長い発展の時期に、物質的、精神的、政治的な成功を成し遂げた「絶頂期の偉大な人物」といえるタイプの大人物であるが、同時に彼自身もまたその時代の影響を強く受けている。ルイは、ちょうど啓蒙主義の時代が過去のなかから好んで取り上げたさまざまな時代、すなわち、ペリクレスの時代、アウグストゥスの時代、ルイ一四世の時代などによく似た、ある「時代」の標章的《アンブレマティーク》人物であるといえよう。かって「聖ルイの時代」といわれたものである。彼はおそらく、創造的な人間というよりも、しるしとして《アンブレマティーク》機能するタイプの人間であった。彼の同時代人たちはすでに、彼がこの時代を支配しているという印象を抱いていたが、彼のまわりに結晶化したあらゆる象徴体系のことを考えてみれば、歴史的にみても、彼らの印象はあながち間違ってはいなかったのである。

しかし、彼が体現した理念とは、たとえそれが当時の政治構造や諸価値の展開に特徴づけられていたとしても、未来よりはむしろ過去の方を向くものであった。聖ルイは、ローマ・カトリックのヨーロッパおよび聖地によって、そして旧約聖書と一二世紀ルネサンスによって定義されるキリスト教世界が要求する、理念的な王なのである。彼以後、もはや十字軍の王も、聖人王も、その正体が見えない王などいなくなる。時代の流れにつれて登場してくるのは、法と政治と経済の王たち、レジストとアリストテレスと危機の王たちである。この別の時代が始まる時に、聖ルイが体現していた政治理念はその役割を終えたのである。

キリスト教世界の聖化された象徴としての聖ルイは、彼が生きていた時代には、ライヴァルをもたなかった。しかし一九世紀および、とりわけ二〇世紀になって、彼の面前にもう一人別の一三世紀の大人物が描かれることになる。すなわち、皇帝フリードリヒ二世である。歴史家たちはかって、──よりはるかに複雑な歴史的真実を無視して──彼は順境にあっても逆境にあっても最初の近代的君主として振る舞っていたと考えた。彼にとって「正義」とは、それ自体が目的なのではなく、最終的な目的である国是に奉仕する手段にすぎないというのである。彼は次のように語られてきた。シチリアに、国家的独占および関税システムの完備に依拠する「閉鎖的商業国家」を構築しようとした、あるいは、イスラム教徒やユダヤ人に対して寛容な施策をとった、あるいは、多民族、多文化、多宗教国家の先駆けを作った、あるいは、最初の「学問的」知識人の一人にしておそらく無信仰者で、暴君と啓蒙専制君主の合いの子であった、と。エルンスト・カントローヴィチは、彼の前ナチ的なドイツ政治理念《イデオロギー》にもとづく時代錯誤にもかかわらず、フリードリヒ二世をより良い形で研究した学者であった。彼は他の歴史家たちとは逆に、この皇帝を、古代への夢想のなかで、自分自身がその最終的な権化たりたいとする、過去の皇帝理念の方へと心を向けていた存在としてとらえると同時に、それにもかかわらず同時代においては、反キリストのイメージが当てはめられた存在として考えた。「フリードリヒ二世は神となり、天上の星々のなかにその場を得た最後の皇帝であった」(5)。今日の私たち歴史家の目には、神となった最後の皇帝と最後の聖人王が構成するこの並はずれたカップルは、——たとえこの二人がそれぞれの領域で準備できたものが後代の先駆けとなったにせよ——ともに普遍的世界《ユニヴェルサリテ》の夢という点で過去を向いていたものとみえる。フリードリヒにとっては古代の世界帝国という夢、ルイにとっては聖アウグスティヌスが語った普遍的キリスト教世界という夢である。彼らは、自分たちとともに崩壊した偉大な夢の大団円のなかで、みずからの幕を閉じたのである。彼らが、たとえ何らかの観念あるいは行為によって未来を予告していたことがあったとしても、未来は彼らのあとに始まるのである。

このちやって来る近代なるものは、まずは過去の諸価値の危機として、そして聖ルイの治世期にキリスト教世界やフランスが到達していた事柄の動揺のなかに現れるであろう。それは経済および社会の危機の端緒としてすぐさま現れるが、労働争議の出現や王の治世末期におこなわれた最初の貨幣の貶質操作〔貨幣に含まれる貴金属の量を少なくすること〕は、その他の予見的徴候とともに、この危機の幕開けを告げるものであった(6)。その他の徴候としては、とりわけジャン・ド・マンの『薔薇物語』の攻撃的な自然主義《ナチュラリズム》に現れている、理性と信仰との間のスコラ学的調和に対する攻撃に加えて、托鉢修道会に対するリュトブフの激しい批判、そして最終的には十字軍の失敗などが挙げられる。しかしながら、この転換、すなわち長い成長の時代が終わりを迎えていることを、聖ルイの治世の末期を生きていた人々は気づいていなかった。そして一三世紀の最末期および一四世紀初めになって、人々がこの危機の存在と悪化に気づくとき、聖ルイの人格とその治世ははじめて、彼らにとって、より輝かしく、より恵み深く、より大きな哀惜をともなうものとして現れるであろう。聖ルイのもとでの、さらには聖ルイのおかげによる黄金時代という神話が、ある部分では現実に合致するとはいえ、別の部分では思い出の美化にもっぱら依りながら、こののち発展していくことになる。今を生きる困難こそが、「聖ルイ殿の良き時代」のなかに、かって存在したはずの幸福を探し求めさせるのである。聖ルイが後世において、幸運にも偉大な人物として一致して認められるとするなら、それは、憧憬される王としてであろう。しかし、生きている間はもたなかった威信に死んだあと飾られる、昔の王への憧憬とは、これまた歴史的感覚には付きものの、一つの「トポス」ではないのか。結局のところ聖ルイとは果たして、現実に存在した人物といえるのであろうか。

【注】

（1）A. Lewis, *Le Sang royal, op. cit.*

（2）南フランスにおける、ルイ九世の政策に対する仮借ない時代錯誤的な断罪の例は、つぎのパンフレットのなかに見い出される。D. Borzeix, R.Pautal, J. Serbat, *Louis IX (alias Saint Louis) et l'Occitanie, op. cit.*（前出九二〇頁注16）。J・マドル（J. Madaule, *Le Drame albigeois et l'unité française, op. cit.* 前出九二〇頁注16）は、南フランスにおける王の行政機構による職権濫用を確認し、この点は全王国の統治で同様であったとするが、同時につぎのような評価を下している。「この欠陥にもかかわらず、ルイ九世の統治は全体としては素晴らしいものであった。ローマ人の侵入以来ほとんど戦争続きであり、ルイの死ののちふたたび戦乱におかされることになるこの地方に、彼は平和を確立した。そして、三〇年近くにわたって続いた宗教・政治戦争による災難に終止符を打った」。

（3）M. Zink, *La Subjectivité littéraire, op.cit.*

（4）Jacques Chiffoleau, «Pour une histoire de la religion et des institutions médiévales», *Cahiers d'histoire*, 1991, pp. 3–21.

（5）E. H. Kantorowicz, *L'Empereur Frédéric II, op. cit.*

（6）前出八四六～八頁を見よ。

付録Ⅰ
オーギュスト・ブラシェ博士による聖ルイの「体質診断書」（一八九四年）

オーギュスト・ブラシェ(1)は、変わった人物である。国立（当時は帝国）図書館の目録室での下級の仕事だとか、ウージェニー皇后〔フランス皇帝ナポレオン三世の妃。一八二六〜一九二〇〕の家庭教師といった、目立たない仕事に就いて生計を立てざるをえなかったオーギュスト・ブラシェは、一八四四年にトゥールに生まれ、一八九八年に結核で死んでいる。ロマンス語文献学を一部独学で学んだ専門家でもある彼は（古文書学校には短い期間しか通わなかった）、「フランス語の歴史にもとづく」フランス語文法書を公刊した。これは一八六七年以来版を重ねた。彼はまた、ヒポクラテスの学識豊かな校訂者にして実証文献学者の偉大なるリトレ(訳1)の弟子であり、一八八〇年に、医学、哲学および、歴史学についての知識を利用して、『フランスの歴代の王の精神病理学』という書を企画したが、中世の末期までしか進めることができなかった。一八九六年に最初の版が刊行されたものの、広く読まれることはなかった。ここに用いた版は、彼の死後のもので、一九〇三年に、未亡人アンナ・ブラシェ、旧姓コルフ(2)によって出版されたものである。

遺伝学の理論にとりつかれていたオーギュスト・ブラシェは、狂気の王であったシャルル六世および癲癇もちの王ルイ一一世に至るカペー家のつながりのなかに聖ルイを位置づけようと努める。しかしながら、実証主義の医者であった彼は、聖ルイのあらゆる行動を生理学に帰してしまうことはしない。たとえば彼は、「ルイ九世にあっては生殖機能は正常である。王の禁欲は［…］宗教上の不安に属するもので、何ら生理学的な原因によるものではない」と書いている。驚くべきことではあるが、しかしこのほとんど古文書学校出身者に近いともいえる人間が造詣の深い方法によって説明していること、それは、彼が聖ルイの時代の史料のなかから、聖ルイの肉体と健康に関する遺漏のないすべての一件史料を集めたということである。

王の神経組織についてブラシェは、王は「嗅覚麻痺」に苦しんでいると述べている。王はサファドに近い戦場で、死骸の臭いを感じなかったという。しかしこのとき王が鼻をつまむことをしなかったとすれば、それは死者に対する尊敬の気持ちからではないだろうか。

寝台の傍で祈りを捧げたあと、王が側近の者に「私はどこにいるのだ」と尋ねるときの彼の視覚の「意識朦朧」は、この聖人の祈りの深さを浮き彫りにしようと思っているギヨーム・ド・サン＝パテュスの修辞学的効果ではないだろうか。

ルイが周期的に右足に感じ、そしてブラシェが感染性の反復的症状を見せる丹毒と診断しているところの赤い斑点からくる痛みは、この医者が看立てているように、本当にマラリアの兆候なのか。イングランド軍を迎え撃つためポワトゥーとサントンジュに遠征したとき、ルイはこの病気に罹ったようである。これはまた、十字軍の誓いを立てる前に王が陥った、あの有名な昏睡状態の起源となるものであろう。ブラシェは、「チフスとマラリアの合併症で、発熱の随伴（*febris intermittens comitata*）がしばしば影響を及ぼす症状」について語っているが、ルイを見る場合この衒学者によって用いられた学術用語に頼る必要があるだろうか。

エジプトへの十字軍遠征時に罹った王の病気は、同様に彼の軍隊の大部分の兵士をも苦しめたものである。しかし、別に異常な病気ではない。「マラリアと赤痢のぶり返し、……壊血病」である。

十字軍から戻った王は、ブラシェによると、史料証言がはっきりしないこともあり、より一般的ないい方によれば「パレスチナで罹った感染性の病気の結果としてのカヘキシー症状」という病気で苦しむ。チュニスへの十字軍の出発の際には、ルイは、ジョワンヴィルが証言しているように、もはや馬に乗ることもできなかった。

王が死んだのは「赤痢、悪性マラリア熱、陣営に広まったチフス」によるものである。

聖ルイに異常な病理学を付与するためのブラシェ博士による最後の努力は、死の直前に王を襲った失語についての注釈に現れている。「これは、終油が引き起こした感動の衝撃によって生じ、聖体の秘蹟がもたらす感動の影響によって消えてしまう、病的な無言症であるのか」。

このように、ルイ九世の重苦しい遺伝を示そうとするブラシェの願望にもかかわらず、正直で実証主義者のこの医者は、カペー家とヴァロワ家の病理学的なつながりの重要な繋ぎ目の輪としてルイを位置づけるまでには至っていない。しかしこの碩学は、王の肉体的な、自然な身体に関するテキストの素晴らしい一件資料を集めたのである。

【注】

(1) いろいろと恩恵に浴することができたオーギュスト・ブラシェに関するコレット・リヴォクールとマリ＝クレール・ガスノーの研究に対して、お二人にお礼を申し上げる。ブラシェに関してはポール・メイエールが『ロマニア』誌 (*Romania*, t.27, 1898, pp. 517–519) に掲載した追悼文と、『フランス人名辞典』VII, 1956, col. 128 にあるロマン・ダマールによるブラシェ (オーギュスト) の項目を参照することができよう。

(2) ルイ九世に関する部分は pp.353–408 にある。その序文は「歴史的臨床医学」に言及されているが、これは将来問題とされるテーマである。オーギュスト・ブラシェは常に先駆者なのである。

【訳注】

(1) マクシミリアン・ポール・エミール・リトレ Maximilien Paul Émile Littré (一八〇一—八一) はフランスの哲学者、文献学者、政治家。初めに医学を修め、ヒポクラテスの著作を翻訳するなどしたが、のちに言語に興味をもつ。今日なお権威をもつ俗に『リトレの辞書』と呼ばれるフランス語辞典の編纂で知られるが、オーギュスト・コントの弟子でもあり、政治家としても活躍した。

付録Ⅱ

ルイ九世から王の臣下に宛てられた聖地からの書簡（一二五〇年）

余ルイは、神の恩寵により、フランス人の王として、この手紙が届けられることになる親しく、また忠実なる高位聖職者、諸侯、戦士、司教座都市民《シトワイヤン》、城塞都市民《ブルジョワ》、およびその王国の他のあらゆる民に、挨拶を送る。

神の名の名誉と栄光にかけて、全魂を捧げて十字軍の事業を継続せんことを願う余は、汝らすべての者につぎのことを伝えるべきであると判断した。すなわちダミエッタ奪回のあと（わが主イエス・キリストが、ことばでいい表わせぬほどの憐憫の気持ちから、汝らがおそらく余の補佐役会からの情報として知ったように、さながら奇蹟によるかのごとくに、この町をキリスト教徒たちの手にお渡しくださったのであるが）、この町を、さる一一月二〇日に離れた。余の陸海の軍隊が集められ、俗にマンスーラと呼ばれる場所に集結して、陣営を張るサラセン人の軍隊に向けて進軍した。行軍の間に余は敵の攻撃に耐えた。敵軍は攻撃のたびに、かなり大きな損害を受けた。ある日、なかでも、余の軍に攻撃を仕掛けてきたエジプト軍団のいくつかは全滅した。途中で知ったことであるが、カイロのスルタンが最近不幸なる生涯を終えたばかりだとのことである。スルタンは死ぬ前に、オリエントの諸地方に滞在している息子を呼び戻すために人を派遣し、みずからの軍隊のおもだった士官全員に、君主たる自分に忠節を誓わせ、みずからのアミールの一人ファクルディンに全軍の指揮を任せたとのことである。余が前述の場所に到着するや、この知らせが真であるとわかった。その地に到着したのはクリスマスの祭日の前の火曜日であった。だが余はサラセン人たちに近づくことはできなかった。両軍の間にある水流、すなわちこの地点でナイルなる大河から分かれているタニス川と呼ばれる流れがあったためである。余は大河から小河に延びる形で、これら二つの河川の間に陣営を張った。そこでサラセン軍といく度か闘いを交えた。彼らのいく人かは、余の軍勢の刀で殺されもしたが、彼らの大部分は溺死してしまった。タニス川は水深があり、両岸は高く、渡川には不向きであったので、余はそこに、キリスト教徒軍のための渡り場を開くため、土手道を築きはじめた。ここで数日間仕事に従事したが、その際の苦労も危険も経費も計りしれぬものであった。サラセン軍はあらゆる手を尽くして作業を阻止した。彼らは余の砲台に対抗するべく別の砲台を築き、土手道の上に建てた木造の櫓を石で破壊し、ギリシア油焔弾で炎上させた。余はこの土手道を通過するという一切の希望を失ったも同然であった。そのときサラセン軍の脱走兵の一人から、キリスト教徒軍がこの川を渡ることができる浅瀬があるとの情報を得た。「灰の水曜日」の前の月曜日に、余は諸侯と軍の要人たちを集め、その翌日、つまり「肉の火曜日」にこの川を渡るべく、指示された場所に早朝に出かけること、ただし余の陣営を警護するために軍隊のごくわずかを残しておくことを決めた。翌日になり、軍団を戦闘配置に整列させると、浅瀬に向かい、川を横切ったが、大いなる危険に身をさらすことになった。なぜならこの浅瀬は、教えられていたよりも深く、危険なものであったからである。軍馬は泳いで渡らねばならず、まったくの泥土からなる川岸の高さのゆえに、川から外に這い出すのも容易ではなかった。川を渡りきると、土手道の正面にあるサラセン軍の砲台が建つ場所に着いた。余の前衛隊は、敵に攻撃を仕掛け、全滅させた。男も女も、子供も年寄りも、容赦しなかった。その死者に数えられる者として、サラセン軍は隊長一人とアミール若干名を失ったのである。ついで余の軍団が分散したあとで、兵卒たちのいく人かが、敵の陣営を横切りマンスーラの村に至ると、そこで出会った敵をことごとく殺した。だがサラセン人たちは、余の軍のこの無謀なる振る舞いに気づくと、勇気を取り戻し、逆襲に転じた。四方から余の軍勢を取り囲み、襲いかかってきたのである。この地で余の諸侯と戦士たち、そして聖職者とその他の者たちの大流血を見るに至った。それを知った余が涙を流したのは当然のことであるが、今なお彼らを失った悲しみは消えない。この戦で余はまた、永遠の記憶に価する、勇敢で高名な弟アルトワ伯を失った。この悲しむべき敗北を苦々しい気持ちで思い起こすのである。しかし、むしろこれは喜ぶべきはずのものである。余の弟が殉教という王冠を得たのち、天なる祖国に召され、そしてその天国で聖なる殉教者たちに許される報いを受けているものと、余は信じており、期待しているのだから。

その日、サラセン軍は四方から襲いかかってきた。そして霰のごとくに矢を放って余の軍隊を圧倒し、九時課の刻〔午後三時〕まで、余は弩砲の助けもまったくないままに、彼らの激しい攻撃に耐えていたのである。最後に、余の多くの戦士と軍馬が傷を負い殺されたあと、主の助けを得て、余はこの陣地を確保し、ここに結集すると、同日、陣営を張るべく、サラセン軍の砲台の近くにまで出かけた。余はわずかな軍勢とそこにいた。そして川向こうにいる味方が、陣営まで来られるようにと小舟で橋を作った。翌日、数人が橋を渡って来ると、陣を張った。その時点でサラセン軍の砲台は壊されてしまっていたので、余の兵士たちは小舟の橋を渡り、隊から隊へと自由に、かつ安全に行き来することができた。つぎの金曜日、キリスト教徒軍を壊滅させようとの意図で、四方八方から軍勢を寄せ集めた堕落した魂をもつ子供たち〔サラセン人たち〕は、大胆にも、数を頼りに余の軍列に攻撃を仕掛けてきた。この衝突は敵味方双方にとってひどく激しいものであった。この近辺ではこれほどの戦闘はこれまでに見たためしがないといわれている。神の助けを得て、余はあらゆる方向で抵抗し、敵を追い返し、攻撃を加え、多くの敵軍を倒した。数日後、スルタンの伜がオリエントの諸国より駆けつけ、マンスーラに着いた。エジプト人たちは彼を主人として迎え、喜びに心躍らせた。彼の到着はエジプト軍の士気を一〇〇倍にした。しかしどんな神の裁きがあってか知らぬが、この時期より、余の側から見て、万事が思いに反して進むようになった。余の軍隊に伝染病が蔓延し、人間や動物の命を奪い、その結果、仲間たちの死を悼み、病人の世話をすべき者がきわめて少なくなった。キリスト教徒の軍勢はわずかの期間に数が減った。激しい食糧不足に陥り、多くの者が窮乏と飢えに陥った。なぜならダミエッタからの船は、これまでのように川で荷揚げされた食糧を余の軍隊に運ぶことができなくなったからである。そして敵方の艦船と海賊どもが、余の船舶の通行を阻止したからである。彼らは余の艦船の多くを奪いとりさえし、ついで食糧や物資を運ぶ輸送隊を二度にわたりつぎつぎに襲い、多くの船乗りとその他の輸送隊員を殺した。食糧と飼料の完全なる欠如が、軍に困惑と怖れを与え、余が以前に味わった敗北と同様に、陣営を放棄してダミエッタへ戻らざるをえなくした。これが神の意志であった。だが人間の進む道は人間自身のなかにあるのではなく、人間の歩みを導き、すべてをご自分の意志に従って案配されるお方のなかにある。敗走の途中、四月五日のことであるが、サラセン軍は全兵力を集めると、キリスト教徒軍に攻撃を仕掛けた。そして神の許しを得て、余の罪のため、余は敵の軍門に下った。余と愛しい弟たちであるポワティエ伯およびアンジュー伯、そして陸路、余と同行して戻る他の者たちは、大殺戮に遭いキリストの血を大量に流した果てに、全員捕虜となってしまった。川を渡り戻らんとしていた者の大部分も、同じように捕虜にされるか殺されてしまったのである。この者たちを運んでいた船は、乗っていた病人ともども大部分が焼かれてしまった。捕虜となった数日後に、スルタンは休戦条約を余に提示した。スルタンは、すみやかにダミエッタおよびそこにあるすべてのものを自分に返却すること、そしてキリスト教徒軍がダミエッタに入った時から今日に至るまで、自分がこうむったすべての損害と出費に関して弁償することを、強く、同時に脅迫的に求めてきたのである。交渉を重ねたのち、つぎの条件で向こう一〇年間の休戦を約束したのである。

余およびエジプト到着以来サラセン軍によって捕らえられたすべての者、およびどこの国の者であれ、現スルタンの祖父スルタン・アル＝カミルが皇帝と休戦条約〔一二二九年、皇帝フリードリヒ二世がアル＝カミルと結んだ「ヤッファ協定」〕を結んだとき以後に捕らえられたすべてのキリスト教徒たちを、スルタンは牢獄から釈放し、望む場所へ自由に行かせること。キリスト教徒たちは、余のダミエッタ到着以来エルサレム王国で得たすべての土地を平和裡に保持し続けること。余はダミエッタを返還し、わが軍の捕虜の自由と、先に挙げられた損害と出費に対して、八〇万サラセン金貨《ブザン》を支払うこと（すでに四〇万は支払った）、そして余がここに到着して以来キリスト教徒軍がエジプトで捕らえたサラセン人の捕虜、ならびに同上の皇帝と同上のスルタンとの間で交わされた休戦条約以降、エルサレム王国で捕虜となったサラセン軍の囚人を全員釈放すること。これらの条件が義務づけられた。これにより、余の動産とダミエッタに住んでいた他のすべてのキリスト教徒の動産は、余の出発後は、スルタンの管理および保管のもとに置かれ、折を見て、キリスト教徒の国に運ばれることになろう。そして、病いを患っているすべてのキリスト教徒と、持ち物を売るためにダミエッタに居残っている者も、同様に身の安全が保障され、望む時に何の障害や支障もなく海路と陸路によりここを引き揚げることができよう。陸路で引き揚げることを望むすべての者には、スルタンが責任をもってキリスト教徒の国々までの安全護送の保証を与える、ということであった。

スルタンと交わされたこの休戦条約は、双方から宣誓がなされたばかりである。そしてすでにスルタンは、ダミエッタへ赴いて、取り決められたばかりの条件を果たすために、軍隊を伴って行進していた。そのとき神の裁きにより、数人のサラセン人兵士が、おそらくは軍隊の大部分と共謀してのことであったが、スルタンが食事の席から立ち上がる瞬間にスルタンに向かって突進し、彼に深い傷を負わせた。それでもスルタンは、逃亡することで難を逃れようと、天幕から外に出た。しかしほとんどすべてのアミールと、他の多数のサラセン人の目の前で、彼は剣で刺し殺されてしまった。そのあと今度は数人のサラセン人が、狂気の最初の瞬間、興奮に乗じて、武器を手にしてマンスーラの余の天幕にやって来た。まるで余とキリスト教徒の首をはねることを望んでいるかのようであった（それを怖れていた者もいく人かはいた）。しかし神の寛大さが彼らの狂気を鎮めてくださり、彼らは急いで休戦の条件を実行するように余に迫った。しかし彼らのことばと要請には恐ろしい脅しが混じっていた。結局、憐憫の父であり、悩める者を慰めてくれるお方であり、自分の召使いたちの苦しみの声を聞き届けてくださる神の意志で、新たに誓いを立て直すことで、先にスルタンと取り交わした休戦条約を確認したのである。余はアミール全員の一人一人から、ばらばらに、彼らの法律に従って休戦条約の条件を守るという同じ誓約を受けた。余の捕虜とダミエッタの町が返却される日時が定められた。先にこの場所の明け渡しの件でスルタンと約束を取り交わせたのはけっして容易なことではなかったのだが、再度アミールたちとその約束を取り決めるのにも、前回以上の困難があった。事態の真相を知るダミエッタから戻って来た人々の話から、ダミエッタの町を保持し続けるのはまったく望みの薄いことだと分かったので、余は、フランスの諸侯やその他の若干の人々の意見を聞き入れて判断を下した。すなわち、キリスト教世界にとっては、余および他の捕虜たちが、このような捕囚のあらゆる危険に身をさらしながら、そこに残留するキリスト教徒たちとともにこの町を維持するよりは、休戦条約という手段で、余と他の捕虜たちが釈放されることの方がよいであろうと判断したのである。そんな次第で、約束の日にアミールたちは、ダミエッタの町を受けとり、そのあと彼らは、余と弟たち、そしてフランドル、ブルターニュ、ソワソンの伯たち、すなわちギヨーム・ド・ダンピエール、ピエール・モークレール、ジャン・ド・ネール、さらに若干のその他のフランス、エルサレム、キプロスの諸侯と戦士たちを釈放したのである。その際には、残るすべてのキリスト教徒を彼らが返却し、解き放ち、そして条約の文面に従って、彼らの誓いを守ってくれるであろうという確固たる希望があった。

　サラセン人の手から捕虜を受けとると、余は、十分な輸送船がないために運べなかった品物を保管すべく任務に就いた者たちを現地に残して、エジプトを離れた。当地〔アッコン〕に着くと船と役人たちをエジプトに派遣した。そこから捕虜を連れ帰り（なぜならこれらの捕虜の釈放は余の心配事のすべてであったので）、大砲、武器、天幕、それから多くの軍馬とその他の品物といった、かの地に残してきた品々を持ち帰るためである。しかしアミールたちはこれらの役人を長期にわたってカイロに拘束し、結局エジプトにいる一万二〇〇〇の捕虜のうち四〇〇人しか解放しなかった。さらに何人かは、金銭の支払によってやっと牢から出してもらえたのであった。他の品物に関しては、アミールたちは何一つ戻してはくれなかった。しかし休戦条約が締結され宣誓されたあとで一層不愉快であったのは、この国〔エジプト〕から戻って来た信頼するに足るわが役人と捕虜の報告によると、アミールたちは捕虜のなかから若者たちを選び出し、その頭上に刀を振りかざして、カトリックの信仰を捨ててマホメットの教えに従うよう強制したことである。そしてある者たちは弱さからそれを受け入れてしまった。しかしまたある者たちは、勇気ある古代の競技者のように、信仰心は固く、絶えず確固とした決断にこだわっていたので、敵の脅しや殴打に心を揺るがせることなく、殉教者の王冠を戴いたのであった。疑いもなく彼らの血は、キリストの民のために主に叫んでいるのである。余がこのような人々をもち続けてきたこの世での場合以上に、彼らはこの神の祖国で役立つであろう。イスラム教徒たちは病いのためにダミエッタに留まっていた若干のキリスト教徒の首をもはねた。余は彼らと交わした条約の条件を遵守してきたのに、かつ今なおこれを遵守する心づもりがあるのに、キリスト教徒の捕虜が釈放され、持ち物が返される何の確証も得ていなかった。休戦条約が締結され、余が釈放されたのち、キリスト教徒の占領する海外の国

〔エルサレム王国〕が、条約の切れる日まで平和な状態にあるであろうとの確信を得たとき、余はフランスに戻る決意をして、戻るための計画を立てたのである。そしてすでにそのとき海を渡る準備を進めていた。しかし、今しがた語ったように、アミールたちが明らかに休戦条約に違反し、自分たちの宣誓を無視し、何ら畏れることもなく余とキリスト教世界を愚弄するのを知ったとき、余はフランスの諸侯、テンプル騎士団、聖護騎士団、チュートン修道会、それにエルサレム王国の諸侯を集め、なすべきことは何かについて相談した。もっとも多かった判断は、今退却して、今まさに失わんとしているこの国を見放せば、とりわけこの国が陥っている悲惨さと弱体化の状態のまま、完全にサラセン軍にここを明け渡すことになるだろう、そうなれば余は敵の掌中にあるキリスト教徒の捕虜たちを失ったも同然となり、釈放の希望もないとみなすことになってしまう、というものであった。反対に余がこの国に留まるとするなら、とりわけアレッポのスルタンとカイロで統治している連中との間に不和が生じて以来、時の経過とともに何か良いことが、つまり捕虜の解放、エルサレム王国の城と要塞の堅持、その他キリスト教世界にとって有利となることが起こるであろう、という希望を抱いたのである。すでにこのスルタンは軍隊を集めて、ダマスカスを、そしてカイロの君主に属するいくつかの城を奪取していたのである。彼はアミールたちが殺したスルタンに死の報復をするため、そしてできればこの地方全土を制覇するために、エジプトに来るはずだとの噂が流れている。これらを考慮し、かつ聖地の悲惨なる人々と悩める人々に思いを馳せ、聖地の救済に遣ってきた。そして捕虜たちの虜囚の身の苦しみを案じている。これ以上長く外地に留まることを余に思いとどまらせる者もいなくはなかったが、キリストの理を完全に捨てて、余の捕虜たちをかくも大きな危険にさらしておくよりは、余の渡航を引き延ばして、さらにしばしの間シリアに留まることを良しとしたのである。しかし、余のいとしい弟であるポワティエ伯とアンジュー伯については、余の愛する母君と王国の人々を慰めるためにフランスへ送り返すことにした。キリスト者という名をもつすべての人が、余の企てた事業に熱心であらねばならないように、そしてとくに主が選ばれた人々の血の流れを汲む、自分の所有地とみなすべき聖地の征服のための特権を与えられた民としての汝らがそうであるべきように、今度は汝ら全員が、みずからの救済のために自分の血を流すことで、十字架の上で汝らに仕えてくれたお方に仕えることを、余は勧めるものである。

なぜなら、この罪多き民〔イスラム教徒たち〕は、キリストの民の前で創造主に浴びせた罵詈雑言の他に、十字架を鞭で叩き、その上に唾を吐き、キリストの信仰を憎んで足で踏みにじったからである。さて勇気をもて、キリストの兵士よ。武器を取れ、あの侮辱と、あの辱めに報復する準備をせよ。その素晴らしき活動によって他の民から際立っている汝らの先人たちを範とせよ。余は神にお仕えすることで、汝らより先に動き出した。来たれ、そして余に加勢するのだ。たとえ汝らが遅れて着こうとも、汝らは、福音書にみられる一家の父がブドウ園に日暮れになってから働きにやって来た農夫たちに対して、早朝から遣って来ていた農夫たちと区別することなく与えた報酬と同じものを、主より戴くことになろう。余がこの地に踏みとどまる間に遣ってくる人々、あるいはその間に救いの手を送ってくれる人々は、十字軍参加者に約束された贖宥の他に、神の恩寵と人間の恩寵とを手に入れるであろう。それゆえ準備をせよ。いと高きお方の徳によって、この地に来るか、あるいは何らかの救いの手を送り出そうとする人々は、つぎの四月か五月に準備を合わせていてほしい。この最初の渡航に準備が間に合わぬ人々については、少なくとも聖ヨハネの祝日〔六月二四日〕に予定される渡航に間に合うようにしてほしい。この計画の本質的な問題は迅速さを要するということである。そしていささかでも遅れをとるとしたら、不幸を招くやもしれぬ。高位聖職者《プレラ》たちよ、そしてキリストの他の信者たちよ、熱心なる汝らの祈りによって、彼らがいと高きお方のそばに行けるよう手を貸し給え。汝らの管轄下にあるあらゆる場所のあらゆる人々がそうすることを命じたまえ。祈りにより、余のために、神の寛恕を得て、良きことが得られるように。余の罪が、そのような良きことにはふさわしくないものであろうとも。

アッコンにて、主の年一二五〇年、八月[1]

【注】

（1）D.O'CONNELL, *Les Propos de Saint Louis*, *op.cit.*, pp. 163–172 を翻訳した。

訳者あとがき

本書は、Jacques Le Goff, *Saint Louis*, Paris, Gallimard, 1996の全訳である。また、著者は本書の刊行に際して日本の読者のために一文を寄せられたが、感謝の念をこめて訳出し、これを「J・ル・ゴフ、日本語版への序文」として巻頭に掲げた。

著者ジャック・ル・ゴフについては、あらためて紹介するまでもないであろう。一九二四年に南フランスのトゥーロンに生まれ、高等師範学校に学ぶ。プラハ、オックスフォード、さらにはローマ留学を経て、リール大学助手、そして一九五九年、パリの高等研究院第六部門へと移る。一九七二年に同所長の職に就き、一九七五年の同施設の社会科学高等研究院への改組に際しては指導的な役割を果した。一九九二年の退官ののちも、彼のもとには多くの研究者が集まり、その活動と影響力は途絶えることを知らない。この間『アナール』誌の編集にも長く携わり、アナール学派の代表的人物の一人として圧倒的な影響力を振るった。おそらくは現代フランスのもっとも著名な歴史家の一人である[1]。その主要著作はすでにわが国にも紹介されているし、その読者圏は、狭義の彼の専攻領域である西洋中世史の枠組みを大きく超えている。

本書は、「新しい歴史」や歴史人類学の旗振り役とみなされていた著者が、二〇年以上にもおよぶ準備を重ねて完成させた、学問的人生の総括とも思えるような巨大な著作である。とりわけ、従来むしろ時代遅れとみなされていた伝記という形式を採用し、一人の大人物を正面から対象とした点で、特別な注目に価するように思える。そこでは、現在、歴史学が直面している多くの理論的・実践的諸問題が、掛け金となっているからである。この「あとがき」では、まず本書の特徴をまとめ、ついで本書成立の背景にある状況を紹介しながら、本書の性格について簡単なコメントを付したい[2]。

本書の特徴としては、まず最初に、つぎの諸点を挙げねばならないだろう。第一に本書は、西欧中世全体について、かって類例のない形で書かれたパノラマ世界として読むことができる。とりわけ第三部の貴紳王や聖ルイの宗教にあてられた章など、この著者でなければ書けない叙述であり、二〇世紀末の歴史学がとらえた西欧中世世界の叙述として、長く範例的価値を有するであろう。第二は、ここで提示されている西欧文明の性格である。ル・ゴフが、一方では現代の眼から、他方ではイスラムやアジア文明との対比のなかで描く西欧中世文明とは、もはやけっして「世界に冠たる西欧近代」へと目的論的に成長する準備過程でもなければ、文化人類学的視座による近代批判のための「冷たい社会」でもない。奇妙でありながらも特有な形で洗練された、ある文明の姿が叙述されており、現代の西欧人読者にとってすら新鮮な驚きの連続であろう。第三は、本書の構成の特異性である。本書は、生涯と事件の復元にあてられた第一部、聖ルイをわれわれに伝えてくれる史料の性格の吟味という第二部、多様で大きな問題関心のなかで聖ルイを読み直す第三部という、方法論的意識に基づく三部構成がとられている。さらに、同一の史料を多様な形で何度も引用し直すことを通じて、生の証言の研究者による再構成という作業を相対化することが試みられている。ここでは、著者自身が語るように、今日、歴史学著作はどのように書くことが可能なのかについての、あるモデルが実践されているのである。

本書が提起するもっとも重要な問題としては何より、伝記という歴史叙述形式の採用と、「全体史」の問題を挙げねばならない。伝記の採用については、彼はまず伝統的な伝記の性格をつぎのように提示する。「伝記」とは、ある人間の生涯についての「客観的」な叙述である以前に、ある叙述の形式それ自体であり、特有の約束事に支配されている。たとえば、ある偉大な政治家は、「政治家」という特定の人間類型についての価値観でしか語られないし、彼が下した決断について評価するのは、その結果を知っている後世の人間である。天才は、子供の頃からすでにその片鱗を見せていたことが当然のように期待され、このようにして偉人は、常に首尾一貫して究極の目標に邁進する存在以外では、叙述されることはないのである。これら、伝記という形式に内在する罠から、どのように逃れるかが本書の出発点となった。しかしながら、より重要な問題は、聖ルイについて語った同時代の証言そのものが、じつはその多くが広い意味での伝記であったという点である。西欧中世の伝記とは、「聖人伝」をはじめとして、ある特殊な人間類型の提示をその本来的目標とするもので、特定の個性をもった個人が表現されたものとして読むことは、それ自体誤りに近いのである。また、西欧の一三世紀は、「文学的主体」の形成や告解の強制による良心の吟味の時代とされながらも、西欧的な自我とは近代以降の産物であるとする著名な説に従えば、ある人物に「個性」や「私的な性格」を想定することは、それ自体自明な前提とならないのである。第二は、「全体史」の問題である。かってピエール・トゥベールとともに論じた図式に従って、ル・ゴフは、「全体史」を何でも含んでいればよいものなどとは考えない。「全体」とは「意味ある形に構造化されている」ことであるが、彼らにとって構造とは静態的なものであるよりは、常に新たな構造化にさらされている動態的な現象である。この点で重要なのは、「全体を意味あるものとする」globalisantという概念であり、構造化には何らかの核的現象、あるいは契機が存在することが想定されている。さらに、この「全体を意味あるものとする」もの[3]は、実在である以上に研究者が「見い出すべき」ものである。第三は、この全体構造理解のかなめとして一人の人間を置くことの意味である。アナール学派をも含めて従来歴史学は「科学」を標榜してきたが、そこでは人間とは、可能なかぎり「抽象化された一般的人間」であって「個性」はむしろ排除されてきた。一人の人間が、「全体」を理解するためのもっとも格好な展望台となりうるためには、どのような条件が必要だろうか。以上のような方法論上の問題に対して、本書は全体として、「聖ルイなるものは存在するであろうか」、「人はトポスの外で叙述しえるのであろうか」という問いの検討と、これに対する肯定的な答えの提出によって応えようとする。そのキー概念は、「プログラム化された人生を進んで生きる」という人間像であり、構造的全体を表象する特定の人間類型理念を最高の形で実践することができたがゆえに、聖ルイは「偉大であった」とされる。そこから逆に、人物を中心としながら「全体史」を叙述することが正当化されているのである。これらの議論は、「アイデンティティの複合化」、「役割」に関心を寄せる社会学の動向とも関連性を有するように思われる。

つぎにふれたい問題は本書成立の学問的背景であり、ここではとりわけ「歴史」と「過去の記憶・事実」との関係、および広い意味での歴史認識論について考えてみたい。まず第一に、本書の最大の特徴の一つは、すでに述べたように、過去の証言の信憑性の吟味であった。じつは、西欧においても日本においても、近年とりわけ関心を引いている問題として、過去の証言は、それが歴史書であれ裁判・行政文書であれ、果ては考古学の遺物であれ、「現実」をただ中立的に伝えるものではなく、時には明白に、偏向的に情報処理されたメッセージを表現するものであるとする議論がある。このような論議の背景をより良く理解するためには、ここ三〇年ほどのフランス中世史学界を特徴づける最大の成果の一つである、「歴史（編纂）の歴史研究」の成果を念頭におかねばならないであろう。この動きを率いていた者こそ、研究者のタイプとしては対照的でありながら、長く著者と強い絆で結びついていたベルナール・グネであった。グネの「歴史（編纂）の歴史」研究の最大の特徴は、歴史は何の役に立つのかという問いであり、従来の「歴史叙述」研究はまったく一新されて、フランス国民意識の形成や、政治的プロパガンダの手段としての過去の記憶の操作などが本格的な議論の対象となった[4]。この問題の系列は、一九八〇年代後半以降、日本においても欧米においても、とりわけ近代史において巨大な潮流を形成している研究動向と[5]、背後で通じるものがあることは間違いなく、同時に狭い学界を超えたアクチュアルな性格を有している。近年の、従軍慰安婦や強制収容所などをめぐる歴史認識や、歴史教科書をめぐる諸問題は、そのもっとも端的な顕れであろう。最後に指摘しておきたいのは、近年の歴史認識のパラダイムの動揺それ自体である。ル・ゴフがその代表的人物であった『アナール』誌は、一九九四年、雑誌のタイトルとして、従来の「社会、経済、文明」を「歴史、社会科学」へと変更したが、この新しい歴史学の自他ともに認める本山に対して、歴史認識をめぐる本格的な省察を要求した多様な状況のなかでも、そのもっとも手強い相手の一つはいわゆる「言語論的転回」であった。この思想潮流は、一九六〇〜七〇年代のポスト・モダン哲学の影響のもとに、文芸批評と思想史の刷新およびジェンダー史学という文脈で、とりわけアメリカで大きな影響力をもったが、この思想潮流によれば、およそこの世には、歴史家が「実証手続き」によって復元可能と考えるような「客観的現実」など存在しないことになる。あるのは、われわれ人間の思考を可能としてこれを枠づける言説のみであり、過去の研究とは、現在の研究者の言説に支配されたある特定の解釈の試み以上のものではない[6]。『アナール』誌も含めて歴史学、とりわけヨーロッパ大陸系の歴史学は、この主張に対してほとんど拒絶的な反応を見せるが、問題なのは、本書にリフレインのようにくり返される「聖ルイなるものはそもそも存在するのであろうか」というル・ゴフの問いかけである。これは、著者がひょっとしたら、歴史学の実証的基盤を完全には信じてはいないのではなかろうか、という妄想を誘いかねない。本書はまた、ル・ゴフの著書のなかでも格段に、「私」が多用され、「語り」が意識的に配慮されている書物の一つであろう。この書物は、実は本質的には、聖ルイについてのル・ゴフの個人的な夢物語なのであろうか。

最後に、あらゆる者を虜にするル・ゴフと、彼を取り巻く状況との関係について、いくつか指摘し、コメントを終えることとしたい。

まず初めに、ル・ゴフと『アナール』誌との関係である。つい最近刊行された彼への献呈論集[7]のなかでルヴェルが改めて論じているように、この両者の関係は見かけほど単純ではないように思える。数量分析と系の歴史に傾斜したいわゆる第二世代と、彼が代表する歴史人類学の第三世代との微妙な関係は過去の問題としても、批判的転回と「社会科学」を標榜して刷新を図る『アナール』誌とル・ゴフとの間には、何らかの協調関係は存在するだろうか。この「人喰い鬼の歴史家」は、文書館の埃のなかで末梢的な事実確定に一生を捧げるような歴史家のタイプではないのはもちろんであるとしても、抽象的思考をもっぱらとする理論家や観念論者からは、なお一層遠いようにも思える。時に古典的な「碩学」にして「教養人」タイプに類似するようにさえみえる彼は、アナール派のもっとも若くラディカルな者たちからみれば、少々「古くさく」映るのではないだろうか。第二に、ル・ゴフの、ある種の折衷的態度は、歴史学の作法という点にも現れているように思える。彼は、一方で「実証主義」的叙述を嫌い、歴史再現の方法それ自体に関心を寄せるが、だからといって「言語論的転回」論者の主張にくみするとはまったく考えがたい。本書も、歴史理論的な問題意識に貫かれているとはいえ、作業的にはまったく「実証的」であり、他方でその語りは学術的なものとはむしろ距離を置くなど、一筋縄ではいかないのである。また、本書に対して「歴史的政治人類学」の大きな成果を期待する向きもあったようだが、一読してお判りの通り、本書はその多くは先行する他人の研究のパッチワークであり（「素朴実証主義者」の業績も数多く引き写されている）、方法論的にも最先端のテクニックが駆使されているとはいいがたい。この点でも、彼はいわば「前衛の後衛」に位置するのである。

第三に指摘しておきたいのは、ル・ゴフと日本の読書界との関係である。日本における彼のイメージは、何より「歴史人類学の旗手」であろうが、これは彼の最初の来日における講演とその『思想』誌への掲載のされ方が決定的な意味をもったと思われる。二宮宏之氏の流麗な翻訳と問題解説もさることながら、同講演のすぐ後ろに掲載された、当時飛ぶ鳥を落とす勢いであった人類学者山口昌男氏の論文の存在も大きい(8)。その後定着したこのようなル・ゴフのイメージは、しかしながら、この時代の日本の読書界そのものがまさしく要求したものであり、ル・ゴフは見事にその役割を演じたわけである。

以上のように見るとき、ル・ゴフはどのような立場の論者によっても参照可能な（流行の用語でいえば、アプロプリエできる）、変幻自在のプロテウスのように思えてくる。この点で、今回の本訳書の登場は、従来日本で支配的であったル・ゴフのイメージを修正し、ル・ゴフ現象のもつ射程の広さと、ニュアンスの微妙さを実感できるまたとない機会となるであろう。この特異な歴史家が、実証主義者から、さまざまな理論家たちを経て、一般の読書人に至るまで、なぜこのように大きな魅力を与え続けているのか、今ようやく全幅の意味で明らかにされるだろう。

【注】

（1）彼の経歴、および主要著作については、自伝、および一九九八年に出版された特異な形態の「献呈論文集」を参照されたい。ル・ゴフ『ル・ゴフ自伝』（鎌田博夫訳、法政大学出版局、二〇〇〇）：*L'ogre historien. Autour de Jacques Le Goff*, textes rassemblés par J. REVEL et J.-Cl. SCHMITT, Paris, 1998.

（2）本書は、学術書というよりは一般的書物として取り扱われており、本格的な書評はおこなわれていない。むしろ先鋭的なテーマ選択で知られる『中世的なるもの』誌が、本書について特集を組んでいる事実を記す方が重要であろう。*Médiévales*, n° 34, 1998, «Hommes de pouvoir : individu et politique au temps de Saint Louis».

（3）この点については、本書の序論に引用されている文献の他に、P. TOUBERT, Tout est document, dans *L' ogre historien, op. cit.*, pp. 85–105 が興味深い。

（4）グネおよびグネ学派の仕事は多岐にわたるが、代表的な業績として、B. GUENÉE, éd., *Le métier d'historien au Moyen Âge. Études sur l'historiographie médiévale*, Paris, 1977 ; B. GUENÉE, *Histoire et culture historique dans l'Occident médiéval*, Paris, 1980, 2e éd., 1991 ; J.-P. GENET, éd., *L'historiographie médiévale en Europe. Actes du colloque organisé par la Fondation Européenne de la Science au Centre de Recherches Historiques et Juridiques de l'Université de Paris I du 29 mars au 1er avril 1989,* Paris, 1991 ; Id., éd., *L'histoire et les nouveaux publics dans l'Europe médiévale (XIIIe–XVe siècles). Actes du colloque international organisé par la Fondation Européenne de la Science à la Casa de Vélasquez, Madrid, 23–24 avril 1993,* Paris, 1997.

(5) Cf. NORA, P., éd., *Les lieux de mémoire,* Paris, 1984–1987, 7 vol. 阿部安成他編『記憶のかたち』（柏書房、一九九九）。『思想』九一一号（二〇〇〇年五月「記憶の場」特集号）。ル・ゴフ自身の重要著作もつい最近邦訳された。ル・ゴフ『歴史と記憶』（立川孝一訳、法政大学出版局、一九九九）。

(6)「言語論的転回」については、『思想』（八三八号、一九九四年四月「歴史学とポストモダン」特集号）が、「歴史家にもわかる」手際のよい紹介である。最近のアナール学派については、ノワリエル『歴史学の〈危機〉』（小田中直樹訳、木鐸社、一九九七）を参照。

(7) J. REVEL, L'homme des Annales?, dans *L'ogre historien, op. cit.,* pp. 33–54.

(8)「歴史学と民族学の現在――歴史学はどこへ行くか」二宮宏之訳（『思想』六三〇号、一九七六年一二月、二宮宏之編訳『歴史・文化・表象』岩波書店、一九九二年収録）。山口昌男「歴史人類学或いは人類学的歴史学へ」（『思想』同上）。

*

なお本書の翻訳にあたっては、著者ル・ゴフの他の諸著作をはじめとして、原書の「参考文献」に掲げられた諸文献のみならず、注などに掲げた邦訳文献、あるいはその他多くの文献の助力を仰いだが、とりわけ参照を密にしたJ・ル・ゴフの主な著編書、および邦訳されている論文を、その邦訳とともに、ここにまとめておく。

著編書（*は論文集、**は編著）

Marchands et banquiers du Moyen Âge, Paris, 1956 (coll. Que sais-je?).

Les Intellectuels au Moyen Âge, Paris, 1957 ; nouv. éd., Paris, 1985.『中世の知識人』柏木英彦・三上朝造訳、岩波書店、一九七七。

Le Moyen Age, Paris, 1962.

La Civilisation de l'Occident médiéval, Paris, 1964 ; nouv. éd., Paris, 1984.

Das Hochmitelalter, Frankfurt, 1965.

***Hérésies et sociétés dans l'Europe pré-industrielle,* Paris, 1968.

* *Pour un autre Moyen Âge,* Paris, 1977.

***Faire de l'histoire,* Paris, 1977, 3 vol.

***La nouvelle histoire,* Paris, 1978.

La naissance du purgatoire, Paris,1981.『煉獄の誕生』渡辺香根夫・内田洋訳、法政大学出版局、一九八八。

L'«*exemplum*», en collaboration avec C. BRENOND, J.-C. SCHMITT, Turnhout, 1982 (Typologie des sources).

* *L'imaginaire médiéal,* Paris, 1985.（抄訳）『中世の夢』池上俊一訳、名古屋大学出版会、一九九二。

La bourse et la vie, économie et religion au Moyen Âge, Paris, 1986.『中世の高利貸』渡辺香根夫訳、法政大学出版局、一九八九。

**Storia e memoria,* Torino, 1986 ; version française, *Histoire et mémoire,* Paris, 1988.『記憶と歴史』立川孝一訳、法政大学出版局、一九九九。

***L'uòmo medievale,* Rome-Bari, 1987 ; éd. française, *L'homme médiéval,* Paris,1989.『中世の人間――ヨーロッパ人の精神構造と想像力』鎌田博夫訳、法政大学出版局、一九九九。

***Histoire de la France religieuse,* Paris, 1988–92, 4 vol.

Saint Louis, Paris, 1996（本訳書）。

Une vie pour l'histoire, entretiens avec Mac Heurgon, Paris, 1996.『ル・ゴフ自伝――歴史家の生活』鎌田博夫訳、法政大学出版局、二〇〇〇。

**Saint François d'Assise* Paris, 1999.

Un Moyen Âge en images, Paris, 2000.

論文（邦訳のあるもの）

「歴史学と民族学の現在――歴史学はどこへ行くか」二宮宏之訳（『思想』六三〇号、一九七六年一二月、二宮宏之編訳『歴史・文化・表象』岩波書店、一九九二年収録）。(Histoire et Ethnologie aujourd'hui, conférence tenue à l'Institut franco-japonais de Tokyo, le 21 septembre 1976).

「教会の時間と商人の時間」新倉俊一訳（『思想』六六三号、一九七九年九月所収）。(Temps de l'Eglise et temps du marchand, dans *Annales E. S. C.*, 1960, pp. 417–433 ; reproduit dans *Pour un autre Moyen Âge,* Paris,1977, pp. 46–65).

「歴史家と〝日常的人間〟」福井憲彦訳（『現代思想』一九八三年一〇月所収）。(L'histoire et <l'homme quotidien>, dans *Mélanges en l'honneur de F. Braudel,* t. II, Toulouse, 1973, pp. 233–243 ; reproduit, dans *Pour un autre Moyen Âge,* Paris, 1977, pp. 335–348).

「新しい歴史学」福井憲彦訳（福井憲彦編『歴史のメトドロジー』新評論、一九八四収録）。(L'histoire nouvelle, dans *La nouvelle histoire,* Paris, 1978, pp. 210–241 ; éd. poche, Paris, 1988, pp. 35–75).

「中世フランスにおける托鉢修道会と都市化」江川溫訳（『都市空間の解剖――アナール論文選4』新評論、一九八五収録）。(Ordres mendiants et urbanisation dans la France médiévale, dans *Annales E. S. C.,* 1970, pp. 924–946).

「中世の科学的驚異」池上俊一訳（『中世の夢』名古屋大学出版会、一九九二収録）。(Le merveilleux scientifique au Moyen Âge, in J.-F. Bergier, hrsg., *Zwischen Wahn, Glaube und Wissenschaft Magie, Astrologie, alchemie und Wissenschaftsgeschichte*, Zürich, 1988).

「西洋中世とインド洋――夢の領域」池上俊一訳（『中世の夢』名古屋大学出版会、一九九二収録）。(L'Occident médiéval et l'océan indien : un horizon onirique, dans *Mediterranaeo e Oceano Indiano,* Atti del VI Colloquio internazionale di Storia Maritima, Firenze, 1970; reproduit dans *Pour un autre Moyen Âge*, Paris, 1977, pp. 280–298).

「母と開拓者としてのメリュジーヌ　1　中世篇」松村剛訳（クードレット『メリュジーヌ物語』青土社、一九九六収録）。(Mélusine maternelle et défricheuse, dans *Annales E. S. C.,* 1971, pp. 587–603 ; reproduit dans *Pour un autre Moyen Âge*, Paris, 1977, pp. 307–331).

＊

本書の翻訳に際しては、序論と第一部を堀田郷弘、第二部および付録や索引などを森本英夫、第三部と結論を岡崎敦が担当したが、まず三人それぞれが初稿を作成し、その草稿を基にして、三者は共同で、訳文全体にわたり、文体、解釈、とりわけ訳語について討議を重ねて、訳文の統一を図り、決定稿を得た。しかし、すでに述べたように本書の野心的で博学な内容からして、三人の討議においてもしばしば手に余る問題が突きつけられた。こうした事柄については、数々の優れた研究成果である文献資料のみならず、幾多の貴重な教示をいただき、明らかにすることができた。ご教示をいただいた方々の芳名はいちいち挙げることはしないが、ここに深甚の謝意を表したい。

とりわけ、早稲田大学教授　蔵持不三也氏のご教示とご協力には感謝を捧げねばならない。本書の翻訳は、もともと氏の発案と勧めによるものであるが、野心的で博学をきわめる本書の内容と、原書で一〇〇〇ページ近いその量的な膨大さを前にして逡巡する訳者らの決意を促し、この魅力に満ちた大作に深くふれる幸運なる機会を与えてくださったのは、氏の協力と励ましによるものである。また、幾度も重ねた討議など訳者らのわがままともいえる行動によって生じた遅延を忍耐をもって許しくださった新評論編集部の山田洋氏には、特別な感謝を捧げねばならない。

（一九九九年八月脱稿、二〇〇〇年八月補筆）

(Larousse, 1996).
Généalogie de l'Europe de la préhistoire au XX*e siècle* sous la direction de Pierre LAMAISON (Hachette, 1994).

Index Atlas de France, (Oberthur, Rennes, 1984).
Atlas historique des villes de France, sous la direction de Jean-Luc PINOL (Hachette, 1996).
André et Jean SELLIER, *Atlas des peuples d'Europe centrale* (La Découverte, 1991).
Atlas historique, De l'apparition de l'homme sur la terre à l'ère atomique, (Lib. Académique Perrin, 1988).
Léon WARNANT, *Dictionnaire de la prononciation française,* (Duculot, 1966).

マイケル・D.ノウルズほか『キリスト教史3　中世キリスト教の成立』と『キリスト教史4　中世キリスト教の発展』(上智大学中世思想研究所 編訳／監修、平凡社、1996)
マルク・ブロック『封建社会』(堀米庸三監訳、岩波書店、1997)
ジェラール・ノワリエル『歴史学の<危機>』(小田中直樹訳、木鐸社、1997)
チャールズ・H.ハスキンズ『12世紀ルネサンス』(別宮貞徳・朝倉文市訳、みすず書房、1997)
ユルギス・バルトルシャイティス『幻想の中世　ゴシック美術における古代と異国趣味』I・II(上智大学中世思想研究所 編訳／監修、平凡社、1998)

つぎの文献は、事典あるいは辞典類のうち、とくに参考にしたものである。
アグネ・ジェラール／序J.ル＝ゴフ『ヨーロッパ中世社会史事典』(池田健二訳、藤原書店、1991)
ヘンリー・R.ロイン編『西洋中世史事典』(魚住昌良監訳、東洋書林、1999)
中村紘一ほか監訳『フランス法律用語辞典』(三省堂、1996)
京大西洋史辞典編纂会編『新編・西洋史辞典』(改訂増補版、東京創元社、1995)
京大東洋史辞典編纂会編『新編・東洋史辞典』(東京創元社、1980)
ジョン・E.モービー『世界歴代王朝王名総覧』(堀田郷弘訳、東洋書林、1993)
河部利夫・保坂栄一編『世界人名辞典　西洋篇』(増補版、東京堂出版、1998)
ジョン・A.ハードン編著『現代カトリック事典』(A.ジンマーマン監修・浜寛五郎訳、エンデルレ書店、1992)
ニコル・ルメートル／マリー＝テレーズ・カンソン／ヴェロニック・ソ『キリスト教文化事典』(蔵持不三也訳、原書房、1998)
日本イスラム協会監修『イスラム事典』(平凡社、1991)
編集代表＝森岡清美・塩原勉・本間康平『新社会学辞典』(有斐閣、1973)
文部省『学術用語集・キリスト教学編』(日本学術振興会、1972)
新共同訳『聖書――旧約聖書続編つき』(日本聖書協会、1992)

B）欧文文献

Jacques Monfrin (éd.), *Joinville : Vie de saint Louis,* (Classiques Garnier, Dunod, 1995).
Anselme Dimier, *Saint Louis et Cîteaux* (Letouzey & Ané, 1964).
H. Wallon, *Saint Louis,* (Alfred Mame et Fils, Tours, 1879).

Georges Duby, *Histoire de France Hachette– : Le Moyen Âge de Hugues Capet à Jeanne d'Arc 987–1460* (Hachette, Paris, 1987).
Georges Duby, *Le Moyen Âge (l'Histoire artistique de l'Europe)* (Seuil, 1995).
Dictionnaire d'Histoire de France PERRIN sous la direction d'A. Decaux et A. Castelot (Lib. Académique Perrin, 1986).
Jacques Boudet, *Les Mots de l'Histoire* (Robert Laffont, 1990).
Jean Favier, *Dictionnaire de la France médiévale,* (Fayard, 1993).
Georges Daix, *Dictionnaire des Saints,* (JC Lattès, 1996).
J. N. D. Kelly, *Dictionnaire des Papes,* (trad. fr. par C. Friendlander de l'éd.orig. : *The Oxford Dictionary of Popes*), (Brepols, 1994).
Mémoire de la France des origines à l'an 2000, sous la direction de Nadeije Laneyrie-Dagen

翻訳のための参考文献

本書の翻訳に際して訳者が参照した文献としては、「訳者あとがき」に記したJ. ル・ゴフの著作およびそれらの邦訳は当然のことながら、原書の「参考文献」に列記された諸文献、さらには本文や原注で取り上げられた諸文献、ならびにそれらの邦訳文献なども挙げねばならないが、さらに加えて、それらに含まれない多くの文献にも教示を仰がねばならなかった。つぎに掲げるのは、それらの参照文献のうちの主なるものを、日本語と外国語の文献に分けてまとめたものである。

A）日本語文献

聖ルイおよび13世紀フランスの同時代史料で、日本語で参照可能なものは多くないが、つぎのような文献がある。

ヨーロッパ中世史研究会編『西洋中世史料集』(東京大学出版会、2000)
　ジョワンヴィルの『聖ルイ伝』をはじめとする聖ルイ関連の史料が数点、抜粋の形ではあるが、翻訳されている。
フィリップ・ド・ボーマノワール『ボーヴェジ慣習法書』(塙浩訳、信山社出版、1992)
『西洋法制史料選Ⅱ中世』(創文社、1978)
　聖ルイの名が冠せられた封建法書『聖ルイの法令集』、およびボーマノワールの『ボーヴェジ慣習法書』が、抜粋で翻訳されている。
ヤコブス・デ・ウォラギネ『黄金伝説』Ⅰ～Ⅳ(前田敬作・山中知子訳、人文書院、1979～87)

本書が対象とする西洋中世およびそれに関連する広範な事象を理解するために有益な参考となった日本語の概論、概説、研究文献などには、つぎのようなものがある。(出版年順)

樺山紘一『ゴシック世界の思想像』(岩波書店、1976)
堀米庸三編『西欧精神の探求、革新の12世紀』(日本放送出版協会、1976)
アンリ・ピレンヌ『中世都市』(佐々木克巳訳、創文社、1981)
増田四郎『ヨーロッパ中世の社会史』(岩波書店、1985)
フランソワ・オリヴィエ＝マルタン『フランス法制史概説』(塙浩訳、創文社、1986)
阿部謹也『蘇る中世ヨーロッパ』(日本エディタースクール出版部、1987)
渡邊昌美『中世の奇蹟と幻想』(岩波新書、1989)
アシル・リュシェール『フランス中世の社会――フィリップ＝オーギュストの時代』(木村尚三郎監訳／福本直之訳、東京書籍、1990)
クリストファー・ブルック『中世社会の構造』(松田隆美訳、法政大学出版局、1990)
ルネ・グルッセ『十字軍』(橋口倫介訳、白水社、クセジュ文庫、1991)
ジャック・ルゴフほか『歴史・文化・表象――アナール学派と歴史人類学』(二宮宏之編訳、岩波書店、1992)
陣野尚志『隠喩のなかの中世』(弘文堂、1992)
アローン・Y. グレーヴィチ『同時代人の見た中世ヨーロッパ』(中沢敦夫訳、平凡社、1995)
柴田三千雄・樺山紘一・福井憲彦編『世界歴史大系・フランス史』全3巻(山川出版社、1995)

cadémie des inscriptions et belles-lettres, 1971.

SERPER, Arié, «L'administration royale de Paris au temps de Louis IX», *Francia,* 7, 1979, pp. 123–139.

SIVERY, Gérard, «L'équipe gouvernementale, Blanche de Castille et la succession de Louis VIII en 1226», *L'Information historique,* 1979, pp. 203–211.

— *Marguerite de Provence. Une reine au temps des cathédrales,* Paris, 1987.

— *L'Économie du royaume de France au siècle de Saint Louis,* Lille, 1984（デュボワ H. DUBOIS による書評を見よ。*Revue historique,* 109, 1985/1, pp. 472–473）.

— *Les Capétiens et l'argent au siècle de Saint Louis,* Paris, 1995（参照せず）.

SLATTERY, M., *Myth, Man and Sovereign Saint. King Louis IX in Jean de Joinville's Sources,* New York, Berne, Francfort, 1985.

SOMMERS WRIGHT, Georgia, «The Tomb of Saint Louis», *Journal of the Warburg and Courtauld Institute,* XXXIV, 1971, pp. 65–82.

STAHL, Harvey, «Old Testament Illustration during the Reign of St. Louis : The Morgan Picture Book and the New Biblical Cycles», dans *Il Medio Oriente e l'Occidente nell'arte del* XIII*e secolo. Atti del XXIV congresso internazionale di storia dell'arte,* H. BELTING, éd., Bologne, pp. 79–93.

STEIN, Henri, «Pierre Lombard, médecin de Saint Louis», *Bibliothèque de l'École des chartes,* 1939, pp. 63–71.

STRAYER, Joseph, «The Crusades of Louis IX», dans K. M. SETTON (éd.), *History of the Crusades,* vol. II, Londres, 1962, pp. 487–521.

— *The Administration of Normandy under Saint Louis,* 1932.

— «La conscience du roi. Les enquêtes de 1258–1262 dans la sénéchaussée de Carcassonne-Béziers», dans *Mélanges Roger Aubenas,* Montpellier, 1974.

TARDIF, J., «Le procès d'Enguerran de Coucy», dans *Bibliothèque de l'École des chartes,* 1918.

TUILIER, André, «La révolte des pastoureaux et la querelle entre l'université de Paris et les ordres Mendiants», dans *Actes du 99e congrès national des sociétés savantes,* Besançon, 1974, Section de philologie et d'histoire, I, 1977, pp. 353–367.

— «La fondation de la Sorbonne, les querelles universitaires et la politique du temps», dans *Mélanges de la Bibliothèque de la Sorbonne,* 3, 1982, pp. 7–43.

UITTI, K. D., «Nouvelle et structure hagiographique : le récit historiographique nouveau de Jean de Joinville», dans *Mittelalterbilder aus neuer Perspektive,* E. RUHE, R. REHRENS (éd.), Munich, 1985, pp. 380–391.

WOOD, Charles T., «The mise of Amiens and Saint Louis' Theory in Kingship», *French Historical Studies,* 6, 1969/1970, pp. 300–310.

— *The French Apanages and the Capetian Monarchy 1224–1328,* Cambridge, Mass., 1966.

— «Regnum Francie : A Problem in Capetian Administrative Usage», *Traditio,* 23, 1967, pp. 117–147.

ZINK, Michel, «Joinville ne pleure pas, mais il rêve», *Poétique,* 33, février 1978, pp. 28–45.

Jerzy PRSIAK, *Ludwik Swiety. Portret hagiograficzny idealnegi wladcy*（聖ルイ。理想的君主の聖人伝的肖像）。この興味深い著作は、1994年、サムソノヴィチ H. Samsonowicz の指導のもとに、ワルシャワ大学教授資格論文としてポーランド語で書かれたものであるが、公刊はされていない。

125–148.
Longnon, Auguste N., *Documents parisiens sur l'iconographie de Saint Louis,* 1882.
Michaud-Quantin, Pierre, «La politique monétaire royale à la faculté de théologie de Paris en 1265», *Le Moyen Âge,* 17, 1962, pp. 137–151.
Michel, R., *L'Administration royale dans la sénéchaussée de Beaucaire au temps de Saint Louis,* Paris, 1910.
Mollaret, H. H., et Brossolet, J., «Sur la mort de Saint Louis», *La Presse médicale,* vol. 74, n° 55, 25 décembre 1966, pp. 2913–2916.
Mollat, Michel, «Le "passage" de Saint Louis à Tunis. Sa place dans l'histoire des croisades», *Revue d'histoire économique et sociale,* 50, 1972, pp. 289–303.
Monfrin, Jacques, «Joinville et la prise de Damiette (1249)», *Comptes rendus de l'Académie des inscriptions et belles-lettres,* 1976, pp. 268–285.
— «Joinville et la mer», *Études offertes à Félix Lecoy,* Paris, 1973, pp. 445–468.
Musset, Lucien, «Saint Louis et la Normandie», *Annales de Basse-Normandie,* 1972, pp. 8–18.
Nahon, Gérard, «Les ordonnances de Saint Louis et les juifs», *Les Nouveaux Cahiers*, 23, 1970.
— «Une géographie des Juifs dans la France de Louis IX (1226–1270)», dans *The Fifth World Congress of Jewish Studies,* vol. II, Jérusalem, 1972, pp. 127–132.
— «Le crédit et les juifs dans la France du XIIIe siècle», *Annales. E. S. C.,* 1964, pp. 1121–1148.
Parent, M., «Les assemblées royales en France au temps de Saint Louis», dans *Positions des thèses de l'École des chartes,* 1939, pp. 155–161.
Pelicier, P., «Deux lettres relatives à Louis IX» [démêlés entre l'évêque et les bourgeois de Châlons], *Bulletin du Comité des travaux historiques. Histoire et Philologie,* 1892, pp. 229–231.
Pernoud, Régine, *La Reine Blanche,* Paris, 1972.
Petit, E., «Saint Louis en Bourgogne et principalement dans les contrées de l'Yonne», *Bulletin de la Société des sciences historiques et naturelles de l'Yonne,* 1893, pp. 576–591.
Pinoteau, Hervé, «La tenue du sacre de saint Louis IX roi de France, son arrière-plan symbolique et la *renovatio regni Juda*», *Itinéraires,* 1972, n° 162, pp. 120–166.
— et Le Gallo, C., *Héraldique de Saint Louis et de ses compagnons,* Paris, 1966.
Pognon, E., «Les arbitrages de Saint Louis», dans *Le Siècle de Saint Louis (op. cit. supra),* pp. 221–226.
Pontal, Odette, «Le différend entre Louis IX et les évêques de Beauvais et ses incidences sur les conciles (1232–1248)», *Bibliothèque de l'École des chartes,* 123, 1965.
Richard, Jean, «La politique orientale de Saint Louis. La croisade de 1248», dans *Septième centenaire (op. cit. supra),* pp. 197–208.
— «La fondation d'une église latine en Orient par Saint Louis : Damiette», *Bibliothèque de l'École des chartes,* 120, 1962, repris dans *Orient et Occident au Moyen Âge,* Londres, 1976.
— «Sur les pas de Plancarpin et de Rubrouck. La lettre de Saint Louis à Sartaq», *Journal des savants,* 1977.
— «Une ambassade mongole à Paris en 1262», *Journal des savants,* 1979.
— «L'adoubement de Saint Louis», *Journal des savants,* 1988, pp. 207–217.
Sablou, J., «Saint Louis et le problème de la fondation d'Aigues-Mortes», dans *Hommages à André Dupont,* Montpellier, 1974, pp. 256–265.
Sadler, Donna L., «The King as Subject, the King as Author : Art and Politics of Louis IX», dans H. Durchhardt, R. A. Jackson, D. Sturdy (éd.), *European Monarchy (op. cit. supra),* pp. 53–68.
Sayous, André, «Les mandats de Saint Louis sur son trésor pendant la septième croisade», dans *Revue historique,* 167, 1931.
Schneider, Jean, «Les villes du royaume de France au temps de Saint Louis», *Comptes rendus de l'A-*

der and Innovation (Mélanges J. Strayer), Princeton, 1976.

— «Communal Administration in France 1257–1270. Problems discovered and Solutions imposed», *Revue belge de philologie et d'histoire,* 59, 1981, pp. 292–313.

— «The psalter of St Louis. The Program of the seventy-eight full page illustrations», *Acta : the High Middle Ages,* 7, 1980, pp. 65–91.

LABANDE, Edmond-René, «Saint Louis pèlerin», *Revue d'histoire de l'Église de France,* 57, 1971.

— «Quelques traits de caractère du roi Saint Louis», *Revue d'histoire de la spiritualité,* 50, 1974/2, pp. 135–146.

LABARGE, M. W., «Saint Louis et les juifs», dans *Le Siècle de Saint Louis (op. cit. supra),* pp. 267–274.

LANGLOIS, Ch. V., «Doléances recueillies par les enquêteurs de Saint Louis», *Revue historique,* t. 92, 1906.

LECOY DE LA MARCHE, Albert, «Saint Louis, sa famille et sa cour d'après les anecdotes contemporaines», *Revue des questions historiques,* t. XXII, 1877, pp. 465–484.

LE GOFF, Jacques, «La sainteté de Saint Louis. Sa place dans la typologie et l'évolution chronologique des rois saints», dans *Les Fonctions des saints dans le monde occidental (IIIe–XIIIe siècles)* (Colloque de l'École française de Rome, 1988), Rome, 1991, pp. 285–293.

— «Saint Louis a-t-il existé ?», *L'Histoire,* nº 40, décembre 1981.

— «Saint Louis et les corps royaux», *Le Temps de la réflexion,* Paris, 1982, pp. 255–284.

— «Saint Louis et la parole royale», dans *Le Nombre du temps. En hommage à Paul Zumthor,* Paris, 1988, pp. 127–136.

— «Les gestes de Saint Louis», *Mélanges Jacques Stiennon,* 1982, pp. 445–459.

— «Royauté biblique et idéal monarchique médiéval. Saint Louis et Josias», dans *Les Juifs au regard de l'histoire. Mélanges Bernhard Blumenkranz,* 1985, pp. 157–168.

— «Saint de l'Église et saint du peuple. Les miracles officiels de Saint Louis entre sa mort et sa canonisation (1270–1297)», dans *Histoire sociale, sensibilités collectives et mentalités. Mélanges Robert Mandrou,* 1985, pp. 169–180.

— «Saint Louis et la prière», *Horizons marins, itinéraires spirituels (Ve–XVIIIe siècles),* vol. I, *Mentalités et sociétés* (Études réunies par Henri DUBOIS, Jean-Claude HOCQUET, André VAUCHEZ), *Mélanges Michel Mollat,* Paris, 1987, pp. 85–94.

— «Un roi souffrant : Saint Louis», dans *La Souffrance au Moyen Âge (France, XIIe–XVe siècles),* Les Cahiers de Varsovie, 1988, pp. 127–136.

— «Saint Louis and the Mediterranean», *Mediterranean Historical Review,* 5/1, 1990, pp. 21–43.

— «Saint Louis, croisé idéal ?», *Notre histoire,* nº 20, février 1986, pp. 42 et s.

— «Saint Louis et la pratique sacramentelle» (dialogue avec Pierre Marie GY), *La Maison-Dieu,* 197, 1994/1, pp. 99–124.

— «Ludwig IX der Heilige und der Ursprung der feudalen Monarchie in Frankreich», *Jahrbuch für Geschichte des Feudalismus,* 14, 1990, pp. 107–114.

— «Saint Louis et la mer», dans *L'uomo e il mare nella civiltà occidentale : da Ulisse a Cristoforo Colombo (colloque de Gênes, 1992),* Gênes, 1992, pp. 11–24.

— «Saint Louis à table : entre commensalité royale et humilité alimentaire», dans *La Sociabilité à table. Commensalité et convivialité à travers les âges (colloque de Rouen, 1990),* Rouen, 1992, pp. 132–144.

LERNER, Robert E., «The uses of Heterodoxy, the French Monarchy and Unbelief in the XIIIth century», *French Historical Studies,* IV, 1965, pp. 189–202.

LINEHAN, Peter, et HERNANDEZ, Francisco, «*Animadverto :* a recently discovered *consilium* concerning the sanctity of King Louis IX», *Revue Mabillon,* nouv. série 5 (t.66), 1994, pp. 83–105.

LITTLE, Lester K., «Saint Louis'Involvement with the Friars», *Church History,* XXXIII/2, juin 1964, pp.

mons on the Dead of Mansurah and on Innocent IV», *The Bulletin of Historical Research,* 63, n° 152, 1990, pp. 227–247.

Congar, Yves, «L'Église et l'État sous le règne de Saint Louis», dans *Septième centenaire (op. cit. supra),* pp. 257–271.

Coornaert, E., «Les corporations au temps de Saint Louis», *Revue historique,* 1936.

Delaborde, Henri-François, «Joinville et le conseil tenu à Acre en 1250», *Romania,* 23, 1894.

— «Instructions d'un ambassadeur envoyé par Saint Louis à Alexandre IV à l'occasion du traité de Paris (1258)», *Bibliothèque de l'École des chartes,* 1888, pp. 530–534.

Delaruelle, Étienne, «Saint Louis devant les Cathares», *Septième centenaire (op. cit. supra),* pp. 273–280.

— «L'idée de croisade chez Saint Louis», *Bulletin de littérature ecclésiastique,* 1960, puis réédité dans *L'Idée de croisade au Moyen Âge,* Turin, 1980.

Dimier, Louis, *Saint Louis et Cîteaux,* Paris, 1954.

Dufeil, M. M., «Le roi Louis dans la Querelle des mendiants et des Séculiers (université de Paris, 1254–1270)», dans *Septième centenaire (op. cit. supra),* pp. 281–289.

Erlande-Brandenburg, Alain, «Le tombeau de Saint Louis», *Bulletin monumental,* 126, 1968, pp. 7–30.

Favier, Jean, «Les finances de Saint Louis», dans *Septième centenaire (op. cit. supra),* pp. 133–140.

Fawtier, Robert, «Saint Louis et Frédéric II», dans *Convegno internazionale di Studi Federiciani,* Palerme, 1950.

Fietier, Roland, «Le choix des baillis et sénéchaux aux xiiie et xive siècles (1250–1350)», *Mémoires de la Société pour l'histoire du droit et des institutions des anciens pays bourguignons, comtois et romands,* 29e fasc., 1968–1969, pp. 255–274.

Folz, Robert, «La sainteté de Louis IX d'après les textes liturgiques de sa fête», *Revue d'histoire de l'Église de France,* 57, 1971, pp. 30–45.

François, M., «Initiatives de Saint Louis en matière administrative : les enquêtes royales», dans *Le Siècle de Saint Louis (op. cit. supra),* pp. 210–214.

Gavrilovitch, *Étude sur le traité de Paris de 1259 entre Louis IX, roi de France, et Henri III, roi d'Angleterre,* Paris, 1899.

Giesey, Ralph E., «The Juristic Basis of Dynastic Right to the French Throne», *Transactions of the American Philosophical Society,* New Series, vol. 51, part 5, Philadelphie, 1961.

Giordanengo, Gérard, «Le pouvoir législatif du roi de France (xie–xiiie siècles) : travaux récents et hypothèses de recherche», *Bibliothèque de l'École des chartes,* t. 147, 1989, pp. 283–310.

Grabois, Aryeh, «Du crédit juif à Paris au temps de Saint Louis», *Revue des études juives,* 1970, pp. 5–22.

Griffiths, Q., «New Men among the Lay Counsellors of Saint Louis Parlement», *Medieval Studies,* 32–33, 1970, 1971, pp. 234–272.

Guilhiermoz, P., «Les sources manuscrites de l'histoire monétaire de Saint Louis», *Le Moyen Âge,* 34, 1923.

— «Saint Louis, les gages de batailles et la procédure civile», *Bibliothèque de l'École des chartes,* 48, 1887, pp. 11–20.

Hallam, E. M., «Philip the Fair and the Cult of Saint Louis. Religion and National Identity», *Studies in Church History,* 18, 1982, pp. 201–214.

Haseloff, Arthur, «Les Psautiers de Saint Louis», *Mémoires de la Société des antiquaires de France,* 59, 1898, pp. 18–42.

Jordan, William Chester, «*Persona* et *gesta* : the Image and Deeds of the Thirteenth Century Capetians. 2. The Case of Saint Louis», *Viator,* 19, 1988, 2, pp. 209–218.

— «Supplying Aigues-Mortes for the Crusade of 1248 : the Problem of Restructuring Trade», dans *Or-*

— «Jean de Blanot et la conception du pouvoir royal au temps de Louis IX», dans *Septième centenaire (op. cit. supra),* pp. 57–68.

BOUREAU, Alain, «Saint Louis», dans *Histoire des saints et de la sainteté,* A. VAUCHEZ (éd.), t. VI, *Au temps du renouveau évangélique,* Paris, 1986, pp. 196–205.

BOUTARIC, Edgar, *Saint Louis et Alphonse de Poitiers. Étude sur la réunion des provinces du Midi et de l'Ouest à la Couronne et sur les origines de la centralisation administrative,* Paris, 1870.

BRACHET, Auguste [A. Brachet, né Korff éd.], *Pathologie mentale des rois de France,* Paris, 1903.

BRANNER, Robert, *The Manuscript Painting in Paris during the Reign of St Louis. A Study of Styles,* University of California Press, 1977.

— *Saint Louis and the Court Style in Gothic Architecture,* Londres,1965.

BROWN, Elizabeth A. R., «Philippe le Bel and the Remains of Saint Louis», *Gazette des Beaux Arts,* 1980–1981, pp. 175–182.

— «Burying and Unburying the Kings of France», dans *Persons in Groups. Social Behavior as Identity Formation in Medieval and Renaissance Europe,* R. C. TREXLER (ed.), Binghampton, 1985, pp. 241–266.

— «The Chapels and Cult of Saint Louis at Saint Denis», *Mediaevalia,* 10, 1984, pp. 279–331.

— «Taxation and Morality in the XIIIth and XIVth centuries : conscience and political power and the Kings of France», *French Historical Studies,* VII/1, printemps 1973, pp. 1–28.

BUC, Philippe, «David's adultery with Bathsheba and the healing powers of the Capetian kings», *Viator,* 23, 1993, pp. 101–120.

BUISSON, Ludwig, *König Ludwig IX der Heilige und das Recht,* Fribourg, 1955.

— «Saint Louis. Justice et Amour de Dieu», *Francia,* 6, 1978, pp. 127–149.

— «Saint Louis et l'Aquitaine (1259–1270)», dans *Actes de l'Académie nationale des sciences, belles-lettres et arts de Bordeaux,* 4e série, t. XXVI, Bordeaux, 1972, pp. 15–33, repris dans *Lebendiges Mittelalter,* Cologne, Böhlau, 1988, pp. 251–269.

CAHEN, Claude, «Saint Louis et l'Islam», *Journal asiatique,* t. 258, 1970, pp. 3–12.

CAMPBELL, Gerard J., «The Attitude of the Monarchy Towards the Use of Ecclesiastical Censures in the Reign of Saint Louis», *Speculum,* 35, 1960, pp. 535–555.

CAROLUS-BARRÉ, Louis, «La grande ordonnance de 1254 sur la réforme de l'administration et la police du royaume», dans *Septième centenaire (op. cit. supra),* pp. 85–96.

— «Les enquêtes pour la canonisation de Saint Louis, de Grégoire X à Boniface VIII, et la bulle *Gloria, laus* du 12 août 1287», *Revue d'histoire de l'Église de France,* 57,1971.

— «Saint Louis et la translation des corps saints», *Études d'histoire du droit canonique dédiées à M. G. Le Bras,* t. II, Paris, 1965.

— «Saint Louis dans l'histoire et la légende», *Annuaire-bulletin de la Société de l'histoire de France,* 1970–1971.

— «Le prince héritier Louis et l'intérim du pouvoir royal de la mort de Blanche (novembre 1252) au retour du roi (juillet 1254)», *Comptes rendus de l'Académie des inscriptions et belles-lettres,* 1970.

CAZELLES, Raymond, «Une exigence de l'opinion depuis Saint Louis : la réformation du royaume», *Annuaire-bulletin de la Société de l'histoire de France,* 469, 1963, pp. 91–99.

— «La réglementation royale de la guerre privée, de Saint Louis à Charles V», *Revue historique de droit français et étranger,* 1960, pp. 530–548.

CHAPLAIS, Pierre, «Le traité de Paris de 1259 et l'inféodation de la Gascogne allodiale», *Le Moyen Âge,* 1955, pp. 121–137.

CHENNAF, Sarah, et REDON, Odile, «Les miracles de Saint Louis», dans GELIS, Jacques, et REDON, Odile (éd.), *Les Miracles, miroirs des corps,* Paris, 1983, pp. 53–85.

COLE, P., D'AVRAY, D. L. et RILEY-SMITH, J., «Application of Theology to current *Affairs :* Memorial Ser-

Bordeaux, H., *Un précurseur. Vie, mort et survie de Saint Louis, roi de France,* Paris, 1949.
Boulenger, Jacques Romain, *La Vie de Saint Louis,* Paris, 1929.
Cristiani, Mgr, *Saint Louis, roi de France,* Paris, 1959.
Evans, J., *The History of Saint Louis,* Oxford, 1938.
Eydoux, Henri-Paul, *Saint Louis et son temps,* Paris, 1971.
Faure, F., *Histoire de Saint Louis,* 2 vol., Paris, 1966.
Goyau, G., *Saint Louis,* Paris, 1928.
Guth, P., *Saint Louis,* Paris, 1960.
Klein, C., *Saint Louis, un roi au pied du pauvre,* Paris, 1970.
Labarge, M. W., *Saint Louis,* Londres, 1968（英語）.
Lecoy de la Marche, Albert, *Saint Louis, son gouvernement et sa politique,* Paris, 1889.
Levis-Mirepoix, duc de, *Saint Louis, roi de France,* Paris, 1970（ヴァルテル G. Walter の序文 «Saint Louis, fou du Christ» 付き）.
Levron, J. P., *Saint Louis ou l'apogée du Moyen Âge,* Paris, 1969.
Madaule, Jacques, *Saint Louis de France,* Paris, 1943.
Mousset, J., *Saint Louis,* Paris, 1950.
Olivier-Martin, F., *Saint Louis,* dans *Hommes d'État,* t. II, Paris, 1937, pp. 131–212.
Pernoud, Régine, *Un chef d'État. Saint Louis, roi de France,* Paris, 1960.
Sertillanges, P., *Saint Louis,* Paris, 1918.
Sivery, Gérard, *Saint Louis et son siècle,* Paris, 1983.

個別研究

Augustin, Jean-Marie, «L'aide féodale levée par Saint Louis et Philippe le Bel», *Mémoires de la Société pour l'histoire du droit et des anciens pays bourguignons, comtois et romands,* fasc. 38, 1981, pp. 59–81.
Babelon, Jean-Pierre, «Saint Louis dans son palais de Paris», dans *Le Siècle de Saint Louis, op. cit . supra,* pp.45–56.
— «La monnaie de Saint Louis», *ibid.,* pp. 83–92.
— «Saint Louis et le traité de Paris», *ibid.,* pp.227–229.
Bastin, Julia, «Quelques propos de Rutebeuf sur le roi Louis IX», *Bulletin de l'Académie royale de langue et littérature fançaise,* 1960, 38, I, pp. 5–14.
Bautier, Robert-Henri, «Les aumônes du roi aux maladreries, maisons-Dieu et pauvres établissements du royaume. Contribution à l'étude du réseau hospitalier et de la fossilisation de l'administration royale de Philippe Auguste à Charles VII», *Actes du 97e Congrès national des sociétés savantes (Nantes, 1972),* dans *Bulletin philologique et historique,* 1975, pp. 37–105.
Beaune, Colette, «La légende de Jean Tristan, fils de Saint Louis», *Mélanges de l'École française de Rome. Moyen Âge, Temps modernes,* 98, 1986/1, pp. 143–160.
Bemont, Charles, «La campagne de Poitou, 1242–1243. Taillebourg et Saintes», *Annales du Midi,* V, 1893, pp. 289–314.
Berger, Élie, *Histoire de Blanche de Castille,* Paris, 1895.
— *Saint Louis et Innocent IV. Étude sur les rapports de la France et du Saint Siège,* Paris, 1893.
Bisson, Thomas N., «Consultative Functions in the King's Parlements (1250–1314)», *Speculum,* XLIV, 1969, pp. 353–373.
Bougerol, Jacques-Guy, «Saint Bonaventure et le roi Saint Louis», dans *San Bonaventura (1274–1974),* t. II, Grottaferrata,1973, pp. 469–493.
Boulet-Sautel, Marguerite, «Le concept de souveraineté chez Jacques de Révigny», dans *Actes du congrès sur l'ancienne université d'Orléans (XIIIe–XVIIIe siècles),* Orléans, 1982, pp. 17–27.

temps de l'État, Paris, 1994.
— *Gouverner la ville au Moyen Âge,* Paris, 1993.
— et Gouron, André (éd.), *Renaissance du pouvoir législatif et genèse de l'État,* Montpellier, 1987.
Schramm, Percy Ernst, *Der König von Frankreich. Das Wesen der Monarchie vom 9. bis zum 16. Jahrhundert,* 2 vol., Weimar, 1939 ; nouv. éd. 1960.
Spiegel, Gabrielle M., *The Chronicle Tradition of Saint-Denis : A Survey,* Brookline, Mass., et Leyde, 1978.
Strayer, Joseph R., *Medieval Statecraft and the Perspectives of History,* Princeton,1971；仏訳 *Les Origines médiévales de l'État moderne,* Paris, 1979.
— «France : the Holy Land, the Chosen people and the most Christian King», dans *Action and Conviction in Early Modern Europe,* Princeton, 1969, pp 3–16.
Tessier, Georges, *La Diplomatique royale française,* Paris, 1962.
Töpfer, B., «Staatliche Zentralisation im regionalen und im national-staatlichen Rahmen in Frankreich vom 13 bis zum 15 Jahrhundert», *Jahrbuch für Geschichte des Feudalismus,* 11, 1987, pp. 159–173.
Vauchez, André, *La Sainteté en Occident aux derniers siècles du Moyen Âge,* Rome, 1981.
Zink, Michel, *La Subjectivité littéraire. Autour du siècle de Saint Louis,* Paris, 1985.

聖ルイに関する伝記研究および一般的書物

最重要文献

La Vie de Saint Louis, roi de France, rédigée par Louis Sébastien Le Nain de Tillemont（1698没）, publiée par J. de Gaulle, 6 vol., Paris, Société de l'Histoire de France, 1847–1851 は、今日失われてしまった史料を利用しているという点、および全体を見通す視点の充実という二つの点で、依然として基礎となる重要文献である。

注目すべき聖ルイの伝記は、以下の通り。

Jordan, William Ch., *Louis IX and the Challenge of the Crusade. A Study in Rulership,* Princeton, 1979.
Langlois, Charles Victor, *Saint Louis, Philippe le Bel : les derniers Capétiens directs (1226–1328),* t. III/2 de l'*Histoire de France depuis les origines jusqu'à la Révolution,* d'Ernest Lavisse, Paris, 1901 ; rééd., Paris, 1978.
Richard, Jean, *Saint Louis, roi d'une France féodale, soutien de la Terre sainte,* Paris, 1983 ; rééd. Paris, 1986.

短いが素晴らしい総合的叙述が最近出版された。

Saint-Denis, Alain, *Le Siècle de Saint Louis,* Paris, 1994.

Le Siècle de Saint Louis, R. Pernoud (éd.), Paris, 1970.
Septième centenaire de la mort de Saint Louis. Actes des colloques de Royaumont et de Paris (21–27 mai 1970), publiés par Louis Carolus-Barré, Paris, 1976.
Wallon, Henri-Alexandre, *Saint Louis et son temps,* 2 vol., Paris, 1875.

一般向け書物

Bailly, *Saint Louis,* Paris, 1949.
Benouville, G. de, *Saint Louis ou le printemps de la France,* Paris, 1970.
Beer, J. de, *Saint Louis,* 1984.

— «État et nation au Moyen Âge», *Revue historique,* t. 237, 1967, pp. 17–30.

Guérout, Jean, «Le palais de la Cité à Paris des origines à 1417. Essai topographique et archéologique», dans *Paris et Île-de-France. Mémoires de la Fédération des sociétés historiques et archéologiques de Paris et de l'Île-de-France,* t. I, 1949, p. 57–212 ; t. II, 1950, pp. 21–204 ; t. III, 1951, pp. 7–101.

Histoire de la France urbaine, sous la direction de Georges Duby ; t. II, *La Ville médiévale,* sous la direction de J. Le Goff, Paris, 1980.

Histoire de la France rurale, sous la direction de Georges Duby, t, I, *Des origines à 1340,* Paris, 1975.

Histoire de la France, sous la direction d'André Burguière et Jacques Revel ; t. II, *L'Etat et les pouvoirs,* sous la direction de J. Le Goff, Paris, 1989.

Histoire de la France religieuse, sous la direction de Jacques Le Goff et René Rémond ; t. I, *Des dieux de la Gaule à la papauté d'Avignon,* sous la direction de J. Le Goff, Paris, 1988.

Jordan, William Ch., *The French Monarchy and the Jews from Philip Augustus to the Last Capetians,* Philadelphie, University of Pennsylvania Press, 1989.

Kantorowicz, Ernst H., *The King's Two Bodies. A Study in Medieval Theology,* Princeton, 1957 ; 仏訳 *Les Deux Corps du roi,* Paris, 1989.〔邦訳、カントーロヴィッツ『王の二つの身体』小林公訳、平凡社、1992〕

Krynen, Jacques, *L'Empire du roi. Idées et croyances politiques en France, XIIIe–XVe siècles,* Paris, 1993.

Lafaurie, J., *Les Monnaies des rois de France. De Hugues Capet à Louis XII,* Paris et Bâle, 1951.

Lecoy de la Marche, Albert, *La France sous Saint Louis et sous Philippe le Hardi* Paris, 1893.

Le Goff, Jacques, «Le roi enfant dans l'idéologie monarchique de l'Occident médiéval», dans *Historicité de l'enfance et de la jeunesse* (Congrès international d'Athènes, 1984), Athènes, 1986, pp. 231–250.

— «Portrait du roi idéal», *L'Histoire*, n° 81, septembre 1985, pp.70–76.

— «Reims, ville du sacre», dans P. Nora (éd.), *Les Lieux de mémoire,* t. II, *La Nation,* vol. 1, Paris, 1986, pp. 89–184.

— «La genèse du miracle royal», dans *Marc Bloch aujourd'hui. Histoire comparée et sciences sociales,* textes réunis et présentés par H. Atsma et A. Burguière, Paris, 1990, pp. 147–158.

Lemarignier, Jean-François, *La France médiévale. Institutions et sociétés,* Paris, 1970 ; rééd., 1991.

Le Siècle de Saint Louis, Paris, 1970.

Lewis, Andrew W., *Royal Succession in Capetien France : Studies on Familial Order and the State,* Cambridge, Mass., 1981 ; 仏訳 *Le Sang royal. La famille capétienne et l'État. France, X^e–XIVe siècles,* Paris, 1986.

Lorcin, Marie-Thérèse, *La France au XIIIe siècle,* Paris, 1975.

Lot, Ferdinand, et Fawtier, Robert (éd.), *Histoire des institutions françaises au Moyen Âge,* t. II : *Les Institutions royales,* Paris, 1958.

Mc Govern, J. F., «The Rise of the New Economic Attitudes. Economic Humanism, Economic Nationalism during the Later Middle Ages and the Renaissance, A. D. 1200–1550», *Traditio,* XXVI, 1970, pp. 217–253.

Mirot, L., *Manuel de géographie historique de la France,* 2 vol., Paris, 1948–1950.

Nora, Pierre (éd.), *Les Lieux de mémoire,* t. II, *La Nation,* Paris, 1986.

Pange, J. de, *Le Roi très chrétien,* Paris, 1949.

Paul, Jacques, *Histoire intellectuelle de l'Occident médiéval,* 2 vol., Paris, 1973.

Petit-Dutaillis, Charles, *La Monarchie féodale en France et en Angleterre, X^e–XIIIe siècles,* Paris, 1933 ; nouv. éd., 1971.

Rigaudière, Albert, *Pouvoirs et institutions dans la France médiévale,* t. II, *Des temps féodaux aux*

Barbey, J., *Être roi. Le roi et son gouvernement en France de Clovis à Louis VI,* Paris, 1992.
Barlow, Fred, «The King's Evil», *English Historical Review,* 1980, pp. 3–27.
Beaune, Colette, *Naissance de la nation France,* Paris, 1985.
Berges, Wilhelm, *Die Fürstenspiegel des hohen und späten Mittelalters,* Leipzig, 1938.
Bloch, Marc, *Les Rois thaumaturges [Strasbourg, 1924],* 3e éd., Paris, 1983（J. ル・ゴフの序文付き）.〔邦訳、マルク・ブロック『王の奇跡』井上泰男・渡邊昌美訳、刀水書房、1998〕
Bogyay, Th. von, Bak, J., Silagi, G., *Die Heiligen Könige,* Graz, 1976.
Bourin-Derruau, M., *Temps d'équilibre, temps de rupture,* Paris, 1990.
Buc, Philippe, *L'Ambiguïté du livre. Prince, pouvoir et peuple dans les commentaires de la Bible au Moyen Âge,* Paris, 1994.
Bulst, N., Genet, J.-P. (éd), *La Ville, la bourgeoisie et la genèse de l'État moderne (xiie–xviie siècles),* Paris, 1988.
Burns, R. I., «Christian Islamic Confrontation in the West : The Thirteenth Century Dream of Conversion», *The American Historical Review,* 76, 1971, pp. 1386–1434.
Cazelles, Raymond, *Paris de la fin du règne de Philippe Auguste à la mort de Charles V (1223–1380),* dans *Nouvelle histoire de Paris,* Paris, t. III, 1972.
Contamine, Philippe (éd.), *L'État et les aristocraties (France, Angleterre, Écosse, xiie–xviie siècles),* Paris, 1989.
— et alii, *L'Économie médiévale,* Paris, 1993.
— *La Guerre au Moyen Âge,* Paris, 3e éd., 1992.
Comprendre le xiiie siècle, sous la direction de Pierre Guichard et Danièle Alexandre-Bidon, Lyon, 1995（参照せず）.
Culture et idéologie dans la genèse de l'État moderne, Rome, 1985.
Droits savants et pratiques françaises du pouvoir (xie–xve siècles) (sous la direction de Jacques Krynen et d'Albert Rigaudière), Presses universitaires de Bordeaux, 1992.
Duby, Georges, *Le Temps des cathédrales. L'art et la société (980–1420),* Genève, 1962（図版入り）; nouv. éd., Paris, 1976.
Duby, Georges, Mandrou, Robert, *Histoire de la civilisation française,* t. I, Paris, 1967.〔邦訳、G. デュビー・R. マンドルー『フランス文化史』前川貞次郎・鳴岩宗三訳、人文書院、1969〕
Duggan, A. J. (éd.), *Kings and Kingship in Medieval Europe,* Londres, King's College, 1993.
Durchhardt, H., Jackson, R. A., Sturdy, D. (éd.), *European Monarchy,* Stuttgart, 1992.
Erlande-Brandenburg, Alain, *Le roi est mort. Étude sur les funérailles, les sépultures et les tombeaux des rois de France jusqu'à la fin du xiiie siècle,* Paris,1975.
Faral, Edmond, *La Vie quotidienne au temps de Saint Louis,* Paris, 1942.
Fawtier, Robert, *Les Capétiens et la France. Leur rôle dans sa construction,* Paris, 1942.
Folz, Robert, *Les Saints Rois du Moyen Âge en Occident (ve–xiiie siècles),* Bruxelles, 1984.
Fossier, R., *La Société médiévale,* Paris, 1991.
— et alii, *Le Moyen Âge :* t. II, *L'Éveil de l'Europe (950–1250) ;* t. III, *Le Temps des crises (1250–1520),* Paris, 1990.
Genet, Jean-Philippe (éd.), *État moderne. Genèse : bilan et perspectives,* Paris, 1990.
—et Vincent, B. (éd.), *État et Église dans la genèse de l'État moderne,* Madrid, 1986.
Génicot, Léopold, *Le XIIIe siècle européen,* Paris, 1968.
Gorski, K., «Le Roi-Saint, un problème d'idéologie féodale», *Annales. E. S. C.,* 1969.
Guenée, Bernard, *Histoire et culture historique dans l'Occident médiéval,* Paris, 1980 ; nouv. éd., 1991.
— «La fierté d'être capétien, en France, au Moyen Âge», *Annales. E. S. C.,* 1978, pp. 450–477 ; repris dans *Politique et histoire au Moyen Âge,* Paris, 1981, pp. 341–368.

る。
Comte P. E. Riant, «Déposition de Charles d'Anjou pour la canonisation de Saint Louis», dans *Notices et documents publiés par la Société de l'histoire de France à l'occasion de son cinquantième anniversaire,* Paris, 1844, pp. 155–176.
Delaborde, Henri-François, «Fragments de l'enquête faite à Saint-Denis en 1282 en vue de la canonisation de Saint Louis», *Mémoires de la Société de l'Histoire de Paris et de l'Île-de-France,* t. XXIII, 1896, pp.1–71.
聖ルイに捧げられたある君主鑑については、
Gilbert de Tournai, *Eruditio regum et principum (1259),* A. de Poorter (éd), dans *Les Philosophes belges,* Louvain, t. IX, 1914.
フランス語訳された諸史料抜粋集として、
O'Connell, David, *Les Propos de Saint Louis*（J. ル・ゴフの序言付き), Paris, 1974.

文学

Rutebeuf, *Œuvres complètes,* Michel Zink (éd.), 2 vol., Paris, 1990.
Dufournet, Jean, *Rutebeuf. Poèmes de l'infortune et poèmes de la croisade,* Paris, 1979.
Moos, Peter von, «Die Trotschrift des Vincenz von Beauvais für Ludwig IX. Vorstudie zur Motiv und Gattungsgeschichte der *consolatio*», *Mittelateinisches Jahrbuch,* 4, 1967, pp. 173–219（1260年の長男の死に際して、ヴァンサン・ド・ボーヴェが聖ルイのために書いた『慰めの書簡詩』の紹介とテクスト校訂).

美術

Branner, Robert, «Saint Louis et l'enluminure parisienne au xiiie siècle», dans *Septième centenaire de la mort de Saint Louis (Actes des colloques de Royaumont et de Paris, mai 1970),* Paris, 1976,pp. 69–84. —*The Manuscript Painting in Paris during the Reign of Saint Louis. A Study of Styles,* University of California Press, 1977.
Le Psautier de Saint Louis, Graz, Akademische Druck-und-Verlagsanstalt, 1972 (fac-similé).
Leniaud, Jean-Michel, et Perrot, Françoise, *La Sainte-Chapelle,* Paris, 1991.

歌

Paris, Gaston, «La chanson composée à Acre», *Romania,* 22, 1893.
Adrien Leroux de Lincy の刊行した歌 «Gent de France, mult estes esbahie», *Bibliothèque de l'École des chartes,* I, 1840.
Meyer, W. の刊行になる、1244年聖ルイの十字軍誓約に関する歌 «Wie Ludwig IX der Heilige das Kreuz nahm», dans *Nachrichten der königlichen Gesellschaft der Wissenschaften zu Göttingen,* 1907, pp. 246–257.

展覧会（カタログ）

Au temps de Saint Louis, Musée de Melun, 1970 (dactylographie).
Saint Louis à la Sainte-Chapelle, Direction générale des Archives de France, Paris, mai-août 1960.
La France de Saint Louis, Paris, Salle des gens d'armes du palais, octobre 1970–janvier 1971.
Le Mariage de Saint Louis à Sens en 1234, Musée de Sens, 1984.

聖ルイが生きた周囲の状況の理解のために

Alphandéry, Paul, Dupront, Alphonse, *La Chrétienté et l'idée de croisade,* 2 vol., Paris, 1954–1959, nouv. éd.（バラール M. Balard の後記付き), Paris, 1995.

語訳が付いたこの刊本で引用する)。コルベット N. L. Corbett は、オリジナルを復元すべく、14世紀のある一つの写本から再構成したジョワンヴィルの新しいテクストを、1977年にシャーブルック(カナダ)において出版した。*La Vie de Saint Louis. Le témoignage de Jehan, seigneur de Joinville,* Naamon éd. 現代フランス語訳抜粋はつぎの書物に見い出される。A. Duby, *Saint Louis par Joinville,* Paris, 1963. ジョワンヴィルの現代フランス語訳(部分訳)は、以下の書物のなかで刊行されている。*Historiens et Chroniqueurs du Moyen Âge,* Paris, 1963, p. 195–366. フランス語訳の付いた新しい刊本が、序論解説付きでジャック・モンフラン Jacques Monfrin によってつい最近出版されたが(Joinville, *Vie de Saint Louis,* Paris, 1995)、私はこれを参照できなかった。

年代記

Philippe Mouskès : *Chronique rimée de Philippe Mouskès,* éd. F. de Reiffenberg, 2 vol., Bruxelles, 1836–1838.

Matthieu Paris, *Chronica majora,* éd. Henry R. Luard, 7 vol., Londres, 1972–1973.

Salimbene de Adam (de Parme), *Cronica,* éd. G. de Scalia, 2 vol., Bari, 1966.

Primat(プリマ)の年代記は、*Les Grandes Chroniques de France,* J. Viard (éd.), t. I, Paris, 1920 に収録されている。プリマのラテン語の年代記はジャン・ド・ヴィネー Jean de Vignay によってフランス語訳されているが(14世紀前半)、このフランス語版は、*Recueil des historiens des Gaules et de la France,* t. XXIII, pp.1–106 に収められている。

Guillaume de Nangis, *Chronicon*, H. Géraud (éd.), 2 vol., Paris, 1843–1844, および *Recueil des historiens des Gaules et de la France,* t. XX, pp.544–586, et t. XXI, pp.103–123.

Le Ménestrel de Reims, *Récits d'un ménestrel de Reims au* XIIIe *siècle,* Natalis de Wailly (éd.), 1876.

聖ルイの『教え』

その息子および娘に宛てた聖ルイの『教え』*Enseignements* の当初流布していたテクストは、つぎの書物に刊行されている。

Delaborde, Henri-François, «Le texte primitif des enseignements de Saint Louis à son fils», *Bibliothèque de l'École des chartes,* LXXIII, 1912.

オリジナルな版の復元の試みとしては、

O'Connell, David, *The Teachings of Saint Louis. A Critical Text,* Chapel Hill, 1972. 仏訳 *Les Propos de Saint Louis*(J. ル・ゴフの序文付き), Paris, 1974 を見よ。

その他、雑史料

これらの出典は、本文中それぞれを引用した箇所に示されている。これらは以下の書物による。

Duchesne, André, *Historiae Francorum Scriptores,* t. V, Paris, 1649.

Martène, E., et Durand, U., *Thesaurus novus anecdotorum,* t. I, Paris, 1717.

D'Achery, Luc, *Spicilegium sive collectio veterum aliquot scriptorum,* nouv. éd., 3 vol., Paris, 1723.

列聖関係史料

聖ルイの列聖手続き(1272〜97)の素晴らしい復元(復元についての方法論上の原則に関しては異論がありうるとしても)の試みが、ルイ・カロリュス=バレによる編集で(彼の死後、アンリ・プラテル H. Platelle によって完成された)、つい最近、1995年にローマのフランス学院から刊行された。Louis Carolus-Barré, *Reconstitution du procès de canonisation de Saint Louis (1272–1297),* l'École française de Rome, Rome, 1995. ここでは、ギヨーム・ド・サン=パテュスが使用したさまざまなテクストが、フランス語訳で提示されている。

教皇ボニファティウス八世 Boniface VIII の二つの説教、および列聖を宣言した教皇文書(1297年8月)は、*Recueil des historiens des Gaules et de la France,* t.XXIII, pp. 148–160 に刊行されてい

史料

文書史料および行政・立法史料

聖ルイについてはもちろん、ルイ八世およびフィリップ三世についても、彼らの文書集は刊行されておらず、この結果、1223年から1285年におよぶ13世紀の大部分の時期について、史料刊行上の大きな空白がある。

フィリップ・オーギュストの中心的な補佐役で、サンリス司教であり、ルイ八世治世および聖ルイの未成年時代の国璽尚書であった修道士ゲラン（1227没）による、尚書局の文書記録簿は、現在国立文書館に保管されている(JJ26)。この文書記録簿は、1276年まで継続している。聖ルイはこのコピーを一部エジプトにもっていったが、こちらは国立図書館に保管されている（ラテン手書本9778)。確かではないが、1270年にチュニスにも文書記録簿を持参したものと思われる。

文書史料やその他の文書は、*Layettes du Trésor de chartes :* t. II (1223–1246), A. TEULET (éd.), Paris, 1866 ; t. III (1246–1262), J. DE LABORDE (éd.), Paris, 1875 ; t. IV (1262–1270), Élie BERGER (éd.), Paris, 1902 において刊行されている。

高等法院の文書は、1254年以降について、*Olims ou registres des arrêts rendus par la cour du roi sous les règnes de Saint Louis, Philippe le Hardi, etc.,* Arthur BEUGNOT (éd.), t. I, *1254-1273*, Paris, 1839 において刊行されている。エドガール・ブータリク Edgar BOUTARIC は、*Actes du Parlement de Paris,* t. I, *1254–1299,* Paris, 1863 において、各文書の内容を要約している。

王の会計簿については、1737年の会計院の火災で破壊され、現在ではその断片しか残っていない。これらはナタリ・ド・ヴァイイ Natalis de WAILLY によって *Recueil des historiens des Gaules et de la France,* t. XXI, Paris, 1855, et t. XXII, Paris, 1865 のなかで刊行されている（1231年、1234年、1238年、1248年、1267年の王家政機関の会計簿、十字軍のために聖職者から取り立てられた臨時税、1248年の十字軍の費用の要約、軍役義務一覧、十字軍兵士リスト)。聖ルイが命じた種々の調査については、レオポール・ドリール Léopold DELISLE によって同じ史料集成の第24巻 (Paris, 1904) に出版刊行されている。

聖ルイの旅行と滞在地についてのリスト（「旅程と宿泊」）も、同じく前述史料集成第22巻に刊行されている。

王令はあまり満足できない形ではあるが、とにかくウゼーブ・ド・ローリエール Eusèbe de LAURIÈRE によって、*Ordonnances des rois de France de la troisième race,* t. I, Paris, 1723 のなかに刊行されている。この刊本は、これもまた同じく用心をもってあたらねばならないものではあるが、JOURDAN, DECRUSY et ISAMBERT, *Recueil général des anciennes lois françaises...*, Paris, 1822–1833 で補わなければならない。

伝記および聖人伝

GEOFFROY DE BEAULIEU, *Vita et sancta conversatio piae memoriae Ludovici quondam regis Francorum,* dans *Recueil des historiens des Gaules et de la France,* t. XX, pp. 3–27.

GUILLAUME DE CHARTRES, *De Vita et Actibus Inclytae Recordationis Regis Francorum Ludovici et de Miraculis quae ad ejus Sanctitatis Declarationem Contingerunt, ibid.,* pp. 27–41.

GUILLLAUME DE SAINT-PATHUS, *Vie de Saint Louis*（フランス語版で伝来), éd. H.-F. Delaborde, Paris, 1899.

La Vie et les Miracles de Monseigneur Saint Louis, éd. Percival B. Fay, Paris, 1931.

DELABORDE, Henri-François, «Une œuvre nouvelle de Guillaume de Saint-Pathus» (un sermon sur Saint Louis), *Bibliothèque de l'École des chartes,* 63, 1902, pp. 263–288.

GUILLAUME DE NANGIS, *Gesta Ludovici IX ;* versions latine et française dans *Recueil des historiens des Gaules et de la France,* t. XX, éd. Cl. Fr. Daunou et J. Naudet, Paris,1840, pp. 312–465.

Jean de JOINVILLE, *Histoire de Saint Louis*, éd. Natalis de Wailly（私は、1874年出版の現代フランス

参考文献

目　次

本文の注に引用した史料の省略タイトルリスト

Boniface VIII → 列聖関係史料を見よ

Enseignements (D. O'Connell éd.) → 聖ルイの教えを見よ

Geoffroy de Beaulieu, *Vita*→ 伝記および聖人伝を見よ

Guillaume de Chartres, *De Vita et de Miraculis* → 伝記および聖人伝を見よ

Guillaume de Nangis, *Chronicon* → 年代記を見よ

Guillaume de Nangis, *Gesta Ludovici IX* → 伝記および聖人伝を見よ

Guillaume de Saint-Pathus, *Les Miracles de Saint Louis* → 伝記および聖人伝を見よ

Guillaume de Saint-Pathus, *Vie de Saint Louis* → 伝記および聖人伝を見よ

Joinville, *Histoire de Saint Louis* → 伝記および聖人伝を見よ

Layettes du Trésor des chartes → 文書史料および行政・立法史料を見よ

Le Nain de Tillemont, *Vie de Saint Louis* → 聖ルイに関する伝記研究および一般的書物を見よ

Matthieu Paris, *Chronica majora* → 年代記を見よ

Ordonnances des rois de France → 文書史料および行政・立法史料を見よ

Salimbene de Adam, *Cronica* → 年代記を見よ

附記。この書物のなかで引用されている伝記の翻訳は、ジョワンヴィルを除いて、とくに断りのないかぎりは、筆者自身によるものである。

	学ぶ12名の貧乏学生のために、学寮を創設
1258	エティエンヌ・ボワロー、プレヴォに任命される、パリに秩序を行きわたらせるためである。のちに『同業組合の書』を編纂させる
	5月11日：アラゴン王とコルベイユ条約を結ぶ
	5月28日：タンプルにおいてパリ条約がルイとイングランド王との間で確約される（1259年12月に批准）
1259	アンゲラン・ド・クーシーの訴訟。フランシスコ会士ギベール・ド・トゥールネ、ルイに『君主鑑』を献上
1260	1月：ルイの長男で王位継承者であるルイの死
1262	クレルモンで、王国の継承者となったフィリップ、イザベル・ダラゴンと結婚
1263	（～1266）通貨に関する諸王令
1264	1月24日：アミアンの誓約。ルイ、イングランド王と彼の諸侯との間の紛争の仲裁に介入、失敗。ルイの子供たちの師傅《しふ》であったドミニコ会士で百科全書の著者ヴァンサン・ド・ボーヴェの死去
1265	2月27日：スルタンのバイバルス、カエサレア奪取。
1266	シャルル・ダンジュー、ナポリ・シチリア王となる
1267	3月24日：ルイ、2回目の十字軍の誓約を立てる
	聖霊降臨祭：ルイの息子であり、王位継承者であるフィリップの騎士叙任式のため、パリの王宮で祝宴が開かれる
1268	3月7日：スルタンのバイバルス、ヤッファ奪取
1269	瀆神者に対する王令の発布。ユダヤ人に黄色の輪印の着用強制
	2月23日：ルイの妹イザベルの死
1270	7月1日：ルイ、エーグ＝モルトから乗船
	8月25日：ルイ、チュニスを前にして死ぬ。遺体は解体され、ブドウ酒で煮沸され、骨から肉が外される
1271	5月22日：ルイ九世の遺骨、サン＝ドニに埋葬される
1272	（～1273）ジョフロワ・ド・ボーリュー、ルイの『伝記』を書く
1273	（同1278、1282）ルイの列聖のための教皇庁の調査
1285	教皇ホノリウス四世宛ての調査報告書の読会
1297	8月6日：ルイ九世列聖の教皇文書、オルヴィエートで教皇ボニファティウス八世により発布される
1298	8月25日：聖ルイの棺の発掘ならびに「聖人としての奉挙」。フィリップ端麗王および多数の高位聖職者、ならびに領主の前で托鉢修道士ジャン・ド・サモワの説教（1282年の手続きの際の証言者ジョワンヴィルも列席）
1302	（～1303）ギヨーム・ド・サン＝パテュス、聖ルイの公式の『伝記』を書く
1308	5月17日：フィリップ端麗王、聖遺物として与えられた聖ルイの遺骨を、貴顕や教会に分け与える
1309	ジョワンヴィル、将来のルイ一〇世に、自著『聖ルイ伝』を献上

	リスト教徒の大敗北
	12月：ルイ、病に倒れる。十字軍参加の誓約
1245	11月：クリュニーでのルイと教皇インノケンティウス四世との会見
1246	5月27日：ルイの末弟シャルル・ダンジューの騎士叙任式
1247	ルイ、王国内での王名濫用の改革のため監察使 enquêteurs を創設
1248	4月26日：王宮のサント＝シャペルの奉献
	6月12日：ルイ、パリを離れ、十字軍に出発
	8月28日：ルイ、エーグ＝モルトを発ち、国外に向かう
	9月18日：キプロス島に上陸
	12月：ルイ、ニコシアで、中央アジアの旅から戻ったドミニコ会士アンドレ・ド・ロンジュモーと会い、モンゴルの2名の使者を受け入れる
1249	1月：アンドレ・ド・ロンジュモーとルイの使節団、豪華な贈り物を携えてキプロス島を発ち、モンゴルの大汗のもとへ向かう
	5月：ルイ、エジプトに到着、1250年5月8日まで滞在
	6月：ダミエッタ奪取
1250	4月5日：マンスーラでの敗北。ロベール・ダルトワの戦死。ルイ、イスラム教徒の捕虜となる
	5月6日：身代金を支払い、ルイ釈放される
	パリの職人たちの間で社会不安起こる
	（～1251）5月から翌年3月にかけて：ルイ、アッコン滞在
1251	フランスでパストゥロー運動起こる
	（～1252）5月から翌年5月にかけて：ルイ、カエサレアに滞在
	春：アンドレ・ド・ロンジュモー、カエサレアに帰還
1252	（～1253）5月から翌年6月にかけて：ルイ、ヤッファに滞在
	11月：ブランシュ・ド・カスティーユの死
1253	冬の終わり：フランシスコ会士ギヨーム・ド・リュブルーク、ルイの推薦状を携えて聖地を離れ、モンゴル王サルタクのもとへ出発
	6月から翌年2月にかけて：ルイ、シドンに滞在
	冬：ギヨーム・ド・リュブルーク、カラコルムの大汗マングーの宮廷に滞在
1254	4月25日：ルイ、アッコンから乗船
	7月17日：サラン・ディエールで下船、フランシスコ会士ユーグ・ド・ディーニュと会見
	9月7日：ルイ、パリに戻る
	12月：1254年から1270年にかけて王国の改革のための「大王令」を発布。これは「道徳的秩序確立の命令」である。パリ高等法院の最初の記録簿『オリム』
1255	ルイの娘イザベル、シャンパーニュ伯ティボー五世・ナヴァラ王と結婚
	6月29日：ギヨーム・ド・リュブルーク、ニコシアに戻る
	9月24日：ルイ、ペロンナの誓約にもとづきフランドル継承問題を解決
1257	ルイの親友である司教座聖堂参事会員ロベール・ド・ソルボン、パリ大学で神学を

年　譜

西　暦	事　　項
1200	5月23日：王の両親となる将来のルイ八世とブランシュ・ド・カスティーユの結婚
1214	4月25日：聖マルコの日。将来のルイ九世ポワシーで生まれる（あるいは洗礼を受けた日か？）
	7月27日日曜日：祖父フィリップ・オーギュスト、ブーヴィーヌで勝利
1223	7月14日：フィリップ・オーギュストの死
1226	11月8日：ルイ八世の死去にともない、ルイ、国王となる。ブランシュ・ド・カスティーユ、王の後見人と王国の管理の任に就く
	11月29日：ソワソンで騎士に叙任された王、ランスで聖別される
1227	（～1234）封臣諸侯の謀反
1229	トゥールーズ伯とモー＝パリ条約を結ぶ。アルビ派に対する十字軍の終焉
	（～1231）パリ大学のストライキ
1231	（～1232）聖なる釘の紛失と再出現
1233	フランスで、教皇権による最初の異端審問官指名される
1234	4月25日：ルイ、成人とみなされる
	5月27日：ルイ、サンスでマルグリット・ド・プロヴァンスと結婚
	ルイの叔父、フィリップ・ユルペルの死
1235	10月19日：ロワイヨーモンのシトー会修道院、ルイ列席のもとに聖別される
1237	6月7日：コンピエーニュで、弟ロベール・ダルトワの騎士叙任式
1239	8月11―18日：ルイ、キリストの受難の遺物を引きとる。ルイ、マコン伯領を手に入れ、王領に加える
1240	（～1241）ベジエ副伯レーモン・トランカヴェルの謀反と敗北
	ルイとブランシュ・ド・カスティーユの面前でタルムードの件でユダヤ人と論争
1241	3月―4月：モンゴル人、中央ヨーロッパを荒らす
	聖ヨハネの日：ルイ、弟アルフォンス・ド・ポワティエの騎士叙任式のため、ソミュールで盛大な祝宴を開く
1242	タルムード、焚書に遭う
	7月21―22日：ルイ、タイユブールとサントで、イングランド王ヘンリー三世に勝利
	（～1243年）トゥールーズのレーモン七世およびフランス南部の諸領主の蜂起と敗北。王のセネシャル管区、ニーム＝ボケールおよびベジエ＝カルカソンヌの強化
1244	タルムード、ふたたび焚書に遭う。モンセギュールの陥落とフランスにおける異端審問の展開
	8月23日：イスラム教徒によるエルサレム奪取
	10月17日：ガザ近郊のラ・フォルビーで、イスラム教徒と対戦したパレスチナのキ

家系図（１）

（　）内数字は
男性は（生年—没年）もしくは（生年—即位年—没年）
女性は（生年—没年）もしくは（生年—婚姻年—没年）
を表わす。家系図（2）も同じ。

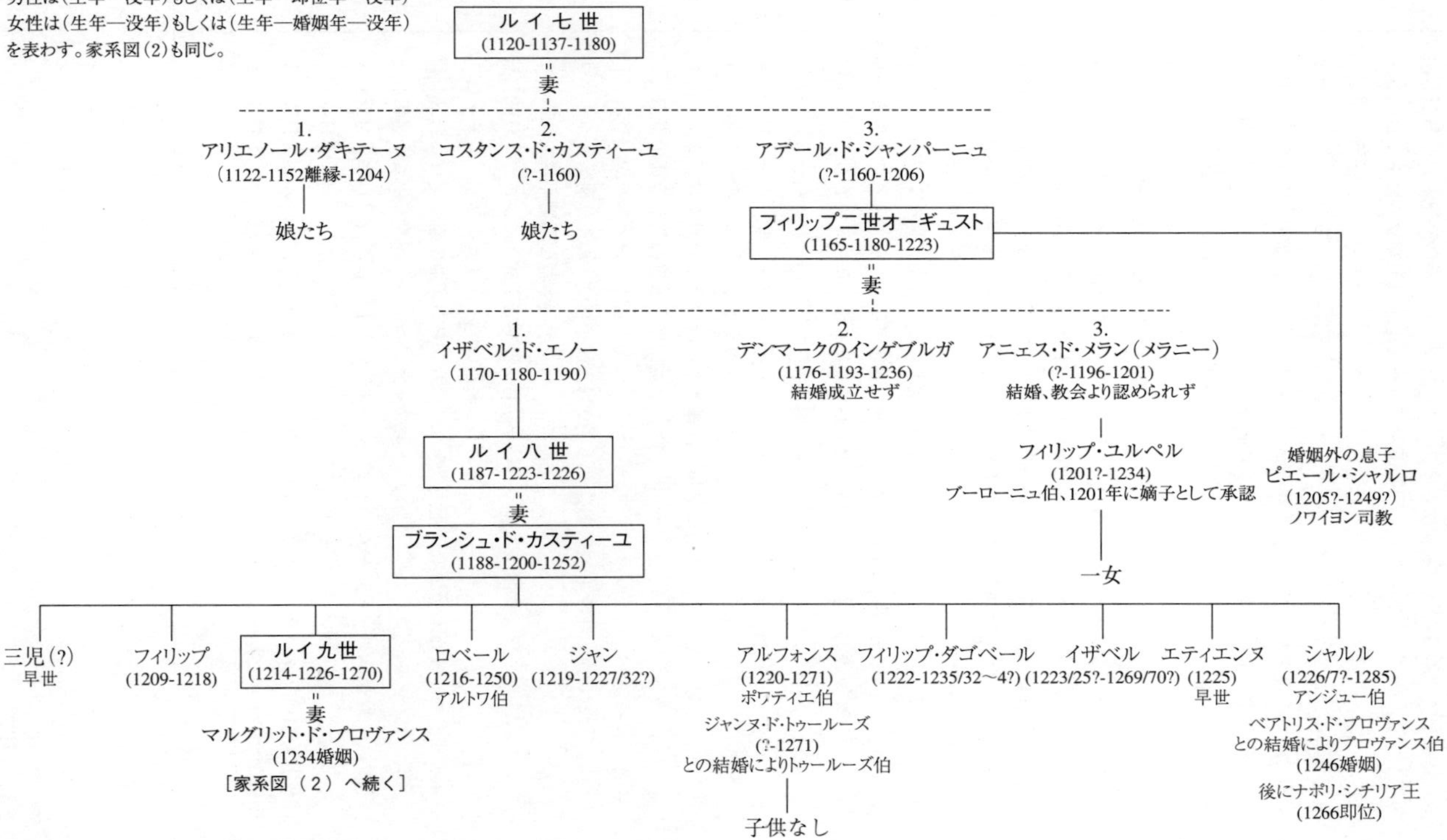
ルイ七世
(1120-1137-1180)
妻
1.
アリエノール・ダキテーヌ
(1122-1152離縁-1204)
娘たち
2.
コスタンス・ド・カスティーユ
(?-1160)
娘たち
3.
アデール・ド・シャンパーニュ
(?-1160-1206)
フィリップ二世オーギュスト
(1165-1180-1223)
妻
1.
イザベル・ド・エノー
(1170-1180-1190)
2.
デンマークのインゲブルガ
(1176-1193-1236)
結婚成立せず
3.
アニェス・ド・メラン（メラニー）
(?-1196-1201)
結婚、教会より認められず
フィリップ・ユルペル
(1201?-1234)
ブーローニュ伯、1201年に嫡子として承認
一女
婚姻外の息子
ピエール・シャルロ
(1205?-1249?)
ノワイヨン司教
ルイ八世
(1187-1223-1226)
妻
ブランシュ・ド・カスティーユ
(1188-1200-1252)
三児(?)
早世
フィリップ
(1209-1218)
ルイ九世
(1214-1226-1270)
妻
マルグリット・ド・プロヴァンス
(1234婚姻)
［家系図（２）へ続く］
ロベール
(1216-1250)
アルトワ伯
ジャン
(1219-1227/32?)
アルフォンス
(1220-1271)
ポワティエ伯
ジャンヌ・ド・トゥールーズ
(?-1271)
との結婚によりトゥールーズ伯
子供なし
フィリップ・ダゴベール
(1222-1235/32～4?)
イザベル
(1223/25?-1269/70?)
エティエンヌ
(1225)
早世
シャルル
(1226/7?-1285)
アンジュー伯
ベアトリス・ド・プロヴァンス
との結婚によりプロヴァンス伯
(1246婚姻)
後にナポリ・シチリア王
(1266即位)

家系図（2）

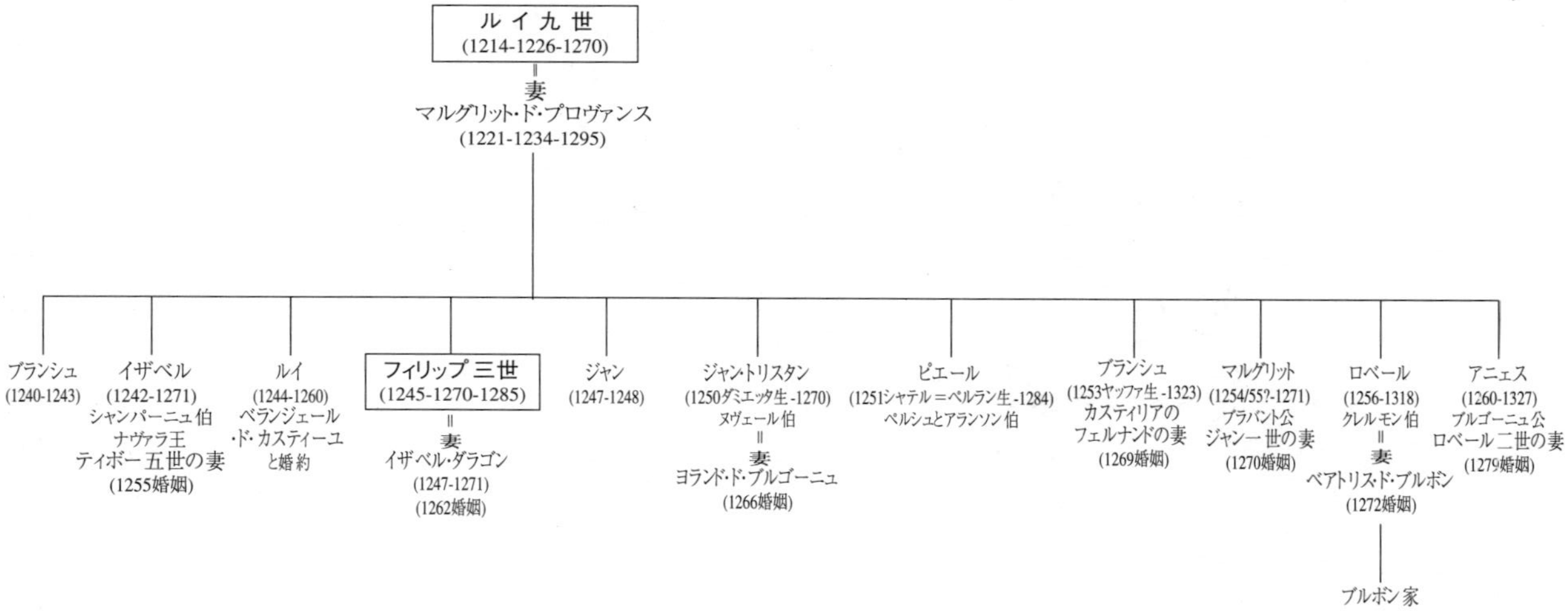

ルイ九世
(1214-1226-1270)
＝
妻
マルグリット・ド・プロヴァンス
(1221-1234-1295)
ブランシュ
(1240-1243)
イザベル
(1242-1271)
シャンパーニュ伯
ナヴァラ王
ティボー五世の妻
(1255婚姻)
ルイ
(1244-1260)
ベランジェール
・ド・カスティーユ
と婚約
フィリップ三世
(1245-1270-1285)
＝
妻
イザベル・ダラゴン
(1247-1271)
(1262婚姻)
ジャン
(1247-1248)
ジャン・トリスタン
(1250ダミエッタ生-1270)
ヌヴェール伯
＝
妻
ヨランド・ド・ブルゴーニュ
(1266婚姻)
ピエール
(1251シャテル＝ベルラン生-1284)
ペルシュとアランソン伯
ブランシュ
(1253ヤッファ生-1323)
カスティリアの
フェルナンドの妻
(1269婚姻)
マルグリット
(1254/55?-1271)
ブラバント公
ジャン一世の妻
(1270婚姻)
ロベール
(1256-1318)
クレルモン伯
＝
妻
ベアトリス・ド・ブルボン
(1272婚姻)
ブルボン家
アニェス
(1260-1327)
ブルゴーニュ公
ロベール二世の妻
(1279婚姻)

地図1　ルイ九世の統治末期のフランス王国

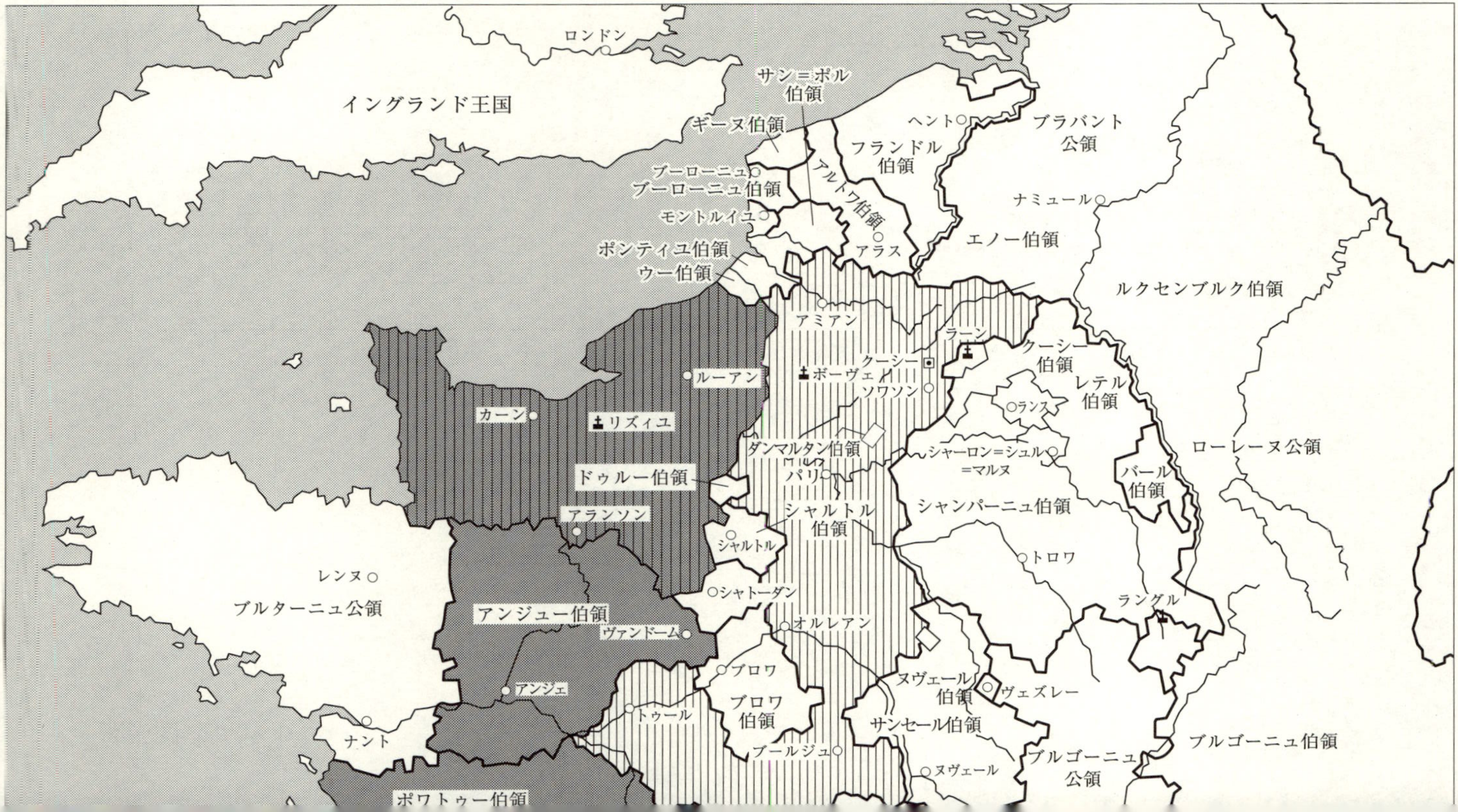

サヴォワ伯領
リヨン
オーヴェルニュ領
クレルモン
リモージュ
サント
アングレーム伯領
アングレーム
フォレ
伯領
ギュイエンヌ公領
オーヴェルニュ
伯領
ドフィーネ
ル・ピュイ
トゥルノン
ボルドー
ロシュ=ド=グラン
ヴァランス領
マンド
ヴィヴィエ
カオール
ロデス
トゥールーズ
伯領
プロヴァンス
辺境領および伯領
アルビ
アヴィニョン
ニーム
ボーケール
アルル
モンペリエ
トゥールーズ
エーグ=モルト
ベジエ
マルセイユ
ベアルン
伯領
カルカソンヌ
ナルボンヌ
イエール
ナヴァラ王国
モンセギュール
アラゴン王国
王領
王領併合地
アラゴン王国への譲渡領
イングランド王が封として保有する領地
イングランド王が最終的に諦めた領地
主要な司教領主
0
50
100
150 km

地図２　ルイ九世のフランス

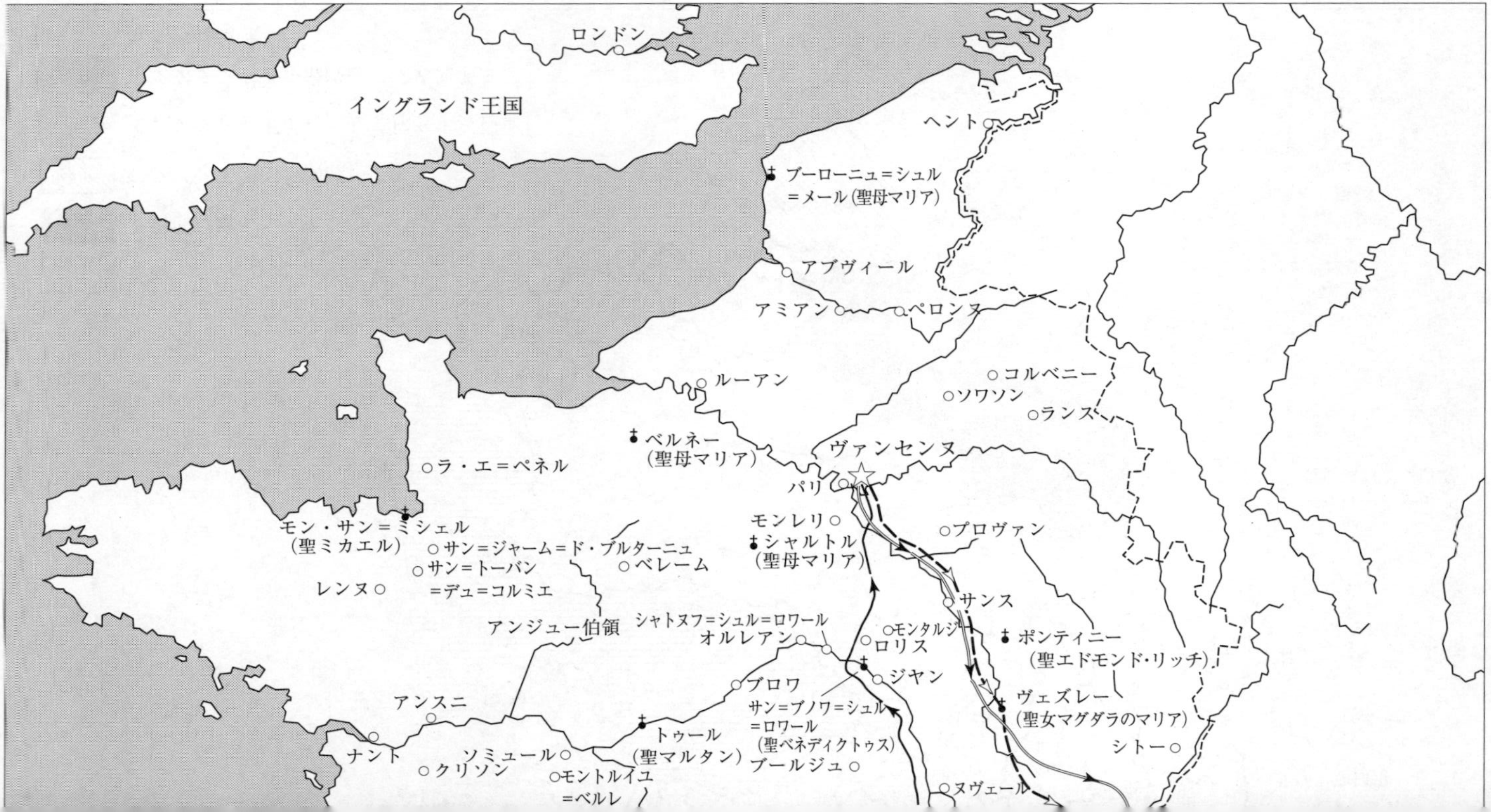

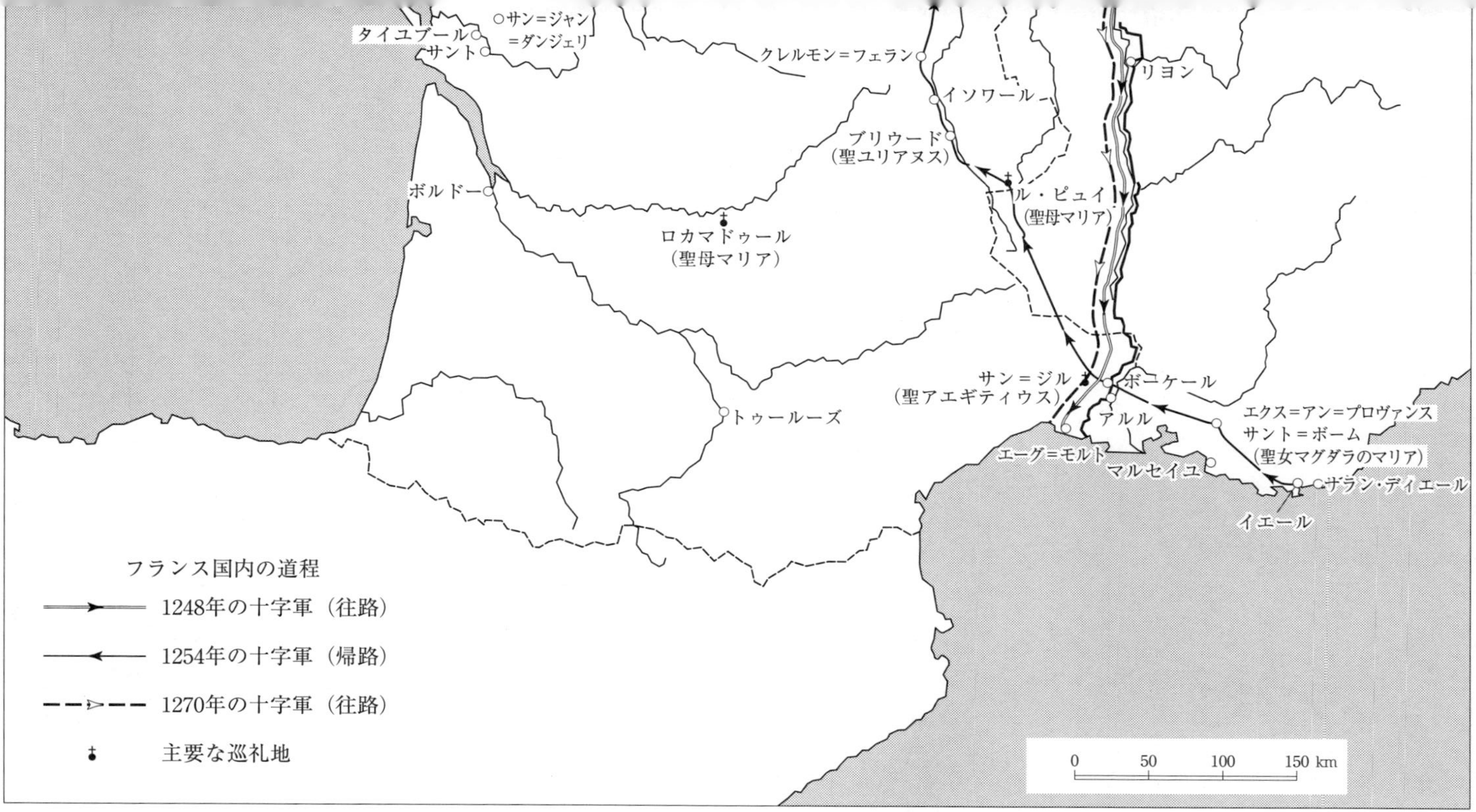

タイユブール
サント
○サン＝ジャン＝ダンジェリ
クレルモン＝フェラン
リヨン
イソワール
ブリウード
（聖ユリアヌス）
ル・ピュイ
（聖母マリア）
ボルドー
ロカマドゥール
（聖母マリア）
サン＝ジル
（聖アエギディウス）
ボーケール
アルル
トゥールーズ
エクス＝アン＝プロヴァンス
サント＝ボーム
（聖女マグダラのマリア）
エーグ＝モルト
マルセイユ
イエール
サラン・ディエール
フランス国内の道程
1248年の十字軍（往路）
1254年の十字軍（帰路）
1270年の十字軍（往路）
主要な巡礼地
0
50
100
150 km

地図3　ルイ九世の居住地

地図4　ルイ九世の地中海

地図５　ルイ九世のオリエント

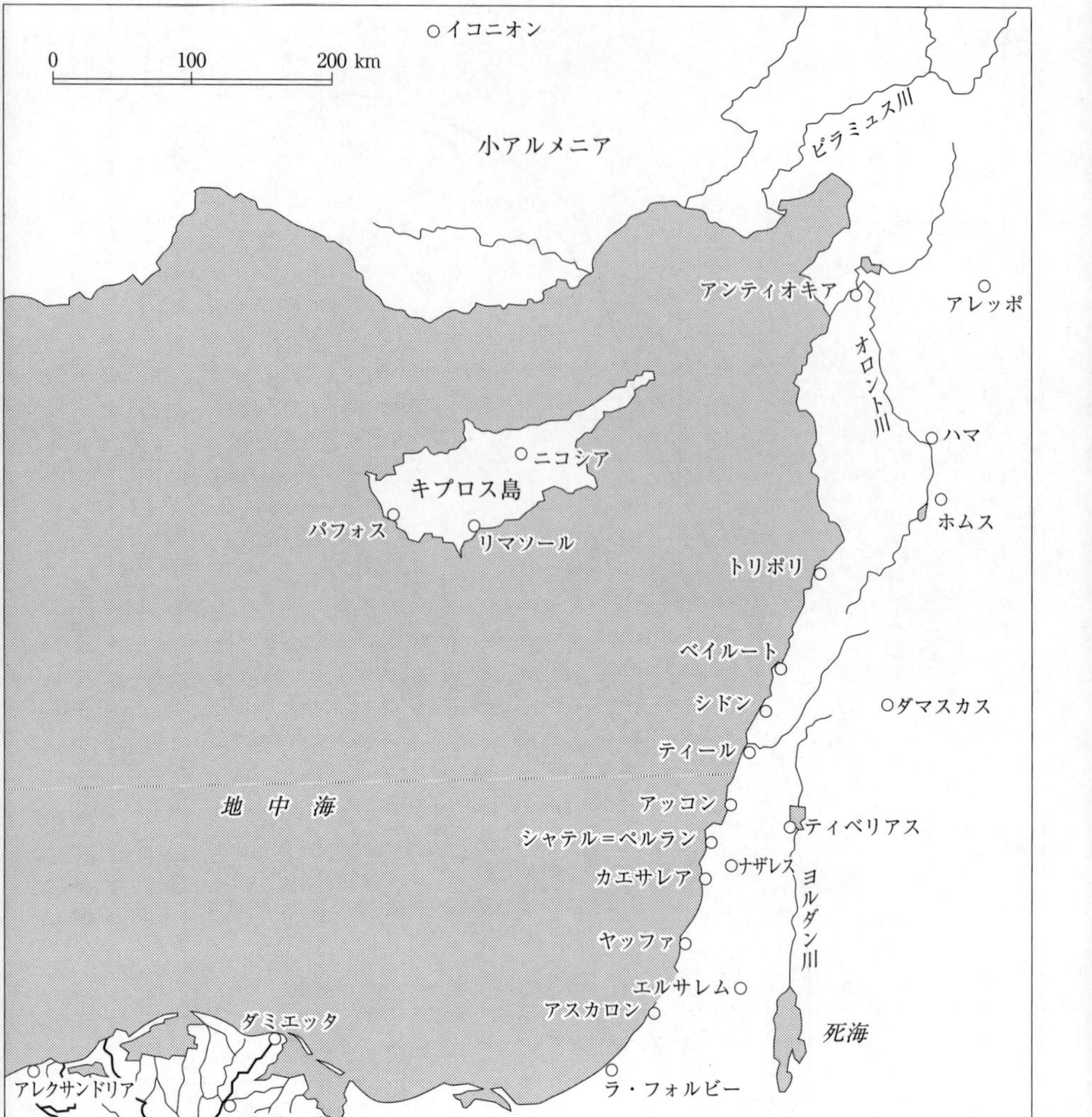

地図6　ルイ九世の時代のモンゴル支配

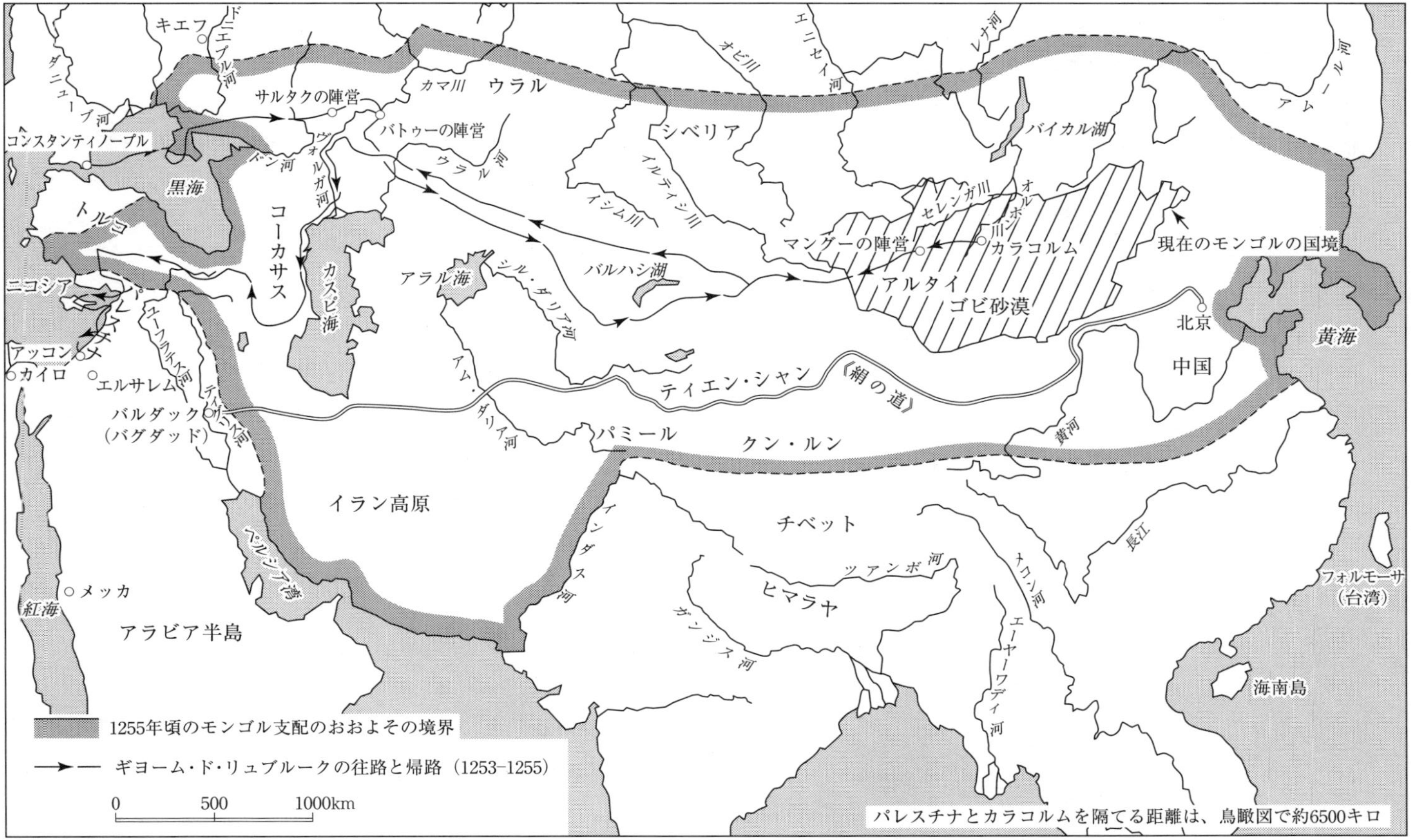

148, 657, 699, 714, 753-5, 759, 770, 780, 858, 859, 940-2, 982, 991
南フランス　Midi　91, 129-32, 158, 189, 190, 206, 228, 265, 266, 268, 271, 274, 277, 283, 304, 310, 311, 330, 561, 668-71, 869, 901, 914-7, 995, 1006, 1014, 1131, 1132, 1139
身振り　gestes（儀礼 rite）　119, 130, 152, 161-5, 202, 315, 344, 513, 521, 569, 595, 596, 644, 650, 667, 669, 702, 703, 728, 748, 763-81, 791, 856, 944, 962, 969, 974-6, 978, 979, 1031-3, 1129, 1131
身分　ordres　304, 627, 732, 778, 808-10, 914

夢想　rêve（夢 songe あるいは幻影 mirage）　50-1, 55, 59, 130, 131, 142, 181, 211, 225, 244, 352, 356, 357, 576, 590, 613-6, 649, 656, 687, 690, 1001, 1003, 1082, 1083

森　forêt　72, 457, 507, 656, 662, 692, 758, 813, 826, 831, 864, 866, 870, 874, 875, 887, 888, 973

（ヤ行）

百合の花　fleurs de lys　140, 224, 303, 431, 432, 640, 642, 843, 911, 1051

（ラ行）

理性、理由　raison　193, 294, 298, 414, 527, 606, 629, 742, 826, 1138
良心、意識　conscience　28, 73, 152, 191, 194, 242, 251, 258, 264, 276, 411, 417, 453, 468, 469, 635-7, 701, 733, 773, 788, 803, 847, 882, 904, 962-6, 968, 1039, 1058, 1123

るいれき（瘰癧）　écrouelles（に触れること）　89, 164, 166, 371, 575, 596, 722, 766, 827, 1049, 1050, 1053-6, 1074-6, 1080

レガリア　*regalia*（王権の象徴物件 insignes royaux）　45, 85, 89, 116, 119, 173, 176, 226, 332, 344, 345, 421, 439, 514, 640, 659, 728, 857, 896, 1049-57, 1128
歴史　histoire　24, 94-7, 319-47, 392, 423, 427, 428, 431, 433, 436, 437, 460, 461, 496, 505, 532, 534, 535, 542, 562, 618-20, 703-8, 727, 736, 737, 852-4, 988, 1057
レプラ患者　lépreux　63, 518, 519, 574, 627, 754, 786, 792, 960, 984, 1053, 1101, 1112, 1115-9, 1135
煉獄　Purgatoire　28, 48, 73, 94, 333, 633, 734, 771, 839, 937, 946, 963, 978, 981, 1088, 1101, 1102

（ワ行）

笑い　rire　65, 248, 262, 600, 602, 603, 701, 962, 992, 1129

断食　jeûne：禁欲 ascèse を見よ

地獄　Enfer　54, 56, 73, 92, 182, 345, 351, 446, 561, 633, 678, 722, 734, 814, 839, 952, 953, 1021

道徳的秩序　ordre moral　79, 201, 227, 264, 272, 276, 281, 297, 331, 389, 432, 483, 491, 548, 569, 735, 741, 835,
同身分者（重臣）　pairs　95, 143, 183, 185, 281, 292, 315, 538, 622, 728, 1052, 1055

（ナ行）

農夫、農民　paysan (s)　30, 66, 83, 88, 243, 469, 470, 627, 692, 697, 732, 823, 832, 835, 871, 872, 1151

（ハ行）

秘蹟　sacrements　68, 116, 118, 144, 161, 162, 357, 497, 557, 674, 774, 776, 945, 967-70, 1123
貧者、貧民　pauvres、清貧、貧困　pauvreté　63, 65, 69, 72, 264, 276, 281, 282, 285, 286, 317, 354, 398-400, 439, 448, 464, 510, 522, 525, 528, 559, 577, 603, 604, 614, 627, 636, 641, 702, 732, 768, 777, 779, 786, 789-93, 796, 798, 800, 810, 811, 824-8, 835, 847, 872, 875, 884, 885, 914, 936, 946, 961, 973, 978, 984, 992, 1019, 1020, 1032, 1034, 1073, 1074, 1112-6, 1124, 1129

平和、和平　paix　26, 44, 60, 63, 66, 79, 87, 90, 129, 142, 159, 163, 190, 200, 217, 218, 249, 254, 276, 305-20, 323, 331, 407, 418, 427, 431, 432, 438, 439, 448, 466, 476, 484, 486, 498, 511, 515, 525, 526, 538, 551, 572, 579, 604, 655, 671, 683, 688, 689, 736, 751, 758, 768, 803, 811, 815-9, 838, 844, 857, 864, 873, 887, 895, 900, 904, 914, 917, 924, 936, 991, 1002, 1011, 1021, 1029, 1036, 1037, 1042, 1052, 1053, 1056, 1063, 1129, 1134, 1136, 1139, 1150

法、権利　droit (s)　42, 111, 138, 141-5, 271-8, 287, 295, 300-4, 306, 307, 311, 313, 314, 322, 323, 342, 364, 366, 390, 438, 524, 541, 621, 622, 655, 660, 746, 764, 811, 832, 833, 835, 842, 844, 846, 856, 864-70, 876, 878, 880, 881, 890, 898, 900, 914, 915, 964, 965, 1008, 1009, 1011-3, 1019-21, 1023, 1026, 1036, 1048, 1058, 1062, 1137
封建制　féodalité　63, 68, 78, 88, 92, 123-30, 201, 268, 271, 279, 280, 294, 301, 306, 320, 322, 328, 439, 509, 557, 588, 600, 622, 625, 650, 712, 768, 813, 817, 821, 833, 837, 838, 852-941, 954, 981, 1011, 1036, 1039, 1042, 1043
補佐役会、助言　conseil　100, 101, 203, 226, 238, 242, 248, 251, 254, 257, 269-74, 292, 293, 302, 304, 309, 316, 317, 323, 355, 356, 390, 448, 478, 524, 525, 527, 538, 539, 596, 597, 600, 609, 610, 636, 637, 658, 672, 717, 834, 941, 975
施し　aumôme：慈愛、慈善 charité を見よ

（バ行）

バイイ baillis（およびセネシャル sénéchaux）87, 91, 92, 131, 190, 266, 271-4, 281, 284, 288, 289, 291, 304, 330, 390, 510, 577, 584, 588, 593, 599, 604, 747, 825, 831, 832, 846, 857, 863, 866, 869, 887, 888, 916, 1013, 1014, 1017, 1020, 1024, 1025
売春　prostitution　267, 273, 274, 354, 491, 675, 678, 835, 865, 1031, 1091, 1093

病気　maladie　99, 191, 192, 195, 203, 225, 232-4, 241, 357, 449, 450, 463, 468, 517, 519, 536, 549, 574, 606, 650, 670, 700, 702, 722, 765, 773, 774, 776, 786, 789, 797, 798, 824, 827, 904, 914, 934, 948, 954, 961, 984, 1046, 1047, 1049, 1053-6, 1069, 1073-80, 1088, 1091, 1094-102, 1112-7, 1119, 1122-5, 1131, 1141-3, 1146, 1147, 1149：疫病 épidémie も見よ

暴政、専制　tyrannie（暴君、専制君主 tyran）497, 498, 502, 535, 622, 878, 1065
暴力　violence　63, 137, 140, 144, 210, 240, 299, 303, 323, 356, 668, 682, 683, 768, 811, 835, 991, 1003, 1020, 1037, 1039, 1093, 1132, 1136, 1148, 1149

（マ行）

身内の者　mesnie（取り巻き familiers）　101,

900, 911, 922, 924, 926, 938, 1003, 1004, 1036, 1037, 1041, 1091-4, 1118
人口動態　démographie　39, 63, 83, 89, 171, 285, 835, 1005

税　impôt（貢納 contribution、賦課 redevance）68, 193, 217, 228, 248, 281, 286, 289, 301, 354, 526, 535, 540, 668, 826, 832, 833, 836, 846, 857, 865, 868, 871, 887, 992, 1012, 1020, 1037

俗人（世俗者）　laïc (s)　64, 67, 68, 72, 74-7, 79, 86, 136, 153, 162, 163, 167, 203, 204, 238, 270, 277-80, 335, 398-400, 410, 411, 423, 431, 454, 516, 527, 569, 585, 586, 620, 627, 657, 660, 672, 674, 703, 724, 725, 732, 755, 764, 768, 769, 778, 783, 786, 810, 821, 858, 874, 875, 882, 944, 946, 960, 969, 978, 991-3, 967, 984, 985, 997, 998, 1006, 1029, 1031-3, 1042, 1046, 1049, 1052, 1053, 1060-2, 1068, 1078, 1083, 1103, 1124, 1133, 1134

（タ行）

太陽　Soleil　408, 439, 440, 656, 827, 941, 1051, 1070
誕生　naissance　38, 40-2, 45, 50, 107, 108, 171, 325, 424, 437, 450, 463, 476, 587, 591, 670, 695, 707, 861, 906, 930, 931

血、血縁　sang　104, 309, 527, 576, 590, 613, 892, 911, 940, 1120, 1134
知恵（叡知）　sagesse　139, 414, 430-2, 438, 478, 483, 484, 486, 500, 742, 782, 783, 786, 826, 877, 878, 881, 899, 1064-6, 1092
調査（監察）　enquêtes　87, 216, 217-8, 227, 266, 272, 275-8, 281, 282, 291, 296, 297, 322, 390, 391, 401, 490, 491, 510, 523, 540, 577, 585, 604, 638, 656, 665, 669, 693, 813, 832, 836, 863, 870, 887, 949, 987, 1017, 1038, 1039
長子　premier-né (*primogenitus*)　43, 93, 99, 105, 242, 326, 359, 415, 486, 911, 1055, 1134

罪　péché　55, 65, 66, 72, 92, 108, 130, 136, 152, 153, 196, 216, 217, 250, 256, 263, 291, 446, 455, 481, 490, 491, 507-10, 517-20, 522, 525, 526, 528, 536, 546, 562, 585, 603, 607, 675, 678, 697, 701, 708, 754, 760, 771, 814, 815, 835, 845, 882, 899, 900, 912, 936, 937, 940, 953, 960, 963, 967, 968, 977, 983, 1007, 1010, 1015, 1016, 1020-2, 1031, 1034, 1036, 1038, 1042, 1053, 1067, 1081, 1082, 1088, 1091, 1093, 1094, 1107, 1110, 1118-20, 1124, 1147, 1151

天国、楽園　Paradis　26, 28, 41, 42, 65, 73, 182, 508, 561, 633, 683, 691-3, 696, 707, 708, 722, 734, 814, 818, 873, 881, 882, 952, 953, 963, 967, 981, 982, 1089, 1105, 1112, 1118, 1122, 1125, 1134, 1146, 1151

時（時間）、時期（時代）　temps　74, 116, 117, 168, 178, 223, 224, 228-30, 236, 238, 306, 338, 339, 341, 347, 367, 387, 409, 514, 585, 631, 649, 654, 695-709, 736, 772, 787, 788, 791, 794, 795, 814, 821, 929, 935, 936, 938, 956, 961, 968, 971, 972, 976, 987, 1059, 1063, 1135, 1138, 1139
瀆神　blasphème　266-8, 273, 291, 292, 295, 353, 354, 490, 491, 522, 607, 676, 752, 760, 813, 865, 926
都市　villes　30, 63, 64, 67, 72, 74, 79-83, 86, 88, 89, 138, 186, 207, 213-5, 246, 248, 267, 273-5, 277-85, 288-90, 304, 315, 334, 392, 398, 401, 402, 509, 517, 525, 556, 668, 697, 746, 747, 830, 834-8, 842, 844, 846, 855, 857, 858, 865, 872, 884, 887, 917, 932, 945, 946, 1005, 1019, 1025, 1074
都市民　bourgeois　30, 66, 73, 79, 125, 137-40, 143-5, 207, 279, 281-9, 304, 309, 370, 429, 435, 464, 510, 668, 813, 824, 834-43, 846, 871, 872, 887, 991, 995, 1071, 1074, 1144
塗油　onction　107, 116, 164, 476, 477, 481, 484, 497, 499, 508, 514, 522, 542, 550, 707, 718, 721, 726-8, 861, 936, 1049, 1050, 1053-7, 1131

（ダ行）

大学　université (s)　28, 64, 80, 84, 112, 130, 136-40, 147, 258, 270, 271, 303, 304, 429, 431, 435, 504, 508, 511, 548, 731-43, 746, 756, 842, 844, 847, 869, 872, 902, 947, 958, 1016, 1028, 1094, 1133

618, 623, 628, 631, 632, 635, 636, 650, 667, 670-4, 676, 683, 696, 697, 702, 727, 732, 750, 752, 761, 768, 772, 778-81, 788, 797, 824, 875, 877, 885, 902, 920, 926, 941, 944, 947, 956, 958, 968, 969, 972, 976, 981, 982, 984, 1013, 1022, 1046, 1057-85, 1089, 1092, 1121, 1123, 1124, 1128, 1130-2, 1137, 1138, 1142

聖別（式） sacre 85, 89, 92, 103, 107, 110-22, 162-4, 462, 477, 484, 485, 497, 499, 501, 508, 513-5, 522, 542, 650, 659, 706, 717, 726-9, 765, 767, 811, 815, 823, 843, 857, 861, 879, 902, 936, 954, 971, 990, 995, 1046-57, 1061, 1113, 1131

聖母、聖処女マリア Vierge Marie 239, 266, 269, 346, 389, 445, 453, 481, 522, 636, 670, 671, 672, 698-701, 714, 721, 760, 761, 776, 788, 795, 934, 940, 968, 969, 972, 974, 977, 981, 1015, 1051, 1098

誓約 serment 68, 92, 217, 231, 286, 299, 303, 304, 321, 323, 324, 353, 362, 456, 457, 484, 497, 508, 510, 708, 815, 857, 861, 904, 928, 954, 1021, 1049, 1052, 1055, 1056, 1148, 1150

説教 sermon (prédication) 73, 210, 216, 259, 260, 326, 353, 354, 370, 413-5, 420, 444, 454, 479, 483, 484, 504, 527, 572, 585, 627, 664, 674, 675, 678, 705, 740, 742, 746, 751, 755-7, 776, 811, 812, 818, 825, 884, 936, 946-9, 958, 965, 971-3, 975, 982, 983, 999, 1018, 1022, 1030, 1031, 1042, 1059, 1075, 1080, 1083, 1103, 1109, 1116

戦争 guerre、戦士 guerriers 43, 44, 63, 65, 80, 88, 90, 128, 129, 132, 142, 159, 182-90, 217, 222, 226, 234, 245, 246, 249, 311, 317, 320, 323, 355, 364, 392, 407, 427, 431, 437, 462, 464, 466, 520, 525, 526, 537, 538, 547, 569, 572, 576, 586, 606, 650, 658, 671, 681, 689, 721, 727, 783, 803, 815-8, 810, 820-2, 830, 838, 864, 876, 878, 893-5, 917, 918, 936, 987, 999, 1000, 1003, 1036, 1037, 1061, 1062, 1065, 1108, 1129, 1132, 1139, 1144-51

千年王国主義 millénarisme：終末論 eschatologie を見よ

洗礼 baptême 38, 95, 108, 424, 477, 530, 542, 689, 707, 721, 861, 967, 968, 1003, 1004, 1016, 1018, 1019, 1136

葬儀 funérailles 44, 45, 89, 102, 105, 119, 326, 329, 341, 344-6, 366, 578

尊厳（位階） *dignitas* 414, 415, 878, 879, 1033, 1034

（ザ行）

慈愛、慈善 charité（施し aumôme） 63, 94, 218, 278, 285-8, 407, 411, 418, 448, 521, 570, 573, 575, 577, 604, 636, 656, 733, 742, 772, 791-4, 796, 798, 812, 824-7, 831, 846, 885, 914, 936, 945, 946, 961, 978, 983, 984, 1019, 1033-5, 1038, 1067, 1077, 1079, 1085, 1091, 1112, 1116, 1124, 1136

ジハード *djihad* 250, 253

十字軍 croisade 25, 41, 47, 51, 52, 54, 59-62, 65, 66, 71, 80, 87, 91-3, 99, 130-2, 153, 190-7, 203-64, 268, 276, 308, 311, 313, 325, 330, 331, 341, 351-8, 367, 387, 388, 391, 401, 405-7, 410, 411, 428, 429, 449, 450, 461, 463-5, 468, 478, 489-91, 504, 512, 516, 519, 524, 526, 534, 536, 540-7, 550, 552, 556-8, 560, 562-4, 572, 577, 585, 587, 588, 590, 593, 606, 607, 610, 614, 641, 655, 656, 658, 660, 662, 666-8, 671, 672, 674, 677, 679, 680, 682, 686, 694, 697, 717, 718, 724, 727, 728, 741, 753, 756, 762, 771, 773, 786, 792, 795, 799, 802, 812, 818, 820, 821, 830, 832, 833, 838, 840, 856, 865, 871, 872, 881, 884, 889, 903-5, 909, 911, 913, 915, 916-8, 920, 922, 925, 927, 928, 932-4, 954, 964, 971, 974, 977, 983, 984, 986-8, 990, 994, 995, 999, 1002, 1004, 1016, 1017, 1021, 1023, 1024, 1037, 1042, 1043, 1058, 1059, 1063, 1066, 1082, 1088, 1089, 1094, 1096-9, 1103, 1105, 1106, 1114, 1121, 1123, 1124, 1131, 1132, 1134-8, 1142, 1144, 1151

巡礼 pèlerinage 41, 65, 92, 196, 202, 210, 226, 228, 243, 244, 275, 405, 465, 541, 593, 611, 612, 654, 655, 667-72, 674, 675, 791, 925, 977, 986, 1000, 1058, 1072, 1081, 1082, 1089, 1106, 1123：十字軍 croisade も見よ

女性 femme (s) 42, 74, 98, 105, 127, 202, 226, 276, 278, 306, 329, 332, 411, 451, 461, 528, 538, 548, 612, 725, 784, 802, 810, 812, 893, 895, 897-

159, 184, 202, 634, 924, 936, 974, 977
身体（肉体）、遺体　corps　42, 65, 152, 332–5, 341–3, 346, 347, 349, 357, 362–6, 370–5, 450, 454, 491, 519, 521, 527, 541, 542, 549, 564, 569, 574, 585, 597, 599, 614, 615, 621, 627, 636, 645, 650, 651, 659, 688, 670, 674, 675, 702, 708, 722, 757, 763, 764, 770, 771, 781, 789, 790, 796, 805, 813, 827, 844, 845, 852, 884, 885, 896, 901, 910, 936, 951–3, 960–2, 968, 969, 973, 991, 1021, 1050, 1055, 1064, 1069, 1073–8, 1084, 1085, 1089–125, 1129, 1135, 1142, 1143：身振り gestes および食卓 table も見よ
親王領　apanage　94, 97, 111, 123, 134, 184, 313, 327, 330, 389, 538, 822, 863, 867, 909–13, 917, 921, 933
神明裁判　ordalie　65, 296, 298, 552, 864
宗教行列　procession　41, 74, 176, 178, 181, 191, 202, 226, 373, 465, 577, 669, 777, 884, 984
終末論　eschatologie（千年王国主義　millénarisme）　25, 75, 95, 142, 181, 182, 194, 207, 228, 241, 258, 260, 276, 302, 324, 335, 344, 389, 439, 444, 492, 508, 563, 624, 682, 696, 707, 708, 721, 722, 726, 764, 814, 818, 822, 977, 1002, 1052
祝祭（祝日）　fête　64, 89, 165–70, 217, 313, 328, 341, 370, 372, 549, 550, 555, 700–3, 786, 795, 798–803, 886, 911, 968, 969, 971–3, 976, 982, 1013, 1049
商人　marchand：商売（商業）commerce を見よ
商売（商業）　commerce（商人 marchand）　28, 63, 84, 174, 175, 210, 246, 249, 273, 284, 287–9, 297, 300, 304, 364, 400, 523, 539, 514, 627, 674, 675, 679, 686, 692, 697, 746, 830, 833, 834, 836, 842, 847, 872, 982, 946, 947, 963, 1008–10, 1036, 1137
贖罪　pénitence　25, 55, 69, 72–4, 92, 147, 152, 173, 176, 192, 196, 210, 216, 217, 226–8, 241, 251, 264, 352, 367, 403, 411, 417, 438, 450, 454, 490, 547, 569, 590, 601, 606, 641, 670, 674, 677, 700, 707, 722, 733, 771, 773, 786, 884, 945, 960–2, 968, 976, 978, 986–8, 1058, 1088, 1091, 1094, 1101–4, 1107, 1110, 1122, 1124, 1130
食卓　table（食事 repas）　25, 165, 168–9, 263, 264, 270, 457, 560, 561, 566, 576, 578, 579, 650, 697, 700, 701, 740, 742, 771, 777, 779, 784–805, 956, 960, 963, 978, 984, 986, 1030, 1031, 1129

ストライキ　grève　138–40, 156, 435, 741, 902

性　sexualité　25, 68, 74, 127, 157, 163, 170, 171, 329, 398, 417, 421, 507, 537, 576, 577, 636, 701, 786, 790, 796, 899, 912, 929, 930, 960, 962, 1061, 1062, 1091, 1129
聖遺物　reliques　26, 51, 59, 150–2, 171–81, 189, 191, 201, 226, 247, 313, 336, 342, 346, 355, 363, 371–5, 385, 401, 537, 538, 573, 589, 597, 615, 616, 642, 659, 701, 718, 722, 777, 884–6, 919, 939, 945, 948, 961, 983, 984, 987, 1056, 1073, 1075, 1079, 1081, 1082, 1085, 1120, 1136
正義、裁判　justice　27, 79, 109, 142–6, 217, 218, 260, 266, 267, 273–8, 281, 285–95, 302, 306, 309, 322, 389, 407, 412, 416, 438, 452, 456, 476, 478, 491, 498, 500, 510, 514, 522, 523, 525, 526, 538, 569, 577, 597, 604, 607, 636, 650, 655, 656, 682, 697, 703, 736, 751, 758, 768, 773, 780, 811–4, 818, 831–3, 835, 842, 844, 856, 858, 861, 864, 865, 869–72, 874, 878, 882, 887–90, 895, 898, 914, 936, 941, 958, 961, 990, 1013, 1021, 1029, 1036, 1038, 1039, 1042, 1052, 1056, 1091, 1093, 1129, 1134, 1136, 1137
聖書　Bible　26, 44, 54, 68, 70, 108–10, 260, 263, 291, 295, 296, 303, 346, 404, 405, 411, 413, 416, 445, 469, 476–84, 487, 489–91, 493, 497, 498, 500, 505, 506, 510, 511, 574, 578, 595, 640, 657, 675, 676, 678, 679, 693, 706, 721–8, 748, 772, 783, 790, 810, 818, 829, 832, 844, 845, 874, 875, 878, 897, 908, 955–7, 972, 1006, 1014, 1015, 1019, 1028, 1137
聖人　saint（聖性 sainteté）　17, 22–8, 31, 45, 46, 48, 55, 74, 80, 82, 98, 107–10, 116, 148, 155, 164, 174, 177, 211, 213, 236, 258, 259, 266, 271, 325, 330, 333–5, 346, 349, 357, 358, 364–75, 379, 380, 402, 405, 408, 409, 411, 412, 415, 417, 420, 421, 428, 436, 438, 439, 445, 446, 449, 450, 481, 484, 522, 541, 552, 558, 564, 568, 570, 572, 573, 575–9, 585, 586, 588, 593, 597, 606, 611, 612, 614–6,

79, 216, 266, 268, 278, 282, 296-8, 392, 407, 523, 526, 533, 541, 830, 839-41, 844, 864, 872, 893, 947, 963, 997, 1007-10, 1013, 1014, 1016, 1017, 1020, 1023, 1026, 1092
告解　confession　28, 73, 357, 361, 469, 490, 520, 521, 528, 573, 624, 630, 751, 759, 774, 882, 945-7, 961, 967-9, 1082
心、心臓　cœur　152, 363, 364, 372, 374, 375, 453, 454, 517-9, 527, 642, 651, 674, 759, 796, 818, 824, 852, 904, 936, 945, 962, 964, 971, 974, 984, 993, 1038, 1071, 1092, 1101, 1102, 1104, 1107, 1111, 1114, 1116, 1124, 1146
個人　individu　28, 29, 73, 251, 346, 370, 379, 381, 398, 434, 476, 492, 521, 532, 570, 578, 596, 618-46, 615, 662, 696, 714, 803, 805, 936, 946, 975, 976-8, 980, 981, 1021, 1029, 1031, 1039, 1046, 1047, 1068, 1082, 1083, 1085, 1089, 1090, 1092, 1103, 1125, 1128, 1129, 1135
個人名　prénom　38-40, 96, 437, 476, 611, 894, 898, 900, 932, 1015
子供 enfant (s)　38-40, 43-8, 99-156, 171, 292, 326, 329, 340, 346, 349, 365, 401, 449, 450, 461-3, 486-90, 492, 503, 507, 517, 537, 611, 650, 663, 724, 754, 770, 773, 893-5, 897, 898, 900, 906, 911, 912, 921, 922, 924-6, 929-38, 951, 961, 1030, 1062, 1064, 1104, 1114

（ガ行）

学芸、技芸、芸術　art　43, 64, 84, 149, 180, 335, 341-7, 375, 385, 398, 921, 481, 482, 492, 622, 639, 706, 712, 713, 716-9, 724, 727, 729, 731, 732, 766, 767, 780, 824, 846, 879, 1133

儀礼　rite：身振り gestes を見よ

幻影　mirage：夢想 rêve を見よ
言語（ことば）　langues　43, 58, 64, 97, 207, 273, 274, 292, 423-5, 461, 539, 592, 634, 638, 650, 675, 679, 683, 684, 688, 704, 706, 1109, 1133

（サ行）

死　mort、死亡率 mortalité、死者 morts　25, 28, 39, 43-6, 73, 92, 99-103, 173, 233, 236, 237, 246, 251, 252, 325-8, 332-5, 342, 343-7, 356, 357, 362-6, 370, 375, 407, 408, 449, 450, 453, 455, 468, 469, 528, 536, 542, 557, 562-4, 571-3, 585-7, 596, 610, 611, 629, 633, 642, 650, 660, 663, 664, 673, 675-7, 681, 683, 684, 699, 700, 702-4, 717, 726, 729, 738, 762, 763, 768, 771, 773-5, 817, 836, 838, 860, 869, 870, 877, 879, 889, 893, 895-7, 900-5, 909-11, 915, 916, 918, 920, 922, 923, 926, 928, 934, 936-8, 940, 947, 948, 951-3, 960, 967-9, 971, 972, 974, 975, 977, 978, 980, 984, 986, 988, 990, 1042, 1051, 1057-9, 1067, 1069-71, 1073-7, 1079, 1082-5, 1088-90, 1098, 1104, 1105, 1108, 1113, 1118, 1119, 1121-5, 1142, 1143
司教　évêques　45, 61, 68, 136, 141-6, 156, 277, 278, 303, 323, 336, 344, 410, 420, 456, 484, 508, 604, 701, 803, 810, 833, 861, 862, 867, 873, 874, 876, 884, 944, 946, 948, 975, 991, 992, 994, 995, 1006, 1007, 1010, 1049-57, 1059, 1068, 1072, 1107
信仰　foi　69, 140, 195, 200, 236, 241, 250-2, 357, 411, 431, 432, 439, 453, 478, 490, 497, 518, 519, 528, 544, 545, 563, 604, 650, 676, 681, 686, 689, 693-5, 734, 759-61, 763, 772, 775, 783, 789, 893, 936, 944, 946, 951-4, 978, 984, 990, 995, 996, 1002-4, 1006, 1015, 1022, 1029, 1038, 1053, 1056, 1069, 1072, 1075, 1079, 1083, 1084, 1100, 1111, 1123, 1136-8, 1151
信仰心　piété：信心行為 dévotion を見よ
信心行為　dévotion（信仰心 piété）　69, 74, 86, 136, 147, 150-2, 171-3, 177, 181, 202, 210, 222, 224, 250, 295, 330, 337, 398, 405, 407, 411, 412, 414, 415, 426, 483, 487, 489, 490, 500, 520, 522, 527, 528, 532, 537, 544, 547, 561, 563, 564, 569, 663, 572, 573, 575-7, 615, 624, 636, 642, 659, 670, 698, 700, 718, 725, 751, 759, 761, 765, 769-78, 791, 796, 800, 825, 860, 884, 893, 902, 921, 922, 926, 931, 936, 944, 945, 947, 952, 957, 960-2, 968-88, 990, 991, 1007, 1021, 1029-31, 1041, 1067, 1068, 1083, 1109, 1112, 1120, 1121, 1124, 1130-2, 1136, 1149
親族関係　parenté（人為的な artificielle）　123,

71, 1084, 1092, 1094, 1103, 1107, 1132, 1135
教会　église（建物）　68, 84, 147, 148, 152, 160, 177-81, 248, 335, 338, 429, 521, 525, 561, 572, 660, 662, 712, 716-22, 776, 777, 825, 826, 875, 922, 946, 969, 973, 974, 977, 981-5, 969, 1030, 1031, 1051, 1053-6, 1078, 1095, 1116, 1133
教皇　pape、教皇権 papauté　45, 46, 51, 58, 68, 71, 77-80, 126, 136-8, 141, 142, 144-6, 159, 183-5, 193, 196-204, 216, 217, 222, 232, 245, 261, 265, 270, 271, 303, 310, 331, 349, 354, 367-72, 375, 386, 399, 402, 403, 429, 525, 532, 534, 535, 542, 543, 548, 557, 558, 563, 564, 671, 679, 687, 690, 760, 785, 803, 810, 811, 818, 825, 833, 838, 839, 860, 861, 873, 880, 899, 912, 913, 916-8, 927, 946, 949, 964, 969, 971, 987, 990, 992, 994, 996, 1015, 1016, 1019, 1021, 1024, 1033, 1037, 1046, 1058, 1059, 1062, 1068, 1070, 1075, 1085, 1096, 1100, 1104, 1109, 1116, 1123, 1129, 1135, 1138
恐怖　peur　54-6, 74, 75, 209, 210, 676, 681, 696, 770, 947, 954, 960, 996, 1023, 1036, 1111, 1135
居館、家政機関（王の）　hôtel (du roi)　46, 100, 269, 391, 526, 656, 828, 885, 940-2
キリスト教世界　Chrétienté　18, 25, 49-75, 77, 80, 82-4, 137, 141, 142, 159, 171, 172, 175, 181, 182, 192, 193-5, 199, 204, 207, 208, 211, 216, 217, 222, 237, 246, 251, 260-3, 290, 306, 322, 323, 331, 342-4, 354, 362, 366, 379, 429, 431, 433, 470, 488, 508, 525, 532-7, 542, 543, 546, 552, 627, 655, 657, 748, 671-3, 679, 687, 690, 712, 758, 810, 819, 841, 846, 881, 918, 923, 924, 946, 947, 961, 964, 977, 996, 999, 1002, 1005-7, 1011, 1012, 1015, 1029, 1042, 1054, 1060, 1085, 1106, 1107-9, 1122, 1131, 1134-8, 1147, 1148, 1150
金銭　argent　68, 72, 87, 172, 174, 177, 215, 236, 246-9, 267, 282, 286, 304, 315, 400, 464, 526, 540, 541, 547, 560, 611, 675, 688, 812, 826, 831, 832, 834-48, 871, 885, 921, 933, 936, 946, 963, 966, 982, 992, 1007, 1010, 1013, 1019, 1020, 1032, 1034, 1041, 1049
禁欲　ascèse、禁欲主義　ascétisme（断食 jeûne）　25, 55, 64, 407, 415, 417, 438, 491, 636, 701, 719, 773, 776, 785, 787-96, 802, 810, 895, 921, 944, 960-2, 978, 981, 1012, 1031, 1062, 1088, 1090, 1091, 1102-4, 1130, 1136, 1142

クーリア　*curia*（法廷、宮廷 cour）　87, 101, 242, 366, 389, 395, 410, 509, 600, 658, 717, 738, 753, 838, 858
君主権　souveraineté　89, 118, 133, 323, 392, 438, 689, 811, 856, 863, 877, 879, 880, 882, 887, 1057

経済　économie　25, 28, 30, 60, 63, 69, 72, 79, 81, 88, 210, 216, 245, 249, 279, 280, 283, 287, 288, 297-301, 304, 387, 398, 400, 507, 526, 650, 823, 825, 827-34, 836, 840, 842, 844-8, 854, 871, 914, 946, 947, 962, 1007-10, 1018, 1131, 1136-8
結婚　mariage　39, 40, 68, 123, 130, 131, 156-65, 170, 184, 214, 218, 266, 306, 307, 327, 341, 391, 398, 421, 451, 462, 476, 655, 702, 706, 716, 725, 892, 894, 899, 900, 912, 913, 917, 921, 923, 929, 930, 932, 933, 948, 960, 969, 1051, 1062, 1095
謙譲　humilité　25, 69, 72, 147, 152, 169, 172, 294, 399, 407, 411, 416, 418, 439, 478, 484, 500, 559-61, 564, 568, 569, 573, 575, 599, 641, 656, 671, 702, 733, 737, 768, 773, 776, 780, 790-3, 796, 800, 884, 946, 964, 969, 974, 975, 978, 991, 992, 1031-3, 1042, 1083, 1091, 1092, 1111, 1116, 1120, 1136
権力　*potestas*　265, 275, 294, 438, 514, 669, 728, 844, 746, 855, 865-8, 876, 877, 903, 911, 991-3, 1012, 1017, 1036, 1037, 1042, 1052, 1058, 1062, 1065, 1085,

公益性　utilité (*utilitas*)　303, 842, 844, 866, 868, 882
皇帝　Empereur　77-80, 89, 136, 137, 141, 142, 175, 183-5, 199-204, 215, 216, 231, 272, 307, 322, 429, 532, 535, 558, 578, 656, 672, 679, 706, 724, 749, 810, 818, 827, 869, 881, 895, 912, 917, 918, 921, 935, 993, 1056, 1062, 1063, 1147
高等法院　Parlement　269, 271, 324, 389, 390, 395, 523, 858, 949, 991, 992
高利（利子）　usure（高利貸し usuriers）　70,

900, 911, 912, 916, 918, 926, 931, 932, 935, 936, 940, 977, 978, 1046, 1056, 1058, 1060, 1130
王妃（王太后） reine 81, 102, 113, 119, 126, 127, 144, 159, 163-5, 170, 184, 209, 230, 236-8, 339-42, 345-7, 365, 461, 462, 481, 517, 538, 610-2, 636, 802, 911, 923-8, 1030
王令 ordonnance 26, 42, 83, 92, 115, 133, 265-75, 281, 282, 284, 291, 296-300, 302-5, 323, 341, 353, 389, 391, 392, 438, 610, 667, 708, 735, 760, 835, 840-2, 845, 863-5, 893, 931, 979, 987, 1008, 1011-4, 1016, 1017, 1019, 1058
オリエント Orient 49, 50, 59, 63, 71, 137, 171-3, 182, 215, 216, 223-5, 227, 245, 249, 251, 351, 352, 429, 440, 657, 666, 671, 673, 677-80, 682, 686, 691-5, 698, 708, 911, 913, 924, 946, 1000, 1042, 1144
音楽 musique 137, 262, 699, 713-6, 764, 770, 799, 934, 976, 1107, 1146

（カ行）

改革 réforme 55, 68-70, 88, 132, 265-9, 281, 285, 290, 299, 302, 305, 326, 332, 392, 398, 402, 428, 949
会計簿 comptes（会計 comptabilité） 87, 164, 166, 167, 246, 248, 266, 281, 282, 391, 716, 832, 858, 914, 1018
改宗 conversion 26, 52, 56-60, 62, 194, 210, 211, 222, 241, 244, 335, 352, 353, 356, 677, 679, 685, 687, 689, 694, 987, 998, 1001-3, 1013, 1015-8, 1021, 1023, 1028, 1036, 1060
書かれたもの（文書） écrit 85, 162, 207, 271, 289, 384-95, 402, 404, 498, 516, 517, 560, 588, 592, 593, 638, 712, 746, 747, 836, 856, 957, 958
語り（ことば） parole 73, 85, 353, 444, 513, 520, 522, 527, 560, 592, 644, 650, 712, 746-63, 856, 935, 940, 971, 1060, 1133
貨幣 monnaie 63, 68, 88, 143, 299-305, 387, 392, 398, 507, 540, 541, 697, 824, 831, 841-7, 854, 856, 858, 865, 868, 871, 882, 914, 962, 1138
狩り chasse 457, 506, 507, 513, 577, 662, 813, 864, 874-6, 894, 895, 973, 979, 1003

記憶、記念 mémoire 22, 23, 30-2, 39, 41, 42, 84, 125, 136, 331, 333, 335, 339, 344, 371, 375, 379-81, 387, 390, 392, 402, 414, 415, 420, 421, 423, 427, 429, 449, 458, 468, 470, 496, 568, 584, 588, 594, 618, 619, 660, 707, 708, 756, 847, 892, 932, 937, 988, 1133, 1136
騎士叙任（式） adoubement（騎士道 chevalerie） 38, 111, 112, 117, 130, 166, 167-70, 184, 188, 214, 313, 325, 327, 328, 330, 588, 655, 658, 659, 702, 786, 798, 821, 822, 833, 857, 909, 911, 913, 1054
騎士道 chevalerie：騎士叙任（式） adoubement を見よ
貴紳 prud'homme 192, 293, 297, 438, 468, 524, 569, 606, 735, 752, 764, 765, 768, 777, 782-4, 789, 794, 796, 818, 826, 861, 862, 872, 893, 919, 940, 985, 1068, 1091
奇蹟 miracle 23, 40, 45, 46, 150, 151, 175, 258, 334, 366-9, 371, 408-10, 433, 439, 445, 446, 542, 549, 557, 565, 574, 576-8, 584, 596, 638, 659, 665, 670, 677, 728, 750, 752, 781, 823, 827, 847, 931, 944, 969, 1042, 1048, 1050, 1053, 1055, 1056, 1059, 1068-83, 1109, 1131, 1144
貴族 noblesse 79, 121-35, 183, 184, 189, 206, 217, 245, 246, 270, 277, 279, 370, 456, 457, 464, 528, 538, 545, 586, 679, 702, 716, 724, 732, 789, 802, 810, 813, 816, 821, 822, 824, 825, 831, 846, 871, 872, 874, 885, 893, 895, 940, 973, 975, 978, 984, 992, 995, 1037, 1064, 1074, 1132
希望 espérance 75, 200, 411, 416, 772, 1105
驚異 merveille, merveilleux 49, 434, 675, 677, 686, 691-5, 718, 812, 823, 947, 1109
教会 Église（制度） 130, 138, 141, 145, 153, 163, 176, 189, 191, 204, 211, 227, 261, 265, 270, 271, 274, 277, 278, 295, 307, 329, 334, 341, 366-8, 375, 398, 400, 407, 431, 444, 446, 481, 497, 498, 500, 508, 514, 520, 524, 525, 528, 546, 558, 564, 576, 577, 627, 632, 636, 660, 674, 676, 677, 715, 721, 728, 740, 741, 768, 795, 803, 826, 833, 839, 840, 859-62, 867, 878, 893-5, 905, 914, 915, 920, 929, 936, 938, 944-6, 948, 951, 953, 955, 957, 960-2, 967, 970-2, 976, 988, 990-5, 999, 1006-9, 1011, 1012, 1022, 1023, 1026, 1031, 1037, 1048, 1049, 1051, 1052, 1059, 1061, 1062, 1069-

索引・事項

（＊語句以外にテーマも含まれる）

（ア行）

アリストテレス主義　aristotélisme　138, 303, 622, 733, 737, 845, 1064, 1085, 1137

威厳　majesté (*majestas*)　117, 152, 275, 302, 385, 415, 438, 568, 640, 768, 844, 856, 877, 879, 1033

異端　hérésie、異端者　hérétiques　44, 68–75, 81, 93, 99, 126, 130, 158, 159, 189–90, 193, 194, 196, 259, 274–8, 336, 349, 399, 526, 563, 566, 633, 650, 736, 778, 869, 893, 915, 916, 936, 946, 953, 990, 994–8, 1002, 1006, 1013, 1021, 1024, 1028, 1052, 1131, 1132, 1136

異端審問　inquisition　71, 72, 251, 274, 295, 296, 453, 633, 946, 947, 995–7, 1015, 1132, 1135

祈り（祈禱）　prière　55, 66, 119, 146, 191, 202, 216, 218, 345, 355, 357, 358, 411, 416, 484, 497, 521, 528, 545, 559, 560, 570, 573, 633, 636, 663, 668, 674, 697, 698–700, 714, 751, 759, 772, 774, 945, 969–79, 1090, 1142, 1151

衣服（装い）　vêtements　45, 165–70, 176, 177, 217, 227, 228, 233, 263, 297, 329, 344, 353, 528, 559, 574, 577, 590, 598, 614, 640, 642, 701, 732, 784, 785, 792, 793, 938, 969, 985, 986, 991, 1008, 1017, 1051, 1053, 1095, 1103, 1104

イメージ、図像、似姿　image (s)　31, 42, 65, 66, 68, 107, 110, 130, 136, 152, 172, 189, 224–7, 239, 245, 251, 252, 256, 302, 314, 345, 371, 380, 387, 391, 392, 409, 410, 415, 420, 422, 424, 428, 432, 439, 447–9, 458, 471, 476, 481, 483, 489, 497, 499, 515, 532, 536, 537, 543, 546, 547, 557, 558, 570, 578, 579, 584, 588, 593, 616, 637, 640–4, 651, 675–7, 680, 684, 688, 691, 702, 711, 716–30, 770, 772, 809, 811, 821, 827, 847, 854, 861, 873, 874, 877–9, 885, 896, 903, 906, 915, 922, 932, 949, 954, 964, 979, 981, 986, 1006, 1033, 1036, 1039, 1040, 1046–8, 1058, 1059, 1061, 1062, 1064, 1066, 1069, 1071, 1088, 1090, 1092, 1098, 1119–21, 1124, 1131–4, 1138

印璽（印章）　sceau　133, 160, 176, 306, 242, 306, 355, 363, 384–7, 439, 466, 515, 560, 640, 644, 661, 965

海　mer　131, 158, 175, 188, 200, 201, 205–13, 229–36, 256, 257, 354, 355, 589, 606–9, 612, 671, 673–7, 697, 756, 760, 795, 796, 812, 905, 925, 957, 965, 983, 984, 986, 1000, 1003, 1074, 1094, 1103, 1106, 1112, 1150

疫病（赤痢）　épidémie　99, 188, 191, 231–4, 341, 357, 537, 562, 961, 1096, 1097, 1142, 1143, 1146

王冠　couronne（国家の象徴）38, 326, 328, 332, 340, 341, 345, 355, 439, 644, 1042：レガリア *regalia* も見よ

王権　royauté (君主国 monarchie)　25, 26, 39, 45, 78–81, 84, 85, 89–91, 105, 127–32, 136–8, 140, 143, 145, 146, 149, 160, 161, 172, 176, 206, 227, 246, 264, 271, 273, 275, 278, 280, 294, 295, 301, 311, 321–3, 327, 339, 341, 342, 344, 346, 347, 353, 363, 386, 391, 402, 415, 420, 422, 424, 432, 433, 439, 451, 464, 476, 481–3, 496, 498, 501, 508, 511, 514, 523, 542, 548, 549, 569, 642, 650, 656, 659, 661, 665, 705, 706, 712, 721, 726–30, 741, 764, 776, 785, 786, 790, 799–889, 903, 904, 909, 910, 933, 940, 941, 957, 990, 994, 995, 1009, 1011, 1014, 1046–57, 1062, 1064, 1067, 1089, 1090, 1124, 1128–31, 1133, 1136

王朝　dynastie　30, 38–40, 43, 44, 92–7, 99, 102–5, 107, 109, 117, 135, 147, 151, 157, 164, 170, 171, 195, 207, 226, 231, 242, 275, 303, 319, 324–7, 331, 335, 337, 338, 340, 341, 342, 347, 363, 370, 376, 421, 422, 482, 496, 512, 528, 578, 650, 672, 681, 682, 702, 705, 706, 722, 736, 756, 878, 892, 896,

ラーン　Laon　292, 304
ラス・ナヴァス・デ・トロサ　Las Navas de Tolosa　51
ラゼス　Razès　312
ラテラノ Latran（第三ラテラノ公会議 troisième concile du）　839
ラテラノ Latran（第四ラテラノ公会議 quatrième concile du）　28, 65, 73, 81, 161, 216, 217, 296, 354, 399, 469, 520, 746, 759, 839, 968, 995, 1007, 1008, 1011, 1012, 1017, 1052
ラングドック　Languedoc　44, 70, 71, 99, 132, 165, 185, 190, 206, 249, 265, 275–8, 291, 390, 392, 666, 669, 838, 913, 995, 1131
ランス　Lens　913
ランス　Reims　64, 83–5, 101, 109, 116, 117, 119, 125, 145, 164, 174, 317, 340, 349, 362, 373, 421, 433, 460, 484, 499, 514, 530, 542, 590, 614, 659, 717, 721, 723, 767, 821, 902, 1048, 1050, 1052, 1054–6
ランプドゥーズ島　Lampedouse　257

リールボンヌ　Lillebonne　122
リグリア　Ligure　915
リス修道院　Lys (abbaye du)　985, 1104
リトアニア　Lituanie　61
リムーザン　Limousin　313
リモージュ　Limoges　315
リヨン　Lyon　99, 160, 203, 204, 228, 366, 372, 447, 543, 561, 655, 668, 669, 782, 916, 1073
リヨン Lyon（第一リヨン公会議 premier concile de）　61, 81, 194, 216, 227, 818, 916
リヨン Lyon（第二リヨン公会議 second concile de）　50, 81, 367, 403, 839, 991

ル・ピュイ　Le Puy　262, 655, 668
ル・マン　Le Mans　123
ルーアン　Rouen　83, 355, 401, 559
ルーヴァン　Louvain　417
ルエイユ　Rueil　663
ルエルグ　Rouergue　130
ルシヨン　Roussillon　206, 310, 312
ルッカ　Lucques　300, 556

レオン　León　80
レッジオ＝ネッレミリア　Reggio（d'Emilie）　366, 556, 557, 565, 1071
レメソス　Limassol　209, 215

ローヌ河　Rhône（le）　130, 158, 206, 228, 561, 668, 669
ローマ　Rome　79, 137, 200, 307, 308, 365, 369, 370, 375, 430, 431, 464, 498, 671, 672, 690, 691, 706, 809, 917, 920, 1050, 1052, 1061, 1063, 1069, 1084
ローラゲ　Lauragais　312
ロカマドゥール　Rocamadour　670
ロシア　Russie　181
ロデーヴ　Lodève　277
ロデス　Rodez　189
ロリス　Lorris　190, 665, 1131
ロレーヌ　Lorraine　209, 471, 604
ロワール河　Loire (la)　185, 273, 576
ロワイヤン　Royan　187
ロワイヨーモン　Royaumont　70, 146–8, 261, 325, 326, 340, 341, 343, 346, 373, 410, 429, 503, 663, 702, 715, 717, 718, 734–6, 738, 791, 828, 945, 948, 956, 957, 985, 1030, 1032, 1101, 1102, 1113, 1115, 1117
ロンシャン　Longchamp　329, 922
ロンドン　Londres　392, 533
ロンバルディア　Lombardie　200, 526, 995

（ワ行）

ワルヘーレン島 Walcheren　308

1025, 1096, 1142
ポン　Pons　187
ポン＝シュル＝ヨンヌ　Pont-sur-Yonne　160
ポンティニー＝アン＝ブルゴーニュ　Pontigny-en-Bourgogne　313, 541, 549, 667, 920, 1085
ポントワーズ　Pontoise　191, 205, 373, 662–4, 906, 985, 1091, 1093, 1096
ボンヌイユ＝シュル＝マルヌ　Bonneuil-sur-Marne　366, 1072

（マ行）

マグレブ　Maghreb　51, 52
マグロンヌ　Maguelonne　311
マコネ地方　Mâconnais　205, 831
マコン　Mâcon　356, 366, 401
マテュ　Matus　186
マラガ　Malaga　51
マラガ　Maragha　689
マルセイユ　Marseille　158, 206, 208, 210, 214, 229–31, 258, 331, 561, 917, 933
マンスーラ　Mansourah (la), Massoure　234, 325, 821, 909, 920, 1059, 1097, 1105, 1144–6
マント　Mantes　287, 345, 663

ミネルヴォワ　Minervois　312
ミュレ　Muret　311, 395
ミヨー　Millau　311, 312
ミラノ　Milan　290, 366
ミルポワ　Mirepoix　130

ムードン　Meudon　832
ムラン　Melun　128, 133, 214, 338, 356, 655, 663, 822, 839, 964, 893, 1011–4, 1093, 1104
ムラン条約　Melun（traité de）　131
ムルシア　Murcie　51

メーヌ　Maine　85, 123, 134, 214, 313, 314, 330, 863, 917
メソポタミア　Mésopotamie　196

モー　Meaux　129, 130, 355
モー＝パリ条約　Meaux-Paris（traité de）　131, 184, 189
モービュイソン　Maubuisson　205, 241, 325, 329, 536, 663, 969, 985
モデナ　Modène　366
モリエンヌ　Maurienne (la)　366
モルタン　Mortain　122
モレ島　Morée　331
モロッコ　Maroc　208, 693
モン・サン＝ミシェル　Mont Saint-Michel　671
モン＝スニ　Mont-Cenis　366
モンゴル　Mongolie（モンゴル帝国 empire mongol）　50, 687–90, 1037
モンコントゥール　Moncontour　191
モンス　Mons　308
モンセギュール　Montségur　190, 916
モンタルジ　Montargis　665
モンテフィアスコーネ　Montefiascone　365
モントルイユ＝ボナン　Montreuil-Bonin（モントルイユ＝アン＝ガティーヌ Montreuil-en-Gâtine）　186, 191
モンパンシエ　Montpensier　99, 103–5, 117, 143, 188, 551
モンペリエ　Monpellier　83, 206, 214, 215, 311, 312
モンレアーレ　Monreale　363, 374, 375, 919, 1071, 1084, 1085
モンレリ　Montlhéry　124, 125, 902

（ヤ行）

ヤッファ　Jaffa　211, 243, 401, 718, 821

ヨンヌ川　Yonne (l')　177

（ラ行）

ラ・エ＝ペネル城　La Haye-Pesnel（château de）　129
ラ・グーレット　La Goulette　356
ラ・フォルビー　La Forbie　197
ラ・レオル　La Réole　185
ラ・ロシェル　La Rochelle　186, 188
ラ・ロッシュ＝ド＝グラン　la Roche-de-Glun（ラ・ロッシュ＝シュル＝グラン　la Roche-sur-Glun）　228, 668

456
ブーヴィーヌ　Bouvines　41,44,89,90,97,125,279,577,835,894
ブールジュ　Bourges　85,240,282,665,717
ブーローニュ＝シュル＝メール　Boulogne-sur-Mer　313,655,894
フォワ　Foix　189,190,311
フォンテーヌブロー　Fontainebleau　160,663,948,1098
フォントヴロー　Fontevrault　123,313,344,549,667
フォントネー＝ル＝コント　Fontenay-le-Comte　186,191
プサルモーディ　Psalmodi　210
フヌイェード　Fenouillèdes　311,312
ブラーイ　Blaye　187,188
フランドル　Flandre　71,82,84,88,90,111,218,239,275,306–9,457,468,541,548,656,833,919,947
ブリウード　Brioude　262,668
プルイーユ　Prouille　400
ブルゴーニュ　Bourgogne　282,340,604,639,1072,1073
ブルターニュ　Bretagne　112,128,132,538,1028
フルリー＝シュル＝ロワール　Fleury-sur-Loire（サン＝ブノワ＝シュル＝ロワール Saint-Benoît-sur-Loire）37,121,214,279,280,421,573,665,668,832,1048
プレ　Prez　186
ブレール　Bresles　144
フレトヴァル　Fréteval　84,386,388
プロヴァン　Provins　557,562
プロヴァンス　Provence　26,69,99,159,160,166,206,214,257,311,330,331,340,389,549,609,916,924,995
ブロワ　Blois　135
ブロワ・シャンパーニュ　Blois-Champagne　135
フロワモン　Froidmont　1094
フロントネー　Frontenay　191

ベイルート　Beyrouth　211
ペールペルテューズ　Peyrepertuse　311,312
ペキン（北京）　Pékin（Tahing）　53
ベサル　Besalú　310,312
ベジエ　Béziers　99,131,189,276,401,915
ベジャ　Beja　51
ベネヴェント　Bénévent　331,918
ベリー　Berry　656,665,669
ペリグー　Périgueux　315
ペリゴール　Périgord　313,315
ベリュージュ　Béruge　186
ペルシュ　Perche　933
ベルネー　Bernay　670
ベレーム　Bellême　128,427
ヘローナ　Gérone　310
ペロンヌ　Péronne　309,655
ヘント　Gand　83,309,656

ボーヴ　Bove　292
ボーヴェ　Beauvais　143–5,148,411,429,733,735,857
ボーヴェ地方　Beauvaisis（『ボーヴェ地方慣習法』*Coutumes de*）111,281,869
ボーケール　Beaucaire　131,206,262,265,276,311,356,666,668,845,915,1025,1131
ボージェ　Baugé　123,128
ポーツマス　Portsmouth　187
ボーヌ　Beaune　282
ボーフォール＝アン＝ヴァレ　Beaufort-en-Vallée　123,129
ボーモン＝シュル＝オワーズ　Beaumont-sur-Oise　429,663,1018
ポーランド　Pologne　54,61,80,182,687
ボスポラス海峡　Bosphore　51,177
ボヘミア　Bohême　687
ホラント　Hollande　308
ボルドー　Bordeaux　83,185,188,313,315,463
ポルトガル　Portugal　216
ボローニャ　Bologne　84,366,455,556
ポワシー　Poissy　38,707,913,967
ポワティエ　Poitiers　184,186,310,538,1029
ポワトゥー　Poitou　123,168,184,185,187,189,191,313,314,330,434,539,913,1024,

136-40, 144, 146, 151, 160, 165, 173, 177, 181, 187, 188, 191, 226, 227, 238-42, 262, 275, 280, 282-91, 304, 308, 313-7, 326, 328, 330, 336, 337, 359, 366, 372-5, 398-401, 411, 413, 501, 502, 541, 547, 549, 550, 559, 572, 580, 604, 658-63, 666, 667, 669, 706, 713, 717, 719, 725-7, 732, 734, 736, 738, 740, 741, 760, 762, 777, 793, 801, 802, 812, 813, 823, 825, 828, 830, 835, 836, 838, 848, 857, 858, 862, 869, 885, 896, 902, 914, 923, 938, 947, 948, 957, 975, 984, 1005, 1016, 1021, 1025, 1027, 1028, 1034, 1041, 1071, 1073, 1079, 1081, 1082, 1095, 1096, 1098, 1109, 1114
パリ　Paris
——会計院　Chambre des comptes　391
——グレーヴ広場　Grève　549
——高等法院　Parlement　389, 390, 395, 523
——サン＝ヴィクトール律修参事会　Saint-Victor (abbaye)　147, 1094
——サン＝ジェルマン＝デ＝プレ、教会と修道院　Saint-Germain-des-Prés (église et abbaye)　336, 344, 456, 483
——サン＝ジャック、托鉢修道会の教会および修道院　Saint-Jacques (église et couvent)　261, 503
——サン＝タントワーヌ＝デ＝シャン、教会と修道院　Saint-Antoine-des-Champs (église et abbaye)　177, 226, 667, 985
——サント＝シャペル　Sainte-Chapelle　179-81, 237, 364, 371-4, 388, 390, 398, 401, 407, 538, 549, 641, 642, 646, 659, 660, 701, 714, 717-20, 722, 723, 726, 730, 767, 885, 905, 939, 948, 957, 984, 985, 987, 1002, 1120, 1133
——サント＝ジュヌヴィエーヴ、教会と律修参事会　Sainte-Geneviève (église et abbaye)　336, 1094
——三〇〇人（カーンズ・ヴァン）施療院　Quinze-Vingts　825, 984, 1114
——シテ島　Cité　89, 529, 1005
——シテ島の王宮　palais de la Cité、王宮 palais royal, 王宮の（中）庭 jardin du palais　85, 177, 288, 315, 328, 356, 585, 595, 598, 656, 658, 659, 662, 669, 972, 780, 822, 885-8, 949, 985
——シャトレ　Châtelet　89, 91, 288, 452
——ソルボンヌ学寮　la Sorbonne　599, 732, 1095
——テンプル騎士団　Temple　87, 97, 249, 549, 801, 832, 838, 923
——ノートル＝ダム　Notre-Dame　43, 84, 130, 177, 356, 366, 373, 374, 398, 557, 614, 667, 669, 713, 716, 718, 720
——ボードロワイエの門　porte Baudroyer　1072
——ルーヴル城砦　Louvre　89, 93, 97, 100, 118, 122, 130, 284, 293, 330, 659, 895, 914
パリ条約　Paris (traité de)　281, 312-20, 326, 330, 521, 551, 857, 915, 924, 949, 1037
パリ大学　Paris (université de)　84, 112, 136-40, 156, 216, 258, 270, 271, 288, 303, 504, 511, 534, 548, 557, 564, 712, 731, 732, 737, 741, 742, 756, 842, 847, 869, 902, 948, 949, 1133
バルセロナ　Barcelone　80, 310, 312
バルブジユー　Barbezieux　187
バルボー　Barbeau　147, 338
パルマ　Parme　79, 204, 366, 556, 564, 1071
バレアレス諸島　Baléares　51, 312
パレー　Paray　832
パレスチナ　Palestine　210, 211, 223, 352, 564, 679, 680, 687, 691, 781, 812, 838, 999, 1002-4, 1017, 1105, 1142
パレルモ　Palerme　919
ハンガリー　Hongrie　54, 80, 182, 529, 694, 923, 1061
パンテンヌレー島　Pantennelée　607
パンプローナ　Pampelune　667

ピカルディ　Picardie　82, 239, 275, 355, 1014, 1131
ピサ　Pise　200, 210, 556
ビザンツ　Byzance（ビザンツ帝国 empire byzantin）　44, 50, 51, 172, 208, 213, 235, 236, 300, 352, 656, 678, 691, 827, 876, 918, 1088
ピレネー　Pyrénées　206, 310, 318

ファリスクール　Fariskur　234
フィレンツェ　Florence　290, 300, 366, 403,

ソミュール　Saumur　168, 169, 184, 330, 588, 590, 655, 798, 822
ソワソン　Soissons　117, 119, 282, 411, 666, 821, 1054

（タ・ダ行）

タイユブール　Taillebourg　187, 188, 537, 586, 670, 821
タニス川（ナイル河支流）　Thanis (bras du Nil) 1145
ダマスカス　Damas　57, 243, 683, 690, 1150
ダミエッタ　Damiette　223, 225, 231, 241, 463, 466–8, 562, 966, 1097, 1105, 1109, 1144, 1146–9
タラゴーナ　Tarragone　310
タラスコン　Tarascon　917
タリャコッツォ　Tagliacozzo　331, 437, 918
ダンマルタン＝アン＝ゴエル　Dammartin-en-Gohelle　965

チュニジア　Tunisie　52, 353, 362, 364, 374, 376, 512, 516, 564, 788, 918, 1002, 1084, 1122
チュニス　Tunis　52, 209, 211–3, 245, 252, 327, 341, 350, 352, 354–7, 364, 369, 387, 404, 405, 407, 410, 422, 437, 466, 478, 489, 516, 554, 564, 571, 572, 585, 587, 607, 614, 657, 677, 679, 694, 773, 865, 881, 909, 915, 918, 920, 933, 948, 975, 987, 1002, 1071, 1082, 1105, 1122, 1123, 1142

ティール　Tyr（スール Sur）　211, 251, 682, 821
ティエ　Thiais　832
ディジョン　Dijon　355

ドイツ　Allemagne　63, 79, 81, 137, 141, 185, 200, 213, 431, 456
トゥール　Tours　83, 147, 188, 275, 355, 450, 718, 1025
トゥールーズ　Toulouse　91, 129, 130, 137, 138, 161, 271, 310, 312, 395, 400, 869, 1025
トゥールニュー　Tournus　160
トゥールネ　Tournai　666
トゥーレーヌ　Touraine　85, 313, 314, 330, 869
トネー＝ブトンヌ　Tonnay-Boutonne　186
トラパーニ　Trapani　365
トリポリ　Tripoli　211
トレ　Thoré　186
トレド　Tolède　241
トロワ Troyes　366

（ナ行）

ナイル河　Nil (le)　234, 247, 691, 693, 1145
ナヴァラ（ナヴァール）　Navarre　667
ナザレ　Nazareth　405
ナポリ　Naples　79, 120, 159, 200, 295, 369, 403, 909, 918, 1085
ナミュール　Namur　307–9
ナルボネ　Narbonnais　1014
ナルボンヌ　Narbonne　190, 214
ナント　Nantes　128, 138, 411

ニーム　Nîmes　131, 262, 265, 845
ニオール　Niort　1029
ニカイア　Nicée　694
ニコシア　Nicosie　244

ヌイイ　Neuilly　663

ネウストリア　Neustrie　340

ノネット川　Nonette (la)　664
ノルウェー　Norvège　534, 693, 694, 1063
ノルマンディ　Normandie　44, 82, 85, 87, 88, 90, 201, 265, 275, 281, 313, 314, 539, 546, 550, 551, 656, 665, 669, 821, 863, 869, 948, 963, 1008, 1073, 1131
ノワイヨン　Noyon　411

（ハ・バ・パ行）

バ＝ベリー　Bas-Berry　85
バイヨンヌ　Bayonne　185, 315, 389
バグダッド　Bagdad　52
ハティヴァ　Jativa　312
バポーム　Bapaume　84, 913
パミエ　Pamiers　99
パリ　Paris　34, 38, 54, 58, 69, 70, 74, 76, 77, 83–90, 97, 99, 104, 109, 119, 124, 125, 130, 132,

89, 97, 101, 102, 105, 119, 140, 141, 145, 147, 148, 150, 151, 153, 164, 171, 226, 236, 262, 263, 315, 325, 326, 332, 336–42, 345–7, 356, 357, 359, 362–6, 368–74, 405, 407, 410, 419, 420, 422, 423, 425, 428, 430, 432, 433, 436, 439, 465, 467, 542, 547, 564, 573, 578, 585, 586, 597, 614, 628, 638, 639, 642, 659, 662, 664, 667–9, 704–6, 708, 716–8, 720–2, 828, 865, 896, 901, 935, 937, 948, 1051, 1056, 1057, 1070–3, 1075, 1077, 1079, 1081, 1082, 1084, 1130
サン＝ニコラ＝オ＝ボワ（修道院） Saint-Nicolas-au-Bois (abbaye) 292, 295
サン＝ニコラ＝ド＝ヴァランジェヴィル Saint-Nicolas-de-Varangéville（サン＝ニコラ＝デュ＝ポール Saint-Nicolas-du-Port） 209, 611, 612
サン＝プールサン Saint-Pourçain 262, 668
サン＝ブノワ＝シュル＝ロワール Saint-Benoît-sur-Loire：フルリー＝シュル＝ロワール Fleury-sur-Loire を見よ
サン＝ポル Saint-Pol 122
サン＝マロ Saint-Malo 128
サン＝レミ（修道院、ランスの）Saint-Rémi de Reims (abbaye) 340, 349, 433, 501, 1050, 1056
サンス Sens 129, 160, 161, 164–6, 176, 259, 304, 356, 411, 557–9, 561, 566, 655, 662, 668, 669, 716, 799, 824, 884, 987, 1058, 1068, 1094, 1129
サンセール Sancerre 135
サンチャゴ＝デ＝コンポステラ Saint-Jacques-de-Compostelle 671, 731
サント Saintes 186–9
サント＝ボーム Sainte-Baume (la) 262, 668, 671
サントンジュ Saintonge 85, 313, 315, 318, 330, 1025, 1096, 1142
サンリス Senlis 85, 129, 410–2, 664, 884, 984, 1094

ジェヴォーダン Gévaudan 311, 312
ジェノヴァ Gênes 79, 200, 206, 208, 210, 214, 300, 556, 577
シストロン Sisteron 160
ジゾール Gisors 238, 573, 1025
シチリア Sicile 159, 204, 207, 212, 246, 249, 300, 331, 351, 352, 356, 363–6, 374–6, 577, 607, 909, 918, 1071, 1084, 1137
シトー Cîteaux 147, 148, 201
シドン Sidon：サファド Sayette を見よ
シノン Chinon 186
ジブラルタル Gibraltar 229
シャーリス Chaalis 410, 412, 777, 792, 984, 1073, 1081
シャーロン＝シュル＝マルヌ Châlons-sur-Marne 366, 411, 728, 991
シャテル＝ペルラン Châtel-Pèlerin 821
シャトーダン Châteaudun 135
シャラント Charente 187, 315, 991
シャルトル Chartres 84, 109, 135, 275, 304, 313, 411, 502, 549, 655, 667, 670, 716, 1080
ジヤン Gien 85
シャンパーニュ Champagne 81, 82, 84, 128, 129, 134, 169, 262, 275, 410, 881, 1042
ジョワンヴィル城 Joinville (château de) 66, 589, 616
シリア Syrie 52, 57, 58, 197, 207, 211, 352, 682, 684, 1003, 1004, 1150
シリア・パレスチナ Syrie-Palestine 249, 250

スーザ Suse 366
スール Sur：ティール Tyr を見よ
ストアヘム Storeham 241
スペイン Espagne 193, 208, 216, 249, 310, 399, 481, 693, 901, 999, 1005, 1006, 1135

セヴェンヌ Cévennes 189, 215
セー Sées 670
セーヌ河 Seine (la) 91, 177, 285, 287, 288, 336, 662, 663, 991
ゼーラント Zélande 308
セビーリャ Séville 51
セプタ Ceuta 211
セルダニア Cerdagne 310

ソーヌ川 Saône (la) 1073

カラコルム　Karakorum　58, 689, 690
カラブリア　Calabre　365
カリャーリ　Cagliari　358
カルカセス　Carcassès　189
カルカソンヌ　Carcassonne　99, 131, 189, 206, 276, 277, 311–21, 395, 401, 845, 1025, 1131
カルタゴ　Carthage　41, 359, 375, 392, 466, 516, 579, 910, 911, 934, 941, 969, 1085
カルタヘーナ　Carthagène　51
ガロンヌ河　Garonne　241
カンブレー　Cambrai　732

キエフ　Kiev　54, 687
キプロス島　Chypre　57, 58, 207, 209, 211, 214, 230, 231, 245, 256, 352, 466, 589, 600, 678, 688, 689, 797, 1149
ギュイエンヌ　Guyenne　313, 319, 320
キュイモン　Cuimont（ロワイヨーモンの元の場所）　148
ギリシア　Grèce　173, 432
近東　Proche-Orient　249

クラクフ　Cracovie　54, 182
グラナダ　Grenade　51
グリーズ　Grizes　312
クリソン　Clisson　129
クリュニー　Cluny　203, 356, 366, 558, 655, 669, 921, 964, 978, 992, 997, 1120
グルネー　Gournay　292
クレテイユ　Créteil　1072
クレモーナ　Crémone　366, 1094
クレルヴォー　Clairvaux　168, 1032
クレルモン＝アン＝オーヴェルニュ　Clermont-en-Auvergne　262, 655, 688, 933
クレルモン＝アン＝ボーヴェジ　Clermont-en-Beauvaisis　928, 933
グローシェ　Grauchet　832

ケリビュス　Quéribus　311
ケルキラ　Corfou　331
ケルシー　Quercy　313, 314, 1025

コゼンツァ　Cosenza　351
コタンタン　Cotentin　1025
ゴネス　Gonesse　1019
コマンジュ　Comminges　189
コルドヴァ　Cordoue　51
コルベイユ　Corbeil　124, 226, 312, 663, 667, 865, 933
コルベニー　Corbény　1054
コロンビエール　Colombières　187
コンスタンティノープル　Constantinople　50, 51, 59, 171–8, 192, 208, 235, 331, 352, 655, 694, 918, 948
コンタ・ヴネサン　Comtat Venaissin　312
コンピエーニュ　Compiègne　85, 401, 411, 655, 664, 796, 821, 956, 984, 1031, 1113, 1116, 1117
コンフラン　Conflans　663
コンフラン　Conflent　310

（サ・ザ行）

サヴォーナ　Savone　366, 915
サファド　Sayette（シドン Sidon）　211, 254, 611, 821, 905, 975, 1122, 1142
サルディニア　Sardaigne　356
サルラ　Sarlat　311
サン＝トゥスタッシュ　Saint-Eustache　243
サン＝クルー　Saint-Cloud　985
サン＝ジェルマン＝アン＝レー　Saint-Germain-en-Laye　323, 662, 663, 985
サン＝ジャン＝ダークル（アッコン／アクレ Acre）　Saint-Jean-d'Acre　52, 196, 211, 234, 237, 246, 256, 355, 546, 595, 597, 606, 684, 685, 689, 813, 821, 919, 964, 1017, 1094, 1105, 1120, 1149, 1151
サン＝ジャン＝ダンジェリ　Saint-Jean-d'Angély　123, 184
サン＝ジュレ　Saint-Gelais　186
サン＝ジル　Saint-Gilles　130, 131, 206, 262, 265, 270, 311, 312, 669
サン＝タフェール　Saint-Affaire　186
サン＝タムール　Saint-Amour　261
サン＝テミリオン　Saint-Émilion　185
サン＝トーバン＝デュ＝コルミエ　Saint-Aubin-du-Cormier　129
サン＝ドニ　Saint-Denis　22, 42, 43, 45, 48, 85,

Saint-Georges 356, 832
ヴィルヌーヴ＝ラルシュヴェーク Villeneuve-l'Archevêque 176, 722, 987
ヴィルヌーヴ＝ル＝ロワ Villeneuve-le-Roi 832
ヴーヴァン Vouvant 191
ヴェクサン Vexin 987
ウェストミンスター Westminster 315, 533
ヴェズレー Vézelay 202, 356, 400, 668, 669
ヴェネツィア Venise 174-6, 208, 210, 214, 300
ヴェルヴァン Vervins 666
ヴェルチェッリ Verceil 366
ヴェルノン Vernon 88, 663, 664, 790, 792, 985, 1113
ヴェルマンドワ Vermandois 85, 271, 869, 1025
ヴォ＝ド＝セルネー（シトー会修道院） Vaux de Cernay (abbaye) 931
ヴォークールール Vaucouleurs 200, 538
ヴォルイニ Volhynie 61
ヴォルガ河 Volga 687
ウクライナ Ukraine 54, 181
ウルヘル Urgel 310
ウルミア湖 Ourmiah (lac d') 689

エヴルー Évreux 410, 411, 828
エーグ＝モルト Aigues-Mortes 131, 190, 206, 209-14, 226, 229, 231, 257, 262, 354-6, 466, 541, 558, 668, 669, 718, 865, 915, 1073
エーゲ海 Égée（mer） 331
エクス＝アン＝プロヴァンス Aix-en-Provence 262, 668
エクス＝ラ＝シャペル（アーヘン） Aix-la-Chapelle 158, 314, 337
エジプト Égypte 24, 41, 52, 57, 109, 174, 198, 208, 209, 218, 223-5, 230, 231, 234, 237, 353, 354, 356, 387, 407, 463, 466, 468, 491, 504, 506, 512, 545, 564, 571, 573, 579, 585, 586, 589, 606, 631, 660, 677, 679-82, 690-4, 700, 741, 768, 781, 783, 797, 821, 838, 909, 910, 919, 975, 987, 999, 1000-3, 1071, 1094, 1096, 1097, 1104, 1106, 1108, 1109, 1120, 1142, 1144, 1146, 1147, 1149, 1150
エダン Hesdin 913
エタンプ Étampes 665
エノー Hainaut 307-9, 331, 656, 1079
エペイロス Épire 331
エルサレム Jérusalem 52, 58, 62, 66, 130, 142, 174, 176, 192, 194-7, 204, 206, 210, 223-5, 231, 237, 243, 246, 254, 325, 352, 358, 410, 465, 491, 493, 597, 624, 672, 688-90, 762, 1067, 1135, 1147, 1149, 1150

オーヴェルニュ Auvergne 85, 99, 119, 123, 184, 330, 551, 668, 913, 1025
オーセール Auxerre 356, 400, 558, 561
オートゥイユ Auteuil 663
オーニス Aunis 123, 184
オクシタニア Occitanie 131
オソーナ Osona 310
オックスフォード Oxford 54, 314, 321, 322
オックスフォード大学 Oxford (université d') 138
オルヴィエート Orvieto 365, 369, 674, 811, 818, 825
オルリー Orly 832
オルレアネ Orléanais 113, 135, 869, 987
オルレアン Orléans 83, 85, 124, 137, 138, 140, 240, 271, 304, 317, 665, 666, 863, 869, 881, 915
オワーズ川 Oise (l') 663, 664

（カ・ガ行）

カーン Caen 401, 1025
カイロ Caire (le) 238, 681, 682, 1144, 1149, 1150
カエサレア Césarée 244, 562, 602, 687, 688, 693, 694, 760, 763, 812, 813, 821
カオール Cahors 70, 130, 298, 315, 526, 533, 541
ガザ Gaza 197
ガスコーニュ Gascogne 188, 312, 313, 315, 318
カスティリア Castille 80, 535
カタルーニャ Catalogne 80, 213, 310
カディス Cadix 51
ガティネ Gâtinais 665

索引・地名

（ア行）

アイルランド　Irlande　808
アヴィニョネ　Avignonet　189
アヴィニョン　Avignon　99, 100, 123, 131, 206, 537, 551, 668, 917
アヴランシュ　Avranches　129
アキテーヌ　Aquitaine　71, 90, 313, 434
アグド　Agde　131
アジア　Asie　244
アジャン　Agen　130
アジュネ　Agenais　312, 314, 315, 318, 1025
アッコン（アクレ）　Acre：サン＝ジャン＝ダークル Saint-Jean-d'Acre を見よ
アナトリア　Anatolie　208
アニエール＝シュル＝オワーズ　Asnières-sur-Oise　148, 663
アブヴィール　Abbevillc　655
アフリカ　Afrique　59, 211, 213, 224, 364, 694
アマルフィ　Amalfi　213, 210
アミアン　Amiens　64, 83, 84, 144, 180, 319–22, 398, 655, 716, 857
アミエノワ　Amiénois　85
アラゴン　Aragon　80, 206, 214, 216, 310, 311, 817, 818, 844, 845
アルシーラ　Alcira　312
アルトワ　Artois　82, 85, 168, 275, 913, 1073
アルビ　Albi　130, 190, 1025
アルマニャック　Armagnac　189
アルル　Arles　130, 158, 185, 561, 917
アレクサンドリア　Alexandrie　174
アレス　Alès　215, 262
アレッポ　Alep　237, 690, 1150
アレマニア　Alémanie　340
アン　Ham　355
アンジェ　Angers　123, 128, 138, 140
アンジュー　Anjou　85, 123, 128, 134, 166, 168, 214, 299, 312–5, 330, 548, 863, 869, 917, 1024
アンスニ　Ancenis　129
アンティオキア　Antioche　211, 683
アンデューズ　Anduze　189
アンプルダン　Amprudán　310

イエール　Hyères　47, 69, 198, 214, 257–9, 262, 547, 556, 561, 609, 668, 812, 948
イソワール　Issoire　262, 668
イタリア　Italie　78, 79, 81, 137, 142, 203, 207, 213, 300, 331, 343, 350, 351, 365, 366, 375, 399, 407, 420, 429, 454, 460, 509, 533, 556, 557, 564, 597, 842, 909, 915–8, 920, 1071, 1073
イッシー　Issy　832
イル＝ド＝フランス　Île-de-France　82, 85, 132, 135, 239, 281, 330, 411, 435, 552, 560, 638, 656, 662–6, 713, 717, 874, 901, 986, 1073, 1079, 1131
イングランド　Angleterre　188, 193, 216, 229, 241, 462, 464, 468, 469, 481, 482, 501, 533, 534, 539, 540, 548–51, 716, 817, 819, 841, 855, 910, 913, 920, 924, 949, 1036, 1054, 1096, 1131, 1142

ヴァランシエンヌ　Valenciennes　308
ヴァラントン　Valenton　832
ヴァル＝ダルクイユ　Val-d'Arcueil　832
ヴァレンシア　Valence　51, 312, 428
ヴァロワ　Valois　85, 933
ヴァンセンヌ　Vincennes　177, 262, 356, 598, 599, 656, 662–4, 668, 669, 758, 780, 812, 870, 874, 885, 887, 888, 987, 1134
ヴァンドーム　Vendôme　123, 124, 355
ウィーン　Vienne　54, 182
ヴィエンヌ　Vienne　356
ヴィテルボ　Viterbe　331, 365, 367, 1084
ヴィトー＝アン＝オソワ　Vitteaux-en-Auxois　202
ヴィトリー　Vitry　196
ヴィルヌーヴ＝サン＝ジョルジュ　Villeneuve-

ロベール二世　Robert II（ブルゴーニュ公 duc de Bourgogne，聖ルイの娘婿）［1272–1306］　933
ロベール　Robert（クレルモン伯 comte de Clermont，聖ルイの息子）［1256–1318］　327, 328, 462, 631, 932, 933
ロベール　Robert（ロベール・ダルトワの息子 fils de Robert d'Artois）　325
ロベール＝カペー家　Robertiens-Capétiens　39, 146, 338, 901
ロベール・ダルトワ　Robert d'Artois（アルトワ伯ロベール一世、聖ルイの弟）［1216–1250］　100, 111, 134, 148, 149, 160, 168, 176, 177, 185, 200, 202, 229, 234, 325, 468, 536, 544, 562, 563, 571, 586, 655, 702, 726, 821, 900, 901, 909, 912, 913, 920, 921, 1059, 1104–6, 1121, 1146
ロベール・ド・クールソン（枢機卿）　Robert de Courson, cardinal［1160–1219］　84, 839
ロベール・ド・ソルボン　Robert de Sorbon［1201–1274］　270, 599, 600, 731–4, 741, 742, 753, 756, 782–4, 859, 871, 950, 1094, 1128
ロベール・ド・ドゥエー　Robert de Douai（医者）　1094
ロベール・ド・ドゥルー　Robert de Dreux　134
ロベール・ル・ブーグル　Robert le Bougre　946, 997, 1013, 1136
ロマーノ（サン＝タンジェロの）　Romain de Saint-Ange（枢機卿ロマン・フランジパーニ cardinal Romain Frangipani）　126, 129, 461, 902
ロンバルディア人　Lombards　296–8, 840, 1023

118, 144, 145, 161, 368, 603, 728, 833, 1050
ランフランキーノ　LANFRANCHINO　1054

リゴール・ド・サン＝ドニ　RIGORD DE SAINT-DENIS［1160?–1206?］　421, 576, 705, 749, 1048
リチャード獅子心王　RICHARD CŒUR DE LION［1189–1199］　85, 158, 192, 207, 215, 231, 234, 236, 238, 244, 386, 573, 683, 1099
リチャード、コンウォールの　RICHARD DE CORNOUAILLES（ヘンリー三世の弟）［1209–1272］　124, 158, 183, 188, 196, 224, 314–5, 538, 539, 549, 923
リトアニア人　LITTUANIENS　61, 80
リモージュ副伯　LIMOGES, vicomte de　1011
リュジニャン家　LUSIGNAN　207, 231, 679
リュトブフ　RUTEBEUF（一三世紀の詩人）［?–1285?］　252, 354, 712, 741, 914, 933, 1040, 1138

ル・ナン・ド・ティーユモン　LE NAIN DE TILLEMONT（ジャンセニスト、歴史家）［1637–1698］　166, 227, 229, 295, 742, 930
ルイ一世敬虔帝　LOUIS Ier LE PIEUX［814–840］　96, 499
ルイ二世吃声王　LOUIS II LE BÈGUE［877–879］　338
ルイ三世　LOUIS III［879–882］　338, 340
ルイ六世肥満王　LOUIS VI LE GROS［1108–1137］　39, 40, 43, 141, 338, 340, 342, 346, 386, 421, 571, 659, 717, 932, 1048, 1053, 1099, 1133
ルイ七世　LOUIS VII［1137–1180］　39, 40, 85, 90, 92, 101, 113, 123, 147, 196, 202, 206, 222, 313, 338, 340, 386, 421, 424, 575, 576, 590, 665, 706, 717, 721, 902, 1053
ルイ八世　LOUIS VIII［1223–1226］　38–40, 43, 44, 48, 71, 90–4, 96–105, 111–8, 120–3, 126, 129, 131, 133, 134, 143, 146–8, 160, 167, 184, 188, 190, 196, 206, 214, 246, 313, 327, 330, 332, 376, 386, 489, 524, 536–9, 543, 551, 726, 785, 804, 820, 822, 860, 878, 893, 895, 899–902, 910, 913, 915, 916, 930, 948, 1008, 1017, 1051, 1053, 1064, 1099, 1131
ルイ一〇世喧嘩王　LOUIS X LE HUTIN［1314–1316］　135, 584, 616, 797
ルイ一四世　LOUIS XIV［1643–1715］　312, 656, 1054, 1137
ルイ（聖ルイの息子）　LOUIS（fils de Saint Louis）［1244–1260］　39, 171, 242, 271, 314, 326, 327, 341, 437, 462, 465, 517, 738, 931–3, 1105
ルイ（聖）（トゥールーズの司教）　LOUIS (saint), évêque DE TOULOUSE［?–1297］　403, 1078
ルノー（ブーローニュ伯）　RENAUD, comte DE BOULOGNE　122
ルノー（ポンの領主）　RENAUD, seigneur DE PONS　187
ルノー・ド・トゥリー　RENAUD DE TRIE　965

レーモン六世　RAIMOND VI（トゥールーズ伯 comte DE TOULOUSE）［1194–1222］　71, 129, 135, 311, 395
レーモン七世　RAIMOND VII（トゥールーズ伯 comte DE TOULOUSE）［1222–1249］　93, 99, 129, 130, 135, 138, 158, 161, 184–6, 189–90, 229, 238, 249, 330, 539, 668, 903, 913, 915, 1131
レーモン・トランカヴェル（ベジエ副伯）　RAYMOND TRENCAVEL, vicomte DE BÉZIERS　131, 189, 915, 1131
レーモン・ベレンガール三世　RAIMOND BÉRENGER III（プロヴァンス伯）［1162–1166］　311
レーモン・ベレンガール五世　RAIMOND BÉRENGER V（プロヴァンス伯）［1209–1245］　158–60, 313, 330, 916, 923
レオナン　LÉONIN（音楽家）　713

ロジェ・ド・クレリュー　ROGER DE CLÉRIEU　228
ロジャー・ウェンドーヴァー　ROGER WENDOVER　118, 534, 537, 538, 551, 552
ロジャー・ベーコン　ROGER BACON［1214–1294］　54, 55, 1028
ロベール二世敬虔王　ROBERT II LE PIEUX（フランス王）［996–1031］　39, 45, 338, 340, 341, 480, 573–5, 577, 659, 749, 766, 808, 901, 1048, 1067, 1133

671, 917, 918

ミカエル八世パラエオログス　Michel VIII Paléologue（ビザンツ皇帝）［1261–1282］　51, 213, 331
ミロン・ド・ナントゥイユ　Milon de Nanteuil　143, 144

鞭打苦行者　Flagellants　74, 556

メートル・ド・オングリー（ハンガリーの親方）　Maître de Hongrie　240, 241, 243
メール・ベン・シメオン・ド・ナルボンヌ　Meir Ben Simeon de Narbonne　1019
メネストレル（ポワティエ伯の）　Ménestrel du comte de Poitiers　579, 782
メネストレル・ド・ランス　Ménestrel de Reims　104, 127, 460–3, 465–72
メルキゼデク　Melchisédech　153, 497, 721
メルセス会士（慈悲救済会士）　Mercédaires　1108
メロヴィング王朝、（王）家、（諸）王　Mérovingiens　40, 95, 96, 206, 335–7, 339, 347, 421, 422, 499, 663, 664, 706, 708, 722, 901, 1057, 1072

モーセ　Moïse　478, 484, 487, 498, 512
モンゴル人　Mongols　52–9, 61, 181, 196, 211, 244, 687–9
モンフォール伯　comte de Monfort　801

（ヤ行）

ヤコポ・ダ・ヴァラッツェ　Jacques de Voragine（Jacopo da Varraze）　676, 781
山の老人　Vieux de la Montagne　440, 681–6

ユーグ四世　Hugues IV（ブルゴーニュ公，duc de Bourgogne）［1218–1272］　111, 161, 210, 782
ユーグ一〇世（リュジニャンの）　Hugues X de Lusignan（ユーグ・ル・ブラン　Hugues le Brun，ラ・マルシュ伯［1226］，comte de la Marche）　100, 123, 128, 161, 168, 183–8, 329, 437, 463, 537, 539, 921, 1011
ユーグ一一世（リュジニャンの）　Hugues XI de Lusignan（ラ・マルシュ伯　comte de la Marche，ユーグ一〇世の息子）　184, 186, 187, 329, 921
ユーグ　Hugues（アンリ一世の弟）　39
ユーグ（フェルテ＝ベルナールの）　Hugues de la Ferté-Bernard　104, 106
ユーグ・カペー　Hugues Capet［987–996］　45, 94, 96, 124, 141, 146, 206, 310, 338–40, 573, 664, 706, 878, 932, 1047, 1067, 1099
ユーグ・ダルシ　Hugues d'Archis　190
ユーグ・ド・サン＝ヴィクトール　Hugues de Saint-Victor［?–1141］　569, 764, 765, 848, 967
ユーグ・ド・ディーニュまたはド・バルジョル（托鉢修道士）　Hugues de Digne ou de Barjols（frère）　26, 198, 258–61, 277, 389, 557, 561, 562, 668, 703, 812, 814, 948, 1002
ユダヤ人　Juifs　133, 216, 218, 219, 240, 251, 267–9, 273, 296–8, 353, 354, 392, 407, 476, 526, 541, 548, 650, 736, 839, 840, 847, 864, 872, 892, 914, 990, 994, 995, 997, 1005–26, 1028, 1029, 1054, 1130, 1135, 1136, 1138

ヨアキム（フィオーレの）　Joachim de Flore［1130?–1202］　69, 74, 75, 194, 258, 557, 562, 565
ヨシヤ　Josias　26, 405, 483, 485–92, 505, 511, 569, 574, 575, 578, 897, 1066
ヨハネス（祭司）　Jean (prêtre)　688
ヨランド　Yolande（ピエール・ド・クールトネーの妻、ボードゥアン二世の母）　178
ヨランド　Yolande（ブルターニュ伯ピエール・モークレールの娘）　123, 134, 184

（ラ行）

ラウール・グロスパルミ　Raoul Grosparmi　270
ラドゥルフス　Radulfus（ロワイヨーモン修道院長？）　734
ラモン・リュル　Raymond Lulle（カタルーニャの福者、詩人）［1235–1315］　211
ランス大司教　Reims, archevêque de　101, 103,

［1204–1205］　51, 171
ボードゥアン二世・ド・クールトネー、ラテン帝国皇帝　BAUDOUIN II DE COURTENAY, empereur latin d'Orient［1240–1261］　51, 171–5, 178, 307, 655
ボードゥアン・ダヴェーヌ（フランドルのマルグリット女伯の息子）エノー伯　BAUDOUIN D'AVESNES, comte DE HAINAUT［1213–1289］　111, 307, 309
ホーヘンシュタウフェン家　HOHENSTAUFEN　142
ポール・クレティアン　PAUL CHRÉTIEN（改宗したユダヤ教徒）　1017
ボナヴェントゥーラ（聖）（ジョヴァンニ・ディ・フィダンツア）　BONAVENTURE　(saint)［1221–1274］　73, 259, 260, 415, 454, 455, 459, 509, 733, 740, 765, 948, 958
ボニファティウス八世、教皇（ベネデット・カエターニ）　BONIFACE　VIII, pape　(BENOÎT CAETANI)［1294–1303］　119, 145, 369–72, 375, 478, 479, 484, 553, 565, 584, 585, 674, 779, 780, 810, 811, 815, 818, 824, 825, 838, 873, 899, 965, 971, 996, 1022, 1046, 1059, 1067, 1070, 1071, 1075, 1082, 1084, 1096, 1098, 1100, 1104, 1109, 1116, 1123
ホノリウス三世、教皇　HONORIUS　III, pape［1216–1227］　79, 121, 136, 137, 143, 145, 183, 869
ホノリウス四世、教皇　HONORIUS　IV, pape［1285–1287］　369
ホラズム（フワーリズム）トルコ人　TURCS KHÄREZMIENS　53, 196, 197
ホラント伯　HOLLANDE, comte de　308, 309
ポルトガル人　PORTUGAIS　51
ポワシー大助祭　POISSY, archidiacre de　1023
ポンス（聖ルイの馬係り）　PONCE　(écuyer de Saint Louis)　47
ボンヌヴァル修道院長　BONNEVAL, abbé de　1023

（マ行）

マシュー・パリス　MATTHIEU　PARIS［1200?–1259］　55, 118, 180, 182, 186, 195, 197, 203–5, 223, 229, 230, 239, 241, 262, 263, 320, 464, 468–72, 532–48, 550, 551, 557, 562, 564, 668, 686, 718, 801, 802, 821, 887, 913, 920, 923, 940, 947, 950, 963, 964, 993, 997, 1000–4, 1036, 1037, 1058, 1085, 1106
マッタティア　MATHATHIAS　483
マティユ・ド・ヴァンドーム（サン＝ドニ修道院長）　MATHIEU DE VENDÔME, abbé de Saint-Denis　［?–1286］　339, 354, 355, 362, 369, 422, 639, 865, 928
マティルド（ブラバントの）　MATHILDE DE BRABANT　913
マティルド・ダルトワ、クールトネーおよびヌヴェール女伯　MATHILDE D'ARTOIS,　comtesse DE COURTENAY et DE NEVERS　161
マムルーク朝　MAMELOUKS　52, 57, 352, 690
マリーン朝　MÉRINIDES　52
マリア（聖女）（マグダラの）　MARIE-MADELEINE（sainte）　262, 668, 676
マルグリット（聖ルイの娘）　Marguerite,　fille de Saint Louis［1254/55?–1271］　327, 462, 932, 933
マルグリット（フランドル女伯）　MARGUERITE, comtesse DE FLANDRE　［1244–1278］　111, 218, 306–9, 548
マルグリット・ド・プロヴァンス（レーモン・ベレンガール五世の娘、聖ルイの妻）　MARGUERITE DE PROVENCE,　épouse　de　Saint　Louis［1221–1295］　113, 158–66, 171, 209, 228, 236, 313, 327, 330, 356, 408, 413, 415, 451, 462, 503, 549, 610, 611, 639, 655, 662, 669, 738, 772, 773, 790, 906, 907, 911, 915, 917, 923–31, 949, 1059, 1062, 1091, 1104
マルクール（聖）　MARCOUL (saint)　1054
マルティヌス四世、教皇　MARTIN　IV,　pape［1281–1285］：シモン・モンプリ・ド・ブリー SIMON MONPRIS DE BRIE を見よ
マルティヌス（聖）（聖マルタン）　MARTIN (saint)［316–397］　108, 275, 282, 389, 525
マングー（憲宗）（モンゴルのカン）MONGKE khan　mongol［1251–1259］（グユクの後継者、クビライ・ハンの兄）　58, 689
マンフレディ（フリードリヒ二世の息子）　MANFRED, fils de Frédéric II［1231–1266］

1104, 1105, 1118, 1121, 1150
プランタジネット家　PLANTAGENÊTS　44, 45, 87, 91, 123, 344, 482, 512, 549, 666
フランチェスコ二世（シチリア王）　FRANÇOIS II, roi de Sicile［1859–1860］　375
フランチェスコ（聖）（アッシジの）　FRANÇOIS D'ASSISE (saint)［1182–1226］　22, 73, 74, 194, 211, 259, 399, 401, 404, 470, 504, 522, 556, 570, 628, 632, 634, 635, 679, 731, 750, 847, 936, 941, 946, 947, 964, 1042, 1046, 1083, 1092, 1124
フリードリヒ一世赤髭帝　FRÉDÉRIC Ier BARBEROUSSE［1152–1190］　95, 192, 202, 209, 441, 478
フリードリヒ二世　FRÉDÉRIC II［1212–1250］　18, 52, 56, 77–9, 81, 82, 141, 142, 145, 175, 185, 188, 190, 192–4, 199–205, 215, 216, 222, 228, 231, 300, 307, 310, 322, 329, 331, 351, 429, 440, 535, 538, 543, 558, 563, 639, 671, 672, 782, 818, 913, 917, 921, 964, 987, 992, 1137, 1138, 1147
プリマ（サン＝ドニの修道士）　PRIMAT, moine de Saint-Denis　42, 97, 318, 364, 423, 424, 428, 638, 696, 704–6, 709, 995
ブルガリア人　BULGARES　50
ブルゴーニュ公　BOURGOGNE, duc DE　1011, 1051
プレモントレ会、修道士　PRÉMONTRÉS　202, 399
フローラン・ド・ヴレンヌ　FLORENT DE VERENNES　355
プロシア人　PRUSSIENS　61, 80, 194

ベアトリス（レーモン・ベレンガール五世の妻）　BÉATRICE　802, 923
ベアトリスまたはベアトリクス（レーモン・ベレンガール五世の娘、シャルル・ダンジューの妻）　BÉATRICE ou BÉATRIX　159, 214, 229, 313, 330, 549, 802, 917, 923, 924
ベジエ司教　BÉZIERS, évêque de　227
ベドウィン　BÉDOUINS　680, 681
ペドロ二世（アラゴン王）　PIERRE II D'ARAGON［1196–1213］　304, 311, 844
ベネディクト修道会、士（伝統的修道士）　BÉNÉDICTINS　22, 552, 718, 801, 947, 993, 1036
ベネディクトゥス（ポーランドの）　BENOÎT DE POLOGNE　461, 483, 533, 542, 687
ベネデット・カエターニ　BENOÎT CAETANI：ボニファティウス八世 BONIFACE VIII を見よ
ペパン三世短躯王　PÉPIN III LE BREF［751–768］　337, 338, 340, 341, 421, 476, 1054
ベルト（ペパン三世短躯王の妻）　BERTHE, épouse de PÉPIN III LE BREF［?–783］　338, 340, 341
ベルトラン・ド・ゴ　BERTRAND DE GOT：クレメンス五世（CLÉMENT V）を見よ
ベルナール、オーセール司教　BERNARD, évêque d'Auxerre　176
ベルナール（聖）（聖ベルナルドゥス）　BERNARD (saint)［1090–1153］　69, 167, 196, 326, 586, 623, 624, 1083
ベルナール・アトン　BERNARD ATON　131
ペロタン（一三世紀の作曲家）　PÉROTIN (musicien)　713, 715
ヘンリー二世（イングランドの）　HENRI II D'ANGLETERRE［1154–1189］　78, 90, 109, 123, 135, 169, 312, 313, 481, 482, 512, 571, 572, 575, 576, 601, 670
ヘンリー三世（イングランドの）　HENRI III D'ANGLETERRE［1216–1272］　78, 115, 123, 124, 128, 138, 158, 159, 183–90, 201, 281, 301, 313–5, 317–22, 326, 344, 392, 453, 462, 463, 521, 535, 537, 539, 547–51, 561, 572, 655, 659, 666, 667, 671, 702, 716, 718, 801, 802, 819, 820, 857, 887, 910, 923, 924, 964, 1036, 1037, 1054, 1058, 1063, 1106

ボエモン、アンティオキア領邦君主　BOHÉMOND, prince d'Antioche［1057?–1111］　206
ボーヴェ司教　BEAUVAIS, évêque de　143–6, 461, 833
ホーコン四世、ノルウェー王　HAAKON IV, roi de Norvège［1217–1263］　533, 534
ホーコン・マグヌソン五世、ノルウェー王　HAAKON V MAGNUSSON, roi de Norvège［1299–1319］　373, 533, 534
ボードゥアン一世ブーローニュ伯、エルサレム王　BAUDOUIN Ier, comte DE BOULOGNE, roi de Jérusalem［1100–1118］　223
ボードゥアン一世、ラテン帝国皇帝（フランドルのボードゥアン九世）　BAUDOUIN Ier, empereur latin d'Orient (BAUDOUIN IX DE FLANDRE)

486, 503, 516, 518, 521, 526, 529, 564, 569, 585, 595, 622, 655, 658, 659, 702, 704, 707, 753, 756, 759, 767, 782, 817, 822, 857, 870, 895, 910, 911, 919, 927, 928, 931–3, 935, 938, 951, 1059, 1071, 1084, 1091, 1094
フィリップ四世端麗王　PHILIPPE IV LE BEL［1285–1314］　17, 97, 126, 145, 271, 294, 297, 319, 355, 369–73, 384, 386, 425, 428, 569, 584, 585, 595, 601, 614, 622, 641, 642, 664, 669, 697, 724, 740, 782, 845, 852, 869, 888, 1022, 1039, 1067, 1038
フィリップ五世長身王　PHILIPPE V LE LONG［1316–1322］　329
フィリップ六世（ヴァロワ家の）　PHILIPPE VI DE VALOIS［1328–1350］　319
フィリップ（ルイ六世の息子、ルイ七世の兄弟）　PHILIPPE　39, 43, 338, 340, 571
フィリップ（聖ルイの兄）PHILIPPE［1209–1218］　39, 40, 43, 895, 900
フィリップ征服王　PHILIPPE LE CONQUÉRANT：フィリップ尊厳王 PHILIPPE AUGUSTE を見よ
フィリップ・ダゴベール（聖ルイの弟）　PHILIPPE DAGOBERT［1222–1235/32～4?］　134, 149, 341, 900, 901
フィリップ・ド・サヴォワ　PHILIPPE DE SAVOIE（リヨン大司教 archevêque de Lyon）　916
フィリップ・ド・トゥシー　PHILIPPE DE TOUCY　694
フィリップ・ド・ヌムール　PHILIPPE DE NEMOURS　596, 780, 966, 967
フィリップ・ド・ボーマノワール　PHILIPPE DE BEAUMANOIR［1246–1296］　111, 281, 747, 835, 857, 869, 881
フィリップ・ムスケ（あるいはムスケス）　PHILIPPE MOUSKET (ou MOUSKÈS)　100, 118
フィリップ・ユルペル（逆毛の）ブーローニュ伯　PHILIPPE HUREPEL (LE HÉRISSÉ), comte DE BOULOGNE［1201?–1234］　99, 100, 104, 121–4, 126, 129, 134, 894, 911, 919
フーク・ペネル　FOUQUES PESNEL　129
フェルナンド三世（カスティリアの）　FERDINAND III DE CASTILLE［1217–1252］　80, 535, 902, 1085
フェルナンド（カスティリアの）（聖ルイの娘婿）　FERDINAND DE CASTILLE　408, 413, 933
フェルランド（フランドルの、またはポルトガルの）フランドル伯　FERRAND DE FLANDRE (ou de Portugal) comte DE FLANDRE　97, 100, 122, 126, 129, 134, 307
ブシャール・ダヴェーヌ　BOUCHARD D'AVESNES　307
フラグ、モンゴルのカン　HÜLEGÜ, khan mongol［1218?–1265］　58, 59, 322, 352, 689, 690
ブラバント（公）　duc DE BRABANT　462
プランカルピーノ（ジョヴァンニ）（托鉢修道士）　PLANCARPIN (JEAN DE PIANO DI CARPINO) (frère)［1182–1251］　687, 688
フランシスコ会厳修派　SPIRITUELS　258
フランシスコ修道会、士　FRANCISCAINS　22, 69, 73, 76, 194, 202, 211, 216, 257, 258, 259, 270, 329, 367, 399, 401, 403, 413, 418, 455, 456, 509, 527, 555–9, 561, 668, 679, 687, 689, 717, 731, 751, 753, 755, 790, 799–801, 812, 824, 847, 884, 934, 936, 938, 946–9, 957, 985, 1002, 1003, 1028, 1034, 1039, 1041, 1059, 1063, 1078, 1093, 1098, 1101
ブランシュ（聖ルイの娘）　BLANCHE［1240–1243］　171, 327, 341, 343, 346, 450, 463, 930, 932
ブランシュ（聖ルイのもう一人の娘）　BLANCHE［1253–1323］　327, 329, 405, 409, 413, 462, 611, 641, 911, 933, 934, 975
ブランシュ（ロベール・ダルトワの娘）　BLANCHE　328
ブランシュ・ド・カスティーユ（カスティリア王アルフォンソ八世の娘。ルイ八世の妻。聖ルイの母）　BLANCHE DE CASTILLE［1188–1252］　24, 38–40, 43, 55, 86, 102–5, 112–7, 120, 124–7, 129, 133, 135, 138, 139, 144, 147, 150, 156, 160, 169, 170, 172, 175, 176, 183, 189, 190, 194–6, 202, 203, 205, 224–6, 230, 238–41, 254, 308, 325, 329, 330, 340, 401, 405, 411, 461, 465, 466, 468, 471, 489, 517, 536–8, 544, 552, 610, 640, 662, 663, 667, 670, 697, 722, 725, 726, 741, 770–3, 838, 865–7, 877, 880, 894, 897–908, 912, 913, 921, 922, 924–30, 932, 936, 960, 969, 971, 994, 1011, 1013, 1015, 1016, 1018, 1036, 1037,

ハインリヒ（ケルンの） HENRI DE COLOGNE 1016
ハインリヒ（フリードリヒ二世の息子） HENRI ［1211–1242］ 142
ハドリアヌス五世、教皇 HADRIEN V, pape：フィエスキ FIESCHI を見よ
ハフス朝 HAFSIDES 52
バルテルミー・ド・ロワ BARTHÉLEMY DE ROYE 100, 104, 133, 160

ピエール（アランソン伯） PIERRE, comte d'Alençon（聖ルイの息子）［1251–1284］ 171, 327, 329, 359, 369, 410, 462, 463, 585, 911, 932–4, 972
ピエール・シャルロ PIERRE CHARLOT,（ノワイヨン司教、フィリップ尊厳王の庶子） évêque de Noyon ［1205?–1249?］ 40, 96, 121, 894, 932
ピエール・ダヴァロン PIERRE D'AVALLON 251
ピエール・ド・ヴィルベオン PIERRE DE VILLEBÉON（聖ルイの礼拝堂付き司祭）（chapelain de Saint Louis） 365
ピエール・ド・クールトネー二世（ラテン皇帝） PIERRE II DE COURTENAY, empereur latin d'Orient ［1216–1217］ 171, 178, 932
ピエール・ド・コルベイユ（サンス大司教） PIERRE DE CORBEIL 76
ピエール・ド・コルミュー PIERRE DE COLMIEU 145
ピエール・ド・シャンブリー PIERRE DE CHAMBLY 410
ピエール・ド・フォンテーヌ PIERRE DE FONTAINES 271, 747, 869, 888
ピエール・ド・モネ（オーセール司教） PIERRE DE MONAY, évêque d'Auxerre 373
ピエール・ド・モントゥルイユ（建築家） PIERRE DE MONTREUIL (architecte) 720, 723, 726
ピエール・ド・ラ・ブロス PIERRE DE LA BROSSE 928
ピエール・ド・ラーン PIERRE DE LAON 1095
ピエール・モークレール、ブルターニュ伯 PIERRE MAUCLERC, comte DE BRETAGNE ［1187–1250］ 100, 123, 124, 128, 129, 134, 138, 168, 183, 184, 186, 427, 437, 1149
ピエール・ロンバール（医者） PIERRE LOMBARD (médecin) 1094
ピエール・ロンバール(パリ司教) PIERRE LOMBARD, évêque de Paris 1028
ピサ人 PISANS 229
ビザンツ人 BYZANTINS 50, 213, 235, 245
ヒューバート（バーグの） HUBERT DE BURGH 183

ファーティマ王朝 FATIMIDES 682
ファクルディン（ファクル・アル＝ディン、アミール） FACREDDIN (FAKHR AL-DIN), émir 1144
フィエスキ、オットボーノ（後の教皇ハドリアヌス五世［1276］） FIESCHI, OTTOBONO (pape, HADRIEN V) 259
フィオーレのシトー会修道院長 FIORE, abbé DE：フィオーレのヨアキム JOACHIM DE FLORE を見よ
フィリッパ、ヘルデルラント伯夫人 PHILIPPA, comtesse DE GUELDRE 1041
フィリップ一世 PHILIPPE Ier ［1060–1108］ 91, 102, 106, 112, 147, 169, 1048, 1053, 1099
フィリップ二世尊厳王、フィリップ・オーギュスト PHILIPPE II AUGUSTE ［1180–1223］ 17, 30, 38, 40, 41, 43–8, 71, 76, 78, 80, 81, 83–96, 99–102, 104, 112, 113, 121, 123, 125, 133, 136, 140, 143, 144, 160, 178, 183, 192, 196, 206, 209, 214, 222, 238, 246, 268, 275, 279, 280, 284, 285, 300, 313, 332, 345, 384, 386–8, 392, 421, 424, 446, 451, 468, 482, 507, 514, 524, 526, 538, 539, 549, 573, 576, 577, 580, 590, 659, 662, 664, 665, 671, 683, 704, 706, 724–6, 733, 746, 749, 751, 756, 782, 785, 804, 823, 825, 831–3, 846, 852, 855, 859, 860, 862–4, 869, 870, 874, 894, 896, 900–2, 915, 932, 977, 991, 994, 1008, 1009, 1012, 1017, 1023, 1048, 1051, 1053, 1056, 1064, 1067, 1099, 1131, 1133
フィリップ三世勇胆王（聖ルイの息子） PHILIPPE III LE HARDI ［1270–1285］ 39, 47, 111, 112, 171, 314, 318, 319, 323, 326–8, 350, 355, 362–9, 374, 386, 410, 423, 425, 426, 437, 438, 462, 465,

小さき兄弟の会（士） MINEURS：フランシスコ修道会、士 FANCISCAINS を見よ
チンギス・カン GENGIS KHAN (CINGGIS QAN)［1206–1227］ 52, 53, 56–8, 689

ディオニシウス（聖）（聖ドニ） DENIS (saint) 48, 139–41, 148, 154, 204, 336, 337, 342, 420, 432, 543, 577, 661, 672, 702, 873, 874, 972, 1123
ディオニュシオス・アレオパギタ DENYS L'ARÉOPAGITE（偽ディオニュシオス PSEUDO-DENYS） 154, 420, 430, 432, 513, 873
ティボー四世シャンパーニュ伯 THIBAUD IV, comte DE CHAMPAGNE（テオバルド一世ナヴァラ王 THIBAUD Ier, roi de Navarre）［1234–1253］） 100, 111, 124, 126, 129, 132–5, 168, 169, 196, 210, 224, 354, 551, 552, 667, 902, 1012
ティボー五世シャンパーニュ伯 THIBAUD V, comte DE CHAMPAGNE（テオバルド二世ナヴァラ王 THIBAUD II, roi de Navarre）［1253–1270］（聖ルイの娘婿） 67, 270, 328, 356, 365, 503, 550, 595, 725, 738, 753, 802, 859, 884, 933, 948, 1113
ティボー（聖）（聖テオバルドゥス） THIBAUD (saint) 930, 931, 939
テバルド・ヴィスコンティ（ピアツェンツァの） THEBALDO VISCONTI DE PLAISANCE：グレゴリウス一〇世 GRÉGOIRE X を見よ
テムジン TEMÜDJIN：チンギス・カン GENGIS KHAN を見よ
デュード（学士）（医者） DUDES, maître (médecin) 1082
テンプル騎士団 TEMPLIERS 87, 97, 167, 215, 234, 249, 354, 550, 684, 1150

ドゥース・ド・サルラ DOUCE DE SARLAT（レーモン・ベレンガール三世の妻） 311
ドゥースリーヌ DOUCELINE（ユーグ・ド・ディーニュの姉妹） 258
トマ・ド・カンタンプレ（托鉢修道士） THOMAS DE CANTIMPRÉ (frère) 417, 1042, 1043
トマス・アクィナス（聖） THOMAS D'AQUIN (saint)［1227–1274］ 415, 432, 503, 620, 639, 733, 735, 740, 830, 839, 845, 846, 868, 947, 955, 1064, 1065, 1101
ドミニクス（聖） DOMINIQUE (saint)［1172?–1221］ 73, 74, 399–401, 570, 731, 946
ドミニコ修道会、士 DOMINICAINS 22, 58, 73, 76, 173, 202, 216, 258, 261, 329, 354, 355, 372, 373, 399, 403, 404, 406, 407, 411, 418, 455, 456, 503, 527, 548, 657, 664, 679, 686, 687, 704, 717, 727, 731, 734–6, 739, 751, 753, 755, 765, 774, 787, 796, 934, 938, 946–9, 955–7, 980, 985, 1013, 1015–7, 1034, 1039, 1042, 1058, 1065, 1093, 1109, 1123
ドミンゴ（カラルエーガの） DOMINIQUE DE CALARUEGA，ドミニクス（聖） DOMINIQUE (saint) を見よ
ドミンゴ・デ・グズマン DOMINGO DE GUZMAN：ドミニクス（聖） DOMINIQUE (saint)を見よ
トランカヴェル家 TRENCAVEL, famille 311：レーモン・トランカヴェル RAYMOND TRENCAVEL も見よ
トルコ人 Turcs 52, 157, 196

（ナ行）

ナンティルド NANTHILDE 337

ニコラ・ド・ソワジ NICOLAS DE SOISI 257
ニコラ・ドナン・ド・ラ・ロシェル NICOLAS DONIN DE LA ROCHELLE 1015, 1028
ニコラウス三世、教皇 NICOLAS III, pape［1277–1280］ 368, 1082, 1083
ニコラウス四世、教皇 NICOLAS IV, pape［1288–1292］ 369

ノルマン人 NORMANDS 207, 246, 300

（ハ・バ・パ行）

バール＝ル＝デュック伯 BAR-LE-DUC, comte DE 1011
バイバルス（スルタン） BAÏBARS, sultan 52, 352
ハイメ一世（アラゴン王） JACQUES Ier, roi d'Aragon (JAIME Ier) 159, 311, 312, 355, 655, 916, 933, 1063

357, 359, 363, 364, 367, 402, 404-8, 415, 436, 439, 478, 487-90, 574, 635, 636, 674, 755, 759, 766, 768, 774, 787, 789, 862, 897, 900, 934, 938, 947, 948, 957, 960, 961, 970, 972, 979, 988, 1004, 1021, 1032, 1058, 1066, 1070, 1074, 1092, 1103, 1105, 1110, 1111, 1114, 1122
ジョフロワ・ド・ランコン　GEOFFROY DE RANCON　188
ジョワンヴィル、ジャン・ド　JOINVILLE, JEAN DE［1225–1317］　21, 31, 41, 47, 58, 65, 66, 124, 128, 146, 147, 149, 167-70, 191, 195, 208, 209, 214, 227, 229, 231, 232, 234-6, 244, 246, 248, 251, 252, 256, 259-63, 270, 272, 283, 285, 287, 290, 315-7, 325, 410, 455, 464, 466, 467, 470-2, 489, 517, 518, 523, 524, 547, 562, 571, 572, 584-607, 609-16, 618, 624, 631-4, 643, 666, 668, 672, 674, 677, 681, 684-6, 690, 691, 698, 717, 731-3, 750-61, 768-72, 779, 780, 782, 783, 784, 797, 798, 812, 816, 817, 821, 825, 831, 856, 859, 871, 881, 887, 888, 896, 905, 906, 919, 925-8, 935, 941, 952-4, 959, 960, 964, 965, 967, 970-2, 982, 984, 985, 987, 988, 991, 997, 998, 1022, 1030, 1032, 1042, 1059-62, 1083, 1089, 1096-8, 1101, 1111, 1118, 1120, 1121, 1123, 1128, 1130, 1133, 1134, 1142
ジョン欠地王（イングランド王）　JEAN SANS TERRE (roi d'Angleterre)［1167–1216］　41, 78, 110, 124, 183, 184, 313, 314, 468, 472
ジョン（ソールズベリーの）　JEAN DE SALISBURY［1115–1180］　43, 82, 108-10, 114, 435, 483, 501, 504, 507-9, 511, 621, 740, 878, 898, 1063, 1064
ジル（托鉢修道士）　GILLES (frère)　211
ジル・コロンナ　GILLES COLONNA（ブールジュ大司教 archevêque de Bourges）（ローマのジル）GILLES DE ROME［1243–1316］　717
ジル・ド・パリ　GILLES DE PARIS［1162–1220?］　578, 804
ジル・ド・フラジー　GILLES DE FLAGY　165
ジル・ド・レシーヌ　GILLES DE LESSINES　839
ジル・ル・ブラン　GILLES LE BRUN　292, 295, 612, 613
ジルベール（またはギベール）・ド・トゥールネ（托鉢修道士）　GILBERT (ou GUIBERT) DE TOURNAI (frère)　503-12, 631, 633, 765, 848, 949, 1063
白外套会の托鉢修道士　BLANCS-MANTEAUX (frères des)　169, 991
ジロン・ド・ランス　GILON DE REIMS　436
ジンギス・ハン　GENGIS KAHN：チンギス・カン CINGGIS QAN を見よ　689

聖アウグスティヌス隠修士会　ERMITES DE SAINT-AUGUSTIN：アウグスティヌス（托鉢）修道会 AUGUSTINS を見よ
聖十字架会（の托鉢修道士）　SAINTE-CROIX (frères de la)　991
説教師会修道士　PRÊCHEURS：ドミニコ修道会、士 DOMINICAINS を見よ
セルジューク・トルコ人　TURCS SELDJOUKIDES　50, 682
セルビア人　SERBES　50

ソロモン王　SALOMON［~972–~932］　109, 706, 742, 817, 818, 877, 897
ソワソン司教　SOISSONS, évêque de　1057

（タ、ダ行）

托鉢修道士　MENDIANTS (frères)　25, 26, 59, 70, 72-5, 140, 147, 153, 194, 202, 211, 258, 260, 261, 270, 354, 399, 400, 403, 407, 410, 417, 420, 457, 458, 522, 548, 559-61, 564, 628, 679, 701, 727, 731, 733, 741, 746, 753, 755, 759, 761, 765, 786, 787, 803, 820, 824-6, 830, 833, 846, 847, 862, 872, 873, 922, 934, 945-50, 956, 973-5, 978, 979, 984, 991, 996, 1013, 1015, 1016, 1021, 1039, 1040, 1058, 1067, 1068, 1091, 1102, 1129, 1132, 1135, 1138
ダゴベルト，フランク王　DAGOBERT［629–639］　337-9, 345, 349, 421, 640, 823
タタール人　TARTARES　54-8, 61, 66, 182, 194, 437, 538, 688, 1122, 1125
ダビデ　DAVID［~1000–~972］　414, 476-8, 480-6, 488, 489, 491, 493, 496, 500, 511, 545, 563, 573-5, 706, 721, 722, 726, 897
ダンピエール家　DAMPIERRE, famille　218, 306-9

シャルルあるいはシャルロ CHARLES ou CHARLOT : ピエール・シャルロ PIERRE CHARLOT を見よ
シャルル・ダンジュー（聖ルイの弟、プロヴァンス伯、ナポリ・シチリア王） CHARLES D'ANJOU, comte DE PROVENCE, roi de Naples et de Sicile［1226/7?–1285］ 111, 120, 134, 148, 149, 159, 168, 213, 214, 229, 237, 238, 257, 295, 308, 313–5, 330, 331, 352, 362, 363, 369, 410, 416, 437, 549, 561, 563, 572, 606, 655, 668, 670, 702, 822, 863, 870, 900, 901, 909–14, 916–9, 923, 928, 933, 1071, 1078, 1084, 1147, 1150
シャルル・マルテル CHARLES MARTEL ［668?–741］ 206, 337–40, 349, 421, 446
シャルルマーニュ（カール大帝） CHARLEMAGNE ［768–814］ 54, 63, 95–8, 196, 198, 337–40, 349, 422, 477, 485, 507, 511, 513, 543, 550, 571, 578, 581, 706, 801, 804, 805, 823, 878, 880, 894, 895, 897, 901, 1052, 1057, 1064, 1131, 1133
ジャン一世ブラバント公（聖ルイの娘婿）JEAN Ier, duc DE BRABANT［1267–1294］ 933
ジャン一世赤毛伯、ブルターニュ伯 JEAN Ier LE ROUX, comte DE BRETAGNE［1221–1286］ 111, 427, 437, 813
ジャン（聖ルイの弟） JEAN, frère de Saint Louis［1219–1227/32?］ 123, 134, 149, 900
ジャン（聖ルイの息子） JEAN, fils de Saint Louis［1247–1248］ 171, 327, 341, 462, 463, 933
ジャン（サン＝ヴィクトール律修参事会長） JEAN, abbé de Saint-Victor 147
ジャン・サラザン JEAN SARRASIN 391, 965
ジャン・ダークル JEAN D'ACRE 410
ジャン・ダヴェーヌ（フランドルのマルグリット女伯の息子） JEAN D'AVESNES, fils de la comtesse Marguerite de Flandre 111, 308
ジャン・ド・サモワ JEAN DE SAMOIS 236, 585
ジャン・ド・ドゥルー JEAN DE DREUX 168
ジャン・ド・ネール、ソワソン伯 JEAN DE NESLE, comte DE SOISSONS 100, 104, 133, 160, 169, 1012, 1149
ジャン・ド・パルム（托鉢修道士） JEAN DE PARME (frère) 258, 259, 560, 561, 800
ジャン・ド・ブリエンヌ（エルサレム王およびラテン帝国皇帝） JEAN DE BRIENNE, roi de Jérusalem et empereur latin d'Orient ［1148?–1237］ 52, 172, 223, 225, 231
ジャン・ド・ボーモン JEAN DE BEAUMONT 251
ジャン・ド・マン JEAN DE MEUNG［1250–1305］ 1040, 1065, 1138
ジャン・ド・モンス JEAN DE MONS 938, 947
ジャン・ド・モンリュソン JEAN DE MONTLUÇON 390
ジャン・ド・ラニー（托鉢修道士） JEHAN DE LAGNY (frère) 1082
ジャン・ド・リモージュ JEAN DE LIMOGES 503
ジャン・トリスタン（聖ルイの息子、ヌヴェール伯） JEAN TRISTAN, fils de Saint Louis,comte DE NEVERS［1250–1270］ 327, 329, 341, 343, 346, 350, 357, 359, 365, 463, 571, 610, 910, 911, 932–4, 1082, 1105
ジャンヌ（フィリップ・ユルペルの娘） JEANNE 919
ジャンヌ（フランドル・エノー女伯、ポルトガルのフェッランドの寡婦） JEANNE, comtesse DE FLANDRE et DE HAINAUT 161, 307, 366
ジャンヌ・ド・トゥールーズ（レーモン七世の娘、アルフォンス・ド・ポワティエの妻）［?–1271］ JEANNE DE TOULOUSE 130, 131, 135, 184, 318, 330, 911, 913, 915, 1093
ジャンヌ・ド・ナヴァール（フィリップ四世端麗王の妻） JEANNE DE NAVARRE［1273–1304］ 584, 591, 751
シュジェ（サン＝ドニ修道院長） SUGER, abbé de Saint-Denis［1081–1151］ 101, 113, 342, 346, 421, 481, 705, 717, 721, 1048, 1133
シュタウフェン家 STAUFEN 193
ジュルダン・ド・サクス（托鉢修道士） JOURDAIN DE SAXE (frère) 401
ジョヴァンニ（ピアノ・ディ・カルピーノの） JEAN DE PIANO DI CARPINO：プランカルピーノ PLANCARPIN を見よ
ジョフロワ・ド・ヴィレット GEOFFROI DE VILETTE 888
ジョフロワ・ド・ボーリュー GEOFFROY DE BEAULIEU ［?–1274?］ 108, 264, 270, 280, 283,

（サ・ザ行）

ザイヤーン朝（アブド・アルワード朝） ZIYANIDES 52
サウル SAÜL 476, 496, 505
サタン SATAN 482：悪魔 DIABLE も見よ
サムエル SAMUEL 479, 484, 498
サラセン人 SARRASINS 428, 440, 467, 544, 548, 562, 563, 585, 589, 597, 600–8, 610, 675, 680, 681, 683, 686, 688, 689, 728, 759, 953, 957, 966, 999, 1002–4, 1097, 1100, 1106, 1108, 1109, 1114, 1122, 1144–50：イスラム教徒 MUSULMANS も見よ
サラディン（サラーフ・アッディーン）（エジプト・シリアのスルタン） SALADIN, sultan d'Egypte et de Syrie 52, 196, 681, 682
サリムベーネ（パルマの）（托鉢修道士） SALIMBENE DE PARME (frère) 228, 259, 532, 555–8, 561–4, 643, 668, 799–801, 824, 884, 1058, 1129
サルタク（モンゴルのカン） SARTAQ, khan mongol［1255–1256］ 58, 244, 689
サレット SARRETE 1041
サン＝ヴィクトール律修参事会 SAINT-VICTOR (ordre de) 93
サン＝ポール伯 SAINT-PAUL, comte DE 1011
サンシーないしはサンシュ（レーモン・ベレンガール五世の娘、コーンウォールのリチャードの妻） SANCHIE ou SANCHE 158, 159, 313, 314, 549, 802, 923, 924

ジェノヴァ人 GÉNOIS 51, 210, 229, 355, 676, 915
ジェラール・ダブヴィール GÉRARD D'ABBEVILLE 303, 304, 733, 741, 842
ジェラール・ド・フラシェ（托鉢修道士） GÉRARD DE FRACHET (frère) 727
ジェラルド（ウェールズの） GIRAUD DE GALLES［1147–1223］ 110, 482, 512
ジェラルド（ボルゴ・サン・ドンニーノの） GERARDO DA BORGO SAN DONNINO 258, 557, 562
ジェルヴェ・デクレンヌ GERVAIS D'ESCRENNES 200
シジュベール・ド・ジャンブルー SIGEBERT DE GEMBLOUX［1030–1112］ 425
シトー会士（シトー修道会） CISTERCIENS (ordre de Cîteaux) 69, 70, 147–9, 169, 196, 201, 202, 216, 261, 325, 329, 367, 541, 542, 663, 667, 718, 734, 736, 740, 768, 777, 791, 920, 931, 945, 957, 969, 974, 978, 984, 985, 1032, 1033, 1064, 1073, 1081, 1085, 1094, 1102
シモン（聖職者および学監） SIMON (clerc et maître d'école) 486
シモン・ド・サン＝カンタン SIMON DE SAINT-QUENTIN 687, 688
シモン・ド・ダンマルタン（ポンティユ伯） SIMON DE DAMMARTIN, comte DE PONTHIEU 1041
シモン・ド・ネール（またはド・クレルモン） SIMON DE NESLE (ou DE CLERMONT) 354, 356, 362, 369, 410, 865, 928, 1091, 1093
シモン・ド・モンフォール（レスター伯） SIMON DE MONTFORT, comte DE LEICESTER 131, 311, 315, 321, 390, 395, 551, 953
シモン・モンプリ・ド・ブリー（後に教皇マルティヌス四世） SIMON MONPRIS DE BRIE, pape MARTIN IV［1281–1285］ 270, 368, 565
シャーロン伯 CHÂLONS, comte DE 1012
ジャコバン JACOBINS：ドミニコ修道会、士 DOMINICAINS を見よ
ジャック（托鉢修道士） JACQUES (frère) 173, 175
ジャック・ド・ヴィトリー JACQUES DE VITRY［1165?–1240?］ 675
ジャック・ド・セソール JACQUES DE CESSOLES 81
ジャック・ド・レヴィニー JACQUES DE RÉVIGNY 271, 272, 870, 881
シャルル二世禿頭王 CHARLES II LE CHAUVE［840–877］ 150, 213, 337, 338, 340, 342, 350, 362, 421, 500
シャルル四世端麗王 CHARLES IV LE BEL［1322–1328］ 319
シャルル五世 CHARLES V［1364–1380］ 42, 111, 156, 514, 703, 724, 729, 931, 957
シャルル六世 CHARLES VI［1380–1422］ 164, 373, 910, 1099, 1141

ギヨーム・ペロー　GUILLAUME PEYRAUT　163, 503, 1065
ギヨーム・ル・ブルトン　GUILLAUME LE BRETON ［1160?–1226?］　96, 576, 1048
ギリシア人 GRECS　50, 52, 61, 172, 175, 208, 213, 331, 334, 352, 691, 918

クーマン人　COUMANS (ou COUMAINS)：キプチャク（汗国）人 QIPTCHAQS を見よ
グユク（モンゴルのカン、定宗）　GÜYÜK, khan mongol［1246–1248］　57, 244, 687, 688
クララ（聖女）　CLAIRE (sainte)［1193–1253］ 74
グランモン会　GRANDMONTAINS　202, 662
クリュニー修道院長　CLUNY, abbé de　200, 242 609
グレゴリウス一世（俗にグレゴリウス大教皇） GRÉGOIRE Ier, dit GRÉGOIRE LE GRAND ［590–604］ 108, 333, 498, 636, 957, 1101
グレゴリウス九世、教皇　GRÉGOIRE IX, pape ［1227–1241］　72, 135, 138, 140, 144, 145, 159, 183–5, 200, 202, 296, 330, 839, 877, 878, 1015, 1016, 1024
グレゴリウス一〇世、教皇　GRÉGOIRE X, pape ［1271–1276］ 367, 368, 404, 487, 1058, 1068
グレゴリウス（トゥールの）　GRÉGOIRE DE TOURS ［538–594］　1072
クレティアン・ド・トロワ（中世フランスを代表する作家）CHRÉTIEN DE TROYES［1135–1183］ 431, 706, 783
クレメンス四世、教皇　CLÉMENT IV, pape：ギー・フルク GUI FOULQUES を見よ
クレメンス五世、教皇　CLÉMENT V, pape［1305–1314］　372
クロヴィス　CLOVIS（フランク王）［482–511］ 40, 95, 96, 335–7, 424, 530, 542, 664, 707, 721, 861, 874, 1050, 1131
クロヴィス二世　CLOVIS II［639–657］　339–40, 349
クロティルド（クロヴィスの妃）　CLOTHILDE, reine　337

ゲラン（修道士）（サンリス司教）　GUÉRIN (frère), évêque de Senlis［1157?–1230］ 44, 100, 104, 119, 133, 387
ケレスティヌス四世、教皇　CÉLESTIN IV, pape ［oct-nov. 1241］　191, 202
ケレスティヌス五世、教皇　CÉLESTIN V, pape ［août-déc. 1294］　369

ゴーティエ・コルニュ（サンス大司教） GAUTIER CORNUT, archevêque de Sens　100–5, 134, 160, 173, 176, 177, 1016
ゴーティエ・デキュレー　GAUTIER D'ECUREY 232
ゴーティエ・ド・コワンシー　GAUTIER DE COINCY ［1178–1236］　461
ゴーティエ・ド・ヌムール　GAUTIER DE NEMOURS 606
ゴーティエ・ド・リーニュ　GAUTIER DE LIGNE 166
ゴシェ・ド・シャティヨン　GAUCHER DE CHÂTILLON ［1135?–1182?］　1012
ゴッドフロワ・ド・ブイヨン　GODEFROY DE BOUILLON　464, 471
コルドリエ修道会、士　CORDELIERS：フランシスコ会修道会、士 FRANCISCAINS を見よ
ゴンザロ・ペレス　GONZALO PÉREZ　1083, 1084
コンスタンス・ダルル（敬虔王ロベールの三度目の妻）　CONSTANCE D'ARLES［?–1032］　338, 340
コンスタンス・ド・カスティーユ（ルイ七世の二度目の妻）　CONSTANCE DE CASTILLE［?–1160］ 338, 340
コンスタンティヌス（ローマ皇帝）　CONSTANTIN ［306–337］　174, 505, 511, 578
コンラーディン（フリードリヒ二世の孫） CONRADIN　918
コンラート四世（ホーエンシュタウフェンの）（フリードリヒ二世の息子）　CONRAD IV DE HOHENSTAUFEN［1250–1254］　329, 921
コンラード（モンフェッラートの）（エルサレム王）　CONRAD DE MONFERRAT, roi de Jérusalem ［1192］　682, 683

216
カタリ派　CATHARES　70, 71, 75, 189, 190, 193, 915, 916, 995, 1131, 1132
カペー王朝、(王) 家、(諸) 王　CAPÉTIENS　39, 40, 44, 45, 69, 71, 89, 91, 93, 94, 99, 103, 112, 121, 127, 131, 132, 134, 135, 141, 147, 158, 196, 206, 224, 279, 284, 306, 310, 312, 313, 315, 319, 324, 328, 331, 332, 339, 367, 392, 421, 422, 486, 511, 514, 573, 575, 577, 578, 600, 642, 706, 713, 722, 736, 749, 805, 808, 855, 860, 868, 878, 886, 894, 895, 901, 910, 932, 994, 1009, 1015, 1047-54, 1057, 1064, 1067, 1068, 1099, 1132, 1133, 1141, 1143
カラ・キタイ王朝　QARA-KITAI　53
カルメル修道会、士　CARMES　74, 400, 403, 991
カルロマン（ペパン短躯王の息子）　CARLOMAN ［768–771］　338, 340, 349
カルロマン三世（ルイ吃声王の息子）　CARLOMAN III ［879–884］　338, 340
カロヤン（ブルガリア王）　KALOJAN ［1196–1207］　50
カロリング王朝、(王)家、(諸)王　CAROLINGIENS　40, 43, 95, 96, 98, 99, 102, 111, 151, 206, 310, 337, 339, 392, 421, 422, 424, 477, 499, 578, 663, 664, 706, 722

ギー・ドーセール　GUI D'AUXERRE　61
ギー・ド・ダンピエール（フランドル伯）　GUY DE DAMPIERRE ［1278–1305］　308–9, 1012
ギー・ド・レヴィス　GUY DE LÉVIS　130
ギー・フルクまたはフルコワ（後の教皇クレメンス四世）　GUI (GUY) FOULQUES (ou FOULCOIS), pape CLÉMENT IV ［1265–1268］　54, 55, 226, 270, 271, 323, 331, 354, 760, 917
ギーグ五世（フォレ伯）　GUIGUES V, comte DE FOREZ　161
キプチャク（汗国）人　QIPTCHAQS　53, 61, 194, 694, 695
ギベール・ド・ノジャン　GUIBERT DE NOGENT ［1053–1124］　174, 178, 207, 624
救護騎士団　HOSPITALIERS　167, 684
ギヨーム・ジュリアン　GUILLAUME JULIEN　372
ギヨーム・ド・ヴェルジー　GUILLAUME DE VERGY 1012
ギヨーム・ド・サヴォワ（ヴァランス司教）　GUILLAUME DE SAVOIE, évêque de Valence　160, 161
ギヨーム・ド・サン＝タムール　GUILLAUME DE SAINT-AMOUR ［1202–1272］　261, 548, 564, 741, 949
ギヨーム・ド・サン＝パテュス　GUILLAUME DE SAINT-PATHUS　46, 147, 148, 408–16, 420, 441, 483, 485, 516, 574, 584, 590, 635, 637, 641, 666, 697, 698, 700, 702, 737, 754, 757, 762, 766, 770, 773, 778, 779, 790, 811, 812, 816, 825, 884, 899, 900, 940, 955, 960, 962, 965, 966, 968, 970, 972, 974, 976, 984, 995, 1003, 1004, 1018, 1028, 1032, 1035, 1041, 1043, 1059, 1072, 1075, 1076, 1079, 1080, 1095–7, 1099, 1100, 1102, 1103, 1109–15, 1117, 1121, 1142
ギヨーム・ド・シャルトル　GUILLAUME DE CHARTRES ［?–1280?］　236, 385, 406, 478, 490, 516, 694, 765, 772, 938, 948, 979, 1006, 1009, 1013, 1070, 1079, 1082, 1109, 1114, 1117
ギヨーム・ド・ダンピエール（フランドル伯）　GUILLAUME DE DAMPIERRE, comte DE FLANDRE　307, 308, 1149
ギヨーム・ド・ティール　GUILLAUME DE TYR ［1130–1184/85?］　686
ギヨーム・ド・ナンジ　GUILLAUME DE NANGIS ［?–1300?］　139, 150, 157, 187–9, 191, 200, 209, 239, 241, 280, 285, 288, 290, 291, 338, 345, 359, 425, 426, 428–30, 432–4, 436–41, 517, 638, 683, 686, 704, 817, 916, 929, 934, 1033, 1034
ギヨーム・ド・ピュイロランス　GUILLAUME DE PUYLAURENS　165
ギヨーム・ド・ボーモン　GUILLAUME DE BEAUMONT ［?–1240］　251
ギヨーム・ド・リュブルーク　GUILLAUME DE RUBROUCK ［1220?–1270?］　58, 60, 244, 686, 689
ギヨーム・ドーヴェルニュ（パリ司教）　GUILLAUME D'AUVERGNE, évêque de Paris ［1180?–1249］　195, 218, 244, 260, 450, 451, 735, 931, 954, 1016
ギヨーム・ドーセール　GUILLAUME D'AUXERRE ［?–1237］　839

pape［1198–1216］　46, 48, 74, 89, 121, 199, 304, 409, 564, 844, 880, 894, 1056, 1069, 1070, 1078, 1084
インノケンティウス四世、教皇　INNOCENT IV, pape［1243–1254］　57, 61, 77, 145, 179, 185, 193, 194, 199, 202–4, 216, 228, 231, 543, 558, 655, 668, 687, 740, 782, 818, 921, 964, 987, 992, 1016, 1120

ヴァルド派の異端たち　VAUDOIS　193
ヴァンサン・ド・ボーヴェ　VINCENT DE BEAUVAIS［?–1264］　42, 97, 110, 326, 486, 503, 504, 571, 657, 688, 704, 706–8, 731, 733–40, 742, 839, 877, 898, 949, 1064–6
ヴィラール・ド・オヌクール（建築家、一三世紀）　VILLARD DE HONNECOURT　767
ウィリアム（長剣伯、ソールズベリー伯）　GUILLAUME LONGUÉPÉE, comte de Salisbury　920
ウィンチェスター司教　WINCESTER, évêque de　314
ウード（フランス王）　EUDES, roi de France［860–898］　338, 340
ウード・クレマン（サン＝ドニ修道院長）　EUDES CLÉMENT, abbé de Saint-Denis［?–1162］　433
ウード・ド・シャトルー　EUDES DE CHÂTEAUROUX［?–1273］　59, 216, 219, 226, 308, 560, 667, 740, 1016
ウード・リゴー（托鉢修道士）（ルーアン大司教）　EUDES RIGAUD (frère), archevêque de Rouen［1215–1275］　270, 272, 315, 321, 326, 401, 469, 559, 565, 800, 948–50, 1019, 1098
ヴェネツィア人　VÉNITIENS　50, 51, 174, 175
ウルバヌス二世、教皇　URBAIN II, pape［1088–1099］　62
ウルバヌス三世、教皇　URBAIN III, pape［1185–1187］　927, 934, 969
ウルバヌス四世、教皇　URBAIN IV, pape［1261–1264］　321, 329, 341, 927, 934, 969

エウスタキウス（聖）　EUSTACHE (saint)　263
エヴルーアン・ド・ヴァランシエンヌ　EVROUIN DE VALENCIENNES　285
エティエンヌ・タンピエ（パリ司教）　ÉTIENNE TEMPIER, évêque de Paris［?–1279］　356
エティエンヌ・ド・ブルボン（托鉢修道士）　ÉTIENNE DE BOURBON（frère）［1185?–1261?］　447, 449, 450, 459
エティエンヌ・ボワロー（パリのプレヴォ）　ÉTIENNE BOILEAU, prévôt de Paris［1200?–1270］　285–90, 836
エドモンド（ヘンリー三世の息子）　EDMOND, fils d'Henri III　315
エドモンド・リッチ（聖）　EDMOND RICH (saint)（アビングドンの、d'Abingdon）カンタベリー大司教［1170–1240］　313, 534, 541, 549, 667, 920
エドワード一世　ÉDOUARD Ier［1272–1307］　319, 355
エドワード二世　ÉDOUARD II［1307–1327］　319
エドワード三世　ÉDOUARD III［1327–1377］　319
エムリー（ナルボンヌ副伯）　AIMERY, vicomte DE NARBONNE　189
エムリーヌ・ド・ムラン　EMMELINE DE MELUN　1074
エリア（托鉢修道士）ÉLIE (frère)　211
エリザベート（ハンガリーの聖女、テューリンゲン方伯の妻）　sainte ÉLISABETH　330, 428
エリナン・ド・フロワモン　HÉLINAND DE FROIDMONT［1160?–1230?］　736, 740, 1064
エルゴー・ド・フルリー　HELGAUD DE FLEURY［?–1045?］　45, 481, 573–5, 749, 1048, 1067
エルサンド　HERSENDE　1094
エルマントリュード（シャルル禿頭王の妻）　ERMENTRUDE　338, 340

オージュ伯　AUGE, comte D'　1011
オゴタイ　ÖGÖDEI（モンゴルのカン、太宗 khan mongol）［1229–1241］　53, 58
オットー二世　OTTON II（ヘルデルラント伯 comte DE GUELDRE）［1229–1271］　1041, 1042
オルレアン司教　ORLÉANS, évêque d'　1023

（カ、ガ行）

カオール人　CAHORSINS　70, 840, 1023
カスティリア人（王家）　CASTILLANS　40, 51,

アレクサンデル四世、教皇 ALEXANDRE IV, pape［1254–1261］ 258, 261, 321, 326, 741, 749
アレルナール・ド・スナンガン ALERNARD DE SENAINGAN 693
アンゲラン・ド・クーシー ENGUERRAN DE COUCY 126, 169, 292–5, 457, 622, 813, 858, 871, 895, 1012, 1037
アンチキリスト（反キリスト） ANTÉCHRIST 54, 55, 726, 1138
アンドレ（托鉢修道士） ANDRÉ (frère) 173, 175
アンドレ・ド・マルシエンヌ ANDRÉ DE MARCHIENNES 96
アンドレ・ド・ロンジュモー ANDRÉ DE LONGJUMEAU 57, 244, 687, 688, 690
アンヌ・ド・キエフ ANNE DE KIEV（アンリ一世の妻）［1024–1090?］ 40, 98
アンベール・ド・ボージュー IMBERT DE BEAUJEU 169
アンベール・ド・ロマン HUMBERT DE ROMANS 503, 766
アンリ一世（フランス王） HENRI Ier, roi de France［1008–1060］ 39, 40, 98, 102, 106, 338, 340, 386
アンリ一世（リュジニャンの） HENRI Ier DE LUSIGNAN（キプロス王 roi de Chypre） 231
アンリ二世（シャンパーニュ伯） HENRI II, comte DE CHAMPAGNE［1181–1197］ 134, 683
アンリ（三世） HENRI（シャンパーニュ伯ティボー五世と聖ルイの娘イザベルとの息子） 328
アンリ・ド・ブレーヌ HENRI DE BRAINE 460

イーヴ・ル・ブルトン（托鉢修道士） YVES LE BRETON (frère) 685
イヴァン三世アセン王（ブルガリア王） JEAN III ASEN, tsar de Bulgarie［1279–1280］ 50
イエスの贖い会の修道士 SAC (frères du) 403, 991
イエヒエル・ド・パリ（ユダヤ教祭司） YEHIEL DE PARIS, rabbin 1015, 1016
イザベル（エドワード二世の妻） ISABELLE［1292–1358］ 319
イザベル（聖ルイの妹） ISABELLE［1223/5?–1269/70?］ 123, 184, 329, 330, 571, 580, 900, 901, 921, 985
イザベル（聖ルイの娘、ティボー五世の妻）、ナヴァラ王妃 ISABELLE, reine de Navarre［1242–1271］ 171, 270, 327, 328, 355, 462, 465, 516, 529, 725, 729, 756, 759, 857, 933, 935, 937, 948
イザベル（ヘンリー三世の妹、フリードリヒ二世の妻） ISABELLE 190
イザベルまたはエリザベット・ド・エノー（フィリップ・オーギュストの最初の妻） ISABELLE (ou ÉLISABETH) DE HAINAUT［1170–1190］ 96, 178, 894, 901
イザベル・ダラゴン（フィリップ三世勇胆王の妻） ISABELLE D'ARAGON［1247–1271］ 350, 365, 702, 911, 933
イザベル・ダングレーム（欠地王ジョンついでリュジニャンのユーグ一〇世の妻） ISABELLE D'ANGOULÊME［1186–1246］ 184
イザンバール（聖ルイの厨房係り） YSEMBART 797, 1100
イシドルス（セビーリャの） ISIDORE DE SÉVILLE［570–636］ 27, 489, 497, 842, 1053
イスラム教徒 MUSULMANS 24, 51–9, 63, 80, 192–4, 197, 208, 210, 211, 213, 215, 218, 232, 234–7, 241, 245, 247, 253, 310, 312, 322, 352, 356, 407, 429, 467, 535, 543, 544, 589, 604, 650, 672, 677, 679–89, 693, 700, 724, 736, 762, 797, 913, 914, 918, 919, 924, 965–7, 975, 990, 999–1004, 1006, 1029, 1104, 1108, 1120, 1121, 1135, 1136, 1138, 1149, 1151
イタリア人 ITALIENS 799, 840, 946, 1023, 1094
イングランド人 ANGLAIS 182–91, 249, 586, 666, 671, 821, 838, 863, 902, 913, 915, 924, 963, 1036, 1096
インゲブルガ（デンマークの） INGEBURG DE DANEMARK［1176–1236］ 48, 86, 113, 121, 421, 576, 725, 894
インノケンティウス二世、教皇 INNOCENT II, pape［1130–1143］ 196
インノケンティウス三世、教皇 INNOCENT III,

索引・人名

（ア行）

アイユーブ、スルタン AYYŪB, sultan（アッサーリフ［1240–1249］） 196
アイユーブ朝 AYYŪBIDES 52
アヴェーヌ家 AVESNES, famille 218, 306–9
アウグスティヌス（托鉢）修道会 AUGUSTINS 74, 400, 403, 991
アウグスティヌス（聖） AUGUSTIN (saint)［354–430］（ヒッポの司教 évêque d'Hippone）176, 202, 399, 454, 498, 499, 619, 624, 628, 775, 868, 875, 878, 882, 956, 957, 982, 1138
悪魔（サタン） DIABLE 54, 66, 70, 108, 167, 182, 345, 440, 482, 498, 519, 604, 605, 635, 705, 760, 762, 763, 770, 882, 952–4, 960, 968, 1000, 1038, 1039, 1091
アサッシン ASSASINS 440, 441, 680–4, 686, 687
アスラン（クレモーナの） ASCELIN DE CRÉMONE 687
アダルベロン・ド・ラーン ADALBÉRON DE LAON［947?–1030］ 808, 823
アデール・ド・シャンパーニュ ADÈLE DE CHAMPAGNE（ルイ七世の妻）［?–1206］ 96, 101
アニェス（聖ルイの娘） AGNÈS［1260–1327］ 327, 463, 932, 933
アニェス・ド・メランまたはメラニー AGNÈS DE MÉRAN ou DE MÉRANIE（フィリップ尊厳王の妻）［?–1201］ 48, 99, 121, 894
アブラハム ABRAHAM 478, 484
アモーリー一世、エルサレム王 AMAURY Ier, roi de Jérusalem［1163–1174］ 223
アモーリー・ド・モンフォール AMAURY DE MONTFORT［1192–1241］ 91, 131, 206, 224
アラゴン人 ARAGONAIS 51, 80, 158, 216, 304, 310–2, 909, 916
アリエノールまたはエレオノール ALIÉNOR ou ÉLÉONORE（レーモン・ベレンガール五世の娘、イングランドのヘンリー三世の妻）［1222–1291］ 158, 313, 549, 702, 802, 923, 924, 927
アリエノール（イングランドの） ALIÉNOR D'ANGLETERRE（カスティリアのアルフォンソ八世の妻） 900
アリエノール（レスター伯夫人） ALIÉNOR, comtesse DE LEICESTER 314, 315, 551
アリエノール・ダキテーヌ ALIÉNOR D'AQUITAINE（ルイ七世、ついでイングランドのヘンリー二世の妻）［1122–1204］ 313, 575, 576
アリックス(キプロス王妃) ALIX, reine de Chypre 134, 135, 205
アルシャンボー九世(ブルボン領主) ARCHAMBAUD IX, sire DE BOURBON 161, 169, 1012
アルビ人、アルビ派 ALBIGEOIS 44, 70, 71, 93, 126, 196, 820, 893, 953
アルフォンス・ド・ポワティエ ALPHONSE DE POITIERS（聖ルイの弟）［1220–1271］ 111, 123, 130–2, 134, 135, 148, 149, 160, 168, 183, 184, 188, 190, 202, 229, 237, 238, 270, 271, 315, 318, 330, 354, 366, 536, 538, 572, 588, 655, 670, 702, 798, 822, 867, 900, 901, 909–15, 917, 919, 920, 1014, 1093, 1147, 1150
アルフォンソ（アフォンソ）三世（ポルトガルの） ALPHONSE III DE PORTUGAL［1210–1279］ 160, 165
アルフォンソ八世（カスティリアの） ALPHONSE VIII DE CASTILLE［1155–1214］ 300, 670, 900
アルフォンソ一〇世賢者王（カスティリア王） ALPHONSE X LE SAGE, roi de Castille［1221–1284］ 314, 673, 933
アルベルトゥス・マグヌス（聖） ALBERT LE GRAND (saint)［1193–1280］ 415, 639, 735, 955, 1016
アルモアデ人 ALMOHADES 51
アレクサンダー（ヘイルズの） ALEXANDRE DE HALÈS［1180?–1245］ 415, 735
アレクサンデル三世、教皇 ALEXANDRE III, pape［1159–1181］ 106, 202

訳者紹介

岡崎敦（おかざき　あつし）
1957年京都市生まれ。九州大学大学院文学研究科西洋史学専攻博士後期課程中退。1990～93年フランス政府給費生としてパリ第一大学に留学。現在、九州大学大学院人文科学研究院助教授。フランス中世史、教会史専攻。著書、訳書として、『西洋中世史研究入門』（共著、名古屋大学出版会）、『西洋中世史料集』（共訳、東京大学出版会）、『新考・西洋の歴史』（共著、南窓社）など。

森本英夫（もりもと　ひでお）
1934年横浜市生まれ。早稲田大学大学院文学研究科仏語仏文学専攻博士課程修了。現在、甲南女子大学文学部教授。フランス言語学、中世フランス文学専攻。著書、訳書として、『フランス語動詞時称記述の方法』（駿河台出版社）、『フランス語の社会学』（駿河台出版社）、『フランス名句辞典』（共著、大修館書店）、クードレット『妖精メリュジーヌ伝説』（共訳、社会思想社）、アドネ・ル・ロワ『王子クレオマデスの冒険』（社会思想社）など。

堀田郷弘（ほった　さとひろ）
1933年名古屋市生まれ。早稲田大学大学院文学研究科仏語仏文学専攻博士課程満退。1993～94年パリ大学交換研究員として在仏研究。現在、早稲田大学人間科学部教授。フランス文学、文化専攻。著書、訳書として、『アンドレ・マルロー』（高文堂出版社）、『フランス小説の現在』（監修・共著、高文堂出版社）、『アポリネール全集・第4巻・書簡』（青土社）、R・サバチエ『死の辞典』（共訳、読売新聞社）、G・ビドー・ド・リール『フランス文化誌事典』（共訳、原書房）など。

聖王ルイ　（検印廃止）

2001年11月30日　初版第1刷発行

訳者　岡崎　敦
　　　森本英夫
　　　堀田郷弘
発行者　武市一幸

発行所　株式会社 新評論

〒169-0051 東京都新宿区西早稲田3-16-28
http://www.shinhyoron.co.jp
TEL 03（3202）7391
FAX 03（3202）5832
振替 00160-1-113487

定価はカバーに表示してあります
落丁・乱丁本はお取り替えします

装幀　山田英春
印刷　新栄堂
製本　河上製本

ISBN4-7948-0530-6 C0023

Printed in japan

J.P.クレベール／杉崎泰一郎監訳・
金野圭子・北村直昭訳
ミレニアムの歴史
四六　349頁
3200円
ISBN4-7948-0506-3
〔00〕
【ヨーロッパにおける終末のイメージ】千年前の人々が抱いた「世の終わり」の幻影と、新たな千年期（ミレニアム）を生きる現代人の不安を描いた、西洋における終末観の変遷史。

ジャン・ドリュモー／西澤文昭・小野潮訳
地上の楽園
〈楽園の歴史Ⅰ〉
A5　392頁
4200円
ISBN4-7948-0505-5
〔00〕
アダムは何語で話したか？アダムとイブの身長は？先人達は、この地上に存続しているはずだと信じた楽園についてのすべてを知ろうと試みた。教会権力が作ったイメージの歴史。

J.ドリュモー／永見文雄・西澤文昭訳
恐怖心の歴史
A5　864頁
8500円
ISBN4-7948-0336-2
〔97〕
海，闇，狼，星，飢餓，租税への非理性的な自然発生的恐怖心。指導的文化と恐れの関係。14－18世紀西洋の壮大な深層の文明史。心性史研究における記念碑的労作！　書評多数。

J.ド・マレッシ／橋本到・片桐祐訳
毒の歴史
A5　504頁
4800円
ISBN4-7948-0315-X
〔96〕
【人類の営みの裏の軌跡】毒獣，矢毒，裁きの毒，暗殺用の毒，戦闘毒物，工業毒。人間の営みの裏側には常に闇の領域が形成される。モラルや哲学の必要性を訴える警告の書！

P.ダルモン／河原誠三郎・鈴木秀治・田川光照訳
癌《ガン》の歴史
A5　630頁
6000円
ISBN4-7948-0369-9
〔97〕
古代から現代までの各時代，ガンはいかなる病として人々に認知され，恐れられてきたか。治療法，特効薬，予防法，社会対策等，ガンをめぐる闘いの軌跡を描いた壮大な文化史。

ルドー・J．R．ミリス／武内信一訳
天使のような修道士たち
四六　386頁
3500円
ISBN4-7948-0514-4
〔01〕
【修道院と中世社会に対するその意味】エーコ「薔薇の名前」を彷彿とさせる中世ヨーロッパ修道院の世界への旅に誘い、「塀の中の様々な現実」をリアルに描く。図版多数。

C.カプレール／幸田礼雅訳
中世の妖怪，悪魔，奇跡
A5　536頁
5600円
ISBN4-7948-0364-8
〔97〕
可能な限り中世に固有のデータを渉猟し，その宇宙の構造，知的風景，神話的ないし神秘的思想などを明らかにし，それによって妖怪とその概念を補足する。図版多数掲載。

G.デュビー／篠田勝英訳
中世の結婚〈新装版〉
四六　484頁
3500円
ISBN4-7948-0216-1
〔84，94〕
【騎士・女性・司祭】11－12世紀，経済の飛躍的な発展の進む中で，人びとはどのように結婚しどのように結婚生活を生きていたのか？　未知の領域にふみこむ野心作。

M.フェロー／井上幸治監訳／大野一道・山辺雅彦訳
監視下の歴史
A5変型　272頁
2400円
ISBN4-7948-2240-5
〔87〕
【歴史学と歴史意識】教育の大衆化やマス・メディアを通じて歴史意識はどう操作されたか。国家権力のみならず，社会全体が歴史を「監視」する現代，歴史とは何かを問う問題作。

T.ライト／幸田礼雅訳
カリカチュアの歴史
A5　576頁
6500円
ISBN4-7948-0438-5
〔99〕
【文学と芸術に現れたユーモアとグロテスク】古代エジプトの壁画から近代の風刺版画までの歴史を，人間の笑いと風刺をキーワードに縦横無尽に渉猟するもう一つの心性史。

表示の価格はすべて消費税抜きの価格です。